Christian Zgoll
Tractatus mythologicus

Mythological Studies (MythoS)

Herausgegeben von
Annette Zgoll und Christian Zgoll

Wissenschaftlicher Beirat
Heinrich Detering
Angela Ganter
Katja Goebs
Wilhelm Heizmann
Katharina Lorenz
Martin Worthington

Band 1

Christian Zgoll

Tractatus mythologicus

Theorie und Methodik zur Erforschung von Mythen als Grundlegung einer allgemeinen, transmedialen und komparatistischen Stoffwissenschaft

DE GRUYTER

Die Georg-August-Universität Göttingen hat die unverzögerte Open-Access-Bereitstellung dieses Werks ermöglicht.

ISBN 978-3-11-112527-5
e-ISBN (PDF) 978-3-11-054158-8
e-ISBN (EPUB) 978-3-11-054131-1

Dieses Werk ist lizenziert unter der Creative Commons Attribution-4.0 Lizenz. Weitere Informationen finden Sie unter http://creativecommons.org/licenses/by/4.0/.

Library of Congress Control Number: 2019936571

Bibliografische Information der Deutschen Nationalbibliothek
Die Deutsche Nationalbibliothek verzeichnet diese Publikation in der Deutschen Nationalbibliografie; detaillierte bibliografische Daten sind im Internet über http://dnb.dnb.de abrufbar.

© 2022 Christian Zgoll, publiziert von Walter de Gruyter GmbH, Berlin/Boston
Dieser Band ist text- und seitenidentisch mit der 2019 erschienenen gebundenen Ausgabe.
Dieses Buch ist als Open-Access-Publikation verfügbar über www.degruyter.com.

Einbandabbildung: M-LAB © C. Zgoll 2003
Druck und Bindung: CPI books GmbH, Leck

www.degruyter.com

τερπέσθην μύθοισι πρὸς ἀλλήλους ἐνέποντες
Hom. *Od.* 23,301

für Annette

Vorwort

Vorliegendes Buch wurde im Oktober 2016 bei der Philosophischen Fakultät der Georg-August-Universität Göttingen als Habilitationsschrift eingereicht, nach dem erfolgreichen Abschluß des Habilitationsverfahrens 2017 für den Druck überarbeitet und durch Anregungen aus fünf Gutachten und verschiedenen weiteren schriftlichen und mündlichen Rückmeldungen bereichert.

Die hier vorgestellten Ergebnisse verdanken sich nicht nur intensiver Denkarbeit und Lektüre, sondern auch einem fruchtbaren Austausch mit anderen. Ein überaus wichtiger, an der Thematik sehr interessierter und auf Innovationen immer mit konstruktiv-kritischer Offenheit eingehender Gesprächspartner war und ist Heinz-Günther Nesselrath. Auch bei Ulrike Egelhaaf-Gaiser hat der Verfasser stets Anregungen bekommen und ein offenes Ohr gefunden – beiden sei hier ein besonders herzlicher Dank dafür ausgesprochen. Gemeinsam mit Peter Kuhlmann prägen sie die ausgesprochen kollegiale Atmosphäre am Göttinger Seminar für Klassische Philologie, das idealen Raum für Forschung und Lehre und so auch für das Entstehen der vorliegenden Arbeit geboten hat.

Überaus fruchtbar waren auch die Diskussionen im Rahmen einer bis in das Jahr 2010 zurückreichenden Zusammenarbeit des *Collegium Mythologicum*, einer an der Universität Göttingen beheimateten interdisziplinären Arbeitsgruppe zu antiken Mythen. Die Arbeitsgruppe setzte sich im Lauf der Jahre verschiedentlich zusammen: aus den Fächern Ägyptologie (Alexandra von Lieven, Uwe Sikora), Hethitologie (Daliah Bawanypeck), Klassische Philologie (Jörg von Alvensleben, Nils Jäger, Christian Zgoll), Sumerologie und Akkadistik (Gösta Gabriel, Annika Cöster-Gilbert, Katharina Ibenthal, Brit Kärger, Kerstin Maiwald, Anja Merk, Anja Piller, Annette Zgoll) und Theologie (Hans Haase)[1]. Das Schwert wurde zwar im Groben in der eigenen Schmiede geschmiedet, aber seine Schärfe hat es auch durch die zahlreichen Diskussionen und Anregungen im *Collegium Mythologicum* erhalten, aus denen ich sehr viel Gewinn gezogen habe; allen Beteiligten sei hierfür an dieser Stelle nachdrücklich gedankt.

Darüber hinaus hat die vorliegende Arbeit auch von Diskussionen im Rahmen einer von Annette Zgoll und dem Verfasser initiierten Antragstellung eines

---

1 Homepage unter http://www.uni-goettingen.de/de/319123.html.

interdisziplinären Projekts zur Mythosforschung bei der Deutschen Forschungsgemeinschaft profitiert. Der Antrag, in den bereits Ergebnisse der vorliegenden Arbeit eingeflossen sind, war erfolgreich und hat zur Etablierung der ebenfalls an der Universität Göttingen seit nunmehr Juni 2016 tätigen DFG-Forschungsgruppe 2064 „STRATA – Stratifikationsanalysen mythischer Stoffe und Texte in der Antike" geführt[2]. Für die in diesem Rahmen geführten Diskussionen sei den *Principal Investigators* der Forschungsgruppe, Reinhard Feldmeier (Neues Testament), Peter Gemeinhardt (Kirchengeschichte), Reinhard G. Kratz (Altes Testament), Heinz-Günther Nesselrath (Gräzistik), Tanja S. Scheer (Alte Geschichte), Hermann Spieckermann (Altes Testament) und der Sprecherin Annette Zgoll (Altorientalistik), den Assoziierten der Forschungsgruppe Ulrike Egelhaaf-Gaiser (Latinistik), Mauro M. Giorgeri (Hethitologie) und Daniel Werning (Ägyptologie), sowie dem Gutachter-Team, Eva Cancik-Kirschbaum (Altorientalistik), Susanne Gödde (Religionswissenschaft und Gräzistik), Hermann Lichtenberger (Antikes Judentum), Herbert Niehr (Biblische Einleitung und Zeitgeschichte), Winfried Schmitz (Alte Geschichte), Michael Theobald (Neues Testament) und Jörg Ulrich (Kirchengeschichte) mein Dank ausgesprochen. Für die Förderung der Forschungsgruppe, in deren Kontext die Arbeit an diesem Buch abgeschlossen werden konnte (Teilprojekt „Antikes Griechenland"), geht mein Dank an die Deutsche Forschungsgemeinschaft.

Folgenden Kolleginnen und Kollegen, von deren Anregungen die vorliegende Arbeit ebenfalls profitiert hat, bin ich dankbar verbunden: Daniel Gräpler (Klassische Archäologie), Wilhelm Heizmann (Nordistik), Anke Holler (Germanistische Linguistik), Peter Janich (Philosophie), Janoscha Kreppner (Vorderasiatische Archäologie), Ilinca Tanaseanu-Döbler (Religionswissenschaft) und besonders auch Michael Job (Allgemeine und Indogermanische Sprachwissenschaft).

Ebenfalls ein großer Dank sei an dieser Stelle schließlich denen ausgesprochen, die sich bereit erklärt haben, als Gutachter für die Habilitationsschrift wertvolle Zeit zu investieren: Heinrich Detering (Germanistik und Komparatistik), Susanne Gödde (Religionswissenschaft und Gräzistik), Wilhelm Heizmann (Nordistik), Manfred Krebernik (Altorientalistik) und Heinz-Günther Nesselrath (Gräzistik). Sie alle haben geholfen, durch ihr akribisches Lesen, Mitdenken und Hinterfragen und durch die Bereitschaft, sich konstruktiv auf Neues einzulassen, der Arbeit den letzten Schliff zu geben.

Für das Durcharbeiten des Manuskripts und für wichtige Rückmeldungen, die geholfen haben, Ungenauigkeiten zu beseitigen und Argumente zuzuspitzen, danke ich außerdem besonders herzlich Gösta Gabriel (Altorientalistik), Martin

---

[2] Homepage unter http://www.uni-goettingen.de/de/498785.html.

Ganter (Physik und Philosophie), Paul Ganter (Neurowissenschaften), Brit Kärger (Altorientalistik), Martin Worthington (Altorientalistik), Annette Zgoll (Altorientalistik) und Josef Zgoll (Latinistik und Romanistik).

Für die unverzögerte Open-Access-Bereitstellung dieses Werks hat die Georg-August-Universität Göttingen aus dem Publikationsfonds nicht unbeträchtliche Mittel zur Verfügung gestellt; für die Beratung im Vorfeld danke ich besonders Margo Bargheer (Niedersächsische Staats- und Universitätsbibliothek). Für die konzeptionelle Beratung zur Reihe *Mythological Studies* (MythoS), die mit diesem Buch startet, geht ein herzliches Dankeschön an Serena Pirrotta vom De Gruyter Verlag; für die sorgfältige Betreuung des Manuskripts bin ich Anne Rudolph dankbar.

Von Hause aus ist der Verfasser Klassischer Philologe und Komparatist. Daß in diesem Buch an zahlreichen Stellen nicht nur auf die griechisch-römischen, sondern auch auf altorientalische Mythen zurückgegriffen wird, spiegelt diese komparatistische Ausrichtung wider und hat seine Grundlage darin, daß der Verfasser seit Münchner Studienzeiten bis heute immer wieder Kurse aus dem Bereich der altorientalischen Sprachen und Kulturen besucht hat. Freilich hat er auch den Vorteil einer Altorientalistin im eigenen Hause genutzt, doch hat das hier Geschriebene der Autor allein zu verantworten; wo Übersetzungen oder Hinweise sich fremder Expertise verdanken, ist dies explizit gekennzeichnet.

Dieses Buch ist während einer Zeit entstanden, in denen der Verfasser an der Göttinger Universität und an der Akademie der Wissenschaften zu Göttingen verschiedene Stellen innehatte und Lehraufträge am Seminar für Klassische Philologie wahrgenommen hat. Dadurch konnte vieles über Jahre hinweg reifen. Daß dies trotz familiärer Aufgaben möglich war und mir vor allem anderen durch die stets beflügelnde Unterstützung meiner voll berufstätigen Frau ermöglicht wurde, dafür bin ich außerordentlich dankbar. Ohne den mittlerweile jahrelangen fachlichen Austausch zu Themen und Problemen auf dem Gebiet der Mythosforschung zwischen uns beiden hätte es dieses Buch und etliche darin aufgezeichnete und darüber hinausgehende Ideen nicht gegeben. Ihr sei zum Dank für geteilten Geist und geteilte Begeisterung dieses Buch gewidmet.

Göttingen, Advent 2018
Christian Zgoll

Inhalt

Vorwort —— VII

Inhalt —— XI

Abkürzungsverzeichnis —— XIX

Verzeichnis der Abbildungen und tabellarischen Übersichten —— XXIII

1 Grundsätzliches —— 1
1.1 Vorgehensweise und Aufbau der Arbeit —— 1
1.2 Zu den altorientalischen und griechisch-römischen Quellen —— 7
1.3 Streiflichter auf die Geschichte der Mythosforschung —— 12
1.4 Ziele und Desiderata —— 20

2 Stoffe und ihre Konkretionen: untrennbar, aber nicht identisch —— 25
2.1 Die Freier der Penelope: Mythos als Rohstoff —— 25
2.2 Der Muttermord des Orestes und die literarische Falle der Mythosforschung —— 31

3 Stoffbegriff, literaturhistorische Story-Forschung und allgemeine Stoffwissenschaft (Hylistik) —— 42
3.1 Die Gründung von Troia: Literaturwissenschaftliche Annäherungen an den Stoffbegriff —— 42
3.2 Der Stoff und die Stoffe in Ovids Metamorphosen: Problematisierung des Stoffbegriffs —— 46
3.3 Hylistik als nicht auf Texte fixierte und zugleich textnahe allgemeine Stoffwissenschaft —— 49
3.4 Hylistik und Mythosforschung zwischen den Stühlen —— 50

4 Die Suche nach „dem" Stoff und verschiedene Lösungsvorschläge, oder: Niobes Hybris —— 53
4.1 Die Glanzversion: Versuchung des Schönen —— 56
4.2 Die Urversion: Sehnsucht nach dem Ursprünglichen —— 57
4.3 Die Minimalversion: Bedürfnis nach Sicherheit —— 61
4.4 Die Standardversion: Wunsch, das Chaos zu beherrschen —— 70

- 4.5 Die Maximalversion als Weg in die richtige Richtung —— 78
- 4.6 Die Approximalversion als Lösungsansatz —— 81
- 4.7 Die nicht realisierten Stoffvarianten —— 85

5 Der Stoff, aus dem die Stoffe sind: Stoffvarianten als Hylemsequenzen —— 87
- 5.1 Motive und Ereignisse: Aarne-Thompson-Uther, Frenzel, Lotman und Tomaševskij —— 90
- 5.2 Funktionen und Mytheme: Propp, Barthes und Lévi-Strauss —— 97
- 5.3 Hyleme: Kleinste handlungstragende Stoffbausteine —— 109

6 Definition und erste Differenzierung des Stoffbegriffs —— 119
- 6.1 Hylem – Stoffvariante – Stoff —— 119
- 6.2 Die fünf „narrativen Ebenen": Geschehen – Stoff – ungeformte Stoffvariante – geformte Stoffvariante – mediale Konkretion —— 121
- 6.3 Folgerungen für die Mytheninterpretation 1: Herausforderungen und Gewinne einer Hylemanalyse —— 124
- 6.4 Nochmals die Gründung von Troia bei Apollodoros und das Ende der Sintflut im *Gilgameš-Epos* —— 128

7 Stoff und Stoffschema: Weitere Differenzierung des Stoffbegriffs —— 135
- 7.1 Die Suche nach der Urversion angesichts des Themenfeldes Mündlichkeit und Schriftlichkeit —— 135
- 7.2 Wäre eine Urversion die Urversion? Zuspitzung der Problematik, oder: Die Suche nach „dem" Sintflutmythos —— 138
- 7.3 Stoff und Stoffschema, Hylem und Hylemschema: eine (neue) Systematik —— 144
- 7.4 Stoffschema – Gattungsschema – Stoffarten —— 149

8 Stoffgrenzen: Zur Abgeschlossenheit und Abgrenzung von Stoffen bzw. Stoffvarianten —— 153
- 8.1 Kriterien für die Abgeschlossenheit und Abgrenzung von Stoffen bzw. Stoffvarianten —— 153
- 8.2 Fragen der Stoffabgrenzung am Beispiel der Gründung Troias —— 156
- 8.3 Einzelstoff und Rahmenstoff —— 159
- 8.4 Stoffkonglomerate: „Den" Oidipus-Mythos gibt es nur bei den Strukturalisten —— 160

9 Stoffvergleiche: Skizzierung einer komparatistischen Hylistik —— 164
- 9.1 Allgemeine Vorüberlegungen —— 164

9.1.1	Bedeutung von Vergleichen —— 164
9.1.2	Von einer Text-Komparatistik zu einer Stoff-Komparatistik —— 165
9.1.3	Problematik der Vergleichbarkeit von (mythischen) Stoffen —— 166

9.2 Medeia tötet ihre Kinder: Die Hylemanalyse als Voraussetzung und Fundament einer transmedialen und komparatistischen Hylistik —— 168
    9.2.1 Transmediale Vergleiche —— 168
    9.2.2 Innerstoffliche und interstoffliche Stoffvarianten-Vergleiche —— 169
9.3 Die grausame Medeia tötet ihre unschuldigen Kinder mit dem Schwert: Berücksichtigung von Determinationen —— 173
9.4 Die Enkelin des Helios tötet ihre Kinder: Künstlerische Variation und stoffliche Konstanten —— 176
9.5 Mutter tötet ihre Kinder: Abstraktion der Hyleme bzw. Hylemsequenzen zu Hylem- bzw. Hylemsequenz-Schemata —— 178
9.6 X tut etwas an Y: Berücksichtigung unterschiedlicher Konkretions- und Determinationsgrade —— 179
9.7 Berücksichtigung der Anzahl und Anordnung von Hylemen —— 185
9.8 Berücksichtigung stoffzusammenfassender und stoffrepräsentierender Hyleme (Hyperhylem-Funktion) —— 185
    9.8.1 Stoffzusammenfassende Hyleme: Die Gründung von Theben (Ov. *met.* 3,1-130) —— 185
    9.8.2 Stoffrepräsentierende Hyleme: Atalante bewundert die Äpfel der Hesperiden (Verg. *ecl.* 6,61) —— 193
    9.8.3 Indetermination, Abstraktion und Elisionen als Merkmale von stoffzusammenfassenden und stoffrepräsentierenden Hylemen: Das nach Sumer herabkommende Königtum (*Sumerische Königsliste*) —— 197

10 Stoffarten: Mythos, Märchen, Sage ... —— 205
10.1 „Hänsel und Knödel, die gingen in den Wald": Unterscheidung von Stoffen und ihren Konkretionen in Texten bestimmter literarischer Gattungen —— 206
10.2 Vier grundlegende Kategorien für die Unterscheidung von Stoffarten —— 212
10.3 Kirke: Märchenhexe oder mythische Gottheit? Abhängigkeit der Differenzierung von Stoffarten vom Konkretions- und Determinationsgrad der Hyleme —— 219

11 Mythos: Wann ist ein Stoff ein mythischer Stoff? —— 232
11.1 Von den Unterwelts-Fahrern Odysseus und F. W. und den Himmelsfliegern Etana und Alexander dem Großen: mythische, sagenhafte und science-fiction-artige Stoffgestaltungen —— 232
11.2 Athene gegen Ares, Agamemnon gegen Priamos und Caesar gegen Pompeius: mythische, sagenhafte und historische Stoffgestaltungen —— 238
11.3 Stoffarten-affine und stoffarten-neutrale Hyleme —— 242

12 Mythen im Wandel. Das Spannungsverhältnis zwischen Varianz und Invarianz von mythischen Stoffen, oder: Das Lächeln der Mona Lisa —— 247
12.1 Zentrifugale und zentripetale Kräfte bei der Tradierung mythischer Stoffe —— 247
12.2 Wie sah Herakles aus? Die Abspeicherung von Stoffen im Gedächtnis —— 250
12.3 Das Lächeln der Mona Lisa, oder: Was ist für einen mythischen Stoff konstitutiv? —— 254
12.4 Stoffvariante oder neuer Stoff? Plädoyer für Plausibilitäten —— 259
12.5 Von Platon bis C. S. Lewis. Der Sonderfall autorgebundener und daher monomorpher Mythen —— 262
12.6 Mythen als „traditionelle Erzählungen"? —— 265

13 Mythen und der Tod des Autors: Stratifikationstheorie I —— 270
13.1 Von der Intertextualität ... —— 270
13.2 ... zur Interhylität —— 273
13.3 Eteokles und Polyneikes und andere Brüderpaare: Verschiedene Arten der Interhylität —— 286

14 Indizien und Beispiele für Stoff-Stoff-Interferenzen (Stratifikationsmethodik I und Stratifikationsbeispiele I) —— 289
14.1 Sintfluten und Tochter-Opferungen: Strukturelle Ähnlichkeiten —— 289
14.2 Midasse und Nioben: Ähnlichkeit oder Gleichheit von Namen —— 293
14.3 Herakles und Cacus: Sogwirkung prominenter Figuren —— 296

15 Die Merkwürdigkeit der Mythen: Stratifikationstheorie II —— 300
15.1 Zum Befund: Der Dom von Syrakus —— 300
15.2 Von der Polymorphie mythischer Stoffe zur Polystratie mythischer Stoffvarianten —— 303

15.3 Folgerungen für die Beschaffenheit der Konkretionen mythischer Stoffvarianten —— 304
15.4 Folgerungen für die Mytheninterpretation 2 —— 307
15.4.1 Verschiedene Deuthorizonte mythischer Stoffe und ihrer Konkretionen —— 307
15.4.2 Notwendigkeit der Erweiterung methodischer Herangehensweisen —— 311
15.5 Unterscheidung von Textschichten und Stoffschichten —— 312

16 Formale und logische Indizien für Stratifikationsprozesse in Mythen: Inkonsistenzen (Stratifikationsmethodik II) —— 316
16.1 Der wiedererstandene Pylaimenes und Sancho Pansas Esel: Blick auf und Umgang mit Inkonsistenzen aus rezeptionsästhetischer und analytischer Perspektive —— 318
16.2 Der Flug der versteinerten Niobe: Motivationen für die Akzeptanz von Inkonsistenzen —— 324
16.3 Odysseus und Onkel Toby: Inkonsistenzen und Textkritik, Literarkritik, Redaktionskritik und Homerforschung —— 329

17 Mythen als mehrfach überbaute Gebäude: Inkonsistenzen in einzelnen mythischen Stoffvarianten (Stratifikationsbeispiele II) —— 340
17.1 Hesiod, *Theogonie* 535-564: Ist Zeus allwissend? —— 340
17.2 Apollodoros 3,142-145: Woher kommt das Palladion? —— 350
17.3 Ovid, *Amores* 3,1: Was soll der Dichter dichten? Herakles am Scheideweg, das Urteil des Paris und die Allophanie der Venus: Stoffschema-Interferenzen —— 359
17.4 Prometheus bei Hesiod und das lyrische Ich bei Ovid: Unterscheidung von intentionalen und nicht-intentionalen Inkonsistenzen —— 367

18 Brisanz der Mythen: Stratifikationstheorie III —— 370
18.1 Auseinandersetzung mit Erfahrungsgegenständen —— 371
18.1.1 Bezogenheit mythischer Stoffe auf die reale Lebenswelt am Beispiel des Erechtheus-Mythos —— 371
18.1.2 Dur-an-ki, Zaphon, Sabbat und die Mauer von Theben. Verankerung mythischer Stoffe in natur- und kulturgebundenen Spezifika —— 375
18.1.3 Folgerungen für die Mytheninterpretation 3: Seltsame Details und Singularitäten als Hinweise auf natur- und kulturgebundene Spezifika. Dionysos' Geburt und die Gründung der Stadt Trapezunt —— 379

18.1.4 Mythos und Natur, Mythos und Kultur, Mythos und Kult. Unterschiedliche Schwierigkeiten bei der Bestimmung natur- und kulturgebundener Spezifika —— 387
18.1.5 Arten der Transformation von Erfahrungsgegenständen durch erzählerische Verdichtung —— 391
18.2 Transzendierende Auseinandersetzungen mit Erfahrungsgegenständen —— 395
18.2.1 Transzendierende Auseinandersetzung als konstitutiver Faktor mythischer Stoffe —— 395
18.2.2 Zur Abgrenzung von Mythischem und Religiösem und zu verschiedenen Graden mythischer Ausgestaltung von Erzählstoffen —— 401
18.3 Bedeutsamkeit der Erfahrungsgegenstände —— 404
18.3.1 Problematik der Feststellung einer kollektiven Bedeutsamkeit mythischer Stoffe —— 404
18.3.2 Von der Bedeutsamkeit zu Bedeutsamkeits-Indikatoren —— 410
18.3.3 Dürfen Mythen lustig sein? —— 412
18.4 Konfliktträchtigkeit transzendierender Auseinandersetzungen mit bedeutsamen Erfahrungsgegenständen —— 413
18.4.1 Interhylität und die Konfliktträchtigkeit mythischer Stoffe —— 414
18.4.2 „Funktionen" von Mythen —— 418
18.4.3 Mythen und Macht —— 428
18.4.4 Mythos als Ideologie (?) und Foucaults Machtanalysen —— 433

19 Semantische Indizien für Stratifikationsprozesse in Mythen: Wertungen und Hierarchisierungen (Stratifikationsmethodik III) —— 440
19.1 Folgerungen für die Motiveninterpretation 4: Der Machtfaktor und seine Auswirkung auf Stratifikationsprozesse in mythischen Stoffvarianten —— 440
19.2 Suche nach Indizien ausgetragener Deutungsmachtkonflikte —— 442

20 Kampfspuren im Sand der Arena: Erzähltaktiken in Mythen als Umsetzungen von Wertungs- und Hierarchisierungsstrategien (Stratifikationsbeispiele III) —— 448
20.1 Kämpfe 1: Marduk gegen Tiāmtu, Ea gegen Apsû und Mummu —— 448
20.2 Kämpfe 2: Pallas gegen Athene —— 459
20.3 Besitzwechsel 1: Die Tafel der Schicksale im Lied auf Marduk —— 467
20.4 Besitzwechsel 2: Hermes und Apollon und die Leier —— 469
20.5 Performative Sprechakte: „Marduk ist König!" —— 474
20.6 Herstellung von Relationen 1: Zeus und Hera —— 479

20.7   Herstellung von Relationen 2: Enlil und Sud —— **487**
20.8   Ausblick auf weitere Fälle: Stellvertretungen, Pensionierungen, Degradierungen ... —— **490**
20.9   Folgerungen für die Mytheninterpretation 5: Mythen unter Generalverdacht —— **493**
20.10 Der Extremfall: Die *damnatio memoriae* —— **496**

21 Mythenschichten: Analyse, Synthese und historische Verortung —— **501**
21.1   Folgerungen für die Mytheninterpretation 6: Herausforderungen und Chancen der Stratifikationsanalyse —— **501**
21.2   Enlil und Ninlil: Schichtenanalyse und Gesamtdeutung —— **505**
21.3   Die historische Dimension schichtenspezifischer Stoffanalysen —— **508**
21.3.1 Rekonstruktion einer Stoffgeschichte? —— **508**
21.3.2 Möglichkeit der Rekonstruktion einzelner Schichten —— **511**
21.3.3 Datierbarkeit von Schichten und Schichtenelementen —— **513**
21.3.4 Exkurs zur Traditionskritik und zur Religionsgeschichtlichen Methode —— **516**

22 Zusammenfassende Vertiefung am Beispiel mythischer Figuren —— **520**
22.1   Polymorphe und polystrate Protagonisten —— **520**
22.2   Die unersättlich machtgierige Innana, oder: Die psychologische Falle der Mytheninterpretation —— **529**
22.3   Sex mit einer Schlafenden: Die naturalistische Falle der Mytheninterpretation —— **541**

23 Ergebnisse im Überblick —— **544**
23.1   Mythen als Stoffe: Analyseschritte und ihre Kombination —— **544**
23.2   Mythen als geschichtete Stoffe: Diversifikation mehrerer Interpretationsebenen —— **547**
23.3   Stoffvergleiche: Differenzierung des methodischen Instrumentariums —— **549**
23.4   Stoffarten: Approximative Unterscheidung und Mischformen —— **550**
23.5   Mytheninterpretation: Einbettung verschiedener methodischer Zugänge in eine Rahmentheorie —— **553**
23.6   Kondensation der aus der Rahmentheorie abgeleiteten Ergebnisse zu einer Mythosdefinition —— **557**

24 Ein Ausblick und ein Rückblick —— **564**
24.1   Ausblick: Ausgeweitete und säkulare Mythosdefinition —— **564**

24.2 Rückblick: Mythos und Logos in der *Poetik* des Aristoteles —— 566
    24.2.1 μῦθος als Stoff an sich —— 567
    24.2.2 μῦθος τῆς τραγῳδίας als Gattungsschema —— 569
    24.2.3 λόγος als Stoffschema —— 571
    24.2.4 μῦθος als Mythos bzw. traditionelle Erzählung? —— 574

Deutsch-englisches Glossar zentraler Begriffe zu Theorie und Methodik —— 579

Literaturverzeichnis —— 585

Namens-, Sach- und Stellenregister —— 615

Abkürzungsverzeichnis

Hier nicht aufgeführte Abkürzungen (v.a. der griechisch-römischen Autoren und Werktitel) richten sich nach den Konventionen des DNP (s. DNP 3, VIII-XLIV).

a. a. O.	am angegebenen Ort.
ATU	Aarne/ Thompson/ Uther-Klassifikation aus: Uther, H.-J., The Types of International Folktales. A Classification and Bibliography, Based on the System of Antti Aarne and Stith Thompson by Hans-Jörg Uther, Part I: Animal Tales, Tales of Magic, Religious Tales, and Realistic Tales, with an Introduction, Part II: Tales of the Stupid Ogre, Anecdotes and Jokes, and Formula Tales, Part III: Appendices, FF Communications 284-286, Helsinki 2011.
Bd./Bde.	Band/Bände.
BNJ	Brill's New Jacoby, s. unter FGrH.
bspw.	beispielsweise.
ders.	derselbe.
d. h.	das heißt.
dies.	dieselbe.
DKP	Der Kleine Pauly. Lexikon der Antike in 5 Bänden, auf der Grundlage von Pauly's Realencyclopädie der classischen Altertumswissenschaft unter Mitwirkung zahlreicher Fachgelehrter bearb. u. hg. von Ziegler, K./ Sontheimer, W., München 1975.
DNP	Der Neue Pauly. Enzyklopädie der Antike, hg. von Cancik, H./ Schneider, H., 12 Bde., Rezeptionsgeschichte Bde. 13-15/3, Bd. 16 Register, Listen Tabellen, Stuttgart/ Weimar 1996-2003.
EM	Enzyklopädie des Märchens. Handwörterbuch zur historischen und vergleichenden Erzählforschung, begründet von Ranke, K., mit Unterstützung der Akademie der Wissenschaften zu Göttingen hg. von Brednich, R.W. u.a., Redaktion Boden, D. u.a., 15 Bde., Berlin/ Boston 1977-2015.
et al.	et alii.
ETCSL	The Electronic Text Corpus of Sumerian Literature, ed. by Black, J.A./ Cunningham, G./ Ebeling, J./ Flückiger-Hawker, E./ Robson, E./ Taylor, J./ Zólyomi, G., Oxford, 1998-2006, http://etcsl.orinst.ox.ac.uk/.
f; ff	folgende(r); folgende.
FGrH	Die Fragmente der griechischen Historiker, hg. von Jacoby, F., 3 Teile in 14 Bden., Berlin 1923-1958, (Teil I: ²1957), überarbeitet und neu hg. als Brill's New Jacoby, Editor in Chief: Worthington, I. (University of Missouri), http://referenceworks.brillonline.
HbK	Handbuch Komparatistik. Theorien, Arbeitsfelder, Wissenspraxis, hg. von Zymner, R./ Hölter, A., Stuttgart 2013.
HbL	Handbuch Literaturwissenschaft. Gegenstände – Konzepte – Institutionen, 3 Bde., Bd. 1: Gegenstände und Grundbegriffe, Bd. 2: Methoden und Theorien, Bd. 3: Institutionen und Praxisfelder, hg. von Anz, T., Stuttgart 2007.

Hg.	Herausgeber (im Singular oder Plural).
hg.	herausgegeben.
HrwG	Handbuch religionswissenschaftlicher Grundbegriffe, hg. von Cancik, H./ Gladigow, B./ Laubscher, M./ Kohl, K.-H., unter Mitarbeit von Kehrer, G./ Kippenberg, H.G. u. Cancik-Lindemaier, H., 5 Bde., Stuttgart/ Berlin/ Köln 1988-2001.
HWDA	Handwörterbuch des deutschen Aberglaubens, hg. von Bächtold-Stäubli, H., unter Mitwirkung von Hoffmann-Krayer, E., mit einem Vorwort von Daxelmüller, C., 9 Bde. und ein Registerband, Berlin/ Leipzig, 1927-1942 (unveränd. photomech. Ndr. Berlin 1987).
HWP	Historisches Wörterbuch der Philosophie, hg. von Ritter, J./ Gründer, K./ Gabriel, G./ Kranz, M. u.a., völlig neu bearbeitete Ausgabe des 'Wörterbuchs der philosophischen Begriffe' von Eisler, R., Bde. 1-13, Basel/ Stuttgart 1971-2007.
IG	Inscriptiones Graecae, consilio et auctoritate Academiae Litterarum Borussicae editae, hg. von A. Kirchhoff u.a., Berlin, 1873 ff.
i. S. v.	im Sinn von.
i. V.	in Vorbereitung.
Jh.	Jahrhundert.
Kap.	Kapitel.
KHM	Kinder- und Hausmärchen, gesammelt durch die Brüder Grimm, vollständige Ausgabe auf der Grundlage der dritten Auflage (1837), hg. von H. Rölleke, Frankfurt am Main 1985 (3. Aufl. 2003).
LÄ	Lexikon der Ägyptologie, hg. von Helck, W./ Otto, E. u.a., 7 Bde., Wiesbaden 1975-1992.
LfgrE	Lexikon des frühgriechischen Epos, begründet von Snell, B., hg. vom Thesaurus Linguae Graecae, verantwortliche Redaktoren Mette, H.J./ Knebel, G./ Voigt, E.-M./ Meier-Brügger, M., 4 Bde., Göttingen 1955, 1991, 2004, 2010.
LIMC	Lexicon Iconographicum Mythologiae Classicae (LIMC), hg. von Boardman, J./ Bruneau, P./ Canciani, F./ Kahil, L./ Kontoleon, N./ Simon, E./ Yalouris, N., unter Mitarbeit von Ackermann, H.C./ Gisler, J.-R., 8 Doppelbde. und 2 Supplementbde., Zürich/ München 1981-2009.
LSJ	Liddell, H.G./ Scott, R., Greek – English Lexicon, revised and augmented by Jones, H.S., with the assistance of McKenzie, R., with a revised supplement, Oxford, 1996.
LThK	Lexikon für Theologie und Kirche, begr. von Buchberger, M., hg. von Kasper, W., 11 Bde., 3., völlig neu bearb. Auflage, Freiburg i.Br./ Basel/ Rom/ Wien 1993-2001.
m. E.	meines Erachtens.
MLLK	Metzler Lexikon Literatur- und Kulturtheorie, 5., aktualisierte und erweiterte Aufl., hg. von Nünning, A., Stuttgart/ Weimar 2013.
n. Chr.	nach Christus.
Ndr.	Nachdruck.
Nr.	Nummer.
o. a.	oder andere/ anderes.
PCG	Poetae Comici Graeci, hg. von Kassel, R./ Austin, C., 9 Bde., Berlin/ New York, 1983 ff.
PEG	Poetae Epici Graeci, testimonia et fragmenta, 4 Bde., edidit A. Bernabé, Leipzig/ München/ Berlin u.a. 1987, 2004, 2005 und 2007.

RAC	Reallexikon für Antike und Christentum. Sachwörterbuch zur Auseinandersetzung des Christentums mit der antiken Welt, begründet von Dölger, F.J./ Klauser, T./ Kruse, H./ Lietzmann, H./ Waszink, J.H./ Wenger, L., hg. von Klauser, T./ Dassmann, E./ Schöllgen, G./ Blaauw, S. de/ Brakmann, H./ Colpe, C./ Dihle, A./ Engemann, J./ Fuhrer, T./ Hoheisel, K./ Kötting, B./ Löhr, W./ Speyer, W./ Thraede, K./ Waszink, J.H., Register der Bände I bis XV erarbeitet von Kremer, J. (2000), Stuttgart 1950 ff.
RE	Paulys Real-Encyclopädie der classischen Altertumswissenschaft, Neue Bearbeitung, begonnen von Wissowa, G., fortgeführt von Kroll, W./ Mittelhaus, K.; hg. von Ziegler, K./ John, W., Stuttgart 1893 ff.
RLA	Reallexikon der Assyriologie und Vorderasiatischen Archäologie, unter Mitwirkung zahlreicher Fachgelehrter hg. von Ebeling, E./ Meissner, B./ Weidner, E./ Soden, W.v./ Edzard, D.O./ Streck, M.P., Berlin/ Leipzig/ New York, 1928 ff.
RLW	Reallexikon der deutschen Literaturwissenschaft. Neubearbeitung des Reallexikons der deutschen Literaturgeschichte, gemeinsam mit Fricke, H./ Grubmüller, K./ Müller, J.-D. hg. von Weimar, K., 3 Bde., Berlin/ New York 1997, 2000 und 2003 (Ndr. Berlin 2007).
Roscher	Roscher, W.H. (Hg.), Ausführliches Lexikon der griechischen und römischen Mythologie, Bde. I (1884-1890), II (1890-1897), III,1 (1897-1902), III,2 (1902-1909), IV (1909-1915), V (1916-1924), VI (1924-1937), Leipzig (Ndr. Hildesheim/ New York 1992).
s.	siehe.
s. v.	sub voce.
ThesCRA	Thesaurus cultus et rituum antiquorum (ThesCRA), 8 vols., with 1 vol. Abbreviations, Index, ed. by Balty, J.C./ Boardman, J./ Bruneau, P. u.a., Los Angeles 2004-2012.
ThWNT	Theologisches Wörterbuch zum Neuen Testament, begr. von Kittel, G., hg. von Friedrich, G., 10 Bde., Stuttgart 1933-1979 (Ndr. Stuttgart/ Berlin/ Köln 1990).
TRE	Theologische Realenzyklopädie, hg. von Müller, G./ Balz, H./ Krause, G. u.a., 36 Bde., Berlin, 1976-2004.
TrGF	Tragicorum Graecorum Fragmenta (TrGF), hg. von Snell, B./ Radt, S./ Kannicht, R., 5 Bde., Göttingen, 1971-2004.
u. a.	unter anderem/ unter anderen.
u. ö.	und öfters.
v. a.	vor allem.
v. Chr.	vor Christus.
vgl.	vergleiche.
WAM	Wörterbuch alttestamentlicher Motive (WAM), hg. von Fieger, M./ Krispenz, J./ Lanckau, J., Darmstadt 2013.
WiBiLex	Das wissenschaftliche Bibellexikon im Internet, hg. von Alkier, S./ Bauks, M./ Koenen, K., http://www.wibilex.de, 2007 ff.
Z.	Zeile(n).
z. B.	zum Beispiel.

Verzeichnis der Abbildungen und tabellarischen Übersichten

Kapitel 6.2:
Tab. 1: Die fünf „narrativen Ebenen" —— 123

Kapitel 7.3:
Tab. 2: Motiv und *story* —— 147
Tab. 3: Hylem/ Hylemschema und Stoff/ Stoffschema —— 147

Kapitel 9.8.1:
Abb. 1: Berücksichtigung von Hyperhylemen beim Vergleich von Stoffvarianten —— 192

Kapitel 9.8.2:
Abb. 2: Kopf der Medusa —— 195
Griechischer Terracotta-Stirnziegel (Süditalien, 4. Jh. v. Chr.), The Metropolitan Museum (Nr. 10.201.51), auf: https://www.metmuseum.org/art/collection/search/ 248338; lizenziert unter CC0 1.0: https://creativecommons.org/publicdomain/zero/1.0/; Abruf von Bild und Lizenz am 6.11.2018.

Kapitel 10.1:
Tab. 4: Kombinationen von inhaltlicher und formaler Gestaltung von Stoffvarianten —— 210
Tab. 5: Differenzierung zwischen Märchenstoff und Märchentext —— 212

Kapitel 11.1:
Abb. 3: Etana-Siegel —— 236
Akkadisches Rollsiegel (2350-2200 v. Chr.), mit freundlicher Genehmigung der Staatlichen Museen zu Berlin – Vorderasiatisches Museum (Nr. VA 03456), Foto (Ausschnitt): Olaf M. Teßmer.

Kapitel 12.3:
Abb. 4: *Mona Lisa* und Varianten —— 259
Angabe der Bildquellen von links nach rechts und von oben nach unten (Zugriffsdatum für alle 6 Bildquellen: 8.10.2018; Abruf der CC0-Lizenz in allen 6 Fällen: 8.10.2018):
„painting-2288719_1920" von „kellepics" auf: https://pixabay.com/en/painting-portrait-face-girl-art-2288719/; lizenziert unter CC0 1.0: https://creativecommons.org/publicdomain/zero/1.0/deed.de.
„mona-lisa-1846585_1920" von „3444753" auf: https://pixabay.com/en/mona-lisa-painting-leonardo-da-vinci-1846585/; horizontal gespiegelt von C. Zgoll; lizenziert unter CC0 1.0: https://creativecommons.org/publicdomain/zero/1.0/deed.de.
„caricatures-2090521_1920" von „reidy68" auf: https://pixabay.com/en/caricatures-caricature-cartoon-2090521/; lizenziert unter CC0 1.0: https://creativecommons.org/publicdomain/zero/1.0/deed.de.

„el-salvador-dali-2615717_1920" von „Verbera" auf: https://pixabay.com/en/el-salvador-dali-given-clock-time-2615717/; lizenziert unter CC0 1.0: https://creativecommons.org/publicdomain/zero/1.0/deed.de.

„mona-lisa-74050_1920" von „Wikilmages" auf: https://pixabay.com/en/mona-lisa-leonardo-da-vinci-74050/; lizenziert unter CC0 1.0: https://creativecommons.org/publicdomain/zero/1.0/deed.de.

„mona-17851_1280" von „PublicDomainPictures" auf: https://pixabay.com/en/mona-lisa-painting-abstract-17851/; lizenziert unter CC0 1.0: https://creativecommons.org/publicdomain/zero/1.0/deed.de.

Kapitel 15.1:
Abb. 5: Dom von Syrakus (Sizilien), Westportal —— 301
Mit freundlicher Genehmigung von „pjt56" auf: https://de.wikipedia.org/wiki/Kathedrale_von_Syrakus#/media/File:SiracusaCathedral-pjt1.jpg; lizenziert unter CC BY-SA 3.0: https://creativecommons.org/licenses/by-sa/ 3.0/deed.en (abgerufen am 8.10.2018).
Abb. 6: Dom von Syrakus (Sizilien), Stratifikation der Nordseite —— 302
Aus: Sgariglia, 2011, 80, Abbildung Nr. 36 („Stratificazioni sul prospetto settentrionale"), mit freundlicher Genehmigung von S. Sgariglia.

Kapitel 17.2:
Abb. 7: Palladion/ Athena —— 354
Aus Sparta, spätes 6. Jh. v. Chr., 1931 erworben vom Walters Art Museum, Baltimore (Inv.-Nr. 54.780), Museumsphoto von: https://art.thewalters.org/detail/ 13649; lizenziert unter CC0 1.0 Universal: https://creativecommons.org/publicdomain/ zero/ 1.0/; Abruf von Bild und Lizenz am 1.11.2018.

Kapitel 18.4.2:
Abb. 8: Die Mythische Mühle —— 422
Gemahlenes Produkt in Anlehnung an die Darstellung in Hesiods *Theogonie* (© C. Zgoll).

Kapitel 20.5:
Abb. 9: Götterkönig Marduk —— 475
Auf einem Lapislazuli-Zylinder aus Babylon (Detail in Umzeichnung), gestiftet von König Marduk-zākir-šumi I. (9. Jh. v. Chr.), auf: https://wellcomecollection.org/works/ wp2qkcuz; lizenziert unter CC BY 4.0: https://creativecommons.org/licenses/by/4.0/; Abruf von Bild und Lizenz am 5.11.2018.

1 Grundsätzliches

1.1 Vorgehensweise und Aufbau der Arbeit

erit ergo etiam obscurior, quo quisque deterior.
Folgt: Je schlechter einer ist, um so dunkler wird er auch sein.

Quintilian (*inst.* 2,3,9)

Mythen sind anders[1]. Sie bzw. ihre einzelnen, konkret vorliegenden Stoffvarianten „funktionieren" nicht so, wie man dies von der Gestaltung der Figuren und dem Aufbau der Handlung bspw. in historischen Dramen, Entwicklungsromanen oder Kriminalgeschichten erwartet. Ist man allerdings herausgefordert zu erklären, *was* genau Mythen anders macht, dann merkt man erst, *wieviel* anders ist, und daß man, wenn man an einem Ende mit dem Erklären anfängt, zwangsläufig viele andere „Enden" auch noch mit einbeziehen müßte, und zwar möglichst gleichzeitig[2]. Was natürlich unmöglich ist – woraus aber folgt, daß erst durch eine Rahmentheorie ein Gesamtbild entstehen kann, in dem verschiedene ein-

---

[1] Zu verschiedenen Verwendungsweisen eines ausgeweiteten und säkularen Mythosbegriffs, der in der vorliegenden Arbeit lediglich als Option einer erweiterten Mythosdefinition eine Rolle spielt (s. Kapitel 24.1), also etwa „politischer Mythos"; „Mythos Napoleon"; „Mythos vom Tellerwäscher zum Millionär", Mythos als „Lügengeschichte" etc., s. bspw. den Überblick über diese und andere Bedeutungen des Wortes „Mythos" im Sprachgebrauch bei Tepe, 2001, 15-68; zu weiterführender Literatur zum ausgeweiteten Mythosbegriff in der Moderne s. auch Scheer, 1993, 13, mit den Anm. 1-5; Reinhardt, 2011, 19, mit Anm. 20; und Reinhardt, 2016, 8. Zu „durchaus schwierigen 'konstruktiven' Abgrenzungsversuchen zum Begriffsgebrauch von Mythos in der feuilletonistischen Alltagssprache oder zu sach- und sinnverwandten Begriffen der Kulturwissenschaften und der Philosophie" s. Mohn, 1998, 58-68 (Zitat ebd. 68). Zur Geschichte des Mythosbegriffs einschlägig: Burkert/ Horstmann, 1984; zur Wortbedeutungsgeschichte s. grundlegend Nesselrath, 1999. Der in dieser Arbeit im Zentrum stehende Mythosbegriff zielt nicht auf „Mythos" im Singular, also auf eine Denk- und Weltanschauungsform i. S. v. „mythisches Denken" o. ä. (zur Diskussion um die Existenz oder Nicht-Existenz des „mythischen Denkens" s. u. a. Bouvrie, 2002, 53-58), sondern auf *Mythen* im Plural, also auf mythische Erzählstoffe (zur Unterscheidung von „Mythos" als *„terminus technicus* einer wissenschaftlichen Metasprache" und „Mythen" als konkreten Phänomenen s. auch Mohn, 1998, 55 und 62). Zur Definitionsproblematik und zu der in dieser Arbeit vorgestellten Mythosdefinition s. ausführlicher Kapitel 23.6.
[2] Dieser Vernetzung der verschiedenen Aspekte wird dadurch ansatzweise Rechnung getragen, daß innerhalb der Arbeit zahlreiche Querverweise auf andere Kapitel gegeben werden.

zelne Elemente sinnvoll aufeinander bezogen werden können. Denn nur im Zusammenspiel ergeben die verschiedenen einzelnen Beobachtungen und daraus gezogenen Folgerungen ein schlüssiges Gesamtbild, und erst auf dem Hintergrund eines solchen Gesamtbildes bzw. einer Rahmentheorie wird es wiederum möglich, Rolle und Wichtigkeit einzelner Beobachtungen zu erfassen und richtig zu bewerten und damit zu „mytho-logischen", also zu sowohl theoretisch als auch methodisch fundierten Aussagen über Mythen zu kommen[3].

Auf dem Hintergrund von Erfahrungen in der Lehre, von Auseinandersetzungen mit der Forschungsliteratur und von Diskussionen im Rahmen interdisziplinärer Forschungsverbünde entwickelte sich aus dem Umgang mit Primärquellen und aus dem Wunsch heraus, die in diesen Quellen verarbeiteten Mythen besser verstehen bzw. erklären zu können, eine Mythostheorie, ja der Entwurf zur Grundlegung einer allgemeinen Stoffwissenschaft. Die Erarbeitung einer solchen in Grundzügen neu aufgestellten allgemeinen Stoffwissenschaft ist somit vom Produktionsprozeß her gesehen einem vorrangigen Interesse an der Erforschung mythischer Stoffe entsprungen; rein logisch betrachtet aber, so hat sich im Verlauf der Arbeit herausgestellt, müssen die Fundamente einer allgemeinen Stoffwissenschaft der Errichtung des Gebäudes einer Erforschung speziell mythischer Stoffe vorgeordnet sein. Worin die Gewinne der vorgestellten theoretischen Überlegungen zum Stoffbegriff, zur Unterscheidung verschiedener Stoffarten allgemein und zu einer näheren Bestimmung mythischer Stoffe im Besonderen, sowie der daraus entwickelten Methodik zur Analyse von Stoffen im Allgemeinen und mythischer Stoffe im Besonderen und zum transmedialen Vergleich einzelner Stoffvarianten bestehen[4], soll im Verlauf der Arbeit an verschiedenen Beispielen deutlich gemacht werden, die, wiederum durch das initiale Interesse an der Mythosforschung bedingt, vorrangig aus dem Bereich mythischer Stoffe stammen.

---

3 Zur terminologischen Unterscheidung von „Mythen" (als Bezeichnung für Erzählstoffe) und „Mythologie" (sowohl als Bezeichnung für das Gesamt der mythischen Stoffe einer bestimmten Kultur als auch für die wissenschaftliche Beschäftigung mit Mythen), und von „mythisch" (als Bezeichnung einer bestimmten Weltsicht und entsprechender Erzählstoffe bzw. Figuren) und „mythologisch" (als Bezeichnung für eine v. a. wissenschaftliche Beschäftigung *mit* oder Rede *über* Mythen bzw. mythische Figuren) s. auch die Begriffsklärung bei Jamme, 1999, 24. Herakles bspw. ist eine Gestalt der griechischen Mythologie, aber keine mythologische Gestalt (sondern eine mythische); es kann wissenschaftlich eine mythologische Beschäftigung mit Herakles stattfinden, aber keine mythische – es sei denn, der Mythologe und seine Beschäftigung mit Herakles werden selbst Teil eines Mythos.
4 Zum Begriff der „Transmedialität" s. ausführlicher Kapitel 9.2.1. Zum Begriff „medial" bzw. „Medium" s. den Anfang von Kapitel 2.1.

Es wäre durchaus spannend und in manchen Hinsichten einfacher gewesen, die theoretischen und methodischen Ansätze in der konkreten Umsetzung an einem einzigen Mythos zu veranschaulichen. Der Vorteil wäre gewesen, daß einmal *ein* mythischer Stoff in seiner ganzen Komplexität und in all seinen Facetten hätte dargestellt und durchleuchtet werden können. Auf der anderen Seite lag in diesem Vorgehen die Gefahr einer Ermüdung der Leserinnen und Leser, die sich nach einer gewissen Zeit fast unausweichlich eingestellt hätte, und darüber hinaus hätte man damit unweigerlich die Frage provoziert, ob Theorie und Methodik wirklich generell anwendbar seien und nicht doch eben nur bei der Erschließung des einen Kronzeugen zu guten Ergebnissen führten. Daher werden verschiedene Aspekte anhand verschiedener Beispiele erläutert. Es gibt trotzdem einen mythischen Stoff, der sich wie ein roter Faden durchzieht und an dem zwar nicht alle, aber immerhin etliche zentrale Aspekte veranschaulicht werden: der griechische Mythos von der Gründung der Stadt Troia durch Ilos, in dem das Kultbild der Pallas, das Palladion, vom Himmel auf die Erde herabfällt[5].

An verschiedenen Stellen werden Folgerungen für die Mythen*interpretation* gezogen, was bei etlichen Kapiteln schon in der Überschrift explizit vermerkt ist[6]. In diesen Kapiteln geht es vor allem um das Interpretieren an sich, also mehr um das anzuwendende Instrumentarium und um die sinnvollerweise zu stellenden Fragen oder zu vermeidenden Fallen, nicht so sehr um die Antworten. Im Zentrum stehen, wie von einer theoretisch-methodischen Grundlegung zu erwarten, in erster Linie die Bedingungen, Möglichkeiten und Gefahren des Interpretierens von Mythen – konkrete Einzelinterpretationen bestimmter Mythen zwar durchaus auch, aber nicht vorrangig.

In der vorliegenden Arbeit wurde bewußt versucht, einen zu stark esoterisch-wissenschaftlichen Stil zu vermeiden und theoretische Ausführungen an konkreten Beispielen zu verdeutlichen. Es wäre gerade im Bereich der Mythosforschung nicht besonders schwer gewesen, unter Präferenz theoretischer Reflexion eine exemplifizierende Illustration zu negligieren und präfigurierte Diskurse so zu dekonstruieren, daß ein hermeneutischer Zugriff auf die autorspezifischen Positionen und terminologischen Innovationen diffizil, diese Positionen und Innovationen selbst dafür aber um so Respekt einflößender ausgefallen wären, was manchmal mit „wissenschaftlich" verwechselt wird[7]. Nicht so zu schreiben wie

---

5 S. die Kapitel 3.1, 6.4, 8.2, 9.8.3, 11.2-3 und 17.2.
6 S. die Kapitel 6.3, 15.4, 18.1.3, 19.1, 20.9, 21.1, 22.2 und 22.3, 23.2 und 23.5.
7 Vgl. Quintilian (inst. 8,2,17 f): *est etiam in quibusdam turba inanium verborum ... in hoc malum a quibusdam etiam laboratur ... unde illa scilicet egregia laudatio: 'tanto melior: ne ego quidem intellexi.'* – „Es findet sich bei manchen auch ein Schwall leerer Worthülsen ... Auf ein solches

Teile des eben verflossenen Satzes geschrieben sind, Komplexes nicht allzu kompliziert darzustellen war umgekehrt nicht immer einfach, aber eine Herausforderung, der sich der Verfasser um so lieber gestellt hat, als sich Mythen nicht nur innerhalb der wissenschaftlichen Gemeinschaft, und dort fächerübergreifend, sondern auch deutlich darüber hinaus eines breiten Interesses erfreuen. Es wäre viel erreicht, wenn der hier entwickelte theoretische Ansatz und die davon abgeleiteten Methoden zu weiteren Fragestellungen und Ergebnissen führen, die sich bei der konkreten Arbeit an Mythen als fruchtbar erweisen, indem sie neue Perspektiven auf Verstehenshorizonte eröffnen, die auf den ersten und vielleicht auch zweiten Blick verdeckt geblieben wären.

Manche Aspekte des Problemfeldes „Mythos" mußten länger ausgeführt werden als geplant, vor allem was die manchmal notgedrungen etwas analytisch-formalistischen, aber unabdingbar notwendigen Überlegungen zum Begriff „Stoff", zu seinen Konstituenten, zu der Rekonstruktion von Stoffvarianten aus ihren medialen Konkretionen oder zu den Herausforderungen angeht, die sich bei Stoffvergleichen ergeben. Einige Gründe sprachen daher dafür, diese Arbeit in getrennte Publikationen aufzuspalten (Skylla), doch letztlich standen noch mehr Gründe dagegen. Mit der Entscheidung, alles zwischen zwei Buchdeckel zu stecken (Charybdis), aber auch mit dem Facettenreichtum des Phänomens „Mythos" hängt es zusammen, daß die Zahl der übergeordneten Kapitel relativ hoch ausgefallen ist. Betrachtet man diese 24 Kapitel im Überblick, lassen sich jedoch – v. a. unter thematischem Aspekt – vier verschiedene Hauptteile benennen.

Im ersten thematischen Hauptteil (Kapitel 2-9) geht es um die Definition und Differenzierung des Stoffbegriffs – eine wichtige, ja unerläßliche Basis für die Grundlegung einer allgemeinen Stoffwissenschaft (Kapitel 2-8). Daraus werden Folgerungen gezogen einerseits für die Rekonstruktion von Stoffvarianten durch eine Hylemanalyse (s. zusammenfassend Kapitel 6.3), andererseits für den Vergleich von einzelnen Stoffvarianten, also für eine transmedial und komparatistisch ausgerichtete Stoffwissenschaft (Kapitel 9).

Ein zweiter thematischer Block (Kapitel 10-12) befaßt sich nach einem einleitenden bzw. überleitenden Kapitel zur Unterscheidung verschiedener Stoffarten wie Mythos, Märchen und Sage (Kapitel 10) dann des Näheren mit Mythen, und zwar mit ihrer Eigenart in Abhebung von anderen Stoffarten (Kapitel 11) und mit ihrer Varianz bzw. Invarianz (Kapitel 12).

Übel wird von manchen sogar hingearbeitet ... Daher kommt gewiß jener herausragende Lobspruch: 'Um so besser: Nicht einmal ich selbst habe es verstanden!'"

Der dritte und vom Umfang her größte thematische Hauptteil (Kapitel 13-21) widmet sich dann aus verschiedenen Perspektiven der Vielschichtigkeit von Mythen. Hier wird das Phänomen von Stoff-Stoff-Interferenzen („Interhylität") anhand von Beispielen näher beleuchtet (Kapitel 13-14) und der Befund des Geschichtet-Seins einzelner Stoffvarianten (Kapitel 15), das sich durch formale und logische Indizien wie Inkonsistenzen erkennen läßt (Kapitel 16), was wiederum exemplarisch veranschaulicht wird (Kapitel 17). In Kapitel 18 geht es darum, grundlegende Merkmale von Mythen herauszuarbeiten. Neben der eigenständigen Bedeutung, die diesem Kapitel zukommt, ist es zugleich funktional noch auf etwas anderes ausgerichtet, nämlich darauf zu zeigen, daß all die dort genannten Merkmale Mythen zu wichtigen Instrumenten im Umgang mit der Wirklichkeit machen, die immer wieder neu verwendet und dadurch gewissermaßen zu Kampfplätzen werden, auf denen Deutungsmachtkonflikte ausgetragen werden (Kapitel 18.4). Diese Deutungsmachtkonflikte und die mit ihnen verbundenen Bearbeitungsprozesse hinterlassen Spuren, denn sie schlagen sich in bestimmten Erzähltaktiken nieder, mit deren Hilfe Wertungen und Hierarchisierungen vorgenommen werden. Zusätzlich zu Stoff-Stoff-Interferenzen und den formalen und logischen Indizien der Inkonsistenzen stellen solche Erzähltaktiken semantische Indizien dar, anhand derer verschiedene Traditionen bzw. Stoffschichten ausgemacht werden können (Kapitel 19), was in Kapitel 20 an verschiedenen Mythen exemplarisch gezeigt wird. Kapitel 21 befaßt sich dann mit den Herausforderungen und Chancen und mit der historischen Dimension der Stratifikationsanalyse von Mythen.

Die abschließenden Kapitel 22-24 lassen sich insofern als eine Einheit begreifen, als hier die im Lauf der Arbeit gewonnenen Einsichten resümierend vertieft, ausblickhaft erweitert und durch einen Rückblick abgerundet werden. Zunächst werden die Erkenntnisse zu Mythen als polymorphen und je nach Variante polystraten Erzählstoffen auf den Bereich der mythischen Figuren übertragen (Kapitel 22), bevor in Kapitel 23 die Ergebnisse der Arbeit in theoretischer wie methodischer Hinsicht zusammenfassend vertieft und zu einer Mythosdefinition komprimiert werden. In Kapitel 24 befindet sich ein kurzer Ausblick auf eine Ausweitungsmöglichkeit dieser Mythosdefinition (Kapitel 24.1) und ein längerer „Rückblick" (Kapitel 24.2) auf einen Archegeten der Stoffwissenschaft, auf Aristoteles. In diesem Kapitel erscheinen einige Begriffe und Passagen in der aristotelischen *Poetik* in einem neuen Licht, wenn gezeigt wird, daß Aristoteles bereits grundsätzliche Überlegungen zum Stoffbegriff angestellt, nicht aber, wie manchmal angenommen wird, eine Mythosdefinition vorgelegt oder literaturwissenschaftliche Termini wie *story* bzw. *plot* vorwegnehmend geprägt hat.

Durch die vor allem thematisch zusammengehörigen Blöcke ergibt sich im Überblick folgende Zuordnung der übergeordneten Kapitel zu den genannten Hauptteilen:

Hauptteil I: Stoffbegriff – Stoffwissenschaft – Stoffkomparatistik
2 Stoffe und ihre Konkretionen: untrennbar, aber nicht identisch
3 Stoffbegriff, literaturhistorische Story-Forschung und allgemeine Stoffwissenschaft (Hylistik)
4 Die Suche nach „dem" Stoff und verschiedene Lösungsvorschläge, oder: Niobes Hybris
5 Der Stoff, aus dem die Stoffe sind: Stoffvarianten als Hylemsequenzen
6 Definition und erste Differenzierung des Stoffbegriffs
7 Stoff und Stoffschema: Weitere Differenzierung des Stoffbegriffs
8 Stoffgrenzen: Zur Abgeschlossenheit und Abgrenzung von Stoffen bzw. Stoffvarianten
9 Stoffvergleiche: Skizzierung einer komparatistischen Hylistik

Hauptteil II: Mythen und andere Stoffarten
10 Stoffarten: Mythos, Märchen, Sage ...
11 Mythos: Wann ist ein Stoff ein mythischer Stoff?
12 Mythen im Wandel. Das Spannungsverhältnis zwischen Varianz und Invarianz von mythischen Stoffen, oder: Das Lächeln der Mona Lisa

Hauptteil III: Mythen und ihre Strata
13 Mythen und der Tod des Autors: *Stratifikationstheorie I*
14 Indizien und Beispiele für Stoff-Stoff-Interferenzen (*Stratifikationsmethodik I und Stratifikationsbeispiele I*)
15 Die Merkwürdigkeit der Mythen: *Stratifikationstheorie II*
16 Formale und logische Indizien für Stratifikationsprozesse in Mythen: Inkonsistenzen (*Stratifikationsmethodik II*)
17 Mythen als mehrfach überbaute Gebäude: Inkonsistenzen in einzelnen mythischen Stoffvarianten (*Stratifikationsbeispiele II*)
18 Brisanz der Mythen: *Stratifikationstheorie III*
19 Semantische Indizien für Stratifikationsprozesse in Mythen: Wertungen und Hierarchisierungen (*Stratifikationsmethodik III*)
20 Kampfspuren im Sand der Arena: Erzähltaktiken in Mythen als Umsetzungen von Wertungs- und Hierarchisierungsstrategien (*Stratifikationsbeispiele III*)
21 Mythenschichten: Analyse, Synthese und historische Verortung

Hauptteil IV: Vertiefender Überblick, Ausblick und Rückblick
22   Zusammenfassende Vertiefung am Beispiel mythischer Figuren
23   Ergebnisse im Überblick
24   Ein Ausblick und ein Rückblick

1.2 Zu den altorientalischen und griechisch-römischen Quellen

Daß in diesem Buch vor allem *textliche* Quellen behandelt werden, hängt unter anderem damit zusammen, daß Texte unter den verschiedenen medialen Konkretionsformen mythischer Stoffe die mit Abstand differenziertesten und präzisesten Quellen darstellen[8]. Eine transmediale Stoffwissenschaft, welche die Grundlagen schaffen kann, auch ikonographische und andere Quellen mit in die Mythosforschung einzubeziehen, gilt es in Grundzügen erst zu entwickeln; Möglichkeiten und Wege einer solchen transmedialen Mythosforschung werden theoretisch ausgearbeitet und aufgezeigt, können aber aus Platzgründen nicht an praktischen Beispielen so ausgeführt werden, wie der Gegenstand es erfordern würde. Eine solche Ausweitung muß weiteren Arbeiten vorbehalten bleiben.

Daß hinsichtlich der textlichen Quellen hauptsächlich solche aus den griechisch-römischen und altorientalischen Kulturen im Zentrum stehen werden, hängt nicht nur damit zusammen, daß der Autor hier heimisch ist. Was die griechisch-römischen Mythen anbelangt, so ist diese Auswahl vor allem dadurch bedingt, daß sie in einer außergewöhnlichen Fülle und Breite an Stoffvarianten erhalten sind, daß sie wissenschaftsgeschichtlich betrachtet oft als Ausgangspunkte für Arbeiten im Bereich der Mythosforschung dienten, auch heute noch immer wieder im Fokus stehen und rezeptionsgeschichtlich betrachtet eine so außerordentlich prägende Rolle gespielt haben[9]. Altorientalische Mythen wiederum gehören zu den ältesten überhaupt überlieferten mythischen Stoffen, in denen noch vieles unerforscht und unerklärt ist, so daß sie als Studienobjekte ein

---

[8] S. dazu Kapitel 2.2.
[9] Was Mythen sind und was sie leisten können, ist oft vorwiegend am griechischen Material untersucht worden; von hier kommt das Wort „Mythos" (zur Wortbedeutungsgeschichte s. v. a. Nesselrath, 1999; vgl. auch Scheer, 1993, 22-24; Powell, 2009, 1-14; Reinhardt, 2011, 13-15; ebd. 13, Anm. 6 weitere Literaturhinweise), von hier wurde die Mythosforschung bis heute wesentlich geprägt (vgl. Puhvel, 1987, 126; Mohn, 1998, 109, mit Anm. 3; Jamme, 1999, 150; Horstmann, 2013; Rüpke, 2013).

faszinierendes und lohnendes Pendant zu den vielfältig bearbeiteten („klassischen") griechisch-römischen Mythen darstellen[10]. Theorie und Methodik, die hier vorgestellt werden, lassen sich aber auch für andere Mythen aus anderen Zeiten und Kulturen fruchtbar machen.

Es lohnt sich, noch etwas näher darauf einzugehen, warum hier der Vorstoß unternommen wird, neben griechisch-römischen auch altorientalische Mythen verstärkt mit in die Untersuchung einzubeziehen. Traditionell und bis heute nimmt die Mythosforschung in nicht unerheblichem Ausmaß vor allem auf griechisch-römische Quellen Bezug, und dort vornehmlich auf herausragende Werke aus den Gattungen Epos und Tragödie. Es ist das Verdienst der Ethnologie, vermehrt auch spätere Mythologien anderer Völker und Kulturen in die Mythosforschung einbezogen zu haben. Ein Manko ist allerdings nach wie vor die nur zögerlich einsetzende Rezeption und Erforschung mythischer Stoffe, die noch älter sind als die griechisch-römischen. Erst allmählich gelangt der Umstand in das Bewußtsein der wissenschaftlichen und erst recht einer breiteren Öffentlichkeit, daß aus dem Bereich der altorientalischen Kulturen mittlerweile mindestens ebenso wertvolle Schätze geborgen werden konnten wie das aufsehenerregende „Gold der Pharaonen", nämlich neben unzähligen Dokumenten über das tägliche Leben und seine politischen, wirtschaftlichen, sozialen und religiösen Abläufe auch literarische Texte in einem beträchtlichen Umfang, in denen wiederum zahlreiche mythische Stoffe verarbeitet sind. Während man in Bezug auf Ägypten konstatieren muß, daß die Überlieferungslage mythischer Stoffe rein quantitativ

---

[10] Hat man früher bei dem Ausdruck „klassische Mythologie" v. a. an die griechischen (evtl. noch römischen) Stoffe gedacht (vgl. bspw. noch das Handbuch *Classical Mythology* von Morford/ Lenardon/ Sham, 2011), so ist mittlerweile auch schon die Gesamtheit „der lateinischen und griechischen sowie orientalischen Quellen" als „klassische Mythologie" bezeichnet worden (Powell, 2009, IX). Das Label „klassisch" ist aber eher unscharf und von daher entbehrlich; so bezieht sich bspw. in dem erwähnten Handbuch von Morford/ Lenardon/ Sham, 2011, das Adjektiv „klassisch" einerseits, wie die thematische Aufteilung erkennen läßt, speziell auf griechische und römische mythische Stoffe, andererseits aber wird „klassisch" i. S. v. „rezeptionsgeschichtlich außerordentlich bedeutsam" (und damit „inextricably woven into the very fabric of our culture") gebraucht, wenn die Definition gegeben wird: „*A* **classical myth** *is a story that, through its classical form* (gemeint ist damit eine besonders gelungene literarische Bearbeitung des mythischen Stoffes), *has attained a kind of immortality because its inherent archetypal beauty, profundity, and power have inspired rewarding renewal and transformation by successive generations*" (ebd. 25). Etwas weniger problematisch scheint es, von „antiken Mythen" zu reden; zu einer ungefähren Abgrenzung des Feldes „antiker Mythen" in einem weiteren, nicht nur auf die griechisch-römische Antike begrenzten Sinn s. Reinhardt, 2011, 24.

betrachtet eher unbefriedigend und eine verläßliche Rekonstruktion selbst zentraler Stoffe wie des Isis-Osiris-Mythos sich als reichlich kompliziert erweist[11], besitzen wir aus den altorientalischen Kulturen mittlerweile etliche, nach langjähriger Grundlagenarbeit inzwischen auch philologisch hinreichend erschlossene Texte, die eine ganze Bandbreite mythischer Stoffe behandeln[12].

Anders als im Fall der griechisch-römischen Literatur sind die altorientalischen Texte ohne eine verwickelte Überlieferungsgeschichte auf uns gekommen. Während nur in sehr seltenen Fällen griechische oder römische Texte im Original oder sogar als Autographen vorliegen, die Tradierung meist über mehrere Zwischenschritte erfolgt und die ältesten erreichbaren Abschriften oft nur bis ins Mittelalter zurückreichen, liegen die keilschriftlichen Quellen, obwohl meistenteils sogar noch deutlich früher abgefaßt als das Gros der griechisch-römischen Literatur, im antiken *Original* vor. Vielfach ist sogar noch der originäre Fundkontext bekannt. Somit stellen die altorientalischen Texte einen außerordentlich wertvollen Fundus dar; hier findet sich die größte Anzahl von den ältesten verschrifteten Mythen der Menschheit in teilweise rekonstruierbaren, originären Kontexten, während man es angesichts der Überlieferung von griechisch-römischen Mythen nicht nur textgeschichtlich, sondern auch rezeptionsgeschichtlich oft mit der Rezeption der Rezeption zu tun hat[13]. Eine Mythosforschung, die hauptsächlich auf die unter so speziellen Umständen überlieferte griechisch-römische Mythologie fokussiert ist, erhält durch eine Ausweitung des Blicks auf den Alten Orient die Chance, daß eine möglicherweise verzerrte, weil zu einseitig fixierte Sichtweise auf das, was Mythen sind und leisten, korrigiert werden kann.

Eine spezifische Herausforderung bei der Erforschung der altorientalischen Mythen liegt allerdings darin, daß man für ihre Erschließung im Vergleich etwa zur griechisch-römischen Kultur über weit weniger Zusatzmaterialien wie Scholien, Handbücher oder gelehrte mythologische Abhandlungen verfügt, und daß die Anzahl und Bandbreite an literarischen Verarbeitungen deutlich geringer ist. So bleibt man bei der Erforschung und Deutung eines mythischen Stoffes aus dem Alten Orient möglicherweise häufiger als bei griechisch-römischen Mythen

---

11 Zum Einstieg in ägyptische Mythen (und andere Erzählungen) s. bspw. die Anthologien von Roeder, 1960; Blumenthal et al., 1995; vgl. auch Lichtheim, 1973-1980.
12 Einen ersten Zugang bieten bspw. folgende Anthologien: Römer, 1993; Hecker et al., 1994; Dietrich/ Loretz, 1997; Hallo, 1997-2003; Foster, 2005; Dalley, 2008; Franke, 2013; López-Ruiz, 2014; Volk, 2015; Janowski/ Schwemer, 2015. Vgl. auch die Internet-Plattformen *The Electronic Text Corpus of Sumerian Literature* (ETCSL) und *Sources of Early Akkadian Literature* (SEAL).
13 Vgl. Jamme, 1999, 32: „Der griechische Mythos, wie wir ihn kennen, ist selbst schon das Zeugnis einer Brechung, ist schon Auslegung, Reflexion … Er ist spätzeitlich und nicht archaisch-früh."

auf Vermutungen angewiesen, weil sich nur Andeutungen und Anspielungen auf einen solchen Stoff erhalten haben, der ansonsten aber bislang nicht belegt und daher auch nicht mehr oder nur noch annähernd rekonstruiert werden kann. Schwieriger wird es auch dadurch, daß die Textcorpora schmaler sind und Mehrfachbezeugungen eines mythischen Stoffes eher seltener sind, so daß als Quellenbasis teilweise nur wenige und oft dazu noch lückenhafte oder schadhafte Textzeugen in Frage kommen; manchmal ist auch nur ein einziger Textzeuge erhalten. Dennoch sind manche mythischen Stoffe durchaus mehrfach belegt und werden zum Teil auch ausführlicher erzählt, wie etwa die sumerisch und akkadisch überlieferten Mythen über Gilgameš oder der Mythos vom Abstieg der Göttin Innana ins Totenreich, oder der akkadisch bezeugte Mythos von Nergal und Ereškigal, und es gibt schon früh komplexe Texte, in denen mehrere mythische Stoffe miteinander verwoben werden wie etwa im sumerischen Text *Gilgameš, Enkidu und die Unterwelt* und dann später natürlich im akkadischen *Gilgameš-Epos*.

In Mesopotamien wurden Mythen weit über die Zeiten sumerischer Stadtstaaten hinaus eher in sumerischer als in akkadischer Sprache (bzw. in den akkadischen Dialekten Babylonisch und Assyrisch) niedergeschrieben. So machen die sumerisch überlieferten Mythen rein zahlenmäßig den größten Anteil, grob geschätzt etwa zwei Drittel der mesopotamischen Mythen-Überlieferung aus. Speziell im Hinblick auf die sumerischen Texte sieht man sich vor besondere Herausforderungen gestellt, weil die Erforschung der sumerischen Sprache noch nicht als abgeschlossen gelten kann, so daß beim Übersetzen teilweise noch Grundlagenarbeit geleistet werden muß. Zudem sind manche v. a. hymnischen und epischen Texte literarisch so komplex, daß die Rekonstruktion der darin gewissermaßen versteckten oder nur andeutungsweise erwähnten mythischen Stoffe sich oft als außerordentlich diffizil erweist. Das ist freilich auch bei den literarisch anspruchsvollen Texten aus der griechisch-römischen Literatur eine nicht einfache Aufgabe, aber die Arbeit, die antike Handbuchschreiber und Stoffsammler für die griechische Mythologie bereits im Wesentlichen erledigt haben, die Sammlung verschiedener Varianten eines mythischen Stoffes und die Präsentation einer Stoffvariante in einer auf die natürliche chronologische Reihenfolge gebrachten, literarisch weitgehend anspruchslosen Form, stellt für den modernen Forscher eine Erleichterung dar, die es in dieser Art und in diesem Umfang für den Alten Orient nicht gibt.

Es ist nun aber nicht nur der Umstand, daß im Bereich der Sumerologie sowohl die Grundlagenforschung als naturgemäß auch die darauf aufbauende, interpretative Erschließung der Texte teilweise noch stark im Fluß war, der dazu geführt hat, daß speziell sumerische Texte bislang eher nur marginal in eine vergleichende Mythosforschung einbezogen werden[14], sondern auch die Fremdheit der sumerischen Kultur. Dabei können Vergleiche etwa zwischen griechischen und sumerischen Mythen unter einer speziell *typologischen* Perspektive besonders interessant und vielversprechend sein, weil gerade die sumerischen Stadtstaaten unter historisch-politischen Gesichtspunkten in besonderer Nähe zu den griechischen Stadtstaaten stehen, viel mehr jedenfalls als die späteren babylonischen und assyrischen Großreiche.

Zu einer Vernachlässigung sumerischer Quellen dürfte schließlich aber vor allem der Umstand geführt haben und noch führen, daß man sich durch das hohe Alter mancher sumerischer Textzeugen täuschen und zu der Annahme verleiten läßt, sie kämen aufgrund der teilweise großen zeitlichen Distanz als wirkungsstarke Prätexte nicht wirklich in Betracht. Eine solche Annahme steht jedoch auf schwachen Füßen. Denn was die rein zeitliche Dimension betrifft, so sind viele sumerische Mythen bis ins 1. Jahrtausend v. Chr. tradiert worden und ermöglichen daher auch direkte synchrone Vergleichsmöglichkeiten mit Mythen anderer antiker Kulturen wie etwa der griechischen[15]. Darüber hinaus verfängt das Argument, daß sumerische Texte für einen interkulturellen Vergleich schon allein deswegen weniger in Frage kommen, weil manche von ihnen Jahrhunderte früher anzusetzen sind und deshalb von dem Beginn griechischer Literatur und Kultur durch einen beträchtlichen zeitlichen Abstand getrennt sind, schon allein deshalb nicht, weil es sich bei der sumerisch-akkadischen ähnlich wie bei der

---

[14] Dieses Defizit weisen fast alle bis dato erschienenen Abhandlungen und Quellensammlungen auf, die es sich zur Aufgabe gemacht haben, Texte aus den altorientalischen Kulturen verstärkt in komparatistische Untersuchungen einzubeziehen, denn es sind gerade die in sumerischen Texten überlieferten Mythen, die in solchen Büchern oft fehlen oder nur marginal und wenn, dann in meist überholten Übersetzungen zitiert werden. Selbst Studien mit einem weiteren Horizont wie Kirk, 1970, West, 1997, oder Burkert, 2003, nehmen aus dem antiken Mesopotamien fast ausschließlich akkadische Quellen auf und können auf sumerische Quellen nur am Rande verweisen, wobei die Übersetzungen inzwischen teilweise vom Forschungsstand überholt sind. Was Quellensammlungen angeht, so wurde etwa in das umfangreiche *Sourcebook of Greek, Roman, and Near Eastern Myths in Translation* von López-Ruiz (2014, 609 Seiten) nur ein einziger, zudem als „Legende" und nicht als „Mythos" gekennzeichneter und auch nur 2 Seiten langer sumerischer Text aufgenommen, die *Sargonlegende* in der Übersetzung der Internet-Plattform *The Electronic Text Corpus of Sumerian Literature* (ETCSL). Eine Ausnahme stellen zwei Bände aus der Reihe *Texte aus der Umwelt des Alten Testaments* (TUAT) dar, nämlich Römer, 1993 (TUAT Bd. III/3) und der in der „Neuen Folge" 2015 erschienene Bd. 8 (Janowski/ Schwemer, 2015), in denen allerdings keine griechisch-römischen Quellen zu finden sind.
[15] Vgl. etwa die Mythen von Ninurta und den Steinen, von Enlil und Ninlil oder von Innanas bzw. Ištars Gang ins Totenreich (sumerisch und akkadisch bezeugte Stoffvarianten).

griechisch-römischen um eine Doppelkultur handelt, in der sich die jüngere ohne die ältere nicht verstehen läßt. Das Sumerische hat als literarisch-religiöse Prestigesprache im Alten Orient die Kultur im Allgemeinen und die mythische Überlieferung im Besonderen maßgeblich geprägt, und zwar weit über die Zeit aktiver Sprecher hinaus. Kein Latinist dürfte die homerischen Epen für die Interpretation von Vergils *Aeneis* ausschließen, nur weil sie rund 750 Jahre früher entstanden sind. Ähnlich verhält es sich etwa mit dem akkadischen *Gilgameš-Epos* und den in sumerischer Sprache überlieferten Gilgameš-Mythen; gerade bei einer Interpretation der um Gilgameš kreisenden Mythen läßt sich die historische Tiefe nicht ohne essentielle Verluste ausblenden. Unter Einbeziehung sumerischer, aber natürlich auch akkadischer oder weiterer altorientalischer (wie bspw. hethitischer oder ugaritischer) Quellen kann eine vergleichende Mythosforschung für die Aufarbeitung des komplexen Problemfeldes der Kulturkontakte zwischen dem Alten Orient und Griechenland einen substantiellen Beitrag liefern, an deren Vorhandensein aufgrund etlicher Untersuchungen kaum mehr Zweifel bestehen können[16], deren Art, Umfang und Verlauf im Einzelnen jedoch noch einiger Aufhellungen bedürfen.

1.3 Streiflichter auf die Geschichte der Mythosforschung

Von einem Göttinger könnte man erwarten, daß er an dieser Stelle einem, wenn nicht dem Archegeten wissenschaftlicher Auseinandersetzung mit Mythen seine Reverenz erweist – und dies sei hiermit trotz der Kürze wenigstens ansatzweise auch getan –, der fast 50 Jahre lang ebenfalls an der Göttinger Universität gewirkt

---

[16] Treffend stellt Henkelman, 2006, 814 f, die Problematik der ideologischen Konstruktion eines Eisernen Vorhangs zwischen den Kulturen heraus, für dessen Überwindung von den Menschen damals große Anstrengungen nötig gewesen wären, und die Abwegigkeit der Vorstellung, für die Glaubhaftigkeit einer Überwindung dieses Eisernen Vorhangs müßten von seiten der Forschung erst aufwändige Beweisverfahren durchlaufen werden; vgl. ebd. 814: „Yet, the weak point of this kind of approach is, again, the thought of a fundamental divide between East and West, an Iron Curtain that needed to be breached in some dramatic way for cultural contacts to be possible at all. In most respects (except in ideology) such a barrier never existed." Ohne Anspruch auf Vollständigkeit und im Einzelnen unterschiedlich überzeugend s. zu den Kulturkontakten etwa Burkert, 1987, 1992, 2003 und 2004; Andersen, 1988; Mondi, 1990; Penglase, 1994; Duchemin, 1995; West, 1997 und 2007; Gundel, 1998; Henkelman, 2006; Bremmer, 2008; Riedweg/ Mudry, 2009; Rollinger et al., 2010; Allen, 2011; Hoepfner, 2011; Louden, 2011; Matthäus/ Oettinger/ Schröder, 2011; C. Zgoll, 2012; Haubold, 2013; López-Ruiz, 2014; Bremmer, 2015a; Rollinger/ Dongen, 2015; Wasmuth, 2015; Westbrook, 2015; Wittke, 2015; Audley-Miller/ Dignas, 2016; Bachvarova, 2016; Rollinger, 2017.

hat und dessen Grabstätte sich auf dem historischen Bartholomäusfriedhof direkt neben dem modernen Campus befindet: Christian Gottlob Heyne (1729-1812). Er war einer der ersten, der das Wort „Mythos" als spezifischen Terminus in die fachwissenschaftliche Diskussion eingebracht hat[17], einer Auffassung von Mythen als kaum der Beachtung werten, weil unwahren Erfindungen der Dichter energisch entgegengetreten ist und ihrer kulturhistorischen Bedeutung ein solches Gewicht zugemessen hat, daß die Beschäftigung mit Mythen durch ihn überhaupt erst zu einem ernstzunehmenden universitären Forschungsfeld wurde[18]. Heyne war es auch, der sich der Komplexität des Untersuchungsgegenstandes sehr bewußt war und daher bei der Mytheninterpretation zur Vorsicht gemahnt hat[19]. Die Schaffenskraft im Allgemeinen und die Energie und Konstanz im Besonderen, mit welcher Heyne dieses Feld gepflügt und gepflegt hat, verdient Bewunderung, doch soll hier auf eine ausführlichere Würdigung verzichtet werden, was um so leichter fällt, als auf eine Arbeit verwiesen werden kann, in der dies geleistet wird[20].

Was für Heyne gilt, das gilt auch mit Blick auf die vielen anderen Pioniere der Mythosforschung. Es kann und soll in diesem Kapitel nicht darum gehen, eine vollständige Darstellung der Geschichte der Mythosforschung und eine eingehendere Würdigung bereits entwickelter Ansätze zu liefern. Ganz abgesehen von dem Umstand, daß dafür ein eigenes Buch vonnöten gewesen wäre, gibt es wich-

---

17 Vgl. dazu Fornaro, 2017, 220.
18 Vgl. Graf, 1993, 284, für den Heyne als „eigentlicher Begründer der mythologischen Studien in der Klassischen Altertumswissenschaft" gilt. Im Rückblick auf seine Arbeit und auf den Wert der Mythen schreibt Heyne selbst (1807, 2009 f): „Die Mythen haben ihren Werth und ihren Rang wieder erhalten; sie sind als alte Sagen, als die ersten Quellen und Anfänge der Völkergeschichte, zu betrachten, andere als die ersten Versuche der Kinderwelt zu philosophiren; in ihnen versuchte sich das Genie zur Poesie; durch sie bildete sich der Geschichtsstyl; von ihnen ging überhaupt die Bildung der Schrift, Sprache, zunächst die Dichtersprache, aus; aus welcher die Redekunst mit ihrem Schmucke, den Vergleichungen, Figuren und Tropen, hervorging; die Kunst aber mit ihren Idealen, vermittelst der Götternaturen, und des Göttersystems, hatte ihre ganze erste Anlage in den Mythen und mythischen Bildern."
19 Vgl. Heyne, 1807, 2016: „Mit einem Wort, in keiner Gattung von gelehrten Discussionen ist dreistes Absprechen und Entscheiden weniger an seiner Stelle, als in der Interpretation mythischer Gegenstände."
20 Zu Christian Gottlob Heyne und einer differenzierten Beurteilung seiner Leistung für die Mythosforschung s. Scheer, 2014; zu einer Würdigung von Heynes „Werk und Leistung" insgesamt s. den von Bäbler/ Nesselrath, 2014, herausgegebenen Sammelband. Die maßgebliche Rolle, die Karl Otfried Müllers *Prolegomena zu einer wissenschaftlichen Mythologie* (1825) für die weitere Entwicklung der Mythosforschung gespielt haben, betonen Kerényi, 1939, 225-227, Graf, 1985, 27, und Gödde, 2017, V f.

tige Vorstöße, die sich dies bereits zur hauptsächlichen Aufgabe gemacht haben[21]. Die folgenden Streiflichter stellen daher vor allem eine Hinführung auf die in diesem Buch vornehmlich in Angriff genommenen Problemfelder auf dem Hintergrund verschiedener Stoßrichtungen der Mythosforschung dar. Einige wichtige Positionen der Forschung werden außerdem später im Buch passenderweise jeweils dort ausführlich diskutiert werden, wo es von der Sache her gefordert ist.

Was sind Mythen? Und wie lassen sie sich deuten? Lange Zeit und teilweise bis heute hat die zweite Frage mehr Interesse und mehr Antworten erhalten als die erste[22]. Das gilt bereits für die griechisch-römische Antike. Von Euhemeros von Messene (4./3. Jh. v. Chr.) ist keine explizite Mythosdefinition überliefert, sehr wohl hingegen seine Auffassung darüber, wie Mythen zu erklären sind, nämlich als Geschichten über menschliche Herrscher, die nachträglich überhöht und zu Göttern stilisiert worden seien. Die unter dem Autornamen „Palaiphatos" firmierende Schrift *Über unglaubliche Geschichten* (ca. 4. Jh. v. Chr.) reduziert in rationalistischer Manier viele Sonderbarkeiten von Mythen v. a. auf verkannte empirische Gegebenheiten und Vorkommnisse oder erklärt sie als Mißverständnisse eigentlich metaphorisch gemeinter Ausdrücke und versucht auf diese Weise, den von ihm angenommenen Wahrheitsgehalt dieser Mythen aufzudekken, ohne daß an irgendeiner Stelle versucht würde, den Untersuchungsgegenstand allgemein zu definieren. Der kaiserzeitliche Autor Cornutus (1. Jh. n. Chr.) unternimmt es, in seinem Kompendium über die griechischen Götter die mit den Göttern verbundenen Namen und Geschichten als allegorisierende Verschlüsselungen naturhafter Elemente oder Vorgänge zu erklären und setzt dabei voraus, was unter „mythisch" zu verstehen ist, ohne es näher zu bestimmen[23].

---

21 Vgl. dazu die hilfreichen Überblicksdarstellungen bspw. bei Kirk, 1980, 11-88; Graf, 1985, 15-57 (mit Schwerpunkt auf der älteren Mythosforschung mit ihren hauptsächlichen Vertretern und Positionen); Csapo, 2005 (mit Schwerpunkt auf der jüngeren Mythosforschung und auf der Einbettung der Mythostheorien in die jeweiligen soziologisch-historischen und wissenschaftsgeschichtlichen Bedingungen ihrer Entstehung); Segal, 2007; Masciadri, 2008, 354-363 (sehr pointiert); Powell, 2009, 14-47 (als erster Einstieg geeignet, da zwar notwendig selektiv und äußerst verknappt, aber gut verständlich; ähnlich prägnant und dabei mit erfrischend unverblümten Wertungen Rose, 1982, 1-13). Eine handliche Sammlung von Texten zu modernen Mythostheorien findet man bei Barner/ Detken/ Wesche, 2003; eine Zusammenstellung wichtiger Texte älterer Versuche, Mythen zu erschließen, bei Kerényi, 1967 (allerdings in Hinblick auf das 20. Jahrhundert weitgehend ohne englisch- und französischsprachige Forschungsliteratur).
22 Vgl. Zinser, 1985, 113: „Das Einzige, worin sich fast alle Mythenforscher einig sind, ist, daß Mythen als deutungsbedürftig angesehen werden."
23 Zur „Allegorese des antiken Mythos" s. den gleichnamigen Sammelband, hg. von Horn/ Walter (1997). Der Umstand, daß speziell die griechisch-römischen Mythen so lange Zeit überdauert

Als Ausnahme wird manchmal bis heute der Autor eines Werks mit dem Titel *Über die Götter und die Welt* namens Salustios (ca. 2. Hälfte 4. Jh. n. Chr.) gehandelt, aus dessen Schrift bisweilen folgender Satz als Mythosdefinition ausgegeben wird[24]: „(All) dies geschah niemals, ist aber immer, und der Verstand sieht alles zugleich, die Erzählung aber berichtet dies als erstes und jenes als zweites." Doch besteht das eigentliche Anliegen von Salustios nicht darin, „Mythos" zu definieren; auch ihm geht es in seiner Schrift wesentlich um die verschiedenen Möglichkeiten, Mythen als allegorische Ausdrucksformen göttlicher oder naturhafter Wahrheiten zu deuten, und es ist fraglich, ob Salustios den zitierten Satz tatsächlich als eine allgemeingültige Aussage verstanden wissen wollte. Das ist aus mehreren Gründen zweifelhaft. Zum einen deswegen, weil Salustios seine „Definition" weder herleitet noch begründet; des Weiteren, weil er sie nicht an den Anfang seiner Ausführungen als für alles Folgende gültig voranstellt, sondern sie erst später und gewissermaßen nur *en passant* einschiebt; und schließlich, weil er selbst sie nicht als allgemeingültig hinstellt, sondern sie in Hinblick auf *einen bestimmten* Mythos und zu dessen Erläuterung formuliert[25].

Der Blick auf diese ausgewählten Beispiele zeigt, daß sich die Geschichte der Mythosforschung von der Antike an im Wesentlichen nicht als eine Geschichte der Mythos*theorie*, sondern vielmehr als eine Geschichte der Mythos*deutung* verstehen läßt[26]. Die Frage, die die Gemüter bewegt hat, war in erster Linie, wie sich Mythen *deuten* lassen; was Mythen *sind*, wird in der Regel stillschweigend als bekannt vorausgesetzt.

Neuere Ansätze haben dann das Spektrum der Möglichkeiten, Mythen zu erklären, wesentlich erweitert. So werden Mythen etwa in der psychoanalytischen Mythendeutung als Ausdrucksweisen tieferer, allgemein-menschlicher psychischer Phänomene oder Mechanismen interpretiert, oder sie werden in den Augen einer strukturalistischen Mytheninterpretation als Kodierungen kulturell spezifischer, bedeutungstragender Sinneinheiten oder Konzepte verstanden, oder man begreift Mythen als Ausdrucksformen gesellschaftlicher Ideologien, oder als Widerspiegelungen ritueller Praktiken in der *myth and ritual school*.

---

haben, liegt nach der überzeugenden Grundidee von Brisson, 1996, nicht zuletzt daran, daß sowohl Philosophen als auch Theologen im Lauf der Jahrhunderte durch allegorisierende Deutungen immer wieder versucht haben, diese wirkmächtigen Erzählungen für ihre eigenen Zwecke zu vereinnahmen (s. zusammenfassend ebd. 1-3).
24 Salustios, *De diis et mundo* 4: Ταῦτα δὲ ἐγένετο μὲν οὐδέποτε, ἔστι δὲ ἀεί· καὶ ὁ μὲν νοῦς ἅμα πάντα ὁρᾷ, ὁ δὲ λόγος τὰ μὲν πρῶτα τὰ δὲ δεύτερα λέγει.
25 Es handelt sich um den Mythos von Attis und Kybele.
26 Eine sehr kondensierte Übersicht über verschiedene Interpretationsansätze von Mythen in der Antike bei Honko, 1984, 44-46.

Mit der zunehmenden Bedeutung der soziologisch-historischen Wissenschaften tritt neben der Frage „Wie kann man Mythen deuten?" noch eine andere Frage in den Mittelpunkt des Interesses, nämlich[27]: „Wozu (und von wem) werden Mythen eingesetzt?" Die Frage nach der *Funktion* von Mythen (Erklärung von Welt durch Aitiologien, Identität stiftende Gründungsgeschichten, Legitimation von Ämtern oder Privilegien u. a.), ob nun aus historischer, soziologischer oder auch religions- oder literaturwissenschaftlicher Perspektive, ersetzt inzwischen in etlichen Fällen die uralte Frage nach der *Deutung* von Mythen fast vollständig, nachdem die Pluralität der verschiedenen Interpretationsansätze zu einer gewissen Resignation hinsichtlich einer allgemein-verbindlichen Mytheninterpretation geführt hat. Statt Resignation kann man es auch Erkenntnis nennen, nämlich die Erkenntnis, daß „monolithische" Theorien zur Erklärung eines so komplexen Untersuchungsgegenstandes, wie es Mythen nun einmal sind, offenbar nicht ausreichen[28].

So wie ein und derselbe Mythos auf verschiedene Arten und Weisen funktionalisiert werden kann, so scheint es auch mehrere verschiedene Möglichkeiten fruchtbarer Deutungen eines Mythos zu geben. Woran liegt das? Und liegen verschiedene Interpretationen in der Sache begründet, oder sind sie abhängig von den jeweils dahinterstehenden Ansätzen, und lassen widersprüchliche Deutungen auf eine Beliebigkeit interpretatorischer Zugänge schließen? Um diese und ähnliche Fragen beantworten zu können, ist es nötig, einen Schritt zurückzutreten auf die Ebene der Mythostheorie und die Frage zu stellen: „Was *sind* Mythen?" – in der Hoffnung, daß eine Beantwortung dieser Frage nach dem Wesen von Mythen die Grundlage schafft für eine Beantwortung der Fragen nach ihren möglichen Interpretationen und Funktionen.

Diese Frage nach dem „Wesen" von Mythen klingt positivistisch. Es scheint nun fast ein Dogma postmoderner Wissenschaftskultur zu sein, daß die Möglichkeit der „positiven" Bestimmung eines Gegenstandes eine Illusion sei und damit einhergehende Bemühungen als zu verengt oder fruchtlos zu gelten haben. Die Kritik an so manchen allzu optimistisch-dogmatischen positivistischen Setzungen mag in einzelnen Fällen berechtigt sein, doch das bewußte Offenlassen, das Sich-nicht-näher-Festlegen auf eine genauere Bestimmung wesentlicher Merkmale zentraler Untersuchungsgegenstände birgt unweigerlich eine Gefahr, die

---

27 Diese Beobachtung auch im Forschungsüberblick bei Kühr, 2006, 15, Anm. 3.
28 Eine Position, die sich etwa bereits bei Cassirer, 1953, 26, ausgesprochen findet, und die vor allem Kirk, 1980, in aller Deutlichkeit vertritt (zusammenfassend bspw. ebd., 16 und 37); vgl. auch Csapo, 2005, 290 f; Morford/ Lenardon/ Sham, 2011, 3; in Bezug auf Malinowskis Idee der *charter myths* s. Graf, 1985, 46, oder auf die Herleitung von Mythen aus Ritualen ebd., 54.

mindestens ebenso groß ist, wenn nicht noch größer: Die Gefahr nämlich, daß man meint, dasselbe zu meinen, während jeder in Wirklichkeit etwas anderes meint. So ist durch eine Nicht-Festlegung zwar die Klippe einer zu einseitigen oder unvollständigen oder in sonst irgendeiner Form unvollkommenen Festlegung umschifft, doch lauern nun allenthalben die Sandbänke halbpräziser Begrifflichkeiten und damit die Untiefen des Aneinander-vorbei-Redens[29].

Es liegt auf der Hand, daß diese Gefahr und die damit verbundenen Unklarheiten um so größer werden, je mehr Forscher und verschiedene Disziplinen sich auf dem Feld der Mythosforschung treffen. In keiner Weise soll abgestritten werden, daß auf dem Gebiet der komparatistischen Mythosforschung eminente Fortschritte erzielt worden sind, zuvörderst durch die (weitgehende) Überwindung einer Unterscheidung zwischen Mythen „primitiver" und „höherer" Kulturen und durch das (weitgehende) Ablassen von der Suche nach einer mehrere oder alle Völker umgreifenden Ur-Mythologie, des Weiteren durch die Aufdeckung von inner- und interkulturellen Parallelen, Bezügen und Abhängigkeiten, oder durch den Gewinn einer schärferen Konturierung kulturspezifischer Eigenheiten[30], doch läßt sich auch auf diesem Gebiet der Mythenvergleiche beobachten: Es wird viel über die Gefahren und Gewinne des *Vergleichens* von Mythen gesprochen, wenig aber über das, was Mythen *sind*. So entstehen zwar einzelne, aus jeweils kulturspezifischer Sicht gewinnbringende Studien, aber sie werden in der Regel nicht durch einen übergreifenden mythostheoretischen Ansatz zusammengehalten, so daß die impliziten Vorstellungen von dem, was man unter „Mythos" versteht, und entsprechend auch die gewählten Zugangsweisen wesentlich pluralistischer ausfallen, als es das gemeinsame Dach eines Sammelbandes suggeriert[31].

Nun sind freilich diejenigen, die in Sammelbänden mit einem Schwerpunkt auf Mythen Beiträge verfassen, von ihrer Profession her etwa Ethnologen, Sozio-

---

29 Vgl. Masciadri, 2008, 354, der in ähnlichem Zusammenhang von einer „vielleicht spezifisch postmodernen, wohligen Schlamperei im Gedanklichen" spricht.
30 Zur Vergleichenden Mythosforschung s. den kurzen Abriß bei Masciadri, 2008, 357-360.
31 Vgl. bspw. Assmann/ Burkert/ Stolz, 1982; Whiting, 2001; Brandt/ Schmidt, 2004; Schmitz-Emans/ Lindemann, 2004 (hier wird das Fehlen einer gemeinsamen mythostheoretischen Basis gleichsam programmatisch zur Stärke erklärt, s. ebd. 11); Dill/ Walde, 2009; und auch noch A. Zgoll/ Kratz 2013. Binsbergen/ Venbrux, 2010, 21, fassen die Ergebnisse der „Second Annual Conference of the International Association for Comparative Mythology" (Ravenstein, 2008), abschließend so zusammen: „These developments inspire a sense of gratification and achievement, ... even though the theoretical debates during this conference brought out the fact that we are still far removed from the emergence of a mainstream disciplinary consensus."

logen, Philosophen, Historiker oder Philologen, in aller Regel aber keine Mythologen, denn das Fach „Mythologie" hat sich bislang nicht als eigene Disziplin etablieren können[32], obwohl das Interesse an Mythen sowohl universitär wie gesellschaftlich groß ist. Dafür gibt es mehrere Gründe. Historisch betrachtet mag dies unter anderem an der lange Zeit ablehnenden Einstellung gegenüber den „heidnischen" Mythologien durch die christliche Theologie liegen, welche die geisteswissenschaftliche Landschaft lange Zeit als Krondisziplin beherrscht und geprägt hat. Zudem gab und gibt es unterschiedliche Mythologien verschiedener Kulturen, so daß nach einer einsetzenden wissenschaftlichen Beschäftigung entsprechend sprach-, kultur- oder nationalitätsspezifische Disziplinen für die Erforschung der jeweils eigenen Mythen verantwortlich zeichneten, die sich in unterschiedlichen Richtungen entwickelt haben. Sachlich und fachlich betrachtet wurde und wird die Entwicklung einer eigenen Disziplin „Mythosforschung" dadurch erschwert, daß Mythen sich in vielfältigen Quellenarten finden lassen (textliche, archäologische u. a. Zeugnisse), deren Erschließung unterschiedlicher methodischer Herangehensweisen bedarf. Das Fehlen der Mythologie im traditionellen universitären Fächerkanon liegt nicht zuletzt aber auch daran, daß auf dem Gebiet der Mythosforschung im Vergleich zum „Überbau" der Mythenkomparatistik, der historisch-soziologischen Funktionsanalyse von Mythen und der Möglichkeiten der Mytheninterpretation das Fundament der Disziplin, die Mythostheorie und, damit zusammenhängend, die Entwicklung einer grundständigen und noch vor jeder weiteren Funktionsbestimmung, Interpretation und Vergleichung anzusetzenden Methodik zur Mythenanalyse, bislang weniger intensiv angegangen worden ist.

Wenn Vorstöße in Richtung des Bereichs „Mythostheorie" unternommen wurden, so haben nach Heynes vielversprechender Initialzündung und essentiellen Beiträgen von Forschern wie Bremmer, Burkert, Graf, Kerényi, Kirk, Müller, Preller, Reinhardt, Roscher oder Vernant (um nur einige zu nennen) in der jüngeren Vergangenheit die altertumswissenschaftlichen Disziplinen dieses Feld weitgehend an andere kultur- und geisteswissenschaftliche Fächer wie etwa Ethnologie, Philosophie, Psychologie, Kulturanthropologie, Religionswissenschaft und Soziologie abgetreten[33]. Verschiedene theoretische Überlegungen und Zugangsweisen haben auf diese Weise die anfänglich primär philologisch, histo-

---

32 Zumindest in Deutschland; in Frankreich bspw. hat man weniger Scheu, was zumindest die Eigenbezeichnung als „Mythologe" angeht. So reden etwa Scheid/ Svenbro, 2017, 30, mit Blick auf ihr Forscherleben von ihrer „Ausbildung zu Mythologen".
33 Vgl. zu dieser Beobachtung auch Kirk, 1980, 14 (der selbst eine Ausnahme darstellt).

risch und archäologisch ausgerichtete Mythosforschung auf dem Gebiet der antiken Kulturen bereichert. Es kann dabei aber nicht übersehen werden, daß manche der außerhalb der Altertumswissenschaften entwickelten theoretischen Anstöße nicht oder nur eingeschränkt verallgemeinerbar sind und daß sie, wenn überhaupt, oft nur bedingt auf das antike Material angewendet und dafür wirklich fruchtbar gemacht werden können.

Des Weiteren kann man sich nicht immer des Eindruckes erwehren, daß in den Fällen, in denen antike Quellen bei der Entwicklung eines theoretischen Vorstoßes einbezogen wurden, der außerhalb der Altertumswissenschaften oder in einem nur noch eher losen Zusammenhang mit diesen zu verorten ist, diese antiken Quellen oft selektiv, gewissermaßen als Steinbruch verwendet wurden, ohne daß dabei den literaturhistorischen und gattungsbedingten Spezifika sowie den konkreten gesellschaftshistorischen Kontexten dieser Quellen immer ausreichend Rechnung getragen wurde. Und wenn doch, dann war die Gefahr groß, in die „literarische Falle" der Mythosforschung zu geraten und für genuin mythisch zu halten, was bei näherer Betrachtung autor- oder gattungsspezifisch ist[34].

Wenn hier der Versuch unternommen wird, das auf dem Gebiet der Mythosforschung in Bezug auf Methoden und Theorien zuletzt eher defensive und rezeptive Verhalten altertumswissenschaftlicher Disziplinen aufzubrechen, so geschieht dies aus dem Wunsch heraus, in Verantwortung für die eigenen Fächer einen theoretischen Ansatz und praktische Methoden zu entwickeln, von denen einerseits diese Disziplinen selbst profitieren, weil sowohl Ansatz wie methodische Zugangsweisen am eigenen Material und damit u. a. für das eigene Material entwickelt wurden, von denen andererseits aber auch Impulse für angrenzende Fachgebiete ausgehen können.

Das ist nicht nur Zukunftsmusik. Bei dem hier vorgestellten theoretischen Ansatz und der damit verbundenen Methodik handelt es sich unter anderem um die Ernte und den Zwischenstand eines mehrjährigen fruchtbaren Austausches mit anderen, der seit 2010 ein institutionelles Dach hatte in Form des Göttinger *Collegium Mythologicum*, einer mehrheitlich aus Nachwuchsforscherinnen und -forschern bestehenden interdisziplinären Arbeitsgruppe zur Erforschung antiker Mythen, und um die Früchte eines mehrjährigen Austausches mit arrivierten Vertretern verschiedener Disziplinen im Rahmen der Vorbereitung zu einer fakultätenübergreifenden Mythosforschung, die seit Juni 2016 zur Einrichtung einer weiteren, ebenfalls an der Universität Göttingen beheimateten Institution geführt hat, nämlich der von der Deutschen Forschungsgemeinschaft

---

34 S. zur literarischen Falle der Mythosforschung Näheres in Kapitel 2.2.

geförderten interdisziplinären Forschungsgruppe 2064 „STRATA – Stratifikationsanalysen mythischer Stoffe und Texte in der Antike"[35].

Wo die Mythosforschung heute eigentlich steht, ist eine schwierig zu beantwortende Frage, da es „die" Mythosforschung als eine einheitliche, disziplinär eigens verankerte Wissenschaft – zumindest bisher – nicht gegeben hat. Daß eine semiotisch-strukturalistische Herangehensweise heute „wohl der allgemein dominierende methodische Ansatz" sei[36], dürfte in dieser Allgemeinheit wohl eher nicht zutreffen, müßte jedenfalls erst des Näheren belegt werden[37]. Als dezidierte Stoff-Forschung und in diesem Sinne als ein eigenständiges, spezielles Teilgebiet einer allgemeinen Stoffwissenschaft ist Mythosforschung überhaupt erst zu etablieren[38].

1.4 Ziele und Desiderata

> Was unser Geist der Wirrnis abgewinnt,
> kommt irgendwann Lebendigem zugute.
>
> R. M. Rilke (1924), Widmungsgedicht für
> Marga Wertheimer

Greift man beim Thema Mythos zur Fachliteratur, oder, um präziser zu sein: zu den verschiedenen Fachliteraturen, dann wird man mit einer Vielfalt von Definitionen, Theorien und Zugangsweisen konfrontiert. Schon bei einem allgemeinsten Nenner, daß Mythen Erzählungen seien, herrscht nicht unbedingt Klarheit darüber, was unter Erzählungen jeweils verstanden wird. Und selbst dann, wenn so, als sei dies selbstverständlich und bedürfe keiner weiteren Ausführungen, die Ansicht vertreten wird, daß diese Erzählungen nicht mit bestimmten Texten identisch seien, sondern daß es sich bei Mythen um Stoffe handele, so ist damit die eigentliche Arbeit noch nicht getan. Im Gegenteil, die Probleme beginnen hier

---

35 Im Kontext der genannten Forschungsverbünde entstehende Arbeiten, die bereits mit den Methoden der Hylemanalyse und der Stratifikationsanalyse an die Erforschung mythischer Stoffe herangehen, werden u. a. im Rahmen der neu ins Leben gerufenen Reihe *Mythological Studies* (MythoS) publiziert; s. die Bände A. Zgoll/ C. Zgoll, 2019, und A. Zgoll/ C. Zgoll, 2019/20.
36 So Schmitt, 2014, 84.
37 Gerade eine *strukturalistische* Mythenanalyse, wie sie in Anlehnung an Lévi-Strauss bspw. von Vernant, Detienne oder Dumézil unternommen wird, ist äußerst voraussetzungsreich, daher einer speziellen Richtung zuzuschreiben, auf deren Vertreter (und Nachfolger) beschränkt und sorgfältig von einer durchaus nicht unbedeutenden Fraktion zu unterscheiden, die im Gefolge von Propp *strukturanalytisch* an Mythen (oder andere Erzählstoffe wie Märchen) herangeht.
38 S. dazu des Näheren die Kapitel 3.3 und 3.4.

erst. Denn es bleibt u. a. zu definieren, was unter „Stoff" näherhin zu verstehen ist, wenn er nicht mit bestimmten medialen Konkretionsformen wie Texten gleichgesetzt werden kann, aus welchen Elementen ein Stoff sich konstituiert, wie man diese Elemente aus einer bspw. textlichen oder bildlichen Konkretion extrahieren und den Stoffverlauf rekonstruierend darstellen kann, ob es verschiedene Arten von Stoffen gibt und wenn ja, welche und wie sie sich unterscheiden lassen, und welche Folgerungen aus diesen Erkenntnissen für die Beschaffenheit und die Interpretation von einzelnen Stoffvarianten zu ziehen sind. Die in diesem Zusammenhang erforderlichen theoretischen Überlegungen können, konsequent weitergedacht, außerdem ein verläßliches Fundament für eine transmediale und nicht auf Texte, sondern auf Stoffe ausgerichtete Komparatistik liefern.

Ein hauptsächliches Ziel der vorliegenden Abhandlung besteht daher darin, Mythen als Erzählstoffe nicht nur zu benennen, sondern vor allem auch zu verstehen, was und wie beschaffen Stoffe im Allgemeinen und mythische Stoffe im Besonderen sind, und welche Auswirkungen diese Erkenntnisse auf die Analyse, Interpretation und einen transmedialen Vergleich von einzelnen Stoffvarianten haben. Mit anderen Worten: Es geht um den Entwurf einer allgemeinen, transmedialen und komparatistischen Stoffwissenschaft (alias Hylistik) mit einem Fokus auf dem Spezialgebiet der Erforschung mythischer Stoffe.

Eine solche transmedial ausgerichtete, komparatistische Stoffwissenschaft ist zu unterscheiden von dem Entwurf einer umfassenden „intermedialen Erzähltheorie"[39], wie er bspw. in der Arbeit von Wolf (2002) unternommen wird, wo der gesamte Komplex, in dem der Begriff „Stoff" nur einen Teilaspekt darstellt, ins Auge gefaßt wird, der Akt des Erzählens und der Rezeption des Erzählten, das Wesen des „Narrativen" (nach Wolf der „'Rahmen', in dem Erzählen vollzogen

---

39 Die Intermedialitätsforschung ist insgesamt und daher auch hinsichtlich der Fachterminologie noch in der Formierungsphase; s. dazu grundlegend Rajewsky, 2002. Während der Begriff der „Intermedialität" in der Regel als Oberbegriff über verschiedene Phänomene gebraucht wird (vgl. Rajewsky, 2002, 12: „Hyperonym für die Gesamtheit aller Mediengrenzen überschreitenden Phänomene"; Zemanek, 2012, 166: „Sammelbegriff für verschiedene Phänomene, die mehrere Medien involvieren"; Wolf, 2013, 344: „in einem weiten Sinn jedes Überschreiten von Grenzen zwischen konventionell als distinkt angesehenen Ausdrucks- oder Kommunikationsmedien"), bezeichnet der Terminus „Transmedialität" näherhin das Nicht-festgelegt-Sein von Inhalten aller Art (von Erzählstoffen, politischen Programmen, religiösen Botschaften etc.) auf einzelne Medien (wie ein Buch oder ein Bild oder eine Broschüre etc.) oder Medienarten (wie die Literatur, den Film, die Malerei etc.). S. dazu Rajewsky, 2002, 12 f; Fraas/ Barczok, 2006, 136 f. Auf die Unterscheidung zwischen „Intermedialität" und „Transmedialität" wird noch einmal explizit in Kapitel 9.2.1 eingegangen. Zum Begriff „medial" und zur Unterscheidung von „Medium" und „Medienart" s. den Anfang von Kapitel 2.1.

wird"), seine Qualität (die „Narrativität") und die medial verschiedenen Realisierungsmöglichkeiten des „Narrativen" wie etwa in der Literatur, in der Malerei oder sogar in der Musik[40]. Nicht um das Phänomen des Erzählens in all seinen Facetten soll es gehen, sondern um das Material, ohne das Erzählen nicht möglich ist; dieser Teilaspekt des stofflichen Substrats erscheint bereits komplex genug.

Ein zweites wesentliches Anliegen dieser Arbeit betrifft das Spezialgebiet der Erforschung mythischer Stoffe und besteht darin, die Vorstellung von Mythen als prinzipiell einheitlichen und konsistenten Gebilden aufzubrechen. Ein mythischer Stoff hat nicht nur *eine* Form, sondern er ist *polymorph*, er existiert in Form verschiedener Varianten, so daß ein Stoff sich immer nur annäherungsweise und als „Vielform" erfassen läßt. Da Mythen, verstanden nicht als Texte, sondern als Stoffe, nicht zur Gänze als intentionale Autorprodukte angesehen werden können, sondern zusätzliche Einflüsse von anderen, unterschiedlichen Bedeutungszusammenhängen und Traditionen immer auch eine Rolle spielen, stellt darüber hinaus jede neue Konkretion eines Stoffes in Form einer einzelnen Stoffvariante in der Regel ein Produkt dar, das Elemente verschiedenster Provenienz inkorporiert. Ein mythischer Stoff besteht daher nicht nur aus unterschiedlichen Stoffvarianten, sondern jede einzelne Variante ist außerdem insofern ein komplexes Gebilde, als sie in aller Regel Elemente unterschiedlicher Herkunft in sich trägt, so daß jede Stoffvariante für sich genommen in der Regel vielschichtig bzw. *polystrat* ist.

Diese Erkenntnis zieht wiederum die wichtige Folgerung nach sich, daß weder die Handlungssequenz (die „syntaktische" Oberflächenstruktur) noch die semantische („paradigmatische") Tiefenstruktur einer Stoffvariante oder gar eines mythischen Stoffes insgesamt auf einen einheitlichen Deuthorizont bezogen werden können[41]. Wenn in dieser Arbeit von einer Polymorphie und Polystratie mythischer Stoffe die Rede sein wird, so stellt dies demzufolge zwar einen gewissen Bruch mit hermeneutischen, formalistischen und strukturalistischen Herangehensweisen dar, doch wird damit andererseits auch nicht einem radikalen Dekonstruktivismus das Wort geredet. Der Bedeutungsgehalt mythischer Stoffe ist

---

40 Vgl. Wolf, 2002; Zitat zum Wesen des „Narrativen" s. ebd. 23. Vgl. auch die Bemühungen der kulturanthropologischen Erzählforschung, v. a. das „Setting" in den Blick zu nehmen, in welches das Erzählen mythischer Stoffe jeweils kulturspezifisch eingebettet ist (s. dazu Bendix, 2013, 73-77); auch dort geht es mehr um das Phänomen des *Erzählens* insgesamt als um das *Erzählte*.
41 S. dazu und zur Verwendung bzw. Bedeutung der Adjektive „syntaktisch" und „paradigmatisch" in diesem Zusammenhang die Ausführungen in Kapitel 15.4.1.

weder in eine Beliebigkeit verschiedenster oder sogar entgegengesetzter Aussageabsichten auflösbar, noch transportiert er nur eine Bedeutung. Man kann sich einem mythischen Stoff nur dann angemessen annähern, wenn man nach Stoffvarianten und innerhalb dieser Varianten noch einmal nach Schichten differenziert und interpretatorisch dementsprechend varianten- und schichtenspezifisch vorgeht. Mit Blick auf den hier vertretenen Ansatz kann man somit von einer dekonstruktivistischen Hermeneutik, oder, wenn man dieses Oxymoron als zu dunkel meiden will, von einer stoff- und stratifikationsanalytischen Mythen-Hermeneutik sprechen, für die nach einer Stoffrekonstruktion in Form von kleinsten handlungstragenden Einheiten („Hylemen") eine Dekonstruktion stofflicher Strukturen und eine analytische Zergliederung nach verschiedenen Strata nicht die letzten Ziele, wohl aber wichtige Bestandteile darstellen.

Mythos und alles, was damit zusammenhängt, ist eine Hydra. Schlägt man einen Kopf ab, wachsen sofort zwei andere nach. Deshalb können in diesem Buch einige Aspekte und Fragen, die man vielleicht erwartet hätte oder sich wünschen würde, nicht behandelt oder nur gestreift werden. Dazu gehören bspw. das weite Feld des „mythischen Denkens" im Cassirer'schen Sinn, also die Untersuchung bestimmter charakteristischer, öfter wiederkehrender und modernen Sichtweisen oft fremd erscheinender Vorstellungs- und Denkmuster mythentradierender Kulturen, die spannende Frage nach den unterschiedlichen konkreten Verortungen mythischen Erzählens (dem jeweiligen „Sitz im Leben") und nach der Rolle, die bestimmte Rezipienten und Tradenten bei der Gestaltung und Veränderung mythischer Stoffe spielen, sowie der Themenkomplex „Mythos und Wahrheit"[42]. Die eng mit dem letztgenannten Thema verzahnte Frage nach Funktionen von Mythen wird behandelt[43], doch nicht so ausführlich, wie dies beabsichtigt war und angemessen wäre, denn dazu wie auch zu anderen Aspekten ließe sich ohne Probleme jeweils eine eigene Abhandlung schreiben.

Daß Etliches fehlt bzw. noch hätte untersucht und geschrieben werden müssen, ist vermutlich niemandem so bewußt wie dem Verfasser. Schon Cervantes schreibt treffend[44]: y así, digo que es grandísimo el riesgo a que se pone el que imprime un libro, siendo de toda imposibilidad imposible componerle tal, que satisfaga y contente a todos los que le leyeren. – „Jedenfalls ist es ein großes Wagnis, ein Buch in Druck zu geben, denn unter allen unmöglichen Dingen ist nichts

---

42 Zur Frage nach der Wahrheit von oder in Mythen s. C. Zgoll, 2014, mit weiterführenden Literaturhinweisen.
43 S. dazu Kapitel 18.4.2.
44 Cervantes, *Don Quijote*, 2,3 (übers. in Anlehnung an Lange, 2008, 41).

unmöglicher, als eines zu verfassen, das allen, die es lesen, genügt und sie zufriedenstellt." Als Ludwig Wittgenstein seine *Logisch-philosophische Abhandlung* abgeschlossen hatte, dachte er, er hätte alle wesentlichen Probleme gelöst[45], und zog sich, zumindest vorübergehend, aus der Wissenschaft zurück[46]. Der Verfasser des vorliegenden *Tractatus mythologicus* meint weder das eine, noch hat er das andere vor. Im Gegenteil. Es ist zu hoffen, daß nach dieser Grundlegung noch weitere Vertiefungen und spannende Ergebnisse folgen. Das Ende dieser Arbeit ist der Anfang der Arbeit.

---

45 So schreibt er selbst im Vorwort des *Tractatus* (kritische Edition von McGuinness/ Schulte, 1989, 3): „Ich bin also der Meinung, die Probleme im Wesentlichen endgültig gelöst zu haben."
46 S. Schroeder, 2006, 113.

2 Stoffe und ihre Konkretionen: untrennbar, aber nicht identisch

2.1 Die Freier der Penelope: Mythos als Rohstoff

Mythen sind keine Texte, sondern Stoffe. Daher sind Mythen auch keine mündlich erzählten Geschichten. Denn auch mündlich erzählte Geschichten sind jeweils konkrete Verwirklichungen bestimmter Stoffe.

Betrachtet man Mythen als *Rohmaterialien* für verschiedenste Darstellungsformen, als Erzählstoffe, die in unterschiedlichen medialen Formen konkretisiert sein können[1], dann ist klar, daß für eine Abspeicherung solcher Stoffe eine große Bandbreite verschiedenster Konkretionsformen existiert. Es liegt nicht unbedingt nahe, beim Stichwort „Mythen" etwa an Münzen, Listen, Tänze oder Sterne zu denken. Aber es sind nicht nur literarisch ausgefeilte Texte in Prosa oder Poesie, die mit Blick etwa auf die Antike als Quellen für mythische Stoffe wichtig sind, sondern daneben kommt einem breiten Spektrum weiterer Quellen ebenfalls Bedeutung zu, wie Darstellungen in Gemälden, auf Reliefs, in Form von Statuen, auf Münzen, Sarkophagen, Vasen oder Rollsiegeln, Beschreibungen von pantomimischen Aufführungen, rituellen Handlungen oder Tänzen, Interpretationen von Sterngruppen, Inschriften, Scholien und Kommentare, Handbücher, Listen, Ritualtexte und anderes[2].

Ein mythischer Stoff kann sogar in Form eines Gesellschaftsspieles konkrete Gestalt annehmen. So wissen wir etwa, daß man sich im alten Griechenland Re-

---

[1] Der Begriff „medial" (bzw. „Medium") wird in der vorliegenden Arbeit in einem ausgeweiteten Sinn gebraucht, also nicht nur auf einen vorrangig „technisch-materiell definierten Übertragungskanal von Informationen" (ein einzelnes Medium wie etwa ein konkret vorliegendes Buch oder eine bestimmte Verfilmung etc.) bezogen (Wolf, 2002, 39, Anm. 38), sondern unter Medium wird nach der Definition von Wolf (ebd.) auch „ein konventionell als distinkt angesehenes Kommunikationsdispositiv" (eine „Medienart" wie z. B. „der" Film oder „die" Literatur) verstanden, so daß der Begriff sowohl auf einzelne Medien als auch auf medienspezifische Gattungen und Subgattungen (bzw. „Medienarten") appliziert werden kann.
[2] Vgl. bereits in dieser Richtung das Ergebnis der theoretischen Überlegungen zu einer Mythosdefinition bei Honko, 1984, 49 f. Vgl. auch Morford/Lenardon/Sham, 2011, 3: „A myth also may be told by means of no words at all, for example, through painting, sculpture, music, dance, and mime, or by a combination of various media ..."

geln für ein Brettspiel überlegt hat, das die Situation der Freier in Homers *Odyssee* umsetzte, die sich auf Ithaka um die Gunst der Penelope bewarben, da Odysseus als verschollen galt. Mehrere „Freier-Steine" mußten dabei nach bestimmten Regeln um die Eroberung eines „Penelope-Steines" kämpfen[3]. Und bei Homers Erzählung vom Ehebruch des Ares mit Aphrodite, der Gattin des Hephaistos, an deren Ende die (männlichen) Götter in das berühmte „homerische Gelächter" ausbrechen, wird leicht übersehen, daß diese Erzählung nicht im Saal des Königspalastes und im Kontext einer Mahlfeier, sondern draußen im Freien vorgetragen wird, wo die Phaiaken ihrem Gast Odysseus demonstrieren wollen, daß sie Meister im Tanzen sind[4]. Das von dem Sänger Demodokos mit der Leier vorgetragene Lied wurde nach der Vorbereitung eines geeigneten Platzes durch einen Tanz der Phaiaken begleitet, der offenbar durch entsprechende körperliche Bewegungen zur Darstellung des Stoffes beitrug[5]. Mythen überschreiten Mediengrenzen: Um diese wichtige Komponente der *Transmedialität* von mythischen Stoffen wird es unter anderem in dieser Arbeit gehen – nicht so sehr darum, sie zu betonen, sondern vor allem um die Folgerungen, die sich daraus für die Erforschung und den Vergleich mythischer Stoffe ergeben[6].

Wenn Mythos nicht gleichbedeutend mit Text, ja noch nicht einmal gleichbedeutend mit mündlich erzählter Geschichte ist, dann ist unter Mythos erst recht nicht eine bestimmte literarische Gattung zu verstehen. Mythen sind Stoffe, die in verschiedenen literarischen Gattungen bearbeitet werden können. Daraus folgt, daß es nicht möglich ist, eine detaillierte literaturwissenschaftliche Beschreibung von „Mythos" zu geben, jedenfalls nicht analog zu einer ausführlichen Gattungstypologie, wie sie etwa hinsichtlich des Epos ausgearbeitet werden kann[7]. Das Epos als Gattung läßt sich durch Charakteristika in Bezug auf Sprache,

---

[3] Athen. 1,16e-17b.
[4] Hom. *Od.* 8,250-369.
[5] Dadurch rückt diese multimediale Mythos-Aufführung in die Nähe der in Griechenland später so beliebten Theaterstücke, und so könnte dieser Textabschnitt bei Homer etwas von möglichen Ursprüngen des Dramas erzählen.
[6] Zum Begriff der Transmedialität und zu der Unterscheidung von Transmedialität und Intermedialität s. Kapitel 9.2.1.
[7] Dies gilt es etwa in Hinblick auf altorientalistische und bibel-exegetische Fachtraditionen zu betonen, da dort nicht selten mit „Mythen" eine *Textgruppe* bezeichnet wird, die teilweise mit der Textgruppe der „Epen" in Zusammenhang gebracht wird. Vgl. etwa den Titel des 2015 erschienenen 8. Bandes der Reihe „Texte aus der Umwelt des Alten Testaments": „Weisheitstexte, Mythen und Epen", in dem es einleitend entsprechend heißt (Janowski/ Schwemer, 2015, IX): „Ähnlich komplex wie der Mythos-Begriff ist der Begriff des Epos, der gattungstheoretisch kaum von jenem unterschieden werden kann." Im Hinblick auf „das babylonische Weltschöpfungs-

Stil, bevorzugte Stoffe, Einsatz von Figuren, Erzähltechniken, Erzählelemente u. a. literaturwissenschaftlich und kulturspezifisch differenziert beschreiben. Mythos als Stoff aber weist weder einen bestimmten Stil auf, noch ist damit entschieden, ob man den Stoff in Poesie oder in Prosa vorträgt, und auch Erzähltechniken richten sich dann nach der jeweiligen, den Mythos „bearbeitenden" Gattung. All dies sind Merkmale dieser Gattungen, nicht Merkmale der mythischen Stoffe[8].

---

epos *Enūma eliš*" unterscheiden Kämmerer/ Metzler, 2012, 2-4, zwar „den Inhalt ('Mythos') gegenüber der Form ('Epos')" (ebd. 3), verstehen dann aber doch unter Mythos „eine besondere Form des narrativen Textes", so daß die klare Differenzierung wieder verwischt wird. Eine deutliche Trennung von Mythos als Stoff und dessen Realisierung in verschiedenen Textgattungen nimmt hingegen Diakonoff, 1995, 125, Anm. 1, vor: „... in the same way as a plot may be extended into narratives of different kinds (a poem, an epic, a novel etc.), also the myth may." Vgl. zur Diskussion in der Altorientalistik, ob und inwieweit „myth as literary genre" zu bezeichnen sei, Heimpel, 1997, 541. In den Bibelwissenschaften wird noch in jüngster Zeit „Mythos" als „Textsorte" definiert, vgl. Irsigler, 2013, 2.2.1: „Ein in der Bibelwissenschaft operationabler, nach Kriterien anwendbarer und literaturwissenschaftlich begründeter Begriff von 'Mythos' versteht Mythos als Textsorte, als im weiteren Sinn 'Gattung' literarisch gestalteter Mythentexte, wie sie im vorderaltorientalischen Überlieferungsraum und kulturellen Bereich vertreten sind ..." Vgl. auch Lux, 2014, 196: „Mythos ... lässt sich als literarische Gattung von anderen Gattungen, der Legende, der Sage, dem Märchen und Hymnus unterscheiden. Und doch bereitet es immer wieder Schwierigkeiten, diese Gattung zu definieren." Aus der Märchenforschung begreift Lüthi, 2004, 6-15, „Mythus" (u. a. mit Rückgriff auf Jolles' „Einfache Formen", 1930; s. ebd. 14 f) ebenfalls als literarische Gattung, die er von anderen Gattungsformen wie Sage, Legende, Fabel und Schwank abzugrenzen versucht. Zur „Gattung Mythos" in der kulturanthropologischen Narratologie und den Versuchen, diese von anderen „einfachen" Gattungsformen abzugrenzen und v. a. die äußeren Kriterien der je kulturspezifischen Bedingungen der Performanz solcher Formen in den Blick zu nehmen vgl. auch Bendix, 2013, 61 und 68-77. Zur in diesem Zusammenhang wichtigen Unterscheidung zwischen äußerer Form (Gattung) und Inhalt (Stoff) s. ausführlich Kapitel 10.1.
8 Vgl. Lévi-Strauss, 1955, zitiert nach Barner et al., 2003, 63: „Die Substanz des Mythos liegt weder im Stil noch in der Erzählweise oder der Syntax, sondern in der *Geschichte*, die darin erzählt wird." Vgl. auch Neuhaus, 2005, 4: „Mythus taugt nicht zum Gattungsbegriff und ist verzichtbar, denn Mythen finden sich in vielen Texten." Vgl. dagegen Irsigler, 2013, 2.2.1: „Nun können aber 'Mythen' als mündliche oder schriftliche Texte jedenfalls prinzipiell gattungskritisch erfasst werden." In welche Schwierigkeiten das führt, zeigt bspw. die von Baines, 1991, 87, mit Bezug auf ägyptische Quellen referierte Diskussion, ob Texte mit Äußerungen von Gottheiten in der 1. Person als „Mythen" aufgefaßt werden können oder nicht – ein Problem, das sich nur dann überhaupt stellt, wenn man Mythen als *Textsorte* versteht, die man u. a. dadurch ausgezeichnet sieht, daß in ihr normalerweise in der 3. Person *über* Gottheiten erzählt *wird*. Vgl. auch das problematische Einbringen literarischer, gattungsbezogener Merkmale in eine Bestimmung von „Mythos" bei Rüpke, 2013, 47, wo davon die Rede ist, daß Mythen „in der Regel nicht aus der Ich-Perspektive" erzählen, sondern daß der „allwissende Erzähler weiß, was die unterschiedlichen Handelnden zusammenführt".

Diese Unterscheidung zwischen Mythos als Stoff einerseits und seiner jeweiligen konkreten Realisierung in Form eines mündlichen Vortrages, eines ausformulierten Textes, ikonographischer oder anderer Gestaltungsarten andererseits mag einfach klingen[9], sie ist aber äußerst folgenreich und in ihrer Anwendung alles andere als trivial.

Nun begegnet man auf dem Feld der Mythosforschung dem Phänomen, daß sich einerseits zwar die Sichtweise auf Mythen als Stoffe zumindest weithin durchgesetzt zu haben scheint, manchmal explizit und bereits in der Mythosdefinition so formuliert[10], oft auch eher nur implizit vorausgesetzt[11], daß andererseits aber bei der konkreten „Arbeit am Mythos"[12] in nicht wenigen Fällen die Trennung von Stoffen und ihren jeweiligen Ausgestaltungen, vor allem die Trennung von Stoffen und Texten, von einer vorliegenden Stoffvariante und ihrer von spezifischen Intentionen und Gattungsmerkmalen wesentlich mitbestimmten textlichen Konkretion, nicht konsequent durchgeführt wird, so daß dann doch wieder *Texte* und nicht *Stoffe* analysiert und interpretiert werden. Entsprechend gehen Überblicksdarstellungen zu antiken Mythen oft nicht *stoffbezogen*, sondern *literaturhistorisch* vor; hier stehen nicht die *Stoffe* im Mittelpunkt, sondern

---

9 In Bezug auf den literaturwissenschaftlichen Motivbegriff ähnlich Wolpers, 2002, 75, freilich aus der Perspektive der textzentrierten Motiv- und Themenforschung nicht transmedial gedacht, sondern nur auf textliche Realisationen fokussiert: „Hinzuweisen ist zunächst auf die elementare Unterscheidung zwischen dem Motiv als gedachter Einheit (auf der Vorstellungs- und Bedeutungsebene) und dem literarisch gestalteten Motiv (auf der Textebene)."
10 S. Graf, 1985, 8: Mythos sei „eine besondere Art Geschichte", denn sie falle nicht „mit einem bestimmten Text und nicht mit einer bestimmten literarischen Gattung zusammen"; der Mythos sei „der Stoff". Vgl. auch Wodianka, 2006, 2 f, wo betont wird, „dass sich mythische Narrationen gerade durch ihre Flexibilität in bezug auf ihre mediale Gestaltung auszeichnen ... 'Erzählung' ist in bezug auf das Mythische also kein Gattungsbegriff, sondern bezeichnet unterschiedliche Explikationsstufen und Explikationsweisen *potentiell entfaltbarer* Narrationen – der (nur scheinbar konstante) 'narrative Kern' einer mythischen Erzählung kann in unterschiedlichen Komprimations- und Entfaltungsgraden auftreten." Morford/ Lenardon/ Sham, 2011, 3: „that is essentially what a myth is: a story"; Dalfen, 2014, 355: „Mythen sind Erzählstoffe". Vgl. von der Sache her auch Burkert, 1979b, 18 („ganz verschiedene Texte, aber stets derselbe Mythos"), oder George, 2016, 8, der für die Rekonstruktion mesopotamischer Schöpfungsmythologie seine Aufmerksamkeit den „Schöpfungskonzepten" zuwendet, die verschiedenen Texten (bspw. auch Götterlisten) zugrundeliegen.
11 Vgl. bspw. Scheer, 1993, 16 (Mythos als *„Komplex tradierter Erzählungen"*), oder Graf, 2000b, 633 – hier wohl der gebotenen Kürze eines Lexikon-Artikels geschuldet.
12 Auf das Buch von Blumenberg (1984) mit dem gleichnamigen Titel, das seine Bekanntheit nicht zuletzt eben seinem ansprechenden Titel verdankt, wird verschiedentlich, etwa in den Kapiteln 4.4 und 18.4.2, noch näher eingegangen werden. Hier ist eher die wissenschaftliche als, wie bei Blumenberg, die gedanklich-literarische „Arbeit am Mythos" gemeint.

der vor allem diachron betrachtete *Umgang* mit den Stoffen in textlichen (oder ikonographischen) Quellen.

Ein Beispiel dafür ist etwa die *Griechische Mythologie* von Graf (1985), der zwar anfangs den stofflichen Charakter von Mythen explizit betont[13] und überhaupt in einer ausführlichen Einleitung zahlreiche diesbezügliche, wichtige Aspekte zur Sprache bringt, in den Kapiteln nach der Einleitung und der Darstellung der Forschungsgeschichte dann aber doch wieder v. a. Texte in den Mittelpunkt seiner Ausführungen rückt wie bspw. die homerischen Epen (Kapitel III) oder die Werke Hesiods (Kapitel IV) etc. Daß hier dann doch wieder v. a. die Texte bzw. literarische Gattungen im Fokus stehen, läßt sich u. a. explizit an einer späteren Äußerung ablesen, wo es – von z. B. ikonographischen Quellen absehend – heißt[14]: „anders als in Sprache drückt sich der Mythos nicht aus, und damit ist er bereits den Gesetzen des Erzählens unterworfen, *ist er Literatur*". Ähnlich wie bei Graf ist bspw. auch noch *A Companion to Greek Mythology* von Dowden und Livingstone (2011) nicht stoffbezogen, sondern in erster Linie literaturhistorisch aufgebaut, nimmt also nicht so sehr die Stoffe selbst in Blick, sondern die Art und Weise des (literarischen oder ikonographischen) *Umgangs* mit den Stoffen[15].

Einen gewissen Durchbruch stellt *Der antike Mythos. Ein systematisches Handbuch* von Reinhardt (2011) dar. Hier werden in einer fast herkulisch zu nennenden Arbeit mythische Stoffe nicht vorwiegend unter literaturhistorischen, sondern unter systematischen Gesichtspunkten präsentiert. Allerdings ist Reinhardt wiederum spürbar nicht primär an den Stoffen im Einzelnen, sondern vielmehr an dem hinter den v. a. griechischen mythischen Stoffen stehenden, mythisch-religiösen Weltbild insgesamt und seinen „konstitutiven Grundkatego-

---

13 S. oben, Anm. 10.
14 Graf, 1985, 98 (Kursivierung C. Zgoll).
15 Vgl. auch Rüpke, 2013, 55, wo es direkt im Anschluß an einen Satz, in dem von der Rettung der „Mythen" durch das Verfahren der Allegorese die Rede ist, heißt: „Es sind nicht irgendwelche Texte, die solche Behandlung erfahren", und im Folgenden die Mythenrettung dementsprechend gleichgesetzt wird mit einer Rettung der Texte von Hesiod und Homer. Vgl. auch Morford/ Lenardon/ Sham, 2011, die zwar einerseits den stofflichen Charakter von Mythen herausstreichen (ebd. 3), andererseits dann aber doch wieder Stoffebene und Textebene vermengen, z. B. ebd. 24: „Greek and Roman mythology shares similar characteristics with the great literatures of the world ..."; vgl. ebd. die Gleichsetzung des mythischen *Stoffes* von Oidipus mit dem literarischen *Text* von Sophokles' Oidipus-Tragödie: „the myth *is* the play".

rien"[16] interessiert – nicht ganz unähnlich zu dem Anliegen Cassirers in der *Philosophie der symbolischen Formen* –, das er in Form eines Entwicklungsmodells u. a. von dem Weltbild der altorientalischen Mythologien abzugrenzen versucht, indem in letzterem „das Irrationale" dominiere, während durch das frühgriechische „Schicksalsdenken ... *das Irrationale weitgehend begreifbar und auch halbwegs beherrschbar*" erscheine[17], und Reinhardt konstatiert resümierend[18]: „Die nicht mehr primär pessimistisch-fatalistische, sondern eher *skeptische Weltsicht*, die dieser neuen Mythenkonzeption zugrunde liegt, erweist sich in ihrer *kritisch-rationalen Grundhaltung* zugleich als *ein erster Schritt zur Aufklärung* – nach meiner Einschätzung eines der wichtigsten Ergebnisse der ganzen Untersuchung."

Daß die in mythischen Stoffen steckende „Philosophie" bzw. Weltanschauung ein äußerst spannender Untersuchungsgegenstand ist, soll hier ebensowenig in Abrede gestellt werden wie die Ansicht, daß die bleibende Faszination mythischer Stoffe häufig wesentlich auf besonders brillanten literarischen Gestaltungen dieser Stoffe beruht. Und doch: Wenn man Mythen als Erzählstoffe begreift, sollte man dann nicht etwas länger bei der Frage verweilen, ob es nicht auch gewinnbringend sein könnte, sie *als Stoffe* näher unter die Lupe zu nehmen, bevor man zu weiteren Fragen und Beobachtungen schreitet[19]?

„Sich nur auf die Mythen alleine zu konzentrieren", so heißt es bspw. bei Powell, würde nur „zu einer nichtssagenden Liste aller existierenden Versionen eines Mythos" führen; die Beschäftigung bspw. mit Achilleus sei nicht deshalb interessant, „weil er vor Troja gekämpft hat, sondern weil Homer dessen Kampf mit sich selbst auf eine Weise beschrieben hat, die uns alle als Menschen direkt anspricht"[20]. Unbegründet bleibt, weshalb eine Zusammenstellung aller erhaltenen Varianten eines mythischen Stoffes notwendig nichtssagend sein soll. Weil man aber die Stoffe an sich für nichtssagend hält und voraussetzt, daß sie erst

---

16 Diese fünf „konstitutiven Grundkategorien des frühgriechischen Mythos" bestehen nach Reinhardt in einer bestimmten Art der räumlichen, zeitlichen und personalen „Fixierung" sowie in der „grundlegenden Bedeutung des Göttlichen" und der „Integration des Geschehens in einen göttlichen Schicksalsplan".
17 Reinhardt, 2011, 248 (im Original das Kursive noch zusätzlich fett).
18 Reinhardt, 2011, 248 (im Original keine Kursivierungen, sondern Fettdruck).
19 Vgl. Masciadri, 2008, 361, der ebenfalls beobachtet, daß vielen Annäherungsversuchen an Mythen folgender Grundzug gemeinsam ist: „Der erzählten Geschichte als solcher gilt bloss eine Aufmerksamkeit zweiten Grades. ... Wie ein roter Faden zieht sich deshalb, Signatur für die Abkehr von den Erzählungen selbst, durch diese ganze Erbfolge von Methoden der Verdacht, dass die Mythen im Grunde genommen *falsch* sind."
20 Powell, 2009, 80.

durch ihre literarische Verarbeitung zu wertvollen Untersuchungsgegenständen werden, wendet man sich dann eben doch wieder den Texten zu[21].

Das ist aus zwei Gründen nicht verwunderlich. Zum einen ist gerade bei literarisch besonders ausgefeilten und herausragenden Werken die Faszination, die von den Texten ausgeht, so groß, daß es nur zu verständlich ist, wenn man der Versuchung erliegt, anstelle des mageren stofflichen Skeletts lieber das üppige textliche Fleisch einer näheren Betrachtung zu unterziehen[22]. Zum anderen ist die Trennung von Text und Stoff alles andere als ein simples Unterfangen[23], worauf noch eigens und ausführlich eingegangen werden soll[24]. Und nicht zuletzt steht die Frage im Raum, was denn näherhin unter einem „Erzählstoff" eigentlich genau zu verstehen ist[25].

2.2 Der Muttermord des Orestes und die literarische Falle der Mythosforschung

Mythische Stoffe können in unterschiedlichsten Formen medial realisiert werden. So richtig und wichtig diese Feststellung ist, so darf dabei doch nicht übersehen werden, daß Texte eine vorrangige, nicht selten die einzige Möglichkeit darstellen, zu einem Verständnis der Stoffe vorzustoßen[26]. Wie groß die Hilflosigkeit ist, wenn textliche Quellen völlig fehlen, zeigt bspw. ein Blick auf die ikonographischen Darstellungen, die bei den Ausgrabungen auf dem Göbekli Tepe zutage getreten sind[27]. Daß diese Darstellungen nicht nur rein ornamentalen Zwecken dienende Spielereien sind, ist mehr als wahrscheinlich, aber noch nicht

---

[21] Vgl. auch Morford/ Lenardon/ Sham, 2011, 24: „literary myth is inevitably our primary concern".
[22] S. dazu Näheres im folgenden Kapitel 2.2 zur „literarischen Falle" der Mythosforschung.
[23] Vgl. Powell, 2009, 80 („Eine Schwierigkeit bei der Beschäftigung mit griechischen Mythen besteht darin, den Mythos selbst von dem literarischen Werk zu trennen, in dem er enthalten ist"), der dann u. a. diese Schwierigkeit als Begründung dafür hernimmt, sich doch primär wieder den Texten zuzuwenden.
[24] S. zusammenfassend Kapitel 6.3.
[25] S. dazu Kapitel 6.1.
[26] Das wird auch von archäologischer Seite ausdrücklich betont, vgl. etwa Junker, 2005, 40, 41 und 61, besonders 41: „Ein Bild ist strenggenommen nicht in der Lage zu erzählen. Es braucht, wenn ganz bestimmte Vorgänge des Mythos zur Darstellung kommen sollen, grundsätzlich den wissenden Betrachter."
[27] S. dazu die informative Zusammenfassung der archäologischen Kampagnen und die vorsichtigen Interpretationsversuche der Befunde durch den Ausgräber Schmidt (2006).

einmal dies läßt sich beweisen – umgekehrt aber auch nicht widerlegen[28]. Sollten sie Ausdruck für bestimmte religiöse Vorstellungen gewesen sein, hinter denen sich auch Erzählstoffe verbergen, so bleiben diese Stoffe uns jedenfalls völlig unzugänglich[29]. Wenn daher in diesem Buch immer wieder vor allem *textliche* Realisationen mythischer Stoffe in den Fokus der Untersuchung geraten, dann liegt dies nicht so sehr daran, daß der Autor philologisch vorbelastet ist, als vielmehr an dem Umstand, daß Texte unter den verschiedenen medialen Konkretionsformen mythischer Stoffe die mit Abstand differenziertesten und präzisesten Quellen darstellen[30]. Denn das in Mythen als *Erzähl*stoffen liegende Potential wird naturgemäß vor allem in mündlichen und schriftlichen *Erzählungen* zur Entfaltung gebracht, und davon haben sich aus der Antike vor allem Erzählungen *in verschrifteter Form* erhalten.

Daher erscheint es sinnvoll und geboten, bei der Erforschung von (antiken) Mythen vor allen anderen weiterführenden Beobachtungen, Interpretationen und Theoriebildungen zunächst einmal vor allem die zur Verfügung stehenden

---

28 Zu ikonographischen Darstellungen im antiken Mesopotamien s. Wiggermann, 2013, der darauf hinweist, daß zwar etliche „ikonographischen Elemente ... einen mythologischen Gehalt" haben, daß sie damit aber immer „noch keine Darstellungen von Mythen" seien (ebd. 113).
29 S. in Bezug auf steinzeitliche Artefakte aus Catal Höyük die „unvermeidliche Feststellung" daß möglicherweise in ihnen steckende „Mythen wohl nie mehr zu rekonstruieren sein werden" (Schmidt, 2006, 54). Zur Problematik der Deutung ältester „Kunst" (m. E. ist schon der Begriff „Kunst" in diesem Zusammenhang ein sehr voraussetzungsreiches und damit nicht unproblematisches Label, vgl. Jamme, 1999, 275) s. auch Parzinger, 2015, passim, bspw. zur Deutung ältester „Eiszeitkunst" als „hochspekulatives Unterfangen" (ebd. 87), oder zur Interpretation von Darstellungen aus frühen Großsiedlungen in Zentralanatolien (7. Jahrtausend) als „in hohem Maße spekulativ" (ebd. 147). Zur schwierigen Deutung der Befunde aus Göbekli Tepe s. ebd. 130-140, und Schmidt, 2006, 190-226. Vgl. in dieser Hinsicht auch das Beispiel des etruskischen Sehers namens Cacu und die Schwierigkeit, die Mythen zu rekonstruieren, die hinter den mit ihm verbundenen ikonographischen Darstellungen standen (s. dazu Anm. 42 in Kapitel 4.2). Umgekehrt können, wenn stoffliche Zusammenhänge aus Texten bekannt sind, ikonographische Quellen manchmal eine außerordentlich wichtige und nicht nur illustrierende, sondern eigenständige Rolle spielen; s. bspw. Nesselrath, 2013, 200-203 und 211 (am Beispiel des Triptolemos-Mythos), und allgemein zur Eigenständigkeit und zu den Vorzügen ikonographischer Mythendarstellung Junker, 2005, 62 f. Powell, 2009, 71, weist auf die „über 50.000 erhaltenen griechischen Vasenmalereien der Archaik und Klassik" als wichtige Quellen für griechische mythische Stoffe hin, was einen Eindruck vermittle „von der riesigen Bilderflut, die Griechenland und Italien zu dieser Zeit überschwemmte und die in der antiken Welt völlig einzigartig ist." Zum Verhältnis zwischen Literatur und bildender Kunst hinsichtlich der Darstellung mythischer Stoffe s. auch Reinhardt, 2011, 306-314.
30 Diese Beobachtung bereits bei Müller, 1825, 82; dezidiert auch Masciadri, 2008, 363 f.

Texte mit den Mitteln philologischer, literatur- und kulturwissenschaftlicher Methoden zu erschließen und in ihren historischen Kontexten zu verorten. An den auf die Erschließung von Texten spezialisierten Wissenschaften vorbei oder über sie hinweg mit Texten zu arbeiten und von den Texten auf „den Mythos" zu schließen und darauf Mythostheorien aufzubauen ist zwar möglich, doch zeigen die Ergebnisse dann oft eine solche Inkompatibilität mit dem vorfindlichen Material, daß es nicht wundernimmt, daß hier kaum mehr einer vom anderen profitiert, sondern alle ihre eigenen Wege gehen und sich zunehmend voneinander entfernen. Kommunikationstheoretische, religionswissenschaftliche, soziologische, philosophische, psychologische und andere Ansätze haben bei der Erforschung von Mythen ihren berechtigten Platz, aber das Tor, durch das sie alle hindurchgehen müssen, das sind in erster Linie Texte, ohne die man nicht oder nur sehr eingeschränkt zu den Stoffen gelangen kann. Und für den Einlaß durch dieses Tor notwendig sind Kenntnisse davon, wie Texte – ganz grundlegend – zu übersetzen und zu interpretieren sind, und welche Rolle sie innerhalb der Kultur spielen, aus der sie hervorgegangen sind.

Die Untersuchung von Texten als Quellen für mythische Stoffe birgt aber auch eine spezifische Gefahr, von der hier des Näheren die Rede sein soll.

Vertreter verschiedenster Kulturen haben sich darangemacht, aus mythischen Stoffen Literatur in den unterschiedlichsten Gattungen zu schaffen, und darunter sind Meisterwerke wie das akkadische *Gilgameš-Epos* oder die Epen Homers. Rezeptionsgeschichtlich betrachtet waren es für das sogenannte christliche Abendland vor allem literarische Glanzstücke aus dem Fundus der griechisch-römischen Literatur wie die homerischen Epen, die Tragödien von Aischylos, Sophokles und Euripides oder die *Metamorphosen* Ovids, welche die Vorstellung dessen, was man unter „Mythen" subsumierte, und damit auch die Mythosforschung bis in unsere Zeit wesentlich geprägt haben.

Gerade die schriftlichen Meisterwerke unter den Bearbeitungen mythischer Stoffe sind allerdings gewissermaßen schuld daran, daß Begeisterte der griechisch-römischen Antike, und darunter besonders die philologisch geschulten, aber auch Mythenforscher aus anderen Disziplinen oftmals gar nicht anders konnten als der Versuchung zu erliegen, den dargereichten Apfel für den Kern zu halten bzw. die Interpretation dieser ausgefeilten Texte mit der Erforschung der den Texten zugrundeliegenden Stoffe zu verwechseln. Diese Versuchung wird hier „die literarische Falle" der Mythosforschung genannt.

Zur Verdeutlichung sei die Variante eines Stoffes genommen, welcher der Tragödie mit dem Titel *Choephoren* von Aischylos zugrundeliegt:
– Elektra beklagt die Ermordung ihres Vaters Agamemnon durch Klytaimestra
– Orestes kehrt als Rächer in die Heimat zurück

- Orestes trifft am Grab Agamemnons seine Schwester Elektra
- Orestes bespricht mit Elektra seinen Racheplan
- Orestes ermordet Aigisthos
- Orestes ermordet seine Mutter Klytaimestra
- Orestes verfällt durch die Erinyen dem Wahnsinn

Führt man sich vor Augen, wie sich diese relativ einfache Handlungssequenz und die 1076 Verse umfassende, dramaturgisch kunstvoll ausgearbeitete Tragödie des Aischylos zueinander verhalten, dann wird schnell deutlich, daß die Kluft zwischen einem Stoff in einer bestimmten Variante und seiner literarischen Gestaltung um so größer ausfällt, je anspruchsvoller und ausgefeilter ein Literaturwerk sich darbietet.

Wenn man nun bedenkt, daß gerade solche literarisch hochkomplexen Texte nicht selten zum hauptsächlichen Gegenstand der Mythosforschung gemacht worden sind, dann ist es kein Wunder, wenn bei der Beantwortung der Frage, was antike Mythen oder Mythen überhaupt sind und leisten, zum Teil stark voneinander abweichende Ergebnisse erzielt worden sind. Denn wenn Mythen vorrangig anhand von textlichen Konkretionen wie bspw. Homer, Hesiod, Euripides oder Ovid interpretiert werden, ohne daß man mit einer gerade in diesen Fällen besonders nötigen Konsequenz die Stoffe und ihre autor- und gattungsspezifischen Ausgestaltungen auseinanderhält, dann werden die Ergebnisse hauptsächlich auf dem beruhen, was speziell diese untersuchten Autoren aus mythischen Stoffen *gemacht* haben, nicht auf der Interpretation des stofflichen Materials selbst. Und da ist von vornherein klar, daß das, was man daraus für „den (antiken) Mythos" folgert, sich für den, der ihn durch die Brille eines Ovid betrachtet, ganz anders darstellen wird als für den, der ihm durch die Dramen des Aischylos auf die Spur zu kommen versucht, und noch einmal ganz anders für den, der das Phänomen „Mythos" vornehmlich durch die Untersuchung altorientalischer Götterhymnen in den Blick nimmt.

Das heißt nicht, daß diese Untersuchungen nicht wichtig und wertvoll wären, sondern nur, daß sie in ihren Ergebnissen mehr auf einzelne Autoren, Texte oder Gattungen bezogen sind und dort einen spezifischen Beitrag leisten, als daß diese Ergebnisse sich für „den (antiken) Mythos" und für seine Erforschung auswerten ließen. Im Gegenteil; je literarisch ausgefeilter und raffinierter sich ein mythischer Stoff in einer bestimmten ausgestalteten Variante darbietet, desto größer ist die Gefahr, Merkmale autorenspezifischer Gestaltungstechniken und Vorgehensweisen für Merkmale „des Mythos" zu halten und damit in die literarische Falle der Mythosforschung zu geraten.

Die von einer Mythosforschung anzustrebende Reduktion auf das Stoffliche soll nicht den Eindruck erwecken, es sei *nur* die stoffliche Ebene wichtig und interessant. Über Großartigkeit und Raffinesse verschiedener medialer Ausgestaltungen mythischer Stoffvarianten wie etwa durch den Vasenmaler Duris oder durch Schriftsteller wie Sîn-lēqi-unninni[31], Aischylos oder Ovid gäbe es viel zu sagen, ja zu schwärmen. Aber über die Leistungen dieser und anderer Künstler, durch deren Ausgestaltungen viele mythische Stoffe überhaupt erst ihren Weltruhm erlangt haben, also über den Genußwert künstlerischer Adaptionen mythischer Stoffe sind schon zahlreiche Artikel und Bücher geschrieben worden, während hinsichtlich der Zugangs- und Verstehensmöglichkeiten der zugrundeliegenden Stoffe selbst noch Forschungsbedarf besteht[32]. Die Kunst der jeweiligen medialen Darstellung zeigt sich außerdem besonders dann, wenn man betrachtet, was einzelne Künstler oder anonyme Redaktoren etc. aus einem Stoff *gemacht* haben[33] – und das setzt aber voraus, daß man überhaupt erst einmal grundsätzlich versucht, das stoffliche Substrat und die künstlerische Gestaltung voneinander zu trennen.

Es dürfte deutlich geworden sein, wo die spezifische Problematik liegt, wenn die Erforschung von Mythen vor allem anhand von literarisch hochstehenden Einzelwerken betrieben wird, noch dazu an solchen, die zusätzlich in einer sehr ausdifferenzierten Gattungstradition stehen. Geht es nicht darum, was aus Mythen gemacht wird, sondern um die Erforschung der Mythen selbst, dann verdienen aus dem Bereich der Texte etliche andere Quellen zumindest die gleiche Aufmerksamkeit, und dazu gehören etwa die öfters – unter *literarischem* Aspekt nicht zu Unrecht – geschmähten Mythenkritiker wie Palaiphatos, nach thematischen Gesichtspunkten erstellte Stoffsammlungen wie etwa von Antoninus Libe-

---

31 Ein Katalog von Texten und Autoren aus der Bibliothek des Assurbanipal schreibt das *Gilgameš-Epos* einer Person dieses Namens zu (die Namensform Sîn-lēqi-unninni „Sîn ist derjenige, der das Gebet erhört" ist der Deutung als Sîn-leqe-unninnī „Sîn erhöre mein Gebet" vorzuziehen, vgl. Worthington, 2011, 520). Nach derzeitigem Forschungsstand ist Sîn-lēqi-unninni am ehesten als Autor der Standard-Version des *Gilgameš-Epos* im 1. Jahrtausend anzusehen (George, 2003, 29-33; Worthington, 2011, 520); alternativ könnte der Name auch einen Autor einer früheren Version des Epos bezeichnen oder fiktiv sein.
32 Vgl. bereits Kirk, 1980, 15.
33 Vgl. dazu treffend Dräger, 2005, 840, zur *Bibliotheke* des Mythographen Apollodoros, in der eine Stoffsammlung gegeben ist, welche „die Folie für die Einschätzung der poetischen Kunst der aus ihr schöpfenden Epiker (Homer, Hesiod, Apollonios Rhodios), Lyriker (Pindar) und Tragiker (besonders Sophokles und Euripides) ist".

ralis, Parthenios oder Eratosthenes, Zusammenfassungen von Dramenhandlungen oft unbekannter Autorschaft[34], Übungsreden im Rahmen des Rhetorik-Unterrichts (*Progymnasmata*) mit Aufgabenstellungen bzw. Charakteren aus mythischen Stoffen[35], knappe Darstellungen wesentlicher Züge eines Stoffes in Katalogen[36], in Kommentaren und Scholien, Bezugnahmen auf mythische Stoffe in Ritualtexten[37], oder einen allgemeinen Überblick bietende mythographische Kataloge oder Handbücher wie z. B. von Ps.-Hyginus und Apollodoros[38]. Der Einfachheit halber und *faute de mieux* sollen all diese Quellen im Folgenden unter dem Begriff „unliterarische Texte" subsumiert werden[39].

Im Zusammenhang mit dem Vorwurf einer fehlenden Originalität solcher unliterarischer Texte findet sich manchmal eine Kritik, die den Wert dieser Quellen für die Mythosforschung grundsätzlich in Frage stellt, und die dazu geführt hat, daß man ihnen weniger Beachtung schenken zu müssen glaubte als den herausragenden Erzeugnissen „hoher" Literatur. Zum Teil wurde der Zugang zu antiken

---

34 Vgl. dazu v. a. die neben ganz knappen zusätzlich überlieferten, ausführlicheren *Hypotheseis* in schlichter Prosa, die den Inhalt von Dramen bspw. bei Euripides angeben und sich dabei weniger an den szenischen Ablauf der jeweiligen Tragödie als an die natürliche Stoffchronologie halten; s. dazu den für die Publikation geplanten Vortrag „Die Euripides-Hypotheseis – geschrumpfte Dramen?" von E. Wöckener-Gade im Rahmen der Tagung „Euripides. Rezeption in Kaiserzeit und Spätantike" vom 30.3.-1.4.2017 an der Universität Göttingen, und v. a. die Monographie zu den Euripides-Hypotheseis von Meccariello, 2014. Literarisch anspruchsvolle, aber in ihrer Kürze ähnliche und gerade wegen ihrer Kürze oft weniger beachtete Quellen für mythische Stoffe sind manchmal auch geraffte Stoffzusammenfassungen in den Prologen antiker Dramen, z. B. durch Mercurius in Plautus' *Amphitruo* oder durch Apollon in Euripides' *Alkestis*.
35 Vgl. etwa Charakterzeichnungen (*Ethopoiiai*) mit mythischen Charakteren (als eine Subgattung der *Progymnasmata*) bei Libanios.
36 Meist als Bestandteile literarischer Werke wie z. B. die Aufzählung verschiedener Metamorphosenmythen in Vergils 6. Ekloge oder die Auflistung der diversen Amouren des Zeus bei Nonnos (Nonn. *Dion.* 7,110-128), aber auch separat überliefert wie z. B. in dem von Renner 1978 erstmals publizierten Michigan-Papyrus (Inv.-Nr. 1447, verso), auf dem eine sonst unbekannte Version des Aktaionmythos am Anfang einer alphabetischen Namensliste überliefert ist, die den Beginn eines „Metamorphosenlexikons" zu markieren scheint (es folgen weitere mit „A" beginnende Protagonisten von Metamorphosenmythen wie Arethusa, Alkyone, Askalaphos).
37 Vgl. z. B. Anspielungen auf den Mythos von Enkis Gang ins Totenreich in sumerischen und akkadischen Udug-ḫul-Ritualen, Z. 298-357 der altbabylonischen Version und Tafel 4, 118´-198´ der Standardversion des 1. Jahrtausends (s. Geller, 1985, 36-41, und Geller, 2016, 154-172).
38 Dies betont ganz zurecht bereits Henrichs, 1987, 258. Zu Apollodoros ist ein wichtiger, von Pàmias (2017) herausgegebener Sammelband erschienen, in dem etliche Detailstudien einen guten Eindruck zum Forschungsstand vermitteln, wobei naturgemäß auch Ps.-Hyginus in den Beiträgen immer wieder eine Rolle spielt.
39 Bei Cuartero, 2017, 146, findet sich in diesem Zusammenhang der (ähnliche) Terminus „subliterary materials".

Mythen über Meisterwerke der Dichtkunst sogar als der einzig adäquate bezeichnet, eine Extremposition, die sich etwa bei Dörrie findet, der eine Annäherung an Mythen über antike Handbücher als „illegitim" bezeichnet und dezidiert schreibt[40]: „Was 'Mythos' ist, kann nicht mit Hilfe von Handbüchern rekonstruiert werden; Mythos muß durch das Erlebnis von Dichtung erfahren werden."

Um bei dem Beispiel der Handbücher zu bleiben, so könnte ein Einwand gegen ihren Wert dahingehend lauten, daß ihre Verfasser wie etwa Ps.-Hyginus und Apollodoros, die beide erst relativ spät datieren (1./ 2. Jh. n. Chr.)[41], gerade von berühmten und künstlerisch anspruchsvollen Ausgestaltungen mythischer Stoffe in besonderer Weise beeinflusst waren und deshalb oft nicht mehr als die simplifizierte Nachahmung eines Meisterwerkes oder den unoriginellen Verschnitt mehrerer berühmter Vorbilder präsentieren. Warum also statt der wertvollen Originale die billigen Kopien untersuchen?

Freilich ist es möglich, daß der Verfasser eines Handbuches je nach persönlichem *gusto* einen bestimmten Autor als Vorlage benutzt hat oder selektiv mal das, was ihm von Aischylos am besten ausgestaltet erschien, mal das, was ihm bei Euripides besser gefiel, mal anderes von anderen Autoren herausgegriffen und für die Darstellung eines Stoffes benutzt hat. Auf dieser Annahme beruht die Quellenforschung, und sie ist nicht deswegen erfolgreich, weil es wahrscheinlich ist, daß sich dieser und jener Zug eines Stoffes bei diesem oder jenem großen Tragiker oder Epiker wiederfindet, sondern weil es nahezu unmöglich ist, daß dies *nicht* der Fall wäre.

Eine Orientierung an berühmten literarischen Vorlagen ist somit für die Verfasser von Handbüchern sicherlich nicht auszuschließen, in manchen Fällen sogar sicher nachweisbar[42]. Es stellt sich aber die Frage, ob es wahrscheinlich ist,

---

40 Dörrie, 1978, 7. Zur entgegengesetzten strukturalistischen Sichtweise einer Opposition von Mythos und Dichtung s. Csapo, 2005, 220 f.
41 Bei beiden unter dem Namen Hyginus bzw. Apollodoros überlieferten mythographischen Handbüchern ist eine genauere Datierung schwierig. Zur Datierung der dem Hyginus zugeschriebenen *Fabulae* s. Rose, 1963, VIII (1./ 2. Jh. n. Chr.); bei der *Bibliotheke* des Apollodoros (entweder ein echter Autor dieses Namens, oder aber der Versuch, die *Bibliotheke* einem berühmten gleichnamigen Autor aus dem 2. Jh. v. Chr. zuzuschreiben) reichen die Datierungsversuche vom 1. Jh. v. Chr. bis ins 3. Jh. n. Chr., mit einer Tendenz auf das 1./ 2. Jh. n. Chr.; s. dazu Dräger, 2005, 839, mit Literaturhinweisen in Anm. 4.
42 In manchen Fällen der *Fabulae* von Ps.-Hyginus finden sich sogar entsprechende explizite Vermerke wie z. B. „nach Euripides", s. *fab.* 4 (in der Überschrift: *Ino Euripidis*, vgl. auch *fab.* 8). Zu Zitaten von „tragedy-related authors in Apollodorus' *Bibliotheca*" s. Villagra, 2017, 40-48. Einschränkend Fowler, 2017, 160 f, der darauf hinweist, daß selbst bei explizit gekennzeichneten Zitaten oder Quellenverweisen eine Nachprüfung nicht selten die Unzuverlässigkeit oder zumindest Ungenauigkeit solcher Behauptungen zeigt. Meccariello, 2014, 86-90, kann zeigen, daß die

daß diese Meisterwerke die *einzigen* Quellen waren, welche die Verfasser von Handbüchern herangezogen haben. Sowohl die Anzahl der zu behandelnden Stoffe auf der einen Seite als auch die Komplexität literarisch ausgefeilter Werke und die Diversität und Spezialität dieser Werke hinsichtlich der Stoffbehandlung auf der anderen Seite sprechen gegen eine solche Annahme.

Versetzt man sich einmal in die Lage eines Handbuchschreibers, der es sich zur Aufgabe gemacht hat, eine Übersicht über die mythischen Stoffe aus der griechisch-römischen Antike zu bieten, so wird deutlich, vor welch eine Herausforderung sich ein solcher allein schon unter rein quantitativem Aspekt gestellt sah. Die Anzahl der zu bewältigenden Stoffe gerade in der griechischen Überlieferung war immens. Vermutlich hat noch nie jemand ernsthaft den Versuch unternommen, eine annähernd genaue Bestimmung der Anzahl griechisch-römischer Mythen vorzunehmen[43]. Allein die (überlieferten!) griechisch-römischen Mythen, die von Metamorphosen erzählen und damit nur einen thematisch beschränkten Ausschnitt aus dem insgesamt vorhandenen Mythen-Repertoire darstellen, belaufen sich insgesamt auf etwas über 370[44]; auf wie viele Mythen insgesamt dies schließen läßt, kann man nur erahnen. Das *Ausführliche Lexikon der griechischen und römischen Mythologie* von Roscher umfaßt ca. 14.030 Spalten, umgerechnet rund 7.015 Seiten. Angenommen, es würde im Durchschnitt auf 4 Seiten nur ein *einziger* mythischer Stoff behandelt, dann wäre man mit dieser sehr groben und außerdem eher zu niedrig als zu hoch veranschlagten Schätzung bei einem Bestand von rund 1.750 Mythen. Zu einer verläßlichen und belastbaren Zahl wird man kaum kommen; aber diese groben Einschätzungen mögen zumindest einen Eindruck von der außerordentlichen Fülle des Materials vermitteln. Zum Vergleich: die Märchen-Sammlung der Brüder Grimm ist im Verlauf der verschiedenen Auflagen gestiegen auf einen Bestand von 210 (!) Texten[45].

Beziehungen zwischen den Euripides-Hypotheseis und den mythographischen Handbüchern von Apollodoros und Ps.-Hyginus nicht so eindeutig sind, was eine Kenntnis der Dramen selbst jedoch nicht ausschließt.

43 Vgl. Henrichs, 1987, 248, der von den „countless heroes and heroines of Greek mythology" spricht.

44 S. die Übersicht bei Zgoll, 2004, 329.

45 Zu Details s. Uther, 2013, 472. Freilich handelt es sich bei dieser Sammlung nicht um Mythen, sondern um Märchen, aber als Vergleich mag dies dennoch interessant sein. Zudem handelt es sich bei der Sammlung der Gebrüder Grimm um eine Sammlung nicht von Märchen-*Stoffen*, sondern von Märchen-*Texten*, und auch das ist noch zu vereinfacht, da in den *Kinder- und Hausmärchen* eine Vielfalt verschiedenster literarischer Gattungen (Märchen, Fabeln, Schwänke, Legenden/ Sagen ...) vereinigt wurde (s. dazu ausführlich Uther, 2013, 475-480), so daß die Anzahl von Märchenstoffen im engeren Sinn deutlich unter der Anzahl der Texte liegt. Zur wichtigen Unterscheidung von Märchenstoffen und Märchentexten s. ausführlich Kapitel 10.1.

Aus diesem Stoffbestand eine sinnvolle Auswahl zu treffen, stellt bereits eine eigene Leistung dar. Da die hauptsächliche Arbeit beim Verfassen eines Überblickswerkes darin besteht, trotz der nötigen Auswahl eine gewisse Bandbreite verschiedenster mythischer Stoffe in geraffter Form zu bieten, zwingt die Materialfülle nicht nur zu einer knappen Darstellung in der Ausführung, sondern schon bei der Recherche zu einem ökonomischen Vorgehen.

Zeitliche Faktoren und der Umfang des Materials, der selbst nach einer Auswahl immer noch groß genug war, machen es von daher unwahrscheinlich, daß die Verfasser von Handbüchern und Stoffsammlungen sich vornehmlich durch tausende von Versen hoher Dichtung durchgearbeitet haben. Viel eher dürfte die Notwendigkeit bestanden haben, zumindest begleitend, wenn nicht sogar vorrangig auch auf ältere, uns nicht mehr oder nur noch teilweise erhaltene Zusammenstellungen zurückzugreifen, welche ihrerseits eine gewisse Bandbreite verschiedener Stoffe bereits in „Rohform" bzw. in stichpunkt- oder lexikonartiger Manier versammelt hatten[46].

Je gebildeter der Verfasser eines Handbuches, desto größer ist freilich die Wahrscheinlichkeit, daß er auch mit etlichen Werken der hohen Literatur vertraut war und daß sie seine Darstellung wesentlich beeinflusst haben. Doch hier ist man schon beim nächsten Problem. Denn in nicht wenigen Fällen war ein mythischer Stoff nicht nur in *einer*, sondern in *mehreren* berühmten literarischen Bearbeitungen überliefert. An welche Variante eines etwa in Tragödienform dargebotenen Stoffes, der für die Aufnahme in ein Handbuch ausgewählt wurde, hätte sich der Verfasser halten sollen? Einmal ganz davon abgesehen, daß zu den Abfassungszeiten mythologischer Handbücher noch viel mehr Tragödien erhalten gewesen sein dürften, als wir heute kennen und überliefert haben[47] – und natürlich nicht nur Tragödien, sondern auch Werke aus anderen Gattungen, in

---

46 Von solchen älteren Sammlungen ist kaum etwas erhalten geblieben; vgl. Graf, 1985, 184, mit Verweis auf Fragmente von Asklepiades von Tragilos (spätes 4. Jh. v. Chr.), den auch die Edition der frühen griechischen Mythographen von Fowler, 2000, XXVII, mit an erster Stelle nennt; vgl. auch den kurzen Abriß bei Henrichs, 1987, 243. Allerdings reichen Vorformen noch weiter zurück, vgl. Fowler, 2000, XXVIII (mit Verweis auf die *Genealogiai* von Hekataios und Akusilaos oder die *Historiai* des Pherekydes), und von dichterischer Seite her reichen solche Sammlungen sogar zurück bis zu dem (immerhin fragmentarisch erhaltenen) *Frauenkatalog* Hesiods. Zu Apollodoros vgl. Graf, 1985, 184: „Die Nacherzählung kombiniert meist die alten, nunmehr längst klassischen Dichter, nicht notwendig alle aus eigener Lektüre, sondern via frühere Sammelwerke." Der bereits oben erwähnten Michigan-Papyrus mit einer Liste von Metamorphosenmythen (s. Anm. 36) stammt erst aus dem späten 2. oder 3. Jahrhundert n. Chr.
47 Powell, 2009, 77, spricht in Bezug auf Griechenland von 1.000 Tragödien, die allein „zwischen dem Ende des 6. und des 5. Jahrhunderts v. Chr. aufgeführt wurden".

denen ein bestimmter mythischer Stoff aufgegriffen wurde –: für welche Stoffvariante aus welcher Tragödie hätte sich ein Handbuchschreiber entscheiden sollen, selbst wenn es sich „nur" um zwei oder drei berühmte, aber im Detail verschiedene Bearbeitungen gehandelt haben sollte? Der gelehrte Redner, Schriftsteller und Philosoph Dion von Prusa, der den genialen Einfall hatte, sich von einer Krankheit einmal dadurch ablenken zu lassen, daß er sich von den drei großen attischen Tragikern Aischylos, Sophokles und Euripides jeweils eine Tragödie zu ein und demselben Stoff zu Gemüte führte (*Der Bogen des Philoktetes*), kommt zu dem Ergebnis, daß er beim besten Willen nicht hätte erklären können, weshalb man eine dichterische Bearbeitung den anderen hätte vorziehen sollen[48]. Rein zeitlich ist Dion (ca. 40 bis 120 n. Chr.) nicht weit entfernt von Mythographen wie Ps.-Hyginus oder Apollodoros.

Abgesehen von der nicht leichten Frage, welche dichterische Behandlung man auswählen soll, erschien es für den Verfasser eines Handbuches schon deshalb nicht immer geraten, sich hauptsächlich für *einen* Autor zu entscheiden, weil autorenspezifische Stoffgestaltungen sich nicht selten durch eine gewisse Originalität auszeichneten, und diese Originalität galt es bei der Darstellung eines Stoffes, mit der man eine gewisse Allgemeinverbindlichkeit beanspruchen und Knappheit in der Darstellung verbinden wollte, gerade zu vermeiden[49].

Diese Beobachtungen zur schieren Masse der Stoffe insgesamt und zusätzlich zur Bandbreite möglicher Variationen einzelner Stoffe lassen die Annahme mehr als plausibel erscheinen, daß neben Meisterwerken der Dichtkunst häufig auch literarisch schlichtere, weniger komplexe Stoffsammlungen in Anspruch genommen worden sind, in denen die Arbeit eines annähernden Überblicks bereits geleistet war und die in den Dschungel verschiedenster dichterischer Stoffbearbeitungen bereits gewisse Schneisen geschlagen haben. Tatsächlich zeichnet sich in der Apollodoros-Forschung die Tendenz ab, daß der Autor sogar die Rezeption der in den Tragödien verarbeiteten Mythen nicht in erster Linie durch die Lektüre all der Tragödien selbst, sondern vielmehr durch die Lektüre von

---

48 Dion Chrys. 52,4.
49 Vgl. bspw. den Kommentar von Rose, 1963, 85, zu Ps.-Hyginus fab. 119, wo die Orestes-Stoffe behandelt werden: *Haec ita composita sunt ut facile intellegatur auctorem quisquis fuerit quasi centones ex omnibus prope tragoedis adhibuisse, neque unum aliquem ducem sibi elegisse.* Zur Versuchung der Mythographen, Standardversionen von Mythen zu präsentieren, und zu der Versuchung der Rezipienten, an die Existenz solcher Standardversionen zu glauben, s. des Näheren Kapitel 4.4.

Kompendien mit *Inhaltsangaben* der Tragödien erworben haben dürfte[50], was die hauptsächliche Benutzung von Sekundärquellen auch in anderen Fällen mehr als wahrscheinlich macht[51].

Um einem Mißverständnis vorzubeugen: Keinesfalls soll der Eindruck entstehen, man dürfe oder könne das Phänomen Mythos *nicht* anhand der Glanzstücke antiker Literatur untersuchen und müsse sich allein auf die Stoffdarstellungen in Handbüchern und Ähnlichem beschränken. Selbstverständlich sind auch die Meisterwerke wertvolle Untersuchungsgegenstände für die Mythosforschung – nur muß man bei ihnen ungleich vorsichtiger zu Werke gehen. Sowohl Aufwand wie Schwierigkeit, die zugrundeliegenden Stoffvarianten aus literarisch anspruchsvollen Texten überhaupt erst herauszufiltern, wachsen mit der zunehmenden künstlerischen Komplexität der untersuchten Texte, und die Gefahr, in die literarische Falle der Mythosforschung zu geraten, ist in solchen Fällen ungleich größer als bei der Untersuchung schlichter und künstlerisch weitgehend anspruchsloser Stoffdarstellungen.

Daß im Rahmen der Erforschung mythischer Stoffe sowohl literarische wie unliterarische und daneben auch noch alle möglichen anderen verfügbaren Quellen zu berücksichtigen sind, wird schließlich noch deutlicher werden, wenn es in den nächsten Kapiteln darum geht, den Stoffbegriff näher zu fassen.

---

50 Vgl. dazu mit Diskussion ausgewählter Fälle den Aufsatz von Villagra, 2017, und allgemeiner in Hinblick auf die extensive Benutzung von „sub-literary materials" durch Apollodoros Cuartero, 2017, 146 f (ausführlicher bereits Trzaskoma, 2013).
51 Vgl. generell das Fazit des Aufsatzes bei Pagès, 2017, 78: „Thus, early imperial mythography appear to be the outcome of a second process of rewriting, summarising or simply copying *excerpta* from former compendia."

3 Stoffbegriff, literaturhistorische Story-Forschung und allgemeine Stoffwissenschaft (Hylistik)

3.1 Die Gründung von Troia: Literaturwissenschaftliche Annäherungen an den Stoffbegriff

Wenn Mythen als Erzählstoffe aufzufassen sind, wie lassen sich diese Erzählstoffe dann greifen und erforschen? Hier stößt man auf eine Problematik mit weitreichenden Folgen. Da Erzählstoffe oft in *Textform* überliefert sind, hat sich bislang vor allem die literaturwissenschaftliche Narratologie auf die Erforschung dessen spezialisiert, was unter „Stoff" zu verstehen ist, und welche Verständnisebenen es hier zu unterscheiden gilt. Man ist dabei zu einem hoch differenzierten Stoffbegriff gelangt, der in vielen Punkten auch für die Mythosforschung hilfreich ist. Es wird sich jedoch herausstellen, daß hier noch weitere Arbeit zu leisten ist.

Die folgenden theoretischen Ausführungen sollen anhand eines konkreten Beispiels verdeutlicht werden. Wenn man sich einer mythischen oder überhaupt irgendeiner stofflichen Struktur über eine *textliche* Konkretion anzunähern versucht, dann ist die erste Ebene der Untersuchung der Text selbst. Im mythologischen Handbuch von Apollodoros wird von der Gründung der Stadt Ilion berichtet, die nach Ilos' Vater Tros auch Troia genannt wird[1]. Dort heißt es, daß Ilos aufgrund eines Orakelspruches einer gescheckten Kuh folgen und an dem Ort, an dem sie sich niederlegen würde, eine Stadt gründen sollte. Weiter heißt es im Text[2]:

> ἡ δὲ ἀφικομένη ἐπὶ τὸν λεγόμενον τῆς Φρυγίας Ἄτης λόφον κλίνεται· ἔνθα πόλιν κτίσας Ἶλος ταύτην μὲν Ἴλιον ἐκάλεσε, τῷ δὲ Διὶ σημεῖον εὐξάμενος αὐτῷ τι φανῆναι, μεθ' ἡμέραν τὸ διιπετὲς παλλάδιον πρὸ τῆς σκηνῆς κείμενον ἐθεάσατο.

---

[1] Zur diffizilen Frage, ob bzw. inwiefern ἡ Τροία mit τὸ Ἴλιον (oder auch ἡ Ἴλιος) gleichgesetzt werden kann, s. Mannsperger, 2002, 852 f, der sich für „ein organisches Nebeneinander von Troia als Land und Siedlungszentrum der Troianer und Ilios als städtischer Mitte" ausspricht (ebd. 853). Ungeachtet dieser differenzierenden, wissenschaftlichen Außenperspektive erscheinen in den antiken Quellen die beiden topographischen Bezeichnungen oft als austauschbar.
[2] Apollod. 3,143; die Vorgeschichte von der Kuh in 3,142. Text nach Scarpi/ Ciani, 1998 (die neue Apollodoros-Edition von Cuartero stand dem Verfasser nicht zur Verfügung).

ᵃ Open Access. © 2019 Zgoll, publiziert von De Gruyter. [CC BY] Dieses Werk ist lizenziert unter der Creative Commons Attribution 4.0-Lizenz.
https://doi.org/10.1515/9783110541588-003

> Angekommen beim sogenannten Hügel der phrygischen Ate aber legt sie [sc. die Kuh] sich nieder. Dort gründete Ilos eine Stadt und nannte diese Ilion; als er zu Zeus gebetet hatte, daß ihm irgendein Zeichen erscheinen möge, erblickte er bei Tage das vor dem Zelt liegende, vom Himmel herabgefallene Palladion[3].

In diesem *textlichen Abschnitt*, dessen Erschließung und Interpretation zunächst eine Aufgabe der Philologie (in diesem Fall der Gräzistik) ist, steckt ein den Text strukturierendes, *stoffliches Handlungsgerüst*, das sich folgendermaßen darstellen läßt:
— Kuh kommt zum Ate-Hügel
— Kuh legt sich dort nieder
— Ilos gründet eine Stadt
— Ilos nennt die Stadt Ilion
— Ilos bittet Zeus um ein Zeichen
— Ilos erblickt nach Tagesanbruch das Palladion vor seinem Zelt
— Palladion ist vom Himmel herabgefallen

Dieses Handlungsgerüst in der Reihenfolge der Handlungsschritte, wie sie *im Text* nacheinander vorkommen, wird in der Narratologie unter anderem als *plot* bezeichnet (vgl. französisch *discours* oder *récit*, russisch *sjužet*, deutsch u. a. „Erzählung")[4].

Nun wird in einem Text die Abfolge der Handlungsschritte oft nicht in ihrer chronologischen Reihenfolge wiedergegeben; Genette bezeichnet diese „verschiedenen Formen von Dissonanz zwischen der Ordnung der Geschichte (*histoire*) und der der Erzählung (*récit*)" mit dem Terminus der „narrativen Anachronien"[5]. Folglich ist zu unterscheiden zwischen dem *plot* in seiner konkreten, textlichen, gegebenenfalls kunstvoll angeordneten Präsentation (im *ordo artificialis*) und seiner natürlichen chronologischen Abfolge (im *ordo naturalis* bzw. nach der ἀκολουθία πραγμάτων). Für diesen zweiten Stoffbegriff existieren in der Literaturwissenschaft ebenfalls verschiedene Bezeichnungen; im Englischen hat sich dafür weithin die Bezeichnung *story* durchgesetzt (vgl. französisch *histoire*,

---

3 „Palladion" ist die Bezeichnung für die Statue der Schutzgottheit einer Stadt; ein ursprünglicher Bezug auf „Pallas" Athene ist nicht gesichert; s. dazu Näheres in Kapitel 17.2.
4 Im deutschen Sprachraum findet man dafür unterschiedliche Bezeichnungen; vgl. Martínez, 2003, 92, der dafür die Bezeichnung „Fabel" vorschlägt, was insofern etwas problematisch ist, als im russischen Formalismus *fabula* für den Stoff in seiner chronologischen Reihenfolge verwendet wird; Schmid, 2014, 225, verwendet die Bezeichnung „Erzählung". Zur Forschungsgeschichte und den verschiedenen Terminologien s. die konzise Zusammenfassung bei Schmid, 2007, 104-107.
5 Genette, 2010, 18.

im russischen Formalismus *fabula*, deutsch „Geschichte"[6]. In unserem Textbeispiel erfolgt die Information, daß das Palladion vom Himmel herabgefallen ist, erst am Ende des Abschnittes, obwohl der Vorgang selbst eindeutig früher angesetzt werden muß: Wenn Ilos das „herabgefallene Palladion" erblickt, muß es bereits vor dieser Sichtung herabgefallen sein.

Ein etwas komplexeres Problem ergibt sich bei der Frage nach der chronologischen Einordnung der Gründung und Benennung von Ilion durch Ilos: Sind diese Gründungsakte *vor* oder *nach* dem Herabfallen des Palladions anzusetzen? Rein von der Reihenfolge im Text her betrachtet, werden sie *vor* dem Herabfallen des Palladions genannt; somit könnte Ilos auf das Zeichen der sich niederlassenden Kuh hin die Stadt gegründet und benannt haben, und erst nach der Gründung der Stadt wäre dann das Palladion herabgefallen. Warum auch sollte Ilos *zwei* Zeichen benötigen, bevor er eine Stadt gründet?

Gegen eine solche Interpretation aber sprechen mehrere Gründe. Zum einen bittet Ilos Zeus um ein „Zeichen" (σημεῖον). Für was aber sollte dies Zeichen dienen, wenn nicht für die Gründung einer Stadt? Im Kontext wird nichts anderes erwähnt, wofür sonst Ilos ein Zeichen hätte benötigen sollen. Daß Ilos das Palladion nicht als Zeichen, sondern zum Schutz der bereits gegründeten Stadt von Zeus erfleht, davon ist ebenfalls im Text nicht andeutungsweise die Rede. Zum anderen wird durch die Zeitangabe, daß Ilos das herabgefallene Palladion „bei Tage" (μεθ' ἡμέραν)[7] vor seinem Zelt erblickt, implizit deutlich, daß zwischen der Ankunft an dem Ort, wo die Kuh sich niedergelegt hat, und dem Erblicken des Palladions nur eine Nacht vergangen ist, in der die Stadtgründung kaum abgelaufen sein kann. Somit ist die Erwähnung der Gründung und Benennung von

---

[6] Vgl. Asmuth, 2000, 6: „Rohstoff, engl. *story*; gestalteter Stoff, engl. *plot*". Manchmal wird für *story* ebenfalls der Begriff *plot* verwendet, so daß von der Bezeichnung her nicht immer zwischen *plot* (1) als Stoff im *ordo artificialis* und *plot* (2) als Stoff im *ordo naturalis* unterschieden wird. Zur Unterscheidung von „Fabel" und „Sujet" im russischen Formalismus s. Tomaševskij, 1985, 218: „Die Motive bilden, indem sie sich miteinander verbinden, die thematische Verknüpfung des Werkes. Unter diesem Aspekt ist die Fabel die Gesamtheit der Motive in ihrer logischen, kausaltemporalen Verknüpfung, das Sujet die Gesamtheit derselben Motive in derjenigen Reihenfolge und Verknüpfung, in der sie im Werk vorliegen." Eine andere Herangehensweise an die Unterscheidung von *story* und *plot* liegt der Arbeit von Forster zugrunde, der die begriffliche Differenzierung nicht primär an der Gestaltung der Stoffchronologie (*ordo naturalis* vs. *ordo artificialis*) festmacht, sondern nur am Vorhandensein oder Fehlen einer kausallogischen Verknüpfung; vgl. Forster, 1927, 87: „We have defined a story as a narrative of events arranged in their time-sequence. A plot is also a narrative of events, the emphasis falling on causality. 'The king died and then the queen died', is a story. 'The king died, and then the queen died of grief', is a plot."
[7] Vgl. zu μεθ' ἡμέραν Scarpi/ Ciani, 1998, 586 („sul far del giorno").

Ilion offensichtlich die proleptische Zusammenfassung eines Vorganges[8], der erst *nach* dem Herabfallen des Palladions anzusetzen ist – auf die auffällige und daher etwas seltsame Doppelung der Zeichen wird später noch zurückzukommen sein[9]. Die *story*, die unserem Text zugrundeliegt, ist daher so zu rekonstruieren:
- Kuh kommt zum Ate-Hügel
- Kuh legt sich dort nieder
- Ilos bittet Zeus um ein Zeichen
- Palladion fällt nachts vom Himmel herab
- Ilos erblickt nach Tagesanbruch das Palladion vor seinem Zelt
- Ilos gründet eine Stadt
- Ilos nennt die Stadt Ilion

In der literaturwissenschaftlichen Narratologie ist inzwischen ein noch weiter ausdifferenziertes Modell entwickelt worden, das an dieser Stelle noch einmal zwischen der „Geschichte" (*story*) und dem „Geschehen" unterscheidet[10], wobei unter „Geschehen" die Gesamtheit der räumlich wie zeitlich unbegrenzten Handlungen, Situationen und Figuren zu verstehen ist, aus denen die *story* wiederum nur einen ausgewählten Abschnitt zum Inhalt hat – und selbst dieser Ausschnitt behandelt nicht alles, was im Zusammenhang mit der *story* steht, sondern wiederum nur einen Teil davon. Der obige Textabschnitt hat eine Vorgeschichte (wie Ilos zu der Kuh kommt) und eine Fortsetzung (Hochzeit des Ilos), und selbst der gewählte Ausschnitt übergeht beispielsweise, wie genau man sich den Vorgang vorzustellen hat, in dessen Verlauf das Palladion vom Himmel herabgefallen ist, und daß dies offenbar bei Nacht geschah. Dieses Beispiel wird an verschiedenen Stellen dieser Arbeit nochmals in den Blick kommen[11].

---

8 In hymnischen Texten und auch in Epen sind Prolepsen eine häufig anzutreffende Erzähltechnik. Oft zeigen solche Prolepsen etwas an, worauf es in dem jeweiligen Stoff *besonders ankommt*. Vgl. etwa Psalm 47, wo Gott bereits am Anfang als großer König über die ganze Erde gepriesen wird (47,2 f), während die Erwähnung der Thronbesteigung erst in 47,9 erfolgt.
9 S. Kapitel 8.2.
10 Schmid, 1982; ihm folgt weitgehend Martínez, 2003, 92; s. auch die zusammenfassende Darstellung bei Schmid, 2007, 104-107, und Schmid, 2014, 224 f, mit einer schematischen Übersicht.
11 S. dazu die Hinweise in Anm. 7 von Kapitel 1.1.

3.2 Der Stoff und die Stoffe in Ovids Metamorphosen: Problematisierung des Stoffbegriffs

Nun ergibt sich bei einer solchen literaturwissenschaftlichen Betrachtungsweise verschiedener narrativer Ebenen in einem Text aus der Perspektive der Mythosforschung bzw. einer allgemeiner verstandenen Stoff-Forschung ein Problem. Denn sowohl bei der literaturwissenschaftlichen Analyse des *plots* wie auch der *story* handelt es sich um die Untersuchung des *plots* bzw. der *story* eines bestimmten *Textes*, und zielt von daher auf etwas, das den Text *in seiner Gesamtheit* inhaltlich strukturiert[12]. Der im vorangegangenen Kapitel angeführte Stoff von der Gründung Ilions durch Ilos ist im Textganzen des mythologischen Handbuches von Apollodoros nur ein kleiner Ausschnitt und von daher kein *plot* bzw. keine *story* im literaturwissenschaftlichen Sinn, wohl aber ein einzelner mythischer Stoff in einer bestimmten Ausprägung.

In manchen Fällen sind *plot* bzw. *story* eines konkreten Textes zwar in etwa deckungsgleich mit *einem* mythischen Stoff, wie zum Beispiel in Claudians Epyllion *De raptu Proserpinae* („Über den Raub der Proserpina")[13]. In vielen Fällen aber sind in *einem* konkreten Text *mehrere* mythische Stoffe verarbeitet. Ein extremes Beispiel sind die *Metamorphosen* Ovids: Literaturwissenschaftlich betrachtet besteht der Stoff i. S. v. *story* der *Metamorphosen* in einer Darstellung der Weltgeschichte von den Tagen der Schöpfung an bis in die Augusteische Zeit des Autors hinein; in dieser *einen story* aber stecken weit über 250 mythische *Stoffe*[14]. Das Handlungsgerüst eines bestimmten mythischen Stoffes und das eines konkreten Textes sind also voneinander zu unterscheiden, da beide nicht immer deckungsgleich sind.

Ein weiteres Problem ergibt sich aus dem Umstand, daß sich der literaturwissenschaftliche Stoffbegriff (*story* bzw. *plot*) auf eine einzelne, in einem bestimmten Text konkret vorfindliche Stoff-Ausgestaltung bezieht. Genau dies ist aber

---

12 S. bspw. Schulz, 2003, 521, zu Stoff als etwas, das in literaturwissenschaftlicher Perspektive „das Werk global organisiert, nicht bloß einzelne Teile".
13 Eine Aufzählung von Beispielen aus der griechischen Lyrik für Gedichte, deren einziger Inhalt aus der Erzählung eines Mythos besteht, bei Syndikus, 2001, Bd. 1, 169, Anm. 1.
14 Allein die in den *Metamorphosen* behandelten Metamorphosenstoffe belaufen sich auf etwa 250 (s. Irving, 1990, 19). Die Anzahl kann nur ungefähr bestimmt werden, da Ovid die Vorstellung dessen, was als „Metamorphose" zu gelten hat, in den *Metamorphosen* aufweicht und auch Stoffe mit einbezieht, die genuin nicht mit der Vorstellung einer Metamorphose verknüpft waren (s. dazu beispielhaft Zgoll, 2004, 233-235). Über Metamorphosenstoffe (in einem weit gefaßten Sinn) hinaus werden außerdem in den *Metamorphosen* auch noch etliche andere mythische Stoffe gestreift.

nicht gemeint, wenn man aus der Perspektive der Mythosforschung von einem mythischen Stoff wie z. B. von „*dem* Mythos von der Gründung Ilions" spricht. Denn dann handelt es sich gerade nicht um etwas *Einzelnes*, einen bestimmten Text inhaltlich Strukturierendes, sondern um eine *Menge unterschiedlicher Stoffvarianten*[15], die sich in verschiedenen Texten oder auch in ganz anderen medialen Formen manifestieren[16]. Die Gesamtheit einzelner Handlungsschritte eines konkreten Textes in ihrer natürlichen Abfolge (im *ordo naturalis*), also literaturwissenschaftlich gesprochen die *story* eines Textes, entspricht in der Mythosforschung selbst dann, wenn sich der Text nur mit *einem* Stoff befaßt, nicht dem *Stoff*, sondern nur *einer Stoffvariante* des mythischen Stoffes.

Genau genommen ist dies nicht nur in Hinblick auf mythische Stoffe so zu sehen, sondern auch in Hinblick auf literarische, von einzelnen Autoren bearbeitete oder selbst geschaffene Stoffe. Auch in diesem Fall ist in den Texten jeweils immer nur *eine Stoffvariante* realisiert, für die der Autor sich entschieden bzw. die er erfunden hat. Selbst bei einem frei erfundenen Stoff hätte es mehrere Möglichkeiten gegeben: Ein Autor hätte den gleichen Stoff auch *anders*, in einer anderen Variante erzählen können, und somit wählt er aus der Vielzahl der Stoffe nicht nur *einen Stoff*, sondern in Hinblick auf diesen einen Stoff außerdem noch unter einer Vielzahl von Möglichkeiten *eine bestimmte Stoffvariante*. So kann man zusammenfassend festhalten:

→ Zur Bezeichnung von „Stoff" in einem bestimmten Sinn, nämlich in dem Sinn einer nicht nur auf einzelne Texte festgelegten Gesamtheit verschiedener tatsächlich existierender oder möglicher Stoffvarianten einer

---

15 Vgl. Burkert, 1982, 63, mit einseitiger Beschränkung auf Texte: „Ein einzelner Mythos ist ... nicht identisch mit einem einzigen, bestimmten Text, er ist durch einen solchen nicht vollständig repräsentiert; es gibt Varianten."

16 Deshalb hilft auch der literaturwissenschaftliche Begriff „subplot" bzw. „Episode" (Martinez/ Scheffel, 2012, 113 f) nicht entscheidend weiter, der eine in sich geschlossene Nebenhandlung bezeichnet – aber wiederum als inhaltliche Substruktur eines einzelnen Textes, als Teil des gesamten *plots*, nicht als Teil aus einer Menge verschiedener Varianten eines Stoffes. Arbeiten, die „Stoff" als etwas von den Texten Trennbares zu definieren versuchen, sind eher die Ausnahme; vgl. aus der älteren Forschung Kayser, 1960, 56: „Was außerhalb eines literarischen Werkes in eigener Überlieferung lebt und nun auf seinen Inhalt gewirkt hat, heißt *Stoff*. ... Der Stoff kann in der verschiedensten Art existieren, das heißt: es gibt die verschiedenartigsten Stoffquellen." Da er sich primär für das literarische Kunstwerk interessiert, sind für Kayser aber Stoffe und ihre Untersuchung von einer „untergeordneten Bedeutung" (ebd. 58) und der Wert entsprechender Arbeiten „doch meist sehr begrenzt" (ebd. 59).

abgeschlossenen Handlung mit bestimmten Protagonisten, Örtlichkeiten, Gegenständen und Taten[17], gibt es keinen entsprechenden präzis gefaßten und gängigen Begriff aus der Narratologie.

Die literaturhistorisch ausgerichtete „Stoff- und Motivforschung" verfolgt die Geschichte der Handlungsgerüste von *Texten* und hat sich darüber hinaus auf rezeptionsgeschichtlich bedeutsame „Stoffe" (*stories*) konzentriert, also auf solche, die literarisch behandelt und mit konkreten Namen oder Örtlichkeiten verbunden sind[18] und deren Ursprünge meistens zurückverfolgbar sein sollen[19]. Der Fokus liegt dabei gerade auf der künstlerischen Gestaltung einer zumindest in wesentlichen Punkten sehr stark determinierten *story* durch einzelne Autoren in Abweichung von oder in Anlehnung an künstlerische Vorlagen. Mit anderen Worten, die literaturhistorische Erforschung von rezeptionsgeschichtlich bedeutsamen *stories* konzentriert sich darauf, was einzelne Autoren in bestimmten Texten aus literarisch bereits behandelten und damit in wesentlichen Zügen festgelegten *stories* (oder Motiven) *gemacht* haben; sie ist nicht vorrangig Stoff-Forschung, sondern auf literarische Werke fixierte Stoff-Bearbeitungs-Forschung, die zur Abhebung von einer allgemeinen und prinzipiell nicht nur auf Texte festgelegten Stoff-Forschung treffender als „Story-Forschung" bzw. „Story- und Motivforschung" zu bezeichnen wäre[20].

Einer allgemeinen Stoff-Forschung aber muß daran gelegen sein, eine Ausweitung der Perspektive anzustreben von der Erforschung literaturhistorisch be-

---

17 Zur Frage nach Kriterien, die es erlauben, eine Handlung annäherungsweise als „in sich geschlossen" oder „abgeschlossen" zu betrachten, s. Kapitel 8.1.
18 Vgl. Anz, 2007, 130: „Stoffe sind Ereigniszusammenhänge, die zum größten Teil mit namentlich genannten Figuren wie Faust, Don Juan oder Romeo und Julia, selten nur mit Schauplätzen ... und zuweilen mit Figuren *und* Schauplätzen ... assoziiert sind." Vgl. auch Lubkoll, 2013, 717: „Ein Stoff wird ... als ein Handlungsgerüst und eine Problemkonstellation definiert, die beide in der literarischen Tradition vorgeprägt sind, zugleich aber im Text individuell realisiert werden."
19 Vgl. Dahms, 2013, 126: „Der Ursprung eines Stoffes lässt sich zumeist feststellen, und jede Bearbeitung erscheint als Replik auf vorherige ..."
20 Vgl. Frenzel, 1978, 24: „Stoff im engeren und wissenschaftlich fruchtbaren Sinne ist ... eine schon außerhalb der Dichtung vorgeprägte Fabel, ein 'Plot', der ... als ein bereits durch einen anderen Dichter gestaltetes Kunstwerk oder auch als selbsterfundene Handlung dichterisch gestaltet wird." Die Konzentration der Story- und Motivforschung (und erweitert zunehmend auch der damit verbundenen Themenforschung) auf Tradierung und Wandel bestimmter *stories* und Motive in literarischen Werken und noch dazu eine Konzentration vieler solcher Untersuchungen auf neuzeitliche Literaturen wird etwa in dem Forschungsüberblick bei Frenzel, 1993, deutlich.

deutsamer Stoffe auf die Erforschung von Stoffen überhaupt. Stoffe sind außerdem nicht als eher starre, in wesentlichen Punkten determinierte Vorlagen aufzufassen, sondern als flexible und polymorphe Gebilde[21]. Vor allem aber gilt es, sich von der Textbezogenheit traditioneller literaturwissenschaftlicher und literaturhistorischer Zugangsweisen zu lösen. Wenn man Ernst machen will mit der Vorstellung von Mythen als Stoffen und die Erforschung dieser Stoffe ins Zentrum der Bemühungen stellen will, dann müssen die Beschränkung auf Texte und textbezogene Begrifflichkeiten schon allein deswegen aufgegeben werden, weil (mythische) Stoffe eben nicht nur in Texten, sondern auch in etlichen anderen medialen Formen konkretisiert werden können.

3.3 Hylistik als nicht auf Texte fixierte und zugleich textnahe allgemeine Stoffwissenschaft

Ein entscheidender Perspektivenwechsel besteht darin, Erzählstoffe nicht oder zumindest nicht nur als „Textbausteine" zu begreifen[22], sondern allgemeiner als Sequenzen von verschiedenen, aufeinander bezogenen kleinsten „Stoffbausteinen", die nicht auf textliche und andere mediale Konkretionen festgelegt sind[23]. Diese auf bestimmte mediale Konkretionen nicht festgelegten „Rohstoffe" zu untersuchen, müßte aus der literaturhistorisch interessierten, aber damit auch zu textfixierten Story- und Motivforschung herausgelöst und in die Hände einer eigenen Disziplin gelegt werden[24]. In Abhebung zur Story- und Motivforschung könnte man diese Disziplin „allgemeine Stoff-Forschung" nennen. Allerdings ergibt sich hier das Problem, daß die Story- und Motivforschung normalerweise

---

21 S. dazu v. a. die Kapitel 4.5-6 und 12.1-3.
22 S. etwa Dahms, 2013, 124: „Themen, Stoffe und Motive sind *Textbausteine* mit strukturbildender und bedeutungstragender Funktion." Vgl. auch die Kurzdefinition von „Plot" bei Martínez, 2003, 92: „Handlungsstruktur eines erzählenden oder dramatischen *Textes*" (Kursivierungen jeweils durch C. Zgoll).
23 Auf ein solches Verständnis von „Stoff" bzw. einzelnen Stoffvarianten wird in Kapitel 5.3 und 6.1 ausführlich eingegangen.
24 Erst in jüngster Zeit deuten sich Ansätze in dieser Richtung an. Impulse für die weitere traditionelle Story- und Motivforschung könnten sich ergeben, so Dahms, 2013, 128, wenn „Stoffe und Motive nicht länger als gestalterische und Bedeutung transportierende Elemente von Texten verstanden werden, sondern als ... Ausdruck kulturellen Denkens schlechthin." Dieser Vorschlag birgt allerdings wiederum die Gefahr, daß man – wie im Strukturalismus – die Stoffstrukturen aus den Augen und sich zu schnell ins Allgemeine verliert (s. dazu das folgende Kapitel 3.4). In mythischen Stoffen spiegeln sich zweifellos Elemente eines „kulturellen Denkens" wider (s. dazu die Kapitel 13.1-2), aber die Stoffe selbst sind davon noch einmal zu unterscheiden.

unter der Bezeichnung „Stoff- und Motivforschung" läuft, so daß der Unterschied zu einer „allgemeinen Stoff-Forschung" nicht hinreichend deutlich wird.

→ Ausgehend von dem griechischen Wort „Hyle" (ὕλη), das u. a. „Stoff" i. S. v. „Rohmaterial" bezeichnet, wird daher zur besseren Unterscheidung im Folgenden dann, wenn es um eine „allgemeine Stoff-Forschung" im oben skizzierten Sinn geht, vorschlagsweise der Begriff *Hylistik* oder alternativ (allgemeine) *Stoffwissenschaft* verwendet.

Ein hauptsächlicher Unterschied zwischen der Story-Forschung eines Literaturhistorikers und dem stoffwissenschaftlichen Arbeiten eines „Hylistikers" besteht darin, daß ein Literaturhistoriker *stories* als etwas begreift, was speziell in Texten liegt und Texte in ihrer Gesamtheit inhaltlich strukturiert, während ein Hylistiker oder Stoffwissenschaftler in Stoffen etwas erblickt, das weder auf textliche noch auf sonstige mediale Konkretionen festgelegt ist und etwas Komplexeres darstellt als das, was in der jeweiligen einzelnen, medial konkretisierten Stoffvariante realisiert ist.

Problematisch ist aus der Perspektive der Hylistik aber nicht nur die zu starke *Textgebundenheit* mancher Zugangsweisen zu (mythischen) Stoffen, sondern auf der anderen Seite auch die wiederum zu starke *Textferne* anderer Ansätze, die nicht primär an den unter der Textoberfläche liegenden stofflichen Strukturen selbst interessiert sind, sondern mehr an hinter diesen Stoff-Strukturen vermuteten, kulturspezifischen und bedeutungstragenden Elementen politisch-soziologischer, religiöser, psychischer oder anderer Art, oder die sich bspw. vorrangig damit befassen, welche Funktionen Mythen in verschiedenen gesellschaftlichen Gruppen und Kulturen haben können oder wo sie konkret zum Einsatz kommen. Darauf soll im folgenden Kapitel noch etwas näher eingegangen werden.

3.4 Hylistik und Mythosforschung zwischen den Stühlen

Daß Mythosforschung im Überschneidungsbereich verschiedener Disziplinen anzusiedeln ist, bedarf kaum einer genaueren Darstellung[25]. Mythen sind Bestandteile eines grundlegenden und uralten Phänomens menschlicher Kommunikation, des Geschichten-Erzählens im weitesten Sinn, für dessen Beschreibung nicht nur philologische oder literaturwissenschaftliche, sondern auch philoso-

---

25 Vgl. Rüpke, 2013, 57.

phische, kulturanthropologische, soziologische, historische, bildwissenschaftliche, archäologische, strukturalistische, religionswissenschaftliche, kommunikationstheoretische, (kognitions-)psychologische, genderwissenschaftliche u. a. Beschreibungskategorien und Methoden in Anschlag gebracht werden können. Die fächerübergreifende Komplexität des Untersuchungsgegenstandes ist ein Grund, warum die Erforschung des Phänomens „Mythos" eine große Herausforderung darstellt und weshalb das Feld der Mythosforschung nur schwer zu überblicken ist sowie in den Ansätzen und Ergebnissen ein ziemlich disparates Erscheinungsbild liefert.

Betrachtet man die verschiedenen Herangehensweisen, so läßt sich allerdings feststellen, daß sie sich grob gefaßt in zwei große Gruppen einteilen lassen. Der einen geht es in erster Linie um die Literatur gewordene Gestalt mythischer Stoffe und damit vor allem um *Texte*, der anderen vor allem um Dinge *hinter den Texten* – aber nicht so sehr um die in den Texten verarbeiteten *Stoffe*, sondern um noch hinter den Texten und auch hinter deren stofflichen Strukturen vermutete bedeutungstragende Elemente einer Kultur, um soziologische Gegebenheiten, um psychologische oder anthropologische oder andere Grundkonstanten, oder um Fragen nach möglichen Verortungen und Funktionen dieser Stoffe.

Nun gehen aber mythische Stoffe weder in ihren literarischen (und anderen) Konkretionen auf, noch in dem, was aus ihnen für bestimmte kulturelle Bedeutungszusammenhänge oder anthropologische, psychologische oder andere Gegebenheiten abgeleitet werden kann, noch in dem, was sie jeweils für eine bestimmte Gruppe leisten können oder wofür sie praktisch eingesetzt werden. Während die einen Disziplinen sich vor allem auf Texte – und damit nicht auf Stoffe – konzentrieren, sind die anderen von den Texten und auch von den solchen Texten zugrundeliegenden und sie konkret strukturierenden Stoffvarianten oft bereits weit entfernt. Zwischen einer zu textzentrierten und einer zu textfernen Mythosforschung bzw., um ins Allgemeinere zu gehen, zwischen einer stark auf die jeweiligen medialen Konkretionen selbst fokussierten und einer von den medialen Konkretionen der Stoffe bereits deutlich abgehobenen Forschung tut sich daher unvermutet eine bislang nur unzureichend abgedeckte Lücke auf. Es fehlt eine intensivere Beschäftigung mit den Stoffen bzw. einzelnen Stoffvarianten, die den Texten und anderen medialen Konkretionsformen zugrundeliegen, eine Stoffanalyse, die einerseits den medialen Konkretionsformen wie bspw. Texten oder Darstellungen bildlicher Art verbunden bleibt und sich nicht zu weit von ihnen löst, die sich andererseits aber dennoch nicht allein auf eine einzelne Kategorie medialer Realisationsformen beschränkt. Wie die Methodik, so sind die Ergebnisse einer dezidiert auf Stoffe ausgerichteten Forschung daher auch mit der Methodik und den Ergebnissen philologischer, literaturwissenschaftlicher, historischer, archäologischer, soziologischer, psychologischer, strukturalistischer und anderer Herangehensweisen nicht deckungsgleich, so daß in einem „stoffwissenschaftlichen" Arbeiten ein Mehrwert steckt, der so von den bisher mit Mythen oder anderen Erzählstoffen befaßten Forschungsrichtungen allenfalls ansatzweise eingeholt werden kann.

In Abgrenzung zu allzu stark auf die medialen Konkretionen mythischer Stoffvarianten zentrierten Ansätzen einerseits und zu anderen, sich von den Stoffvarianten, die verschiedenen medialen Konkretionsformen zugrundeliegen, zu weit entfernenden Richtungen der Mythosforschung andererseits gilt es deshalb, einen stoffwissenschaftlichen Zugang zu Mythen zu verfolgen und zu großen Teilen überhaupt erst zu entwickeln. In einer stoffwissenschaftlichen bzw. „hylistischen" Mythosforschung liegt ein Mittelweg, der im Hinblick auf den Untersuchungsgegenstand, der gewissermaßen zwischen den Stühlen der bisherigen Forschungsbemühungen sitzt, neue Erkenntnisgewinne verspricht. Hylistik als allgemeine Stoffwissenschaft und, als Subdisziplin, eine hylistische Erforschung speziell mythischer Stoffe löst sich einerseits von den jeweiligen medialen Konkretionsformen dieser Stoffe und kommt damit anderen Zugangsweisen entgegen, die Mythen unter Aspekten untersuchen, die sich zum Teil deutlich von einer bspw. rein literaturwissenschaftlichen bzw. literaturhistorischen oder archäologischen bzw. bildwissenschaftlichen Betrachtungsweise entfernt haben, ohne daß sich andererseits eine solche hylistische Herangehensweise selbst wiederum einer bestimmten dieser verschiedenen anderen Richtungen zuordnen ließe oder mit einer von ihnen identisch wäre. Als Ergänzung und Mittelweg zwischen zu mediennahen und zu medienfernen Forschungsrichtungen zielt die allgemeine Stoffwissenschaft auf die Erforschung des Wesens und der Merkmale von Erzählstoffen und auf eine Methodik, die speziell auf die Erforschung von Stoffen unter Berücksichtigung der ganzen Bandbreite verschiedener medialer Konkretionsformen zugeschnitten ist – und auf diese Weise auch eine wichtige Voraussetzung für eine komparatistische Stoffwissenschaft darstellt[26].

---

26 Zur komparatistischen Relevanz s. ausführlich Kapitel 9.

4 Die Suche nach „dem" Stoff und verschiedene Lösungsvorschläge, oder: Niobes Hybris

Was ist „der" Stoff, wenn er nicht auf bestimmte mediale Konkretionen festgelegt und damit nicht mit ihnen deckungsgleich ist, wie läßt er sich erfassen? Da sich die Herausforderungen, die sich bei einer Stoffbestimmung ergeben, am besten anhand mythischer Stoffe verdeutlichen lassen, werden solche Stoffe in den folgenden Kapiteln im Zentrum stehen; *mutatis mutandis* treten die hier aufgezeigten Schwierigkeiten aber durchaus nicht nur bei mythischen Stoffen auf. Zum Einstieg in die Thematik soll ein konkretes Beispiel näher betrachtet werden:

> Niobe, Tochter des Tantalos, des Königs von Lydien, heiratete Amphion, den Mitkönig von Theben, und gebar ihm viele Kinder, auf die sie unmäßig stolz war. Die meisten Schriftsteller sagen, daß das Paar entweder sechs oder sieben Söhne und eine ebenso große Zahl von Töchtern hatte, aber auch andere Zahlen werden überliefert. Niobe rühmte sich, mehr und bessere Kinder als Leto zu haben. Diese Göttin rief ihre Kinder Apollon und Artemis auf, die Beleidigung zu rächen. Sie töteten deshalb alle Kinder der unbesonnenen Frau oder alle außer zweien. Von Kummer überwältigt, hörte Niobe nicht auf zu weinen. Sie kehrte in ihre Heimat in Lydien zurück und wurde auf dem Berg Sipylos in einen Stein verwandelt, der ständig Tränen verströmte. (Homer, *Ilias* 24,605-617; Ovid, *Metamorphosen* 6,146-312; Hygin, *Fabulae* 9; 11; Pausanias 1,21,3.)

Dieser Eintrag findet sich in einem gängigen „Lexikon der antiken Mythologie" unter dem Stichwort „Niobe"[1]. Sieht man einmal von dem Umstand ab, daß ikonographische Quellen offenbar keinerlei Berücksichtigung fanden, so ist hier die Trennung des mythischen Stoffes von den angegebenen Textquellen vollzogen, in denen er konkret belegt ist. Der Lexikonartikel richtet sich nicht nach einem bestimmten Text, sondern er gibt „den" Stoff wieder[2].

Prinzipiell läßt sich jeder Erzählstoff in eine Abfolge von einzelnen Handlungsschritten zerlegen. In unserem Beispiel: Niobe heiratete, gebar, rühmte sich vor Leto ihrer Kinder; die Göttin Leto rief ihre Kinder zur Rache auf; Artemis und Apollon töteten; Niobe weinte, kehrte in ihre Heimat zurück, wurde in einen Stein

---

[1] Tripp, 1974, 364.
[2] Literaturhinweise zu Niobe bei Reinhardt, 2011, 219, Anm. 813, und Reinhardt, 2016, 23.

verwandelt. Bei der Wiedergabe eines Stoffes, verstanden als Handlungssequenz, ergibt sich allerdings ein Problem, das speziell, aber nicht nur, bei mythischen Stoffen virulent ist.

Denn „der" Stoff ist offensichtlich nicht nur in Nebensachen wie etwa in der stilistischen Gestaltung, in der Dramatisierung oder in ausschmückenden Detailbeschreibungen nicht eindeutig fixiert, sondern in manchen Fällen auch in durchaus nicht unwichtigen Zügen. „Die meisten Schriftsteller sagen ..., aber ..."; „Sie töteten deshalb alle Kinder ... oder alle außer zwei" – das sind keine Nebensächlichkeiten, die in dem oben zitierten Niobe-Beispiel verhandelt werden, sondern grundsätzliche Unterschiede. Und dabei beschränkt sich die Darstellung des Lexikonartikels auf die Extraktion des Stoffes aus einigen wenigen, bekannteren Textquellen[3].

Vollends zu einer Herausforderung wird das Unterfangen, „den" Stoff zu bestimmen, wenn man ausgefallene oder seltsame Stoffvarianten auch noch mit berücksichtigen wollte wie etwa die in der 33. Erzählung von Parthenios überlieferte, nach der Niobes Gatte nicht Amphion, sondern Philottos heißt, ihr Vater nicht Tantalos, sondern Assaon, nicht Apollon und Artemis Niobes Söhne töten, sondern ihr eigener Vater, der sich damit an seiner Tochter für deren Zurückweisung seiner inzestuösen Begierden rächt, und Niobe nicht in einen Felsen verwandelt wird, sondern sich in ihrer Verzweiflung von einem Felsen stürzt. Ist das überhaupt noch der gleiche Stoff? Kann man überhaupt von „dem" Stoff reden, und wenn ja, wie läßt er sich bestimmen?

Wenn man sich nicht einfach willkürlich für eine bestimmte Version des Stoffes entscheiden will, muß man sich auf die Suche nach einem Weg machen, wie „der" Stoff auf eine systematisch verantwortbare Weise gewonnen werden kann, die auch kritischer Überprüfung standhält. Und wenn es verschiedene Wege gibt, sich „dem" Stoff anzunähern, dann muß man Rechenschaft davon ablegen, welchen man eingeschlagen hat.

Die Frage, was man unter „dem" Stoff zu verstehen hat, wie er beschaffen ist und ob und wie „der" Stoff überhaupt greifbar gemacht und damit untersucht werden kann, ist nun aber nicht einfach zu beantworten. Das ist insofern verhängnisvoll, als die Untersuchung und Interpretation eines mythischen Stoffes schon komplex und schwierig genug erscheint, so daß das *Auffinden* bzw. die nähere Bestimmung des Forschungsgegenstandes als zwar notwendige, aber eher lästige Präliminarie empfunden wird. Und da ist es verständlich, daß die Ungeduld, nun endlich den Forschungsgegenstand selbst zu untersuchen, dazu ver-

---

[3] Zu weiteren Belegen s. Anm. 95.

leitet, diese unbequeme Präliminarie möglichst rasch zu erledigen oder sich vorschnell für eine Vorgehensweise zu entscheiden, die bei näherem Zusehen problematisch ist.

Zur Schwierigkeit für die textfokussierte Story- und Motivforschung, zum Stoff zu gelangen, sei hier exemplarisch Frenzel zitiert[4]:

> Noch schwieriger ist es [sc. den Stoff zu bestimmen] in den Fällen, bei denen am Anfang einer langen Stoffgeschichte eine Dichtung steht, wie etwa bei der Sage vom Trojanischen Krieg oder der Nibelungensage. Hier scheint der Stoff nur durch Abstraktion aus dem schon geformten Kunstwerk zu erstehen, und seine Darstellung gelingt wohl nur dadurch, daß man sich der bedeutendsten oder auch der frühesten Fassung anschließt oder sogar eine mittlere Linie aller Fassungen zu finden sucht.

Hier zeigt sich erstens der starke Fokus einer literaturhistorischen Story- und Motivforschung auf literarische *Texte* und die Problematik, wenn man noch hinter die Texte zum *Stoff* gelangen will, und zweitens, daß die Frage nach der Bestimmung des Stoffes und die damit verbundene Problematik angedacht, aber nicht zu Ende gedacht wurde; Frenzel stellt mehrere, aber bei weitem nicht alle Wege, zu „dem" Stoff zu gelangen, als praktisch gleichwertig und ohne die Vor- und Nachteile zu diskutieren nebeneinander. Ihre Lösungsvorschläge werden im Folgenden unter den Stichworten „Glanzversion", „Urversion" und „Standardversion" behandelt.

Tatsächlich läßt sich feststellen, daß diese Problematik der näheren Bestimmung „des" Stoffes bei vielen Arbeiten zur Mythosforschung nicht direkt angegangen oder überhaupt nicht thematisiert wird, sondern daß oft bereits schon davon die Rede ist, welche *Funktionen* ein Mythos hat, welche *Thematik* er behandelt oder was er *bedeutet*, bevor ausreichend geklärt ist, was man genau meint, wenn man von „diesem" Mythos redet, wie beschaffen bzw. was er also näherhin *ist*, und, eng damit zusammenhängend, wie man seiner überhaupt habhaft werden kann.

Dabei gibt es durchaus mehrere verschiedene Arten der Annäherung an das, was man unter „dem" Stoff, den man untersucht, versteht. Welche Art der Annäherung jeweils gewählt wurde, muß bei vielen Arbeiten eher aus impliziten Hinweisen erschlossen werden, als daß dies explizit ausgeführt und begründet

---

[4] Frenzel, 1978, 27 f. Zur Begründung der Wendung „Story- und Motivforschung" s. Kapitel 3.2. In der von Frenzel gebrauchten Wendung „Abstraktion aus dem schon geformten Kunstwerk" ist „Abstraktion" offenbar nicht im Sinn von „Hebung auf eine höhere Stufe der Abstraktion" zu verstehen, sondern eher im Sinn von „Extraktion aus der medialen Konkretion des konkret vorliegenden Kunstwerks".

würde. Im Folgenden sollen verschiedene Lösungswege (und ihre Problematik) vorgestellt werden, die eingeschlagen wurden, um zu „dem" Stoff zu gelangen.

4.1 Die Glanzversion: Versuchung des Schönen

Ein erster Versuch der Annäherung an „den" mythischen Stoff besteht darin, sich gewissermaßen an die „Glanzversion" eines Stoffes zu halten, also an die berühmteste und wirkungsgeschichtlich bedeutsamste Variante[5], etwa eine herausragende Dichtung[6]. Dahinter steht die Vorstellung, daß „der" Stoff so etwas ist wie ein roher, noch unbehauener Stein oder ein ungeschliffener Diamant. Erst durch den Bildhauer oder durch den Schliff des Diamanten kommt gewissermaßen das „Wesen" des Stoffes zum Vorschein, erst dann zeigt sich seine eigentliche Vollkommenheit und Schönheit[7].

Es gibt jedoch bei näherer Betrachtung nichts, was zu dem Vorgehen berechtigt, eine besonders glänzende Konkretion einer mythischen Stoffvariante weniger glänzenden Konkretionsformen anderer Stoffvarianten vorzuziehen. In der glänzenden Stoffkonkretion steckt eine bestimmte Stoffvariante, und um diese geht es, wenn man nach dem Stoff fragt, nicht um die konkrete, brillante Darstellung bzw. Konkretion dieser Stoffvariante. Wenn es aber nicht um den Schliff geht, sondern um den Diamanten[8], dann können alle anderen Diamanten (Stoffvarianten) mindestens ebenso wichtig sein für die Bestimmung „des" Stoffes wie der eine Diamant, der zufällig nicht roh, sondern in besonders schön geschliffener Form vorliegt – „zufällig", weil hier ja auch noch der Überlieferungszufall in Rechnung gezogen werden muß.

Es kann dieser Versuch, eines mythischen Stoffes habhaft zu werden, hier relativ kurz abgehandelt werden, da Wesentliches dazu bereits unter dem Stichwort der „literarischen Falle" der Mythosforschung gesagt wurde (s. Kapitel 2.2).

---

5 Vgl. Frenzel, 1978, 27.
6 Zu alten Vorstellung von „Mythos als Dichtung" s. Graf, 1985, 11. U. a. stehen Ludwig Preller und Karl Simrock für eine solche Position, vgl. Beth, 1935, 721 f.
7 Vgl. auch noch in jüngster Zeit bspw. Morford/ Lenardon/ Sham, 2011, 24: „Many of the important myths exist in multiple versions of varying quality, but usually one ancient treatment has been most influential in establishing the prototype or archetype for all subsequent art and thought. Whatever other versions of the Oedipus story exist, the dramatic treatment by Sophocles has established and imposed the mythical pattern for all time ... Although his art is self-conscious, literary, and aesthetic, nevertheless the myth *is* the play."
8 Vgl. das in verkürzter „Rohform" gebotene Stoffgerüst der *Choephoren* des Aischylos im Kapitel zur literarischen Falle in der Mythosforschung (Kapitel 2.2).

Nicht, daß Meisterwerke antiker Dramatik, Epik oder Prosa für die Erforschung von antiken Mythen unwichtig wären. Aber die bereits genannte Gefahr bleibt unabweisbar, daß man etwas als „typisch mythisch" ansieht, was auf das Konto autorenspezifischer Gestaltungskunst geht. Macht man mit der Definition von „Mythos" als Stoff, als reinem Rohmaterial ernst, dann wird man kaum die Überzeugung für richtig halten können, die im Extremfall sogar *nur* die Glanzstücke antiker Literaturen für den einzig angemessenen und „wahren" Ausdruck „des Mythos" hält[9].

4.2 Die Urversion: Sehnsucht nach dem Ursprünglichen

Ein weiterer Versuch der Annäherung besteht darin, diejenige Handlungssequenz als „den" mythischen Stoff zu definieren, welche die „Urversion" darstellt oder sich zumindest als eine solche ursprüngliche Version rekonstruieren bzw. vermuten läßt. Zugrunde liegt diesem Versuch die Annahme, daß jede Geschichte irgendwann zum allerersten Mal erzählt worden sein muß, und daß spätere Formen sich als Abwandlungen einer solchen Urform begreifen lassen.

Die Suche nach Urversionen mythischer Stoffe wurde innerhalb der Mythosforschung und vor allem im Rahmen der Märchenforschung einige Zeit lang betrieben[10]. Man ging davon aus, daß es zu jedem mythischen Stoff eine Urform gibt, und daß man versuchen kann, sich diesem Anfang anzunähern, auch wenn man sich der Schwierigkeiten dieses Unterfangens durchaus bewußt war und der Erfolg stark von der Quellenlage, dem vermutlichen Alter des mythischen Stoffes, der Anzahl der bezeugten Varianten und anderen Faktoren abhing. Inzwischen hat man die Suche nach solchen Urversionen allerdings weitgehend aufgegeben, und das zu Recht[11].

---

9 S. bspw. Dörrie, 1978, 7.
10 S. dazu die zusammenfassende Darstellung dieser Bestrebungen auf dem Gebiet der Märchenforschung mit Berücksichtigung der veranschlagten Kriterien für die Bestimmung einer Urversion und der daran geübten Kritik bei Lüthi, 2004, 70-79. Auch in der Story- und Motivforschung wird mit der Vorstellung von „Archetypen" gearbeitet (s. Frenzel, 1993, 101 f, mit Beispielen).
11 Vgl. A. und J. Assmann, 1998, 189: „das Bemühen der älteren Philologie um das Herstellen eines gültigen 'Urtexts'" habe sich „als ein Trugschluß erwiesen". A. und J. Assmann beziehen dies v. a. auf die mündliche Überlieferung (s. dazu unten, Kapitel 7.1); aber auch schon bei schriftlich überlieferten Quellen ergeben sich große Schwierigkeiten bei der Frage nach einer verbindlichen Urversion.

Freilich erscheint die Annahme zunächst plausibel, daß jede Geschichte irgendwann einmal entstanden und zum ersten Mal erzählt worden sein muß (daß selbst diese Annahme nicht so einfachhin gilt, wie es zunächst klingt, soll weiter unten ausgeführt werden)[12]. Aber dieser Ansatz blieb für die Erforschung antiker Mythen weitgehend folgenlos, denn es erwies sich als fast unmöglich, bei der Suche nach solchen Urversionen zu verläßlichen Ergebnissen vorzustoßen.

So sind etwa die Mythenversionen der attischen Tragiker bekanntlich keine völligen Neuschöpfungen, sondern Bearbeitungen überlieferter Stoffe, deren höheres Alter man in vielen Fällen dadurch eindeutig belegen kann, daß sie bereits in den homerischen Epen vorkommen. Und selbst in den homerischen Epen, die zu den ältesten umfangreichen Quellen der griechischen Literatur zählen, werden manche mythische Stoffe so abgekürzt erwähnt und so selbstverständlich eingeflochten, daß mehr als deutlich wird, daß sie nicht von einem bestimmten Dichter namens „Homer" oder auch nur zu Homers Zeiten erfunden wurden, sondern daß die meisten von ihnen den Rezipienten bereits bekannt waren[13], so z. B. eine Anspielung in Homers *Odyssee* auf die Fahrt des Rhadamanthys, der sich von einem Phaiakenschiff nach Euboia fahren ließ, um dort Tityos, den Sohn der Gaia, zu sehen[14], oder ein möglicher Bezug auf die Anwesenheit der Göttin Aphrodite bei der Hochzeit von Hektor und Andromache, wo sie der Braut einen Schleier als Hochzeitsgeschenk übergab, in Homers *Ilias*[15]. Gerade in jüngerer Zeit wird außerdem immer deutlicher, daß und in welchem Umfang sich selbst für die archaische griechische Literatur wiederum Parallelen und mögliche Vorläufer in benachbarten altorientalischen Literaturen finden lassen. Sich auf der Suche nach dem Ursprung eines Stoffes im Nebel zu verlieren, erscheint beinahe unausweichlich[16].

---

12 S. Kapitel 7.2.
13 Vgl. dazu mit Beispielen auch die Kapitel 9.8.2 und 9.8.3. Für Aristoteles ist es selbstverständlich, daß es auch in vorhomerischer Zeit Dichtung gegeben hat (Aristot. *poet.* 4,1448b). Vgl. Fox, 2011, 61, der die Auffassung vertritt, einige der von Homer erzählten Mythen könnten im Kern bis auf mykenische Zeit zurückreichen. Die Ansicht, daß die mythischen Stoffe älter sind als Homer und Hesiod, findet sich bereits bei Heyne, der in Hinblick auf die beiden Dichter schreibt (1783, Bd. 3, 914): „Accepere illi fabulas, seu, quo vocabulo lubentius utor, mythos, non invenere."
14 Hom. *Od.* 7,321-324. Mehr wissen wir über diesen mythischen Stoff nicht.
15 Hom. *Il.* 22,470-472.
16 Vgl. zur Problematik der Rekonstruktion von „Urmythen" ausführlich Csapo, 2005, 61-67, mit der Diskussion von Beispielen. Jamme, 1999, 30: „... das lange gängig gewesene Verfahren eines sorgfältigen Quellenstudiums, um möglichst die früheste Urfassung eines Mythos zu finden, ist prinzipiell zum Scheitern verurteilt."

Entsprechend spekulativ werden Versuche, *den* Urmythos für verschiedene, typologisch aber ähnliche Stoffe zu finden, oder gar *den* Urmythos *schlechthin*, auf den sich gleich eine große Anzahl verschiedener Stoffe zurückführen ließe[17]. Aufgrund der menschlichen Sehnsucht nach dem Ursprünglichen wird freilich die Suche nach Urmythen dennoch nicht aufhören. So gibt es auch aus jüngerer Zeit Versuche, die Urform eines bzw. „des" indogermanischen bzw. indoiranischen Schöpfungsmythos zu bestimmen[18], und noch darüber hinaus geht der ambitionierte Versuch von Witzel, die Ursprünge aller Welt-Mythologien insgesamt zu rekonstruieren, auf den stellvertretend für solche und ähnliche Vorstöße etwas näher eingegangen werden soll. Witzel glaubt zwei uralte mythische „narrative Systeme" erkennen und unterscheiden zu können, ein eurasisch-amerikanisches („Laurasian system") und ein afro-australisches („Gondwana scheme"). Nach seinen Ausführungen sei es möglich, bspw. die Wurzeln der „laurasischen" Mythologie bis auf 40.000 Jahre zurückzudatieren[19]. Der Vergleich beider „Systeme" erlaube sogar, noch weiter zurückzugehen bzw. „to sketch a few traits of a still earlier form of mythology, the one that humans had at the time of the so-called African Eve of the geneticists, some 130,000 years ago"[20].

Einmal abgesehen von den drohenden Fallen beim Arbeiten mit Übersetzungen aus nicht selbst studierten Sprachen, von der Unsicherheit bei der Rekonstruktion von älteren Vorformen „based on later materials"[21] und vom entsprechend hypothetischen Charakter der Thesen im Einzelnen[22] ist bei solchen und ähnlichen Versuchen ein grundsätzliches methodisches Problem zu verzeichnen: die Herstellung von Vergleichbarkeit durch die Wahl eines zu hohen Abstraktions- und Indeterminationsgrades der miteinander verglichenen Stoffvarianten, wodurch die Aussagekraft solchermaßen gezogener Vergleiche notwendig abnimmt, und zwar desto mehr, je höher der gewählte Grad der Abstraktion und Indetermination ausfällt[23]. Ein Beispiel, das verdeutlichen kann, warum es nicht

---

17 S. dazu mit Beispielen bzw. Literaturhinweisen Csapo, 2005, 201-203.
18 S. Janda, 2010 (bes. 306 f), und Kreyenbroek, 2013.
19 Witzels „approach is both comparative and historical" (Witzel, 2012, 16) und zielt in historischer Perspektive auf die Erstellung eines „'family tree' (stemma, cladistic arrangement) of human myths" (ebd. 17).
20 Witzel, 2012; Zitate ebd. XI.
21 Witzel, 2012, 47.
22 Witzel stellt bspw. die (nicht beweisbare) Hypothese auf, in vielen Mythologien seien einzelne Mythen „arranged in a *common story line*" (ebd. 15), und von daher sei „the comparability of *whole systems of myths*" (ebd. 16) nicht nur möglich, sondern nötig bzw. ein bisher unerfülltes Desiderat.
23 S. dazu in aller Ausführlichkeit Kapitel 9.6.

mehr erstaunlich ist, daß zwischen vielen Mythen vieler Kulturen „auffällige" Gemeinsamkeiten bestehen, wenn diese nur hinreichend abstrakt und indeterminiert dargestellt werden, ist Witzels Auflistung solcher Mythen mit „obvious similarities" wie bspw. über „the origin of the universe and our world", „the several generations of deities", „the killing of the dragon (or of a similar monster)" oder „the involvement of the gods in human affairs"[24].

Auch Witzels Übertragung von Voraussetzungen aus der linguistischen Komparatistik auf eine Mythen-Komparatistik, wie etwa daß „isolated and unmotivated similarities found in widely separated areas usually are indicators of an older, lost common system, higher on the structural level and cladistic tree", kann man kaum als unproblematisch bezeichnen, wenn man Spontaneität und Erfindungsreichtum beim Erzählen und Variieren von Geschichten in Rechnung zieht[25]. Des Weiteren lassen sich nicht nur die Voraussetzungen, sondern auch die Methoden aus den Bereichen der genetischen Stammbaumforschung und der Erforschung von Sprachfamilien nicht einfach unverändert auf eine Erforschung von Erzählstoffen applizieren. Die Prinzipien der Sprachentwicklung oder genetischer Entwicklungen sind nicht mit denen einer (angenommenen) „Stoffevolution" gleichzusetzen, da eine Stoffevolution viel weniger strengen und weniger eindeutig beobachtbaren Gesetzen unterworfen ist; entsprechend muß die „Evolution" von Geschichten in keiner Weise den Gesetzen einer genetischen Evolution oder der Verbreitung einer Sprache folgen, sondern hier spielen die Möglichkeiten von spontaner Kreativität oder von polygenetischen Vorgängen eine weitaus größere Rolle[26]. Nicht, daß die Methoden an sich unzureichend wären; aber die Voraussetzung trifft nicht zu, daß es überhaupt sinnvoll ist, diese Methoden einzusetzen, und daß man mit ihnen ähnlich verläßliche Ergebnisse erzielen kann wie in ihren ursprünglichen Verwendungskontexten.

Freilich ist die Problematik bei der Suche nach einer Urversion komplex. Es kann hier keinesfalls darum gehen, jeglicher Suche nach einer historischen Tiefendimension überlieferter Erzählungen die Sinnhaftigkeit abzusprechen. Im Gegenteil ist die Auslotung historischer Tiefe für die in dieser Arbeit anvisierte varianten- und schichtenspezifische Analyse von mythischen Stoffen von einiger Wichtigkeit. Nur die Zuversicht, man könne von einem mythischen Stoff *die Urversion schlechthin* (oder gar eine „Ur-Mythologie") einigermaßen zuverlässig eruieren, kann hier aufgrund der genannten methodischen Schwierigkeiten

---

24 Witzel, 2012, 53.
25 Witzel, 2012, 44. Und nach welchen Kriterien ist bei Erzählungen etwas „unmotivated"? Bei „isolated" müßte man außerdem den Überlieferungszufall auch noch in Rechnung ziehen.
26 Vgl. zu dieser Kritik aus der Perspektive der Märchenforschung auch Pöge-Alder, 2007, 94.

nicht geteilt werden. Weitere Gründe hierfür werden noch einmal deutlicher werden, wenn das Thema „Urversion" unter einer noch anderen Perspektive in den Kapiteln 7.1-2 erneut aufgegriffen wird.

4.3 Die Minimalversion: Bedürfnis nach Sicherheit

Ist ein mythischer Stoff nicht dadurch bestimmbar, daß man eine Urversion rekonstruiert, die man dann zu „dem" Stoff deklariert, von dem alle anderen Varianten abgeleitet werden können, indem man in ihnen unter Bezug auf die Urversion Zutaten, Streichungen oder Veränderungen konstatiert, was ist dann unter „dem" mythischen Stoff zu verstehen? Gibt es überhaupt einen solchen Referenzpunkt?

Wenn zwei Menschen sich über einen bestimmten mythischen Stoff unterhalten, dann hat keiner genau dieselbe Vorstellung im Kopf[27]. Trotz alledem gibt es unzweifelhaft Faktoren, die dazu führen, daß in vielen Fällen, wenn es etwa um bekanntere Stoffe geht, eine gemeinsame Grundlage für das gegenseitige Verständnis vorhanden ist. Das ist der Ausgangspunkt für einen weiteren Lösungsweg auf der Suche nach „dem" Stoff. Er besteht in der Annahme, daß es bei jedem mythischen Stoff so etwas wie einen kleinsten gemeinsamen Nenner gibt, etwas, das bei aller Variation gleichbleibt. Ein Begriff, der in diesem Zusammenhang eine Rolle spielt, ist das „Mythologem".

Der vom griechischen τὸ μυθολόγημα abgeleitete Begriff „Mythologem" ist antik belegt im Sinn von „mythischer Erzählung"[28], oder auch im Sinn von „einzelner Zug einer mythischen Erzählung"[29]. In der heutigen Forschung wird der Begriff sehr uneinheitlich verwendet. Einmal bezeichnet „Mythologem" die Zusammenfassung mehrerer semantisch konstitutiver, in allen Stoffvarianten vorhandener Einheiten zu einem im Prinzip immer gleichbleibenden „Grundgerüst"[30] (darauf wird unter dem Stichwort „Standardversion" zurückzukommen sein). In anderer Verwendung ist das Wort nach der Darstellung von Zimmermann (der den Begriff zurecht als wenig hilfreich ablehnt) sehr allgemein „mit

---

27 S. zur Art der Abspeicherung mythischer Stoffe im Gedächtnis unten, Kapitel 12.2.
28 Bspw. Plat. *Phaidr.* 229c, vom Raub der Oreithyia durch den Windgott Boreas, oder Ail. *nat.* 12,5, in Bezug auf die Geschichte, wie Apollon zu seinem Beinamen „Smintheus" kam.
29 So Ail. *var.* 5,21 in Bezug auf den Kindermord der Medeia.
30 So bei Assmann, Blumenberg oder Diakonoff, s. dazu Anm. 67.

einem einzelnen 'mythischen Stoffmotiv' gleichzusetzen"[31]. Ähnlich spricht Junker von einem Mythologem als „einem motivischen Grundmuster" bzw. einem „wiederkehrenden mythischen Handlungsmoment", dem „ein im Kern unveränderliches *inhaltliches* Moment" entspreche[32]. Reinhardt wiederum will unter Mythologemen (oder Mythennovellen) „in sich abgeschlossene Einzelerzählungen begrenzten Umfangs" verstanden wissen, die „kaum oder überhaupt nicht mit anderen Mythen vernetzt sind", wodurch die Stoffebene (auf die sich die anderen Mythologem-Begriffe beziehen) zusätzlich mit der Ebene der literarischen Gestaltung vermischt würde, da sich die Angabe „begrenzten Umfangs" bei ihm auf die Textlänge bezieht[33]. Noch einmal in einem anderen Sinn schließlich, nämlich stärker eingeschränkt bzw. zugespitzt verstehen manche Forscher unter einem Mythologem nur die *kleinste* semantisch konstitutive, in allen Stoffvarianten vorhandene Einheit, also eine Einheit, die im vorliegenden Zusammenhang der Suche nach „dem" Stoff auf eine Art „Minimalversion" abzielt. So dient „Mythologem" in der Definition der Germanistin und Theaterwissenschaftlerin Keim als „Bezeichnung der kleinsten, semantisch und historisch invariablen, konstitutiven Einheit des Mythos"; dies sei bspw. „beim Medea-Mythos der Kindermord"[34].

Tatsächlich scheint sich bei etlichen Stoffen trotz allen Variantenreichtums eine Art „Minimalversion" anzubieten, auf die man sich als Bezugspunkt einigen könnte, um „den" Stoff näher zu bestimmen, ein kleinster gemeinsamer Nenner, der für das sinnvolle Funktionieren einer Geschichte und zu ihrer Wiedererkennung absolut notwendig ist[35].

Allerdings ergeben sich hier verschiedene Probleme. Zunächst einmal wird schnell deutlich, daß die eine Minimalversion nicht durch rein formale Kriterien bestimmt werden kann wie bspw. durch eine rein statistische Auswertung der in den verschiedenen Stoffvarianten bezeugten einzelnen Handlungsschritte. Denn in etlichen Quellen werden mythische Stoffe oft nicht vollständig, sondern nur

---

31 Zimmermann, 1993, 24. In diesem etwas unscharfen und weit gefaßten Sinn wird „Mythologem" bspw. auch verwendet bei Heldmann, 2016, 199 f, mit den Anm. 73-77.
32 Junker, 2005, 127.
33 Reinhardt, 2011, 364.
34 Keim, 1998, 101, Anm. 1. Ähnlich auch Erdbrügger, 2011, 206, Anm. 17: „Mythologem bezeichnet die kleinste semantische Einheit des Mythos, die sich durch ihre Invarianz auszeichnet."
35 Ein solcher minimaler Kern ist wohl auch das, was Barthes, 1988, 133, unter dem „Resümee" einer Erzählung versteht: „Eine Erzählung läßt sich identifizieren, selbst wenn man ihr ganzes Syntagma auf ihre Aktanten und großen Funktionen reduziert, wie sie sich aus dem fortschreitenden Ansteigen der funktionellen Einheiten ergeben. Kurz, die Erzählung läßt sich einem *Resümee* unterziehen ..."

ausschnittsweise erzählt oder dargestellt, was vor allem für die ikonographischen Darstellungen, aber auch für etliche textliche Belege gilt. Bei Texten kann auf vieles verzichtet worden sein, was für einen mythischen Stoff und dessen Verständnis wichtig oder sogar unverzichtbar war, z. B. aus literarisch-ästhetischen Gründen, oder weil den Rezipienten Einzelheiten des Stoffes so selbstverständlich waren, daß man sie getrost unerwähnt lassen konnte. So wäre es vorstellbar, daß eine Quelle ausführlich die Hochzeit zwischen Perseus und Andromeda erzählt, ohne daß die für alle Rezipienten sattsam bekannte Vorgeschichte mit der Tötung des Seeungeheuers auch nur gestreift würde.

Selbst wenn man sich aber auf die vollständigen Stoffbehandlungen beschränken will, stößt man auf Probleme. Denn wer garantiert, daß eine bestimmte Stoffbehandlung wirklich vollständig ist? Gesetzt den Fall, auch diese Schwierigkeit wäre durch einen gesunden, philologisch geschulten Menschenverstand aus dem Weg geräumt, bliebe immer noch die Frage, wie man mit Varianten umgehen soll, die einen vor grundlegend unterschiedliche Alternativen stellen. Herakles geht in den Hades und befreit dort ... nun, wen? Theseus oder Peirithoos oder beide oder keinen von beiden? Alle diese Varianten sind bezeugt[36]. Es wäre absurd, in diesem Fall als Minimalversion nur noch „Herakles geht in den Hades" gelten zu lassen. Wenn Theseus und Peirithoos schon mit einer Reise des Herakles ins Totenreich in Verbindung gebracht werden, muß die Erzählung ein Ziel oder ein Ergebnis haben, das sich auf diese beiden bezieht, in welcher Form auch immer, so daß man sich für einen der verschiedenen überlieferten Ausgänge entscheiden muß. Hat Paris nun Helena geraubt und nach Troia entführt, oder hat Hermes im Auftrag des Zeus Helena gestohlen und zum Ägypterkönig Proteus gebracht, während Paris nur ein aus Wolken gemachtes Abbild der Helena nach Troia entführt hat[37]? Selbst im Werk ein und desselben Autors wie Euripides können sich zwei widersprechende Varianten eines mythischen Stoffes finden. So findet sich in der *Helena* des Euripides die Version von Helena in Ägypten, während in der Tragödie *Orestes* Helena von ihrer Fahrt nach Troia

---

36 Beide werden befreit nach Hyg. *fab.* 79 und Diod. 4,26; so wahrscheinlich bereits eine Tragödie *Peirithoos* von Kritias oder Euripides, vgl. dazu Alvoni, 2006. Nach anderen Versionen wird nur Theseus befreit (Apollod. 1,24; Diod. 4,63,4) oder keiner von beiden (Diod. 4,63,4). Zur Katabasis von Theseus und Peirithoos s. auch Dova, 2015 (mit Verweis auf die unterschiedlichen Ausgänge mit Quellenangaben ebd. 62 f mit Anm. 51), und Bremmer, 2015b, der unter anderem eine Abhängigkeit des Stoffes von dem mesopotamischen Stoff des Unterweltsgangs von Enkidu vermutet (ebd. 35-37), bei seiner Beschreibung der Varianten des Endes des Mythos (ebd. 43) aber die Version von Diodoros nicht erwähnt, nach der keiner der beiden Helden befreit wird.

37 Vgl. Apollod. 3,3-5. Zur Version der nach Ägypten zu Proteus gelangten Helena s. bereits Hdt. 2,113-117.

spricht[38]. Soll hier der kleinste gemeinsame Nenner in dem Umstand bestehen, daß Helena entführt wurde, während es „marginal" ist, von wem und wohin? Oder wer ist von Achilleus und Patroklos der Ältere gewesen – soll man hierin Homer oder Aischylos folgen[39]? Hier gibt es keinen kleinsten gemeinsamen Nenner mehr, sondern nur noch zwei Alternativen, für deren eine man sich entscheiden muß.

Und selbst bei dem so eindeutig erscheinenden Fall des Kindermordes der Medea kommt man in Schwierigkeiten. So behauptet der antike Schriftsteller Ailianos, die Erzählung vom Kindermord der Medea sei falsch; nicht sie, sondern die Korinther hätten Medeias Kinder getötet, und die Version von Medea als Mutter, die ihre eigenen Kinder ermordet haben soll, habe erst Euripides auf Bitten der Korinther hin erfunden, und nur durch die Vortrefflichkeit des Dichters habe das Falsche dann über die eigentliche Wahrheit den Sieg davongetragen[40]. Außerdem gibt es eine dem Epiker Eumelos zugeschriebene Variante des Medeia-Mythos, nach der Medeia ihre Kinder nicht getötet, sondern sie in den Tempel der Hera getragen hat, um sie unsterblich zu machen[41]. Aber selbst wenn diese Varianten nicht bezeugt wären: Wieso sollte beim Medeia-Mythos denn ausgerechnet der Kindermord die kleinste semantisch wirklich konstitutive Einheit sein? Warum nicht Medeias Liebe zu Iason? Oder die von ihr angezettelte Zerstückelung des Pelias[42]? Hier stößt man auf eine Problematik, auf die später noch einmal zurückzukommen sein wird und die u. a. in einer offensichtlich zu unscharfen Rede von „*dem* Mythos des NN" begründet liegt[43].

Wenn man einen kleinsten gemeinsamen Nenner der Handlung ausmachen und diese konstruierte Minimalversion als „den" mythischen Stoff verstehen will, kommt man um die Einführung inhaltlicher Kriterien nicht herum. Doch welche Kriterien sollen hier eine allgemeine Gültigkeit für sich beanspruchen dürfen?

---

38 S. Eur. *Hel.* 31-36 (vgl. auch Eur. *El.* 1280-1283) und dagegen Eur. *Or.* 78-80 (zu Helena in Troia vgl. auch Eur. *Tro.* 860-883.
39 Patroklos als der Ältere s. Hom. *Il.* 11,785-789; Achilleus als der Ältere s. Aischyl. *Myrmidones* TrGF 3 F 134a (Plat. *symp.* 179e-180a).
40 Ail. *var.* 5,21.
41 Eumelos fr. 5 PEG (bei Paus. 2,3,10 f). Zwar scheitert nach Eumelos dieses Vorhaben, doch gibt es eine andere Stofftradition, nach der die Kinder der Medea tatsächlich Unsterblichkeit erlangen, vgl. *Schol.* ad Pind. *O.* 13,74. Nach noch einer anderen Version geht die Ermordung der Kinder nicht auf das Konto der Medea, sondern Medeias Kinder werden von den Einwohnern von Korinth gesteinigt, vgl. Paus. 2,3,6 und *Schol.* ad Eur. *Med.* 273.
42 Hier ist die Überlieferung nach Tripp, 1974, 330, jedenfalls *unisono*. Literaturhinweise zu Medeia bei Reinhardt, 2011, 262, Anm. 990, und Reinhardt, 2016, 43.
43 S. dazu Kapitel 8.4.

Mit einer Handlungslogik läßt sich nur schwer argumentieren, denn warum oder nach welchen Kriterien sollte eine bestimmte Handlungsfolge oder eine Konstellation (wie z. B. das Altersverhältnis von Achilleus und Patroklos) „stimmiger" sein als eine andere? Vergleiche mit anderen, ähnlich gelagerten Stoffen liefern allenfalls Plausibilitäten, ein Rückgriff auf das Alter einer bestimmten Variante bleibt unzuverlässig, da eine noch ältere mündliche Tradition wiederum anders ausgesehen haben kann, und wenn man sich auf die Häufigkeit der Belege für eine Stoffvariante beruft, ist man wieder bei einer rein quantitativen Argumentation, die ähnlich wenig Beweiskraft hat wie die Berufung auf das Alter mancher Quellen.

Beim Überdenken der Konsequenzen dürfte schnell deutlich werden, daß weder hinreichende formale noch schlüssige inhaltliche Kriterien zur Verfügung stehen, die es erlauben würden, eine allgemein verbindliche Minimalversion zu bestimmen. Dazu kommt noch der etwas heikle Umstand, daß es sich bei einer solchen Konstruktion möglicherweise um ein vom Wissenschaftler erst generiertes Kunstprodukt handelt, das in dieser Form nirgends in den Quellen belegt ist. So verlockend es anfänglich erscheinen mag, bei näherer Betrachtung ist es höchst problematisch, einen eher subjektiv postulierten als objektiv bestimmbaren kleinsten gemeinsamen inhaltlichen Nenner zur „Essenz" des gesuchten Stoffes und damit zu „dem" Stoff zu erklären und dieses Konstrukt als Ausgangs- und Referenzpunkt für eine Mythosinterpretation zu verwenden. Vollends unmöglich ist der Versuch eines Rückschlusses von einem solchermaßen konstruierten, minimalen Stoffgerüst auf die Urversion eines mythischen Stoffes, von der sich alle anderen Varianten ableiten ließen, da bereits, wie eben ausgeführt, die verläßliche Bestimmung eines solchen Stoff-Minimums höchst problematisch, um nicht zu sagen unmöglich ist.

Eine besondere Ausprägung erhält der Gedanke von einem festen, minimalen „Kern" eines mythischen Stoffes im Kontext der von Scheid und Svenbro entwickelten „generativen Mythenanalyse"[44], auf die daher abschließend noch etwas näher eingegangen werden soll. Die beiden in der Tradition der französischen Strukturalisten stehenden Autoren verbinden die Vorstellung von einem Mythenkern mit einer Hypothese zur Entstehung von Mythen. Sie gehen von der Annahme aus, mythische Stoffe seien nicht entstanden, um Vorfindliches zu erklären, sondern das Vorfindliche habe die mythischen Stoffe „generiert"[45]. Einzelne Begriffe, Eigennamen, überhaupt bestimmte kulturspezifische, bedeutungstragende Elemente und ihre Verkettung – die Autoren sprechen hier von

---

44 Im französischen Original bspw. (2014, 215) „mythologie générative" genannt.
45 Scheid/ Svenbro, 2017, 18 f.

einer „Konkatenation von Kategorien" (*concaténation des catégories*) oder von einem „Konglomerat von Bedeutungen" (*agrégat des significations*) –, sind in ihren Augen „*der Mythos als solcher*, wenn man ihn als Matrix oder Nukleus der Geschichte versteht"[46], und damit nicht der Zielpunkt, um den es in einem mythischen Stoff geht, sondern der Ausgangspunkt, aus dem heraus er entstanden ist. So versuchen Scheid und Svenbro in Anlehnung an Vernant zu erklären, wie der Name „Oidipus" schon allein für sich genommen „wie eine Art Brühwürfel in kondensierter Form die gesamte Tragödie in sich trägt"[47]. Zum einen könne man ihn lesen als „Der mit den geschwollenen Füßen"[48], was auf die Erzählung von der Aussetzung des Oidipus als neugeborenes Kind mit durchbohrten und damit geschwollenen Füßen deutet, zum anderen als „Der über Füße Bescheid weiß"[49], was der Kern für die Erzählung sei, daß Oidipus das Rätsel der Sphinx von dem Wesen lösen konnte, das morgens auf vier, mittags auf zwei und abends auf drei „Füßen" läuft[50]. Die Bedeutung „Schwell-Fuß" weise zudem nicht nur auf eben geschwollene Füße, sondern allgemeiner auf eine körperliche Behinderung beim Gehen hin wie z. B. auch auf ein Lahmen oder Hinken (χωλεύω = „lahmen, hinken" bzw. χωλός = „lahmend, hinkend"). Von dieser Feststellung kommen die Autoren auf den Thronfolgestreit nach dem Tod des spartanischen Königs Agis[51]. Bei diesem Anlaß habe man Agesilaos, dem lahmen (χωλός) Bruder des Königs Agis, den Vorzug gegeben vor Agis' Sohn Leotychides, dem der Thron eigentlich zustand, weil dieser Sohn im Verdacht stand, ein Bastard (νοθός) gewesen zu sein. Daher sei Lahmheit im antiken Griechenland mit einer Störung der normalen Generationenfolge assoziiert, und eben eine solche, dem Bastard-Verdacht bei Leotychides vergleichbare Störung bilde im Oidipus-Mythos einen weiteren

---

[46] Scheid/ Svenbro, 2017, 25; Kursivierung im Original (französisch, 2014, 22 f: „.... *le mythe même*, compris comme la matrice ou le noyau du récit"). Durch ihre (nicht notwendige) Gleichsetzung von „Mythenkern" mit „Mythos" kommt es dazu, daß Scheid und Svenbro den Mythosbegriff entgegen allem Herkommen „ohne jede narrative Dimension" (ebd. 14) zu denken versuchen bzw. die „Idee eines *nicht narrativen Mythos*" verfolgen (ebd. 30; Kursivierung im Original). Damit entfällt allerdings die Differenzierungsmöglichkeit zwischen dem „Mythenkern" und dem daraus entstandenen Mythos, eine Unterscheidung, die beide Autoren der Sache nach immer noch beibehalten.
[47] Scheid/ Svenbro, 2017, 22; zur im Folgenden nachgezeichneten Interpretation „des" Oidipus-Mythos s. ebd. 21-25.
[48] Von οἰδάω = „schwellen, geschwollen sein" und πούς = „Fuß".
[49] Von οἶδα = „wissen" und πούς = „Fuß".
[50] Der Mensch, der als Kleinkind auf allen vieren krabbelt, als Erwachsener aufrecht geht und sich als Greis eines dritten „Fußes", nämlich eines Krückstockes bedient.
[51] Xen. *hell.* 3,3,1-3; Plut. *Agesilaos* 3,1,9.

Strang, der ebenfalls aus der Namensbedeutung „Schwell-Fuß" heraus generiert wurde.

Selbst wenn man der Argumentation soweit folgen will, so bleibt es doch schwer nachvollziehbar, wie eine solche, nicht einfach gewonnene „Konkatenation" einzelner Begrifflichkeiten und Namen ein so hochkomplexes und spezifisches Gebilde erzeugen soll wie die verschiedenen Stoffe, die Scheid und Svenbro, Vernant folgend, dann interpretierend so paraphrasieren, beginnend bei Oidipus' Großvater Labdakos:

> Als Labdakos starb, war sein Sohn Laios erst ein Jahr alt, sodass zunächst ein Fremder namens Lykos auf den Thron kam. Die legitime Thronfolge war damit unterbrochen. Die normale Generationenfolge fand nicht statt. Der junge Laios floh zu Pelops, verführte aber dessen Sohn Chrysippos. Als dieser daraufhin Selbstmord beging, belegte sein Vater Laios mit einem Fluch, der sein Geschlecht zum Aussterben verurteilte. Nach seiner Rückkehr nach Theben warnte ihn das Orakel, er dürfe mit seiner Frau Iokaste keinen Sohn zeugen. Tue er es dennoch, werde dieser, obwohl ehelich geboren, seinen Vater Laios töten und mit seiner Mutter Iokaste schlafen und sich damit noch schlimmer gebärden als ein Bastard. Und genau das trat auch ein: Der 'Schwellfuß' Ödipus richtete in der normalen Generationenfolge heilloses Chaos an, indem er seine Mutter heiratete und somit zum Bruder seiner eigenen Kinder wurde.

Einige wenige Eigennamen wie Οἰδίπους und Begriffe wie οἰδάω, οἶδα, πούς, χωλός, νοθός und deren Verknüpfung sollen zur Gänze ein so buntes Tableau verschiedener einzelner Stoffe generiert haben, die hier zudem nur sehr abgekürzt wiedergegeben worden sind? Und welche Instanz bzw. welche Person soll genauerhin dieser geniale „Erzähler" sein, der den „Brühwürfel" einzelner Namen oder Wörter jeweils so „geschickt in seinem Schmortopf auflöst"[52]?

Folgt man dem Interpretationsansatz von Scheid und Svenbro, dann müßte es möglich sein, sogar bei einer so außerordentlich facettenreichen und „mythenträchtigen" Figur wie Herakles *alle* mit ihm verknüpften Erzählungen in kondensierter Form in seinem Namen wiederzufinden, da dieser Name eben als „Kern" und zugleich als „Generator" für all diese Stoffe angesehen werden müßte. Genau dies tun die beiden Autoren tatsächlich, indem sie versuchen plausibel zu machen, daß die beiden Namensbestandteile von Herakles, einmal der Name von Zeus' Gattin Hera (Ἥρα), und zum zweiten das Wort κλέος, dessen Sinn hin und her pendele „zwischen einem positiven Pol ('Ruhm') und einem negativen Pol

---

52 So formulieren Scheid/ Svenbro, 2017, 130.

('Schande')", so aufgefaßt werden können, „dass jede ruhmreiche Tat des Bastards Herakles der Ehefrau des Zeus zugleich zur Schande gereicht"[53]. Zum inhaltlichen Gewinn des Ergebnisses dieser „generativen Analyse" gleich; vorher soll es um die sprachlich-formale Seite und um die kulturgeschichtlichen Hintergründe gehen.

Zunächst zum Sprachlich-Formalen. Zumindest für die frühgriechische Epik läßt sich die Bedeutung „Schande" für κλέος nirgends nachweisen[54], und die von den Autoren als erster Beleg angeführte Pindar-Stelle spricht genauer betrachtet gerade gegen die vorgebrachte Deutung, denn dort trägt κλέος die Bedeutung „Schande" oder „schlechte Nachrede" nicht *in sich*, sondern erhält sie erst durch die Beifügung eines entsprechend negativen Adjektivs (κλέος ... τὸ δύσφαμον – „der üble Ruf")[55].

Des Weiteren kann man an der Wahrscheinlichkeit kulturgeschichtlicher Annahmen Zweifel anmelden. Wenn sich im Prinzip alle mit der Figur verbundenen Stoffe aus dem Eigennamen heraus erklären und entwickeln lassen, dann fragt man sich, wie es um die Plausibilität dieser These bestellt ist, wenn man berücksichtigt, daß die gleichen von Herakles oder bspw. von Zeus, Hera oder Athene erzählten Geschichten in der römischen Kultur von Hercules, Iuppiter, Iuno und Minerva erzählt wurden. So natürlich, wie der Zusammenhang zwischen Eigenname und Geschichten den Griechen vorgekommen sein muß, so unnatürlich muß er in den Augen der Römer gewesen sein. Warum hätten die Römer die Eigennamen latinisieren sollen, wenn damit die enge Verbindung zwischen Namen und Geschichten zerstört wurde?

Zur Unterstützung ihrer These halten die beiden Autoren es außerdem sogar für denkbar, daß man den Eigennamen „Herakles" nicht nur in der Bedeutung „Heras Ruf/ Ruhm", sondern auch als „Heras Mangel an Ruf/ Ruhm" verstanden haben könnte, indem sie die Namensbestandteile von „Hera" und „ruhmlos" (Ἥρ[α] + ἀκλεής) ableiten[56]. Es ist sehr fraglich, ob man eine solche Bedeutungszuweisung im Rahmen der üblichen antiken Namengebungs- und Deutungspraxis für möglich halten kann. Theophore Eigennamen in einem nicht satirischen oder komödiantischen Kontext mit dem Gedanken zu verbinden, der Namensträger gereiche der namengebenden Gottheit zur Schande (oder gar umgekehrt die

---

53 Scheid/ Svenbro, 2017, 183.
54 S. LfgrE s. v. κλέος.
55 Pind. *N.* 8,36 f. Ähnliches gilt für den zweiten angeführten Thukydides-Beleg (Thuk. 2,45,2), denn auch dort trägt das Wort κλέος den „negativen Pol" der Bedeutung „Schande" nicht in sich, sondern erhält eine positive wie negative Sinnrichtung erst durch nähere Bestimmungen *außerhalb* seiner selbst (ἀρετῆς πέρι ἢ ψόγου ... κλέος).
56 Scheid/ Svenbro, 2017, 183 f.

Gottheit dem Namensträger), erscheint in Hinblick auf das antike religiöse Weltbild so gut wie ausgeschlossen. Hinter einem solchen Deutungsversuch steht freilich eine Grundannahme von Scheid und Svenbro: daß sie mythische Stoffe vom Bereich der Religion grundsätzlich abgekoppelt sehen[57] und entsprechend bei der von ihnen angenommenen „Mythopoiesis" von Voraussetzungen ausgehen, wie sie eher in der modernen Dichtung als in der antiken Mythenbildung gegeben sind. Beide Autoren weisen auf die „generative Poesie Valérys" (und auf Mallarmé) als Analogon für ihre „generative Mythologie" explizit hin[58].

Ganz abgesehen von der Problematik der Deutung des Namens „Herakles" und seiner Bestandteile bleibt die grundsätzliche Frage, inwiefern man den so oder so interpretierten Namen tatsächlich für den „Kern" oder die „Matrix" ansehen kann, der oder die all die mit Herakles assoziierten Stoffe in ihrer jeweiligen Spezifität generiert haben soll – und wie groß der heuristische Wert einer solchen Herangehensweise ist, wenn man sich dabei auf eine so allgemeine Aussage zurückziehen muß, daß alle Taten des Herakles in irgendeiner Weise etwas mit Hera und mit den beiden Polen „Ruhm" und „Schande" zu tun haben. Es dürfte nicht schwerfallen, weitere Helden mit anderslautenden Namen zu finden, für welche diese Aussage ebensogut zutrifft[59]. Die Annahme, daß einzelne Begriffe oder Namen einen „Mythenkern" darstellen, der *in nuce* all die damit verbundenen Stoffe enthält und darüber hinaus auch noch generiert hat, ist jedenfalls sehr voraussetzungsreich und mit so zahlreichen einzelnen, nicht immer gleich plausiblen Interpretationsschritten verknüpft, daß man an einer allgemeinen Anwendbarkeit trotz der unternommenen Versuche berechtigte Zweifel anmelden kann.

---

57 Scheid/ Svenbro, 2017, 216; zum folgenden Begriff der „Mythopoiesis" s. ebd. 131.
58 Scheid/ Svenbro, 2017, 32-34. S. ebd. 32 (Kursivierung im Original): „Unser Standpunkt lautet zum Teil gerade, dass man *Mythen aus Wörtern und nicht aus Ideen macht*, in Anlehnung an Stéphane Mallarmé, der ja postulierte, der Dichter überlasse 'die Initiative den Wörtern', und folglich werde ein Gedicht aus Wörtern und nicht aus Ideen gemacht."
59 Aineias zum Beispiel, der von Hera verfolgt wird, sich einerseits den Ruhm erwirbt, die Gründung von Rom vorbereitet zu haben, sich andererseits aber schändlicherweise von der Ausführung seines Auftrags beinahe durch sein Liebesverhältnis zu Dido abbringen ließ. Auf die Gefahr eines im Prinzip uferlosen Assoziierens machen die Autoren bei der Besprechung des Namens „Aias" selbst aufmerksam, s. Scheid/ Svenbro, 2017, 161: „An welchem Punkt sollte man die Analyse abbrechen, damit der Analytiker nicht wie ein Bauchredner wirkt, der seine Puppe alles nachplappern lässt, was ihm einfällt?" Bei der Auswertung der „Aias-Analyse" (ebd. 176 f) bleiben dann verschiedene Möglichkeiten der Interpretation mehr oder weniger unverbunden nebeneinanderstehen.

4.4 Die Standardversion: Wunsch, das Chaos zu beherrschen

Neben der Suche nach einer „vollkommenen" Glanzversion, einer Urversion oder der Reduktion auf einen unveränderlichen „kleinsten gemeinsamen Nenner" besteht eine weitere Lösungsmöglichkeit auf der Suche nach „dem" Stoff darin, daß man versucht, unter Ausschluß von besonders ausgefallenen und solitär dastehenden Stoffvarianten eine Art Vulgata des betreffenden Stoffes zu erstellen.

Eine solche Vorgehensweise ist vor allem in allgemeiner gehaltenen Lexika und Handbüchern gängige Praxis[60] und beruht auf einem nur allzu verständlichen menschlichen Drang, „Ordnung in das Chaos zu bringen"[61], und daher auf einem häufig zu beobachtenden theoretischen Konzept[62]. So schreibt Blumenberg einmal[63]: „Mythen sind Geschichten von hochgradiger Beständigkeit ihres

---

60 Vgl. etwa das am Anfang von Kapitel 4 zu Niobe gegebene Beispiel.
61 So die treffende Analyse von Fowler, 2017, 158: „Yet the bewildering variety of myth constitutes a challenge which mythographers from antiquity to the present day cannot resist. Their desire is to bring order to the chaos, to still the flux by finding amidst the welter of variants *the* one underlying myth."
62 Die Rede vom „Kern des Mythus", den poetische oder andere Stoffbearbeitungen voraussetzen und im Großen und Ganzen unverändert lassen, findet sich bereits bei Müller, 1825, 103. Vgl. auch Henrichs' Programm der „applied mythography, which is instrumental in establishing the essential elements of a given myth" (Henrichs, 1987, 267), das er anhand einer Analyse „des" Kallisto-Mythos vorführt (ebd. 254-267). Vgl. auch Giuliani, 2003, 290, der mit Blick auf griechische Mythen vom „narrativen Kern einer Geschichte" spricht, oder Junker, 2005, 38, der von den attischen Tragikern ausgehend schreibt: „Dabei bleibt der narrative Kern des Mythos zwangsläufig unverändert." Masciadri, 2008, 370, schreibt, daß Mythen sich „bei aller Wandelbarkeit im Einzelnen doch immer wieder um einen gemeinsamen Kern versammeln. Dieser umfasst meist den Namen einer Hauptperson und ein Element der Handlung: Philoktet und seine Verwundung, die Frauen von Lemnos und ihre Mordtat, Hephaistos und seinen Sturz vom Himmel …" An die Möglichkeit der Rekonstruktion eines „Mythoskerns" glaubt auch Fühmann, 1993, 421, wobei der Schriftsteller (nach einer – vergeblichen – Suche nach „dem" Prometheus bzw. Prometheus-Mythos) allerdings treffend auf die weitgehende Leere eines solchen rekonstruierten Kerns aufmerksam macht: „Das, was man die Urform eines Mythos nennen möchte, das ist weder zu entdecken noch zu rekonstruieren, man kann nur aus den verschiedenen Fassungen die übereinstimmenden Elemente herauspräparieren, die aber dann in ihrer Gesamtheit nicht mehr als eine formlose Bereitstellung bestimmter Gestalten, bestimmter Handlungen und bestimmter Attribute sind, eine Bündelung, die durchaus verschiedene Ausdeutungen zuläßt, die erst durch die konkrete Gestaltung werthaltig werden."
63 Blumenberg, 1984, 40; vgl. auch ebd. 165, wo von der „ikonische(n) Konstanz" des „Kernbestandes" mythischer Stoffe die Rede ist. Vgl. auch ebd. 176: „… es überlebt nur, was so lange immer wieder erzählt werden kann, bis es aufgeschrieben wird" (Gegenthese zu Blumenberg z. B. bei Parzinger, 2015, 135, wo es heißt, daß „eine Kluft von Jahrtausenden … zu überbrücken für schriftlose Kulturen unmöglich scheint"). Ähnlich wie Blumenberg bspw. auch Graf, 1985, 8:

narrativen Kerns und ebenso ausgeprägter marginaler Variationsfähigkeit." Man begegnet einer solchen Auffassung von einem in wesentlichen Punkten relativ stabil bleibenden stofflichen Grundgerüst auch bei manchen Analysten unter den Homer-Forschern, wenn sie tendenziell von einer relativ festen Struktur stofflicher Vorlagen ausgehen, die in die Konstitution der homerischen Epen eingeflossen sein sollen, so daß diese Vorlagen in der Vorstellung fast schon in die Nähe von „Texten" rücken, die zwar bspw. hinsichtlich stilistischer Details mit Variationen vorgetragen wurden, aber im Stoffablauf wenig Abweichungen oder Alternativen boten[64].

Eine solche Vorstellung von einem im Grunde festen Handlungskern mythischer Stoffe scheint auch der Konzeption von Assmann zugrundezuliegen, der mit Blick auf ägyptische Mythen begrifflich unterscheidet zwischen „dem" mythischen Stoff, den er „Geno-Text" nennt, und den jeweiligen Konkretionen des mythischen Stoffes, die er als „mythische Aussagen" oder als „Phäno-Texte" bezeichnet[65]. Dabei geht Assmann offenbar davon aus, daß der mythische Stoff, der „Geno-Text", etwas Einheitliches ist, das auf einen bestimmten „Handlungskern" zurückgeführt werden kann[66]: „Jedenfalls handelt es sich bei mythischen Aussagen um konkrete Realisierungen (Vergegenwärtigungen) eines Mythos. 'Mythos' dagegen ist etwas Abstraktes: der Kern von Handlungen und Ereignissen, Helden und Schicksalen, der einer gegebenen Menge mythischer Aussagen als thematisch Gemeinsames zugrunde liegt." Assmann und auch Blumenberg

---

Mythos sei „ein in großen Zügen festgelegter Handlungsablauf mit ebenso festen Personen". Vgl. auch Vöhler/ Seidensticker, 2005, 3, die sich ausdrücklich auf Blumenberg beziehen. Eine Konstanz mag möglicherweise bei Stoffschemata auf einer relativ abstrakten Stufe zu beobachten sein (zum Begriff „Stoffschema" s. Kapitel 7.3), nicht aber angesichts von „Kernbeständen" (so es solche gibt) von *konkreten* Stoffen; und selbst bei abstrakten Stoffschemata wird man mit Varianten bzw. Variationsmöglichkeiten rechnen müssen.

64 Vgl. Codino, 1970, 43, mit Blick auf die mündlich vorgetragenen Lieder im archaischen Griechenland: „... der Gesang wiederholt sich, indem er einer in den Hauptpunkten unveränderlichen Linie folgt ..." Der Gedanke an eine Standardversion, von der ggf. abgewichen wird, begegnet auch sonst (v. a. implizit), vgl. bspw. Graf, 1985, 66, wo davon die Rede ist, daß man nicht immer „Homer durch eine Parallelüberlieferung *kontrollieren*" bzw. bei Homer nicht immer „die durch das erzählerische Anliegen verursachten *Verzerrungen* erkennen" könne (Kursivierungen C. Zgoll); explizit und prominent bei Vöhler/ Seidensticker, 2005 (z. B. ebd. 7), deren Konzept von den „Mythenkorrekturen" wesentlich auf der Annahme von Standardversionen basiert. Die Vorstellung von festen „narrativen Kernen" bei Mythen wird zurecht von Wodianka, 2006, 5 f, abgelehnt, mit expliziter Kritik an Vöhler/ Seidensticker (ebd. 6, Anm. 17).

65 Assmann, 1977, 37-39.

66 Assmann, 1977, 38; diese Auffassung wird auch von Burkert, 1982, 63, übernommen.

bezeichnen das von ihnen anvisierte „Grundmuster von Mythen" an manchen Stellen auch als „Mythologem"[67].

Im Bereich der griechischen Kultur kann man sogar auf ein antikes Zitat aus dem 4. Jahrhundert v. Chr. verweisen, das diese Vorstellung von einer Standardversion oder „Normalversion" eines mythischen Stoffes eindeutig zu untermauern scheint, und auf das daher gern zurückgegriffen wird[68]. Dort heißt es, man müsse als Tragödiendichter nur das Wort „Oidipus" aussprechen, und schon wüßte das Publikum genau Bescheid: daß der Vater Laios, die Mutter Iokaste heißt, welche Söhne und Töchter er hatte und was er alles erlitten und getan hat[69]. Allerdings werden bei dem Verweis auf dieses Zitat gern Gattung und Kontexte übergangen, in denen es steht. Es handelt sich nämlich nicht um ein Zitat von einem antiken Literaturtheoretiker wie etwa Aristoteles, Longinos oder Demetrios, sondern von einem Komödiendichter namens Antiphanes. Außerdem hat Antiphanes diese Worte nicht etwa in einem Brief über sein schriftstellerisches Wirken oder in einem theoretischen Traktat geäußert, sondern sie entstammen einer Komödie. Soweit dies das Fragment, das von dieser Komödie erhalten ist, überhaupt erkennen läßt, beschwert sich hier allem Anschein nach der als Figur in der eigenen Komödie auftretende Dichter darüber, wie schwer es doch die Komödiendichter im Gegensatz zu den Tragödiendichtern hätten. Die Tragödiendichter bräuchten sich nur vorgefertigter Stoffe zu bedienen, die jedes Kind kennt, und wenn sie nicht weiter wüßten, so ließen sie eben einen *deus ex machina* auftreten. Wieviel schlechter seien doch im Vergleich dazu die Komödiendichter dran, denn sie seien gezwungen, sich auf mühevolle Weise einfach alles aus den eigenen Fingern zu saugen[70]. Wollte man dieses Antiphanes-Zitat so ernst nehmen, wie dies in der Forschung manchmal getan wird, dann würde man

---

67 So Blumenberg, 1984, 166 und öfter; vgl. auch ebd. 165: „Das Mythologem ist ein ritualisierter Textbestand. Sein konsolidierter Kern widersetzt sich der Abwandlung ..."; bei A. und J. Assmann, 1998, 187, „Mythologem" als äquivalenter Begriff zu „Genotext". Vgl. ähnlich auch Diakonoff, 1995, 15, Anm. 8: „Mythologemes are plot-forming characters or situations which determine the general contents of a mythological plot and may recur in semantically concordant series." Zu Mythologem „im Sinne eines mehr oder weniger isolierten Erzählkerns" s. Reinhardt, 2011, 20. Bei Keim und Erdbrügger ist der Begriff „Mythologem" noch stärker eingeschränkt und nur noch auf die kleinste, invariable Einheit eines mythischen Stoffes bezogen; dazu und zur Unschärfe bzw. zu den unterschiedlichen Verwendungsweisen des Mythologem-Begriffs s. oben Kapitel 4.3.
68 Vgl. bspw. Junker, 2005, 31; Fondermann, 2008, 94.
69 Antiphanes fr. 189 Kassel/ Austin, PCG Bd. II (besonders die Verse 5-8).
70 Vgl. den die Antithese betonenden Neueinsatz fr. 189, Verse 17-18: ἡμῖν δὲ ταῦτ' οὐκ ἔστιν, ἀλλὰ πάντα δεῖ / εὑρεῖν ... – „Uns aber so etwas nicht erlaubt, sondern alles müssen wir / erfinden ..."

übersehen, daß hier in einer zur Gattung der Komödie passenden, deutlich überzeichneten Manier die Annahme einer im Grunde völlig determinierten „Standardversion", die ein Tragödiendichter schlechterdings nur aufzugreifen und auszuschreiben braucht, eher karikiert als bestätigt wird.

Schon der antike Geschichtsschreiber Diodoros hat theoretisch reflektierend den Variantenreichtum als eine hauptsächliche Schwierigkeit bei der Darstellung mythischer Stoffe angeführt[71]; eine allgemein anerkannte „Normalversion" ist eher ein Ausnahmefall. Das hatte im Übrigen Folgen bis in die lebensnahe Praxis. Artemidoros von Daldis (1./ 2. Jh. n. Chr.) rät in seinem Traumbuch für den Fall, daß jemand von einem Mythos träumt, daß man bei der Auslegung des Traumes eine nach den verschiedenen existierenden Varianten differenzierende Interpretation vorzunehmen habe[72]. Eine solche Anweisung hätte Artemidoros kaum gegeben, wenn die vorherrschende Meinung die gewesen wäre, daß im Grunde alle Varianten eines mythischen Stoffes auf eine Standardversion oder auf einen gleichbleibenden „narrativen Kern" zurückgeführt werden könnten.

Man sieht sich bei der Annahme einer Standardversion eines mythischen Stoffes bei näherer Betrachtung tatsächlich vor ähnlich gelagerte Probleme gestellt wie bei der Suche nach einer Minimalversion, zum Teil sogar in noch verschärfter Form. Bei genauer Betrachtung ist die Frage, was als „normale" Version eines mythischen Stoffes zu gelten hat, noch weniger als die Frage nach einer Minimalversion durch eine rein quantitative Vorgehensweise zu beantworten. Ab wann und nach welchen Kriterien sollen einzelne Handlungsschritte als „normal" oder zugehörig oder als gerade nicht mehr zugehörig zu einem bestimmten Stoff gelten? Genügt eine Beleglage von 75%, oder müssen es mehr Belege sein, oder reichen weniger? Und was macht man, wenn eine Beleglage von ziemlich genau 50% vorliegt? Schnell wird deutlich, daß quantitative Kriterien allein nur wenig Hilfe bieten.

So muß man zusätzlich zu inhaltlichen Beurteilungen greifen, aber nach welchen Kriterien wiederum sollen diese sich richten? Ab wann und nach welchen Kriterien soll ein einzelner Handlungsschritt als „marginal" oder eine ganze Handlungssequenz als „Sonderfall" gelten? Wenn sie von der „Normalversion" deutlich abweicht? Aber die Standardversion gilt es ja überhaupt erst zu bestimmen. Und da liegt die Versuchung nahe, doch wieder auf das Argument einer rein quantitativ häufigen Bezeugung zurückzugreifen.

Der Rückgriff auf die Häufigkeit der Belege ist allerdings gerade mit Blick auf die antiken Kulturen problematisch, da vieles verloren gegangen ist. So könnte

---

71 Diod. 4,1,1.
72 Artem. 4,47; als Beispiel bringt Artemidoros den Vogel Phönix.

es durchaus sein, daß in der Antike Stoffvarianten als „normal" galten, die aber nicht überliefert wurden, und daß unsere Textzeugen nur das bezeugen, was in der Antike als „Sondervariante" galt. Selbst wenn es aber so wäre, daß das häufig Bezeugte auch tatsächlich dem als „normal" Angesehenen entspräche, und daß die verschiedenen antik bezeugten Stoffvarianten ohne allzu große Schwierigkeiten und Eingriffe zu einer Vulgata harmonisiert werden könnten, wäre es dann nicht möglich, daß aufgrund des Überlieferungszufalls ein kompletter Stoffstrang verloren gegangen ist, der von der konstruierten Standardversion deutlich abweichen könnte und damit eben diese Konstruktion äußerst fragwürdig erscheinen ließe, so daß man dann zumindest von zwei Standardversionen sprechen müßte?

Man muß aber gar nicht so weit gehen, etwas zu bemühen, das man weder nachweisen noch widerlegen kann. Es gibt genügend Beispiele aus der Antike, wo sich Varianten eines Stoffes zeigen, die sich tatsächlich gravierend voneinander unterscheiden und damit die Suche nach einer Standardversion in einem höchst problematischen Licht erscheinen lassen. Kann man die Version von Helenas Entführung nach Ägypten und ihre nur scheinbare Anwesenheit in Troia[73] insgesamt als Sonderfall abtun, weil sie weniger geläufig erscheint? Hier ist Vorsicht geboten, denn bei näherem Zusehen finden sich dafür nicht so wenige Belege, wie man zunächst denken würde, wie etwa bei Hesiod, Stesichoros, Herodot, Euripides und Philostratos[74]. Und selbst wenn sich eindeutig zeigen ließe, daß alle diese Belege letztlich auf eine einzige Quelle zurückgeführt werden könnten, was berechtigte dazu, die Stoffversion dieser Quelle als Sonderfall zu bezeichnen? Oder wenn Herakles in das Totenreich geht: Welche von den verschiedenen Stoffvarianten ist nun als „normal" zu kennzeichnen, die nach der er dabei die Freunde Theseus und Peirithoos befreit oder die, nach der er nur den Theseus mit sich nimmt, oder die, nach der er keinen von beiden erlösen kann[75]?

Um noch weiter zu gehen: Selbst wenn eine Stoffvariante in der Antike von einem bestimmten Autor explizit als abwegig beurteilt worden sein sollte, heißt dies nicht automatisch, daß sie das auch wirklich war. So wird etwa die Variante, daß Achilleus älter als Patroklos ist, in der antiken Literatur einmal explizit verworfen – aber aus einer ganz bestimmten Erzählerperspektive und aus einem ganz bestimmten Grund, und deshalb ist hier Vorsicht geboten. Platon formuliert

---

73 Vgl. Apollod. 3,3-5.
74 Sammlung der Belege bei Dräger, 2005, 625; Philostr. *Ap.* 4,16 ist dort nicht mit aufgeführt. Die Echtheit des Hesiod-Fragments ist umstritten. S. auch Anm. 38. Ausführlich zur Entführung der Helena und den entsprechenden Stoffvarianten Edmunds, 2016, 136-142.
75 S. zu den Belegen Anm. 36.

dies in seinem *Symposion* als Kritik an Aischylos, der offenbar in einem seiner Stücke Achilleus als den Älteren dargestellt hatte[76]. Aber es ist wiederum nicht Platon selbst, der Aischylos kritisiert, sondern er legt diese Kritik einem der Teilnehmer am geschilderten Symposion in den Mund, dem Phaidros. Und Phaidros führt in einer längeren Rede Beispiele für berühmte Menschen an, die von den Göttern begünstigt wurden, weil sie sich in besonderer Weise dem Gotte Eros verpflichtet haben wie etwa Alkestis oder Achilleus. Da aber nach Phaidros' Meinung im Falle von Männerfreundschaften die Ergebenheit des jüngeren Geliebten gegenüber dem älteren Liebhaber bei den Göttern in noch höherer Gunst steht als die Zugewandtheit des älteren Liebhabers zum jüngeren Geliebten, paßt ihm zu seiner Argumentation ein junger, für den älteren Patroklos in den Tod gehender Achilleus als besonders berühmtes Beispiel viel besser als ein junger, sich nicht aus Liebe aufopfernder und deutlich weniger berühmter Patroklos.

Man könnte noch weitere Beispiele anführen, aber es wird schon hier deutlich, daß es nicht möglich ist, objektive Kriterien zu bestimmen, die es erlauben würden, etwas als eindeutigen Sonderfall oder im Gegenteil als normal einzustufen, noch nicht einmal dann, wenn kulturinterne Aussagen darüber vorliegen.

Ein solches Vorgehen erweist sich spätestens dann als unbefriedigend, wenn man sich gezwungen sieht, all die Abweichungen von der Standardversion eben zu „Abweichungen" und damit zu „Ausnahmen" zu erklären und zu begründen, warum ausgerechnet sie als „nicht normal" angesehen werden sollten[77]. So werden etwa in einem bekannten Lexikon zur griechisch-römischen Mythologie die verschiedenen Überlieferungen über den Ausgang der geplanten Persephone-Entführung durch Theseus und Peirithoos folgendermaßen vereinfacht dargestellt[78]: „Während Theseus später von Herakles befreit werden konnte, mußte Peirithoos als der Anstifter für immer in der Unterwelt bleiben." In der Wendung „Peirithoos *als der Anstifter*" liegt offenbar der Versuch, die (stillschweigend vorgenommene) Entscheidung zu legitimieren, genau diese Variante des Stoffes als Standardversion zu präsentieren und andere als weniger plausibel auszublenden. Aber unter dem Stichwort „mitgegangen, mitgefangen, mitgehangen" wäre eine weitere Fortsetzung der Strafzeit des Mittäters Theseus mindestens ebenso einleuchtend gewesen, und auch für die Begnadigung *beider* Täter ließen sich

---

76 Plat. *symp.* 179e-180a.
77 Diakonoff, 1995, 74, sieht eben dies als Aufgabe des Mythenforschers an: „It is actually the 'nucleus of the myth' that should be of interest before all when investigating mythology. But once variability has appeared, it can gradually include more and more of occasional details, whose causes are secondary ..."
78 Harrauer/ Hunger, 2006, 404.

Argumente finden. Welche Version ist mit welchem Recht als die eigentliche oder plausibelste anzusehen, und welche Versionen sind demgegenüber weniger wahrscheinlich[79]? In einer Untersuchung zu den Quellen von Apollodoros' Handbuch, das auf den ersten Blick die Vielzahl griechischer Mythen in ihrer jeweiligen Standardversion zu präsentieren scheint[80], hat Söder allein schon im ersten Buch fünfzig (!) Stoffzüge identifiziert, die sich *nur* bei Apollodoros finden[81]. Es dürfte schwer fallen, hier jedesmal von Neuem die Trennlinie zwischen „normal" und „nicht (mehr) normal" zu ziehen.

Ein weiteres Problem bei der Bestimmung einer Standardversion liegt darin, daß es sich dabei in vielen Fällen (ähnlich wie bei der Minimalversion) um ein künstliches Konstrukt handelt, um einen „Verschnitt" aus verschiedenen Varianten, also um einen „Komposit-Stoff", der dann aber seinerseits nicht viel mehr ist als eine weitere Variante, nur mit dem Nachteil, daß sie in dieser Form möglicherweise nicht ein einziges Mal konkret belegt ist[82]. Daß es problematisch ist, ausgerechnet ein solches Kunstprodukt als alleinigen Ausgangs- und Referenzpunkt für die Interpretation der anderen, tatsächlich bezeugten Varianten des Stoffes zu wählen oder sie davon ausgehend gar als Ausnahmen von einer Norm zu betrachten, liegt auf der Hand.

Somit gehen entsprechende Ansätze wie Assmanns Unterscheidung zwischen dem einen „Geno-Text" und den vielen, daraus gewissermaßen „genetisch" ableitbaren „Phäno-Texten" nicht auf. „Der" Stoff existiert nicht als festumrissene Einheit im Sinne eines klar bestimmbaren Handlungskerns, als eine einheitliche *story*, die in ihrer Grundstruktur gleichbleibt und sich nur rein äußerlich, je nach der Funktionalisierung des mythischen Stoffes[83], in verschiedene äußere Gewänder kleidet[84]. Trotzdem hat die Vorstellung von einem einheitlichen „Grundmuster" eines jeden mythischen Stoffes generell und speziell auch

---

79 Vgl. auch Powell, 2009, 16, in Hinblick auf den Reichtum der Varianten griechischer Mythen: „Keine ist die 'richtige' Version, zu der die andere als Variation existiert ..."
80 Zu diesem Anschein, der erweckt wird, unten mehr.
81 Söder, 1939.
82 Vgl. Masciadri, 2008, 367, der zwar richtig feststellt: „... bei den bekanntesten Geschichten sehen wir vollends ein Flimmern von Erzählungen, woraus schwer ein roter Faden herauszuziehen ist ...", der dann aber dennoch „derartige Rekonstruktionen", wenn auch zurückhaltend, einsetzt, obwohl er die Gefahr deutlich sieht: „Wenn wir die verlorene, nirgends unmittelbar belegte Gestalt einer Geschichte wiederherstellen, laufen wir ... Gefahr, etwas zu konstruieren, das niemals zuvor existiert hat ..."
83 Zum Begriff der Funktionalisierung s. Kapitel 18.4.2.
84 Vgl. für die ägyptischen Mythen treffend das Resümee bei Goebs/ Baines, 2018, 677: „Thus, a single, canonical version of Egyptian myths cannot be distilled: for as long as the world evolves, myths will be created or adapted to describe it."

Assmanns terminologische Unterscheidung zwischen „Genotext" und „Phänotexten" die Mythosforschung nachhaltig beeinflusst[85], obwohl von literaturwissenschaftlicher Seite ein solches zweiteiliges Schema inzwischen zu einem Schema von vier „narrativen Ebenen" *Präsentation der Erzählung* (konkreter Text, Assmanns „Phänotexte") – *Erzählung* (*plot*) – *Geschichte* (*story*, Assmanns „Genotext") – *Geschehen* ausdifferenziert wurde[86], und auch mit aller Deutlichkeit die Schwachstelle moniert wurde, daß Assmann bei seiner Vorstellung vom „Genotext" von einer „fixed entity" ausgeht[87]. Wie wenig „fix" in einem mythischen Stoff die verschiedenen einzelnen Bestandteile sein können, selbst bis hin zu den Namen der handelnden Protagonisten, darauf soll in Kapitel 12.3 noch näher eingegangen werden, wenn es um die Frage geht, was für einen mythischen Stoff tatsächlich konstitutiv ist.

Warum der Glaube an die Existenz von Standardversionen antiker Mythen in den Köpfen so stark verwurzelt ist, das könnte nicht zuletzt an den schon antiken Versuchen von Mythographen und vielen späteren Nacherzählern liegen, die ein besonderes Interesse daran hatten, die Vielfalt der einzelnen Mythenvarianten für ihr Lesepublikum auf ein erträgliches Maß zu reduzieren oder gar vollständig auszublenden. Es war eben schon die Rede vom Handbuch des Apollodoros, das die griechischen Mythen in ihren Standardversionen zu präsentieren scheint. Tatsächlich trügt der Schein nicht ganz. Fowler kann nach sorgfältiger Recherche zeigen, daß Apollodoros *weit* weniger Stoffvarianten in sein Werk inkorporiert (Fowler kommt insgesamt auf 114), als man hätte erwarten können[88]. Apollodoros ist damit aber eben gerade kein Zeuge dafür, daß es Standardversionen griechischer Mythen gab, sondern ein Autor, der den Variantenreichtum der Stoffe für sein Publikum bewußt reduziert hat[89] und damit nur den *Eindruck* erweckt, als gäbe es Standardversionen. Eine ähnlich suggestive Wirkung dürften in der Moderne solche Werke wie Gustav Schwabs immer wieder neu aufgelegter Klassiker *Die schönsten Sagen des klassischen Altertums* (1838-1840) gehabt haben, um nur

---

85 Mit vereinfachter Schreibweise findet sich die Terminologie „Genotext – Phänotexte" auch in dem Artikel „Mythos" von A. und J. Assmann im HrwG wieder (A. und J. Assmann, 1998, 187). Auf dieser Unterscheidung baut bspw. die Untersuchung von Mettinger auf (s. Mettinger, 2001, 50 f). Vgl. auch Goebs, 2002, 30-34, die an der grundsätzlichen Unterscheidung zwischen Genotext und Phänotexten festhält (aber andere Folgerungen für ägyptische Mythen daraus zieht als Assmann).
86 S. dazu Kapitel 3.1 und 6.2.
87 S. Baines, 1991, 88.
88 Vgl. Fowler, 2017, 162: „One variant every page and a half is a lot less than it might have been ..."
89 Vgl. Fowler, 2017, 164.

ein Beispiel aus dem deutschsprachigen Raum anzuführen. Liest man diese Werke, muß man fast unweigerlich dem Irrtum aufsitzen, *so* seien die Mythen gewesen, und je früher man diese Geschichten gleichsam wie mit der Muttermilch eingesogen hat, desto tiefer wird diese Überzeugung sitzen.

Die Annäherung an „den" Stoff durch die Konstruktion einer Standardversion erscheint unter pragmatischen Gesichtspunkten verlockend, und in bestimmten Fällen kann sie durchaus einen heuristischen Wert haben, wenn es etwa um den Vergleich verschiedener Stoffvarianten geht und um die Frage, ob und in welcher Hinsicht und Verteilung sich Schwerpunkte in der Stoffbehandlung feststellen lassen[90]. Den Alternativen der Bestimmung einer Urversion, einer Minimalversion oder der alleinigen Berücksichtigung der Glanzversion eines Stoffes ist die der Erstellung einer Standardversion allemal vorzuziehen; sie kann in beschränktem Umfang gewinnbringend sein. Aber man muß sich der grundsätzlichen Künstlichkeit solchermaßen erschlossener Standardversionen und der damit verbundenen Probleme bewußt bleiben; die Einordnung bestimmter Varianten als „Sonderfälle" und ihr damit begründeter Ausschluß bei der Bestimmung „des" Stoffes ist und bleibt methodisch äußerst fragwürdig. Auf jeden Fall abzulehnen aber ist die Verabsolutierung einer solchen allenfalls zu Behelfszwecken dienenden Standardversion zu „der" Form eines mythischen Stoffes.

4.5 Die Maximalversion als Weg in die richtige Richtung

Die Suche nach „dem" Stoff gestaltet sich schwierig. Offenbar handelt es sich gerade bei einem mythischen Stoff um ein Gebilde, das sich dem Zugriff immer wieder zu entziehen scheint. Nach den verschiedenen vorgenannten Lösungswegen aber scheint zumindest der Schluß unausweichlich, daß alle Versuche, „den" Stoff auf eine *Einzelgestalt* zu reduzieren, der Komplexität des Gegenstandes nicht gerecht werden[91]. Es schält sich die Erkenntnis heraus, daß „der" Stoff nicht

---

90 Vgl. bspw. den Versuch von Henrichs, 1987, 264, durch eine „mythographical analysis" der verschiedenen erhaltenen Stoffvarianten (*und* ikonographischer Zeugnisse) „des" Kallisto-Mythos (vgl. die von ihm erstellte tabellarische Übersicht ebd. 256 f) die weniger zentralen Aspekte (Henrichs nennt sie u. a. „embellishments") zu entfernen, um zu „the main story pattern" bzw. zur „Substanz" des Mythos („substance of the myth") zu gelangen; mag die dahinterstehende theoretische Grundannahme problematisch sein, so heißt das nicht, daß deswegen die Ergebnisse des Stoffvarianten-Vergleichs uninteressant oder unbrauchbar wären.
91 Vgl. Scheer, 1993, 71: „Von 'dem' Telephosmythos zu sprechen birgt ... gewisse Gefahren in sich. Es kann nicht darum gehen, die 'richtige' Variante festzustellen ..."

etwas *Einzelnes*, eindeutig Eingrenzbares ist, sondern als eine „Vielgestalt" begriffen werden muß, so unbequem dies auch zunächst erscheinen mag. *Die* Form eines mythischen Stoffes als festumrissener Gegenstand, den man aus dem Korpus aller Varianten exakt herauspräparieren und von dem ausgehend man dann Abweichungen oder Sonderformen bestimmen könnte, gibt es nicht. Jeder Wandel von individuellen oder gesellschaftlichen Interessen, Vorstellungen, Deutungen, Gegebenheiten, Vorlieben etc. kann zu Veränderungen eines mythischen Stoffes führen. Diese Veränderungen können von kleinsten Eingriffen bis zur Ersetzung, Neueinführung oder Streichung von einzelnen Elementen bzw. zu grundlegenden Veränderungen einzelner Handlungsschritte oder der Struktur einer Handlungssequenz insgesamt reichen. Jede Stoffvariante fügt bereits vorhandenen Stoffvarianten eine weitere hinzu und trägt so zur grundsätzlichen *Polymorphie* eines Stoffes bei.

Das führt zu dem nächsten Lösungsvorschlag auf der Suche nach „dem Stoff", der darin besteht, ihn zu bestimmen als die Gesamtheit all seiner Varianten. In der Formulierung von Lévi-Strauss[92]: „Wir schlagen ... vor, jeden Mythos durch die Gesamtheit seiner Fassungen zu definieren. ... Da ein Mythos aus der Gesamtheit seiner Varianten besteht, muß die Strukturanalyse sie alle mit dem gleichen Ernst betrachten." Man kann diese Lösung des Problems auch die Erstellung der „Maximalversion" eines Stoffes nennen[93].

Bei diesem Vorschlag ergibt sich zunächst einmal ein rein pragmatisches Problem. Wenn man bei dem am Anfang von Kapitel 4 angeführten Beispiel „des" Niobe-Mythos bleibt, dann stellt sich das Unterfangen, wirklich *alle* verfügbaren Belege für diesen mythischen Stoff aus der Antike zu sammeln, als eine wahrhaft herkulische Aufgabe dar. Lexika und Handbücher beschränken sich normalerweise wie in dem obigen Zitat auf einige wenige, länger ausgeführte Belegstellen[94]. Wollte man die für „den" Niobe-Mythos in der griechisch-römischen Literatur insgesamt zur Verfügung stehenden Quellen umfassend berücksichtigen, ergäbe sich eine ungleich längere Auflistung, die nicht nur den Rahmen eines

---

[92] Lévi-Strauss, 1955, zitiert nach Barner et al., 2003, 71. Zur Ausweitung, die Lévi-Strauss dann noch vornimmt, s. das nächste Kapitel.
[93] Vgl. bspw. auch Powell, 2009, 16: „... ist der Ödipus-Mythos die Sammlung aller existierenden Versionen, wie viele es davon auch geben mag." Vgl. auch Le Quellec/ Sergent, 2017, 862: „Un mythe se compose de l'ensemble de ses VARIANTS." S. zur (kurzen) Darstellung dieser Position auch Masciadri, 2008, 367 (mit Anm. 42). Masciadri sieht in diesem Ansatz v. a. das Problem, daß er nicht zu klären vermag, „welches jenes Gemeinsame sein soll, das sich in der ganzen Reihe der Varianten einer Erzählung immer wieder zeigt"; auf diese Problematik wird v. a. in den Kapiteln 8.1, 12.3 und 12.4 näher eingegangen werden.
[94] S. oben Anm. 1.

eher für die Allgemeinheit bestimmten Lexikonartikels bei weitem sprengen würde, sondern eine Erforschung dieses mythischen Stoffes zu einer aufwändigen Angelegenheit machen würde, bei der bereits die Vorarbeit äußerst zeitraubend wäre[95]. Nicht zuletzt gilt es zu bedenken, daß zu den literarischen Quellen die ikonographischen noch hinzukommen müßten[96].

Nun ist der Hinweis auf die Aufwändigkeit eines Unternehmens zugegebenermaßen kein besonders stichhaltiges Argument für die Ablehnung desselben. Trotzdem ist der Einwand wiederum nicht zu unterschätzen. In manchen Kulturen mögen die Belege für einen mythischen Stoff zahlenmäßig so gering sein, daß die Sammlung aller Stoffvarianten kein größeres Problem darstellt; in anderen Fällen aber würde das Postulat einer vollständigen Variantensammlung die Erforschung des mythischen Stoffes annähernd in die Knie zwingen, jedenfalls aber kaum mehr Spielraum als nur noch für hochspezialisierte Einzeluntersuchungen lassen. Im Bereich der griechisch-römischen Kultur listet selbst das monumentale, von Roscher herausgegebene *Ausführliche Lexikon der griechischen und römischen Mythologie* in all seiner Ausführlichkeit und trotz der angestrebten Vollständigkeit nicht immer alle Belege[97].

---

[95] Literarische Quellen für den Niobe-Stoff: Hom. *Il.* 24,605-617; Hesiod fr. 183 Merkelbach/ West; Sappho fr. 142 Voigt; Bakchylides fr. 20 Snell/ Maehler; Aischyl. *Niobe* fr. 154a,1-3 (TrGF); Soph. *Ant.* 823-838; *El.* 150-152 (und Scholien); *Niobe* fr. 441a-451 (TrGF); Eur. *Kresphontes* fr. 73 Austin; Eur. *Phoen.* 159 f; Schol. Eur. *Or.* 4; Aristoph. *Ran.* 911-920; Pherekydes FGrH 3 F 38; Hellanikos FGrH 4 F 21; Palaiphatos 8; Kall. *h.* 2,22-24; 4,96 f; Philemon fr. 102 PCG; *Anth. Gr.* 7,530; 11,253-255; 16,129-134; Cic. *Tusc.* 3,63; Parthenios 33; Diod. 4,74,3; Ov. *met.* 6,146-312; Sen. *Oed.* 613 f; Mart. 5,53; Stat. *Theb.* 3,191-200; 4,575-578; 6,122-125; Ps.-Plut. *De musica* 15,1136c; Lukian. *De luctu* 24; Suet. *Nero* 21; Apollod. 2,2; 3,45-47; 3,96; Gell. 20,7; Hygin. *fab.* 9-11; 145; Achill. Tat. 3,15,6; Artem. 4,47; Paus. 1,21,3; 3,22,4; 8,2,5; Ail. *var.* 12,36; Q. Smyrn. 1,294-306; Auson. *epit.* 27; Auson. *epigrammata* 63; Aphthonios, *progymnasmata* 11; Nikolaos Sophistes, *progymnasmata* 6,6; Nonn. *Dion.* 2,159-162; 48,406-408.412-413.417.425-435. Auch das ist immer noch nur eine Auswahl aus den in Frage kommenden Belegen; u. a. fehlen kurze Anspielungen auf den Niobe-Mythos fast gänzlich wie etwa in philosophischen Schriften (z. B. Plat. *rep.* 380a; Aristot. *Poet.* 1456a; Aristot. *Nikom.* 1148a; Sen. *epist.* 63,2) oder in der Dichtung (Stellensammlung zu Niobe in der augusteischen Dichtung bei Zgoll, 2004, 49-52; es handelt sich allein für dieses zeitlich eng umgrenzte Textkorpus um 11 Stellen).

[96] S. dazu ausführlich Geominy, 1992, und Schmidt, 1992.

[97] So fehlt bspw. beim Stichwort „Atalante" die Anspielung auf den mythischen Stoff bei Ovid (*Ib.* 457 f), und unter dem Stichwort „Verwandlungen" fehlen manche Stoffe gänzlich (s. dazu Zgoll, 2004, 329, und die darauf folgenden Übersichten), um nur willkürlich zwei Beobachtungen herauszugreifen; man könnte noch weitere Beispiele anführen.

Es gibt aber neben dieser rein pragmatischen Argumentation noch inhaltliche Gründe, mit denen sich die zunächst unangreifbar scheinende Notwendigkeit einer Berücksichtigung aller verfügbaren Varianten anzweifeln läßt. Darum soll es bei der Behandlung der „Approximalversion" gehen.

4.6 Die Approximalversion als Lösungsansatz

Das Postulat einer Maximalversion suggeriert, man hätte mit der Gesamtheit aller Fassungen *tatsächlich* das Maximum erreicht und damit einen Stoff „definiert", seine Grenzen bestimmt. Das ist aber nicht wirklich der Fall. Denn „der" Stoff existiert schon allein deswegen nicht nur innerhalb der Bandbreite der Möglichkeiten, die durch die Synopse der Gesamtheit aller erreichbaren Varianten aufgezeigt wird, weil zahlreiche weitere Varianten existiert haben können, die nie aufgeschrieben wurden, und weil etliche Varianten, die aufgeschrieben wurden, nicht erhalten geblieben sind.

Man muß sich darüber im Klaren sein, daß wir, gerade bei der Erforschung antiker Mythen, nur noch die berühmten Spitzen von Eisbergen vor uns haben. Selbst wenn man von einem bestimmten mythischen Stoff alle erreichbaren Quellenbelege sammeln würde – und bei manchen Mythen können das ausgesprochen viele sein –, handelte es sich dabei immer noch nur um einen Teilausschnitt dessen, was es an Varianten von einem mythischen Stoff tatsächlich gegeben hat. In den überlieferten Quellen ist an wenigen, vereinzelten Punkten etwas zu medialer Darstellung geronnen oder erstarrt und ragt nun wie die Spitze eines Eisberges aus dem Wasser, was lebendig und in weitaus größerem Ausmaß pulsierend und changierend weitergeflossen ist. Deshalb reicht auch die Menge aller verfügbaren Fassungen nicht hin, um einen Stoff zu definieren, denn sie ist immer noch nur eine Teilmenge aus der Bandbreite dessen, was existiert hat. Wenn man behauptet, ein mythischer Stoff existiert in so vielen Varianten, wie es Köpfe gab und gibt, welche diesen Stoff kennen, so wäre selbst das noch untertrieben, denn in manch einem Kopf können von ein und demselben Stoff mehrere Varianten gespeichert gewesen sein.

Dazu kommt ein weiterer entscheidender Aspekt, gerade für die in vielen Fällen wirkmächtigen und damit eine lange Rezeptionsgeschichte nach sich ziehenden antiken Mythen. Selbst wenn restlos alle antiken Varianten, die es jemals gegeben hat, überliefert und aufzählbar wären, dann wäre das Potential des Stoffes immer noch nicht ausgeschöpft, denn auch diese Menge wäre immer noch nur eine Teilmenge all der Varianten des Stoffes, die nicht realisiert worden sind, die aber dennoch *als Möglichkeiten im Stoff stecken*. Manche der möglichen Stoffvarianten werden erst viel später, bspw. durch moderne Neubearbeitungen ausgeschöpft, viele liegen bis heute in den Stoffen, ohne daß sie realisiert worden wären. Die „Arbeit am Mythos", um mit Blumenberg zu sprechen, findet kein Ende[98]. Es wäre durchaus denkbar, daß ein Dichter einmal eine Medeia-Tragödie verfaßt, in der Medeia sich im entscheidenden Moment entschließt, ihre Kinder *nicht* zu töten – was allenfalls Empörung und Ablehnung in einem konservativ eingestellten Publikum auslösen würde; man wäre aber kaum im Zweifel darüber, daß man sich eben über eine Verunstaltung einer wichtigen Episode *„des" Medeia-Mythos* echauffiert[99].

Das gilt nicht nur für Mythen, sondern für alle Stoffe, im Extremfall sogar für einen bestimmten, von einem Autor neu erfundenen Stoff. Wenn dieser Stoff nie von irgend jemandem aufgegriffen wurde und somit nur in der Form dieser einen Stoffvariante vorliegt, die der Autor gestaltet hat, dann handelt es sich auch in diesem Fall nur um *eine Variante* dieses neu kreierten Stoffes, nicht um „den" Stoff insgesamt: Nichts hindert potentielle Nachfolger, diesen Stoff doch noch aufzugreifen und ihn in Form einer *anderen* Variante zu erzählen, und bereits der Autor selbst hätte das Potential, das in diesem Stoff steckt, in Form einer anderen Variante erzählen können.

Das bedeutet: Die Gestalt eines konkreten Stoffes ist sowohl mit Blick auf die Vergangenheit als auch mit Blick auf die Zukunft offen. Anders ausgedrückt: Das

---

98 Vgl. zum „Wirkungspotential des Mythos" Blumenberg, 1971, und 1984, 685: „Es gibt kein Ende des Mythos, obwohl es die ästhetischen Kraftakte des Zuendebringens immer wieder gibt." In die Richtung einer solchen „Offenheit" des Mythos im Blick auf die Zukunft geht bereits Lévi-Strauss (1955), wenn er nicht zögert, sogar reaktualisierende Analysen der mit Oidipus verbundenen mythischen Stoffe von wissenschaftlicher Seite aus, wie etwa durch ihn selbst oder durch Freud, „zu unseren Quellen des Ödipusmythos zu zählen" (zitiert nach Barner et al., 2003, 71).
99 Vgl. zu diesem spannenden Thema der „Mythenkorrekturen" den gleichnamigen Sammelband von Vöhler/ Seidensticker, 2005. Ein grundsätzliches theoretisches Problem bleibt freilich die Annahme, „daß bestimmte zentrale Elemente bzw. Konstellationen eines Mythos nicht verändert werden können, ohne daß der jeweilige Mythos zerstört wird, d. h. seine Identität verliert", wie die Herausgeber in der Einleitung unter Berufung auf Aristoteles ausführen (ebd. 3); s. dazu ausführlich die Diskussion im Kapitel 4.4 zur „Standardversion" eines mythischen Stoffes, ein Begriff, der in dem Sammelband explizit verwendet wird (ebd. 7): „Umfang und Intensität von stofflichen und thematischen Mythenvariationen und -korrekturen lassen sich nur auf dem Hintergrund der jeweiligen Standardversion bestimmen". Die Problematik treffend wird in einer Fußnote eingeräumt (ebd. 5, Anm. 25): „Der Übergang von der Variation zur Korrektur ist gleitend." Zur Frage, was für einen mythischen Stoff konstitutiv ist, wenn man nicht von einer Standardversion ausgehen kann, sondern nur von einer Skala von leichten bis sehr starken Varianten eines nur approximativ erfaßbaren Stoffpotentials, s. Kapitel 12.3.

Potential, das in einem bestimmten Stoff steckt, ist annähernd unerschöpflich[100]. Das tatsächliche Maximum der gesamten Bandbreite der Möglichkeiten einer Stoffgestaltung ist unerreichbar, und damit ist ein konkreter Stoff auch *nicht definierbar*, sondern nur annähernd umschreibbar[101]. Neben vielen paganen antiken Mythen ist bspw. die mancherorts bis heute lebendige Krippenspiel-Tradition christlicher Kirchen ein bemerkenswertes Beispiel für das unauslotbare Potential eines Erzählstoffes: Bei der Aufführung der Geburt Jesu werden Rollen, Texte und Handlungen immer wieder neu unterschiedlichsten Besetzungen angepaßt und nicht selten mit neuen, zeitgeschichtlichen Bezügen versehen.

Ist ein Stoff zufällig nur in *einer einzigen* Variante bezeugt, so ändert dies nichts an seiner prinzipiellen Polymorphie, an der Vielzahl der Möglichkeiten der Stoffgestaltung. Bei vielbezeugten Stoffen wiederum läßt sich eine Synopse aller verfügbaren Stoffvarianten immer nur als *Näherungswert* an die Gestalt eines bestimmten Stoffes begreifen:

→ Ein Stoff ist eine polymorphe Handlungssequenz, deren Polymorphie sich durch die Sammlung der überlieferten Varianten nur annähernd erfassen läßt; mehr als einen solchen Näherungswert kann es nicht geben.

Ein Stoff läßt sich daher nicht in seiner maximalen Bandbreite abgrenzen und somit eindeutig „definieren", sondern als eine grundsätzlich offene, polymorphe Gestalt nur approximativ umschreiben.

---

100 Tatsächlich annähernd unerschöpflich mit Blick auf die Zukunft, nur prinzipiell unerschöpflich in Hinblick auf die Vergangenheit: dort gehören zu den die Stoffvarianz begrenzenden Faktoren u. a. der jeweilige kulturelle Horizont, die künstlerische Freiheit bei der Gestaltung, die eine Gesellschaft einzelnen Autoren zugesteht oder gerade nicht zugesteht, generell der Grad der Traditionsverbundenheit einer Gesellschaft und anderes mehr; zu diesen „zentripetalen", einen Stoff zusammenhaltenden Faktoren s. Kapitel 12.1.
101 Vgl. auch Kühr, 2006, 17: „Deshalb gibt es keine ursprüngliche oder einzig 'wahre' Variante eines Mythos, vielmehr konstituiert er sich aus allen Varianten, die je existierten und noch existieren werden ..." Wenn Reinhardt, 2011, von „'Mythos' in allgemeinerem Sinn" (ebd. 20, im Gegensatz zum „Einzelmythos") als von einem „Komplex sprachlich-gedanklicher Äußerungen über wesentliche menschliche Grunderfahrungen im Rahmen eines speziellen Kulturkontextes und eines spezifischen Weltverständnisses" (ebd. 20 f, im Original fett und kursiv), oder von „mythischen Äußerungen" (ebd. 21) spricht und fortfährt, daß es bei „'Mythos' im allgemeinen Sinn nicht nur um den Ursprung und die Frühphase der Realisierung in Ritual und Religion, Literatur und Bildender Kunst, sondern mindestens ebenso auch um seine Entwicklung im Verlauf der weiteren Rezeptionsgeschichte" geht (ebd. 21), so scheint er damit nicht einen einzelnen Stoff als unauslotbares Potential im Blick zu haben, sondern eher das „mythische Denken" bzw. die hinter den Einzelstoffen liegende mythische Weltanschauung insgesamt.

Daraus ergibt sich eine wichtige Folgerung für die Praxis der Erforschung von (antiken) Mythen. Wenn es *a priori* unmöglich ist, einen Stoff in seiner Gesamtheit zu erfassen, wenn mithin immer nur Einblicke möglich sind in sein prinzipiell unauslotbares Potential, dann ist es zwar sinnvoll und wünschenswert, aber wiederum auch nicht notwendig und unabdingbar, *alle* verfügbaren Belege zu sammeln, um einen Stoff überhaupt näher untersuchen zu dürfen[102]. Denn selbst alle diese Belege wären wiederum nur ein Ausschnitt aus der Fülle der Möglichkeiten, die ein Stoff für seine konkrete Ausgestaltung bietet. Mit der Sammlung aller verfügbaren Stoffvarianten läßt sich nur eine *scheinbare Vollständigkeit* erreichen, die leicht darüber hinwegtäuscht, daß eine tatsächliche Vollständigkeit unerreichbar ist.

Dennoch kann die Sammlung und Nebeneinanderstellung möglichst vieler verschiedener Stoffvarianten heuristisch wertvoll sein, wenn sie sich der natürlichen Grenzen bewußt bleibt, die ihr durch die grundsätzliche Unerschöpflichkeit eines Stoffes gesetzt sind. Denn der Vergleich verschiedener Varianten bietet Einblicke in die Bandbreite der Stoffgestaltung, und gerade in Abhebung voneinander lassen sich Spezifika einzelner Gestaltungen erkennen.

Um solche Spezifika herauszuarbeiten, ist es überdies wichtig und gewinnbringend, nicht nur Vergleiche mit Varianten zu betreiben, die „seriös" oder in großartiger künstlerischer Gestaltung dargeboten werden, sondern auch mit solchen, die einen Stoff karikierend zu verzerren scheinen oder ihn absichtlich zu desavouieren trachten, und auch mit solchen, die den Stoff trocken und ohne jeden künstlerischen Anspruch präsentieren – und dies in all den genannten Fällen außerdem unabhängig davon, ob die jeweiligen medialen Konkretionen überlieferter Stoffvarianten früh oder spät zu datieren sind. Denn für die Frage nach dem *Potential* eines Stoffes ist die Frage nach dem *Alter* einer bestimmten Stoffvariante ohne Belang[103].

In der Einbeziehung einer ganzen Bandbreite verschieden gearteter und datierter Stoffvarianten-Konkretionen liegt ein deutlicher Vorteil einer Approximalversion im Vergleich zu einer Standardversion, für deren Erstellung bestimmte interpretatorische und damit nicht unproblematische Vorentscheidungen getroffen werden müssen. Es geht darum, ohne solche Vorentscheidungen die Eigenheiten bestimmter Stoffvarianten zu profilieren und das Potential eines Stoffes besser zu erkennen und tiefer auszuloten; vollständig ermessen läßt es sich nie.

---

102 Vgl. dazu auch Zima, 2011, 361.
103 S. dazu auch die Ausführungen zu der Frage, ob und inwieweit es sinnvoll ist, eine „Stoffgeschichte" im Sinne einer linearen Stoffentwicklung zu schreiben, in Kapitel 21.3.1.

4.7 Die nicht realisierten Stoffvarianten

> ... was nicht in euren Lesebüchern steht
>
> Titel eines Sammelbandes
> von Texten Erich Kästners

Gerade wenn und weil man einen bestimmten Stoff als ein unerschöpfliches Potential begreift, wird eine bestimmte Art des Fragens bzw. methodischen Vorgehens besonders wichtig und oft auch fruchtbar, auf die deshalb hier abschließend noch gesondert eingegangen werden soll. Denn wenn jede Stoffkonkretion die Realisation eines Stoffes darstellt, der polymorph ist, der also auch hätte *anders* realisiert werden können, dann ist die Frage wichtig und berechtigt, *warum* der Stoff in einem bestimmten Fall *gerade so* realisiert wurde und nicht anders.

In dieser Hinsicht sind Vergleiche nicht nur mit *belegbaren* Varianten wichtig und sinnvoll. Gewinnbringend für eine Interpretation kann gerade auch die Frage nach möglichen Ausgestaltungen sein, die *nicht belegbar* sind. Wie hätte eine Handlungssequenz *auch* ablaufen können, obwohl sie kein einziges Mal so abläuft? Welche Spielräume der Gestaltung, welche Alternativen hätte es gegeben? Was fehlt völlig, obwohl man es eigentlich hätte erwarten können?

Hier erweist sich auch die literaturwissenschaftliche Unterscheidung zwischen „Geschehen" und „Geschichte" als hilfreich[104]. Denn jeder einzelne Stoff z. B. zu einer bestimmten Gottheit ist eingebettet in einen umfassenden „Geschehenshorizont", in ein Geflecht vieler verschiedener Geschichten, die von dieser Gottheit und von anderen Gottheiten erzählt werden, woraus der einzelne Stoff nur einen Ausschnitt darstellt. Das wirft die interessante Frage nach den Gründen für die Auswahl des Erzählten auf: Warum wird gerade dies und jenes erzählt, anderes aber nicht[105]?

Dies ist nicht mißzuverstehen als ein Aufruf zu freier Phantasterei; freilich müssen sich solche Fragen u. a. an dem orientieren, was in einer Kultur denkbar ist. In einer Annäherung von vielen Seiten läßt sich das Potential eines Stoffes besser erahnen; für die Erkenntnis des Anliegens oder der Stoßrichtung, die ein bestimmter Stoff hat, können darüber hinaus gerade Fragen, weshalb bei einem Stoff etwas *nicht* realisiert wird, äußerst aufschlußreich sein und für die Interpretation ein methodisch wertvolles Instrument darstellen.

---

104 S. oben, Kapitel 3.1.
105 Vgl. Schmid, 2007, 105: „Das aus dem Geschehen nicht Gewählte ist für die Geschichte nicht einfach irrelevant. Erst vor dem Hintergrund der Überfülle des Nicht-Gewählten erhält das wenige Gewählte seine Identität und Sinnfunktion. Eine Geschichte als sinnhaftes Ganzes zu erfahren heißt, die Logik ihrer Selektivität zu erschließen."

Dazu ein Beispiel. Weshalb stellt sich Niobe mit ihrem Kinderreichtum in praktisch allen verfügbaren Stoffvarianten ausgerechnet über die Göttin Leto, die immerhin zwei Kinder, und noch dazu so berühmte wie Artemis und Apollon geboren hat? Wäre es nicht weit sinnvoller und auch wirkungsvoller gewesen, wenn sie sich über die Göttin Athene gestellt hätte, da Athene kein einziges Kind zur Welt gebracht hat und selbst dann noch, wenn man Erichthonios als Athenes Kind betrachtet, als Kontrast immer noch besser geeignet gewesen wäre als ausgerechnet Leto? Oder warum vergleicht sich Niobe nirgends mit Hera, die man ja auch nicht gerade als durch Kinderreichtum gesegnet bezeichnen kann?

Allein in dieser Fragestellung liegt bereits ein für die Interpretation des Stoffes wertvoller Hinweis, denn offenbar war es wichtig, daß Niobe sich in eine Konkurrenzsituation ausgerechnet und mit keiner anderen als speziell der Göttin Leto begibt. Dies wiederum deutet darauf hin, daß es in diesem mythischen Stoff nicht oder zumindest nicht nur um ein *moralisches Problem* (menschliche Hybris), sondern darüber hinaus um einen *religiösen Konflikt* geht, was die Stellung der Göttin Leto angeht – und diejenige der Niobe, die vielleicht nicht „nur" eine menschliche Herrscherin war, die sich jedenfalls in der Stoffgestaltung Ovids fast als eine Konkurrenz-Gottheit zu Leto gebärdet, indem sie ihren Untertanen die kultische Verehrung der Leto verbietet[106].

Aber um diesen Stoff (und andere) genauer zu verstehen, sind zuvor noch weitere Einsichten in das Wesen mythischer Stoffe nötig, vor allem in bestimmte Wertungs- und Hierarchisierungsstrategien, die in solchen Stoffen am Werk sind, und vor allem die grundlegende Einsicht, daß die unter der Oberfläche einer Konkretion liegende Stoffvariante nicht eine einzige, in sich kohärente *Struktur* aufweist, auf die allein sich eine Interpretation zu beziehen hat, sondern daß diese Struktur zusätzlich Elemente aus verschiedenen *Schichten* in sich vereinigt, wie dies ab Kapitel 13 näher ausgeführt werden soll.

---

106 Ov. *met.* 6,146-312.

5 Der Stoff, aus dem die Stoffe sind: Stoffvarianten als Hylemsequenzen

Die Annäherung an das polymorphe Gebilde eines mythischen Stoffes muß in erster Linie über die einzelnen Stoffvarianten erfolgen, die in Form bestimmter medialer (z. B. textlicher) Konkretionen vorliegen[1]. Wie aber lassen sich diese Stoffvarianten näher analysieren und beschreiben, wenn es nicht um die Erfassung textlicher, sondern stofflicher Strukturen geht? Woraus konstituiert sich eine solche Stoffvariante?

Es erscheint selbstverständlich, aber auch auf das Selbstverständliche gilt es zu achten: Eine solche Stoffvariante stellt sich zunächst einmal ganz grundsätzlich als eine *Handlungssequenz* dar, die verschiedene Zustandsveränderungen impliziert, die auf ein aktives Tun beteiligter Figuren zurückzuführen sind[2]. Der Begriff der „Handlung" wird in dieser Arbeit in der Regel nicht im Sinn einer

---

[1] Für eine andere Annäherung an „den" Stoff, die *ex negativo* erfolgt, s. Kapitel 4.7.
[2] Vgl. Wolf, 2002, 45: „An prototypisch Narrativem ist ... vor allem die Konzentration auf von den Figuren intendierte, äußere Handlungen hervorzuheben". Die Festlegung auf *äußere* Handlungen verengt die Perspektive unnötig, und wenn Wolf ebd. 51 als „Kern des Narrativen" u. a. die Zentrierung von „mindestens zwei verschiedene(n) Handlungen oder Zustände(n) auf dieselben anthropomorphen Gestalten" ansieht, wären – ganz unnötigerweise – Geschichten, in denen andere, nicht-anthropomorphe Protagonisten auftreten, ausgeklammert. Davon abgesehen aber ist das Festhalten an der Dimension der „Handlung" unerläßlich; zur Zurückweisung von Konzepten, die auf eine solche Handlungsdimension verzichten wollen, s. ebd. 46. Vgl. auch Schmid, 2007, 98: „Die Repräsentation von Zustandsveränderungen gilt in der neueren Narratologie ... als das grundlegende Merkmal der Narrativität." Tomaševskij, 1985, 215, spricht nicht von einer Veränderung von Zuständen, sondern von „Situationen": „Die Fabel setzt sich zusammen aus Übergängen von einer Situation in die andere." Ein solcher Stoffbegriff liegt im Wesentlichen bereits der Verwendung des Wortes μῦθος in der *Poetik* des Aristoteles zugrunde, der „Stoff" (μῦθος) definiert als eine „Zusammensetzung von Geschehnissen" (Aristot. *poet*. 6,1450a4 f: λέγω γὰρ μῦθον τοῦτον τὴν σύνθεσιν τῶν πραγμάτων); s. dazu Näheres in Kapitel 24.2. Radikal betrachtet genügt sogar schon *eine* Zustandsveränderung, vgl. Schmid, 2014, 3 (mit dem bekannten Beispiel von Forster „The king died and then the queen died", von Genette unterboten durch „The king died", vgl. Genette, 2010, 184): „Die Minimalbedingung der Narrativität ist, dass mindestens *eine* Veränderung *eines* Zustands in einem gegebenen zeitlichen Moment dargestellt wird." Von daher wäre also „der König starb" eine (minimale) Geschichte im Sinne der Narrativitätsforschung (Zustand 1: der König lebt, Zustand 2: der König ist tot), nicht aber „der König litt" (keine Zustands- oder Situationsveränderung).

„Tat" verwendet, sondern in diesem Sinn der Sequenz einer Schilderung von aufeinander bezogenen Taten, Ereignissen, Vorgängen (und dazwischenliegenden Situations- oder Zustandsbeschreibungen)[3].

Es lohnt sich, hierauf noch etwas näher einzugehen. Eine „Repräsentation von Zustandsveränderungen" ist ein grundlegendes Merkmal von Erzählstoffen[4]. Anders ausgedrückt: grundsätzlich zeichnen sich Erzählstoffe dadurch aus, daß in ihnen „etwas passiert", daß durch mindestens einen Handlungsschritt ein Zustand A einer Veränderung zu einem Zustand B hin unterworfen wird. In der Regel bestehen Erzählstoffe aus einer kohärenten Abfolge von mehreren einzelnen, handlungstragenden Einheiten, also Einheiten, die bestimmte Taten, Ereignisse, Vorgänge (und dazwischenliegende Zustände) beschreiben, mit einem Anfang und einem Ende: erst passiert dies, dann das, dann jenes etc., und am Ende dies. Von daher müssen Erzählstoffe prinzipiell in eine Abfolge von einzelnen Handlungsschritten aufteilbar sein. Diese kleinen Stoffeinheiten sind nicht an ihre jeweilige konkrete (z. B. textliche) Gestaltung gebunden, sondern lassen sich aus den jeweiligen Konkretionen extrahieren. Wie und in welcher Form, darauf soll in einem späteren Kapitel eingegangen werden[5]; zunächst ist es notwendig, noch einige Klärungen und Abgrenzungen vorzunehmen.

Bei dem hier anvisierten Versuch, Erzählstoffe in kleinere Einheiten zu unterteilen, geht es nicht um eine Zerlegung in kleinste *stoffkonstituierende Elemente* wie Figuren („Zeus"; „Erechtheus"), Handlungen oder Vorgänge („erschlagen"), und solche Elemente näher beschreibende Bestimmungen wie die Bezeichnung von Eigenschaften oder Appositionen („mächtig"; „König") oder zeitliche, örtliche oder instrumentale Angaben („am Morgen"; „in Athen"; „mit einem Blitz"), sondern um die Ebene, auf der einzelne kleinste *stoffkonstituierende Elemente* und deren nähere Bestimmungen zu kleinsten *handlungstragenden Einheiten* zusammengefügt sind („am Morgen erschlägt der mächtige Zeus in Athen den König Erechtheus mit einem Blitz").

Ein Stoff baut sich im konkreten Fall oft nicht nur aus einzelnen Handlungsschritten auf, in denen beschrieben wird, daß sich *etwas verändert*, sondern manchmal werden in einen solchen dauernden Wandel auch Haltepunkte oder „Inseln" eingebaut, in denen *ein Zustand* beschrieben wird. Mag die minimale Definition eines Erzählstoffes zwar notwendig auf die Beschreibung mindestens einer *Veränderung* abzielen, so wird man doch in konkreten Fällen oft auch mit

---

3 S. zu dieser grundlegenden Unterscheidung im Wortgebrauch Asmuth, 2000, 6.
4 S. Schmid, 2007, 98.
5 S. Kapitel 5.3.

Beschreibungen von *Zuständen* zu rechnen haben[6]. Daraus folgt: In aller Regel baut sich ein Erzählstoff auf aus Aussagen über etwas, das *wird*, und Aussagen über etwas, das *ist*. Die eine Gruppe von Aussagen treibt die Handlung weiter voran, die andere stützt sie; daher wird auch die letztere Gruppe zu den hier anvisierten „handlungstragenden" Einheiten gerechnet. Eine nähere örtliche Bestimmung wie „Athen" oder eine Eigenschaft wie „mächtig" allein und für sich genommen sind noch keine handlungstragenden Einheiten in diesem Sinn; Aussagen wie „Athen besitzt einen großen Hafen" oder „Zeus ist ein mächtiger Gott" hingegen schon.

Will man nicht mediale Konkretionen von Stoffvarianten wie Texte oder Bilder, sondern die diesen Konkretionen zugrundeliegenden Stoffvarianten selbst analysieren, dann muß man sich darüber klarwerden, welche einzelnen Handlungsschritte in den jeweiligen medialen Konkretionen konkret „verarbeitet" worden sind. Hier Klarheit zu gewinnen, mag bei einem Bild schwieriger sein als bei einem Text, aber auch schon in Texten können die Informationen über den Handlungsverlauf so verstreut, umgestellt oder versteckt sein, daß die Aufgabe der Rekonstruktion der einzelnen Handlungsschritte in Form von „kleinsten handlungstragenden Einheiten" bei näherem Zusehen durchaus eine Herausforderung darstellt. Trotzdem ist eine solche Rekonstruktion des aus der jeweiligen medialen Konkretionsform extrahierten Handlungsgerüstes eine unabdingbare Voraussetzung, wenn es im Rahmen einer stoffwissenschaftlichen Annäherung um *Stoffliches* gehen soll, nicht um die jeweiligen medialen *Gestaltungsformen* des Stofflichen.

Eine solche angestrebte Aufteilung eines Stoffes, genauer gesagt von konkreten Stoffvarianten in kleinste handlungstragende Einheiten berührt sich einerseits mit der literaturwissenschaftlichen Motivforschung (vgl. Lotman; Tomaševskij), andererseits mit formalistischer bzw. strukturalistischer Märchen- bzw. Mythosforschung, insbesondere mit den Ansätzen von Propp, Barthes und Lévi-Strauss, weil hier Ansätze entwickelt wurden, die speziell auf eine relativ kleinteilige Zerlegung märchenhafter oder mythischer Stoffe bzw. von Erzählungen allgemein abzielen. Allerdings gibt es zwischen diesen verschiedenen Ansätzen und der hier anvisierten hylistischen Zugangsweise zu Stoffen etliche Unterschiede.

---

6 Vgl. Schmid, 2014, 6, der aus narratologischer Perspektive ebenfalls zu dem Ergebnis kommt: „Eine Geschichte vereinigt also dynamische und statische Komponenten ..."

5.1 Motive und Ereignisse: Aarne-Thompson-Uther, Frenzel, Lotman und Tomaševskij

Für eine Untergliederung des *plots* oder der *story* eines Textes[7] in kleinere Einheiten bietet sich zunächst der Begriff des Motivs an, den man dann auch unabhängig von Texten auf eine Untergliederung von Stoffen anwenden könnte. In der literaturwissenschaftlichen Narratologie und in der vor allem literaturhistorisch interessierten Motiv- und Märchenforschung wird der Begriff „Motiv" allerdings nicht einheitlich verwendet[8].

Wenig geeignet zur Bezeichnung für kleinste handlungstragende Einheiten erscheint der sehr allgemein gefaßte Motivbegriff aus der Story- und Motivforschung[9], der weitgehend auch dem in der Märchenforschung verwendeten Motivbegriff entspricht. In diesen Forschungszweigen wird unter „Motiv" eine Substruktur des Stoffes eines Textes und damit eine Texteinheit meist kleineren Umfangs verstanden, die durch ihre inhaltliche Struktur näher bestimmt ist, eine Struktur, deren gleichbleibende Grundzüge in mehreren verschiedenen Texten zu beobachten sind, die aber um zusätzliche Elemente bereichert werden kann und freien Spielraum für Anordnung und Ausgestaltung läßt. Ein Motiv bezieht sich dabei inhaltlich nie auf Einmaliges, Individuelles oder Konkretes, so daß Ort, Zeit, äußere Umstände und Handlungsträger zur Ausfüllung eines Motivs frei gewählt werden können (und müssen)[10].

---

[7] Diese Unterscheidung spielt speziell für die hier anvisierte Untergliederung in kleinere Einheiten keine Rolle; zu den Begrifflichkeiten *plot* bzw. *story* s. Kapitel 3.1.
[8] S. Anz, 2007, 130; Martínez/ Scheffel, 2012, 111, mit Anm. 1; resümierend Drux, 2000, 639: „Eine konsensfähige Definition des Motiv-Begriffs konnte sich bis heute nicht durchsetzen." Zur vielfältigen Verwendung des Motiv-Begriffs auch außerhalb literaturwissenschaftlicher Kontexte s. Krispenz, 2013, 9.
[9] Zur Begründung der Wendung „Story- und Motivforschung" s. Kapitel 3.2.
[10] Vgl. etwa die Definition von „Motiv" der Göttinger Kommission für literaturwissenschaftliche Motiv- und Themenforschung als „die schematisierte Vorstellung (ein- oder mehrgliedriger Art) von Ereignissen, Situationen, Figuren, Gegenständen oder Räumen" (Wolpers, 1982, 8), oder (Wolpers, 2002, 76): „Ein Motiv ist ein schematisierter Vorstellungsgegenstand von gewisser Konkretheit und Typik, der, wenn er textlich realisiert – nicht nur angedeutet oder genannt – wird, ein Werk passagenweise oder ganz prägt oder von dem der Motivanalytiker annimmt, daß dies der Fall ist." Weniger eine Definition als eine durchaus hilfreiche Beschreibung dessen, was man in der Literaturwissenschaft alles unter dem Begriff „Motiv" versteht, findet sich bei Kayser, 1960, 59-64, auf dem im Grunde die Definition von Wilpert, 2001, 533 f, fußt; ebd. 533 wird „Motiv" folgendermaßen definiert: „strukturelle Einheit als typische, bedeutungsvolle Situation, die allgemeine thematische Vorstellungen umfaßt ... und Ansatzpunkt menschlicher Erlebnis- und Erfahrungsgehalte in symbolischer Form werden kann: unabhängig von einer Idee bewußt geformtes Stoffelement". Der Textbezug des Motivbegriffs wird besonders deutlich bei Drux, 2000, 638:

Kennzeichnend für diesen Motivbegriff ist außerdem, daß damit in der Regel nicht schlichtweg *alle* handlungstragenden Einheiten eines Textes in den Blick genommen werden, sondern daß er auf das gedankliche Gerüst von *typischen* und *bedeutungsvollen* Handlungen abzielt[11]. Was als typisch oder bedeutungsvoll zu gelten hat, ist freilich nur schwer objektiv zu bestimmen; dementsprechend kommt nach Frenzel bei der Bestimmung dessen, was als ein literarisches Motiv zu gelten hat, notwendig die „Subjektivität des Interpreten" mit ins Spiel[12]. Wie bereits hinsichtlich der Story-Forschung beobachtet, hat man es hier schwerpunktmäßig eher mit einer Erforschung von für bedeutsam erachteten, in der Literatur mehrfach bezeugten Motiven zu tun – also nicht so sehr mit einer Motivforschung im ganz allgemeinen Sinn, als vielmehr mit einer Erforschung literarisch-ästhetisch für bedeutsam erklärter Motive und damit einhergehend eher mit einer Motiv-Bearbeitungs-Forschung, die ihr Augenmerk vor allem auf die Tradierung und Abwandlung von Motiven in literarischen Texten richtet[13].

Gerade bei den ältesten Literaturen der Menschheit und den darin vorkommenden, in der Regel ein noch höheres Alter aufweisenden mythischen Stoffen und den in ihnen vorfindlichen Motiven aber ergeben sich dann zwei Probleme.

„Kleinste selbständige Inhalts-Einheit oder tradierbares intertextuelles Element eines literarischen Werks." Eine äußerst komprimierte Übersicht über die Motivforschung bietet Graf, 2000a, 421 f. Er definiert „Motiv" knapp als „kleinste stoffliche Einheit einer traditionellen Erzählung", die eine Handlung oder eine charakteristische Person sein könne. Vgl. auch Frenzel, 2008, VIII, nach der „das Motiv mit seinen anonymen Personen und Gegebenheiten ... einen Handlungsansatz bezeichnet, der ganz verschiedene Entfaltungsmöglichkeiten in sich birgt"; es handele sich bei einem Motiv um die „Keimzelle eines Plots". Vgl. jüngst Lubkoll, 2013, 542, der Motiv als eine „im weitesten Sinne kleinste strukturbildende und bedeutungsvolle Einheit innerhalb eines Textganzen" definiert. Für die Herausgeber des *Wörterbuchs alttestamentlicher Motive* „ist ein Motiv ein kleiner, selbständiger und charakteristischer Baustein in einem alttestamentlichen Text, dessen Gehalt durch seine Verwendung in verschiedenen Zusammenhängen jeweils transformiert wird"; s. Krispenz, 2013, 10 f. Auf den Motivbegriff in der Musikwissenschaft, der gewisse Parallelen bzw. Anknüpfungspunkte bietet, kann und muß hier nicht näher eingegangen werden.
11 S. bspw. Kayser, 1960, 60: „Das Motiv ist eine sich wiederholende, typische und das heißt also menschlich bedeutungsvolle Situation."
12 S. Frenzel, 2002, 37.
13 Vgl. dazu die Ausführungen in Kapitel 3.2. Zur Auffassung von Motiven als wesentlich „ästhetische[n] Gegenständen" und zum Fokus der neueren (v. a. Göttinger) Motivforschung auf dem Zusammenspiel von Motiven „in verschiedenen literaturgeschichtlichen Kontexten und intertextuellen Bezügen" und auf „formgeschichtliche[n] Linien, die das Hervor- oder Zurücktreten von Motivstrukturen betreffen" s. Wolpers, 2002, 57. Vgl. auch ebd. 90: „Eine der Hauptfragen galt dem Wechselverhältnis von Tradierung und Erneuerung, das aller literatur- und kunstgeschichtlichen Bewegung zugrunde liegt."

Zum einen findet man in vielen Fällen keine literarischen Vorlagen. Damit zusammenhängend kann man auch nicht wissen, ob bestimmte Motive nun (künstlerisch) bedeutsam sind oder nicht. Somit sieht man sich gezwungen, *alle* kleinsten, handlungstragenden Einheiten aus den überlieferten Texten zu extrahieren, ohne aufgrund irgendwelcher literarischer Vorlagen von vornherein zu wissen, ob und in welcher Hinsicht diese nun „bedeutsam" sind oder nicht.

Eine weitere Schwierigkeit kommt hinzu. Denn der Motivbegriff der Story- und Motivforschung bezieht sich nicht nur auf kleinste, bedeutungsvolle *handlungstragende* Einheiten im oben genannten Sinn, sondern auch auf besondere und typische Konstellationen („Dreiecksbeziehung"), Genrebilder („Leben im Dorf auf dem Land"), Orte („Arkadien")[14], Ereignisse („Gottesurteil"), Figuren („böse Schwiegermutter") oder andere sich wiederholende Elemente der Schilderung (z. B. die Farbe Schwarz oder der Zeitraum der Nacht[15]) u. a.[16]. Gerade mit Konstellationen, Genrebildern oder Ereignissen werden aber oft *größere* strukturelle Einheiten in den Blick genommen, und darüber hinaus findet hier eine Vermischung von kleinsten handlungstragenden Einheiten und kleinsten stoffkonstituierenden Elementen statt (wie z. B. Figuren oder Gegenständen)[17], was den Motivbegriff für die präzise Bezeichnung kleinster handlungstragender Einheiten unbrauchbar macht.

Durch die eben beschriebene weite Fassung des Motivbegriffs wird zudem eine systematische Kategorisierung so verstandener Motive und damit die Übersichtlichkeit auf diesem Forschungsgebiet nicht unerheblich erschwert. Das zeigt sich exemplarisch an dem monumentalen Werk *The Types of the Folktale* von Aarne und Thompson (3. Aufl. 1961), das erst in jüngster Zeit überarbeitet und unter dem Titel *The Types of International Folktales* von Uther herausgegeben wurde (2011, abgekürzt ATU nach Aarne-Thompson-Uther)[18]. Die untersuchten

---

14 Die Aufnahme von „Arkadien" als Motiv (vgl. bspw. in Frenzel, 2008, 27-37) stellt insofern ein besonderes Problem dar, als es sich hier um eine durch die namentliche Bezeichnung *konkrete* Örtlichkeit handelt, die erst durch eine Aufladung mit einer tieferen, symbolischen Bedeutungsebene zu einem auf verschiedene Situationen übertragbaren Motiv wird.
15 Das „Motiv der Nacht" wird bspw. bei Kayser, 1960, 64-71, anhand seiner Verwendung in vier verschiedenen Gedichten analysiert.
16 Einige der hier angeführten Beispiele sind aus Frenzels Standardwerk *Motive der Weltliteratur* entnommen (Frenzel, 2008). Die von Wolpers, 2002, 85 f, auf Basis der Arbeit der Kommission für literaturwissenschaftliche Motiv- und Themenforschung vorgestellte „Klassifikation von Motiven" umfaßt 14 verschiedene Motivkategorien.
17 S. zu dieser Unterscheidung den Anfang von Kapitel 5.
18 Zu einer kritischen Würdigung der Verdienste für die Motivforschung durch die von Krohn und Aarne gegründete „finnische Schule" (vgl. Thompson, 1955-1958; Aarne/ Thompson, 1961;

folktale types werden dort unscharf als *self-sufficient narratives* definiert und können nach Uther aufgrund fließender Übergänge terminologisch von *motifs* nicht klar getrennt werden; zudem werden *motifs* so weit gefaßt, daß sie nicht nur bestimmte Konstellationen, Situationen, Figuren oder Elemente betreffen, sondern auch aus Kombinationen all dieser Faktoren bestehen können[19]. Entsprechend richtet sich die Klassifikation manchmal nach Eigennamen von Protagonisten wie z. B. bei den Typen „Cinderella and Peau d'Âne" (ATU Nr. 510), oder „Hansel and Gretel" (ATU Nr. 327A), manchmal nach einer Kombination von typischer Figur und typischer Situation wie etwa bei „The Princess in the Chest" (ATU Nr. 510B) oder „The Princess in the Coffin" (ATU Nr. 307), oder nach typischen Figuren und typischen Handlungen wie bei ATU Nr. 298 „The Contest of Wind and Sun", oder nur nach typischen Figuren wie z. B. bei „The Cannibal" (ATU Nr. 406), oder hauptsächlich nach typischen Vorgängen wie bspw. bei ATU Nr. 476: „Coal turns into Gold" oder bei ATU Nr. 535 „The Boy Adopted by Tigers (Animals)".

In der literaturwissenschaftlichen Narratologie gibt es Bestrebungen, einen so ausgeweiteten Motivbegriff auf eine „kleinste, elementare Einheit der Handlung" einzuschränken, und diesen Grundbaustein einer Handlung aufgrund der unscharfen Verwendung und der Mehrdeutigkeit des Motivbegriffs nunmehr als

---

zuletzt Uther, 2011) s. Lüthi, 2004, 70-79. Eine vergleichbare neuere Forschungsarbeit zur weltweiten Streuung von bestimmten Motiven (u. a. basierend auf bereits erarbeiteten Datenbanken) stammt von Berezkin u. a., 2016.

19 S. Uther, 2011, Bd. 1, 10. Zu Thompsons ausgeweiteten Motivbegriff s. bereits Lüthis (2004, 19) implizit kritisch-hinterfragende Bemerkung, daß bei Thompson „seltsamerweise auch bedeutsame Einzelzüge, Figuren, Requisiten zu den Motiven gezählt werden". Zu einer ausführlichen Würdigung und Kritik der Arbeit von Aarne und Thompson s. auch Dundes, 2007 (1962 bzw. 1997), 90-106; zur Kritik an der Unschärfe des Motiv-Begriffs vgl. ebd. 92: „If motifs can be actors, items, and incidents, then they are hardly units. They are not measures of a single quantity. ... In addition, the classes of motifs are not even mutually exclusive."

„Ereignis" zu bezeichnen[20]. Nun muß zum einen dieses „Ereignis" nicht zwingend in einer einzelnen, handlungstragenden Einheit bestehen[21], und zum anderen ist der Begriff „Ereignis" in der Erzählforschung bereits vorbelastet insofern, als er in der Regel – im Unterschied zu einem bloßen „Geschehnis" – für eine Handlungseinheit reserviert ist, die „als außergewöhnlich oder besonders folgenreich, also bemerkenswert eingeschätzt wird"[22]. In der einflußreichen Konzeption von Lotman etwa ist das „Ereignis" definiert als „Versetzung einer Figur über die Grenzen eines semantischen Feldes"[23], also als eine außergewöhnliche Grenz- bzw. Normüberschreitung[24], wobei die Einstufung eines Ereignisses als grenzüberschreitend inter- und selbst intrakulturell verschieden ausfallen kann[25].

---

20 So versteht Lotman, 1972, 330, unter „Ereignis" die „kleinste unzerlegbare Einheit des Sujetaufbaus"; mit „Sujet" ist bei Lotman der Stoff in der Anordnung der textlichen Konkretion gemeint (also im Sinn von *plot*; vgl. dazu Anm. 4 in Kapitel 3.1). Wenn Lotman sich bei seiner Definition des Begriffes „Ereignis" als „kleinste unzerlegbare Einheit des Sujetaufbaus" u. a. auf Tomaševskij bezieht, dann geht er damit an der eigentlichen Stoßrichtung der Tomaševskij'schen Terminologie vorbei; der Begriff „Ereignis" bleibt bei Tomaševskij relativ vage und zielt eher auf größere stoffliche Einheiten (vgl. Tomaševskij, 1985, 215: „Das Thema eines Werkes mit Fabel stellt ein mehr oder weniger einheitliches System von Ereignissen dar, die auseinander hervorgehen und miteinander verknüpft sind."), während er die kleinsten, nicht weiter zerlegbaren „thematischen Teile" eines Werkes nicht „Ereignisse", sondern „Motive" nennt, s. ebd. 218: „Das Thema eines nicht weiter zerlegbaren Werkteils wird als *Motiv* bezeichnet." Vgl. auch Martínez/ Scheffel, 2012, 111: „Das *Ereignis* oder *Motiv* ist die kleinste, elementare Einheit der Handlung", mit Anm. 1: „Wir verwenden 'Ereignis' und 'Motiv' bedeutungsgleich, bevorzugen aber die Bezeichnung 'Ereignis', um die Mehrdeutigkeit des Ausdrucks 'Motiv' zu vermeiden."
21 Vgl. Lotman, 1972, 333: „Ein und dasselbe invariante Konstrukt eines Ereignisses kann dabei auf verschiedenen Ebenen zur Entfaltung einer ganzen Reihe von Sujets dienen. Während es auf der höchsten Ebene nur ein Glied eines Sujets darstellt, kann es je nach der Ebene seiner Entfaltung im Text die Anzahl seiner Glieder variieren." Die von Lotman angeführten Beispiele zeigen dann auch im Konkreten, daß er bei „Ereignis" an komplexere Geschehensabläufe denkt (ein Ehepaar, das wegen unterschiedlicher Ansichten über die Bewertung abstrakter Kunst in Streit gerät, oder die Einmischung des Staates in Puschkins Privatangelegenheiten, s. ebd. 333 f).
22 S. Anz, 2007, 127; vgl. Schmid, 2007, 98 f.
23 Lotman, 1972, 332.
24 Vgl. Lotmans Bemerkung, die „Einhaltung der Norm" sei kein Ereignis in seinem Sinne (1972, 333); bzw. ebd. 334: „Ein Ereignis ist ein revolutionäres Element, das sich der geltenden Klassifizierung widersetzt."
25 Vgl. Lotman, 1972, 333 f; so liegt etwa im Fall des Paares, das sich über abstrakte Kunst streitet, für einen herbeigeholten Polizisten kein „anormaler" Tatbestand und damit kein „Ereignis" vor. „Für einen Psychologen, einen Moral-, Kultur- oder gar Kunsthistoriker dagegen wäre der angeführte Fall sehr wohl ein Ereignis" (ebd. 333). S. dazu auch die zusammenfassende Darstellung bei Schmid, 2007, 98-101, und ausführlich Martínez/ Scheffel, 2012, 156-160, wobei dort der

Soweit sich das weite Feld überhaupt überblicken läßt, kommt aus dem Bereich der strukturalen Narratologie der Versuch von Tomaševskij in seiner *Theorie der Literatur* (1925) am nächsten an das hier anvisierte Vorhaben, Stoffe in kleinste handlungstragende Einheiten zu unterteilen. Nach ihm liegt jedem Werk ein „Thema" zugrunde[26]: „Das Thema (das, worüber gesprochen wird) ist die Bedeutungseinheit der einzelnen Elemente der Werke. Man kann sowohl vom Thema eines ganzen Werkes wie auch von den Themen einzelner Teile sprechen." Es ist nun möglich, so Tomaševskij, ein Werk zu „zerlegen", indem man von der größten, alles umfassenden thematischen Einheit ausgeht und diese wiederum in kleinere und immer noch kleinere thematische Einheiten unterteilt[27]. Auf diese Weise gelangt man „schließlich zu *nicht weiter zerlegbaren Teilen*, zu allerkleinsten Bruchstücken thematischen Materials"[28]. Diese kleinsten thematischen Einheiten nennt Tomaševskij „Motive", wobei er sich explizit von dem Motivbegriff der vergleichenden Märchenforschung distanziert: seine „Motive" sind nicht weiter zerlegbar, wohingegen in der vergleichenden Märchenforschung Motive durchaus komplexere, weiter zerlegbare Gebilde darstellen. Als Beispiele für das, was er unter „Motiven" versteht, führt Tomaševskij zunächst folgende an: „Der Abend brach an", „Raskolnikov erschlug die Alte", „Der Held starb" und „Ein Brief traf ein".

Wäre es dabei geblieben, dann wäre man damit ziemlich nahe an den gesuchten „kleinsten handlungstragenden Einheiten" im oben definierten Sinn. Es findet sich bei Tomaševskij aber direkt im Anschluß an seine Motiv-Definition der Zusatz: „Eigentlich verfügt jeder Satz über ein eigenes Motiv." Das Wort „eigentlich" könnte darauf hinweisen, daß der mit dieser Aussage verbundene Verlust an begrifflicher Präzision dem Verfasser selbst bewußt gewesen sein mag, da auf diese Weise etwas *Thematisches* an etwas *Syntaktisches* gebunden wird. In den von Tomaševskij selbst angeführten Beispielen sind nun zwar kleinste thematische Einheiten in Form von so kurz wie möglich gehaltenen Aussage-Sätzen wiedergegeben, aber es gibt natürlich auch Sätze, die länger sind und mehrere „Motive" enthalten können. Vermutlich hätte Tomaševskij dies abgewehrt oder präzisiert, doch wurden in der Folge seine „Motive" z. T. mit „Sätzen" gleichgesetzt. So baut der Ereignis- bzw. Motivbegriff bei Martínez und Scheffel explizit

---

Eindruck entsteht, als seien bei Lotman „Ereignis" und „Sujet" dasselbe, was aber nur in Ausnahmefällen zutrifft; nach Lotman, 1972, 333, kann „das, was auf der Textebene einer Kultur *ein* Ereignis darstellt, in irgendeinem realen Text zum Sujet entfaltet sein".
26 Tomaševskij, 1985, 211.
27 Tomaševskij, 1985, 217: „Ein solches Isolieren von Teilen des Werkes, die durch eine je eigene thematische Einheit vereinigt werden, bezeichnen wir als Zerlegen eines Werkes."
28 S. zu diesem und den folgenden Zitaten Tomaševskij, 1985, 218.

auf Tomaševskij auf, wobei sie davon ausgehen, daß bei diesem „Motive offenbar eine propositionale Struktur haben und insofern (Behauptungs-)Sätzen analog sind"[29]. Ganz unabhängig von der Frage, ob diese Auslegung zutrifft oder nicht, kommt es dann bei den von Martínez und Scheffel angeführten Beispielen teilweise genau zu dem bereits angedeuteten Problem, daß in einem Satz durchaus mehrere „kleinste thematische Einheiten" stecken können. So führen sie etwa als Beispiel für ein (dynamisches) Motiv folgenden Satz aus Thomas Manns Novelle *Der Tod in Venedig* an[30]: „Aber wahrscheinlich waren Nahrungsmittel [von der Cholera] infiziert worden, Gemüse, Fleisch, oder Milch, denn geleugnet und vertuscht fraß das Sterben in der Enge der Gäßchen um sich, und die vorzeitig eingefallene Sommerhitze, welche das Wasser der Kanäle laulich erwärmte, war der Verbreitung besonders günstig." All die in diesem *einen* Satz enthaltenen Informationen und Vorgänge sind aber sicherlich nicht *ein* Motiv im Sinn einer nicht mehr weiter zerlegbaren thematischen Einheit[31].

Tatsächlich sind bei Tomaševskij „Motive" nicht, jedenfalls nicht nur, kleinste thematische Einheiten mit der propositionalen Struktur von Aussagesätzen. Bei der Behandlung der „kompositorischen Motivierung", also bei der Frage nach der künstlerischen Rechtfertigung des Einsatzes bestimmter Motive, wird deutlich, daß für Tomaševskij nicht nur „Handlungen der Personen", die er als „Episoden" bezeichnet, zu den „Motiven" zählen, sondern daß auch *Gegenstände* (Tomaševskij nennt sie auch „Requisiten") als solche kleinste thematische Einheiten angesehen werden können[32]. Entsprechend ist bei ihm im Folgenden verschiedentlich bspw. vom „Motiv der Waffen", vom „Motiv des Burgunders"[33] oder von den Motiven „Steppe", „Gewitter", oder „Wald" die Rede[34].

---

29 Martínez/ Scheffel, 2012, 111.
30 Martínez/ Scheffel, 2012, 112.
31 Vgl. ebd. als weiteres Beispiel den Satz: „Vor einem kleinen Gemüseladen kaufte er [d. i. Gustav Aschenbach] einige Früchte, Erdbeeren, überreife und weiche Ware, und aß im Gehen davon", der von Martínez/ Scheffel als *ein* „Ereignis" bzw. „Motiv" aufgefaßt wird, aber tatsächlich *zwei* kleinste, handlungstragende Einheiten beinhaltet („Gustav Aschenbach kauft überreife, weiche Erdbeeren" – „Gustav Aschenbach ißt Erdbeeren im Gehen").
32 Tomaševskij, 1985, 227: „Die einzelnen Motive können Gegenstände charakterisieren, die ins Blickfeld des Lesers gerückt werden (Requisiten), oder Handlungen der Personen ('Episoden')." Im Folgenden wird an Beispielen deutlich, daß nicht nur die *Vorgänge der Charakterisierung* von Gegenständen als „Motive" zählen (also beschreibende *Aussagen*), sondern bereits die *Gegenstände selbst*.
33 Tomaševskij, 1985, 228 bzw. 229.
34 Die letzten drei Beispiele bei Tomaševskij, 1985, 293. Ein „Motiv" kann offenbar auch in einer einzelnen Figur gesehen werden, wenn Tomaševskij bei seiner Analyse von Hauffs Märchen *Die*

Trotz der von Tomaševskij zuerst gegebenen Beispiele sind seine „Motive" also offenbar keine Sätze, sondern einerseits einzelne Aussagen über bestimmte Personenhandlungen, andererseits aber auch einzelne Elemente wie bestimmte Gegenstände oder Naturerscheinungen. Damit steht man erneut vor dem Problem einer Vermischung von *kleinsten handlungstragenden Einheiten* und *kleinsten stoffkonstituierenden Elementen*. Außerdem weicht Tomaševskij sein Kriterium, „Motive" seien die *kleinsten, nicht weiter zerlegbaren* thematischen Einheiten, selbst manchmal auf, wenn er bspw. die Entführung des Kindes eines Helden als „erstes Motiv" bezeichnet, als „zweites Motiv" dann aber die Verkettung all der folgenden thematischen Einheiten: „Es tritt eine Person auf, aus deren Biographie wir erfahren, daß sie von fremden Leuten aufgezogen wurde und ihre Eltern nicht kannte (zweites Motiv)"[35], oder wenn er die Auflösung im letzten Akt von Molières Komödie *L'avare*, bei der die handelnden Figuren erkennen, daß sie miteinander verwandt sind, insgesamt als *ein* Motiv bezeichnet[36]. Damit nähert sich der Motivbegriff bei Tomaševskij dann letztlich doch wieder dem von ihm abgewehrten, eher dehnbaren Motivbegriff der vergleichenden Märchenforschung an, was allein schon durch die etwas unglückliche Wahl desselben Begriffs („Motiv") begünstigt worden sein mag.

Die Frage nach einer geeigneten Bezeichnung für eine kleinste, handlungstragende Einheit einer Stoffvariante wird hier noch etwas zurückgestellt. Davor sollen erst noch strukturanalytische (bzw. formalistische) und strukturalistische Ansätze der Mythosforschung in den Blick genommen werden, da dadurch die zur Verfügung stehenden Termini um die Begriffe „Funktion" und „Mythem" erweitert werden.

5.2 Funktionen und Mytheme: Propp, Barthes und Lévi-Strauss

Schon näher an das hier anvisierte Vorhaben, eine Stoffvariante nicht nur nach ausgewählten, besonders bedeutenden und recht weit gefaßten „Motiven" im Sinne der Story- und Motivforschung bzw. der Märchenforschung zu analysieren, sondern sie insgesamt zu betrachten und in eine Sequenz verschiedener hand-

---

Geschichte von Kalif Storch von dem „Motiv des Krämers" und dem „Motiv Kaschnurs" spricht, die sich am Ende der Geschichte als identisch erweisen (Tomaševskij, 1985, 225).
35 Tomaševskij, 1985, 222.
36 Tomaševskij, 1985, 231.

lungstragender Einheiten aufzuteilen, kommen der formalistisch-strukturanalytische Ansatz von Propp, der u. a. von Barthes aufgegriffen und weiterentwickelt wurde, und der strukturalistische von Lévi-Strauss. Da beide Ansätze in kaum einer Abhandlung zur Mythostheorie fehlen, soll auf sie in gebotener Kürze und mit einer Konzentration darauf eingegangen werden, welche Folgerungen und Probleme sich aus diesen Ansätzen für eine hylistische Stoffanalyse ergeben.

Aufgrund eingehender Untersuchungen russischer Zaubermärchen hat Propp die zugrundeliegenden Stoffvarianten in bestimmte Einheiten unterteilt[37], die sich vor allem durch das Kriterium ihrer Funktionalität voneinander unterscheiden, und die von Propp entsprechend als „Funktionen" bezeichnet werden[38]: „Unter Funktion wird hier eine Aktion einer handelnden Person verstanden, die unter dem Aspekt ihrer Bedeutung für den Gang der Handlung definiert wird." Die „Funktionen" der handelnden Personen hält Propp dabei für „die wesentlichen Bestandteile" des Märchens. Daneben setzen sich Märchen aber auch noch aus anderen Konstituenten zusammen, die für Propp keine unmittelbare Funktion für den Fortgang der Handlung mehr haben wie z. B. die Art und Weise des Auftretens bestimmter Figuren oder rein „kopulative", verschiedene Handlungsstränge miteinander verbindende Einheiten[39]. Von den insgesamt von Propp herausdestillierten 31 Funktionen, aus denen der Typ des russischen Zaubermärchens aufgebaut ist, seien hier beispielhaft genannt „Der Held verläßt das Haus" (Nr. 11), „Der Held wird vor den Verfolgern gerettet" (Nr. 22), „Aufgabe wird gelöst" (Nr. 26), „Der Held wird erkannt" (Nr. 27), und als Abschluß Nr. 31 „Der Held vermählt sich und besteigt den Thron".

Ein hauptsächliches Problem bei der Propp'schen formalistisch-strukturalen Funktionsanalyse russischer Zaubermärchen liegt darin, daß die dort erzielten

---

[37] Propp, 1975 (1. Aufl. im russischen Original 1928). S. zu Propp bspw. die konzise Darstellung bei Csapo, 2005, 190-211.
[38] Propp, 1975, 27. Dundes, 2007 (1962), 96, schlägt später, auf Propp aufbauend und in Anlehnung an die Unterscheidung von Pike zwischen „emisch" und „etisch", dafür den Begriff „Motifem" (= „emic motif") vor: „In other words, Propp's function in Pike's scheme of analysis would be called a MOTIFEME."
[39] Propp, 1975, 95. Als Beispiele führt Propp das „Herbeifliegen des Drachen" oder die „Begegnung mit der Hexe" an. Weitere weitgehend „funktionslose" Elemente, aus denen sich nach Propp das Märchen konstituiert, sind „Kopulas und Motivierungen" sowie „attributive Elemente oder Beifügungen" (ebd.). Ähnlich unterscheidet auch Tomaševskij, 1985, 219, „verknüpfte" und „freie" Motive und führt eine Wertung ein: „Für die Fabel sind nur verknüpfte Motive von Bedeutung".

Ergebnisse nicht leicht verallgemeinerbar sind[40]. Propp beschränkt sich bei seinen Untersuchungen auf einen relativ klar umrissenen Subtypus einer bestimmten literarischen Gattung, so daß die enge Auswahl der untersuchten Texte eine günstige Ausgangsbasis für eine Entdeckung der in diesen engen Grenzen geltenden Gesetzmäßigkeiten sind. Die hier gewonnenen Ergebnisse lassen sich vor allem deswegen nur schwer auf andere Gebiete wie z. B. auf die Erforschung mythischer Stoffe übertragen, weil es bei der Vielfalt und Verschiedenartigkeit mythischer Stoffe, die zudem an keine Gattungskonventionen gebunden sind, von vornherein kaum möglich sein dürfte, bspw. rein kopulative und damit funktionslose Handlungsschritte von solchen zu unterscheiden, die für den Fortgang der Handlung eine unabdingbar wichtige Funktion haben. Für eine Analyse von (mythischen) Stoffen ist es wichtig, nicht schon bei der rein analytischen Zerlegung einer Stoffvariante eine Wertung mit einzubringen, die darüber entscheidet, ob eine bestimmte Stoffeinheit nun eine wichtige Funktion erfüllt oder nicht[41].

Für Propp zählen nur funktional die Handlung weiter voranbringende Einheiten, und damit hängt auch zusammen, daß er nicht *kleinste* handlungstragende Einheiten als „Funktionen" definiert, sondern unter Umständen mehrere solche Einheiten *einer* Funktion zuordnet. Wenn er als 6. Funktion „Der Gegenspieler versucht, sein Opfer zu überlisten, um sich seiner selbst oder seines Besitzes zu bemächtigen" oder als Nr. 26 „Aufgabe wird gelöst" anführt, dann sind dies funktionale Bestimmungen, die sich je nach dem auf *einen* oder auch auf *mehrere* Handlungsschritte verteilen können.

Barthes hat Propps Funktionsbegriff aufgenommen, auf die Analyse jedweder Art von „Erzählung" ausgeweitet und verfeinert[42]. Für Barthes stellen die Funktionen die „kleinsten Erzähleinheiten" dar[43], die sich nicht nach formalen Kriterien bestimmen lassen, sondern nur anhand des Sinns und Zwecks, den sie

---

40 Vgl. zu dieser Kritik Csapo, 2005, 201. Zu einer ebenfalls kritischen Abgrenzung der literaturwissenschaftlichen Motivforschung von den Funktionsanalysen Propps s. Wolpers, 2002, 58 f.
41 Zu einer ausführlichen Kritik an Propp s. auch Grazzini, 1999, 19-80, die u. a. die Problematik herausstellt, daß „Funktionen" in Propps Sinn nicht einfach objektiv gegeben sind, sondern nur in Abhängigkeit von den Perspektiven der jeweils handelnden Figuren näher bestimmt werden können und daher sehr unterschiedlich ausfallen können.
42 S. dazu v. a. den Aufsatz *Einführung in die strukturale Analyse von Erzählungen* in Barthes, 1988, 102-143.
43 Barthes, 1988, 109.

innerhalb einer Erzählung haben[44]. Im Gegensatz zu Propp läßt Barthes keine „funktionslosen" Einheiten mehr zu: *alles* Erzählte ist „per definitionem erwähnenswert" und hat damit eine Funktion[45]. Wenn auch alles Funktion ist und keine Funktion *per se* funktionslos sein kann, so gibt es doch Abstufungen in der Wichtigkeit und verschiedene Arten von Funktionen. Barthes unterscheidet „Kardinalfunktionen" (bzw. „Kerne") und „Katalysen", wobei die Kardinalfunktionen die wichtigeren sind. Zur „Kardinalfunktion" wird eine Funktion dadurch, „daß die Handlung, auf die sie sich bezieht, eine für den Fortgang der Geschichte folgentragende Alternative eröffnet (aufrechterhält oder beschließt), kurz, daß sie eine Ungewißheit begründet oder beseitigt". Katalysen hingegen sind eher „Zusatznotationen"[46].

Während eine erste Klasse von Funktionen im engeren Sinn, die Kerne und die Katalysen, auf einer syntagmatischen Ebene der Erzählung anzusiedeln sind, bedient eine zweite Klasse von Funktionen in einem weiteren Sinn, die Barthes „Indizien" nennt, eher die vertikale Achse und bezieht sich daher auf eine paradigmatische Ebene der Erzählung insgesamt[47]: Barthes unterteilt diese zweite Klasse von Funktionen, die „Indizien", in „*Indizien im engeren Sinn ...*, die auf einen Charakter, ein Gefühl, eine Atmosphäre (etwa des Verdachts) oder eine Philosophie verweisen" und in „*Informanten*, die zum Erkennen und Zurechtfinden in Raum und Zeit dienen"[48].

---

[44] Barthes, 1988, 109: „Der Sinn muß von vornherein das Kriterium der Einheit bilden: zu Einheiten werden sie [sc. die Funktionen] durch den funktionalen Charakter gewisser Segmente der Geschichte ..."

[45] Vgl. Barthes, 1988, 109: Mag etwas auch noch so „bedeutungslos erscheinen und sich hartnäckig gegen jede Funktion sperren, so erhielte es letztendlich dennoch die Bedeutung des Absurden oder des Nutzlosen: entweder ist alles sinnvoll oder nichts". Vgl. ähnlich bereits Tomaševskij, 1985, 227 (mit Verweis auf Tschechows radikales Beispiel vom Nagel in der Wand am Anfang einer Erzählung, an dem sich am Ende der Held aufhängen muß): „Nicht ein Requisit darf in der Fabel ungenutzt, nicht eine Episode ohne Einfluß auf die Situation der Fabel bleiben."

[46] Barthes, 1988, 113 f: „Die Kardinalfunktionen sind die Risikomomente der Erzählung; zwischen diesen Alternativpunkten, diesen *dispatchers*, legen die Katalysen Sicherheitszonen, Ruhepausen, Luxus an: dieser 'Luxus' ist jedoch nicht überflüssig: vom Standpunkt der Geschichte, das muß betont werden, kann die Funktionalität einer Katalyse gering, aber keineswegs null sein ..." Die Unterscheidung findet sich von der Sache her bereits bei Tomaševskij, den Barthes hier nicht zitiert, obwohl er an anderer Stelle auf ihn verweist (Barthes, 1988, 138, Anm. 18); Tomaševskij, 1985, 219 unterscheidet terminologisch zwischen „verknüpften Motiven" und „freien Motiven".

[47] Vgl. dazu Barthes, 1988, 112. Es kann auch zu Mischformen von Funktionen kommen; s. ebd. 115.

[48] Barthes, 1988, 114.

Am weitesten entfernt von der hier anvisierten Analyse von Stoffvarianten nach ihren kleinsten handlungstragenden Einheiten ist Barthes' zweite Klasse von „Funktionen", welche die „Indizien" und „Informanten" umfaßt, da sich diese Funktionen nicht eigentlich auf den Fortgang der Handlung beziehen, sondern es sich bei ihnen allgemein um „Hinweise auf den Charakter der Protagonisten, Informationen über ihre Identität, Anmerkungen zur 'Atmosphäre' usw." in jeder erdenklichen Form handelt. So stellt bei Barthes' Beispiel von James Bond, der „in seinem Büro in der Spionageabwehr Bereitschaftsdienst hat und nach dem Klingeln des Telefons '*einen der vier Hörer abhebt*'" allein die Zahl Vier „eine funktionelle Einheit" dar[49], da durch die Zahl der Telefonapparate „die Verwaltungsmacht, die hinter Bond steht ... indexiert wird"[50]. Die Zahl Vier ist nun zwar ein kleinstes stoffkonstituierendes Element, dem man eine bestimmte Funktion zuweisen kann, aber sie ist keine kleinste handlungstragende Einheit im hier anvisierten Sinn.

Schon eher lassen sich Barthes' „Kerne" und „Katalysen" der ersten Funktionsklasse mit dem hier geplanten Vorhaben in Zusammenhang bringen, den Handlungsverlauf eines Stoffes in einzelne kleinste Handlungsschritte zu unterteilen. Unbeschadet des Gewinns, der in der Differenzierung von „kardinalen" und „katalytischen" Funktionen und in einer solchermaßen verfeinerten narratologischen Analyse liegen kann, unterscheidet sich auch in Hinblick auf diese Funktionsklasse Barthes' Vorstellung von „kleinsten Erzähleinheiten", auch wenn es fallweise zu Überschneidungen kommen kann, dennoch deutlich von den hier gesuchten „kleinsten handlungstragenden Einheiten", weil Barthes ausschließlich auf die funktionale Bedeutung dieser Einheiten abhebt; mit diesem Kriterium steht oder fällt die Entscheidung, ob und inwiefern etwas als „kleinste Erzähleinheit" gelten darf oder nicht. Hier aber geht es nicht um die funktionale Analyse von kleinsten Stoffeinheiten, sondern um diese kleinsten Stoffeinheiten selbst, die nicht funktionsorientiert, sondern am stofflichen Handlungsverlauf orientiert bestimmt werden sollen. Im Gegensatz zu einer funktionsanalytischen Herangehensweise sollen die Fragen, welche Funktionen und welchen Grad funktionaler Wichtigkeit einzelne Einheiten im Stoff haben (ob sie also bspw. eine „kardinale" oder nur eine „katalytische" Funktion aufweisen) und ob handlungstragende Einheiten nur eine Funktion oder mehrere Funktionen haben, und wenn ja, welche, weiteren Schritten bzw. einer sich anschließenden Deutung vor-

---

49 Barthes, 1988, 110.
50 Barthes, 1988, 112.

behalten bleiben. Die Identifikation von kleinsten handlungstragenden Stoffeinheiten aber soll noch *vor* einer Funktionsanalyse stehen bzw. von dieser entkoppelt vorgenommen werden.

Einen ganz anders gelagerten Ansatz verfolgt Lévi-Strauss[51]. Seine seitdem oft zitierte strukturalistische Analyse des Oidipus-Mythos[52] wurde von ihm selbst als nicht besonders gelehrt eingestuft, sondern eher als das Produkt eines „Straßenhändlers", der versucht, „so rasch wie möglich das Funktionieren des kleinen Geräts zu erklären, das er den Gaffern zu verkaufen versucht"[53]. Ob diese Bemerkung nun ernst gemeint oder nur eine berechnende oder apologetische Bescheidenheits-Attitüde des Gelehrten war, in der Forschung jedenfalls wurde sie nicht ernst genommen – sein „kleines Gerät" zur Erklärung der in den Mythen steckenden tieferen Bedeutungszusammenhänge hingegen um so mehr[54].

Unter der Voraussetzung, daß mythische Stoffe analog zur Sprache Bedeutungsträger sind, daß aber die Erzähloberfläche der Stoffe ähnlich wie die Wortoberfläche der Sprache nicht gleichzusetzen ist mit den dahinterstehenden Bedeutungen, also der semantischen Ebene, sucht Lévi-Strauss bei seinen Analysen mythischer Stoffe nach bestimmten konstitutiven Einheiten, die sich nicht so

---

[51] S. Lévi-Strauss, 1955, und 1964-1971. Der Muttersprache des Autors entsprechend werden im Folgenden bei Bezugnahmen auf den richtungsweisenden Artikel *The Structural Study of Myth* von 1955 originalsprachige Ausdrücke in Klammern nicht nach der englischen Erstpublikation zitiert, sondern nach der französischen, ergänzten und überarbeiteten Fassung (Lévi-Strauss, 1958, 227-255: *La structure des mythes*). Vgl. zur Darstellung des Ansatzes von Lévi-Strauss bspw. Hübner, 1985, 66-71 und 88 f (kritisch); eine kurze Darstellung und kritische Würdigung bei Graf, 1985, 47-52; ausführlicher und mit Diskussion von Beispielen Csapo, 2005, 209-245; kompakt Wodianka, 2014, 315 f.

[52] Literaturhinweise zu Oidipus bei Reinhardt, 2011, 132 f, Anm. 562, und Reinhardt, 2016, 24.

[53] Teilübersetzung von Lévi-Strauss, 1958, 235: „La « démonstration » doit donc s'entendre, non pas au sens que le savant donne à ce terme, mais tout au plus le camelot : non pas obtenir un résultat, mais expliquer, aussi rapidement que possible, le fonctionnement de la petite machine qu'il essaye de vendre aux badauds." Der Passus findet sich noch nicht in der Erstveröffentlichung von 1955. In der deutschen Übersetzung der *Anthropologie Structurale* (1958) von Hans Naumann (Frankfurt 1967, 234) ist etwas zu pejorisierend von einem „Marktschreier" die Rede, der im Sinn hat, „so rasch wie möglich das Funktionieren der kleinen Maschine zu erklären, die er den Dummköpfen zu verhökern versucht".

[54] Anknüpfend an Lévi-Strauss werden v. a. von französischen Forschern, etwa von Vernant (u. a. 1982, 1987, 1995), Detienne (1981) und Dumézil (1989) vor allem griechische, im Fall von Dumézil aber auch übergreifend indoeuropäische Mythen unter strukturalistischen Gesichtspunkten untersucht.

sehr wie bei Propp oder Barthes nach funktionalen als vielmehr nach semantischen Kriterien zusammenfassen und näher bestimmen lassen[55]. Für diese konstitutiven, bedeutungstragenden Einheiten, „aus denen der Mythos letztlich besteht", prägt Lévi-Strauss den Begriff „Mytheme" (*grosses unités constitutives ou mythèmes*)[56].

Hier begegnen sofort zwei grundsätzliche Schwierigkeiten: Was versteht Lévi-Strauss unter „dem" Mythos, der zu analysieren ist? Und wo setzt man die Stoffgrenzen an, wo beginnt ein Stoff, wo endet er? Um mit dem zuerst genannten Problem zu beginnen: Obgleich Lévi-Strauss betont, daß eine strukturalistische Mytheninterpretation alle Varianten eines mythischen Stoffes „mit dem gleichen Ernst betrachten" muß[57], sieht es bei seinem konkreten Beispiel, der Analyse „des" Oidipus-Mythos, ganz so aus, als ob dieser Zugang nicht zu einer Differenzierung verschiedener Sinnebenen, also zu einem Ernst-Nehmen der Verschiedenheiten, sondern im Gegenteil zu einer Art Bestätigung einer grundsätzlich hinter allen Varianten angenommenen, gemeinsamen und gleichbleibenden Sinnstruktur führt. Varianten, die z. B. durch das Fehlen bestimmter einzelner Elemente charakterisiert sind, „verändern die Struktur *des* Mythos nicht", und „Zusätze tragen nur dazu bei, *den* Mythos zu verdeutlichen"[58]. Trotz der Verschiedenheit der Varianten kann Lévi-Strauss auf diese Weise also eine Vulgata des Stoffes erstellen, da die Unterschiede im Einzelnen für ihn nicht wirklich ins Gewicht fallen. Welche Probleme sich hinsichtlich der Erstellung einer Stoff-Vulgata ergeben, wurde bereits ausgeführt[59]; auf die grundsätzliche Problematik der

---

[55] Einen ähnlichen Ansatz verfolgt jüngst Frog, 2015, 38, der mit den von ihm so genannten „integers of mythology" einheitliche bedeutungstragende Elemente (nicht nur von Erzählstoffen) zu isolieren und innerhalb einer „symbolic matrix", dem Symbolsystem einer Mythologie zu situieren versucht: „An *integer of mythology* is considered a meaningful, unitary element that can be distinguished from other elements. ... it can be considered as a symbol: it is a type of sign that can be recognized as signifying something. This may be the image of a god, a narrative motif or even a complex story. ... mythology is here considered to be more than just stories; it is made up of all sorts of symbolic integers and the conventions for their combination. All of these together form a symbolic matrix." Frog geht es nicht primär um *Mythen*, sondern um *Mythologien*, verstanden als komplexe und in sich durchaus uneinheitliche Symbolsysteme, die sich aus verschiedenen „symbolic integers" zusammensetzen, unter denen mythische Stoffe nur einen Teilbereich ausmachen.
[56] S. Lévi-Strauss bei Barner et al., 2003, 64 (bzw. 1958, 233).
[57] S. Lévi-Strauss bei Barner et al., 2003, 71.
[58] S. Lévi-Strauss bei Barner et al., 2003, 70 und 71 (Kursivierungen C. Zgoll); vgl. Lévi-Strauss, 1958, 240: „... ces motifs [sc. absents] n'altèrent pas la structure du mythe ... Ces accrétions contribuent seulement à expliciter le mythe ..."
[59] S. Kapitel 4.4.

postulierten Relationalität aller Elemente jeglicher Varianten eines mythischen Stoffes soll später noch ausführlicher eingegangen werden[60].

Schwierigkeiten eigener Art wirft auch die zweite, oben genannte Frage auf, nämlich die nach den Stoffgrenzen. Selbst wenn man die Erstellung einer Stoff-Vulgata „des" Oidipus-Mythos für unproblematisch hält, bleibt immer noch die Frage, wo der Anfang und wo das Ende eines solchen Stoffes anzusetzen ist. Ist die Erzählung von der Geburt und Aussetzung des kleinen Oidipus und die Erzählung von der Lösung des Rätsels der Sphinx durch den erwachsenen Oidipus ein zusammenhängendes Ganzes, also *ein* Mythos, oder handelt es sich um zwei verschiedene mythische Stoffe? Es ist später auf diese Problematik noch ausführlicher zu sprechen zu kommen[61]. Hier soll nur angemerkt werden, daß Lévi-Strauss bei seiner Analyse „des" Oidipus-Mythos noch viel radikaler verfährt, denn er beginnt bei der Suche des Kadmos nach seiner von Zeus entführten Schwester Europa (Kadmos ist der Ur-ur-Großvater von Oidipus) und endet bei der Bestattung des Oidipus-Sohnes Polyneikes durch dessen Schwester Antigone – all das zählt für ihn zu „dem" Oidipus-Mythos.

Gesetzt den Fall, man erklärt das Verfahren der Erstellung einer Stoff-Vulgata für unbedenklich und konzediert einen weiten Spielraum bei der Frage, wo ein mythischer Stoff beginnt und wo er endet, dann könnte man auf den ersten Blick zu der Auffassung gelangen, daß die Aufteilung einer solchen Stoff-Vulgata in einzelne „Mytheme" bei Lévi-Strauss im Wesentlichen der hier in dieser Arbeit anvisierten Unterteilung einer Stoffvariante in kleinste handlungstragende Einheiten entspricht. Um zu den Mythemen zu gelangen, kommt Lévi-Strauss nämlich auf eine Technik zu sprechen, die dem hier zugrundeliegenden Anliegen einer Suche nach kleinsten handlungstragenden Einheiten ausgesprochen ähnlich sieht. Er schlägt vor, jeden Mythos zunächst einmal so zu analysieren, daß „man die Reihenfolge der Ereignisse in möglichst kurzen Sätzen wiedergibt"[62].

Von der Betrachtung dieser Technik ausgehend hat sich im Umgang mit dem Mythembegriff teilweise ein folgenschweres Mißverständnis eingeschlichen, nämlich die Auffassung, diese „möglichst kurzen Sätze" seien nun das, was Lévi-Strauss unter „Mythemen" versteht[63]. Eine solche Auffassung geht aber am Spezifischen des Mythembegriffs vorbei, das darin liegt, daß es sich bei Mythemen

---

60 S. Kapitel 15.4.1.
61 S. dazu des Näheren die Ausführungen in Kapitel 8.4.
62 S. Lévi-Strauss bei Barner et al., 2003, 65. Vgl. Lévi-Strauss, 1958, 233: „chaque mythe est analysé indépendamment, en cherchant à traduire la succession des événements au moyen des phrases les plus courtes possibles."
63 Ein solches Mißverständnis des Mythembegriffs von Lévi-Strauss, obwohl explizit auf ihn zurückgreifend, bspw. bei Witzel, 2012, 7 f („individual smaller items and units that make up a

gerade nicht um einzelne Sätze handelt, die Lévi-Strauss auch „Beziehungen" (*relations*) nennt[64], sondern um größere und tiefergreifende Sinnstrukturen, um *„große* konstitutive Einheiten" (*grosses unités constitutives*), die von all den Elementen, aus denen ein Mythos aufgebaut ist, „die komplexesten" sind[65]. Die Zerlegung eines Mythos in seine syntagmatische Struktur, in einzelne Sätze bzw. „Beziehungen", führt daher nicht zu Mythemen, sondern sie gehört lediglich zu einem „vorbereitenden Stadium der Untersuchung"[66]. Die anvisierten Mytheme, zu denen die Zerlegung in Sätze nur hinführt, sind gerade nicht einzelne kleinste handlungstragende Einheiten bzw. Sätze oder „Beziehungen" (*relations*), sondern tieferliegende Sinnstrukturen, die erst durch die Zusammenführung einzelner Sätze bzw. einzelner „Beziehungen" erkennbar werden[67]. Lévi-Strauss weist explizit darauf hin, daß Mytheme, „die wirklichen konstitutiven Einheiten des Mythos", „keine isolierten Beziehungen sind, sondern *Beziehungsbündel*"[68].

Jede Analyse, die einen einzelnen Satz wie bspw. „Kadmos tötet den Drachen des Ares" als ein „Mythem" bezeichnet, geht somit am Eigentlichen des von Lévi-Strauss eingeführten Mythembegriffs vorbei; ein solcher Satz kann nicht selbst ein Mythem sein, sondern nur zu einem Mythem *führen*, und zwar erst dann, wenn er mit anderen Sätzen kombiniert wird und dieser Kombination eine hinter der Oberfläche der einzelnen Sätze liegende Bedeutung zugesprochen wird[69].

---

myth", mit Beispielen aus dem biblischen Schöpfungsbericht: „the mythemes of human origin from clay, the insertion of breath or spirit, the creation of the first woman from the man's rib" etc.). Vgl. auch Turk 2003, 336: *„Mytheme*: selbstständige, kleinste Ereignis-, Erzähl- oder Handlungseinheiten".

64 S. Lévi-Strauss bei Barner et al., 2003, 65; vgl. 1958, 233 (*relations*). An anderer Stelle redet Lévi-Strauss mit Blick auf solche einzelnen Sätze auch von „Motiven" (*motifs*), s. Lévi-Strauss bei Barner et al., 2003, 70 (unproblematisch sei „das Fehlen gewisser Motive ...", etwa der Selbstmord der Jokaste und die eigenhändige Blendung des Ödipus", denn „diese Motive verändern die Struktur des Mythos nicht ...") bzw. 1958, 240.

65 S. Lévi-Strauss bei Barner et al., 2003, 64 (Kursivierung C. Zgoll); vgl. Lévi-Strauss, 1958, 233: „nous appellerons les éléments qui relèvent en propre du mythe (et qui sont les plus complexes de tous) : grosses unités constitutives."

66 S. Lévi-Strauss bei Barner et al., 2003, 64.

67 Vgl. Wodianka, 2014, 315: „Unter Mythemen versteht er [sc. Lévi-Strauss] Beziehungsbündel, die durchaus auch in sich widersprüchliche semantische Einheiten umfassen – insofern ist der Begriff 'Mythem' nicht mit einem Plot-Element zu verwechseln, dessen Struktur eindimensional, nicht wie das Mythem zweidimensional gedacht ist."

68 S. Lévi-Strauss bei Barner et al., 2003, 65. Vgl. Lévi-Strauss, 1958, 233 f: „Nous posons, en effet, que les véritables unités constitutives du mythe ne sont pas les relations isolées, mais des *paquets de relations* ..." (Kursivierungen jeweils im Original).

69 S. Lévi-Strauss bei Barner et al., 2003, 65: Isolierte Sätze bzw. „Beziehungen" erlangen „nur in Form von Kombinationen solcher Bündel eine Bedeutungsfunktion". Vgl. Barthes, 1988, 107:

Verkompliziert wird die Angelegenheit nicht nur dadurch, daß sich die Bedeutung eines Mythems erst aus dem Zusammenspiel und der Art der Kombination mehrerer Sätze ergibt und einen Interpretationsakt erforderlich macht, sondern auch deshalb, weil die einzelnen für eine Kombination in Frage kommenden Sätze rein von der Stoffchronologie her weit voneinander entfernt stehen dürfen[70], und weil nach Lévi-Strauss darüber hinaus zu „bedeutungstragenden" Elementen nicht nur Handlungen, sondern auch anderes wie z. B. Eigennamen zählen können. Wie bei der Analyse „des" Oidipus-Mythos deutlich wird, erhält außerdem ein Mythem, also ein Bündel von Sätzen (oder anderen bedeutungstragenden Elementen), seine eigentliche und tiefere „Bedeutungsfunktion" innerhalb eines Mythos erst durch eine (meist antithetische) Verbindung mit anderen Mythemen bzw. Beziehungsbündeln[71].

So versucht Lévi-Strauss bspw. mit Bezug auf die mit Oidipus assoziierten mythischen Stoffe die Eigennamen Labdakos, Laios und Oidipus mit den Eigenschaften „hinkend", „linkisch" und „mit geschwollenem Fuß" und damit mit der „Schwierigkeit, aufrecht zu gehen" in Verbindung zu bringen[72], dann dieses „Beziehungsbündel" aus Eigennamen als Mythem dahingehend zu deuten, daß es auf die „Beständigkeit der menschlichen Autochthonie" hinweise, weil in verschiedenen Mythen verschiedener Völker erdgeborene Menschen nach ihrer „Geburt" als (noch) unbeholfene Geher beschrieben würden (nicht allerdings bei den Griechen[73]), und dann dieses Mythem der „Beständigkeit der menschlichen Autochthonie" auf ähnlich komplizierte Weise in eine antithetische Relation zu set-

---

„Heute hat Lévi-Strauss in seiner Analyse der Struktur des Mythos ... deutlich gemacht, daß die grundlegenden Einheiten des mythischen Diskurses (Mytheme) nur deshalb Bedeutung erhalten, weil sie gebündelt sind und diese Bündel kombiniert werden".
70 S. Lévi-Strauss bei Barner et al., 2003, 65.
71 S. Lévi-Strauss bei Barner et al., 2003, 68-70.
72 Vgl. den bereits bei Bremmer referierten Einwand, 1987b, 42 (mit Anm. 3), daß der Eigenname „Laios" (Λάϊος, kontrahiert Λᾶος, also kein Diphthong αι und mit langem ᾱ) im Griechischen nichts mit dem Adjektiv „links" (λαιός) oder gar mit der Bedeutung „linkisch" zu tun hat. Entsprechend findet sich auch bei Beekes, 2010, Bd. 1, 824 f, unter dem Lemma λαιός kein Verweis auf irgendeine sprachwissenschaftliche Verbindung zum Eigennamen Λάϊος. Diesen Einwand hat Lévi-Strauss allerdings vorausschauend dadurch weitgehend entkräftet, daß er auf den Sonderstatus von Eigennamen und darauf verweist, daß es hier nicht um die sprachwissenschaftliche (etische) Perspektive geht, sondern um (emische) „hypothetische Bedeutungen" (s. Lévi-Strauss bei Barner et al., 2003, 68 f).
73 Zu einem „Rettungsversuch" der strukturalistischen Oidipus-Interpretation von Lévi-Strauss durch Vernant s. ausführlicher die zusammenfassende Darstellung bei Scheid/ Svenbro, 2017, 21-25.

zen zu Sätzen, die zu einem Mythem gebündelt auf eine „Verneinung der Autochthonie des Menschen" hinausliefen wie die Tötung des Drachen durch Kadmos und die Tötung der Sphinx durch Oidipus[74]. Letzteres erscheint besonders schwer nachvollziehbar, da zwar freilich, wie Lévi-Strauss vermerkt, Drache wie Sphinx menschenfeindliche Wesen sind, die überwunden werden; aber ihre Tötung, besonders die Tötung des Drachen, ist ja in den verschiedenen Stoffvarianten in der Regel gerade erst die *Voraussetzung* für die Autochthonie der Menschen, die aus den ausgesäten Zähnen des erlegten Drachen entstehen, so daß hier eher von einer *Bejahung* als Verneinung der Autochthonie des Menschen ausgegangen werden müßte.

Beide Ansätze, sowohl der von Propp und Barthes wie der von Lévi-Strauss, bringen jeweils spezifische Probleme mit sich, die aber auf eine gemeinsame, grundlegende Problematik formalistisch-strukturanalytischer wie strukturalistischer Denkmodelle zurückgeführt werden können. Diese besteht darin, daß sowohl Propp und Barthes wie Lévi-Strauss bei der analytischen Zerlegung von Stoffen primär funktionale bzw. inhaltliche Kriterien in Anschlag bringen, was die Möglichkeit der allgemeinen Anwendung dieser Ansätze maßgeblich erschwert. Eine funktionale Zuordnung einzelner Stoffeinheiten mag bei dem einigermaßen fest umreißbaren Typus des russischen Zaubermärchens in vielen Fällen möglich sein, aber bei der Vielfalt und Verschiedenheit mythischer Stoffe lassen sich für die Interpretation der Funktion einzelner Stoffeinheiten weit weniger Anhaltspunkte finden, so daß solche Funktions-Zuweisungen im jeweiligen Fall mit zu vielen Unsicherheiten belastet sind[75]. Eine strukturale Funktionsanalyse wie bei Barthes zielt auf die Identifikation einzelner Funktionseinheiten innerhalb einer Erzählung, nicht einzelner Handlungsschritte, und nimmt daher gewissermaßen den übernächsten Schritt in den Blick, bevor der nächste Schritt, die Identifikation der einzelnen Handlungsschritte, getan ist.

Als noch problematischer erweist sich die Mythemanalyse bei Lévi-Strauss, denn das Herauspräparieren bedeutungstragender Elemente setzt die keineswegs unproblematische Interpretation einzelner Einheiten und Elemente als bedeutungsvoll voraus; zudem bleiben die Kriterien für eine solche Zuweisung vage. Darüber hinaus ergibt sich die Bedeutsamkeit einzelner Elemente bzw. „Beziehungen" eines mythischen Stoffes bei Lévi-Strauss überhaupt erst nach der Zusammenfassung verschiedener Beziehungen zu einem Bündel (= Mythem) und darüber hinaus aus dem Zusammenspiel aufeinander bezogener Beziehungsbün-

---

[74] S. Lévi-Strauss bei Barner et al., 2003, 67-70.
[75] Diese Problematik benennt klar Csapo, 2005, 199.

del bzw. Mytheme, wobei Änderungen in der Zuordnung der relationalen Beziehungen auch zu Änderungen der jeweiligen Bedeutsamkeit führen können, was die Angelegenheit noch unwägbarer macht. Das Aufspüren dialektischer, sich aufhebender semantischer Bezüge zwischen „Beziehungsbündeln" (Mythemen) nach Lévi-Strauss'scher Manier ist in jedem Fall äußerst voraussetzungsreich und damit keine formale Zerlegung eines Stoffes in seine Handlungsstruktur, sondern bereits ein von einer bestimmten Theorie geleiteter Interpretationsvorgang[76], der in dieser Form kaum generalisierbar ist. Auf die Problematik, die bereits grundsätzlich in dem Postulat einer sinnvollen, auf einen einheitlichen Deuthorizont beziehbaren Relationalität prinzipiell aller Elemente einer Stoffvariante oder gar eines mythischen Stoffes insgesamt liegt, soll später noch eingegangen werden[77].

Im Gegensatz zu den nicht unproblematischen, bereits weitere hermeneutische Schritte voraussetzenden strukturanalytischen bzw. strukturalistischen Funktions- und Bedeutungszuweisungen ist die hier anvisierte Stoffanalyse zunächst einmal nur ein Hilfsmittel, um sich den hinter verschiedenen medialen Konkretionen liegenden Stoffvarianten anzunähern bzw. diese aus ihren jeweiligen medialen Konkretionen zu extrahieren und den Stoffverlauf zu rekonstruieren. Allerdings ist dieses Hilfsmittel unverzichtbar, wenn man zum stofflichen Substrat vordringen will, und wenn es darum gehen soll, nicht *Texte* oder *Bilder* oder andere mediale Konkretionen von Stoffen, sondern tatsächlich die *Stoffe* (in ihren jeweiligen Varianten) zu analysieren und zu interpretieren. Dabei gilt die Suche nicht ausgewählten oder allen *funktionstragenden* Einheiten eines Stoffes wie bei Propp bzw. Barthes, und auch nicht ausgewählten und *gebündelten bedeutungstragenden* Einheiten oder Elementen eines Stoffes wie bei Lévi-Strauss, sondern den *kleinsten handlungstragenden* Einheiten einer Stoffvariante, und zwar nicht nur ausgewählten, sondern allen, und unabhängig von ihrer Funktion oder Bedeutung.

---

[76] Vgl. Csapo, 2005, 245: „Lévi-Strauss is summarizing, not telling, and what appears in the summary is at least in large part predetermined by what will fit into the columns." Zur Kritik am strukturalistischen Ansatz s. auch Masciadri, 2008, 368 f; eine ausführliche Darstellung und Kritik an Lévi-Strauss bei Grazzini, 1999, 81-165 (zur Problematik der Subjektivität des Interpretationsvorgangs ebd. 149-155).
[77] S. Kapitel 15.4.1.

5.3 Hyleme: Kleinste handlungstragende Stoffbausteine

Als Bezeichnung für kleinste handlungstragende Einheiten, aus denen jede konkret vorliegende Variante eines Stoffes aufgebaut ist, kann von den strukturanalytischen bzw. strukturalistischen Termini der „Funktion" und des „Mythems" keiner in seiner jeweiligen, von Propp bzw. Barthes und Lévi-Strauss geprägten Bedeutung übernommen werden. Man müßte allenfalls eine Begriffs-Umdeutung vornehmen, indem man festsetzt, daß fortan bspw. unter „Mythem" nicht mehr im Lévi-Strauss'schen Sinne „nur in gebündelter Form und in ihren (v. a. antithetischen) Relationen zueinander jeweils unterschiedliche Bedeutungen annehmende Sinneinheiten", sondern „kleinste handlungstragende Einheiten" verstanden werden. Die Verwendung des Mythembegriffs in abgeänderter Form wäre zwar insofern legitim, als in der Forschung bereits gelegentlich ein – allerdings nur selten explizit-reflektiertes – Abrücken vom Mythem-Verständnis in der speziellen Lévi-Strauss'schen Bedeutung beobachtet werden kann[78]. Doch ist es wissenschaftsgeschichtlich nie unproblematisch, einen in einer sehr spezifischen Bedeutung geprägten Begriff in einer *anderen* Bedeutung zu gebrauchen, vor allem dann, wenn dies nicht explizit gemacht wird. Selbst wenn man dies bewußt tut und ausdrücklich thematisiert, wäre man aber gezwungen, mit beträchtlichem Erklärungsaufwand und immer wieder von Neuem darauf hinweisen zu müssen, daß und inwiefern man diesen Begriff anders verwendet. Des Weiteren erweckt der Begriff „Mythem" die Vorstellung, als sei er nur auf *mythische* Stoffe und ihre Varianten anwendbar – was aber bei einer allgemeinen Definition von kleinsten handlungstragenden Einheiten von Stoffvarianten nicht der Fall ist[79]. Analoges gilt für den Mythologembegriff, bei dem das Problem außerdem darin besteht, daß auch er bereits uneinheitlich verwendet wird[80].

Die Begriffe „Ereignis" und „Motiv" aus der literaturwissenschaftlichen Narratologie und der Story- und Motivforschung bzw. der Märchenforschung haben sich ebenfalls als ungeeignet für eine Bezeichnung kleinster handlungstragender Einheiten erwiesen. Das breite Begriffsspektrum von „Motiv" ist zu unscharf, und der Ereignis-Begriff zu sehr eingeschränkt auf *bedeutsame* Ereignisse, und es würde zu einer noch größeren Begriffskonfusion führen, wenn man einen dieser

---

[78] Vgl. Goebs, 2002, 27, die „mythemes" recht allgemein als Bezeichnung für „mythical episodes" verwendet; vgl. explizit definierend Turk 2003, 336: „*Mytheme*: selbstständige, kleinste Ereignis-, Erzähl- oder Handlungseinheiten, die in der wissenschaftlichen Behandlung isoliert und katalogisiert werden". Ähnlich D'Huy, 2015, 70, der mythische Stoffe „in Abfolgen der kürzest möglichen Sätze zerlegt, die wir als Mytheme bezeichnen."
[79] S. dazu auch Kapitel 11.3.
[80] S. dazu Kapitel 4.3.

ohnehin uneinheitlich verwendeten Begriffe nähme und ihn nun in einer *noch einmal* anderen Weise gebrauchte[81]. In beiden Fällen scheint außerdem die traditionelle Fixierung der Begrifflichkeiten auf Strukturen, die einem *literarischen Text* inhärent sind, ungeeignet für eine Ausweitung auf etwas, das nicht auf eine konkrete textliche und noch nicht einmal auf eine konkrete sprachliche Realisation festgelegt ist[82]. Mit anderen Worten: Die Komponente der Transmedialität fehlt. Damit kommt man zu einem wesentlichen Punkt[83].

Die hier anvisierten, kleinsten handlungstragenden Einheiten einer Stoffvariante werden zwar bspw. in Texten mit Hilfe einer bestimmten Sprache realisiert, doch geht es gerade nicht um diese jeweiligen konkreten Realisationen, sondern um die noch hinter der Textebene und sogar noch hinter der Ebene einer Einzelsprache liegenden *Inhalte* dieser kleinsten handlungstragenden Einheiten[84]. Diese Inhalte müssen zwar in irgendeiner Form medial konkretisiert bzw. auf einem Medium abgespeichert sein wie z. B. in Schriftform auf einem dafür geeigneten Datenträger, in der lautlichen Gestalt einer mündlichen Äußerung, in Bildern, in Form von neuronalen Verbindungen im Gehirn o. a., sie sind aber nicht auf eine bestimmte dieser verschiedenen Speicher- bzw. Konkretionsformen festgelegt[85].

---

81 S. dazu die Ausführungen in Kapitel 5.1.
82 Die Festlegung eines Motivs bzw. Ereignisses auf seine konkrete sprachliche, in Textform realisierte Form trifft selbst auf die rein strukturell-narratologische Verwendungsweise der Begrifflichkeiten zu, wie sie in Anlehnung an Tomaševskij bei Martínez/ Scheffel, 2012, 111 f, anhand von Beispielen dargelegt wird.
83 Zur Transmedialität (manchmal auch unter den Begriff „Intermedialität" gefaßt) als zunehmend wichtigem Faktor in der modernen Erzählforschung s. übergreifend die Sammelbände von Nünning, V./ Nünning, A., 2002 (darin besonders den einleitenden Artikel „Produktive Grenzüberschreitungen: Transgenerische, intermediale und interdisziplinäre Ansätze in der Erzähltheorie" der beiden Herausgeber, ebd. 1-22), und Eckel/ Müller-Wood, 2017 (ebd. 9); grundlegend auch die Einführung in eine „transmediale Erzähltheorie" von Mahne, 2007. Zur Unterscheidung von „Intermedialität" und „Transmedialität" s. ausführlicher Kapitel 9.2.1.
84 Vgl. Wolf, 2002, 38, der in diesem Zusammenhang diese Inhalte als „mental-abstrakt" bezeichnet, was insofern nicht ganz unproblematisch ist, als diese Inhalte ja nicht abstrakt sein müssen, sondern sehr konkret sein können; „abstrakt" verwendet Wolf hier vermutlich im Sinn von „losgelöst von sichtbaren oder greifbaren Konkretionsformen".
85 Vgl. bereits vorsichtig in diese Richtung gehend Burkert, 1982, 64, in Bezug auf mythische Stoffe: „Es handelt sich offenbar um Bedeutungsstrukturen noch jenseits der einzelsprachlichen Zeichen und ihrer Syntax." Vgl. auch die zurückhaltend formulierte Einsicht bei Martínez/ Scheffel, 2012, 167: „Die Handlungsebene narrativer Texte wäre insofern gegenüber der Art und Weise ihrer Erzählung in einer wichtigen Hinsicht autonom." Vgl. ebd. 166 f das Referat zum kognitionspsychologischen Konzept der mentalen Abspeicherung von Handlungsabläufen in Form von „scripts".

Mit „hinter der Ebene einer Einzelsprache liegend" ist nicht gemeint, daß der Inhalt einer kleinsten handlungstragenden Einheit völlig sprachunabhängig i. S. v. *vorbegrifflich* ist. Das Denken kommt ohne begriffliche Vorstellungen nicht aus, aber diese begrifflichen Vorstellungen sind nicht *nur* an Sprache und darüber hinaus nicht notwendig *an eine bestimmte Sprache* gebunden. So kann etwa der einen Handlungsschritt darstellende Inhalt „Macbeth erdolcht Duncan" sprachlich (und textlich) *so* realisiert sein, aber auch *anders*, z. B. durch den variierenden Ausdruck „Macbeth tötet Duncan mit einem Messer" oder durch eine Phrase aus einer beliebigen anderen Sprache wie zum Beispiel durch „Macbeth poniards Duncan", oder auch in Form eines Gemäldes, eines pantomimischen Tanzes oder eines Stummfilms etc. Der in verschiedenen medialen und einzelsprachlichen Konkretionen zum Ausdruck gebrachte Inhalt ist mit diesen Konkretionen nicht deckungsgleich und auf keine von ihnen ausschließlich festgelegt. Daß zum Beispiel Übersetzungen von bereits sprachlich kodierten Inhalten oder daß Umsetzungen solchermaßen kodierter Inhalte in andere Gattungen oder gar in andere mediale Konkretionsformen (wie Tanz oder Verfilmung) im Einzelfall bestimmte Veränderungen auch des jeweiligen Inhalts nach sich ziehen können, steht außer Frage, ist aber weder eine unumstößliche Notwendigkeit, noch spricht es gegen das prinzipielle Nicht-festgelegt-Sein von Inhalten auf bestimmte Präsentations- bzw. Konkretionsformen[86].

Aufbauend auf diesen verschiedenen Überlegungen und auf dem Hintergrund der Tatsache, daß verschiedene andere Begriffe wie Motiv, Ereignis, Funktion (bzw. Motifem), Mythem oder Mythologem, mit deren Hilfe man kleinere Stoffeinheiten allgemein oder speziell in Hinblick auf Mythen zu fassen versucht hat, nicht das zum Ausdruck bringen und zum Inhalt haben, was hier gesucht wird und gemeint ist, erscheint es sinnvoll und notwendig, will man sich nicht ständig der Gefahr von Verwechslungen und der Notwendigkeit umständlicher Erklärungen und Abgrenzungen aussetzen, eine neue Terminologie einzuführen:

---

[86] Vgl. Graf, 1985, 9, nach dem nicht ein dichterisches Werk, sehr wohl aber „der Mythos ohne Verlust von einer Sprache in die andere übersetzt werden kann". Vgl. allgemeiner auf Erzählstoffe bezogen ähnlich Barthes, 1988, 134: „Mit anderen Worten, die Erzählung ist ohne grundlegende Einbußen *übersetzbar* ..." Es ist Barthes zu folgen, wenn er, vorsichtiger als Graf, hierbei eine leichte Einschränkung macht. Eine deutliche Gegenposition vertritt bspw. Mahne, 2007, 127: „Die verlustfreie Transformation einer Geschichte, wie sie die Strukturalisten postulieren, ist lediglich ein hypothetisches Konstrukt. Der Erzählinhalt wird statt dessen unvermeidlich von der Darstellungsstruktur des Mediums geprägt." Auch diese andere extreme Position müßte man etwas abmildern; ein Wechsel der medialen Präsentationsform kann und wird auch oft, muß aber nicht „unvermeidlich" den Ausdrucksinhalt des Erzählten verändern.

→ Für eine kleinste handlungstragende Einheit eines Erzählstoffes, die nicht auf eine bestimmte mediale Gestaltung oder Einzelsprache festgelegt ist, wird hier in Anlehnung an das griechische Wort „Hyle" (ὕλη, „Stoff, Rohmaterial") der Begriff *Hylem* geprägt[87].

Analog zu Begriffsbildungen wie „Phonem" oder „Morphem", welche die kleinste, potentiell bedeutungsunterscheidende lautliche Einheit bzw. die kleinste bedeutungstragende Einheit sprachlicher Äußerungen bezeichnen, zielt „Hylem" auf eine kleinste handlungstragende Einheit eines – nicht nur mythischen, sondern eines jeden – Erzählstoffes.

Die Verwendung des Hylembegriffs bringt verschiedene Vorteile mit sich, was Eindeutigkeit der Verwendung, Begriffsschärfe, umfassende Anwendbarkeit und Freiheit von vorwegnehmenden Interpretationsvorgängen angeht. So erübrigt sich bspw. eine Bestimmung des Umfangs eines Hylems wie beim literarischen „Motiv", das mit einer gewissen quantitativen Unschärfe als „Texteinheit kleineren Umfangs" aufgefaßt wird. Auch qualitativ zeichnet sich „Hylem" durch eine größere Begriffsschärfe aus, da nur *handlungstragende* Einheiten in den Blick genommen werden, nicht auch noch Orte oder Konstellationen wie etwa in der Motivforschung, und Weiteres wie bspw. Namen und ihre Bedeutung in der strukturalistischen Analyse von Lévi-Strauss. Darüber hinaus müssen Hyleme nicht den literaturhistorisch bedingten, „ästhetischen Rang" eines Motivs oder den kulturbedingten Status eines „bedeutsamen" Ereignisses im Lotman'schen Sinn besitzen; der Hylembegriff kann umfassend auf *alle* kleinsten handlungstragenden Einheiten angewendet werden. Außerdem bleiben zwei Deutungsvorgänge aus dem Spiel, die bei Propp, Barthes und Lévi-Strauss eine entscheidende Rolle spielen: die funktionale Deutung ausgewählter Stoffeinheiten (Propp, Barthes) und die semantische Deutung gebündelter Stoffeinheiten (Lévi-Strauss). Insofern unterscheidet sich die hier neu anvisierte Hylemanalyse auch grundsätzlich von einer Mythemanalyse nach Lévi-Strauss. Weitere Vorteile liegen darin, daß nicht ein ursprünglich anders definierter Begriff wie „Motiv" oder „Mythem" durch eine neue Umdefinition weiter verunklart wird, und daß man nicht, wie dies bei den Begriffen „Mythem" oder „Mythologem" der Fall wäre, in die Verlegenheit kommt erklären zu müssen, was im Einzelfall das spezifisch „Mythische" an einem Mythem oder Mythologem ist[88]. Hyleme sind Grundbausteine von Erzählstoffen jeglicher Art; inwiefern ein Hylem in einer konkreten

---

87 S. dazu bereits auch den Begriff „Hylistik" in Kapitel 3.3.
88 Zu Vorteilen des Hylem-Begriffs im Vergleich zum Mythem-Begriff bzw. zur Frage, wann sich ein Hylem als ein „mythos-affines" Hylem bezeichnen läßt s. ausführlicher Kapitel 11.3. Zu den

Stoffvariante bspw. als „mythisches Hylem" anzusehen ist, ist eine davon noch einmal zu trennende Frage, die darüber hinaus differenziertere Möglichkeiten der Analyse eröffnet (z. B. bei Misch- oder Grenzfällen in der Stoffgestaltung)[89]. Als Hyleme verstandene Stoffbausteine repräsentieren Inhalte, die überdies nicht an bestimmte mediale Konkretionsformen wie Texte oder Bilder gebunden sind.

Gemäß der bunten Vielfalt erzählerischer Stoffe zielen verschiedene Hyleme auf gänzlich verschiedene Inhalte. Dennoch weisen alle Hyleme eine von den jeweils spezifischen Inhalten zu unterscheidende *logische Grundstruktur* auf. Denn wenn es darum geht, *kleinste* handlungstragende Einheiten zu definieren, dann muß mit einer solchen Einheit ein Handlungsbaustein im allgemeinsten Sinn bezeichnet sein, und zwar genau *ein* Handlungsbaustein. Da zu jedem Handlungsbaustein wiederum die Bezeichnung eines Handlungsträgers notwendig ist[90], läßt sich folglich die logische Grundstruktur eines Hylems bestimmen als die Verbindung der Bezeichnung einer Handlung, eines Vorgangs, einer Eigenschaft

---

Vorteilen eines noch weiter differenzierten Hylembegriffs, der zwischen *Hylem* und *Hylemschema* unterscheidet, s. Kapitel 7.3 und 7.4.

89 S. dazu ausführlich Kapitel 11.

90 Oder mehrerer Handlungsträger; die Mehrzahl-Alternative (nicht-singularische Numeri wie Dual oder Plural) ist mit gemeint und wird hier nur der Übersichtlichkeit halber nicht explizit ausgeführt. In textlichen Konkretionen mythischer Stoffe kann außerdem der Handlungsträger z. B. durch eine passivische Formulierung („Prometheus wurde bestraft") oder andere Wendungen (z. B. „es donnert") unbezeichnet bleiben. Da es bei Hylemen aber nicht um die grammatischen, sondern logischen Subjekte der Handlungen geht, können die Handlungsträger in etlichen solchen Fällen durchaus (z. B. aus dem Kontext oder durch Kenntnis kultureller Spezifika) eruiert werden („Zeus bestraft Prometheus" bzw. „Zeus donnert"). Wenn in Ausnahmefällen die Identität eines Handlungsträgers nicht näher spezifiziert werden kann (z. B. „es donnert" in nicht-mythischen Stoffen, vgl. auch „es wird dunkel", „es regnet"), bleibt unabhängig davon die logische Grundstruktur dieselbe (Handlungsträger + Prädikat). Denn auch wenn sprachwissenschaftlich gesehen bei diesen Beispielen eine nicht besetzte Argumentstelle des Verbs durch ein Expletivum ersetzt wird und damit der Handlungsträger scheinbar unbestimmt bleibt, so läßt sich doch, logisch betrachtet, die sprachliche Ausdrucksform in solchen Fällen so interpretieren, daß das Subjekt, vereinfachend gesagt, bei dem vom Verb bezeichneten Vorgang nicht explizit ausgedrückt, implizit aber doch angedeutet wird. Das wird sichtbar, wenn man die genannten Beispiele entsprechend umformuliert: „Donner ereignet sich" bzw. „Dunkelheit bricht herein" bzw. „Regen fällt".

oder eines Zustands mit einem Handlungsträger[91], wobei im Fall einer Handlungsschilderung gegebenenfalls noch ein Objekt der Handlung hinzutreten kann[92].

Diese so bestimmte logische Grundstruktur eines Hylems hat eine propositionale Struktur und entspricht vereinfacht der grammatischen Relation zwischen einem (logischen) Subjekt und dem dazugehörigen (logischen) Prädikat[93], gegebenenfalls ergänzt durch ein (logisches) Objekt (oder mehrere Objekte bzw. weitere Argumentstellen des Prädikats), im oben bereits angeführten Beispiel: „Macbeth erdolcht Duncan". Sie kann in sprachlichen, textlichen (oder anderen) Konkretionen in verschiedenen Formen realisiert werden, wie z. B. grammatisch abgewandelt durch „Duncan wird durch Macbeth erdolcht" oder in Form einer bildlichen Darstellung etc., und muß deshalb erst aus den verschiedenen medialen und einzelsprachlichen Konkretionsformen extrahiert und auf die logische Grundstruktur gebracht werden, die sich eben durch die grammatische Relation von (jeweils logischem) Subjekt – Prädikat (– ggf. Objekt) darstellen läßt.

Wenn Hyleme auf einzelne mediale Konkretionen *nicht festgelegte* Inhalte darstellen, so gilt es gleichwohl zu betonen, daß diese Inhalte nicht gleichsam wie platonische Ideen *unabhängig* von medialen Konkretionen oder gewissermaßen „vorgängig" zu diesen existieren[94]. Hyleme können nicht deduktiv postuliert, sondern nur durch Extraktion aus einzeln vorliegenden medialen Konkretionen induktiv gewonnen werden. Wie Phoneme und Morpheme nur in Gestalt bestimmter einzelner Phone und Morphe konkret greifbar werden, so sind Hyleme nur in ihren medial verschiedenen Konkretionsformen greifbar.

---

91 Zur Unterscheidung der Schilderung eines „Zustands" und einer „Eigenschaft" vgl. die sprachwissenschaftliche Unterscheidung zwischen *stage-level predicates* („X friert") und *individual-level predicates* („X ist groß").

92 Oder, allgemeiner und sprachwissenschaftlich ausgedrückt: es können außer dem Subjekt noch weitere Argumente zum Prädikat hinzutreten. Vgl. als einfachen Fall die Kombination von direktem und indirektem Objekt, wie z. B. bei „Thetis gibt Achilleus den Schild des Hephaistos". Die nicht-singularischen Numeri (wie Dual oder Plural) sind hier außerdem wiederum inkludiert und werden nur der Übersichtlichkeit halber nicht explizit genannt.

93 Wobei die Prädikatsfunktion in der textlichen Realisation eines Hylems nicht durch ein Verbum ausgefüllt werden muß. Ähnlich folgen nach Masciadri, 2008, 370 f, zwar nicht kleinste Stoffbausteine generell, dafür aber die seiner Ansicht nach rekonstruierbaren und immer gleichbleibenden „Kernstück[e]" mythischer Stoffe „demselben formalen Muster, nämlich der elementaren Struktur eines Aussagesatzes, in der regelmäßigen Verbindung der Bezeichnung einer Person und eines Handlungselements, von *noun phrase* und *verb phrase*." Zur Problematik der Annahme von identischen und unveränderlichen „Kernen" mythischer Stoffe s. Kapitel 4.4.

94 Dies betont bereits zurecht Leitch, 1986, 16.

Hyleme beziehen sich nicht nur auf Handlungen im *engeren* Sinn (i. S. v. *Taten* einzelner Figuren), sondern umfassend auf *alle* kleinsten handlungstragenden Einheiten einer Stoffvariante, also etwa auch auf Vorgänge oder auf explizit oder implizit gegebene *Aussagen über Zustände oder Eigenschaften* (nicht auf diese selbst). Von daher lassen sich grundsätzlich *dynamische* und *statische* Hyleme voneinander unterscheiden. „Zeus tötet Erechtheus" zielt auf ein dynamisches, „Zeus ist der König der Götter" auf ein statisches Hylem[95].

Ein Hylem ist aufgebaut aus einem (und *nur* einem) *Hylemprädikat* und aus einem oder mehreren mit dem Hylemprädikat verbundenen *Hylemelementen*. Sowohl vom Hylemprädikat wie von den Hylemelementen können wiederum *Determinationen* abhängen. Die Darstellung oder Bezeichnung einer Handlung, eines Vorganges, eines Zustandes oder einer Eigenschaft durch ein (logisches) Prädikat ist gewissermaßen der Kern eines Hylems. Kategorial auf einer anderen Ebene liegen die Hylemelemente, bei denen es sich um mit dem Prädikat in (logischer) Subjekt- oder Objekt-Funktion assoziierte Figuren, Gegenstände, Örtlichkeiten, Naturerscheinungen u. a. handelt; sprachwissenschaftlich betrachtet entsprechen die Hylemelemente den verschiedenen möglichen Argumentstellen eines Prädikats. Schließlich können sowohl die Hylemelemente als auch das Hylemprädikat mit näheren Bestimmungen (= Determinationen[96]) versehen werden, wie z. B. durch örtliche, zeitliche oder andere Bestimmungen, durch Beinamen, durch die Zuschreibung von Eigenschaften etc. (sprachlich ausgedrückt bspw. durch Appositionen, Adjektive, Adverbien, präpositionale Wendungen, morphologische Kasus etc.; Determinationen sind, freilich mit anderen Mitteln, auch ikonographisch darstellbar).

Hyleme weisen zwar grundsätzlich die propositionale Struktur einer Aussage auf, sind aber nicht identisch mit Propositionen im formal-logischen bzw.

---

95 Vgl. analog in der Literaturwissenschaft die Unterscheidung zwischen „dynamischen" und „statischen" Motiven, z. B. bei Martínez/ Scheffel, 2012, 112, die bereits bei Tomaševskij, 1985, 220 zu finden ist. Bei den oben angeführten Zeus-Beispielen handelt es sich speziell um *mythosaffine* Hyleme, also um ein dynamisches mythos-affines Hylem und ein statisches mythos-affines Hylem; zur Charakterisierung von Hylemen als „mythos-affin" s. ausführlicher Kapitel 11.3.
96 Der Begriff „Determination" wird hier weder in einem speziell philosophischen noch linguistischen Sinn verwendet, sondern steht stellvertretend in einem allgemeinen Sinn für verschiedene Arten von näheren Bestimmungen der Hylemelemente bzw. Hylemprädikate (s. unten). Zu weiteren präzisierenden Überlegungen zu Determinationen im hier gemeinten Sinn und zu einer schematischen Darstellung der Grundstruktur eines Hylems s. Kapitel 9.3. Zur spezifischen Problematik weitgehend indeterminierter, abstrahierter und unvollständiger Hyleme s. ausführlich Kapitel 9.8.3.

sprachphilosophischen Sinn. Es kann jedenfalls nicht darum gehen, aus textlichen oder anderen medialen Konkretionen Stoffbausteine in Form reiner Propositionen zu extrahieren, ohne jegliche Berücksichtigung von Negationen und Modalitäten. Sätze wie „Dionysos hat nicht gejubelt" oder „Dionysos hätte jubeln sollen" ergeben sprachphilosophisch betrachtet die Proposition „Dionysos" (Referenz) + „jubeln" (Prädikation), behalten aber bei einer Hylemanalyse, also bei einer Rekonstruktion des Handlungsablaufs, natürlich den verneinenden Sinn. In beiden Fällen, im ersten direkt, im zweiten indirekt, läßt sich für den Handlungsablauf das Hylem „Dionysos jubelt(e) nicht" rekonstruieren.

Auch wenn man Hyleme aufgrund ihrer grundsätzlich propositionalen Struktur in der Form von Sätzen wiedergeben kann, sind Hyleme schließlich nicht *identisch* mit Sätzen in Texten. Es geht nicht um syntaktisch-textliche Bausteine, sondern um inhaltliche Aussagen[97]. Ein Hylem läßt sich nicht in Form *mehrerer* Aussagen in Satzform darstellen, sonst wäre es keine *kleinste* handlungstragende Einheit mehr. Andererseits können sich in einer ikonographischen Einheit wie einem Gemälde oder in einem Satz aus einer textlichen Quelle durchaus mehrere Hyleme befinden. Dazu ein (textliches) Beispiel[98]:

> Als Chryse, die Tochter des Pallas, mit Dardanos vermählt wurde, hat sie als Mitgift Gaben der Athene mitgebracht, nämlich die Heiligtümer der großen Götter.

In einer ersten Annäherung kann man in diesem Satz vier Hyleme ausmachen (ein statisches und drei dynamische), die sich, soweit möglich in eine chronologische Reihenfolge gebracht, folgendermaßen darstellen lassen:
- Chryse ist Tochter von Pallas
- Athene gibt Chryse die Heiligtümer der großen Götter
- Chryse bringt als Mitgift die Heiligtümer der großen Götter mit zur Hochzeit
- Dardanos heiratet Chryse

---

[97] Vgl. ähnlich Barthes, 1988, 110, bei der näheren Beschreibung der „Funktionen" von Erzählungen; nach ihm sind diese „Erzähleinheiten in ihrer Substanz unabhängig von den linguistischen Einheiten: sie können zwar zur Deckung kommen, aber nur gelegentlich, nicht systematisch ..." Zum Funktionsbegriff bei Propp und Barthes s. das vorige Kapitel. Hinter einem textkritisch uneinheitlichen Befund *kann* daher dasselbe Hylem stehen, auch wenn die Sätze je nach Überlieferung unterschiedlich ausfallen, solange sich diese Unterschiede nicht auf etwas Inhaltliches beziehen (wenn bspw. eine Handschrift „herabsteigen", eine andere „hinuntersteigen" überliefert).
[98] Paraphrasierende und abkürzende Übersetzung von Dion. Hal. *ant.* 1,68,3.

Bei näherer Betrachtung lassen sich allerdings noch mehr Hyleme entdecken, die zwar in stark komprimierter Form und damit nur implizit in diesem Satz stecken, sich aus den dort gegebenen Informationen aber ergeben bzw. erschließen lassen und somit für die stoffliche Rekonstruktion einbezogen werden können, so daß man insgesamt auf mindestens sieben Hyleme kommen kann (drei statische und vier dynamische):
– Es gibt eine Gruppe von 'großen Göttern'
– Die 'großen Götter' besitzen Heiligtümer
– Pallas zeugt eine Tochter namens Chryse[99]
– Chryse ist Tochter von Pallas
– Athene gibt Chryse die Heiligtümer der 'großen Götter'
– Chryse bringt als Mitgift die Heiligtümer der 'großen Götter' mit zur Hochzeit
– Dardanos heiratet Chryse

Aber selbst hiermit hat sich die Hylemanalyse des oben angeführten Satzes noch nicht erschöpft. Bei noch eingehenderer Betrachtung stellt sich heraus, daß hier implizit ein weiterer Besitzwechsel vorausgesetzt, aber nicht näher ausgeführt wird. Damit steckt in diesem Satz *in nuce* noch ein völlig anderer Erzählstoff. Denn bevor Athene die Heiligtümer der 'großen Götter' an Chryse weitergeben kann, ist anzunehmen, daß sie von den 'großen Göttern' in irgendeiner Weise in den Besitz der Athene übergegangen sein müssen. Ob ein gewaltsamer oder ein freiwilliger Akt dahintersteht, läßt sich nicht erkennen, so daß hier verschiedene Möglichkeiten in Betracht gezogen werden müssen (bspw. „Athene nimmt die Heiligtümer der 'großen Götter' mit Gewalt an sich" oder „Die 'großen Götter' übergeben Athene freiwillig ihre Heiligtümer"). Aber *daß* ein solcher Besitzwechsel stattgefunden haben muß, ist eine plausible Annahme, auf deren Spur man erst durch eine genaue stoffanalytische Herangehensweise gebracht wird.

Wie dieses Beispiel zeigt, geht eine Hylemanalyse deutlich über eine bloße Textparaphrase hinaus. Wann es im Rahmen einer solchen Analyse für die Rekonstruktion eines Stoffes wichtig oder nützlich ist, tatsächlich *alle* Informationen, die implizit in einzelnen Determinationen stecken, in Form von vor allem statischen Hylemen explizit zu machen, also bspw. aus den textlichen Bausteinen „die Heiligtümer der 'großen Götter'" das Hylem „Die 'großen Götter' besitzen Heiligtümer" zu extrahieren, muß im Einzelfall entschieden und nach dem daraus erwachsenden Nutzen für die Rekonstruktion oder für den Vergleich von

---

[99] Oder, zumindest theoretisch möglich, aber wenig wahrscheinlich: „Pallas adoptiert eine Tochter namens Chryse".

einzelnen Stoffvarianten bemessen werden. Es ist nicht sinnvoll, hierfür eine allgemeine Regel aufzustellen. *Was* Hyleme sind (kleinste handlungstragende Einheiten eines Stoffes) bzw. wie sie aufgebaut sind, bleibt von dem Grad, wie detailliert eine Analyse vorgenommen wird, unberührt. *Wieviele* solche Hyleme bspw. aus einer textlichen Konkretion eines Stoffes extrahiert werden können oder sollen, hängt sowohl vom Scharfsinn des Analytikers als auch davon ab, wie nützlich und sinnvoll es ist, die Analyse so stark ins Detail oder bis in möglicherweise nicht mehr aussagekräftige oder für eine Stoffrekonstruktion belanglose Selbstverständlichkeiten hinein zu treiben (z. B. wenn man noch das statische Hylem „Chryse ist eine Frau" generieren würde)[100].

Was die Hylemanalyse von *bildlichen* Darstellungen anbelangt, so ließen sich hier noch mehr als bei Texten potentiell fast unüberschaubar viele statische Hyleme generieren, wenn man etwa jedes Bilddetail ikonographisch beschreibend in ein statisches Hylem umsetzen würde. Hier gilt es aber zu beachten, daß es einer Hylemanalyse von Bildern nicht primär um die Beschreibung des „Wie", sondern vor allem um die Rekonstruktion des „Was" gehen muß, und für diese im Fokus des Interesses stehende Rekonstruktion des Handlungsverlaufs sind in vielen Fällen jeweils nur wenige (v. a. dynamische, aber auch statische) Hyleme zentral, die sich eben auf den Ausschnitt der *Handlung* beziehen, der bildlich zur Darstellung gebracht wird, nicht auch noch die zahlreichen (v. a. statischen) Hyleme, die sich darauf beziehen, *wie* dieser Handlungsausschnitt im Einzelnen dargestellt und ausgestaltet ist[101].

Speziell beim *Vergleich* von einzelnen Stoffvarianten kann es wiederum sehr hilfreich sein, vermehrt gerade mit statischen Hylemen zu arbeiten und sie zu „Steckbriefen" der solchermaßen näher determinierten Hylemelemente zusammenzuführen. Für ein stoffvergleichendes Arbeiten ist es außerdem notwendig, Hyleme in einer sprachlich standardisierten Form wiederzugeben; darauf soll später noch genauer eingegangen werden[102].

---

[100] Vergleichbar bereits Dundes, 2007 (1962), 91: „A minimal unit may thus be defined as the smallest unit useful for a given analysis with the implicit understanding that although a minimal unit could be subdivided, it would serve no useful purpose to do so."
[101] Seltener, aber auch relevant sind bspw. resultative statische Hyleme, die etwa den erreichten Endzustand einer Stoffsequenz verbildlichen.
[102] S. Kapitel 9.2.2.

6 Definition und erste Differenzierung des Stoffbegriffs

6.1 Hylem – Stoffvariante – Stoff

Aufbauend auf dem oben definierten und im Folgenden näher spezifizierten Hylembegriff und auf den Überlegungen zur grundsätzlichen Polymorphie von Stoffen[1] lassen sich die dieser Arbeit zugrundeliegenden und neu erarbeiteten Begriffe „Hylem" („Stoffbaustein"), „Stoffvariante" und „Stoff" (näherhin Erzählstoff[2]) zusammenfassend folgendermaßen definieren:

→ Ein *Hylem* ist eine logisch und sprachlich standardisierte, kleinste handlungstragende Einheit einer Stoffvariante; diese Einheit ist aus einer medialen oder einzelsprachlichen Konkretion rekonstruierbar, auf diese aber nicht festgelegt.

→ Eine *Stoffvariante* ist eine in sich abgeschlossene und in Einzelheiten festgelegte Sequenz verschiedener, aufeinander bezogener Hyleme eines bestimmten Stoffes.

→ Ein *Stoff* ist eine nicht abgeschlossene Menge von Varianten einer durch spezifische Protagonisten, Örtlichkeiten, Gegenstände und Geschehnisse nur ungefähr umschreibbaren, polymorphen Hylemsequenz.

Anders ausgedrückt: Eine Stoffvariante ist eine Hylemsequenz; diese Hylemsequenz ist ein Ausschnitt aus der nur annäherungsweise umschreibbaren Menge der medial unterschiedlich realisierbaren Hylemsequenzen, die als ein „Feld von Möglichkeiten" einen bestimmten Stoff ausmacht.

Auf dem Hintergrund der hier vorgenommenen und von der Sache her notwendigen Differenzierung zwischen „Stoff" und „Stoffvariante" wird deutlich, daß selbst in solchen Fällen, in denen ein Wort wie „Mythos" nicht text- oder gattungs-, sondern stoffbezogen verwendet wird, der Ausdruck „X ist ein Mythos" in

---

[1] S. Kapitel 4.6.
[2] Zur Unterscheidung von textilem Gewebe.

zweierlei Weise verstanden werden kann, einmal in Bezug auf eine einzelne vorliegende, in einer bestimmten medialen Form konkretisierte Stoffvariante („die Erzählung von Apollon und Daphne in den *Metamorphosen* Ovids ist ein Mythos"), einmal aber auch auf den Stoff insgesamt bezogen, das heißt auf die gesamte Bandbreite der verschiedenen existierenden und möglichen Varianten eines Stoffes („*die* Erzählung von Apollon und Daphne ist ein Mythos"). Es wäre analytisch präziser, wenn man in Hinblick auf den medial konkretisierten Einzelfall immer von einer Stoff*variante*, bzw. im Beispiel von der Erzählung bei Ovid von einer Mythen*variante*, nicht von einem Stoff bzw. Mythos sprechen würde, doch stößt man hier an die Grenzen des pragmatisch Sinnvollen – was nicht problematisch ist, wenn man sich nur der doppelten Bezugsmöglichkeit einer unscharfen Verwendung von „Stoff" bzw. „Mythos" bewußt ist. In dieser Arbeit wird in der Regel terminologisch zwischen „Stoff" bzw. „Mythos" als Mengenbezeichnung für all die existierenden und möglichen Stoffvarianten einerseits und „Stoffvariante" (bzw. „Mythenvariante") andererseits im Sinn von „einzelner Variante eines (mythischen) Stoffes" unterschieden; nur dort, wo sich theoretische Aussagen sowohl auf das Gesamt *als auch* auf den konkreten Einzelfall beziehen lassen, wird als gewissermaßen übergeordneter Begriff „Stoff" (bzw. „Mythos") für beides verwendet, für das Gesamt wie auch für die darin inbegriffenen Einzelfälle.

Die nähere Bestimmung der Hyleme einer Stoffvariante als „aufeinander bezogen" verzichtet bewußt auf das Kriterium einer kausallogischen Verknüpfung, wie sie von Forster für die nähere Bestimmung von *plot* im Gegensatz zur *story* verwendet wurde[3], da auf der Stoff-Ebene die Verknüpfung schon allein durch chronologische Bezüge hergestellt sein kann, kausallogische Verknüpfungen jedenfalls nicht explizit sein müssen[4].

Auf die Frage, welche Faktoren in formaler und inhaltlicher Hinsicht für die Abgeschlossenheit einer als Hylemsequenz verstandenen Stoffvariante in Gestalt

---

[3] S. Anm. 6, Kapitel 3.1; vgl. auch Tomaševskij, 1985, 215: „Es ist zu unterstreichen, daß die Fabel nicht nur ein temporäres, sondern auch ein kausales Merkmal verlangt. ... Je schwächer diese kausale Verknüpfung ist, desto stärker rückt eine rein temporale Verknüpfung in den Vordergrund."

[4] Von kognitionspsychologischer Seite her kommt Echterhoff, 2002, 268, zu einer ähnlich allgemeinen Bestimmung: „Als Hauptfunktion und zugleich psychologisch zentrales Merkmal des Narrativen ist also bislang die Stiftung eines Zusammenhangs zwischen einzelnen, aufeinander folgenden Ereignissen festzuhalten."

einer bestimmten medialen Konkretion verantwortlich sind[5], soll in Kapitel 8 näher eingegangen werden.

Durch die Auffassung von Stoffvarianten als Verknüpfungen von Hylemen mit der im vorigen Kapitel beschriebenen logischen Grundstruktur wird es prinzipiell möglich, *verschiedenste Darstellungsformen* einer Stoffvariante, wie etwa in Gestalt einer Pantomime, von Filmszenen, Comic-Zeichenfolgen, Texten in verschiedenen Sprachen, Reliefs, Statuengruppen o. a., auf *ein und dieselbe Hylemsequenz* zurückzuführen. Damit ist ein wesentliches Fundament für eine transmediale und komparatistische Hylistik gelegt[6].

6.2 Die fünf „narrativen Ebenen": Geschehen – Stoff – ungeformte Stoffvariante – geformte Stoffvariante – mediale Konkretion

Es bleibt nun noch zu fragen, ob oder inwiefern sich die erarbeiteten Definitionen von „Stoff" und „Stoffvariante" als kompatibel erweisen mit den literaturwissenschaftlichen Termini wie *plot* (vgl. „Erzählung") oder *story* (vgl. „Geschichte") oder „Geschehen"[7]. Schmid hat ein „idealgenetisches Modell der narrativen Ebenen" entwickelt, das die vier Ebenen „Geschehen", „Geschichte" (vgl. *story*), „Erzählung" (vgl. *plot*) und „Präsentation der Erzählung" unterscheidet[8]. Es wurde bereits bemerkt, daß diese Begrifflichkeiten aus der Narratologie in der Regel *textbezogen* gebraucht und definiert werden und daher für eine nicht auf bestimmte mediale Konkretionen (wie bspw. Texte) festgelegte Stoffwissenschaft eher ungeeignet sind. Dennoch lassen sich diese narratologischen Begrifflichkeiten entweder übernehmen oder als Analogien heranziehen, wenn es um die Unterscheidung von verschiedenen Ebenen aus stoffwissenschaftlicher Perspektive geht – bis auf einen Unterschied: es ist notwendig, noch einen weiteren Begriff hinzuzufügen.

---

5 Voraussetzung für eine solche Abgeschlossenheit ist natürlich, daß die Stoffvariante nicht verkürzt oder unvollständig wiedergegeben wird.
6 Auf die Relevanz des Hylembegriffs für eine komparatistische Vorgehensweise wird im Besonderen noch einmal in Kapitel 9.2 näher eingegangen. Zur Transmedialität (ohne explizite Verwendung dieses Begriffs) von Erzählstoffen s. auch Wolf, 2002, 38 f, ohne eine nähere Bestimmung der Beschaffenheit von kleinsten Handlungseinheiten, aus denen ein Erzählstoff sich zusammensetzt.
7 Vgl. dazu bereits die Ausführungen im Kapitel 3.1.
8 S. Schmid, 2014, 225; vgl. auch das Schema ebd. 245.

Nach Schmid wird idealgenetisch betrachtet aus einem umfassenden „Geschehen" eine bestimmte, noch ungeformte „Geschichte" (vgl. *story*) herausgegriffen, in die künstliche bzw. künstlerische Form einer „Erzählung" (vgl. *plot*) gegossen und dann (in Textform) „präsentiert". Auf dem Hintergrund der Überlegungen zur grundsätzlichen Polymorphie von Stoffen sind aus stoffwissenschaftlicher Perspektive nicht vier, sondern fünf „narrative Ebenen" anzusetzen, indem zu der von Schmid vorgeschlagenen Vierstufigkeit „Geschehen – Geschichte – Erzählung – Präsentation der Erzählung" noch „Stoff" als eine wichtige fünfte Kategorie hinzukommt (auf eine weitere Differenzierung von einiger Tragweite, nämlich zwischen „Stoff" und „Stoffschema", wird in Kapitel 7 einzugehen sein):

→ Wiederum idealgenetisch gesehen wird aus einem umfassenden *Geschehen* ein bestimmter *Stoff* herausgegriffen, der als ein Feld von Möglichkeiten Gestaltungsspielräume in Form verschiedenster Stoffvarianten anbietet. Aus diesen Möglichkeiten wird eine noch *ungeformte Stoffvariante* (vgl. *story*) gewählt, in eine bestimmte Form gebracht (*geformte Stoffvariante*, vgl. *plot*) und dann einer medialen Konkretion zugeführt, also bspw. textlich oder bildlich dargestellt (*mediale Konkretion der geformten Stoffvariante*).

Um ein Beispiel zu bringen: Aus der Gesamtheit dessen, was erzählt werden kann (*Geschehen*), oder, um dies etwas mehr einzuschränken: aus der Gesamtheit aller griechischen Mythen wird bspw. von einem Autor wie Ovid der *Stoff* von der Rivalität zwischen der thebanischen Königin Niobe und der Göttin Leto herausgegriffen, der in Form verschiedenster Varianten existiert und das Potential zu weiteren Varianten in sich trägt. Aus diesen Varianten wird *eine bestimmte, noch ungeformte Stoffvariante* neu generiert oder ausgewählt (nach der z. B. am Ende nicht zwei Kinder der Niobe verschont, sondern alle Kinder von Artemis und Apollon getötet werden). Durch künstlerische Gestaltung wie etwa durch proleptische Andeutungen des schlimmen Endes u. a. wird diese ungeformte zur *geformten Stoffvariante*, die schließlich in einer bestimmten *medialen Konkretion*, in diesem Fall in textlicher Form, präsentiert wird, nämlich in den Versen 146 bis 312 im 6. Buch von Ovids *Metamorphosen*[9]. Abschließend sollen diese Überlegungen schematisch dargestellt werden:

---

9 Proleptische Andeutungen des Ausgangs in Ov. *met.* 6,150-156. Diese idealgenetische Darstellung hat, wie das Wort „idealgenetisch" besagt, nicht unbedingt etwas mit dem *tatsächlichen* Produktionsprozeß zu tun. Induktiv-analytisch wird man außerdem umgekehrt vorgehen, und

Tab. 1: Die fünf „narrativen Ebenen"

Geschehen

Gesamtheit aller tatsächlichen oder denkbaren Ereignisse bzw. Handlungen, die narrativ dargestellt werden können, ohne feste zeitliche, räumliche oder ereignisbezogene Grenzziehungen: alles, was erzählt werden kann	vgl. narratologisch „Geschehen"

Stoff

Eine nicht abgeschlossene Menge von Varianten einer durch spezifische Protagonisten, Örtlichkeiten, Gegenstände und Geschehnisse nur ungefähr umschreibbaren, polymorphen Handlungs- bzw. Hylemsequenz[10]	———

ungeformte Stoffvariante

Eine in sich abgeschlossene und in Einzelheiten festgelegte Sequenz verschiedener, aufeinander bezogener Hyleme eines bestimmten Stoffes in ihrer natürlichen chronologischen Abfolge (im *ordo naturalis*)[11]	vgl. narratologisch engl. *story*, franz. *histoire*, russ. Formalismus *fabula*, deutsch „Geschichte"

geformte Stoffvariante

Eine in sich abgeschlossene und in Einzelheiten festgelegte Hylemsequenz eines bestimmten Stoffes in einer künstlichen bzw. künstlerischen Abfolge (im *ordo artificialis*)	vgl. narratologisch engl. *plot*, franz. *discours*, russ. *sjužet*, deutsch u. a. „Erzählung"

mediale Konkretion der geformten Stoffvariante

Darstellung der geformten Stoffvariante mit Hilfe eines Textes, eines Bildes oder anderer Medien	vgl. narratologisch „Präsentation der Erzählung"

---

von der medialen Präsentation ausgehend die darin steckende, geformte bzw. in einem nächsten Schritt die ungeformte Stoffvariante rekonstruieren und deren Zugehörigkeit zu einem konkreten Stoff bestimmen.

10 Zum Begriff der „Handlung" in diesem Zusammenhang s. den Anfang von Kapitel 5.
11 Zur Unterscheidung von *ordo naturalis* und *ordo artificialis* s. bereits Kapitel 3.1 und noch einmal unten in Kapitel 6.3.

6.3 Folgerungen für die Mytheninterpretation 1: Herausforderungen und Gewinne einer Hylemanalyse

Für eine Stoffwissenschaft ist die Beantwortung der Fragen essentiell, wie „Stoff" zu definieren ist, und wie man einzelne Stoffvarianten mit Hilfe einer einheitlichen und formalisierbaren Vorgehensweise aus verschiedenen medialen Konkretionsformen rekonstruieren kann. Die Frage, wie man *den* Stoff aus einer medialen Konkretion wie bspw. aus einem Text herauspräparieren kann, wäre von vornherein irreführend bzw. unpräzise; es kann immer nur um die Extraktion und Rekonstruktion einer *Stoffvariante* gehen.

Ein solches Verfahren wird durch eine Hylemanalyse ermöglicht, also durch die Rekonstruktion des Stoffverlaufs aus einer vorliegenden Stoffkonkretion. Diese Stoff-Rekonstruktion kann nur dann für verschiedene mediale Konkretionsformen einheitlich durchgeführt werden, wenn man die zu extrahierenden kleinsten handlungstragenden Einheiten als Inhalte begreift, die nicht auf eine einzelne mediale Gestaltung oder Einzelsprache festgelegt sind, und deren logische Grundstruktur zudem in einer sprachlichen Standardstruktur formalisiert zum Ausdruck gebracht werden kann[12]. Aufbauend auf dem Hylembegriff läßt sich eine Stoffvariante als eine *Hylemsequenz*, als eine Sequenz von verschiedenen, aufeinander bezogenen kleinsten handlungstragenden Einheiten definieren, die nicht auf bestimmte mediale oder einzelsprachliche Konkretionen festgelegt ist, und für deren Abgeschlossenheit als Kriterien die Einheitlichkeit in Bezug auf Handlung, Thematik, Figuren, Örtlichkeiten und Zeitangaben herangezogen werden können[13]. Wenn es um die Erforschung von Stoffen geht, besteht ohne eine Hylemanalyse bzw. ohne die Darstellung einer Stoffvariante in Form einer Hylemsequenz notwendig die Gefahr, daß der Untersuchungsgegenstand, das *Stoffliche*, nicht eigentlich getrennt wird von seiner jeweiligen medialen Konkretion, daß also doch wieder *Texte* oder *Bilder* etc. im Zentrum der Analyse und Interpretation stehen und mit den in ihnen verarbeiteten Stoffvarianten verwechselt oder gleichgesetzt werden.

Daß die Extraktion der Hyleme aus der medialen Konkretion einer Stoffvariante und die Rekonstruktion der genaueren Abfolge einer Hylemsequenz eine Voraussetzung für die Annäherung an das stoffliche Substrat einer medialen Konkretionsform darstellt, darf nicht darüber hinwegtäuschen, daß es sich bei einer solchen „Präliminarie" um ein absolut grundlegendes, darüber hinaus aber auch durchaus anspruchsvolles, im Einzelfall schwieriges Unterfangen handelt.

---

12 S. Kapitel 5.3.
13 S. die Kapitel 6.1 und 8.1.

In der Praxis hat sich bereits des öfteren gezeigt, daß das genaue Nachvollziehen einzelner Handlungsschritte nicht so einfach ist, wie es zunächst den Anschein haben mag. So können in einer textlichen Konkretion *mehrere* Stoffe in Form konkreter Stoffvarianten miteinander verbunden sein, ohne daß dies gleich so deutlich greifbar wäre wie bspw. in einem solchen Textgebilde wie den *Metamorphosen* von Ovid, so daß bereits die Frage von stofflichen Abgrenzungen eine Herausforderung darstellt. Die nächste Schwierigkeit liegt darin, daß eine Stoffvariante aus einer Abfolge von Hylemen besteht, die in einer textlichen Konkretion praktisch beliebig umstrukturiert werden kann und sich von daher je nachdem nur wenig, manchmal aber auch erheblich von der in der textlichen Konkretion dargebotenen Gestaltung der Stoffvariante unterscheidet. Ein wesentlicher Schritt in der Hylemanalyse besteht daher in der Herstellung der natürlichen chronologischen Reihenfolge der Hyleme (des *ordo naturalis*), die von der Reihenfolge der Erzählung der einzelnen Hyleme bspw. in einem konkreten Text (dem *ordo artificialis*) zu unterscheiden ist. Eine solche Rekonstruktion der chronologischen Abfolge stofflich zusammengehöriger Hyleme kann kompliziert sein, weil sie bspw. verstreut an verschiedenen Stellen eines Textes eingeflochten sind[14], weil manche Hyleme etwa zur Unterstreichung mehrfach wiederholt, andere nicht explizit erzählt werden, wieder andere in Attributen versteckt sind und aus ihnen rekonstruiert werden müssen, weil Erzähltechniken wie Prolepsen oder Analepsen Umstellungen in der natürlichen Abfolge der Ereignisse zur Folge haben, oder weil für die Rekonstruktion der Handlung relevante Details aus verschiedenen Erzählperspektiven geschildert sein können. Prinzipiell ist das stoffliche Substrat zwar unabhängig von der Perspektivierung durch einen (in Genettes Terminologie: homodiegetischen, heterodiegetischen, autodiegetischen etc.[15]) Erzähler rekonstruierbar[16], aber eben nur prinzipiell; im Einzelfall (v. a. in der moderneren Literatur) kann durch die unterschiedlichen Perspektivierungen der Blick auf das, was „wirklich passiert ist", auch verstellt sein (Stichwort „unzuverlässiges Erzählen"). Diese und andere Herausforderungen der Hylemanalyse lassen sich in einem kurzen Überblick folgendermaßen darstellen:

---

14 Vgl. dazu ein ausführlich diskutiertes Beispiel in dem Aufsatz von A. Zgoll/ C. Zgoll, 2019.
15 Vgl. Genette, 2010, 147-164.
16 Vgl. Tomaševskij, 1985, 218: „Für die Fabel ist es unwichtig, in welchem Teil des Werkes der Leser von einem Ereignis erfährt, auch ob es ihm unmittelbar durch den Autor mitgeteilt wird, in der Erzählung einer Person oder durch ein System von Andeutungen, die nebenbei fallen".

- Zurückführung von Dehnungen, Raffungen oder anderen Umformungen (z. B. von metaphorischer Redeweise), auch von nicht-sprachlichen Darstellungsformen medialer Konkretionen kleinster handlungstragender Einheiten auf die Grundstruktur von Hylemen
- Aufdeckung von z. B. in Attributen oder nominalen Wendungen versteckten Hylemen[17]
- Benennung eindeutig vorausgesetzter, aber nicht medial konkretisierter Hyleme[18]
- Umgang mit Anspielungen bzw. weitgehend indeterminierten, abstrahierten und unvollständigen Hylemen[19]
- Umgang mit sich widersprechenden Hylemen[20]
- Herstellung des *ordo naturalis* einer Hylemsequenz[21]
- Identifizieren von Stoffvarianten (Problematik der Stoffgrenzen, Erkennen von Einschüben bzw. Exkursen und „Rahmenstoffen")[22]
- Unterscheidung, ob eine Stoffvariante noch als Variante desselben Stoffes A oder schon als Variante eines *anderen* Stoffes B zu gelten hat[23]

Eine Hylemanalyse ist ein komplexer Vorgang und umfaßt, wie diese Punkte zeigen, mehrere verschiedene Schritte. Es müssen in einer medialen Konkretion einzelne Stoffbausteine überhaupt erst als solche identifiziert werden, also als zugehörig zur Schilderung eines bestimmten Handlungsverlaufs; diese Stoffbausteine müssen aus der medialen Konkretion extrahiert und in der Form von Hylemen dargestellt werden; außerdem gilt es, diese Hyleme in die richtige stoffchronologische Reihenfolge zu bringen und dabei gegebenenfalls Lücken zu benennen, offensichtlich unvollständige Hyleme zu vervollständigen, eindeutig implizierte, aber nicht explizit ausgedrückte Hyleme explizit zu machen und Anfang und Ende einer Stoffsequenz zu bestimmen. Man könnte es auf die kürzere Formel bringen:

---

17 S. bspw. die Bezeichnung „Pythontöter" (Πυθοκτόνος) in Orph. *h.* 34,4 für ein zentrales Hylem eines mit Apollon assoziierten mythischen Stoffes.
18 S. dazu das Beispiel von der Gründung Troias bei Apollodoros in Kapitel 6.4.
19 S. dazu s. ausführlich Kapitel 9.8.3.
20 S. dazu v. a. Kapitel 16.
21 S. das Beispiel in Kapitel 3.1.
22 S. Kapitel 8.
23 S. dazu Kapitel 12.4.

→ Eine Hylemanalyse umfaßt die Schritte Hyleme identifizieren, extrahieren, sortieren, präzisieren, komplettieren und zusammengehörige Einheiten fixieren. All diese Vorgänge lassen sich unter der Überschrift „Rekonstruktion des Stoffverlaufs" zusammenfassen und dienen auf diese Weise der Gewinnung des stofflichen Substrats einer medialen Stoffkonkretion.

Die Rekonstruktion einer Hylemsequenz in ihrer natürlichen Abfolge mag im Einzelfall schwierig sein. Doch sie lohnt sich, geht sie doch, wie bereits bemerkt, über eine reine Textparaphrase wesentlich hinaus. Denn eine Hylemanalyse trägt oft dazu bei, daß man auf Probleme, Lücken oder Widersprüche im Stoffverlauf, die man leicht überliest oder übersieht, überhaupt erst aufmerksam gemacht wird. Sie hilft nicht nur zu erkennen, was in einem Text steht, sondern auch, was in einem Text *nicht* steht; sie hilft, Fehlendes mit der gebotenen Vorsicht zu ergänzen oder aber zu konstatieren, daß es sich entweder um stoffliche Lücken handelt, die sich nicht ergänzen lassen, oder um solche, die als Inkonsistenzen im Handlungsverlauf zu werten sind. Letzteres wird für eine Stratifikationsanalyse mythischer Stoffe noch eine wichtige Rolle spielen[24].

Gewinnbringend ist eine Untersuchung der Hylemstruktur außerdem insofern, als man durch eine solche Analyse dazu gezwungen wird, sich über den Ablauf der jeweils dargebotenen oder auch verschwiegenen, aber implizit vorausgesetzten Hyleme genaue Rechenschaft abzulegen; Beispiele dazu wird Kapitel 6.4 liefern. Schließlich geht es auch darum, sich darin zu trainieren, den Fehler zu vermeiden, logische Lücken in einer Hylemsequenz vorschnell und von eigenen Vorannahmen geleitet zu ergänzen.

Es lohnt sich, auf den letztgenannten Punkt kurz noch etwas näher einzugehen. Man hat in der Erzählforschung darauf aufmerksam gemacht, daß jede Form einer narrativen Wirklichkeitsrepräsentation unvollständig ist[25], und daß nicht zuletzt deswegen Rezipienten von Stoffen bzw. konkreten Stoffvarianten, also z. B. Leser von Texten, beim Rezipieren des Gebotenen ständig Ergänzungen des

---

24 S. dazu Kapitel 16.
25 Vgl. Martínez/ Scheffel, 2012, 165, zu narrativen Texten: „Die unvermeidlichen Lücken der Textoberfläche – denn kein Text kann vollständig explizit sein – müssen durch den Leser aufgefüllt werden." Einschlägig dazu ist das Werk von Iser, 1994.

Rezipierten vornehmen und sich bei diesen Ergänzungen von der eigenen Vorstellungswelt leiten lassen[26]. Das kann so weit gehen, daß man nach dem Rezeptionsvorgang glaubt, man habe etwas gelesen oder gehört, was *de facto* aber tatsächlich nicht im Text stand oder gesagt wurde, was man sich aber entsprechend ergänzt oder gedacht hat, oder daß man automatisch und unbewußt kleinere Inkonsistenzen glättet oder einfach ausblendet[27]. Analoges ist für den Rezeptionsvorgang von bildlichen Darstellungen vorauszusetzen, daß also die Betrachtung keine objektive Analyse des Vorhandenen, sondern eine immer schon kulturell kodierte, gelenkte und damit selektive Art der Wahrnehmung darstellt, die manches übersieht, anderes ergänzt und damit immer schon auf ein interpretierendes Sehen hinausläuft[28]. Der Drang, ein Bild oder einen Text *verstehen* zu wollen, geht deshalb nicht selten auf Kosten der *Genauigkeit* der „Lektüre", und das selbst bei Bildern oder Texten, die man sehr gut kennt oder zu kennen meint. Um sich zu dieser Genauigkeit zu zwingen, hat sich die Hylemanalyse bereits etliche Male als ein wertvolles Hilfsmittel erwiesen; ein konkretes Beispiel wird das nächste Kapitel liefern.

Die hier anvisierte, formalisierte und überdies von funktionalen wie semantischen Kriterien unabhängige Hylemanalyse stellt schließlich eine wichtige, ja unerläßliche Voraussetzung für stoff-vergleichendes Arbeiten dar. Eine Vergleichbarkeit auf stofflicher Ebene ist erst dann gewährleistet, wenn Stoffvarianten nicht in der ggf. stark umgeformten Gestaltung ihrer jeweiligen medialen Konkretionen, sondern in ihrer durch eine Hylemanalyse auf die Stoffstruktur in ihrer natürlichen Abfolge zurückgeführten Sequenz und auf die standardisierte Form von Hylemen gebrachten Gestalt vorliegen. Darauf wird in Kapitel 9 noch einmal ausführlicher zurückzukommen sein.

6.4 Nochmals die Gründung von Troia bei Apollodoros und das Ende der Sintflut im *Gilgameš-Epos*

An zwei Beispielen sollen verschiedene der oben angesprochenen Punkte deutlich gemacht werden, und dabei soll zunächst wiederum auf die Gründung der

---

[26] S. Martínez/ Scheffel, 2012, 134 (zum aus der Kognitionspsychologie stammenden Konzept der „Inferenz"), 147 f (dort in Bezug auf Figuren), und noch einmal ausführlicher 165-167.
[27] Zum „Automatismus des Implizierens", bei dem u. a. in der Erzählung vorhandene Lücken vom Leser oft unbewußt ausgefüllt werden, s. auch Schmid, 2007, 106.
[28] Vgl. dazu ausführlicher Frank/ Lange, 2010, 42 f.

Stadt Ilion durch Ilos in der Version des Apollodoros zurückgegriffen werden[29], von der hier nur ein Ausschnitt in Übersetzung wiederholt sei[30]:

> Dort [sc. beim sogenannten Hügel der phrygischen Ate] gründete Ilos eine Stadt und nannte diese Ilion; als er zu Zeus gebetet hatte, daß ihm irgendein Zeichen erscheinen möge, erblickte er bei Tage das vor dem Zelt liegende, vom Himmel herabgefallene Palladion.

Es wurde bereits in Kapitel 3.1 festgestellt, daß die diesem Textabschnitt zugrundeliegende Hylemstruktur in ihrer natürlichen Abfolge folgendermaßen rekonstruiert werden muß:
– Ilos bittet Zeus um ein Zeichen
– Palladion fällt nachts vom Himmel herab
– Ilos erblickt nach Tagesanbruch das Palladion vor seinem Zelt
– Ilos gründet eine Stadt
– Ilos nennt die Stadt Ilion

Außerdem weist die textliche Konkretion der zugrundeliegenden Stoffvariante Lücken auf, von denen einige ergänzt werden können, da es für die Ergänzungen dieser fehlenden, aber eindeutig vorausgesetzten Hyleme sichere Anhaltspunkte im Text gibt. So lassen sich die im Text steckenden zusätzlichen Informationen zu folgender Hylemsequenz ausbauen:
– [Ilos kommt beim sogenannten Hügel der phrygischen Ate an]
– [Ilos errichtet ein Zelt]
– Ilos bittet Zeus um ein Zeichen [für eine Stadtgründung]
– [Palladion fällt nachts vom Himmel herab vor Ilos' Zelt]
– Ilos erblickt nach Tagesanbruch das Palladion vor seinem Zelt
– [Ilos erkennt in dem Palladion das von Zeus erbetene Zeichen]
– Ilos gründet eine Stadt
– Ilos nennt die Stadt Ilion

Ein einziges Hylem in dieser Sequenz muß noch einer genaueren Untersuchung unterzogen werden, und zwar das zentrale: „Palladion fällt nachts vom Himmel herab vor Ilos' Zelt". Wenn man alle Hyleme im Prinzip auf die logische Grundform Handlungsträger – Prädikat (– Handlungsobjekt) zurückführen will, die sich in den meisten Sprachen durch die Verbindung (logisches) Subjekt – Prädikat (– Objekt) zum Ausdruck bringen läßt, dann stellt sich die Frage: Ist hier wirklich das Palladion der eigentliche Handlungsträger? Denn dies wird aus dem

---

29 Apollod. 3,142 f.
30 Apollod. 3,143. Der griechische Text bei der Behandlung des Beispiels in Kapitel 3.1.

textlichen Ausdruck vom „vom Himmel herabgefallenen Palladion" (τὸ διιπετὲς παλλάδιον) nicht völlig unmißverständlich deutlich. Rein grammatisch betrachtet läßt sich der Ausdruck freilich umwandeln in „das Palladion fällt vom Himmel", und damit wäre das Palladion Subjekt.

Bei der Rekonstruktion von Hylemen geht es aber nicht um das *grammatische*, sondern um das für die Handlung *tatsächlich verantwortliche* Subjekt der Handlung, also nicht um Syntaktisches, sondern um Inhaltliches. Das inhaltliche Subjekt ist nun im vorliegenden Fall aber kaum das Palladion – denn eine Götterstatue fällt normalerweise nicht von selbst irgendwo herunter. Nicht, daß das in mythischen Stoffen ein Ding der Unmöglichkeit wäre, aber wenn der Götterstatue selbst die Kraft zur Fortbewegung zugeschrieben würde, dann würde eine solche Fähigkeit in aller Regel in irgendeiner Form plausibilisiert oder doch zumindest erwähnt werden. In unserem Fall bittet Ilos Zeus um ein Zeichen, und daraufhin fällt das Palladion vom Himmel, so daß es schon mehr als merkwürdig wäre, wenn man in dem geschilderten Vorgang nicht auch eine Tat des Zeus, sondern ein spontanes und vom Palladion selbst herbeigeführtes Herabfallen erblickte. Es ist also Zeus, der nachts das Palladion vom Himmel herabfallen läßt.

Daß dies gedanklich so aufzufassen ist, dafür gibt es sogar noch einen semantischen Hinweis. Denn die griechische Wendung „das vom Himmel herabgefallene Palladion" (τὸ διιπετὲς Παλλάδιον) läßt sich auch übersetzen mit „das *von Zeus* herabgefallene Palladion", da in dem Adjektiv διι-πετής der Eigenname des obersten Gottes gehört wurde (Διί als Dativ-Form von Ζεύς)[31]. Ein vermutlich in

---

31 Der sprachwissenschaftlich genauen Ableitung und der Bedeutungsgeschichte des Adjektivs διιπετής kann hier im Einzelnen nicht nachgegangen werden; zu verschiedenen Möglichkeiten der Ableitung und zur vermutlichen Bedeutungsentwicklung s. ausführlich Treu, 1958, v. a. den zusammenfassenden Überblick ebd. 272-274. Besonders für den Gebrauch des Adjektivs in den homerischen Epen besteht nach wie vor Klärungsbedarf: Nach LfgrE s. v. διιπετής ist in Bezug auf die frühgriechische Epik die Deutung bezüglich des Vorderglieds unklar, während der zweite Wortbestandteil auf πέτομαι zurückgeführt und „fliegend" als Ausdruck für „fließend" interpretiert wird: „Vorderglied unklar: *durch Zeus / am Himmel / im Freien / hindurch > herab .../ rasch dahin + fliegend > fließend* (zu πέτομαι, vgl. ὠκυ-, ὑψιπέτης)". Zum späteren Vorstoß von Griffith, 1997, 356, der διιπετής von Διί (als lokativischer Dativ) und πέτομαι ableitet und es mit „flying in the sky" wiedergibt, lassen sich einige Einwände vorbringen, da die Plausibilisierung der Vorstellung von am Himmel dahinfliegenden Flüssen durch den Verweis auf ägyptische Quellen doch etwas weit hergeholt scheint (immerhin sollte doch für das Gros des Publikums die Bedeutung des Adjektivs unmittelbar einleuchtend gewesen sein, und nicht erst durch einen Verweis auf Ägypten erklärt werden müssen), und außerdem würde man statt „am/ im Himmel *fliegende*" wohl doch eher „am/ im Himmel *fließende*" Flüsse erwarten (und das gibt nicht einmal die ägyptischen Vorlage her, geschweige denn, daß es dazu griechische Parallelen gäbe). Beekes, 2010, s. v. διιπετής, gibt als Bedeutung für das Adjektiv „fallen from heaven" an, auch mit Blick auf

das 3. Jahrhundert n. Chr. zu datierender Epiker, Quintus Smyrnaeus, bietet außerdem noch einen textlichen Beleg, nach dem der Vorgang als ein intentionaler Akt des Zeus gesehen wurde, wenn er explizit schreibt, der Sohn des Kronos selbst habe das Götterbild vom Olymp in die Stadt Troia hinabgeworfen[32]. Dazu paßt außerdem die Beobachtung, daß nahezu bedeutungsgleich das Adjektiv θεόπεμπτος, also „von Gott gesandt" verwendet werden konnte[33]. Auf diesem Hintergrund läßt sich das zentrale Hylem, das hier zunächst textnah mit „Palladion fällt nachts vom Himmel herab vor Ilos' Zelt" wiedergegeben wurde, durch eine auf das Inhaltliche zielende Hylemanalyse präziser fassen, und die rekonstruierte Hylemsequenz läßt sich damit folgendermaßen darstellen[34]:

- [Ilos kommt beim sogenannten Hügel der phrygischen Ate an]
- [Ilos errichtet ein Zelt]
- Ilos bittet Zeus um ein Zeichen [für eine Stadtgründung]
- [Zeus läßt als Zeichen für Ilos das Palladion nachts vom Himmel vor Ilos' Zelt herabfallen]
- Ilos erblickt nach Tagesanbruch das Palladion vor seinem Zelt
- [Ilos erkennt in dem Palladion das von Zeus erbetene Zeichen]
- Ilos gründet eine Stadt
- Ilos nennt die Stadt Ilion

Homer, ohne allerdings auf die Arbeiten von Treu oder Griffith einzugehen. Wie dem auch sei, für unseren Fall vom Palladion genügt es, daß aus emischer Perspektive schon in der Antike selbst die Deutung von διπετής als „von Zeus = vom Himmel gefallen" gut bezeugt ist (vgl. etwa die D-Scholien zu Homers Ilias 16,174, die als Worterklärung für διπετής angeben: ἤτοι ὑπὸ Διὸς πεπτωκότος) und spätestens ab Euripides, bei dem zum ersten Mal neben διπετής auch die Form διοπετής bezeugt ist (s. Treu, 1958, 273), diese Bedeutung und emische Herleitung aus deklinierten Formen von Ζεύς (Genitiv Διός, Dativ Διί, emisch offenbar verstanden als dativus auctoris) und dem Verbum πίπτω („fallen", also nicht von πέτομαι = „fliegen"; vgl. zu beiden Bestandteilen Etymologicum Magnum 275,9 f: παρὰ τὴν Διῒ δοτικὴν καὶ τὸ πεσεῖν) als dominant, zumindest aber als allgemein anerkannt und verbreitet angesehen werden kann (s. Treu, 1958, 273 f); vgl. auch die Parallelisierung bei Herodian. 1,11,1: αὐτὸ μὲν τὸ ἄγαλμα διοπετὲς εἶναι λέγουσιν ... τοῦτο δὲ πάλαι μὲν ἐξ οὐρανοῦ κατενεχθῆναι. Die Formulierung des vom Himmel bzw. Zeus herabgefallenen Palladions z. B. auch noch bei Konon 34 = FGrH 26 F 1 (τὸ διοπετὲς Ἀθηνᾶς παλλάδιον); die vergleichbare Stelle Eur. Iph. T. 977 f (διοπετὲς ... / ἄγαλμα) bezieht sich auf das Kultbild der Artemis bei den Taurern.

32 Q. Smyrn. 10,358-360: οὐδέ οἱ ἄμβροτον εἶδος ἐτεκτήναντο σιδήρῳ / ἀνέρες, ἀλλά μιν αὐτὸς ἀπ' Οὐλύμποιο Κρονίων / κάββαλεν ἐς Πριάμοιο πολυχρύσοιο πόληα.
33 Dion. Hal. ant. 2,71,1 f.
34 S. dazu auch die ergänzenden Ausführungen in Kapitel 9.8.3.

Es wurde hier bewußt auf ein vom textlichen Umfang her sehr begrenztes Beispiel zurückgegriffen. Wenn sich schon aus so wenigen und kurzen Sätzen derart zahlreiche Beobachtungen und weiterführende Fragestellungen ergeben, dann läßt das erahnen, welches Potential in einer Hylemanalyse erst recht dann liegt, wenn es um die Untersuchung längerer Textpassagen bzw. Texte geht.

Als zweites Beispiel soll eines dienen, das zeigt, daß selbst bekannte und berühmte Texte im Detail neu spannend werden oder neue Fragestellungen aufwerfen können, wenn man sich über die hinter der Textoberfläche liegende Hylemstruktur Gedanken macht. Es geht um die Schilderung des Endes der Sintflut in der 11. Tafel des akkadischen *Gilgameš-Epos*[35]. Das Schiff des Uta-napišti ist am Berg Nimuš auf Grund gelaufen. Der Sintflut-Held hat bereits eine Taube und eine Schwalbe fliegen lassen, aber beide Vögel hatten kein trockenes Land gefunden, um zu landen, und waren zur „Arche" zurückgekehrt. Als dritten Vogel entsendet Uta-napišti, der sich immer noch auf seinem Schiff befindet, einen Raben:

illik arībi-ma qarūra ša mê īmur-ma 155
ikkal išaḫḫi itarri ul issaḫra
ušēṣi-ma ana erbetti šārī attaqi nīqa
aškun surqinnu ina muḫḫi ziqqurrat šadî
sebēt u sebēt adagurra uktīn
ina šaplīšunu attabak qanâ erēna u asa 160
ilū īṣinū irīša
ilū īṣinū irīša ṭāba
ilū kīma zumbē eli bēl niqî iptaḫrū
ultu ullânum-ma Bēlet-ilī (dingir.maḫ) *ina kašādīšu*
...
ilū lillikūni ana surqinni
ᵈEnlil aj illika ana surqinni
aššu lā imtalku-ma iškunu abūbu 170
u nišīja imnu ana karāši
ultu ullânum-ma ᵈEnlil ina kašādīšu
īmur eleppam-ma īteziz ᵈEnlil
...
aj ibluṭ amēlu ina karāši

Der Rabe flog. Als er aber sah, wie sich das Wasser verzog, da 155
begann er zu fressen, *zu scharren und hüpfen* und kam nicht wieder zurück.
Da aber holte ich ein Opfertier hervor, den vier Winden brachte ich es dar.
Ich streute Räuchergaben hin, oben auf den Stufenturm aus Fels,
und stellte sieben und sieben Opfertrankflaschen auf.

---

[35] *Gilgameš-Epos* Tafel 11, 155-164.168-173.176, Text nach der Edition von George, 2003, 712 f; Übersetzung von Maul, 2012, 145 f.

Ihnen zu Füßen schüttete ich Rohr, Zeder und Myrte hin.   160
Die Götter aber rochen den Duft,
die Götter rochen den süßen Duft,
die Götter kamen alsbald wie die Fliegen über dem Opferspender zusammen.
Als aber Belet-ili herangekommen war,
... [sc. sprach sie:] „...
Die Götter sollen zu den Räuchergaben kommen.
(Doch) nicht soll Enlil zu den Räuchergaben kommen,
weil er keinen (guten) Rat erteilte, sondern die Sintflut sandte   170
und meine Menschen der Vernichtung preisgab."
Als aber Enlil herangekommen war,
sah er das Schiff. Da packte den Enlil der Zorn.
... [sc. und er rief:] „...
Kein einziger Mensch sollte die Vernichtung überleben!"

Es soll hier keine lückenlose Hylemanalyse durchgeführt, sondern lediglich auf einige wenige Beobachtungen aufmerksam gemacht werden, die sich bei dem Versuch ergeben, die dem Text zugrundeliegende Hylemsequenz zu rekonstruieren.

Obwohl man als Leser dies implizit voraussetzt bzw. es unbewußt ergänzt, ist im Text bspw. nirgends explizit davon die Rede, daß Uta-napišti aus dem Schiff ausgestiegen ist. Bei den Hylemen, die sich auf den Raben beziehen, ist vorausgesetzt, daß der Sintflut-Held sich noch auf seinem Schiff befindet. Die folgenden Hyleme aber handeln davon, daß Uta-napišti auf einem „Stufenturm aus Fels" u. a. Räuchergaben ausstreut und Opfertrankflaschen aufstellt, was bedeutet, daß Uta-napišti das Schiff verlassen haben muß – es sei denn, man wollte das sehr unwahrscheinliche Szenario konstruieren, daß Uta-napišti all die geschilderten Opferzeremonien vom Schiff aus veranstaltet.

Des Weiteren ist nirgends sonst davon die Rede, daß sich auf dem Berg Nimuš ein „Stufenturm" befindet oder von wem er errichtet wurde. Dabei ist das im Originaltext verwendete Wort *ziqqurratu* ein deutlicher Hinweis auf einen Tempel. Dieser Tempel auf dem Berg Nimuš ist aber offensichtlich ein Element aus ganz anderen stofflichen Kontexten, die hier vorausgesetzt, aber nicht ausgeführt werden.

Nach den „vier Winden" ist dann plötzlich von „den Göttern" die Rede, zu den Opfergaben kommen. Sind „die Götter" mit den vier Winden identisch, oder sind *andere* Götter gemeint? Im Folgenden jedenfalls kommen mit der Muttergöttin Bēlet-ilī und dem Götterkönig Enlil Gottheiten zu den Räuchergaben, die eindeutig *nicht* zur Gruppe der vier Windgottheiten gehören. Wem wird also hier eigentlich geopfert? Den Winden, den anderen Göttern, oder beiden? Oder ergibt sich aus der Beobachtung dieser Problematik eventuell sogar die Notwendigkeit einer anderen Übersetzung, etwa „in alle vier Windrichtungen brachte ich es dar" statt „den vier Winden brachte ich es dar"[36]?

Die Götter kommen, wie es im Text heißt, „wie die Fliegen über dem Opferspender" zusammen. Man wird das eindrucksvolle Bild von den Göttern, die sich wie die Fliegen zusammenscharen, aller Wahrscheinlichkeit nach nicht so schnell vergessen[37]. Das interessante Detail allerdings, das freilich nichts Besonderes bedeuten *muß*, aber eine Bedeutung haben *kann*, daß nämlich die Götter sich wie Fliegen nicht um die Opfer*gaben*, sondern um den Opfer*spender* scharen, dieses Detail wird man ohne die Notwendigkeit analytischer Präzision entweder schnell vergessen oder als unwichtig, weil vielleicht nur stilistisch bedingt, gar nicht erst richtig registrieren, oder man wird es eigenen Vorstellungsgewohnheiten gemäß unterbewußt und stillschweigend „berichtigen", indem man sich die Götter wie Fliegen eben doch um die Opfer*gaben* herumkreisend vorstellt. Aber weshalb sollte dann Bēlet-ilī später sagen, „die Götter sollen zu den Opfergaben kommen", wenn sie schon dort waren?

Schließlich verbittet sich Bēlet-ilī, daß der Gott Enlil zu den Opfergaben kommt. Übergangslos ist aber direkt im Anschluß davon die Rede, daß Enlil zu den Opfergaben kommt. Wie ist ein solch abrupter Bruch zu erklären? Ist Bēlet-ilī so machtlos, daß ihr unmißverständlich geäußerter Wunsch ohne jede weitere Bemerkung einfach mißachtet wird? Es ist jedenfalls auffällig, daß Bēlet-ilī im weiteren Fortgang der Erzählung plötzlich überhaupt nicht mehr vorkommt.

Eine Hylemanalyse schärft, wie diese Beobachtungen gezeigt haben dürften, den Blick nicht nur für die stoffliche Struktur, sondern gerade auch für die in einer stofflichen Struktur steckenden Merkwürdigkeiten und Probleme, bis hin zu regelrechten Brüchen oder zumindest stark erklärungsbedürftigen Inkonsistenzen. Am vorliegenden Ausschnitt vom Ende der Sintflut-Erzählung ist deutlich geworden, wie komplex und damit auch kompliziert eine Hylemstruktur gerade bei länger ausgeführten mythischen Stoffvarianten sein kann, und offensichtlich ist es nicht eine Sache von nur ein paar wenigen, kommentierenden Anmerkungen, die mit dieser Komplexität einhergehenden Probleme zufriedenstellend aufzuschlüsseln und zu erklären. Dazu bedarf es zusätzlich zu einer Hylemanalyse noch anderer Zugänge zu mythischen Stoffen und ihren Varianten, um die es ab Kapitel 13 gehen soll.

---

36 Eine solche distributive Verwendungsweise der Präposition *ana* könnte analog zur ebenfalls distributiven Bedeutung in Ausdrücken wie *idi ana idi* „auf allen Seiten" stehen (diesen Hinweis verdanke ich A. Zgoll).

37 Vgl. ganz ähnlich die bei Lukian (spöttisch) referierte Vorstellung von den Göttern, die wie Fliegen das Blut der Opferaltäre auflecken, Lukian. *De sacrificiis* 30,9 (MacLeod).

7 Stoff und Stoffschema: Weitere Differenzierung des Stoffbegriffs

7.1 Die Suche nach der Urversion angesichts des Themenfeldes Mündlichkeit und Schriftlichkeit

Von der Problematik bei der Suche nach einer Urversion von mythischen Stoffen war bereits die Rede, doch ist hier noch einmal darauf zurückzukommen. Verschärft wird diese Problematik noch dadurch, daß mythische Stoffe vor ihrer Verschriftung aller Wahrscheinlichkeit nach längere Zeit hindurch mündlich tradiert worden sind. Ein Fall, in dem der ikonographische Befund einen Hinweis darauf liefert, daß ein Stoff lange vor der frühesten bezeugten Verschriftung bekannt war, ist bspw. beim Etana-Mythos gegeben. Die ältesten schriftlichen Quellen stammen aus dem 18. Jahrhundert v. Chr., aber es existieren bereits aus der altakkadischen Zeit (23./ 22. Jh. v. Chr.) Rollsiegel, bei denen es zumindest wahrscheinlich ist, daß sie Varianten des Etana-Stoffes darstellen sollen (s. dazu auch Abb. 3 in Kapitel 11.1)[1].

Bei aller Plausibilität ist die These, daß vor einer Verschriftung mythischer Stoffvarianten grundsätzlich eine Phase der oralen Überlieferung stand, freilich nicht letztlich beweisbar. Daran ändert auch das Etana-Beispiel nichts, denn selbst hier kann man noch annehmen, daß der Stoff zuerst verschriftet wurde, noch vor den Darstellungen auf den Rollsiegeln, nur daß die ältesten textlichen Quellen nicht erhalten geblieben sind[2]. Selbst wenn man eine Tonaufzeichnung bspw. der Erzählung über Hybris und Bestrafung der Niobe aus der Antike fände,

---

[1] S. dazu Boehmer, 1965, 122 f; Haul, 2000, 40-44; A. Zgoll, 2002; Rohn, 2011, 87; weitere Hinweise auf die kontroverse Diskussion zu Etana-Darstellungen auf akkadzeitlichen Siegeln verdanke ich G. Gabriel: Alster, 1989, 83; Steinkeller, 1992, 252-255; Bernbeck, 1996, 176-178; Hrouda, 1996, 158 f; Selz, 1998, 153 f; Westenholz, 1999, 80-82; Nadali/ Verderame, 2008, 311. Ein Abdruck wichtiger Rollsiegel-Darstellungen bspw. im (nicht paginierten) Anhang von Kinnier Wilson, 2007, Plates XIV-XV. Zur Problematik bildlicher Quellen s. bereits die Ausführungen in Kapitel 2.2.

[2] Zum Problem des Überlieferungszufalls in Bezug auf die altorientalischen Quellen s. allgemein Bottéro, 2001, 24 f, und exemplarisch A. Zgoll, 2006a, 18 f.

in welcher der Erzähler zudem einleitend die Information gäbe, daß er im Folgenden eine ganz neue, bisher nie gehörte Geschichte zu Gehör bringen wolle, dann ließe sich wiederum die Richtigkeit dieser Information unmöglich verifizieren.

Umgekehrt wäre das mehr oder weniger zeitgleiche Auftauchen einer besonderen historischen Konstellation oder Problemlage zusammen mit einer Textquelle, in der sich ein bis dahin nicht bezeugter mythischer Stoff findet, der genau auf diese historische Situation Bezug nimmt, auch kein Beweis für die gegenteilige Annahme, nämlich daß eine Verschriftung an erster Stelle steht. Selbstverständlich könnte auch in einem solchen Fall eine Phase der mündlichen Überlieferung der Verschriftung vorangegangen sein, und wenn sie auch noch so kurz gewesen sein mag.

Es entsteht somit eine Art Patt-Situation, denn letztlich lassen sich weder die Priorität der Verschriftung noch die Priorität einer mündlichen Tradierung hieb- und stichfest beweisen. Die Unbeweisbarkeit einer vorgängigen mündlichen Überlieferung mythischer Stoffe und die Unberechenbarkeit des Überlieferungszufalls in Bezug auf eventuell ihrerseits prioritäre, aber verlorene Textquellen ist allerdings nur scheinbar ein Problem. Die Problematik bei der Suche nach einer Urversion geht noch tiefer; es soll darauf in Kapitel 7.2 näher eingegangen werden.

Vorerst soll es genügen, daß die Annahme einer vorgängigen oralen Tradierung mythischer Stoffe, auch wenn sie letztlich unbeweisbar bleibt, viel für sich hat. Geschichten werden in antiken Kulturen *erst* erzählt, *dann* aufgeschrieben worden sein. Und auch parallel zur schriftlichen Überlieferung wird es weiterhin einen breiten Strom an mündlicher Überlieferung gegeben haben. Für diese Annahme der Priorität mündlicher Überlieferung, die oft schlicht als selbstverständlich vorausgesetzt wird[3], sollen im Folgenden einige Gründe zusammengetragen werden.

Zunächst einmal ist es wesentlich einfacher, Inhalte mündlich als über den Umweg der Schrift zu kommunizieren. Das gilt sowohl inner- als auch interkulturell. Für einen schriftlichen Transfer ist mehr an Wissen, Material und nicht zuletzt Ausgaben nötig als für einen oralen Transfer. Schon rein mnemotechnisch betrachtet ist es ein viel höherer Aufwand, einen *Text* auswendig zu lernen, als wenn man einen *Stoff* in einer bestimmten Variante nur in groben Zügen und mit Gestaltungsspielraum wiederzugeben hat[4], und entsprechend ist es wesentlich material- und zeitaufwändiger und bedarf eines höheren Bildungsgrades, eine

---

3 Vgl. etwa Powell, 2009, 66.
4 Vgl. Burkert, 1982, 63: „Wir können uns, wie jeder weiss und erfahren kann, eine Erzählung ohne weiteres durch einmaliges Anhören 'merken', ohne dass wir einen Text memorieren ..."

Stoffvariante zu verschriften oder einen schon existierenden Text erneut abzuschreiben und ihn so in materialisierter Textform im Gepäck mitzuführen, als im geselligen Miteinander eine Stoffvariante in ungefähren Umrissen zu rezipieren und sie später aus dem Gedächtnis nachzuerzählen.

Von daher ist es klar, daß in den antiken Kulturen die Wanderung von oral vermittelten *Stoffen* bzw. ihren Varianten in einem sehr viel größeren Umfang stattgefunden haben wird als eine Wanderung von *Texten*[5]. Das gilt innerkulturell und erst recht interkulturell, da dort die jeweils unterschiedlichen Sprachen und Schriften noch zusätzliche Barrieren darstellten. Ein Grieche auf einer Handelsreise oder auf einer militärischen Expedition konnte aller Wahrscheinlichkeit nach einen *Text* in Keilschrift und im babylonischen Dialekt des Akkadischen gar nicht erst *lesen* und dann noch *verstehen* oder ihn gar (in Keilschrift!) abschreiben oder (auf Babylonisch) auswendig lernen. Viel eher wird er von der Variante eines mythischen *Stoffes* auf dem Umweg über Dolmetscher von Gastgebern oder über erbeutete Sklaven oder angeheiratete Frauen aus der Fremde *hören*[6]. Direkt und zweifelsfrei nachweisbare intertextuelle Bezüge zwischen verschiedenen Kulturen sind über die Schrift- und Sprachgrenzen hinweg somit *a priori* nur selten zu erwarten[7]. Das heißt allerdings umgekehrt, daß für jede sicher identifizierte inter*textuelle* Anspielung zwischen zwei Kulturen ein *Vielfaches* an inter*stofflichen* Austauschprozessen angenommen werden muß[8].

---

[5] Zu vorwiegend mündlichen Übertragungswegen hinsichtlich der vorderorientalisch-griechischen Kontakte s. Graf, 1985, 90-92. Zum Primat der Mündlichkeit selbst noch bis in die hellenistische Zeit Griechenlands vgl. Bauks, 2012, 2.4.2 (mit Literaturhinweisen): „Wenigstens bis zum Beginn der hellenistischen Zeit ist davon auszugehen, dass es zwar Schriftwerke gab, diese aber lediglich der Ausbildung sehr weniger Personen dienten, während die Allgemeinheit Überliefertes nur durch Hören z. B. des auswendig Gelernten und Rezitierten wahrnahm."
[6] Vgl. zu diesen eher oralen als textbasierten Übertragungswegen auch Fox, 2011, 142, 276, 314, 322 und 419. Zu einer weiteren Differenzierung s. Ong, 1982, der neben „orally based thought" auf der einen Seite und „chirographically based, typographically based, and electronically based thought" auf der anderen Seite unterscheidet (ebd. 36).
[7] Vgl. Bauks, 2012, 2.4.2, wonach „eine materiell gestützte Rekonstruktion von Überlieferungswegen nicht nur wegen der oft ungleichen Fundlage von Texten, sondern auch mangels schriftlicher Fixierung nur im Ausnahmefall möglich ist".
[8] Dies arbeitet in aller Deutlichkeit Henkelman, 2006, 809-815, in Hinblick auf die Kontakte zwischen Altem Orient und Griechenland heraus. Vgl. ebd. 810: „A direct relationship between texts is a rarity. ... it is essential to realise that the actual intercultural connection is in most cases that between an oral tradition in the Near East and an oral tradition in Greece. ... It is not between the texts themselves, but between the oral traditions, from which just the tip of the iceberg is revealed, that a direct relation may be assumed. In fact, one needs to take one further step, for the plural 'oral traditions' is not entirely correct. When we assume that stories spread, like an oilstain on the ocean surface, slowly from village to village and between people that were in close

Wenn sich eine vorgängige mündliche Überlieferung mythischer Stoffe aber als sehr wahrscheinlich herausstellt, dann wird deutlich, daß der Versuch der Wiederherstellung von Urversionen von vornherein problematisch ist. Im günstigsten Fall sind Rekonstruktionen der Beschaffenheit solcher mündlichen Vorstufen plausibel, aber sie werden doch immer äußerst hypothetisch bleiben müssen. Jamme verfolgt in seiner philosophisch ausgerichteten Arbeit zum Mythos unter anderem die Absicht, Impulse aus der Ethnologie aufzugreifen und die verändernden Auswirkungen zu betonen und herauszuarbeiten, die schriftliche Fixierungen und damit die Herauslösung von Mythen aus ihren „ursprünglichen" oralen Kontexten gehabt haben müssen[9]. So wenig sich diese These grundsätzlich bezweifeln läßt, so betritt man doch mit den Folgerungen für die Rekonstruktion und Interpretation der vorschriftlichen Stoffvarianten und der vermuteten Kontexte, in denen sie entstanden sein und gestanden haben sollen, notwendig eher unsicheren Boden. Zudem bleibt die Frage, ob sich neben den *Funktionen* von Mythen, die sich sicherlich durch andere Medialisierungen und Kontextualisierungen ändern (können), tatsächlich auch die *stofflichen Strukturen* ändern müssen, wenn sie medial anders dargeboten werden. Eine Notwendigkeit besteht hier sicherlich nicht.

7.2 Wäre eine Urversion die Urversion? Zuspitzung der Problematik, oder: Die Suche nach „dem" Sintflutmythos

> Er erzählte ihnen sein Schöngraberner Abenteuer ganz so,
> wie gewöhnlich Schlachtenteilnehmer ein Treffen zu schildern pflegen,
> das heißt so, wie sie gewünscht hätten, daß es gewesen wäre,
> so, wie sie es von anderen gehört haben ...
>
> Tolstoi, *Krieg und Frieden*, 3. Teil, Kapitel 7
> (Übers. M. Kegel)

Eine Untersuchung, die sich mit Stoffen befaßt, die sich um die Gestalt der Kirke ranken, beginnt mit dem pointierten Satz[10]: „Stories also have stories." Mythische Stoffe werden auf vielfältige Weise weiter tradiert (mündlich, schriftlich, ikonographisch, pantomimisch u. a.). Die Konkretionen einzelner Varianten dieser

---

and daily contact, it would be better to speak of a single, encompassing 'stream of oral tradition'."
9 S. Jamme, 1999, VII f.
10 Yarnall, 1994, 1.

Stoffe stellen Inseln in einem größeren Traditionskontinuum dar, dem in der Regel, wie im vorigen Kapitel ausgeführt, eine Phase mündlicher Überlieferung vorangeht und das weiterhin von einer solchen begleitet wird. Ein mythischer Stoff ist nicht etwas Starres, Festgefügtes, sondern im Fluß befindlich.

Bis zu einem gewissen Punkt läßt sich die Geschichte einer „Geschichte" in die Vergangenheit zurückverfolgen, doch dann verliert sich ihre Spur im Dämmer vorschriftlicher Erzähltraditionen. Es wurde bereits festgestellt, daß die Suche nach der Urversion eines Stoffes deshalb in den meisten Fällen erfolglos bleibt oder nur zu sehr ungesicherten Ergebnissen führt[11].

Was aber wäre, wenn man tatsächlich einmal die Urversion eines Stoffes fände? Gesetzt, es würde der Fall eintreten, daß man einen Text oder eine Tonaufnahme der ersten Erzählung eines bestimmten Stoffes fände, und gesetzt den Fall, es ließe sich der gesicherte Nachweis führen, daß es sich dabei – egal, ob bei einer schriftlichen, ikonographischen oder sonstigen Quelle – auch wirklich um das erste Mal in der Geschichte der Menschheit handelte, daß dieser Stoff erzählt würde, hätte man dann die Urversion dieses Stoffes?

Nach dem gesunden Menschenverstand müßte freilich jeder Stoff einmal einen Anfang genommen haben, und selbst wenn mündlich tradierte Erzählungen an erster Stelle gestanden haben sollten, die nicht so klar greifbar sind wie Schriftliches, so müßte dieser Annahme entsprechend ein jeder Stoff einen bestimmten, unableitbaren Ursprung gehabt haben. Diese Annahme soll im Folgenden in Frage gestellt werden. Das ist eine radikale und folgenreiche Kritik; denn es ist ein fundamentaler Unterschied, ob man nur die *Möglichkeit der Rekonstruktion* einer Urversion bezweifelt oder ob man schlechthin die *Existenz* einer solchen in Abrede stellt – zumindest die Existenz einer Urversion in einem „absoluten" Sinn. Hier deutet sich eine wichtige Differenzierung bezüglich der Verwendung des Begriffes „Urversion" an, denn dieser Begriff ist keineswegs so eindeutig, wie er zunächst zu sein scheint.

Als ein Beispiel soll die Erzählung von Deukalion und Pyrrha herangezogen werden, wie sie in den *Metamorphosen* Ovids geboten wird[12]. Die Götter, allen voran Zeus, sind empört über die Frevelhaftigkeit der Menschen und beschließen, sie durch eine große Flut zu vernichten. Mit Hilfe eines Schiffes überleben als einzige Menschen Deukalion und Pyrrha; sie stranden am Berg Parnaß und erschaffen auf ein Orakel der Themis hin ein neues Menschengeschlecht aus Steinen.

---

11 S. dazu das Kapitel 4.2 zur Urversion mythischer Stoffe.
12 Ov. met. 1,260-415. Zum mythischen Stoff s. Luginbühl, 1992, 228-234; Belegstellen ebd. 228, Anm. 108.

Deukalion wird bereits bei Hesiod mit „aus Erde gesammelten Völkern" in Zusammenhang gebracht, so daß der Stoff bis in die archaische griechische Dichtung zurückverfolgt werden kann[13]. Freilich zeigt sich hier auch exemplarisch die Unsicherheit bei solchen Versuchen, eine Stoffgeschichte zu rekonstruieren, denn von einer Sintflut ist im kurzen Hesiodfragment nicht die Rede, so daß offenbleiben muß, ob Hesiod bzw. zu Hesiods Zeit nur die Verknüpfung von Deukalion mit dem Thema einer Menschenschöpfung bekannt war, oder ob diese deukalionische Menschenschöpfung auch damals schon mit einer vorgängigen Sintfluterzählung verbunden war. Wenn man sich bei der Suche nach einer Urversion nur noch an den Eigennamen halten will, so kann man diesen sogar noch weiter zurückverfolgen bis in die mykenische Zeit, aus der der Name Deukalion in der Form *de-u-ka-ri-jo* im Korpus der Linear-B-Tafeln bezeugt ist[14].

Gesetzt nun den Fall, man könnte mit hundertprozentiger Sicherheit belegen, daß der mit Deukalion verbundene Erzählstoff in einer bestimmten Variante, die derjenigen Ovids ähnlich war, die aufgrund der wesensmäßigen Polymorphie mythischer Stoffe von Ovids Version aber durchaus auch in etlichen Punkten abgewichen sein kann, das erste Mal in der Geschichte der Menschheit im Jahr 1200 v. Chr. im Festsaal des Palastes von Pylos vorgetragen wurde, wäre man dann tatsächlich zur Urversion des Stoffes vorgestoßen?

Man hätte in einem solchen Fall zwar die erste Variante dieses Stoffes mit *Deukalion* als Protagonisten – aber es wäre nicht die erste Erzählung in der Menschheitsgeschichte überhaupt von einem Menschen, der sich aus einer von Göttern gesandten Flut mit Hilfe eines Wasserfahrzeugs rettet, als einziger oder fast einziger Mensch diese Katastrophe überlebt und somit am Anfang eines neuen Menschengeschlechtes steht. Im vorliegenden Fall kann man dies sogar mit dem Hinweis auf die Erzählstoffe von Noah, Atramḫasīs, Uta-napišti und Zi-

---

13 Hes. *cat.* 234 Merkelbach/ West (= fr. *16 Hirschberger): λεκτοὺς ἐκ γαίης ΛΑΟΥΣ; offenbar liegt hier das auch sonst belegbare Wortspiel mit den ähnlich klingenden Wörtern λᾶας (auch λᾶος) „Stein" und λαός „Volk" vor (vgl. Apollod. 1,48 und Hygin. *fab.* 153); vgl. dazu auch Luginbühl, 1992, 230 f, und den Kommentar von Hirschberger, 2004, 478 f. Im Akkusativ Plural unterscheiden sich beide Wörter nur durch eine unterschiedliche Akzentuierung (λᾶους bzw. λαούς), die in der Antike aber noch nicht aufgeschrieben wurde (daher in der Edition von Merkelbach/ West auch das unakzentuierte ΛΑΟΥΣ), so daß man auch übersetzen könnte: „aus Erde gesammelten Steinen".

14 Fundort Pylos (An 654,12). Freilich ist dort ein mythischer Kontext nicht auszumachen, aber es ist auch nicht auszuschließen, daß eine solche Namengebung, wenn sie sich auf eine Privatperson beziehen sollte, von einem gleichnamigen Protagonisten aus einem mythischen Stoff beeinflusst sein könnte.

usudra eindeutig belegen, deren strukturelle und darüber hinaus noch bis in Details hineingehende Parallelität wahrlich kein Geheimnis unter Fachleuten ist. Dies gilt analog aber auch von anderen Stoffen.

Der angenommene erste Vortrag der mit Deukalion verbundenen Flut-Erzählung im Palast von Pylos im Jahr 1200 v. Chr. wäre also die Urversion des Mythos *von Deukalion*, der die Sintflut überlebt, nicht aber die Urversion des Mythos *von einem Menschen*, der eine Sintflut überlebt. Auf diese sich hier andeutende Unterscheidung soll gleich noch näher eingegangen werden. Hier geht es zunächst um eine grundsätzliche Feststellung: *Konkrete* Stoffe über das Schicksal *bestimmter* Götter oder Heroen entstehen nie in einem luftleeren Raum. Egal, wo und wann in der historischen, für uns noch annähernd durch Quellen erforschbaren Zeit solche Erzählungen entstanden sind, so waren doch verschiedenste Erzählungen von Bedrohungen der Menschheit durch Katastrophen, von Bruderzwist, Vatermord, Kinderverlust, Monsterkampf, Götterentstehung, Götterkämpfen etc. bereits in Umlauf, bevor bspw. bei den Griechen ähnliche, mit den spezifischen Namen und Schicksalen von Deukalion, Eteokles und Polyneikes, Oidipus, Niobe, Zeus und Typhoeus verbundene Erzählungen und solche über konkrete genealogische Beziehungen und Sukzessionen wie bspw. in Hesiods *Theogonie* greifbar werden[15].

Freilich werden Erzählstoffe nicht oder nur in den seltensten Fällen einfach zur Gänze übernommen und nur mit neuen Namen oder Orten verbunden[16]; aber es ist so gut wie ausgeschlossen, daß neue Erzählungen wie eine *creatio ex nihilo*, also in völliger Unkenntnis zumindest von einigen *Versatzstücken* (Hylemen oder Hylemelementen) aus anderen, bereits bekannten und tradierten Erzählungen entstehen[17]. Selbst Mythen mit einem eindeutigen historischen Terminus *post*

---

15 Vgl. Eliade, 1967, 329: „Gewiß soll die griechische Mythologie nicht von der Untersuchung des Phänomens Mythos ausgeschlossen werden. Aber es wäre unvorsichtig, mit ihr zu beginnen, und vor allem, diese Untersuchung auf ihre Zeugnisse zu beschränken. Die Mythologie, von der uns Homer, Hesiod und die Tragödiendichter berichten, ist schon das Resultat einer Auslese und darüber hinaus bereits eine Deutung archaischer Stoffe ..." Vgl. auch Heubeck, 1974, 681: „... es kann kein Zweifel sein, daß schon in der vorhomerischen Epik Geschehnisse wie Rachefeldzüge für erlittene Unbill, Bewährung von Freundestreue, Verletzung von Heldenehre und ihre Wiederherstellung, Einsatz des Lebens für ein höheres Ziel, heldenhaftes Bestehen von Abenteuern, Kämpfe mit übermächtigen Gegnern ... von zentralem Rang gewesen sind, und weiterhin, daß es üblich war, diese und ähnliche feste Motive wechselnd mit verschiedenen Gestalten zu verbinden und sie in jeweils neuer Verwendung mit anderen Motiven zu kombinieren."
16 Ein Beispiel für einen solchen Fall wird in Kapitel 20.10 besprochen.
17 Vgl. (vielleicht etwas überpointiert) Masciadri, 2008, 371: „Jede Geschichte, die einer erzählt hörte, glich einer anderen, die er schon kannte. So erstellte ihm die Gesamtheit der Sagen und Varianten den Erwartungshorizont, in den er die neue Erzählung einschrieb." Hinsichtlich der

quem wie bspw. über die Herstellung des ersten Bronzeschwertes (ein fiktives Beispiel) oder über die Erfindung des ersten hochseetauglichen Schiffes (wie im Falle des Argo-Mythos) mögen zwar in Bezug auf die konkret angesprochenen Kulturtechniken zu einem bestimmten Zeitpunkt in einer bestimmten Kultur neu bzw. erstmalig gewesen sein, aber sie können kaum als die ersten Mythen überhaupt angesehen werden, in denen davon die Rede ist, daß ein bestimmter Heros oder Gott etwas Neues erfindet.

Wenn es nun auch so gut wie unmöglich ist, zu der Urversion eines mythischen Stoffes im Sinne eines absoluten Nullpunkts vorzustoßen, dann bedeutet das wiederum nicht, daß es nicht sinnvoll und spannend sein kann, bei der Analyse von Varianten eines mythischen Stoffes nach älteren Schichten zu forschen, und wenn sich auch nur noch unvollständige und schwache Spuren solcher Strata ausmachen lassen. In der Erkundung der verschiedenen Schichten einer mythischen Stoffvariante, die eine historische Tiefendimension eröffnen kann, liegt gerade ein besonderer Reiz einer stratifikationsanalytischen Mythosforschung, worauf noch näher zurückzukommen sein wird. Doch sind der Ableitbarkeit der Ergebnisse einer Stratifikationsanalyse auf historische Fakten Grenzen gesetzt – in mehreren verschiedenen Hinsichten, worauf ebenfalls noch genauer eingegangen werden soll[18], aber eben auch aufgrund der Tatsache, daß die für uns greifbaren Stoffe in aller Regel nicht *ex nihilo*, sondern in Abhängigkeit von anderen Stoffen oder Stoffteilen entstanden sind.

Es geht hier also nicht um die grundsätzliche Frage, wann, unter welchen Umständen und in welcher Weise Menschen zum ersten Mal in der Geschichte begonnen haben, sich Geschichten zu erzählen, sondern nur um die Feststellung, daß man bei der Erforschung selbst noch so alter mythischer Stoffe das Ende einer bereits Jahrtausende alten Erzählpraxis vor sich hat[19], die es höchst problematisch erscheinen läßt, hinsichtlich eines bestimmten Stoffes von einer Innovation in einem absoluten Sinn zu sprechen. Mögen einzelne Hyleme neu hinzukommen oder neu kombiniert oder mit anderen Protagonisten verbunden werden, so ist doch daneben der Rückgriff auf bereits Vorhandenes schlichtweg unvermeidbar. Mehrere tausend Jahre, bevor die Schrift erfunden wurde und wir

---

Übernahme von Motiven, die einen Autor beim Verfassen eines Werkes beeinflussen, konstatiert Ähnliches aus der Perspektive der literaturwissenschaftlichen Motivforschung Wolpers, 2002, 75 f.

18 S. Kapitel 21.3.
19 Vgl. auch Blumenberg, 1984, 167 f; Mohn, 1998, 42; Barthes, 1988, 102: „Außerdem findet man die Erzählung ... zu allen Zeiten, an allen Orten und in allen Gesellschaften; die Erzählung beginnt mit der Geschichte der Menschheit; nirgends gibt und gab es jemals ein Volk ohne Erzählung ..."

einen Einblick in die Erzähltraditionen erhalten können, haben Menschen sich Geschichten erzählt[20]. Aller Wahrscheinlichkeit nach war die Sprachfähigkeit bereits beim *Homo erectus* zum Ende des Altpaläolithikums, also bereits vor ca. 300.000 Jahren fertig ausgebildet[21]. Doch selbst wenn man einen komplexeren Sprachgebrauch erst beim *Homo sapiens* im Jungpaläolithikum (ab ca. vor 40.000 Jahren) als gesichert ansehen kann[22], käme man auf eine Vorlaufzeit des Geschichten-Erzählens vor den ersten Verschriftungen von mehreren zehntausend (!) Jahren[23]. Somit galt der im Buch Kohelet überlieferte Ausspruch auch schon lange vor seiner Verschriftung (Koh 1,9 f)[24]:

> Und es gibt gar nichts Neues unter der Sonne. Gibt es ein Ding, von dem einer sagt: „Siehe, das ist neu?" Längst ist es gewesen für die Zeitalter, die vor uns gewesen sind.

Und wie um die Wahrheit dieses Spruches einer Quelle des 3., jedoch frühestens 5. Jahrhunderts v. Chr. zu beweisen[25], findet man eine über tausend Jahre ältere Klage des ägyptischen Weisen Cha-Cheper-Re-Seneb, in der es u. a. heißt[26]:

> Denn es wird doch wiederholt, was (bereits) gesagt wurde, das Gesagte ist (längst) gesagt.

---

20 Vgl. unter einer noch allgemeineren Perspektive Blumenberg, 1984, 13: „Welchen Ausgangspunkt man auch wählen würde, die Arbeit am Abbau des Absolutismus der Wirklichkeit hätte immer schon begonnen."
21 So Parzinger, 2015, 40; auch für den Neandertaler ist der Sprachgebrauch aufgrund von DNA-Analysen als wahrscheinlich anzunehmen, s. ebd. 49. Ein frühestes „Grunzen" als Verständigungsmittel und Vorstufe von sprachlicher Kommunikation, verbunden mit Mimik, setzt Parzinger, 2015, 700, bereits mit dem Gebrauch des Feuers und dem Einsatz gemeinsamer Treibjagden an, belegbar zwischen 1.000.000 und 500.000 Jahren vor heute.
22 Nach Parzinger, 2015, 62, besteht „inzwischen in der Forschung weitgehende Einigkeit, dass sich der *Homo sapiens* des Jungpaläolithikums ab 40 000 vor heute in seinen kulturellen Fähigkeiten nicht mehr grundlegend vom heutigen Menschen unterschied. Spätestens zu diesem Zeitpunkt war also die kulturelle Evolution zum jetzigen Menschen im Grunde vollzogen: Die Gesellschaft verständigte sich mit Hilfe einer komplexer gewordenen Sprache und anderer, auch visueller Kommunikationsmittel ..." Vgl. auch ebd. 110.
23 Einen ausführlicheren Versuch, die Ergebnisse der prähistorischen Forschungen mit der Mythosforschung in einen Zusammenhang zu bringen, unternimmt Jamme, 1999, 175-188. Erst mit Erfindung der Schrift wird in Jammes Terminologie dann „das Mythische ... zum Mythos" (ebd. 191).
24 Zitiert nach der Übersetzung der „Elberfelder Bibel" in der revidierten Fassung von 2006.
25 S. zu Datierungsansätzen des Buches Kohelet den Überblick bei Schwienhorst-Schönberger, 2004, 386.
26 Zu Datierung (gegen 1.800 v. Chr.), Übersetzung und weiteren Informationen s. Burkard/Thissen, 2003, v. a. 132.

7.3 Stoff und Stoffschema, Hylem und Hylemschema: eine (neue) Systematik

Nichts Neues unter der Sonne – die Radikalität dieser Aussage läßt dennoch zögern. Stimmt das wirklich? Das Zögern hat einen guten Grund, denn die Aussage stimmt und sie stimmt nicht, je nachdem, wie konkret oder wie allgemein man sie versteht. Genau um diese Differenzierung soll es nun gehen.

Es dürfte deutlich geworden sein, daß die Suche nach Urversionen mythischer Stoffe notwendig ins Uferlose geht – nicht nur, weil sich die Urversion eines Stoffes aufgrund der Überlieferungslage nicht mehr finden oder rekonstruieren läßt, sondern weil eine solche Urversion selbst wiederum nicht notwendig eine völlig innovative Erstversion wäre; im Gegenteil wäre eine solche Annahme in Anbetracht des Eingebunden-Seins eines jeden Erzählers in eine Jahrtausende alte und im konkreten Fall zumindest in eine volks-, familien- oder standesspezifische Erzählpraxis nicht überzeugend. Die erste Version eines namentlich hinsichtlich der Protagonisten und Örtlichkeiten eindeutig fixierten Stoffes wäre nicht die Urversion in einem absoluten Sinn, sondern die Übertragung und Adaption eines so oder in ähnlicher Form bereits existierenden Stoffes oder entsprechender Stoff-Teile auf einen neuen, konkreten Fall; der zumindest teilweise Rückgriff auf bereits Vorhandenes erscheint so gut wie unvermeidbar.

Die Rede von einem „Rückgriff auf bereits Vorhandenes" kann sich aber auf Verschiedenes beziehen, und damit stößt man auf die Wichtigkeit und auch Notwendigkeit einer Differenzierung des Stoffbegriffs im Allgemeinen und des Begriffes „Urversion" im Besonderen. Der Stoff von einem Menschenpaar, das eine Naturkatastrophe überlebt, kann deutlich älter sein als der Stoff von Deukalion und Pyrrha, die die Sintflut überleben. Beide Male wird der Begriff „Stoff" verwendet, aber jeweils in einem anderen Sinn. Wenn man nun nach der Urversion des Stoffes von Deukalion und Pyrrha fragt, auf welchen Stoffbegriff bezieht sich dies? Auf die erste Version des Stoffes *von Deukalion und Pyrrha*, oder auf die erste Version des Stoffes, der *seiner stofflichen Struktur nach* so gebaut ist wie der Stoff von Deukalion und Pyrrha?

Im einen Fall ist von „Stoff" als einem konkreten, durch namentlich genannte Protagonisten spezifizierten Stoff die Rede, im anderen Fall von „Stoff" in einem weitgehend strukturell-abstrakten Sinn, und entsprechend kann man auch den Begriff „Urversion" auf zwei verschiedene Weisen verstehen. Die Urversion des konkreten Stoffes wäre immer noch nicht die Urversion der darin steckenden abstrakten Stoffstruktur. Und wenn es schon im Fall eines konkreten mythischen Stoffes aufgrund der langen Überlieferung in aller Regel kaum mehr möglich ist, zu einer Urversion vorzustoßen, so ist es um so unwahrscheinlicher, daß man jemals zu einer Art von stofflichem Nullpunkt, nämlich zur Urversion der abstrakten Stoffstruktur gelangen könnte, die in gleicher oder zumindest weitgehend ähnlicher Form einem konkreten Stoff zugrundeliegt.

> → Um die Ausdrucksweise zu vereinfachen, soll im Folgenden im Gegensatz zum *konkreten Stoff*, der durch Eigennamen spezifiziert ist, ein Stoff, der hinsichtlich der Örtlichkeiten und Figuren nicht durch Eigennamen näher bestimmt ist, als ein *Stoffschema* bezeichnet werden[27].

Bemerkenswerterweise ist die Darstellung eines Stoffes in „schematischer" bzw. „anonymer" Form ein Vorgehen, das bereits Aristoteles in seiner *Poetik* verfolgt; es wird am Ende dieser Arbeit noch einmal näher darauf eingegangen[28].

An dieser Stelle der Überlegungen stößt man auf einen interessanten Befund. In der literaturwissenschaftlichen Story- und Motivforschung – die erste Anlaufstelle, wenn es um die Erforschung von Stoffen geht –, existiert kein solcher, von Eigennamen entkoppelter Stoffbegriff[29]. „Stoff" ist in der Literaturwissenschaft definiert als eine „konkrete, in bestimmten Figurenkonstellationen und Handlungszügen geprägte Materialgrundlage für die Handlung erzählender und dramatischer Literatur"; es handelt sich dabei ausdrücklich nicht um „bloß strukturell-abstrakte, in ihrer inhaltlichen und situativen Ausgestaltung nicht festge-

---

[27] Wenn Graf, 1985, 111, von „erzählerischen Schemata" spricht, aus denen Mythen zusammengebaut seien und „die von Mythos zu Mythos wandern", zielt dies, wie die nachfolgenden, von ihm angeführten Beispiele deutlich machen, nicht auf das Stoffganze, sondern auf einzelne „Motive" (ebd. 112) im literaturwissenschaftlichen Sinn. Eine ähnliche Unterscheidung zwischen konkretem Stoff und Stoffschema bei Frog, 2015, 37, wo auf den Unterschied hingewiesen wird „between the 'myth' of an abstract paradigm, like the monster-slayer's victory over the monster, and 'myths' that are distinct instantiations of that paradigm", wobei auch hier keine klare Abgrenzung zwischen Stoff und Einzelmotiv erkennbar wird. Masciadri, 2008, 372 f, bewegt sich auf den hier eingeführten Begriff vom Stoffschema zu, wenn er (ebd. 373) von einem mehreren Stoffen gemeinsamen „Handlungsmuster" spricht, das sich zu einem „Sagentyp" zusammenfassen läßt. Vgl. ähnlich auch Edmunds, 2016, XI, der in diesem Zusammenhang von „story-pattern" spricht in Hinblick auf das Stoffschema „The Abduction of the Beautiful Wife", zu dem er u. a. den konkreten Stoff von der Entführung der Helena aus Sparta rechnet – allerdings zielt sein story-pattern nicht nur im engeren Sinn auf die Entführung selbst, sondern auf fast die ganze „Biographie" dieser Frau von der Geburt an über ihre Heirat und Entführung bis zu ihrer Wiedergewinnung. In Hinblick auf international ähnliche „traditional stories" in schematischer Form spricht hingegen Hansen, 2002, XI, von „story type".
[28] S. dazu das Kapitel 24.2.3.
[29] Zur Begründung der Wendung „Story- und Motivforschung" s. Kapitel 3.2.

legte bzw. 'offene' Vorgaben"[30]. Ein Stoff im Sinn von *story* ist in der Literaturwissenschaft somit in der Regel mit namentlich genannten Figuren oder Schauplätzen (oder einer Kombination aus beidem) verbunden[31]. Wenn es darum geht, einen bestimmten Stoff begrifflich näher zu bezeichnen, *ohne* ihn mit konkreten Namen und Örtlichkeiten in Verbindung zu bringen, dann fehlt dafür ein Begriff[32] – und damit zusammenhängend auch ein ganzes Forschungsfeld, denn das Gebiet der Stoffschemata ist kein Untersuchungsgegenstand der Literaturwissenschaft.

Dieses Forschungsfeld könnte an die literaturwissenschaftliche *Motiv*forschung erinnern; denn im Gegensatz zum literaturwissenschaftlichen *Stoff*begriff ist ein Motiv ein „inhaltsbezogenes Schema, das nicht an einen konkreten historischen Kontext gebunden und damit für die Gestaltung von Ort, Zeit und Figuren frei verfügbar ist"[33]. Die Erforschung von Motiven, die von solchen Spezifikationen entkoppelt sind, ist aber *kein* Äquivalent zu einer Erforschung von Stoffschemata, in denen mehrere Stoffbausteine zu einem komplexen Gebilde zusammengeschlossen sind. Hier tut sich somit gleich eine doppelte Lücke auf. Auf der Makroebene der *Stoffe* fehlt als Pendant zu einem durch Eigennamen näher bestimmten Stoffbegriff ein Begriff für ein *Stoffschema*, und auf der Mikroebene der *Motive* fehlt als Pendant zu einem von Eigennamen entkoppelten Motivbegriff eine Bezeichnung für ein hinsichtlich der Eigennamen festgelegtes und in diesem Sinne *konkretes Motiv*[34]:

---

30 Schulz, 2003, 521.
31 Anz, 2007, 130: „Stoffe sind Ereigniszusammenhänge, die zum größten Teil mit namentlich genannten Figuren wie Faust, Don Juan oder Romeo und Julia, selten nur mit Schauplätzen wie Falun und zuweilen mit Figuren *und* Schauplätzen wie Iphigenie auf Tauris assoziiert sind." Die Einschränkung bei Anz („zum größten Teil") könnte sich auf Märchen beziehen, deren Figuren und Schauplätze durchaus namenlos bleiben können. Bei seinem letzten Beispiel bezieht sich Anz vermutlich auf Goethes Stück *Iphigenie auf Tauris*, dessen Titel aber auf einem Mißverständnis des Titels der Euripidestragödie Ἰφιγένεια ἡ ἐν Ταύροις beruht („bei den Taurern", nicht „auf Tauris"). Iphigeneia wurde nicht nach Tauris entrückt (eine Insel vor der dalmatischen Küste), sondern zu den Taurern (einem Volk auf der Krim).
32 Der Sache nach wird das Problem implizit etwa bei Danek, 1998, 18, deutlich, der dort, wo ich vom Stoffschema sprechen würde, versuchsweise von „Liedtypus" oder „Szenentypus" spricht (im Gegensatz zum „konkreten Lied").
33 Drux, 2000, 638. Vgl. auch Frenzel, 2008, VIII („das Motiv mit seinen anonymen Personen und Gegebenheiten"). Vgl. auch den neugeprägten Begriff der „typisierten Ereignissequenz" bei Nünlist/ Jong, 2002, 170, als Versuch, den unscharfen und oft von „motif" nicht unterschiedenen Begriff „theme" aus dem anglophonen Bereich im Deutschen angemessen wiederzugeben.
34 Der Begriff des „Ereignisses" scheint sich in der Literaturwissenschaft in der Regel auf ein *konkretes* Ereignis in einem *konkreten* Stoff bzw. Text zu beziehen, ist also mit Eigennamen verknüpft und böte sich von daher als „konkreter" Gegenbegriff zum Motiv an, das von solchen

Tab. 2: Motiv und *story*

	bestimmt	unbestimmt
Mikro-Ebene	?	Motiv
Makro-Ebene	Story	?

Es wurde bereits festgestellt, daß die in der literaturhistorischen Story- und Motivforschung verwendeten Begriffe von „Motiv" und „*story*" ohnehin nicht geeignet sind, die Untersuchungsgegenstände einer allgemeinen Stoffwissenschaft adäquat zu beschreiben, da „Motiv" zu sehr auf literarästhetisch bedeutsame Motive eingeengt ist und sich kategorial auf zu Disparates bezieht, nicht nur auf Handlungen und Vorgänge, sondern auch auf typische Figuren, Figurenkonstellationen u. a.[35], und weil *story* zu sehr auf eine literarischen Texten inhärente *story* abzielt, deren Entwicklung unter einer primär literaturhistorischen Perspektive nachgezeichnet wird[36]. Eine hylistische Zugangsweise zielt nicht auf spezielle textgebundene Motive oder *stories*, sondern auf Hyleme und auf Varianten von Stoffen, die als Hylemsequenzen aufgefaßt werden[37]. Hier gilt es nun, die oben skizzierten begrifflichen Lücken von vornherein zu vermeiden. Denn es sind sowohl auf der Mikro- wie auf der Makroebene Begrifflichkeiten für *beides* nötig, für die jeweilige hinsichtlich der Namen spezifizierte *und* für die von Eigennamen absehende Form eines Hylems bzw. einer Hylemsequenz:

Tab. 3: Hylem/ Hylemschema und Stoff/ Stoffschema

	bestimmt	unbestimmt
Mikro-Ebene	(konkretes) Hylem	Hylemschema
Makro-Ebene	(konkreter) Stoff	Stoffschema

Spezifikationen gerade absieht, aber eine solche Bezogenheit der Begriffe scheint nirgends angedeutet oder intendiert (im Gegenteil werden bspw. bei Martínez/ Scheffel, 2012, 111, beide Begriffe bedeutungsgleich verwendet) – und sie wird auch erschwert durch die Verengung der „Ereignishaftigkeit" auf Grenzüberschreitungen im Lotman'schen Sinne (s. dazu das Kapitel 5.1).

35 S. dazu Kapitel 5.1.
36 S. dazu Kapitel 3.2.
37 S. dazu Kapitel 5.3 und 6.1.

Zur Verdeutlichung ein Beispiel. Das Hylem „Kadmos tötet in Boiotien den Drachen des Ares" ist durch die Eigennamen ein konkretes Hylem, das sich verallgemeinern läßt zu „Protagonist X tötet in einer Landschaft Y einen Drachen Z"; und die (hier freilich zu Demonstrationszwecken sehr verkürzte) konkrete Hylemsequenz

– Kadmos befragt das Delphische Orakel wegen der Gründung einer Stadt
– Kadmos folgt auf Anweisung des Delphischen Orakels einem Rind
– Kadmos tötet in Boiotien den Drachen des Ares
– Kadmos gründet die Stadt Theben

läßt sich als Stoffschema folgendermaßen darstellen:
– Protagonist befragt Orakel wegen der Gründung einer Stadt
– Protagonist befolgt Anweisung des Orakels
– Protagonist tötet einen Drachen
– Protagonist gründet eine Stadt

Es liegt auf der Hand, wie wichtig ein so differenziertes Handwerkszeug für die Analyse und dann auch für den Vergleich von Hylemen und Hylemsequenzen ist. Denn Vergleichen setzt ein gewisses Maß an Abstraktion voraus. Neben der Abstraktion muß aber auch genügend Konkretes bleiben, sonst werden aus einem Vergleich gezogene Ergebnisse nichtssagend. Daher gilt der Grundsatz:

> → Sinn und Ergiebigkeit von Vergleichen bemessen sich nach der Ausgewogenheit des Spannungsverhältnisses zwischen konkretionsbedingter Verschiedenheit und abstraktionsbedingter Gemeinsamkeit der verglichenen Gegenstände.

Auf die Folgerungen, die sich im Einzelnen für die praktische Arbeit und vor allem in komparatistischer Hinsicht aus der grundlegend wichtigen Unterscheidung zwischen einem durch Eigennamen näher bestimmten und in dieser Hinsicht *konkreten Hylem* und einem *Hylemschema* bzw. zwischen einer konkreten Hylemsequenz (einem *konkreten Stoff*) und einem Hylemsequenz-Schema (*Stoffschema*) ergeben, soll später noch ausführlicher eingegangen werden[38]. Zunächst gilt es, die eben vorgenommenen Differenzierungen noch etwas näher zu verdeutlichen und in Abgrenzung zu ähnlichen Begrifflichkeiten zu vertiefen.

---

38 S. die Kapitel 9.2-8.

Als grundsätzliches Kriterium für eine Unterscheidung zwischen konkreten und schematischen Hylemen bzw. Hylemsequenzen bietet sich das Vorhandensein bzw. das Fehlen von Eigennamen an, etwa die Eigennamen von Figuren und Örtlichkeiten[39]. Alle weiteren, bspw. eine konkrete Figur näher bestimmenden Determinationen wie „mächtig, fromm, stark" etc. bleiben trotz ihrer Konkretheit reichlich unspezifisch, während „Kadmos" und „Boiotien" eine Hylemsequenz bzw. ein Hylem sehr eng und damit konkret mit *einer* bestimmten Persönlichkeit und *einer* bestimmten Landschaft verbinden. Ersetzt man „Kadmos" durch „Protagonist" und läßt man die landschaftliche Verortung unbestimmt, ist die grundlegende Transformation von einem konkreten Hylem zu einem Hylemschema vollzogen, und werden mehrere Hylemschemata zu einer Sequenz zusammengefügt, ergibt sich ein Stoffschema[40].

7.4 Stoffschema – Gattungsschema – Stoffarten

Mit der Bezeichnung „Stoffschema" befindet man sich scheinbar in einer Nähe zum narratologischen Begriff des „Handlungsschemas", doch handelt es sich hier um eine nur oberflächliche, allein durch sprachliche Anklänge evozierte Gemeinsamkeit. Denn unter einem Handlungsschema im engeren Sinn wird in der

---

[39] Dieses Unterscheidungskriterium läßt sich bereits in der *Poetik* des Aristoteles beobachten, s. dazu Kapitel 24.2.3.
[40] In diesem Zusammenhang ergeben sich noch weitere Möglichkeiten oder Notwendigkeiten der Differenzierung, die hier aber nur angedeutet werden sollen, nämlich die Unterscheidung zwischen Stoffschema i. S. v. „*Gesamtheit* der tatsächlichen und möglichen Stoffschema-Varianten" eines bestimmten Stoffes und Stoffschema i. S. v. „*einzelne* Stoffschema-Variante" (analog zur Unterscheidung von einzelner konkreter „Stoffvariante" und „Stoff" als Gesamtheit der tatsächlichen und möglichen Varianten eines Stoffes, s. Kapitel 6.1). Entkoppelt man alle verschiedenen vorliegenden Stoffvarianten zur Gründung Thebens durch Kadmos von den Eigennamen, liegen entsprechend verschiedene Stoffschema-*Varianten* vor, die alle zu einem polymorphen Stoffschema (als Gesamtheit dieser Varianten) gehören. Um den Lesefluß nicht allzu sehr zu behindern, wird im Folgenden jedoch der Begriff „Stoffschema" sowohl für eine einzelne Stoffschema-Variante als auch für die Gesamtheit der möglichen Stoffschema-Varianten verwendet. Wie vielgestaltig bzw. polymorph ein Stoffschema ist, hängt im Übrigen wesentlich davon ab, ob man induktiv oder deduktiv vorgeht. Nimmt man aus den verschiedenen vorhandenen Stoffvarianten der Gründung Thebens durch Kadmos alle Eigennamen heraus (induktiv), wird man aller Wahrscheinlichkeit nach vor einer Mehrzahl von im Einzelnen verschiedenen Stoffschema-Varianten stehen; sucht man umgekehrt in bspw. verschiedenen Texten nach dem Stoffschema „Protagonist befragt Orakel wegen der Gründung einer Stadt – Protagonist befolgt Anweisung des Orakels – Protagonist gründet Stadt" (deduktiv), dann geht man in diesem Fall von vornherein von einem „monomorphen" Stoffschema aus.

Literaturwissenschaft ein abstraktes Grundmuster verstanden, nach dem in einer Gruppe von Texten, vornehmlich in einer bestimmten literarischen Gattung, die Handlung typischerweise strukturiert ist, entweder die Handlung als Ganze (also bezogen auf einen Text insgesamt), oder doch zumindest größere Teile der Handlung eines Textes[41]. Diese oft gattungstypischen Handlungsschemata haben sehr viel mit der Erwartungshaltung der Rezipienten zu tun. Von einem Kriminalroman erwartet man ein Verbrechen, das begangen wird, und Bemühungen um seine Aufklärung; ein Märchen über einen jungen, schönen Königssohn weckt die Erwartung, daß der Königssohn einige Gefahren bemeistern oder Rätsel lösen muß, am Ende aber alle Prüfungen besteht und dafür neben einer wunderschönen Königstochter möglichst noch ein halbes oder ganzes Königreich erhält.

Die Bezeichnung „Handlungsschema" ist etwas unglücklich, denn zunächst versteht man im Deutschen unter „Handlung" die Gesamtheit der *konkreten* Handlungsschritte in einem literarischen Werk (i. S. v. *plot*), nicht nur ein abstraktes, gattungstypisches Grundmuster allgemein, und selbst wenn man „Handlungsschema" abstrakt auffaßt, dann denkt man nicht an ein *gattungstypisches* Handlungsmuster, sondern an schematisierte Grundmuster typischer Handlungsabläufe in einem ganz allgemeinen Sinn wie etwa „wer beleidigt wurde, sinnt auf Rache"[42]. Diese Überlegungen führen zu folgendem Vorschlag, was eine den Sachverhalt m. E. besser treffende Terminologie anbelangt:

→ Für solche narrativen Grundmuster, die als besonders gattungstypisch gelten können, soll die Bezeichnung *Gattungsschema* gebraucht werden[43].

Mit einem solchermaßen definierten Gattungsschema hat der oben geprägte Begriff vom Stoffschema nur wenig gemein. In beiden Fällen geht es um etwas noch

---

41 Vgl. dazu die Ausführungen und Beispiele bei Martínez/ Scheffel, 2012, 126-132.

42 In diesem Sinne ist auch das von Todorov, 1972, 269-275, beispielhaft untersuchte Phänomen der „Intrige" kein gattungsspezifisches Grundmuster und noch nicht einmal ein „(abstrakte[r]) literarischer[r] Begriff" (ebd. 269), sondern zunächst einmal ein allgemeines Handlungsmuster, das in der „Realität" wie in der Literatur, und innerhalb der Literatur in verschiedensten Gattungen wie Roman, Novelle, Anekdote oder Epos u. a. vorkommen kann.

43 Noch einmal auf einer ganz anderen Ebene, nämlich auf der durch empirisch-soziologische und linguistische Zugangsweisen erforschten Ebene des Vorgangs bzw. der konkreten Art und Weise (v. a. mündlichen) Erzählens liegt der Begriff des „Erzählschemas", der in der Definition von Martínez/ Scheffel, 2012, 127, auf „typische Muster von Erzählungen und Erzählvorgängen insgesamt, einschließlich der Darstellung und erzählpragmatischer Aspekte" abzielt.

hinter der Ebene des konkreten Stoffes Liegendes, aber im Fall des Gattungsschemas ist der Begriff bezogen auf ein *gattungsspezifisches* Grundmuster, das den Handlungsverlauf innerhalb bestimmter Textkorpora insgesamt oder zumindest großräumig organisiert, während der Begriff „Stoffschema" auf eine zwar von Eigennamen entkoppelte, davon abgesehen aber ansonsten immer noch inhaltlich konkrete und durch spezifische Handlungsschritte bestimmte Hylemsequenz zielt, die jedoch nichts mit textlichen bzw. gattungsspezifischen Verfaßtheiten zu tun hat. Denn ein Stoffschema hat nicht von vornherein als ein für eine bestimmte literarische Gattung typisches Schema zu gelten, sondern kann in verschiedenen literarischen Gattungen gleichermaßen „konkretisiert" werden. Dabei kann je nach gattungsspezifischer Konkretion ein und dasselbe Stoffschema mit ganz unterschiedlichen Bedeutungen verknüpft sein. Es wäre die Annahme ein folgenschwerer Irrtum, wenn man aufgrund einer komparatistischen Analyse ein mehreren Stoffen zugrundeliegendes, identisches oder zumindest sehr ähnliches Stoffschema erkennen und daraus folgern würde, daß die jeweiligen konkreten Stoffe, denen dieses Stoffschema zugrundeliegt, auch dieselben Stoßrichtungen oder Bedeutungen haben müßten[44].

Ein Stoffschema muß noch nicht einmal für eine bestimmte *Stoffart* typisch sein[45]. So ist bspw. die Kombination der Hylemschemata „Aussetzung eines Kindes – Säugen des Kindes durch ein wildes Tier – Auffindung des Kindes durch Hirten" ein Stoffschema, das nicht stoffartentypisch (also typisch für mythische, märchenhafte, sagenhafte o. a. Stoffe), geschweige denn gattungstypisch sein muß[46]. Es gibt keinen überzeugenden Grund, hier bspw. von einem typischen „Märchenschema" zu sprechen; dieses Stoffschema kann konkret sowohl als mythischer wie als märchenhafter oder sagenhafter oder auch als historischer Stoff vorliegen und demgemäß in einer breiten Palette verschiedenster literarischer Gattungen (und anderer medialer Formen) zur Ausgestaltung gelangen.

Das gilt um so mehr für die unterhalb der Stoffebene liegenden, einzelnen Hylemschemata. Das Hylemschema „Protagonist raubt junge Frau" kann ge-

---

[44] Vgl. Masciadri, 2008, 372 f, der (ebd. 373) ein gleichbleibendes „Handlungsmuster", wie er es nennt, auch als ein „syntaktisches Schema" bezeichnet, „dem entlang die Erzähler ihre Erfindung konstruieren"; dieses Schema gehöre „zur Grammatik eines Mythos, nicht zu seiner Botschaft".
[45] Zur Unterscheidung von verschiedenen Stoffarten s. ausführlicher Kapitel 10.
[46] S. eine Zusammenstellung griechischer Stoffe unter der Rubrik „Götter und Heroen als ausgesetzte Kinder" bei Binder, 1964, 125-146. Vgl. ausführlich Reinhardt, 2012, 241-284, zur exemplarischen „Motivreihe" von „Geburt, Aussetzung und Überleben des 'Königskindes'".

nauso in einem mythischen Stoff ausgestaltet werden („Hades raubt Persephone")[47] wie in einem märchenhaften („Hexenmeister raubt schönes Mädchen")[48] oder in einem historischen („Karl VIII. von Frankreich raubt Anne de Bretagne") oder in einem sagenhaften Stoff, wie er z. B. in der Darstellung des Raubes der Helena durch Paris im „Troia-Roman" des Dares Phrygius zur Ausgestaltung kommt[49].

Hier werden weitere Vorteile des Hylembegriffs deutlich[50]. Durch die Unterscheidung von konkreten Hylemen und abstrakten Hylemschemata steht ein differenzierteres Handwerkszeug zur Verfügung als dies beim Motivbegriff der Fall ist, der allein auf die abstrakte Ebene zielt, oder beim Mythembegriff, der sich umgekehrt allein auf die konkrete Ebene bezieht. Zudem erfolgt keine vorgängige Festlegung eines Hylemschemas auf eine bestimmte Stoffart, wie sie bei einer Bezeichnung als „Mythem" bereits durch das Wort selbst nahegelegt wird. Ein und dasselbe Hylemschema kann in verschiedenen Stoffarten auftauchen und entsprechend auf verschiedene Weisen spezifiziert werden[51].

---

47 Vgl. Claudians Epyllion *De raptu Proserpinae*.
48 Vgl. etwa Märchen Nr. 46 in den *Kinder- und Hausmärchen* der Gebrüder Grimm.
49 S. Dares Phrygius, Kapitel 10; Text, Übersetzung und Kommentar bei Beschorner, 1992.
50 „Weitere" im Vergleich zu den bereits in Kapitel 5.3 genannten.
51 Vgl. dazu noch ausführlicher Kapitel 11.3.

8 Stoffgrenzen: Zur Abgeschlossenheit und Abgrenzung von Stoffen bzw. Stoffvarianten

8.1 Kriterien für die Abgeschlossenheit und Abgrenzung von Stoffen bzw. Stoffvarianten

Wenn man unter der Perspektive der traditionellen Story- und Motivforschung *stories* untersucht und *story* als stoffliches *Text*gerüst begreift[1], dann hat man ein einfaches Kriterium zur Hand, das es erlaubt, verschiedene *stories* voneinander abzugrenzen, denn *stories* fallen zusammen mit *Texten*; und das bedeutet: anderer Text – andere *story*.

Betrachtet man hingegen nicht *stories*, sondern Stoffvarianten, verstanden als Hylemsequenzen und damit als Sequenzen verschiedener, aufeinander bezogener Hyleme, deren Anfang und Ende nicht mit dem Anfang oder Ende einer jeweiligen medialen Konkretion wie bspw. in Form eines Textes oder Bildes übereinstimmen müssen, dann fallen etwa Textgrenzen oder der Rahmen eines Bildes als Abgrenzungskriterien weg, da in einem Bild oder in einem Text, wie am Beispiel der *Metamorphosen* Ovids ausgeführt, mehrere verschiedene Stoffe bzw. Stoffvarianten verarbeitet sein können. Anstelle formaler Abgrenzungskriterien wie Textgrenzen oder Bilderrahmen müssen nun andere Kriterien treten.

Nun ist grundsätzlich zu bemerken, daß in literarischen Werken, in denen sich mehrere Stoffe (in bestimmten Stoffvarianten) behandelt finden, seit jeher entweder von den Autoren selbst stofflich bedingte Unterteilungen vorgenommen werden, z. B. durch die Verwendung von Überschriften bzw. durch Abtrennungen mit Hilfe von Kapiteln, oder aber daß von Rezipientenseite die Verschiedenheit der behandelten Stoffe fraglos erkannt wird. So dürfte es niemandem schwer fallen zu bemerken, daß Ovid in seinen *Metamorphosen* viele verschiedene mythische Stoffe in Form konkreter Varianten behandelt, selbst wenn innerhalb eines Buches ohne jegliche Abgrenzungen durch Überschriften oder Ähnliches mehrere Stoffe hintereinander erzählt werden und die jeweiligen Stoffgrenzen durch kunstvolle Überleitungen sogar eher verschleiert als hervorgeho-

---

1 S. dazu und zur Begründung der Wendung „Story- und Motivforschung" die Ausführungen in Kapitel 3.2.

ben werden. Die Herausforderung besteht nun allerdings darin, für dieses intuitive Erkennen einer Verschiedenheit der behandelten Stoffe und der Abgeschlossenheit der einzelnen Stoffvarianten wissenschaftlich belastbare Kriterien zu benennen.

Eine – freilich sehr allgemeine, dennoch aber notwendige – Bedingung für die Abgeschlossenheit einer Handlung hat bereits Aristoteles in seiner *Poetik* formuliert. Eine jede Handlung bzw. Erzählung konstituiert sich aus einem Anfang, einer Mitte und einem Ende[2]. Vorausgesetzt also, daß sie nicht verkürzt oder unvollständig wiedergegeben wird, ist jede konkret vorliegende Stoffvariante dadurch gekennzeichnet, daß sie von einem bestimmten Punkt ihren Anfang nimmt und über eine bestimmte Entwicklung zu einem bestimmten Ziel führt. Die Identifikation eines solchen Dreischritts kann helfen, Anfang und Ende einer Stoffvariante zu bestimmen und sie damit von anderen Varianten desselben Stoffes oder von Varianten anderer Stoffe abzugrenzen. Lassen sich innerhalb dieses allgemeinen Rahmens noch spezifischere Kriterien finden, nach denen man eine Handlung als „in sich abgeschlossen" betrachten kann?

Hier kann man teilweise auf Ergebnisse der Erzählforschung zurückgreifen, die vor einem ähnlichen Problem steht, wenn es darum geht, innerhalb eines Textes „Nebenhandlungen" auszumachen und von der „Haupthandlung" abzugrenzen. Man hat solche Nebenhandlungen als *subplots* bzw. „Episoden" bezeichnet und sie annäherungsweise dadurch bestimmt, daß sie vom Umfang her eine Zwischenstellung einnehmen zwischen der *story* bzw. dem *plot* eines Textes im Großen und einem Motiv im Kleinen[3]. Ein solches quantitatives Kriterium hilft bei der Unterscheidung von nicht auf bestimmte mediale Konkretionen festlegbaren Hylemsequenzen wenig; wichtiger sind im vorliegenden Zusammenhang die Überlegungen zur inhaltlichen bzw. logischen Abgeschlossenheit einer Episode. Sie wird nach Martínez und Scheffel „durch den kohärenten Kausalzusammenhang der in ihr dargestellten Ereigniskette hergestellt, deren Anfangs- und Endpunkte sie zugleich vom narrativen Kontext abgrenzen"[4].

---

[2] Aristoteles formuliert dies am Beispiel der Tragödie; sie ist die Nachahmung einer „vollkommenen und ganzen", also einer in sich abgeschlossenen Handlung (κεῖται δὲ ἡμῖν τὴν τραγῳδίαν τελείας καὶ ὅλης πράξεως εἶναι μίμησιν, Aristot. *poet.* 7,1450b23-25). Ein Ganzes aber ist rein formal durch Anfang, Mitte und Ende bestimmt (ὅλον δέ ἐστιν τὸ ἔχον ἀρχὴν καὶ μέσον καὶ τελευτήν, Aristot. *poet.* 7,1450b26 f).
[3] S. Martínez/ Scheffel, 2012, 113. Zur Unterscheidung von *story* und *plot* s. Kapitel 3.1 und 6.2.
[4] S. Martínez/ Scheffel, 2012, 114. Die teleologische Ausrichtung eines Stoffes betont neben dem Kausalzusammenhang zurecht Wolf, 2002, 49 f.

Hier kann man ansetzen und noch weitere Kriterien hinzufügen. Die Abgeschlossenheit einer Stoffvariante, verstanden als Hylemsequenz (entfernt vergleichbar mit einer „Episode" in der Terminologie der Erzählforschung), hängt wesentlich mit ihrer *Einheitlichkeit* zusammen. Benennt man als wichtiges Kriterium einen „kohärenten Kausalzusammenhang" mit Anfangs- und Endpunkt, dann hat man dabei vor allem den Ablauf der *Handlung* im Blick. Man kann mit Rückgriff auf Forschungen der Textlinguistik zur Kohärenz von Texten[5] dem noch weitere Kategorien hinzufügen, bei denen es auf Einheitlichkeit ankommt, und somit festlegen: Eine Hylemsequenz kann dann als in sich abgeschlossen betrachtet werden, wenn sie eine Einheitlichkeit aufweist in Bezug auf

– die Handlung (kohärente Verknüpfung von Anfang, Mitte und Ende);
– die der Handlung inhärente Thematik bzw. Problematik[6];
– die beteiligten Protagonisten;
– die Örtlichkeit(en) und
– den zeitlichen Rahmen des Geschehens.

Ändern sich mehrere dieser Faktoren zugleich, ist dies eine Entscheidungshilfe bei der Frage nach der Abgrenzung von verschiedenen Stoffen bzw. deren Varianten[7]. *Wie viele* Faktoren sich ändern müssen, läßt sich freilich nicht absolut bestimmen. Ähnlich wie bei der noch zu behandelnden Frage, ab wann eine Stoffvariante noch zu einem Stoff A gehört oder schon so stark abgewandelt ist, daß sie als Variante eines Stoffes B gewertet werden muß[8], so ist es auch bei den Fragen nach der Abgeschlossenheit einer Stoffvariante und nach ihrer Abgrenzung von unmittelbar anschließenden Stoffvarianten nötig, im Einzelfall das Für und Wider abzuwägen und die Argumente zu gewichten.

---

5 Vgl. dazu zusammenfassend Stede, 2007, besonders 52-55.
6 Die thematische Einheit als „wichtiges syntaktisches Narrem" bei Wolf, 2002, 50. Vgl. auf literarische Werke bezogen auch bereits Tomaševskij, 1985, 211: „Damit eine verbale Konstruktion ein einheitliches Werk darstellen kann, muß es ein Thema enthalten, das die Einheit herstellt und sich im Verlauf des Werkes entfaltet." Zur linguistischen, freilich auf Texte bezogenen Thema-Rhema-Analyse vgl. zusammenfassend Brinker, 2010, besonders 40 f, 44 (Definition und Unterscheidung der Begriffe Thema und Rhema) und 50 f.
7 Vgl. ähnlich die Abgrenzung von „Handlungssträngen" innerhalb eines Stoffes bei Mahne, 2007, 20, unter Verweis auf Nischik, 1981, 124: „Ein neuer Handlungsstrang wird nach Reingard Nischik generiert, wenn er sich in mindestens einer der drei Fundamentalvariablen Personen, Ort und Zeit unterscheidet, wobei ein 'Personalwechsel die offensichtlichste Voraussetzung für die Konstituierung verschiedener Stränge ist'."
8 S. Kapitel 12.4.

Wenn sich ein Stoff nicht klar von einem anderen abtrennen läßt, wenn also bspw. zwei Varianten verschiedener Stoffe so stark ineinander verwoben sind oder überblendet werden, daß etwa gleich viele und gleichwertige Gründe für eine Abgrenzung am Punkt A wie für eine am Punkt B sprechen, wenn man also vor der Wahl mehrerer, jeweils durchaus plausibler Möglichkeiten steht und die verwendeten Kriterien von verschiedenen Forschern unterschiedlich gewichtet werden, handelt es sich um kein wirklich gravierendes Problem. Es kann dann zu Überlappungen oder „Schwellenzonen" kommen, also zu vereinzelten Fällen, in denen man mit guten Argumenten an verschiedenen Stellen eine Abgrenzung vornehmen kann. Die Plausibilitäten sind hier von Fall zu Fall zu diskutieren, was aber nicht gegen die grundsätzliche Möglichkeit und Sinnhaftigkeit solcher Abgrenzungen spricht. Unschärfen in der Abgrenzung von Stoffen bzw. Stoffvarianten hindern außerdem nicht, daß man Vergleiche vornimmt, wenn man sich primär an Ähnlichkeiten ausschnitthafter Hylemsequenzen orientiert, die man durchaus unabhängig von getroffenen Stoff-Abgrenzungen vergleichend analysieren kann.

Ein besonderes Problem speziell bei *mythischen* Stoffvarianten stellt das Kriterium eines kohärenten Kausalzusammenhangs dar. Eine gewisse Form der Kohärenz, oder, ganz allgemein gesprochen, eines Aufeinander-Bezogenseins miteinander zu einer Sequenz verbundener Hyleme ist freilich auch bei medial konkretisierten Varianten eines mythischen Stoffes grundsätzlich vorauszusetzen; eine solche *Kohärenz* hat aber nicht automatisch *Konsistenz* zur Folge. Gerade bei mythischen Stoffvarianten können im konkreten Fall mehrere zusammenhängende Hyleme durchaus Inkonsistenzen aufweisen, die bspw. auf die Verbindung verschiedener Stoffe oder Stoffschichten zurückzuführen sind. Darauf soll in den Kapiteln 15-17 noch ausführlich eingegangen werden.

8.2 Fragen der Stoffabgrenzung am Beispiel der Gründung Troias

Um ein konkretes Beispiel für die Herausforderungen anzuführen, vor die man sich bei der Frage nach der Abgrenzung von Stoffvarianten gestellt sieht, soll hier noch einmal auf die Gründung von Troia im Bericht des Apollodoros zurückgegriffen werden[9]. Nach Apollodoros kommt Ilos nach Phrygien, wo er von dem phrygischen König „einem Orakelspruch gemäß" (κατὰ χρησμόν) eine gescheckte Kuh erhält, der er folgen soll; denn dort, wo sie sich niederlegt, soll Ilos

---

[9] Apollod. 3,142 f. Vgl. Kapitel 3.1; s. auch noch ausführlicher dazu die Kapitel 6.4 und 17.2.

eine Stadt gründen. Ilos folgt der Kuh und gründet dort, wo sie sich niederlegt, eine Stadt und nennt sie Ilion. Damit könnte die Handlungssequenz abgeschlossen sein: ein Zeichen für eine Stadtgründung erfolgt und geht in Erfüllung, und die Stadt wird gegründet. Es wird kein Grund ersichtlich, warum Ilos am göttlichen Zeichen der sich niederlassenden Kuh irgendeinen Zweifel hegen könnte, der das Erbitten eines zweiten Zeichens plausibel oder gar nötig erscheinen ließe[10]. Aber Apollodoros fährt fort, Ilos habe zu Zeus gebetet, ihm ein Zeichen zu senden. Daraufhin sei vom Himmel eine Götterstatue, das Palladion, herabgefallen, und Ilos habe es am nächsten Tag vor seinem Zelt erblickt und durch die Errichtung eines Tempels geehrt.

Man hat in dieser Hylemsequenz insgesamt, von der Ankunft in Phrygien bis zur Errichtung des Tempels, als Konstanten vor allem den Protagonisten, Ilos selbst, und das Thema, um das diese Hylemsequenz kreist, nämlich das Thema einer Stadtgründung aufgrund einer göttlichen Intervention. Davon abgesehen aber ändern sich etliche Faktoren. Grundsätzlich die Dimension der Zeit, denn es geht um ein zeitliches Nacheinander: erst die „Kuh-Episode", dann das erst am nächsten Tag bemerkte, vom Himmel gefallene Palladion (die „Palladion-Episode"). Des Weiteren ist in der Kuh-Episode von einem Ortswechsel (Wanderung der Kuh) die Rede, in der Palladion-Episode befindet sich Ilos bereits am Ort der Stadtgründung. Nur in der Kuh-Episode ist von einem phrygischen König die Rede, durch dessen Vermittlung Ilos von einem Orakelspruch bezüglich einer Stadtgründung erfährt. Zwar wird nicht erwähnt, auf welche Gottheit dieser Spruch zurückzuführen ist, doch kann man bei einiger Kenntnis der griechischen Kultur davon ausgehen, daß griechische Rezipienten hier in erster Linie an das Orakel des Apollon in Delphi gedacht haben dürften. Werkintern erhält diese Annahme eine Bestätigung dadurch, daß in dem Stoff von der Gründung Thebens durch Kadmos, der in wesentlichen Punkten parallel gestaltet ist zur Erzählung von der Gründung Ilions durch Ilos, also in wesentlichen Punkten dasselbe *Stoffschema* aufweist[11], ebenfalls von einer Kuh die Rede ist, der Kadmos auf die Weisung eines Orakels hin folgen soll, und hier wird ausdrücklich genannt, daß es sich dabei eben um das Orakel von Delphi gehandelt hat[12]. Bezogen auf den Stoff von der Gründung Ilions durch Ilos erhält man durch die Lykophron-Scholien sogar einen werkexternen Beleg für eine Stoffvariante, nach der es explizit Apollon

---

10 Vgl. den (impliziten) Erklärungsversuch von Vollkommer, 1990, 650: „Apollodoros erklärt weiter, daß Ilos Zeus jedoch um ein weiteres Zeichen bittet, um zu wissen, ob dies wirklich der vorgesehene Platz sei. Daraufhin findet er am nächsten Tag vor seinem Zelt das Palladion."
11 S. dazu die Ausführungen in Kapitel 7.
12 S. Apollod. 3,21 f.

war, der Ilos das Orakel gegeben hat[13]. In der Palladion-Episode von der Gründung Ilions ist es nun aber nicht Apollon oder ein ungenannt bleibender Gott, sondern *Zeus*, der Ilos das entscheidende himmlische Zeichen sendet, das ihn zur Stadtgründung veranlaßt. In der Kuh-Episode besteht das ausschlaggebende Zeichen in dem Verhalten einer Kuh, in der Palladion-Episode im Herabfallen eines Götterbildes.

All diese Beobachtungen und gerade die *Doppelung* göttlicher Zeichen von zwei *verschiedenen* Gottheiten sind starke Indizien dafür, daß Apollodoros hier *zwei verschiedene* Traditionen über die Gründung von Ilion miteinander kombiniert, die jeweils als in sich abgeschlossene Einzelstoffe erzählt worden sein können. Sucht man nach einer über diese Indizien hinausgehende Bestätigung für die These, daß bei Apollodoros zwei verschiedene Traditionsstränge von der Gründung Ilions miteinander kombiniert werden, dann zeigt ein eingehenderer Blick auf die Überlieferung, daß die Erzählung von der sich niederlegenden Kuh und die vom herabfallenden Palladion tatsächlich keineswegs zwingend miteinander verknüpft waren. In den bereits erwähnten Lykophron-Scholien wird eine Version überliefert, nach der Ilos beim Rinderhüten vom Gott Apollon den Orakelspruch erhalten hat, dort eine Stadt zu gründen, wo eine seiner Kühe niedersinken würde; Ilos befolgt die Anweisung des Orakels, gründet dann, ohne weitere Zeichen abzuwarten, eine Stadt und nennt sie nach sich „Ilion"[14].

Da es sich bei Ilion/ Troia um eine so wichtige Stadt handelt, ist es nicht schwer nachzuvollziehen, warum sich Apollodoros (oder ein Vorläufer, auf den sich Apollodoros bezieht) nicht für nur *eine* Stoffvariante entscheidet und die andere einfach unterdrückt, gelingt es dadurch doch, zwei verschiedenen Traditionen gleichzeitig gerecht zu werden. Zwar muß man dafür gewisse Doppelungen in Kauf nehmen, doch steht auf der anderen Seite der Gewinn, daß durch die Kombination beider Stoffe die göttliche Beteiligung und Anteilnahme bei dieser

---

13 Schol. ad Lykophr. 29; s. dazu ausführlicher unten.
14 Schol. ad Lykophr. 29: Λήσσης ὁ Λαμψακηνός φησιν ὅτι Ἴλου εἰς τὴν Μυσίαν νέμοντος βοῦς ἔχρησεν αὐτῷ Ἀπόλλων ἐκεῖ κτίζειν πόλιν, ἔνθα ἂν ἴδῃ μίαν τῶν βοῶν αὐτοῦ πεσοῦσαν. μία οὖν τῶν βοῶν αὐτοῦ ἀποσκιρτήσασα *τῆς ἀγέλης* ... ταύτην ἐδίωκεν, ἡ δὲ ὀκλάσασα κατέπεσεν ἔνθα νῦν ἐστιν ἡ Ἴλιος. ὁ δὲ Ἴλος τοῦ χρησμοῦ μνησθεὶς ἐκεῖ πόλιν ἔκτισε καὶ ἀφ' ἑαυτοῦ Ἴλιον ἐκάλεσε. – „Lesses von Lampsakos sagt, daß Apollon, als Ilos in Mysien Rinder weidete, diesem den Orakelspruch gab, dort eine Stadt zu gründen, wo er eine von seinen Kühen niederfallen sähe. Als nun eine von seinen Kühen *aus der Herde* ausbrach ..., folgte er ihr; sie aber sank nieder und fiel dort hin, wo jetzt Ilios ist. Ilos aber, des Orakelspruchs eingedenk, gründete dort eine Stadt und nannte sie nach sich Ilion." Über den Autor Lesses ist nichts Näheres bekannt; es existiert kein entsprechender Eintrag in *Paulys Realencyclopädie der classischen Altertumswissenschaft*.

Stadtgründung wirksam unterstrichen werden. Der Passus „dort gründete Ilos eine Stadt und nannte diese Ilion" steht nun nicht zufällig genau an der Scharnierstelle, an der beide Stoffvarianten (die Kuh-Episode und die Palladion-Episode) miteinander verbunden werden, und fungiert somit einerseits als Abschluß für die Variante einer Gründung der Stadt aufgrund eines Orakelspruches (Kuh-Episode), kann andererseits aber auch als proleptische „Überschrift" über die noch folgende Stoffvariante von der Stadtgründung aufgrund des von Zeus gesandten Palladions gelesen werden (Palladion-Episode).

8.3 Einzelstoff und Rahmenstoff

Ein besonderer Fall, wenn es um Fragen der Stoffabgrenzungen geht, ist der von „Rahmenstoffen". Geht es um v. a. textliche Konkretionen von Stoffen, so ist die Behandlung *eines* Stoffes in *einem* Text nur eine Art und Weise der Stoffbehandlung. Eine andere Art liegt dann vor, wenn *mehrere* Stoffe in *einem* Text behandelt werden; auf das extreme Beispiel von Ovids *Metamorphosen* wurde in diesem Zusammenhang bereits verwiesen[15]. Man kann nun verschiedene Einzelstoffe in einem Text nicht nur auf die Weise miteinander kombinieren, daß man an einen Stoff A erst einen Stoff B, dann einen Stoff C usw. anhängt[16], sondern man kann Stoffe auf eine spannendere und wirkungsvollere Art miteinander verknüpfen, indem man einen Stoff A als großen Rahmen wählt, in den dann weitere einzelne Stoffe eingewebt werden. Um nichts anderes als ein solches Phänomen handelt es sich, wenn der Begriff „Rahmenhandlung" gebraucht wird[17], und dieses Phänomen spielt im Kontext der Frage nach Stoffabgrenzungs-Kriterien ebenfalls eine Rolle.

Wenn bspw. in einem Text Ortsveränderungen eines Protagonisten geschildert werden, dann *können*, *müssen* aber nicht diese Ortsveränderungen ein ausschlaggebendes Kriterium für eine Abgrenzung verschiedener Stoffe abgeben; dann ist jedenfalls die örtliche Verschiedenheit dieser Stationen allein noch kein belastbares Kriterium für eine Bestimmung von Stoffgrenzen. Wenn jedoch an diesen verschiedenen Stationen (Änderungen der Örtlichkeiten) jeweils ein längerer Aufenthalt erfolgt (Kriterium der zeitlichen Ausdehnung), in dessen Verlauf

---

15 S. Kapitel 3.2.
16 Zu solchen sich oft um eine prominente mythische Figur herum bildenden Stoffkonglomeraten s. das folgende Kapitel 8.4.
17 Vgl. dazu die Ausführungen zu unterschiedlichen Gestaltungsmöglichkeiten von „Rahmenfabeln" und zur Abgeschlossenheit von „eingeschobenen Novellen" bei Tomaševskij, 1985, 294-297.

bisher unvorhergesehene Ereignisse stattfinden (Kriterium einer anderen Handlung/ Thematik) und in diesem Zusammenhang neue Figuren auf den Plan treten, die nach Verlassen des Ortes wiederum keine Rolle mehr für den weiteren Gang der Handlung spielen (Änderung im Bestand der Figuren), dann häufen sich die Kriterien, nach denen hier die Ortsveränderungen, zusammengenommen mit den weiteren sich ändernden Faktoren, als Markierungen für Stoffgrenzen gelten können, daß also die an den verschiedenen Örtlichkeiten lokalisierten stofflichen Geschehnisse nicht notwendige Glieder in einer Kette eng aufeinander bezogener und voneinander abhängiger Handlungsschritte darstellen, sondern daß sie eine von dem stofflichen Rahmen unabhängige bzw. leicht trennbare Eigenständigkeit besitzen.

Der Rahmenstoff bzw. die Rahmenhandlung ist in einem solchen Fall (ebenso wie die in diesen Rahmen eingeflochtenen Einzelstoffe) wiederum als ein Einzelstoff mit einer Eigenständigkeit anzusehen, auch wenn diese zu einer bloßen Klammerfunktion verblaßt sein mag wie dies bspw. bei den *Canterbury Tales* von Geoffrey Chaucer der Fall ist. In anderen Fällen ist die Wichtigkeit und Eigenständigkeit des Rahmenstoffes deutlicher. Die Argonauten fahren nach Kolchis, um das Goldene Vlies zu holen – das ist ein stofflicher Rahmen, der unbestreitbar einen eigenen Stoff abgibt, in den dann, bemessen an den oben in Kapitel 8.1 genannten Kriterien, weitere Einzelstoffe von einer ebenso unbestreitbaren Eigenständigkeit eingeflochten sind. Odysseus fährt von Troia zurück nach Ithaka und muß dort um seine alte Position kämpfen – und in diesen eigenständigen Rahmenstoff sind etliche weitere Stoffe in Form von „Reisestationen" eingebettet, die selbst wiederum eigenständige, in sich abgeschlossene stoffliche Einheiten darstellen[18].

8.4 Stoffkonglomerate: „Den" Oidipus-Mythos gibt es nur bei den Strukturalisten

Im Zusammenhang mit dem Thema von Abgrenzungen von (mythischen) Stoffen gilt es abschließend, auf eine Ungenauigkeit im Sprachgebrauch hinzuweisen – und diese möglichst zu vermeiden. Nimmt man für eine wissenschaftlich belast-

---

[18] Auf der *Text*ebene können diese in eine Rahmenhandlung eingewobenen Stoffe wie etwa im Fall der homerischen *Odyssee* bspw. durch Vor- oder Rückverweise kunstvoll aufeinander bezogen sein, was aber nichts an der prinzipiellen Eigenständigkeit der solchermaßen miteinander verwobenen Stoffe ändert.

bare Abgrenzung von (mythischen) Stoffen bzw. konkret vorliegenden Stoffvarianten die in Kapitel 8.1 angeführten Kriterien zu Hilfe, dann führt dies notwendig zu einem Stoffbegriff, der den Untersuchungsgegenstand eher enger als zu weit zu fassen sucht. Dies wiederum bedeutet:

→ Bei allen Zyklen oder nach Protagonisten oder bestimmten Ereignissen zusammengestellten Stoffen handelt es sich nicht um *Stoffe*, sondern um *Stoffkonglomerate*[19].

Die Rede von *dem* Mythos vom Troianischen Krieg, von *dem* Oidipus-Mythos oder *dem* Herakles-Mythos[20], von *dem* Innana-Mythos oder *dem* Gilgameš-Mythos ist jeweils zwar als abkürzende und erste Annäherung an das Gemeinte in einer alltäglichen Kommunikationssituation praktisch, unter stoffanalytischen Gesichtspunkten aber weder präzise noch hilfreich. Jede in sich abgeschlossene Erzählung bspw. von Taten der Göttin Innana oder aus dem Leben des Oidipus oder des Gilgameš ist jeweils als *eine* in sich abgeschlossene Handlung und somit als *ein* mythischer Stoff zu behandeln.

Anhand der Überlieferungen etwa zu Gilgameš läßt sich der Unterschied zwischen Einzelstoffen und einem Stoffkonglomerat auch textlich greifen: Während das akkadische *Gilgameš-Epos* in einem großen epischen Erzählkranz mehrere mit Gilgameš assoziierte Stoffe kunstvoll zusammengeführt hat, sind in sumerischen Epen über Gilgameš kleine, in sich abgeschlossene und getrennt überlieferte Stoffe behandelt worden[21].

Daß man zwischen einem mythischen Stoff und einer mythischen Figur unterscheiden muß, darauf hat im Übrigen bereits Aristoteles in seiner *Poetik* in aller Deutlichkeit hingewiesen. Es gibt, so Aristoteles, nicht *den* Herakles- oder

---

19 Oder „Stoffkombinationen"; vgl. zur Sache bereits Müller, 1825, 218 f.
20 So spricht bspw. Csapo, 2005, mehrmals von *dem* Herakles-Mythos (z. B. 302, 304), und meint damit die Gesamtheit der sich um Herakles rankenden Stoffe (die auch nicht unterschieden werden von den zahlreichen, jeweils verschiedenen konkreten Stoffvarianten).
21 Vgl. etwa zum Einzelstoff von der Erschlagung des Huwawa durch Gilgameš exemplarisch die Untersuchung von Fleming/ Milstein, 2010, die auch ältere akkadische Überlieferungsstufen postulieren; allgemeiner zur Zusammenführung verschiedener Einzelstoffe im *Gilgameš-Epos* s. George, 2003, 3-70. Einzeln überlieferte Gilgameš-Stoffe stecken bspw. in den sumerischen Epen *Gilgameš und Akka* (nicht ins babylonische Epos eingearbeitet), *Gilgameš und Huwawa, Gilgameš und der Himmelsstier, Gilgameš, Enkidu und die Unterwelt, Der Tod des Gilgameš* (in völliger Abwandlung hat letzterer Stoff Spuren im babylonischen Epos hinterlassen, wo es vom Tod des Enkidu handelt). Allgemein zur Zusammenführung mehrerer mythischer Stoffe zu einem Konglomerat als Phänomen im Bereich sumerischer Mythen s. Rodin, 2014, 34, mit Literaturhinweisen auf entsprechende Analysen.

Theseus-Stoff, sondern viele Stoffe, die sich um Herakles bzw. Theseus ranken, und es sei ein Fehler, wenn Dichter eine ganze *Herakleïs* oder *Theseïs* dichten würden, weil sie meinen, *eine* Figur entspräche *einem* Stoff[22]. Eine Einheitlichkeit *nur* in Bezug auf den Protagonisten ist kein alleiniges Kriterium für die Einheitlichkeit eines Stoffes bzw. einer konkreten Stoffvariante.

Die Rede von bspw. „dem" Oidipus-Mythos hat wissenschaftlich nur dann einen Sinn und seine Berechtigung, wenn man einen dezidiert strukturalistischen Standpunkt vertritt. Hier spielen Stoffabgrenzungen insofern keine Rolle, als alle mythischen Stoffe einer bestimmten Kultur als Ausdrucksformen von tieferen Bedeutungsstrukturen in einem prinzipiell als geschlossen vorgestellten kulturellen Bedeutungssystem vorgestellt werden, analog zu dem „System" einer einzelnen Sprache, in der die Bedeutungen aller Worte als miteinander verflochten und aufeinander bezogen angesehen werden[23]. Deshalb können Lévi-Strauss und seine Nachfolger von ihren theoretischen Voraussetzungen her mit Recht von „dem" Oidipus-Mythos reden und für eine strukturalistische Analyse nicht nur unterschiedslos alle Stoffe, die sich um Oidipus ranken, zu einer Synopse zusammenführen, sondern darüber hinaus auch noch Stoffe, die von Oidipus' Vorfahren und ihren Taten handeln[24]. Auf die Spitze getrieben erscheint ein solcher Ansatz, wenn er von Scheid und Svenbro sogar auf die vielschichtige Figur des Herakles angewendet wird. Die zahlreichen mit Herakles verbundenen Stoffe werden von den beiden Autoren als „*ein* relativ umfangreiches Narrativ" angesehen[25], als eine zusammengehörige Einheit, die unter einer (terminologisch un-

---

22 Aristot. *poet.* 8,1451a16-22: Μῦθος δ' ἐστὶν εἷς οὐχ, ὥσπερ τινὲς οἴονται, ἐὰν περὶ ἕνα ᾖ· πολλὰ γὰρ καὶ ἄπειρα τῷ ἑνὶ συμβαίνει, ἐξ ὧν ἐνίων οὐδέν ἐστιν ἕν· οὕτως δὲ καὶ πράξεις ἑνὸς πολλαί εἰσιν, ἐξ ὧν μία οὐδεμία γίνεται πρᾶξις. διὸ πάντες ἐοίκασιν ἁμαρτάνειν, ὅσοι τῶν ποιητῶν Ἡρακληίδα Θησηίδα καὶ τὰ τοιαῦτα ποιήματα πεποιήκασιν· οἴονται γάρ, ἐπεὶ εἷς ἦν ὁ Ἡρακλῆς, ἕνα καὶ τὸν μῦθον εἶναι προσήκειν.
23 Vgl. die grundsätzlichen Ausführungen zu den Prinzipien einer strukturalistischen Mythenanalyse bei Vernant, 1987, 134-136 (allgemein) und 229-235 (dort v. a. zu Lévi-Strauss), u. a. 134: „Verglichen wird nun innerhalb des untersuchten Kulturbereichs selbst ... Der Vergleich ist nur in dem Maße gültig, wie er mit der Konstitution eines Untersuchungsfeldes einhergeht, das Vollständigkeit und innere Kohärenz ausreichend gewährleistet." Zum linguistischen Hintergrund strukturalistischer Mythostheorien s. ausführlicher Csapo, 2005, 181-189.
24 S. Lévi-Strauss, 1955. S. dazu Csapo, 2005, 225 f. Der Ansatz, alle mit Oidipus verbundenen Stoffe in strukturalistischer Tradition als Einheit aufzufassen und zu interpretieren findet sich bspw. auch bei Scheid/ Svenbro, 2017, 21-25, die sich dabei stark auf Vernants Analysen beziehen.
25 Scheid/ Svenbro, 2017, 177; Kursivierung C. Zgoll.

scharfen) Heranziehung von Bezeichnungen aus dem Bereich literaturwissenschaftlicher Gattungsbegriffe von ihnen unter anderem auch als „Herakles-Sage" oder als *das* „Heldenepos" des Herakles bezeichnet wird[26].

Hinter der Annahme, prinzipiell alle Elemente aller mit einer mythischen Figur verknüpften Stoffe und deren Varianten (oder sogar noch angrenzender Stoffe und ihrer Varianten) ließen sich in ihrer Relationalität sinnvoll auf einen einheitlichen Deuthorizont beziehen, verbirgt sich freilich eine grundsätzliche Problematik. Auf diese soll später noch genauer eingegangen werden[27].

---

26 Scheid/ Svenbro, 2017, 184 bzw. 178.
27 S. Kapitel 15.4.1.

9 Stoffvergleiche: Skizzierung einer komparatistischen Hylistik

9.1 Allgemeine Vorüberlegungen

9.1.1 Bedeutung von Vergleichen

Der Vergleich gehört zu den wichtigsten und fruchtbarsten Instrumenten wissenschaftlichen Arbeitens überhaupt. Bewußt oder unbewußt wird er ständig eingesetzt. Kein sprachliches Phänomen oder literarisches Werk und natürlich auch kein mythischer Stoff bspw. steht isoliert für sich und kann daher ohne Vergleich zu anderen sprachlichen Phänomenen, anderen literarischen Erzeugnissen oder anderen Mythen in seiner Eigenheit und Besonderheit erfaßt werden. Jedes So-Sein läßt sich erst auf dem Hintergrund eines Anders-Seins hinreichend profilieren[1]. Selbst wenn man Vergleichen als Vorgehensweise für problematisch, wenig zielführend oder sogar prinzipiell für nicht sinnvoll hält, kann man dies nur mit Bezug auf andere Vorgehensweisen tun, die man *im Vergleich* für zielführender oder sinnvoller hält. Entgegen postmodernen Verdikten[2] ist daher an der prinzipiellen Möglichkeit, Sinnhaftigkeit und Produktivität von Vergleichen festzuhalten, die sowohl Gemeinsamkeiten wie Unterschiede gleichermaßen in den Blick nehmen[3].

---

1 Vgl. Heubeck, 1974, 680: „Vergleichen heißt nicht Gleichsetzen, Vergleichen intendiert ein Verdeutlichen und Veranschaulichen, ein Vertiefen des Verstehens und ein Verlebendigen des Anschauens."
2 Vgl. dazu zusammenfassend Segal, 2010.
3 S. Corbineau-Hoffmann, 2004, 89. Die eigentliche Problematik von Vergleichen liegt nicht so sehr im Vergleichen selbst (das auch, wenn man zu undifferenziert vorgeht – dazu gleich), sondern vor allem in den Prämissen und Absichten, die hinter einem Vergleichen stehen (und damit zusammenhängend auch: die Vor-Auswahl der zu vergleichenden Gegenstände). Das bringt treffend auf den Punkt Mohn, 1998, 204 f, wenn es heißt, die Probleme lägen „nicht im methodischen Vorgang des expliziten Vergleichsaktes, der zur Identifizierung bzw. Differenzierung der Untersuchungsgegenstände führt, sondern besonders in seinen vorgängigen Prämissen und kulturellen Interessen und das hieße: in den kulturellen Vorgaben, die sich hinter der Absicht und dem Vorgang des Vergleichens verbergen ..." Weiterführende Literaturhinweise zu Arbeiten über die Bedeutung und die Problematik des Vergleichens in den Kulturwissenschaften bei Mohn, 1998, 204, Anm. 1. Nach Haupt, 2013, 334, erscheint trotz der allgemein anerkannten

Es gilt allerdings, das Vorgehen zu präzisieren und die Kriterien zu schärfen. Es ist ein berechtigtes Anliegen des *New Comparativism*, daß Vergleiche differenziert den jeweiligen Spezifika gerecht werden und zugleich auf Formalisierungen und Systematisierungen beruhen müssen, die verhindern, daß scheinbare Ähnlichkeiten zu Identitäten simplifiziert und Differenzen heruntergespielt werden, oder daß Differenzen überbetont werden und verfrüht Verschiedenheit postuliert wird[4].

Wenn dies nicht nur ein Lippenbekenntnis sein soll, wenn man diesen Forderungen nach besseren Differenzierungen und mehr Präzision nachkommen und den darin liegenden Anforderungen gerecht werden will, dann muß man auch in Kauf nehmen, daß die Angelegenheit insgesamt um einiges komplizierter wird und beim Vergleichen ein höherer Aufwand betrieben werden muß als bisher. Das gilt in besonderem Maß für einen Vergleich von so polymorphen und komplexen Gebilden wie mythischen Stoffen.

9.1.2 Von einer Text-Komparatistik zu einer Stoff-Komparatistik

Wissenschaftlich systematisch untersucht und angewendet wird das Vergleichen als Methode vor allem von seiten der Komparatistik, aber auch von der vergleichenden Story- und Motivforschung[5]. Wie die Komparatistik sich traditionell als „allgemeine und vergleichende *Literatur*wissenschaft" versteht[6], also als eine Wissenschaft, die verschiedene *Texte* miteinander in Beziehung bringt und vergleicht, so ist auch die vergleichende Story- und Motivforschung textfokussiert; *stories* werden vor allem als textimmanente Strukturprinzipien aufgefaßt und untersucht[7].

Demgemäß bezieht sich das in der Komparatistik und in der Story- und Motivforschung entwickelte bzw. angewendete methodische Instrumentarium auf

---

Wichtigkeit von Vergleichen dennoch „das Konzept einer interdisziplinär orientierten, allgemeinen Vergleichstheorie noch immer als zentrales Forschungsdesiderat" (mit weiterer Literatur zu entsprechenden Ansätzen).
4 Vgl. grundlegend Colpe, 1988.
5 Zur Begründung der Wendung „Story- und Motivforschung" s. Kapitel 3.2.
6 Vgl. exemplarisch den Klappentext zur Einführung von Corbineau-Hoffmann, 2004: „Die Komparatistik (oder: Allgemeine und Vergleichende Literaturwissenschaft) widmet sich einem schwierigen, aber faszinierenden Gegenstand: literarischen Texten in ihrem internationalen Dialog und ihren vielfältigen kulturellen Kontexten."
7 S. dazu ausführlich Kapitel 3.2.

den Vergleich von *Texten*[8]. Wie man aber methodisch vorgehen muß, um *Stoffe* (bzw. näherhin Stoffvarianten) miteinander zu vergleichen, das ist eine zwar nicht in allen, aber immerhin doch in einigen Punkten ganz andere Frage. Und wie die Methodik stoffvergleichender Analysen mit der einer literaturwissenschaftlichen Komparatistik oder der Story- und Motivforschung nicht identisch ist, sind es auch die Fragestellungen und Ergebnisse nicht.

Von einer traditionell sich als vergleichende Literaturwissenschaft verstehenden Text-Komparatistik und einer primär textfokussierten Story- und Motivforschung ist daher die wissenschaftlich systematische und vergleichende Untersuchung von Stoffen in der Gestalt einzelner Stoffvarianten, eine Stoff-Komparatistik alias komparatistische Hylistik[9], zu unterscheiden. Aufbauend auf den Fragestellungen und Methoden textbezogenen Vergleichens einer literaturwissenschaftlichen Komparatistik und in der Story- und Motivforschung gilt es, im Rahmen einer solchen komparatistischen Hylistik stoffwissenschaftliche Perspektiven, Fragestellungen und Methoden zu verfolgen und zu großen Teilen überhaupt erst zu entwickeln. Wenn in der folgenden Skizzierung in erster Linie die Aufgaben und die damit verbundenen Herausforderungen und Probleme einer komparatistischen Hylistik benannt werden, so können doch bereits auch manche Lösungsvorschläge unterbreitet oder zumindest Wege für weitere Forschungen angedeutet werden.

9.1.3 Problematik der Vergleichbarkeit von (mythischen) Stoffen

Die Gefahr, daß bei einem Vergleich allzu Disparates nebeneinandergestellt wird, besteht immer. Eine allgemeine und vergleichende Literaturwissenschaft und auch die vergleichende Story- und Motivforschung begegnen dieser Gefahr zum Teil dadurch, daß sie sich auf Texte fokussieren und zudem Sorge tragen, daß die zum Vergleich anstehenden Texte in den meisten Fällen zumindest denselben Gattungen zugehören: Märchen werden mit anderen Märchen verglichen, lyrische Gedichte mit lyrischen Gedichten, Epen mit Epen, Romane mit Romanen

---

[8] Vgl. die neueren Tendenzen innerhalb der Komparatistik in Hinblick auf Mythen zusammenfassend Heidmann, 2013, 188: „Tatsächlich scheint es in der literaturwissenschaftlichen und komparatistischen Perspektive sinnvoll, die Mythen, zumindest die griechisch-römischen, ... im Text, im Ko-Text und im Kontext der poetischen Werke, aus denen die Mythographen sie ja herausgelöst haben, zu untersuchen."
[9] Zum Begriff „Hylistik" und seiner Ableitung s. Kapitel 3.3.

etc.[10]. Ist dies nicht der Fall wird, um besagter Gefahr zu entgehen, sowohl die Notwendigkeit, eine Vergleichbarkeit zu begründen, als auch der Aufwand, der beim Vergleichen betrieben werden muß, automatisch höher.

Dies gilt *a fortiori* beim Vergleichen von Stoffen generell und von mythischen Stoffen im Besonderen. Ein grundsätzliches Problem für eine komparatistische „Arbeit am Mythos" besteht in der Disparität des Quellenmaterials. Ritualtexte, Hymnen, Gebete, Epen, Tragödien, Satiren und viele weitere Textgattungen kommen neben ikonographischen und ggf. noch weiteren medialen Konkretionen wie etwa Verfilmungen oder tänzerischen Darstellungen als Quellen für mythische Stoffe in Frage. Eine gemeinsame Basis für sinnvolle Vergleiche erscheint somit auf den ersten Blick nur schwer erreichbar. Für die Untersuchung von mythischen Stoffen bereits innerhalb einer einzigen Kultur und ebenso für die kulturvergleichende Arbeit ist eine einheitliche Grundlage jedoch unerläßlich, um fruchtbares Vergleichen sinnvoll und überhaupt möglich zu machen. Betrachtet man etliche fächerübergreifende Studien zu (antiken) Mythen genauer, so bestehen sie in der Regel aus Sammlungen von Aufsätzen, die für sich genommen, also aus jeweils kultur- und entsprechend fachspezifischer Sicht, ausgesprochen gewinnbringend sein können. Wenn es sich nicht um eine breit gestreute Zusammenschau verschiedener Aspekte handelt, so besteht das die Beiträge zusammenhaltende Band allerdings in der Regel eher in einer gemeinsamen Fragestellung oder Thematik als in der Entwicklung eines übergreifenden theoretischen Ansatzes oder eines methodischen Fundaments, das helfen könnte, das disparate Material für eine komparatistische Arbeit gewinnbringend aufzubereiten[11].

Die Frage, auf welche Weise Stoffe bzw. genauerhin konkrete Stoffvarianten aus den verschiedenen medialen Konkretionsformen herausgelöst werden können, und wie das extrahierte und in seinem Verlauf rekonstruierte stoffliche Material so aufbereitet werden kann, daß eine gemeinsame und einheitliche Basis für das Anstellen von Vergleichen entsteht, erweist sich somit gerade für das Vorhaben einer komparatistisch ausgerichteten Mythosforschung im Speziellen und einer komparatistischen Stoffwissenschaft im Allgemeinen als grundlegend.

---

10 Corbineau-Hoffmann, 2004, 101-114, vergleicht z. B. exemplarisch 3 Gedichte von Hugo von Hofmannsthal (*Einem, der vorübergeht*), Charles Baudelaire (*A une passante*) und Stefan George (*Von einer Begegnung*).
11 S. dazu die Literaturhinweise in Anm. 31, Kapitel 1.3.

9.2 Medeia tötet ihre Kinder: Die Hylemanalyse als Voraussetzung und Fundament einer transmedialen und komparatistischen Hylistik

9.2.1 Transmediale Vergleiche

Ein erster und entscheidender, für alles Weitere grundlegender Schritt auf dem Weg zu einer komparatistischen Arbeit mit mythischen Stoffen besteht in der Einsicht, daß ein Erzählstoff überhaupt und damit auch ein mythischer Stoff in einer bestimmten vorliegenden Stoffvariante als Sequenz von verschiedenen kleinsten, aufeinander bezogenen, handlungstragenden Einheiten (Hylemen) zu verstehen ist. Eine solche Hylemsequenz wird zwar nur in Form verschiedener medialer Gestaltungen greifbar, sie ist aber nicht auf diese medialen Konkretionen und auch nicht auf bestimmte einzelsprachliche Formulierungen festgelegt[12]. Diese Eigenschaft bzw. das Phänomen des Nicht-festgelegt-Seins von Inhalten aller Art, also nicht nur von Erzählstoffen, sondern auch von politischen Programmen, religiösen Botschaften etc. auf einzelne Medien (wie ein Buch oder ein Bild oder eine Broschüre etc.) oder Medienarten (wie die Literatur, den Film, die Malerei etc.) wird in der Intermedialitätsforschung in der Regel mit dem Begriff „Transmedialität" bezeichnet[13]. „Intermedialität" hingegen gilt als Oberbegriff für alle Phänomene, welche sich auf eine Überschreitung von Grenzen in Bezug auf einzelne Medien oder Medienarten beziehen lassen, wie etwa die Übertragung und damit einhergehende Transformation eines Inhalts von einer Medienart in eine andere (üblicherweise als „Medienwechsel" bezeichnet), z. B. eines Erzählstoffes vom Medium „Buch" der Medienart „Literatur" in das Medium „Verfilmung" der Medienart „Film", oder die Kombination zweier Medienarten bei der Darstellung eines Inhalts („Medienkombination"), wie z. B. der Medienart „Photographie" und der Medienart „Literatur" bei einem Photoroman, oder intra- sowie intermediale Bezüge zwischen Medien und Medienarten[14].

---

12 S. dazu ausführlich Kapitel 5.3 und 6.1.
13 S. dazu und zum Folgenden ausführlicher und grundlegend Rajewsky, 2002, 12-19; vgl. auch Zemanek, 2012, 166-174.
14 Zum Begriff „medial" und zur Unterscheidung von „Medium" und „Medienart" s. auch den Anfang von Kapitel 2.1. Zur (nicht nur terminologischen) Problematik des Ansatzes von *intra*medialen Bezugnahmen (z.B. Text-Text-Bezüge, vgl. *Inter*textualität) als Subkategorie des *Inter*medialen in der Konzeption von Rajewsky s. die berechtigte Kritik von Isekenmeier, 2013, 25-27, der als eigentliches *proprium* der Intermedialitätsforschung nur die Untersuchung „der Bezüge zwischen *verschiedenen* Basis-Medien" (Kursivierung C. Zgoll) erblickt, „ob diese sich nun als Medienkombination oder als altermediale Referenz ereignen" (ebd. 27).

Während all diese vorrangigen Gegenstandsbereiche der Intermedialitätsforschung (Medienwechsel, Medienkombinationen, intra- und intermediale Bezüge) sich gewissermaßen auf *Vorgänge* beziehen, bezeichnet der vergleichsweise seltener im Zentrum des Interesses stehende Begriff der Transmedialität eher eine *Eigenschaft*, nämlich die Eigenschaft von Inhalten, nicht *a priori* auf bestimmte Medien und Medienarten festgelegt zu sein[15]. In diesem Sinn werden die Bezeichnungen „transmedial" bzw. „Transmedialität", bezogen auf Erzählstoffe, auch in der vorliegenden Arbeit verwendet.

Eine auf bestimmte mediale oder einzelsprachliche Konkretionen nicht festgelegte, in sich abgeschlossene Sequenz verschiedener, aufeinander bezogener Hyleme gilt es aus den jeweiligen medialen Konkretionen zu rekonstruieren und in ihrem *ordo naturalis* darzustellen. Dabei ist zu beachten, daß die Hylemanalyse einer Stoffvariante formalisiert erfolgt und *alle* kleinsten handlungstragenden Einheiten zu erfassen sucht; die Hylemanalyse muß von einer nach ästhetischen, semantischen oder funktionalen Kriterien geleiteten Vorauswahl bestimmter Stoffbausteine unabhängig vorgenommen werden[16].

Durch die Auffassung von Stoffvarianten als Hylemsequenzen wird es möglich, eine Stoffvariante – unter der Voraussetzung, daß sie in ihrer inhaltlichen Struktur gleichbleibt – auf ein und dieselbe Hylemsequenz zurückzuführen, auch wenn sie medial in unterschiedlichsten Formen wie etwa durch Pantomime, Filmszenen, Comics, Reliefs, Statuengruppen, Texte in verschiedenen Sprachen etc. dargeboten wird.

9.2.2 Innerstoffliche und interstoffliche Stoffvarianten-Vergleiche

Transmediale Stoff-Analysen haben insofern bereits eine komparatistische Komponente, als sie ermöglichen, *medien*vergleichend vorzugehen: verschiedene

---

[15] Vgl. zur Definition von Transmedialität Rajewsky, 2002, 12 f: „Phänomene, die man als medienunspezifische 'Wanderphänomene' bezeichnen könnte, wie z. B. das Auftreten desselben Stoffes oder die Umsetzung einer bestimmten Ästhetik bzw. eines bestimmten Diskurstyps in verschiedenen Medien, ohne daß hierbei die Annahme eines kontaktgebenden Ursprungsmediums wichtig oder möglich ist oder für die Bedeutungskonstitution des jeweiligen Medienprodukts relevant würde." Vgl. ähnlich und in Anlehnung an Rajewsky auch Fraas/ Barczok, 2006, 134-137; Zemanek, 2012, 168; auf der theoretischen Grundlegung von Rajewsky baut auch die Einführung in eine „transmediale Erzähltheorie" von Mahne (2007) auf.
[16] Zur Mythemanalyse bei Lévi-Strauss, zur Untersuchung einzelner „Funktionen" bei Propp (und Barthes) und zum literaturwissenschaftlichen Motivbegriff s. ausführlich die Kapitel 5.1 und 5.2.

mediale Ausgestaltungen einer Stoffvariante können nun nebeneinandergestellt werden. Noch einen Schritt weiter aber gehen *stoff*vergleichende Analysen. Hier gilt es nicht nur, die Hylemsequenz *einer* Stoffvariante, sondern die Hylemsequenzen von verschiedenen Varianten ein und desselben Stoffes oder unterschiedlicher Stoffe, sowohl kulturintern wie kulturenübergreifend, aus ihren ggf. verschiedenen medialen Konkretionsformen zu extrahieren und die Stoffverläufe zu rekonstruieren, um sie dann miteinander zu vergleichen.

Wieder bleibt die Hylemanalyse das grundlegende Arbeitsinstrument, aber es kommt nun ein weiterer, wichtiger Punkt hinzu:

→ Um eine Einheitlichkeit zu erreichen, auf der aufbauend verschiedene Hylemsequenzen erst sinnvoll miteinander verglichen werden können, muß grundsätzlich sowohl die logische Grundstruktur von Hylemen als auch die sprachliche Form, in die man sie kleidet, *standardisiert* werden, da erst standardisierte Strukturen und Formen eine hinreichend einheitliche Grundlage für Vergleiche bieten.

Um ein Beispiel aus dem Bereich textlicher Konkretionen mythischer Stoffe anzuführen: Ob man von der deutschen, passivischen sprachlichen Formulierung „Medeias Kinder werden von ihrer Mutter getötet" oder von der aktivischen Wendung *Medea natos suos interfecit* im Lateinischen oder von einer z. B. im Rahmen einer Ergativsprache wie dem Sumerischen wiederum anderen grammatischen (mit Absolutiv und Ergativ) und sprachlichen Formung der Aussage ausgeht, ob diese kleinste handlungstragende Einheit nun rückblickend als bereits geschehen oder im Tempus der Gegenwart oder im Modus eines Wunsches erzählt wird („o hätte Medeia doch damals ihre Kinder nicht getötet!"), ob sie einem allwissenden Erzähler in den Mund gelegt wird oder von einer literarischen, am Geschehen unmittelbar beteiligten Figur vorgetragen wird, in all diesen und noch weiteren Fällen unterschiedlichster erzählerischer Gestaltungen läßt sich die logische Grundstruktur des vorliegenden Hylems bestimmen als die Verbindung eines Handlungsträgers mit einem Handlungsobjekt durch eine vom Handlungsträger Medea ausgehende und ihre in Objekt-Funktion stehenden Kinder betreffende Handlung („töten"), und diese logische Relation kann wiederum standardisiert durch die Struktur (logisches) Subjekt – (logisches) Prädikat – (logisches) Objekt („Medeia tötet ihre Kinder") zum Ausdruck gebracht werden.

Aufgrund dieser Überlegungen kann jede kleinste handlungstragende Einheit aller in unterschiedlichen medialen Konkretionsformen vorliegenden Stoffvarianten von Mythen aus allen Sprachen und Kulturen formal folgendermaßen standardisiert dargestellt werden[17]:

(jeweils logisches) Subjekt + Prädikat (+ ggf. Objekt)

Was die Wiedergabe des Prädikats angeht, so legt sich eine präsentische Aktiv-Form als Standardform nahe[18]. Neben einer Analyse von verschiedenen Konkretionen mythischer Stoffe bzw. ihrer Varianten auf ihre Hylemsequenzen hin ist die Rückführung der Mannigfaltigkeit unterschiedlicher Ausdrucksformen stofflicher Gestaltungen auf die logisch standardisierte Grundstruktur von Hylemen und die Wiedergabe der solchermaßen gebildeten Hyleme in einer wiederum sprachlich standardisierten Form eine wichtige, ja unerläßliche Voraussetzung und Grundlage für die im Rahmen einer komparatistischen Hylistik angestrebten Stoffvarianten-Vergleiche.

Auch wenn die auf den ersten Blick einfache logische Grundstruktur von Hylemen suggerieren mag, es könne die Extraktion von Hylemen aus einer konkreten Stoffvariante und ihre Darstellung in einer sprachlich standardisierten Form so schwer nicht sein, so darf die scheinbare Schlichtheit der Hylemstruktur doch nicht darüber hinwegtäuschen, daß die Arbeit an konkreten Stoffvarianten etliche Herausforderungen mit sich bringen kann[19]. Dies gilt schon in Bezug auf textliche Quellen, erst recht aber in Hinsicht auf Quellen, die mythische Stoffvarianten nicht oder zumindest nicht hauptsächlich durch das Medium der Sprache, sondern mit Hilfe anderer medialer Ausdrucksformen zur Darstellung bringen. Welches Hylem steckt oder welche Hyleme oder Hylemelemente stecken in

---

17 Nicht-singularische Numeri (wie Dual oder Plural) sind jeweils als Möglichkeit mitzudenken. Zu einer notwendigen Erweiterung dieses Schemas s. das folgende Kapitel 9.3.
18 Bei Passiv-Konstruktionen ist das Subjekt, soweit möglich, aus dem Kontext zu ergänzen. Aus dem Satz „Medeias Kinder wurden getötet (sc. von Medea)" läßt sich standardisiert das Hylem „Medea tötet ihre Kinder" bilden. In mythischen Stoffen bleiben Subjekte (oft Götter) in literarischen Konkretionen oft ungenannt bzw. in Passiv-Konstruktionen „versteckt", obwohl oder gerade weil ihre Kenntnis als selbstverständlich vorausgesetzt wird (nicht aus Furcht, den Gottesnamen auszusprechen, wie dies im Neuen Testament in der Regel für das sog. *passivum divinum* vorausgesetzt wird; kritisch zur Konzeption und Eindeutigkeit des *passivum divinum* Smit/ Renssen, 2014).
19 S. dazu bereits die Ausführungen in Kapitel 6.3.

einem Mosaik, in einem Relief, in einer Statuengruppe, in einem Gemälde oder in bestimmten Bewegungen eines Tänzers, der einen mythischen Stoff vortanzt[20]?

Es ist ebenso offensichtlich, vor wie viele Probleme im Allgemeinen und Besonderen man sich in diesen Fällen gestellt sieht, wie es unmöglich ist, im Rahmen dieser Skizzierung einer komparatistischen Hylistik bereits umfassende oder gar medienspezifische Lösungen anzubieten oder bereits unternommene Vorstöße im Detail zu diskutieren[21]. Wichtig ist in vorliegendem Zusammenhang vor allem die Feststellung der *prinzipiellen Möglichkeit*, transmediale Hylemanalysen so durchzuführen, daß die jeweils extrahierten und rekonstruierten Stoffsequenzen auf einen gemeinsamen und damit für ein vergleichendes Arbeiten geeigneten Nenner gebracht werden können. Auch wenn es unbestreitbar in manchen Fällen schwierig und kompliziert sein wird, gerade bei mythischen Stoffkonkretionen, die nicht durch das Medium der Sprache dargestellt sind, ist die – durchaus reizvolle – Aufgabe, aus diesen Konkretionen Hyleme oder Hylemelemente[22] zu extrahieren und sprachlich vermittelbar zu machen, und zwar unter Berücksichtigung der durch die jeweilige mediale Gestaltung bedingten Besonderheiten und Gesetzmäßigkeiten der Darstellung, eine Herausforderung, die mit einer begründeten Aussicht auf Erfolg angenommen werden kann.

Warum ist die Aussicht auf Erfolg begründet? Dies liegt an dem Umstand, daß (mythische) Erzählstoffe eine *Handlung* zur Darstellung bringen. Es geht schließlich nicht darum, zu entschlüsseln oder zu verbalisieren, welche Aussage oder gar Erzählsequenz bspw. in oder hinter einem Werk aus dem Bereich der abstrakten Kunst stecken könnte. Umsetzungsversuche von *Erzählstoffen*, in welchen medialen Formen auch immer, stellen notwendig Versuche dar, *Handlungen* oder zumindest einzelne Elemente einer Handlungssequenz zum Ausdruck zu bringen. Von daher muß es zumindest prinzipiell möglich sein, eben diese Handlungssequenzen oder solchen Sequenzen zuweisbare Elemente, also einzelne Hyleme oder doch zumindest einzelne Hylemelemente zu identifizieren und in sprachlich standardisierter Form wiederzugeben. Es geht dabei außerdem noch nicht um eine ikonologische Interpretation, um die Aussageabsicht eines Künstlers, um die zeit- und fundkontextbedingte Auslegung der Wirkungen eines

---

20 Ein Tanz muß nicht eine Hylemsequenz nachbilden, sondern kann auch auf ein einzelnes Hylemelement abzielen; s. dazu bei Graf, 1985, 102, das Beispiel von einem (kultischen) Tanz auf der Insel Delos, dessen Bewegungen die Windungen des Minotauros-Labyrinths (!) und damit eines Hylemelements darstellen sollen.
21 Vgl. zum bildwissenschaftlichen Bereich grundlegend Wolf, 2002; Giuliani, 2003; Junker, 2005; Frank/ Lange, 2010.
22 Zum Beispiel die bildlich isolierte Darstellung des Gorgonenhauptes, welches auf den mythischen Stoff von Perseus verweist, der Medusa den Kopf abschlägt.

Kunstwerkes oder seine Funktionalisierungen, sondern vor diesen weiterführenden und im Einzelnen diffizilen Schritten zunächst – man ist versucht, zu schreiben: „nur" – um eine ikonographische Beschreibung; aber schon diese kann natürlich „erhebliche Schwierigkeiten bereiten"[23].

Ist mit diesen Ausführungen ein wesentlicher Grundstein gelegt, so sind doch für eine differenzierte komparatistische Hylistik sowohl noch weitere theoretische Überlegungen als auch weitere methodische Schritte erforderlich.

9.3 Die grausame Medeia tötet ihre unschuldigen Kinder mit dem Schwert: Berücksichtigung von Determinationen

Aufbauend auf den Überlegungen der vorigen Kapitel wurde im Idealfall das stoffliche Substrat zu vergleichender Stoffvarianten aus den jeweiligen medialen Konkretionen extrahiert, jedes einzelne Hylem auf seine logische Grundstruktur und in sprachlich standardisierter Form zum Ausdruck gebracht, und die jeweilige Hylemsequenz der Stoffvarianten in ihrem *ordo naturalis* dargestellt.

Nun kommt aber noch ein weiterer Aspekt hinzu, der bei Vergleichen berücksichtigt werden muß, und der besteht darin, daß sowohl Hylemelemente wie Hylemprädikate in aller Regel mit näheren Determinationen versehen sind. Die Grundstruktur von Hylemen muß demgemäß folgendermaßen erweitert werden[24]:

  logisches Subjekt   (+ ggf. Determinationen)
+ logisches Prädikat   (+ ggf. Determinationen)
+ ggf. logisches Objekt (+ ggf. Determinationen)

Nun sind Hylemelemente bzw. Hylemprädikate aufgrund ihrer Begriffsinhalte implizit immer durch mehrere Eigenschaften näher determiniert, die nicht explizit erwähnt werden müssen, da sie sich von selbst verstehen und zumindest prinzipiell auf jedes Exemplar, auf jedes Ding oder jeden Sachverhalt zutreffen, das bzw. der mit Recht unter diesen Begriff fällt, wie daß es sich bspw. bei einem

---

[23] So Junker, 2005, 113. Zur Unterscheidung von Ikonographie und Ikonologie s. ebd. 112 f. Junker selbst lehnt eine auf Panofsky zurückgehende Ikonologie im Sinne einer fest umrissenen „Bilderlehre" ab und favorisiert eine „keinen Aspekt ausschließende Hermeneutik", welche dem „gedanklichen Potential" von Mythenbildern eher gerecht werden könne (ebd. 113; näher ausgeführt ebd. 114-118).
[24] Nicht-singularische Numeri (wie Dual oder Plural) sind jeweils als Möglichkeit mitzudenken.

Menschen um ein Lebewesen mit einem Kopf, zwei Armen, zwei Beinen etc. handelt, das des Denkens und sprachlicher Äußerungen fähig ist und noch weitere, mit dem Begriff selbstverständlich verknüpfte Eigenschaften besitzt.

Manche Eigenschaften oder, ganz allgemein, manche näheren Bestimmungen sind aber mit einem Begriff nicht notwendig verknüpft; sie können einem unter diesen Begriff fallenden Individuum oder einer einzelnen Sache zukommen, müssen es aber nicht, und um diese Determinationen geht es hier. So ist im Begriff „Mensch" bspw. nicht automatisch mit ausgesagt, ob es sich dabei um einen guten oder bösen, einen großen oder kleinen, einen klugen oder dummen Menschen handelt, ob er verheiratet oder ledig, oder ob er ein Kind, ein Bauer oder ein König ist und so fort, und bspw. bei dem Begriff „Erstechen" ist nicht näher bestimmt, ob der Akt des Erstechens mit einem Messer, einem Schwert, einer Lanze oder einer langen Stricknadel erfolgt, ob es sich um eine kurze oder lange Aktion handelt etc. In Erzählstoffen werden einzelne Hylemelemente und Hylemprädikate normalerweise jeweils unterschiedlich stark oder schwach mit solchen oder anderen zusätzlichen Bestimmungen versehen.

→ Der Grad der Bestimmtheit, der sich auf nicht notwendig mit einem Begriffsinhalt verbundene weitere Bestimmungen bezieht, soll im Folgenden als Determinationsgrad bezeichnet werden.

Im Zusammenhang mit Beobachtungen zur Abspeicherung von Stoffen im menschlichen Gehirn, auf die in Kapitel 12.2 noch näher eingegangen wird, läßt sich hier vorausgreifend sagen, daß Hylemelemente und Hylemprädikate im Gedächtnis in der Regel auf einer mittleren Determinationsstufe abgespeichert sind[25]. Das entspricht interessanterweise auch dem Befund in Bezug auf andere mediale Speicher wie bspw. Texte. Auf einer Skala zwischen völliger Indetermination auf der einen Seite und völliger Determination auf der anderen bewegen sich Hyleme und ihre Bestandteile in einer bestimmten medialen Ausgestaltung stets in einem Mittelfeld. Ein völlig indeterminiertes Hylem bleibt weitgehend inhaltsleer und nichtssagend und entspricht von daher nicht den Erwartungen, die normalerweise an Erzählstoffe herangetragen werden; umgekehrt aber kann ein konkretes Hylem (oder gar eine Hylemsequenz) niemals maximal determiniert sein[26], denn ein bis in den letzten Grad determiniertes konkretes Hylem wäre ein potentiell fast unendlicher Ausdruck wie etwa „der 45 Jahre alte, weißhaarige, verheiratete, mit Purpur bekleidete, mit Ringen geschmückte, nicht besonders

---

[25] S. dazu das dort besprochene Beispiel von der Figur des Herakles.
[26] Vgl. dazu auch die Ausführungen in Kapitel 6.3.

kluge, nach Reichtum begierige etc. Midas, König der Phryger, Sohn des Gordios etc., begegnet auf einem mit einer prächtigen Satteldecke versehenen Pferd im von üppigen Weinbergen gesegneten Phrygien bei fahlgelblichem Sonnenschein in einem dichten Hain mit alten, harzigen, hoch gewachsenen Kiefern im Frühjahr etc. dem alten, betrunkenen, bärtigen, schnarchenden, verirrten, weisen etc. Silenos, dem Erzieher des Dionysos etc.". Jeder Determination könnte immer noch eine weitere hinzugefügt werden, aber weder ein solches Zuviel noch ein Zuwenig entspricht den realen Befunden stofflicher Konkretionsformen.

Es ist klar, daß eine Einbeziehung von unterschiedlichen Determinationsgraden von Hylemelementen und Hylemprädikaten Vergleiche aufwändiger, aber auch präziser und damit aussagekräftiger macht. Das gilt vor allem dann, wenn Vergleiche dazu führen sollen, die Frage nach genetischen Abhängigkeiten zwischen verglichenen Stoffen bzw. Stoffvarianten zu klären:

→ Je zahlreicher und spezifischer die parallelen „Details", je zahlreicher sich also in den verglichenen Stoffvarianten Determinationen zu bestimmten Hylemelementen oder Hylemprädikaten finden lassen, die auf einem ähnlichen oder sogar gleichen Konkretionsgrad anzusiedeln sind, und je höher dieser Konkretionsgrad ist, desto höher ist die Wahrscheinlichkeit einer genetischen Abhängigkeit[27].

Ist bspw. in zwei verschiedenen Stoffvarianten davon die Rede, daß ein Mann einen Drachen ersticht, so ist auf dieser Stufe der Abstraktion und Indetermination die Aussagekraft hinsichtlich einer möglichen genetischen Verwandtschaft der beiden Stoffe äußerst gering. Ganz anders hingegen ist der Sachverhalt zu bewerten, wenn in beiden Stoffen neben anderen, abweichenden Zügen übereinstimmend davon erzählt wird, daß ein einäugiger König einen rot-orangenen Drachen mit dem Horn eines Auerochsen ersticht. Die Sicherheit, mit der man hier von einer genetischen Abhängigkeit sprechen kann, würde wiederum graduell in dem Maße abnehmen, in dem einzelne Determinationen fehlen oder abstrakter würden, wenn also im einen Fall bspw. nur von einem „körperlich versehrten" statt von einem „einäugigen" König die Rede wäre, von einem „hellfarbigen" statt von einem „rot-orangenen" Drachen, oder von einem „Tierhorn" statt vom

---

27 Zu unterschiedlichen Konkretionsgraden s. ausführlicher unten Kapitel 9.6. Vgl. auch Kirk, 1980, 246: „besondere Einflüsse können nur anhand vielschichtiger und spezifischer Ähnlichkeiten nachgewiesen werden". Eine hilfreiche Liste mit weiteren Kriterien, wenn es um die Klärung der Frage nach einer genetischen Abhängigkeit geht, findet man bei Henkelman, 2006, 815.

„Horn eines Auerochsen", oder wenn der „einäugige König" und der „rot-orangene Drache" sowohl hinsichtlich der Konkretheit als auch hinsichtlich der Determinationen zum bloßen „Helden" bzw. „Ungeheuer" verblassen würden.

9.4 Die Enkelin des Helios tötet ihre Kinder: Künstlerische Variation und stoffliche Konstanten

Wenn es nicht um den Vergleich von *Textpassagen*, sondern um den Vergleich von konkreten Varianten des gleichen *Stoffes* bzw. ähnlicher oder verschiedener *Stoffe* geht, dann muß noch ein weiterer Aspekt berücksichtigt werden, und zwar der Aspekt der künstlerischen Gestaltung des Stoffes, die vom Stoff selbst noch einmal zu trennen ist, und die – im Fall einer textlichen Konkretion – Determinationen von Hylelementen oder Hylemprädikaten normalerweise auf mehrere verschiedene Textpassagen verteilt[28]. Soll ein Hylelement wie bspw. eine Figur mit der Figur einer anderen Variante eines mythischen Stoffes verglichen werden, so läßt sich dies deshalb bspw. bei textlichen Konkretionen nicht zeilen- oder satzweise bewerkstelligen, sondern nur mit Blick auf die Darstellung der Figur *im Gesamt* der vorliegenden Stoffvariante. Denn in einem Text kann an einer Stelle von „Zeus", an einer anderen vom „Bruder des Poseidon" oder vom „Gatten der Hera", wieder an einer anderen vom „König der Götter" oder vom „Herrscher auf dem Olymp" oder vom „mächtigen Donnerer" die Rede sein. Wenn nun diese Figur des Zeus in einer bestimmten Stoffvariante mit einer anderen Figur in einer Variante eines anderen Stoffes verglichen werden soll, dann sind begreiflicherweise alle konstant bleibenden Determinationen dieser Figur zusammenzustellen und mit dem gesamten Set an konstant bleibenden Determinationen zusammenzubringen, die in der zu vergleichenden Stoffvariante zu der mit Zeus verglichenen Figur gehören.

Für einen detaillierten Vergleich gilt es daher in jeder Konkretion der zu vergleichenden Stoffvarianten für ein Hylelement wie etwa für eine handelnde Figur alles an verfügbaren, konstant bleibenden Determinationen zu sammeln, so daß man gewissermaßen einen „Steckbrief" für diese Figur erhält, indem man bspw. zum Hylelement „Athene" die in einer Textkonkretion an verschiedenen Stellen auftauchenden Determinationen „eulenäugig", „schreckenerregend", „Tochter des Zeus", „Göttin" u. a. zusammenträgt.

---

28 Bei der medialen Gestaltung eines Erzählstoffes in Form von Bildern, Statuen, Mosaiken u.ä. ist die hier geschilderte Problematik geringer.

Durch ein solches Vorgehen erhält man bild- oder textspezifische und damit auch stoffvarianten-spezifische Steckbriefe von Hylemelementen. Ähnliches gilt mit Bezug auf Hylemprädikate; auch hier läßt sich ein komplexeres Bild von einem durch ein Hylemprädikat ggf. mehrfach und dabei verschiedentlich ausgedrückten, aber auf ein und denselben Vorgang oder Zustand bezogenen Inhalt gewinnen, wenn die verschiedenen Informationen zusammengezogen werden. So kann einmal lediglich davon die Rede sein, daß Medeia ihre Kinder „tötet", ein andermal aber, denselben Vorgang ausführlicher in den Blick nehmend, daß Medeia ihre Kinder „mit einem Schwert durchbohrt". Erst die Zusammenziehung verstreuter Informationen liefert für eine genaue Analyse entsprechender Hylemelemente oder Hylemprädikate und für einen differenzierten und aussagekräftigen Vergleich mit Hylemelementen bzw. Hylemprädikaten aus anderen Stoffvarianten eine verläßliche Grundlage.

Durch ein solches Vorgehen wird außerdem auch die Gefahr einer Gleichbehandlung komplex geschichteter Figuren vermieden, die sich vor allem dann ergibt, wenn Varianten des gleichen oder eines ähnlichen Stoffes miteinander verglichen werden, in denen etwa ein Handlungsträger wie „Athene" gleichbleibt. Denn aufgrund des gleichbleibenden Eigennamens entsteht der suggestive Eindruck, es handele sich in beiden Fällen um dieselbe Figur. Die Athene in einer Text- und Stoffvariante muß aber noch lange nicht dieselbe Athene sein wie die in einer anderen.

Mit solchen Steckbriefen können auch verschiedene Stofftraditionen leichter ausgemacht werden. Denn dann lassen sich z. B. alle Stoffvarianten anzeigen, in denen übereinstimmend bestimmte Determinationen eines bestimmten Hylemelements vorkommen, also z. B. alle Texte, in denen Athene mit den Determinationen „eulenäugig" *und* „schrecklich" *und* dem Beinamen „Pallas", aber *nicht* mit der Determination „Tochter des Zeus" versehen wird etc. Gegebenenfalls können solche Analysen durch Datenbanken und entsprechende Programme unterstützt werden.

Auf diese Weise können im Übrigen auch Indizien für stoffliche Strata gewonnen werden. Wenn bspw. in etlichen Stoffvarianten Athene immer „Athene, Tochter des Zeus" genannt würde, in anderen dagegen fast ausschließlich „Pallas Athene", und wenn dann in *einer* Text- und Stoffvariante zwischen zahlreichen näheren Bestimmungen der Athene als „Tochter des Zeus" an einer einzigen, auch sonst herausfallenden und sich zu umgebenden Hylemen inkonsistent verhaltenden Stelle Athene als „Pallas Athene" bezeichnet wäre, dann unterstützte dies die Annahme, daß hier mit dem Eindringen einer anderen Stofftradition zu rechnen ist.

9.5 Mutter tötet ihre Kinder: Abstraktion der Hyleme bzw. Hylemsequenzen zu Hylem- bzw. Hylemsequenz-Schemata

Selbst wenn der im vorigen Kapitel beschriebene Schritt von verstreuten Einzelbeobachtungen zu einer Beziehung einzelner Hyleme und ihrer Bausteine auf das Gesamt einer Stoffvariante vollzogen ist, wird bei Stoffvarianten-Vergleichen in den wenigsten Fällen die Angelegenheit so aussehen, daß die Übereinstimmungen so stark ausfallen wie in dem oben fingierten Beispiel, wo neben anderen Abweichungen trotzdem übereinstimmend in zwei verschiedenen Stoffen bzw. ihren Varianten jeweils von einem einäugigen König die Rede sein sollte, der einen rot-orangenen Drachen mit dem Horn eines Auerochsen ersticht. Im Regelfall werden die Unterschiede stärker sein, wenn nicht überwiegen, oder doch zumindest ein deutlich schwierigeres, weniger leicht zu analysierendes Bild liefern.

Deshalb ist mit den bereits vollzogenen methodischen Schritten zwar bereits in einer formal-strukturellen, aber noch nicht auch in semantischer Hinsicht eine hinreichende Vergleichbarkeit von Hylemen bzw. Hylemsequenzen und den mit ihnen verbundenen Determinationen erreicht. Stoffe und natürlich auch mythische Stoffe in ihren Varianten sind so bunt, detailreich und hinsichtlich der Schauplätze und Figuren so unterschiedlich und spezifisch, daß es in den seltensten Fällen möglich sein wird, sinnvolle Stoffvarianten-Vergleiche anzustellen, wenn nicht auch auf semantischer Ebene bestimmte Eingriffe vorgenommen werden, die es erst ermöglichen, hinter den Unterschieden und Spezifika auch Gemeinsamkeiten oder parallele Strukturen zu erblicken.

Der größte, Stoffvarianten auf den ersten Blick voneinander trennende „Störfaktor", oder, um es positiv auszudrücken, derjenige Punkt, an dem man am leichtesten ansetzen kann, um verschiedene mythische Stoffvarianten vergleichbar(er) zu machen, das sind Eigennamen. Entfernt man aus einem Stoffgerüst die Eigennamen bspw. von Figuren oder Örtlichkeiten, steigt der Grad der Vergleichbarkeit durch eine verhältnismäßig einfache Operation gleich signifikant. Es wurde darauf im Zusammenhang mit der Unterscheidung von Hylem und Hylemschema bzw. von Stoff und Stoffschema bereits ausführlich eingegangen[29].

Aufbauend auf einer transmedialen Hylemanalyse besteht somit der nächste und für eine komparatistische Arbeit unerläßliche methodische Schritt in der Abstraktion der aus den verschiedensten Quellen extrahierten, durch Eigennamen konkret determinierten Hyleme und Hylemsequenzen (= Stoffe) zu „anonymen"

---

29 S. Kapitel 7.3.

Hylem- bzw. Stoffschemata. Angenommen, es gibt einen Mann A namens Martin, der einen Drachen namens „Glimmer" ersticht, und einen Mann B, der Hans heißt und einen Drachen erstickt, der den Namen „Qualm" trägt, dann wird die Parallelität zwischen diesen beiden Hylemen um einiges deutlicher, wenn man sie zu Hylemschemata abstrahiert und „Mann ersticht Drachen" neben „Mann erstickt Drachen" stellt, als wenn man die beiden konkreten Hyleme „Martin ersticht Glimmer" und „Hans erstickt Qualm" nebeneinander hält, die so wie sie sich darbieten und ohne zusätzliche Informationen auch auf etwas inhaltlich deutlich Disparateres hinauslaufen könnten.

9.6 X tut etwas an Y: Berücksichtigung unterschiedlicher Konkretions- und Determinationsgrade

So einleuchtend der im vorigen Kapitel besprochene Schritt von konkreten Hylemen bzw. Stoffen zu Hylem- bzw. Stoffschemata scheint und so sehr er in einer ersten Annäherung dazu beiträgt, das stoffliche Material für eine Vergleichbarkeit aufzubereiten, so handelt es sich doch um eine eher grobe erste Annäherung, die unvermerkt ein ganzes Faß von Schwierigkeiten eröffnet und zu einer Kernproblematik führt.

Die angedeutete Problematik beruht darauf, daß die richtige und auch wichtige Einsicht, daß zur Herstellung einer Vergleichbarkeit Abstraktionen unumgänglich sind, eine *grundsätzliche* Gültigkeit beansprucht. Dementsprechend läßt sich ihre Berücksichtigung bzw. Umsetzung auch nicht auf die bloße Ersetzung von Eigennamen durch ein völlig abstraktes „X" beschränken. Denn ein Vergleich von Hylemsequenzen bezieht sich ja nie auf durch Eigennamen spezifizierte Hylemelemente wie Figuren oder Örtlichkeiten etc. allein, sondern darüber hinaus noch auf vieles andere, darunter nicht zuletzt auf die im Rahmen der Hyleme durch das Prädikat zum Ausdruck gebrachten und sich auf die Figuren und Orte beziehenden Handlungen oder Zustände. Mit anderen Worten:

→ Die angenommene Nähe oder Ferne miteinander verglichener Hyleme hängt nicht nur von einer durch die Entfernung von Eigennamen erzielten Abstraktion solcher Hylemelemente wie Figuren und Örtlichkeiten o. a. ab, sondern auch von einer Abstraktion der durch die Hylemprädikate ausgedrückten Handlungen oder Zustände, und darüber hinaus auch von einer Abstraktion der zu Hylemelementen wie Hylemprädikaten gehörigen Determinationen.

Um auf oben angeführte Beispiele zurückzukommen: Die beiden von Eigennamen abstrahierten Hylemschemata „Mann ersticht Drachen" und „Mann erstickt Drachen" erscheinen noch paralleler, wenn man die konkreten Handlungen „Erstechen" und „Ersticken" auf einer abstrakteren Stufe unter die Kategorie „Töten" stellt. Dann erscheinen die beiden Hyleme nicht nur noch paralleler, sondern sogar identisch in der Form „Mann tötet Drachen". Das abstraktere „Töten" verdeckt den Umstand, daß die konkreten Hyleme im Detail unterschiedliche Vorgänge beschreiben. Und die Determination „rot-orange" für einen Drachen läßt sich abstrahieren zu „hellfarbig" oder noch allgemeiner zu „farblich näher gekennzeichnet". Neben Figuren, Örtlichkeiten, Gegenständen und anderen Hylemelementen, die in (logischer) Subjekt- oder Objekt-Funktion ein Hylem konstituieren, und bei denen es in Hinblick auf Vergleiche wesentlich darauf ankommt, ob man von den jeweiligen Konkreta abstrahiert, spielt somit eine solche Abstraktion auch hinsichtlich des Hylemprädikats und der Determinationen von Hylemelementen und Hylemprädikaten eine wichtige Rolle.

Mit der Erkenntnis, daß es in komparatistischer Hinsicht wesentlich auf die Abstraktion bzw. Konkretion der zum Vergleich anstehenden Hyleme, und zwar unter Einschluß all ihrer Bausteine und der dazugehörigen Determinationen ankommt, ist es aber wiederum nicht getan; im Gegenteil, damit ist die Problematik nicht ausgeschöpft, sondern allenfalls angerissen, und die auf den ersten Blick so einleuchtende und einfach erscheinende und für erste vergleichende Schritte durchaus hilfreiche Unterscheidung zwischen konkreten Hylemen und abstrakten Hylemschemata bedarf noch weiterer Differenzierungen.

Denn genauer besehen stellt die Alternative „konkretes Hylem oder abstraktes Hylemschema" eine zu starke Vereinfachung dar. Eine für komparatistische Fragestellungen weitere entscheidende Einsicht besteht darin, daß es *verschiedene Grade* der Abstraktion wie auch der Determination gibt. Man kann sich graduell von einem konkret vorliegenden Hylem (z. B. „Martin ersticht Glimmer") in mehreren Schritten immer weiter von dieser konkreten Gestalt entfernen. Was den Handlungsträger „Martin" angeht, sind bspw. mehrere Abstufungen vorstellbar wie bspw. „Mann", „Mensch" oder, noch allgemeiner, „Lebewesen". Auch Hylemprädikate und sogar die Determinationen von Hylemelementen oder Hylemprädikaten können sich auf unterschiedlichen Konkretions- bzw. Abstraktionsstufen befinden; so ist bspw. „Töten" allgemeiner als „Erstechen", und die näheren Bestimmungen eines Protagonisten durch „körperlich versehrt" oder „Bauer" bspw. sind deutlich abstrakter als das jeweils konkretere „einäugig" oder „Weinbauer".

Soweit man dies angesichts des so weiten Forschungsfeldes, das sich kaum vollständig überblicken läßt, sagen kann, ist die mit dieser Einsicht verbundene, grundsätzliche Problematik in Hinblick auf ein differenziertes komparatistisches Arbeiten bisher noch nicht hinreichend in Angriff genommen worden[30]. Zu schnell und zu selbstverständlich wird oft der Sprung vom konkreten Stoff zum Stoffschema (vgl. „Sagentyp", „Märchentyp", *tale type, story pattern* o. ä.) vorgenommen, so als gäbe es hier nur *eine* Möglichkeit zu springen. Dabei gibt es mehrere, verschieden stark abstrahierte und indeterminierte Zielpunkte, auf denen man nach einem solchen Sprung landen kann.

Freilich wäre es möglich, egal, wie konkret und wie stark determiniert ein Hylem ist, durch Abstraktion und Entfernung aller Determinationen in einem einzigen Schritt von einem konkreten und determinierten Hylem zu einem völlig abstrakten und indeterminierten Hylem zu gelangen; am Ende der Abstraktions-Stufenleiter gelangte man von „Lebewesen" zu „X" oder, auf das Hylem insgesamt bezogen, zu einer vollkommen abstrakten und indeterminierten Hylemgestalt, die ihrer semantischen Inhalte völlig entkleidet wäre und sich in der bereits beschriebenen Form „X (in logischer Subjekt-Funktion) + „macht/ ist" (logisches Prädikat) [ggf. + Y (in logischer Objekt-Funktion)]" darbieten würde.

Auf dieser letzten Indeterminations- und Abstraktionsstufe aber sind Vergleiche verständlicherweise nicht mehr fruchtbar. Fruchtbar sind Vergleiche dann, so ist aus diesen Beobachtungen des Weiteren zu folgern, wenn das Material so aufbereitet wird, daß es sich auf einer *mittleren Determinations- und Konkretionsstufe* zwischen den Extremen einer vollkommenen Abstraktion und Indetermination auf der einen Seite und einer allzu starken Konkretion bzw. Determination auf der anderen Seite befindet. In dem oben genannten Beispiel von Martin und Hans, die einen Drachen erstechen bzw. ersticken, gelangt man hinsichtlich des Hylemprädikats relativ schnell an einen für Vergleiche sinnvoll erscheinenden, mittleren Grad der Indetermination und Abstraktion. Denn „Töten" ist sowohl hinreichend unkonkret und indeterminiert, da von verschiedenen konkreten Tötungsarten wie „Erstechen" und „Ersticken" abstrahiert und von näheren Angaben zur Art und Weise des Tötens abgesehen wird, als auch noch so konkret, daß es nicht zu unspezifisch wird, wie dies dann der Fall wäre, wenn man „tötet" bspw. noch weiter verallgemeinern würde zu „handelt negativ/ zerstörerisch" oder gar nur noch zu „tut etwas".

Es ist auf dem Hintergrund dieser Beobachtungen für die Erstellung aussagekräftiger Vergleiche wichtig, gerade die Hylemprädikate von Stoffen nicht zu schnell „auszubleichen" oder gar „einzuäschern", indem man sie zu etwas allzu

---

[30] Bei Wolpers, 2002, 105, findet man das Problem zwar kurz benannt, aber eher als Desiderat gekennzeichnet („eine der großen Unsicherheitszonen aller Motiv- und Themenforschung"); die Gefahr, die in der Wahl eines zu starken Abstraktionsgrades liegt, wird zumindest angedeutet.

Nichtssagendem abstrahiert (wie zu der semantischen Hülse „tut etwas"), weil sie den wichtigsten Bestandteil eines Hylems bzw. das Zentrum der Aussage bilden, die mit Hilfe eines jeden Hylems getroffen wird. Als ein die Aussage wesentlich tragendes Grundgerüst der Handlung stellt daher eine nicht zu stark abstrahierte Form der Hylemprädikate gerade beim Vergleich von verschiedenen Stoffkonkretionen einen besonders wichtigen Faktor da.

Eine grundsätzliche Folgerung, die aus diesen Überlegungen gezogen werden kann, besteht in der Feststellung einer vom Indeterminations- und Abstraktionsgrad abhängigen Reziprozität von Anzahl und Aussagekraft gezogener Parallelen. Je höher der Indeterminations- und Abstraktionsgrad, desto höher ist die Anzahl von Hylemen oder Hylemsequenzen, die bei einem Vergleich als Parallelen in Frage kommen, desto niedriger aber fällt zugleich die Aussagekraft der gezogenen Parallelen aus. Anders formuliert:

→ Die Sinnhaftigkeit und Fruchtbarkeit von Stoffvarianten-Vergleichen konstituiert sich aus einer angemessenen Mischung aus determinations- und konkretionsbedingter Verschiedenheit und indeterminations- bzw. abstraktionsbedingter Gemeinsamkeit der miteinander verglichenen Hyleme bzw. Hylemsequenzen.

Aus diesen theoretischen Erwägungen ergeben sich verschiedene Folgerungen und Probleme, die hier allenfalls genannt und angerissen werden können. Zunächst sind die einzelnen Hylemelemente und Hylemprädikate sowohl unterschiedlich stark konkret als auch unterschiedlich stark determiniert, und auch die Determinationen selbst wiederum können unterschiedlich konkret bzw. abstrakt sein. Damit befinden sich natürlich auch die Hyleme selbst normalerweise nicht auf einer als einheitlich zu betrachtenden Ebene der Konkretion und Determination. Wenn es keine einheitliche Konkretions- und Determinationsstufe für die verschiedenen Hyleme und ihre Bausteine in einer Hylemsequenz gibt, so kann man erst recht nicht beim Vergleich von zwei Hylemsequenzen insgesamt eine solche einheitliche Ebene voraussetzen, von der ausgehend man sich schrittweise zu immer höheren und dabei jeweils wiederum durchgehend gleichen und einheitlich weniger determinierten Abstraktionsstufen begeben könnte. Das hat zur Folge, daß bei jedem Vergleich von Stoffvarianten die Berücksichtigung der jeweiligen Befundlage ausschlaggebend ist, was wiederum bedeutet, daß je nach Ausgangssituation von Neuem austariert werden muß, und zwar differenziert bis in die einzelnen Hylemelemente, Hylemprädikate und ihre jeweiligen Determinationen hinein, wo jeweils der Punkt einer mittleren Konkretions- und Determinationsstufe erreicht ist, an dem Vergleiche sinnvoll und fruchtbar sind und wo sie belastbare Schlußfolgerungen für die Frage nach einer möglichen genetischen Abhängigkeit oder nach dem Grad einer typologischen Ähnlichkeit zulassen.

Eine solche, differenzierte Analyse wird möglicherweise auf computergestützte Programme angewiesen sein; zumindest würde eine solche sich bei umfangreicheren Vergleichen von mehreren und längeren Hylemsequenzen ohne Zweifel als sehr hilfreich erweisen. Einen Vorstoß in diese Richtung liefern Studien aus der Märchen- bzw. Mythosforschung, in denen mit Algorithmen operiert wird, die aus den Bereichen der Phylogenetik und der Netzwerkanalyse stammen. So werden etwa von Tehrani auf der Basis von einzelnen Hylemen und Determinationen (in der hier erarbeiteten Terminologie) auf dem Gebiet der Märchenforschung die Ähnlichkeiten und Unterschiede zwischen den *tale types* ATU 123 und ATU 333 (und von Mischformen) ermittelt[31]. Auf diesem Gebiet der *Digital Humanities* sind noch einige Fortschritte und wichtige Impulse zu erwarten. Ob allerdings diese Methoden neben einer Bestimmung von Ähnlichkeitsgraden auch für historische Rekonstruktionen eines Archetypen oder „Protomythos", von (prähistorischen) Migrationsbewegungen und entsprechend klaren Abstammungslinien bzw. Stammbäumen eine hinreichende Grundlage liefern, wie dies bspw. von D'Huy (frühere Studien zusammenfassend) in Hinblick auf mythische Stoffe wie die „Kosmische Jagd" oder „auf die Mythenfamilien 'Polyphem' und 'Pygmalion'" vorausgesetzt wird, mag man nicht mit dem gleichen Optimismus behaupten wollen wie der Autor dieses Artikels[32]. Ein Problem stellt hier u. a. ein zu hoher Abstraktions- und Indeterminationsgrad bei der Bestimmung der „Urform" dar, die bspw. für die „Kosmische Jagd" nach D'Huy folgendermaßen lauten soll[33]: „Ein Huftier wird von einem Jäger verfolgt, wobei sich dies am Himmel abspielt oder dorthin versetzt wird; das Tier lebt noch, als es unter die Sterne versetzt wird, und dieses Sternbild wird Großer Bär genannt." Auf die hier im Hintergrund stehende Problematik wurde bereits ausführlicher in Kapitel 4.2 eingegangen.

Wenn weiter oben vom Erreichen eines mittleren Konkretions- und Determinationsgrades als erstrebenswertes Ziel für vergleichende Analysen die Rede war, dann muß hier präzisierend hinzugefügt werden, daß es nicht um das Erreichen eines arithmetischen Mittels geht, also gleichsam um einen idealen Wert, der genau zwischen den Extremen liegt und rein statistisch errechnet werden könnte.

---

31 S. Tehrani, 2013.
32 S. D'Huy, 2015 (Zitat ebd. 70).
33 D'Huy, 2015, 73. Mit „Großer Bär" kommt außerdem mitten in einer abstrakten Stoffsequenz ein konkreter Eigenname vor, so daß Abstraktions- und Konkretionsebene vermischt werden.

Wo jeweils der für einen Vergleich fruchtbare „Mittelwert" liegt, hängt nicht nur von der Ausgangslage bzw. der Beschaffenheit des zu vergleichenden Materials ab, sondern etwa auch von der leitenden Fragestellung. Will man bspw. typologische Ähnlichkeiten von strukturell vergleichbaren Geschehnissen oder Handlungsabläufen bestimmen, wird man einen höheren Abstraktions- und Indeterminationsgrad wählen als dann, wenn es darum geht, zu sicheren Aussagen über eine eventuelle genetische Abhängigkeit zu gelangen, da eine solche erst ab einem relativ hohen Grad an konkreten und näher determinierten Übereinstimmungen postuliert werden kann.

Die aus diesen Beobachtungen erwachsenden Herausforderungen (und Gefahren) sollen auf der Hylemebene verdeutlicht werden. So kommen bspw. in den Hylemen „mächtiger König opfert feindliche Geisel" und „Mann opfert jüngste Tochter" unterschiedlich determinierte und unterschiedlich stark abstrahierte Hylemelemente vor. Wird bei einem Vergleich dieser beiden Hyleme die Unterschiedlichkeit der Determination und Konkretion der einzelnen Elemente vernachlässigt oder zu schnell auf ein zu einheitliches Niveau einer überdies zu starken Abstraktion bzw. Indetermination gehoben, dann erhält man als Ergebnis, daß es sich um sehr ähnliche Hyleme handelt („Mensch opfert Mensch"), während sie „im Detail" doch sehr unterschiedlich ausfallen. Die Disparität der möglichen Vergleichs-Ergebnisse („sehr ähnlich" – „sehr verschieden") ist aber nicht etwa ein Indiz dafür, daß Vergleiche generell einer gewissen Beliebigkeit und damit Unverbindlichkeit unterliegen, sondern sie ist der Komplexität und Disparität der zu vergleichenden Untersuchungsgegenstände geschuldet. Ein aussagekräftiges Vergleichsergebnis hängt daher auch nicht von einer subjektiven Perspektive ab[34], sondern von einer reflektierten Entscheidung bei der Wahl eines angemessenen, mittleren Konkretions- und Determinationsgrades der zum Vergleich stehenden Hyleme (bzw. Hylemsequenzen) und ihrer Bestandteile. Das mag im Einzelfall schwierig zu entscheiden sein und zu Kontroversen führen; doch zum einen können solche Kontroversen sich nun auf differenzierte, methodische Analysewerkzeuge stützen, und zum anderen sollte man angesichts der Komplexität und der damit einhergehenden Möglichkeit kontroverser Ansichten den Fortschritt nicht allzu leicht wieder preisgeben, der in der grundlegenden Einsicht liegt, daß der Wert von Vergleichen wesentlich davon abhängt, auf welcher Determinations- und Konkretionsstufe der zu vergleichenden Stoffbausteine sie stattfinden.

---

34 So Kirk, 1980, 243 f: „Eine große Gefahr besteht in der unvermeidlich subjektiven Beurteilung des Ausmaßes einer spezifischen Ähnlichkeit …"

9.7 Berücksichtigung der Anzahl und Anordnung von Hylemen

Auf der Ebene eines Vergleichs ganzer Hylemsequenzen kommen schließlich noch weitere Punkte dazu, die Auswirkungen auf die Beurteilung einer Ähnlichkeit oder Abhängigkeit der verglichenen Hylemsequenzen haben, und zwar betreffen diese Punkte sowohl die Anzahl als auch die Anordnung der jeweils verglichenen Hyleme. Es ist klar, daß in dem Ausmaß, in dem in einer Hylemsequenz einzelne Hyleme zusätzlich vorhanden sind bzw. umgekehrt fehlen, oder in dem gleiche oder zumindest ähnliche Hyleme in einer anderen logischen bzw. chronologischen Reihenfolge stehen als in der zum Vergleich stehenden Hylemsequenz, die Ähnlichkeit der miteinander verglichenen Hylemsequenzen graduell abnimmt. Auch die Anzahl der miteinander verglichenen Hyleme insgesamt spielt eine Rolle; je höher die Anzahl der insgesamt parallelen Hyleme, desto höher ist die typologische Ähnlichkeit einzustufen und desto höher wird außerdem die Wahrscheinlichkeit einer genetischen Abhängigkeit. Schließlich ist für sinnvolles Stoff-Vergleichen auch die Berücksichtigung des Grades der „Komprimierung" einzelner Hyleme bzw. Hylemsequenzen relevant. Darum soll es ausführlich im nächsten Kapitel gehen.

9.8 Berücksichtigung stoffzusammenfassender und stoffrepräsentierender Hyleme (Hyperhylem-Funktion)

9.8.1 Stoffzusammenfassende Hyleme: Die Gründung von Theben (Ov. met. 3,1-130)

Auch in einer Wendung wie „Die Gründung von Theben durch Kadmos" steckt ein Hylem, nämlich das Hylem „Kadmos gründet Theben"[35]. Die etwas andere sprachliche Formulierung führt aber zu einer Problematik, deren Berücksichtigung vor allem beim Vergleich verschiedener Hylemsequenzen eine wichtige Rolle spielt.

Längere Sequenzen aus Erzählstoffen oder auch Erzählstoffe insgesamt können wie eine Ziehharmonika auf kleinstem Raum komprimiert oder auf weite Strecken auseinandergezogen dargeboten werden. Wenn sie komprimiert werden, kann das Ergebnis im Extremfall so klein ausfallen, daß es dieselbe logische

---

35 Eine detailreiche und profunde Analyse der mythischen Stoffe, die von der Zeit handeln, „als Kadmos nach Boiotien kam" (so der Titel) aus historischer Perspektive bei Kühr, 2006. Eine Sammlung von Literaturhinweisen zu Kadmos bei Reinhardt, 2011, 117, Anm. 471.

Grundstruktur aufweist wie ein einzelnes Hylem und rein sprachlich wie ein Hylem mit der (hier vereinfacht dargestellten) Struktur Subjekt – Prädikat (ggf. – Objekt) zum Ausdruck gebracht werden kann. Diese einen Stoff oder eine längeren Stoffausschnitt wie unter einer „Überschrift" zusammenfassenden Hyleme, die nur nach semantischen Kriterien, nicht aber aufgrund ihrer logischen Grundstruktur (Handlungsträger + Aussage über Handlungsträger + ggf. Handlungsobjekt) und daher auch nicht in ihrer sprachlichen Umsetzung von anderen Hylemen unterscheidbar sind, liegen analytisch betrachtet auf einer anderen Ebene als die von ihnen umfaßten Einzelhyleme und sollen sinnvollerweise daher auch terminologisch von ihnen abgehoben werden:

> → Ein Hylem, das mehrere Handlungsschritte überschriftartig zusammenfaßt bzw. stellvertretend für mehrere Handlungsschritte stehen kann, ist als ein „übergeordnetes" Hylem anzusehen und soll daher im Folgenden als „Hyperhylem" („Über-Hylem") bezeichnet werden.

Offenkundige Beispiele für solche Hyperhyleme sind etwa „Hermes erfindet die Leier", „Herakles belagert Troia", „Kadmos gründet Theben", „Kadmos kämpft gegen den Ares-Drachen", „Noah baut eine Arche" oder „Enki baut seinen Tempel". Schon etwas weniger deutlich ist dies bei Hylemen wie „Kadmos befragt das Orakel in Delphi" oder „Kadmos heiratet Harmonia". Diese Hyleme kann man jeweils auf die einzelnen, konkreten Akte der Fragestellung bzw. des Eheversprechens selbst beziehen (oder auf einen sonstigen, einem Eheversprechen äquivalenten, zentralen Akt einer Heirat); sie *können* aber durchaus auch auf das Gesamt der mit den genannten zentralen Akten normalerweise verbundenen Handlungsschritte abzielen, also auf all die Vorbereitungen, Opfer, Gebete etc., welche die Prozedur einer Orakelbefragung oder eines Hochzeitsfestes generell oder auch in einem speziellen Fall ausmachen können.

„Kadmos befragt das Delphische Orakel" – „Kadmos folgt einem Rind bis zum Ort der Stadtgründung" – „Kadmos bekämpft den Drachen des Ares" – „Kadmos gründet Theben": Das klingt nach einer Hylemsequenz, ist aber eher als eine Sequenz von vier verschiedenen Stoffen anzusehen[36], die hier jeweils auf vier „Überschriften" zusammengezogen sind, mit der eben gemachten Einschränkung, daß ein Hylem wie „Kadmos befragt das Delphische Orakel" sich auch auf einen konkreten einzelnen Akt beziehen *kann*. Aber im Großen und Gan-

---

36 Zur Begründung der Einschränkung („eher") s. unten, zur Relativität des Hyperhylembegriffs.

zen läßt sich jedes dieser Hyperhyleme problemlos in Form einer Sequenz mehrerer, dem jeweiligen Hyperhylem inhaltlich untergeordneter Hyleme breit ausgestalten, wie dies teilweise bei der Schilderung der besagten Vorgänge in Ovids *Metamorphosen* der Fall ist[37].

Die Unterscheidung von Hylem und Hyperhylem ist für eine Hylemanalyse bereits insofern grundlegend wichtig, als in textlichen Konkretionen von Stoffvarianten manchmal Aussagen vorkommen, die genauso wie Hyleme aussehen, die aber proleptisch das, was kommt, oder im Rückblick das, was erzählt wurde, zusammenfassen. So wird bspw. in einem Text wie *Enkis Fahrt nach Nippur*[38], in dem von vielen einzelnen Schritten beim Bau des Enki-Tempels die Rede ist, der ganze Vorgang u. a. durch die Aussage zusammengefaßt: „Enki hat den Tempel gebaut"[39]. Das darin steckende Hylem „Enki baut den Tempel" ist in diesen Fällen kein *neues*, sondern ein *stoffzusammenfassendes* Hylem.

Nun kann man mehrere verschiedene Stoffe auch zu einer noch größeren Einheit zusammenführen und alle vier Stoffe, „Kadmos befragt das Delphische Orakel" – „Kadmos folgt einem Rind bis zum Ort der Stadtgründung" – „Kadmos bekämpft den Drachen des Ares" – „Kadmos gründet Theben", unter der Überschrift „Kadmos gründet Theben" zusammenfassen, da die Gründung der Stadt das Ziel ist, auf das alles hinausläuft und dem alle anderen Schritte unter- und zugeordnet sind. Wenn man die Kriterien zur Abgrenzung von Stoffen ernst nimmt, wonach ein Stoff eine relativ kleine, in sich abgeschlossene Einheit darstellt, deren Abgeschlossenheit sich wesentlich nach dem Kriterium der Einheitlichkeit in Bezug auf die Faktoren Ort, Zeit, Figuren, Handlung und Thematik bemißt[40], dann handelt es sich dabei allerdings nicht mehr um *einen* Stoff, sondern um die Hintereinander-Schaltung mehrerer Stoffe, um ein Stoffkonglomerat oder

---

37 S. Ov. *met.* 3,1-130.
38 Vgl. die unpublizierte Dissertationsschrift aus Philadelphia von A.-H. Al-Fouadi, 1969, Enki's journey to Nippur: The journeys of the gods; für ETCSL vgl. http://etcsl.orinst.ox.ac.uk/cgi-bin/etcsl.cgi?text=c.1.1*# (Abruf 8.5.2018). Für die neuesten deutschen Übersetzungen s. Ceccarelli, 2012, und Bauer, 2015.
39 *Enkis Fahrt nach Nippur* Z. 13: Eridu^{ki}-ga e$_2$ gu$_2$-a bi$_2$-in-du$_3$, „In Eridu hatte er (= Enki) den Tempel am Rand (= des Apsû) erbaut" (Übersetzung A. Zgoll); vgl. dasselbe Hylem auch in Z. 52, 69, 119, 121, 125.
40 S. dazu ausführlich Kapitel 8.1.

eine Stoffkombination[41]. In vielen Fällen sind Vergleiche im Bereich der Mythosforschung keine Vergleiche von einzelnen Stoffen und ihren Varianten, sondern Vergleiche von Stoffkonglomeraten.

Inwiefern all diese Ausführungen gerade für einen *Vergleich* von Stoffvarianten eine wichtige Rolle spielen, darauf soll gleich des Näheren eingegangen werden. Zunächst aber gilt es, eine Beobachtung festzuhalten. Mehrere kleinste handlungstragende Einheiten können zwar in Form von Hyperhylemen zu einer Kurzform zusammengezogen werden, aber offensichtlich läßt sich ein solcher stoffzusammenfassender Charakter nicht oder doch nur unter einem gewissen Vorbehalt genauer bestimmen oder gar absolut festmachen. Ob „Kadmos gründet Theben" auf den konkreten Akt bspw. einer Grundsteinlegung abzielt oder auf ein mehrere Einzelschritte umfassendes Gründungs-Geschehen oder gar auf ein ganzes Konglomerat mehrerer verschiedener, miteinander verbundener und auf den Vorgang der Stadtgründung zulaufender Einzelstoffe, läßt sich nicht absolut entscheiden. Selbst „Kadmos gründet Theben" könnte wiederum nur ein Baustein sein des noch größeren Stoffkonglomerates „Kadmos sucht Europa", und dies wiederum ein Baustein des Stoffkonglomerates „Die Abenteuer des Kadmos", und dies wieder ein Stück aus einer „Geschichte des phönizischen Königshauses" und so fort.

Aber auch umgekehrt, nämlich vom Größeren ins Kleinere, läßt sich die Relativität des Hyperhylembegriffs zeigen. Denn selbst wenn man ein Hylem wie „Kadmos tötet den Drachen des Ares" als Beschreibung des einzelnen und konkreten Aktes des Tötens auffaßt, so läßt sich auch dieser einzelne Akt in einer konkreten Ausgestaltung in noch weitere Einzelschritte unterteilen, indem etwa ausführlich geschildert wird, wie Kadmos sein Schwert fest am Griff packt, das Schwert aus der Scheide zieht, es hoch in die Luft schwingt, es tief in die Brust des Drachen bohrt, mit dem Fuß das Schwert noch tiefer hineintritt und es schließlich noch drei oder viermal in der Wunde herumdreht etc.; und selbst ein Akt wie das Packen des Schwertgriffes wiederum könnte *noch* detaillierter beschrieben werden und so weiter. Damit kann die Eigenschaft, mehrere verschiedene Handlungseinheiten zusammenzufassen, einem Hylem nicht absolut, sondern nur relational zugeschrieben werden.

Der Hyperhylembegriff ist somit insofern zu präzisieren, daß er nicht auf eine eigene, besondere Klasse von Hylemen, sondern primär auf eine *Funktion* zielt, die im Prinzip *jedes Hylem* erhalten kann, nämlich stellvertretend für mehrere,

---

[41] Tatsächlich kann man feststellen, daß Stoffe in vielen Fällen erst in ihrer Verbindung mit anderen Stoffen, also als Stoffkonglomerat das ergeben, was man *gemeinhin* unter „einem Stoff" bzw. „einem Mythos" versteht.

inhaltlich zugeordnete Hyleme zu stehen. Ob ein bestimmtes Hylem in einem bestimmten Stoffkontext als Hyperhylem fungiert oder nicht, kann nur relational, d. h. aufgrund von zusätzlichen Informationen innerhalb desselben Stoffkontextes oder im Vergleich mit anderen stofflichen Kontexten angegeben bzw. plausibel gemacht werden. So wird etwa in einem Satz wie „ich möchte nicht lange davon erzählen, wie Medeia zu Iason in Liebe entbrannte, und wie sie mit ihm aus Kolchis floh" bereits durch die einleitenden Worte deutlich, daß die nachfolgenden Hyleme „Medeia entbrennt in Liebe zu Iason" und „Medeia flieht mit Iason aus Kolchis" jeweils als Abbreviaturen für größere stoffliche Einheiten und somit als Hyperhyleme aufzufassen sind. Daß sich ein Hylem wie „Medeia entbrennt in Liebe zu Iason" zu einem einzelnen Stoff ausarbeiten läßt und damit als Hyperhylem fungieren kann, ließe sich darüber hinaus auch entweder durch den Nachweis der Existenz einer entsprechenden Ausgestaltung plausibel machen[42] oder auch durch den Vergleich mit anderen Stoffen, in denen eine ähnliche Konstellation bzw. ein ähnliches Stoffschema vorliegt und der Vorgang des In-Liebe-Entbrennens einer Königstochter zu einem Fremden breiter ausgeführt wird[43].

Wenn man von einzelnen Texten ausgeht, wird man feststellen, daß in vielen Fällen der Umfang der narrativen Ausgestaltung von Stoffen sich ständig verändert und damit oft Hyleme und Hyleme in Hyperhylemfunktion abwechselnd nebeneinanderstehen. Dies gilt auch und gerade bei Stoffkonglomeraten, also bei der Hintereinander-Schaltung von mehreren Einzelstoffen. Es ist, als würde man mehrere Ziehharmonikas nebeneinanderstellen, wobei manche in dieser Reihe extrem eng zusammengedrückt, andere weit auseinandergezogen wären[44].

So widmet etwa Ovid in den *Metamorphosen* im thematischen Zusammenhang der Gründung von Theben der Befragung des Delphischen Orakels durch Kadmos, dem Verfolgen des Rindes bis hin zur Stelle, die es durch sein Niederlegen als Ort näher kennzeichnet, an dem durch den Willen Apollons die neue Stadt gegründet werden soll, und dem Kampf gegen den Drachen des Ares jeweils eine ausführliche Darstellung in insgesamt 129 Versen[45]. Dagegen wird das Ge-

---

42 Man vergleiche bspw. die ausführliche Schilderung im 3. Buch der *Argonautika* des Apollonios von Rhodos.
43 Strukturell vergleichbar ist etwa der Stoff von der Königstochter Skylla, die in Liebe zu Minos entbrennt, wie bspw. im 8. Buch von Ovids *Metamorphosen* länger entfaltet wird.
44 Beobachtungen zu diesem Phänomen im Bereich der archaischen griechischen Dichtung bspw. bei Nagy, 1990, 54-58; Nagy redet in diesem Zusammenhang von „expansion and compression" (ebd. 55).
45 Vgl. Ov. *met.* 3,1-129.

schehen der Stadtgründung von Theben auf einen einzigen Vers zusammengezogen, in dem es lapidar heißt[46]: ... *posuit iussus Phoebeïs sortibus urbem* – „auf Befehl des Orakels des Phoebus errichtete er die Stadt". Auf drei Stoffe, die jeweils aus Sequenzen etlicher Hyleme bestehen, folgt ein einzelnes Hylem, das hier offenkundig als Hyperhylem für einen vierten, in diesem Fall aber nur zusammenfassend erwähnten Stoff steht. Da sich das in der Angabe *iussus Phoebeïs sortibus* steckende Hylem auf eine viel frühere Stelle in der stofflichen Chronologie, nämlich auf die Erteilung des Orakelspruches durch Apollon bezieht, besteht das auf die Stadtgründung abzielende Hyperhylem eigentlich nur aus den zwei Worten *posuit urbem* und stellt damit fast in Reinform die logische Grundstruktur eines Hylems dar, die nur noch in das Präsens gesetzt und mit dem aus dem Kontext jeweils eindeutig ersichtlichen Handlungsträger und Handlungsobjekt versehen werden muß: „[Kadmos] errichtet die Stadt [Theben]".

Die Unterscheidung, ob Hyleme in der Funktion eines Hyperhylems stehen oder nicht, kann bereits für die Analyse und Interpretation von medialen Konkretionen einzelner Stoffe bzw. Stoffkonglomerate relevant sein, indem sich dadurch bspw. zeigen läßt, worauf oder worauf gerade nicht der Fokus der entsprechenden Ausgestaltung liegt. Das angeführte Ovid-Beispiel zeigt etwa, daß der Dichter der *Metamorphosen* offenbar bei der Darstellung der Kadmos-Geschichte wenig Interesse an der Beschreibung einer Stadtgründung hatte, was bei der Schilderung derselben stofflichen Inhalte durch einen anderen Autor, bspw. durch einen Historiker, vermutlich anders ausgefallen wäre. Es lassen sich außerdem weitere Fragen anschließen wie etwa was Ovid zu der Ausführlichkeit der Schilderung der drei anderen Stoffe bewegt hat bzw. was dies in Hinblick auf die Thematik und Ausrichtung der *Metamorphosen* insgesamt bedeutet – eine Frage, die bezüglich des Drachenkampfes einfacher zu beantworten ist als für die Befragung und die Befolgung des Orakels, da sich aus dem Drachenkampf ein einer Metamorphose im engeren Sinn zumindest ähnlicher, „metamorphotischer" Vorgang ergibt[47], nämlich die Entstehung der „Spartoi" genannten Kämpfer aus den in den Erdboden eingesäten Zähnen des erlegten Drachen, während sich aufs Erste nicht so leicht sagen läßt, ob den mit dem Orakel und seinen Folgen in Zusammenhang stehenden Hylemen möglicherweise nur eine eher untergeordnete, überleitende Bedeutung zukommt, oder ob hier noch mehr zu entdecken und beschreiben wäre.

---

46 Ov. *met.* 3,130.
47 Zu dieser Anthropogenese und der Nähe bzw. Ferne zur Metamorphose im engeren Sinn s. ausführlich C. Zgoll, 2004, 233-236.

Wenn in einer Stoffvariante davon die Rede ist, daß „Kadmos den Drachen des Ares tötet", dann ist das *ein* Hylem; wenn in einer anderen Stoffvariante die Tötung des Drachen in fünf einzelnen Handlungsschritten beschrieben wird, dann sind das *fünf* Hyleme. Ob es sinnvoll ist, bei einer Darstellung der Hyleme der zuletzt genannten Stoffvariante diese fünf Hyleme der Übersichtlichkeit halber zu einem Hyperhylem zusammenzufassen, bzw. umgekehrt, ob man erkennt und festhält, daß ein Hylem wie „Kadmos tötet den Ares-Drachen" eigentlich in der Funktion eines Hyperhylems steht, das sind Unterscheidungen bzw. Fragen, die bereits stoffvarianten-intern bei einer inhaltlichen Interpretation fruchtbar und wichtig sein können. Unabdingbar wichtig aber werden sie bei einem *Vergleich* der Handlungssequenz einer Stoffvariante mit anderen Varianten des gleichen Stoffes oder mit Varianten anderer Stoffe, kulturintern oder kulturübergreifend. Denn dann kann es vorkommen, daß Stoffe oder Stoffkonglomerate in ihrer inhaltlichen Grobstruktur durchaus parallel verlaufen, obwohl sie sich auf der Ebene der Feinstruktur der ausgearbeiteten Details sehr unterschiedlich präsentieren.

So können bspw. im Fall A drei Hyleme in einer direkten Abfolge hintereinanderstehen, im Fall B siebenundzwanzig, was sich schon rein quantitativ äußerst unterschiedlich ausnimmt. Bei näherer Betrachtung des Inhalts aber könnte sich herausstellen, daß nicht nur zwei Hyleme von A und B übereinstimmen, sondern daß auch das dritte Hylem von Fall A in Fall B eine Entsprechung hat – aber nur dann, wenn man erkennt, daß die weiteren noch übrigbleibenden fünfundzwanzig Hyleme von Fall B lediglich eine Ausfaltung dessen darstellen, was im dritten Hylem von Fall A unter *einem* Hyperhylem zusammengefaßt ist. In diesem Fall würden sich in Bezug auf die Gesamtstruktur der stofflichen Behandlung die Hylemsequenzen deutlich weniger voneinander unterscheiden, als dies ein erster Blick auf die rein quantitativen Unterschiede vermuten läßt (vgl. die folgende Abbildung; Anzahl der Hyleme aus Gründen der besseren Übersichtlichkeit reduziert).

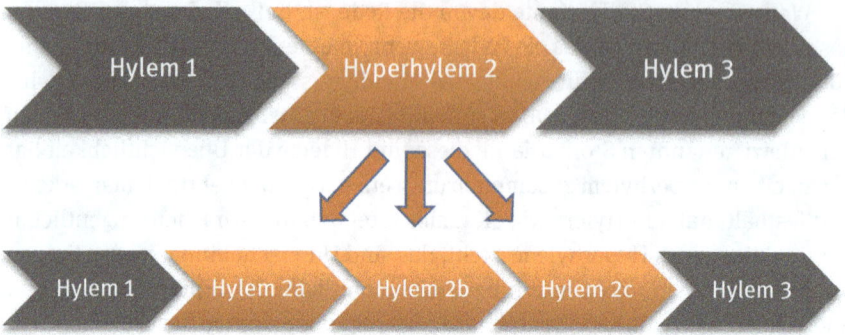

Abb. 1: Berücksichtigung von Hyperhylemen beim Vergleich von Stoffvarianten

Erst recht ist die Berücksichtigung von Hyperhylemen bei einem Vergleich von Stoffkonglomeraten notwendig. Um noch einmal auf das Kadmos-Beispiel zurückzukommen: In einer textlichen Konkretion mag das Stoffkonglomerat „Kadmos befragt das Delphische Orakel" – „Kadmos folgt einem Rind bis zum Ort der Stadtgründung" – „Kadmos bekämpft den Drachen des Ares" – „Kadmos gründet Theben" so ausgestaltet sein, daß auf die ersten drei Stoffe jeweils mehrere Hyleme entfallen, auf den letzten hingegen jedoch nur eines, wie dies bei Ovid in den *Metamorphosen* der Fall ist; in einer anderen textlichen Konkretion hingegen mag umgekehrt auf die ersten drei Stoffe jeweils nur ein Hylem verwendet, der letzte Stoff hingegen durch eine längere Sequenz mehrerer Hyleme dargestellt sein. Trägt man nun dem Umstand nicht Rechnung, daß im einen wie im anderen Fall Hyleme in Hyperhylem-Funktion stehen können, kann es leicht dazu kommen, daß die völlige Gleichheit der Stoffkonglomerat-Sequenz hinsichtlich der inhaltlichen Großstruktur verkannt und damit auch das Vergleichs-Ergebnis verzerrt wird. Umgekehrt betrachtet: Das, was antike Dichter aus produktionsästhetischen Gründen an Raffungen und Dehnungen hervorgebracht haben, kann (und muß) ein Hylemanalytiker gegebenenfalls auch vornehmen, wenn es ihm darum geht, Hylemsequenzen miteinander vergleichbar zu machen.

Man kann einzelne Hylemsequenzen oder größere Stoffkonglomerate miteinander vergleichen, beide Vorgehensweisen sind gleichermaßen möglich und gewinnbringend. Allerdings ist es dafür essentiell, daß man sich des Unterschiedes zwischen Hylemen und Hylemen in Hyperhylem-Funktion bewußt ist.

→ Für ein stoffkomparatistisches Vorgehen ist es grundlegend wichtig, sich Rechenschaft darüber abzulegen, ob und wenn ja wie viele Hyleme in den verglichenen Sequenzen als Hyleme in Hyperhylemfunktion anzusehen sind, und welche Mischung aus Hylemen und Hylemen in Hyperhylemfunktion im Einzelfall vorliegt.

Man muß sich darüber im Klaren sein, daß gerade in textlichen Konkretionen mythischer Stoffe die Hylemsequenzen meist Mischformen darstellen. Eine häufig unregelmäßige Abwechslung zwischen Hylemen und Hylemen in Hyperhylemfunktion ist nicht der Ausnahme-, sondern der Normalfall.

9.8.2 Stoffrepräsentierende Hyleme: Atalante bewundert die Äpfel der Hesperiden (Verg. *ecl.* 6,61)

Von stoffzusammenfassenden Hylemen zu unterscheiden sind stoffrepräsentierende Hyleme. Es können ganze Stoffe auch dadurch evoziert werden, daß ein einzelnes Hylem genannt wird, das aus einer Hylemsequenz isoliert wird und dann repräsentativ für einen Stoff steht. Auch wenn rein theoretisch alle Hyleme noch einmal unterteilt werden können, so ist in solchen Fällen das gewählte Hylem zumindest *prima facie* nicht in Art einer Zusammenfassung auf mehrere konkrete, kleinste handlungstragende Einheiten, sondern nur auf *eine* solche Einheit bezogen. Es steht dann in solchen Fällen als einzelnes Hylem nicht zusammenfassend, sondern als *pars pro toto* repräsentativ für eine ganze Hylemsequenz.

So wird bspw. in der 6. Ekloge von Vergil in nur einem Vers und sogar ohne jegliche Namensnennung auf den Stoff von der Liebe zwischen Atalante und Hippomenes angespielt[48]. Ein ländlicher Silenos singt Hirten von verschiedenen mythischen Stoffen vor, darunter u. a. von „dem Mädchen, das die Äpfel der Hesperiden bewundert hat" (*canit Hesperidum miratam mala puellam*)[49]. Gemeint ist Atalante und ihr Wettlauf mit Hippomenes, den Hippomenes absolvieren muß, um ihre Hand zu gewinnen, und den er nur deshalb gewinnt, weil er im Lauf die goldenen Äpfel der Hesperiden fallen läßt, die Atalante so bewundert, daß sie sie aufhebt und durch die damit einhergehenden Verzögerungen erst als zweite ins Ziel gelangt. Das Hylem „Atalante bewundert die Äpfel der Hesperiden" ist eine kleinste handlungstragende Einheit in dem mythischen Stoff von Hippomenes,

---

48 Hippomenes heißt der Protagonist in den boiotischen Stoffvarianten; in der arkadischen Varianten des Stoffes wird er Melanion genannt. Weiterführende Literaturhinweise zu dem Stoff bei Reinhardt, 2011, 398, Anm. 1489.
49 Verg. *ecl.* 6,61.

der durch einen Wettlauf die Hand der Atalante erringt, soll aber in dem vorliegenden Kontext der 6. Ekloge von Vergil ganz offensichtlich bei den Rezipienten nicht nur diesen punktuellen Ausschnitt, sondern den *ganzen* Stoff evozieren.

Sind bezüglich der *Extension* in Bezug auf den ausgedrückten Inhalt stoffrepräsentierende Hyleme prinzipiell von stoffzusammenfassenden Hylemen zu unterscheiden, so stehen sie doch in genau derselben *Funktion* wie die im vorigen Kapitel besprochenen stoffzusammenfassenden Hyleme, also in einer Hyperhylem-Funktion, stellvertretend für das Gesamt eines Stoffes bzw. für eine längere Sequenz aufeinander bezogener Hyleme.

Ein stoffrepräsentierendes Hylem kann, muß aber nicht unbedingt für einen Stoff absolut *zentral* sein. *Charakteristisch* für den Stoff ist es hingegen in vielen Fällen schon, denn sonst kann es seine Funktion nicht erfüllen, nämlich durch das Aufzeigen eines Ausschnittes das Gesamt des Stoffes in Erinnerung zu rufen[50]. Es ist vor allem ein häufiges Merkmal ikonographischer Darstellungen mythischer Stoffe, daß sie einzelne, besonders charakteristische Hyleme herausgreifen, die dann stellvertretend auf das Gesamt des Stoffes verweisen. Unter Umständen reicht sogar die Darstellung nur eines einzigen Hylemelements, um diese Funktion zu erfüllen, wenn man etwa an den so charakteristischen Kopf der Medusa denkt, dessen Darstellung allein schon genügt, den Stoff von ihrer Tötung durch Perseus in Erinnerung zu rufen, selbst wenn nur dieser Kopf zu sehen ist und nichts anderes sonst.

---

50 Vgl. ansatzweise ähnlich der Begriff vom „Kernmotiv" bei Frenzel, 1978, 29: „Bei Dichtungen, deren Inhalt nicht sehr komplex ist, kann er durch das Kernmotiv in kondensierter Form wiedergegeben werden ..." In solchen Fällen würde der Stoff allerdings gerade nicht in *kondensierter* Form wiedergegeben (das wäre ein Hyperhylem), sondern solche „Kernmotive" stünden dann *repräsentativ* für das Stoffganze.

Stoffzusammenfassende und stoffrepräsentierende Hyleme (Hyperhyleme) — **195**

Abb. 2: Kopf der Medusa

Wenn auf Stoffe nur äußerst verkürzt angespielt wird – und auch, wenn sie wie im Fall von Hyperhylemen extrem komprimiert zusammengefaßt werden –, ist dies in aller Regel ein deutliches Indiz dafür, daß sie den Rezipienten bereits bekannt sind[51]. So wird bspw. in nur vier Versen innerhalb der homerischen *Odyssee* eine gefährliche Stelle für die Schifffahrt erwähnt[52], welche bereits die „Argo, die allen im Sinn liegt"[53], passieren mußte, eine Anspielung, die in dieser stark abgekürzten Form in aller Deutlichkeit zeigt, daß der Stoff von der Fahrt der Argonauten den Rezipienten der *Odyssee* (in ihrer vorliegenden Endgestalt) bekannt gewesen sein muß.

---

51 Vgl. dazu Yasumura, 2011, 8. S. dazu auch die Ausführungen in Kapitel 9.8.3. *In der Regel deutet Kürze auf Bekanntheit* – freilich nicht notwendig und immer; vgl. das berechtigt vorgetragene *Caveat* von Andersen, 2012, besonders 146-148.
52 Hom. *Od.* 12,69-72.
53 Oder „Argo, die allen am Herzen liegt" (Ἀργὼ πᾶσι μέλουσα), Hom. *Od.* 12,70; zur (fälschlichen) „Univerbierung" der Lesart πασιμέλουσα s. LfgrE s. v.

Stoffrepräsentierende Hyleme müssen v. a. dann für einen Stoff charakteristisch sein, wenn sie isoliert dastehen, also z. B. als Anspielungen in völlig anderen stofflichen Kontexten. Wenn allerdings vom Kontext her klar ist, für welchen Stoff ein einzelnes Hylem repräsentativ stehen soll, dann *kann* dieses einzelne Hylem sogar blaß bis nichtssagend sein, wie z. B. in einer katalogartigen Aufzählung, wo der Zusammenhang der aufgezählten Einzelposten hinreichend deutlich macht, um was es geht – da muß nicht jedes Hylem selbst auch noch besonders spezifisch oder charakteristisch gezeichnet sein[54].

Ein Paradebeispiel in der Literatur für eine Aneinanderreihung von abwechselnd stoffzusammenfassenden und stoffrepräsentierenden Hylemen findet sich gegen Ende des 23. Buches der *Odyssee* an dem Punkt, an dem Odysseus endlich wieder mit seiner Frau Penelope vereint ist und berichtet wird, wie er ihr von den verschiedenen Abenteuern seiner Irrfahrt erzählt[55]. Etliche Stationen von Odysseus' Irrfahrt werden in Form von stoffrepräsentierenden oder durch stoffzusammenfassende Hyleme in Hyperhylemfunktion vergegenwärtigt, wie folgender Ausschnitt verdeutlichen kann:

ἤρξατο δ', ὡς πρῶτον Κίκονας δάμασ', αὐτὰρ ἔπειτα 310
ἦλθεν Λωτοφάγων ἀνδρῶν πίειραν ἄρουραν·
...
ἠδ' ὡς Σειρήνων ἀδινάων φθόγγον ἄκουσεν, 326
ὥς θ' ἵκετο Πλαγκτὰς πέτρας δεινήν τε Χάρυβδιν
Σκύλλην θ', ἣν οὔ πώ ποτ' ἀκήριοι ἄνδρες ἄλυξαν· ...

Und er begann, wie er zuerst die Kikonen bezwungen hatte, dann aber 310
zum fetten Ackerland der Lotophagen-Männer gekommen war;
...
und wie er der lauten Sirenen Stimme hörte, 326
wie er zu den Plankten-Felsen kam und zur schrecklichen Charybdis
und zur Skylla, der noch niemals Männer lebendig entkamen; ...

„Odysseus bezwingt die Kikonen" ist ein Hyperhylem, während die folgenden Verse bestimmte einzelne Handlungsschritte wie das „Ankommen" oder das „Hören" herausgreifen, die aber ebenso wie das erste Hyperhylem jeweils die Funktion erfüllen, stellvertretend für verschiedene Einzelstoffe, also für längere Hylemsequenzen zu stehen. Ausführlich erzählt nehmen diese einzelnen, hier

---

54 S. dazu gleich das folgende Beispiel von der Aufzählung der Irrfahrt-Stationen des Odysseus, wo ein farbloses Hylem wie „Odysseus kommt zu den Lotophagen" repräsentativ für den Stoff stehen kann.
55 Hom. *Od.* 23,310-343.

kurz angerissenen Stoffe innerhalb der *Odyssee* insgesamt immerhin 173 Verse ein[56].

9.8.3 Indetermination, Abstraktion und Elisionen als Merkmale von stoffzusammenfassenden und stoffrepräsentierenden Hylemen: Das nach Sumer herabkommende Königtum (*Sumerische Königsliste*)

Es liegt in der Natur der Sache, daß stoffzusammenfassende Hyleme aufgrund der Tatsache, daß vieles auf engem Raum komprimiert wird, auf Abkürzungen bzw. Reduktionen und Verallgemeinerungen angewiesen sind; analog, aber in abgeschwächter Form, gilt dies auch für stoffrepräsentierende Hyleme. Auf der Basis der bereits angestellten Beobachtungen und verwendeten Terminologie bedeutet das, daß Hyleme in Hyperhylemfunktion (v. a. stoffzusammenfassende Hyleme) oft weitgehend abstrakt und indeterminiert sind. Es widerspräche der intendierten Kürze, bei „Kadmos gründet Theben", insofern dies nicht auf einen einzelnen Akt abzielt, sondern als Hyperhylem das gesamte Gründungsgeschehen zusammenfassen soll, die Hylemelemente „Kadmos" und „Theben" im Einzelnen jeweils mit etlichen Determinationen zu versehen. Und wenn es vom Kontext her klar ist, dann kann statt von dem konkreten „Theben" auch abstrakt von der „Stadt" die Rede sein, die Kadmos gründet[57].

Zu der weitgehenden Indetermination und oft anzutreffenden Abstraktion kommt bei stoffzusammenfassenden wie bei stoffrepräsentierenden Hylemen manchmal noch ein weiterer Punkt hinzu, und zwar der Einsatz von *Elisionen*. Wenn es vom Kontext her eindeutig zu erschließen ist oder im Prinzip jeder Rezipient weiß, wovon die Rede ist, dann kann man auch nur von der „Gründung Thebens" sprechen, da es in solchen Fällen keiner großen denkerischen Leistung bedarf, den hier ausgelassenen Handlungsträger Kadmos zu ergänzen und somit das in der Wendung von der „Gründung Thebens" steckende Hylem „Kadmos gründet Theben" in seiner vollen Form zu rekonstruieren. Ähnliches gilt bei stoff-

---

56 S. Hom. *Od.* 9,39-66 (Kikonen); 9,82-104 (Lotophagen); 12,151-200 (Sirenen); 12,201-259 und 429-446 (Skylla und Charybdis); die „Plankten" genannten Felsen werden zwar von Kirke als alternative Route zu Skylla und Charybdis beschrieben (12,59-72), in der folgenden ausführlichen Erzählung der Irrfahrten in Buch 12 aber kommt diese Station dann nicht vor, so daß sich eine Inkonsistenz zwischen den Ausführungen in Buch 12 und der hier in Buch 23 gemachten Feststellung ergibt, nach der Odysseus „zu den Plankten-Felsen kam". Zum Umgang mit solchen Inkonsistenzen s. Kapitel 16.
57 Vgl. das lapidare *posuit urbem* in Ov. *met.* 3,130.

repräsentierenden Hylemen. Statt bereits relativ abstrakt (weil ohne Nennung eines Eigennamens) von dem „Mädchen" zu reden, das „die Äpfel der Hesperiden bewundert", könnte man die mit „Mädchen" gemeinte Atalante und damit das Handlungssubjekt sogar völlig elidieren und nur noch von den „auf der Rennbahn bewunderten Äpfeln der Hesperiden" sprechen und davon ausgehen, daß zumindest ein gebildetes Publikum den Stoff erkennt, auf den dieses sehr verkürzte stoffrepräsentierende Hylem anspielen soll[58].

Speziell Elisionen können im Übrigen gerade in Bezug auf mythische Stoffe wirkungsvolle Mittel darstellen, Deutungsmachtkonflikten aus dem Weg zu gehen, die sich aufgrund von verschiedenen Stofftraditionen leicht ergeben können[59]. Gibt es bspw. hinsichtlich einer großartigen Tat unterschiedliche Ansichten und damit auch verschiedene Überlieferungen, *wer* sich diese Tat auf seine eigene Ruhmesfahne schreiben darf, also wer eigentlich etwas erfunden, wer eine Chaosmacht besiegt, wer den Menschen das Königtum auf die Erde gebracht hat etc., so kann in einem stoffzusammenfassenden oder stoffrepräsentierenden Hylem durch die Elision des Handlungsträgers das damit verbundene Problemriff elegant umschifft werden[60].

Diese Beobachtungen ziehen wichtige Folgerungen für die Hylemanalyse von konkret vorliegenden Stoffvarianten, vor allem von mythischen Stoffvarianten, nach sich. Indetermination, Abstraktion und Elisionen sind spezifische Merkmale von stoffzusammenfassenden und auch von stoffrepräsentierenden Hylemen, die wesentlich von deren hauptsächlichen Funktionen abhängen, nämlich mythische Stoffe möglichst stark zu komprimieren bzw. auf engstem Raum zu repräsentieren. Damit sind diese spezifischen Merkmale aber auf eben diese *Funktionen* zurückzuführen, die stoffzusammenfassende und stoffrepräsentierende Hyleme erfüllen sollen, *nicht* jedoch auf den *semantischen Gehalt* der Hyleme selbst bzw. der mythischen Stoffe oder näherhin Stoffvarianten, die durch entsprechende Hyleme zusammengefaßt bzw. repräsentiert werden.

→ Das bedeutet umgekehrt, daß man stoffzusammenfassende und stoffrepräsentierende Hyleme („Hyperhyleme") in vielen Fällen gewissermaßen erst entschlüsseln, daß man aufgrund von Abstraktionen und Elisionen fehlende Informationen erst ergänzen muß, um zu einem Ver-

---

[58] S. zu diesem Beispiel das vorige Kapitel.
[59] S. zu Deutungsmachtkonflikten Kapitel 18.4.3.
[60] Vgl. dazu auch die Ausführungen in Kapitel 20.9.

ständnis dessen vorzustoßen, was durch solche Hyleme in oft abstrakter, indeterminierter und verkürzter Form angedeutet wird.

Stoffzusammenfassende und stoffrepräsentierende Hyleme können Handlungsträger oder Handlungsobjekte elidieren, Determinationen weglassen und von Eigennamen abstrahieren. Das heißt aber, daß in den solchermaßen verkürzten und abstrahierten Stoffen selbst diese Handlungsträger, Handlungsobjekte, Determinationen und Eigennamen natürlich vorkommen und dementsprechend – soweit möglich – zu ergänzen sind. Wie bereits ausgeführt, läßt sich sagen, daß Stoffe und ihre Details in der Regel desto bekannter sind, je verkürzter und allgemeiner die Hyleme ausfallen, die diese Stoffe zusammenfassen oder repräsentieren[61].

Ein weiteres Beispiel soll dies verdeutlichen. In der *Sumerischen Königsliste* geht es wesentlich um die Abfolge der verschiedenen sumerischen Könige bzw. der Städte, die das Amt des Königtums für sich beansprucht haben[62]. Dabei wird äußerst verkürzt auf den mythischen Stoff angespielt, daß das Königtum aus dem Bereich der Götter auf die Erde gelangt ist. In diesem Zusammenhang findet sich die Formulierung [nam]-lugal an-ta e₃-da-a-ba[63], die sich übersetzen läßt mit:

nachdem das Königtum vom Himmel herabgekommen war

Eine andere Möglichkeit der Übersetzung wäre daneben auch:

nachdem das Königtum vom Himmel herabgebracht worden war

Da es sich bei der *Sumerischen Königsliste* trotz ihrer Bezeichnung nicht um eine reine Auflistung handelt, sie der Gattung „Liste" aber durchaus sehr nahe steht, ist es mehr als wahrscheinlich, daß die Erwähnung dieses Vorgangs, des Herabkommens des Königtums, für einen *ganzen mythischen Stoff* steht, der nur deshalb so abgekürzt angedeutet wird, weil er den Rezipienten bekannt war und weil außerdem der in einem listenartigen Werk gebotenen Knappheit der Darstellung Rechnung getragen werden sollte. Dieser Vorgang des Herabkommens

---

61 S. Kapitel 9.8.2.
62 Zum Text s. George, 2011, mit dem jüngst identifizierten Textzeugen (dort auch die Schreibung e₃-da-a-ba) und weiterer Literatur; vgl. auch ETCSL unter http://etcsl.orinst.ox.ac.uk/-cgi-bin/etcsl.cgi?text=c.2.1*# (Abruf 8.5.2018). Zur Interpretation der *Sumerischen Königsliste* s. ausführlich die Untersuchung von Gabriel, 2019/20.
63 Oder e₃-de₃-a-ba; *Sumerische Königsliste* Z. 1, 41.

könnte sich sowohl auf einen einzelnen, zentralen Akt des angedeuteten Stoffes beziehen (also ein stoffrepräsentierendes Hylem sein), als auch auf mehrere Einzelschritte, auf die der Vorgang des Herabkommens verteilt sein könnte (also ein stoffzusammenfassendes Hylem darstellen). Da es für die aufzuzeigende Problematik keinen Unterschied macht, die weiteren Ausführungen aber vereinfacht, soll hier die Festlegung erfolgen, in dieser Vorgangsbeschreibung ein stoffrepräsentierendes Hylem zu sehen.

Ist man sich des grundsätzlichen Unterschiedes zwischen Hylemen einerseits und stoffzusammenfassenden bzw. stoffrepräsentierenden Hylemen andererseits bewußt und setzt voraus, daß es sich hier um ein stoffrepräsentierendes Hylem handelt, dann kann man die oben angestellten Überlegungen umsetzen, und dann wird deutlich, daß hier zunächst einmal schon grundsätzlich mit einer Elision des Handlungsträgers gerechnet werden muß. Denn auserzählte (also nicht: abgekürzte) mythische Stoffe beziehen sich immer auf Konkretes, nicht auf Abstraktes, und Handlungen, Vorgänge oder Ereignisse werden auf konkrete Handlungsträger zurückgeführt; sie geschehen nicht „von selbst" oder „zufällig", sondern sie werden ursächlich mit individuellen Willensakten verknüpft[64]. Daraus folgt, daß egal, wie der Originaltext genau zu übersetzen ist, ob mit „nachdem das Königtum vom Himmel herabgekommen war", oder mit „nachdem das Königtum vom Himmel herabgebracht worden war", hinter einer solchen abkürzenden Anspielung ein Handlungsträger bzw. die Tat eines Protagonisten steckt und daher für das Hylem folgende semantische Grundstruktur anzunehmen ist:

jemand bringt das Königtum herab

Bei einer ausführlicheren Darstellung dieses Stoffes sind außerdem weitere Konkretionen dieser nicht nur verkürzenden, sondern zudem weitgehend abstrahierten Grundstruktur vorauszusetzen. Taten in mythischen Stoffen werden nicht von *irgendeinem* Jemand vollbracht, von jemandem, der unbestimmt oder anonym bleibt, sondern von jemand *Bestimmtem*. Dabei könnte es sich um einen Menschen handeln, der um diese Tat zu vollbringen vorher in den Himmel oder allgemeiner in einen „oben" lokalisierten, göttlichen Bereich hinaufgestiegen ist, um ein in diesen Bereich eindringendes Ungeheuer, das das Königtum raubt und es herabkommen läßt, oder um einen bestimmten Gott o. a., jedenfalls aber nicht

---

[64] Zu diesem grundlegenden Merkmal „mythischen Denkens" vgl. bereits Cassirer, 1953, 63. S. dazu auch Bouvrie, 2002, 27 (die Mythen als „symbolic tales" bezeichnet): „A symbolic tale stages a presentation of concrete personae rather than uttering abstract propositions. This obvious property of symbolical tales is often passed over in analyses of the phenomenon."

um einen völlig abstrakten Handlungsträger „X", sondern um einen *konkret bestimmten*, noch näher zu benennenden Handlungsträger „NN". Im Fall der *Sumerischen Königsliste* spricht aufgrund kulturinterner Vergleiche einiges dafür, daß eine Gottheit als Handlungsträger anzunehmen ist, also:

> Gottheit NN bringt das Königtum herab

Die Konkretheit mythischer Stoffe macht nun allerdings nicht beim Subjekt einer Handlung halt, sondern sie erstreckt sich auch auf die Handlungsobjekte. Auch wenn im Sumerischen „das Königtum" zu den ME, den göttlichen Kräften und Mächten gehört, die einen durchaus dinghaften Charakter haben[65], so ist doch zu erwarten, daß das Herabbringen „des Königtums" in einer ausführlichen Darstellung des Stoffes noch konkret-dinghafter festgemacht worden ist, indem von bestimmten einzelnen Königtums-Insignien (im Folgenden abgekürzt mit „K") wie Krone, Szepter o. a. die Rede war, die da herabgebracht werden. So wird bspw. in der konkreten narrativen Ausgestaltung des *Enūma eliš* Marduk von anderen Göttern „das Königtum" nicht abstrakt, sondern in Form von konkreten Gegenständen wie Szepter, Thron, Herrschaftsstab und einer mächtigen Waffe überreicht[66]. Somit wird der hinter den abstrakten Angaben vom „Herabkommen des Königtums" steckende Stoff der *Sumerischen Königsliste* in einer narrativen Ausgestaltung ebenfalls konkreter gewesen sein als die verkürzt-abstrahierende Redeweise, die einem stoffrepräsentierenden Hylem eignet, also:

> Gottheit NN bringt Königtums-Insignie(n) K herab

Und schließlich wird auch das letzte Hylemelement, nämlich das zweite Objekt der Handlung, in einer ausführlichen Stoff-Ausgestaltung nicht ungenannt bleiben. Herrschaftsinsignien werden nicht allgemein und unbestimmt „herab" oder „auf die Erde" gebracht, sondern kommen entweder zu einem *bestimmten* Ort (abgekürzt „O") oder werden einem *bestimmten* (im vorliegenden Fall sehr wahrscheinlich: menschlichen) Empfänger übergeben (oder beides), so daß hinter dem abstrakten und verkürzten Hylem „das Königtum kommt herab" (oder „das

---

65 Die „eigentümliche Verdinglichung, die allem mythischen Denken wesentlich ist", und die sich auch auf „ganz komplexe und vermittelte Formbeziehungen" erstrecken kann, hebt Cassirer, 1953, 71, hervor. Zu den ME s. die Hinweise in Anm. 32, Kapitel 12.4.
66 Im Rahmen der ersten Erhöhung in *Enūma eliš* 4,29 f; s. dazu auch Kapitel 20.3. Daß in Mythen die Vorstellung von einer Kraft oder Mächtigkeit nicht „als ein dynamisches *Verhältnis*, ... sondern stets als ein Ding- und Substanzartiges erscheint", demonstriert Cassirer, 1953, 73-76 (Zitat ebd. 74), gerade auch an konkreten Herrscherinsignien, in denen sich solche Kräfte „verdinglicht" manifestieren.

Königtum wird herabgebracht") ein stoffliches Gebilde ausgemacht werden kann, innerhalb dessen aufgrund nachprüfbarer Überlegungen zu notwendigen Präzisierungen und Ergänzungen ein zentrales Hylemschema folgendermaßen ausgesehen haben kann:

> Gottheit NN bringt Königtums-Insignie(n) K dem NN / nach O herab

Die Plausibilität der vorgenommenen Deduktionen läßt sich dadurch erhärten, daß Beispiele angeführt werden können, welche zeigen, daß in *konkreten Ausgestaltungen* entsprechender Stoffe die skelettartig-magere Struktur stoffrepräsentierender (oder stoffzusammenfassender) Hyleme so oder ähnlich gefüllt wird wie eben ausgeführt. Ein solches Beispiel wurde bereits mit dem Verweis auf die konkrete Schilderung der Übertragung „des Königtums" in Form konkreter Königtums-Insignien durch konkret genannte Götter auf den konkreten Empfänger Marduk im *Enūma eliš* genannt. Ein zweites Beispiel findet sich in einem *Šulgi-Hymnos*, das insofern noch besser zu dem „Herabkommen des Königtums" der *Sumerischen Königsliste* paßt, als nicht die Übertragung des Königtums auf einen Gott, sondern auf einen Empfänger aus der Menschenwelt thematisiert wird. Im *Šulgi-Hymnos P* läßt sich ein Hylem entdecken[67], das den Stoff zwar immer noch sehr kondensiert, in Form eines stoffrepräsentierenden Hylems darstellt, aber in diesem Fall sind genau den obigen Ausführungen entsprechend die „Leerstellen" (Handlungsträger und Handlungsempfänger) ausgefüllt und eine summarische Bezeichnung wie „das Königtum" zu einem Konkretum („Szepter") geworden. Dieses Hylem, das aus Zeile 37 gezogen werden kann, lautet[68]:

> Gott An gibt Szepter für den Rechtsspruch dem [König] Šulgi

Um noch ein weiteres Beispiel zu nennen: Am Anfang der altbabylonischen Version des *Etana-Epos* wird beschrieben, daß es in früher Zeit bei den Menschen die Institution des Königtums noch nicht gab. Das wird nun aber nicht so abstrakt geschildert, wie im vorigen Satz vermerkt, sondern es ist konkret davon die Rede, daß „die großen Anunna" bzw. „die Götter, die Igigū", unter den Menschen noch

---

[67] Zur Edition von *Šulgi P* s. Klein, 1981; deutsche Übersetzung bei Wilcke, 2002, 71-74; s. außerdem ETCSL: http://etcsl.orinst.ox.ac.uk/cgi-bin/etcsl.cgi?text=c.2.4.2*# (Abruf 8.5.2018).
[68] *Šulgi P* Z. 37: u₅ An-ne₂ ma-ra-an-šum₂, „Das Szepter, welches den Rechtsspruch erteilt, hat (der Himmelsgott) An dir (= König Šulgi) gegeben." Zu diesen und anderen Stellen in der sumerischen Mythologie, in denen etwas aus dem Himmel auf die Erde gelangt, s. ausführlich den Beitrag von Kärger, 2019/20.

keinen König eingesetzt hatten, und dies wiederum wird konkret dadurch verdeutlicht, daß die für das Königsamt essentiellen Herrschaftsinsignien sich zu dieser Zeit noch im Himmel befanden und dementsprechend von den Göttern noch nicht auf die Erde gebracht worden waren[69]: „Szepter, Tiara, (königlicher) Turban und Hirtenstäbe / waren von Anu im Himmel niedergelegt." In Hylemform gebracht:

> „Gott Anu legt Szepter, Tiara, (königlichen) Turban und Hirtenstäbe [noch] im Himmel ab"

Es ließen sich noch weitere Beispiele von verallgemeinernden und verkürzenden stoffzusammenfassenden sowie stoffrepräsentierenden Hylemen und deren jeweils konkreten Ausführungen bzw. „Auflösungen" anführen. Auf einen bereits diskutierten Fall sei an dieser Stelle noch einmal zurückverwiesen, und zwar auf die Rede vom „vom Himmel herabgefallenen Palladion" (τὸ διιπετὲς Παλλάδιον) im Kontext des Gründungsmythos von Troia, wie er bei Apollodoros berichtet wird[70]. In der genannten Wendung steckt ein stark verkürztes Hylem, das sich aufgrund von eindeutigen Angaben aus dem Kontext folgendermaßen vervollständigen ließ:

> Zeus läßt als Zeichen für Ilos das Palladion nachts vom Himmel vor Ilos' Zelt herabfallen

Man hat es in diesem Fall zwar nicht mit einem stoffrepräsentierenden Hylem, sondern mit einem Hylem zu tun, das auf eine konkrete, kleinste handlungstragende Einheit abzielt. Eben dieses Hylem kann aber in anderen Kontexten durchaus auch als stoffrepräsentierendes Hylem verwendet werden, indem es aus dem Stoffkontext gerissen und isoliert dargeboten wird. So berichtet der Historiker Dionysios von Halikarnassos an einer Stelle ohne weitere Erklärungen, daß nach der Ansicht mancher Leute im Vesta-Tempel in Rom das „vom Himmel herabgefallene Palladion" (τὸ διιπετὲς Παλλάδιον) aufbewahrt werde[71]. Da Dionysios an einer früheren Stelle von einer Version berichtet hat, nach der das Palladion einst von Zeus dem Dardanos geschenkt worden sei[72], läßt sich als wahrscheinlich annehmen, daß die kurze Anspielung auf das „vom Himmel herabgefallene Palladion" in der hier zuerst angeführten Stelle sich auf eben diesen so oder ähnlich

---

69 *Etana-Epos*, Tafel 1 der altbabylonischen Version, Zeilen 1-12, vgl. Haul, 2000, 106 f; zitiert sind die Zeilen 11 f (*ḫaṭṭum meānum kubšum u šibirrū / qudmiš Anim ina šamāʾī šaknū*) in einer Übersetzung von A. Zgoll.
70 Apollod. 3,143. S. dazu die Ausführungen in Kapitel 6.4.
71 Dion. Hal. *ant*. 2,66,5.
72 Dion. Hal. *ant*. 1,69,3.

verlaufenden Stoff von der Schenkung des Palladions an Dardanos durch Zeus bezieht, so daß in diesem Fall das verkürzte, stoffrepräsentierende Hylem „das Palladion fällt vom Himmel" folgendermaßen aufzulösen ist:

> Zeus läßt das Palladion vom Himmel zu Dardanos herabfallen

10 Stoffarten: Mythos, Märchen, Sage ...

Gibt es verschiedene Arten von Stoffen? Gemessen an allgemein gebräuchlichen Unterscheidungen und auch an den immer wieder unternommenen Differenzierungsversuchen von wissenschaftlicher Seite scheint es offensichtlich, daß bspw. Mythen, Märchen und Sagen nicht dasselbe sind[1], auch wenn freilich aus nicht-wissenschaftlichen Kontexten[2] und selbst aus wissenschaftlichen Veröffentlichungen etliche Beispiele für eine Gleichbehandlung oder sogar für das Postulat einer Ununterscheidbarkeit dieser und verwandter Begriffe angeführt werden könnten[3]. Bleibt man bei der Annahme, daß die Verschiedenheit der Begrifflichkeiten sinnvoll auf unterschiedliche Phänomene bezogen werden kann[4], oder hält man daran fest, daß es zumindest nützlich sein kann, solche Kategorisierungen für eine Annäherung an den Untersuchungsgegenstand aufrechtzuerhalten[5], dann stellt sich allerdings die Frage, was diese (und andere) Stoffarten voneinander unterscheidet.

Die folgenden Ausführungen sollen nicht in erster Linie ein neuerliches Unternehmen darstellen, die Unterschiede zwischen mythischen, märchenhaften,

---

1 Vgl. bspw. Bremmer, 1987a, 6 f; Lüthi, 2004, 6-15. Einen umfassenden Vorstoß in dieser Richtung jüngeren Datums stellt bspw. die Monographie von Reinhardt, 2012, dar (vgl. vorausgreifend und zusammenfassend Reinhardt, 2011, 420-425; komprimiert Reinhardt, 2018). Vgl. auch den zusammenfassenden Überblick bei Mohn, 1998, 60-64, mit weiterführenden Literaturhinweisen.
2 Ein schönes Beispiel gibt Reinhardt, 2012, 15.
3 Vgl. Lévi-Strauss, 1960, 195: „Es gibt keinen ernsthaften Grund, die Märchen von den Mythen zu trennen, obwohl sehr viele Gesellschaften zwischen beiden Gattungen subjektiv einen Unterschied sehen". Vgl. auch Graf, 1985, 12, zu „Sage, Legende, Märchen, Fabel": „Nicht in allen Fällen ist eine Abgrenzung nötig oder möglich." Junker, 2005, 28, spricht von „Mythen – oder dem synonym zu gebrauchenden Begriff 'Sagen'", unterscheidet aber andererseits zwischen Mythen und Märchen (ebd. 31). S. auch Reinhardt, 2012, 16, mit weiteren Literaturhinweisen.
4 Vgl. etwa Mohn, 1998, 59. Le Quellec/ Sergent, 2017, 864 f, weisen darauf hin (mit Beispielen), daß solche Unterscheidungen zwischen verschiedenen Arten von Erzählungen bereits aus emischer Perspektive in mehreren Kulturen beobachtet werden können.
5 Vgl. Csapo, 2005, 3-8, mit dem Fazit (ebd. 8): „Even if we are sure that the culture we study made very different distinctions between tale-types, our own classification of myth, legend, and folktale might be useful to us, so long as we are aware of the fact that the distinction is ours." Vgl. auch Morford/ Lenardon/ Sham, 2011, 4: „... the traditional categories of myth, saga, and folktale are useful guides for any attempt to impose some order upon the multitudinous variety of classical tales."

∂ Open Access. © 2019 Zgoll, publiziert von De Gruyter. [(cc) BY] Dieses Werk ist lizenziert unter der Creative Commons Attribution 4.0-Lizenz.
https://doi.org/10.1515/9783110541588-010

sagenhaften, historischen oder anderen Stoffen näher zu bestimmen, sondern sind primär als Versuch konzipiert, auf dem Hintergrund der bereits gewonnenen Erkenntnisse zur notwendigen Differenzierung des Stoffbegriffs, zur Unterscheidung von Stoffebene und Textebene, zu Stoffen, verstanden als Hylemsequenzen, und zu den unterschiedlichen Konkretions- und Determinationsstufen, auf denen einzelne Hyleme und Hylemsequenzen sich befinden können, die Gründe zu eruieren, warum die Vorstöße, die unternommen wurden, um zwischen verschiedenen Stoffarten klare Trennungslinien zu ziehen, so schwierig sind und auch immer schwierig bleiben werden. Es sei dafür vorausgesetzt, daß es ungeachtet aller Schwierigkeiten dennoch sinnvoll und gewinnbringend ist, verschiedene Stoffarten voneinander zu unterschieden. Außerdem soll der Versuch hauptsächlich auf den europäischen Kulturkreis begrenzt bleiben.

10.1 „Hänsel und Knödel, die gingen in den Wald": Unterscheidung von Stoffen und ihren Konkretionen in Texten bestimmter literarischer Gattungen

Eine sinnvolle Behandlung der Frage einer Unterscheidung verschiedener Stoffarten steht und fällt mit dem Umstand, ob man grundsätzlich zwischen Stoffen und den diese Stoffe in bestimmten Varianten verarbeitenden literarischen Texten, die wiederum bestimmten literarischen Gattungen zugeordnet werden können, differenziert oder nicht.

So ist etwa die oft verhandelte Frage nach dem Unterschied bspw. zwischen „Mythos" und „Märchen" unter anderem deswegen so problematisch, weil die verwendeten Begriffe auf unterschiedlichen Ebenen liegen können. Das Problem, das zu Konfusionen führen kann, liegt darin begründet, daß ein Begriff wie „Märchen" nach einer unscharfen, aber gebräuchlichen Verwendungsweise sowohl auf märchenhafte *Stoffe* bezogen werden kann *als auch* auf (diese märchenhaften Stoffe verarbeitende) *Texte*, die als Gruppe als eine *literarische Gattung* verstanden wird. Man kann nun mythische *Stoffe* mit märchenhaften *Stoffen* vergleichen, nicht oder nur ungenau aber mythische *Stoffe* mit Märchen*texten*, verstanden als Textgruppe, die eine mit literaturwissenschaftlichen Kategorien beschreibbare literarische Gattung darstellt.

Eine solche doppelte Bezugsmöglichkeit auf den stofflichen Inhalt und die textlich-formale Gestaltung findet sich im Übrigen nicht bei allen literarischen Gattungsbegriffen generell; es gibt neben „stoffarten-affinen" auch durchaus „stoffarten-neutrale" Gattungsbegriffe. So bezeichnet bspw. die Gattung „Enkomion" (Lobgedicht bzw. später auch Lobrede) eine literarische Gattung – es gibt aber keine typisch „enkomiastischen Stoffe", denn prinzipiell lassen sich Enkomien auf alles Mögliche verfassen wie etwa auf einen Olympiasieger, eine berühmte Statue, eine Hetäre, sogar auf die Kahlköpfigkeit, Torheit oder Faulheit[6]. Auch eine literarische Gattung wie die Tragödie ist nicht darauf festgelegt, ob in ihr historische, sagenhafte oder mythische Stoffe zur Verarbeitung kommen.

Im Unterschied zur doppelten Verwendungsmöglichkeit im genannten Fall des Märchens ist der Mythosbegriff hingegen sinnvollerweise *nur* auf eine *Stoffart*, nicht aber zugleich *auch* noch auf eine *Textgattung* zu beziehen, obwohl auch hier teilweise immer noch Unsicherheit herrscht. Erst in jüngerer Zeit scheint sich immer mehr die wichtige Einsicht durchzusetzen, daß Mythen aufgrund ihrer vielfältigen und unterschiedlichen medialen Konkretionsmöglichkeiten als *Stoffe* aufzufassen sind und der Mythosbegriff *nicht* zugleich auch als literarischer Gattungsbegriff verwendet werden sollte. Selbst in solchen Fällen, in denen explizit oder implizit Mythen als Stoffe aufgefaßt werden, kommt es allerdings bei der Umsetzung dieser Einsicht immer wieder zu Problemen, die zeigen, wie schwierig, aber auch wie wichtig die Unterscheidung zwischen mythischen Stoffen und ihren Konkretionsformen ist[7]. Auf dem Hintergrund der hier angestellten Überlegungen wäre es sinnvoll, genauso wie „Mythos" so auch den Begriff „Sage" zur Vermeidung von Konfusionen allein auf eine bestimmte *Stoffart* zu beziehen und ihn nicht noch darüber hinaus als Begriff für eine bestimmte Textgattung zu verwenden. Denn wie bei mythischen Stoffen können auch sagenhafte Stoffe in vielen verschiedenen literarischen Gattungen textlich konkret verarbeitet werden (z. B. in Heldenepen, Epyllien, Tragödien, Komödien etc.).

Der Grund, warum oft nicht genau unterschieden wird, ob man nun von „Märchen" i. S. v. „Märchen*stoffen*" oder von „Märchen" i. S. v. „Märchen*texten*" (als Textgruppe bzw. literarische Gattung) spricht, ist vor allem darin zu suchen, daß bestimmte Stoffe *bevorzugt* in bestimmten Gattungen verarbeitet werden, märchenhafte Stoffe eben in Form von überwiegend in Prosa abgefaßten Märchentexten kleinen bis mittleren Umfangs, Erzählstoffe über Heilige oft in Form ebenfalls prosaischer Heiligenlegenden[8] und so fort, so daß sehr oft Märchen*stoff* (als stoffliches Substrat) und Märchen*text* (als gattungsspezifische, textliche

---

[6] Bei den letztgenannten Beispielen ist an Synesios von Kyrene, Erasmus von Rotterdam und Gotthold Ephraim Lessing gedacht.

[7] S. dazu die Ausführungen in Kapitel 2.1 mit entsprechenden Verweisen auf Forschungsliteratur.

[8] Anders werden Heiligenlegenden aber bspw. bei Hrotsvit von Gandersheim (2. Hälfte 10. Jahrhundert n. Chr.) literarisch nicht in Form von Prosa, sondern in leoninischen Hexametern dargeboten.

Konkretion) zusammenfallen. Es liegt aber auf der Hand, daß dies keineswegs so sein *muß*; es spricht nicht nur nichts dagegen, sondern man könnte auch zahlreiche Belege anführen für Fälle, in denen ein Exemplar einer bestimmten Stoffart von einer für diese Stoffart eher „untypischen" Gattung aufgegriffen wird, daß also bspw. ein märchenhafter Stoff in lyrischer Form zur Ausgestaltung kommt, wie etwa in Gestalt des anonymen Volksliedes „Hänsel und Gretel verliefen sich im Wald. / Es war so finster und auch so bitter kalt" etc., oder in Form des parodistischen Kurzgedichts *Ein sehr kurzes Märchen* von Michael Ende:

> Hänsel und Knödel,
> die gingen in den Wald.
> Nach längerem Getrödel
> rief Hänsel plötzlich: „Halt!"
> Ihr alle kennt die Fabel,
> des Schicksals dunklen Lauf:
> Der Hänsel nahm die Gabel
> und aß den Knödel auf.

Eine Schwierigkeit bei der Diskussion um die Unterscheidung verschiedener Stoffarten rührt nun genau daher, daß bspw. ein märchenhafter Stoff zwar überwiegend in Form eines Prosatextes kleinen bis mittleren Umfangs der Gattung „Märchen" verarbeitet wird, daß derselbe Stoff aber auch in anderen literarischen Gattungen konkretisiert werden kann, oder gar in einer medial so anders gearteten Form wie einer Verfilmung[9]. In einem solchen Fall wird die gewöhnliche Symbiose von Stoffart und einer für diese Stoffart typischen, gattungsspezifischen Textkonkretion aufgebrochen und damit das In-Eins-Fallen von Märchen*stoff* und Märchen*text* (als Vertreter einer literarischen Gattung) aufgehoben. Was sich der textlich-literarischen Form nach als Märchen präsentiert, kann z. B. einen historischen Stoff zur Darstellung bringen (der bspw. durch die Märchenform parodiert wird), und was sich der literarischen Gattungsform nach als Tragödie darbietet, kann vom Stoff her ein Märchenstoff sein.

Eine wiederum etwas anders gelagerte Schwierigkeit besteht darin, daß für bestimmte Stoffarten nicht nur gewissermaßen symbiotisch *eine* Gattung, die sich dieser Stoffart annimmt, typisch sein muß, sondern daß es *mehrere* sein können, wie z. B. sagenhafte Stoffe in der Dichtungsform von Heldenepen oder in der

---

[9] So wurde bspw. das Märchen von Hänsel und Gretel oft verfilmt, in jüngerer Zeit im Prolog des Films *Hansel and Gretel: Witch Hunters* (2013) vom Regisseur Tommy Wirkola. Vgl. in Bezug auf die literaturwissenschaftliche Motivforschung die ganz ähnliche Beobachtung von Wolpers, 2002, 92, daß sich zwar „bei bestimmten Motiven gewisse Gattungsaffinitäten feststellen" lassen, aber „grundsätzlich jedes Motiv in jeder Gattung behandelt werden kann".

von Tragödien oder auch in Form von Prosatexten mittleren Umfangs, die der Gattung Geschichtsschreibung nahestehen („Sagen" im traditionellen Sinn einer Gattungsbezeichnung), zur Darstellung gebracht werden. Stoffe können sich also prinzipiell in ganz unterschiedliche „Gewänder" bzw. Textgattungen kleiden, und dadurch wird das Unternehmen, verschiedene Stoffarten auseinanderzuhalten, maßgeblich erschwert.

Darüber hinaus kommt es nicht selten vor, daß in einem einer bestimmten Gattung zugehörigen Text Stoffe verschiedener Arten oder auch verschiedene Modi der Behandlung *eines* Stoffes miteinander vermischt werden. So können in einem Heldenepos neben sagenhaften auch mythische oder märchenhafte Stoffe aufgegriffen werden, in einem Märchen (als gattungsspezifischer Text verstanden) können mythische Stoffe eingearbeitet sein, und Weiteres derart[10]. Und es kann ein und derselbe Stoff in einer Textkonkretion anfänglich und über weite Strecken nach Art eines sagenhaften Stoffes behandelt sein, dann aber hinüberwechseln in eine andere Stoffart und am Ende dann bspw. mythisch ausklingen[11]. Solche Mischformen und Übergänge tragen auf ihre Weise ebenfalls zu der Unsicherheit bei, die bei der Unterscheidung von Spezifika verschiedener Stoffarten herrschen. So verständlich der Wunsch auch ist, einzelne *Texte* eindeutig einer bestimmten Kategorie wie „Mythos" oder „Sage" oder „Märchen" zuzuordnen, so sehr geht ein solcher Wunsch doch nur allzu oft an der Komplexität der Mischungsverhältnisse verschiedener Stoffgestaltungen in eben diesen Texten vorbei.

Festzuhalten bleibt angesichts all dieser Beobachtungen folgende für eine Unterscheidung von Stoffarten fundamentale Voraussetzung:

→ Verschiedene Stoffarten und Übergänge zwischen bzw. Mischformen von Stoffarten können nur dann bestimmt werden, wenn man die diesbezüglichen Analysen von den formalen Merkmalen der jeweiligen medialen Stoffkonkretionen entkoppelt, im Fall von textlichen Konkretionen also zwischen inhaltlichen Merkmalen der Stoffgestaltung auf der

---

10 Vgl. Morford/ Lenardon/ Sham, 2011, 4: „Rarely, if ever, do we find a pristine, uncontaminated example of any one of these forms." Vgl. auch Neuhaus, 2005, 374: „das Märchen kann, es muss nicht mythologisierend wirken." Wie aus dem Kontext deutlich wird, scheint sich „mythologisierend" bei Neuhaus v. a. auf das Vorhandensein einer (religiösen) Transzendenz-Dimension zu beziehen.
11 Vgl. zu solchen Wechseln bzw. Mischungen ausführlicher die in Kapitel 11 angeführten Beispiele. Nicht mit Blick auf Stoffarten, sondern auf Gattungen s. treffend Pöge-Alder, 2007, 31: „Tatsächlich kann im Erzählvorgang ein Gemisch von Gattungen vorkommen."

einen Seite und textlichen bzw. gattungsspezifischen Merkmalen auf der anderen Seite unterscheidet.

Folgende Tabelle soll die verschiedenen Kombinationsmöglichkeiten von inhaltlicher und formaler Gestaltung von Stoffvarianten verdeutlichen (zur Vereinfachung mit einer Beschränkung auf Texte als mediale Konkretionsformen, außerdem mit einem Fokus auf Märchenstoffen bzw. Märchentexten):

Tab. 4: Kombinationen von inhaltlicher und formaler Gestaltung von Stoffvarianten

	Inhaltliche Gestaltung der Stoffvariante	Formale Gestaltung der medialen Konkretion
Verschiedene formale Gestaltungsmöglichkeiten einer Stoffvariante	Märchenstoff	Gestaltet als: Märchentext *oder* Historischer Text *oder* Tragödientext *oder* Epischer Text *oder* …
Verschiedene mögliche Inhalte einer medialen Konkretion	Inhalt: Märchenstoff *oder* Historischer Stoff *oder* Sagenhafter Stoff *oder* Mythischer Stoff *oder* …	Märchentext
Behandlung *verschiedener* Stoffe in einem Text	Kombination aus: Märchenstoff *und* mythischem Stoff *und* sagenhaftem Stoff	Märchentext
Verschiedene Gestaltungen *eines* Stoffes in einem Text	Mischform aus: märchenhafter *und* mythischer *und* sagenhafter Stoffgestaltung	Märchentext

Die oft fehlende Unterscheidung zwischen äußerer Form der literarischen Gattung und der in dieser Form behandelten, aber von dieser Konkretionsform grundsätzlich trennbaren Stoffart (oder Stoffarten-Mischung bzw. -Kombination) ist eines der grundsätzlichen Dilemmata nicht nur der Literaturwissenschaft bzw. speziell der Narratologie und der Gattungsforschung, sondern auch der kulturanthropologischen Erzählforschung seit Jolles (1930). Wenn etwa, um ein Standard-Lexikon, das „Sachwörterbuch der Literatur" von Wilpert zu zitieren, „Märchen" definiert wird als „kürzere, volksläufig-unterhaltende Prosaerzählung von phantastisch-wunderbaren Begebenheiten und realitätsfernen Zuständen aus freier Erfindung ohne zeitlich-räumliche Festlegung ('Es war einmal ...')"[12], dann stehen hier u. a. die formale Ebene der textlichen und gattungsspezifischen Konkretion („kürzere ... Prosaerzählung", Zitat des üblichen Textanfangs „Es war einmal ...") und die inhaltliche Ebene der stoffarten-spezifischen, von textlichen und gattungsspezifischen Konkretionen trennbaren Merkmale („von phantastisch-wunderbaren Begebenheiten und realitätsfernen Zuständen ... ohne zeitlich-räumliche Festlegung") ununterschieden nebeneinander[13]. Das kann sinnvoll sein, wenn man „Märchen" – wie in diesem Fall – als „Märchentext" definieren will, also als Text einer bestimmten literarischen Gattung, da in diesem Fall *beide* Aspekte, das Inhaltlich-Stoffarten-Spezifische *und* die formale Art der literarischen Ausgestaltung benannt sein wollen[14].

Und doch wird man für eine differenziertere Betrachtungsweise nicht umhinkönnen, nicht nur mit Blick auf die Bestimmung spezifischer Charakteristika von Stoffarten, sondern mit Blick auf die literaturwissenschaftliche Arbeit generell, beide Aspekte auseinanderzuhalten, also den Begriff „Märchen" definitorisch zu trennen in „Märchen a) i. S. v. Märchenstoff" und „Märchen b) i. S. v. Märchentext (literarische Gattung)". Erst dann wird es möglich, analytisch zu unterscheiden zwischen solchen Texten, die sowohl der literarischen Gattung nach „Märchen" sind als auch einen märchenhaften Stoff verarbeiten, und solchen, die zwar märchenhafte Stoffe verarbeiten, aber nicht die formalen Merkmale der literarischen Gattung „Märchen" aufweisen, und schließlich solchen, die zwar formal der literarischen Gattung „Märchen" zugehören, inhaltlich aber gerade keinen märchenhaften Stoff zur Darstellung bringen.

---

12 Wilpert, 2001, 494.
13 Ein solches ununterschiedenes Nebeneinander bspw. auch bei Reinhardt, 2011, 422, bei der Abgrenzung zwischen Mythos, Sage und Märchen.
14 Vgl. die ebenfalls rein gattungsbezogene Sichtweise auf „Märchen" in der Studie von Neuhaus, 2005; s. den abschließenden Satz, 375: „Deshalb bleibt abschließend zu wünschen, dass sich die Märchenforschung aus ihren eingefahrenen Geleisen herausbegibt ... und Märchen als das wahrnimmt, was sie zuallererst sind – als literarische Texte."

Tab. 5: Differenzierung zwischen Märchenstoff und Märchentext

	Inhaltliche Gestaltung der Stoffvariante	Formale Gestaltung der medialen Konkretion
Konkretion A	märchenhaft	Prosatext mit Merkmalen der Textgattung „Märchen"
Konkretion B	märchenhaft	*kein* Prosatext mit Merkmalen der Textgattung „Märchen" (sondern z. B. Epos oder Tragödie oder Roman o. a.)
Konkretion C	nicht märchenhaft (sondern z. B. mythisch oder historisch o. a.)	Prosatext mit Merkmalen der Textgattung „Märchen"

10.2 Vier grundlegende Kategorien für die Unterscheidung von Stoffarten

> Wir sehen ein kompliziertes Netz von Ähnlichkeiten,
> die einander übergreifen und kreuzen.
>
> Wittgenstein
> Philosophische Untersuchungen, Nr. 66

Setzt man wie anfänglich geschehen voraus, daß es sinnvoll ist, verschiedene Stoffarten voneinander zu unterscheiden, die, wie das vorige Kapitel gezeigt hat, unbedingt von ihren jeweiligen textlichen und gattungsspezifischen Konkretionen zu trennen sind, dann stellt sich als nächstes die Frage, nach welchen Kriterien sich diese unterschiedlichen Stoffarten voneinander abgrenzen lassen.

Dafür ist es zunächst einmal nötig, eine Einschränkung vorzunehmen. Im vorliegenden Zusammenhang interessiert nicht die Frage nach einer möglichen Unterteilung von in verschiedenen literarischen Gattungen gestalteten Stoffen *überhaupt*, sondern nach einer Unterscheidung verschiedener Arten von *Erzählstoffen*. So werden bspw. verschiedene Formen *beschreibender Schilderungen* oder *Reflexionen* in Textgattungen mit durchaus literarischem Anspruch bearbeitet wie etwa in der (antiken) Ekphrasis-Literatur oder in dem epischen Lehrgedicht in der Dichtung oder im Prosa-Dialog (philosophischen oder theologischen

Inhalts)¹⁵. Hier aber geht es nicht darum, welche Formen von literarisch gestaltbaren Stoffen es überhaupt gibt, sondern welche Arten von *Erzähl*stoffen sich finden bzw. unterscheiden lassen, und damit sind näherhin Stoffe anvisiert, für die ein *Handlungsfortschritt* konstitutiv ist¹⁶.

Für solche Stoffe gibt es näherhin vier grundlegende Kategorien, ohne die die Schilderung eines Handlungsfortschritts schlechterdings unmöglich ist¹⁷:

→ Die Kategorie 1. der Zeit, 2. des Raumes, 3. der Handlungsträger und 4. der Handlung¹⁸.

Insofern besteht eine erste Idee darin, den Versuch zu unternehmen, verschiedene Stoffarten anhand dieser vier grundlegenden Kategorien voneinander zu unterscheiden¹⁹.

---

15 Vgl. auch bei Wolf, 2002, 37, die Unterscheidung des „kognitiven Schema(s)" des „Erzählerischen" von dem des „Deskriptiven" und dem des „Argumentativen" (ähnlich unterscheidet Mahne, 2007, 13, „das Narrative" von „*description*" und „*argument*"). Das „Erzählerische" von mythischen Stoffen als „symbolisch" zu bezeichnen (vgl. Bouvrie, 2002, 21: „we may suggest a term 'symbolic tales'"), ist nicht unproblematisch, da hier schon eine mögliche Deutungsebene in die formale Kategorie des Erzählerischen hineingetragen wird.
16 S. dazu die Ausführungen am Anfang von Kapitel 5.
17 Vgl. Wolf, 2002, 45, der in den Kategorien Zeit, Raum, Figuren und Handlung „wichtige Stimuli für das Schema des Narrativen" erblickt und sie als „inhaltliche Narreme" bezeichnet („Narreme" sind in Wolfs Terminologie „Kennzeichen ... des Narrativen", ebd. 42). Vgl. auch Mahne, 2007, 19: „Die Grundelemente einer Geschichte sind das *Figurenpersonal*, der *Ort* der *Ereignisse* und die *Zeit*, in der sie sich vollziehen."
18 Unter dem Begriff „Handlung" werden hier Aussagen über Handlungen/ Taten, Ereignisse/ Geschehnisse und Zustände zusammengefaßt, die von den Subjekten dieser Handlungen etc. noch einmal zu trennen sind (sonst ergäbe sich eine kategoriale Überlappung mit den Figuren als Handlungsträgern). Ggf. kann in Erzählstoffen noch die Kategorie „Thematik" wichtig werden; während z. B. in einer sachlichen Darstellung historischer Ereignisse die Thematik mit der Handlung in etwa deckungsgleich sein kann, so können in anderen Fällen Handlung und Thematik auseinanderfallen; man vergleiche etwa die vordergründige Handlung bspw. einer Tierfabel und die damit veranschaulichte, bspw. auf einer moralisch-zwischenmenschlichen Ebene liegende Thematik.
19 Einen völlig anderen Weg beschreitet Lincoln, 1989, 23 f, der die vier Kategorien *Fable*, *Legend*, *History* und *Myth* anhand von außerstofflichen Kriterien voneinander zu unterscheiden versucht, nämlich danach, inwieweit einem „Narrativ" von der Erzählerinstanz bzw. von seiten des Publikums ein Wahrheitsanspruch, Glaubwürdigkeit und Autorität zugesprochen werden (die Extreme sind *Fable* bzw. *Myth*; *Fable* erfüllt keines dieser Kriterien, *Myth* alle). Je nach veränderter Einstellung des Kollektivs zum Narrativ würde sich dann nach Lincoln auch die Kategorisierung dieses Narrativs ändern (aus *Myth* könne *Legend* werden und umgekehrt etc.), obwohl sich die Stoffgestaltung selbst nicht ändert. Genau dieser letzte Punkt aber erscheint

Nun kann man zwar die Kategorien Raum, Zeit und Handlung einerseits für die Unterscheidung bestimmter Charakteristika einzelner Stoffarten sehr wohl heranziehen, doch sind sie andererseits auch wieder so unspezifisch, daß sie zumindest bei einem ersten Zugriff wenig geeignet erscheinen, eine schnelle und klare Orientierung zu bieten. Örtlichkeiten wie „Wald", „Meer", „Stadt" oder „Berg", selbst noch namentlich näher bezeichnete wie „Schwarzes Meer" oder „Theben", zeitliche Angaben wie „vor langer Zeit", „früher", „vor 100 Jahren" oder Handlungen wie „töten", „heiraten", „reisen" oder „gebären" lassen in den meisten Fällen keine oder doch nur sehr grobe Zuordnungsmöglichkeiten zu bestimmten Stoffarten erkennen.

Bei näherer Betrachtung stellt sich heraus, daß sich für eine erste Annäherung an eine Unterscheidung verschiedener Stoffe vor allem eine Kategorie als deutlich griffiger erweist, und zwar die Kategorie der Handlungsträger bzw. Figuren. Hier läßt sich am ehesten ein sinnvolles Grobraster erstellen, allerdings vor allem dann, wenn man nicht nach *allen* Figuren geht, die in einer Stoffart auftauchen können, sondern nach den *hauptsächlichen Protagonisten* der jeweiligen Stoffarten. Vor allem anhand dieses Kriteriums lassen sich bspw. folgende Gruppen von Erzählstoffen unterscheiden:

→ eine Gruppe, die hauptsächlich von Ereignissen und Taten im Zusammenhang mit *bestimmten Göttern und bestimmten, historisch kaum oder nicht bezeugten Menschen* als Protagonisten handelt (mythische Stoffe)[20]

→ eine Gruppe, in der *bestimmte, historisch gut bezeugte Menschen* als hauptsächliche Protagonisten auftreten (historische Stoffe)

→ eine Gruppe, in der *bestimmte, historisch eher schwach bezeugte Menschen* als hauptsächliche Protagonisten auftreten (sagenhafte Stoffe)[21]

→ eine Gruppe, in der vor allem *unbestimmte, historisch unbezeugte Menschen* im Zentrum stehen (märchenhafte Stoffe)

---

fraglich. Zur Problematik, eine Stoffdefinition wesentlich an *außerstofflichen* Kriterien wie das Verhalten eines (schwer zu definierenden) Kollektivs festzumachen, s. des Näheren Kapitel 18.3.

20 Bestimmte Götter allein oder bestimmte Götter mit bestimmten Menschen im Verein, aber nicht Menschen allein; s. dazu die Ausführungen in Kapitel 18.2.1. Die Wichtigkeit des Merkmals bestimmter bzw. „*persönlicher* Einzelwesen" (Kursivierung C. Zgoll) für mythische Stoffe bereits bei Müller, 1825, 59.

21 Die Gradmesser „historisch nicht/ schwach/ gut bezeugt" beziehen sich auf die wissenschaftliche Außenperspektive, nicht auf die kultureigene Sichtweise. Vgl. zu Sagenstoffen Scheer, 1993, 17: „die Sage erhebt besonderen Anspruch auf Historizität, die zu beweisen ihr jedoch in der Regel mangels Zeugen und aufgrund zeitlicher Distanz des Geschehens schwerfällt".

Hier ließen sich dann noch weitere Verfeinerungen vornehmen wie z. B. die Unterscheidung zwischen sagenhaften Stoffen (über bestimmte, historisch eher schwach bezeugte Protagonisten) und Heiligenlegenden-Stoffen (über bestimmte, historisch eher schwach bezeugte religiöse Protagonisten)[22]. Wie bereits erwähnt, beziehen sich diese (und die noch folgenden) Bestimmungen vor allem auf Merkmale von Stofftypen im europäischen Kulturkreis.

So schlicht, wie sie zunächst erscheint, führt eine solche Unterscheidung verschiedener Stoffarten nach der Kategorie der hauptsächlichen Protagonisten doch zu einer ersten Annäherung, die insofern einiges für sich hat, als sie weit genug gefaßt ist, die Unterscheidung traditionell immer wieder beobachteter und sich in unterschiedlichen Begriffen wie „Mythos", „Sage" oder „Märchen" niederschlagender Phänomene durch eine einfache Operation auf eine systematische Basis zu stellen. Bereits Platon verwendet wie selbstverständlich dieses Unterscheidungs-Kriterium der Protagonisten, wenn er im Hinblick auf mythische Stoffe zusammenfassend von Erzählungen über Götter, Dämonen, Heroen und Wesen des Totenreichs spricht[23].

Trotzdem ist damit für die Beschreibung verschiedener Stoffarten nur erst ein Anfang gelegt; für eine präzisere Beschreibung und Unterscheidung vorhandener Stoffarten und möglicher Unterarten ist es nötig, bei der Bestimmung von Eigenschaften oder Merkmalen von Handlungsträgern noch weiter ins Detail zu gehen und die weiteren, bislang nicht berücksichtigten Kategorien von Raum, Zeit und Handlung ebenfalls mit einzubeziehen. So läßt sich bspw. die Stoffart „Sage" dadurch noch näher spezifizieren, daß sie zeitlich in der ferneren Vergangenheit spielt, den Raum der Erfahrungswelt in der Regel nicht verläßt und von normalerweise im positiven Sinn herausragenden („heldenhaften") Taten oder Ereignissen im Zusammenhang mit bestimmten, als historisch angesehenen, aber historisch eher schwach bezeugten Menschen handelt, wobei die Möglichkeiten des Menschen bzw. allgemein des Mach- und Erfahrbaren überstiegen werden, ohne daß dafür jedoch aktive Einwirkungen von göttlichen Mächten oder Kräften verantwortlich gemacht werden, wie dies bspw. bei mythischen Stoffen der Fall ist[24]. In Bezug auf die Stoffart „Märchen" könnte man präzisierend formulieren,

---

22 Bei dem Begriff „Legende" betont zurecht die „enge Verbindung zum religiösen System" Pöge-Alder, 2007, 36-39 (Zitat ebd. 38); die Legende insgesamt beziehe sich „auf religiöses Wundergeschehen" (ebd. 36).
23 Plat. *rep.* 3,392a.
24 Zum für mythische Stoffe konstitutiven Faktor aktiver göttlicher Beteiligungen s. Kapitel 18.2.1. Wenn man auch bei Sagenstoffen Eingriffe von göttlichen oder „übernatürlichen" Wesen für stoffarten-spezifisch erklärt, verschwimmt freilich die Unterscheidungsmöglichkeit zwischen beiden Stoffarten wieder (so bspw. Scheer, 1993, 18, die deswegen auf eine „begriffliche

daß sich in diesem Fall allgemein-menschliche Erfahrungen in Form idealisch dargestellter, gefährlicher Abenteuer oder phantasievoll überhöhter, mirakulöser („wunderbarer"[25]) Ereignisse mit gutem Ausgang in einer unbestimmten Vergangenheit an häufig anonymen oder fiktiven Örtlichkeiten zu einer Hylemsequenz verdichten, in der keine historischen und außerdem unbestimmt bleibende Menschen[26] als Protagonisten fungieren, daneben aber auch noch phantastische Wesen (wie Zwerge, Elfen, Kobolde u.ä.) häufig eine wichtige Rolle spielen[27]. Die Gruppe mythischer Stoffe läßt sich, spätere Ausführungen vorwegnehmend, als Stoffart insofern näher spezifizieren, als hier Auseinandersetzungen

---

Unterscheidung verzichtet"), oder man muß zwischen „Regel" und „Ausnahmen" unterscheiden.

25 Vgl. Neuhaus, 2005, 374: „Für das Märchen gilt über das Fantastische hinaus als wichtigstes Merkmal das Wunderbare, also eine immanente, nicht notwendigerweise religiöse Transzendenz." Zur Diskussion (und Problematik) der Begriffe „fantastisch" und „wunderbar" s. ebd., 11-18, und Lüthi, 2004, 2 f. Pöge-Alder, 2007, 24 f, spitzt den Befund noch etwas zu, wenn sie als ein charakteristisches Merkmal die Selbstverständlichkeit herausstreicht, mit der in Märchen über das Wunderbare oder Numinose berichtet wird.

26 Diese Menschen können durchaus namentlich benannt sein (vgl. „Hänsel und Gretel") oder gewissermaßen Spitznamen tragen (z. B. „Rotkäppchen"), aber sie bleiben dennoch weitgehend unbestimmt. Vgl. Lüthi, 2004, 28: „Personen und Dinge des Märchens sind im allgemeinen nicht individuell gezeichnet. Schon der beliebte Name Hans, Jean, Iwan ... deutet darauf hin, daß der Held des Märchens keine Persönlichkeit, ... sondern eine allgemeine Figur ist ..." Vgl. zu „Typisierung und Schematisierung" und zur „fehlende(n) Bindung an Ort oder Zeit" als Charakteristika von Märchenstoffen auch Scheer, 1993, 19. Vgl. auch Pöge-Alder, 2007, 26 f, nach der die „Entindividualisierung der Darstellung" im Märchen ein wichtiges Merkmal für die Unterscheidung zur Sage darstellt.

27 Vgl. Lüthi, 2004, 27 f: „Hauptträger der Handlung sind Held und Heldin, beide im allgemeinen der menschlich-diesseitigen Welt zugehörig ... Zu den diesseitigen treten die einer Über- oder Unterwelt angehörigen Figuren, die als Hexen, Feen, Zauberer, Riesen, Zwerge, Tiere oder als nicht weiter benannte alte Frauen oder Männchen auftreten." Auch hier wird man, wie gleich noch näher begründet werden soll, um die Unterscheidung zwischen Regel- und Ausnahmefällen bzw. Mischformen (wie z. B. Märchen mit aktiver göttlicher Beteiligung) nicht herumkommen. So tritt bspw. in den *Kinder- und Hausmärchen* der Gebrüder Grimm Gott als aktiv handelnder Protagonist auf – aber nur in einer *sehr* überschaubaren Anzahl von Märchen (KHM 31, 35, 44, 76, 82, 87, 117, 147, 148, 176, 194); dies entspricht einem Anteil von ca. 5%. Darüber hinaus können gerade in solchen Fällen Einflüsse von mythischen Stoffen vorliegen; so läßt bspw. KHM 87 Bezüge auf den Mythos vom Götterbesuch bei Philemon und Baucis erkennen. Zur Unterscheidung von „Volksmärchen", „Kunstmärchen" und „Wirklichkeitsmärchen" und ihrer Problematik s. Neuhaus, 2005, 3-11; die obige Charakterisierung von „Märchen" bezieht sich in erster Linie auf die freilich unscharfe Gruppe der „Volksmärchen". Zu einem noch feiner differenzierten Überblick über verschiedene „Gattungen und Mischformen" in Hinblick auf das Phänomen „Märchen" s. Pöge-Alder, 2007, 47-50.

mit in konkreten natur- und kulturgebundenen Spezifika verankerten Erfahrungsgegenständen in einen für die Gesamthandlung wesentlichen Zusammenhang mit aktiven Beteiligungen göttlicher Wesen gebracht werden (es sich also um *transzendierende* Auseinandersetzungen mit Erfahrungsgegenständen handelt[28]), wobei neben bestimmten numinosen Mächten auch bestimmte, aber historisch kaum oder schlecht bezeugte Menschen als Protagonisten auftreten können, die Handlung in ferner Vergangenheit oder, in selteneren Fällen (bei eschatologischen Mythen)[29], in ferner Zukunft spielt und in allen denkbaren kosmischen Bereichen lokalisiert sein kann[30].

Eine solche differenzierte, über das hier Skizzierte Hinausgehende, sich hauptsächlich nach den oben genannten, vier grundlegenden Kategorien Raum, Zeit, Handlungsträger und Handlung richtende, eher phänomenbeschreibende Annäherung an genauere Spezifika bestimmter Stoffarten und ihre Abhebung von anderen Stoffarten stellt eine Aufgabe dar, die mehr Raum beanspruchen würde, als hier zur Verfügung steht, weshalb die wenigen ersten Pinselstriche genügen müssen[31]. Das Ziel der hier angestellten Überlegungen war, wie anfänglich vermerkt, nicht vorrangig die Erstellung einer detaillierten Typologie verschiedener Stoffarten, sondern die Beantwortung der Frage, weshalb bei dem Versuch einer solchen Unterscheidung notwendig Grenz- und Streitfälle in Kauf genommen werden müssen.

Wenn bei der Lektüre der oben vorgeschlagenen näheren Bestimmungen von den Stoffarten Sage, Märchen und Mythos beim einen oder bei der anderen ein Aber aufgetaucht sein sollte, so ist das nicht verwunderlich und führt zu einer ersten Antwort auf diese Frage. Sie besteht schlicht in dem Umstand, daß notwendigerweise die Anzahl der Punkte, um die sich streiten läßt, desto mehr zunimmt, je mehr Kategorien in die Analyse einbezogen und je vielfältiger entsprechend die Kombinationsmöglichkeiten einzelner Merkmale aus verschiedenen Kategorien werden. Der Fall, daß man aus einer kulturspezifischen Sicht einer

---

28 S. dazu ausführlich Kapitel 18.2.
29 Vgl. Bouvrie, 2002, 26.
30 S. dazu auch die Mythosdefinition und die Ausführungen dazu in Kapitel 23.6. Eine Sammlung verschiedener Versuche, „Mythos" und „Märchen" voneinander abzugrenzen, in gedrängter Übersicht bei Lüthi, 2004, 11 f.
31 Darüber hinaus ließe sich dieser phänomenologische Zugang noch erweitern durch die Analyse soziologischer und funktionaler Aspekte, also durch die Fragen, an welchen Orten und bei welchen Gelegenheiten mediale Konkretionen verschiedener Stoffarten von wem und zu welchem Zweck eingesetzt werden, und durch die damit zusammenhängende Fragestellung, inwiefern diese Parameter wiederum Einfluß haben auf die jeweiligen Stoffgestaltungen.

einzelnen näheren Bestimmung *nicht* zustimmen kann, wird um so eher eintreten, je länger die Liste der näheren Bestimmungen ausfällt[32].

Neben der Wahrscheinlichkeit einer angesichts wachsender Bestimmungen und ihrer Kombinationsmöglichkeiten steigenden Anzahl von möglichen Streitfällen ist außerdem als eine weitere Ursache der Umstand anzuführen, daß es sich bei Stoffarten nicht um gleichsam naturgegebene und fest umrissene Entitäten handelt, nicht um platonische Ideen, deren unwandelbares Sein durch eine entsprechende Anstrengung der Vernunft nur erkannt werden muß und deduktiv abgeleitet werden kann[33], sondern um kulturspezifisch jeweils unterschiedlich konkretisierte und daher auch je anders eingefärbte Phänomene[34]. Mag in einer Kultur in Bezug auf märchenhafte Stoffe die Beteiligung von göttlichen Wesen ausgeschlossen sein, so bedeutet dies nicht, daß diese einzelne nähere Bestimmung von „Märchenstoff" in einer anderen Kultur als ebenso gültig angesehen wird, während über etliche andere Punkte wiederum durchaus Einigkeit bestehen kann.

> → Die Merkmale von und die Abgrenzungen zwischen verschiedenen Stoffarten können somit schon allein deshalb niemals absolut und unverrückbar bestimmt werden, weil es sich um Gebilde handelt, die auf Konventionen beruhen und damit an bestimmte und von daher auch immer unterschiedliche Traditionen und Kollektive und deren Sichtweisen gebunden sind, die nur induktiv eruiert, nicht deduktiv abgeleitet werden können[35].

Die Unterscheidung spezifischer Merkmale verschiedener Stoffarten wird immer schwierig bleiben, weil diese Merkmale schon im Einzelnen und erst recht in der

---

32 Nicht eine Definition von Mythos als Stoff, sondern eher eine Umschreibung des Phänomens „Mythos" mit vielem, was damit zusammenhängt, liefert Cupitt, 1982, 29, wobei er zwar zahlreiche wichtige Aspekte berührt, aber für eine Definition von Mythen als Stoffen zu unpräzise (Vermischung von Wesen, verschiedenen Arten von Funktionen und gesellschaftlicher Verortung von Mythen) und ausfernd bleibt (Ähnlichkeit zu Träumen, Ausweitung des Blicks von einzelnen Mythen auf ganze Mythologien).

33 Vgl. Morford/ Lenardon/ Sham, 2011, 23 f: „there is no identifiable Platonic Idea or Form of a myth, embodying characteristics copied or reflected in the mythologies of the world."

34 Vgl. Pöge-Alder, 2007, 31, freilich im Blick nicht auf Stoffarten, sondern auf Texte bzw. Gattungen: „Die erzählenden Gattungen, mitunter auch als außerliterarische Formen bezeichnet, sind an sich eine Erfindung der Literaturwissenschaft und Volkskunde und ihrer Suche nach Gliederungsmöglichkeiten."

35 Vgl. Csapo, 2005, 8: „.... it is impossible to insist, for cultural products at least ..., on essential criteria".

Kombination nicht schlichtweg absolut gegebene Unterschiede betreffen, sondern zu einem großen Teil Konventionen; und Konventionen sind immer kultur- bzw. wissenschaftsspezifisch unterschiedlich, daher prinzipiell relativ und im Detail verhandelbar.

10.3 Kirke: Märchenhexe oder mythische Gottheit? Abhängigkeit der Differenzierung von Stoffarten vom Konkretions- und Determinationsgrad der Hyleme

Neben den im vorangegangenen Kapitel gegebenen, ersten Antworten auf die eingangs zu diesem Hauptkapitel 10 gestellte Frage nach den Gründen, die dafür verantwortlich sind, daß die Unterscheidung zwischen verschiedenen Stoffarten und die Bestimmung stoffarten-spezifischer Merkmale schwierig ist und auch immer bleiben wird, gibt es noch eine weitere, vielleicht zu einem noch etwas vertieferten Verständnis verhelfende Antwort. Dazu ist es nötig, auf die in Kapitel 6.1 vorgestellte Auffassung von „Stoffvariante" als eine Sequenz verschiedener, aufeinander bezogener Hyleme zurückzugreifen, die nicht auf bestimmte mediale oder einzelsprachliche Konkretionen festgelegt ist; vor allem aber kann dazu die Einsicht in die Wichtigkeit der Berücksichtigung unterschiedlicher Konkretions- und Determinationsgrade von Hylemen beitragen, wozu in Kapitel 9.6 einiges näher ausgeführt wurde.

Stoffvarianten sind nicht identisch mit ihrer (z. B. textlichen) Darstellungsform, weshalb sie erst aus den Darstellungsformen extrahiert und unter Berücksichtigung der richtigen chronologischen Abfolge in die standardisierte Form von Hylemsequenzen gebracht werden müssen. Will man nun mehrere Stoffvarianten miteinander vergleichen, ist es notwendig, dies auf einer angemessenen, mittleren Determinations- und Konkretionsstufe zu tun (und die Angemessenheit ist in jedem Fall neu zu bewerten). Dafür ist es notwendig, Abstraktionen vorzunehmen und von einzelnen Determinationen abzusehen. Es ist deutlich geworden, daß auf einer äußersten Abstraktions- und Indeterminationsstufe ein Vergleich verschiedener Hyleme nicht mehr sinnvoll ist. Auf einer solchen Stufe sind die Hyleme schlichtweg nicht mehr voneinander unterscheidbar, so daß auch jede Hylemsequenz von einer anderen nur noch an der Anzahl der Hyleme, nicht mehr aber an den Inhalten zu unterscheiden wäre, auf welche die einzelnen Hyleme jeweils abzielen. Mit anderen Worten: Jedes einzelne Hylem sähe gleich aus, nämlich „X ist bzw. tut etwas (ggf. an Y)", und diese inhaltsleere Hülse wäre mit anderen, in ihrer Gestalt völlig identischen Hülsen zu einer semantischer Inhalte beraubten Kette verknüpft[36].

Aus diesen Beobachtungen läßt sich nun eine für die Unterscheidung von Stoffarten wichtige Folgerung bzw. Erkenntnis ableiten:

> → Alle verschiedenen Stoffe bzw. Stoffvarianten, egal, zu welcher Stoffart man sie rechnet, sind auf einer hohen Indeterminations- und Abstraktionsstufe *nicht mehr voneinander zu unterscheiden*.

Das bedeutet umgekehrt: *Unterschiede* zwischen Stoffarten können erst dann und in dem Maß festgemacht werden, wenn und soweit die einzelnen Hyleme konkreter und determinierter sind. Dann lassen sich die auf einer abstrakten Stufe ähnlichen oder sogar identischen, zunächst indeterminierten Hylemsequenzen immer deutlicher voneinander unterscheiden. Erst mit zunehmender Konkretion und Determination der Hyleme werden die Unterschiede überhaupt sichtbar, welche den Rezipienten die solchermaßen stärker konkreten und stärker determinierten Hylemsequenzen dann entsprechend auch unterschiedlichen Stoffarten zugehörig erscheinen lassen.

Eine weitere wichtige Erkenntnis schließt sich an diese Überlegungen an. Sie besteht darin, daß stoffarten-spezifische Unterschiede sich primär an unterschiedlichen Konkretionen von *Hylemelementen* und an einzelnen *Determinationen* festmachen lassen, hingegen in der Regel *nicht* an den für die Hyleme so zentralen *Hylemprädikaten*. Ein vom Hylemprädikat geschilderter Handlungsvorgang oder Zustand wie „aufbrechen", „kämpfen", „töten", „heiraten", „thronen" etc. ist an und für sich genommen normalerweise völlig stoffarten-neutral. Es gibt nur wenige Ausnahmen, bei denen bereits der nackte Inhalt von Hylemprädikaten eine Affinität zu bestimmten Stoffarten nahelegt (nicht zwingend), wie z. B. beim Begriffsinhalt der deutschen Verben „verzaubern" (Nähe zu Märchenstoffen) oder „erschaffen" (Nähe zu mythischen Stoffen), oder bei denen deutlich wird, daß ein solches Hylemprädikat mit großer Wahrscheinlichkeit in einer bestimmten Stoffart *nicht* vorkommen wird, wie z. B. beim Verb „vergöttlichen" – ein Vorgang, der etwa für Märchenstoffe eher untypisch ist. Bei „opfern" bspw. liegt es bereits wieder an den näheren Umständen, also an Verknüpfungen mit weiteren Hylemelementen und an spezifischen Konkretionen und Determinationen, ob dieses Hylemprädikat in bestimmten Stoffarten zu erwarten ist oder nicht: „ein bestimmtes Opfertier einer Gottheit rituell opfern" wäre bspw. für

---

[36] Vgl. dazu u. a. auch die bei Csapo, 2005, 207 f, referierte Kritik von Lévi-Strauss an den zu abstrakten „Funktionen" Propps.

Märchenstoffe nicht typisch, „ein Königskind einem bedrohlichen Drachen oder Zauberer opfern" hingegen schon.

Es liegt also nicht primär an dem bloßen semantischen Gehalt eines Hylemprädikats, ob ein Hylem einer bestimmten Stoffart zugehörig erscheint, sondern an den näheren Determinationen des Hylemprädikats und an den unterschiedlichen Konkretisierungen der Hylemelemente, die mit dem Hylemprädikat verbunden sind. Das gilt in etwas abgeschwächter Form auch noch für die Verkettung mehrerer Hyleme. Eine Abfolge reiner, nicht näher determinierter Hylemprädikate bleibt weitgehend stoffarten-unspezifisch. „Aufbrechen" – „Kämpfen" – „Siegen" – „Heimkehren" – „Heiraten": eine solche Sequenz nicht näher bestimmter Hylemprädikate läßt nicht erkennen, ob sie einem mythischen, märchenhaften, sagenhaften oder historischen Stoff zuzuordnen ist. Je länger und detaillierter solche Sequenzen ausfallen, desto eher können sich zwar Affinitäten zu ganz bestimmten Stoffarten ergeben, doch es wird deutlich, daß es primär die Determinationen und Konkretionen, nicht aber die Hylemprädikate sind, die dazu beitragen, daß einzelne Hyleme oder Hylemsequenzen als typisch für eine bestimmte Stoffart angesehen werden können. So sind auch bei den so gut untersuchten russischen Zaubermärchen die von Propp einzeln herausgearbeiteten „Funktionen" zwar bestimmte funktional bedeutsame Handlungsschritte, die in dieser Subgattung häufig zum Einsatz kommen[37], die aber jeweils für sich und durchaus auch in bestimmten Teil-Kombinationen ebenso in mythischen oder sagenhaften Stoffen vorkommen können. Sie sind nicht *an sich* typisch (zauber-)märchenhaft, sondern nur in ihrer *Gesamtgruppierung*[38] und *vor allem* durch die verschiedenen näheren *Konkretionen* auf der Ebene der Hylemelemente (wie z. B. daß nicht Götter, sondern Zauberer bzw. Hexen zu dem Kreis wichtiger Protagonisten gehören), und durch die näheren *Determinationen* bspw. der Hylemelemente (wenn etwa von einem „armen" Bauernsohn oder von einer „bösen" Hexe die Rede ist).

Ein weiteres Beispiel soll die bisher angestellten Überlegungen verdeutlichen, und zwar das noch nicht auf einer höchsten Abstraktions- und Indeterminationsstufe befindliche, immerhin aber schon sehr stark von Konkretionen und weiteren Determinationen absehende Hylemschema „Protagonist tötet Gegner". Der *inhaltliche Gehalt* allein, also der Vorgang, daß ein Protagonist einen Gegner

---

37 S. dazu ausführlicher Kapitel 5.2.
38 S. Csapo, 2005, 195. Vgl. mit Bezug auf Motive und Motivreihungen bereits Vries, 1954, 46: „Das Motiv an sich entscheidet nicht, denn es hat seine Stelle ebensogut in Sage oder Mythos wie im Märchen. Erst wenn eine ganze Motivreihe vorliegen sollte ... wird ein fruchtbarer Vergleich möglich."

tötet, ist stoffarten-unspezifisch. Erst und soweit dieses Hylemschema konkretisiert wird und die einzelnen Bestandteile mit zusätzlichen Determinationen versehen werden, kommt es zu Differenzierungen, die stoffarten-spezifische Charakteristika erkennen lassen. So würde man etwa das Hylem „Mächtiger, im himmlischen Bereich lokalisierter Gott Zeus tötet bedrohliches Chaosmonster Typhoeus" dem Bereich mythischer Stoffe zuweisen, eine andere Konkretion des Hylemschemas in Form von „namenloser, schöner und edler Königssohn tötet einen feuerspeienden Drachen" der Gruppe märchenhafter Stoffe zuordnen, eine andere Konkretion wie „Held Hagen, treuer Gefolgsmann und Ratgeber des burgundischen Königshauses, tötet an einer Quelle im Wald hinterrücks den tapferen Recken Siegfried, Sohn König Siegmunds von Xanten" dem Kreis sagenhafter Stoffe – und so fort.

Das könnte man nun auch noch an weiteren Hylemschemata durchspielen, die weniger „fundamental" klingen. So ist das Hylemschema eines den Protagonisten unterstützenden Helfers ebenfalls nicht etwa z. B. märchentypisch, sondern in der Form „Helfer X unterstützt Protagonist Y" für etliche Stoffarten gleichermaßen wichtig: Hermes und Pan helfen Zeus bei der Besiegung des Typhoeus (Bestandteile eines mythischen Stoffes); eine „gute Fee" hilft dem Königssohn bei der Besiegung eines Drachen oder Zauberers (Märchenstoff-Bestandteil); der schlaue Ratgeber Hagen hilft König Gunther, Siegfried aus dem Weg zu schaffen (Sagenstoff-Bestandteil); ein Engel hilft einem Heiligen, den Teufel oder einen Dämon zu besiegen (Bestandteil eines Heiligenlegenden-Stoffes). Selbst ein funktional eher randseitiges Hylemschema wie „Protagonist bricht auf" läßt sich leicht auf verschiedene Stoffarten verteilen, wenn man es jeweils mit unterschiedlichen Konkretionen und näheren Determinationen versieht: „Herakles bricht auf" (um den Kerberos aus dem Hades zu holen; durch das eindeutig zur göttlichen Sphäre gehörende Element des übernatürlichen Hadeswächters „mythisch"); „Siegfried bricht auf" (um in Worms um Kriemhild zu werben: „sagenhaft"); „Rotkäppchen bricht auf" (um der Großmutter Kuchen und Wein zu bringen: „märchenhaft"); „der heilige Antonius bricht auf" (um in der Einsamkeit sein Leben der Askese und dem Gebet zu widmen: „legendenhaft").

→ Auf einer hohen Indeterminations- und Abstraktionsstufe sind Hylemschemata somit *stoffarten-unspezifisch*; und damit können auch Hylemschema-Sequenzen auf einer solchen Abstraktionsstufe kaum als typisch für irgendeine Stoffart gelten. Erst durch je unterschiedliche Konkretisierungen und zusätzliche Determinationen von Hylemelementen und Hylemprädikaten läßt sich auch zunehmend etwas für einzelne Stoffarten je Typisches ausmachen.

In seltenen Fällen kann im Übrigen auch das *Fehlen* von Konkretionen für eine bestimmte Stoffart typisch sein. So ist bspw. der Umstand, daß in vielen Fällen Örtlichkeiten („ein finsterer Wald", „sieben Berge"), zeitliche Angaben („es war einmal ...") oder handelnde Figuren („ein Königssohn")[39] weitgehend unbestimmt bleiben, bei Märchenstoffen nicht selten anzutreffen und daher für diese Stoffart typisch, während für andere wie bspw. mythische, sagenhafte oder historische Stoffe die nähere Bestimmung handelnder Figuren, zeitlicher Angaben oder Orte wesentlich ist[40].

Aus diesen Beobachtungen folgt, daß es verschiedene Stoffarten nicht in dem Sinn „gibt", als handelte es sich gewissermaßen um eigenständige Entitäten. Denn der Begriff „Stoffarten" zielt nicht auf etwas Substantielles, nicht auf die Hylemschema-Sequenzen bzw. Handlungsgerüste von Stoffen selbst, die auf einer abstrakten und indeterminierten Stufe stoffarten-unspezifisch sind, sondern vielmehr auf etwas vergleichsweise Akzidentelles, nämlich auf nähere Konkretionen und Determinationen, bildlich gesprochen: auf unterschiedliche „Einfärbungen" von Hylemschema-Sequenzen.

Um das Bild leicht abgewandelt noch etwas zu vertiefen: Hyleme sind wie Perlen, die beliebig zu einer Kette aufgefädelt sein können. Die Reihenfolge der Perlen ergibt die Handlungssequenz, die Einfärbung der Perlen ist ein Hinweis auf die Stoffarten-Zugehörigkeit. Gesetzt den Fall, die Farbe Rot steht für spezifisch mythische, die Farbe Blau für spezifisch märchenhafte und die Farbe Weiß für stoffarten-neutrale Hyleme[41], dann handelt es sich bei einer Kette aus weißen Perlen, bei denen manche rot eingefärbt werden, um eine mythische, bei einer Kette aus weißen und blau eingefärbten Perlen um eine märchenhafte Hylemsequenz. Wie bereits ausgeführt, können in literarischen Werken verschiedene Stoffarten auch vermischt vorkommen. Es ist somit durchaus möglich, daß in einer Kette aus roten und weißen Perlen bspw. auch einmal ein paar Perlen grün eingefärbt werden. Wenn die Farbe Grün für spezifisch sagenhafte Hyleme steht,

---

39 Zur Unbestimmtheit der Märchen-Protagonisten auch dann, wenn sie Namen tragen, s. Anm. 26.
40 Das trifft selbst für die Kategorie der zeitlichen Angaben bei mythischen und sagenhaften Stoffen zu, die zwar einerseits weniger konkret ausfallen, als dies bei historischen Stoffen die Regel ist, die aber andererseits wiederum oft eine relative Chronologie erkennen lassen (z. B. „am Anfang der Welt" oder „nach dem Trojanischen Krieg"), die schon etwas konkreter ist als das gänzlich unspezifische „Es war einmal ..." von Märchenstoffen.
41 Zu der Unterscheidung zwischen stoffarten-affinen und stoffarten-neutralen Hylemen und der Beobachtung, daß in einer Hylemsequenz in der Regel immer auch stoffarten-neutrale Hyleme vorkommen s. Kapitel 11.3.

dann ist im letztgenannten Fall der Stoff teilweise mythisch, teilweise sagenhaft ausgestaltet[42].

In diesem Zusammenhang ist noch einmal auf die Problematik des Stoffbegriffs zurückzukommen. Normalerweise wird begrifflich nicht differenziert, ob von „Stoff" in einem abstrakten und eher indeterminierten oder in einem konkreten und weitgehend determinierten Sinn die Rede ist. Die Aussage „ein Stoff wird erst durch eine spezifische Ausgestaltung bspw. als ein mythischer Stoff erkennbar" ist daher problematisch und leicht irreführend. Denn wie kann „ein Stoff" als „mythischer Stoff" erkennbar *werden*; *ist* ein Stoff nicht immer schon entweder „mythisch" oder „märchenhaft" etc.?

Die Zuspitzung zeigt nochmals, daß und inwiefern der Begriff „Stoff" zu ungenau ist und spezifiziert werden muß, und zwar wie in Kapitel 7.3 näher ausgeführt durch eine Differenzierung in *zwei* Begriffe, weil er in vorliegendem Zusammenhang auf zwei verschiedene Dinge abzielt: zum einen auf die Abfolge verschiedener Handlungsschritte in einer weitgehend abstrahierten und indeterminierten Form, zum anderen auf die konkrete und spezifische „Einfärbung" dieser Abfolge. Für das erstere wurde in der vorliegenden Arbeit der Begriff „Stoffschema" gewählt, für das letztere der Begriff „(konkreter) Stoff". Erst auf dem Hintergrund dieser Differenzierung des Stoffbegriffs wird die obige Aussage sinnvoll und nachvollziehbar: „ein (stoffarten-unspezifisches) abstraktes Stoffschema wird erst durch eine spezifische Ausgestaltung als ein konkreter, stoffarten-spezifischer (bspw. mythischer) Stoff erkennbar".

All diese Beobachtungen machen deutlich, warum es in gewissem Sinn vorprogrammiert ist, daß es hinsichtlich der Frage zu Uneinigkeiten kommt, ob es sich bei dieser oder jener konkreten Stoffvariante um eine „typisch mythische" oder eher „typisch märchenhafte" oder um eine zu einer noch anderen Stoffart zugehörige Stoffvariante handelt. Zunächst einmal muß überhaupt grundsätzlich ein Bewußtsein dafür vorhanden sein, daß es bei dieser Fragestellung wesentlich darauf ankommt, auf welcher Abstraktions- und Indeterminationsstufe eine solche Analyse operiert. Wenn dieser Umstand nicht explizit berücksichtigt wird, kann man ohnehin nur zu bestenfalls schwammigen Einschätzungen gelangen. Problematisch werden Analysen aber auch dann, wenn zwar der genannte Umstand berücksichtigt wird, die getroffenen Aussagen aber auf einem Vorgehen basieren, das mit einem *zu hohen* Abstraktions- und Indeterminationsniveau operiert. Denn je höher die Indeterminations- und Abstraktionsstufe, auf der eine Aussage über eine Stoffarten-Zugehörigkeit aufgebaut ist, desto mehr

---

[42] S. dazu auch die Ausführungen in Kapitel 11.

entfernt man sich von einer konkreten Stoffvariante mit entsprechend vorhandenen, stoffarten-spezifischen Charakteristika, desto mehr gelangt man in den Bereich eines abstrakten Stoffschemas, das immer weniger und auf der letzten Abstraktions- und Indeterminationsstufe keinerlei stoffarten-spezifische Charakteristika mehr erkennen läßt, desto zahlreicher werden entsprechend die Möglichkeiten, ein solchermaßen abstrahiertes Stoffschema mehreren verschiedenen Stoffarten zuzuschreiben, und desto problematischer ist es dann aber auch, eine solchermaßen abstrahierte und indeterminierte Hylemsequenz als wirklich typisch für eine bestimmte Stoffart zu reklamieren. Dazu ein konkretes Beispiel.

In der Forschung wird oft postuliert, etliche Episoden in Homers *Odyssee* hätten einen märchenhaften Charakter, wären typisch für „das" Märchen[43]. Besonders gilt dies etwa für die Kirke-Episode[44]. Sie wird in der Forschungsliteratur fast einhellig als die märchenhafteste in der *Odyssee* angesehen[45]. Anhaltspunkte dafür lassen sich offenbar einige finden, wie z. B.:

– eine einsame Behausung im dichten Wald (vgl. das „Hexenhaus")
– eine in besonderen Künsten bewanderte Frau (vgl. die „magischen Künste" einer „Hexe")
– Hilfsmittel wie ein Stab und ein Mischtrank (vgl. „Zauberstab" und „Zaubertrank")
– eine Verwandlung von Menschen in Tiere (vgl. „Verzauberung")

---

[43] Meistens wird in den Arbeiten der Begriff „Märchen" (oder *folktale*) nicht weiter differenziert; s. dazu Anm. 27. Auf die Problematik eines oft unspezifischen und von „Mythos" oder „Legende" o. ä. nicht hinreichend abgegrenzten Gebrauchs von „Märchen" bzw. *folktale* macht auch Hansen, 2002, 7 und 9-11, aufmerksam.
[44] S. v. a. Hom. *Od.* 10,135-574 und 12,1-145.
[45] Vgl. etwa Güntert, 1919, 10 („Im Kirkelied herrscht Märchenton ..."); Meuli, 1921, 97 und zusammenfassend zum Kirke-Abenteuer 112 („Häufung echter Märchenmotive ..."); Focke, 1943, 187 („Wunderwelt des Märchens"); Wildhaber, 1951, 250 („eines der damals offenbar verbreiteten Kirkemärchen"); Kaiser, 1964, 197 („Die Kirke-Episode ist ein vordergründig erzähltes Märchenabenteuer"); Segal, 1968, 441 („the imaginative charm of the fairy tale "); Page, 1973, 3 („the enchanting land of folktale"); Dräger, 1999, DNP 6, 488 („Der Kirke-Gestalt der 'Odyssee' ... liegt eine Zauberin bzw. Hexe des Volksglaubens zugrunde"); Hölscher, 2000, 104 („Kirke, die Märchenfee") und ebd., 111 („etwas in der Märchenüberlieferung Vorgegebenes"). Zusammenfassend Renger, 2006, 235 („Märchencharakter in der Forschung unumstritten"), mit Anm. 283 f. Erst in jüngerer Zeit fallen die Urteile verschiedentlich etwas zurückhaltender aus, vgl. Heubeck/Hoekstra, 1989, 50 („also founded in folk-tale and magic" zu Kirke), 76 („realm of folk-tale" zur Hadesreise) und Burgess, 2012a, 277 („folktale analogues") – aber nicht immer, vgl. etwa Powell, 2009, 144-151, der hinter beinahe allen Episoden der *Odyssee* ein typisches Märchenschema erblickt (zu Kirke s. ebd. 148), und West, 2014, 208: Kirke erscheine in der *Odyssee* „as a sorceress living deep in the forest, a figure such as we more commonly meet in European folk-tales of the sort collected by the brothers Grimm."

- Erlösung der „Verzauberten" durch einen Helden (vgl. den „Märchenprinz" als Retter)
- die Hilfe durch einen numinosen Beistand (vgl. die „gute Fee")

Einmal ganz von dem Problem abgesehen, daß die meisten Beispiele, welche in den zitierten Forschungsarbeiten die Vorstellung von „dem" Märchen bzw. typisch Märchenhaftem in der Kirke-Episode bestimmen, literaturgeschichtlich gesehen *später* sind als die *Odyssee*[46], hat man keine Kriterien in der Hand, die es erlauben würden, diese Erzählsequenz auf einer weitgehend abstrahierten und indeterminierten Stufe zuverlässig als „typisch" für eine bestimmte Stoffart zu erklären; vieles ist auf einer solchen Stufe bspw. für mythische Stoffe nicht weniger typisch als für märchenhafte.

Man könnte also die Kirke-Episode in der *Odyssee* dann mit Recht als „typisch märchenhaft" bezeichnen, wenn auf einer verhältnismäßig *hohen Determinations- und Konkretionsstufe* Parallelen zu Märchen nachgewiesen werden könnten, wenn Kirke also bspw. konkret als „böse Hexe", ihr Haus als „Hexenhaus", ihre Tätigkeit mit „Zauberformeln raunen" oder „Zaubertränke brauen" beschrieben wäre und so fort – nicht aber, wenn dies auf einer verhältnismäßig hohen Stufe der Abstraktion und Indetermination geschieht. Denn dann wird es, wie oben ausgeführt, immer schwieriger, einigermaßen sichere Anhaltspunkte zu finden, die es erlauben würden, eine solchermaßen stark abstrahierte und indeterminierte Hylemschema-Sequenz überhaupt für *irgendeine* Stoffart als typisch zu bezeichnen.

---

46 Das trifft bspw. für alle der von Wildhaber, 1951, 234-237, und für den Großteil der bei Page, 1973, angeführten Parallelen zu. Die Annahme einer „same ultimate source" von Page (ebd. 64) für verschiedene der Kirke-Episode ähnliche Märchen aufgrund der Vermutung, daß das von Hermes überreichte Kraut namens μῶλυ etwas mit dem Sanskrit-Wort *mulam* der alten indischen Epen zu tun haben könnte (ebd. 64 f), bleibt reichlich hypothetisch (s. dazu Beekes, 2010, s. v. μῶλυ: „probably Pre-Greek ... All proposed Indo-European etymologies ... have to be rejected."). Als ältere Vorlagen kommen mit Sicherheit nur die von Page (ebd. 59 f) angeführten Passagen über Gilgameš Zurückweisung der Werbung der Göttin Ištar im *Gilgameš-Epos* in Frage und der ebenfalls akkadische Text über den Mythos der Totenreich-Gottheiten Nergal und Ereškigal. Allerdings befindet man sich bei diesen altorientalischen Parallelen im Bereich von *Mythen*, nicht im Bereich von *Märchen* (s. zur aktiven göttlichen Beteiligung als Charakteristikum mythischer Stoffe ausführlich Kapitel 18.2.1); es wird jedenfalls nicht klar, warum man die im Einzelnen angeführten Figur- und Motivparallelen als typische *Märchen*figuren und -motive ansehen sollte. Vgl. dazu bereits Graf, 1985, 13: „Wenn moderne Forscher ... von Märchenmotiven im Mythos sprechen, gehen sie dem Definitionsproblem einfach aus dem Weg."

Nun werden aber die waldreichen Gefilde, in denen Kirkes Behausung liegt, nicht wie manchmal in Märchen durch Adjektive wie „dunkel" oder „düster" näher determiniert, sondern nur als „dicht"[47] und schließlich sogar mit dem für Märchenstoffe untypischen Adjektiv „heilig" näher gekennzeichnet[48]. Kirkes Wohnung wird nicht als Hexenhäuschen geschildert, sondern als ein großer, schöner und aus geglätteten Steinen erbauter und wiederum als „heilig" bezeichneter Palast[49], für den u. a. dasselbe Wort verwendet wird wie für den Palast des Göttervaters Zeus[50]. Kirke selbst wird eindeutig nicht „Hexe" oder „Zauberin", sondern „Göttin" genannt[51], der von ihr verwendete „Stab" heißt nirgends „Zauberstab"[52], und der Helfer, der Odysseus beisteht, ist nicht eine namenlose „gute Fee", ein Kobold oder ein hilfreiches Tier, sondern ein hoher olympischer Gott, der Gott Hermes[53]. Man könnte noch weitere Beispiele anführen, die zeigen, daß bei einer entsprechenden Berücksichtigung der einzelnen stofflichen Konkretionen und Determinationen nur wenig dafür spricht, in der Kirke-Episode der *Odyssee* etwas typisch Märchenhaftes zu erblicken[54]. Gilt dies für die einzelnen Hyleme und ihre Bestandteile, so gilt dies auch für die Abfolge der Hyleme insgesamt. Auf einer

---

47 Hom. *Od.* 10,150 (διὰ δρυμὰ πυκνὰ καὶ ὕλην).
48 Hom. *Od.* 10,275 (ἰὼν ἱερὰς ἀνὰ βήσσας).
49 Vgl. Hom. *Od.* 10,276 (ἐς μέγα δῶμα); 10,252 (δώματα καλά); 10, 210 f (τετυγμένα δώματα Κίρκης / ξεστοῖσιν λάεσσι, s. dazu treffend Yarnall, 1994, 10 f: „Circe's home is made of stone polished smooth on all sides, a labor-intensive building material found nowhere else in the *Odyssey* and appropriate to the status of a Mycenaean king or a divinity"); 10,445 (ἱερὰ πρὸς δώματα Κίρκης).
50 Hom. *Od.* 10,150 (Κίρκης ἐν μεγάροισι); vgl. Hom. *Od.* 1,27: Ζηνὸς ἐνὶ μεγάροισιν.
51 In der *Odyssee* rückt nur die Verwendung des Verbums θέλγειν („berücken, bezaubern") Kirke an einer einzigen Stelle in die Nähe einer „Zauberin" (Hom. *Od.* 10,291); dasselbe Verbum wird aber z. B. auch für Penelope (Hom. *Od.* 18,282) oder für Odysseus selbst verwendet (Hom. *Od.* 14,387), oder auch für Hochgötter wie Zeus und Athene (Hom. *Od.* 16,298). Nie wird Kirke durch ein entsprechendes Nomen insgesamt als Hexe oder Zauberin charakterisiert (etwa durch φαρμακίς, μάγος oder ἐπῳδός; s. dazu auch Yarnall, 1994, 11, mit Anm. 6), sondern sie ist als Göttin (θεός) geschildert (Hom. *Od.* 10,136; auch δῖα θεάων in Hom. *Od.* 10,487 u. ö.).
52 Zur Diskussion, ob der Stab (ῥάβδος, vgl. Hom. *Od.* 10,238) in Kirkes Hand tatsächlich einen Zauberstab oder nicht vielmehr einen Hirtenstab zum Treiben der Schweine darstellt, s. Yarnall, 1994, 12, mit Anm. 7 (mit Literatur). Speziell der Stab einer *Hexe* muß es jedenfalls nicht sein, da später in der *Odyssee* die *Göttin* Athene ebenfalls einen solchen Stab (ῥάβδος) benutzt, um dem alten und häßlich-entstellten Odysseus ein strahlend-schönes und stattliches Aussehen zu verleihen (Hom. *Od.* 16,172).
53 S. Hom. *Od.* 10,277.
54 Kritisch auch Hansen, 1997, 458; bereits Heubeck/ Hoekstra, 1989, 51, listen Unterschiede auf mit dem Ergebnis: „the central elements of the folk-tale are restricted to a minimum". Zu weiteren Detailbeobachtungen s. C. Zgoll, 2019a.

hohen Konkretions- und Determinationsstufe betrachtet läßt sich kaum etwas Märchenhaftes festmachen; auf einer hohen Abstraktions- und Indeterminationsstufe hingegen fehlt die Basis, überhaupt noch eine belastbare Aussage über eine Stoffarten-Zugehörigkeit treffen zu können.

Um noch einmal auf die am Anfang dieses Ausblicks gestellte Frage zurückzukommen, welche Ursachen für die bleibende Schwierigkeit verantwortlich sind, verschiedene Stoffarten voneinander zu unterscheiden, so besteht somit nach den angestellten Überlegungen eine weitere, etwas tiefer gehende als die bereits am Ende von Kapitel 10.2 gegebene Antwort in der Einsicht, daß die Feststellung von Unterschieden zwischen Stoffarten wesentlich davon abhängt, auf welcher Konkretions- und Determinationsstufe man die von den medialen Konkretionen erst zu trennenden Hyleme bzw. Hylemsequenzen betrachtet. Stoffarten-spezifische Unterschiede werden erst dann überhaupt greifbar und in dem Maße graduell immer deutlicher, wenn bzw. je stärker Konkretionen und Determinationen mit ins Spiel kommen. Dabei kommt es nicht so sehr auf die reinen Vorgangs- oder Zustandsbeschreibungen der Hylemprädikate an, die an und für sich weitgehend stoffarten-unspezifisch sind, sondern vor allem auf die Konkretionen der Hylemelemente und auf die näheren Determinationen sowohl der Hylemelemente wie der Hylemprädikate.

Aus den in diesem und im vorigen Kapitel gegebenen Antworten folgt, daß zu einer Bestimmung von Charakteristika einzelner Stoffarten und zur Unterscheidung von verschiedenen Stoffarten eine bis in konkrete stoffarten-spezifische Merkmale hineingehende, eher phänomenbeschreibende als abstrakt definierende Differenzierung unumgänglich ist[55], die notwendig auf die Unterscheischeidung von Normalgestalt und Ausnahmefällen angewiesen ist und daher in manchen Hinsichten auch immer umstritten bleiben wird. Eine unabdingbare Grundlage für eine solche Unterscheidung verschiedener Stoffarten ist allerdings, wie in Kapitel 10.1 näher ausgeführt, daß zwischen *Stoffart* und einzelnen textlichen, gattungsspezifischen Konkretionen von bestimmten Stoffen einer

---

55 Vgl. dazu bspw. den tabellarischen Vergleich Mythos – Sage – Märchen bei Reinhardt, 2011, 424, und dasselbe, noch detaillierter, bei Reinhardt, 2012, 202 f; außerdem Reinhardt, 2018. Es werden in diesen Übersichten freilich nicht nur *stoffliche* Merkmale bzw. Unterschiede aufgelistet, sondern darüber hinaus wird der Versuch unternommen, Unterschiede hinsichtlich der in diesen Stoffen zum Ausdruck kommenden Weltbilder, Funktionen, Entwicklungspotentiale und hinsichtlich der von den Stoffen nicht explizit getrennten medialen (und zwar speziell textlichen) Konkretionsformen festzumachen; es findet also im letztgenannten Fall keine Differenzierung zwischen mythischen, sagenhaften und märchenhaften *Stoffen* statt und Mythos, Sage und Märchen, die in Reinhardts Übersichten primär als literarische *Gattungsbegriffe* verstanden werden.

Stoffart (bspw. zwischen Märchen*stoffen* und Märchen*texten*) unterschieden wird, daß also text- bzw. gattungsspezifische Charakteristika nicht mit stoffartenspezifischen Charakteristika vermischt werden, und daß, noch allgemeiner gefaßt, generell zwischen *Stoffen* und ihren vielen *verschiedenen medialen Konkretionsformen* unterschieden wird, also bspw. zwischen mythischen Stoffen und Texten, Bildern, Filmen etc., in denen mythische Stoffe verarbeitet werden.

Ein Blick auf die Philosophie und ein Vergleich aus dem Bereich der Kunst sollen die in diesem Kapitel angestellten Überlegungen abschließend verdeutlichen. In gewisser Weise ergeben sich in Hinblick auf die Schwierigkeit eindeutiger Stoffarten-Abgrenzungen Überschneidungen mit Wittgensteins sprachphilosophischer Reflexion über die notwendige Unschärfe von Wörtern, die nur innerhalb bestimmter „Sprachspiele" im alltäglichen Gebrauch und in bestimmten Situationen oder Kontexten jeweils ihren Sinn und ihre Bedeutung erhalten. Den vielen Erscheinungsweisen ist nach Wittgenstein

> garnicht Eines gemeinsam, weswegen wir für alle das gleiche Wort verwenden, – sondern sie sind miteinander in vielen verschiedenen Weisen *verwandt*. ... Wir sehen ein kompliziertes Netz von Ähnlichkeiten, die einander übergreifen und kreuzen. Ähnlichkeiten im Großen und Kleinen. Ich kann diese Ähnlichkeiten nicht besser charakterisieren als durch das Wort 'Familienähnlichkeiten'; denn so übergreifen und kreuzen sich die verschiedenen Ähnlichkeiten, die zwischen den Gliedern einer Familie bestehen ...[56]

Wittgenstein exemplifiziert dies am Beispiel des Wortes „Spiel". Man könne nicht sagen, was *allen* Spielen (Brettspielen, Kartenspielen, Ballspielen etc.) gemeinsam sei, aber man würde Ähnlichkeiten und Verwandtschaften sehen. Überträgt man Wittgensteins Überlegungen analog auf das Wort „Erzählstoff", so wurde in dieser Arbeit der Versuch unternommen, *doch* etwas zu bestimmen, das in formaler Hinsicht *allen* Erzählstoffen gemeinsam ist, nämlich ein (wenn auch noch so minimaler) Handlungsfortschritt und, im Fall einer konkreten Stoffvariante, eine Zusammensetzung aus aufeinander bezogenen Hylemen, welche die kleinsten handlungstragenden Einheiten markieren. Für die Unterscheidung verschiedener Stoff*arten* hingegen kann Wittgensteins Terminus von den „Familienähnlichkeiten" weiterhelfen, insofern die Verwendungsweisen von Wörtern wie „Mythos", „Märchen" oder „Sage" kultur- und damit „sprachspiel-abhängig"

---

[56] Wittgenstein, 1953, Nr. 65 und 66 f. Vgl. zur Übertragung von Wittgensteins Ansatz auf die Mythosforschung auch Csapo, 2005, 8; Coupe, 2009, 5, schreibt in ähnlichem Zusammenhang den „'family-resemblance' approach" dem Theologen Cupitt (1982) zu.

sind und von daher *a priori* nicht exakt voneinander abgegrenzt werden können. Wittgenstein schreibt[57]:

> Was ist noch ein Spiel und was ist keines mehr? Kannst du die Grenzen angeben? Nein. Du kannst welche *ziehen* ... Wir kennen die Grenzen nicht, weil keine gezogen sind.

Analoges gilt für die Stoffart „Mythos": Was ist noch ein Mythos und was ist schon ein Märchen? Wir können und müssen Grenzen ziehen, aber sie liegen nicht in der Sache selbst, sondern sie werden von uns gezogen.

Liegen sie tatsächlich nicht in der Sache selbst? Vielleicht muß man hier doch eine gewisse Einschränkung machen. Wenn Wittgenstein Brett-, Karten- und Ballspiele erwähnt, so unterscheiden sie sich doch der Sache nach zumindest darin, daß die einen grundsätzlich etwas mit einem Spielbrett, die anderen etwas mit Karten, wieder andere etwas mit einem Ball (oder mehreren) zu tun haben, mag es auch Überschneidungsmöglichkeiten und Grenzfälle geben. Nun sind freilich besondere Merkmale von Stoffarten wie „Mythos" oder „Märchen" keine dinghaften Gegenstände wie Spielbretter, Karten oder Bälle, und von daher mögen solche Merkmale eher in den Bereich der Festsetzung von Sprachspielen als in den Bereich der Beobachtung materiell-greifbarer Fakten gehören, und doch wird man auch in Hinblick auf Stoffarten das Vorhandensein bestimmter Merkmale postulieren dürfen, die zentraler als andere und damit für eine Unterscheidung relevant sind – sonst würden die „Sprachspiele" nicht funktionieren[58]. Für die Stoffart „Mythos" ist ein solches wichtiges Merkmal etwa das aktive und für den Handlungsverlauf zentrale Eingreifen von numinosen Wesen[59].

Ein Beispiel aus dem Bereich der Kunst soll schließlich noch einmal die Wichtigkeit der Einbeziehung unterschiedlicher Konkretions- und Determinationsgrade für die Unterscheidung von Stoffarten veranschaulichen. Verschiedene Stilrichtungen in der Kunst sind nichts Naturgegebenes, sondern sie stellen Menschenwerk dar. Es ist nicht möglich, bspw. „Barock" zur Unterscheidung von anderen Stilrichtungen wie „Renaissance" und „Klassizismus" auf einer recht abstrakten Ebene zu definieren, sondern es ist unumgänglich, verschiedene kon-

---

57 Wittgenstein, 1953, Nr. 68 f.
58 Und daß sie offenkundig funktionieren, wird allenthalben bestätigt; vgl. Wodianka, 2006, 1: „Man kann sich offensichtlich gut über Mythen verständigen, ohne zu klären, was ein Mythos eigentlich ist. Unsere alltägliche, aber oftmals auch wissenschaftliche Rede über Mythen in verschiedenen kulturellen Diskursen zeigt immer wieder, dass wir ein 'Gefühl' dafür haben, was 'Mythos' bedeutet ..."
59 S. dazu ausführlich Kapitel 18.2.

krete, zentral erscheinende Merkmale zusammenzutragen, die es möglich machen, anhand dieser verschiedenen Einzelbeobachtungen ein barockes Kunstwerk von einem klassizistischen zu unterscheiden, wobei es zu Überschneidungen und zu umstrittenen Zuordnungen kommen kann. Ähnlich ist es nicht oder doch nur sehr eingeschränkt möglich, verschiedene Stoffarten nach sehr abstrakten und von einzelnen Determinationen und Konkretionen weitgehend absehenden Kriterien voneinander zu unterscheiden. Es müssen zusätzlich ins Detail gehende Gegenüberstellungen von einzelnen Unterschieden bezüglich der oben genannten, vier grundlegenden Erzählstoff-Kategorien Raum, Zeit, Figuren und Handlung und in Bezug auf möglichst viele verschiedene, auf einer verhältnismäßig hohen Konkretions- und Determinationsstufe betrachtete stoffliche Elemente herangezogen werden. Das kann in diesem Rahmen nicht umfassend geleistet werden, soll aber in den folgenden Kapiteln an einigen Stoffgestaltungen exemplarisch verdeutlicht werden.

11 Mythos: Wann ist ein Stoff ein mythischer Stoff?

11.1 Von den Unterwelts-Fahrern Odysseus und F. W. und den Himmelsfliegern Etana und Alexander dem Großen: mythische, sagenhafte und science-fiction-artige Stoffgestaltungen

Bei einem ersten Versuch, die Stoffart „Mythos" näher zu bestimmen, wurde festgehalten[1], daß in diesen Stoffen transzendierende Auseinandersetzungen mit Erfahrungsgegenständen stattfinden, die in konkreten natur- und kulturgebundenen Spezifika verankert sind, wobei aktiven Beteiligungen göttlicher Wesen eine für die Gesamthandlung wesentliche Rolle zugeschrieben wird[2]. Diese tragende Rolle göttlicher Protagonisten erweist sich zwar als ein offenbar wichtiges Merkmal hinsichtlich der Unterscheidung verschiedener Stoffarten, ist aber keineswegs unproblematisch, weshalb im Folgenden noch ausführlicher darauf eingegangen werden soll.

Im 11. Buch der *Odyssee*, das traditionell auch mit der Überschrift *Nekyia* („Totenbeschwörung") versehen wird[3], wird die Reise des Odysseus zum Totenreich und sein Aufenthalt daselbst geschildert. Er fährt auf einem Schiff mit seinen Gefährten über den Okeanos, begibt sich nach der Landung bei den Kimmeriern zum Hain der Persephone, hebt dort eine Grube aus, über der er Opfer schlachtet, unterhält sich nach vollbrachten Zeremonien und Gebeten mit den „Seelen" der von allen Seiten heranströmenden Toten und besichtigt einige der Sehenswürdigkeiten des Hades, bis ihn am Ende plötzlich doch noch die Furcht überfällt und er mit seinen Gefährten etwas überstürzt wieder die Rückfahrt antritt. In dem 640 Hexameterversen umfassenden 11. Buch der *Odyssee* läuft die Handlung weitgehend ohne eine Beteiligung oder ein Eingreifen göttlicher Ge-

---

1 S. Kapitel 10.2.
2 Auf alle diese Punkte wird im Einzelnen noch ausführlicher zurückzukommen sein.
3 Ogden, 2009, 20, paraphrasiert νέκυια mit „ordnungsgemäße Nekromantie" (vgl. LSJ s. v. νέκυια: „a magical *rite by which ghosts were called up and questioned* about the future"). Die Bezeichnung des 11. Buches der *Odyssee* als „Nekyia" geht nicht auf die Abfassungszeit der homerischen Epen selbst zurück, ist aber bereits antik, s. bspw. Diod. 4,39,3.

Open Access. © 2019 Zgoll, publiziert von De Gruyter. Dieses Werk ist lizenziert unter der Creative Commons Attribution 4.0-Lizenz.
https://doi.org/10.1515/9783110541588-011

stalten ab, denn Götter spielen allenfalls passiv eine Rolle als Empfänger von Opfern am Anfang, oder am Ende als Gestalten, vor denen man sich fürchtet; sie begegnen dem Helden nicht direkt und greifen kaum aktiv in die Handlung ein. Teiresias und die anderen Toten kommen von sich aus zur Grube des Odysseus, und auch wenn an zwei Stellen davon die Rede ist, daß die Toten von Persephone zu Odysseus gesandt werden[4], so tritt doch Persephone selbst nicht auf. Nur an einer einzigen Stelle ist davon die Rede, daß Persephone die Seelen der toten Heroinen, mit denen Odysseus sich unterhalten hat, wieder auseinandertreibt, aber auch da bleibt die Aussage blaß und allgemein gehalten[5]; man denkt eher daran, daß Persephone hier einen „Szenenwechsel" veranlaßt als daß sie selbst höchstpersönlich in Erscheinung tritt, wie auch am Ende der Hades-Episode Odysseus nur *fürchtet*, Persephone könnte ihm die Gorgo schicken, ohne daß dies wirklich eintritt[6]. Ist die Hadesreise des Odysseus somit nur unter Vorbehalt als „Mythos" zu bezeichnen?

Eine solche Analyse würde außer Acht lassen, daß die Reise des Odysseus zum Totenreich, wie sie in der *Odyssee* geschildert wird, stofflich untrennbar mit dem Aufenthalt des Odysseus bei der Göttin Kirke verknüpft ist[7]. Ohne Kirke wäre die Reise nicht nur nie unternommen worden – denn Odysseus reist erst auf Befehl der Kirke und wider Willen –, sondern sie wäre ohne ihre, d. h. ohne eine aktive *göttliche* Hilfe auch niemals geglückt. Bei genauerer Betrachtung gibt es schlechterdings *nichts*, was im Zusammenhang mit der Hadesfahrt, so wie sie in der *Odyssee* stofflich eingebettet wird, *nicht* von Kirke abhinge. Kirke weiß, wo das Reich der Toten liegt, auf welche Weise man dorthin gelangt, wie es im Reich der Toten im Einzelnen aussieht, welche Opfergaben man mitnehmen muß, um dort günstig aufgenommen zu werden, in welcher Reihenfolge und auf welche Weise die Opfergaben dargebracht werden müssen, was sich ereignen wird, wenn sie dargebracht wurden, und wie Odysseus sich zu verhalten hat, wenn die Toten zu seiner Opfergrube kommen[8]. Selbst noch die Schafe, die Odysseus im Reich des Hades opfert, stammen von der Göttin der Aia-Insel und werden von ihr höchstpersönlich Odysseus mit auf die Reise gegeben[9]. Daß die Hadesreise des Odysseus „funktioniert", ist grundsätzlich nicht den Fähigkeiten oder dem

---

4 Hom. *Od.* 11,213 f und 11,225 f.
5 Hom. *Od.* 11,385 f.
6 Hom. *Od.* 11,633-635.
7 Literaturhinweise zu Kirke bei Reinhardt, 2011, 261, Anm. 989, und Reinhardt, 2016, 43; zur Nekyia s. Reinhardt, 2011, 43, Anm. 147.
8 Hom. *Od.* 10,504-540.
9 Hom. *Od.* 10,571 f.

Heldenmut des Odysseus, sondern einzig und allein der Göttin Kirke, ihrem Wissen und ihren detaillierten Anweisungen zu verdanken, die Odysseus auch genauestens und dadurch mit Erfolg befolgt[10], und dadurch ist die Stoffgestaltung eindeutig eine mythische zu nennen[11].

Ganz anders liegt der Fall bspw. bei der Reise in die „Unterwelt", die der Hauptheld „F. W." im 3. Teil von Franz Werfels Science-Fiction-Roman *Stern der Ungeborenen* antritt[12]. Es handelt sich bei dieser „Unterwelt" um einen der Fiktion nach tatsächlich vorhandenen, empirisch erfahrbaren und mit einer Art Aufzug für jedermann erreichbaren Hohlraum enormen Ausmaßes im Erdinnern, in dem die Menschheit der Zukunft eine neue und angenehme Art des Sterbens entwickelt hat. Unter der Aufsicht von sogenannten „Animatoren" werden die Körper der gealterten und freiwillig die letzte Reise antretenden Menschen mit Hilfe eines Bades in einer besonderen Substanz, die als „retrogenetischer Humus" bezeichnet wird, bis in den embryonalen Zustand rückentwickelt und schließlich auf Feldern in die Erde eingebracht, aus der sie dann – bis auf einige Ausnahmen, in denen der Rückentwicklungsprozeß in grauenvoller Weise fehlschlägt – in Gestalt von Margueriten emporblühen. Explizit spielt Werfel auf antike Hadesfahrten wie die des Odysseus oder des Aeneas an, indem er seinen Haupthelden sagen läßt[13]: „ich war auserwählt, ... eine Anschauung der Unterwelt zu erleben, wie sie nicht einmal die Verfasser der Odyssee und der Äneide beschrieben hatten". In Werfels Roman aber ist der Stoff alles andere als mythisch gestaltet, denn die „Unterwelt" hat nichts von einer „Anderswelt" an sich, und der für den Haupthelden zuständige „Animator" wird zwar einmal als „weißbekittelter Pluto" bezeichnet, aber nur in übertragenem Sinn, nicht, weil diesem die Eigenschaften eines göttlichen Wesens zukämen, und ebenfalls ist von einem „Tarta-

---

10 S. dazu ausführlich C. Zgoll, 2019a.
11 Eine Bestätigung erhält diese Sichtweise noch dadurch, daß Athene sich selbst im 13. Buch der *Odyssee* vor Odysseus als eine Göttin präsentiert, die ihm *immer* und in all seinen Mühen und Gefahren Beistand leistet und ihn bewahrt (Hom. *Od.* 13,299-302). Das läßt – möglicherweise bewußt provozierte – Rückschlüsse auf eine von Odysseus unbemerkte Präsenz der Göttin auch während der Hadesreise zu. Vgl. Herakles' Aussage in Hom. *Od.* 11,625 f, daß Athene ihm sogar im Hades beim Raub des Kerberos zusammen mit Hermes das Geleit gegeben habe, was bereits dort den Leser auf die Vermutung bringen konnte, daß auch Odysseus selbst, mit dem Herakles im Hades gerade redet, vielleicht unter dem Geleitschutz der Athene steht.
12 In Teil 3 des Romans, ab Kapitel 21.
13 Dieses und die folgenden Zitate stammen aus dem 23. Kapitel des 3. Teiles (Werfel, 1946, 621, Seitenzahl zitiert nach Franz Werfel, Gesammelte Werke in Einzelbänden, hg. von K. Beck, Frankfurt am Main, 1992).

rus" nur übertragen die Rede. Die Episode spielt sich ohne jede Beteiligung göttlicher Eingriffe ab; der Hauptheld besucht „eine Unterwelt ohne Muster und Vorbild, einen von Menschen geschaffenen Tartarus".

Zur Veranschaulichung des oben Ausgeführten soll außerdem als Beispiel aus der altorientalischen Mythologie eine Variante des Stoffs vom Himmelflug des Etana angeführt werden, des ersten Königs des mesopotamischen Stadtstaates Kiš. Gesetzt den Fall, es wäre von dem ohnehin nur fragmentarisch überlieferten *Etana-Epos* (Textzeugen vom 18./ 17. bis zum 8./ 7. Jahrhundert v. Chr.)[14] nur die Passage erhalten, in der davon die Rede ist, daß Etana auf den Flügeln eines Adlers einen Flug in den Himmel unternimmt, dann könnte dies zunächst, so abstrakt wie eben geschildert, auch Bestandteil einer sagenhaften Stoffgestaltung sein. Allein aber schon der Umstand, daß der Adler der menschlichen Sprache mächtig ist und auf Etanas Bitte eingeht, dem kinderlosen König das „Kraut des Gebärens" zu zeigen, verleiht dem Tier bereits den Anstrich eines göttlichen Wesens. Vollends klar wird der mythische Charakter der Stoffvariante im *Etana-Epos* dadurch, daß es sich nicht um einen Flug Etanas in den Himmel i. S. v. *sky*, sondern i. S. v. *heaven* handelt, weil von einem Durchschreiten des Tores zu den Aufenthaltsorten der Götter die Rede und der Zielpunkt der Reise die Göttin Ištar ist, von der offenbar die Gabe des „Krauts des Gebärens" erhofft werden darf[15]. Auch am Anfang der Himmelflug-Episode wird deutlich, daß eine göttliche Beteiligung für die Handlung wesentlich ist, denn es ist der Sonnengott Šamaš, der Etana überhaupt erst die Weisung erteilt, für sein Anliegen um Hilfe beim Adler nachzusuchen[16].

---

14 Edition Haul, 2000; Überarbeitungen und Edition weiterer, vermutlich zum Etana-Stoff gehöriger Tafel-Fragmente bei Kinnier Wilson, 2007.
15 S. die Vorderseite der Tafel III der späten Version des *Etana-Epos*, Zeilen 1-51, und die Zeilen 1-13 der Rückseite (in der Edition von Haul, 2000, 192-201).
16 S. die Zeilen 141-145 auf der II. Tafel der späten Version des *Etana-Epos* (Haul, 2000, 188 f.).

Abb. 3: Etana-Siegel (Foto: Olaf M. Teßmer)

Etanas Himmelflug ist insofern ein interessanter Untersuchungsgegenstand, als das Stoffschema, das der eben geschilderten mythischen Stoffvariante zugrundeliegt, in wesentlichen Zügen auch anderweitig beobachtet werden kann. Es ist längst bemerkt worden, daß es eine auffällige Parallelität zu einer entsprechenden Episode in den Stoffen gibt, die sich um Alexander den Großen ranken[17]. In einer griechischen Fassung des *Alexanderromans* aus dem 15. Jahrhundert n. Chr., die im Kern auf das 3. Jahrhundert n. Chr. zurückgeht, wird davon berichtet, wie Alexander der Große, am Ende der Welt angekommen, erforschen will, ob sich dort tatsächlich der Himmel zur Erde herabsenkt[18]. Zu diesem Zweck läßt er zwei große weiße Vögel unter ein Joch spannen, an dem eine zur Form eines Korbes gebildete Kuhhaut befestigt wird. Eine an einem Speer aufgespießte Pferdeleber dient dazu, die hungrigen Vögel zum Aufstieg zu bewegen. Die technisch detaillierte Schilderung des gebauten Fluggerätes sowie der Umstand, daß die Erkundung des Himmels nicht göttlichem Rat, sondern der Neugier des entdeckerfreudigen Feldherrn zugeschrieben wird, lassen die Stoffgestaltung bis zu diesem Punkt sagenhaft, nicht mythisch erscheinen. Doch dann erscheint ein „menschenähnliches Flügelwesen" (πετεινὸν ἀνθρωπόμορφον), das Alexander zur Umkehr mahnt und damit seinen Versuch vereitelt, in den Bereich des Himmels einzudringen. Auf diese Weise wird unvermittelt der ursprünglich rein als

---

17 S. Haul, 2000, 89 f. Zur „Mythisierung" Alexanders d. Großen allgemein und speziell im *Alexanderroman* s. die weiterführenden Literaturhinweise in Reinhardt, 2011, 321, Anm. 1250.
18 S. der *Griechische Alexanderroman* nach der Leidener Handschrift 2,41,8-13, hier und im Folgenden nach der Edition von van Thiel, 1974.

sky befahrene Himmelsraum zum Raum des Göttlichen (*heaven*), in den einzudringen das „Flügelwesen" implizit als Hybris tadelt, wenn es Alexander fragt, wie er denn nach dem Himmlischen streben könne, wenn er schon das Irdische nicht verstünde[19]. Durch die aktive Verhinderung einer dem Menschen nicht erlaubten Grenzüberschreitung durch ein göttliches Wesen an einem zentralen Wendepunkt der Geschichte präsentiert sich die über weite Strecken sagenhaft gestaltete Stoffvariante dann, wenn man sie in ihrer Gesamtheit in den Blick nimmt und die inhaltliche Wichtigkeit des göttlichen Eingriffs für das Ganze in Rechnung zieht, als eine schwerpunktmäßig eher mythisch ausgestaltete Stoffvariante.

Daß dies keineswegs so sein müßte, zeigt eine vergleichbare Episode, die im zitierten griechischen *Alexanderroman* nur wenige Kapitel vor dem Himmelflug geschildert wird[20]. Alexander überkommt dort die Lust, die unergründlichen Tiefen des Meeres zu erforschen. Wiederum folgt eine längere technische Schilderung der Apparatur, die zu diesem Zweck hergestellt wird, eine Art Taucherglocke, in der Alexander sich einschließen läßt und die mit langen Ketten von einem Schiff in die Meerestiefen hinabgelassen wird. Zwar gelangt Alexander durch das Auftauchen eines riesigen Fisches, der die Taucherglocke in sein Maul nimmt und mit ihr davonschwimmt und damit auch die Ketten und das Schiff hinter sich herzieht, in große Gefahr, aber interessanterweise wird das Eindringen in eine dem Menschen normalerweise unzugängliche Sphäre in diesem Fall nicht durch das Eingreifen göttlicher Mächte gestoppt. Anders als der Bereich des Himmels war das Meer offensichtlich kein so wichtiger, für das Göttliche reservierter Bereich, daß ein in den Stoff eingebautes *Caveat* dessen Betreten und Erkunden hätte unterbinden müssen. Ohne auch nur ein einziges Hylem, das ein Götterhandeln thematisieren würde, bleibt deshalb die stoffliche Ausgestaltung diesmal im Sagenhaften.

Abschließend noch eine Anmerkung zu einem Randbereich hinsichtlich der Bezeichnung bestimmter Stoffe als „mythisch". Wenn einzelne Hyleme eines Stoffes von Vorgängen, Ereignissen etc. handeln, in denen die menschlich-alltägliche Erfahrungswelt rein topographisch transzendiert wird, dann können die mit ihnen verbundenen Stoffe auch dann in die Nähe mythischer Stoffe rücken, wenn in ihnen nur wenige oder, bei stark abkürzender Erzählweise, keine aktiven

---

19 Vgl. den Versuch beim Turmbau zu Babel, einen Turm zu bauen, dessen Spitze bis an den Himmel reicht, der ebenfalls durch göttliches Eingreifen zum Scheitern gebracht wird (s. Gen 11,1-9).
20 In 2,38,7-11.

göttlichen Eingriffe geschildert werden. Neben der Schilderung von handlungsrelevanten Taten numinoser *Wesen* kann daher in bestimmten (selteneren) Fällen auch der Grad des Einbezogen-Seins numinoser *Bereiche* für die Qualifizierung einer Stoffgestaltung als „mythisch" herangezogen werden (z. B. „Herakles steigt in den Olymp auf" oder „Odysseus reist zum Hades").

11.2 Athene gegen Ares, Agamemnon gegen Priamos und Caesar gegen Pompeius: mythische, sagenhafte und historische Stoffgestaltungen

Daß es zwischen mythischen, sagenhaften und historischen Stoffgestaltungen Überlappungsbereiche gibt, liegt in der Natur der Sache, da bspw. in der Antike der Bereich des Religiösen in allen drei Fällen eine wichtige Rolle spielen kann (und meistens auch spielt) und von daher zahlreiche Berührungspunkte existieren. Hier gilt es wiederum, wie im vorangegangenen Kapitel gezeigt, den Einzelfall zu betrachten, abzuwägen und die Art der *Mischungsverhältnisse* näher zu untersuchen. So liegt bspw. in der Schilderung des Troianischen Krieges in Homers *Ilias* eine Form vor, in der verschiedene Arten der Stoffgestaltung miteinander vermischt erscheinen, denn über weite Strecken von Kampfschilderungen ohne aktive göttliche Beteiligung ist – freilich aus der wissenschaftlichen und analytischen Außenperspektive – der verarbeitete Stoff als eine Mischung aus historischer und sagenhafter Stoffgestaltung anzusehen[21]. An anderen Stellen aber changiert die Ausprägung der stofflichen Gestaltung und wechselt in die eines mythischen Stoffes über, und zwar dann, wenn bspw. in längeren Passagen ge-

---

[21] Es ist ein grundsätzlicher Unterschied, ob man unter historischer Perspektive das Verständnis von mythischer und historischer *Zeit* (emisch oder etisch betrachtet) voneinander zu trennen versucht, oder ob man (wie hier) aus stoffanalytischer (etischer) Perspektive eine mythische von einer bspw. historischen *Stoffgestaltung* zu unterscheiden unternimmt. Zur Problematik der *Zeit*grenzen, ob und inwiefern also im alten Griechenland aus emischer Sicht mythische Stoffe als Zeugnisse einer eigenen „historischen" Vergangenheit angesehen wurden, vgl. v. a. Scheer, 1993, 36-53, die sich nach einer ausführlichen Diskussion gegen die Annahme ausspricht, daß hier emisch eine klare Trennungslinie zwischen mythischer und historischer Zeit gezogen wurde (trotz abweichender Forschungsmeinungen, die sich u. a. auf Herodot beziehen, s. dazu ebd. 37-42). Vgl. zur manchmal genannten Bestimmung des Troianischen Krieges als Grenze zwischen „mythischer" und „historischer" Zeit aus altgriechischer Sicht und ihrer Willkürlichkeit und Unübertragbarkeit Rüpke, 2013, 45 f. Aus einer eher etischen Perspektive betont Reinhardt, 2011, 314-322, wiederum die Wichtigkeit einer nach wie vor „klaren Abgrenzung zwischen mythischer Fiktion und historischer Realität" (ebd. 319).

schildert wird, wie Götter aktiv in das Kampfgeschehen eingreifen, um ihre eigenen Schützlinge zu retten, den Feinden ihrer Schützlinge Schaden zuzufügen oder auch gegen andere Götter zu streiten wie etwa im 21. Buch der *Ilias*, wo Hephaistos gegen Skamandros, Athene gegen Ares und Aphrodite oder Hera gegen Artemis kämpfen, oder wenn es einem Menschen wie Diomedes gelingt, freilich mit Hilfe der Athene, sogar den Kriegsgott Ares am Bauch zu verletzen[22].

→ Etliche Stoffe und darunter besonders solche, die kriegerische Handlungen aufgreifen, an denen vor allem menschliche Protagonisten beteiligt sind, können somit nicht von vornherein als „mythisch" oder „sagenhaft" oder „historisch" bezeichnet werden.

Wie die Ausführungen in Kapitel 10.3 des Näheren zeigen, sind solche Stoffe nicht *an sich* mythisch, sagenhaft oder historisch, sondern es hängt je nach vorliegender Stoffvarianten-Konkretion an einzelnen Hylemen bzw. an der konkreten Ausgestaltung einzelner Hyleme, ob solche Hylemsequenzen, die von kriegerischen Taten mit menschlicher Beteiligung handeln, letztlich zu dieser oder jener Stoffart zu rechnen sind. Daher ist die Unsicherheit, ob bspw. die Erzählungen rund um den Troianischen Krieg als „Mythen", als „Sagen" oder als eine Art „frühe Geschichtsschreibung" zu bezeichnen sind, gewissermaßen systembedingt und damit nicht *prinzipiell* lösbar, sondern immer nur mit Blick auf die jeweilige Stoffgestaltung im konkreten Fall, die wie bei Homer sogar in ein und demselben Text passagenweise wechseln kann. Jede Simplifizierung nach der Art „die Darstellung des Troianischen Krieges in der homerischen *Ilias* ist historisierend" (oder: „ist sagenhaft", oder: „ist mythisch"), oder „die Irrfahrten des Odysseus in der *Odyssee* sind (zur Gänze) märchenhaft" ist auf diesem Hintergrund inadäquat, da sie der changierenden Komplexität und Abwechslung in der Art der Darstellung der jeweiligen Stoffe nicht gerecht zu werden vermag.

Weitere Beispiele sollen das Gemeinte verdeutlichen. Lucan schildert in seinem Epos *Pharsalia* den Bürgerkrieg zwischen Caesar und Pompeius im Großen und Ganzen nicht anders als ein in Prosa schreibender Historiograph – zumindest was die Taten der Menschen und die Beteiligung der Götter angeht. Denn die Taten der Menschen bestehen zwar in außerordentlichen, aber nicht in übermenschlichen Leistungen, und die Götter sind zwar durchaus präsent, allerdings

---

22 Hom. *Il.* 5,855-863.

kaum als aktiv Handelnde, sondern fast nur als Angerufene[23]; wie in der Geschichtsschreibung werden anstelle göttlicher Eingriffe vorrangig religiöse Handlungen der Menschen geschildert[24].

Daß man denselben Stoff auch anders, nämlich als mythischen Stoff gestalten kann, und daß man dies in der griechisch-römischen Antike bei einer Konkretion des Stoffes in einer textlichen Form, die der Gattung des Epos zugehört, eigentlich auch erwartet hätte, zeigt der Umstand, daß Petron in den *Satyrica* eine seiner Figuren, den Eumolpos, dessen Name sicher nicht zufällig „der schön Singende" bedeutet, zumindest ausschnitthaft eine Art improvisierten Gegenentwurf vortragen läßt[25], der das Geschehen in gut epischer Manier mit zahlreichen Handlungen ausschmückt, welche die Götter als aktiv Handelnde und das Geschehen überhaupt erst in Gang Setzende vorführen[26]: Pluto fordert Fortuna auf, die frevelhaften Römer zu entzweien, damit dem Totenreich Tote zukommen; Fortuna sichert dies zu und prophezeit einiges von den kommenden Kriegen; die friedlichen Götter verlassen, die grausigen Götter betreten die Erde; verschiedene Götter schlagen sich auf die zwei Seiten der Kriegsparteien; Discordia erhebt ihr Haupt und stachelt die Kriegsparteien bzw. ihre Feldherren an[27].

Noch ein Beispiel, das verdeutlicht, daß die Stoffgestaltung zwischen verschiedenen Stoffarten changieren kann[28]: Bei einem Geschichtsschreiber wie Livius kann ein *historischer* (bzw. als historisch angesehener) Kampf durchaus auch so geschildert sein, daß durch die Beschreibung das stoffliche Substrat in die Nähe *mythischer* Stoffe rückt[29]. Als im Jahr 349 v. Chr. im Krieg gegen die Gallier die Römer von einem besonders schwer bewaffneten und großen Gallier herausgefordert werden, jemanden aus ihren Reihen zu einem entscheidenden Zweikampf zu bestimmen, tritt der Kriegstribun Marcus Valerius gegen ihn an. Bei Kampfbeginn greift plötzlich ein von den Göttern gesandter Rabe aktiv

---

23 Vgl. z. B. die Anrufung Neptuns in Lucan. 4,110-120.
24 In einen Grenzbereich kommt man allenfalls bspw. bei der katalogartigen Aufzählung schlimmer göttlicher Vorzeichen in Lucan. 1,522-583, aber gerade solche Aufzählungen begegnen wiederum auch bspw. bei eindeutig historischer Stoffgestaltung wie beim Historiker Livius (7,28,7; 27,4,11-15 u. ö.).
25 Im Text von Petron findet sich kein expliziter Bezug auf Lucan, aber es sind deutliche Parallelen zu Lucans erstem Buch erkennbar (Verfallstheorie, Caesar am Rubikon, Schilderung schlimmer Vorzeichen).
26 Petron. 119-124.
27 Die Abschnitte in der oben angeführten Reihenfolge: Petron. 120,76-99; 121,103-121; 124,246-263; 124,264-270; 124,271-295.
28 Und daß überdies Stoffarten sich nicht an Gattungsgrenzen halten; s. dazu ausführlicher Kapitel 10.1.
29 Liv. 7,26,1-5.

zugunsten des Römers in das Geschehen ein. Er läßt sich auf dem Helm des Valerius nieder und bleibt dort nicht nur ruhig sitzen, sondern attackiert jedesmal, wenn die Gegner aufeinander losgehen, den Gallier mit Krallen und Schnabel, bis Valerius den dadurch in Schrecken versetzten Gegner besiegt und tötet, damit den Römern den Sieg sichert und den ehrenden Beinamen *Corvinus* („der mit dem Raben") erhält. Wenn Livius dazu schreibt, durch die Einmischung göttlicher Macht habe in diesem Fall der Zweikampf auf rein menschlicher Ebene an Bedeutung verloren[30], so liegt damit eine den Vorgang transzendierende Deutung vor, welche für die Gestaltung mythischer Stoffe charakteristisch ist[31].

In einem gewissen Grenzbereich zwischen einer mythischen und einer historischen Stoffgestaltung befindet man sich auch bei den Konkretionen des Stoffes von der Gründung Troias bei Apollodoros (ohne den eindeutig mythischen Exkurs über den Ursprung des Palladions) oder bei dem Stoff von der Auseinandersetzung zwischen den Kriegsgegnern Erechtheus und Eumolpos in den Varianten der mythographischen Handbücher von Ps.-Hyginus und Apollodoros[32]. Es liegt in diesen Fällen eindeutig eine transzendierende Auseinandersetzung mit den erzählten Geschehnissen vor; von daher gibt es keinen Grund, diesen Stoffen in den dargebotenen Konkretionen den Status mythischer Stoffvarianten abzusprechen. Dennoch weisen die Schilderungen in den genannten Fällen durch die Knappheit der Darstellung und der nicht zuletzt damit verbundenen Kürze in Bezug auf die Beschreibung göttlicher Aktivitäten eine unbestreitbare Nähe zur Behandlung historischer Stoffe in der antiken Geschichtsschreibung auf. Eine solche nur skizzenhafte Stoffgestaltung kann in weiteren Verarbeitungen bzw. Konkretionen dieses Stoffes für verschiedene Abzweigungen genutzt werden. Je nachdem, ob die Götter in Form lediglich kultisch verehrter, angerufener oder gefürchteter Gestalten eher in den Hintergrund treten, oder ob der Faktor aktiver göttlicher Eingriffe verstärkt wird, kann der Stoff in entsprechend neu generierten Varianten mehr zu einer historischen oder sagenhaften oder eher zu einer mythischen Ausgestaltung gelangen.

---

30 Liv. 7,26,3: minus insigne certamen humanum numine interposito deorum factum.
31 Ein weiteres Beispiel ist die unterschiedliche Ausgestaltung des Todes des Kroisos, einmal mit mythischem Anstrich bei Bakchylides (Bakchyl. 3,23-62) mit aktivem göttlichen Eingreifen (Apollon entrückt Kroisos und dessen Töchter vom Scheiterhaufen zu den Hyperboreern), und einmal historisch mit Gebet und Gebetserhörung (Kroisos bittet Apollon um Regen zum Löschen des Scheiterhaufens, und die Bitte geht in Erfüllung) bei Herodot (Hdt. 1,86-91); vgl. dazu Graf, 1985, 129 f.
32 S. zur Gründung von Troia die zitierten Abschnitte in den Kapiteln 3.1, 6.4 und 8.2, zum Krieg zwischen Erechtheus und Eumolpos s. die Kapitel 14.1 und 18.1.1.

11.3 Stoffarten-affine und stoffarten-neutrale Hyleme

Der für mythische Stoffe zentrale und sich v. a. in der Beschreibung aktiven Götterhandelns manifestierende Faktor einer transzendierenden Auseinandersetzung mit Erfahrungsgegenständen ist, wie noch näher auszuführen sein wird, auf die jeweiligen Stoffvarianten in ihrer Gesamtheit zu beziehen, nicht auf einzelne Hyleme, Hylemelemente, Hylemprädikate oder Hylemelement- bzw. Hylemprädikat-Determinationen[33]. Wenn man bspw. das Hylem „Ilos gründet die Stadt Troia" isoliert für sich betrachtet, läßt sich nicht entscheiden, ob dieses Hylem einer historischen, einer sagenhaften oder einer mythischen Stoffgestaltung zuzuordnen ist. Erst wenn man kulturspezifisches Hintergrundwissen mit einbezieht und zudem eine Stoffgestaltung in ihrer jeweiligen Konkretion insgesamt betrachtet, läßt sich eine Entscheidung darüber treffen, ob von einer mythischen oder von einer anderen Stoffgestaltung zu reden ist.

So können bspw. selbst in längeren Hylemsequenzen innerhalb einer mythischen Stoffvariante erkennbare Faktoren einer Transzendierung fehlen, wie z. B. wenn man folgenden Ausschnitt von der Gründung Troias durch Ilos in der Variante des Apollodoros in Form einer Hylemsequenz darstellt[34]:

– Kuh kommt zum Ate-Hügel
– Kuh legt sich beim Ate-Hügel nieder
– Ilos gründet eine Stadt
– Ilos nennt die Stadt Ilion

Erst wenn man den Vorlauf hinzunimmt, daß die Anweisung, einer Kuh zu folgen, vom Gott Apollon ergangen ist, und wenn man vor allem mit einbezieht, daß Zeus zur Bestätigung der Stadtgründung das Palladion als schützende Götterstatue für die Stadt aus dem Himmel fallen läßt (oder von Samothrake nach Troia befördert[35]), läßt sich sagen, daß man es hier mit Hylemen zu tun hat, die insgesamt zu einer *mythischen* Stoffvariante gestaltet worden sind.

Wenn Hyleme, die ein aktives Götterhandeln beschreiben, für die Zuweisung einer Stoffvariante zur Stoffart „Mythos" eine entscheidende Rolle spielen, können dann diese Hyleme für sich betrachtet als spezifisch „mythische Hyleme" bezeichnet werden? Hyleme, die ein Götterhandeln thematisieren, sind zwar starke Marker für eine mythische Stoffgestaltung, sie sind aber nicht *exklusiv* nur für

---

[33] S. Kapitel 18.2.2; zu den Bausteinen einer Stoffvariante und der hier verwendeten Terminologie s. Kapitel 5.3.
[34] Apollod. 3,142 f. S. dazu des Näheren Kapitel 3.1.
[35] S. dazu Kapitel 17.2.

mythische Stoffe „reserviert" (und es sind auch nicht die *einzigen* Marker), so daß es geraten erscheint, nur in Hinblick auf eine Stoffgestaltung *insgesamt* von einer „mythischen Stoffvariante" zu reden, in Hinblick aber auf einzelne besondere Stoffbausteine, die göttliche Eingriffe thematisieren, zurückhaltender zu sein. Unter einer eher pragmatischen Perspektive betrachtet kann man hier terminologisch vereinfachend von „mythischen Hylemen" sprechen; genauer und aufgrund der Komplexität der Angelegenheit sicherer wäre es, in solchen Fällen etwas vorsichtiger von besonders „mythos-affinen" Hylemen zu sprechen.

Isoliert überlieferte Hyleme, also Hyleme, die offensichtlich aus einem größeren Stoffzusammenhang gerissen sind und auf einen solchen anspielen, kann man vor allem dann als „mythos-affine Hyleme" identifizieren und bezeichnen, wenn in ihnen selbst etwas von einer aktiven göttlichen Beteiligung faßbar wird[36]. Wenn dies nicht der Fall ist, dann mag es noch Hinweise aus anderen Quellen oder Kriterien aus dem Kontext geben, in dem ein Hylem überliefert wird und die darauf hindeuten, daß es sich um einen Handlungsschritt aus einem normalerweise mythisch ausgestalteten Stoff handelt, aber mit Sicherheit läßt sich dies dann nicht mehr behaupten.

Um konkrete Beispiele zu bringen: Das isolierte Hylem „Artemis und Apollon töten die Kinder der Niobe" ist – kulturspezifisches Hintergrundwissen zu Artemis und Apollon als Gottheiten vorausgesetzt – durch das Handeln der beiden Gottheiten eindeutig als ein mythos-affines Hylem zu erkennen und zu bezeichnen, selbst wenn man von dem Stoff insgesamt, in dem diese Tötung eine Rolle spielt, nichts Weiteres mehr wüßte, während bei dem isolierten Hylem „Ilos gründet Troia", das kein Götterhandeln erkennen läßt, die Zuweisung zu einer bestimmten Stoffart (mythisch, sagenhaft, historisch ...) zunächst offenbleiben muß.

Unterhalb der Ebene einer Stoffvariante als Ganzer lassen sich isolierte Hyleme, Hylemprädikate, Hylemelemente oder sogar Hylemelement- bzw. Hylemprädikat-Determinationen somit vor allem dann mit hoher Wahrscheinlichkeit mythischen Stoffen zuordnen, wenn explizit etwas von einer aktiven Beteiligung göttlicher Wesen faßbar wird. Das kann, um ein Beispiel aus dem Bereich der kleinsten Stoffbausteine herauszugreifen, sogar auf Hylemelement-Determina-

---

36 Vgl. zum Phänomen isolierter Hyleme in der Antike bereits Cornutus 17,1 (nach der Zählung der Edition von Nesselrath, 2009), der so etwas ein „Apospasma", ein „abgerissenes Stück" eines Mythos nennt, mit dem Beispiel von der kurzen Anspielung auf die von Zeus am Himmel aufgehängte Hera bei Homer (Hom. *Il.* 15,18 f).

tionen zutreffen wie etwa auf die Bezeichnung Apollons als „Pythontöter" (Πυ-θοκτόνος) in einem orphischen Hymnos[37]. Durch den Kontext und andere Quellen ist der Bezug auf den Gott Apollon und das numinose Python-Ungeheuer gesichert und von daher steckt in diesem Beinamen Apollons das eindeutig mythosaffine Hylem „Apollon tötet Python"[38].

Im Übrigen ist die Wahrscheinlichkeit recht hoch, daß isoliert überlieferte Hyleme (oder Hylemelemente und -prädikate und zugehörige Determinationen) aus mythischen Stoffen in sich selbst schon einen Hinweis auf eine aktive göttliche Beteiligung tragen, denn Anspielungen auf solche Stoffe beziehen sich meistens auf etwas für den Stoffablauf besonders Bedeutsames oder Wesentliches, und dazu zählen gerade herausragende göttliche Taten.

An dieser Stelle ist noch einmal auf die Terminologie zurückzukommen und auf den Vorteil, den die Bezeichnung kleinster handlungstragender Einheiten in Varianten von Erzählstoffen als Hyleme mit sich bringt. Denn der Begriff „Hylem" ist nicht von vornherein terminologisch auf eine bestimmte Stoffart fixiert und beschränkt, anders als dies bei dem Begriff „Mythem" der Fall ist. Damit ist der Hylembegriff stoffarten-übergreifend anwendbar. Wenn man hingegen eine stoffarten-spezifische Begrifflichkeit verwenden möchte wie bspw. dann, wenn man einzelne Einheiten eines mythischen Stoffes als „Mytheme" bezeichnet, dann müßte man konsequenterweise auch für andere Stoffarten terminologische Äquivalente bilden wie „Märcheme" oder „Sageme" oder „Historeme". Dieser eher verwirrenden als klärenden Begriffsvielfalt entgeht man, wenn man, hinsichtlich der Art der Stoffbausteine gewissermaßen eine terminologische Neutralität wahrend, konkrete Varianten von Erzählstoffen in Hyleme zerlegt und dadurch zunächst auch von der Begrifflichkeit her offen läßt, ob es sich dabei um Hyleme handelt, die einer mythischen, einer märchenhaften, einer sagenhaften, einer historischen oder einer anders zu charakterisierenden Stoffgestaltung zuzuordnen sind[39].

Die Bezeichnung einzelner Elemente eines mythischen Stoffes bzw. näherhin seiner einzelnen Stoffvarianten als „Mytheme" erweckt außerdem den Eindruck, jede solche mythische Stoffvariante müsse *durchgehend* aus *spezifisch mythischen* Elementen, eben aus „Mythemen" aufgebaut sein (oder analog ein Märchenstoff durchgehend aus „Märchemen"). Hier kommt man zu einem wichtigen

---

[37] Orph. *h.* 34,4.
[38] Literaturhinweise zu diesem mythischen Stoff und seiner Protagonisten bei Reinhardt, 2011, 64, Anm. 265, und Reinhardt, 2016, 18.
[39] S. dazu auch die Kapitel 5.3 und 7.4.

Punkt. Denn diese Annahme trifft nicht immer zu, im Gegenteil. Konkrete Varianten von Erzählstoffen sind in der Regel aus so vielen einzelnen Elementen und Handlungsschritten aufgebaut, daß bspw. selbst dann, wenn man den Mythembegriff aufweichen und – abweichend von Lévi-Strauss – auf kleinste handlungstragende Einheiten in mythischen Stoffvarianten bezogen gebrauchen würde[40], *a priori* nicht *jeder einzelne* dieser Handlungsschritte für sich genommen „typisch mythisch" sein kann; vielmehr sind etliche Hyleme *stoffarten-unspezifisch*. Ein Hylem wie bspw. „das ganze Volk jubelt" kann in verschiedenen Stoffvarianten unterschiedlicher Stoffarten als einzelner Handlungsschritt fungieren. Zusammenfassend kann man festhalten:

> → In einer Stoffvariante sind etliche Hyleme stoffarten- unspezifisch. Erst durch einzelne besonders stoffarten-affine Hyleme wird eine konkret vorliegende Stoffvariante als zugehörig zu einer bestimmten Stoffart erkennbar.

Eine Heirat der Niobe mit Amphion, das Gebären und Großziehen vieler Kinder und eine Prahlerei der Mutter, die aufgrund ihres Kinderreichtums meint, die Götter reizen zu können, all diese Handlungsschritte können erst durch das aktive Eingreifen der Götter, das in der Tötung der Niobe-Kinder durch die Gottheiten Artemis und Apollon gipfelt, als Bestandteile einer insgesamt mythischen Stoffgestaltung bezeichnet werden. Dieses Hylem, „Artemis und Apollon töten die Kinder der Niobe", läßt sich aufgrund der göttlichen Handlungsträger und ihrer die Menschenwelt direkt betreffenden und verändernden Aktion eindeutig als ein mythos-affines Hylem erkennen und benennen und verleiht erst dadurch einer Hylemsequenz insgesamt den Charakter eben einer *mythischen* Hylemsequenz. Analog kann man auch in Bezug auf Hylemsequenzen, die anderen Stoffarten zugehören, nur in manchen Fällen von besonders „märchen-affinen Hylemen" oder besonders „sagen-affinen Hylemen" etc. sprechen, während weitere Hyleme als „neutrale" bzw. stoffarten-unspezifische Hyleme anzusehen sind.

Werden „neutrale Hyleme" durch einen Zusammenschluß mit bspw. besonders mythos-affinen Hylemen nicht ebenfalls gewissermaßen in mythos-affine Hyleme verwandelt? Stoffarten-unspezifische Hyleme innerhalb einer Hylemsequenz mit besonders mythos-affinen Hylemen sind zwar Bausteine in einer ins-

---

40 Zur speziellen, begrifflich viel weiter gefaßten Ausprägung des Mythembegriffs bei Lévi-Strauss s. Kapitel 5.2.

gesamt mythischen Stoffvariante; der grundlegende Unterschied zwischen „besonders mythos-affinen Hylemen" und „neutralen Hylemen in einer (insgesamt) mythischen Stoffvariante" bleibt aber bestehen.

Diese Unterscheidung zwischen stoffarten-affinen und stoffarten-neutralen Hylemen wird u. a. dann wichtig, wenn es um die Analyse von Stoffarten-Mischungen geht, die in textlichen Konkretionen nicht selten beobachtet werden können[41]. Würden neutrale Hyleme durch benachbarte, besonders stoffarten-affine Hyleme ihrer Neutralität gewissermaßen beraubt, entstünde bei der Nachbarschaft von stoffarten-affinen Hylemen *verschiedener Stoffarten* innerhalb *ein und derselben textlichen Konkretion* eine Aporie hinsichtlich der dann zu wählenden Stoffarten-Zugehörigkeit der stoffarten-neutralen Hyleme, und man verlöre ein wichtiges Instrument der Differenzierung bei der Beschreibung changierender Stoffgestaltungen.

---

[41] S. dazu ausführlicher die Kapitel 10.1 und 10.3.

12 Mythen im Wandel. Das Spannungsverhältnis zwischen Varianz und Invarianz von mythischen Stoffen, oder: Das Lächeln der Mona Lisa

Wenn man „den" Stoff nicht als eine „Einform", sondern als eine „Vielform" begreift, deren Ausgestaltungs- und Veränderungspotential im Prinzip unerschöpflich ist[1], dann stellt sich die Frage, wenn man speziell mythische Stoffe betrachtet, ob zumindest mit Blick auf die Vergangenheit die Polymorphie eines mythischen Stoffes nicht doch auch bestimmten Einschränkungen unterliegt. Normalerweise wird dies unter dem Stichwort der „Traditionalität" antiker Mythen abgehandelt, eine Eigenschaft, die für so wichtig erachtet wurde, daß man sie sogar in eine prominente Mythosdefinition aufgenommen hat[2]. Mythen sind nach dieser Auffassung insofern „traditionell", als sie aufgrund ihrer Wichtigkeit von Generation zu Generation weitergegeben werden. Meist hat man dabei in erster Linie *Traditionstreue* im Blick. Das ist aber nur ein Aspekt.

12.1 Zentrifugale und zentripetale Kräfte bei der Tradierung mythischer Stoffe

Der Umstand, daß mythische Stoffe überliefert werden, zeitigt zwei gänzlich verschiedene, einander sogar entgegengesetzte Wirkungen. Einerseits spielt der Aspekt der Traditionstreue eine zweifellos bedeutende Rolle. Althergebrachtes wird in antiken Kulturen für wichtig erachtet und soll daher möglichst unverändert weitergegeben werden. Im Lauf einer längeren Überlieferungsperiode bleibt es aber nicht aus, daß solche Stoffe Veränderungen erfahren, entweder durch Fehler oder Ungenauigkeiten im Zuge des Überlieferungsprozesses[3], oder weil es gilt,

---

1 S. Kapitel 4.6.
2 S. dazu die Ausführungen in Kapitel 12.6.
3 Vgl. etwa Fox, 2011, 218: „Ein *mythos* – eine Geschichte – wird zwischen zwei Kulturen am direktesten transportiert, wenn er in allen Einzelheiten gehört und übersetzt wird. Umwege entstehen, wenn er nur teilweise gehört oder falsch verstanden wird. Dennoch werden, wenn auch

das Tradierte an neue Gegebenheiten anzupassen, oder aus noch anderen Gründen.

→ Das Moment der sogenannten Traditionalität beinhaltet somit gleichzeitig *zwei* Kräfte, die einander sogar entgegengesetzt sind, eine zentri*petale* wie eine zentri*fugale* Kraft.

Das zentripetale Moment bewirkt, daß die einzelnen Bausteine einer Erzählsequenz möglichst eng und unverändert zusammengehalten werden, während die zentrifugale Kraft diese Bausteine lockert und auseinandertreibt, so daß der Stoff verschiedenen Veränderungen unterworfen wird. Beide Kräfte stehen in einem ständigen und spannungsvollen Verhältnis zueinander[4].

Es ist nicht nötig, alle in diesem Wechselspiel wirkenden Faktoren zu entwirren und einzeln darzulegen; einige wenige Eindrücke sollen genügen. Je enger der Vortrag eines Mythos in einer bestimmten Variante bspw. mit dem Bereich des Kultes gekoppelt war, desto größer dürfte in vielen Fällen die Ehrfurcht vor dem Althergebrachten gewesen sein, die verhinderte, daß man allzu leichtfertig Veränderungen vornahm, bzw. desto strenger dürfte die Auflage gewesen sein, die betreffende Stoffvariante im Wesentlichen unverändert, ja sogar gleich zu erzählen, also bis in den Wortlaut und in eventuell begleitend dazu auszuführende Musik, Mimik oder Gestik hinein, während vom Kult sich lösende und sich stärker dem Bereich der Unterhaltung annähernde Stoffkonkretionen in diesem Punkt freier gewesen sein dürften.

Daneben kommt es etwa auch darauf an, welche und wie weitgehende Formen der Individualisierung oder Demokratisierung in einer Gesellschaft vorhanden waren: je stärker diese Faktoren ausgeprägt waren, desto geringer war möglicherweise die Verpflichtung zur „Stofftreue". So kann aus der Forderung oder doch zumindest Erwartung der Rezipienten, daß ein Stoff in einer bestimmten Variante möglichst unverändert wiedererzählt wird, regelrecht die entgegengesetzte Forderung erwachsen, daß nämlich der Erzähler dem in einem Stoff liegenden Potential neue, bislang noch nicht behandelte Aspekte abgewinnt, wie dies etwa verstärkt im Zeitalter des Hellenismus bei den Griechen der Fall ist.

---

möglicherweise verzerrte, Spuren hinterlassen – selbst dann noch, wenn Bestandteile des *mythos* nur vor Augen, aber nicht zu Ohren gekommen sind." Nach Fox prägt eine „gleitende Skala aus angemessenem Hören, falschem oder unvollständigem Hören und Sehen" den Überlieferungsprozeß mythischer Stoffe.
4 Vgl. zu diesen beiden Aspekten auch Bremmer, 1987a, 1-4.

Herausragende und darunter vor allem verschriftete Kunstwerke sind sowohl den Stoff gewissermaßen normierende Orientierungspunkte wie auch Impulsgeber für die weitere Stoffentwicklung. An ihnen orientieren sich oft Stoffzusammenfassungen oder Schullektüren, so daß der Variantenreichtum dadurch gebändigt wird (zentripetal); insofern spätere Künstler sich von großen Vorbildern auch abzusetzen versuchen, kann dies dann aber auch wieder die Bildung neuer Varianten begünstigen (zentrifugal).

Man könnte diesen Pinselstrichen noch weitere hinzufügen. Angesichts des komplexen und spannungsvollen Verhältnisses zwischen zentrifugalen und zentripetalen Kräften bei der Stoff-Überlieferung wird aber bereits hier deutlich, daß für die Erforschung antiker Mythen die hauptsächliche Herausforderung in der Bewältigung und Erklärung der durch die *zentrifugalen* Kräfte bewirkten *Polymorphie* eines Stoffes liegt. Weil Mythen über längere Zeit tradierte Stoffe sind, sind Veränderungen des Stoffes aller Art, Erweiterungen, Kürzungen, Abwandlungen, Verunstaltungen etc. nicht nur zu erwarten, sondern die Regel. Ein Kenner auf dem Gebiet der griechischen Mythographie hat es prägnant einmal so auf den Punkt gebracht[5]:

> When one thinks of mythography, one thinks of variants. At least I do, having written a commentary on the early mythographers which on every page struggles to swim forward against a flood of them. The situation arises, of course, from the nature of the myths themselves. Every telling introduces new variants, or new combinations of old ones. Mythography, the recording of myth, merely reflects this plentitude.

Hätten die zentripetalen Kräfte eindeutig die Oberhand, so hätte man es tatsächlich nur mit marginalen Abweichungen von einem „Stoffkern" oder von einer „Standardversion" zu tun. Das ist aber meistens nicht der Fall; die Regel – und damit eine Herausforderung – ist vielmehr die Polymorphie der überlieferten Stoffe. Deswegen ist es wichtig, diese Polymorphie noch etwas genauer unter die Lupe zu nehmen.

---

5 Fowler, 2017, 158. Bei Gladigow, 1985, findet sich der innovative Gedanke, daß gerade der Variantenreichtum mythischer Stoffe eine Art „experimentellen" Charakter trägt, der geistesgeschichtlich betrachtet das Gedankenexperiment und damit auch logische bis hin zu naturwissenschaftlichen Erkenntnisstrategien vorwegnimmt.

12.2 Wie sah Herakles aus? Die Abspeicherung von Stoffen im Gedächtnis

Mythische Stoffe werden in Form von verschiedenen Varianten greifbar, die unterschiedlich medial konkretisiert sein können: als Texte, Bilder, sehr ephemer, aber immer noch empirisch meßbar auch in Form mündlicher Vorträge oder in Form von Tänzen etc. Hier ist ein im Fluß befindlicher mythischer Stoff jeweils zu verschiedenen einzelnen, medial greifbaren Varianten „geronnen".

Stoffe werden aber nicht nur in Form medialer Konkretisierungen wie etwa in Texten oder Bildern abgespeichert. Ein anderer, wichtiger „Datenträger" von Stoffen, vielleicht sogar der Wichtigste, jedenfalls aber einer, der bei der Überlieferung und jeweils neuen Konkretisierung von Stoffen und damit auch für das Phänomen der Polymorphie von mythischen Stoffen eine unabdingbar wichtige Rolle spielt, ist das menschliche Gehirn.

Es gibt eine diachron-diatope Polymorphie des Stoffes hinsichtlich seiner vielen verschiedenen möglichen (und darunter den konkret realisierten) Stoffvarianten, die bislang im Zentrum der Betrachtungen stand; daneben gibt es aber auch die simultane Polymorphie eines Stoffes im einzelnen Gedächtnis, die für die zentrifugalen Kräfte bei der Stofftradierung eine wichtige Rolle spielt und auf die deshalb noch etwas genauer eingegangen werden soll.

Obwohl man heute von einer schier unendlichen Zahl von *Texten* in digitaler oder gedruckter Form umgeben ist, kann man nicht von einer „Herrschaft der Texte" reden – heute vielleicht sogar noch weniger als in den antiken Kulturen, in denen Texte seltener und schwerer zugänglich waren. Denn von all den modernen Textfluten findet heute in der Regel nur noch ein verschwindend kleiner Teil v. a. von längeren Texten einen Weg in das menschliche Gedächtnis, während man in antiken Kulturen noch vermehrt Texte auswendig gelernt hat. Freilich nur die privilegierten und gebildeteren Schichten, und auch dort in Maßen. Insgesamt galt und gilt damals wie heute, daß narrativ strukturierte *Texte* – wie bspw. der Text einer aufgeführten Euripides-Tragödie – in der Regel nicht im Wortlaut *als Texte* abgespeichert, erinnert und wiedererzählt werden, sondern daß textlich dargebotene Informationen vom Rezipienten transformiert und in einer *stofflichen Form* abgespeichert werden. Diese Art der Abspeicherung ist in der Regel mit einer starken *Reduktion* verbunden, sowohl was den Inhalt insgesamt als auch erst recht was einzelne Details angeht[6]. Nicht zuletzt wegen dieser Reduktionen kann eine ungleich viel höhere Anzahl von Stoffen als von Texten im Gedächtnis gespeichert werden.

---

6 S. dazu auch Giuliani, 2003, 289 f.

Nicht nur die Reduktion, auch die *Unschärfe* spielt in diesem Zusammenhang eine Rolle. Im Gedächtnis des einzelnen Subjekts existieren abgespeicherte stoffliche Formen in der Regel nicht in einer festen und scharf konturierten Gestalt, sondern gewissermaßen instabil und verschwommen. Es handelt sich – bis auf den Ausnahmefall eines auswendig gelernten Textes – nicht um eine sprachlich eindeutig fixierte Form, die man jedesmal wieder identisch reproduzieren kann, sondern um eine nur ungefähre und daher unscharfe, in einer Mischung aus bildhaften sowie satz- und wortgebundenen Formen abgespeicherte Vorstellung[7].

Das trifft nicht nur auf komplizierte Gebilde wie ganze Handlungssequenzen zu, sondern auch schon auf einzelne Elemente der Handlung wie Gegenstände oder Figuren. So existieren bspw. bekannte mythische Gestalten wie Riesen oder Drachen oder selbst so bestimmte Figuren wie Herakles im Gedächtnis nicht als eine jeweils bis ins Detail scharfe Fotografie oder textliche Beschreibung, sondern in einer nur ungefähren Vorstellung. Abgesehen von dem Wissen um die Art des Tieres, dessen Fell Herakles normalerweise als Bekleidung trägt, wird schon die genaue Form und Farbe des Löwenfelles nicht eindeutig festgelegt sein, und ob Herakles das Fell nun nur über der Schulter, über dem Arm oder auch über dem Kopf trägt, ob er die Vorderpranken des Tieres zu einem Knoten verschlungen hat oder ob sie einfach gerade herunterhängen, wie lang oder dick die Keule ist, die er trägt und ob sie mit Metall beschlagen ist oder nur Astknoten hervorstehen und wenn ja, wie viele, ob er sonst noch Waffen trägt und wenn ja wie viele genau und welche – all das sind Details, die dann, wenn es darum geht, selbst eine Zeichnung anzufertigen oder davon zu erzählen, einer Präzisierung und konkreten Festlegung bedürfen, die den Gedächtnisinhalt selbst aber so nicht notwendig auszeichnen. Das ist nicht einmal dann der Fall, wenn die Vor-

---

7 Vgl. dazu auch die Ausführungen in Kapitel 5.3. Junker, 2005, 44, geht zu einseitig von einer nur visuell abgespeicherten Mythenfassung aus, die ein bildender Künstler dann in eine materiell sichtbare Form überträgt. Kognitionspsychologische Untersuchungen, nach denen Handlungssequenzen in Form von „kognitiven Schemata" (bei stereotypen, öfter wiederkehrenden Handlungssequenzen in Form von „scripts") sich unabhängig von der sprachlichen Gestalt im Gedächtnis einprägen (s. dazu Echterhoff, 2002, 272-275; Echterhoff/ Straub, 2003, 338-342), wurden in der Literaturwissenschaft bereits gewinnbringend für die Analyse von narrativen Texten eingesetzt, vgl. Martínez/ Scheffel, 2012, 166 f. Vgl. auch Anz, 2007, 127: Sowohl Vorstellungen von Figuren wie von bestimmten Situationen, Ereignissen oder Handlungen sind im Gedächtnis „durch bestimmte Schemata, in diesem Zusammenhang auch *scripts* genannt, mental präfiguriert"; Anz (ebd. 130) weist dabei auf eine „generelle Affinität zwischen narrativen Texten und kognitiven Schemata" hin. Bei der Art und Tiefe der Abspeicherung werden zusätzlich auch noch Emotionen eine Rolle spielen, die ein einzelner Rezipient mit dem Stoff selbst und mit der Situation der Stoffvermittlung und den daran beteiligten Personen individuell verbindet.

stellung dieser mythischen Gestalt im Gedächtnis bspw. stark vom Eindruck einer bestimmten Statue oder von der Abbildung in einem häufig benutzten Buch abhängen sollte; denn auch dann gibt es in der Regel Interferenzen mit *anderen* Bildern oder Beschreibungen des Herakles, und selbst wenn dem nicht so wäre, so verblassen doch normalerweise selbst starke visuelle Eindrücke relativ schnell, zumindest was die Details angeht. Statt zu sagen, eine Figur wie Herakles ist im Gedächtnis „verschwommen" oder „ungenau" abgespeichert, kann man dies auf der Basis der bereits geleisteten Untersuchungen auch anders bzw. terminologisch präziser ausdrücken:

→ Hylemelemente wie z. B. Figuren sind im Gedächtnis auf einer mittleren Determinationsstufe abgespeichert[8].

Die durch die Art der Abspeicherung im Gedächtnis bedingte Unschärfe ist es, die einzelne Elemente wie Figuren und entsprechend erst recht auch Stoffe insgesamt im Gedächtnis von konkreten Ausführungen der Stoffe in Form von Texten, Bildern, Erzählungen oder anderen Medien wesentlich unterscheidet. Diese Art von Unschärfe, die anhand einer gewissen Unbestimmtheit der Abspeicherung der Herakles-Figur geschildert wurde, könnte man allerdings noch als akzidentell und damit als unwesentlich bezeichnen, denn sie betrifft lediglich die *Ausgestaltung* oder *Ausschmückung* einer im Kern aber zumindest umrißhaft gleichbleibenden Figur oder, ausgeweitet, das „Wie" einer in wesentlichen Punkten (also im „Was") gleichbleibenden Handlungssequenz.

Der zweite Bereich, in dem die Beobachtung zutrifft, daß ein im Gedächtnis abgespeicherter Stoff gewissermaßen in einem „unscharfen Zustand" vorliegt, ist aber fundamentaler, denn er zielt auf den Umstand, daß ein Stoff gegebenenfalls in verschiedenen Varianten gekannt wird, die dann nicht nur in der eher oberflächlichen Ausgestaltung (im „Wie"), sondern auch in der grundsätzlichen Struktur (im „Was") voneinander abweichen können. Um noch einmal auf Herakles zurückzukommen: Hier geht es nicht mehr darum, ob die Keule, die Herakles trägt, mit Metall beschlagen ist oder nicht, sondern hier geht es darum, ob Herakles bei seiner Fahrt ins Totenreich die beiden dort gefangenen Helden Theseus und Peirithoos befreien kann oder nur einen oder aber keinen von beiden; ob er im Wahnsinn nur alle Kinder getötet hat, die er mit Megara hatte, oder Megara auch noch mit dazu.

Solche grundsätzlichen Unterschiede begegnen nicht nur in diachroner und diatoper Perspektive und betreffen damit nicht nur die Darstellungen des Stoffes

---

[8] Vgl. dazu die Ausführungen in Kapitel 9.3 und 9.6.

in verschiedenen Quellen; bereits im Kopf ein und derselben Person kann ein Stoff in Form mehrerer, voneinander abweichender Handlungsfolgen abgespeichert sein. Gerade bei mythischen Stoffen wird dies nicht selten der Fall gewesen sein, da sie in der Regel eben nicht in Form einer „kanonischen" Version, sondern in Form verschiedener Varianten überliefert und rezipiert wurden[9]. Es kann sein, daß man sich entweder unsicher ist über den genauen Verlauf, oder daß man genau weiß, daß es verschiedene Varianten gibt – in beiden Fällen muß man sich im Falle einer erneuten „Realisierung" des Stoffes in Form einer mündlichen Erzählung, einer Zeichnung oder Niederschrift für eine bestimmte Variante entscheiden.

Die Überlieferung eines mythischen Stoffes war und ist an eine unüberschaubar große Anzahl von Subjekten gebunden, und im jeweiligen Subjekt existiert „der" mythische Stoff nicht als eine genau umrissene Form, sondern als ein in vielen Punkten indeterminiertes und oft sogar vielgestaltiges Gebilde. Diese Vielgestaltigkeit bezieht sich dabei nicht selten nicht nur auf Akzidentelles, sondern auch auf strukturell tiefgreifendere Unterschiede. Über die *variierende Ausgestaltung* einer bestimmten, im Wesentlichen gleichbleibenden Handlungssequenz hinaus impliziert die Polymorphie eines Stoffes nicht selten auch eine fundamentalere *strukturelle Varianz*.

Dies alles führt notwendig dazu, daß jede konkrete Wiedergabe eines solchen Stoffes aus dem Gedächtnis, in Form etwa einer mündlichen Erzählung, mit früheren oder späteren Akten der Wiedergabe nicht ganz identisch ist, wenn dieser Stoff nicht in Textform auswendig gelernt abgespeichert wurde[10]. Damit ist die komprimierte und unscharfe Abspeicherung mythischer Stoffe im menschlichen Gehirn ein wesentlicher Faktor im Bereich der zentrifugalen Kräfte bei der Stoffüberlieferung. Während die „geronnenen" Konkretionen mythischer Stoffe, und darunter vor allem lange haltbare wie Bilder oder Texte, als Orientierungspunkte oder „Leuchttürme" im wogenden Meer der Stoffüberlieferung eher zentripetal und damit den Stoff stabilisierend gewirkt haben dürften[11], ist es – gerade

---

9 Vgl. Scheer, 1993, 71.
10 Vgl. die Gestalt des Onkels Roure in der Kurzgeschichte *Le raisin magique* von Jean-Pierre Chabrol, der seinen ländlichen Zuhörern die gleiche Anekdote immer wieder erzählt, sie zur allgemeinen Freude dabei aber immer weiter verfeinert und mit neuen Details versieht. Vgl. zur Oralitätsforschung die Ausführungen und Hinweise auf Feldstudien bei Ong, 1982, 56-66, besonders 58.
11 Man denke dabei nur an die homerischen Epen, deren die ganze griechische Literatur prägende Vorbildhaftigkeit kaum überschätzt werden kann. Vgl. auch Graf, 1985, 147: „Wenn aber die schriftlich fixierte Mythenerzählung zentraler Beziehungspunkt wird, beginnt der Mythos, in

in den vor allem mündlich kommunizierenden antiken Kulturen – die „verschwommene" Form der abgespeicherten Stoffe im Gedächtnis, die immer wieder zu Stoffveränderungen geführt hat[12]. Beide Existenzweisen mythischer Stoffe beeinflussen sich ständig gegenseitig und spielen daher eine wichtige Rolle im Spannungsverhältnis zwischen der Varianz und der Invarianz eines Stoffes.

Im Zusammenhang mit der „verschwommenen" Abspeicherung von Stoffen im Gedächtnis gilt es noch auf einen weiteren wichtigen Aspekt hinzuweisen, der den Umstand betrifft, daß auch die Grenzen zwischen *verschiedenen* im Gehirn abgespeicherten Stoffen fließend und durchlässig sind; darauf soll in Kapitel 13.2 noch näher eingegangen werden, wenn es um das Phänomen der Interhylität geht.

12.3 Das Lächeln der Mona Lisa, oder: Was ist für einen mythischen Stoff konstitutiv?

Die Frage, die nun im Raum steht ist, ob und inwiefern es nicht doch bestimmte Faktoren gibt, die bei aller Polymorphie für die Gestalt eines mythischen Stoffes *konstitutiv* sind. Mit anderen Worten: Wie kommt es, daß bei fundamentaleren, strukturellen Unterschieden zwischen einzelnen Stoffvarianten, wie sie bei einer Überlieferung mythischer Stoffe häufig vorkommen, eine bestimmte mythische Stoffvariante immer noch als zugehörig zu eben *diesem* mythischen Stoff erkannt wird? Lassen sich die Faktoren, die hierbei eine Rolle spielen, eindeutig bestimmen? Und ab wann ist eine Variante des Stoffes so stark verändert, daß sie nicht mehr als Variante desselben Stoffes, sondern bereits als die eines neuen Stoffes zu gelten hat? Die Bestimmung dessen, was eine mythische Stoffvariante als zugehörig zu eben *dem bestimmten* mythischen Stoff X erkennen läßt, ist unsicherer und die Beschreibung der dabei wichtigen Faktoren diffiziler, als man dies zu-

---

einmal gefundenen Formen zu erstarren, büßt er seine schier unbeschränkte Anpassungsfähigkeit ein." Anzumerken ist, daß hier keine Entwicklung vorliegen muß, die unumkehrbar wäre, und auch angesichts verschrifteter Stoffe *muß* die weitere Variation mythischer Stoffe nicht zum Erliegen kommen, man denke etwa an die Gestaltungen des sich um die Gestalt des Doktor Faust rankenden Stoffkomplexes, die auch nach Goethes *Faust I* und *Faust II* nicht abreißen (diesen Hinweis verdanke ich H. Detering); s. dazu Frenzel, 2005, 264 f.

12 Eine gewisse „Unschärfe" bleibt bei beiden Formen der Abspeicherung mythischer Stoffe, da selbst bei der medialen Konkretion einer einzelnen Stoffvariante nie alles konkret und bis ins Detail hinein umfassend dargestellt und ausgeschöpft ist; zur Unmöglichkeit einer vollständig determinierten stofflichen Einheit s. Kapitel 9.3.

nächst vermuten könnte; es wurde darauf teilweise schon mit Blick auf den Versuch, die Standardversion eines mythischen Stoffes zu bestimmen, näher eingegangen[13].

Auf den ersten Blick scheinen mythische Stoffe sehr eng mit den Eigennamen der Protagonisten verknüpft zu sein, die gewissermaßen als Platzhalter für einen ganzen Stoff stehen können, der im Einzelnen dann aber nicht bis in jeden Handlungsschritt hinein festgelegt sein muß. In diesem Sinne spricht man gemeinhin von „dem Oidipus-Mythos" oder von „dem Mythos von Atalante und Hippomenes". Doch bei näherem Zusehen erleichtern Eigennamen zwar die Wiedererkennung eines Mythos bedeutend, aber sie sind für einen mythischen Stoff keineswegs zwingend *konstitutiv*. So wird beispielsweise der Mythos von Atalante und Hippomenes in Griechenland auch unter dem Namen der Protagonisten Atalante und Melanion überliefert, ohne daß in Zweifel gezogen wird, daß es sich um denselben Stoff handelt[14]. Im Bereich der altorientalischen Kulturen ist es in Mari der Gott Adad, der die Wassergottheit Têmtum besiegt, in Babylon heißt der Sieger Marduk und die Besiegte Tiāmtu, und in Ugarit besiegt Baal die Meeresgottheit Jammu[15]. Darüber hinaus ergibt sich das Problem, daß Eigennamen dann nicht mehr stellvertretend für einen mythischen Stoff stehen können, wenn mit ihnen nicht nur *ein* bestimmter Mythos, sondern viele verschiedene mythische Stoffe verbunden werden, wie dies bspw. bei Herakles der Fall ist[16].

Von den Eigennamen wird deshalb in anderen Fällen auf ein für den mythischen Stoff zentrales Ereignis ausgewichen, wie etwa dann, wenn man von „dem Sintflut-Mythos" spricht – was in diesem Fall deshalb besonders sinnvoll erscheint, weil auch hier offenbar derselbe Stoff unter dem Namen verschiedener Protagonisten bezeugt ist (Ziusudra, Uta-napišti, Atramḫasīs, Noah)[17]. Aber nur

---

13 S. Kapitel 4.4.
14 Vgl. auch die Version des „Niobe-Mythos" bei Parthenios (33), wo Niobes Mann nicht Amphion, sondern Philottos heißt, und ihre Kinder nicht von Apollon und Artemis, sondern von ihrem Vater Assaon getötet werden. Meuli, 1921, 99, führt als Beispiele für die unsichere Verbindung eines Stoffes mit Namen die Stoffe um Apsyrtos und Phineus an. Vgl. auch den ikonographischen Austausch von Figuren des „Etana-Mythos" auf Rollsiegeln, wo statt der Schlange auch ein Löwe abgebildet sein kann, vgl. Haul, 2000, 41-43; s. dazu auch oben, Kapitel 7.1 (mit Anm. 1).
15 S. dazu ausführlich den Artikel von Bauks, 2006, mit Primärstellen in Übersetzungen. Vgl. auch Ayali-Darshan, 2010, mit weiteren Literaturhinweisen ebd. 19, Anm. 1 und 2.
16 Vgl. zu dieser Schwäche bei der Konzentration auf Eigennamen, nicht (auch) auf Handlungen, ausführlicher Masciadri, 2008, 371 f. Zur Problematik der Rede von „dem" Herakles-Mythos oder „dem" Niobe-Mythos etc. s. außerdem Kapitel 8.4.
17 Vgl. bspw. den Titel „Der Mythos von der großen Flut" über dem Aufsatz von Kratz, 2013, in dem es v. a. um entsprechend variierte Stoffe aus dem Alten Orient, dem Alten Testament und

wenige mythische Stoffe sind wiederum durch ein so herausragendes, zentrales Ereignis scheinbar eindeutig gekennzeichnet wie „der Sintflut-Mythos"; in anderen Fällen stehen Ereignisse im Mittelpunkt, die einen deutlich weniger einmaligen Charakter aufweisen und zudem oft in eine Sequenz mehrerer Handlungsschritte zerfallen, die wiederum variiert werden kann und sich darum einer einheitlichen Festlegung entzieht. Welche Handlungsschritte sind dann in welcher Anordnung für einen bestimmten mythischen Stoff wirklich konstitutiv?

Was aber noch viel wichtiger ist: Bestimmt man als konstitutiv für einen mythischen Stoff nicht ein mit konkreten Figuren und Örtlichkeiten verbundenes, sondern wie im Beispiel von „dem Sintflut-Mythos" ein von Eigennamen abstrahiertes einzelnes, als zentral angesehenes Ereignis, dann befindet man sich nicht mehr auf der Ebene von konkreten Stoffen, sondern auf der Ebene von *Stoffschemata*[18]. Die Frage, was für ein solches Stoff*schema* konstitutiv ist, stellt insofern kein Problem dar, als hier von vornherein, also gewissermaßen deduktiv festgesetzt wird, daß nur solche konkreten Stoffe in eine engere Auswahl kommen, in denen als Ereignis eine Sintflut vorkommt, oder daß, wenn man als einzelnes zentrales Hylemschema „NN erschafft Menschen" nimmt, man nur nach solchen konkreten Stoffen suchen wird, in denen zumindest dieser zentrale Akt einer Menschenschöpfung notwendig vorkommen muß. Die Herausforderung besteht aber nicht darin, zu bestimmen, was für ein Stoff*schema* konstitutiv ist, sondern in der Frage, was für einen *konkreten Stoff* konstitutiv ist. Das zentrale Hylemschema „NN erschafft Menschen" kommt bei Ovid in den *Metamorphosen* in drei verschiedenen Varianten von drei unterschiedlichen Stoffen vor; einmal wird eine Menschenschöpfung als Tat des Prometheus geschildert, der den Menschen aus Wasser und Erde nach dem Bild der Götter formt, dann als ein Akt der Erdgöttin, die Menschen aus dem Blut der getöteten Giganten erschafft, und schließlich als Tat von Deukalion und Pyrrha, die Steine hinter sich werfen, aus denen dann Männer und Frauen entstehen[19]. Die Frage ist nun nicht, was für Sintflutmythen oder für Menschenschöpfungsmythen konstitutiv ist, denn die Antwort ist banal und steckt bereits in der Frage selbst; die Frage ist, was für einen *konkreten Stoff* wie bspw. den von der Erschaffung der Menschen durch Deukalion und Pyrrha konstitutiv ist: Die Eigennamen? Die Zweizahl der Protagonisten?

---

der jüdischen Apokalyptik geht. Zu „Sintflutmythen" im antiken Griechenland s. des Näheren Kapitel 14.1. Zu altorientalischen Sintflut-Erzählungen s. die umfassende Studie von Chen, 2013, nach dem sich entsprechende Traditionen bislang nur bis in die Altbabylonische Zeit zurückverfolgen lassen (ca. 2000-1600 v. Chr.).

18 Zu der im Zusammenhang mit der vorliegenden Fragestellung wichtigen Unterscheidung zwischen „Stoff" und „Stoffschema" s. Kapitel 7.3.

19 Ov. *met.* 1,76-86.156-162.390-415.

Daß es ein Ehepaar ist? Daß beide Steine werfen? Könnten es auch Pflanzen sein? Daß die Menschenschöpfung mit einer vorausgehenden Flut verbunden ist?

Nun könnte man auf die Idee kommen, daß zumindest die „Eckpunkte" eines Stoffes in der Regel gleich sind und damit einen Wiedererkennungseffekt generieren, einmal der Anfangspunkt und damit eine gewisse Problemstellung, und dann der Zielpunkt mit einer entsprechenden Lösung der aufgeworfenen Problematik[20]. Aber auch das muß nicht der Fall sein, wie wiederum ein Blick auf „den Sintflut-Mythos" zeigt, wenn man einmal davon ausgehen will, daß es sich zumindest bei den altorientalisch-altisraelitischen Ausprägungen um Stoffvarianten ein und desselben konkreten Stoffes handelt, der mit namentlich verschiedenen Protagonisten überliefert wird (ähnlich wie oben das Beispiel des Stoffes, der mit den Namen Atalante und Hippomenes, aber auch mit den Namen Atalante und Melanion überliefert wird). In der Stoffvariante des *Atramḫasīs-Epos* ist Auslöser für die Flutkatastrophe der Umstand, daß die Menschen mit ihrem Lärm den Göttern lästig werden[21], im Bericht des Buches Genesis aber ist es die „Gewalttat" oder die Bosheit der Menschen[22]; und der Abschluß der Erzählung zielt im *Atramḫasīs-Epos* auf die Erschaffung des Todes als Mittel zur *Regulation* der Bevölkerung[23], im Buch Genesis im Wesentlichen auf einen neuen Bundesschluß zwischen Gott und den Menschen und, durch eine Wiederholung betont und damit geradezu pointiert antithetisch zur mesopotamischen Überlieferung[24], auf eine *Vermehrung* der Bevölkerung. Sind das nun tatsächlich Varianten ein und desselben mythischen Stoffes, oder sind die noch verbleibenden Gemeinsamkeiten so gering, daß man eher von zwei verschiedenen Stoffen ausgehen muß? Ein weiteres Beispiel, in dem die Lösung eines Problems oder einer Schwierigkeit am Ende je nach Stoffvariante völlig unterschiedlich ausfallen kann, ist bereits zur Sprache gekommen, nämlich der Rettungsversuch der im Totenreich gefangen-

---

20 Vgl. eine solche Vorstellung bspw. bei Junker, 2005, 38 f.
21 Die Bearbeitung des Epos von Lambert/ Millard, 1969, ist überholt; Editionen der Tontafeln aus den verschiedenen Epochen sind in Vorbereitung durch Charlotte Steeb (Göttingen) und Nathan Wasserman (Jerusalem); die neueste deutsche Übersetzung der älteren Überlieferung vom Anfang des 2. Jahrtausends findet sich bei Pientka-Hinz, 2013; für die neueste deutsche Übersetzung der jüngeren Überlieferung aus dem 1. Jahrtausend vgl. Hecker, 2015.
22 Gen 6-9. Zur literarhistorischen Unterscheidung zweier Fassungen (einer älteren „priesterschriftlichen" und einer jüngeren „jahwistischen") der biblischen Sintflut-Erzählung und zu einem Vergleich mit altorientalischen Überlieferungen s. Kratz, 2013, 180-186.
23 Vgl. Lambert, 1980, 58, und Wilcke, 1999, 97 f.
24 Diesen Hinweis verdanke ich A. Zgoll. Zu den Wiederholungen s. Gen 9,1 und 9,7.

gehaltenen Helden Theseus und Peirithoos durch Herakles, der nach einer Variante vollkommen, nach einer anderen nur teilweise, nach wieder einer anderen überhaupt nicht glückt[25].

Je länger man sich auf die Suche nach Fixpunkten macht, durch welche sich mythische Stoffe eindeutig bestimmen lassen, desto deutlicher wird, daß *nichts für sich allein genommen* für einen mythischen Stoff wirklich konstitutiv ist. Letztlich ist in konkreten mythischen Stoffen *alles* austauschbar, einzelne Gegenstände, Örtlichkeiten oder Figuren, ganze Handlungsschritte und ihre Reihenfolge, der Ausgangs- und auch der Zielpunkt und selbst Eigennamen. Daraus ergibt sich die Folgerung:

> → Es sind nicht einzelne Elemente für sich genommen, die für das Funktionieren eines mythischen Stoffes und für seine Wiedererkennung konstitutiv sind, sondern es muß sich dabei um die *Kombination mehrerer Elemente* handeln[26]. Jedes Element für sich allein genommen kann wegfallen – nur nicht alle auf einmal.

Man vergleiche ein berühmtes Gemälde wie die *Mona Lisa* von Leonardo da Vinci: Man kann die Frisur oder die Kleidung verändern oder sogar das berühmte Lächeln in eine mißmutige Grimasse verzerren, man kann andere Proportionen oder Farben wählen, es spiegelverkehrt darstellen, es auf den Kopf stellen, die einzelnen Bildelemente umgruppieren, die dargestellte Frau durch einen Mann oder den landschaftlichen Hintergrund durch die Skyline von Manhattan ersetzen: Es gibt kein einziges Element, das für sich genommen so notwendig zum Gemälde gehören würde, daß sein Fehlen allein eine Wiedererkennung unmöglich machen würde. Erst die Kombination verschiedener Veränderungen und ihre Häufung bewirkt, daß ein Gegenstand mehr und mehr unkenntlich wird.

---

25 S. dazu die Kapitel 4.3 und 4.4. Auch im Bereich der Märchenforschung weisen bspw. die Arbeiten von Görög-Karady (1990) und Reuster-Jahn (2002) auf das Phänomen hin, daß afrikanische Märchen teilweise mit verschiedenen, manchmal sogar diametral entgegengesetzten Ausgängen erzählt werden können.
26 Zur Notwendigkeit kumulativer Verdichtung mehrerer Elemente für eine (Wieder-)Erkennbarkeit nicht nur mythischer Stoffe in Textform, sondern auch in Bildform s. Frog, 2015, 42.

Abb. 4: *Mona Lisa* und Varianten

12.4 Stoffvariante oder neuer Stoff? Plädoyer für Plausibilitäten

Wenn die Zugehörigkeit einer Stoffvariante zu einem bestimmten mythischen Stoff erst durch die Kombination mehrerer Elemente erkennbar wird, dann stellt sich die Frage, welche Elemente in welcher Anzahl vorhanden sein müssen, um einen Wiedererkennungseffekt hervorzubringen. Um beim Beispiel der *Mona Lisa* zu bleiben: Wie viele Elemente müssen in welcher Kombination gleichbleiben, damit man trotz aller Variation dem Gemälde noch zugesteht, eine Abwandlung der *Mona Lisa* zu sein? Umgekehrt gefragt: Wie viele der oben genannten, verschiedenen Verfremdungstechniken kann man miteinander kombinieren, bis man das Bild *nicht* mehr als *Mona Lisa* erkennt? Wann ist das Gemälde bis zur Unkenntlichkeit entstellt?

Die Rückbindung an das Kriterium der Wiedererkennbarkeit, das sich notwendig aus der Ausgangsfrage ergibt, zeigt bereits, daß es keine Möglichkeit gibt, die Art und Anzahl der dafür nötigen Elemente rein objektiv zu bestimmen. Eine Wiedererkennung ist an ein erkennendes Subjekt gebunden; das hat zur Folge, daß die Schwelle für das Eintreten des Effektes unterschiedlich hoch und damit abhängig vom urteilenden Subjekt ist. Ein Mensch, der sich nicht für Kunst interessiert und dem die *Mona Lisa* in seinem Leben nur ein einziges Mal im schulischen Kunstunterricht begegnet ist, der wird, vorausgesetzt, daß er überhaupt in der Lage ist, das Gemälde im Original wieder zu identifizieren, schon bei wenigen Verfremdungen bereits Mühe haben, das Ergebnis als Abwandlung von da Vincis Gemälde zu begreifen, während ein Kunsthistoriker unter Umständen selbst dann noch eine Anspielung auf das *Mona-Lisa*-Vorbild zu goutieren weiß, wenn sie für die meisten anderen Betrachter nicht mehr oder nur noch schwer nachzuvollziehen ist.

Wenn man den Stoff als ein selbst im einzelnen Subjekt polymorphes Gebilde begreift, dann stellt sich die Frage, ob bei der Eingrenzung eines solchen Stoffgebildes überhaupt objektivierbare Forschungsergebnisse erzielt werden können. Läßt sich bspw. noch rational entscheiden, und wenn ja, wie, ab wann eine Variante eines mythischen Stoffes schon so stark von allen anderen abweicht bzw. ab wann schon so viele Elemente „anders" sind, daß man nicht mehr von einer Variante *des Stoffes X* reden kann, sondern bereits von einer Variante *eines anderen Stoffes Y* sprechen muß?

Tatsächlich ist an der Subjektivität einer Entscheidung über die Nähe oder Ferne einer Variante zu einem bestimmten mythischen Stoff grundsätzlich nicht zu rütteln. Das bedeutet allerdings nicht automatisch, daß eine solche Entscheidung irrational und damit unnachvollziehbar sein muß. Die Gründe, die für eine solche Entscheidung angeführt werden können und müssen, mögen für den einen mehr, für den anderen weniger Plausibilität besitzen; das ändert aber nichts an dem grundsätzlichen Faktum einer Sinnhaftigkeit und Begründbarkeit der getroffenen Entscheidung. Wenn es nicht um die Analyse von Texten oder Bildern, sondern um die Analyse von Stoffen bzw. Stoffvarianten geht, dann ist die Entscheidung der Frage, ob eine bestimmte Stoffvariante noch zu diesem oder doch eher zu einem anderen Stoff zu rechnen ist, jedenfalls von grundsätzlicher Relevanz.

Für die konkrete „Arbeit am Mythos" ist noch zu bemerken, daß man sich aufgrund der Vielförmigkeit eines mythischen Stoffes oft in der Versuchung befinden wird, über augenfälligen Unterschieden die Zahl der immer noch bleibenden Gemeinsamkeiten zu schnell aus den Augen zu verlieren. Aufgrund der unterschiedlichen zentrifugalen Kräfte bei der Tradierung mythischer Stoffe ist Verschiedenheit der Stoffvarianten die Regel, nicht die Ausnahme. Daraus ergibt sich die Folgerung, daß die Beweislast eher bei dem liegt, der eine bestimmte Variante eines mythischen Stoffes nicht mehr als Variante desselben, sondern bereits als Variante eines anderen Stoffes betrachten will. Mit anderen Worten: Es muß schon vieles und deutlich abweichen, bevor man eine Stoffvariante als nicht mehr zum Stoff gehörig klassifiziert.

So ist bspw. die Reise der Göttin Innana ins KUR (= „Totenreich") in zwei Varianten überliefert, die im Detail sehr verschieden sind, einmal in *Innanas Gang ins Totenreich*[27], einmal in *Innana und Šukaletuda*[28], so daß Zweifel aufkommen könnten, ob es sich hierbei tatsächlich um denselben Stoff handelt. Bei aller Verschiedenheit im Detail aber ist immerhin etliches gleich. Dazu gehören in diesem Fall die Eckpunkte, denn in beiden Varianten ist ein wichtiger Ausgangspunkt der Handlungsschritt „Innana steigt ins KUR hinab"[29], und der entscheidende Zielpunkt ist in beiden Fällen „Innana kommt aus dem KUR herauf"[30] bzw. „Innana steigt im KUR (wieder) auf"[31], d. h. „Innana kehrt vom KUR zurück", und zudem findet sich in beiden Varianten ein offenbar für die Handlung zentraler

---

[27] Eine veraltete Edition von *Innanas Gang ins Totenreich* findet sich bei Sladek, 1974; ein Göttinger Dissertationsprojekt von Bénédicte Cuperly erarbeitet zur Zeit eine aktuelle Edition; die neueste deutsche Übersetzung ist von Waetzold, 2015. Eine Umschrift des sumerischen *textus receptus* mit englischer Übersetzung s. in ETCSL unter http://etcsl.orinst.ox.ac.uk/section1/c141.htm (Abruf 8.5.2018).

[28] Eine Edition von *Innana und Šukaletuda* findet sich bei Volk, 1995; die neueste Übersetzung stammt von Attinger, 2011 (aktualisiert 2017), unter http://www.iaw.unibe.ch/unibe/portal/fak_historisch/dga/iaw/content/e39448/e99428/e122665/e122821/pane122850/e122901/InnanaetShukaleduda1_3_3_ger.pdf (Abruf 12.5.2018). Eine Umschrift des sumerischen *textus receptus* mit englischer Übersetzung s. in ETCSL unter http://etcsl.orinst.ox.ac.uk/cgi-bin/etcsl.cgi?text =c.1.3*# (Abruf 7.5.2018).

[29] *Innanas Gang ins Totenreich* Z. 4-13 (kur-ra ba-e-a-e$_{11}$), *Innana und Šukaletuda* Z. 4 f, 15 (kur-ra ba-e-a-e$_{11}$). Die verbale Basis e$_{11}$ bezeichnet eine vertikale Veränderung der Position, kann also je nach Kontext und Konstruktion mit Lokativ „hinabsteigen in" oder mit Ablativ „hinaufsteigen aus" bedeuten. Für die Konstruktion von e$_{11}$ mit Lokativ zur Angabe der Richtung vgl. Attinger, 2005, 285. Die hier gewählte Übersetzung der Stellen in *Innana und Šukaletuda* stammt von A. Zgoll.

[30] *Innanas Gang ins Totenreich* Z. 284 f, 287 f, 290 (kur-ta e$_{11}$).

[31] *Innana und Šukaletuda* Z. 8, 16-18, 20 (kur-ra ba-e-a-il$_2$).

Zwischenschritt, nämlich die „Vollendung der ME"[32]. Diese Gemeinsamkeiten erscheinen mehr als hinreichend, um trotz zahlreicher weiterer Verschiedenheiten von Varianten *eines* Stoffs zu sprechen[33]. Um noch einmal den Vergleich mit Leonardo da Vincis Gemälde zu bemühen: Die Zugehörigkeit zum „*Mona-Lisa*-Stoff" ist hier vielleicht nicht mehr auf den ersten Blick und für jeden Laien, auf den zweiten Blick und für einen Kunsthistoriker aber immer noch deutlich genug zu erkennen.

12.5 Von Platon bis C. S. Lewis. Der Sonderfall autorgebundener und daher monomorpher Mythen

In einer bestimmten Hinsicht ist der im vorigen Kapitel herangezogene Vergleich mythischer Stoffvarianten mit verschiedenen Abwandlungen des Gemäldes der *Mona Lisa* unzutreffend. Denn im Fall der *Mona Lisa* gibt es einen fixen Bezugspunkt, eine „Urversion", die als Maßstab dafür dienen kann, wie nahe oder fern weitere Imitationen bzw. künstlerische Bearbeitungen dieser Urversion stehen. Genau dies aber, also einen solchen fixen Bezugspunkt, gibt es bei einem mythischen Stoff nicht. Es ist so, wie wenn jemand eine Ausstellung über das Gemälde der *Mona Lisa* und verschiedener Imitate besuchen würde, ohne zu wissen und auch ohne nachvollziehen zu können, daß *ein* bestimmtes Gemälde für alle anderen Ideengeber und Vorlage war. Im Fall der verschiedenen Varianten eines mythischen Stoffes existieren Gemeinsamkeiten, die bei aller Verschiedenheit eine Gruppenzugehörigkeit erkennen lassen, ohne daß es möglich wäre, diese Gemeinsamkeiten auf eine einzelne, bestimmte Quelle oder Vorlage zurückzuführen.

Nun gibt es bereits in antiken Kulturen den Fall, daß einzelne Menschen erkannt haben, wie „werbewirksam" und eingängig Mythen sein können, daß sie sowohl als wertvolle Werkzeuge für die Deutung und Bewältigung menschlicher Existenz als auch aufgrund ihres Unterhaltungswertes sich allgemeiner Wertschätzung erfreuen. Von dieser Erkenntnis ist es nur noch ein kleiner Schritt bis zu dem Versuch, sich dieses in Mythen liegende Potential zunutze zu machen, indem man selbst eigene Ansichten, Einsichten oder Wirklichkeitsdeutungen zu

---

[32] *Innanas Gang ins Totenreich* Z. 132 und Parallelen, *Innana und Šukaletuda* Z. 11 f, 105, 153 (Formulierungen mit me šu du₇–du₇). Die „ME" (ein zentraler Begriff innerhalb der Religion Mesopotamiens) bezeichnen „göttliche Mächte" und „göttliche Machtmittel"; s. dazu Farber, 1990, A. Zgoll, 1997, 66-75.

[33] Ein ausführlicher Vergleich beider Stoffvarianten findet sich bei A. Zgoll, 2019a.

einem mythischen Stoff gestaltet. Ein klassisches Beispiel dafür sind die platonischen Mythen[34].

Es ist klar, daß die Mythen, die Platon in seinen philosophischen Werken vorbringt, anders sind als die „normalen" Mythen. Allein inwiefern? Man kann aufgrund der Ausführungen in den vorigen Kapiteln sagen, daß ihnen ein grundsätzliches Wesensmerkmal „normaler" mythischer Stoffe fehlt, und das ist das Merkmal der Polymorphie. Weil Platons Mythen Schöpfungen eines einzelnen Autors sind, existieren sie – zunächst – nicht in Form vieler verschiedener Varianten, sondern jeder dieser Mythen ist „monomorph". Damit einhergehend weisen sie formal betrachtet noch eine weitere Besonderheit auf: Anders als bei den „normalen" Mythen, bei denen mediale Konkretionen wie etwa ein einzelner Text oder eine bildliche Darstellung nur ausschnitthaft an dem nur annäherungsweise erfaßbaren Stoffganzen partizipieren, fällt bei den platonischen Mythen der jeweilige Stoff zunächst einmal mit der *einen* Stoffvariante einer bestimmten medialen, in diesem Fall textlichen Konkretion zusammen.

Der Umstand, daß ein monomorpher Mythos von einem einzelnen Autor eigenverantwortlich konstruiert und damit „am Schreibtisch" planmäßig entworfen wird, ist außerdem ein wesentlicher Grund dafür, daß in solchen autorgebundenen „Kunstmythen" nicht in dem Umfang logische oder formale Inkonsistenzen zu erwarten sind, wie sie für Produkte, an denen viele mitgearbeitet haben, typisch sind; auf diesen Aspekt wird später noch genauer eingegangen

---

34 Einschlägig dazu Janka/ Schäfer, 2014. Der handbuchartige Sammelband versucht nicht in erster Linie, „traditionelle" von platonischen Mythen abzugrenzen, sondern v. a. das Spezifische an Platons Mythen und seinem Mythosbegriff herauszuarbeiten und, wie der Untertitel besagt, v. a. „Interpretationen zu den Mythen in Platons Dialogen" zu liefern. Neben solchen Einzelinterpretationen kreisen etliche allgemeinere Beiträge um das Problem, wie (uneinheitlich und dann doch auch wieder konvergent) das griechische Wort μῦθος bei Platon verwendet wird, wie das bekannte Verhältnis zwischen „Mythos" und „Logos" bei Platon zu bestimmen und zu bewerten ist, oder welche (wichtigen) Funktionen den Mythen innerhalb der platonischen Dialoge und damit innerhalb von Platons Philosophie überhaupt zukommen. Insgesamt stehen bei diesen allgemeineren Beiträgen weniger die *stofflichen* Merkmale platonischer Mythen im Vordergrund, sondern Merkmale der Fiktionalität, der Kommunikationssituation, die Funktionen der erzählten Mythen und die äußeren literarischen Gestaltungsmerkmale (wie z. B. monologische statt dialogische Darstellung, Positionierung am Anfang oder am Ende einer Erörterung; vgl. v. a. den Merkmalkatalog platonischer Mythen bei Most, 2014, 13-15). Ein Beitrag, der zunächst einmal grundsätzlich zu klären versucht, was eigentlich das Spezifische an „traditionellen" Mythen ist, fehlt, so daß die hier ins Visier genommene Frage, worin genau sich die platonischen Mythen von „traditionellen" Mythen unterscheiden, verschiedentlich angerissen, aber nicht systematisch umfassend angegangen wird.

werden[35]. Fast alle anderen Merkmale teilen Platons Mythen mit anderen: In ihnen findet eine transzendierende Auseinandersetzung mit Erfahrungsgegenständen statt[36], sie sind aus Elementen verschiedenster Provenienz zusammengesetzt[37] und damit bis zu einem gewissen Grad auch geschichtet[38] – aber sie sind nicht polymorph.

Ein künstlerisch und damit in gewisser Weise „künstlich" von einem einzelnen Menschen geschaffener Mythos unterscheidet sich von der Masse der „normalen" Mythen dadurch, daß er einen Urheber hat[39], daß es eine Urversion gibt, und daß diese Urversion kaum logische oder formale Inkonsistenzen aufweist, es sei denn, die (z. B. textliche) Konkretion dieser Urversion wurde überlieferungsbedingt verunstaltet, oder eine solche Inkonsistenz ist keine Inkonsistenz im eigentlichen Sinn, sondern eine vom Autor intentional eingebaute Merkwürdigkeit, mit der eine bestimmte Absicht verbunden ist, die sich zumindest prinzipiell entschlüsseln läßt[40]. Ein Beispiel für einen solchen Kunstmythos wird in Kapitel 17.3 noch ausführlich vorgestellt werden.

Nichts hindert daran, daß aus einem solchen autorgebundenen, monomorphen und in sich im Wesentlichen konsistenten Mythos ein polymorpher Mythos wird; und in dem Maße, in dem andere diesen Mythos aufgreifen, verändern und in zunehmend verschiedenen Varianten wieder erzählen oder nachbilden, können auch Inkonsistenzen in die jeweiligen neuen Kreationen geraten. Aus einem polymorphen kann nie ein monomorpher, aber aus einem monomorphen sehr wohl ein polymorpher Mythos werden.

Einen solchen Vorgang kann man an einigen modernen, autorgebundenen Mythen verfolgen. Nichts spricht dagegen, bspw. die von Clive Staples Lewis in den *Chroniken von Narnia* verarbeiteten Stoffe als mythische Stoffe zu bezeichnen – außer der Besonderheit, daß sie auf einen einzelnen Autor zurückgehen und

---

35 S. v. a. Kapitel 15.3.
36 S. dazu die Ausführungen in Kapitel 18.2.1.
37 S. dazu Kapitel 13.2. Vgl. zu Versatzstücken bekannter mythischer Stoffe in den platonischen Mythen Graf, 1985, 180-182 (u. a. zu verschiedenen Bestandteilen im Mythos von der Jenseitsreise des Pamphyliers Er am Ende von Platons *Politeia*). Vgl. dazu auch Blumenberg, 1984, 194, der im „Kunstmythos" (wie bspw. bei Platon) „niemals die reine Phantasie am Werk" sieht, sondern wesentlich auch Versuche der „Ausgestaltung elementarer Grundfiguren", die vom Autor übernommen werden. Vgl. auch Alt, 2014, 138 f.
38 S. dazu die Kapitel 15.2 und 15.3.
39 Vgl. auch Junker, 2005, 33, der festhält, daß sich für mythische Stoffe in der Regel kein individueller Autor ausmachen läßt (Junker gebraucht dort den Begriff „Sagenstoff" synonym für „Mythenstoff"). Wichtig ist dabei wieder die Unterscheidung zwischen dem Stoff und seinen medialen Konkretionsformen, für die durchaus einzelne Autoren verantwortlich zeichnen können.
40 S. dazu die Ausführungen in Kapitel 17.4.

damit zunächst monomorph sind⁴¹. Inzwischen gibt es allerdings bereits so zahlreiche Adaptionen dieser Stoffe für Hörbücher, Theaterstücke oder Verfilmungen in Form von Kinofilmen oder Serien, daß aus ursprünglich monomorphen inzwischen polymorphe Stoffe geworden sind. Daß es in diesem Fall Urversionen gab, wird diese Stoffe aber bleibend von Mythen unterscheiden, die nicht auf einen bestimmten einzelnen Autor zurückführbar sind.

12.6 Mythen als „traditionelle Erzählungen"?

Abschließend ist noch einmal auf den Versuch zurückzukommen, Mythen als *traditional tales* bzw. „traditionelle Erzählungen" oder „traditionelle Geschichten" zu begreifen, ein Ansatz, der vor allem von Kirk und Burkert forciert wurde⁴². Bereits Aristoteles spricht in seiner *Poetik* von „überlieferten *mythoi*" (μῦθοι παρειλημμένοι bzw. παραδεδομένοι)⁴³. Nicht selten beruft man sich deshalb bei einer Bestimmung von Mythen als „traditionellen Erzählungen" auf den großen Analytiker; bei näherer Betrachtung wird sich allerdings zeigen, daß Aristoteles

---

41 Die Diskussion, ob und inwiefern die stofflichen Grundlagen von *The Chronicles of Narnia* als „mythisch" bezeichnet werden können, müßte freilich noch etwas ausführlicher ausfallen, doch würde dies den Rahmen sprengen. Neuhaus, 2005, 276-284, behandelt die *Chroniken* unter Betonung der (freilich etwas unscharf bleibenden) Kategorie des „Wunderbaren" (ebd. 276 f) als Märchen, sieht zumindest Anknüpfungspunkte an die „Tradition des Märchens" (ebd. 278), wobei an anderer Stelle die *Chroniken* wiederum als „Kinderroman" bezeichnet werden (ebd. 282). Die Weltschöpfung durch ein göttliches Wesen, den Löwen Aslan, im Band *The Magician's Nephew*, und die weitere Präsenz und das Eingreifen dieser eindeutig dem göttlichen Bereich zugehörigen Figur in anderen Bänden beziehen sich aber auf ein Merkmal, das eher für mythische als für märchenhafte Stoffe als typisch reklamiert werden kann; s. zu einer aktiven göttlichen Beteiligung als einem wesentlichen Merkmal mythischer Stoffe ausführlich Kapitel 18.2.1.
42 Vgl. Burkert, 1979a, 1: „*Myth belongs to the more general class of traditional tale*" (Kursivierung im Original), mit Verweis auf Kirk, 1970, 31-41; vgl. auch Kirk, 1980, 20 f: „Unter 'Mythen' verstehen wir im allgemeinen – wie die alten Griechen auch – *traditionelle* Geschichten" (was aber nicht heiße, daß „alle traditionellen Geschichten Mythen sind"); vgl. ebd. 25 und 37: „Eine grundlegende Tatsache, die nicht oft genug wiederholt werden kann, ist, daß Mythen traditionelle Erzählungen sind"; Burkert, 1979a, 23: „*myth is a traditional tale*" (Kursivierung im Original); vgl. ebenso Burkert, 1993, 18: „Mythen als traditionelle, bedeutsame Erzählungen". Ein solches Verständnis von Mythen als „traditionellen Erzählungen" ist auf breite Akzeptanz gestoßen, vgl. etwa Graf, 1985, 7 („Mythen sind traditionelle Erzählungen"; vgl. auch Graf, 2000b, 633); Bremmer, 1987a, 7; Nagy, 1990, 8; Scheer, 1993, 16; Junker, 2005, 28; Kühr, 2006, 15; Fox, 2011, 212; Morford/ Lenardon/ Sham, 2011, 3; Rüpke, 2013, 39; vgl. auch noch C. Zgoll, 2014, 184.
43 Aristot. *poet.* 9,1451b24; 14,1453b22 und 25.

mit dem Ausdruck „überlieferte *mythoi*" gerade *nicht* das definieren will, was in der Mythosforschung gemeinhin unter „Mythen" verstanden wird[44].

Ein weiteres Problem bei diesem Versuch wurde bereits angesprochen[45]: Unter „traditionell" wird gemeinhin die möglichst getreue und unveränderte Bewahrung von etwas im Kern Gleichbleibendem, einer „Tradition" verstanden. In mythischen Stoffen und ihren verschiedenen Varianten kommt aber nicht nur das zum Ausdruck, was immer schon da war und immer schon geglaubt wurde, sondern sie stellen oft gerade die Verarbeitung von Umwälzungen und Neuerungen und damit von *Traditionsbrüchen* dar und unterliegen zudem selbst ständigen Veränderungen[46]. Exempel dafür, daß Mythen gerade auch Traditionsbrüche widerspiegeln können, werden in Kapitel 20 vorgeführt, bspw. anhand mythischer Stoffe, die sich um die Gestalt des Gottes Marduk ranken und die im *Lied auf Marduk* (*Enūma eliš*) ihren Niederschlag gefunden haben. Mythen sind daher bei weitem nicht so traditionell, wie der Begriff es nahelegt; man könnte Mythen genauso gut als „sich selbst ständig wandelnde und auf Innovationen reagierende Erzählungen" bezeichnen.

Einmal vorausgesetzt, man ist sich dieser eben geschilderten Gefahr einer potentiellen Einseitigkeit des Begriffs bewußt, so beinhaltet „traditionell" aber außerdem eine eindeutig chronologische Komponente, die zu etwas schwerer wiegenden Problemen führt. Denn wie ist es mit der Entstehung neuer Mythen? Sind sie anfangs keine Mythen, sondern werden sie es erst, wenn sie älter geworden bzw. eine längere Zeit überliefert worden sind? Und welche Zeitspanne muß eine Erzählung überbrücken, bis es angebracht erscheint, ihr die Eigenschaft „traditionell" und damit das Etikett „ein Mythos" zuzuerkennen? Erst wenn sie mehrere (wie viele?) Generationen überdauert hat? Und was war der Mythos, bevor er ein Mythos war? Die hierin liegende, kaum zufriedenstellend lösbare Problematik wurde bereits gesehen[47]. Das Ganze hat aber noch einen zusätzlichen

---

[44] Zur begrifflichen Verwendung von μῦθος in der *Poetik* des Aristoteles s. ausführlich Kapitel 24.2.

[45] S. Kapitel 12.1.

[46] Vgl. Graf, 1985, 72: „ethnologische Beobachtungen zeigten, wie rasch sich Mythen ändern können, wenn sich die Umwelt, auf die sie sich beziehen, ändert – gelegentlich reicht eine Generation für starke Veränderungen aus". Zur Entlarvung der Bezeichnung als „traditionell" als (in manchen Fällen) „a technique of creating 'the truth'" s. Bouvrie, 2002, 26, mit Verweis auf Studien von Moore und Myerhoff. In diesem Zusammenhang kann es zum Phänomen der „invented tradition" kommen (s. Hobsbawm, 1992, 6).

[47] Vgl. Bouvrie, 2002, 20 f (und 22 f), mit Literaturhinweisen. Vgl. Csapo, 2005, 9: „Many modern definitions insist that a myth or legend must be 'a traditional tale.' This can lead to all kinds of problems and artificial exclusions. ... There can be myths about recent events, contemporary

Aspekt. Denn Traditionen können außerdem auch abbrechen, ein Mythos kann nicht mehr zur „lebendigen Tradition" einer Kultur gehören. Was dann? Verliert er dann seinen Status als Mythos wieder?

Des Weiteren klingt das Adjektiv „traditionell" so, als würde dadurch – im Sinne einer Definition – das Wesen von Mythen näher bestimmt. Aber bei näherer Betrachtung wird deutlich, daß durch „traditionell" nicht das *Wesen* von Mythen in den Blick genommen wird, sondern der *Umgang* mit ihnen. Es ist aber nicht unproblematisch, wenn in einer Definition anstelle von Wesen und Eigenschaften des zu definierenden Gegenstandes die Umstände seiner Herstellung oder weiteren Verwendung ins Zentrum des Definitionsversuchs geraten[48]. Bezeichnet man einen Mythos als eine „traditionelle Erzählung", dann hat man damit vor allem im Blick, daß eine Erzählung über einen längeren Zeitraum hinweg überliefert wird, daß sie demgemäß in einem bestimmten Zeitraum in einer bestimmten Gesellschaft und Kultur ein bestimmtes Ansehen besitzt, und man fragt nun v. a. danach, wie man mit dieser Erzählung umgeht und wozu man sie vornehmlich einsetzt. Eine solche soziologisch-historische Perspektive zielt somit darauf, was man *mit* einem Mythos *macht* (und *wozu* man es macht), nicht so sehr darauf, was ein Mythos *ist*.

Aber nicht nur „traditionell" ist ein unbefriedigender, weil unpräziser und eher auf Funktion und Umgang mit Mythen als auf ihr Wesen abzielender Begriff,

---

personalities, new inventions." Trotz der klaren Sicht auf das Problem sieht Csapo sich gezwungen, später dann doch wieder auf dieses Definitionsmerkmal zurückzukommen, s. ebd. 134: „What makes a story a myth is the fact that it is received by a given society and that a given society participates in its transmission." Er sieht sich trotz der von ihm selbst benannten Schwierigkeiten dazu gezwungen, weil „it is perfectly clear that, by almost any currently acceptable definition, a narrative is not a myth when it is first told." Einmal ganz abgesehen davon, daß der Hinweis auf „any currently acceptable definition" auf der Sachebene nur ein schwaches Argument darstellt, ist dieser Einwand bzw. dieses Problem nur ein Scheinproblem, da es auf der Vorstellung der möglichen Existenz einer Urversion beruht. Geht man aber davon aus, daß es „die" Urversion eines mythischen Stoffes nicht gibt (s. dazu Kapitel 4.2 und v. a. auch 7.2), dann stellt sich auch die Frage erst gar nicht, ob die Urversion eines Erzählstoffes schon ein „Mythos" war oder ob sie dies erst ab irgendeinem Moment der Tradierung wurde.

48 Diese Kritik hat wiederum Csapo, 2005, 9, bereits deutlich formuliert: „To insist that a myth ... be a traditional tale is to confuse a symptom of their function of transmitting something of collective importance for part of their essence." Vgl. ebenso Powell, 2009, 15 (Kursivierungen C. Zgoll): „Die Bezeichnung von Mythen als 'traditionelle Erzählung' ist ... eine Möglichkeit, Mythen *durch die Art ihrer Weitergabe zu beschreiben* und dabei die problematische Frage zu vermeiden, was Mythen eigentlich *ausmacht*. Die Definition gefällt denjenigen, die verneinen, dass Mythen überhaupt ein bestimmtes, einheitliches Wesen besitzen, aber meinen, dass ein Mythos durch eine mündliche Tradition *definiert* ist. Unglücklicherweise stellt sich diese Definition als recht unbefriedigend heraus ..."

sondern auch *tale* bzw. „Erzählung" oder „Geschichte". Die Problematik bei diesen Substantiven liegt darin, daß sie insofern eine gewisse Unschärfe mit sich bringen, als sie begrifflich unterdeterminiert sind. Denn sie lassen sich sowohl auf schriftlich fixierte oder mündlich vorgetragene *Konkretionsformen* von Stoffen als auch auf die hinter solchen Konkretionsformen liegenden *Stoffe selbst* beziehen. Auf diese Weise wird aber die grundlegende Unterscheidung von Mythen als Stoffen und ihren jeweiligen, medial unterschiedlichen Konkretionsformen unterminiert. Das führt nicht selten dazu, daß auch in solchen Fällen, in denen *prima facie* davon ausgegangen wird, daß Mythen Stoffe sind, dieser Ansatz nicht konsequent durchgehalten wird[49].

Da man in Hinblick auf Mythen oft speziell an *orale* Überlieferung denkt, tritt außerdem durch die Verwendung von Begriffen wie *tales* bzw. „Erzählungen" oder „Geschichten" die Vorstellung von Mythen als vorrangig *mündlich* vorgetragenen Erzählungen gewissermaßen durch die Hintertür wieder herein, so daß dann doch die mediale Konkretionsform eines mündlichen Vortrages mit dem Stoff, an dem diese Konkretionsform nur ausschnitthaft partizipiert, gleichgesetzt wird[50]. Und da mündlich vorgetragene Erzählungen etwa aus der Antike oft nur in (im Vergleich zum originalen Vortrag meist mehr oder weniger stark abgewandelter bzw. überarbeiteter) verschrifteter Form erhalten geblieben sind, wird dadurch wiederum einer einseitigen Fixierung der Mythosforschung auf *Texte* unterschwellig Vorschub geleistet.

All dies läßt sich vermeiden, wenn man Mythen nicht als *tales* bzw. „Erzählungen" oder „Geschichten" begreift, sondern sie als *Stoffe* bzw. (zur Unterscheidung von Textilien) als *Erzählstoffe* definiert, die nicht nur mündlich vorgetragen oder schriftlich fixiert, sondern auch ikonographisch, pantomimisch, filmisch etc. konkret ausgestaltet werden können.

→ Mythen sind also keine „Erzählungen", sondern präziser und begrifflich zugespitzt Stoffe bzw. Erzählstoffe. Dieser stoffliche Charakter ist für eine Definition von „Mythos" wesentlich. Dasselbe gilt *nicht* für die nä-

---

[49] So verlangt etwa nach Junker, 2005, 31, in einer Mythosdefinition „das Stichwort 'Erzählung' am wenigsten eine Erläuterung", das er dann „ganz im Sinne der Verwendung des Begriffs für eine Gattung der Literatur" interpretiert.
[50] Vgl. etwa die Rede von Fox, 2011, 212, von Mythen als „'überlieferten' Geschichten, die mündlich an die nächste Generation weitergegeben wurden."

here Bestimmung von Mythen als „traditionell", da sie nicht auf ein Wesensmerkmal von Mythen abzielt, sondern auf die Art und Weise, wie mit ihnen umgegangen wird.

Das Etikett „traditionell" zielt, und das ist nun entscheidend, zwar nicht *selbst* auf ein Wesensmerkmal von, sondern auf eine Umgangsweise mit Mythen – aber diese Umgangsweise *führt* zu zwei wichtigen Wesensmerkmalen von mythischen Stoffen und ihren Stoffvarianten. Einmal führt sie dazu, daß mythische Stoffe nicht eingestaltig, sondern vielgestaltig bzw. *polymorph* sind, worauf in den zurückliegenden Kapiteln schon verschiedentlich näher eingegangen wurde. Zum anderen führt sie dazu, daß Mythen und entsprechend auch einzelne, konkret vorliegende Varianten von mythischen Stoffen keine Gebilde aus einem Guß, sondern vielschichtig bzw. *polystrat* sind, worauf sich die noch folgenden Kapitel dieser Arbeit beziehen werden.

13 Mythen und der Tod des Autors: Stratifikationstheorie I

13.1 Von der Intertextualität ...

Wenn man die Spur eines konkreten mythischen Stoffes zurückverfolgt, so verläuft sie sich im Sand der Geschichte, und das, wie sich herausgestellt hat, in *zweifacher Hinsicht*. Es ist nicht nur eine angenommene mündliche Tradition, welche die Suche nach einer Urversion maßgeblich erschwert. Durch die Unterscheidung zwischen einem konkreten und einem schematischen bzw. abstrakten Stoffbegriff ist deutlich geworden, daß sich ein konkreter Stoff selbst in einer hypothetischen Urversion noch weiter ausbleichen läßt zu einem anonym-abstrakten Stoffschema, dessen Ursprung sich erst recht kaum mehr festmachen läßt[1].

Die Suche nach der ersten Version eines konkreten Stoffes erweist sich somit als in einem noch viel radikaleren Sinn als aussichtslos als zunächst angenommen und läßt bspw. Fragen wie die nach der Möglichkeit einer Rekonstruktion mündlicher Vorstufen oder die nach der Priorität der mündlichen oder der schriftlichen Quellen als im Grunde bedeutungslos erscheinen[2]. Denn selbst eine gefundene oder zumindest halbwegs verläßlich rekonstruierte Urversion eines konkreten Stoffes, sei sie nun mündlich, schriftlich oder ikonographisch, wäre nur die Urversion des *konkreten Stoffes*, nicht aber die Urversion eines so oder zumindest in weiten Teilen möglicherweise ähnlich ablaufenden anonymen *Stoffschemas*.

Hylem- oder Stoffschemata sind nun nicht nur etwas, was man analysierend aus einzelnen Stoffkonkretionen herauspräparieren kann, sondern auch etwas, das im Gedächtnis einzelner Menschen existiert und was das Erzählen oder Niederschreiben von Stoffen wiederum prägen oder doch zumindest beeinflussen kann[3]. Die Entstehung eines Stoffes bzw. einer bestimmten Stoffvariante verdankt sich nun aber natürlich nicht einer rein mechanischen Anwendung von Hylem- oder Stoffschemata (oder von Teilen verschiedener Stoffschemata), also dem Recycling vorgefertigter Schablonen, die nur noch mit konkreten „Zutaten"

---

1 S. dazu die Ausführungen in Kapitel 7.3.
2 S. dazu Kapitel 7.1.
3 Vgl. Kapitel 7.2 und 13.2.

wie Eigennamen von Orten und Figuren versehen werden müßten, um vollständig zu sein. Für die Stoffkonstitution sind viele Faktoren verantwortlich, wie etwa gesellschaftliche Bräuche, religiöse Riten, theologische Vorstellungen, literarische Traditionen, politische Verhältnisse, landschaftliche Gegebenheiten, historische Überlieferungen und vieles mehr. Auf diese Weise sind in einem Stoff viele Elemente unterschiedlicher Provenienz inkorporiert, nicht nur von anderen Stoffen oder Stoffschemata, sondern auch allgemein von verschiedensten bedeutungstragenden Elementen der eigenen Kultur und auch benachbarter Kulturen.

Diese Beobachtungen zielen zumindest in mancher Hinsicht auf das, was der auf Kristeva zurückgehende Begriff der „Intertextualität" impliziert. Um besser greifen zu können, weshalb dies nur in mancher Hinsicht zutrifft, soll darauf noch etwas näher eingegangen werden.

Die Entwicklung des Intertextualitäts-Begriffs beruht im Grunde auf einer Abwehrreaktion, die sich gegen eine Überbetonung der Rolle des individuellen Autors bei der Produktion literarischer Werke richtet. Besonders stark wird dies in der programmatischen Schrift *La mort de l'auteur* (1968) von Barthes deutlich, mit dem Kristeva in regem Austausch stand[4]. Barthes verwehrt sich gegen die herkömmliche Interpretation von Literatur, die meint, alles Wesentliche erfaßt zu haben, wenn sie nur das Werk aus dem Wesen und Wirken des Autors habe ableiten können[5]:

> Unsere heutige Kultur beschränkt die Literatur tyrannisch auf den Autor, auf seine Person, seine Geschichte, seinen Geschmack, seine Leidenschaften. ... Die *Erklärung* eines Werkes wird stets bei seinem Urheber gesucht ...

Barthes betont demgegenüber den Umstand, daß hinter einem einzelnen Text nicht nur Wille und Geist *eines* Autors allein stehen, sondern daß noch weitere Faktoren in die Textkonstitution einfließen[6]:

> Heute wissen wir, dass ein Text nicht aus einer Reihe von Wörtern besteht, die einen einzigen, irgendwie theologischen Sinn enthüllt (welcher die 'Botschaft' des *Autor*-Gottes wäre), sondern aus einem vieldimensionalen Raum, in dem sich verschiedene Schreibweisen [*écritures*], von denen keine einzige originell ist, vereinigen und bekämpfen. Der Text ist ein Gewebe von Zitaten aus unzähligen Stätten der Kultur.

---

4 Zu den Einflüssen von Bachtin bei Kristeva und zu einer möglichen Beeinflussung von Barthes durch Kristeva s. Schmitz, 2002, 91-93. Zu einer genaueren Beschreibung der Position von Barthes s. Spoerhase, 2007, 18-37.
5 Barthes, 1968, zitiert nach Jannidis et al., 2000, 186.
6 Barthes, 1968, zitiert nach Jannidis et al., 2000, 190.

Ein ganz ähnliches Bild für die Beschaffenheit von Texten findet sich als Explikation des Ansatzes von Bachtin auch bei Kristeva[7]:

> ... jeder Text baut sich als Mosaik von Zitaten auf, jeder Text ist Absorption und Transformation eines anderen Textes. An die Stelle des Begriffs der Intersubjektivität tritt der Begriff der *Intertextualität* ...

Die einzelnen *Subjekte*, die Autoren, treten hinter die *Texte* zurück; ein Autor stellt gewissermaßen nur noch einen Ort dar, an dem verschiedenste Texte miteinander in Kontakt gebracht und zu einer neuen Anordnung formiert werden[8]. Barthes versucht in überspitzter Formulierung den Autor sogar so weit zurückzudrängen, daß es nur noch der Leser ist, in dem sich all das vereinigt, woraus ein Text zusammengesetzt ist[9]:

> Ein Text ist aus vielfältigen Schriften zusammengesetzt, die verschiedenen Kulturen entstammen und miteinander in Dialog treten, sich parodieren, einander in Frage stellen. Es gibt aber einen Ort, an dem diese Vielfalt zusammentrifft, und dieser Ort ist nicht der Autor (wie man bislang gesagt hat), sondern der Leser. Der Leser ist der Raum, in dem sich alle Zitate, aus denen die Schrift sich zusammensetzt, einschreiben ...

Eine solche Sichtweise hat Folgen für die Interpretation von Texten. Denn die Bedeutung eines Textes wird nach Kristeva und Barthes nicht mehr von einem Autor in einen Text *hineingelegt*, und es gibt auch nicht mehr nur *eine* Bedeutung eines Textes, sondern jeder Text hat viele Bedeutungen, die jeder Rezipient oder Interpret in einem Text erkennen kann oder sogar neu in einen Text *hineinliest*.

Betrachtet man die Entstehungsbedingungen eines einzelnen Textes auf dem Hintergrund einer solchen Intertextualitäts-Vorstellung, dann ist der Autor tatsächlich entthront. Man kann bei Kristeva und Barthes nicht unbedingt von einer regelrechten Intertextualitätstheorie sprechen, denn beide haben ihren Ansatz nicht zu einem umfassenden theoretischen Gebäude ausgearbeitet; mit der Vorstellung eines sich nicht so sehr aus einer Autor-Botschaft, sondern vielmehr aus

---

7 Kristeva in ihrem Aufsatz *Bakhtine, le mot, le dialogue et le roman* (1967), zitiert nach Ihwe, 1972, 348.
8 So kann nach Barthes der Autor, den er konsequenterweise nur noch als „Schreiber" bezeichnet, „nur eine immer schon geschehene, niemals originelle Geste nachahmen. Seine einzige Macht besteht darin, die Schriften zu vermischen und sie miteinander zu konfrontieren" (Barthes, 1968, zitiert nach Jannidis et al., 2000, 190).
9 Barthes, 1968, zitiert nach Jannidis et al., 2000, 192.

„Zitaten" unterschiedlichster Provenienz konstituierenden Textes war das erklärte Ziel erreicht, das von Barthes in der drastischen Formulierung vom „Tod des Autors" überspitzt auf den Punkt gebracht wurde.

Die sehr allgemein gehaltene Vorstellung von Textbausteinen, die aus schlichtweg allen „Stätten der Kultur" stammen können, verlangte freilich nach einer Konkretisierung, um die Anregungen, die von Kristevas und Barthes' universellem Intertextualitätsverständnis ausgingen, für die Interpretation einzelner *literarischer Texte* fruchtbar und vor allem operationalisierbar zu machen. So hat man in der Folge von literaturwissenschaftlicher Seite den sehr allgemein gehaltenen Begriff von den unterschiedlichen „Zitaten" aus allen Bereichen der Kultur, aus denen ein Text sich zusammensetzt, wieder engeführt auf einzelne Bausteine oder auch größere Strukturen von Texten, die sich nachweislich als Bezugnahmen auf frühere *Texte* identifizieren lassen. Auf diese Weise wurde Kristevas universeller Intertextualitätsbegriff auf literarhistorisch beobachtbare Bezüge zwischen einzelnen Texten eingegrenzt, mehrere Arten intertextueller Bezüge voneinander unterschieden (ungefähre Anspielungen, gekennzeichnete Zitate, nicht gekennzeichnete Plagiate, Strukturparallelen inhaltlicher und formaler Art etc.), und die Untersuchung solcher Text-Text-Bezüge vor allem mit Hinblick auf ihre jeweilige Funktion für die Interpretation einzelner Texte fruchtbar gemacht. Aus einer dekonstruktivistischen Aufsplitterung des Textes in ein Mosaik von einzelnen Textbausteinen unterschiedlichster Herkunft zugunsten einer „Vernichtung" des „Autor-Gottes" bei Kristeva und Barthes wird auf diese Weise bspw. bei Riffaterre das Postulat einer prinzipiellen Erschließbarkeit der tieferen Bedeutung (*significance*) eines Textes durch eine hermeneutische Lektüre, insofern sie die einen Text jeweils beeinflussenden Prätexte zu erkennen in der Lage ist[10].

13.2 ... zur Interhylität

Es ist hier nicht der Ort, im Detail auf die literaturwissenschaftlichen Weiterentwicklungen und die literaturhistorischen Anwendungen des ursprünglich universellen Intertextualitätsbegriffs von Kristeva näher einzugehen[11]. In vorliegendem Zusammenhang kommt es auf zweierlei Dinge besonders an: zum einen zu

---

10 Zu Riffaterre s. Schmitz, 2002, 93 f.
11 Zu literaturwissenschaftlich und literaturhistorisch ausgerichteten Arbeiten zur Intertextualität allgemein und dann auch speziell in Hinblick auf die antike Literatur s. Schmitz, 2002, 92-99.

zeigen, inwiefern ein universeller Intertextualitätsbegriff gerade für die Mythosforschung eine wichtige Rolle spielt; und zum anderen zu verdeutlichen, daß man ausgehend von diesem universellen Intertextualitätsbegriff noch eine andere Abzweigung nehmen kann, als dies von seiten der Literaturwissenschaft unternommen wurde.

Der universelle Intertextualitätsbegriff hatte, wie bereits ausgeführt, die Entthronung des Autors zum Ziel. Trotz einer ausgeweiteten Perspektive auf alle bedeutungstragenden Elemente einer Kultur, die sich gegenseitig durchdringen und beeinflussen, lag überdies der Fokus doch auf der Art und Weise, wie konkrete *Texte* sich konstituieren, die nun nicht mehr primär als Autorprodukte angesehen werden, sondern vielmehr als Räume, in denen Elemente verschiedenster Provenienz ein neues „Gewebe von Zitaten" bilden, hinter dem der Autor zunehmend verschwindet und letztlich bedeutungslos wird.

Es ist verständlich, daß sich diese These in ihrer überspitzten Form nicht durchsetzen konnte[12]. So sehr bei der Produktion eines literarischen Werkes Prätexte maßgeblich gewesen sein mögen, ja so sicher die Erkenntnis ist, daß ein literarischer Text niemals ohne die Einflüsse von Prätexten zustande kommt, so ist doch der Einwand nicht von der Hand zu weisen, daß bei der Herstellung eines literarischen Werks der Faktor der Gestaltung durch einen Autor nicht gegen Null gehen kann[13].

Was nun im Hinblick auf die Entstehungsbedingungen konkreter *literarischer Texte* zumindest problematisch ist, erweist sich im Hinblick auf die Entstehungs- und Überlieferungsbedingungen speziell *mythischer Stoffe* nicht nur als unproblematisch, sondern als erst im eigentlichen Sinn adäquat – mythischer *Stoffe* wohlgemerkt, nicht einzelner Texte oder Bilder, in denen bestimmte Varianten mythischer Stoffe verarbeitet werden. Wenn man bei einem von einem Autor verfaßten *Text* noch darüber streiten mag, wie wichtig die Rolle war, die der Autor dabei gespielt haben könnte – bei einem mythischen *Stoff* erübrigt sich diese Frage fast vollkommen. Jedenfalls dann, wenn man bei „Stoff" nicht an eine *story* in einem literaturwissenschaftlichen Sinn denkt, die aus einer freilich sehr optimistischen, literaturhistorischen Perspektive auf einen bestimmten Autor zurückgeführt werden kann[14], sondern an das polymorphe Gebilde eines mythischen Stoffes, dessen Ursprünge sich in aller Regel nicht mehr rekonstruieren lassen.

---

12 Zur bald erfolgenden Replik auf Barthes durch Foucault und zur Rückkehr des Autors in Form der „Autorfunktion" s. Spoerhase, 2007, 38-55.
13 Vgl. dazu grundlegend Spoerhase, 2007.
14 S. dazu Anm. 19 in Kapitel 3.2.

Wenn überhaupt, dann ist somit in Bezug auf die Entstehung und Überlieferung von mythischen Stoffen die Vorstellung von Gebilden sinnvoll, die sich aus einem umgebenden Gewebe unzähliger verschiedener bedeutungstragender Elemente einer Kultur (und benachbarter Kulturen) auf eine Weise konstituieren, welche Barthes' Gedanken vom Tod des Autors treffend erscheinen läßt – obwohl er letztlich auch wieder etwas irreführend ist, denn vom Tod des Autors kann dort nur bedingt die Rede sein, wo aufgrund der historischen Tiefe, der Vielzahl möglicher Einflußfaktoren und hinter der Vielfalt der überlieferten Mythenvarianten die Existenz eines bestimmten einzelnen Autors *des Stoffes* (im Sinne eines Urhebers bzw. Erst-Schöpfers) im Regelfall ohnehin nicht ausgemacht werden kann. Die Frage, woher denn letztlich ein bestimmtes Hylem oder eine Sequenz von Hylemen kommt, ist im Hinblick auf mythische Stoffe müßig, da sie, von wenigen Ausnahmen abgesehen, unbeantwortbar ist. Nach Wodianka ist für „mythisch erinnerndes Erzählen" kennzeichnend, daß es sich dabei „um eine 'erzählerlose Erzählung', eine 'Erzählung ohne Erzähler'" handelt, und sie führt des Weiteren aus[15]: „Im Unterschied zu jeder anderen Form fiktiven Erzählens beherrschen mythische Erzählungen insofern eine Rhetorik der Verbergung, die ihre Urheberschaft nicht etwa lediglich anonymisiert, sondern aufhebt."[16]

Die Betonung des Vernetzt-Seins von Stoffen kommt einem Anliegen der (v. a. strukturalistischen) Mythosforschung entgegen, das darin besteht, daß mythische Stoffe nicht je einzeln für sich betrachtet werden dürfen, sondern daß sie immer auf dem Hintergrund des umfassenden Horizonts der näher und entfernter verwandten Stoffe innerhalb eines mythologischen Gesamt, in das sie eingebettet sind, analysiert und interpretiert werden müssen[17]. Dieses Anliegen ist berechtigt und kulturwissenschaftlich arbeitenden Historikern und Philologen nichts Neues; konsequent zu Ende gedacht führt dieser Ansatz allerdings in eine gewisse Aporie, da die Analyse eines mythischen Stoffes unter dem Aspekt seiner

---

15 Wodianka, 2006, 3.
16 Das Merkmal einer prinzipiellen Autorlosigkeit gilt nach der Ansicht von Wodianka/ Ebert, 2014, VI, sogar noch bei modernen Mythen; nach den Autorinnen „vermitteln und tradieren [sc. Mythen] Normen und Werte, gerade weil sie erzählerlose Erzählungen sind, in diesem naturhaften Sinne 'einfach da' – wer könnte schon sagen, wer sie zum ersten Mal erzählte? All dies haben moderne Mythen mit der antiken Mythologie gemein." Zur Debatte bezüglich Polygenese vs. Monogenese von Erzählungen in der Märchenforschung s. Lüthi, 2004, 73.
17 S. bspw. die Arbeiten von Hénaff, 1991, und Sailors, 2007. Vgl. mit Blick auf griechische Mythen bereits Bremmer, 1987a, 6: „it is almost true that every Greek myth is ultimately connected in a chain of association with every other Greek myth." Vgl. auch Masciadri, 2008, 369; Reinhardt, 2011, 249, in Bezug auf griechische Mythen (v. a. Heroenmythen): „Tendenz zur Vernetzung aller wesentlichen Einzelteile und Teilkomplexe" (im Original fett und kursiv).

„Gesamtvernetzung" nicht mehr operationalisierbar ist. Man steht hier vor einer ähnlichen Problematik wie die Literaturwissenschaft: Welche Auswirkungen hat die allgemeine Beobachtung, daß Stoffe sich aus Elementen verschiedenster Provenienz zusammensetzen, für unser Verständnis von „Stoff" (bzw. einzelner Stoffvarianten), und wie kann man diese Beobachtung für eine Interpretation konkret fruchtbar machen? Und zwar für eine Interpretation von *Stoffen* (bzw. Stoffvarianten)?

Auf die erste Frage nach den Folgerungen für das Verständnis von „Stoff" (bzw. Stoffvariante) soll ausführlicher in Kapitel 15.3 eingegangen werden; mit der zweiten Frage ist man bei dem oben bereits erwähnten Punkt angelangt, daß man ausgehend von einem universellen Intertextualitätsbegriff noch eine *andere* Abzweigung nehmen kann als die Literaturwissenschaft. Diese andere Abzweigung führt nicht zu einer Untersuchung von konkreten *Text-Text-Bezügen*, sondern zur Analyse von *Stoff-Stoff-Interferenzen*. Was unter Stoff-Stoff-Interferenzen zu verstehen ist und daß und inwiefern ihre Untersuchung auf etwas Anderes abzielt als die Erforschung von Text-Text-Bezügen, darum soll es im Folgenden gehen.

Um den universellen Intertextualitätsbegriff für eine Untersuchung und Interpretation kultureller Phänomene fruchtbar zu machen, bedarf es einer Komplexitätsreduktion, da die Erforschung *aller* maßgeblichen Einflußfaktoren auf die Entstehung eines kulturellen Phänomens ins Uferlose führen würde. Die von literaturwissenschaftlicher Seite vorgenommene Komplexitätsreduktion beruht auf der Annahme, daß literarische Texte zwar vielerlei kulturellen Einflüssen ausgesetzt sind, daß sie aber *als Texte* in besonders starker Weise von anderen *Texten* beeinflusst werden. Diese durchaus plausible Annahme führt zu einer Beschränkung in der Untersuchung aller möglichen in Frage kommenden Einflußfaktoren auf denjenigen kulturellen Sektor, dem der Untersuchungsgegenstand in erster Linie zuzurechnen ist, also auf den Sektor der Literatur. In ähnlicher Weise hat man im Hinblick auf bildliche Darstellungsformen den Begriff der „Interpiktorialität" (oder „Interikonizität") geprägt, wodurch der Fokus speziell auf Bild-Bild-Bezüge bzw. auf die gegenseitigen Beeinflussungen gerichtet wird, die von Bildern auf Bilder ausgehen[18].

---

18 Vgl. dazu aus archäologischer Perspektive Langner, 2017, 67 (mit weiterführender Literatur ebd., Anm. 3 und 4): „Ein bestimmtes Bildwerk ist demgemäß als ein Netzwerk oder Gewebe aus zahlreichen anderen Bildern zu begreifen." Isekenmeier (2013), der den Begriff Interpiktorialität favorisiert, versteht darunter „Bezüge zwischen Bildern, ungeachtet der Frage, ob diese Referenzen die Grenzen zwischen als verschieden wahrgenommenen Medien überschreiten oder nicht" (ebd. 27). Verallgemeinert in Hinblick auf die sich formierende „Bildwissenschaft" sprechen

Eine analoge Komplexitätsreduktion soll hier nun in Bezug auf *Stoffe* unternommen werden. Erzählstoffe sind in ihrer Formierung und Überlieferung zahlreichen Einflüssen ausgesetzt. Wiederum besitzt die Annahme eine hohe Plausibilität, daß sie als *Stoffe* gerade von *anderen Stoffen* bzw. auch *Stoffbestandteilen* in besonderer Weise affiziert werden[19]. Der Erzähler eines bestimmten Stoffes wird sich nicht so leicht von seiner Version eines ihm vertrauten Stoffes abbringen lassen, wenn etwa sich die politischen Verhältnisse ändern, wenn andere stilistische Anforderungen an die Art und Weise des Vortrags oder einer schriftlichen Ausformulierung gestellt werden, oder wenn sich der Moralkodex einer Gesellschaft verändert. Aber wenn jemand eine andere Version seiner eigenen Geschichte erzählt oder eine Geschichte mit thematischen Berührungspunkten vorträgt, die jedoch implizit andere und vielleicht sogar widersprechende Anschauungen oder Erklärungsansätze transportiert, dann wird zumindest die Anfrage einer Anpassung, leichten Modifikation oder sogar stärkeren Abänderung der eigenen Stoffvariante mit einer ganz anderen Dringlichkeit im Raum gestanden sein[20].

Was auf den ersten Blick als Komplexitäts*reduktion* erscheint, entpuppt sich im Übrigen gerade in Bezug auf *Stoffe* auf den zweiten Blick als sehr viel weniger reduktionistisch, als es zunächst klingt. Denn in antiken, stark von oraler Überlieferung geprägten Kulturen werden viele Grundgedanken, Anschauungen und geistige Errungenschaften nicht vorrangig in Form von Dogmen oder Lehrsätzen vermittelt und in textlich fixierter Form über Generationen weiter transportiert,

---

Frank/ Lange, 2010, 47 f, unter Rückgriff auf Gelshorn, 2007, von Interikonizität, die (nun deutlich ausgeweitet) beschreiben soll, „wie Bilder mit anderen, oft modellbildenden Einzelbildern, Bildgruppen oder Bildgattungen oder mit anderen Medien in verschiedenster Weise in Austausch treten, sei es intentional oder kontextbedingt, sei es, indem sie reproduzieren, zitieren, parodieren oder kommentieren." In dieser ausgeweiteten Konzeption würde Interikonizität nicht nur Bild-Bild-Bezüge, sondern auch Bild-Text- oder Bild-Film-Bezüge o. a. umfassen.
19 Vgl. bspw. den Aufsatz von Mondi, 1990, in dem mit Blick auf Gemeinsamkeiten zwischen griechischen und altorientalischen Mythen dafür argumentiert wird, daß Stoffe nicht als Ableitungen aus oder als Varianten von bestimmten, fest vorgegebenen „Urstoffen" zu verstehen seien, sondern daß einzelne Stoffe sich eher als Resultate längerer und wechselseitiger kultureller Kontakte begreifen ließen, in deren Verlauf die Stoffe, durch diese Kontakte beeinflusst, immer wieder neue Ausformungen erhalten. Csapo, 2005, 79, bringt in diesem Zusammenhang „the image of a network, but one that is constantly changing shape".
20 Vgl. Mohn, 1998, 149: „Im Horizont tauchen ... andere Mythen auf, die zu Infragestellungen der eigenen Mythen führen können, auf die sich die Menschen einlassen können ..., die sie sich ... zu eigen machen können, oder die sie bekämpfen können ..." Vgl. auch Frog, 2015, 34: „Mythologies are correspondingly affected by contacts with other mythologies and the practices with which those mythologies are interfaced."

sondern gerade in Form von Erzählstoffen, die vorwiegend mündlich weitergegeben werden[21]. Deshalb kann man davon ausgehen, daß der Fokus auf die Beeinflussung von Stoffen durch *andere Stoffe* nicht nur eine sinnvolle Komplexitätsreduktion darstellt, sondern daß mit anderen Stoffen *hauptsächliche* und damit *wesentliche* Einflußfaktoren in den Blick genommen werden, die bei der Stoffkonstitution eine Rolle spielen. Da Vieles, was im kulturellen Gedächtnis antiker Kulturen abgespeichert wird, sich in gebündelter Form gerade in Erzählstoffen verdichtet, dürfte mit der Untersuchung von Stoff-Stoff-Interferenzen zugleich ein beachtliches Spektrum verschiedenster kultureller Einflußfaktoren und Diskurse überhaupt abgedeckt sein[22], so daß auf diese Weise die oben erwähnten, ausgewählten Beispiele wie die Veränderung politischer Verhältnisse, literarischer Ansprüche oder moralischer Verhaltensregeln im Spiegel der Stoffe sogar *auch* wieder in das Blickfeld der Untersuchung geraten.

Man muß sich vergegenwärtigen, daß *Stoffe* innerhalb einer antiken Gesellschaft – und auch kulturenübergreifend – in einem deutlich größeren Umfang zirkulierten als *Texte*. Denn die Produktion, Überlieferung und Rezeption von *Texten* ist in viel höherem Maß an Wissen, finanzielle Mittel und Bildung einer elitären Schicht gebunden als dies bei *Stoffen* der Fall ist. Stoffe sind omnipräsent, Texte nur in einer gebildeten Schicht. Texte spiegeln in hohem Maß elitäre Diskurse; die in Texten verarbeiteten Stoffe hingegen unterliegen in vielen Fällen deutlich breiter gestreuten Einflußfaktoren. Und gerade *mythische* Stoffe können zwar für die Zwecke und Bedürfnisse einer gebildeten Schicht aufgegriffen und umgestaltet werden, aber sie gehen darin nicht auf; sie behalten verschiedene und durchaus widerständige Elemente, vor allem aber solche, die breitere gesellschaftliche Strömungen einfangen und widerspiegeln als etwa – um nur ein Beispiel herauszugreifen – die Diskussion gebildeter Kreise über das „Erhabene" in der Literatur[23].

---

21 S. dazu auch Kapitel 7.1.
22 Die Verwendungsweise des Diskursbegriffs in dieser Arbeit orientiert sich an der Definition von Janich, 1996, 114: „Diskurse sind keine (tatsächlichen) Diskussionen, sondern ... von allen kontingenten Zusätzen tatsächlichen Miteinanderredens befreite, *idealisierte Argumentationsgänge* zur Begründung oder Widerlegung von Behauptungen." Man kann ergänzend hinzufügen, daß das, was einen bestimmten Diskurs inhaltlich definiert und damit von anderen Diskursen unterscheidet, in einer jeweils diskursspezifischen *Thematik* besteht (zum Begriff „Thema" wiederum vgl. den Hinweis in Anm. 6 von Kapitel 8.1).
23 Περὶ ὕψους – „Über das Erhabene" lautet der Titel einer Schrift des Longinos aus dem 1. Jahrhundert n. Chr., die in einen zeitgenössischen Diskurs über die Qualität von Literaturwerken eingebunden ist (Longinos' Werk ist eine Erwiderung auf eine gleichnamige Schrift des Caecilius von Kalakte).

Wenn nun mythische Stoffe miteinander in Kontakt kommen, herrschen andere Gesetze als dann, wenn bei der Erstellung eines einzelnen literarischen Werks ein individueller Autor auf einen Prätext Bezug nimmt. Ein einzelner Autor kann im konkreten Fall bspw. einen Prätext zitieren oder auf ihn anspielen. Solch ein intentionaler Akt kann in Bezug auf Stoffe nur dann vorausgesetzt werden, wenn das zu einem solchen intentionalen Akt notwendige Subjekt vorhanden ist, also nur dann, wenn man ein von einem einzelnen Autor verfaßtes Werk betrachtet, in dem durch einen intertextuellen Bezug auf einen Prätext deutlich wird, daß sich der betreffende Autor in seiner Stoffgestaltung direkt auf eine bereits vorhandene Stoffvariante in einem Prätext bezieht.

Da es sich bei einem mythischen Stoff aber nicht um die Erfindung des betreffenden Autors und auch nicht um die Erfindung des Autors des Prätextes handelt, sondern um etwas in der Regel Vorliegendes, das von den jeweiligen Autoren nur neu bearbeitet wird, muß schon vor den konkret faßbaren Autorbearbeitungen eine Phase liegen, in der Stoffe bei ihrer Konstitution und bei ihrer weiteren Tradierung den Einflüssen anderer Stoffe ausgesetzt waren, die nicht an einzelnen, intentionalen Autor-Akten in konkreten Texten festgemacht werden können.

→ Aufgrund dieser Beobachtungen empfiehlt es sich, nicht von Stoff-Stoff-*Bezügen* zu sprechen, da der Begriff der Bezugnahme zu sehr auf einen intentionalen Autor-Akt abzielt, sondern von Stoff-Stoff-*Interferenzen*.

Solche Stoff-Stoff-Interferenzen sind im Übrigen nicht nur auf einer (nicht zwingend intentionalen) *intersubjektiven* Ebene anzusiedeln, sondern auch auf einer – ebenfalls nicht zwingend intentionalen – *innersubjektiven* Ebene, denn selbst im Gedächtnis eines einzelnen Menschen existieren Stoffe nicht isoliert in jeweils hermetisch abgeschlossener Form wie etwa verschiedene, physisch durch Buchdeckel eindeutig voneinander getrennte Texte in einem Regal. Im Gedächtnis sind die Grenzen zwischen einzelnen Stoffen fließend, so daß es leicht zu Interferenzen kommen kann, indem unbeabsichtigt oder beabsichtigt bspw. die Zugehörigkeit bestimmter Stoffelemente verwechselt wird[24]. Der Umstand, daß man bei der Wiedergabe von Erzählstoffen leicht etwas durcheinanderbringen kann, ist ein Phänomen, das der Natur der nicht streng distinkten Abspeicherung von Informationen im Gedächtnis geschuldet ist. Literarisch karikiert hat Petron das in der Gestalt des neureichen Trimalchio, der in seiner ignoranten Art, gebildet

---

24 Zu Abspeicherung von Stoffen im menschlichen Gehirn s. das Kapitel 12.2; zu einem Beispiel für die Interferenz verschiedener Stoffschemata s. Kapitel 17.3.

erscheinen zu wollen, bspw. Kassandra statt Medeia ihre eigenen Kinder töten oder in wilder Konfusion Daidalos Niobe in das Troianische Pferd einsperren läßt, statt Daidalos für Pasiphaë eine künstliche und hohle Kuh bauen zu lassen, in die Pasiphaë freiwillig hineinsteigt, um sich mit dem Kretischen Stier zu vereinigen[25].

Der Umstand, daß es überhaupt zu Stoff-Stoff-Interferenzen kommen kann, liegt in einer gewissen Abstraktionsleistung, und um diese erkennen und verstehen zu können, sind die in Kapitel 7.3 vorgenommenen Unterscheidungen zwischen konkreten Hylemen und Stoffen einerseits und „anonymen" bzw. abstrakten Hylem- und Stoffschemata andererseits wichtig. Denn im Umgang mit konkreten Stoffen läuft im menschlichen Gedächtnis automatisch ein Abstraktionsvorgang ab, der durch die einzelnen Konkretionen hindurchsieht auf das Schematische, und der Vermischungen von Stoffen überhaupt erst möglich macht. Wäre der Mensch nicht in der Lage, gewissermaßen zweigleisig zugleich mit und hinter dem Konkreten auch das vom Konkreten abstrahierte Schema zu erfassen, wäre jeder Erzählstoff als eine Singularität abgespeichert und dadurch mit anderen Stoffen inkompatibel. Das Zustandekommen von Stoff-Stoff-Interferenzen verdankt sich auf diese Weise einem – bewußten oder unbewußten – komplexen gedanklichen Prozeß. Dabei handelt es sich eher um eine logische als um eine chronologische Abfolge, und einzelne Schritte können auch parallel ablaufen. Nur der Einfachheit halber sollen diese Schritte hier chronologisch geschildert werden: Zunächst erfolgt die Abstraktion eines konkreten Hylems oder einer konkreten Stoffvariante zu einem Hylemschema bzw. zu einem Stoffschema, dann der Vergleich mit anderen, auf ihr Schema hin durchsichtig gemachten Hylemen bzw. Stoffvarianten und die Erkenntnis, inwiefern die schematisierten Gebilde der einen Stoffvariante mit denen der anderen in eine Verbindung gebracht werden können (oder es findet ein unbewußtes Vergleichen bzw. Vermischen statt), und schließlich wird ein solchermaßen bewußt als brauchbar eingestuftes oder eher unbewußt aufgrund der Ähnlichkeit damit in Verbindung gebrachtes Hylem- bzw. Stoffschema in einen anderen Stoff bzw. in eine konkrete Variante davon eingegliedert und damit „re-konkretisiert".

Damit ist deutlich: Weder im menschlichen Gedächtnis noch im wabernden Stoffmeer der Überlieferung stehen Stoffe isoliert für sich. Ein konkretes Epos über den Bruderzwist zwischen Eteokles und Polyneikes wie etwa die *Thebaïs* des Statius steht somit nicht nur in einem *intertextuellen* Beziehungsgeflecht zu früheren literarischen Gestaltungen des Eteokles-Polyneikes-Zwists, sondern

---

25 Petron. 52,1 f (diesen schönen Hinweis verdanke ich H.-G. Nesselrath).

auch in einem *interstofflichen* Beziehungsgeflecht mit anderen mythischen Stoffen und deren Stoffvarianten, in deren „Gewebe" ein mit Eteokles und Polyneikes assoziierter Stoff mit eingebunden ist, und zwar, wie noch gezeigt werden soll, mit *ähnlichen* wie auch mit *anderen* Stoffen.

Bei der Untersuchung von vorrangig autor- und auch textunabhängigen Stoff-Stoff-Interferenzen bewegt man sich nicht mehr auf dem Gebiet einer universellen Intertextualität, da das potentiell unendliche Feld möglicher Einflußfaktoren auf die Kontakte zwischen *Stoffen* eingeschränkt wird; man befindet sich aber auch nicht mehr auf dem Gebiet der literaturhistorischen Intertextualitätsforschung, die sich primär mit der Funktion intentionaler Text-Text-Bezüge in konkreten literarischen *Texten* beschäftigt[26]. Da die hier anvisierte Erforschung von Stoff-Stoff-Interferenzen zwar mit beiden Intertextualitätskonzepten gewisse Berührungspunkte aufweist, sich in anderen Hinsichten aber wiederum deutlich von beiden unterscheidet, erscheint eine auch terminologische Abgrenzung notwendig:

→ Das Phänomen sich wechselseitig beeinflussender und durchdringender Stoffe und der damit einhergehenden Interferenzen von Vorstellungen, die hinter diesen Stoffen stehen, soll mit dem Begriff *Interhylität* bezeichnet werden[27].

---

[26] Genau mit diesem – von ihm treffend analysierten – Problemkomplex ringt Danek, 1998, 15, der sich fragt, wie man damit umgehen soll, wenn „ein Bezug zu Handlungsabläufen hergestellt" wird, „ohne daß dabei auf spezifische 'Texte' abgezielt wäre", und der eine solche Verlagerung „von der Textebene auf die Handlungs- bzw. Figurenebene" versuchsweise mit Kristevas „Konzept der Intertextualität", dem „Konzept der Rezeptionsästhetik" sowie der „semiotischen Theorie" in Zusammenhang bringt (ebd. 14).

[27] Zur Begriffsableitung vom griechischen „Hyle" (ὕλη = „Stoff") s. die Kapitel 3.3 und 5.3. Hier ergeben sich Berührungspunkte zu Mohn, 1998, der es unternimmt, unter religionswissenschaftlicher Perspektive interkulturelle Kontakte und speziell Diskurse über eine Identitätsfindung vornehmlich unter dem Aspekt verschiedener, gerade auch in mythischen Stoffen und darüber hinaus auch in verschiedenen Mythostheorien vorkommender Konstruktionen des „Anderen" in Abhebung zum „Eigenen" zu untersuchen. Diese sich in mythischen Stoffen (und Mythostheorien) widerspiegelnde Interkulturalitätsproblematik unter dem genannten Aspekt der Selbstvergewisserung auf der Folie des „Anderen" faßt er unter die Ausdrücke „Mythen in Begegnung" (ebd. 57) oder „Intermythizität" (vgl. etwa ebd. 56, wo es heißt, Mythen seien „bestimmend für die jeweilige Ausgestaltung des *Zwischen* von Religionen, Kulturen und Gemeinschaften, so daß *Interkulturalität* auch als *Intermythizität* verstanden werden kann"), allerdings ohne dies zu einer umfassenderen Theorie auszubauen, welche die Beschaffenheit von Stoffen und speziell mythischen Stoffen und die verschiedenen Gesetzmäßigkeiten, unterschiedlichen Arten und spezifischen Merkmale von Kontakten zwischen mythischen Stoffen systematisch ins Auge faßt. Vom

Im Unterschied zu einem universellen, primär an der Dekonstruktion des Autors interessierten Intertextualitätsbegriff soll die Beteiligung und Leistung einzelner Individuen bei der Gestaltung und Tradierung mythischer Stoffe nicht vollständig geleugnet oder durch eine angenommene Herrschaft autonom gedachter, gewissermaßen selbständig agierender Stoffe ersetzt werden. Wenn hier wiederholt festgestellt wurde, daß ein einzelner Autor im Hinblick auf mythische *Stoffe* in der Regel nicht ausgemacht werden kann, so schließt das nicht aus, daß bei einzelnen *Bildern* oder *Texten*, die mythische Stoffe verarbeiten, zum Teil durchaus deutliche Spuren einer künstler- oder autorenspezifischen Gestaltung einer bestimmten Stoffvariante beobachtet werden können.

Wenn hier und im Folgenden dennoch meistenteils allgemein von „Stoff-Stoff-Interferenzen" oder von „Konflikten zwischen Stoffen" o. ä. die Rede ist, dann nicht, weil davon ausgegangen wird, daß sich diese Interferenzen oder Konflikte gleichsam ohne menschlich-intentionales Zutun vollziehen, sondern nur deshalb, weil im Hinblick auf mythische Stoffe in vielen Fällen keine bestimmten einzelnen Menschen als „Autoren" bzw. Gestalter oder Umgestalter des jeweiligen Stoffes mehr ausgemacht werden können – und wenn doch, dann sind sie für die Gestaltung einer Stoffvariante nicht allein, sondern nur mitverantwortlich, stellen also nur *einen* zu berücksichtigenden Faktor neben anderen dar. Das liegt neben der Vielgestaltigkeit eines mythischen Stoffes auch an der Vielschichtigkeit seiner einzelnen Varianten; es soll darauf noch ausführlicher eingegangen werden[28]. Statt nun kompliziert von einem oder mehreren unbekannten Vertretern einer bestimmten Überlieferung zu sprechen, die mit anderen unbekannten Vertretern einer anderen Überlieferung konfrontiert werden und daraufhin stellenweise Veränderungen an der eigenen Überlieferung vornehmen, soll vereinfachend von „Stoff-Stoff-Interferenzen" o. ä. die Rede sein, ohne daß damit dem poststrukturalistisch-dekonstruktivistischen Theorem von einer Autonomie der Stoffe gehuldigt würde.

Begriffsumfang her bringt Interhylität im Vergleich zu Intermythizität insofern einen zusätzlichen Spielraum, als der Interhylitätsbegriff nicht an eine bestimmte Stoffart gebunden ist, also auf Kontakte nicht nur zwischen mythischen, sondern auch zwischen märchenhaften, historischen und anderen Stoffen oder auch zwischen verschiedenen Stoffarten angewendet werden kann (vgl. zur Unterscheidung verschiedener Stoffarten das Kapitel 10). Berührungspunkte ergeben sich auch mit Burgess, 2012b, der in Hinblick auf bestimmte „Phraseologien" in der frühgriechischen epischen Tradition von einer „textless intertextuality" spricht (ebd. 168): „By this I do not mean an oral poem reusing words that have been composed for a previous oral poem, but rather an oral epic reusing phraseology that has become associated with specific mythological situations as they were traditionally articulated in the oral epic tradition."

28 S. Kapitel 15.

Die Analyse von Stoff-Stoff-Interferenzen ist grundlegend auf ein breites Spektrum von Einflüssen und Diskursen ausgerichtet. Bei der Frage nach den Quellen, die für eine Untersuchung antiker Kulturen zur Verfügung stehen, wird das Augenmerk traditionell stark auf *Texte* und archäologische Befunde wie *bildliche Darstellungen* gelegt. Die hier anvisierte Untersuchung von *Stoffen* und *Stoffkontakten*, die durch diese Quellen greifbar werden, spielt aber eine mindestens ebenso wichtige Rolle.

Die Beachtung und Untersuchung des Phänomens der Stoff-Stoff-Interferenzen ist deswegen von so zentraler Bedeutung, weil es kategorial auf einer übergeordneten Ebene anzusiedeln ist. Es betrifft eine Ebene, die hinter der Ebene der jeweiligen Stoff*konkretionen* liegt, die von Einzeldisziplinen wie etwa der Philologie, der Archäologie oder der Geschichtswissenschaft untersucht werden. Die Erforschung von Stoff-Stoff-Interferenzen hat Auswirkungen auf alle physisch erhaltenen Quellen aus der Antike, in denen Erzählstoffe verarbeitet wurden, ob es sich nun um die Darstellung solcher Stoffe auf Rollsiegeln, Münzen, Sarkophagen, Reliefs, Gemälden etc. oder in Texten unterschiedlichster Gattungen handelt. In Hinblick auf die philologischen und archäologischen Fächer läßt sich formulieren:

→ Interhylität ist das Grundlegende, Intertextualität und Interpiktorialität sind spezielle Ausformungen davon[29]. Intertextualität und Interpiktorialität sind die Spitzen des Eisberges der Interhylität.

In diesem Zusammenhang ist noch einmal auf die Intermedialitätsforschung bzw. auf den Begriff der Intermedialität zurückzukommen[30]. Intermedialität bietet sich als Oberbegriff über Interpiktorialität und Intertextualität nur scheinbar an. Zurecht stellt Isekenmeier heraus[31], daß es für die Untersuchung von Bild-Bild-Bezügen nur eine untergeordnete Rolle spielt, ob diese Bezüge „intermedial", also mit einer Medienkombination oder mit einem Medienwechsel verbunden sind oder nicht (Analoges gilt für Text-Text-Bezüge). Nach Isekenmeier bezieht sich Interpiktorialität auf Bezüge zwischen Verkörperungen desselben „Basismediums 'Bild'"[32], unabhängig davon, wie sich diese Verkörperungen medial im Einzelnen präsentieren, ob das Bild also in einem Film gezeigt wird oder

---

29 Zur Interpiktorialität (oder Interikonizität) s. oben; zur Interfiguralität s. unten.
30 S. Kapitel 9.2.1.
31 S. Isekenmeier, 2013, 24-29.
32 Isekenmeier, 2013, 27.

auf einer Leinwand oder in einem Buch, während Intermedialität nach ihm sinnvollerweise speziell auf die Fälle von Grenzüberschreitungen zwischen als *verschieden* angesehenen medialen Präsentationsformen zu beziehen ist, also bspw. auf Bezüge oder Wechsel zwischen Text und Bild oder Text und Film.

Die hier anvisierte Erforschung von Stoff-Stoff-Interferenzen ist im Gegensatz sowohl zu einem Intertextualitäts- oder Interpiktorialitäts- als auch zu einem Intermedialitäts-Ansatz weder darauf zu beschränken, ob diese sich nun innerhalb desselben „Basismediums" abspielen (Text-Text oder Bild-Bild), noch darauf, ob in diesem Zusammenhang Wechsel oder Bezüge zwischen verschiedenen Medien vorliegen (Text-Bild oder Bild-Text oder Text-Film etc.). „Interhylität" bezieht sich auf die gegenseitigen Beeinflussungen von Erzählsequenzen, somit auf Vorgänge, die weder an bestimmte „Basismedien" gebunden sind, noch sich an bestimmte Mediengrenzen halten.

Gewisse Berührungspunkte mit dem hier konzipierten Interhylitäts-Begriff weist der von Müller geprägte Begriff der „Interfiguralität" auf, der sich auf die Wiederverwendung von Figuren oder Figurentypen bezieht, die bereits von anderen Autoren erfunden wurden, und somit als eine Unterkategorie bzw. spezielle Ausformung von Intertextualität aufgefaßt wird[33]. Von Müller wird der Versuch unternommen, Beeinflussungen auf einer Ebene auszumachen, die sich nicht mehr so sehr auf Gleichheiten oder Ähnlichkeiten einzelner Wörter, bestimmter Wendungen oder längerer, strukturell ähnlicher Textpassagen bezieht, sondern auf Figurenkonzeptionen, die sich eher inhaltlich greifen und beschreiben lassen. Allerdings ist der Begriff der Interfiguralität in enger Anlehnung an den literaturhistorischen Intertextualitätsbegriff entwickelt worden und daher ausschließlich auf Figuren-Bezüge in bzw. zwischen *Texten* fokussiert. Wie bei einer Anlehnung an die textorientierte und damit oft auch automatisch stark auf den einzelnen Autor fokussierte, literaturhistorische Intertextualitätsforschung zu erwarten ist, spielt die Analyse der Intention der jeweiligen Autoren, die bereits vorfindliche Figuren übernehmen, bei Müller dementsprechend eine besonders wichtige Rolle[34]. „Interhylität" hingegen bezieht sich nicht nur auf Text-Text-Bezüge, sondern auf Stoff-Stoff-Interferenzen zwischen gleichen *und verschiedenen* medialen Konkretionsformen; des Weiteren geht es nicht primär um intentionale Bezüge, sondern um Interferenzen, die sich in vielen Fällen nicht auf bestimmte Autorintentionen zurückführen lassen; und schließlich nimmt

---

33 Müller, 1991.
34 Vgl. Müller, 1991, 107: „We speak of 're-used figures' in order to indicate that if an author takes over a figure from a work by another author into his own work, he absorbs it into the formal and ideological structure of his own product, putting it to his own uses ..."

„Interhylität" nicht nur *einen* (wichtigen) Bereich ins Visier, in dem es zu Übernahmen bzw. Interferenzen kommen kann, nämlich den Bereich des Figurenpersonals, sondern alle mit einem Erzählstoff verbundenen Konstituenten.

Im Unterschied zu einem literaturwissenschaftlich-literaturhistorischen, auf Texte bezogenen, hermeneutisch ausgerichteten Intertextualitätsbegriff zielt der Begriff der Interhylität auf die Wechselwirkungen zwischen Stoffen. Es wird sich herausstellen, daß die Erforschung der Interhylität mythischer Stoffe sich außerdem noch in einer weiteren Hinsicht von der auf literarische Werke bezogenen Intertextualitätsforschung unterscheidet. Denn bezogen auf mythische Stoffe geht es einer Interhylitätsforschung nicht nur darum, das Faktum zu konstatieren und näher zu untersuchen, daß und wozu solche Stoffe sich gegenseitig beeinflussen und durchdringen. Darüber hinaus zielt das Konzept der Interhylität noch auf eine besondere *Qualität* dieser wechselseitigen Kontakte, die sich darin äußert, daß es sich nicht nur um *Kontakte*, sondern vor allem um *Konflikte* bzw. *Kämpfe* zwischen mythischen Stoffen und hinter den Stoffen liegenden Deutungskonzepten (und ihren Vertretern) geht, und um bestimmte *Indizien*, die solche Kämpfe anzeigen können[35].

Stoff-Stoff-Interferenzen sind aufgrund des Phänomens der Interhylität nicht nur als wahrscheinlich anzunehmen, sondern es ist schlichtweg unmöglich, daß ein konkreter Stoff entsteht und tradiert wird, ohne jemals mit anderen Stoffen in Berührung gekommen zu sein. Im Folgenden soll ausgeführt werden, daß diese vielfältigen und „polemischen" Stoff-Stoff-Kontakte bestimmten Gesetzmäßigkeiten folgen und bestimmten Arten zugeordnet werden können, ähnlich wie in der literaturhistorischen Intertextualitätsforschung verschiedene Arten von Text-Text-Bezügen klassifiziert wurden; daß solche Stoff-Stoff-Kontakte in Konkretionen mythischer Stoffe sowohl auf struktureller, formaler und logischer, als auch auf semantischer Ebene Spuren hinterlassen, aufgrund derer man Rückschlüsse auf den Vorgang solcher Stoffkontakte ziehen kann; und daß es klar benennbare Kriterien für die Identifizierung solcher Spuren gibt, nämlich bestimmte Muster von Stoff-Stoff-Interferenzen[36], Inkonsistenzen auf formaler und logischer Ebene[37] und typische gedankliche Muster auf semantischer Ebene[38], die sich wiederum in bestimmten Erzähltaktiken manifestieren[39]. Im nächsten Kapitel soll es zunächst um einige Arten und Mechanismen von Interhylität gehen.

---

35 S. dazu ausführlich Kapitel 18.4.1, 18.4.3 und 19.1.
36 S. Kapitel 14.
37 S. Kapitel 16.
38 S. Kapitel 19.
39 S. Kapitel 20.

13.3 Eteokles und Polyneikes und andere Brüderpaare: Verschiedene Arten der Interhylität

Der Blick auf den universellen Intertextualitätsbegriff von Kristeva und Barthes hat gezeigt, daß und in welchem Ausmaß kulturelle Phänomene wie „Texte" in einem weit gefaßten Sinn und damit auch mythische Stoffe aus Elementen verschiedenster Provenienz aufgebaut sind. Diese universelle Perspektive wurde im Rahmen des Interhylitätskonzepts auf die Betrachtung von Stoff-Stoff-Interferenzen fokussiert. Um sich den verschiedenen Arten und Mechanismen von Interhylität anzunähern, erweist sich wiederum die Unterscheidung zwischen *konkretem Stoff* und *Stoffschema* als wichtig und folgenreich[40], die vor Augen geführt hat, daß sich absolute Urversionen von Stoffen in aller Regel nicht werden finden lassen, sondern daß Einflüsse von verschiedenen Stoffschemata vorliegen können, aus deren „Gewebe" für einen konkreten Stoff einzelne Elemente oder größere Strukturen entnommen und neu verwoben sein können. Es können aber auch noch andere konkrete Stoffe und auch andere Stoffschemata bei der Konstitution eines Stoffes bzw. näherhin seiner unterschiedlichen Varianten eine Rolle spielen.

Die übliche Vorstellung und Redeweise von einem konkreten Stoff als einer abgeschlossenen und vor allem einer in sich konsistenten Einheit wie z. B. von „*dem* Mythos von Eteokles und Polyneikes"[41] erweist sich auch auf diesem Hintergrund als vollkommen irreführend; sie lenkt viel zu sehr davon ab, daß diesem nur scheinbar einheitlichen Gebilde ein Baukastenprinzip und damit eine „Vielform" zugrundeliegt. Diese Beschaffenheit von mythischen Stoffen wurde bereits ausführlich unter dem Stichwort der „Polymorphie" abgehandelt[42].

Das eben genannte Baukastenprinzip betrifft aber nicht nur den Umstand, daß man verschiedene Bausteine aus dem Eteokles-und-Polyneikes-Baukasten herausnehmen oder umstellen kann. Die Variationsmöglichkeiten gehen noch viel weiter, weil die Bausteine nicht nur aus dem Eteokles-und-Polyneikes-Baukasten genommen werden können, sondern auch aus anderen „Brudermord-Baukästen", wenn man den konkreten Stoff von Eteokles und Polyneikes zum Schema „Brudermord" oder zu dem noch allgemeineren Schema „Bruderhaß"

---

40 S. dazu Kapitel 7.3.
41 Literaturhinweise zu diesen Protagonisten und den mit ihnen verbundenen Stoffen bei Reinhardt, 2011, 216, Anm. 799, und Reinhardt, 2016, 38.
42 S. dazu die Kapitel 4.5 und 4.6.

abstrahiert[43], wodurch sich etwa Berührungspunkte mit dem Stoff vom grausamen Bruderzwist zwischen Atreus und Thyestes ergeben. Und selbst das ist noch zu kurz gegriffen, denn es können die Bausteine für einen mythischen Stoff auch noch aus etlichen anderen „Baukästen" stammen und damit auch aus Stoffen, die zumindest auf den ersten Blick nichts mit dem Stoff von Eteokles und Polyneikes zu tun haben. Es soll bei der Untersuchung verschiedener anderer mythischer Stoffe solchen Vorgängen im Folgenden noch detailliert nachgegangen werden; hinsichtlich des Stoffes vom Zwist zwischen Eteokles und Polyneikes sei hier nur kurz angedeutet, daß die Situation einer belagerten Stadt (Theben) und der Zweikampf zwischen zwei herausragenden Protagonisten der verfeindeten Heere (Eteokles und Polyneikes) bis hin zur Verweigerung der Bestattung eines der Gefallenen (des Polyneikes) und dem Versuch, auch unter Lebensgefahr dennoch eine Bestattung zu erwirken (durch Antigone), in der Stoffgestaltung deutliche Parallelen aufweist zum berühmten Zweikampf zwischen Achilleus und Hektor bei der Belagerung von Troia, zur Weigerung des Achilleus, den getöteten Hektor bestatten zu lassen, und zum Bittgesuch des Priamos, der sich unter Lebensgefahr nachts aufmacht und heimlich zu Achilleus kommt, um ihn anzuflehen, Hektors Leiche zur Bestattung freizugeben. Es geht hier vorerst nur um das Aufzeigen möglicher Verbindungen bzw. Interferenzen zwischen Stoffen, noch nicht um das Fruchtbar-Machen von Stoff-Vergleichen für eine Interpretation. Freilich besteht die Gefahr, daß man bei einer solchen vergleichenden Betrachtungsweise die stofflichen Details zu sehr abstrahiert und damit Differenzen zu sehr vernachlässigt. Geht man aber entsprechend differenziert und problembewußt vor[44], kann der Aufweis möglicher Querverbindungen, die nicht eben am Wegesrand liegen, möglicherweise zu einer neuen Sichtweise auf die einzelnen Stoffe (und ihre Konkretionen) führen und damit einen Interpretationsgewinn liefern, der ohne diesen Aufweis nicht hätte erzielt werden können.

Betrachtet man die Entstehungs- und Tradierungsbedingungen mythischer Stoffe im Licht des Interhylitätskonzepts, dann wird deutlich, daß und in welchem Ausmaß jeder einzelne mythische Stoff und seine Varianten mit anderen Erzählstoffen bzw. Stoffvarianten vernetzt ist. Verschiedene typische Muster von solchen Stoff-Stoff-Interferenzen, also bestimmte Arten und Mechanismen dieses

---

43 Zur Unterscheidung und Untersuchung verschiedener Abstraktions- und Indeterminationsgrade von Hylemen bzw. Hylemsequenzen s. Kapitel 9.6. Zu Stoffen in verschiedenen antiken Kulturen, die den Konflikt zwischen Brüdern thematisieren, s. Günther, 2013, besonders 278-280; Günther spricht vom „Ur-Motiv und Mythos der Feindlichen Brüder" (ebd. 278).
44 S. dazu in aller Ausführlichkeit Kapitel 9.

vielfältigen Vernetzt-Seins und der gegenseitigen Beeinflussung von Mythen sollen im Folgenden anhand von einigen Beispielen exemplarisch verdeutlicht werden. Es werden sich bei einer intensiven Forschung in dieser Richtung sicherlich noch weitere Arten und Mechanismen von Interhylität ausmachen lassen; in einer ersten Annäherung werden sich die folgenden Kapitel auf Stoff-Stoff-Interferenzen beschränken, die sich aus strukturellen Ähnlichkeiten, aufgrund von Namensähnlichkeiten oder Namensgleichheiten und aufgrund der Sogwirkung prominenter Figuren ergeben[45].

---

45 Um noch eine weitere Möglichkeit anzudeuten: Es kann auch zu Stoff-Stoff-Interferenzen aufgrund typologischer Ähnlichkeiten der handelnden Figuren kommen. So könnte man bspw. im Detail aufzeigen, daß Vergil am Ende seines Epos *Aeneis* seinen Protagonisten Aeneas so auftreten läßt, daß eine befriedigende Erklärung für sein „brutales" Verhalten, nämlich die erbarmungslose Tötung seines Gegners Turnus, dann gefunden werden kann, wenn man erkennt, daß hier eine typologische Annäherung an die Figur (und das Handeln) des großen griechischen Helden Achilleus bei der Tötung Hektors vorliegt. Aeneas als *alter Achilleus* tritt als Rächer des Pallas auf wie einst Achilleus als Rächer des Patroklos. Hier beeinflusst, freilich erst auf den zweiten Blick erkennbar, eine mythische Figur die Gestaltung einer anderen, und zwar ganz unabhängig davon, ob diese Gestaltung von Vergil übernommen oder neu vorgenommen wurde.

14 Indizien und Beispiele für Stoff-Stoff-Interferenzen (Stratifikationsmethodik I und Stratifikationsbeispiele I)

14.1 Sintfluten und Tochter-Opferungen: Strukturelle Ähnlichkeiten

Das Phänomen der Interhylität läßt sich zunächst einmal in besonderem Maß bei solchen Stoffen beobachten, die auf einer abstrakten Ebene *ähnlich strukturiert* sind, die also eine weitgehend ähnliche Stoffschema-Struktur aufweisen. So existieren bspw. im Bereich der griechisch-römischen Kultur mehrere verschiedene Stoffe, die von einer Flutkatastrophe berichten, die viele Menschen vernichtet. Neben der „deukalionischen Flut" gibt es Berichte über eine große Flut zur Zeit des nach manchen Quellen mit Attika, nach anderen mit Boiotien verbundenen Urkönigs Ogygos, eine Fluterzählung, die in besonderer Weise mit Dardanos und Samothrake assoziiert ist, oder eine, deren Protagonisten Philemon und Baucis darstellen und die in Phrygien lokalisiert ist, um nur einige zu nennen; es gäbe noch weitere[1]. Es ist in hohem Grad unwahrscheinlich, daß diese Stoffe von verderbenbringenden Fluten, so verschieden sie dann auch im Detail ausfallen mögen, sich gegenseitig *nicht* beeinflusst haben sollten. Dies wird allein schon dadurch deutlich, daß nachweislich bspw. die Fluterzählungen von Deukalion und Dardanos auch zu einer Einheit kombiniert worden sind[2]. Es ist das ähnlich strukturierte, abstrakte Stoffschema, das solche Beeinflussungen begünstigt, ein Vorgang, der sich nicht nur auf innerkulturelle Stoffkontakte beschränken läßt; kulturübergreifende Einflüsse zwischen ähnlich strukturierten Stoffschemata lassen sich gerade mit Bezug auf Fluterzählungen kaum von der Hand weisen[3].

---

[1] S. dazu ausführlich und mit einer Sammlung der verschiedenen Quellen die Untersuchung von Caduff, 1986.
[2] Zur Kombination der Fluterzählungen von Deukalion und Dardanos s. Caduff, 1986, 43.
[3] Vgl. die vorsichtig abwägende Diskussion möglicher orientalischer Einflüsse mit Bezug auf den Deukalion-Stoff bei Caduff, 1986, 122-132, mit dem Fazit (ebd. 132): „Die Abhängigkeit der Deukalionsage von orientalischen Traditionen steht wohl außer Zweifel." Vgl. Scheer, 1993, 278, die von dem Phänomen der „'Überformung' lokaler Mythen nach prominenten, strukturell ähnlichen Vorbildern" spricht und ebd. 276-280 als Beispiel die „Überformung" des mythischen Stoffes von der Suche der Io durch Triptolemos durch den Mythos von der Suche der Europa

Im Folgenden soll ein weiteres Beispiel angeführt werden, in dem die gegenseitige Beeinflussung durch ein ähnliches Stoffschema nicht ganz so offen zutage liegt, und das auch zeigt, inwiefern das Bewußtsein von der Möglichkeit interferierender, ähnlich strukturierter Stoffschemata gewinnbringend für die Interpretation konkreter literarischer Texte eingesetzt werden kann. Es geht um den Stoff vom Kampf der Athener unter ihrem Urkönig Erechtheus gegen die benachbarten Eleusinier unter der Führung des Eumolpos[4], der hier in der Variante des Apollodoros geboten wird, der dieser Stoffvariante folgende textlich konkrete Ausgestaltung gibt[5]:

Πανδίονος δὲ ἀποθανόντος οἱ παῖδες τὰ πατρῷα ἐμερίσαντο, καὶ τὴν <μὲν> βασιλείαν Ἐρεχθεὺς λαμβάνει ... καὶ πολέμου ἐνστάντος πρὸς Ἀθηναίους τοῖς Ἐλευσινίοις, ἐπικληθεὶς [sc. Εὔμολπος] ὑπὸ Ἐλευσινίων μετὰ πολλῆς συνεμάχει Θρᾳκῶν δυνάμεως. Ἐρεχθεῖ δὲ ὑπὲρ Ἀθηναίων νίκης χρωμένῳ ἔχρησεν ὁ θεὸς κατορθώσειν τὸν πόλεμον, ἐὰν μίαν τῶν θυγατέρων σφάξῃ. καὶ σφάξαντος αὐτοῦ τὴν νεωτάτην καὶ αἱ λοιπαὶ ἑαυτὰς κατέσφαξαν· ἐπεποίηντο γάρ, ὥς ἔφασάν τινες, συνωμοσίαν ἀλλήλαις συναπολέσθαι. γενομένης δὲ μετὰ <τὴν> σφαγὴν τῆς μάχης Ἐρεχθεὺς μὲν ἀνεῖλεν Εὔμολπον, Ποσειδῶνος δὲ καὶ τὸν Ἐρεχθέα καὶ τὴν οἰκίαν αὐτοῦ καταλύσαντος, Κέκροψ ὁ πρεσβύτατος τῶν Ἐρεχθέως παίδων ἐβασίλευσεν ...

Als Pandion starb, teilten seine Kinder sich das väterliche Erbe, und Erechtheus erhielt die Königsherrschaft ... Als den Eleusiniern ein Krieg gegen die Athener bevorstand, kämpfte Eumolpos mit, von den Eleusiniern herbeigerufen, mit einer großen thrakischen Streitmacht. Als aber Erechtheus in Bezug auf einen Sieg der Athener eine Orakel-Anfrage stellte, orakelte ihm der Gott, er werde den Krieg erfolgreich beenden, wenn er eine von seinen Töchtern als Schlachtopfer darbringen würde. Nachdem er die Jüngste als Schlachtopfer dargebracht hatte, schlachteten auch die übrigen Töchter sich selbst. Denn sie hatten, wie manche behaupteten, untereinander eine Schwurgemeinschaft gebildet, gemeinsam zu sterben. Sobald es aber nach dem Schlachtopfer zum Kampf gekommen war, tötete Erechtheus den Eumolpos. Nachdem aber Poseidon auch Erechtheus und sein Haus vernichtet hatte, wurde Kekrops, der älteste Sohn des Erechtheus, König.

Dieser mythische Stoff ist noch in anderen Varianten in Form von Prosa-Zusammenfassungen aus der griechisch-römischen Antike erhalten[6], nicht jedoch in einer großen, dichterischen Bearbeitung. Die hat es aber gegeben: Euripides hat

---

durch Kadmos anführt. Zu verschiedenen antiken Sintflut-Erzählungen s. auch Reinhardt, 2011, 46-48, mit Literaturhinweisen.
4 Literaturhinweise zu diesem Stoff und seinen Protagonisten bei Reinhardt, 2011, 112, Anm. 461, und Reinhardt, 2016, 23.
5 Apollod. 3,196-204. Text nach Scarpi/ Ciani, 1998 (die neue Apollodoros-Edition von Cuartero stand dem Verfasser nicht zur Verfügung).
6 Vgl. Lykurg, *Rede gegen Leokrates* 98 f; Hygin. *fab.* 46.

eine *Erechtheus-Tragödie* geschrieben, von der allerdings nur Fragmente erhalten geblieben sind[7]. Unter diesen Fragmenten ist immerhin ein umfangreicheres[8], in dem Praxithea zu Wort kommt, die Gemahlin des Erechtheus, und zwar offenbar in einem Abschnitt der Handlung, in dem es darum geht, ob das grausame Gebot des delphischen Gottes zur Ausführung kommen soll.

Man erwartet eine verzweifelte, sich an ihre jüngste Tochter klammernde und jammernde Praxithea – aber das schiere Gegenteil ist der Fall. Praxithea legt in einer flammenden Rede dar, warum die Darbringung ihrer jüngsten Tochter als Schlachtopfer nicht nur gut, sondern sogar etwas vom Besten ist, was sie tun könnte. Gerade die berühmte Stadt Athen sei würdig, ein so großes Opfer zu erhalten; Kinder seien dafür da, daß man mit ihnen die Altäre der Götter und das Vaterland beschütze; der Tod *eines* Menschen sei besser als der Untergang der ganzen Polis; so wie andere Mütter zum Wohl der Polis ihre Söhne bereitwillig in die Schlacht ziehen ließen oder zumindest ziehen lassen sollten, so werde sie nun ihrer Tochter ermöglichen, im Krieg für das Vaterland zu fallen; ihre eigene Liebe zur Polis könne sich in nichts besser zeigen als in der bereitwilligen Hingabe der eigenen Tochter.

Nun kann diese ganze Rede freilich als ein Appell an Euripides' Zeitgenossen gelesen werden, dem Wohl der Polis das eigene Wohl und sogar Leben aufzuopfern, und in einer solchen Lesart hätte die euripideische Behandlung des Stoffes eine eminent wichtige politische, identitätsbildende und gemeinschaftsstärkende Funktion[9]. Wenn schon *Frauen* ihr Leben so heldenhaft für die Polis aufopfern, wer wollte da als Mann und Krieger schon zurückstehen? Die Aufführung der Tragödie *Erechtheus* des Euripides ist mitten im Peloponnesischen Krieg (431–404 v. Chr.) erfolgt[10], und zudem in einer Phase, in der Athen in starke Bedrängnis gekommen war, denn die Athener hatten mit dem Ausbruch einer Seuche und dem Abfall einiger Verbündeter zu kämpfen und spartanische Erfolge im nordägäischen Raum zu verkraften gehabt[11]. In einer solchen Situation war eine solchermaßen gestaltete Praxithea mit ihrer Aufmunterung zur Opferbereitschaft für das Vaterland sicherlich nicht fehl am Platz.

---

7 S. TrGF Bd. 5.1, fr. 349-370 (hg. von Kannicht). Neue Edition mit Kommentar und Übersetzung: Sonnino, 2010. Vgl. auch Eur. *Ion* 277-282.
8 Es handelt sich um fr. 360 Kannicht (fr. 12 Sonnino), das 55 Verse umfaßt.
9 Kritisch zu einer solchen „nationalistischen" Interpretation Sonnino, 2010, 110-113.
10 Zur genaueren Datierung (vermutlich 421 v. Chr. oder danach, nach TrGF Bd. 1, 8, 423 oder 422 v. Chr.) und ihrer Problematik s. Parker, 1987, 212, Anm. 64.
11 S. dazu Schubert, 2003, 142-144. Zu einem anderen zeitgeschichtlichen Bezug, nämlich auf die Errichtung des neuen *Erechtheion* auf der Akropolis, s. Parker, 1987, 202.

Aber diese soziologisch-historische Betrachtungsweise schöpft das Interpretationspotential dieser Passage nicht völlig aus[12]. Ein zusätzlicher, interhylistisch bedingter Genuß konnte den Rezipienten dadurch erwachsen, daß man die Ausgestaltung des Erechtheus-Praxithea-Stoffes mit ähnlich strukturierten Stoffen verglich, und da bot sich *ein* prominentes Beispiel besonders an: die Erzählung von der Opferung der Iphigeneia durch Agamemnon für das Wohl der griechischen Flotte, die auf dem Weg nach Troia durch widrige Winde in Aulis feststeckt[13].

Durch diesen Vergleich wird deutlich, daß Euripides seine Praxithea als ein in fast allen Stücken anders agierendes Gegenbild zu Klytaimestra gestaltet, wie sie bspw. in der Tragödie *Agamemnon* des Aischylos geschildert wurde[14] und wie sie teilweise auch von Euripides selbst in seiner Tragödie *Iphigeneia in Aulis* beschrieben wird[15]. Alles deutet darauf hin, daß Euripides' Gestaltung des Erechtheus-Praxithea-Stoffes von solchen oder ähnlichen Varianten des Agamemnon-Klytaimestra-Stoffes beeinflusst wurde, und daß die besondere dramatische Wirkung der Stoffgestaltung gerade auf der antithetischen Strukturierung zu solchen Stoffvarianten aus dem berühmten troianischen Mythenkreis beruht. Praxithea liebt ihren Mann und willigt zum Wohl der Gemeinschaft nicht nur in die Opferung der eigenen Tochter ein, sondern lobt sie sogar als edelste Tat, während Klytaimestra ihren Gatten gerade wegen einer solchen Tochter-Opferung für das Wohl der Gemeinschaft haßt und schließlich sogar ermordet.

Die antithetische Bezogenheit dieser beiden Stoffverläufe zu erkennen setzt voraus, daß man – unbewußt oder bewußt – die konkreten Stoffvarianten jeweils zu einem Stoffschema abstrahiert, ein Vorgehen, das neben den Gemeinsamkeiten gerade die Spezifika der jeweiligen stofflichen Gestaltung zu sehen hilft. Eine Suche nach Text-Text-Bezügen kann hier schnell an ihre Grenzen gelangen, da Gemeinsamkeiten wie Unterschiede nicht auf einer *intertextuellen*, sondern auf einer *interstofflichen* Ebene liegen[16].

---

[12] Außerdem führt Sonnino, 2010, 113-119, einige Beobachtungen dafür an, daß die Schilderung des Verhaltens der Praxithea komplexer gestaltet ist, als daß sich daraus eine ungebrochene Verherrlichung patriotischer Werte herauslesen ließe.
[13] Literaturhinweise zu Iphigeneia bei Reinhardt, 2011, 265, Anm. 996, und Reinhardt, 2016, 44.
[14] Vgl. etwa Aischyl. *Ag.* 1412-1421.
[15] S. Eur. *Iph. A.* ab Vers 873, wo Klytaimestra von der geplanten Opferung ihrer Tochter erfährt. In der *Iphigeneia in Aulis* wird zwar die Opferung der Tochter des Herrschers Agamemnon gegen Ende des Stückes auch glorifiziert, aber gerade nicht von der Mutter Klytaimestra, sondern von Iphigeneia selbst (ab Vers 1368).
[16] Man könnte noch weitere Beispiele für Stoff-Stoff-Interferenzen aufgrund struktureller Ähnlichkeiten anführen. Eines sei hier noch genannt: Die auch modern oft beobachtete strukturelle

14.2 Midasse und Nioben: Ähnlichkeit oder Gleichheit von Namen

Zu Stoff-Stoff-Interferenzen kommt es nicht nur durch ähnlich strukturierte und von der behandelten Thematik her verwandte Stoffschemata, sondern auch durch die Ähnlichkeit oder Gleichheit von Eigennamen der Protagonisten. Verschiedene Stoffe von zwei gleich- oder ähnlichnamigen Figuren verschmelzen zu *einem*, und die zwei Protagonisten werden zu *einem* gemacht[17], wobei der eine Namensträger gewöhnlich deutlich weniger prominent ist als der andere und deshalb im Lauf der Überlieferung vom bekannteren so weit überdeckt wird, daß die ursprüngliche Eigenständigkeit der „geschluckten" Figur und die genaue Gestalt der mit ihr verknüpften Erzählstoffe kaum mehr oder nur noch ungefähr rekonstruiert werden können.

So wird bspw. in der griechisch-römischen Überlieferung unterschiedslos von *dem* Midas gesprochen, obwohl sich die mit der Gestalt „des" Midas assoziierten Stoffvarianten nur unter großen Schwierigkeiten zu einem stimmigen Gesamtbild zusammenbringen lassen[18]. Einmal wird Midas mit Rosengärten in Makedonien verbunden[19], nach einer anderen Tradition ist Midas ein König in Phrygien[20]; nach einer Tradition fängt er mit List einen Satyr oder den Silenos, den alten und meist weinseligen Erzieher des Dionysos, nachdem er eine Quelle in Phrygien mit Wein versetzt hat[21] – wobei diese Quelle aber auch in Makedonien lokalisiert wird[22]; nach einer anderen Tradition verliert Silenos nur den Anschluß an das Gefolge des Dionysos, verirrt sich und wird von Midas gastfreundlich aufgenommen, bewirtet und zu Dionysos zurückgebracht[23]. Einmal strebt Midas nach geistiger Erkenntnis und bekommt auf sein Drängen von Silenos schließlich die Weisheit mitgeteilt, es wäre für den Menschen am besten, niemals geboren

---

Ähnlichkeit der Kirke- und der Kalypso-Episoden in Homers *Odyssee* hat bspw. beim Neuplatoniker Olympiodor zu einer Vermischung der beiden Episoden geführt, denn das von Hermes verliehene φάρμακον „Moly" beschützt bei Olympiodor Odysseus nicht vor Kirke, sondern vor Kalypso (Olympiodor in Plat. *Phaid.* A 6,2 bzw. 34 Norvin).

17 Zum Phänomen der „Zusammenführung typologisch oder onomastisch ähnlicher Gestalten verschiedener Lokalität" in der altgriechischen Mythologie s. auch Scheer, 1993, 63; zur Vermischung bspw. verschiedener Mopsos-Gestalten ebd. 155-161.
18 Zu Midas und weiterführenden Literaturhinweisen s. Reinhardt, 2011, 98, Anm. 409.
19 Hdt. 8,138; Athen. 15,683b.
20 Xen. *an.* 1,2,13 u. a.
21 Xen. *an.* 1,2,13, Max. Tyr. 5: einen Satyr; Theopompos (FGrH 115 F 75a), Paus. 1,4,5: Silenos.
22 Bion FGrH 332 F 3.
23 Ov. *met.* 11,85-99; Hyg. *fab.* 191.

worden zu sein, und das Zweitbeste sei, möglichst früh wieder zu sterben[24]; nach einer anderen Version wünscht sich ein ziemlich törichter und an geistigen Einsichten gänzlich uninteressierter Midas entweder von dem gefangenen Satyr oder von Silenos oder von Dionysos als Belohnung für die Zurückführung des Silenos die Gabe, daß alles, was er berührt, zu Gold werden soll[25].

Offenbar hatte man schon in der Antike Schwierigkeiten, mit diesen disparaten Stoffzügen zurechtzukommen, und man kann es kaum mehr als eine Verlegenheitslösung bezeichnen, wenn versucht wurde, eine Verbindung zwischen den beiden recht verschieden lokalisierten und charakterisierten „Midassen" dadurch herzustellen, daß man erklärt hat, Midas sei ursprünglich ein Phryger gewesen, habe dann aber die Herrschaft über Asien aufgegeben, eine Reise unternommen und sich schließlich in Makedonien niedergelassen[26]. Es deutet vielmehr vieles darauf hin, daß es neben dem prominenteren phrygischen Midas einen zweiten, aber unbekannteren nordgriechischen Midas gegeben hat, der durch den Kontakt beider Stoffe im Lauf der Zeit vom Ersteren gewissermaßen absorbiert wurde[27].

Stoffe mit gleichnamigen Protagonisten ziehen sich an. In solchen Fällen kann es passieren, daß auch völlig verschiedenartige Stoffe miteinander vermischt werden. So singt bspw. – weitaus weniger pessimistisch und in einem ganz anderen Kontext als in den eben referierten Midas-Erzählungen – Silenos in der 6. *Ekloge* von Vergil u. a. von Skylla, „der Tochter des Nisos", die für die Schiffe des Odysseus so gefährlich geworden sei[28]. Hier liegt aber eine offenkundige Stoff-Stoff-Interferenz vor, nämlich eine Vermischung des Meeresungeheuers Skylla, für die in der Überlieferung verschiedene Väter angeführt werden (Phorbas, Phorkys, Triton oder Tyrrhenos), mit der gleichnamigen Königstochter aus Megara, deren Vater Nisos heißt[29], und mit der es eine völlig andere Bewandtnis hat: als Minos Megara belagerte, hat sie ihren Vater an den Feind ausgeliefert, indem sie ihm das purpurne Haar abschnitt, an dem seine Macht hing (man denkt vom Stoffschema her an Simson und Delila im Buch Richter, Kapitel 16), und

---

24 Aristot. fr. 65 Gigon (= fr. 44 Rose 1887); Cic. *Tusc.* 1,114.
25 Vom Satyr: Max. Tyr. 5; von Silenos: Serv. Verg. *Aen.* 10,142; von Dionysos: Ov. *met.* 11,100-145.
26 Nikandros fr. 74 Gow/ Scholfield (bei Athen. 15,683b).
27 Vgl. bereits Drexler in Roscher, Bd. II, 2955: „Aber der Hellene wußte nichts von diesem nordgriechischen Midas, der über seine engere Heimat hinaus nicht weiter bekannt wurde; ohne weiteres wich er dem berühmten Asiaten".
28 Verg. *ecl.* 6,74-77.
29 S. dazu C. Zgoll, 2004, 74 f.

wurde dafür in einen Meeresvogel namens Kiris (oder in einen gleichnamigen Fisch) verwandelt[30].

Ein weiteres Beispiel für Stoffe, bei denen es aufgrund von Namensgleichheit zu Interferenzen kam: Nach den überlieferten Quellen gibt es eine *argivische* und eine *lydische* Niobe, die zunächst nicht nur durch ihre unterschiedlichen Lokalisierungen, sondern auch durch ihre verschiedenen genealogischen Einbindungen und die mit ihnen verbundenen Erzählungen deutlich voneinander getrennt auftreten. Niobe von Argos wird durch Zeus Mutter von Argos und Pelasgos; die lydische Niobe ist als Gattin des Amphion eine Mutter vieler Töchter und Söhne, die zu stolz ist auf ihren Kinderreichtum, Leto gegenüber prahlt und mit dem Tod aller oder fast aller Kinder bestraft wird.

Obwohl nun die Tötung der Kinder der lydischen Niobe nie in Argos spielt, berichtet Pausanias dann aber doch von einem Grabmal der Meliboia, die eine Tochter der (lydischen) Niobe gewesen sei, *in Argos*. Die Verbindung wird auch hier wieder über die implizite Annahme einer Reise plausibel gemacht: Meliboia sei mit ihrem Bruder Amyklas bei der Tötung der Niobekinder durch Artemis und Apollon verschont worden, sie seien dann nach Argos gezogen, hätten der Leto einen Tempel erbaut und seien dort gestorben – eine Konstruktion, die schon Pausanias selbst für spät und unglaubwürdig hält[31].

Der Möglichkeit, daß unter ein und demselben Namen Stoffe von verschiedenen Protagonisten zusammengeführt worden sind, war man sich bereits in der Antike bewußt. So schreibt der Historiker Diodoros, es habe neben Dionysos, dem Sohn von Zeus und Semele, noch einen zweiten Dionysos gegeben, der ein Sohn von Zeus und Persephone gewesen und früher als der Sohn der Semele geboren worden sei[32]. Im Lauf der Zeit habe der jüngere Dionysos gewissermaßen die Taten des älteren „geerbt" – ein treffendes Bild für den hier in den Blick genommenen Vorgang, daß eine bekanntere Figur eine gleichnamige weniger bekannte Figur durch eine Vermischung der Stoffe zunehmend in sich aufnimmt. In späterer Zeit, so Diodoros weiter, als die Menschen die Wahrheit nicht mehr

---

30 In einen Meeresvogel: Parthenios fr. 20 Martini; Verg. *georg.* 1,404-409; Ov. *met.* 8,145-151; in einen Fisch: Serv. ad Verg. *Aen.* 6,286; Hyg. *fab.* 198. Zum Stoff der Nisos-Tochter Skylla und seiner Ausgestaltung in der augusteischen Dichtung s. C. Zgoll, 2004, 106 f.
31 Paus. 2,21,9 f. Zu den beiden „Niobes" s. ausführlich Enmann in Roscher, Bd. III/1, 376-378, mit entsprechenden Belegen.
32 Diod. 4,4,1 f. Zur „Spaltung einer mythischen Persönlichkeit in mehrere Personen, die zu verschiedenen Zeiten gelebt hätten", s. auch Scheer, 1993, 63 f (Zitat ebd. 63).

gewußt hätten, seien sie dann aufgrund der Namensgleichheit zu der irrigen Auffassung gelangt, es habe nur *einen* Dionysos gegeben[33]. Unabhängig von der Frage, ob man aus der wissenschaftlichen Außenperspektive heraus die Erklärung des Diodoros für richtig hält oder die von ihm als irrig bezeichnete Ansicht vertritt, es handele sich tatsächlich nicht um zwei ursprünglich selbständige Figuren, sondern nur um zwei verschiedene genealogische Ableitungen ein und derselben Figur, zeigt das Beispiel, daß die Möglichkeit von Stoffvermischungen aufgrund von Namensgleichheit bereits in der Antike konstatiert und bewußt reflektiert wurde.

14.3 Herakles und Cacus: Sogwirkung prominenter Figuren

Daß verschiedene Stoffe miteinander in Kontakt kommen, und daß dabei Verschmelzungsprozesse ablaufen, indem Elemente aus dem einen Stoff in einen anderen hineingelangen und umgekehrt – all diese Vorgänge lassen sich nicht nur auf solche Stoffe begrenzen, die in irgendeiner Form etwas miteinander gemeinsam haben, sei es nun, daß sie strukturelle Parallelen aufweisen oder eine Vermischung sich aufgrund gleicher oder ähnlich klingender Namen vollzieht. Solche Stoffmischungen finden selbst dann statt, wenn zwischen Stoffen keinerlei Gemeinsamkeiten zu verzeichnen sind. So entfalten bspw. einzelne Stoffe oder auch Gestalten in der Mythologie, die besonders prominent sind, eine regelrechte Sogwirkung. Durch diese Sogwirkung werden ursprünglich fremde oder nur lose assoziierte Stoffe oder einzelne Stoffelemente angezogen und mit prominenten Stoffen bzw. Stoffen prominenter Gestalten vermischt, oder es werden zumindest Elemente fremder Stoffe integriert[34]. Auf diese Weise entstehen aus ursprünglich getrennten Überlieferungen gänzlich neue Stoffgebilde.

---

33 Diod. 4,4,5: κεκληρονομηκέναι δὲ τὸν νεώτερον καὶ τὰς τοῦ προγενεστέρου πράξεις· διόπερ τοὺς μεταγενεστέρους ἀνθρώπους, ἀγνοοῦντας μὲν τἀληθές, πλανηθέντας δὲ διὰ τὴν ὁμωνυμίαν, ἕνα γεγονέναι νομίσαι Διόνυσον. Ein *locus classicus* für die Aufzählung einer ganzen Reihe von Götternamen, bei denen ein und derselbe Name aber auf unterschiedliche Figuren bzw. Überlieferungen zu beziehen ist, ist Cic. *nat. deor.* 3,53-60; vgl. später bei Firmicus Maternus die Unterscheidung fünf verschiedener Athene-Gestalten (Firm. 16,2).

34 Vgl. Codino, 1970, 48: „Heroen und Geschehnisse, die einst verschiedenen Zyklen angehörten, streben danach, sich von dem Zyklus aufsaugen zu lassen, der weiter verbreitet und volkstümlicher wird."

Ein Paradebeispiel in dieser Hinsicht ist die Gestalt des Herakles[35]. Das Motiv der Reise eines mythischen Helden hat sich bereits als ein verdächtiger Hinweis auf Stoff-Verschmelzungsprozesse entpuppt. Gerade bei Herakles gibt es kaum einen Landstrich der damals bekannten Welt, den er während seiner vielen Heldentaten *nicht* durchreist hätte. Von den nach ihm benannten und zumeist an der Meerenge von Gibraltar lokalisierten „Säulen des Herakles" im äußersten Westen bis an das Schwarze Meer im Osten, von den Thrakern im Norden bis in das südliche Libyen, von den Tiefen der Unterwelt bis in die Höhen des Olymp: Herakles war überall. Und es gibt kaum einen mythischen Stoffkreis aus der Antike, in dem Herakles nicht mitgemischt hätte. Den Göttern hat er im Kampf gegen die Giganten Beistand geleistet; noch bevor Agamemnon und die griechischen Heerführer Troia erobert haben, hat Herakles Troia schon einmal erobert[36]; wie Theseus hat auch Herakles gegen die berüchtigten Amazonen gekämpft, und auf der berühmten Fahrt mit dem ersten Schiff, der Argo, die unter Iasons Führung die Erringung des Goldenen Vlieses zum Ziel hatte, hat natürlich – wenn auch nur vorübergehend – Herakles ebenfalls teilgenommen.

Angesichts des unaufhaltsamen Aufstiegs des Herakles am Himmel der mythischen Helden Griechenlands mußte es unvermeidlich zu Prozessen kommen, in denen ursprünglich eigenständige Stoffe durch ihre Verbindung mit dem überall durchreisenden Herakles ihre Eigenständigkeit verloren[37] – einerseits ein Verlust, weil eine „vor-herakleische" Gestalt dieser Stoffe in manchen Fällen kaum mehr sicher rekonstruiert werden kann, andererseits aber auch ein Glücksfall insofern, als sie ohne diese Assoziation mit Herakles in manchen Fällen vermutlich gänzlich verloren gegangen wären. Man könnte dies an verschiedenen Stoffen exemplifizieren; es soll ein Beispiel genügen.

Im Zuge der Aufgaben, die Herakles im Auftrag des Eurystheus zu bewältigen hatte, mußte Herakles auch die Rinderherden des Geryones in Südwestspanien

---

[35] Literaturhinweise zu Herakles gesammelt bei Reinhardt, 2011, 120, Anm. 483, und Reinhardt, 2016, 23 f. Ein weiteres Paradebeispiel, das man ebenfalls hätte wählen können, ist der Götterkönig Zeus, der durch seine höchste Position andere bzw. selbständige Gottheiten oder das, was anderen Göttern gehörte, gewissermaßen magnetisch angezogen hat.

[36] Weil Laomedon Herakles den Lohn für die Befreiung der Hesione verweigert hatte. S. dazu Reinhardt, 2011, 228 f, mit Hinweisen auf Primärstellen und Forschungsliteratur (ebd. 229, Anm. 856).

[37] Vgl. Graf, 1998, 389: „Hinter vielen der Erzählungen steht traditionelles und teilweise uraltes Erzählgut, das sich in die indoeuropäische, gar steinzeitliche Vergangenheit verfolgen läßt" (mit Literaturhinweisen). Vgl. auch Scheer, 1993, 298, mit Bezug auf Perseus und Herakles: „Wohin die griechischen Wanderheroen 'kamen', stießen sie zwangsläufig auf ein einheimisches Substrat, auf dem sie stärker oder schwächer haften blieben."

stehlen[38]. Nach erfolgreicher Mission kommt Herakles auf dem Rückweg mit den erbeuteten Herden auch in Rom vorbei – genauer: an der Stelle, an der später einmal die berühmte Stadt auf den sieben Hügeln entstehen sollte. Ein dämonenähnlicher Höhlenbewohner namens Cacus vergreift sich an den Rindern des Herakles. Daraufhin wird der Rinderdieb Cacus vom Rinderdieb Herakles gesucht, gefunden, bekämpft und schließlich getötet[39].

Ganz offensichtlich wird hier eine lokale Überlieferung mit Stoffen in Verbindung gebracht, die sich um Herakles ranken, wobei diese Verbindung erst in augusteischer Zeit greifbar wird – was freilich nicht viel über ihr Alter aussagen muß. Dabei ist kaum mehr feststellbar, welche Vorstellungen und Erzählungen mit dem „vor-herakleischen" Cacus ursprünglich verknüpft gewesen sein mochten. Es gibt lediglich vage Spuren, die auf einen altitalischen Gott oder auf ein altes Götterpaar mit den Namen Cacus und Caca verweisen[40], und Vermutungen, welche hinter dem Namen Cacus sogar eine ursprünglich etruskische Sehergestalt namens Cacu erblicken wollen[41], der aufgrund von ikonographischen Quellen offenbar mit eigenen Mythen verknüpft war, die sich anhand dieser Quellen aber nicht mehr rekonstruieren lassen[42]. Hier hätte wiederum eine Namensähnlichkeit (Cacu – Cacus) eine Vermischung ursprünglich unabhängiger Überlieferungen begünstigt[43].

Und noch in einer weiteren Hinsicht ist das Beispiel von Cacus aufschlußreich, weil der Cacus-Stoff auch im Detail eine weitere Interferenz mit einem gänzlich anderen Stoff aufweist, die in die Sparte der oben besprochenen Stoff-Stoff-Interferenzen aufgrund einer Strukturähnlichkeit der beteiligten Stoffe gehört. Es wird nämlich berichtet, Cacus habe die gestohlenen Rinder am Schwanz gepackt und rückwärts in seine Höhle gezogen, um durch eine solche falsche

---

38 Zum Stoffschema des Rinderdiebstahles s. den Artikel von Lincoln, 1976.
39 Eine Zusammenstellung der Quellen bei Arce, 1986, 177. Literaturhinweise zu Cacus bei Reinhardt, 2011, 356, Anm. 1363, und Reinhardt, 2016, 57.
40 Preller, 1881, Bd. 2, 286-289, geht ausführlicher auf Cacus ein; für ihn ist Cacus ursprünglich ein „unterweltlicher Feuergott" (ebd. 287). Die Hinweise, die diese These stützen, sind eher spärlich, aber nicht ganz von der Hand zu weisen. Zu Cacus und Caca s. Latte, 1960, 60, mit Belegen in Anm. 3.
41 So v. a. Small, 1982.
42 S. dazu im Detail Mavleev, 1986, 175-177.
43 So auch die Vermutung von Mavleev, 1986, 175. Vgl. die zusammenfassende Deutung von Graf, 1997b, 880: „Ein fast vergessener Cacus wäre dann in augusteischer Zeit unter dem Einfluß der griechischen Etymologie seines Namens (κακός „böse") und des Herakles-Mythos zum viehraubenden Ungeheuer geworden. Die etruskischen Darstellungen eines Seher Cacu können zeigen, wie eine solche Vorgeschichte ausgesehen haben könnte, in der aus einem göttlichen etruskischen Seher ein Ungeheuer wurde."

Spur das Aufspüren der gestohlenen Tiere unmöglich zu machen oder doch zumindest zu erschweren[44]. Die Vermutung ist kaum von der Hand zu weisen, daß dieses Stoffdetail aus einem der berühmtesten Rinderdiebstähle der griechischen Mythologie stammt, den Hermes unmittelbar nach seiner Geburt noch als kleines Baby vollbringt[45], denn auch Hermes wendet diesen Trick der rückwärtslaufenden Rinder an[46]. Doch wie Cacus konnte auch Hermes dadurch eine Entdeckung durch den Bestohlenen, in seinem Fall Apollon, letztlich nicht verhindern.

---

[44] S. Verg. *Aen.* 8,209-212; Prop. 4,9,11 f; Ov. *fast.* 1,549 f.
[45] Vgl. bereits Preller, 1881, Bd. 2, 288, Anm. 1: „Ein der griechischen Dichtung vom Rinderdiebstahle des Hermes entlehnter Zug."
[46] So schon Hom. *h.* 4,75-78. S. dazu mit weiteren Stellenangaben Scheid/ Svenbro, 2017, 95-97.

15 Die Merkwürdigkeit der Mythen: Stratifikationstheorie II

15.1 Zum Befund: Der Dom von Syrakus

Mitten im Mittelmeer: so könnte man nicht nur die zentrale geographische Lage, sondern auch die zentrale Bedeutung der Insel Sizilien kurz auf den Punkt bringen. Wichtige Handelsrouten kreuzen sich hier[1], und im Lauf der Geschichte geben sich verschiedenste Völker und Kulturen die Klinke in die Hand wie Phönizier, Griechen, Römer, Byzantiner, Araber, Normannen, Staufer, Franzosen, Spanier und Italiener[2].

Begibt man sich als moderner Besucher im geschichtsträchtigen Syrakus auf die Insel Ortygia und läuft nach dem obligatorischen Besuch der direkt am Meer liegenden Arethusa-Quelle durch die schmale *Via Pompeo Picherali* in nördlicher Richtung in das Innere der Altstadt, so gelangt man nach wenigen Minuten auf die *Piazza del Duomo*:

---

[1] S. dazu die Darstellung der Handelskontakte im (antiken) Mittelmeerraum bei Reden, 2015, mit aufschlußreichem Kartenmaterial (ebd. 983-986 und 999-1002).
[2] Vgl. zu dieser wechselvollen Geschichte den Überblick bei Gallas, 1978, 18-271.

∂ Open Access. © 2019 Zgoll, publiziert von De Gruyter. [CC BY] Dieses Werk ist lizenziert unter der Creative Commons Attribution 4.0-Lizenz.
https://doi.org/10.1515/9783110541588-015

Abb. 5: Dom von Syrakus (Sizilien), Westportal

Die prächtige, Mitte des 18. Jahrhunderts n. Chr. errichtete Fassade des Doms *Santa Maria delle Colonne* erweckt zunächst den Eindruck, man habe es mit einer Kirche aus der Zeit des Barock zu tun. Biegt man jedoch links neben dem Dom in die *Piazza Minerva* ein und wirft einen Blick auf die nördliche Außenseite des Doms, wird man schnell eines anderen belehrt. Nur die Fassade stammt aus der Barockzeit; das eher unscheinbare nördliche Seitenportal ist dem Stil nach der Renaissance zuzuordnen; das Mauerwerk bietet ein uneinheitliches Bild, in dem nur noch ein kundiger Betrachter verschiedene Bauphasen von der Renaissance bis zur byzantinischen Zeit zu erkennen vermag; und im vorderen Drittel der Außenwand, zwischen Seitenportal und Frontfassade, wölben sich kannelierte Wülste aus der sonst geraden Außenmauer, die sich nicht zuletzt an den oben noch fast bis zur Hälfte herausstehenden Kapitellen unschwer als antike dorische Säulen erkennen lassen und davon Zeugnis ablegen, daß der christliche Mariendom in einen antiken griechischen Tempel hineingebaut wurde[3].

Abb. 6: Dom von Syrakus (Sizilien), Stratifikation der Nordseite (Zeichnung: S. Sgariglia)

Der Dom von Syrakus kann aufgrund dieses komplexen stratigraphischen Befundes zum Sinnbild werden für ein wichtiges Wesensmerkmal einzelner mythischer Stoffvarianten, nämlich für ihre *Vielschichtigkeit*. Auch mythische Stoffe haben dann, wenn sie in einer bestimmten, medial konkretisierten Variante vorliegen, eine komplexe „Baugeschichte" hinter sich, die es mit sich bringt, daß sie Elemente verschiedenster Provenienz inkorporieren. Die theoretischen Grundlagen zur Erklärung dieses Befundes wurden durch die Ausführungen zum Phänomen

---

[3] Zur Baugeschichte bzw. „Stratigraphie" des Doms von Syrakus s. im Einzelnen Sgariglia, 2011, v. a. 61-88.

der Interhylität gelegt[4]. Es soll nun noch genauer in den Blick genommen werden, welche Folgen diese Beobachtungen für das Verständnis und damit zusammenhängend auch für die Interpretation mythischer Stoffe und vor allem ihrer konkret vorliegenden Varianten haben.

15.2 Von der Polymorphie mythischer Stoffe zur Polystratie mythischer Stoffvarianten

In Kapitel 4.6 dieser Arbeit ging es ausführlich um die wesensmäßige Polymorphie eines mythischen Stoffes. Auch hierfür könnte man den Dom von Syrakus zum Vergleich heranziehen. Wie Kirchen unterschiedlichen Heiligen geweiht sein können, so können mythische Stoffe mit unterschiedlichen Protagonisten verbunden sein. Nimmt man den Spezialfall einer *Marien*kirche als Äquivalent für einen *konkreten*, durch einen namentlich genannten Protagonisten spezifizierten mythischen Stoff, dann wäre die schier unübersehbare Anzahl existierender und potentiell noch weiterhin realisierbarer Marienkirchen ein Sinnbild für das prinzipiell unauslotbare Potential eines bestimmten mythischen Stoffes.

Zu dieser wesentlichen Polymorphie *eines mythischen Stoffes insgesamt* tritt nun aber als ein weiteres Merkmal die *jede einzelne Variante eines Stoffes* betreffende Vielschichtigkeit hinzu. Ein Stoff existiert als „Vielform", also polymorph, aber jede einzelne Stoffvariante ist aufgrund des Interhylitätsphänomens in der Regel noch zusätzlich durchsetzt von einzelnen oder mehreren Hylemen, Hylemelementen, Hylemprädikaten oder Hylemelement- bzw. Hylemprädikat-Determinationen von anderen Varianten desselben Stoffes oder von Varianten anderer Stoffe[5]. Somit ist grundsätzlich zu unterscheiden zwischen der *Vielförmigkeit* bzw. *Polymorphie* eines mythischen Stoffes, bezogen auf die Gesamtheit all seiner realisierten und potentiellen Varianten, und der *Vielschichtigkeit* bzw. *Polystratie* einer jeden einzelnen Stoffvariante[6]; im Bild: zwischen der Polymorphie des Typus „Marienkirche" allgemein und der Polystratie speziell des Mariendoms von Syrakus.

---

4 S. Kapitel 13.2.
5 Zu den hier verwendeten Begriffen s. das Kapitel 5.3.
6 Das griechisch-lateinische *mixtum compositum* „Polystratie" (vgl. eine ähnliche Sprachmischung bspw. bei „polyvalent") ist wegen des gleichlautenden Anklangs zu „Polymorphie" und aufgrund der Ungeläufigkeit griechischer Begriffe für „Schicht" (ἐπιβολή, auch πτύξ) gewählt.

15.3 Folgerungen für die Beschaffenheit der Konkretionen mythischer Stoffvarianten

> Geschichte ist das Geschehene und was fort und fort geschieht in der Zeit.
> Aber so ist sie auch das Geschichtete und das Geschicht,
> das unter dem Boden ist, auf dem wir wandeln ...
>
> Thomas Mann, *Die Geschichten Jaakobs*
> 4. Hauptstück, Kapitel *Urgeblök*

Aus der Polymorphie und aus dem Phänomen der Interhylität und der dadurch bedingten Polystratie mythischer Stoffvarianten ergibt sich eine wichtige Folgerung, die alle Arten medialer Konkretionen einzelner mythischer Stoffvarianten betrifft.

Bei jeder konkreten Darstellung eines mythischen Stoffes steht der Darsteller, ob es sich nun um einen Maler, Bildhauer, Autor oder fahrenden Sänger etc. handelt, nicht nur vor der Herausforderung, sich angesichts eines polymorphen, variantenreichen Gebildes für *eine Variante* eines Stoffes entscheiden zu müssen, sondern auch vor dem Problem, daß jede Variante, egal für welche er sich entscheidet, nicht von ihm allein ersonnen und verantwortet ist, sondern daß er mit einem *fremden* Gebilde arbeiten muß. Dies allein wäre für sich genommen noch nicht problematisch; zu einer Herausforderung wird dies vor allem dadurch, daß es sich selbst dann, wenn der Darsteller aus der Masse der möglichen Stoffvarianten *eine* ausgewählt hat, aufgrund der *Polystratie* mythischer Stoffvarianten in der Regel um ein *uneinheitliches* Gebilde handelt.

Grundsätzlich stehen nun bei mythischen Stoffvarianten, ähnlich wie bei Gebäuden in der Architektur, zwei Möglichkeiten zur Auswahl, wie mit einem solchen uneinheitlichen Altbestand umgegangen werden kann. Entweder man beläßt die Beschaffenheit des Gebäudes bzw. die gewählte mythische Stoffvariante im Wesentlichen so, wie sie war, oder man greift ein. Für Eingriffe existiert – zumindest mit Hinblick auf ein Gebäude – eine ganze Bandbreite von Möglichkeiten, vom vollständigen Abriß und Neubau über minder starke Veränderungen wie Um- oder Anbauten bis hin zu nur kleinen, eher kosmetischen Veränderungen. Bei der Übernahme und Wiedergabe mythischer Stoffvarianten jedoch ist der Spielraum für Eingriffe etwas eingeschränkt. Man will ja gerade keine in allen Punkten neue Stoffvariante ersinnen, sondern man will etwas Überliefertes übernehmen, und man muß das Übernommene so erzählen, daß es zumindest von der Masse der Rezipienten noch als etwas erkannt wird, das sich auf etwas Älteres, bereits Bekanntes bezieht.

Der italienische Architekt Andrea Palma bekam Mitte des 18. Jahrhunderts nicht den Auftrag, eine neue Marienkirche zu erbauen, sondern er sollte den Dom

Santa Maria delle Colonne in Syrakus renovieren. Entsprechend konnte er nicht den Altbau einfach abreißen und nach seinen eigenen Vorstellungen und im Stil seiner Zeit einen barocken Kirchenbau errichten, sondern er mußte zusehen, wie er eigene Ideen mit dem ohnehin schon uneinheitlichen Baubestand verbinden konnte.

Das Ergebnis ist, daß aus einem bereits *uneinheitlichen* Gebilde ein *noch uneinheitlicheres* Gebilde geworden ist; zu den verschiedenen bereits vorhandenen Schichten bzw. Baustilen ist nun noch eine „Barockschicht" hinzugekommen, ohne daß die Spuren der anderen Schichten beseitigt worden wären[7].

Aus diesen Beobachtungen läßt sich eine wichtige Folgerung für die Beschaffenheit von allen medialen Konkretionen mythischer Stoffvarianten ableiten. Aufgrund der Erwartung der Rezipienten, daß der „Altbestand" eines mythischen Stoffes soweit beibehalten werden muß, daß eine gewisse Wiedererkennbarkeit gewährleistet bleibt, ist es nicht nur wahrscheinlich, sondern fast unvermeidlich, daß die Uneinheitlichkeit des Altbestandes auch bei einer neuen Aktualisierung Spuren hinterläßt[8]. Anders ausgedrückt:

→ Da bei jeder „Realisierung" eines mythischen Stoffes bereits die Vorlagen komplexe, mehrfach geschichtete Gebilde darstellen, spiegelt das konkret vorliegende Ergebnis meistens die Uneinheitlichkeit der Vorlagen wider, ja in der Regel wird die Uneinheitlichkeit sogar noch verstärkt.

Wie stark die Uneinheitlichkeit der Vorlagen im konkreten Fall zu Buche schlägt, kann unterschiedlich sein. Entweder äußert sie sich in Form nur leichter Besonderheiten oder Merkwürdigkeiten, oder sie macht sich in Form deutlicher Spannungen und Inkonsistenzen bemerkbar. So fällt der Unterschied zwischen der

---

7 In Hinblick auf griechische Mythen konstatiert Puhvel, 1987, 127 f, generell folgende verschiedene Strata bzw. Einflußbereiche: „The three main ingredients of ancient Greek culture in general, and of myth in particular, may be described as substratal ('Aegean', 'Pelasgian', 'Minoan' in Crete), superstratal (Indo-European Greek), and adstratal (the steady seepage from Asia Minor and points farther east). ... the whole, for all its brilliant elaboration, still shows its seams and remains a somewhat rickety hodgepodge ..." Unabhängig davon, ob man genau *diese* drei Strata bzw. Einflußfaktoren für tatsächlich gegeben und hauptsächlich wichtig hält, ist die grundsätzliche Beobachtung kaum in Zweifel zu ziehen, *daß* griechische Mythenvarianten in der Regel verschiedene Schichten aufweisen.

8 Vgl. im Hinblick auf die homerischen Epen Seeck, 2004, 51: „Es ist sehr unwahrscheinlich, daß die bei der Motivarbeit gesammelten Motive und Untermotive und sonstigen Materialien ... ohne weiteres nahtlos zusammenpassen."

barocken Frontfassade und den dorischen Säulen in der Nordwand des Doms *Santa Maria delle Colonne* dem Betrachter schnell ins Auge; schon deutlich schwerer fällt hingegen eine Unterscheidung der verschiedenen Bauphasen des Mauerwerks, das die Zwischenräume zwischen den Säulen ausfüllt. Freilich hängt die Homogenität oder Inhomogenität der Darstellung eines Stoffes auch von Größe bzw. Umfang der Darstellung ab. Verkürzt man einen ganzen Stoff auf einen einzigen Satz wie „Kadmos gründete Theben" (analog knapp kann man auch ikonographisch „erzählen"), dann ist hier natürlicherweise keine Spur mehr von irgendwelchen stofflichen Widersprüchen oder abweichenden Versionen greifbar. Das liegt aber nicht daran, daß der verarbeitete Stoff keine solchen Inkonsistenzen hat, sondern daran, daß man ihn in der konkreten Darstellung so verknappt, daß sie nicht sichtbar sind.

Ein Text, ein Bild oder eine andere Konkretion eines mythischen Stoffes mag somit *darstellungstechnisch* bzw. *künstlerisch* noch so sehr „aus einem Guß" sein – für die stofflichen Vorlagen aber kann das kaum vorausgesetzt werden. Aufgrund der wesensmäßigen Polymorphie und Polystratie mythischer Stoffe bzw. Stoffvarianten ist kein Stoff aus einem Guß; ein Darsteller kann sich höchstens bemühen, seiner neuen Konkretion eines mythischen Stoffes soweit wie möglich einen glatten Anstrich zu geben.

Doch gibt es, wie oben bereits angedeutet, für solche Glättungsversuche gerade bei Mythen Grenzen. Andrea Palma hätte bei der Neugestaltung des Domes von Syrakus die herausstehenden Teile der dorischen Säulen an der Nordseite abschleifen, das Renaissance-Portal im Norden durch ein Barock-Portal ersetzen und die verschiedenen Phasen des Mauerwerks durch einen Putz verkleiden lassen können, so daß am Ende zumindest dem äußeren Schein nach ein rein barocker Kirchenbau entstanden wäre. Bei mythischen Stoffen hingegen unterliegt eine so durchgreifende Glättung und Vereinheitlichung von vornherein gewissen Einschränkungen. Denn viele der wenn auch disparaten, aber altehrwürdigen Elemente aus verschiedenen Schichten waren den Rezipienten ja *vertraut*; man *erwartete* vorstehende dorische Säulen an diesem bestimmten Bauwerk bzw. bestimmte Eigenheiten an einem mythischen Stoff und hätte in vielen Fällen mit Unverständnis reagiert, wenn ein unsensibler Purist um der Konsistenz des Baustiles willen alles Frühere als disparat und störend empfunden und deshalb abgeschlagen und übermalt hätte.

Solche Puristen gab es, auch schon in der Antike, wie bspw. Palaiphatos, der versucht hat, alles, was ihm an Mythen zu „mythisch" i. S. v. „unglaubwürdig" vorkam, wegzurationalisieren, um sie dem neuen Denkstil seiner Zeit anzupassen. Über das Ergebnis kann man je nach eigenen Vorlieben geteilter Meinung sein. Abgesehen von solchen radikalen Versuchen aber weisen Konkretionen mythischer Stoffvarianten in aller Regel polymorphie- und/ oder polystratiebedingte Merkwürdigkeiten oder Inkonsistenzen auf. Und auch solche Versuche wie die von Palaiphatos sind nicht in der Lage, all das Merkwürdige und Inkonsistente zum Verschwinden zu bringen; sie machen durch den entsprechenden Versuch im Gegenteil auf das, was an mythischen Stoffen als seltsam oder ungereimt empfunden werden kann, gerade erst recht aufmerksam.

15.4 Folgerungen für die Mytheninterpretation 2

15.4.1 Verschiedene Deuthorizonte mythischer Stoffe und ihrer Konkretionen

Die Beobachtungen zur Polymorphie mythischer Stoffe insgesamt und zur Polystratie der einzelnen Varianten mythischer Stoffe, die sich in der konkreten Stoffgestaltung niederschlagen, haben fundamentale Auswirkungen auf die Mytheninterpretation. Denn sie stellen eine Grundannahme in Frage, auf der bisherige hermeneutische, formalistisch-strukturanalytische und selbst noch strukturalistische Ansätze beruhen. Diese Grundannahme besteht darin, daß ein in einer konkreten Variante vorliegender mythischer Stoff oder gar der Stoff in seiner polymorphen Gesamtheit ein strukturelles Gebilde darstellt, dessen einzelne Elemente auf *einer* Ebene liegen und deshalb, sei es nun funktional oder semantisch oder in beiderlei Hinsicht, aufeinander bezogen werden können, ja zum Verständnis eines Mythos aufeinander bezogen werden *müssen*[9].

Daß dies selbst für strukturanalytische und strukturalistische Ansätze gilt, liegt nicht unbedingt offen zutage, weshalb noch näher darauf eingegangen werden soll. Eine strukturanalytische Untersuchung zielt in horizontaler Perspektive bspw. wie bei Propp und teilweise bei Barthes auf syntagmatisch einander funktional zugeordnete Stoffeinheiten. Einer strukturalistischen Analyse wie bei Lévi-Strauss geht es ähnlich, allerdings nun auf einer paradigmatischen Ebene und daher eher vertikal betrachtet, um die Identifikation von Kombinationen ver-

---

[9] Vgl. Henrichs, 1987, 255: „In recent decades the foremost analysts of Greek myths have approached each mythical narrative as a cohesive and organised whole composed of constitutive elements which contribute to its overall structure and which are designed to bring out its inherent meaning." Ein solcher Zugang auch bei Bouvrie, 2002, 62, die Mythen als „symbolic tales" definiert: „'Symbolic tales' are disguised as tales with a linear movement, and causal reasoning, behind which there may be hidden an essential structure of (affective cultural) meaning."

schiedener, einander ergänzender bzw. antithetisch aufeinander bezogener, bedeutungstragender Einheiten („Mytheme" bzw. „Beziehungsbündel")[10]. Man arbeitet funktionale oder semantische Strukturen eines mythischen Stoffes heraus oder vergleicht solchermaßen bestimmte Strukturen verschiedener Mythen untereinander und geht dabei davon aus, daß die verschiedenen analysierten Elemente und Einheiten eines Stoffes auf einem grundsätzlich gemeinsamen Verstehenshorizont angesiedelt werden können, ja daß sie aufeinander bezogen werden müssen, da (speziell aus strukturalistischer Perspektive) alle Elemente eines Stoffes in einem „System von Bedeutungen" stehen, in dem jedes Element seine spezifische Bedeutung nur in Abhebung von Elementen mit *anderer* Bedeutung erhält[11]. So bricht Lévi-Strauss zu Interpretationszwecken die Handlungsstruktur von mythischen Stoffen zwar auf und ordnet sie unter semantischen Gesichtspunkten neu an, doch liegen bei ihm die einzeln herausgelösten bedeutungstragenden Elemente z. B. „*des* Oidipus-Mythos" immer noch auf einem gemeinsamen Verstehens- und Deuthorizont, innerhalb dessen die einzelnen Mytheme aufeinander bezogen werden können und sollen, um zu ihrer jeweiligen Bedeutung im Rahmen des gesamten Stoffes zu gelangen[12]. Damit zielt Lévi-Strauss auf eine quasi unter der Erzähloberfläche verschiedener Stoffvarianten liegende semantische Tiefendimension ab. Aber schon die Voraussetzung eines einheitlichen Ganzen einer einzelnen Stoffvariante ist mehr als problematisch, und erst recht die Voraussetzung, daß man ein Konglomerat verschiedener Varianten eines Stoffes und angrenzender Stoffe als eine Einheit betrachten könnte („der" Oidipus-Mythos)[13], unter der sich eine auf einen einheitlichen Deuthorizont beziehbare, semantische Substruktur ausmachen ließe.

Hermeneutische, strukturanalytische und strukturalistische Ansätze gehen mit der Voraussetzung an die Interpretation mythischer Stoffe heran, daß sie ein Gebilde darstellen, in dem die einzelnen Elemente je nach Verknüpfung zwar unterschiedliche Funktionen oder Bedeutungen annehmen können, in dem aber im Prinzip jedem inhaltlich bedeutenden, funktional wichtigen oder handlungstra-

---

10 Vgl. zur Gegenüberstellung von „syntagmatischem" und „paradigmatischem" Strukturalismus Csapo, 2005, 189-226, und zur Problematik dieser Begrifflichkeiten ebd. 234-237.
11 Hintergrund und Voraussetzung dieser Zugangsweisen stellen die sprachtheoretischen Arbeiten von Ferdinand de Saussure und Roman Jakobson dar; s. dazu die Ausführungen bei Csapo, 2005, 181-189 und 212-217.
12 Zu Lévi-Strauss s. ausführlich Kapitel 5.2.
13 S. zur Problematik einer solchen Herangehensweise bzw. eines solchen Stoff-Verständnisses Kapitel 8.4.

genden Element relational zu den anderen Elementen ein sinnvoller Platz zugewiesen werden kann, und daß es auf diese Weise möglich ist, eine alle Elemente verbindende Erklärung zu finden.

Dieses in herkömmlichen Zugangsweisen implizit vorausgesetzte Postulat einer sinnvollen, auf einen einheitlichen Deuthorizont beziehbaren Relationalität prinzipiell aller Elemente einer Stoffvariante oder gar eines mythischen Stoffes insgesamt ist so nicht haltbar. Das wäre in etwa so, wie wenn jemand den Versuch unternähme, die Endgestalt des Doms von Syrakus mit Hilfe der Annahme zu erklären, man habe es hier mit dem einheitlichen Entwurf eines einzigen Architekten zu tun, der mit der Kombination verschiedenster Baustile eine bestimmte künstlerische Absicht erreichen bzw. eine bestimmte Aussage treffen wollte. Ein solcher Versuch würde zwar zu Ergebnissen führen, aber kaum zu solchen, die dem Gegenstand adäquat wären. Adäquat wäre eine solche Herangehensweise nur im Fall von nachweislich auf einzelne Autoren zurückgehende Kunstmythen, und dort auch nur in Bezug auf die vom jeweiligen Autor geschaffene Erstversion[14].

Die Variante eines mythischen Stoffes weist eine bestimmte Struktur auf, die analytisch in einzelne Elemente unterteilt werden kann. Das bedeutet aber noch nicht, daß all diese Elemente zusammengenommen ein Gebilde ergeben müssen, das als in sich konsistent gedeutet werden kann. Die Beobachtungen zur Interhylität haben gezeigt, daß im Gegenteil davon ausgegangen werden muß, daß eine mythische Stoffvariante nicht ein quasi aus dem Nichts heraus konstruiertes, in einem einheitlichen Entwurf geschaffenes Gebilde aus einem Guß ist, sondern daß sie Elemente verschiedenster Provenienz in sich vereint. Erst wenn zur Analyse der oberflächlichen *Struktur* einer Stoffvariante eine zusätzliche Bestimmung der Zugehörigkeit einzelner Strukturelemente zu verschiedenen *Schichten* tritt, kann man dem Untersuchungsgegenstand in seiner Komplexität gerecht werden.

Die Einsicht in die Polystratie mythischer Stoffvarianten führt notwendigerweise zu einer für die Erforschung und Deutung von Mythen grundsätzlichen Folgerung:

---

14 Zu autorgebundenen und daher zunächst monomorphen Mythen s. ausführlich Kapitel 12.5.

→ Für die Interpretation der Konkretion einer Stoffvariante und damit erst recht für die Interpretation eines bestimmten Stoffes insgesamt sind in aller Regel *mehrere* Ebenen bzw. Deuthorizonte anzusetzen[15].

Richtet sich eine solche Folgerung gegen eine hermeneutische Herangehensweise, so impliziert dies umgekehrt aber nicht die Auflösung der Bedeutungsgehalte eines mythischen Stoffes in eine nur noch vom Rezipienten abhängige, plurale Beliebigkeit unendlich vieler Interpretationsmöglichkeiten in einem dekonstruktivistischen Sinn[16]. In einem bestimmten mythischen Stoff bzw. seinen Varianten stecken mehrere verschiedene Bedeutungsebenen, aber nicht unendlich viele, und diese Bedeutungsebenen sind vorhanden, sie werden nicht immer wieder neu erst vom Rezipienten in einen Stoff bzw. in seine verschiedenen Varianten hineininterpretiert. Eine ganz andere Frage ist freilich, ob und inwieweit man diese verschiedenen Bedeutungsebenen noch identifizieren und entschlüsseln kann.

Um wieder auf den Dom von Syrakus zurückzugreifen: In seiner Bausubstanz sind verschiedene Schichten zu beobachten, aber es sind nicht unendlich viele, sondern es handelt sich um eine begrenzte Anzahl von Schichten, und diese Schichten werden nicht vom Betrachter in die Bausubstanz hineininterpretiert, sondern sie sind unabhängig von ihm vorhanden. Ob man nun aber Herkunft und Bedeutung dieser verschiedenen Bauschichten einwandfrei erklären kann, ist eine andere Sache. Wenn man von der griechischen Kultur nirgends auf der Welt weitere Zeugnisse hätte, würden die dorischen Säulen als eine unerklärbare Merkwürdigkeit stehen bleiben müssen; oder aber man könnte ihre Bedeutung nur teilweise ermessen, indem man sie zwar als Überreste eines antiken griechischen Tempels identifizieren würde, aber aufgrund fehlender Zeugnisse nicht mehr entscheiden könnte, welcher Gottheit dieser dorische Tempel früher einmal geweiht war. Nur durch eine glückliche Quellenlage kann man in diesem speziellen Fall die ältere Bausubstanz als Restbestand eines alten Athene-Tempels identifizieren. Deutlich einfacher fällt in der Regel die Bestimmung der Schichten

---

15 Vgl., als Vermutung formuliert, Scheer, 1993, 16, Anm. 15: „… ein und derselbe Mythos kann wohl die Möglichkeit vieler verschiedener Auslegungsebenen in sich bergen." Vgl. ähnlich bereits Kirk, 1980, 38: „Ein Mythos kann … unterschiedliche Akzente oder Bedeutungsebenen haben … Daraus folgt, daß die Deutung eines Mythos nicht dann aufhören sollte, wenn sich eine theoretische Auslegung gefunden und als fruchtbar erwiesen hat." Kirk hat damit allerdings nicht so sehr die Vielschichtigkeit einer mythischen Stoffvariante selbst im Blick als vielmehr die Vielfältigkeit verschiedener methodisch-analytischer Zugänge, die es anzuwenden gilt.
16 S. dazu die Ausführungen in Kapitel 13.1.

in Texten oder Bauten aus jüngerer Zeit, die teilweise eindeutig der „Überarbeitung" eines bestimmten „Autors", im Fall des Doms einer Renovierung durch den Architekten Andrea Palma zugeschrieben werden können.

15.4.2 Notwendigkeit der Erweiterung methodischer Herangehensweisen

Das Nebeneinander verschiedener Strata und damit unterschiedlicher Verstehens- und Deuthorizonte in mythischen Stoffvarianten stellt bei einer Interpretation von Texten, die solche Stoffvarianten verarbeiten, den Interpreten vor eine besondere Herausforderung. Er darf hier nicht genau dieselben theoretischen Voraussetzungen machen und von daher auch nicht – zumindest nicht *nur* – dasselbe methodische Handwerkszeug verwenden wie bei der Interpretation bspw. von lyrischen Gedichten. Eine Elegie aus den Liebesgedichten (*Amores*) von Ovid ist als inhaltlicher wie formaler Entwurf eines einzelnen Dichters anzusehen, selbst wenn eine solche Elegie durch das Auftreten und Handeln von Gottheiten einen mythischen Anstrich erhält wie dies bspw. im Eröffnungsgedicht des 3. Buches der *Amores* der Fall ist, so daß eine Deutung, sei sie nun bspw. biographisch, soziologisch-historisch oder literarhistorisch-philologisch orientiert, von der Voraussetzung einer Kohärenz der Gedankenführung und einer Konsistenz der beschriebenen Situation auszugehen hat, und daß bei dem Versuch einer Interpretation das ausdifferenzierte methodische Instrumentarium der jeweiligen Disziplinen als ausreichend angesehen werden kann[17].

Sowohl die genannten theoretischen Voraussetzungen als auch die Methodik dieser Disziplinen kommen aber an ihre Grenzen, wenn es um einen Textabschnitt geht wie bspw. um den in Hesiods *Theogonie*, in dem Hesiod den mythischen Stoff vom sogenannten „Opferbetrug" des Prometheus zur Darstellung bringt[18]. Hier handelt es sich nicht um eine vom Autor selbst geschaffene Situation, und in dieser Situation redet und agiert außerdem auch kein vom Autor konstruiertes „lyrisches Ich", sondern hier hat man es mit vom Autor übernommenen, komplex geschichteten und damit Ecken und Kanten aufweisenden stofflichen Vorlagen und mythischen Figuren zu tun, und die daraus entstandene dichterische Komposition darf folglich auch interpretatorisch nicht genauso an-

---

17 Daß trotzdem und auch in einem solchen Fall eine stoffanalytische Herangehensweise noch einen zusätzlichen Interpretationsgewinn liefern kann, soll weiter unten in Kapitel 17.3 gezeigt werden.
18 Hes. *theog.* 535-561.

gegangen werden wie das zitierte Ovidgedicht. Herkömmliche philologisch-literaturwissenschaftliche Methoden anzuwenden, empfiehlt sich sowohl bei Ovid wie bei Hesiod; während bei Ovid aber eine auf einer Hylemanalyse beruhende, stratifikationsanalytische Herangehensweise ergänzend hinzukommen und durchaus einen zusätzlich Gewinn bringen *kann*, ist sie im Fall von Hesiods *Theogonie* für ein vertieferes Verständnis und eine angemessene Interpretation unerläßlich. Die beiden hier kurz angerissenen Beispiele sollen später noch genauer behandelt werden[19].

→ Die Erkenntnis, daß mythische Stoffvarianten nicht nur bestimmte *Strukturen*, sondern auch *Schichten* bzw. *Strata* aufweisen, erweist sich als grundlegend. Sie eröffnet für die Erforschung mythischer Stoffvarianten eine neue Dimension, indem sie neben der Analyse der horizontalen Struktur zusätzlich die vertikale Schichtung bzw. Stratifikation in den Blick nimmt und zu erschließen sucht. Neben einer Hylemanalyse ist eine Stratifikationsanalyse unerläßliche Vorbedingung für Rekonstruktion, Verständnis und Interpretation von medial konkret realisierten mythischen Stoffvarianten.

15.5 Unterscheidung von Textschichten und Stoffschichten

Es soll nunmehr um die Frage gehen, welche Folgerungen sich aus den in den vorigen Kapiteln angestellten Überlegungen in Hinblick auf die Konkretion mythischer Stoffvarianten *in Textform* ergeben. Hier wird die Angelegenheit komplizierter, und es muß der bisher so einleuchtende Vergleich mit den verschiedenen Bauphasen und Gebäudeelementen des Doms von Syrakus zumindest in einer bestimmten Hinsicht als unzureichend angesehen werden. Das hat folgenden Grund. Wenn man die verschiedenen, sich überlagernden Bauphasen des Doms von Syrakus betrachtet und daraus etwa eine Baugeschichte rekonstruiert, dann befindet man sich damit durchgehend auf ein und derselben Bezugsebene, nämlich auf der Ebene der einzelnen Bauelemente. Im Fall der Untersuchung von mythischen Stoffvarianten, die in Textform konkretisiert werden, handelt es sich aber um *zwei* Ebenen, die berücksichtigt werden müssen, nämlich um die Ebene der einzelnen Wörter, die *Textebene*, und zusätzlich noch um die Ebene der dem Text zugrundeliegenden Stoffvariante, die *Stoffebene*. Auf beiden Ebenen kann

---

[19] S. dazu ausführlich die Kapitel 17.1 und 17.3.

es zu Stratifikationsprozessen kommen, die aber getrennt voneinander betrachtet werden müssen.

Dazu zunächst ein Beispiel, in dem beide Ebenen tatsächlich zusammenfallen. In einer textlich konkretisierten Variante des mythischen Stoffes vom Gang der Göttin Innana in das Totenreich wird erzählt, wie die Göttin an sieben verschiedenen Toren ihre herrschaftlichen Insignien ablegen muß. An einer entscheidenden Stelle, nämlich am siebten und letzten Tor, begegnet man einer Varianz. In verschiedenen sumerischen Textzeugen, in denen dieser Mythos in schriftlicher Form erhalten geblieben ist, deutet die Keilschrift darauf hin, daß Innana am siebten Tor das *Gewand* genommen wird; in anderen Zeugen für denselben Text hingegen ist in der betreffenden Zeile davon die Rede, daß der Göttin nicht das Gewand, sondern daß ihr die *Haut* genommen wird[20].

Dieser Befund läßt zwei Deutungen zu, was die *Ursachen* angeht; im Ergebnis aber laufen beide Deutungen in diesem Fall auf dasselbe hinaus, nämlich auf eine textliche *und* stoffliche Varianz. Entweder handelt es sich hier um Varianten, die ursächlich auf Probleme bei der Überlieferung des Textes zurückzuführen sind und deshalb Anhaltspunkte für eine Textgeschichte liefern können. Die Keilschriftzeichen für „Gewand" und „Haut" sind einander nur entfernt ähnlich, könnten aber in einer entsprechend undeutlichen Kursive möglicherweise zu Verwechslungen geführt haben. In einem solchen Fall würden die unterschiedlichen Überlieferungen in erster Linie im Hinblick auf eine Textgeschichte auszuwerten sein. Da es aber schwierig sein dürfte, hier und in ähnlichen Fällen eindeutige Beweise dafür zu finden, daß es sich lediglich um einen Abschreib-Fehler gehandelt hat, muß man noch eine weitere Ursache in Betracht ziehen. Denn die textlichen Varianten können in diesem Fall, da es nicht nur um stilistische oder auf einer ähnlichen, rein formalen Ebene angesiedelte Abweichungen, sondern um einen gravierenderen inhaltlichen Unterschied geht, auch auf die Interferenz einer abweichenden Stofftradition hindeuten. Nach der einen Tradition ist abge-

---

20 Vgl. *Innanas Gang ins Totenreich* Z. 122: „Nachdem sie niedergebeugt ist, nachdem ihre Haut abgeschält ist, wird einer sie [weggebracht haben]"; Zeile 162: „Nachdem jemand sie niedergebeugt hatte, nachdem jemand die Haut abgeschält hatte, brachte jemand sie weg." Die Zeichenformen sind an dieser Stelle nicht besonders klar. Zwei Textzeugen schreiben SU = k u š „Haut" (NiO 1,18′ und UNx Rs. 2,47); entsprechend wohl auch UrM 2,1 (die Stelle ist relevant, da mit vorliegender Zeile kontaminiert). Im Fall von NiE 3,30' liest Attinger, 2016, t u₉(g) „Gewand"; Cuperly (mündlich) nach Kollation erwägt auch hier eher ein SU. In Ur₁₁₁P-i-016f könnte (am Ende von Z. 16) t u₉(g)⁺ „Gewand" gemeint sein (Zeichen ŠE₃). Die Siglen der Textzeugen folgen der Notation der Digitalen Mythosbibliothek des Seminars für Altorientalistik der Universität Göttingen; für eine Edition und Übersetzungen vgl. Anm. 27 in Kapitel 12.4.

mildert von einer Erniedrigung der Göttin bis hin zur Nacktheit die Rede, während nach einer drastischeren Stofftradition die an den sieben Toren immer weiter fortschreitende Entmachtung der Göttin Innana am letzten Tor so einschneidend war, daß sie weniger einer beschämenden *Erniedrigung* bis hin zur Nacktheit als vielmehr durch die Häutung schon einer regelrechten *Tötung* gleichkam, daß Innana nach dieser Version nicht nur machtlos und erniedrigt, sondern schließlich sogar zu einer Toten werden mußte, um in das Totenreich eintreten zu können.

Ganz unabhängig von der Frage, welcher Ursache nun die beschriebene Überlieferungs-Unsicherheit bzw. Varianz zuzuschreiben ist, im Ergebnis handelt es sich im beschriebenen Beispiel um eine textliche Varianz, die automatisch auch eine stoffliche Varianz impliziert[21]. Das ist aber nicht immer der Fall, und daher ist es wichtig festzuhalten, daß diese beiden Ebenen, die textliche und die stoffliche, voneinander getrennt betrachtet werden müssen. Rein stilistisch oder grammatisch andere Varianten in einem textkritischen Apparat sind für sich allein genommen nur Indizien für eine Textvarianz; für eine Stoffvarianz bzw. für verschiedene stoffliche Überlieferungen oder Schichten können sie nicht allein, sondern nur zusätzlich als Indizien herangezogen werden. Auch wenn es einen Überschneidungsbereich gibt, ist eine grundsätzliche Unterscheidung von *Textschichten* und *Stoffschichten* daher von grundlegender Wichtigkeit. Verschiedene Stoffschichten deuten auf verschiedene Textschichten, aber verschiedene Textschichten haben nicht notwendig verschiedene Stoffschichten. Ein Text, der eine mythische Stoffvariante verarbeitet, kann eine lange Überlieferungsgeschichte hinter sich haben, die zu Merkwürdigkeiten und Inkonsistenzen im Textbestand geführt hat. Wenn solche Inkonsistenzen in inhaltlich irrelevanten grammatischen oder stilistischen Eingriffen bestehen, so ist das allein für sich genommen ein Hinweis auf eine *Textschichtung*, nicht aber zwingend auch schon auf eine *Stoffschichtung*. Erst wenn Textversionen auch inhaltlich voneinander abweichen bzw. eine Textbearbeitung erkennbar wird, die Veränderungen hinsichtlich der Handlungsstruktur zur Folge hat, implizieren diese textlichen auch stofflichen Veränderungen und ergeben damit eine Schichtung des Textes *und* des Stoffes.

Da es sich bei Mythen um *Stoffe*, nicht um *Texte* handelt, liegt das Hauptinteresse des Mythenforschers bei der Analyse der textlichen Konkretion einer vorliegenden Stoffvariante, anders als bspw. in der auf die alttestamentliche Exegese zurückgehenden Literar- und Redaktionskritik[22], nicht so sehr auf der Un-

---

21 Für eine genauere Deutung der Stelle und die Rekonstruktion der Gründe, auf welche die Veränderung auf stofflicher Ebene zurückzuführen sein kann, s. A. Zgoll, 2019a.
22 S. ausführlicher dazu Kapitel 16.3.

tersuchung von *Text*schichten, sondern auf der Analyse von *Stoff*schichten. Inhaltliche und gegebenenfalls zusätzlich vorhandene formale Abweichungen liefern demgemäß nicht nur Hinweise auf eine Textgeschichte, sondern sie stellen auch wichtige Belege für die Existenz verschiedener Stofftraditionen dar, die so bedeutsam waren, daß sie Spuren hinterließen, und die offenbar nicht zu einer Einheit fusioniert werden konnten oder sollten. Um die Spuren solcher Fusionsprozesse soll es im Folgenden gehen.

16 Formale und logische Indizien für Stratifikationsprozesse in Mythen: Inkonsistenzen (Stratifikationsmethodik II)

Steht nicht die Textebene, sondern die Stoffebene im Fokus, so kann die Polystratie einer mythischen Stoffvariante auf mehrere Ursachen zurückgeführt werden, einmal auf die grundsätzliche Polymorphie des Stoffes und auf das daraus entstehende Konfliktpotential bei der Formung einer einzelnen Stoffvariante auf dem Hintergrund der Uneinheitlichkeit der disparaten, sich zum Teil widersprechenden Vorlagen und Gestaltungsmöglichkeiten, zum anderen auf etliche andere Einflüsse, die im Zusammenhang mit dem Phänomen der Interhylität bei der Gestaltung von einzelnen Stoffvarianten zum Einbau, Ausbau, Umbau oder zur Streichung verschiedenster Elemente führen können[1].

→ Die Schwierigkeiten angesichts unterschiedlicher Stofftraditionen und verschiedene weitere Einflußfaktoren hinterlassen in der medialen Konkretion einer Stoffvariante – wie etwa in einem bestimmten Text – normalerweise Spuren in Form von einzelnen, konkret sichtbaren Inhomogenitäten oder sogar Inkonsistenzen, die entsprechend auf verschiedene Stoffschichten hindeuten können[2].

Diese Spuren können formaler und logischer Natur sein; auf semantische Indizien wird später noch genauer einzugehen sein[3], und auf bestimmte Muster von

---

1 Zur Interhylität s. Kapitel 13.2.
2 Vgl. dazu Kirk, 1980, 256 f, der das hier Ausgeführte bereits als Vermutung äußert. Teilweise beruhen auch die Forschungsergebnisse zum *Homerischen Demeter-Hymnos* und den darin verarbeiteten Stoffen von Suter, 2002, auf der Beobachtung von „interesting inconsistencies" (ebd. 43); vgl. dazu Anm. 52: „Thanks to the poet's incomplete transformation of his materials, the older story shows through." Vgl. auch ebd. 73: „A myth can absorb new cultural influences while retaining the old, becoming a new version of itself with inconsistencies and contradictions." Auf einer ganz anderen Ebene liegen die „Inkongruenzen", die Reinhardt, 2011, 249, im Blick hat und die sich ergeben, wenn einzelne mythische Stoffe oder Stoffkonglomerate sich nur unvollkommen zu einer Mythologie als „Gesamtsystem" vernetzen lassen, obwohl Reinhardt dann in diesem Zusammenhang auch u. a. auf stoffspezifische Inkonsistenzen zu sprechen kommt (249-253).
3 S. Kapitel 19.

Stoff-Stoff-Interferenzen wurde bereits in Kapitel 14 aufmerksam gemacht. Auf einer formalen Ebene geht es dabei bspw. in textlichen Konkretionen mythischer Stoffe um Verschiedenheiten im Bereich der Grammatik oder um stilistische Unterschiede, die, solange sie inhaltlich irrelevant sind, nicht allein für sich, durchaus aber mit anderen Indizien zusammengenommen nicht nur auf textliche, sondern auch auf stoffliche Strata deuten können. Auf der Ebene der Logik liefern Brüche oder gar Widersprüche in Bezug auf die Beschreibung von Figuren, Gegenständen, Örtlichkeiten, Zeitangaben oder Handlungen Indizien für eine Stoffschichtung[4]. Dies läßt sich analog auch auf andere mediale Konkretionen mythischer Stoffe wie z. B. innerhalb der bildenden Kunst übertragen. Auch dort kann es „Merkwürdigkeiten" geben, die sich erst dann befriedigend erklären lassen, wenn man ihre fremde Herkunft erkennt; man vergleiche bspw. die Inkorporation von Fremdelementen in zahlreichen Werken der griechischen Kunst der archaischen Zeit, die allein schon durch die Bezeichnung als „orientalisierende Epoche" (ca. 700 bis ca. 620 v. Chr.) angedeutet wird[5].

Für das Aufspüren und die Interpretation formaler und logischer Inkonsistenzen in Hinblick vor allem auf *Texte* und eine *Textgeschichte* wurde seit Ende des 18. Jahrhunderts von den bibelexegetischen Wissenschaften ein differenziertes Instrumentarium entwickelt und stets verfeinert und von der Homerforschung vor allem im 19. und frühen 20. Jahrhundert aufgegriffen[6]. Es stellt eine neue Aufgabe dar, die exegetischen Methoden der Literarkritik, der redaktionsgeschichtlichen Analyse und der Homeranalyse auf das Material antiker Mythen außerhalb der biblischen Überlieferung und der homerischen Epen auszuweiten und diese Methoden der *Textanalyse* auf ein *stoffanalytisches* Vorgehen zu adaptieren. Im Licht einer solchen stoffanalytischen Perspektive wiederum wird die

---

[4] Das sind genau die Kriterien, anhand derer sich – analog zu entsprechenden narratologischen und linguistischen Forschungen zur Konsistenz von Texten – auch eine Einheitlichkeit und damit die Abgeschlossenheit von (mythischen) Stoffen bewerten läßt; vgl. dazu die Ausführungen in Kapitel 8.1. Zu den verschiedenen Spuren s. bereits die treffenden Beobachtungen bei Csapo, 2005, 302: „In myth these contradictions may appear in many forms: among them are logical contradictions in the narrative, ambiguities and ambivalences in the motives or ethical character of the actions, and the proliferation within the narrative of redundant and mutually exclusive motives."
[5] Zu ikonographischen Einflüssen im Rahmen von Kulturkontakten zwischen Ost und West in Hinblick gerade auch auf mythische Erzählstoffe s. auch Henkelman, 2006, 812 f.
[6] Eine neuere (kommentierte) Zusammenstellung von Inkohärenzen und Inkonsistenzen in den homerischen Epen liefert etwa die Arbeit von Wilson, 2000.

Notwendigkeit sichtbar werden, grundsätzliche Annahmen der genannten wissenschaftlichen Methoden einer gewissen Modifikation zu unterziehen[7].

Oft bestehen die Verwerfungen in der Konkretion einer Stoffvariante, die auf die Polymorphie des Stoffes oder auf das Phänomen der Interhylität zurückzuführen sind, nur in leichteren Inhomogenitäten wie in formalen oder logischen Spannungen, Merkwürdigkeiten oder Auffälligkeiten, die übersehen werden oder durch etwas Anderes als durch inner- wie interstofflich bedingte Interferenzen erklärt werden können. In manchen Fällen jedoch resultieren aus solchen Interferenzen auch Inkonsistenzen, die sich nur noch schwer ignorieren lassen oder für die andere Erklärungsversuche gewaltsam wirken. Um nicht im Folgenden etwas umständlich von „Inhomogenitäten und Inkonsistenzen" sprechen zu müssen, sollen sowohl die geringfügigeren wie die deutlich sichtbareren, durch stoffliche Interferenzen bedingten Auffälligkeiten unter dem Begriff der *Inkonsistenzen* zusammengefaßt werden. Die Wahl des stärkeren Begriffs der „Inkonsistenzen" statt des schwächeren der „Inhomogenitäten" als Oberbegriff hat ihren Grund; es soll davon gleich noch ausführlicher gehandelt werden[8].

Wie bereits oben angesprochen, gibt es neben Inkonsistenzen auf formaler oder logischer Ebene noch weitere, für eine Interpretation ebenfalls wesentliche Indizien für Stratifikationsprozesse in mythischen Stoffvarianten in Form von bestimmten Mustern von Stoff-Stoff-Interferenzen[9], und Indizien auf *semantischer Ebene*, die in Kapitel 19 behandelt werden sollen. Immer sollten für einen Stratifikationsnachweis mehrere Indizien auf verschiedenen Ebenen zusammenkommen und sich gegenseitig stützen[10].

16.1 Der wiedererstandene Pylaimenes und Sancho Pansas Esel: Blick auf und Umgang mit Inkonsistenzen aus rezeptionsästhetischer und analytischer Perspektive

Bevor es im Folgenden um den Begriff der Inkonsistenz geht, ist eine grundsätzliche Bemerkung über den Unterschied zwischen *Kohärenz* und *Konsistenz* vor-

---

7 Zur Literar- und Redaktionskritik sowie zur Homerforschung s. ausführlicher Kapitel 16.3; dort auch Literaturhinweise.
8 S. dazu Kapitel 16.1.
9 S. dazu die Kapitel 13.3 und 14.
10 S. dazu zusammenfassend auch Kapitel 21.1.

auszuschicken. In konkret vorliegenden Varianten von Erzählstoffen müssen einzelne Hyleme erkennbar aufeinander bezogen sein[11]. Von seiten der Narratologie wurden Kriterien zusammengestellt, nach denen von Rezipientenseite eine solche Kohärenz bewertet bzw. erkannt werden kann, wie bspw. chronologische oder kausale oder teleologische Verknüpfungen[12]. Eine solche Kohärenz ist somit eine unabdingbare Voraussetzung für die Erkennbarkeit einer Stoffvariante als eine zusammengehörige Einheit. Kohärenz bedeutet aber nicht automatisch Konsistenz. Mehrere Hyleme können trotz auftretender Inkonsistenzen dennoch erkennbar aufeinander bezogen sein; daß sie zusammen*hängen* bedeutet nicht immer und automatisch, daß sie auch zusammen*stimmen*.

Die Verwendung des Begriffs „Inkonsistenzen" im Zusammenhang mit Varianten von Erzählstoffen wirft allerdings die Frage auf: Wie konnten die Rezipienten in der Antike solche Inkonsistenzen tolerieren? Ist nicht vielmehr davon auszugehen, daß die Rezipienten damals Inkonsistenzen in einer konkreten Stoffvariante genauso wenig geduldet haben würden wie heutige?

Freilich muß auch für antike Rezipienten die konkrete Gestaltung einer Stoffvariante über eine grundlegende Kohärenz hinaus auch eine gewisse Konsistenz aufweisen. Um nochmals auf den Dom von Syrakus zurückzukommen: Das Bauwerk muß in seiner Gestaltung bei allen Disparitäten immer noch zu der Grundidee eines Gotteshauses passen; die Inkorporation bspw. einer Start- und Landebahn für Flugzeuge wäre damit inkompatibel. Die hier anvisierten Inkonsistenzen bei der konkreten Gestaltung mythischer Stoffvarianten – wie sie auf baulicher Ebene beim syrakusischen Dom z. B. die Säulen des Athenetempels in der Außenwand der christlichen Marienkirche darstellen – müssen sich in einem bestimmten Rahmen halten.

Nur gibt es hier nicht nur eine *individuelle* Verschiedenheit, inwieweit man solche Inkonsistenzen zu dulden bereit ist oder sie sogar schätzt, sondern auch noch eine *kulturelle* Differenz. Wo Menschen heute kritisch und empfindlich reagieren, haben Rezipienten damals nicht unbedingt immer ebenso reagiert; jeden-

---

11 S. dazu die Definition von „Stoffvariante" als Sequenz verschiedener, *aufeinander bezogener* Hyleme, die nicht auf bestimmte mediale oder einzelsprachliche Konkretionen festgelegt ist, in Kapitel 6.1.
12 S. Wolf, 2002, 46-51. Eine „innere Verbindung" der Geschehnisse bzw. eine Kohärenz des Erzählten als allgemeine, aber maßgebliche Kriterien auch bei Meuter, 2004, 140, der auf der Basis systemtheoretischer Reflexionen und Begrifflichkeiten einen kulturwissenschaftlich übergreifenden Narrativitätsbegriff entwickelt (ebd. 152): „Mit den Differenzen Aktualität/Potentialität, Reversibilität/Irreversibilität, Prozess/Struktur und Anfang/Ende lässt sich aufzeigen, was Geschichten sind: *sich selbstorganisierende systemische Zusammenhänge von Sinn und Zeit.*"

falls darf man dies nicht unhinterfragt voraussetzen. Würde ein moderner Romanautor sich *unbeabsichtigt* eine solche Inkonsistenz leisten wie etwa, daß er eine Figur im Roman zu einem Zeitpunkt als handelnd auftreten lassen würde, zu dem diese nach einer früheren Erwähnung längst gestorben sein müßte, würde ein solcher Patzer heute bereits ein aufmerksames Lektorat gar nicht erst passieren – und selbst wenn, so würde es entsprechend Kritik von seiten der Rezipienten geben und der Lapsus würde spätestens bei einer zweiten Auflage beseitigt sein. Die Frage ist nur, ob man dies auch für andere Kulturen und Zeiten so voraussetzen kann.

In der homerischen *Ilias* beispielsweise gibt es einige ähnlich gelagerte Widersprüche, darunter sogar den Fall einer offenkundig unbeabsichtigten „Auferstehung" einer eigentlich verstorbenen Figur: Pylaimenes, der Anführer der Paphlagonen, stirbt in Buch 5 der *Ilias* durch Menelaos; später aber wird davon berichtet, wie Pylaimenes mit ansehen muß, daß sein Sohn Harpalion im Kampf von Meriones getötet wird[13]. Ganz offenkundig widersprechen sich in der *Ilias* auch die Varianten zum Sturz des Hephaistos aus dem Himmel. In der Version des Hephaistos-Sturzes in Buch 1 wird das Hinken des Schmiedegottes damit in Verbindung gebracht, daß Zeus Hephaistos am Fuß packt, als er ihn vom Himmel nach Lemnos hinunterschleudert, eine Version, die mit der später in Buch 18 erzählten nicht in Übereinstimmung steht, nach der Hera, die Hephaistos aus Scham über seine angeborene (!) körperliche Mißbildung verstecken wollte, ihren Sohn offenbar gleich nach seiner Geburt vom Himmel ins Meer geworfen hat, wo sich die Meeresgöttinnen Eurynome und Thetis seiner angenommen haben; in beiden Fällen wird das Geschehen von Hephaistos selbst in der ersten Person berichtet[14]. Bis antike Philologen und Literaturkritiker aber dazu übergingen, einem Autor wie Homer bei der stofflichen Gestaltung seiner Epen solche Fehler und auch ähnliche, weniger gravierende Unstimmigkeiten nachzuweisen, sind Jahrhunderte vergangen, in denen diese „Störfaktoren" offenbar geduldet oder gar nicht erst bemerkt worden waren[15], und selbst die Kritik kleidet sich bspw. bei Horaz in das vergleichsweise milde Diktum, daß freilich auch der sonst so vorzügliche Homer manchmal geschlafen habe, was man ihm aber aufgrund der

---

13 S. Hom. *Il.* 5,576-579 und 13,643-659.
14 S. Hom. *Il.* 1,590-593 und 18,394-397.
15 S. dazu auch treffend Seeck, 2004, 51 f: „.... da zeigt sich ein auffallender Unterschied zwischen Homer und unseren Romanschriftstellern. Ein moderner Autor wird dafür sorgen, daß sich eine möglichst glatte Oberfläche ergibt und der Leser sich nicht an Diskrepanzen und Widersprüchen stößt. ... Bei Homer ist aus moderner Sicht diese Glättung sehr unvollkommen durchgeführt, und es macht daher wenig Mühe, allerlei Brüche und Widersprüche bei ihm zu entdecken."

Länge seiner Werke nachsehen müsse[16]. Noch viel später macht sich Cervantes etwas über die allzu peniblen Kritiker seines *Don Quijote* lustig, die sich daran stören, daß es im ersten Buch Ungereimtheiten im Zusammenhang mit Sancho Pansas Esel gibt[17].

Will man nicht unhinterfragt andere rezeptionsästhetische Gewohnheiten mit modernen gleichsetzen, dann kommt man nicht umhin zu konstatieren, daß Konsistenz bei der Stoffgestaltung in antiken Kulturen nicht oberstes Gebot war, sonst hätten weder Verfasser noch Rezipienten noch Tradenten Inkonsistenzen geduldet oder sogar (bspw. durch redaktionelle Eingriffe) aktiv produziert. Daher lautet die zentrale Frage nicht: Wie konnten die Menschen in der Antike solche Inkonsistenzen tolerieren?, sondern: Wie gehen *wir* mit solchen für uns ungewohnten Inkonsistenzen um, worauf sind sie zurückzuführen und inwiefern ist ihre Berücksichtigung für die Interpretation von Texten oder anderen medialen Konkretionen mythischer Stoffvarianten wichtig?

Für die leichteren Inhomogenitäten und für die schwereren Inkonsistenzen, die in Konkretionsformen mythischer Stoffvarianten begegnen, wurde bewußt das schwerer wiegende „Inkonsistenzen" als Oberbegriff gewählt. Denn diese Wortwahl trägt dazu bei, das Bewußtsein dafür zu schärfen, daß man fehlgeht, wenn man als moderner Interpret, ob bewußt oder unbewußt, an mythische Stoffe bzw. an die medialen Konkretionen einzelner Stoffvarianten mit der Annahme herantritt, daß sie konsistent sein müßten. Das Rechnen mit Inkonsistenzen sollte bei der Untersuchung von mythischen Stoffvarianten in ihren medialen Konkretionsformen nicht der *Ausnahmefall*, sondern der *Regelfall* sein. In Hinblick auf Texte gesprochen richtet sich diese Forderung darüber hinaus nicht nur gegen die übliche Erwartungshaltung, daß ein Text normalerweise in sich konsistent sein muß, sondern auch gegen die darauf bezogene Rezeptionsgewohnheit,

---

16 Hor. ars 359 f: *indignor quandoque bonus dormitat Homerus; / verum operi longo fas est obrepere somnum.* Vgl. dazu auch Longin. Περὶ ὕψους 33,2-4: wer Großes wagt (wie Homer), der macht auch Fehler; nur kleinliche Geister bleiben fehlerfrei.

17 Cervantes, *Don Quijote* 2. Buch, Kapitel 3 und 4. Im 3. Kapitel findet sich dann (aus dem Munde Carrascos) nicht zufällig auch das eben angedeutete Horaz-Zitat (übers. Lange, 2008, 40 f): „... ich wollte, diese Herren Zensoren wären etwas großmütiger und weniger kleinlich und würden sich nicht an solch Stäubchen dieser hellen Sonne festbeißen, die das Werk ist, über das sie lästern. Denn wenn es auch heißt, *aliquando bonus dormitat Homerus,* sollen sie doch bedenken, wie hellwach er war, um uns das Licht seines Werkes so schattenlos, wie er nur vermochte, zu schenken ..." In der ersten Auflage des Romans vermisst Sancho in 1,25 seinen Esel, ohne daß gesagt würde, wie dieser abhandenkam, so wie er in 1,46 wieder auf ihm reitet, ohne daß man wüßte, wieso der Esel nun wieder da ist; auch ein Nachtrag in der zweiten Auflage sorgt mehr für Verwirrung als für Klarheit, da dieser Nachtrag an eine falsche Stelle im Buch gesetzt wurde. Zum verwickelten „Eselproblem" s. ausführlich Lange, 2008, 651 f.

die bereit ist, um der Konsistenz des Rezipierten willen sich auch mit fragwürdigen oder oberflächlichen Erklärungen von Inkonsistenzen zufrieden zu geben, wenn sie nur zu einem einigermaßen akzeptablen Textverständnis führen[18], oder gar in den Textbestand einzugreifen, um ihn zu „verbessern".

Die Einsicht in die wesensmäßige Polymorphie mythischer Stoffe und in die zu erwartende Polystratie mythischer Stoffvarianten macht somit eine bestimmte Haltung bei der Rezeption und Interpretation von Konkretionen mythischer Stoffvarianten wie bspw. in textlicher Form erforderlich, und zwar eine, die von vornherein eher von einer Inkonsistenz als von einer Konsistenz des jeweils vorliegenden Gebildes ausgeht, und die deshalb nicht versucht, Inkonsistenzen zu glätten, zu verharmlosen, wegzuerklären, als prinzipiell unverständlich oder unerklärbar zu deklarieren, als Überlieferungsfehler oder als Hinweise auf spätere Textinterpolationen zu deuten[19], sondern sie ernst zu nehmen und als Hinweise auf eine Stratifikation der vorliegenden Stoffvariante sehen zu lernen. Läßt man sich beim Interpretieren von Konkretionen mythischer Stoffvarianten nicht von einem automatischen, auf Konsistenz ausgerichteten Harmonisierungswillen leiten, sondern von dem Wissen, daß prinzipiell mit Inkonsistenzen zu rechnen ist, dann wird man außerdem in der Lage sein, auch schwächere Indizien wie Inhomogenitäten oder formale Abweichungen als weitere und deshalb hilfreiche Stratifikationsindizien zu erkennen.

Freilich ist das Verhältnis zwischen der Verpflichtung, einen mythischen Stoff in einer bestimmten Variante sogar unter In-Kauf-Nahme von Inkonsistenzen zu übernehmen, und einer weitgehend freiheitlichen und damit möglicherweise auch glättenden Stoffgestaltung durch einen einzelnen Autor komplex. Je größer die Rolle der Produktion schriftlicher Werke in einer Gesellschaft wird, je stärker eine Gesellschaft die Individualität eines Autors betont und je mehr künstlerische Freiheit sie ihm zugesteht oder von ihm sogar erwartet (und das muß kein linearer chronologischer Prozeß sein), desto niedriger wird der Anteil von Inkonsistenzen und auch deren Akzeptanz bei der Gestaltung mythischer Stoffvarianten ausfallen, und desto mehr wird eine solche Stoffgestaltung modernen Rezeptionsgewohnheiten entgegenkommen[20]. Konkretionen mythischer

---

18 Vgl. zu entsprechenden Homer-Übersetzungen treffend Wilson, 2000, V: „... translators were more concerned to produce a readable story than with literal accuracy"; viele Passagen in den homerischen Epen „resist all attempts to make any coherent sense" (an dieser Stelle keine Unterscheidung zwischen Kohärenz und Konsistenz; s. dazu oben).
19 Vgl. zu all diesen und weiteren Annahmen ausführlicher Kapitel 16.3.
20 Vgl. auch Masciadri, 2008, 365: „Ebenso dürfte die wachsende Bedeutung der Schrift, der 'Literatur' im engeren Sinne die Art und Weise verändert haben, wie die Geschichten behandelt wurden."

Stoffvarianten in Textform können durch einzelne, herausragende Autoren im Einzelfall aus literarästhetischen Gründen so stark überarbeitet, umgeformt und von Inkonsistenzen befreit sein, daß Indizien für das Vorhandensein verschiedener Strata kaum mehr erkennbar sind – so wie wenn man beim Dom von Syrakus die herausstehenden Säulenteile abgeschlagen und die auf der dann glatten Wand immer noch erkennbaren, verschiedenen Bauphasen mit einer weißen Putzschicht übertüncht hätte.

Und natürlich beeinflussen solche harmonisierende oder glättende Konkretionen mythischer Stoffvarianten in Texten, die von einzelnen Autoren produziert werden, dann wiederum die weitere Tradierung und Gestaltung der mythischen Stoffe selbst. Deshalb sehen in ihrer *literarischen Endgestalt* einzelne textlich konkretisierte Mythenvarianten manchmal fast genauso aus und können (durchaus mit Erfolg) zumindest in Ansätzen so interpretiert werden wie mancher moderne Roman, weil in solchen Fällen ja auch *ein* Autor den Stoff maßgeblich (um)gestaltet und Inkonsistenzen eventuell völlig zum Verschwinden gebracht hat.

Gerade für antike Kulturen und speziell in Hinblick auf mythische Stoffe aber gilt es zu betonen, daß für viele Zeiten und für verschiedene mediale Konkretionen mythischer Stoffvarianten mit Inkonsistenzen zu rechnen ist. Solche Inkonsistenzen in einem autorlosen Text und selbst noch in einem Text, in dem ein mythischer Stoff von einem individuellen Autor bearbeitet wird, sind nicht nur und je nach Fall nicht einmal in erster Linie einer genialen, eventuell nur bislang noch nicht verstandenen Autorstrategie oder dem Versehen eines Schreibers oder anderen oben bereits erwähnten Faktoren zuzuschreiben, sondern sie beruhen in der Regel schlicht auf dem Umstand, daß der betreffende Tradent oder Autor geschichtetes und damit inkonsistentes Material übernommen hat. Schließlich ist noch zu berücksichtigen, daß antike Rezipienten an solchen Inkonsistenzen weit weniger Anstoß genommen haben als moderne. Ästhetische Ansprüche antiker Rezipienten waren nicht in welcher Form auch immer „auf einer nicht so hohen Stufe" wie heute, sondern sie waren *anders*. Seeck hat in diesem Zusammenhang zurecht die „generelle Besonderheit traditionellen, d. h. ungeglätteten Erzählens" hervorgehoben, die es zu berücksichtigen gelte[21].

---

21 Seeck, 2004, 56.

16.2 Der Flug der versteinerten Niobe: Motivationen für die Akzeptanz von Inkonsistenzen

Der Begriff „Inkonsistenzen" ist für moderne Ohren tendenziell negativ konnotiert und insinuiert auf diese Weise, das Geschäft einer stratifikationsanalytischen Mythosforschung bestünde darin, die Alten beim Fehlermachen zu ertappen. Die von unseren heutigen Gewohnheiten abweichenden Produktions- und Rezeptionsgewohnheiten im Umgang mit mythischen Stoffen und ihren medial verschieden konkretisierten Varianten deuten aber nicht primär auf ein Defizit hin wie etwa auf eine Ungeschicklichkeit antiker Autoren oder auf eine ästhetische Unempfindlichkeit der Rezipienten. Man hätte es sich einfacher machen können, wenn man die vorhandenen Überlieferungen rücksichtslos vereinheitlicht und Sperriges radikal geglättet oder gar ausgestrichen hätte. Inkonsistenzen wurden ganz offensichtlich in vielen Fällen nicht hingenommen, weil man es *nicht besser konnte*, sondern weil man es *nicht anders wollte*. Motivationen dafür gab es verschiedene; einige der wichtigsten sollen im Folgenden herausgegriffen werden.

Zunächst einmal hat man in etlichen Fällen vermittelnd und kompromißbereit Altes, selbst wenn es, bei Licht besehen, problematisch war, deswegen stehen lassen, weil Rezipienten das Alte kannten, gewohnt waren und schlicht *erwarteten*, daß man es in bekannter oder zumindest ähnlicher Form wiedergibt. Ein Vergleich mag dies vielleicht am besten zu verdeutlichen. Man bezeichnet heute die vier letzten Monate des Jahres mit den Namen September, Oktober, November und Dezember, obwohl diese Monate schon seit Jahrhunderten nicht mehr den 7., 8., 9. und 10. Monat des Jahres bezeichnen, wie ihre Namen besagen, sondern den 9., 10., 11. und 12. Monat. Hierin liegt eine Inkonsistenz, die durch Gewohnheit bei niemandem Anstoß erregt, die aber eine abweichende Traditionsschicht erkennen läßt, nach der es einmal eine Zeit gegeben haben muß, zu der nicht der Januar, sondern der März als erster Monat des Jahres galt. Trotz dieser Inkonsistenz aber würde der Anstoß noch weit größer sein, wenn nun jemand auf die Idee verfiele, mit dem Wort „Dezember" – von der Sache her korrekter – den Monat Oktober zu bezeichnen. Und wie viele wird es bislang gegeben haben, die bei der Lektüre der stehenden Anrede des Odysseus als „zeusentsprossener Sohn des Laertes" (διογενὲς Λαερτιάδη)[22] tatsächlich über die leichte logische Widersprüchlichkeit dieser Wendung gestolpert sind?

Des Weiteren wurde vieles mit all seinen Ecken und Kanten tradiert, weil es altehrwürdig und damit schützenswert war. Der Hinweis auf eine Ehrwürdigkeit

---

[22] Vgl. etwa Hom. *Od.* 11,60.92.405.473.617 (u. ö.).

ist im Hinblick auf die Antike allerdings noch zu ergänzen, denn von einer Traditionstreue im Sinne einer bloß sozialen oder moralischen Norm kann dort nicht die Rede sein, wo die Tradierung des Alten selbst dann, wenn man es als seltsam oder sogar widersprüchlich empfand, religiös motiviert und somit eine heilige Pflicht war. Das wird in solchen Fällen besonders deutlich, in denen mythische Stoffe im Rahmen von Ritualen überliefert wurden, oder wenn man unabhängig davon die Ursprünge von Erzählstoffen in die göttliche Sphäre verlegt hat. So wird etwa das *Lied auf das Heiligtum von Keš* von dem Gott Enlil höchstselbst gesungen und von Nisaba, der Göttin der Schreibkunst, persönlich aufgeschrieben[23], und am Anfang von Hesiods *Theogonie* werden als Sängerinnen und Quellen mythischer Stoffe die göttlichen Musen gepriesen[24]. Ein moderner Autor könnte um der literarischen Glätte willen von einem überlieferten Stoffkomplex Sperriges streichen oder diesem Neues hinzufügen. Doch was er ohne größere Bedenken tun dürfte, wäre für jemanden, der sich als Bewahrer einer heiligen Tradition versteht, ein Problem, und radikalere Eingriffe würden bei den Rezipienten mit Sicherheit stärkeren Protest hervorgerufen haben als das Stehenlassen gelegentlicher Unstimmigkeiten. Was göttlichen Ursprungs ist, naseweis zu verbessern, wäre unter Umständen sogar als frevelhaft empfunden worden. Somit heißt das Ziel in solchen Fällen eher „Überlieferungstreue soweit wie möglich" als „Konsistenz um jeden Preis".

Bei der Existenz mehrerer voneinander abweichender Stofftraditionen stand man außerdem vor der Herausforderung, daß es nicht selten galt, *verschiedenen* Traditionen und damit auch Rezipientenkreisen und ihren Erwartungshaltungen *zugleich* gerecht zu werden, so daß man bei einer Glättung oder Harmonisierung, die zur Streichung etlicher Elemente oder Handlungsschritte hätte führen müssen, nicht so radikal wie eventuell nötig vorgehen konnte und dies auch nicht

---

23 Vgl. *Keš-Hymne* Z. 8-13; s. dazu ETCSL http://etcsl.orinst.ox.ac.uk/cgi-bin/etcsl.cgi?text= c.4.80.2&charenc=gcirc# (Abruf 8.5.2018) und die jüngste Bearbeitung bei Wilcke, 2006; eine neue Edition durch B. Kärger, Göttingen, ist in Vorbereitung. S. dazu des Näheren die Ausführungen von A. Zgoll, 2012a, 27 f und ausführlicher dies. 2020 (i. V.), Kapitel „Die Aktivierung von Tempel und Gottheit durch Schicksalsbestimmung, Namengebung und Preislied".
24 S. Hes. *theog.* 1-23.

wollte[25]. Anstelle eine Tradition der anderen zu opfern und damit manche Rezipienten vor den Kopf zu stoßen[26], wird deshalb nicht selten versucht, verschiedene Traditionen zusammenzuführen und damit eine gewisse Polyphonie der Stimmen zu bewahren, obwohl sich dadurch gewisse Spannungen ergaben, die man aber aus den genannten Gründen gern in Kauf genommen hat[27]. Möglichst viele Facetten der Überlieferung zusammenzubringen kann durchaus auch ein Kunstideal darstellen – freilich ein anderes als die Forderung nach der Herstellung einer möglichst glatten Oberfläche[28]. In einer solchen anders als für den modernen Rezipienten gewichteten produktions- und rezeptionsästhetischen Perspektive wurde die Herstellung von Konsistenz um jeden Preis und unter Aufopferung des Facettenreichtums der Überlieferung möglicherweise sogar als eher armselig empfunden.

Ein Beispiel für das Zusammenbringen mehrerer Überlieferungsstränge ist die Art und Weise, wie Ovid in den *Metamorphosen* vom Ende der Niobe berichtet und dabei versucht, gewisse überlieferungsbedingte, topographische Inkonsistenzen zu harmonisieren. Nach ihren frevelhaften Schmähungen gegen die Göttin Leto und nach der Tötung ihrer Kinder durch Apollon und Artemis, die dadurch ihre geschmähte Mutter Leto rächen, wird Niobe zu Stein. Nach Ovid soll

---

25 Vgl. bereits Csapo, 2005, 301 f: Mythen „must address the society as a whole, and cannot exclusively adopt the position of a single subgroup." Für Csapo gilt das für Mythen generell (und er hat dabei nicht einzelne Stoffe, sondern Stoffkonglomerate im Blick wie „*the* myth of Heracles", s. ebd. 302, Kursivierung C. Zgoll; zur Kritik an einem so ausgeweiteten Stoffbegriff s. Kapitel 8.4). Soweit wird man nicht gehen können; in einzelnen Fällen aber trifft dies ohne Zweifel zu. Der Ansatz einer *willentlichen* Belassung von Spuren verschiedener Stofftraditionen spielt eine wichtige Rolle für die Erklärung von Inkonsistenzen in dem sich v. a. auf die lateinische Epik beziehenden Buch von O'Hara, 2007, *Inconsistency in Roman Epic*; vgl. ebd. 13: „.... an idea that will be prominent ... in the book: that of the poet alluding to variant versions of a myth" (s. dazu des Näheren Kapitel 17.4).

26 Dabei bestand nicht zuletzt die Gefahr, daß ein Mythos in dieser Form abgelehnt wird; vgl. Csapo, 2005, 304: „This preference [i.e. der Vorzug einer bestimmten Perspektive oder Sichtweise] cannot be very obtrusive, or it will be rejected by the groups whose interest it opposes, and thereby will be likely to be deselected by the tradition."

27 Vgl. Csapo, 2005, 302: „In appealing to the interests of opposed groups, a myth will incorporate within its structure the contradictions that arise from the opposed interests of the larger subgroups."

28 In besonders starkem Maß gilt dies für die *Dionysiaka* des Nonnos, vgl. dazu Heldmann, 2016, 183: „Die Vielfalt und Vielgestaltigkeit, die ποικιλία ist sein Ziel ... Der verwirrende Eindruck, der daraus entsteht – ganz zu schweigen von den zahllosen Widersprüchen im Einzelnen wie im Ganzen –, muss den modernen Leser befremden. Er ist jedoch, wie die neuere Forschung herausgearbeitet hat, durchaus beabsichtigt, eben weil Nonnos sich dem Ideal der ποικιλία verschrieben hat ..."

nun ein Wind die versteinerte Figur der Niobe erfaßt, sie hochgehoben und durch den ganzen Luftraum vom griechischen Theben bis zum Sipylos-Gebirge im lydischen Kleinasien gewirbelt haben[29]. Obwohl nun ein solcher Vorgang nicht etwas darstellt, was im Bereich mythischer Stoffe unmöglich wäre, wirkt er doch auffällig konstruiert, schwach motiviert und fällt aus dem Rahmen dessen, was in vergleichbaren Stoffen erzählt wird[30]. Aus diesen Gründen liefert der geschilderte Vorgang unter einer stratifikationsanalytischen Perspektive einen deutlichen Hinweis darauf, daß hinter der von Ovid gebotenen Stoffvariante verschiedene Schichten auszumachen sind. Mag man Ovids Konstruktion auch als etwas gewagt oder gar abenteuerlich empfinden, so ist es ihm aber doch immerhin gelungen, zwei divergierende Verortungsmöglichkeiten des Niobe-Stoffes, eine griechische und eine kleinasiatische, miteinander zu verbinden[31]. Ein weiteres Beispiel für die Verbindung verschiedener Traditionen unter In-Kauf-Nahme von Inkonsistenzen wird in Kapitel 17.2 ausführlicher behandelt werden.

Die bisher aufgeführten Motivationen beschreiben im Grunde Kompensationsmechanismen: Man nimmt Inkonsistenzen in Kauf, weil dadurch im Gegenzug etwas anderes erreicht wird, wie etwa Übereinstimmung mit einer liebgewordenen Gewohnheit, Treue zu einer als sakrosankt angesehenen Überlieferung oder die gleichzeitige Berücksichtigung verschiedener Traditionsstränge. Man kann aber noch einen Schritt weiter gehen und in Inkonsistenzen nicht nur etwas erblicken, das man aus kompensatorischen Gründen in Kauf genommen hat, sondern etwas, das sogar gewisse Vorteile mit sich bringt. So kann es als Gewinn angesehen werden, wenn man sich einem Stoff und einer darin verarbeiteten Thematik nicht nur monoperspektivisch, sondern von mehreren Seiten bzw. unter verschiedenen Aspekten annähert. Die Polyphonie der Stimmen ist dann nicht ein Mangel, der durch andere Vorteile ausgeglichen wird, sondern ein Plus.

Um ein Beispiel anzuführen: Die Erzählung von zwei verschiedenen Varianten der Menschenschöpfung in den ersten Kapiteln des biblischen Buches Gene-

---

29 Ov. *met.* 6,301-312.
30 Winde können Menschen durch die Luft entführen, aber dann handelt es sich um die Entführung noch lebender Menschen, v. a. von Frauen. Eines der bekanntesten Beispiele ist die Entführung der Oreithyia durch Boreas (vgl. Apollod. 3,199); vgl. auch in Bezug auf Penelope und die Pandareos-Töchter Hom. *Od.* 20,61-66.
31 Zur Problematik der Verbindung zwischen Theben und dem Sipylos-Gebirge s. auch Bömer, 1976, 50; nach Bömer steht Ovid mit seiner „Lösung" des Problems allein da. Vgl. Statius, der die topographische Kluft dadurch zu überbrücken versucht, daß Niobe die Asche ihrer Kinder von Theben zum Sipylos-Gebirge überführt haben soll (Stat. *Theb.* 6,122-125; Bömer, a. a. O., schreibt irrtümlich von einer „Überführung der Asche der Niobe an den Sipylus").

sis bringt nicht nur den Gewinn, daß man verschiedenen Traditionen und Rezipienten zugleich gerecht wird, sondern auch, daß man anhand des Themas „Menschenschöpfung" unterschiedliche thematische Schwerpunkte setzen oder sich einer ausgewählten Thematik unter verschiedenen Perspektiven widmen kann, indem einmal, um nur wenige zentrale Aspekte herauszugreifen, die Gottebenbildlichkeit des Menschen und sein Herrschaftsauftrag im Mittelpunkt stehen, das andere Mal der Auftrag zur Bewahrung der Schöpfung und die Anfälligkeit des Menschen, sich zu verfehlen. Man würde es sich zu leicht machen, wenn man davon ausginge, daß die Rezipienten damals ein anderes, nämlich stumpferes Gefühl für Logik und Konsistenz hatten als moderne Rezipienten und manche Exegeten dies an den Tag legen, daß ihnen also gewisse Inkonsistenzen und Widersprüche zwischen den beiden Schöpfungsberichten nicht so stark zu Bewußtsein gekommen wären. Es war nur etwas anderes wichtiger als Konsistenz: nämlich der Sinngewinn, der mit der Aufarbeitung eines bestimmten Themas durch eine multiperspektivische und daher auch polyfunktional verwertbare Betrachtungsweise erreicht werden kann.

Inkonsistenzen oder Merkwürdigkeiten konnten in manchen Fällen schließlich sogar als *schön* empfunden werden, wie der oben bereits angeführte Vergleich mit dem syrakusischen Dom *Santa Maria delle Colonne* deutlich macht, dessen herausstehende dorische Säulen über viele Jahrhunderte bis heute nicht in erster Linie als störend angesehen wurden, denn sonst hätte man sie längst abgeschliffen[32]. Und auch hier kann man noch einen Schritt weiter gehen, über den Bereich der reinen Ästhetik hinaus in den Bereich weltanschaulicher Aussagen. Denn manchmal sind inkonsistente Altbestände auch deswegen nicht vollkommen ausradiert worden, weil dadurch ein Kampf verschiedener Auffassungen dokumentiert und ein Sieg von Neuem über Altes propagiert werden sollte. Man hat in solchen Fällen Inkonsistenzen nicht *nolens volens* in Kauf genommen, sondern sie gewissermaßen bewußt belassen, wie Beutestücke in einem Triumphzug. Auf entsprechende Beispiele wird noch ausführlich eingegangen, wenn speziell semantische Indizien für Stratifikationsprozesse in den Blick genommen werden[33].

Bei der Stratifikationsanalyse geht es somit nicht um die Bemäkelung von erzähltechnischen Merkwürdigkeiten oder offensichtlichen Fehlern, sondern um eine kriminalistische Spurensuche, die hinter einer nur auf den ersten Blick weitgehend glatten stofflichen Oberfläche auf Inkonsistenzen aufmerksam macht und damit Spuren aufdeckt, die Einblicke in die Vielschichtigkeit damit auch

---

32 S. dazu Kapitel 15.1.
33 S. dazu Kapitel 20.

Blicke auf die historische Dimension verschiedener Wachstumsstadien eines Stoffes ermöglichen. Die Ausführungen und Beispiele, die zeigen, daß solche Inkonsistenzen oft sogar positiv motiviert sein können, sollen das Bewußtsein dafür schärfen, daß in der Antike im Zusammenhang mit dem Aufgreifen mythischer Stoffe und der Produktion von Texten, die solche Stoffe verarbeiten, mit anderen als modernen Produktionshaltungen und Rezeptionserwartungen gerechnet werden muß.

Durch eine stratifikationsanalytische Herangehensweise an mythische Stoffvarianten wird eine wichtige Voraussetzung geschaffen, nach Schichten differenzierte Deuthorizonte zu eruieren, aus denen heraus Herkunft, Bedeutung und Sinn mancher Auffälligkeiten und Ungereimtheiten plausibel gemacht werden können. In Kapitel 17 soll es anhand konkreter Beispiele um solche stofflich bedingten Inkonsistenzen in Texten gehen, in denen mythische Stoffe verarbeitet wurden.

16.3 Odysseus und Onkel Toby: Inkonsistenzen und Textkritik, Literarkritik, Redaktionskritik und Homerforschung

An diesem Punkt der Ausführungen lassen sich vor der Analyse konkreter Beispiele theoretische Überlegungen von grundsätzlicher Bedeutung anschließen, die weitreichende Implikationen für die textkritische Arbeit, für einzelne Forschungsrichtungen wie die exegetische Literar- und Redaktionskritik oder die Homerforschung im Speziellen[34] und für die Behandlung und Interpretation von Texten, die mythische Stoffe aufgreifen, im Allgemeinen haben, weshalb hier noch etwas weiter ausgeholt sei.

Es steht außer Frage, daß in etlichen, aus verschiedenen antiken Kulturen überlieferten Texten Inkonsistenzen vorgefunden werden, die erklärungsbedürftig sind. Die Frage ist nur, welche Ursachen man für das Zustandekommen solcher Inkonsistenzen verantwortlich macht, bzw. – mit nur leicht verschobenem Akzent –, worauf solche Inkonsistenzen hindeuten und welche Folgerungen sich

---

34 Einen Einblick in die Fragestellungen und Arbeitsweisen der biblischen Literar- und Redaktionskritik liefern die entsprechenden Kapitel bspw. bei Becker, 2011 (zum Alten Testament), und Ebner/ Heininger, 2007 (zum Neuen Testament); zur Literarkritik speziell s. die Aufsätze von Schweizer, 1988 und 1995; zur Redaktionskritik s. Kratz/ Merk, 1997, und die Monographie von Rohde, 1966. Einen einzelne Autoren in ihren spezifischen Anliegen und Herangehensweisen differenziert würdigenden Überblick zur Geschichte der Homerforschung bietet Nesselrath, 2011.

daher aus einer näheren Untersuchung dieser Inkonsistenzen ziehen lassen. Hier sind verschiedene Antwortversuche zu verzeichnen:

1. Inkonsistenzen sind auf die kulturelle und zeitliche Kluft zwischen dem Autor und dem modernen (wissenschaftlichen) Rezipienten zurückzuführen, die ein Verständnis unmöglich macht oder doch zumindest sehr erschwert. In dieser Sichtweise sind Inkonsistenzen, recht betrachtet, keine Inkonsistenzen, sondern ursprünglich konsistente und in ihren direkten textlichen und weiteren kulturellen Kontext sinnvoll eingebundene Aussagen. Die vermeintlichen Inkonsistenzen sind schwierige Stellen, deren Entschlüsselung einen Interpreten vor besondere Herausforderungen stellen, aber auch Chancen bieten. Innerhalb der Homerforschung spiegelt dies Vorstellungen der „unitarischen" Position wider; in der biblischen Exegese stellen solche Interpretationsansätze einen Gegenpol dar zu den analytischen Versuchen der Literar- und Redaktionskritik.

2. Inkonsistenzen in antiken literarischen Werken wurden von den Rezipienten geduldet bzw. gar nicht erst als solche empfunden, weil es sich bei den Rezipienten damals gewissermaßen um ein „unempfindlicheres" Publikum handelte, dem daher solche Inkonsistenzen leichter zugemutet werden konnten als modernen Rezipienten[35].

3. Inkonsistenzen entstehen durch Fehler im Prozeß der Textüberlieferung (Abschreibfehler, irrtümliche, durch Unverständnis entstandene „Verbesserungen", Verderbnis des Überlieferungsträgers u. a.) und deuten deswegen auf nichts hin, was es zu rekonstruieren lohnte. Solche Inkonsistenzen müssen vielmehr nach den Regeln der Textkritik durch die Wiederherstellung des angenommenen Originaltextes beseitigt werden[36].

4. Inkonsistenzen sind darauf zurückzuführen, daß ein Autor, der eher als Kompilator zu bezeichnen ist, verschiedene textliche Vorlagen zu einem neuen Ganzen zusammenfügt, ohne allzu tiefgreifende Überarbeitungen und Glättungen vorzunehmen; es können auch mehrere Kompilatoren angenommen werden, die zu unterschiedlichen Zeiten verschiedene Einzelteile zu einem Ganzen gemacht haben. Deshalb sind Inkonsistenzen Hilfen bei einer Rekonstruktion der Gestalt der zusammengeführten

---

35 S. dazu O'Hara, 2007, 9. S. dazu auch die Ausführungen in den Kapiteln 16.1 und 16.2.
36 Die Tradition, manche Inkonsistenzen gerade auch bei der Verarbeitung mythischer Stoffe als „Fehler" anzusehen und zu verbessern, geht schon bis in die Antike zurück; s. dazu Scheer, 1993, 31 f.

Einzeltexte. Auf solchen Annahmen beruhen manche Interpretationsversuche auf Basis der literarkritischen Methode in der alt- und neutestamentlichen Exegese; innerhalb der Homerforschung ist dies die Position der (älteren) „analytischen" Richtung.

5. Inkonsistenzen sind darauf zurückzuführen, daß ein Autor, der eher als Redaktor zu verstehen ist, eine textliche Vorlage so überarbeitet, daß die vorgenommenen Eingriffe (Hinzufügungen, Streichungen, Veränderungen) zu Inkonsistenzen führen. Diese Inkonsistenzen können daher helfen, die besonderen Absichten des Redaktors (oder auch mehrerer verschiedener Redaktoren) von der ursprünglichen Stoßrichtung des überarbeiteten Textes abzuheben und in ihrer Eigenart zu erkennen. Ein solches Vorgehen ist für die alt- und neutestamentliche Redaktionskritik bestimmend; in der Homerforschung ist dies die Position eines „gemäßigten Unitarismus"[37], die von dem eigentlich in sich konsistenten Werk eines Autors ausgeht, daneben aber die Möglichkeit späterer redaktioneller Zusätze einräumt.

6. Inkonsistenzen sind darauf zurückzuführen, daß ein Autor zwar auf Basis von älteren Texten (oder mündlichen, aber ebenfalls weitgehend fixierten Gesängen), aber doch weitgehend selbständig und frei eine neue Komposition hervorbringt, wobei Spuren der Vorlagen erkennbar bleiben. Inkonsistenzen können daher als Hinweise auf die Beschaffenheit älterer textlicher oder quasi-textlicher Vorlagen gewertet werden, die sich aus dem Textbefund selbst heraus oder aus verstreuten Hinweisen in anderen (auch späteren Quellen) annäherungsweise rekonstruieren lassen. Dieser Ansatz ist kennzeichnend für die „neoanalytische" Position innerhalb der Homerforschung, die ältere „analytische" und „unitarische" Herangehensweisen aufgreift und zu einem neuen Ansatz verbindet[38].

7. Inkonsistenzen speziell in den homerischen Epen haben u. a. einen Grund auch darin, daß die besonderen Entstehungsbedingungen dieser Epen in einer Übergangsphase zwischen Mündlichkeit und Schriftlichkeit dazu geführt haben, daß etwa durch die formale Gestaltung (z. B. metrische Zwänge) und die Eigenart primär mündlichen Dichtens Formelhaftes stehenblieb und somit nicht alle formelhaften Ausdrücke oder Wendungen zum jeweiligen Kontext passen. In dieser wesentlich durch

---

37 Vgl. Seeck, 2004, 55 f.
38 Zu neoanalytischen Positionen s. ausführlicher u. a. Matijević, 2015, 56-59.

die *oral poetry*-Forschung bestimmten Sichtweise sind solche (leichteren) Inkonsistenzen somit als Hinweise auf die besonderen Produktionsbedingungen mündlichen (teilweise improvisierenden) Dichtens zu werten[39].

Natürlich wurden auch unterschiedliche Annahmen dieser verschiedenen Erklärungsansätze miteinander kombiniert oder in Einzelheiten modifiziert[40]. Worauf es hier ankommt, ist zu zeigen, daß entscheidende Faktoren, die ebenfalls für das Zustandekommen von Inkonsistenzen verantwortlich zu machen sind, bei den genannten Erklärungsversuchen nicht auftauchen. Diese Faktoren spielen nun aber gerade bei solchen Texten eine wichtige Rolle, in denen – wie bspw. in den homerischen Epen und in manchen biblischen Texten – *mythische* Stoffe aufgegriffen und verarbeitet werden. In solchen Fällen können Inkonsistenzen auch darauf zurückzuführen sein, daß ein Autor sich nicht nur einer bestimmten Anzahl von *Texten* gegenüber sah, für deren Zusammenführung bestimmte Herausforderungen zu bewältigen waren, sondern daß er vor einer noch viel umfänglicheren Anzahl von *Stoffen* (und möglichen Stoff-Kombinationen) stand; daß zudem jeder einzelne dieser Stoffe sich nicht etwa einförmig und klar, sondern vielförmig darbot, und daß des Weiteren die in diesen Stoffen handelnden Figuren ebenfalls nicht fest umrissen, sondern vielgestaltig waren.

Von der Polymorphie und Polystratie speziell mythischer Figuren wird später noch einmal ausführlicher zu handeln sein[41]; entscheidend ist zunächst die Einsicht, daß für die Erklärung von textlichen Inkonsistenzen auch die Faktoren der

---

39 S. dazu ausführlich u. a. den Aufsatz von Latacz, 2002. In so bedingten Inkonsistenzen wird nicht nur ein Mangel gesehen, sondern man kann sie auch als eine Bereicherung empfinden, indem durch die „traditional referentiality" eine bewußte Kontrastwirkung erzielt wird, „meshing that timeless, unspoken context with the hurly-burly of of the here and now" (so Foley, 1991, 252). Literaturhinweise zur *oral poetry*-Forschung bei Reinhardt, 2011, 323, Anm. 1260, und Reinhardt, 2016, 51.

40 Vgl. bspw. Wilson, 2000, 67, der davon ausgeht, daß die *Ilias* „by groups of bards working with the *Kunstsprache*" in einem gemeinsamen, synchronen Schaffensprozeß erzeugt (ebd. 72) und später weiterentwickelt wurde, daß es sich dabei um „work in progress" handelte (ebd. 67), und daß der an manchen Stellen unfertige Zustand (sprich: die Inkonsistenzen) darauf zurückzuführen seien, daß die athenische Redaktion der Gesänge zur Zeit des Peisistratos den teilweise noch unfertigen Zustand dieser Gruppenarbeit gewissermaßen eingefroren und konserviert hat (vgl. ebd. 65). Eine ähnliche Arbeit einer weiteren Bardengruppe sei die *Odyssee* gewesen (dazu und zu Wilsons Hypothesen, warum in der *Odyssee* mehr Inkonsistenzen zu finden sind als in der *Ilias* s. ebd. 72).

41 S. die Kapitel 22.1 und 22.2.

Polymorphie und Polystratie der verarbeiteten Stoffe bzw. Stoffvarianten und Figuren eine Rolle spielen, ja daß ihnen eine besondere Wichtigkeit zuzumessen ist – vor allem in solchen Texten, die mythische Stoffe aufgreifen und verarbeiten. Inkonsistenzen können auf dem Hintergrund dieser Beobachtungen nicht nur Hinweise auf *textliche* oder *quasi-textliche* Vorlagen sein, also im Fall der homerischen Epen bspw. auf eine vom Dichter benutzte oder eingearbeitete *Aithiopis, Achilleis* oder *Meleagris* etc.[42] oder auf als weitgehend fixiert angesehene Gesänge, die man nun mit Hilfe dieser Inkonsistenzen und etwa noch erhaltener Fragmente rekonstruieren könnte, sondern sie können auch auf andere und darüber hinaus vielgestaltige *stoffliche Traditionen* zurückzuführen sein, die nicht (nur) mit *textlichen bzw. quasi-textlichen Vorlagen* gleichzusetzen sind.

Die Suche nach textlichen oder quasi-textlichen Vorlagen, deren Einarbeitung für das Entstehen von Inkonsistenzen verantwortlich gemacht werden können, betrachtet somit den Komplex des Produktions- und Rezeptionsvorganges eines Werkes, das mythische Stoffe verarbeitet, aus einer zu eingeschränkten Perspektive; das Spektrum der in Frage kommenden Einflußfaktoren ist sehr viel weiter zu fassen. Außerdem besteht, damit zusammenhängend, die Gefahr, daß die Möglichkeiten überschätzt werden, von Inkonsistenzen gleich auf *eine bestimmte textliche Vorlage* zu schließen (oder auf mehrere textliche Vorlagen), wo vielleicht nur *verschiedene stoffliche Einflüsse* vorliegen. Die Möglichkeiten bzw. Wahrscheinlichkeiten von Inkonsistenzen ergeben sich nicht erst aus dem Versuch, eine oder mehrere textliche Vorlagen zusammenzuführen oder in einen neuen Text einzupassen oder einen Text zu redigieren etc., sondern sie liegen bereits viel umfassender in der Vielförmigkeit, ja Disparität der zur Verarbeitung anstehenden mythischen Stoffe und Figuren selbst begründet.

Somit ist eine grundsätzliche Voraussetzung der meisten oben genannten Erklärungsversuche und Forschungsrichtungen einer Modifikation zu unterziehen, die Voraussetzung nämlich, welche in der Annahme besteht, daß Spannungen, Inkonsistenzen und Widersprüche in antiken Texten, die mythische Stoffe verarbeiten, vor allem dazu geeignet seien, Indizien für die *Textüberlieferung* oder für die *Textgenese* und Hinweise auf orale oder schriftliche, *quasi-textliche* bzw. *textliche Vorformen* zu liefern, die aufgrund der vorhandenen Inkonsistenzen und durch die Rekonstruktion von selbständig erscheinenden einzelnen Episoden oder durch die Zusammenführung von textlichen Fragmenten aus verschiedenen Quellen erschlossen werden könnten. In bestimmten Fällen mag diese Voraussetzung zutreffen, in anderen Fällen aber sind Inkonsistenzen nicht als Hilfsmittel für die Rekonstruktion einer *Textgeschichte* anzusehen, sondern als

---

42 Vgl. dazu Danek, 1998, 24 f.

Hinweise auf Varianz und Vielschichtigkeit der in die Texte integrierten *Stoffe* zu werten[43]. Die Komplexität der polymorphen Stoffe und der in sich geschichteten Stoffvarianten und Figuren führt zwangsläufig zu Spannungen, die bei ihrer „Verarbeitung" aus verschiedensten Gründen nicht immer vollständig ausgeglichen werden oder sich sogar verstärken können.

Die im Hinblick auf eine produktionsästhetische Perspektive aufgestellten Thesen, daß Inkonsistenzen raffinierte, bislang nur unverstandene Autorstrategien darstellen, daß sie auf die Kompilation ursprünglich selbständiger Texte, auf nachträgliche redaktionelle Eingriffe, auf das Einpassen anderer textlicher Vorläufer oder auf Überlieferungsfehler zurückzuführen seien – all das sind außerdem Annahmen, die rezeptionsästhetisch betrachtet im Wesentlichen eine Erwartungshaltung erkennen lassen, die von der Vorstellung der Qualität neuzeitlich-moderner literarischer Werke wie bspw. von komplexer gestalteten Romanen beeinflusst scheint. Auf dem Hintergrund der (modernen) idealen Vorstellung von der „Einheit und Autonomie des Kunstwerks" ist Konsistenz etwas, das bei literarischen Werken oft als grundlegend und als etwas selbstverständlich Erstrebenswertes vorausgesetzt wird[44]. Darüber hinaus steht die gleichsam selbstverständliche Annahme im Raum, daß ein Mangel an Konsistenz auf ein Unvermögen des Autors (oder mehrerer Autoren, Kompilatoren oder Redaktoren) oder auf einen Überlieferungsfehler o. ä. hindeutet, oder daß antike Rezipienten gewissermaßen stumpfer und unempfindlicher waren. Und daraus wiederum wird ebenso selbstverständlich die Forderung abgeleitet, daß Unvollkommenheiten oder Fehler zu verbessern seien und wenn möglich die ursprüngliche, aus welchen Gründen auch immer verloren gegangene oder nicht erreichte Konsistenz (wieder-)herzustellen sei.

Von einem neuzeitlichen Roman etwa wird in der Regel erwartet, daß die vom Autor geschaffenen Figuren in sich stimmig auftreten und handeln, daß Veränderungen dieser Figuren sich organisch aus dem Handlungsverlauf ergeben,

---

[43] In der eingesehenen Literatur, auch wenn hier keine vollständige Einsichtnahme behauptet werden kann, ist eine entsprechende Sichtweise kaum zu finden. Eine Ausnahme ist Burgess, 2012b; vgl. ebd. in Hinblick auf die frühgriechische epische Tradition: „The early epic tradition was not limited to surviving or attested epics, with the addition of a few oral prototypes. There were countless epic performances that narrated mythological traditions by means of oral compositional techniques."

[44] Vgl. zu diesen literarästhetischen Vorstellungen der Moderne und zu einer (impliziten) Kritik ihrer Übertragung auf antike Gegebenheiten bereits Danek, 1998, 2; noch schärfer die Kritik an einer oft nur unbewußt rückprojezierten Ästhetik bei Todorov, 1977, 53-56, mit Beispielen, daß solche Inkonsistenzen nicht nur bei Homer bzw. in der (griechischen) Antike, sondern auch noch in viel späteren Literaturwerken beobachtet werden können.

und daß der Ablauf der Handlung keine Unstimmigkeiten aufweist. Diese Erwartungen können von einem Romancier um so mehr erfüllt werden, als er sowohl Handlung wie Figuren ja in der Regel selbst erst erschafft. Ungeachtet aller Einflüsse von außen sind Handlungen und Helden neuzeitlicher Romane im Wesentlichen Erzeugnisse ihrer Autoren, von denen dementsprechend in der Regel eine konsistente Figurenschilderung erwartet wird. Wenn bspw. der liebenswert gezeichnete Onkel Toby in Laurence Sternes Roman *The Life and Opinions of Tristram Shandy, Gentleman* vom Anfang bis zum Ende des Werks seiner naiv-aufrichtigen Treuherzigkeit und seinem kriegerischen Steckenpferd, dem Belagerungs- und Fortifikationswesen, treu bleibt, so entspricht dies den Erwartungen von Sternes Lesern und ihrem Verständnis von der angemessenen Konstruktion einer literarischen Figur.

Ein angenommener Verfasser der *Odyssee* oder ein Autor wie Hesiod sehen sich hingegen vor eine ganz andere Aufgabe gestellt. Sie machen bspw. mit Odysseus oder Prometheus Figuren zu Protagonisten ihrer Epen, die in zahlreichen Liedern und sonstigen Überlieferungen längst existierten[45]. Und sie stehen vor der Herausforderung, diesen in verschiedenen Überlieferungen jeweils verschieden geschilderten Odysseus- oder Prometheus-Figuren gerecht zu werden, mit anderen Worten: mit polymorphen Figuren zu arbeiten, und das nicht nur bei Odysseus oder Prometheus, sondern auch bei den meisten anderen im Epos auftretenden Figuren.

Dasselbe gilt von dem verarbeiteten Stoff. Homer oder Hesiod erfinden ihn nicht, sie finden ihn vor. Außerdem finden sie nicht nur *einen* Stoff vor, sondern *mehrere* und noch dazu verschiedene Stoffvarianten[46]. In der Homerforschung hat Danek den vielversprechenden Ansatz verfolgt, hinter der *Odyssee* stehende Alternativ-Versionen ausfindig zu machen, ja ein adäquates Verständnis der *Odyssee* von dem Wissen um diese Alternativen abhängig zu machen[47]. Das ist an sich treffend, in der konkreten Zuspitzung vermutlich aber noch zu vereinfacht und letztlich immer noch sehr textbezogen gedacht, zu abhängig von dem vorlie-

---

45 Vgl. dazu aus literaturwissenschaftlicher Perspektive und damit nur text-, nicht stoffbezogen, das Konzept der „Interfiguralität" von Müller (1991).
46 Zu Hesiod treffend Loney, 2014, 504: „... for Hesiod, preceded by generations of theogonic, epic, and lyric poets in competition with one another (see Hes. *Op.* 25), this means appropriating, syncretizing, rejecting, or otherwise using antecedent traditions in order to compose the ordered world of his text."
47 S. Danek, 1998, 508: „Unsere Odyssee will also vor einem Hintergrund verstanden werden, ohne dessen Berücksichtigung wir heute an der Intention des Textes vorbeilesen."

genden Gebilde der *Odyssee* als Text. Danek betrachtet nämlich den in der *Odyssee* verarbeiteten Stoff als *ein* einheitliches Gebilde („*der* Stoff der Odyssee"[48]), als *die* „Geschichte von der Heimkehr des Odysseus"[49], und spricht entsprechend von „alternativen Konzeptionen *der* Odyssee"[50] bzw. in Anlehnung an Foley von einem „kollektiven 'Übertext'", von dem dann „alle Einzeltexte" abhängen sollen[51], mit anderen Worten: Er geht von einer Art kollektiv anerkanntem „Standard-Mythos" *des* Stoffes von der Heimkehr des Odysseus aus, von dem sich dann Homers *Odyssee* immer wieder abhebt. Weder die Idee von einer solchen Standardversion kann überzeugen[52], noch das Subsumieren der vielen in der *Odyssee* verarbeiteten Stoffe unter *einen* Stoff[53]. Die Kritik an der Zusammenfassung vieler Einzelstoffe zu einem „Überstoff" von *der* „Heimkehr des Odysseus" bezieht sich dabei nicht auf die in der *Odyssee* an etlichen Stellen noch eingeflochtenen mythischen Stoffe mit ganz anderen Protagonisten (wie z. B. der „Atriden-Mythos" oder der „Argonauten-Mythos"), sondern auf die vereinheitlichende Zusammenziehung all der disparaten Einzelstoffe im Rahmen der sogenannten Irrfahrten und im Rahmen des sogenannten Freierkampfes des Odysseus selbst zu *einem* Stoff und auf die dahinterstehende Annahme, diesen „Überstoff" habe es in dieser Form gegeben, und noch dazu in einer kollektiv bekannten und anerkannten Standardversion[54]. Wie in Kapitel 3.2 bereits ausgeführt, steht hinter Werken wie

---

48 Danek, 1998, 2 (Kursivierung C. Zgoll).
49 Danek, 1998, 507.
50 Danek, 1998, 6 (Kursivierung C. Zgoll).
51 Danek, 1998, 13, mit Bezug auf Foley, 1990 und 1991. Vgl. etwa von der serbokroatischen Überlieferung ausgehend, aber generalisierend Foley, 1991, 43: „.... all performances of a given song in the Serbo-Croatian epic tradition, for example, are formally equivalent versions of a tale that can never be textualized; some may be longer, fuller, or more satisfying than others, but against the background of the tradition at large, all are equally versions. As a first point of departure, therefore, we must extend our notion of the textual libretto to take account of the multiple 'texts' typical of oral tradition and of the fact that all of them stand in the same basic relation to *the* larger song ..." (Kursivierung C. Zgoll). Selbst wenn dies in Hinblick auf die serbokroatischen Gesänge zutreffen sollte, so ist doch die Übertragung auf die homerischen Epen oder gar kulturenübergreifend auf alle zunächst mündlich überlieferten Stoffe problematisch.
52 Zur Problematik hinter der Annahme einer Standardversion eines mythischen Stoffes s. Kapitel 4.4.
53 Vgl. ähnlich auch Thiel, 1988 (v. a. 15-30), der von einer „Frühodyssee" ausgeht, von der sich dann eine „Spätodyssee" abhebt.
54 Treffender in Blick auf Prometheus in Hesiods *Theogonie* bspw. Loney, 2014, 516: „In any case, there are genuine, realizable alternatives to the *Theogony*'s Prometheus with which Hesiod is in dialogue. This interpretation does not depend upon identifying precise, historical antecedent poems as dialogue partners for Hesiod. It is enough that the narrative and mythic logic of the poem summons forth and makes available alternatives."

Ovids *Metamorphosen* und entsprechend auch hinter Homers *Odyssee* nur in literaturwissenschaftlicher Perspektive lediglich *eine* „Story"; unter stoffanalytischen Gesichtspunkten betrachtet handelt es sich bei so komplexen Werken wie den *Metamorphosen* oder den homerischen Epen um *Stoffkonglomerate*, also um Gebilde, die unter dem Dach eines Textes bzw. der diesen Text insgesamt strukturierenden „Story" *viele* einzelne Stoffe in bestimmten Varianten versammeln[55]. Aber selbst wenn man von einem „Haupt-Stoff" ausgehen würde, im Fall der *Odyssee* also etwa die „Heimreise" als den *einen* und zentralen Stoff begreifen wollte, so hätte auch in diesem Fall der Verfasser der *Odyssee* mit dem Umstand zu kämpfen gehabt, daß es zu diesem einen „Heimreise"-Stoff mehrere Varianten gab.

Des Weiteren handelt es sich bei den vielen verschiedenen, in den homerischen Epen verarbeiteten Stoffe nicht um abgelegene, wenig bekannte Stoffe, sondern um solche, die weit verbreitet waren und entsprechend in Form verschiedener Varianten existierten. Wie die Figuren, so sind somit auch die den Epen zugrundeliegenden Stoffe facettenreiche Gebilde. Die *Odyssee* ist ein Epos, in dem viele verschiedene, polymorphe und in jeder Variante zusätzlich noch komplex geschichtete Stoffe verarbeitet sind, die dann darüber hinaus durch die Gestaltungsabsichten des epischen Dichters einer weiteren Umformung unterzogen werden[56].

Angesichts dieser Überlegungen wäre es geradezu verwunderlich, wenn in den homerischen Epen *keine* Unstimmigkeiten vorkommen würden. Die angesprochenen Schwierigkeiten stellen sich ja schließlich nicht nur für ein kurzes Märchen mit einem überschaubaren Personal, sondern für eine sich über zahlreiche Stationen erstreckende, kompliziert-vernetzte und eine große Anzahl verschiedener Stoffe integrierende epische *story*, und sie betreffen nicht nur den Haupthelden, sondern gleichermaßen so gut wie alle vorkommenden Figuren.

Nun könnte man einwenden, für einen Autor vom Format eines Homer müßte es doch ein Leichtes gewesen sein, mit diesen Schwierigkeiten fertig zu werden und aus kompliziert-komplexen Vorlagen sowohl in sich konsistente Figuren als auch einen von Holprigkeiten freien Handlungsverlauf zu erschaffen. Darauf ist zu entgegnen: Gesetzt den Fall, Homer oder ein unbekannter Redaktor wäre tatsächlich so genial gewesen, daß er aus all den ihm vorliegenden Stoff-

---

55 Zur Unterscheidung von Einzelstoffen und Stoffkonglomeraten s. Kapitel 8.4.
56 Treffend spricht Blumenberg, 1984, 37, im Hinblick auf Hesiod und dessen Bearbeitung von Stoffen, die sich um Prometheus ranken, nicht von Hesiod als einem „Autor", sondern als einem „Organisator des mythischen Stoffes".

splittern ein perfektes Werk aus einem Guß, ohne Risse und Sprünge hätte machen können, so wäre immer noch zu fragen, ob er dies auch hätte machen *wollen* bzw. ob für ihn und sein Publikum Konsistenz überhaupt einen so hohen Stellenwert hatte, daß er dies hätte machen *müssen*, oder ob nicht andere Aspekte ebenso wichtig oder sogar wichtiger waren. Hier gilt es, die oft nur implizit als selbstverständlich vorausgesetzte Annahme, es müsse auch in antiken Kulturen den Verfassern von Texten, in denen mythische Stoffe verarbeitet werden, die Herstellung weitgehender Konsistenz ein hauptsächliches Anliegen gewesen sein, grundsätzlich zu hinterfragen[57]. Es ist bereits ausführlich dargelegt worden, daß hier sowohl andere literarisch-ästhetische Rezeptionsgewohnheiten vorauszusetzen sind, als auch daß es zahlreiche Gründe und sogar positive Motivationen dafür gegeben haben kann, Inkonsistenzen nicht auszumerzen, sondern zu belassen[58].

Wenn man nun in Rechnung stellt, daß eine wesentliche Ursache für das Vorhandensein von Inkonsistenzen bereits in der wesensmäßigen Polymorphie von mythischen Stoffen und in der Polystratie verarbeiteter Stoffvarianten und Figuren liegt, und daß es durchaus Gründe geben kann, solche Inkonsistenzen bewußt in Kauf zu nehmen und auch zu belassen, dann empfiehlt es sich, hinsichtlich der entscheidenden Frage, welche Folgerungen sich aus der Analyse von Inkonsistenzen ableiten lassen, deutlich zurückhaltender sein. Man kann daraus Folgerungen ziehen für das Vorhandensein abweichender *Stofftraditionen*; ob sie aber *älter* sind, ist bereits wesentlich schwieriger zu beantworten[59]; noch unsicherer aber wird die Angelegenheit, wenn man aus Inkonsistenzen Folgerungen für die Beschaffenheit *textlicher Vorläufer* oder generell für eine *Textgeschichte* zieht; und höchst problematisch wird es, wenn man einen gut überlieferten Text, in dem ein mythischer Stoff verarbeitet wird, aufgrund inhaltlicher Probleme *emendieren* zu müssen glaubt.

Eingriffe in die Textkonstitution vorzunehmen, ist freilich immer eine sensible Angelegenheit; worauf es hier aber besonders ankommt, ist darauf hinzuweisen, daß man bei Texten, die *mythische Stoffe* behandeln, mit textkritischen Eingriffen besonders zurückhaltend sein muß. Denn Inkonsistenzen in Texten, die Varianten mythischer Stoffe zur Darstellung bringen, können nicht nur auf eine

---

57 Zur wichtigen Unterscheidung von Konsistenz und Kohärenz s. Kapitel 16.1; eine kohärente Einheit muß nicht konsistent sein, kann aber dennoch dem grundsätzlichen Postulat nach Einheitlichkeit im Sinne einer Kohärenz Genüge tun.
58 S. Kapitel 16.2.
59 S. dazu Kapitel 21.3.3.

ungeschickte Kompilation oder redaktionelle Überarbeitung oder auf einen Überlieferungsfehler oder Ähnliches, also nicht nur auf verschiedene *Textschichten* hindeuten, sondern *auch* und angesichts der Übernahme so polymorpher und polystrater Gebilde, wie mythische Stoffe und ihre einzelnen Varianten es sind, in vielen Fällen sogar *in erster Linie* auf verschiedene *Stoffschichten*[60]. Daraus ist zu folgern:

→ Inkonsistenzen in Texten, die mythische Stoffe verarbeiten, sind nicht genauso zu behandeln wie Inkonsistenzen in Texten, deren stoffliche Grundlage im Wesentlichen als Eigenentwurf eines einzelnen Autors anzusehen ist.

Von dem Unterschied zwischen intentionalen und nicht-intentionalen Inkonsistenzen wird in Kapitel 17.4 ausführlicher die Rede sein.

Inkonsistenzen in Texten mythischen Inhalts sind somit oft *nicht* als *Resultate einer Textbearbeitungs-Geschichte* oder als *Fehler der Textüberlieferung* anzusehen, sondern als Resultate, die sich aus dem Umgang mit der wesensmäßigen Polymorphie mythischer Stoffe (und Figuren) und aus der Polystratie einzelner Stoffvarianten natürlich und bis zu einem gewissen Grad auch unvermeidlich ergeben, und die so betrachtet wertvolle Hinweise für das Vorhandensein und damit auch für die Interpretation *verschiedener stofflicher Strata* liefern können. Was sich ausnimmt wie bspw. ein Überlieferungsfehler oder wie ein redaktioneller Eingriff von zweiter Hand, kann vielmehr auf den Versuch der ersten Hand hindeuten, verschiedene Traditionen trotz entstehender Inkonsistenzen unter einem Dach zusammenzufassen, so daß bspw. textgeschichtliche Überlegungen zu möglicherweise erkennbaren Vorläufertexten zu Konstrukten führen können, die es so nie gegeben hat, oder daß textkritische Eingriffe, darunter vor allem von modernen rezeptionsästhetischen Vorstellungen geleitete Vorschläge zur Verbesserung eines inkonsistenten Textbefundes, leicht zu einer Textgestalt führen bzw. verführen können, die konsistenter ist, als sie es jemals war. Ein Beispiel dafür wird der philologische Umgang mit einer Stoffvariante des „Palladion-Mythos" bei dem Mythographen Apollodoros in Kapitel 17.2 liefern.

---

60 Zur Unterscheidung von Textschichten und Stoffschichten s. oben Kapitel 15.5. Eine aus ähnlichen Gründen ebenfalls kritische Sicht auf analytische Rekonstruktionsversuche in Hesiods Epik bei Loney, 2014, 515.

17 Mythen als mehrfach überbaute Gebäude: Inkonsistenzen in einzelnen mythischen Stoffvarianten (Stratifikationsbeispiele II)

17.1 Hesiod, *Theogonie* 535-564: Ist Zeus allwissend?

Hesiods *Theogonie* ist die erste ausführliche Quelle zur griechischen Mythologie, die uns erhalten ist (Ende 8. oder Anfang 7. Jh. v. Chr.)[1]. Es handelt sich bei dem stofflichen Substrat dieses Epos von Ausnahmen abgesehen nicht um die Ausarbeitung von etwas im Wesentlichen selbst Entworfenen, sondern um die Gestaltung und Neuordnung von vielen verschiedenen, vom Dichter aufgegriffenen und verarbeiteten mythischen Stoffen[2], mag er in die von ihm übernommenen stofflichen Vorlagen auch noch so sehr gestalterisch eingegriffen haben. Denn nach einer oft zitierten Stelle hebt der Schriftsteller Herodot zwar den maßgeblichen Anteil von Homer und Hesiod für die Herausbildung der griechischen Vorstellungen von den Göttern hervor; zugleich aber wird im Kontext dieser Stelle deutlich, daß die Götter, denen Homer und Hesiod Stammbaum, Beinamen, Ämter, Ehren und Gestalt gegeben hätten, vorher schon verehrt wurden und daß daher die genannten Dichter auf bereits vorhandenen Traditionen bzw. Stoffen aufbauen[3]. Unter diesen Stoffen befindet sich auch der vom „Opferbetrug" des Prometheus, dem Hesiod folgende konkrete Ausgestaltung gibt[4]:

> καὶ γὰρ ὅτ' ἐκρίνοντο θεοὶ θνητοί τ' ἄνθρωποι   535
> Μηκώνῃ, τότ' ἔπειτα μέγαν βοῦν πρόφρονι θυμῷ
> δασσάμενος προύθηκε, Διὸς νόον ἐξαπαφίσκων.
> τῷ μὲν γὰρ σάρκάς τε καὶ ἔγκατα πίονα δημῷ
> ἐν ῥινῷ κατέθηκε, καλύψας γαστρὶ βοείῃ,
> τῷ δ' αὖτ' ὀστέα λευκὰ βοὸς δολίῃ ἐπὶ τέχνῃ   540
> εὐθετίσας κατέθηκε, καλύψας ἀργέτι δημῷ.
> δὴ τότε μιν προσέειπε πατὴρ ἀνδρῶν τε θεῶν τε·

---

1 Neuere Literaturhinweise zu Arbeiten über Hesiod, speziell über Hesiods *Theogonie*, bei Reinhardt, 2011, 324, Anm. 1261, und Reinhardt, 2016, 51.
2 So bspw. Graf, 1985, 79; Yasumura, 2011, 97 f.
3 S. Hdt. 2,52 f.
4 Hes. *theog.* 535-564. Text nach Solmsen, 1990; abweichend von Solmsen lese ich in Vers 562 mit West, 1966, χόλου („des Zornes") anstatt δόλου („der List").

„Ἰαπετιονίδη, πάντων ἀριδείκετ' ἀνάκτων,
ὦ πέπον, ὡς ἑτεροζήλως διεδάσσαο μοίρας."
ὣς φάτο κερτομέων Ζεὺς ἄφθιτα μήδεα εἰδώς· 545
τὸν δ' αὖτε προσέειπε Προμηθεὺς ἀγκυλομήτης,
ἦκ' ἐπιμειδήσας, δολίης δ' οὐ λήθετο τέχνης·
„Ζεῦ κύδιστε μέγιστε θεῶν αἰειγενετάων,
τῶν δ' ἕλευ ὁπποτέρην σε ἐνὶ φρεσὶ θυμὸς ἀνώγει."
φῆ ῥα δολοφρονέων· Ζεὺς δ' ἄφθιτα μήδεα εἰδὼς 550
γνῶ ῥ' οὐδ' ἠγνοίησε δόλον· κακὰ δ' ὄσσετο θυμῷ
θνητοῖς ἀνθρώποισι, τὰ καὶ τελέεσθαι ἔμελλεν.
χερσὶ δ' ὅ γ' ἀμφοτέρῃσιν ἀνείλετο λευκὸν ἄλειφαρ,
χώσατο δὲ φρένας ἀμφί, χόλος δέ μιν ἵκετο θυμόν,
ὡς ἴδεν ὀστέα λευκὰ βοὸς δολίῃ ἐπὶ τέχνῃ. 555
ἐκ τοῦ δ' ἀθανάτοισιν ἐπὶ χθονὶ φῦλ' ἀνθρώπων
καίουσ' ὀστέα λευκὰ θυηέντων ἐπὶ βωμῶν.
τὸν δὲ μέγ' ὀχθήσας προσέφη νεφεληγερέτα Ζεύς·
„Ἰαπετιονίδη, πάντων πέρι μήδεα εἰδώς,
ὦ πέπον, οὐκ ἄρα πω δολίης ἐπελήθεο τέχνης." 560
ὣς φάτο χωόμενος Ζεὺς ἄφθιτα μήδεα εἰδώς.
ἐκ τούτου δήπειτα χόλου μεμνημένος αἰεὶ
οὐκ ἐδίδου μελίῃσι πυρὸς μένος ἀκαμάτοιο
θνητοῖς ἀνθρώποις, οἳ ἐπὶ χθονὶ ναιετάουσιν·

Als nämlich Götter und sterbliche Menschen sich trennten[5] 535
zu Mekone, da zerlegte er [sc. Prometheus] mit Vorbedacht ein großes Rind
und trug es auf, Zeus' Verstand gründlich täuschend.
Denn zum einen stellte er zwar Fleischstücke und an Fett reiche Eingeweide
in Haut hin, nachdem er sie verhüllt hatte mit einem Rindermagen;
zum anderen[6] hingegen stellte er weiße Knochen eines Rindes hin, nachdem er sie zum
  Zweck eines listigen 540

---

5 Anders übersetzt ἐκρίνοντο (vielleicht zurecht), Yasumura, 2011, 107 („had a dispute").
6 Für die Beibehaltung der in den Handschriften bezeugten Lesart τῷ ... τῷ in den Versen 538 und 540 plädiert Clay, 2003, 109 f (ebd. 110: „for the one [men] ... for the other [gods] ..."), während West, 1966, τῷ ... τοῖς (mit Bezug auf die Menschen) liest. Die Crux dieser Stelle ist wohl nicht letztlich befriedigend zu lösen, s. die verschiedenen Lösungsvorschläge gesammelt bei Stocking, 2017, 58, Anm. 6. Meine Interpretation der Lesart τῷ ... τῷ geht dahin, daß man hinter einem τῷ natürlicherweise Zeus erblickt, der stellvertretend für die Götter steht, im anderen Fall aber hinter τῷ nicht die Menschen stehen, sondern Prometheus, der in diesem Fall ebenfalls *stellvertretend* für die Menschen auftritt. Die beiden ungleichen Teile sind *für* je eine Partei *gedacht*; das heißt aber nicht automatisch (und es steht auch nicht explizit im Text), daß deshalb auch schon rein physisch jeder Teil *vor* einer bestimmten Partei *steht* (davon scheint Clay, 2003, 110, auszugehen). Wäre dies der Fall, stünde also eine Portion bereits direkt vor Zeus, die andere direkt vor Prometheus (bzw. den Menschen), dann hätte Prometheus' Aufforderung an Zeus, zwischen den Teilen sich einen zu wählen (Vers 548 f), keinen wirklichen Sinn. Deswegen ist

Betrugs wohl angeordnet hatte, (und) nachdem er sie verhüllt hatte mit glänzendem Fett.
Da nun sprach zu ihm der Vater der Männer und Götter:
„Iapetossohn, ausgezeichneter von allen Herrschern,
mein Lieber, wie parteiisch hast du die Anteile aufgeteilt!"
So sprach spottend Zeus, der unvergängliche Pläne kennt;   545
zu ihm hingegen sprach Prometheus, der Krummes planende,
dabei leicht lächelnd – aber nicht vergaß er den listigen Betrug:
„Zeus, ruhmvollster, größter der ewigseienden Götter,
von diesen (Teilen) wähle für dich, zu welchem von beiden dich im Sinn das Gemüt treibt!"
Sprach so nun mit listigem Sinn; Zeus aber, der unvergängliche Pläne kennt,   550
erkannte nun die List, und nicht verkannte er sie; Übel aber sah er im Gemüt vorher
für die sterblichen Menschen, und diese sollten sich auch vollenden.
Mit seinen beiden Händen hob er nun hoch die weiße Fettschicht,
erzürnte aber im Sinn, und Zorn kam ihm ins Gemüt,
als er die weißen Knochen eines Rindes erblickte, zum Zweck eines listigen Betrugs.   555
Seitdem aber verbrennen den Unsterblichen auf Erden die Stämme
der Menschen weiße Knochen auf opferrauchenden Altären.
Zu diesem aber sagte, mächtig erzürnt, Zeus, der Wolkenversammler:
„Iapetossohn, der du mehr als alle Pläne kennst,
mein Lieber, keinesfalls also vergaßest du listigen Betrug!"   560
So sprach zürnend Zeus, der unvergängliche Pläne kennt.
Seitdem nun also, sich des Zornes immer erinnernd,
gab er nicht die Kraft des unermüdlichen Feuers den Eschen
für die sterblichen Menschen, die auf Erden wohnen.[7]

Die Erzählung liefert auf den ersten Blick vor allem zwei Erklärungen, die auf verschiedenen Ebenen liegen. Zum einen erklärt sie, wie es dazu kam, daß bei Tieropfern den Göttern als Anteil im Wesentlichen nur etwas Fett und Knochen verbrannt werden, während die Menschen das köstliche Fleisch und die Eingeweide verspeisen dürfen[8]; zum anderen liefert sie in Hinblick auf die mythische Frühzeit

---

auch der Interpretation von Clay, 2003, 111 (mit Bezug auf Vers 544), nicht zuzustimmen: „The term ἑτερόζηλος serves to reveal that Zeus was fully aware of what the gleaming fat portion before him contained", denn die Voraussetzung trifft nicht zu, daß die glänzende Fettportion direkt vor Zeus stand; vor Zeus (bzw. zwischen Zeus und Prometheus) standen *beide* Portionen, und gerade deshalb kann Prometheus Zeus auffordern, nun eine Wahl zu treffen. Treffend Yasumura, 2011, 107: „Prometheus puts the two portions before Zeus". Ähnlich vermutet auch Loney, 2014, 523, Anm. 37: „Prometheus might have just set down two portions between them and promoted neither portion to Zeus."

[7] Die Übersetzung der letzten beiden, schwierigen Verse 563 f richtet sich nach der Deutung von West, 1966, 323 f; zum Vorschlag einer möglichen Konjektur s. Clay, 2003, 108 f (μελίνοισι, „sprung from the ash-tree nymphs", statt μελίῃσι in Vers 463).

[8] S. Graf, 1985, 84. Vgl. auch Stocking, 2017, 38 f, der den eigentlichen Zielpunkt der Aitiologie nicht allgemein im Opfern, sondern speziell im *Verbrennen* von Fett und Knochen erblickt, wobei

die Erklärung für die Entscheidung des Zeus, den Menschen Gebrauch und Nutzen des Feuers zu verweigern[9]. Diese zweite Erklärung stellt zugleich eine Überleitung zum nächsten Stoff dar, in dem es darum geht, wie es Prometheus gelang, gegen diese Verfügung des Zeus das Feuer von den Göttern zu stehlen und doch auf die Erde zu bringen[10].

Hier geht es im Folgenden nicht um die religionshistorische Frage nach den im Mythos möglicherweise noch erkennbaren Ursprüngen der griechischen Tieropfer-Praxis[11], auch nicht um eine Interpretation der mit Hilfe der Erzählung aufgearbeiteten, tiefergehenden Themen und Probleme[12], sondern um einen Schritt, der noch vor solchen weiterreichenden Untersuchungen ansteht, nämlich um die Analyse von Inkonsistenzen auf der Erzähloberfläche. Sollten die zu beobachtenden Inkonsistenzen als Indizien für die Verarbeitung verschiedener Stofftraditionen gewertet werden können, hätte dies Auswirkungen auf die Interpretation, da man in diesem Fall von gänzlich anderen Voraussetzungen ausgehen müßte als dann, wenn man diese Inkonsistenzen auf andere Ursachen wie bspw. auf eine zielgerichtete Autorstrategie zurückführen würde.

Die Erzählung vom „Opferbetrug" hat eine einfache Grundstruktur. Prometheus ersinnt eine List und läßt Zeus die Wahl zwischen zwei Alternativen, von denen die eine in einer nur äußerlich verlockenden Niete, die andere in einem äußerlich unvorteilhaft aussehenden Gewinn besteht, und Zeus fällt auf diese List herein.

---

er allerdings einige Umwege in Kauf nimmt wie etwa die Übertragung des metaphorischen Gebrauchs von χόλος („Zorn") als „Feuer" bei Homer auf Hesiod und die Annahme einer bewußten Verbindung zwischen dem Zorn = Feuer des Zeus und dem Feuer beim Opfern.
9 Zu den beiden genannten Punkten s. auch Yasumura, 2011, 97, mit weiteren Literaturhinweisen.
10 Es ist Blumenberg, 1984, 336, vermutlich recht zu geben, wenn er den Zusammenschluß von Opferbetrug und Feuerdiebstahl bei Hesiod als eine „sekundäre Systematisierung" ansieht.
11 Vgl. dazu grundlegend Meuli, 1946 (Versuch einer Ableitung aus „Opferbräuchen innerasiatischer Hirtenvölker", s. ebd. 261, die wiederum „auf jägerischen Brauch" zurückgingen, s. ebd. 224); einschlägig Burkert, 1977, 101-105; verschiedene allgemeine Theorien über das Opfer-Ritual zusammenfassend Jamme, 1999, 151-166. Ein anderer Stoff, der in mythischem Gewand möglicherweise ebenfalls die Tieropferpraxis auf ein prototypisches Götterhandeln zurückführt, zeigt Hermes in der Rolle des ersten Schlachters und Opferers; s. zu diesem mythischen Stoff und diesem Interpretationsansatz mit Verweis auf Burkert Scheid/ Svenbro, 2017, 95, mit Anm. 9.
12 Daß es im Kontext bei Hesiod noch um mehr geht als um die vordergründig erkennbaren Aitiologien (u. a. um die Frage nach Schuld), arbeitet Kirk, 1980, 131-133, heraus; Yasumura, 2011, 97-116, macht zurecht auf den wichtigen Punkt aufmerksam, daß hier u. a. auch die Festigung der Machtposition des Zeus eine bedeutende Rolle spielt. Von der Wichtigkeit des Machtfaktors in mythischen Stoffen wird ausführlicher in Kapitel 18.4 die Rede sein.

Oder doch nicht? Natürlich fällt er *nicht* auf diese List herein. Ist er doch der große und allwissende Zeus! Ausdrücklich steht im Text (550 f): „Zeus aber, der unvergängliche Pläne kennt, erkannte nun die List ..." Selbstverständlich also erkannte Zeus von vornherein, daß Prometheus ihn hereinlegen wollte. Oder war es doch nicht ganz so selbstverständlich? Offensichtlich muß das scheinbar Selbstverständliche stark betont werden: „Zeus aber, der unvergängliche Pläne kennt, erkannte nun die List, *und nicht verkannte er sie* ..." Die eigentlich überflüssige, wie beschwörend wirkende Wiederholung läßt aufhorchen[13]. Ist das nur epische Redundanz bzw. Formelhaftigkeit?

Und dann gibt es da noch logische Inkonsistenzen. Wenn Zeus wirklich von vornherein wußte, daß Prometheus ihn betrügen wollte und worin dieser Betrug bestand, warum hat er dann nicht anders gewählt? Und vor allem: Wenn er schon um den Betrug wußte, wieso gerät er nach der Wahl dann in einen unbändigen Zorn, auf den im Text an etlichen Stellen wieder und wieder hingewiesen wird[14]? Wenn Zeus schon allmächtig und allwissend ist, dann hätte er – immer milde und entspannt lächelnd – trotz der List richtig wählen können oder es gar nicht erst bis zur Wahl kommen lassen müssen, sondern er hätte schon vor der Wahl abwinken – oder auch im Nachhinein alles für ungültig erklären können.

Trotzdem ist da dieser Zorn. Diese Betonung von Zeus' Zorn in Hesiods Text paßt nicht zur Deutung von Clay, nach der Zeus von Anfang an um die Täuschung wissend Prometheus zu einem Handeln „provoziert"[15], das nach dieser Deutung Zeus eigentlich äußerst willkommen gewesen sein soll, um die Menschheit zu schwächen, weil, so die offenkundig auf Vernant zurückgehende[16], vom Textbefund allerdings nirgends unterstützte Hypothese, „the corruptible meat of the

---

13 Die Auffälligkeit dieser Wiederholung streicht auch Loney, 2014, 518 f, heraus, dessen Gesamtdeutung der Erzählung vom Opferbetrug mit der hier vorgestellten weitgehend übereinstimmt.
14 Vgl. Hes. *theog.* 554: χώσατο δὲ φρένας ἀμφί und χόλος δέ μιν ἵκετο θυμόν; 558: ὀχθήσας; 561: χωόμενος; 562: χόλου μεμνημένος. Die Wichtigkeit der Beantwortung dieser Frage für die Interpretation der ganzen Passage unterstreicht zurecht Stocking, 2017, 22, der ausführlich auf die zentrale Bedeutung des Zornmotivs in den Prometheus-Stoffen bei Hesiod eingeht (v. a. 30-33).
15 So die v. a. auf eine *Ilias*-Stelle gestützte, zuspitzende Interpretation von κερτομέων in Vers 545 von Clay, 2003, 111-113.
16 S. Vernant, 1979, und 1987, 170-187. Zu Vernants Deutung s. auch Clay, 2003, 101-104, und die ausführliche, zusammenfassende Darstellung bei Csapo, 2005, 247-261.

sacrifice that is constantly renewed to feed mankind is an emblem of their mortality"[17]; deshalb führe der Fleischkonsum zur Sterblichkeit der Menschen, während die Götter sich mit der unverweslichen Portion die Unsterblichkeit gesichert hätten. Kritik an der von Clay angedeuteten und von Vernants Deutung beeinflussten These, die Menschen könnten von Zeus als Bedrohung seiner Herrschaft angesehen worden sein, so daß er ein Interesse an ihrer Schwächung hätte haben müssen, äußert unter Herausarbeitung des Menschenbildes in der *Theogonie* zurecht Yasumura[18]. Yasumura wiederum deutet die entscheidende Passage von der List des Prometheus bzw. vom Zorn des Zeus so, daß Zeus aus Angst vor einem Gesichtsverlust gewissermaßen gezwungen gewesen sei, zum ehrenvoller erscheinenden Angebot zu greifen[19]. Obwohl Yasumura im Kontext ihrer Deutung auf Stoddard verweist, wird nicht so recht deutlich, daß die Idee zu dieser Deutung ursprünglich Stoddard zuzuschreiben ist[20]. Stoddards Idee, daß Prometheus Zeus vor eine ausweglose Situation stellt, weil Zeus sowohl dann das Gesicht verliert, wenn er die weniger ehrenhaft aussehende Portion wählt (Gesichtsverlust im Vorhinein), als auch dann, wenn er sich für die ehrenhafter scheinende, aber inwendig minderwertige Portion entscheidet (Gesichtsverlust im Nachhinein), ist raffiniert und scheint auf den ersten Blick die Problematik der Stelle zu lösen. Sie hat allerdings eine Schwierigkeit, und die besteht in der Voraussetzung, daß Zeus an „the rules of the Homeric δαίς"[21], also an die in den homerischen Epen deutlich werdenden Regeln menschlicher Bewirtungspraxis gebunden gewesen sein soll, nach denen das beste Stück des Mahles dem gebührt, der die meiste Ehre hat. Warum aber hätte Zeus nach diesen Regeln einen Gesichtsverlust fürchten sollen, wenn zu diesem Zeitpunkt in der mythischen Chronologie solche menschlichen Gastmahl-Regeln noch gar nicht existieren konnten[22]? Eine solche proleptische Übertragung von menschlichen Regeln in den göttlichen Bereich bei Hesiod, und

---

[17] Clay, 2003, 113, die denn auch auf die deutliche Hervorhebung des Zorns von Zeus nicht eingeht.
[18] Yasumura, 2011, 98-101; der Hinweis auf den in Clays Deutung nicht passenden Zorn des Zeus bereits ebd. 108, Anm. 34. Kritik an Vernants Deutung auch bei Stocking, 2017, 5-7 und 28.
[19] Yasumura, 2011, 108: „Perhaps Zeus has no real choice between the two portions, because he could not lose face by taking the one covered with the ox's stomach ..."
[20] S. ausführlich Stoddard, 2004, 98-105; zusammenfassend ebd. 101: „Prometheus' trick is much more clever than is generally recognized; its beauty lies in the fact that Zeus cannot choose either portion without losing face."
[21] Stoddard, 2004, 100.
[22] Dieser Einwand zielt auch auf die Interpretation von Stocking, 2017, 49-54, der im Wesentlichen ähnlich argumentiert wie Stoddard, dabei aber allerdings auf Stoddard nicht explizit verweist.

zwar auf der Basis nicht der hesiodeischen, sondern der homerischen Texte ist nicht undenkbar, jedoch auch nicht unproblematisch.

Es handelt sich somit m. E. bei dem „Opferbetrug" weder um einen ausgeklügelten Plan des geistig überlegenen Zeus, der nach Vernants (und Clays) Deutung vorausschauend mit dem verweslichen Fleisch als Nahrung den Menschen das Schicksal der Sterblichkeit beschert, den Göttern aber Unsterblichkeit sichert, noch, wie dies von Stoddard (und Yasumura) als Deutung favorisiert wird, um die überlegene, Zeus in eine Zwickmühle bringende Schlauheit des Prometheus in einer Art intellektuellen Schachpartie zwischen zwei Geistestitanen, die sich gegenseitig von Anfang an durchschauen, und deren wechselseitige Anreden deshalb von Ironie und Sarkasmus durch und durch getränkt sind[23]. Entsprechend muß sich der Zorn des Zeus, der sich ohnehin nur in die Deutung von Stoddard, nicht aber in diejenige von Vernant sinnvoll integrieren läßt[24], auf etwas anderes beziehen als auf den Umstand, daß er zur Erkenntnis gelangt ist, daß er kurz davor steht, Schachmatt gesetzt zu werden. Man weicht dem Problem auch eher aus, als daß man es löst, wenn man wie Stocking gegen die Darstellung des Handlungsverlaufs annimmt, in Wirklichkeit habe Zeus den Trick erst in dem Moment durchschaut, in dem er ihn aufdeckt, und das Durchschauen des Betrugs, das im Text eindeutig *vor* dem Zorn des Zeus berichtet wird, sei nur ein „proleptischer Kommentar" von Hesiod[25].

Was kann dann aber der Grund für diesen großen Zorn sein, wenn nicht der Umstand, daß Zeus unwissend war und *tatsächlich getäuscht* wurde? Vielleicht gibt es deshalb ein solches Widerstreben gegen diese naheliegende Lösung, weil damit ein Bild vom höchsten Gott der Griechen gezeichnet wird, das schwer zu verdauen ist, weil es nicht zu dem Gottesbild paßt, das man sich von Zeus aus anderen Quellen gemacht hat oder von einem allwissenden Weltenherrscher haben möchte.

---

23 Vgl. Stoddard, 2004, 100: „Zeus addresses him with heavy irony"; „Prometheus' mocking reply ..."; 102: „Zeus makes his sarcastic address to his newfound enemy"; „a sarcastic commentary on Prometheus' status"; „Zeus' next 'compliment' to Prometheus ... is similarly ironic and ambiguous in nature"; „a ridiculously hyperbolic and hence ironic statement"; 103: „Prometheus ... responds with equal irony".
24 Dies analysiert auch treffend Stocking, 2017, 22, und zwar nicht als erster (s. ebd., 28, Anm. 7).
25 Obwohl Hesiod es anders erzählt, entdeckt Zeus nach Stocking, 2017, 58, den Betrug erst in dem Moment, in dem er die „falsche" Portion ergreift (Hes. *theog.* 555); das bei Hesiod *davor* erzählte Durchschauen des Tricks (Hes. *theog.* 551) wertet Stocking „as proleptic commentary by the narrator".

Zumindest in einer bestimmten *Variante* des Opferbetrug-Stoffes, die im hesiodeischen Text noch deutlich durchschimmert, ist Zeus offenkundig tatsächlich auf den Betrug des Prometheus hereingefallen, wie dies bereits von Wehrli, West, Kirk und anderen postuliert, von Blumenberg angenommen und zuletzt auch durch die Untersuchung von Loney bestätigt wird[26]. Offenbar *konnte* Zeus in dieser Stoffvariante seine Wahl nicht wirklich rückgängig machen, offenbar war er deshalb *wirklich* zornig, und bei einem solchen Szenario ist es höchst unwahrscheinlich, daß er anfangs *wissentlich* falsch gewählt hat[27]. In der Tat existieren in der Antike textliche Konkretionen, die den Stoff auch genau in dieser Variante erzählen[28]; und in keiner von ihnen ist davon die Rede, daß Zeus wissentlich und absichtlich in die Falle gegangen sei[29]. In der von Hesiod gebotenen Darstellung kollidiert nun diese Stoffvariante mit einer anderen, nach der Zeus sowohl den Betrug voraussah wie die Maßnahmen, die er als Strafe dafür ergreifen würde[30].

---

26 Vgl. West, 1966, 321: „It has long been recognized that in the original story Zeus did not see through the trick, but was thoroughly deceived. ... The statement that he was not deceived (though he acted as if he was) is manifestly inserted to save his omniscience and prestige." Ob es sich bei der Variante vom tatsächlich betrogenen Zeus allerdings um „the original story" handelt, ist weniger sicher, als Wests Statement suggeriert; vgl. dazu die Ausführungen in Kapitel 21.3.3. Vgl. auch Kirk, 1980, 132 (Kursivierung C. Zgoll): „Unklar bleibt, ob sich der Gott des Betrugs voll und ganz bewußt ist; Hesiods Bericht ist diesbezüglich *nicht schlüssig* und deutet auf die Verschmelzung unterschiedlicher Versionen hin." Zur Wahrscheinlichkeit einer Variante, nach der die List des Prometheus nicht durchschaut wurde und erfolgreich war, s. auch Blumenberg, 1984, 333; Wehrli, 1956, 412 f, mit Verweis auf ältere Forschung in Anm. 3; Loney, 2014. Bereits bei Wehrli (ebd.) die Zurückweisung einer harmonisierenden Interpretation, „wonach Zeus einen wohlerwogenen erzieherischen Plan verfolgt". Allein der Charakterisierung der Hesiod'schen Stoffvariante durch Wehrli als „naiv-lustige Geschichte" (ebd. 412) möchte man sich nicht so einfachhin anschließen.
27 Treffend Loney, 2014, 512: „The way Zeus reacts when he uncovers the portion that he selected ... only makes sense if Zeus is genuinely surprised and, thus, a witless victim to Prometheus' scheme".
28 Bspw. bei Hyg. *astr.* 2,15. Weitere Belege bei West, 1966, 319 und 321; ein Überblick über spätere Varianten des Opferbetrug-Stoffes bei Loney, 2014, 513, Anm. 20.
29 S. dazu Loney, 2014, 513: In keiner Variante wird erzählt, „that Zeus knowingly accepted the bones".
30 Dezidiert Loney, 2014, 504: „... Hesiod subsumes Prometheus into a unified narrative without effacing either his polytropic complexity or the signs of contradictions in the episode." Vgl. verallgemeinernd für Hesiods *Theogonie* insgesamt Loney, 2014, 516: „We can still see in the text of Hesiod's poem the signs of alternative mythic paths not taken." Loney geht in Hinblick auf die Prometheus-Stoffe so weit zu behaupten (und versucht, dies nachzuweisen), daß Hesiod Inkon-

Daß eine strukturalistische Interpretation des Prometheus-Mythos in der Endgestalt, wie sie in der *Theogonie* vorliegt, ein spannendes und beziehungsreiches Spiel von Geben und Nicht-Geben, Nehmen und Ablehnen, Verstecken und Enthüllen zu entdecken vermag, spricht im Übrigen nicht gegen die Annahme, daß Hesiod zur Etablierung dieses Spiels eine stoffliche Vorlage umgearbeitet hat, die noch zu greifen ist. Vernants Interpretation der Prometheus-Mythen vom Opferbetrug, vom Feuerdiebstahl und von der Gabe der Pandora, die er alle als *einen* zusammenhängenden Mythos begreift, mag „the unity and the coherence of the myth" bei Hesiod eindrucksvoll vor Augen führen[31], aber eine *Kohärenz* auf der Ebene der Hesiod'schen Redaktion bewirkt nicht notwendig und ist daher auch nicht gleichzusetzen mit einer *Konsistenz* auf stofflicher Ebene[32].

Ob die in der *Theogonie* nun vorliegende Darstellung des Geschehens beim „Opferbetrug" auf Hesiod selbst zurückgeht, oder ob er sie vorfand, ist eine weiterführende und nicht auf die Schnelle zu beantwortende Frage[33]; entscheidend ist zunächst die Beobachtung, daß sich im Text Inkonsistenzen zeigen, die nicht (nur) auf eine besonders raffinierte Autorstrategie zurückzuführen sind, sondern auf zwei unterschiedliche Stofftraditionen hindeuten, die trotz des Versuchs einer Harmonisierung immer noch beide erkennbar bleiben. Zeus ist der, „der unvergängliche Pläne kennt" – daneben aber gibt es die Tradition von Prometheus, „der mehr Pläne kennt als alle anderen": so heißt es in auffallender Gegenüberstellung nahezu parallel formuliert im Text und in beiden Fällen in gleicher Endstellung im Hexameter ἄφθιτα μήδεα εἰδώς von Zeus bzw. πάντων πέρι μήδεα εἰδώς von Prometheus[34]. Bereits Kirk betont den Umstand, daß Prometheus mit Zeus zumindest auf einer Stufe steht[35], und treffend weist Yasumura darauf hin, daß die Figur des Prometheus nicht wie oft nur als *trickster* verstanden werden

---

sistenzen absichtlich belassen hat und damit bewußt Nachfragen bei den Rezipienten provozieren will „through a series of ambiguities and allusions in order to settle them and provide his own authoritative reinterpretation of competing versions of the episode" (ebd. 505 f).

31 So Clay, 2003, 101.
32 Vgl. zu dieser Unterscheidung Kapitel 16.1.
33 West, 1966, 321, weist auf weitere Stellen in der *Theogonie* hin, in denen Zeus' Vormachtstellung unterstrichen wird (s. ebd.: „This is quite typical of Hesiod"), was zumindest die Wahrscheinlichkeit erhöht, daß diese Tendenzen auf ein Anliegen des Autors der *Theogonie* zurückgehen könnten. Vgl. auch Graf, 1985, 82, zur zentralen Stellung des Zeus in Hesiods *Theogonie*.
34 Hes. *theog.* 561 zu Zeus und Hes. *theog.* 559 zu Prometheus.
35 S. Kirk, 1980, 136. Noch weiter geht Clay, 2003, 108: „By taking over the function of distribution [die nach *theog.* 883-885 in erster Linie Zeus als Herrscher über die Götter zukomme], Prometheus reveals his ambition to be the supreme god and to usurp Zeus's power and status."

darf, sondern daß sie in Konkurrenz zu Zeus steht, es also auch und vielleicht sogar in erster Linie um Machtfragen geht[36].

Die beobachteten Inkonsistenzen sind nicht so stark, daß sie den Text gewissermaßen ungenießbar machen würden. Man kann als Rezipient bspw. das einleitende Partizip ἐξαπαφίσκων im ersten Satz der Erzählung auffassen als bzw. übersetzen mit „gründlich täuschend", man *kann* nach den Regeln der Grammatik in diesem Partizip aber auch einen konativen Nebensinn ausgedrückt sehen und abschwächend übersetzen mit „gründlich zu täuschen *versuchend*"; und man *kann* inhaltlich den Zorn des Zeus auch so erklären, daß er nicht entstanden ist, weil der Götterkönig auf den Betrug des Prometheus hereingefallen ist, sondern weil Prometheus es *überhaupt* gewagt hat, den Versuch zu unternehmen, den Herrscher des Alls zu betrügen[37].

Aber diese Erklärungsversuche wirken bei einer genaueren Analyse des Textes und seines Inhalts wenig zufriedenstellend. Zu den oben bereits aufgelisteten Problemen kommt schließlich noch der Umstand, daß Prometheus bei Hesiod sofort im Anschluß an die Erzählung vom Opferbetrug den Göttervater Zeus *wiederum* hintergeht, indem er gegen dessen Willen das Feuer von den Göttern stiehlt. Zeus *ist* also definitiv hintergehbar[38], und nun läßt auch die Grammatik keinerlei Deutungsspielraum für einen konativen Nebensinn mehr, wenn es im Fortgang inhaltlich parallel zur Einleitung der Opferbetrug-Erzählung, nun aber in der Form des Aorists heißt[39]: „Aber *gründlich täuschte ihn* [sc. den Zeus] das vortreffliche Kind des Iapetos [= Prometheus], indem er des unermüdlichen Feuers weithin sichtbaren Glanz stahl ..." Eine tatsächliche Täuschung beim Feuer-Diebstahl betont auch Loney[40], und er weist zurecht darauf hin, daß dies ein Argument für eine entsprechende Interpretation der strukturell ähnlich laufenden Opferbetrug-Episode darstellt.

Die Darstellung des „Opferbetrugs des Prometheus" bei Hesiod und die auf einer stratifikationsanalytischen Analyse basierende Interpretation dieser Pas-

---

36 S. Yasumura, 2011, 106, und ebd. 101 f: „I suggest that ... the main concern of this myth is the conflict between Zeus and Prometheus ..."
37 Dies ist etwa der Lösungsvorschlag, den Stocking, 2017, 58, unterbreitet. Eine überzeugende Kritik an Stockings Vorschlag bei Loney, 2014, 512, Anm. 19 (mit Bezug auf eine frühere Publikation, in der Stocking seinen Lösungsvorschlag schon einmal vorgestellt hatte).
38 Das arbeitet auch deutlich Loney, 2014, 505, heraus, mit Verweis auf weitere Textstellen in Anm. 4.
39 Hes. *theog.* 565 f: ἀλλά μιν ἐξαπάτησεν ἐὺς πάις Ἰαπετοῖο / κλέψας ἀκαμάτοιο πυρὸς τηλέσκοπον αὐγὴν ...
40 Loney, 2014, 512 f.

sage veranschaulicht auf diese Weise, daß Inkonsistenzen in Texten, die mythische Stoffe verarbeiten, auch auf die Polymorphie der stofflichen Vorlagen zurückzuführen sind und Indizien für die Existenz und Beschaffenheit unterschiedlicher Strata in einer einzelnen Stoffvariante liefern können, zumal in Fällen, in denen andere Erklärungen wie die oben angeführten oder wie die generelle Annahme einer kulturspezifischen Duldsamkeit kantiger Paradoxien unbefriedigend bleiben. Das heißt nicht, daß automatisch *alle* Inkonsistenzen in Hesiods Werk als Hinweise auf eine Stoffstratigraphie gewertet werden können, und ebensowenig zielt die vorgenommene Analyse auf eine Herabwürdigung von Hesiods Fähigkeiten als eines die Überlieferung künstlerisch gestaltenden Dichters, eher im Gegenteil. Hesiod arbeitet mit den mythischen Stoffen, und wenn manchmal noch aus der Wand herausstehende Säulen sichtbar sind wie beim Dom von Syrakus, dann schmälert das die Schönheit und Kunstfertigkeit des errichteten Gebäudes in keiner Weise.

17.2 Apollodoros 3,142-145: Woher kommt das Palladion?

Über den Ursprung des berühmten Palladion[41] von Troia findet sich bei dem Mythographen Apollodoros folgender Bericht, von dem bereits in Kapitel 3.1 ein Ausschnitt zitiert wurde[42]:

Ἴλος δὲ εἰς Φρυγίαν ἀφικόμενος καὶ καταλαβὼν ὑπὸ τοῦ βασιλέως αὐτόθι τεθειμένον ἀγῶνα νικᾷ πάλην· καὶ λαβὼν ἆθλον πεντήκοντα κόρους καὶ κόρας τὰς ἴσας, δόντος αὐτῷ τοῦ βασιλέως κατὰ χρησμὸν καὶ βοῦν ποικίλην, καὶ φράσαντος ἐν ᾧπερ ἂν αὐτὴ κλιθῇ τόπῳ πόλιν κτίζειν, εἴπετο τῇ βοΐ. ἡ δὲ ἀφικομένη ἐπὶ τὸν λεγόμενον τῆς Φρυγίας Ἄτης λόφον κλίνεται· ἔνθα πόλιν κτίσας Ἴλος ταύτην μὲν Ἴλιον ἐκάλεσε, τῷ δὲ Διὶ σημεῖον εὐξάμενος

---

41 Die Bezeichnung dieses Gegenstandes leitet sich von der Wurzel παλλ- her, die auf „Jugendlichkeit" hindeutet, vor allem auf die Jugendlichkeit einer weiblichen Person; zu Etymologie der vermutlich vorgriechischen, nicht mehr genau eruierbaren Wurzel und ihren Ableitungen s. Beekes, 2010, s. v. παλλακή. Das davon abgeleitete „Palladion" (παλλάδιον) zielt von der Bedeutung her zunächst allgemein auf die Kultstatue einer jungen Frau (so Beekes, 2010, 1147: „female idol"); aufgrund der Tatsache, daß „Pallas" ein fester Beiname der Athene wurde, ging diese Grundbedeutung nahtlos über in die Bedeutung „Statue der Pallas (Athene)", vgl. bereits Hdt. 4,189, die in dieser Statue vor allem in ihrer Funktion als *Athena Polias*, als Schutzherrin der befestigten Stadt verehrt wurde (s. Graf, 1997a, 161 f). Literaturhinweise zum Palladion bei Reinhardt, 2011, 150, Anm. 619, und Reinhardt, 2016, 27.
42 Apollod. 3,142-145. Text nach Scarpi/ Ciani, 1998 (die neue Apollodoros-Edition von Cuartero stand dem Verfasser nicht zur Verfügung); in 3,144 lese ich mit Dräger, 2005, statt der von Scarpi/ Ciani übernommenen Konjektur προτεῖναι von Faber das in Handschrift R bezeugte προθεῖναι.

αὐτῷ τι φανῆναι, μεθ' ἡμέραν τὸ διιπετὲς παλλάδιον πρὸ τῆς σκηνῆς κείμενον ἐθεάσατο. ἦν δὲ τῷ μεγέθει τρίπηχυ, τοῖς δὲ ποσὶ συμβεβηκός, καὶ τῇ μὲν δεξιᾷ δόρυ διηρμένον ἔχον τῇ δὲ ἑτέρᾳ ἠλακάτην καὶ ἄτρακτον. ἱστορία δὲ ἡ περὶ τοῦ παλλαδίου τοιάδε φέρεται· φασὶ γεννηθεῖσαν τὴν Ἀθηνᾶν παρὰ Τρίτωνι τρέφεσθαι, ᾧ θυγάτηρ ἦν Παλλάς· ἀμφοτέρας δὲ ἀσκούσας τὰ κατὰ πόλεμον εἰς φιλονεικίαν ποτὲ προελθεῖν. μελλούσης δὲ πλήττειν τῆς Παλλάδος τὸν Δία φοβηθέντα τὴν αἰγίδα προθεῖναι, τὴν δὲ εὐλαβηθεῖσαν ἀναβλέψαι, καὶ οὕτως ὑπὸ τῆς Ἀθηνᾶς τρωθεῖσαν πεσεῖν. Ἀθηνᾶν δὲ περίλυπον ἐπ' αὐτῇ γενομένην, ξόανον ἐκείνης ὅμοιον κατασκευάσαι, καὶ περιθεῖναι τοῖς στέρνοις ἣν ἔδεισεν αἰγίδα, καὶ τιμᾶν ἱδρυσαμένην παρὰ τῷ Διί. ὕστερον δὲ Ἠλέκτρας κατὰ τὴν φθορὰν τούτῳ προσφυγούσης, Δία ῥῖψαι μετ' αὐτῆς καὶ τὸ παλλάδιον εἰς τὴν Ἰλιάδα χώραν, Ἴλον δὲ τούτῳ ναὸν κατασκευάσαντα τιμᾶν. καὶ περὶ μὲν τοῦ Παλλαδίου ταῦτα λέγεται.

Ilos aber kam nach Phrygien, stieß zu einem vom König dort eingesetzten Wettkampf und siegt im Ringen. Und er empfing als Kampfpreis fünfzig Jungen und die gleiche Anzahl Mädchen. Nachdem ihm der König einem Orakelspruch gemäß auch eine gescheckte Kuh gegeben und ihn angewiesen hatte, an dem Ort, an dem sie sich niederlegen würde, eine Stadt zu gründen, folgte er der Kuh. Angekommen beim sogenannten Hügel der phrygischen Ate aber legt sie sich nieder. Dort gründete Ilos eine Stadt und nannte diese Ilion; als er zu Zeus gebetet hatte, daß ihm irgendein Zeichen erscheinen möge, erblickte er bei Tage[43] das vor dem Zelt liegende, vom Himmel herabgefallene Palladion. Es war der Größe nach drei Ellen lang, mit geschlossenen Füßen, und es hielt in der Rechten einen erhobenen Speer, mit der anderen (Hand) aber Rocken und Spindel. Über das Palladion aber wird folgende Geschichte überliefert: Man sagt, Athene sei nach ihrer Geburt von Triton aufgezogen worden, der eine Tochter (namens) Pallas hatte. Beide aber seien, als sie sich im Kriegshandwerk übten, einmal in einen Wettstreit geraten. Als Pallas aber im Begriff war, (Athene) zu schlagen, habe Zeus aus Furcht die Aigis vorgehalten; sie aber habe, sich in Acht nehmend, nach oben geblickt, und sei auf diese Weise von Athene verwundet gefallen. Athene aber, um sie sehr traurig geworden, habe eine jener ähnliche Holzstatue verfertigt, und habe (ihr) die Aigis, vor der sie sich gefürchtet hatte, um die Brust gelegt, und habe (sie) geehrt, indem sie (sie) bei Zeus aufstellte. Als später aber Elektra während des Verderbens zu dieser ihre Zuflucht genommen hatte, habe Zeus mit ihr zusammen auch das Palladion in das ilische Land geschleudert; Ilos aber habe dieses geehrt, indem er für es einen Tempel errichtete. Und das ist es in der Tat, was man über das Palladion sagt.

Ilos, der Gründer der Stadt Ilion, die nach Ilos' Vater Tros auch Troia genannt wird, lebt nur zwei Generationen vor dem Troianischen Krieg, der unter seinem Enkel Priamos stattfinden wird. Auf der Suche nach einem geeigneten und vor allem den Göttern genehmen Platz für die Gründung von Ilion erbittet Ilos zusätzlich zu dem vom Orakel angewiesenen Omen mit der gescheckten Kuh von Zeus ein Zeichen, und obwohl dies im Text nicht explizit genannt ist, fällt anscheinend während der Nacht das Palladion vom Himmel, das Ilos dann am Morgen beim

---

43 Vgl. zu μεθ' ἡμέραν Scarpi/ Ciani, 1998, 586 („sul far del giorno").

Heraustreten aus seinem Zelt erblickt[44]. Im Text wird nun eine Erklärung eingeschaltet, was es mit dem Palladion auf sich hat. Offenbar wurde die hölzerne Götterstatue von der Göttin Athene persönlich angefertigt und zunächst an einem ehrenvollen Ort aufgestellt, nämlich direkt bei ihrem Vater, dem Götterkönig Zeus[45].

Dann folgt eine merkwürdige und offensichtlich interpretationsbedürftige Stelle. Es ist von einer Elektra die Rede, die „später" einmal, und zwar „während des Verderbens" (κατὰ τὴν φθοράν) zu dieser Pallas-Statue ihre Zuflucht genommen haben soll. Dazu gleich; zunächst zum Fortgang der Erzählung. Der Kreis schließt sich nämlich, und man ist wieder an dem Punkt, an dem das Palladion dorthin gelangt, wo Ilos auf das Zeichen von Zeus wartet, und nun heißt es, Zeus habe das Palladion zusammen mit Elektra, die bei der Götterstatue vor einer offenbar sehr schlimmen Bedrohung ihre Zuflucht gesucht hatte, „in das ilische Land geschleudert".

Anfangs war nur von dem vom Himmel herabgefallenen Palladion die Rede, nicht aber davon, daß mit dem Palladion zugleich auch eine Frau namens Elektra angekommen sein soll, wodurch eine bemerkenswerte und für ein stratifikationsanalytisches Vorgehen möglicherweise aufschlußreiche Inkonsistenz entsteht[46]. Von welcher Elektra ist hier die Rede, und auf welchen Vorgang wird mit der Wendung „während des Verderbens" Bezug genommen?

Bei Apollodoros ist im engeren Kontext der Kapitel um die Gründung Troias und das Troianische Königshaus nur eine einzige Elektra zu finden, und da die Elektra in unserer Passage nicht näher vorgestellt wird, ist davon auszugehen, daß es sich um dieselbe Elektra handeln soll, von der bereits kurz vorher die Rede war[47]. Diese Elektra ist Kind des Titanen Atlas und der Okeanostochter Pleione, eine Vorfahrin von Ilos, des Gründers von Ilion. Sie wohnt nach Apollodoros auf der Insel Samothrake[48], nicht weit von der Küste Ilions entfernt, und ist durch Zeus Mutter des Iasion und des Dardanos, der später von Samothrake auf das ilische Festland übersiedeln wird.

Nun zum Ausdruck κατὰ τὴν φθοράν, „während des Verderbens"[49]. Normalerweise wird mit φθορά eine größere Katastrophe mit tödlicher Bedrohung für

---

44 S. zu dieser Hylemanalyse ausführlicher Kapitel 6.4.
45 Die weiteren Details (insbesondere das Verhältnis von Athene und Pallas) interessieren im vorliegenden Zusammenhang nicht, sollen aber noch andernorts in den Blick genommen werden, s. C. Zgoll, 2019/20.
46 Vgl. Masciadri, 2008, 350: „In dieser Geschichte passt nun einiges nicht zusammen ..."
47 Apollod. 3,138.
48 Vgl. auch Apoll. Rhod. 1,916.
49 Vgl. ähnlich auch die Übersetzung von Dräger, 2005, 209 („während der Schädigung").

die betroffenen Menschen bezeichnet. Das würde gut zu einer antiken Nachricht passen, nach der Dardanos durch eine gewaltige, von Zeus gesandte Flut gezwungen war, Samothrake zu verlassen[50]. Von Elektra ist in dieser Quelle aber nicht die Rede, und bei Apollodoros selbst findet man weder mit Bezug auf Elektra noch auf ihren Sohn Dardanos etwas von einer großen Flut berichtet. Nun kann φθορά neben „vernichtende Katastrophe" in bestimmten Kontexten auch manchmal die Bedeutung „Vergewaltigung" annehmen, und so wurde in der Forschung die Wendung alternativ auf eine Verführung oder Vergewaltigung der Elektra durch Zeus bezogen[51].

Hier häufen sich nun aber die Schwierigkeiten. Für eine Gewaltsamkeit des Beischlafs mit Elektra findet sich bei Apollodoros, aber auch sonst in der griechisch-römischen Literatur, soweit ich sehe, nirgends ein Beleg[52]. Es existiert eher im Gegenteil sogar eine Tradition, nach der Elektra als rechtmäßige Gattin des Zeus galt[53]. Nun könnte es freilich trotzdem eine Überlieferung gegeben haben, nach der Zeus Elektra vergewaltigt hat. Die Frage ist allerdings, wo diese Vergewaltigung stattgefunden haben soll, und ob sich eine solche Vorstellung in das Geschehen integrieren läßt, wie es uns Apollodoros berichtet. Nach der Darstellung von Apollodoros hat Athene das Standbild der Pallas, zu dem Elektra sich flüchtet, „bei Zeus" aufgestellt. Die Deutung von φθορά als Vergewaltigung funktioniert nur, wenn man sich vorstellt, daß Zeus Elektra aus Samothrake geraubt, auf den Olymp verschleppt und sie dort vergewaltigt hat, während sie verzweifelt das Götterbild umklammert hielt, das Zeus' geliebte Tochter Athene dort zum ehrenden Angedenken an ihre verstorbene Freundin aufgestellt hatte. So stellt sich etwa Berger-Doer das Geschehen vor, und liefert damit ein Beispiel für eine moderne neue Stoffkonstruktion, die eine an sich inkonsistente Überlieferungslage konsistent machen will. Nach der Vergewaltigung, so Berger-Doer, sei Elektra dann wieder nach Samothrake zurückgekehrt und habe dort Zeus' Kinder geboren[54].

---

50 S. Lykophr. 72-85; ohne Bezug auf Dardanos berichtet von einer speziell die Insel Samothrake betreffenden Flut in alten Zeiten Diod. 5,47.
51 So übersetzt bspw. Brodersen, 2004, 185, φθορά mit „Vergewaltigung"; vgl. auch Scarpi/Ciani, 1998, 263 („quando fu stuprata"). Vgl. auch Berger-Doer, 1986, 719.
52 Einen Überblick über die Quellen bietet Furtwängler, 1890.
53 S. Dion. Hal. *ant.* 1,61,1.
54 S. Berger-Doer, 1986, 719.

Abb. 7: Palladion/ Athena

Selbst wenn man sich bei einem solchen Vorgang, was sicherlich notwendig wäre, andere Gottheiten wie bspw. Athene und Hera als zufällig abwesend vorstellen sollte, ist es kaum wahrscheinlich, daß Apollodoros tatsächlich ein solches Szenario der frevlerischen und zudem pietätlosen Schändung einer von Athene errichteten „Kultstatue" durch den obersten Gott auf dem heiligen Olymp vorschwebte. Man könnte als mögliche Parallele zwar die Schändung der Kassandra nach der Einnahme von Troia durch den Lokrer Aias am Kultbild der

Athene anführen; aber hier wird die Tat nicht auf dem Olymp (oder im Himmel), der Wohnstätte aller Götter, sondern auf Erden vollbracht, der Täter ist nicht ein Gott, sondern ein Mensch, und die Tat selbst wird als Frevel gebrandmarkt, der notwendig eine Bestrafung verlangt. Um nun der Problematik einer Vergewaltigung der Elektra durch Zeus *während* der Umklammerung der Pallas-Statue durch Elektra zu entgehen, hat man die Präposition κατά nicht wie der häufigeren Verwendung gemäß gleichzeitig, sondern nachzeitig aufgelöst[55]. Allein, was sollte es Elektra helfen, wenn sie sich *nach* einer bereits stattgehabten Vergewaltigung noch zu einem Götterbild flüchtet? Bei einer Götterstatue Zuflucht zu nehmen, hat doch den Sinn, sich *vorher* vor einem drohenden Übel in Sicherheit zu bringen – nicht danach; dies demonstriert mit aller Klarheit das erwähnte Beispiel von Kassandra.

Selbst wenn man diese Ungereimtheiten in Kauf nähme, ergäbe sich noch eine weitere Schwierigkeit chronologischer Art. Denn Elektra ist die Mutter von Dardanos, Dardanos' Sohn Erichthonios wiederum ist der Vater von Tros, und somit ist Elektra nach Apollodoros die Ur-ur-Großmutter von Ilions Gründer Ilos, von dem in unserem Textabschnitt die Rede ist. Schon von daher kann also φθορά kaum auf die Vergewaltigung der Elektra durch Zeus bezogen werden; dann könnte jedenfalls der Vorgang des Schleuderns von Elektra und dem Palladion nach Ilion nicht zeitgleich sein mit dem am Anfang unseres Textes geschilderten Vorgang des Herabwerfens des Palladions vom Himmel als von Zeus gesandtes Zeichen für Ilos, denn Ilos wäre dann noch lange nicht geboren[56].

Eine Deutung des beschriebenen Vorgangs als Vergewaltigung der Elektra durch Zeus kommt somit aus mehreren Gründen kaum in Frage. Wenn man nun aber Elektra bei Apollodoros schlecht dorthin befördern kann, wo sich das Palladion befindet, also in den Himmel, wie es von seiten der Forschung versucht worden ist, um Konsistenz mit dem Anfang der Erzählung herzustellen, wo von dem „vom Himmel herabgefallenen Palladion" die Rede ist, und wodurch φθορά schlecht passend als Vergewaltigung interpretiert werden muß, dann ist zu überlegen, ob nicht genau umgekehrt das Palladion dorthin zu versetzen ist, wo sich Elektra befindet, also nach Samothrake, und in φθορά eine Anspielung auf eine vernichtende Katastrophe wie eine Flut liegt, die ja tatsächlich auch in manchen Quellen bezeugt ist.

---

55 Etwa Brodersen, 2004, 185, übersetzt, daß Elektra sich „nach ihrer Vergewaltigung" zum Palladion geflüchtet habe. Vgl. Scarpi/ Ciani, 1998, 586: „κατὰ τὴν φθοράν nondimeno può avere una notazione temporale, 'quando fu stuprata', ovvero 'in seguito allo, dopo lo stupro'" (mit Verweis auf Hdt. 1,84,5).
56 Diese chronologische Problematik konstatiert auch Masciadri, 2008, 350.

Zusammengenommen deuten all diese Überlegungen darauf hin, daß hier am Ende des zitierten Textabschnittes bei Apollodoros tatsächlich *eine andere Variante des mythischen Stoffes* greifbar wird[57], eine Variante, die in gewissen Punkten von dem am Textanfang Erzählten abweicht[58]. Nach dieser Variante hat Elektra, die Geliebte des Zeus, von einer Katastrophe wie einer Flut bedroht, beim Palladion ihre Zuflucht gesucht, das sich einer bestimmten Überlieferung zufolge offenbar *auf Samothrake* befand. Daraufhin hat Zeus, aus Gründen der Verbundenheit mit der Mutter seiner Kinder, Elektra zusammen mit dem Götterbild *gerettet* und von der Insel Samothrake auf das Festland von Ilion *entrückt*, so wie in etlichen weiteren Fällen in der griechischen Mythologie Götter eingreifen und ihre Lieblinge aus Gefahren entrücken (und zwar horizontal), indem sie sie an einen entfernten Ort bringen[59]. Und in der Tat hat es eine antike Tradition gegeben, nach der das Palladion ursprünglich *von Samothrake aus* nach Phrygien gelangt ist[60].

Die Version, daß Zeus auf eine Bitte des Ilos hin das Palladion vom Himmel in das Gebiet Ilions (vertikal) *herabfallen* ließ, läßt sich nun aber schwer vereinbaren mit der Überlieferung, daß Zeus das Palladion zusammen mit Elektra von der Insel Samothrake aus nach Ilion (horizontal) *entrückt* hat. Das haben auch scharfsinnige Philologen erkannt – und deswegen im überlieferten Text von Apollodoros' Handbuch die gesamte Passage von dem Satz an „Über das Palladion aber wird folgende Geschichte überliefert ..." bis zum Ende des oben zitierten Abschnittes („Und das ist es in der Tat, was man über das Palladion sagt") als sekundäre Zufügung eingestuft bzw. gestrichen[61].

Oder aber man hat durch eine raffinierte Textänderung versucht, den vorliegenden Text konsistent zu machen und ihn dadurch zu „retten", indem man

---

57 Apollod. 3,145 ab ὕστερον δὲ Ἠλέκτρας κατὰ τὴν φθορὰν τούτῳ προσφυγούσης – „Als später aber Elektra während des Verderbens zu dieser [sc. der Pallas-Statue] ihre Zuflucht genommen hatte ..."
58 Zum aktuellen Interesse der Forschung an der Kombination mehrerer mythischer Stoffvarianten bei Apollodoros s. Pàmias, 2017, 4.
59 So wird bspw. in Hom. *Il.* 5,445-448 Aeneas von Apollon in einen Tempel auf Pergamon entrückt; dort wird er von Artemis und Leto höchstselbst geheilt und geehrt. Bereits bei Homer sind etliche weitere Stoffe von solchen Entrückungen überliefert, vgl. Hom. *Il.* 3,380-382; 5,20-24 und 318; 11,163 f und 750-752; 16,431-457; 20,318-340 und 438-446; 21,595-598.
60 Ein Palladion oder mehrere Palladia; zu finden sind verschiedene Überlieferungen zum Thema „Palladion/ Palladia" bei Dion. Hal. *ant.* 1,33,1; 1,61,1-4; 1,67,1.3; 1,68,1-4; 1,69,1-4; 2,66,5.
61 Einen Überblick über die Forschungssituation bietet Dräger, 2005, 574, der sich gegen eine Tilgung entscheidet: „Zur Tilgung ... besteht keine Berechtigung, denn solche Exkurse gehören zum Stil der *Bibliotheke*". Vgl. auch Scarpi/ Ciani, 1998, 586, die sich ebenfalls gegen eine Tilgung entscheiden.

nämlich durch einen geringfügigen Eingriff statt „habe Zeus *mit ihr zusammen* (μετ' αὐτῆς, sc. mit Elektra) auch das Palladion in das ilische Land geschleudert" gelesen hat „habe Zeus *mit Ate zusammen* (μετ' Ἄτης) auch das Palladion in das ilische Land geschleudert"[62]. Damit hätte man gleich mehrere Fliegen mit einer Klappe geschlagen, denn Ate, die personifizierte Göttin der Verblendung, wurde tatsächlich von Zeus aus dem Himmel auf die Erde hinabgeschleudert als Strafe dafür, daß sie es einmal gewagt hatte, auch Zeus selbst zu verblenden[63], und damit hätte man Elektra, die chronologisch mit Ilos nur schwer zusammengebracht werden kann, geschickt entfernt, und man hätte dabei bleiben können, daß das Palladion vom Himmel *herabgefallen* ist – *und* man hätte zugleich noch eine schöne Erklärung dafür, warum der Hügel, auf den das Palladion herabgefallen ist, und den Apollodoros ja am Anfang der Erzählung selbst erwähnt, ausgerechnet „Ate-Hügel" genannt wurde[64].

Mit einer solchen – zugegeben verlockenden – Konjektur wie auch mit einer Streichung der ganzen fraglichen Passage verläßt man allerdings den Boden der überlieferten Textzeugen. Das ist an sich schon problematisch genug. Außerdem wird Ate nach dem Bericht der homerischen *Ilias* ausdrücklich nicht anläßlich der Gründung von Troia vom Himmel herabgeschleudert, sondern im Kontext der Geburten von Eurystheus und Herakles[65], und auch nicht zusammen mit dem Palladion, sondern allein. Doch davon einmal abgesehen: Selbst *wenn* man das Palladion nicht zusammen mit Elektra, sondern durch eine Konjektur zusammen mit Ate in Ilion ankommen *ließe*, bliebe immer noch die Inkonsistenz, daß am Anfang des Textes nur von dem Herabfallen des Palladions, nicht aber von einer zugleich damit herabfallenden Ate die Rede war. Man müßte außerdem im Fall einer herabfallenden Ate begründen, warum Zeus bei einer Stadtgründung dem Gründer ausgerechnet die Göttin der Verblendung als Dreingabe bescheren sollte; jedenfalls würde man erwarten, daß dieser merkwürdige Umstand, sollte er tatsächlich gemeint gewesen sein, dann etwas ausführlicher thematisiert bzw. begründet worden wäre. Darüber hinaus hätte man die chronologische Inkonsistenz, daß dieser Vorgang zu einer Zeit stattgefunden hat, zu der Elektra noch lebte, nicht wirklich beseitigt, es sei denn, man ginge davon aus, daß Elektra außergewöhnlich alt wurde und zur Zeit der Stadtgründung ihres Ur-ur-Enkels Ilos noch am

---

62 Konjektur von Galeus, der etliche Forscher gefolgt sind, s. den Überblick bei Dräger, 2005, 575, der sich gegen die Konjektur entscheidet.
63 Allerdings *nicht* anläßlich der Gründung von Troia, sondern im Kontext der Geburten von Eurystheus und Herakles; s. Hom. *Il.* 19,91-131.
64 Zum Ate-Hügel s. die weiterführenden Angaben bei Masciadri, 2008, 275, Anm. 73.
65 S. die oben zitierte *Ilias*-Stelle.

Leben war. Denn durch die genannte Konjektur wäre Elektra aus dem Kontext ja nicht gänzlich gestrichen; der Vorgang des Werfens des Palladions zusammen „mit Ate" würde immer noch zu der Zeit stattfinden, „als später ... Elektra während des Verderbens zu dieser [sc. der Pallas-Statue] ihre Zuflucht genommen hatte". Und selbst *wenn* der Exkurs über den Ursprung des Palladions zur Gänze später in den Apollodoros-Text hineingeraten sein *sollte* und somit als „sekundär" einzustufen *wäre*, so müßte man dennoch davon ausgehen, daß weder derjenige, der die betreffende Passage eingefügt hat, noch all diejenigen, die den Text mit diesem Zusatz später rezipiert oder abgeschrieben haben, an ihr einen massiven Anstoß genommen hätten.

Nun hat sich herausgestellt, daß es durchaus einiger Recherchen und damit genauerer Kenntnis und eines gewissen Scharfsinns bedarf, um die Inkonsistenzen im Text genau zu benennen, die mit ihnen verbundenen Implikationen zu erkennen und das Gemenge der sich vermischenden Versionen zu entwirren. Ist ein solcher „kritischer" Umgang mit dem Text auch für die Rezipienten in der Antike vorauszusetzen?

Damit ist noch einmal auf die in Kapitel 16.1 angestellten Beobachtungen zu den unterschiedlichen Gewohnheiten antiker und heutiger Rezipienten zurückzukommen in Bezug auf Texte, die mythische Stoffe verarbeiten. Lupenreine Konsistenz war in der Antike ganz offenkundig nicht das oberste Gebot und auch nicht die einzige Anforderung an solche Texte, sondern man nahm durchaus Inkonsistenzen in Kauf, weil man unter anderem versuchte, verschiedenen Traditionen und damit verschiedenen Rezipientenkreisen zugleich gerecht zu werden, oder weil man es für wichtiger erachtete, Überlieferungen in ihrer Vielgestaltigkeit zu bewahren, auch wenn sie sich zum Teil nicht perfekt harmonisieren ließen[66].

Zu den Folgerungen, die sich aus diesem Beispiel für den Umgang mit der Textkritik bei solchen Texten ergeben, die speziell mythische Stoffe überliefern, wurde in Kapitel 16.3 bereits Grundsätzliches gesagt. Es müssen schon *sehr* starke Gründe für eine Emendation oder Konjektur sprechen – allein Verweise auf eine anders lautende Tradition, auf eine Inkonsistenz oder auf den Umstand, daß ein seltsames Detail ansonsten unbekannt ist, sind keine besonders starken Argumente, die einen Eingriff in die Textüberlieferung überzeugend rechtfertigen könnten[67]. Der Bericht bei Apollodoros ist nicht korrupt, sondern inkonsistent;

---

[66] Zu weiteren positiven Motivationen für die In-Kauf-Nahme von Inkonsistenzen s. Kapitel 16.2.

[67] S. auch das Beispiel, das Cuartero, 2017, 153-155, selbst von seiner textkritischen Arbeit an Apollodoros liefert: Im Abschnitt von Demeters Aufenthalt in Eleusis (Apollod. 1,29-31) wird ein

die beobachteten Inkonsistenzen sind nicht zu beseitigen, sondern sie liefern wertvolle Hinweise, die in der vorliegenden Stoffvariante verschiedene stoffliche Strata erkennen lassen.

17.3 Ovid, *Amores* 3,1: Was soll der Dichter dichten? Herakles am Scheideweg, das Urteil des Paris und die Allophanie der Venus: Stoffschema-Interferenzen

Als letztes Beispiel zum Thema „Inkonsistenzen" soll es um einen Text gehen, der im Gegensatz zur „Opferbetrug"-Erzählung bei Hesiod und zu der bei Apollodoros erzählten Passage vom Ursprung des Palladions nicht einen alten, mythischen Stoff verarbeitet, sondern dem ein neuer, von einem einzelnen Autor frei erfundener Stoff zugrundeliegt. Es wird sich herausstellen, daß sich die in Hinblick auf mythische Stoffvarianten entwickelte Stratifikationsanalyse auch erweitert auf solche Stoffvarianten anwenden läßt, die den Bereich des Mythischen in einem engen Sinn verlassen bzw. im Grenzbereich der Kunstmythen liegen[68]. Inwiefern dies der Fall ist und inwieweit eine Stratifikationsanalyse auch dort greifen kann, soll anhand einer Ovid-Elegie gezeigt werden.

> *Stat vetus et multos incaedua silva per annos*
> ...
> *hic ego dum spatior tectus nemoralibus umbris*   5
> *– quod mea, quaerebam, Musa moveret opus –,*
> *venit odoratos Elegia nexa capillos ...*
>
> Es steht da ein alter, durch viele Jahre hindurch unbehauener Hain
> ...
> Während ich hier, überdacht vom Schatten der Bäume, spazierenging   5
> – ich suchte, was meine Muse ins Werk setzen sollte –,
> kam Elegia, die duftenden Haare geflochten ...

So beginnt das Eröffnungsgedicht des letzten *Amores*-Buches von Ovid[69]. Das lyrische Ich ist während eines Spazierganges im Wald auf der Suche nach einem

---

im Kontext seltsamer Eigenname, Praxithea, in der Regel durch „Metaneira" ersetzt, weil es besser zur „Tradition" paßt, und dem folgt Cuartero auch in seiner Edition – doch widerruft er diese Entscheidung nach sorgfältiger Abwägung wieder in seinem Artikel von 2017 (ebd. 155): „Hence, we feel we are entitled to again attempt to restore the name of Praxithea ..., although she is unknown to us from other sources."
68 S. dazu ausführlich Kapitel 12.5.
69 Ov. *am.* 3,1,1.5-7.

Gegenstand für seine dichterische Betätigung, da begegnet ihm die göttliche Elegia, die Verkörperung der elegischen (Liebes-)Dichtung, und nach nur kurzer Zeit stellt sich im Eilschritt auch noch die Göttin Tragoedia ein, Personifikation der Tragödie. Beide Gottheiten beginnen nun, vor dem Dichter die Vorzüge der literarischen Gattungen, für die sie jeweils stehen, zu preisen, und die Nachteile der jeweils anderen Gattung anzuprangern. Am Ende entscheidet sich das lyrische Ich für eine Fortsetzung der Tätigkeit als Liebesdichter, doch erweist er sich dabei als Diplomat: er wolle sich bald auch der Tragödie zuwenden, so versichert er, und bittet die Göttin Tragoedia nur noch um einen kleinen Aufschub.

Hat diese Ovid-Elegie etwas mit den Fragen, Problemen und Methoden der Mythosforschung im Allgemeinen und mit der Suche nach Inkonsistenzen im Besonderen zu tun? Schließlich handelt es sich in diesem Gedicht, zumindest auf den ersten Blick, nicht um die Verarbeitung eines überlieferten mythischen Stoffes.

Wiederum erweist sich die Unterscheidung zwischen *konkretem* Stoff und *Stoffschema* als wichtig[70]. Zwar wird hier von Ovid nicht ein konkreter mythischer Stoff nacherzählt, es werden aber durchaus Stoffschemata erkennbar, die sich mit mythischen Stoffen bzw. Stoffvarianten in Verbindung bringen lassen. Dabei ist es, wie gleich gezeigt werden soll, aufgrund des Phänomens der Interhylität offenbar zu Interferenzen zwischen verschiedenen Stoffen bzw. deren Stoffschemata gekommen. Solche Interferenzen wurden als Ursachen für die Entstehung von Inkonsistenzen ausgemacht. Daher ist es sinnvoll, im Blick auf die Ovid-Elegie zunächst die Themenkomplexe „Stoffschema" und „Interhylität" anzugehen, und dann die Frage nach möglichen Inkonsistenzen anzuschließen.

Wie in der Forschung bereits früh erkannt wurde, erfindet Ovid das stoffliche Substrat für seine Elegie nicht völlig neu, sondern er greift dabei auf eine Vorlage zurück. Man kann aufgrund der in Kapitel 7.3 angestellten Überlegungen nun terminologisch präziser sagen, daß Ovid sich eines *Stoffschemas* bedient, denn er übernimmt eine stoffliche Vorlage *ohne* die mit dieser Vorlage ursprünglich verbundenen Eigennamen. Dabei handelt es sich um ein Stoffschema, das sich mit konkreten *mythischen* Stoffen in Verbindung bringen läßt, bspw. mit dem Mythos von „Herakles am Scheideweg"[71]: In den existierenden Varianten dieses Stoffes

---

[70] S. dazu Kapitel 7.3.
[71] Zuerst bei Prodikos (überliefert bei Xen. *mem.* 2,1,21-34; vgl. auch Cic. *off.* 1,118.); eine strukturelle Parallele findet sich bereits in der hesiodeischen Beschreibung der beiden Wege von Ἀρετή und Κακία (Hes. *erg.* 287-292). Brandt, 1911, 141, erinnert in seinem Kommentar zu den *Amores* zusätzlich an den Streit zwischen Bildhauerkunst und Gelehrsamkeit in Lukians *Somnium* und zwischen Λόγος δίκαιος und Λόγος ἄδικος bei Aristophanes (*Nub.* 889-1104). Literaturhinweise bei Reinhardt, 2011, 343, Anm. 1330, und Reinhardt, 2016, 56.

steht der junge Herakles vor der Frage, welchen Lebensweg er einschlagen soll, wird dabei von den beiden weiblichen personifizierten Gottheiten Arete („Tugend") und Kakia („Laster") umworben, und entscheidet sich am Ende – natürlich – für den von der Göttin der Tugend angepriesenen Lebenswandel. In diesem konkreten mythischen Stoff hat man lange Zeit die entscheidende stoffliche Vorlage für die Gestaltung der Ovid-Elegie erblickt[72]. Damit hätte Ovid den konkreten Stoff „Herakles am Scheideweg" zum Stoffschema abstrahiert, sodann lediglich Herakles, Arete und Kakia durch sein lyrisches Ich, Elegia und Tragoedia ersetzt, ansonsten aber das Stoffschema von „Herakles am Scheideweg" im Wesentlichen übernommen.

Wie an anderer Stelle bereits ausführlich gezeigt wurde[73], weichen das stoffliche Substrat der Ovid-Elegie und die Erzählung von „Herakles am Scheideweg" aber auch in mehreren Hinsichten deutlich voneinander ab. Herakles wählt für sein ganzes weiteres Leben zwischen zwei Alternativen, von denen die eine von vornherein stark positiv, die andere stark negativ konnotiert ist, während Ovid sich nur vorübergehend für eine von zwei durchaus positiv konnotierten und dem Dichter Ruhm eintragenden Dichtungsformen entscheiden muß. Läßt man sich nicht zu sehr von dem nur quantitativ gewichtigen Umstand der Zweizahl der Alternativen ablenken, dann wird deutlich, daß ein anderes Stoffschema für die Gestaltung der Ovid-Elegie eine mindestens ebenso wichtige Rolle spielt, in dem ein junger Protagonist sich zwischen verschiedenen Göttinnen entscheiden muß, die wie in der Ovid-Elegie alle jeweils durchaus *Positiva* verkörpern, und die sich zudem auch nicht *notwendig* gegenseitig ausschließen, wie das etwa bei den Gegensätzen eines tugendvollen und eines lasterhaften Lebenswandels der Fall ist. Gemeint ist das „Urteil des Paris", das in den existierenden Stoffvarianten in der Regel folgenden Ablauf aufweist: Der troianische Königssohn Paris muß sich zwischen Hera (Erfolg in der Politik), Athene (Erfolg im Krieg) und Aphrodite (Erfolg in der Liebe) entscheiden[74]. Abgesehen davon, daß das lyrische Ich in den *Amores* Ovids als Liebesheld ohnehin in so gut wie allen Punkten viel eher einer Figur wie dem Helena-Entführer Paris als der des Herakles ähnelt, fällt auch die Entscheidung in beiden Fällen ähnlich aus, denn wie Paris sich für die Liebe entscheidet, so entscheidet sich das lyrische Ich bei Ovid für die Liebesdichtung.

---

72 Zur Forschung s. C. Zgoll, 2010a, 99, Anm. 8.
73 S. C. Zgoll, 2010a.
74 Vgl. zu einer solchen an Dumézil bzw. an den kulturspezifischen Konnotationen orientierten Sicht auf das Paris-Urteil Powell, 2009, 37. Literaturhinweise zu diesem Stoff bei Reinhardt, 2011, 161, Anm. 655, und Reinhardt, 2016, 27.

Es sprechen also etliche Argumente dafür, daß Ovid bei der Gestaltung von *Amores* 3,1 eher an das „Urteil des Paris" als an „Herakles am Scheideweg" gedacht haben wird, was sich unter anderem noch dadurch erhärten läßt, daß Ovid selbst an anderer Stelle den mythischen Stoff vom Paris-Urteil literarisch gestaltet hat[75], und daß dabei die Parallelen in der Gestaltung zu *Amores* 3,1 so auffällig sind, daß es schwer fallen dürfte, sie als rein zufällig anzusehen[76]. Bevor aber nun ein Gelehrtenstreit darüber entbrennt, welches Stoffschema für die Gestaltung von *Amores* 3,1 eher in Frage kommt, „Der Protagonist am Scheideweg" oder das „Urteil des Protagonisten", kann man an dieser Stelle auf das Phänomen der Interhylität zurückkommen und auf Stoff-Stoff-Interferenzen, die dadurch entstehen, daß Stoffe im menschlichen Gehirn nicht in steril und säuberlich voneinander getrennten „Schubladen" aufbewahrt werden[77]. Es ist daher nicht nur nicht auszuschließen, sondern aufgrund der „verschwommenen" Abspeicherung von Stoffen im Gedächtnis sogar mehr als wahrscheinlich, daß *beide* Stoffe bzw. deren Stoffschemata bei der Abfassung der Ovid-Elegie eine Rolle gespielt haben, da es durch die Ähnlichkeiten leicht zu Interferenzen zwischen dem Stoffschema der Herakles-Erzählung und dem Stoffschema des Paris-Urteils gekommen sein kann. Aufgrund des Phänomens der Interhylität wäre somit ein Streit nicht darüber zu führen, ob Ovid *entweder* Stoffschema A *oder* Stoffschema B als Vorbild für die Abfassung seiner Elegie genommen hat, sondern allenfalls darüber, welches Mischungsverhältnis vorliegt und welche Vorlage bei einer Interpretation stärker zu berücksichtigen ist bzw. zu erhellenderen Ergebnissen führt.

Nun ist bei der Behandlung des Phänomens „Interhylität" deutlich geworden, daß Stoff-Stoff-Interferenzen in der Regel Spuren hinterlassen und wesentlich dafür verantwortlich sind, daß in Konkretionen von mythischen Stoffen Inkonsistenzen beobachtet werden können. Wie verhält es sich damit in der besprochenen Ovid-Elegie? Gerade durch die Beobachtung, daß Ovid bei der Abfassung von *Amores* 3,1 allem Anschein nach zwei verschiedene, miteinander interferierende Stoffschemata im Kopf hatte, ist zumindest die Möglichkeit gegeben, daß bei der „Fusion" dieser Stoffschemata Ungereimtheiten stehengeblieben oder gewisse Merkwürdigkeiten entstanden sind.

Tatsächlich gibt es eine Stelle in der Elegie, die seltsam wirkt und deshalb Fragen aufwirft. Während das lyrische Ich, das von seiner Begegnung mit den Göttinnen im Rückblick berichtet, sich bei der Göttin Tragoedia an alle Einzelheiten ihres Auftretens bestens erinnern kann, an die Art ihres Ganges, ihre Haare,

---

75 Ov. *Her.* 16,53-88.
76 S. dazu ausführlicher C. Zgoll, 2010a, 104-106.
77 S. dazu die Kapitel 12.2 und 13.2.

ihre Kleidung, ihre Schuhe und an das Szepter in ihrer linken Hand, wirkt die Ausdrucksweise plötzlich da auffallend unsicher, wo es um die Schilderung der anderen Göttin, der Elegia geht[78]:

> altera, si memini, limis subrisit ocellis;
> fallor, an in dextra myrtea virga fuit?

> Die zweite, wenn ich mich recht erinnere, lächelte mir heimlich mit einem Seitenblick zu;
> täusche ich mich, oder befand sich in ihrer Rechten ein Myrtenzweig?

Woher kommt diese plötzliche Unsicherheit, die sich in so auffällig gehäuften Kautelen wie „wenn ich mich recht erinnere" (*si memini*) oder „täusche ich mich vielleicht?" (*fallor, an ...?*) äußern? Und was hat außerdem die Heimlichtuerei der Elegia zu bedeuten? An keiner Stelle in der Elegie werden diese Unsicherheit des lyrischen Ichs oder die Heimlichkeit im Betragen der Elegia noch einmal aufgegriffen und dadurch im Nachhinein erklärt; sie bleiben, etwa in der Mitte des Gedichts, auf den ersten Blick irgendwie isoliert als nur schwer erklärbare Merkwürdigkeiten stehen. Sind sie somit vielleicht auf eines der als Vorbilder dienenden Stoffschemata zurückzuführen oder auf eine nur unzureichende Harmonisierung dieser Stoffschemata bei ihrer Adaption auf die neue, vom Autor geschaffene Situation?

Nun ist aber etwas Entsprechendes in keiner der beiden in Frage kommenden stofflichen Vorlagen zu finden, weder eine Unsicherheit des Protagonisten, die sich auf die äußere Erscheinung bzw. Identität einer anwesenden Gottheit bezieht, noch eine Heimlichkeit in deren Betragen. Das ist aber nun gerade der Punkt, an dem es besonders interessant wird. Offensichtlich funkt hier in die Stoffgestaltung der Ovid-Elegie etwas hinein, das sich weder mit dem hinter der Herakles-Erzählung, noch mit dem hinter dem Paris-Urteil liegenden Stoffschema in Zusammenhang bringen läßt und deshalb darin wie ein Fremdkörper wirkt. Es könnte sein, daß es sich dabei um einen Einfall des Dichters handelt, der mehr oder weniger isoliert dasteht und deshalb kaum eine Möglichkeit eröffnet, den Grund und die tiefere Bedeutung dieses Einfalles noch ausfindig zu machen. Einiges aber deutet darauf hin, daß dieser Einfall sich wiederum auf etwas von Ovid „Geborgtes" bezieht und sich daraus Ansatzpunkte für eine Deutung ergeben können. Mit anderen Worten: Die aus den bereits eruierten stofflichen Vorlagen herausfallenden Besonderheiten deuten darauf hin, daß hier noch eine *dritte* stoffliche Vorlage mit ins Spiel kommt, die von Ovid allerdings nur kurz

---

[78] Ov. *am.* 3,1,33 f.

und ausschnitthaft angedeutet wird und somit den Rezipienten zunächst ein kleines Rätsel aufgibt.

Dieses Rätsel war für Rezipienten in der Antike sicherlich einfacher zu lösen als für heutige, aber dennoch kann es gelingen, freilich erst nach schärferem Überlegen, auch heute noch der Lösung auf die Spur zu kommen, die im Übrigen der ganzen Elegie dann noch einmal eine besondere Würze und auch einen hintergründigen Witz verleiht. Die Lösung besteht darin, daß man die beiden Merkwürdigkeiten, die Unsicherheit des Sprechers und die Heimlichkeit im Betragen der Elegia, zunächst einmal in einen kausalen Zusammenhang bringt: der Sprecher ist sich im Nachhinein *deshalb* unsicher, ob er sich an den Myrtenzweig und an den verstohlenen Blick der Elegia richtig erinnern kann, *weil* sowohl die Präsentation des Myrtenzweiges als auch das Zuwerfen des besagten Blickes in aller Heimlichkeit vonstattengingen. Und für diese Heimlichkeit kann es bei der Figurenkonstellation in diesem Gedicht, in dem es in der Waldeseinsamkeit außer dem lyrischen Ich, der Elegia und der Tragoedia niemand anderen gibt, nur einen Grund geben, nämlich den, daß die einzige weitere noch anwesende Person, also Tragoedia, von diesen Vorgängen und der dadurch transportierten Botschaft nichts mitbekommen sollte.

Um diese Botschaft zu entschlüsseln und die damit verbundenen Vorgänge richtig zu deuten, war nun eine für die damaligen Rezipienten selbstverständliche Kenntnis bestimmter mythischer Stoffe und ein Wissen um die ikonographische Darstellung von Gottheiten und ihren Attributen notwendig. Antiken Rezipienten muß aufgefallen sein, daß der Myrtenzweig ein Attribut ist, das typischerweise nicht der Elegia, sondern der Göttin Venus zugeschrieben wird[79]. Nun gibt es zwei Möglichkeiten, diesen Befund zu deuten. Elegia könnte den Myrtenzweig der Göttin Venus getragen haben, weil sie sich damit als Anhängerin der Göttin Venus ausweisen wollte[80]. Da sich aber der Myrtenzweig als Attribut der Göttin Elegia sonst nirgends nachweisen läßt und damit außerdem nicht im mindesten erklärt wäre, warum Elegia diesen Myrtenzweig nicht ostentativ, sondern eher heimlich vorweist, liegt eine andere Erklärung näher, nämlich die, daß es sich bei der auftretenden Elegia überhaupt nicht um die Göttin Elegia handelt, sondern um die Göttin Venus höchstselbst, die *als Elegia erscheint* und damit ihre

---

79 Zu textlichen und ikonographischen Belegen s. im Einzelnen Zgoll, 2010b, 165-168.
80 In diese Richtung gehen auch bisherige Interpretationsvorschläge; s. dazu Literaturhinweise in C. Zgoll, 2010b, 166, Anm. 36.

wahre Identität zumindest vor ihrer Konkurrentin, der Göttin Tragoedia, verbergen will[81].

Eine solche „Allophanie", die Erscheinung eines Gottes in einer anderen Gestalt, war den antiken Rezipienten, die in der griechisch-römischen Mythologie zuhause waren, geläufig und vertraut[82]. Unter solchen Stoffen finden sich auch Fälle, in denen – wie hier in der Ovid-Elegie – eine Gottheit in der Gestalt *einer anderen Gottheit* erscheint, um eine List ins Werk zu setzen. So erscheint, um zwei Beispiele herauszugreifen, einmal Athene in der Gestalt der Aphrodite, um Paris von dem nächtlichen Anschlag auf das Heereslager der Troer und ihrer Verbündeten durch Odysseus und Diomedes abzulenken[83], und Ovid selbst wird später in den *Metamorphosen* von Iuppiter erzählen, der in der Gestalt der Göttin Diana vor Callisto erscheint, um erst ihr Vertrauen zu gewinnen und sie dann zu vergewaltigen[84].

Das, was hier in die Großstruktur der vermengten Stoffschemata vom „Urteil" und vom „Scheideweg" hineinfunkt, ist also ein Element aus einem weiteren Stoffschema, nämlich dem der Allophanie, und dies wird von der als Elegia auftretenden Venus nur dem lyrischen Ich – damit aber auf anderer Ebene auch von Ovid den Rezipienten – zwar versteckt und verknappt, aber durch die Merkwürdigkeit der Vorgänge doch auch wieder deutlich genug signalisiert.

Dadurch aber erhält das gesamte Gedicht einen völlig anderen Charakter. Aus einer an sich ernsten Entscheidungssituation, wie sie den Stoffen von „Herakles am Scheideweg" und vom „Paris-Urteil" eigen ist, wird durch das gewitzte Versteckspiel der Venus ein Ungleichgewicht zuungunsten der ahnungslosen Tragoedia hergestellt, das dem geschilderten Geschehen insgesamt eine Leichtigkeit und etwas eher Spielerisches verleiht, was zur Gattung „Liebeselegie" auch entsprechend gut paßt. Außerdem werden dadurch die Rezipienten schon in der Mitte des Gedichts auf den Ausgang vorbereitet: Der Liebesdichter, der sich aufgrund der persönlichen Anwesenheit der Göttin Venus geehrt und vielleicht auch etwas eingeschüchtert fühlt und sich die Hoffnung auf Glück in der Liebe machen kann, wenn er sie begünstigt, wird sich so entscheiden, wie es einst Paris getan hatte, der dafür von Aphrodite Helena als Lohn bekam – und das geschick-

---

81 Vgl. dazu in aller Ausführlichkeit, mit Belegen und eingehender Auseinandersetzung mit der Forschungsliteratur, C. Zgoll, 2010b.
82 Zum Begriff „Allophanie" und zur Abgrenzung vom Phänomen einer „Metamorphose" s. C. Zgoll, 2004, besonders 175-179 und 322 f.
83 Ein Beleg für die konkrete Ausgestaltung dieses Stoffes findet sich in der Tragödie *Rhesos* (637-674), die Euripides zugeschrieben wird.
84 Ov. *met.* 2,422-433.

terweise, *ohne* sich den Zorn der Tragoedia zuzuziehen, der er am Ende, verbunden mit kräftiger Schmeichelei, die Zusicherung gibt, sich so bald wie möglich auch ihr zuzuwenden.

Es wurde bei der eben unternommenen Deutung an die Ovid-Elegie mit einer stratifikationsanalytischen Methodik herangegangen, obwohl es sich bei dem der Elegie zugrundeliegenden Stoff nicht um einen überlieferten mythischen Stoff handelt. Auf diesen wichtigen Unterschied ist an dieser Stelle noch einmal mit aller Deutlichkeit hinzuweisen. In *Amores* 3,1 wird nicht ein alter, konkreter mythischer Stoff *neu erzählt*, sondern hier wird von Ovid unter Rückgriff auf verschiedene Stoffschemata ein *neuer Stoff kreiert*. Ovid erzählt nicht „Herakles am Scheideweg" oder das „Paris-Urteil" neu, sondern er verwendet unter anderem die diesen konkreten Stoffen zugrundeliegenden Stoffschemata, um einen neuen konkreten Stoff zu entwerfen, der von einer Auseinandersetzung des lyrischen Ichs mit den Göttinnen Elegia und Tragoedia handelt.

Obwohl es sich hier nicht um einen alten, sondern um einen neuen, von einem einzelnen Autor erschaffenen mythischen Stoff, um einen Kunstmythos handelt[85], ließ sich mit stratifikationsanalytischen Methoden eine Inkonsistenz in der Stoffgestaltung identifizieren[86]. Diese Inkonsistenz konnte dadurch erklärt werden, daß sie auf das Eindringen eines weiteren Stoffschemas zurückzuführen ist, dem der „Allophanie". Dieses Stoffschema wird eingebaut in die Großstruktur der vermischten Stoffe, die eine Entscheidungssituation thematisieren. Dadurch konnte fast überraschenderweise auch bei einer Stoffgestaltung, die auf einen einzelnen Autor zurückgeht, einen Interpretationsgewinn erzielt werden, der über bisherige Deutungsversuche hinausgeht[87]. Daß eine Stratifikationsanalyse auch hier gewinnbringend eingesetzt werden konnte, ist insofern nicht erstaunlich, als auch von einzelnen Autoren entworfene Stoffe niemals in einem luftleeren Raum entstehen, sondern auch hier das Phänomen der Interhylität eine wichtige Rolle spielt. Es ist unmöglich, daß ein Autor bei der Gestaltung eines neuen Stoffes nicht in verschiedensten Hinsichten beeinflusst ist von anderen konkreten Stoffen und von abgeleiteten Stoffschemata, die er bereits kennt. Eine Stratifikationsanalyse stellt daher nicht nur für die Mythosforschung, sondern auch

---

85 Zur Unterscheidung von Mythen und Kunstmythen s. Kapitel 12.5.
86 Zur wichtigen Unterscheidung zwischen Inkonsistenzen in mythischen Stoffen und dieser Kunstmythos-Inkonsistenz s. die Ausführungen im folgenden Kapitel 17.4.
87 Sowohl von der terminologischen Präzision her als auch von der inhaltlichen Zuspitzung auf die Unterscheidung dreier interferierender Stoffschemata gehen die obigen Ausführungen auch über die in C. Zgoll, 2010a und 2010b, bereits erzielten Ergebnisse hinaus.

für eine allgemeine Stoffwissenschaft eine brauchbare und im Einzelfall gewinnbringende methodische Vorgehensweise dar.

17.4 Prometheus bei Hesiod und das lyrische Ich bei Ovid: Unterscheidung von intentionalen und nicht-intentionalen Inkonsistenzen

Im Anschluß an das vorangegangene Kapitel ist auf einen entscheidenden Unterschied aufmerksam zu machen. Die in der Ovid-Elegie beobachtete Inkonsistenz auf der Ebene der stofflichen Gestaltung verdankt sich einer völlig anderen Ursache als die Inkonsistenzen in mythischen Stoffvarianten. In mythischen Stoffvarianten sind Inkonsistenzen in vielen Fällen das nicht-intentionale Produkt eines langen Überlieferungsprozesses, in dessen Verlauf es aufgrund der Interhylität zu einer Polystratie der Stoffvarianten kommt, die an gewissen Inkonsistenzen erkennbar wird. Bei Varianten von Erzählstoffen hingegen, deren Gestaltung eindeutig auf einen bestimmten Autor zurückgeht, ist zunächst immer davon auszugehen, daß Merkwürdigkeiten und Inkonsistenzen Elemente einer gezielten Strategie des Autors darstellen. Schon allein deswegen, weil Ovid den Stoff von *Amores* 3,1 als einzelner Autor neu entworfen hat, und auch weil es sich bei ihm um einen Autor handelt, der in einer Gesellschaft schreibt, die dem Autor bereits weitgehende Freiheiten bei der dichterischen Arbeit zugesteht und bei neuen stofflichen Entwürfen Konsistenz erwartet, sind Inkonsistenzen bei der Stoffgestaltung zunächst einmal nicht der Übernahme eines polymorphen Stoffgebildes oder der Diversität der eingearbeiteten Stoffvorlagen zuzuschreiben, sondern einer bewußten Autorintention.

Zur Verdeutlichung soll noch einmal auf den Dom von Syrakus zurückgegriffen werden. Ovid hat nicht ein Bauwerk vorgefunden, in dem sich merkwürdige dorische Säulen aus einem flachen Mauerwerk herauswölbten, und diese Merkwürdigkeiten *belassen*, weil bspw. seine Rezipienten dies von ihm erwarteten; sondern er hat in ein neues, von ihm selbst errichtetes Bauwerk an einer Stelle der glatten Außenwand eine dorische Säule *eingebaut*, weil er die Absicht hatte, durch diese auffällige Gestaltung seine Rezipienten auf etwas aufmerksam zu machen und sie mit einer besonderen Raffinesse zu überraschen und zu erfreuen.

Zu intentionalen Inkonsistenzen in der antiken Literatur hat O'Hara eine spannende Studie verfaßt, in der er versucht aufzuzeigen, daß in antiker epischer Dichtung in vielen Fällen und gerade bei der Behandlung mythischer Stoffe Inkonsistenzen nicht auf ein Unvermögen des Autors zurückzuführen sind, sondern daß sie bewußt eingesetzte Mittel darstellen[88] mit dem Ziel, kunstvoll-spielerisch bei den Rezipienten die Erinnerung an verschiedene abweichende Stoffvarianten zu evozieren[89]. Man müßte vielleicht etwas vorsichtiger sein, was die Allgemeingültigkeit einer solchen Herangehensweise angeht. O'Hara beginnt mit Beispielen aus der frühesten griechischen Epik (v. a. Homer), aber die Erklärung von Inkonsistenzen als bewußte Anspielungen auf verschiedene mythische Stoffvarianten wird kaum für alle Autoren und Zeiten und Gattungen gleichermaßen überzeugen können. So ist es bspw. höchst fraglich, ob in dem oben besprochenen Beispiel von der Herkunft des Palladions (Kapitel 17.2) die beobachteten Inkonsistenzen tatsächlich auf eine raffinierte, bewußt auf verschiedene Stofftraditionen anspielende Autorstrategie zurückgeführt werden können, handelt es sich doch um ein eher schlichtes Prosawerk eines Mythographen, nicht um elaborierte epische oder hymnische Dichtung. Spätestens in der hellenistischen Dichtung und seit den ausgefeilten und anspielungsreichen Werken des Kallimachos aber kann die Annahme, daß hauptsächlich in poetischen Gattungen Inkonsistenzen vom Autor bewußt eingebaut wurden, für die Interpretation solcher Texte sicherlich gewinnbringend eingesetzt werden, und entsprechend bezieht sich dann auch der Hauptteil von O'Haras Untersuchung speziell auf die spätere, kunstvolle und mit zahlreichen intertextuellen (und damit natürlich auch interstofflichen) Anspielungen arbeitende lateinische Epik (v. a. Catull, Lukrez, Vergil, Ovid und Lucan)[90]. Das bedeutet jedoch nicht, daß im Umkehrschluß Vertreter der archaischen Dichtung generell nicht oder deutlich weniger dazu in der Lage wären, Vorlagen kunstvoll zu bearbeiten, intertextuelle Bezüge herzustellen und bei der Verarbeitung mythischer Stoffe eigene Akzente zu setzen. So ist

---

88 S. O'Hara, 2007, 2: „These inconsistencies are products not of the poet's inattention, but of his artistry."
89 S. O'Hara, 2007, 13 f: „... an idea that will be prominent ... in the book: that of the poet alluding to variant versions of a myth. This may sound like the claims of the Neo-analysts mentioned above, except that it involves not clues that the poet has accidentally left, but instead deliberate allusion to an alternative version."
90 Zu einem breiteren Spektrum von Erklärungsmöglichkeiten für die Existenz von Inkonsistenzen s. oben die Kapitel 16.1-3. Speziell zum *Bellum civile* von Lucan hat Kimmerle eine Studie vorgelegt (2015), in der sie die Inkonsistenzen in diesem nicht mythischen, sondern historischen Epos auf den bewußten Einsatz der narratologischen Technik des „unzuverlässigen Erzählens" zurückführt, nicht nur als literarisches Spiel, sondern als Ausdruck für die Schwierigkeit, für die Zeit des Umbruchs von der Republik zum Prinzipat zu eindeutigen Bewertungen zu kommen; hier ist die Problematik bzw. die Erklärung von Inkonsistenzen also auf einer gänzlich anderen Ebene angesiedelt als bei der Annahme von Inkonsistenzen aufgrund der oft nicht einfachen Zusammenführung unterschiedlicher Stofftraditionen.

es bspw. gerade ein Hauptanliegen von Daneks Buch *Epos und Zitat* nachzuweisen, daß der Verfasser der *Odyssee* bewußt auf andere Varianten der von Danek als Einheit aufgefaßten *Odyssee*-Erzählung anspielt, allerdings nicht in erster Linie durch den absichtlichen Einbau von Inkonsistenzen, sondern durch eine immer wiederkehrende „Technik der Thematisierung alternativer Handlungsführung"[91], die fallweise zu Inkonsistenzen führen kann, aber nicht muß.

Bei Werken, deren inhaltlich-stoffliche Gestaltung eindeutig auf einen Autor zurückgeht, ist man immer in der Pflicht, Inkonsistenzen zunächst einmal einer bewußten Strategie des Autors zuzuschreiben. Wenn es aber um die Interpretation von Texten geht, in denen ein Autor nicht eigene Stoffe neu erfindet, sondern überlieferte mythische Stoffe verarbeitet, dann ist die Frage „was hat der Autor mit einer Merkwürdigkeit oder Spannung bezweckt?" nicht mehr die *einzige* Richtung, in die ein Interpret zu forschen hat, sondern dann kommt folgender Frage mindestens ebensoviel Wichtigkeit zu: Auf welche durch die stoffliche Polymorphie und durch weitere interstoffliche Einflüsse bedingten Konflikte weist eine Merkwürdigkeit oder Spannung hin? Je schwerer bei der Verarbeitung von Stoffen, die nicht auf den betreffenden Autor selbst zurückgehen, eine Inkonsistenz als Element einer bewußten Autorstrategie erklärt werden kann und je unbefriedigender eine solche Erklärung ausfällt, desto plausibler ist es, daß die Ursache der Inkonsistenz nicht beim Autor liegt, sondern in stofflich bedingten Verwerfungen zu suchen ist. Speziell bei der Verarbeitung *mythischer Stoffe* kann man so weit gehen zu sagen, daß aufgrund der Polymorphie dieser Stoffe und aufgrund von interstofflichen Interferenzen die Wahrscheinlichkeit oft höher ist, daß Inkonsistenzen *stofflich* bedingt sind, wie dies in den oben ausgeführten Analysen zu Hesiod und Apollodoros gezeigt wurde, als daß sie auf raffinierten Autorstrategien oder anderen Faktoren beruhen. Dies gilt grundsätzlich für alle Epochen, auch wenn hier eventuell zeitlich zu differenzieren ist und sich bspw. in der späteren, anspielungsreichen antiken Epik diese Gewichtung zugunsten von bewußt eingesetzten Inkonsistenzen verschieben mag; doch dies wäre erst noch des Näheren zu prüfen.

---

91 Danek, 1998, 10.

18 Brisanz der Mythen: Stratifikationstheorie III

In den vorangegangenen Kapiteln ging es unter anderem darum, wie bestimmte Muster von Stoff-Stoff-Interferenzen sowie polymorphiebedingte und auf das Phänomen der Interhylität zurückzuführende Inkonsistenzen auf formaler und logischer Ebene als Indizien für die verschiedenen Varianten und Strata gewertet werden können, die sich in der Konkretion einer mythischen Stoffvariante in textlicher Form zu einem mehrschichtigen Gebilde zusammengefunden haben. Neben den bereits genannten Indizien gibt es aber auch bestimmte *Erzähltaktiken* in mythischen Stoffen, die auf einer *semantischen Ebene* auf eine Schichtenbildung hinweisen können. Um die Eigenart dieser Erzähltaktiken besser erfassen und ihre Wichtigkeit für eine Stratifikationsanalyse richtig einordnen zu können, ist es nötig, vorher auf eine Eigenschaft mythischer Stoffe ausführlicher einzugehen, die in der Gefahr steht, unterschätzt oder sogar gänzlich verkannt zu werden, und das ist ihre Brisanz.

Diese Brisanz liegt darin begründet, daß mythische Stoffe sich auf *Erfahrungsgegenstände* beziehen; daß es sich dabei um Erfahrungsgegenstände handelt, die für *bedeutsam* angesehen werden, was sich darin zeigt, daß die Auseinandersetzungen mit diesen Erfahrungsgegenständen eine *transzendierende* Komponente beinhalten; daß diese transzendierende Auseinandersetzung mit für bedeutsam gehaltenen Erfahrungsgegenständen implizit darauf hindeutet, daß mit ihr ein grundsätzlicher Anspruch auf *Relevanz für die Deutung und Bewältigung menschlicher Existenz* verbunden ist, und daß es sich deshalb bei Mythen um *wertvolle Instrumente* im Umgang mit der Wirklichkeit handelt, die selbst umkämpft sind und mit deren Hilfe *Deutungsmachtkonflikte* ausgetragen werden. Auf diese Punkte soll nun im Einzelnen eingegangen werden.

18.1 Auseinandersetzung mit Erfahrungsgegenständen

18.1.1 Bezogenheit mythischer Stoffe auf die reale Lebenswelt am Beispiel des Erechtheus-Mythos

In mythischen Stoffen verdichten sich Auseinandersetzungen mit Erfahrungsgegenständen, die in der realen Lebenswelt verankert sind[1]. Mythische Stoffe beziehen sich nie auf reine Phantasiewelten; durch ihre Rückbindung an Erfahrungsgegenstände aus dem Bereich der realen Lebenswelt unterscheiden sie sich wesentlich von Stoffen, wie sie zu weiten Teilen in *Fantasy*-Literatur oder in manchen *Science-Fiction*-Werken verarbeitet werden, oder von den erfundenen Welten vieler Brett-, Karten- oder Computerspiele[2].

Mit dem Wort „Erfahrungsgegenstände" soll die Summe dessen bezeichnet sein, was zum Gegenstand menschlicher Erfahrung werden kann[3]. Mythische Stoffe zeichnen sich u. a. dadurch aus, daß sie prinzipiell keinen Bereich menschlicher Erfahrung ausklammern. Die in „Erfahrungsgegenständen" mitschwingende Assoziation von Subjektivität jeglicher Erfahrung ist gewollt, um deutlich zu machen, daß die Erfahrungen, die Menschen machen oder machen können, auch wenn sie sich auf ähnliche Gegenstände beziehen, intra- wie interkulturell, synchron und diachron betrachtet, zwar oft ähnlich, aber nie völlig gleich sind.

Ob es außerhalb menschlichen Bewußtseins und Denkens liegende Erfahrungsgegenstände tatsächlich gibt oder nicht, was zu einer außerhalb des Bewußtseins eventuell existierenden „Wirklichkeit" gehört und was davon innerhalb des Bewußtseins zu lokalisieren ist, ob und inwieweit schließlich diese

---

1 Zu dem hier zugrundeliegenden phänomenologisch-anthropologischen Verständnis von „Welt" bzw. „Wirklichkeit" s. Coreth, 1986, 46 f.
2 Entsprechende Feststellungen bzw. Beobachtungen sind alt, vgl. bereits Müller, 1825, 226-234, oder Eliade, 1988, 16 u. ö.; Blumenberg, 1984, 110: „Der Mythos ist seiner Natur nach keiner abstrakten Dogmatik, die die lokalen und temporalen Besonderheiten hinter sich ließe, fähig. Im Gegenteil ist er gerade auf diese angelegt." Zu konkreten topographischen Verankerungen s. auch Reinhardt, 2011, 88-101. Vgl. auch Burkert, 1982, 65: Mythische Stoffe werden erzählt „um ihrer Beziehung auf die Realität willen, Realität im diesseitigen, handfesten Sinn." Terminologisch etwas unglücklich ist es, wenn Burkert hinsichtlich der Realitätsbezüge mythischer Stoffe von ihrer „denotativen" Dimension spricht, während er die „Sinnstruktur" des Stoffes selbst mit „konnotativ" etikettiert (terminologisch naheliegender oder mindestens ebenso plausibel wäre eine umgekehrte Verteilung der Adjektive); soweit ich sehen kann, hat sich diese terminologische Unterscheidung auch nicht durchgesetzt.
3 Zum Begriff der „Erfahrung" in einem ausgeweiteten, nicht nur auf sinnliche Eindrücke, sondern auch auf geistiges Erleben und Verarbeiten bezogenen Sinn, wie er obigen Ausführungen zugrundeliegt, vgl. Coreth, 1986, 48.

Wirklichkeit erfahren und erkannt werden kann und diese Erkenntnis wiederum die Wahrnehmung der Wirklichkeit schon vorgängig determiniert[4], das sind philosophische Fragen, die hier weder gelöst werden können noch müssen. Für die vorliegenden Zwecke soll die Annahme genügen, daß es solche außerhalb des menschlichen Bewußtseins, Wahrnehmens und Denkens liegende Erfahrungsgegenstände gibt, und daß sie von den Sinnen aufgenommen und dem Verstand verarbeitet werden können.

Gemäß der grundsätzlichen Bezogenheit mythischer Stoffe auf die reale Lebenswelt gelten auch die in mythischen Stoffen handelnden Protagonisten der Vergangenheit nicht als *Fantasy*-Figuren[5], und die mit ihnen verbundenen Stoffe stehen für etwas, das die Protagonisten erfahren haben oder zumindest erfahren haben konnten. Möglicher Gegenstand von Erfahrung ist somit nicht nur das jeweils gegenwärtig Vorfindliche, sondern auch das Vergangene. Es wird nicht selbst erfahren, aber als etwas von anderen Erfahrenes behauptet und zur Kenntnis gebracht und damit ebenfalls zum Erfahrungsgegenstand, mit Auswirkungen auf das Gegenwärtige[6].

Eine – ohnehin sehr verengte – Auffassung des Begriffsinhaltes von „mythisch" als „nur erfunden" und die Konstruktion eines Gegensatzes von „mythisch" in diesem Sinn von „erfunden" und „historisch" im Sinn von „tatsächlich geschehen" ist auf diesem Hintergrund völlig irreführend und inadäquat. Dies

---

4 Vgl. zu diesem Punkt v. a. Cassirer, 1953, 42 f und 46.
5 Vgl. den Verweis von Burkert, 1982, 65, auf „realitätsbezogene, hic et nunc gültige Eigennamen" in mythischen Stoffen, wozu auch Götter- und Heroennamen gehören, „insofern Götter und Heroen auch ausserhalb der Erzählung durch das Faktum des Kultes, der Opferstätten, Altäre, Grabmäler, Tempel gegeben sind." Die „personale Fixierung" bzw. „mehr oder weniger genau bestimmte Identität und Individualität der Akteure" stellt auch Reinhardt, 2011, 114, heraus.
6 Vgl. Blumenberg, 1984, 78: „Wirklichkeitsrang bedeutet nicht den empirischen Nachweis; an seine Stelle kann Selbstverständlichkeit, Vertrautheit, archaische Weltzugehörigkeit treten." Vgl. auch Kühr, 2006, 23 f; Reinhardt, 2011, 115. Vgl. in diesem Zusammenhang auch das Konzept des Philosophen Wilhelm Schapp vom „Verstricktsein" des Menschen in Geschichten, das dazu führt, daß die Eigengeschichten des Subjekts mit Fremdgeschichten und mit der Wir-Geschichte eines Kollektivs unauflösbar verbunden sind, und daß die vergangenen Wir-Geschichten, die wiederholt werden, Teil des Horizonts der Eigengeschichten werden, s. Schapp, 1953, Ndr. 2012, passim, u. a. 85-87, 124 und 142 f, zum Mythos ebd. 205: „Diese Wirverstrickung in der Richtung einer Weltgeschichte scheint uns in jedem Mythos aufzutauchen." S. dazu auch die knappe Darstellung bei Mohn, 1998, 141-143. Zur Präsenz vergangener Geschichten prägnant Schapp, 1953, Ndr. 2012, 142: „Im strengen Sinne vergangene Geschichten gibt es nicht. Jede Geschichte kann noch wieder aus ihrem Platz im Horizont hervorbrechen." Vgl. auch Wodianka, 2006, 3 f, resümierend 4: „Versteht man das Mythische im hier erläuterten Sinne als Erinnerungsmodus, so ist dieser demnach durch die geringe Distanz des mythisierend erinnernden Subjektes zum Erinnerungsprozess und zum Erinnerungsmodus selbst gekennzeichnet."

soll anhand eines Beispiels verdeutlicht werden. Der Stoff vom Krieg zwischen Erechtheus und Eumolpos ist bereits in der Variante, wie sie von Apollodoros geboten wird, vorgeführt worden[7]; hier soll nochmals eine Annäherung an den Stoff erfolgen, aber in einer anderen Variante, nämlich in der des Mythographen Ps.-Hyginus[8]:

> Er<e>chtheus Pandionis filius habuit filias quattuor, quae inter se coniurarunt si una earum mortem obisset ceterae se interficerent. in eo tempore Eumolpus Neptuni filius Athenas uenit oppugnaturus, quod patris sui terram Atticam fuisse diceret. is uictus cum exercitu cum esset ab Atheniensibus interfectus, Neptunus ne filii sui morte Er<e>chtheus laetaretur expostulauit ut eius filia Neptuno immolaretur. itaque <Chth>onia filia cum esset immolata ceterae fide data se ipsae interfecerunt; ipse Er<e>chtheus ab Ioue Neptuni rogatu fulmine est ictus.

> Er<e>chtheus, der Sohn des Pandion, hatte vier Töchter, die sich gegenseitig folgenden Schwur geleistet haben: sollte eine von ihnen den Tod erleiden, wollten die übrigen sich töten. Um jene Zeit kam Eumolpos, ein Sohn Neptuns, um die Stadt Athen anzugreifen, weil er behauptete, das Land Attika habe seinem Vater gehört. Nachdem die Athener über ihn und sein Heer den Sieg davongetragen und ihn getötet hatten, forderte Neptun, damit Er<e>chtheus sich nicht über den Tod seines Sohnes freuen konnte, daß eine Tochter von ihm dem Neptun geopfert werde. Als daraufhin die Tochter <Chth>onia geopfert worden war, haben die übrigen aufgrund des geleisteten Versprechens sich selbst getötet. Er<e>chtheus selbst wurde auf eine Bitte Neptuns hin von Jupiter mit einem Blitz erschlagen.

Erechtheus ist kein *Fantasy*-König, sondern einer der Urkönige Athens. Die Athener dürften an seiner historischen Existenz und Wichtigkeit kaum gezweifelt haben, denn er war in Form kultischer Verehrung auf der Akropolis präsent[9]. Auch die Erechtheus-Töchter spielen eine wichtige Rolle in der Erinnerungskultur der Stadt Athen[10]. Nach dem Historiker Phanodemos wurden sie für das Wohl Athens auf einem Hügel namens Hyakinthos geopfert; seitdem erhielten sie Verehrung als Göttinnen unter dem Namen „Hyakinthiden" (Ὑακινθίδες)[11]. Aus den Fragmenten der Erechtheus-Tragödie des Euripides kann man erschließen, daß zu Eh-

---

7 S. Kapitel 14.1; dort auch weitere Literaturhinweise.
8 Hyg. *fab.* 46, Text nach Rose, 1963.
9 S. IG I³ 873; Eur. *Erechtheus*, TrGF Bd. 5.1, fr. 370,92-94. Im alten Athene-Tempel war eine Kultstatue des „Poseidon Erechtheus" aufgestellt, s. mit weiteren Stellenangaben Burkert, 1997, 168 mit Anm. 60. Zu den frühen Quellen über Erechtheus und zur Problematik der Unterscheidung zwischen Erechtheus und Erichthonios s. umfassend Gantz, 1993, Bd. 1, 233-247.
10 Die antiken Angaben zu Anzahl, Geschichte und Namen der Erechtheus-Töchter sind verschieden; s. ausführlicher Gantz, 1993, Bd. 1, 242 f.
11 Phanodemos BNJ 325 F 4, s. Jones, 2014.

ren der Hyakinthiden jährlich ein Opferfest mit Mädchentänzen begangen wurde, und daß ihnen vor jedem Auszug in eine Schlacht noch einmal ein gesondertes Opfer dargebracht wurde[12]. Die historische Dimension und gesellschaftsspezifische Relevanz des Eumolpos, der nach zumindest einer antiken Tradition auch als einer der Urkönige von Eleusis angesehen wurde[13], findet ihre Bestätigung in dem Umstand, daß er als Stammvater des Eumolpidengeschlechtes angesehen wurde, aus dessen Reihen regelmäßig die Hierophanten und andere Priester für den Eleusinischen Mysterienkult gestellt wurden, der weit über Griechenland hinaus bekannt war[14].

Ob es sich beim mythischen Stoff vom Sieg der Athener über die Eleusinier nun um eine Konstruktion handelt, die Rivalitäten zwischen Eleusis und Athen aus archaischer oder klassischer Zeit in eine ferne Vergangenheit zurückprojiziert, oder ob sich in diesem Stoff tatsächlich ein Konflikt verschiedener Bevölkerungsgruppen bzw. Städte um die Vorherrschaft in Attika widerspiegelt[15], der sich möglicherweise sogar auf eine bestimmte historische Periode, die späthelladische Zeit, datieren läßt[16], oder ob und inwieweit sich tatsächlich Geschehenes und Konstruiertes hier vermischen, ist im vorliegenden Kontext nicht relevant. Entscheidend ist, *daß man davon ausging*, daß dieser Konflikt sich in der realen Lebenswelt abgespielt hat, daß er tatsächlich stattgefunden und daß es die daran beteiligten Protagonisten tatsächlich gegeben hat[17]. Durch den mythischen Stoff werden Erfahrungen tradiert, die in der realen Lebenswelt gemacht wurden oder von denen man dies zumindest annahm, und das Festhalten an diesen überlieferten Erfahrungen hatte nicht selten Auswirkungen auf bzw. eine Relevanz für die Gegenwart; so konnte man den Mythos vom Sieg des Erechtheus bspw. zur Legitimation eines weiterhin gültigen Hegemonialanspruches der Stadt Athen benutzen.

---

12 Eur. *Erechtheus*, TrGF Bd. 5.1, fr. 370,65-89.
13 S. Hom. *h. Cer.* 473-479 und Thuk. 2,15,1.
14 Zu Eumolpos und seiner Beziehung zu Eleusis s. Weidauer, 1988, 56 f; Gantz, 1993, Bd. 1, 244.
15 Vgl. Thuk. 2,15,1; s. Kron, 1988, 926.
16 Nach Lohmann, 1997, 984, verlor Eleusis „vermutlich seine Unabhängigkeit, als in SH IIIA Athen zum Herrschaftszentrum Attikas aufstieg" (SH IIIA: Späthelladisch IIIA, ca. 1400-1340 v. Chr.). Generell sehr skeptisch gegen die Auswertbarkeit griechischer Mythen auf eventuelle historische „Kerne" hin spricht sich allerdings Scheer, 1993, 53-65, aus, jedenfalls dann, wenn Mythen die einzigen Quellen darstellen.
17 Zur verbreiteten altgriechischen Einstellung, mythische Stoffe prinzipiell als „historisch" anzusehen bzw. keine scharfe Trennlinie zwischen einer mythischen und einer historischen Epoche zu ziehen, s. ausführlich Scheer, 1993, 36-53.

18.1.2 Dur-an-ki, Zaphon, Sabbat und die Mauer von Theben. Verankerung mythischer Stoffe in natur- und kulturgebundenen Spezifika

Daß die in mythischen Stoffen stattfindenden Auseinandersetzungen mit Erfahrungsgegenständen etwas mit der realen Lebenswelt zu tun haben, wird in besonderer Weise auch noch dadurch deutlich, daß sie Bezüge auf *unverwechselbare* natur- und kulturgebundene Spezifika aufweisen. Freilich spielen in mythischen Stoffen reale Gegebenheiten aus der Natur immer eine Rolle wie Steine, Pflanzen, Tiere, Gewässer, Landschaften, Elemente, Jahreszeiten, Gestirne etc., und immer lassen sich in mythischen Stoffen Bezugnahmen allgemeiner Art auf Gegebenheiten aus dem Bereich der jeweiligen Kultur erkennen, auf Geschichtliches, Soziales, Gesellschaftliches, Ökonomisches, Politisches, Theologisches, Kultisches, Künstlerisches etc. Doch darum geht es hier nicht.

Irgendwelche Bezüge auf *irgendetwas* aus dem Bereich der Natur oder der Kultur hat natürlich so gut wie jeder Erzählstoff. Hier geht es darum, daß mythische Stoffe darüber hinaus in der Regel Verankerungen in etwas ganz *Spezifischem* haben. Sie spielen nicht in einem vage bleibenden Reich eines ungenannt bleibenden Königs in einer namentlich nicht näher bestimmten Stadt, die an irgendeinem hohen Berg liegt, also nicht in einer zwar durchaus realen, aber anonym und typisiert geschilderten Lebenswelt, sondern bspw. in der Stadt Athen in der griechischen Landschaft Attika unter König Erechtheus oder auf dem eindeutig lokalisierbaren Berg an der Grenze zwischen Syrien und der Türkei, der von den Hethitern Ḫazzi, von den Ugaritern Sapanu, im Alten Testament Zaphon und von den Griechen Kasion genannt wurde (modern: Jebel-al-Aqra).

Dieser Berg ist ein Beispiel für ein *natur*gebundenes Spezifikum, das bestimmte Mythen um die Götter Teššub, Baal und Zeus topographisch verankert. *Kultur*gebundene Spezifika lassen sich bspw. aller Wahrscheinlichkeit nach in den *Eumeniden* des Aischylos ausmachen, wo der Mythos von Athene, die den Muttermörder Orestes auf dem Areopag von der Blutschuld und von der Verfolgung der Rachegöttinnen (Erinyen) befreit, wohl einen Bezug auf die Reformen des Ephialtes erkennen läßt, der 462/ 461 v. Chr. dem Areopag nur noch die Blutgerichtsbarkeit als Aufgabenbereich beließ[18]. Weitere solche Bezüge auf kulturgebundene Spezifika schwingen zumindest implizit in der bloßen Erwähnung

---

[18] Mit der Mehrzahl der Interpreten (s. Sommerstein, 1989, 217), wird hier davon ausgegangen, daß in der von Aischylos gebotenen Stoffvariante ein konkreter, kulturspezifischer Bezug auf den Gerichtshof auf dem Areopag vorliegt; vgl. auch Sommerstein, 1989, 31: „Athena gives advice 'to my citizens for the future' ... which evidently has some bearing on recent or projected changes in the powers or composition of the Areopagus council ..." Zur kontrovers diskutierten

der Protagonisten des im vorigen Kapitel angeführten Mythos vom Krieg zwischen Eleusiniern und Athenern mit, indem sich nämlich sowohl Erechtheus wie seine Töchter als auch Eumolpos mit spezifischen, kultischen Realitäten wie dem Erechtheus-Kult auf der Akropolis, jährlichen Opfern für die Hyakinthiden in Athen und dem Priestergeschlecht der Eumolpiden in Eleusis in Verbindung bringen lassen. Im sumerischen Mythos von Innanas Gang ins Totenreich spielen für die Rettung der im Totenreich fast schon verlorenen Göttin Innana zwei Gestalten, der kur-ĝara und der gala-tura, eine wichtige Rolle, die sich aufgrund anderer Quellen als spezifische Bezeichnungen für ganz bestimmte Funktionsträger im Personal des Innana-Kultes entpuppen[19].

Manchmal gehören diese Verankerungen in natur- und kulturgebundenen Spezifika nur zum *setting* eines mythischen Stoffes, in anderen Fällen spielen sie selbst eine zentrale Rolle. Im mythischen Stoff vom Krieg zwischen den Athenern und den Bewohnern von Eleusis um die Vorherrschaft in Attika geht es bspw. nicht um die spezifischen Örtlichkeiten. Die Rückbindung an bestimmte Städte und eine bestimmte Landschaft bildet hier lediglich das *setting* etwa für die deutlich wichtigere Opferung bzw. Selbstopferung der Erechtheus-Töchter, in der ein Aition gesehen werden kann für Ursprung und Bedeutung des Hyakinthiden-Kultes. Im Mythos vom Bau der Mauer von Theben, die sich allein durch die Klänge der Lyra des Amphion zu einem imposanten Befestigungswerk zusammenfügt, ist die Mauer als ein ortsgebundenes und kulturelles Spezifikum zugleich ein zentraler Bestandteil des Stoffes[20], und im ersten Schöpfungsbericht der Bibel ist der Bezug auf das kulturgebundene Spezifikum einer sechstägigen Arbeitswoche mit abschließendem Ruhetag (Sabbat) nicht marginal, sondern strukturbildend für Aufbau und Darstellung der gesamten Erzählung[21].

Bezugsmöglichkeiten auf spezifische außerstoffliche Gegebenheiten oder Vorgänge lassen sich ausgehend von allen Elementen herstellen, aus denen die

---

Problematik, ob nur allgemein die athenische Gesetzgebung in den Blick genommen wird, oder ob speziell eine Kritik oder eine Befürwortung der Erlasse des Ephialtes bezüglich des Gerichtshofs auf dem Areopag gesehen werden kann (oder Anspielungen auf *andere* Reformen vorliegen), s. ausführlich Sommerstein, 1989, 216-218, der selbst dafür plädiert, daß ein Bezug auf die Areopag-Reform des Ephialtes vorliegt und vorschlägt, daß Aischylos bewußt im Unklaren gelassen haben könnte, ob er diesen Reformen gegenüber *pro* oder *contra* eingestellt war. Vgl. dazu auch Graf, 1985, 157-160.

19 Vgl. dazu Sladek, 1974, 93-97.
20 Vgl. bspw. Hes. fr. 182 Merkelbach/ West, wo nicht Amphion allein, sondern auch sein Bruder Zethos genannt ist. Weitere Quellen in einer guten Übersicht bei Heger, 1981, 718 f.
21 Gen 1,1-2,4; vgl. v. a. 2,1-3, und die explizite Verbindung von Schöpfung als Sieben-Tage-Werk mit dem Sabbat als gebotenem Ruhetag im Dekalog (Ex 20,11).

Variante eines mythischen Stoffes aufgebaut ist[22]. So kann der Stoff insgesamt oder doch zumindest eine ganze Sequenz von Hylemen auf ein natur- oder kulturgebundenes Spezifikum bezogen werden, wie etwa die Erzählung von der zweiten Geburt des Dionysos auf die Kulturtechnik der Weinerzeugung hindeuten dürfte – es soll darauf gleich noch näher eingegangen werden. Ein einzelnes Hylem wie etwa „Gott ruht am siebten Tag" kann auf das kulturelle Spezifikum des Sabbats verweisen[23], ein Hylemelement wie „die Athener" auf die Stadt Athen und eine Hylemelement-Determination wie z. B. der dem Zeus hinzugefügte Beiname „Lykaios" (Ζεὺς Λυκαῖος) auf das arkadische Lykaion-Gebirge auf der Peloponnes mit einem ergrabenen Zeus-Heiligtum.

Natur- und kulturgebundene Spezifika können also in einzelnen Details bestehen oder sich auch auf größere Strukturen des Stoffes beziehen. Wichtig ist noch die Feststellung, daß es sich um eine breite Palette *verschiedenster* Verankerungsmöglichkeiten handelt, die sich durchaus auch überlappen können. Mythische Stoffe können sich in Details wie in ihrer Großstruktur auf kultische Realitäten beziehen oder auf historische bzw. als historisch angesehene Ereignisse, aber auch auf Ökonomisches, Kosmisches, Soziales, auf Naturphänomene und noch etliches mehr und vor allem auf mehreres zugleich. Beim Erechtheus-Mythos bspw. verschränken sich die historisch-politischen und die kultischen Bezugsmöglichkeiten mit einer topographischen Verankerung, die auch noch eine Rolle spielt, wenn auch eine deutlich weniger wichtige.

Es kann bei der Untersuchung mythischer Stoffe auf ihre natur- und kulturspezifischen Realitätsbezüge also nicht um eine *einseitige* Rückführung der Mythen gehen wie etwa nach euhemeristischer Manier vorwiegend auf historische Ereignisse, oder hauptsächlich auf kultische Vorgänge wie in der *myth and ritual school*, oder nur auf Naturphänomene wie in der allegorisch-naturalistischen Mythendeutung seit der Antike, oder schwerpunktmäßig auf psychologische Vorgänge oder universale Vorstellungen von Archetypen[24]. Längst hat sich die Erkenntnis durchgesetzt, daß solche „monolithischen" Theorien zur Erklärung eines so komplexen Untersuchungsgegenstandes, wie es Mythen nun einmal sind, nicht ausreichen. Es gibt ein breites Spektrum von *verschiedensten* und sich

---

22 Zum Aufbau einer Stoffvariante aus Hylemen, Hylemprädikaten, Hylemelementen und Hylemelement- bzw. Hylemprädikat-Determinationen s. Kapitel 5.3.
23 Vgl. Gen 2,3.
24 Zu Hinweisen auf nützliche Übersichten und Darstellungen zu verschiedenen Ansätzen der Mythosforschung, auf die hier aus ökonomischen Gründen nicht näher eingegangen werden kann, s. Anm. 21 in Kapitel 1.3.

zudem nicht selten überschneidenden natur- und kulturspezifischen Vorgängen und Phänomenen, auf die Mythen bezogen werden können.

Des Weiteren ist die Feststellung einer Verankerung mythischer Stoffe in bestimmten natur- und kulturgebundenen Spezifika nicht deckungsgleich mit der funktionalen Beschreibung von Mythen als Aitiologien, d. h. als Versuche der Erklärung, sei es von Naturgegebenheiten oder kulturellen Errungenschaften oder historischen Geschehnissen, auch wenn es hier einen Überschneidungsbereich gibt. Mythische Stoffe haben auch dann natur- und kulturspezifische Verankerungen, wenn es nicht *explizit* um eine erklärende Begründung für das Vorhandensein dieser Verankerungen geht. So versucht sich bspw. der topographisch in Athen verankerte Erechtheus-Mythos nicht in einer aitiologischen Herleitung der Stadt Athen und ihrer Gründung, sondern diese Lokalität wird vorausgesetzt. Es geht hier nicht darum, dem Erechtheus-Mythos eine aitiologische Funktion schlichtweg absprechen zu wollen, die man darin sehen kann, durch die Erzählung eines „mythischen" Sieges eine erklärende Begründung für die Vorherrschaft Athens in Attika zu liefern, sondern nur darum aufzuzeigen, daß eine funktional-aitiologische Bestimmung nicht mit der Bestimmung der in der Regel wesentlich zahlreicheren Bezüge auf verschiedene natur- und kulturgebundene Spezifika deckungsgleich sein muß.

Abschließend soll noch auf eine ganze Gruppe mythischer Stoffe kurz eingegangen werden, in denen Verankerungen in natur- und kulturgebundenen Spezifika zu fehlen scheinen, und zwar auf Weltschöpfungsmythen – geht es ihnen doch vom Thema her gerade nicht um die Verankerung des Stoffes in einer ganz bestimmten Gegend der Erde, sondern um den allgemeinen „kosmischen Rahmen".

Das ist aber nur auf den ersten Blick so; bei näherem Zusehen lassen sich durchaus auch in Weltschöpfungsmythen immer wieder Verankerungen in ganz bestimmten natur- und kulturgebundenen Spezifika erkennen, ja es können sogar diese spezifischen Verankerungen als ein signifikanter Unterschied zwischen einer mythischen Erzählung von der Erschaffung der Welt und einer philosophischen (oder auch theologischen) Beschreibung oder Erklärung der Weltentstehung angesehen werden. Der Bezug auf die sechstägige Arbeitswoche mit dem Sabbat als Abschluß im ersten Schöpfungsbericht der Bibel wurde oben bereits erwähnt; es sollen noch weitere Beispiele kurz angeführt werden. Am Anfang von Hesiods *Theogonie* ist zwar allgemein von der Entstehung der ersten kosmischen Größen wie Gaia („Erde"), Tartaros („Unterwelt") und Uranos („Himmel") die Rede, aber nach wenigen Versen findet sich bereits ein konkreter Bezug auf die Landschaft Griechenlands, denn da wird Gaia als sicherer Sitz der unsterblichen

Götter bezeichnet, „die den Gipfel des schneebedeckten Olymp bewohnen" [25], und die aus Uranos' abgeschnittenem Glied und dem Meeresschaum geborene Aphrodite steigt nicht irgendwo, sondern in Zypern an Land[26]. Im sumerischen *Lied auf die Hacke*[27] wird berichtet, wie der Gott Enlil bei der Erschaffung der Welt Himmel und Erde voneinander trennt und dann einen „Stiel" aufstellt, nämlich den Stiel der Hacke, von der im Lied hauptsächlich die Rede ist[28], und durch den Himmel und Erde auseinandergehalten werden. Dieser Stiel ist aber nicht eine topographisch unbestimmte, kosmische Größe, sondern er steht, wie es heißt, im Dur-an-ki, also im „Band von Himmel und Erde" (*Lied auf die Hacke* Z. 7). Diese Aussage bezieht sich auf die Bezeichnung von Enlils heiliger Stadt Nippur, die als Dur-an-ki bezeichnet wird[29], und deutet an, daß die Verbindung zwischen Himmel und Erde vom Gott Enlil genau an dieser ihm geweihten Stätte hergestellt wird.

18.1.3 Folgerungen für die Mytheninterpretation 3: Seltsame Details und Singularitäten als Hinweise auf natur- und kulturgebundene Spezifika. Dionysos' Geburt und die Gründung der Stadt Trapezunt

Natur- und kulturgebundene Spezifika sind nicht immer gleich auf den ersten Blick zu erkennen. Es gibt aber etwas, das dabei hilft, ihnen auf die Spur zu kommen, und das ist das Achten auf scheinbar überflüssige oder seltsame und damit auffällige Details oder Singularitäten in mythischen Stoffen. Was hat es zu bedeuten, daß im ersten Schöpfungsbericht der Bibel Gott nach dem sechstägigen Schöpfungswerk einen Ruhetag einlegen muß? Das zielt natürlich nicht auf eine

---

25 Hes. *theog.* 118: ... ἀθανάτων, οἳ ἔχουσι κάρη νιφόεντος Ὀλύμπου.
26 Hes. *theog.* 193 f. Die Kosmogonie in den *Metamorphosen* Ovids (Ov. met. 1,5-71) nimmt eine Sonderstellung ein und ist eher als eine poetische Neukonzeption denn als eine Nacherzählung alter mythischer Stoffe bzw. als eine Mischform anzusehen; s. dazu Bömer, 1969, 15-18 (bes. 16: Wichtigkeit der „poetischen Konzeption des Dichters"; „Ovid verzichtet nahezu vollständig ... auf das mythische Beiwerk"). Vgl. auch Barchiesi, 2005, 145: „.... il poeta racconta la sua formazione in un linguaggio che non corrisponde né a quello di un insegnamento naturalistico ... né a quello di una versione puramente mitologica." Vgl. ähnlich auch Blumenberg, 1984, 384.
27 Zu diesem Text existiert noch keine Edition. Zur neuesten deutschen Übersetzung s. Farber, 2015. Eine Umschrift des sumerischen *textus receptus* mit englischer Übersetzung s. in ETCSL unter http://etcsl.orinst.ox.ac.uk/cgi-bin/etcsl.cgi?text=c.5.5*# (Abruf 8.5.2018).
28 S. dazu A. Zgoll, 2012a, 37 f und ausführlicher dies., 2020 (i. V.), Kapitel „Erscheinungsformen des Göttlichen: Die Geburt der Welt aus dem Geist der Hacke".
29 S. dazu George, 1993, 80 (Nr. 218 und 219) und 83 (Nr. 268); Krebernik, 2012, 60.

göttliche Ermüdungserscheinung, sondern auf den Sabbat, der aber im Text selbst so nirgends explizit erwähnt wird[30].

Dazu ein weiteres Beispiel, in dem die spezifische Verankerung ebenfalls nicht offen zutage liegt und rätselhaft erscheint. Es handelt sich um den Mythos von der Schwangerschaft des Zeus mit dem Weingott Dionysos[31]. Zeus zeugt Dionysos mit Semele, der Tochter des Königs Kadmos von Theben. Nachdem Semele durch eine Hinterlist der Hera, der eifersüchtigen Gattin des Götterkönigs Zeus, einige Monate vor der Entbindung zu Tode kommt, wird das noch ungeborene Kind von Hermes aus dem Leib der toten Mutter geborgen.

Das ist bis dahin durchaus drastisch, aber noch nicht auffällig oder seltsam. Das Seltsame folgt nun: Zeus läßt sich Dionysos in seinen Oberschenkel einnähen[32]; dort trägt er das Kind aus, und aus dem Oberschenkel wird das Kind nach Ablauf der noch ausstehenden Zeit der Schwangerschaft dann auch entbunden. Der Spötter Lukian hat dazu einen Dialog verfaßt, der die scheinbare Abstrusität einer solchen männlichen Oberschenkel-Schwangerschaft vor Augen führt[33]: Poseidon bittet Hermes um eine Audienz bei Zeus, doch Hermes will ihn nicht vorlassen und geniert sich außerdem, den genauen Grund anzugeben. Nach einer Weile stellt sich heraus, daß Zeus – im Wochenbett liegt, geschwächt ist durch die Schmerzen der Entbindung des Dionysos-Kindes, und von Hermes versorgt wird wie sonst die ruhebedürftigen und geschwächten Wöchnerinnen.

Die bereits angeführten Beispiele von natur- und kulturbezogenen Spezifika haben durchweg gezeigt, daß auffällige Details mythischer Stoffe stets auf etwas *Konkretes* hindeuten, und auf dieser Beobachtung aufbauend liegt die Vermutung nahe, daß dies auch hier bei dem seltsamen Umstand einer Oberschenkel-Schwangerschaft der Fall ist. Man könnte bspw. die Spur verfolgen, ob das griechische Wort für „Oberschenkel", μηρός, irgendwelche Assoziationen zu dem Begriffsfeld „Zeugung – Schwangerschaft – Geburt" oder im weiteren Sinn zu „Verwandtschaft" oder „Adoption" aufweist. Tatsächlich wird in einigen indoeuropäischen Sprachen ein Zusammenhang zwischen der Bezeichnung eines bestimmten menschlichen Körperteils, von dem man dies zunächst vielleicht nicht erwarten würde, und dem angesprochenen Begriffsfeld der „Abstammung" im

---

30 Explizit wird die Verbindung bspw. in Ex 20,11 und 31,16 f hergestellt.
31 Die im Folgenden vorgenommene Skizzierung des Stoffes richtet sich nach der bei Ovid geschilderten Stoffvariante (Ov. met. 3,259-315); vgl. in den wesentlichen Punkten ähnlich Apollod. 3,26 f. Hinweise auf Forschungsliteratur zu diesem Stoff bei Reinhardt, 2011, 69, Anm. 302.
32 Wörtlich bspw. Apollod. 3,27: ἐνέρραψε τῷ μηρῷ.
33 Lukian. *dial. deor.* 12.

weitesten Sinn hergestellt, und zwar handelt es sich dabei um das Knie[34]. Aufgrund des Umstandes, daß es sich dabei aber gerade nicht um den Oberschenkel, sondern um das Knie handelt, sind frühere Ansätze, die Oberschenkel-Schwangerschaft des Zeus als Reflex auf ein altes Adoptionsritual zu begreifen, grundsätzlich als eher problematisch anzusehen[35].

Eine andere Möglichkeit der Deutung bestünde in der Aufstellung der These, daß durch eine entfernte Klangähnlichkeit für griechische Ohren die Möglichkeit einer assoziativen Verbindung zwischen μηρός „Schenkel" und μήτηρ „Mutter" bzw. μητρῷος „mütterlich" gegeben war. Auch wenn sprachwissenschaftlich betrachtet μηρός rein etymologisch mit μήτηρ nichts zu tun hat, sondern mit einer allgemeineren indoeuropäischen Wurzel *mē(m)s-ro- zusammenhängt, die „Fleisch" bzw. „fleischig" bedeutet[36], so spricht dies nicht gegen die Annahme, daß die antiken Rezipienten zwischen den entfernt ähnlich klingenden Wörtern eine Verbindung hergestellt haben könnten. Solche sprachwissenschaftlich nicht haltbaren antiken Etymologien erscheinen durch die Bezeichnung als „Volksetymologien" manchmal pejorisierend abgewertet, doch trägt man damit ihrer Bedeutung für die antiken Menschen nur wenig Rechnung; eine Bezeichnung wie „emische Etymologien" wäre sowohl neutraler als auch hinsichtlich der kulturspezifischen Relevanz adäquater[37]. Euripides evoziert beispielsweise bei der Erklärung der Schenkel-Geburt des Dionysos in den *Bacchae* ein ganzes Netz von klanglichen Assoziationen zwischen μηρός („Schenkel"), μέρος („Teil"), ὅμηρον („Unterpfand") und ὁμηρεύω („als Unterpfand dienen"); durch eine Wortvermischung (eher: durch Buchstaben-Vertauschungen) sei aus Ἥρᾳ ὠμήρευσε („er diente der Hera als Unterpfand") ῥαφῆναι ἐν μηρῷ geworden („er wurde im Schenkel eingenäht")[38]. Eine Verbindung zu μήτηρ („Mutter") oder μητρῷος („mütterlich") findet sich allerdings bei Euripides nicht.

Wenn man auf den Ebenen der Wortbedeutung und des Wortklanges nicht wesentlich weiterkommt, dann vielleicht auf der Sachebene. Eine weitere Spur, die man verfolgen kann, um das merkwürdige Detail der Schenkel-Schwangerschaft zu erklären, besteht daher in der Frage, ob das Wort μηρός im Griechischen sich mit konkreten Gegenständen in Verbindung bringen läßt, die im Kult des

---

34 Diesen Hinweis verdanke ich W. Heizmann; vgl. Loth, 1923; Benveniste, 1926; Cahen, 1926; Meillet, 1926; Schuster, 1956/58.
35 Bibliographische Hinweise zu entsprechenden Ansätzen bei Leitao, 2012, 58, Anm. 1.
36 S. Beekes, 2010, s. v. μηρός.
37 Den Ausdruck „emische Etymologie" verdanke ich A. Zgoll. Die Wichtigkeit emischer Etymologien für das Verständnis antiken Denkens betonen auch Scheid/ Svenbro, 2017, 171 f.
38 Eur. *Bacch.* 292-297.

Dionysos oder auch bei der Herstellung von Wein eine wichtige Rolle gespielt haben, da die Gottheit des Weines sich im Wein selbst bzw. die Macht des Gottes sich in der Macht des bewußtseinsverändernden Alkohols manifestiert und von daher in der Vorstellung eine gewisse Identität von Weingottheit und Wein vorausgesetzt werden kann[39]. Aber auch hier kommt man nicht weit; direkte und schlagende Bezüge zu irgendwelchen Gegenständen aus dem kultischen oder önologischen Bereich lassen sich nicht ausmachen.

Auch wenn sich somit in diesen Richtungen erst einmal nichts oder eher wenig finden läßt, ist doch aufgrund der weiter oben angeführten Mythen, die immer sehr konkrete Bezugspunkte erkennen ließen, *a priori* eine gewisse Skepsis solchen Deutungsversuchen gegenüber angebracht, die die Schenkel-Schwangerschaft und Schenkel-Geburt auf etwas Archetypisches oder doch zumindest recht Allgemeines zurückführen wollen. So sieht Kerényi in der Schenkel-Geburt einen verkappten Hinweis auf die Selbstkastration der maskulinen göttlichen Kraft zum Zweck ihrer Übertragung auf eine weibliche Muttergottheit zur Erhaltung des Lebenskreislaufes, was eigentlich Dionysos zuzuschreiben, hier aber auf Zeus übertragen worden sei[40]. Burkert sieht aus einer eher kulturanthropologischen Perspektive recht allgemein im Schenkel „ein Körperteil mit erotischen, auch homoerotischen Assoziationen", setzt die „Schenkelwunde ... in Beziehung zu Kastration und Tod" und vermutet einen „Zusammenhang mit Initiationen"[41].

Weitere Deutungen sollen hier ebenfalls nur kurz gestreift werden. So wurden etwa Versuche unternommen, die Schenkel-Geburt als Mißverständnis einer westsemitischen Redensart oder als erzählerische Ausdeutung einer ikonographischen Tradition zu erklären, die Dionysos als ein Kind dargestellt hat, das auf dem Schenkel des sitzenden Zeus steht[42]. Leitao versucht zu zeigen, daß die Schenkel-Geburt nicht alt ist, sondern in Zentralgriechenland erst im 5. Jahrhundert v. Chr. aufkommt und als Antwort auf theologische Zweifel an der Göttlichkeit des Dionysos zu verstehen ist[43]. Wie die athenische Staatsbürgerschaft unter Perikles nur dann anerkannt wurde, wenn sowohl Vater als auch Mutter Athener waren, so habe man auch die Göttlichkeit des Dionysos nur dann als gesichert

---

39 Vgl. zur Gleichsetzung von Weingott und Wein etwa bereits Euripides (*Bacch.* 284): σπένδεται θεός – „wird als Trankopfer der Gott dargebracht".
40 Kerényi, 1998, 171 f; vgl. 172: „Der Mythos betonte grausam die ewige, notwendige Selbstopferung der männlichen Lebenskraft an das weibliche Geschlecht: ein Opfer, das dem ganzen Menschengeschlecht galt."
41 Burkert, 1977, 257.
42 Eine kurze Übersicht über die verschiedenen Deutungsversuche mit Literaturhinweisen bietet Leitao, 2012, 58 (mit Anm. 1).
43 S. ausführlich Leitao, 2012, 58-99.

ansehen können, wenn sowohl Vater als auch Mutter Gottheiten waren – und durch die „Geburt" aus Zeus sei auch die göttliche Mutterschaft gesichert worden[44]. Damit ist zwar die Frage beantwortet, wozu der Mythos zu einer bestimmten Zeit funktionalisiert worden sein könnte, aber noch nicht die Frage, warum Dionysos zweimal geboren werden muß (schließlich existiert auch die Version, daß Dionysos Zeus als Vater und mit Persephone von vornherein auch eine göttliche Mutter hatte), und warum er ausgerechnet aus dem Schenkel des Zeus geboren wird und nicht aus seinem Bauch, oder wie Athene aus seinem Kopf.

All diese Deutungen sind nicht völlig von der Hand zu weisen; im Folgenden soll der Versuch unternommen werden, nicht nur das eine seltsame Detail der Schenkel-Geburt, sondern die Stoffkonstruktion als Ganze bzw. die Einbettung dieses Details in den größeren stofflichen Zusammenhang in den Blick zu nehmen, und außerdem soll aus naheliegenden Gründen nach einer Möglichkeit gesucht werden, sowohl das Detail wie das Ganze etwas näher mit Dionysos als *Weingottheit* in Verbindung zu bringen.

Schon in dem antiken, Cornutus zugeschriebenen Kompendium über die griechischen Götter lassen sich knappe Bezugnahmen auf den Prozeß (nicht auf Gegenstände) der Weinerzeugung erkennen, wenn es um die Deutung der Dionysos-Geburt geht, da das Heranreifen des „eingenähten" Dionysos mit dem Reifen des Weins in Verbindung gebracht wird[45]. Die Erwähnung speziell des Schenkels im Mythos wird dort als Synekdoche für die Füße verstanden, und die Füße wiederum werden mit dem Keltern des Weines assoziiert. Dies ist allerdings eine ungenaue Analogie: aus dem Schenkel als Vorratsgefäß, in dem der Wein reift, werden dann, nicht ganz konsistent dazu, die Füße, welche den Wein aus den Trauben stampfen. Vermag somit auch dieser letzte Gedanke nicht zu überzeugen, so stellt doch die Vorstellung von einem Heranreifen des Dionysos bzw. des Weines im Schenkel des Zeus eine durchaus plausible, weil mit der Auffassung von Dionysos als göttlicher Personifikation des Weines unmittelbar zusammenhängende Erklärung dar.

Sucht man nach einer Lösung, die nicht zu sehr ins Allgemeine geht, und unternimmt man es, außerdem dem Umstand vermehrt Rechnung zu tragen, daß Besonderheiten der Stoffgestaltung nicht zuletzt etwas damit zu tun haben könnten, daß Dionysos als Gott des Weines galt, so verdient von neueren Erklärungsversuchen zunächst der von Leinieks vermehrte Aufmerksamkeit. Leinieks erblickt in der Schenkel-Geburt ebenfalls ein Symbol für einen konkreten Vorgang aus dem Bereich des Weinbaus, nämlich für das Veredeln des Weinstocks, indem

---

44 S. zusammenfassend Leitao, 2012, 67.
45 Cornutus 30,3 nach der Zählung der Edition von Nesselrath, 2009.

mit einem Okuliermesser einem alten Weinstock ein Schnitt zugefügt wird, um ihm ein neues Reis aufzupfropfen, das dann die Reben trägt[46]. Die von Leinieks vorgeschlagene Deutung kann allerdings nur auf den ersten Blick befriedigen, da die Analogie sich nur auf eine einzelne Handlung, das Aufschneiden mit einem Messer, bezieht, während sie für die Gesamtstruktur des Stoffes nur wenig passend erscheint. Dionysos wird ja nicht *auf*, sondern *in* Zeus *hinein* gesetzt, von ihm ausgetragen und dann wieder von ihm *getrennt*. Man könnte es noch anders formulieren: Dionysos wird Zeus nicht *aufgepfropft*, sondern *eingefüllt*. Dann wird der neu eingefüllte Inhalt *zugenäht* bzw. *gut verschlossen*, und nach einer gewissen Zeit wird er wieder *herausgeholt*.

Durch diese Paraphrase, die sich eng an die konkrete Gestaltung der Hyleme bezeugter Stoffsequenzen hält, dürfte deutlich werden, daß eine andere Deutung der Schenkel-Schwangerschaft und Schenkel-Geburt des Dionysos näher liegt, die ebenfalls auf einen *konkreten* Vorgang im Zusammenhang mit der Weinerzeugung hindeutet, und bei der sogar so gut wie die ganze Hylemsequenz Bezugsmöglichkeiten auf die Arbeitsschritte bei der Herstellung von Wein eröffnet: Die Trennung des Dionysos-Kindes von der ersten Mutter Semele entspricht der Ernte der Reben vom Rebstock, das Einnähen in den Schenkel des Zeus dem Einfüllen des geernteten und gekelterten Weines in ein Gefäß wie einen Weinschlauch oder eine Amphore, bei denen eine Ähnlichkeit mit der Form eines Schenkels gegeben ist, das Austragen des Dionysos der Lagerung bzw. Aufbewahrung des Weines (vgl. den bereits bei Cornutus zu findenden Gedanken vom „Heranreifen" des Dionysos bzw. des Weines)[47], und schließlich seine Geburt als ausgereiftes Kind aus dem (evtl. auch mit „mütterlich", μητρῷος, assoziierten) Schenkel (μηρός) dem Ausschenken des trinkfertigen Weines[48].

---

[46] Leinieks, 1996, 193 f. Leinieks' Rezensent Bannert (in: Wiener Studien 111, 1998) hält dies für „eine plausible, weil vordergründig stimmige und unmittelbar verständliche Erklärung".

[47] Zum Einfüllen des frischen, gärenden Weines in neue und damit dem Druck der Gärung standhaltende Weinschläuche s. bspw. Mk 2,22 und Parallelen. Zumindest zur Zeit Jesu wurden Weinschläuche offenbar nur noch zum Transport benutzt, s. Habbe, 1996, 96. Für den Transport von Wein in Schläuchen gibt es Belege bereits in den homerischen Epen (z. B. Hom. *Od.* 6,77 f; 9,196); ein Weinschlauch als Behältnis für frisch gekelterten Wein wird erwähnt in Hom. *Il.* 3,245-247. Aufgrund der Verderblichkeit ist von vornherein zu erwarten, daß die archäologische Evidenz für die Verwendung von Weinschläuchen in der Antike gering ist, während Amphoren und andere, größere Gefäße für die Lagerung von Wein gut bezeugt sind.

[48] In eine ähnliche Richtung, aber etwas verkürzt, nicht auf die gesamte Hylemsequenz ausgedehnt, geht bereits der Vorschlag von Pott, 1857, 361 f.

Ein solcher Interpretationsansatz versteht den referierten mythischen Stoff als Allegorie – was aber nicht heißt, um dies, wie im vorigen Kapitel bereits geschehen, nochmals zu betonen, daß nun die allegorische Mytheninterpretation *der* Schlüssel für die Interpretation aller Mythen wäre. Es gibt ihn nicht, den Generalschlüssel für die erfolgreiche und adäquate Deutung sämtlicher Mythen, und dementsprechend kann auch eine allegorische Mythendeutung kein Monopol für sich beanspruchen. Man kann nur sagen: *In diesem speziellen Fall* scheint eine allegorische Deutung das Sinnpotential der zugrundegelegten Stoffvarianten umfassender und adäquater zu entschlüsseln als die oben beschriebenen, auf reinen Wortanalysen beruhenden oder aus einer psychoanalytischen, kulturanthropologischen, theologischen, soziologisch-historischen oder ikonographischen Perspektive heraus unternommenen Versuche, die zudem keine Bezüge zu dem Umstand erkennen lassen, daß Dionysos als Weingottheit in der Antike eng mit dem Erzeugnis, für das er steht, zusammengesehen wurde. Das schließt nicht aus, daß bei einzelnen Stoffvarianten aufgrund der wesensmäßigen Polymorphie mythischer Stoffe nicht auch einmal andere Interpretationsansätze aufschlußreich sein könnten, doch müßten hierfür überzeugende Begründungen angeführt werden. Kann man auch für die oben vorgenommene allegorische Deutung keinen unumstößlichen Beweis liefern, so sind sowohl die Übereinstimmung einer *längeren Sequenz* von einzelnen Hylemen als auch die Übereinstimmung *ihrer Reihenfolge* mit den Arbeitsschritten bei der Weinerzeugung durchaus nicht gering zu veranschlagende Argumente für die Plausibilität der vorgeschlagenen Interpretation.

Mag man bei der Deutung der Schenkel-Geburt auch nicht mehr zu einer letzten Gewißheit gelangen, ist es doch wichtig festzuhalten, daß wie in den weiter oben angeführten Beispielen so auch hier auffällige und singuläre Details, in diesem Fall die Schwangerschaft und Geburt aus einem Schenkel, mit hoher Wahrscheinlichkeit auf etwas ganz *Spezifisches* hindeuten. Ob es sich dabei nun um Arbeitsschritte bei der griechischen Weinerzeugung handelt oder ein Bezug auf etwas anderes vorliegt, das sich nicht mehr eruieren läßt: Solche Details haben einen bestimmten Sinn und einen konkreten Bezug auf ein kulturgebundenes Spezifikum.

Es soll dies noch anhand eines weiteren Beispiels erhärtet werden, in dem sich ein ebenfalls nicht offen zutage liegender kulturspezifischer Bezug eindeutiger festmachen läßt. Bei Ovid und Ps.-Hyginus wird berichtet[49], wie Zeus, die Gesinnung der Menschen prüfend, inkognito auch bei dem Herrscher Lykaon in

---

49 Ov. *met.* 1,196-239; Hyg. *fab.* 176.

Arkadien zu Gast ist[50]. Als von Lykaon (oder von dessen Söhnen) ein frevelhafter Mord begangen und dem fremden Gast dann auch noch das gekochte Fleisch von der Leiche des Ermordeten vorgesetzt wird, gerät Zeus in einen gewaltigen Zorn.

Das ist zwar im Einzelnen drastisch und alles andere als gewöhnlich, aber wiederum findet sich hier noch kein merkwürdiges oder gar überflüssiges Detail: Von einem Menschen (oder von mehreren) wird ein schlimmer Frevel begangen, und Zeus gerät darüber in Zorn: das ist ein normales Schema. Das seltsame und, soweit man das überblicken kann, innerhalb der antiken Mythologien ziemlich singuläre Detail folgt nun, wenn es heißt, Zeus habe vor Zorn über diesen Frevel *einen Tisch umgestoßen* (*iratus mensam evertit*)[51]. Dieses Detail findet sich nun aber nicht etwa in der breit ausgeführten Passage bei Ovid, wo man dies zu einer rein poetischen Ausschmückung erklären könnte, sondern ausgerechnet in der Prosafassung bei Ps.-Hyginus, der den mythischen Stoff nur äußerst knapp, nämlich in nur zwei (!) Sätzen erzählt. Bei einer solchen Knappheit fällt die Erwähnung dieses scheinbar überflüssigen Details besonders stark auf.

Ohne weitere Quellen bliebe nun nur übrig, bei dem begründeten Verdacht stehenzubleiben, hier könnte ein Bezug auf etwas ganz Spezifisches vorliegen, ohne daß dies beweisbar wäre. Ein Blick in das mythologische Handbuch des Apollodoros aber hilft in diesem Fall, das Rätsel zu lösen und zu zeigen, daß in diesem herausstechenden Detail des Tisch-Umstoßens tatsächlich ein Hinweis auf eine spezifische, in diesem Fall topographische Verankerung des Stoffes ausgemacht werden kann. Denn bei Apollodoros heißt es ebenfalls, Zeus habe „einen Tisch umgestoßen" (τράπεζαν ἀνέτρεψεν)[52], aber sofort im Anschluß wird deutlich, daß die kulturspezifische Verankerung und zugleich eine aitiologische Funktion des Stoffes hier in einem Bezug auf die Gründung der arkadischen Stadt Trapezunt liegt (Τραπεζοῦς, also etwa „Tischingen"), die eben dort erfolgt sein soll, wo Zeus den Tisch (τράπεζα) umgestoßen habe – was nur in der *griechischen* Fassung des mythischen Stoffes deutlich werden kann, denn der im Griechischen durch ein Wortspiel erkennbar werdende Bezug ist in der lateinischen Übersetzung nicht mehr leicht nachvollziehbar. Das Problem der Unnachvollziehbarkeit des ursprünglichen Bezugs in einer anderen Sprache könnte im Übrigen Ovid dazu bewogen haben, bei seiner Erzählung des Lykaon-Stoffes das Detail des Tisch-Umstoßens wegzulassen.

Es kommt im vorliegenden Kontext nicht darauf an zu fragen, in wie vielen Varianten des mythischen Stoffes von Zeus' Besuch bei Lykaon das Detail mit

---

50 Zu diesem Stoff s. die Literaturhinweise bei Reinhardt, 2011, 281 f, Anm. 1064.
51 Hyg. *fab.* 176,3.
52 Apollod. 3,99.

dem umgestoßenen Tisch nachgewiesen werden kann, oder ob es Hinweise darauf gibt, daß dieses Detail vielleicht von den Bewohnern der arkadischen Stadt Trapezunt erst zu einer bestimmten Zeit in den Stoffkontext eingefügt worden ist, um damit eine Erklärung für den Namen ihrer Stadt zu liefern. Das wären weiterführende Fragen der Schichtenanalyse und der historischen Verortung der Schichten. Hier geht es nur darum zu zeigen, daß auffällige Details oder Singularitäten in mythischen Stoffen in der Regel auf natur- bzw. kulturgebundene Spezifika hindeuten. Das zieht nun noch eine wichtige Folgerung nach sich:

→ Details mit Bezug auf natur- bzw. kulturgebundene Spezifika stellen weder etwas *Zufälliges* noch auch etwas *beliebig Austauschbares* dar, und damit liefern sie oft einen wichtigen *Schlüssel für die Interpretation* – wenn vielleicht auch nicht des ganzen mythischen Stoffes, so doch immerhin eines sicherlich nicht unbedeutenden Aspekts oder Teiles.

Daß im biblischen Schöpfungsbericht Gott sich von seinem Schöpfungswerk ausgerechnet am siebten Tag und nicht etwa in der Mitte der Woche ausruht, hat nichts mit einem spontanen Einfall zu tun, nach dem eine Pause erst nach getaner Arbeit für angemessen gehalten wird, sondern der Umstand, daß es ausgerechnet der siebte Tag ist, ist unverhandelbar und lenkt die Aufmerksamkeit des Interpreten auf den Einfluß, den ein bestimmtes kulturgebundenes Spezifikum, in diesem Fall der Sabbat, auf die Struktur des mythischen Stoffes ausgeübt hat. Das Tisch-Umstoßen von Zeus nicht als belangloses Detail abzutun eröffnet den Blick auf einen wichtigen Gründungsmythos der Stadt Trapezunt; und wegen des Bezugs auf die Stadtgründung von „Tischingen" *muß* Zeus bei Lykaon ausgerechnet einen *Tisch* umstoßen; es hätte sich nicht gleichermaßen auch um einen Stuhl oder eine Truhe handeln können.

18.1.4 Mythos und Natur, Mythos und Kultur, Mythos und Kult. Unterschiedliche Schwierigkeiten bei der Bestimmung natur- und kulturgebundener Spezifika

Daß sich beim mythischen Stoff von der Geburt des Dionysos der genaue kulturspezifische Bezug nicht mehr mit letzter Sicherheit festmachen läßt[53], hängt unter anderem damit zusammen, daß es generell schwieriger ist, kulturbezogenen als orts- oder naturbezogenen Spezifika auf die Spur zu kommen. Denn bei Orts- oder

---

53 S. das vorige Kapitel.

Naturbezügen handelt es sich oft um Gegebenheiten, die sich im Lauf der Jahrtausende nicht oder nur wenig verändert haben, während es sich bei Kulturbezügen um sehr Spezifisches und Wandelbares handelt, eingebettet in einen kulturellen Bezugsrahmen, der fremd geworden und in manchen Fällen überhaupt nicht mehr oder nur noch sehr annäherungsweise rekonstruierbar ist.

Nicht zu unterschätzen ist auch die Erschwernis, die entsteht, wenn sich naturgebundene und vor allem kulturbezogene Spezifika nicht auf *Gegenständliches* beziehen wie auf zum Teil heute noch sichtbare Gegebenheiten aus der Natur wie bestimmte Berge, Flüsse und Inseln, oder auf Gegenstände aus dem Bereich der materiellen Hinterlassenschaften antiker Kulturen wie Städte, Tempel oder Befestigungswerke, sondern auf *Vorgänge*. Bei dem Versuch der Rekonstruktion komplexer kulturspezifischer Vorgänge gelangt man schneller an den Punkt, an dem man gezwungen ist, von sicher Nachweisbarem zu Annahmen überzugehen, die je nach Fall und Quellenlage mehr oder auch weniger stark plausibel gemacht oder begründet werden können.

Wie bspw. die einzelnen Arbeitsschritte bei der Weinerzeugung im alten Griechenland ausgesehen haben, läßt sich im groben Überblick rekonstruieren, und man kann bspw. belegen, daß neu gekelterter Wein u. a. in Weinschläuche oder Amphoren eingefüllt wurde[54]; aber wie sich diese Arbeitsschritte im Lauf der Zeit verändert und weiterentwickelt haben, zu welcher Zeit und in welchem Ausmaß Weinschläuche, Amphoren oder andere, „schenkelähnliche" Gefäße als Behältnisse von Wein eine Rolle gespielt haben, ob die spezifischen Zeitangaben im mythischen Stoff von der Geburt des Dionysos – vom ersten bis zum siebten Monat „Wachsen" im Bauch der Semele, vom siebten bis in den zehnten Monat „Ausreifen" im Schenkel des Zeus – zu einer bestimmten Zeit und in einer bestimmten Gegend mit den Fristen von Wachstum und Ernte der Trauben und der Lagerung des gekelterten Weines korrelieren, das sind Fragen, die schon wesentlich schwieriger und mit letzter Sicherheit vielleicht nie zu beantworten sind.

Ein weiterer Bereich kulturbezogener Spezifika, die sich oft nur noch schwer erkennen lassen und deren Hintergründe sich in vielen Fällen nur unter Zuhilfenahme verschiedener Annahmen und selbst dann nur mit Scharfsinn und einer gewissen Kombinationsgabe allenfalls ungefähr rekonstruieren lassen, sind Vorgänge aus dem Bereich des Kults. Was hat sich im Einzelnen zu verschiedenen Zeiten und in verschiedenen Kulturen tatsächlich abgespielt, wenn es um Riten ging, die mit dem Stichwort „Heilige Hochzeit" assoziiert sind? Wie waren die genauen Abläufe bei den „Großen Mysterien" der Göttinnen Demeter und Kore in

---

54 S. dazu oben, Anm. 47.

Eleusis? Solche Vorgänge haben sich manchmal in mythischen Stoffen niedergeschlagen, und nicht selten lassen sich diese Vorgänge, auf die sich die mythischen Stoffe beziehen, nur noch mit Hilfe von Annahmen und Analogien aus anderen Bereichen – oder auch aus eben diesen mythischen Stoffen selbst rekonstruieren. Damit steht man vor einem wesentlich schwierigeren Unterfangen als bspw. bei der Frage, auf welche naturhaften Gegebenheiten wohl eine mythische Stoffvariante Bezug nimmt, die davon berichtet, daß sich die Werkstatt des Schmiedegottes Hephaistos und seiner Gehilfen, der Blitze schmiedenden Kyklopen, unterhalb des Ätna befindet[55]; hier drängt sich der Bezug zum feuerspeienden Berg, interpretiert als Esse des Hephaistos, fast auf.

Im Fall von Bezügen auf Riten aber wird es wesentlich komplizierter, denn Mythen bilden rituelle Vorgänge nicht einfach im Sinne einer Eins-zu-Eins-Kommentierung ab, wie eine überspitzte und eine theoretische Grundlage der *myth and ritual school* vorwegnehmende Ansicht zu behaupten geneigt war[56]. Wie genau man sich die Beziehung zwischen Mythen und Ritualen vorzustellen hat, ist aller Wahrscheinlichkeit nach ein Problem, das nie wirklich befriedigend, jedenfalls nicht in Form einer pauschal für alle Fälle anwendbaren Regel gelöst werden kann[57], zumal es nicht nur eine sehr bunte Vielfalt von Mythen, sondern auch

---

55 Vgl. Verg. *Aen.* 8,416-453.
56 Vgl. Beth, 1935, 729 (zur engen „Verwandtschaft des Mythus mit dem Ritus innerhalb des religiösen Lebens"): „Der Mythus ist nach dieser Seite hin gleichsam die korrekte Auslegung des Ritus." Zu Karl Otfried Müller als Vorläufer der *Cambridge Ritualists* s. Gödde, 2017, XXIX-XXXIII. Zum Themenkomplex „Mythos und Ritual" und entsprechenden Richtungen der Mythosforschung s. den grundlegenden Überblick bei Csapo, 2005, 132-180. Noch bei Jamme, 1999, 21, findet sich eine überraschend einseitige „Minimaldefinition", nach welcher „der Mythos als mündlicher Kommentar einer Kulthandlung zu bestimmen" sei. Mythen, so Jamme (ebd.), „treten *immer* auf im Zusammenhang mit Ritualen; sie sind der kognitive Teil zur kultischen Praxis" (Kursivierung C. Zgoll).
57 Vgl. Graf, 1985, 44 f und 54-56; ebd. 56: „der Sprung von der Erzählstruktur zum Ritual bleibt willkürlich." Und zum homerischen *Demeterhymnos* und seiner Beziehung zu Eleusis ebd. 111: „Die Entsprechungen sind eng, und doch wäre allein aus dem Mythos der Ritualakt nicht rekonstruierbar ... Mythos und Ritual sind also eigenständige Gebilde, die sich zwar punktuell berühren können, aber eigenen Strukturgesetzen folgen." Das hindert Graf nicht, dann doch solche Strukturparallelen zu ziehen bzw. für plausibel zu halten, wenn er etwa in Bezug auf Initiationsriten – „Riten, welche in ethnologischen Kulturen rund um die Welt nachweisbar sind" (ebd. 112, aber ohne Nachweise) – von jungen Männern eine strukturelle Parallele in einer bestimmten mythischen Stoffgestaltung erblickt (ebd. 113): „erzählerisch wird dies zur Geschichte, wie ein Mann aus einem Mädchen entstanden ist." Die Plausibilität dieser These zu begründen (was Graf nicht unternimmt), dürfte auch hier mit Schwierigkeiten behaftet bleiben.

sehr unterschiedliche Formen von Ritualen gibt[58]. Es wurde außerdem in dieser Arbeit versucht zu zeigen, daß es in Hinblick auf einen bestimmten mythischen Stoff *den* Mythos, also eine fest umrissene Glanz-, Ur-, Minimal- oder Standardversion nicht gibt, sondern daß es von einem mythischen Stoff immer nur einen Näherungswert geben kann, der das im Stoff liegende Potential und seinen Variantenreichtum andeutet, aber nicht ausschöpft. Von daher ist schon die Frage problematisch, ob *der* Mythos im Ritual steckt bzw. ob *der* Mythos das Ritual hervorgebracht hat oder umgekehrt. Einmal abgesehen von der Frage nach der Genese (Priorität von Mythos oder Ritual) müßte man hinsichtlich einer angenommenen Symbiose von Mythos und Ritual nach mythischen Stoffvarianten (und Ritualarten) differenzieren und zugleich berücksichtigen, daß die Trennung einer solchen Symbiose mit einer Veränderung der Verortung und Funktionalisierung des mythischen Stoffes einhergeht. Eine solche Veränderung kann Folgen für die Stoffgestaltung haben. Die Variante eines mythischen Stoffes im Ritualkontext selbst muß daher nicht deckungsgleich sein mit einer vom Ritual gelösten Stoffvariante. Solche Transformationsprozesse erschweren die nähere Bestimmung des Verhältnisses von Mythos und Ritual nicht unerheblich, da es *den* Mythos so nicht gibt, sondern nur Stoffvarianten, und da die Parameter wenig bekannt und jeweils unterschiedlich sein dürften, die bei der Lösung und einer damit möglicherweise einhergehenden Veränderung einer Stoffvariante aus einem kultischen Kontext eine Rolle spielen.

Auch wenn das komplexe und lange diskutierte Verhältnis zwischen Mythos und Ritual hier nur gestreift werden kann, so soll ein weiterer Aspekt wenigstens noch ausblickhaft erwähnt werden. In dieser Arbeit ist bereits viel von der Polystratie einzelner mythischer Stoffvarianten die Rede gewesen. Es ist interessant zu sehen, daß hier eine Gemeinsamkeit zwischen Mythen und Ritualen beobachtet werden kann. Auch bei Ritualen handelt es sich in vielen Fällen um lange überlieferte Gebilde, die oft nicht durch Neues ausgetauscht oder ersetzt, sondern überformt werden, wobei Altes stehenbleiben kann, was nicht unbedingt stehengeblieben wäre, hätte man das Ritual vollständig neu entworfen. Die Gründe dafür dürften ähnlich vielfältig sein wie bei mythischen Stoffen[59]. Die Folgerung, die man aus diesen Beobachtungen ziehen kann:

---

58 Zur Notwendigkeit, im Zusammenhang mit dem Thema „Mythos und Ritual" differenzierend und „sorgsam zwischen den verschiedenen Arten von Riten zu unterscheiden", s. bereits Kirk, 1980, 236.
59 S. dazu ausführlich Kapitel 16.2.

→ Wie mythische Stoffvarianten, so stellen auch einzelne überlieferte Formen von Ritualen in der Regel oder zumindest in etlichen Fällen geschichtete und damit teilweise auch inkonsistente Produkte dar.

Dies wiederum bedeutet, daß sich auch bei konkret vorliegenden Ritualen eine Stratifikationsanalyse als eine methodische Herangehensweise bewähren kann, die Inkonsistenzen als Hinweise auf unterschiedliche Ritualschichten zu erklären und damit der Komplexität des untersuchten Materials gerecht zu werden vermag[60].

18.1.5 Arten der Transformation von Erfahrungsgegenständen durch erzählerische Verdichtung

Das Erkennen und Identifizieren kulturspezifischer und naturspezifischer Bezüge in mythischen Stoffen gestaltet sich nicht nur deshalb schwierig, weil man in vielen Fällen – und vor allem bei *kultur*spezifischen Bezügen auf komplexere *Vorgänge*[61] – die dazu nötigen Hintergrundinformationen nicht mehr oder in nur unzureichendem Maß besitzt, sondern weil mythische Stoffe solche Vorgänge nicht genau abbilden, sondern *transformieren* bzw. erzählerisch *verdichten*.

Wenn der Versuch unternommen wird, Auseinandersetzungen mit Erfahrungsgegenständen aus der realen Lebenswelt in Worte zu fassen, dann ist damit notwendig ein Vorgang der Transformation verbunden. Das ist immer der Fall, auch wenn eine möglichst objektive Beschreibung angestrebt wird; deutlich stärker wird der Faktor der Transformation aber dann, wenn Auseinandersetzungen mit Erfahrungsgegenständen sich zu einem *Erzählstoff* verdichten. Hier kommt ein Aspekt hinzu, den man als „künstlerisch" bezeichnen kann. Es geht nicht mehr um eine möglichst sachliche Annäherung an erfahrene Wirklichkeiten, nicht um eine bloße Tätigkeit des *intellectus*, sondern um eine Annäherung an

---

[60] So inkorporiert bspw. das Osterfest-Ritual der katholischen Kirche Elemente des jüdischen Pessach-Festes, um nur ein besonders deutliches Beispiel zu nennen. Zum Aspekt der (Re-)Aktualisierung mythischer Stoffe bzw. ihrer Varianten und zur „Mythisierung" menschlicher Historie durch eine Verbindung der eigenen Geschichte mit erwartetem Götterhandeln in rituellen Kontexten s. den Aufsatz von A. Zgoll/ C. Zgoll, 2020.
[61] S. dazu das vorige Kapitel.

die Wirklichkeit mit Hilfe des Verstandes *und*, wenn man so will, der Kunst[62]. Damit kommt etwas ins Spiel, das allen hermeneutischen Anstrengungen durch seine letztliche Unauflösbarkeit eine gewisse Grenze setzt[63].

Möglichkeiten der erzählerischen Transformation gibt es sicher etliche; es sollen hier einige wichtigere beispielhaft herausgegriffen werden. In einem mythischen Stoff zeitlich weit auseinandergezogene Vorgänge können bspw. auf ein naturhaftes, historisches oder kultisches Ereignis hindeuten, das real gemessen nur eine relativ kurze Zeitspanne in Anspruch nimmt, oder es können umgekehrt länger andauernde Vorgänge erzählerisch stark verkürzt sein; erstmalig geschehende oder zyklisch wiederkehrende Ereignisse können erzählt sein, ohne daß ihre Erstmaligkeit oder ihr eigentlich zyklischer Bezug jeweils deutlich werden; und auch räumlich oder hinsichtlich der Protagonisten können hier starke Verfremdungseffekte auftreten.

Dazu in aller Kürze ein paar konkrete Beispiele. So kann der mythische Stoff von der gewissermaßen doppelten Geburt des Dionysos (zuerst aus Semele und dann aus dem Schenkel des Zeus), die nur einen einmaligen Vorgang im Leben des Dionysos bezeichnet, für den zyklisch jährlich wiederkehrenden Vorgang der Weinerzeugung stehen[64]. In *Innana raubt den großen Himmel* geht es um die Einsetzung des ersten Tempels auf Erden, in einer Passage des *Enūma eliš* um die Begründung der Divination durch den Gott Anu, ohne daß auf die Erstmaligkeit

---

[62] Die Rede von der „Kunst" bezieht sich vor allem auf die *formale* Seite des Transformationsprozesses; zur *inhaltlichen* Seite einer Transzendierung der erfahrenen Wirklichkeit s. Kapitel 18.2. Zu Mythen als „religiöse und künstlerische Reflexion und Aneignung von Sein und Welt" s. auch A. Zgoll/ Kratz, 2013, 9, mit Verweis auf den Aufsatz von Horstmann, 2013; vgl. auch Schmitt, 2014, 82. Vgl. zu Mythen als einer Form von Kunst ausführlicher Jamme, 1999, 259-301; auch C. Zgoll, 2014, 197-200, mit einer Auseinandersetzung mit dem vielschichtigen Kunstbegriff.

[63] Vgl. Kerényi, 1976, XVI: „Ein Ende für die Hermeneutik, in dem Sinne, daß ... ein Werk der phänomenologisch und historisch bemühten Wissenschaft und sprachlichen Kunst an die Stelle des Urphänomens treten könnte, kann nicht gedacht werden." Vgl. auch Schlesier, 1985, 10. Hier kommt man in die Nähe des komplexen Themenfeldes „Mythos und Wahrheit", zu dessen Auslotung bereits an anderer Stelle ein erster Versuch unternommen wurde, s. C. Zgoll, 2014, und das aufgrund seiner eigenen Diskursgeschichte und Komplexität in der vorliegenden Arbeit ausgeklammert bleibt, ebenso wie das verwandte, noch allgemeiner gefaßte Themenfeld „Mythos und Logos"; s. dazu etwa „Klassiker" wie Cassirer, 1953, und Hübner, 1985, und von neueren Beiträgen Jamme, 1999, Horstmann, 2013, und Kobusch, 2014.

[64] S. dazu die Ausführungen in Kapitel 18.1.3. Die Erklärung *aller* Mythen als Vergegenwärtigungen zyklischer Geschehen, wie sie v. a. von Eliade verfochten wurde, ist inzwischen als zu einseitig anerkannt, vgl. Jamme, 1999, 144 f.

dieser Ereignisse in den Texten explizit hingewiesen wird[65]. Setzt man etwa voraus, daß es in späthelladischer Zeit tatsächlich kriegerische Auseinandersetzungen zwischen Athen und Eleusis um die Vorherrschaft in Attika gegeben hat, dann werden diese Auseinandersetzungen in der Form des mythischen Stoffes vom Krieg zwischen Erechtheus und Eumolpos[66] bspw. bei Ps.-Hyginus nicht ereignisgetreu erzählt wie etwa in Form einer dokumentarischen Kriegsberichterstattung, sondern die Komplexität der Geschehnisse wird im vorliegenden Fall auf wenige einzelne Handlungen komprimiert, die Dauer erscheint stark verkürzt, und die Anzahl der beteiligten Personen ist auf wenige Protagonisten reduziert und konzentriert[67].

Liegen spezifische Verankerungen mythischer Stoffe in historischen Ereignissen, bleiben genügend Schwierigkeiten, wie etwa die Frage, ob diese Ereignisse tatsächlich stattgefunden haben oder ob sich der Stoff im Nachhinein herausgebildet hat, um etwas in die Form einer Geschichte zu fassen, von dem man nur gern gehabt hätte, daß es sich so zugetragen hat, oder die Frage, inwieweit selbst bei einer Wahrscheinlichkeit der historischen Faktizität die Einzelheiten stimmig sind und mit anderen Befunden korrelieren bzw. durch andere Erkenntnisse eine Bestätigung finden. Aber eines ist in solchen Fällen weniger problematisch, nämlich grundsätzlich zu erkennen, daß es sich um Stoffe handelt, die Bezugsmöglichkeiten auf Historisches eröffnen oder dies zumindest so hinstellen. Die schwierige Frage ist hier also nicht, *auf was* sich solche Stoffe beziehen, sondern eher ob und inwiefern es das, worauf sie sich augenscheinlich beziehen, tatsächlich so gegeben hat oder nicht.

Wenn sich mythische Stoffe jedoch auf *kultische* Realitäten beziehen, dann sind nicht nur die Fragen schwierig zu klären, ob es diese kultischen Realitäten tatsächlich gegeben hat und ob sich aufgrund der einzelnen mythischen Stoffvarianten etwas einigermaßen Verläßliches über tatsächliche Abläufe im Bereich des Kultes sagen läßt, sondern oft liegt schon ein ganz grundsätzliches Problem darin, zu erkennen, ob und inwieweit ein mythischer Stoff in irgendeiner Hinsicht *überhaupt auf etwas Kultisches zu beziehen ist*. Daß es im Mythos vom Kampf zwischen Erechtheus und Eumolpos um eine Auseinandersetzung zwischen Athen und Eleusis geht, ist aus dem Stoff selbst unschwer zu erkennen, und man

---

65 S. dazu A. Zgoll, 2015, und Gabriel, 2018. Vgl. bspw. auch Gilgameš als prototypischen Brunnenbauer; s. dazu George, 2003, 94 f, und A. Zgoll, 2013, 99.
66 S. dazu oben, Kapitel 18.1.1.
67 Vgl. Graf, 1985, 134 f, mit Beobachtung ähnlicher Umformungen in Bezug auf die Heldentat des „Synoikismos" des Theseus, der Vereinigung loser attischer Dorfverbände zur Polis Athen, im Spiegel mythischer Stoffe.

kann nun nach dem historischen Gehalt fragen; daß aber hinter der Opferung der Erechtheus-Töchter in diesem Krieg ein Bezug auf die kultische Realität der Hyakinthiden-Verehrung in Athen liegt, ist schon deutlich weniger offenkundig. Wenn man nicht aus anderen Quellen ziemlich detailliert über die Praxis der griechischen Tieropfer Bescheid wüßte, dann wäre es schwierig überhaupt zu erkennen, daß Hesiod mit seiner Erzählung vom „Opferbetrug" des Prometheus und den darin vorkommenden Details vom Verbrennen von Fett und Knochen für die Götter unter anderem ein Aition für eine gängige kultische Opferpraxis in Griechenland liefert[68]. Und wenn es nicht Hinweise im Epilog und andere Quellen gäbe, aus denen hervorgeht, daß bestimmte Passagen aus dem akkadischen *Lied auf Marduk* (*Enūma eliš*) bei Ritualen im Kontext des babylonischen Neujahrsfestes nachgespielt werden und somit einzelne mythische Stoffe aus diesem Lied konkreten kultischen Realitäten entsprechen, würde das dem Haupttext und den darin verarbeiteten Stoffen selbst überhaupt nicht oder doch nur sehr schwer zu entnehmen sein[69].

Um einen noch schwierigeren Fall anzuführen: Daß in der bei Homer greifbaren Konkretion des mythischen Stoffes von Odysseus' Hadesreise Hinweise auf konkrete kultische Praktiken der Totenbefragung stecken, die sich nicht nur auf einzelne Details wie das Ausheben einer Grube und das über der Grube vollzogene Tieropfer beziehen, sondern daß die kultischen Hintergründe darüber hinaus auch noch einen strukturbildenden Einfluß auf die Einbettung der Hadesreise in die Kirke-Episode haben und sich gerade in der Figur der Kirke Bezugsmöglichkeiten auf das Kultpersonal von Totenorakel-Stätten ergeben, liegt alles andere als offen zutage und kann erst durch die Einbeziehung von Detail- und Strukturparallelen in anderen Quellen plausibel gemacht werden. Erst im Licht solcher Untersuchungen wird erkennbar, daß im mythischen Stoff und zumal in der Konkretion dieses Stoffes in Homers *Odyssee* ein nekromantisches Ritual, ein auf den engen Raum einer Totenorakelstätte beschränktes Geschehen, durch Transformation in ein episches Gewand auf mehrere, auf der Ebene des Erzählten weit auseinanderliegende Örtlichkeiten hinweg verteilt wird[70], wodurch die Erkenntnis der hinter der Erzähloberfläche liegenden, strukturbildenden kultischen Realitätsbezüge nicht unwesentlich erschwert wird[71].

---

68 S. dazu Kapitel 17.1.
69 S. dazu A. Zgoll, 2006b, 48-60, und zur Diskussion der Angaben im Epilog Gabriel, 2014, 81-101. Zum *Lied auf Marduk* s. ausführlich Kapitel 20.1.
70 Hom. *Od.* 10,135-12,35.
71 S. dazu ausführlich C. Zgoll, 2019a. Vgl. ähnlich der bei Graf, 1985, 109 f geschilderte Fall von einem (möglichen) Bezug zwischen einem länger ausgeführten mythischen Stoff mit dem zentralen Hylem von Theseus, der als Zeichen seiner Kraft einen Ochsen in die Höhe wirft, und dem

18.2 Transzendierende Auseinandersetzungen mit Erfahrungsgegenständen

Die eher *formale* Seite einer Verdichtung von Erfahrenem in die Form eines Erzählstoffes wurde in Kapitel 18.1.5 in den Blick genommen; hier soll es nun um einen wichtigen *inhaltlichen* Aspekt gehen, der für den transformierenden Aneignungsprozeß von Erfahrungsgegenständen gerade mythischer Erzählstoffe charakteristisch ist.

18.2.1 Transzendierende Auseinandersetzung als konstitutiver Faktor mythischer Stoffe

> Der Sinn der Welt muß außerhalb ihrer liegen.
> Wittgenstein, *Tractatus* Nr. 6.41

Die Auseinandersetzungen mit der Wirklichkeit, die sich in mythischen Stoffen widerspiegeln, sind durch ein Charakteristikum besonders gekennzeichnet, und zwar dadurch, daß es sich immer um *transzendierende* Auseinandersetzungen handelt. Der Begriff „transzendierend" wird hier nicht im philosophisch-ontologischen Sinn einer Bezogenheit auf Bestimmungen verwendet, die auf alles Seiende angewendet werden können (Transzendentalien), auch nicht im theologischen Sinn eines Überstiegs auf das schlechthin Unerfahrbare hin (Transzendenz), sondern in einem hermeneutischen Sinn zur Kennzeichnung bestimmter menschlicher Interpretationsakte von Geschehnissen. Der Grundzug einer transzendierenden Wirklichkeitsdeutung besteht darin, daß bei bestimmten Geschehnissen die Einwirkung von Wesen angenommen wird, die das menschliche Wesen und dessen Fähigkeiten sowie naturhafte Gegebenheiten und die mit ihnen regulär zusammenhängenden und beobachtbaren Vorgänge übersteigen. Eine solche Wirklichkeitsdeutung macht, umgesetzt in bestimmte Handlungs- und Kommunikationsstrategien, einen Grundzug von Religion aus, wenn man der Definition von Rüpke folgt, der Religion auffaßt „als das situative Einbeziehen von Akteuren (ob sie nun als Göttliches oder Götter, Dämonen oder Engel, Tote oder Unsterbliche bezeichnet werden), die in bestimmter Hinsicht überlegen sind"[72].

---

im Vergleich dazu kurzen Ritual von Epheben am Demeter-Heiligtum von Eleusis, die einen Ochsen hochheben; s. dazu ebd. 110: „der Mythos dehnt aus, was das Ritual nur andeutet".
72 Rüpke, 2016, 19; ebd. weiter: „Kurzum, religiöses Handeln ist dann und dort gegeben, wo in einer Situation mindestens ein einzelner Mensch solche Akteure in seine Kommunikation mit

Von hier läßt sich eine Brücke schlagen zu Mythen, denn eine solche transzendierende Wirklichkeitsdeutung hat auch eine konkrete Auswirkung auf die Gestaltung mythischer Stoffe:

→ Die transzendierende Auseinandersetzung mit Erfahrungsgegenständen zeigt sich in Mythen darin, daß die jeweiligen Erfahrungsgegenstände in einen für die Gesamthandlung wesentlichen Zusammenhang mit aktiven Einwirkungen numinoser Wesen gebracht werden[73].

Das in diesem Zusammenhang verwendete Partizip „transzendierend" dient also nicht der Charakterisierung der in mythischen Stoffen handelnden *numinosen Figuren* (i. S. v. „transzendente Götter"), sondern bezieht sich auf die *Art und Weise der Interpretation der Wirklichkeit*, die mit Hilfe von mythischen Stoffen bewerkstelligt wird[74]; das Merkmal einer aktiven Beteiligung numinoser Wesen an der Handlung ist etwas, das sich aus dieser spezifischen Weise der transzendierenden Wirklichkeitsinterpretation ergibt.

---

anderen Menschen einbezieht, ob er nun bloß auf sie verweist oder sie direkt anruft." Eine Diskussion dieses Religionsbegriffs und Abgrenzung zu anderen Versuchen ebd. 17-22. Hier ergibt sich außerdem eine Nähe zur Charakterisierung religiöser Kommunikation mit Hilfe des Transzendenz-Begriffes bei Luhmann, 2000, 77, nach dem „eine Kommunikation immer dann religiös ist, wenn sie Immanentes unter dem Gesichtspunkt der Transzendenz betrachtet ... Erst von der Transzendenz aus gesehen erhält das Geschehen in dieser Welt einen religiösen Sinn. Aber Sinngebung ist dann auch die spezifische Funktion der Transzendenz." Vgl. ebd. 79 f: „Transzendenz ist zunächst eine Richtungsangabe, sie verweist auf ein Überschreiten von Grenzen. Aber gemeint sind von Anbeginn nicht territoriale Grenzen ..."

73 Oder auch nur *eines* göttlichen Wesens; zur Tauglichkeit des Mythosbegriffs auch für entsprechende Erzählstoffe aus dem Alten Testament s. Spieckermann, 2013, 163 f; vgl. auch Lux, 2014, 193-218. Zur zentralen Rolle des „Numinosen" bzw. der „numinosen Wesen" in mythischen Stoffen im Zusammenhang mit den verschiedenen Bereichen menschlicher Erfahrung s. bereits in aller Deutlichkeit Beth, 1935, 720: „immer läßt sich als der Grundzug erkennen, daß Mythus *die Bezogenheit des Menschlichen auf ein Unsinnlich-Göttliches in Form einer Erzählung* auszudrücken bemüht ist" („unsinnlich" ist allerdings problematisch). Vgl. auch Hübner, 1985, 129-134; Lüthi, 2004, 11. Günther, 2013, 273: Mythen „erzählen von einer übernatürlichen Kraft oder Macht, die auf die Natur und die Menschen einwirkt." Vgl. auch Diakonoff, 1995, 125: „.... myths are plot units, each of which is connected with a certain moving force – i.e. a deity ..."; Reinhardt, 2011, 20 (im Original fett und kursiv): Mythen handeln von Ereignissen „aus einer mythischen Vorzeit ..., zu deren Voraussetzungen durchweg eine Handlungsbeteiligung von göttlichen Wesen gehört"; vgl. auch ebd. 161.

74 Vgl. genau in diesem Sinn Kühr, 2006, 18: Mythen „transzendieren ... die alltäglichen Wahrnehmungen von Zeit und Raum ..."

In seiner Definition von Religion zählt Rüpke eine Reihe verschiedener „überlegener" Akteure auf. Tatsächlich ist auch in Hinblick auf mythische Stoffe das Merkmal numinoser Einwirkungen nicht nur auf das Wirken von Göttern im Sinn von fest umrissenen Gestalten zu beziehen, seien diese nun anthropomorph, theriomorph, aus menschlichen und tierischen Zügen gemischt oder andersartig vorgestellt; es können auch als numinos angesehene Mächte oder Kräfte in einer weiter gefaßten, gewissermaßen unschärferen Vorstellung sein[75], „übernatürliche Akteure"[76], die – ständig oder auch nur vorübergehend – in bestimmten Phänomenen oder in Lebewesen wie Menschen oder Tieren am Werk sind oder ihnen „einwohnen"[77].

Es ist kaum möglich, eine übergreifend für alle Kulturen und Zeiten geltende Aussage darüber zu treffen, welche Eigenschaften für Göttlichkeit konstitutiv sind und welche nicht, und welche Wesen nun als dezidiert „göttlich" oder „numinos" o. ä. zu bezeichnen sind, welche nur teilweise und welche nicht mehr zu dieser Kategorie zu rechnen sind. Das ist jeweils kulturspezifisch zu untersuchen und zu entscheiden, weshalb notwendigerweise eine gewisse Unschärfe in Kauf genommen werden muß, wenn hier und im Weiteren von „Göttlichkeit" bzw. „göttlichen Wesen" o. ä. die Rede ist. Natürlich ist daher eine solche Bezugnahme auf göttliche oder numinose Wesen nicht unproblematisch[78]; aber es deshalb zur wissenschaftlichen Pflicht zu erklären, nicht zu berücksichtigen oder zu untersuchen, was sich im Zugriff als vielgestaltig und problematisch erweist, wäre auch keine Lösung und würde für den Gewinn einer höheren Unangreifbarkeit den Preis zahlen, daß ein zentraler Bereich menschlicher Welterfassungs-Versuche ausgeklammert bleiben müßte. Darüber hinaus hat Johannsen einen bemerkenswerten Vorstoß von religionswissenschaftlicher Seite her unternommen, die Kategorie des Numinosen in der Konzeption von Rudolf Otto (als *myste-*

---

75 Vgl. Beth, 1935, 720: „Nicht um persönliche Gottwesen muß es sich dabei handeln, sondern um die Gegründetheit menschlichen Seins in Außersinnlichem, wie immer das Letztere näher bestimmt werden möge." Problematisch ist bei Beth lediglich der Begriff des „Außersinnlichen", da göttliche Wesen durchaus als sinnlich erfahrbar gedacht sein können; s. dazu unten.
76 S. zu diesem religionswissenschaftlichen Terminus aus der Warte der *cognitive science of religion* Pyysiäinen, 2009.
77 Zum antiken Konzept des „oikomorphen" Menschen, dem gute wie schlechte göttliche Mächte einwohnen können, s. ausführlich A. Zgoll, 2012b und 2012c.
78 Auf die Problematik der Kategorie des Numinosen oder auch des Heiligen *an sich* weist bspw. Mohn, 1998, 109 f, hin, was allerdings noch einmal zu trennen ist von der Frage nach der angenommenen Existenz von konkreten *Wesen* mit dieser Eigenschaft und von der Frage nach entsprechenden Vorstellungen von solchen Wesen und ihrer Rolle in Erzählstoffen.

rium tremendum et fascinans) zu rechtfertigen und ihre Valenz für eine kulturwissenschaftliche Analyse traditioneller Erzählstoffe aufzuzeigen, „ohne damit – wie von Ottos Kritikern befürchtet – quasi in einem Automatismus theologische Implikationen einfließen zu lassen oder die Überlieferung zu entkontextualisieren"[79].

Freilich werden des Weiteren andere Mythosbegriffe durch die hier angeführte nähere Merkmalsbestimmung eines „transzendierenden Faktors" ausgeklammert wie bspw. „der Mythos Albert Einstein", um nur willkürlich ein Beispiel herauszugreifen. Aber der in der vorliegenden Arbeit anvisierte Mythosbegriff ist immerhin noch weit genug, um kulturenübergreifend eine Vielzahl stofflicher Phänomene in den Blick zu bekommen. Ziel ist es schließlich nicht, einen Mythosbegriff zu konzipieren, der möglichst wenig determiniert ist, um auf eine solche Weise zu garantieren, daß eine maximale Bandbreite von Phänomenen unter dieses Dach gefaßt werden kann, geleitet bspw. von der Absicht, auf diese Weise eine möglichst breite Basis für Interdisziplinarität (bzw. Verbundprojekt-Tauglichkeit) zu erzielen[80]. In einem solchen Fall besteht unvermeidlich die Gefahr, daß man kaum mehr sagen kann, welcher heuristische Wert einem solchermaßen ausgeweiteten Mythosbegriff überhaupt noch zugesprochen werden kann[81].

Sollte man es für wichtig oder gewinnbringend erachten, können sich allerdings durchaus Anknüpfungspunkte für eine Erweiterung des hier vorgeschlage-

---

[79] Johannsen, 2008 (Zitat ebd. 254).
[80] Vgl. Mohn, 1998, 109 f. Warum es im Übrigen ausgerechnet für eine von Mohn anvisierte „*religions*wissenschaftliche Mythostheorie" problematisch sein soll, in „Abhängigkeit" von Theorien zu geraten, die sich mit den hinter solchen Begriffen wie das Numinose oder Heilige liegenden Phänomenen befassen, weil man dann „'säkulare' Mythen" nicht mehr „als Mythen anerkennen und als solche analysieren" könnte (so Mohn, 1998, 109; Kursivierungen C. Zgoll), bleibt mir unverständlich (inwiefern müssen *säkulare* Mythen ein Gegenstand der *Religions*wissenschaft sein?), ebenso wie der Grund, warum eine „vorschnelle Vermischung beider Fragestellungen, die von vornherein eine Abhängigkeit beider Phänomene voneinander postuliert", „sowohl die hermeneutische als auch die terminologisch-heuristische Arbeit an beiden Einzelphänomenen: am Mythos ebenso wie am Heiligen" erschweren muß (ebd. 110, Anm. 1). Abgesehen davon, daß eine solche „Vermischung" ja keinesfalls notwendig „vorschnell" sein und „von vornherein" Abhängigkeiten postulieren muß, so könnten sich durch eine differenzierende Zusammenführung beider Untersuchungsgegenstände (eben nicht: „Vermischung") im Gegenteil sogar gegenseitige Erhellungen ergeben, die bei einer isolierten Betrachtungsweise auf der Strecke bleiben würden.
[81] Treffend zum geringen heuristischen Wert eines zu weiten Mythosbegriffs bereits Kühr, 2006, 15. Vgl. Reinhardt, 2011, 18 f, der konstatiert, daß der „neuere Begriff von 'Mythos' ... im Sprachgebrauch der Moderne ... immer trivialer und banaler" geworden sei, mit dem Ergebnis: „Mythos ist neuerdings alles und nichts ..."

nen Mythosbegriffs ergeben, wenn man ihn, an manche modernere Verwendungsweisen angepaßt, vom Begriffsinhalt her ausweitet und von Erzählstoffen auch auf Personen, Gegenstände, Ansichten, Ereignisse etc. überträgt, und wenn man den „transzendierenden Faktor" nicht mehr an aktive Eingriffe göttlicher Kräfte und Mächte knüpft, sondern allgemeiner dann von einem „Mythos" im ausgeweiteten und säkularen Sinn spricht, wenn in den Augen derjenigen, die bspw. eine Person wie den Wissenschaftler Albert Einstein als einen „Mythos" bezeichnen, diese Person oder mit ihr verknüpfte Begebenheiten in irgendeiner Hinsicht das als normal oder durchschnittlich Angesehene „transzendieren". Eine solche Ausweitung muß allerdings Ungenauigkeiten in Kauf nehmen, ist von daher nicht unproblematisch und zielt explizit *nicht* auf den Mythosbegriff, wie er in dieser Arbeit normalerweise verwendet wird; es wird später noch einmal darauf zurückzukommen sein[82].

Zurück also zu mythischen Stoffen im eigentlichen Sinn, die durch eine transzendierende Auseinandersetzung mit Erfahrungsgegenständen gekennzeichnet sind und bei denen sich dieses Merkmal nicht allgemein auf ein Überschreiten des (notgedrungen unscharf bleibenden) „Normalen" bezieht, sondern auf ein aktives Eingreifen göttlicher Wesen. Wie bereits betont, bezieht sich „transzendierend" auf den Akt der Wirklichkeitsdeutung, nicht auf die in mythischen Stoffen aktiv handelnden göttlichen Wesen. Diese werden nicht als „transzendent" i. S. v. „jede Erfahrbarkeit übersteigend", sondern als weltimmanent erfahrbar vorgestellt, und zwar nicht als nur rein geistig, sondern auch als sinnlich erfahrbar. Sie können dem Menschen als machtvolle Gestalten begegnen, so daß man mit ihnen in Kontakt treten, sie sehen, hören, riechen und fühlen, ja sogar gegen sie kämpfen kann, wie Diomedes in Homers *Ilias* gegen Aphrodite und sogar gegen den Kriegsgott Ares kämpft[83], oder wie Jakob, der am Fluß Jabbok mit einem göttlichen Wesen ringt[84], und in diesen wie in anderen außerordentlichen Fällen können Menschen sogar über diese übermenschlichen Wesen einen gewissen Sieg davontragen, man denke bspw. noch an Menelaos, der Proteus, den „göttlichen Meergreis" mit Hilfe von dessen Tochter binden und ihn zwingen kann, ihm etwas von seinem Wissen mitzuteilen[85], oder an Odysseus, der mit Hilfe des von Hermes geschenkten Krautes dem Anschlag der Göttin Kirke

---

[82] Zu einer ausgeweiteten und säkularen Mythosdefinition und ihrer Problematik s. detaillierter Kapitel 24.1.
[83] Mit Aphrodite: Hom. *Il.* 5,334-417; mit Ares: Hom. *Il.* 5,855-863.
[84] Gen 32,23-33.
[85] Hom. *Od.* 4,349-570.

entgeht und sie überwindet[86], oder an Midas, dem es gelingt, den göttlichen Silenos einzufangen[87].

Was Stoffe zu mythischen Stoffen macht, liegt also wesentlich an dem Faktor einer transzendierenden Auseinandersetzung mit Erfahrungsgegenständen, die in der Folge aktivem Handeln göttlicher Wesen eine für die Gesamthandlung wesentliche Rolle zumißt. Bei der Schilderung des Krieges zwischen Athenern und Eleusiniern unter Erechtheus und Eumolpos durch Ps.-Hyginus und Apollodoros handelt es sich nicht um einen historischen Bericht, sondern um eine Schilderung, die göttlichen Einwirkungen eine entscheidende Bedeutung bei der Entwicklung der Ereignisse einräumt[88]. Der Gott Apollon gibt Erechtheus den maßgeblichen Hinweis, wie er den Krieg gewinnen kann, und der Sieg wird nicht der strategischen, taktischen oder einer sonstigen Überlegenheit eines menschlichen Feldherrn zugeschrieben, sondern so gedeutet, daß er sich der Befolgung des göttlichen Hinweises verdankt; Erechtheus' Tod schließlich wird nicht als ein Zufall oder tragischer Unfall hingestellt, sondern als ein durch direktes göttliches Eingreifen verursachtes Geschehen. Um nur noch wenige weitere Beispiele herauszugreifen: Die Wahl des Platzes für die Gründung von Troia durch Ilos folgt nicht bestimmten geopolitischen oder topographischen Nützlichkeitserwägungen, sondern verdankt sich einem (oder mehreren) von göttlicher Seite gegebenen Zeichen[89]. Das Sterben der Kinder der Niobe wird nicht auf eine Seuche zurückgeführt, die innerweltlichen Ursachen zuzuschreiben wäre[90], sondern auf das Handeln von Artemis und Apollon. Der erste Tempel auf Erden wird nicht von Menschen erbaut, sondern von der Göttin Innana aus dem Himmel auf die Erde gebracht[91]. Die Welt ist nach dem in Genesis 1 verarbeiteten Schöpfungsmythos nicht durch Zufall oder durch eine Verkettung physikalisch-chemischer Vorgänge so geworden, wie sie ist, sondern durch schöpferisch-intentionales göttliches Handeln.

Statt von transzendierenden Auseinandersetzungen mit Erfahrungsgegenständen zu sprechen, die in der erzählerischen Verdichtung aktiven Beteiligungen göttlicher Wesen eine zentrale Rolle einräumen, wäre es auf den ersten Blick

---

86 Hom. *Od.* 10,261-399.
87 S. dazu die Angaben in Kapitel 14.2.
88 S. dazu die Kapitel 14.1 und 18.1.1.
89 S. dazu die Kapitel 8.2 und 17.2.
90 Das wäre eine rein historisch-naturwissenschaftliche Sichtweise, die auch der Antike durchaus nicht fremd ist; vgl. Paus. 9,5,9, wo davon die Rede ist, daß eine Pest das Haus des Amphion (Niobes Gemahl) dahingerafft habe. Zum hier angesprochenen mythischen Stoff s. den Anfang von Kapitel 4.
91 S. dazu die kurze Erwähnung in Kapitel 18.1.5.

freilich einfacher, schlicht von „Göttergeschichten" zu reden. Aber „Göttergeschichten" allein für sich ist insofern etwas zu stark eingeengt, als der Begriff nahelegt, es handele sich um Erzählungen, in denen *nur* Götter als Protagonisten vorkommen[92]. Zu Mythen sind aber auch viele Stoffe zu rechnen, in denen neben Göttern auch Menschen wichtige Protagonisten darstellen. Und ebenfalls in Hinsicht auf zahlreiche Zwischenwesen wie Halbgötter, Dämonen, Engel etc.[93] wäre der Begriff „Göttergeschichten" etwas zu eingeschränkt, weshalb hier allgemeiner von einer für die Gesamthandlung wesentlichen Rolle aktiver Beteiligungen göttlicher Wesen die Rede ist, die allein oder zusammen mit Menschen als Protagonisten auftreten können.

18.2.2 Zur Abgrenzung von Mythischem und Religiösem und zu verschiedenen Graden mythischer Ausgestaltung von Erzählstoffen

Nicht jeder Rekurs auf aktives Götterhandeln ist bereits ein Hylem aus einem mythischen Erzählstoff. Rechnet man mit einem Götterhandeln und richtet man das eigene Reden und Tun danach aus, dann hat das etwas mit Religion[94], noch nicht zwingend aber etwas mit Mythen zu tun. Der Begriff „Hylem" dient ausschließlich der Bezeichnung von kleinsten handlungstragenden Einheiten von *Erzählstoffen*, nicht zur Bezeichnung von Handlungen in religiösen Kontexten oder von

---

92 Vgl. etwa Burkert, 1982, 64 („Erzählung über Götter und göttliche Wesen"), der aber bereits darauf hinweist, daß diese Definition zu eng sei. Vgl. in diesem Sinn auch Jamme, 1999, 138. Trotzdem stößt man nicht selten auf eine solche vereinfachende Definition von „Mythos", vgl. etwa Cassirer, 1953, 129, oder Hornung, 1984, 47, mit Bezug auf ägyptische Mythen: „Wo nur Gottheiten handelnd auftreten ... müssen wir von mythischer Erzählung sprechen"; Junker, 2005, 28: „Das eine Grundelement ist, daß die Mythen Geschichten erzählen und daß die handelnden Personen zu einer Sphäre gehören, die zumindest potentiell jenseits der von Menschen erfahrbaren Welt liegt"; Fox, 2011, 212. „Geschichten von Göttern".
93 Zur spezifisch altgriechischen Problematik der „Heroen" als Handlungsträger in mythischen Stoffen und zu ihrer Zwischenstellung zwischen Menschen und Göttern s. zusammenfassend Rüpke, 2013, 42 f. Bereits bei Platon wird in Hinblick auf mythische Stoffe resümierend nicht nur von Göttern, sondern ziemlich differenziert von Göttern, Dämonen, Heroen und Mächten im Hades als Protagonisten gesprochen (Plat. *rep.* 3,392a).
94 Zur Definition von Religion in Anlehnung an Rüpke, 2016, 19, s. das vorige Kapitel. Vgl. Powell, 2009, 13: „Religiöse Symbole, der Glaube an die Existenz dieses oder jenes Gottes oder die Befolgung dieses oder jenes Rituals zu Ehren eines Gottes sind keine Mythen" (vgl. auch ebd. 82 f). Zur Abgrenzung von Mythos und Religion (und anderen Begriffen wie Ritus, Ritual, Kultus) s. auch Reinhardt, 2011, 298-302; außerdem Frog, 2015, 34 f; Reinhardt, 2016, 49 f. Weitere Literatur zum Themenkomplex „Mythos und Religion" bei Reinhardt, 2011, 298, Anm. 1140.

Aussagen über ein Götterhandeln, egal in welchem Kontext sie stehen, mündlich geäußert oder bildlich dargestellt werden. Von daher ist nicht jede Aussage über ein Götterhandeln ein mythisches (oder zumindest mythos-affines) Hylem[95]; als mythisches Hylem ist eine solche Aussage nur dann zu bezeichnen, wenn sie als Baustein in einen Erzählstoff eingebettet ist, oder, falls sie isoliert dasteht, wenn sie aufgrund anderer Zeugnisse eindeutig als ein Baustein erkennbar ist, der nicht (nur) auf allgemeine religiöse oder theologische *Vorstellungen* rekurriert, sondern aus einem aus anderen Quellen bekannten und rekonstruierbaren *Stoffkontext* stammt wie bspw. bei dem Hylem „Artemis und Apollon töten die Kinder der Niobe".

Der Unterschied zwischen religiösen oder theologischen *Aussagen* über ein Götterhandeln einerseits und *Stoffbausteinen*, die ein Götterhandeln zum Inhalt haben andererseits kann u. a. auch daran festgemacht werden, daß Mythen nicht auf Schilderungen von *Zuständen*, sondern von *Zustandsveränderungen* zielen[96], und zwar von solchen, die sich auf eine Herausforderung im Kontext spezifischer Welterklärungs- und Weltbewältigungsversuche, auf ein Problem im weitesten Sinn und dessen Lösung beziehen. „Am Morgen steigt Helios vom Rand der Welt empor" schildert zwar eine göttliche Aktion, aber kein Problem; es handelt sich um die Beschreibung einer religiösen Vorstellung, nicht zwangsläufig bereits um einen Baustein in einem mythischen Stoff. Als Hylem in einem mythischen Stoff wäre diese Beschreibung eines Götterhandelns erst dann zu bezeichnen, wenn sie in einen Stoffkontext eingefügt ist und zusammen mit anderen Hylemen eine im weitesten Sinn problembezogene Zustandsveränderung in den Blick nimmt, wenn also z. B. Helios auf seinem weiteren Weg etwas zustößt, oder wenn er Menschen oder anderen Göttern gegenüber mit einem besonderen Ziel tätig wird, oder wenn geschildert wird, wie sich Helios zum ersten Mal auf diesen Weg über das Himmelsrund macht und dafür Gefahren überwinden muß o. ä. Es gäbe zu diesem Punkt einer grundsätzlichen „Problembezogenheit" mythischer Stoffe noch sehr viel zu sagen, ebenfalls zu der grundsätzlichen teleologischen Ausrichtung von Mythen, die nicht mit einem Problem oder gar in einer Aporie enden, sondern stets eine wie auch immer geartete „Lösung" anstreben, doch würde dies den Rahmen sprengen und muß daher ggf. an anderer Stelle ausgeführt werden.

Mythische Stoffe sind dadurch charakterisiert, daß die transzendierende Auseinandersetzung mit Erfahrungsgegenständen sich zu einem Erzählstoff ver-

---

95 Zur Charakterisierung von Hylemen als „mythisch" bzw. (etwas vorsichtiger) als „mythosaffin" s. des Näheren die Ausführungen in Kapitel 11.3.
96 Zu dieser Mindestforderung, die Erzählstoffe erfüllen müssen, s. den Anfang von Kapitel 5.

dichtet, in dem unter anderem einzelne *Handlungen* zu einer Erzählsequenz zusammengeschlossen werden, und zwar Handlungen von göttlichen Wesen allein oder zusammen mit anderen, v. a. menschlichen Protagonisten. Handlungen göttlicher Protagonisten sind für mythische Stoffe konstitutiv, Handlungen anderer Protagonisten fakultativ; außerdem muß es sich um *aktive* Beteiligungen göttlicher Protagonisten handeln. Die Schilderung einer Verehrung oder die Erwähnung der bloßen Existenz göttlicher Wesen oder des Vorkommens göttlicher Vorzeichen oder die Zuschreibung von göttlichen Eigenschaften zu irgendwelchen Figuren allein machen einen Erzählstoff noch nicht zu einem mythischen Stoff; entscheidend ist, daß ein mythischer Stoff von *aktiven Handlungen* erzählt, die von göttlichen Wesen vollbracht werden[97].

Sonst wären aufgrund der Omnipräsenz der Religionen in den Kulturen der Antike so gut wie alle antiken Texte, in denen von bedeutsamen Ereignissen und Taten berichtet wird, als Quellen für mythische Stoffe anzusehen, denn es gibt nur wenige Fälle, in denen nicht *irgendein* Bezug auf die Götterwelt oder auf göttliche Vorfahren o. a. zu finden wäre. Ein Hinweis auf die Abstammung von einem Gott oder eine bspw. lediglich aufgrund einer bestimmten Konvention reklamierte Göttlichkeit von menschlichen Protagonisten allein, die Erzählung von einem Opfer an die Götter vor dem Beginn einer Schlacht oder anderer Formen kultischer Verehrung sind allgegenwärtige Elemente auch historischer oder sagenhafter Stoffe; als mythische Stoffe sind hingegen lediglich solche zu bezeichnen, in denen göttliche Mächte aktiv und maßgeblich am Gang der Handlung beteiligt sind.

Ein aktives und „problembezogenes" Eingreifen von göttlicher Seite wird in der Antike allerdings bspw. bei der Beschreibung kriegerischer Auseinandersetzungen nicht nur in mythischen, sondern auch in historischen Stoffen thematisiert. Dennoch ist es offenbar ein Unterschied, wenn einerseits ein Historiker von bestimmten Naturerscheinungen vor einer großen Schlacht berichtet und davon, ob und inwiefern diese Naturerscheinungen als Vorzeichen und damit als ein Eingreifen von göttlicher Seite interpretiert worden sind, und wenn andererseits ein Mythograph oder ein Epiker davon erzählt, wie eine Gottheit sich persönlich und leibhaftig in einen Kampf einmischt, energisch für eine Seite Partei ergreift, dabei verletzt wird und fliehen muß. Im einen Fall muß etwas als Götterhandeln oft erst gedeutet werden, im anderen Fall wird es von vornherein als ein solches geschildert. Mythische Stoffe schildern nicht vorrangig deskriptiv Zustände oder Vorgänge, die religiös als Götterhandeln gedeutet werden (können), sondern sie

---

97 Vgl. Rüpke, 2013, 47: „Die Geschichtsschreibung kennt Vorzeichen, aber handeln müssen die Menschen selbst. Das nimmt ihnen kein Gott ab. Im Mythos handeln zumal die Götter."

zielen vor allem auf die erzählerische Ausgestaltung von Vorgängen ab, die von vornherein als Götterhandeln dargestellt werden. Anders ausgedrückt: In einer mythischen Stoffgestaltung wird aktives Götterhandeln als zentral und schlichtweg *gegeben* beschrieben, während im Rahmen einer anderen, z. B. historischen Stoffgestaltung ein solches Götterhandeln (implizit oder explizit) als andere zentrale Protagonisten und Ereignisse begleitend und *geglaubt* dargestellt wird. Freilich kann es hier manchmal zu einem fließenden Übergang kommen, worauf an anderer Stelle genauer eingegangen wurde[98]. Von einfachen Lösungen nach dem Schema „entweder A oder B *et tertium non datur*" wird man sich jedenfalls verabschieden müssen.

Ein letzter Punkt: Die Rolle, die einer aktiven göttlichen Beteiligung zugemessen wird, muß für die *Gesamthandlung* eines mythischen Stoffes wesentlich sein. Es gibt dabei eine ganze Bandbreite verschiedener Möglichkeiten, wie Einwirkungen göttlicher Wesen sowohl in qualitativer als auch in quantitativer Hinsicht in unterschiedlicher Gewichtung auf das Stoffganze verteilt sein können. Diese Bandbreite reicht von stofflichen Ausgestaltungen, in denen aktive göttliche Eingriffe sowohl in qualitativer wie in quantitativer Hinsicht gewichtig bzw. häufig sind, über Fälle, in denen das Qualitative dominiert, rein quantitativ betrachtet Hyleme mit göttlichen Eingriffen aber nur eine relativ geringe Rolle spielen (und umgekehrt), bis hin zu solchen Fällen, in denen göttliche Eingriffe sowohl quantitativ wie qualitativ nur noch eine sehr marginale Rolle spielen, so daß gewissermaßen das Mythische an der Stoffgestaltung nur noch eine Art schwache Übermalung darstellt, die einem Stoff einen mythischen Anstrich verleiht, obwohl eine märchenhafte oder sagenhafte oder andere Ausgestaltung als eigentlich dominant erkennbar bleibt[99]. Zur Verdeutlichung des hier Ausgeführten wurden bereits in Kapitel 11 einige Beispiele näher besprochen.

18.3 Bedeutsamkeit der Erfahrungsgegenstände

18.3.1 Problematik der Feststellung einer kollektiven Bedeutsamkeit mythischer Stoffe

Man geht in der Regel davon aus, daß es in Mythen um Wichtiges geht, daß die Erfahrungsgegenstände aus dem Bereich der realen Lebenswelt, auf die mythi-

---

[98] S. Kapitel 11.2.
[99] Zur Unterscheidung verschiedener Stoffarten und ihrer Problematik s. Kapitel 10.

sche Stoffe sich beziehen, eine gewisse Bedeutsamkeits-Schwelle überschreiten[100], daß sie somit nicht zur Verarbeitung von Erfahrungen dienen, wie sie bspw. im Zusammenhang mit alltäglich-nebensächlichen Verrichtungen wie Mundhygiene oder Einkäufen von Bedarfsgegenständen gemacht werden. Es fällt auch nicht sonderlich schwer, zur Untermauerung dieser Ansicht Mythen auszumachen, in denen es um die Bewältigung von existentiellen Erfahrungen geht, die durch die Konfrontation mit bedeutsamen Gegebenheiten und Ereignissen entstehen wie Krieg, Liebe, Geburt, Krankheit, Sterben und Tod, Erfindungen neuer Kulturtechniken, Überschwemmungen, Erdbeben, einen gewaltig hoch aufragenden Berg, einen feuerspeienden Vulkan oder Ähnliches. Oder, wenn man bei der Suche nach konkreten Beispielen auf einige der bereits besprochenen Mythen zurückgreifen will, so findet man solche, in denen es um die Vorherrschaft Athens über Eleusis geht, um die Gründung der arkadischen Stadt Trapezunt, um die Legitimierung des Sabbats, um die Kulturtechnik der Weinherstellung, um die Errichtung eines für eine griechische Polis so wichtigen Befestigungswerkes wie die Stadtmauer von Theben oder um die Bedeutung der zentralen Kultstadt Sumers, Nippur, die als Dur-an-ki, als „Band zwischen Himmel und Erde" bezeichnet wird[101].

Nun ist aber unzweifelhaft das, was als bedeutsam angesehen wird, je nach Kultur unterschiedlich besetzt. Es wäre theoretisch denkbar – und das ist durchaus ernst gemeint –, daß in einer bestimmten Kultur auch das Thema „Mundhygiene" für so wichtig erachtet worden sein könnte, daß sich dazu ein mythischer Stoff hätte ausbilden können. Zwar nicht um Mundhygiene, aber um Zahnschmerzen geht es bspw. in einem altorientalischen Mythos, in dem die Ursache von Zahnschmerzen auf das verderbliche Wirken des Zahnwurms zurückgeführt wird, der laut diesem Mythos aber am Anfang der Schöpfung völlig andere Nahrungsmittel, nämlich Früchte, zugeteilt bekommen hat und dessen Vorhandensein in Zähnen somit eine eigentlich unzulässige Überschreitung der ihm gesetzten Grenzen darstellt[102]. Somit stellt sich die Frage, nach welchem Kriterium sich beurteilen läßt, ob eine bestimmte Kultur etwas als bedeutsam angesehen hat oder nicht.

Nach dem eben Ausgeführten wird bereits deutlich geworden sein, daß man bei einem Versuch, eine Bedeutsamkeit an *inhaltlichen* Merkmalen festzumachen, auf keinen grünen Zweig kommen kann. Es gibt keine Möglichkeit, das

---

100 Vgl. Blumenberg, 1984, 165, zu Mythos als „in sich selbst bedeutsame Geschichte".
101 Vgl. die Ausführungen in Kapitel 18.1.2.
102 Zum Mythos von der Erschaffung des Zahnwurms s. Hecker, 1974, 3-5; die jüngste deutsche Übersetzung bietet Franke, 2013, 39.

Thema „Mundhygiene" für so unbedeutend zu erklären, daß ein Aufgreifen dieser Thematik durch einen mythischen Stoff prinzipiell ausgeschlossen werden kann[103], und es dürfte umgekehrt auch schwer fallen, einen vollständigen Katalog von Erfahrungsgegenständen oder Themen zu erstellen, die kulturenübergreifend in Mythen verarbeitet werden und somit „an sich" und gewissermaßen exklusiv mythengeeignet sind[104]. Eine auf solchen Versuchen aufbauende Mythosdefinition würde schnell sowohl unübersichtlich als auch mit jedem weiteren hinzukommenden Detail zunehmend exklusivistisch[105].

Man hat deswegen einen anderen Weg eingeschlagen und die Bedeutsamkeit mythischer Stoffe daran festzumachen versucht, wie mit ihnen umgegangen wird. Wenn ein bestimmtes Kollektiv einen Mythos überliefert und zu diesem Stoff gehörige Varianten im Rahmen bestimmter religiös, gesellschaftlich, politisch oder auf andere Weise wichtiger Gelegenheiten zum Einsatz bringt, dann muß dieser Mythos dem betreffenden Kollektiv etwas bedeutet haben. Man hat in diesem Zusammenhang von einer „sozialen" bzw. einer „kollektiven Bedeutsamkeit" von Mythen gesprochen, ein Ansatz, den vor allem Burkert stark gemacht hat[106].

---

103 Vgl. auch Junker, 2005, 36: „Es gibt wohl keinen Aspekt des menschlichen Lebens, der nicht in irgendeiner Weise von dem einen oder anderen Mythos und seinem Sinngehalt berührt würde."
104 Vgl. bereits Müller, 1825, 77 f: „Ueberhaupt haben wir gar keinen Grund, von der mythischen Darstellung irgend eine Classe von Ideen und Gedanken zum voraus auszuschließen, wenn irgend denkbar ist, daß sie innerhalb des Kreises der geistigen Thätigkeit jener früheren Menschen gelegen haben könne." Vgl. auch Rüpke, 2013, 41. Etwas zu einfach macht es sich Coupe, 2009, 1-3, der meint, die ganze Vielfalt mythischer Stoffe vier Kategorien zuordnen zu können (fertility myth, creation myth, deliverance myth, hero myth); jeder konkrete Stoff einer dieser Kategorien wird zudem so behandelt, als würde er nach einem mehr oder weniger starren Schema ablaufen, vgl. ebd. 59, wo er auch von „creation paradigm" und „fertility paradigm" spricht, oder eine Aussage wie ebd. 66: „*The* myth of deliverance is oriented forwards" (Kursivierung C. Zgoll).
105 Vgl. bspw. Breuer, 2008, 30: „Mythen sind traditionelle Erzählungen über konkret benannte Götter oder Heroen oder Ursprünge von Gegebenheiten, Zuständen, Lebewesen und Dingen, auch Festen, die Sinnstrukturen bilden und eine komplexe, überindividuelle Wirklichkeitserfahrung verbalisieren ..." Hier ist bspw. bereits die Festlegung auf *Ursprungs*geschichten nicht unproblematisch, da es auch etliche Mythen gibt, die nicht den Ursprung, sondern das Ende von etwas in den Blick nehmen, wieder andere, die Kräfteverhältnisse neu regeln etc.
106 Vgl. Burkert, 1979a, 23: „*myth is a traditional tale with secondary, partial reference to something of collective importance*" (Kursivierung im Original); vgl. ders. 1979b, 29: Mythen beschreiben „bedeutsame, überindividuelle, kollektiv wichtige Wirklichkeit". Vgl. auch Bremmer, 1987a, 4-6, wo differenzierter auf oft stattfindende Wandlungen der Bedeutsamkeit hingewiesen wird,

Ähnlich wie bei der näheren Bestimmung eines Mythos als „traditionell"[107] handelt es sich bei der Zuweisung des Merkmals einer „kollektiven Bedeutsamkeit" um einen im Grunde soziologisch-funktionalistischen Annäherungsversuch an Mythen[108]. Daß dieser Versuch, Mythen dadurch näher zu bestimmen, wie mit ihnen umgegangen wird und welche Funktionen sie innerhalb einer Gesellschaft erfüllen, verhältnismäßig stark rezipiert wurde, hängt unter anderem damit zusammen, daß die Soziologie in jüngerer Zeit zu einer Leitwissenschaft geworden ist, die andere Zugangsweisen wie z. B. von seiten der Theologie oder verschiedener Philologien eher in den Hintergrund gedrängt hat[109]. Es geht bei dieser primär soziologisch fokussierten Mythosdefinition nicht so sehr darum, was Mythen *sind*, sondern darum, was eine Gruppe mit Mythen *macht* oder was *vice versa* Mythen mit einer Gruppe machen (soziologisch-historisch), was für eine Bedeutung Mythen für eine Gruppe haben, und wozu sie eingesetzt werden (soziologisch-funktionalistisch)[110]: Mythen sind für eine Gruppe wichtig, und deshalb werden sie von der Gruppe (zu verschiedensten Zwecken) tradiert; oder, mit umgedrehter Argumentation: Mythen werden von einer Gruppe tradiert, und deshalb sind sie für eine Gruppe wichtig.

Dieser Ausweg ist elegant. Er ist aber auch problematisch, und dies aus vier Gründen. Zum Ersten, weil die Bedeutsamkeit mythischer Stoffe an einem außerstofflichen Kriterium festgemacht wird; zum Zweiten, weil unklar bleibt, welche Faktoren zusammenkommen müssen, daß von einer kollektiven Bedeutsamkeit gesprochen werden kann; zum Dritten, weil die Bestimmung Schwierigkeiten bereitet, von *welchem* Kollektiv eigentlich die Rede ist; und zum Vierten, weil die

---

eine Bedeutsamkeit eines Stoffes also nicht unverändert bleibt (ebd. 5 f: „Myth, then, meant rather different things to the Greeks at different stages of their history"), und wo die „kollektive Bedeutsamkeit" ausgedrückt wird durch „relevant to society" (ebd. 7); vgl. auch Csapo, 2005, 9, der Mythos als „a narrative which is considered socially important" definiert (vgl. auch ebd. 278, noch mehr ausgeweitet: „broader concept of myth ... as anything which is told, received, and transmitted in the conviction of its social importance"). Vgl. bspw. auch Junker, 2005, 28; Rüpke, 2013, 39; auch noch (hiermit überholt) C. Zgoll, 2014, 184.
107 S. dazu Kapitel 12.6.
108 Vgl. die Feststellung bei Wodianka/ Ebert, 2014, V: „In den Vordergrund rückte in den letzten Jahrzehnten das Interesse am ästhetischen Funktionieren und an möglichen Funktionalisierungen von Mythen ..."
109 Vgl. mit Bezug auf die Mythosforschung Csapo, 2005, 163: „a very large proportion of recent work on myth focuses upon myth's social-engineering and policing functions."
110 Vgl. etwa Mohn, 1998, 62, in Ausweitung nicht nur auf ein Kollektiv, sondern auch auf den Einzelnen: „Das Kriterium für Mythos ist seine Pragmatik, d. h. seine weltsetzende Orientierungsfunktion für eine Gruppe oder auch für einen einzelnen ..."; Mohn bezeichnet ebd. im Folgenden einen Mythos als „eine wahre, gelebte Geschichte".

Frage ungeklärt bleibt, was mythische Stoffe von anderen Stoffen unterscheidet, die ebenfalls kollektive Bedeutsamkeit erlangt haben.

Um mit dem zuletzt genannten Punkt zu beginnen: Nicht nur mythische Stoffe, sondern alle anderen Arten von Stoffen können für ein kollektives Gedächtnis bedeutsam werden, man denke bspw. in Hinblick auf die griechische Welt an die Wichtigkeit der Siege bei Marathon und Salamis, die zur Grundlage für historische Stoffe geworden sind. Wenn man keine weiteren Unterscheidungsmerkmale hat, wird es aber tatsächlich schwierig, Kriterien zu benennen, die es erlauben würden, mythische Stoffe von anderen Stoffen mit kollektiver Bedeutsamkeit zu unterscheiden[111].

Die nächste Frage, die sich stellt: Ab wann ist ein Mythos kollektiv bedeutsam, und ab wann ist er es nicht mehr? Maximal gesehen hat jeder mythische Stoff, der existiert oder jemals existiert hat, sobald er mehr als einer Person bekannt war oder ist, eine gewisse kollektive Bedeutsamkeit. Umgekehrt ist ein Verlust kollektiver Bedeutsamkeit eigentlich erst dann total, wenn ein Stoff nicht mehr weiter überliefert wird und also vollständig in Vergessenheit gerät. Wenn nun ein Mythos nur noch aus antiquarischem oder wissenschaftlichem Interesse oder zum Zweck reiner Unterhaltung weiter tradiert wird, ist er dann noch kollektiv bedeutsam oder nicht? Mit Bezug auf das hellenistische Griechenland schreibt Aristoteles in seiner *Poetik*, es wäre lächerlich, wenn ein Tragödiendichter sich darum bemühen würde, sich nur an die allbekannten Stoffe zu halten, „da selbst das Bekannte nur wenigen bekannt ist, aber trotzdem alle erfreut"[112]. Wenn somit selbst unter den bekannteren, größtenteils mythischen Tragödienstoffen dem Publikum viele unbekannt waren, dann waren sie offensichtlich zu Aristoteles' Zeiten für einen Großteil der Athener auch nicht wirklich bedeutsam, so daß man in diesem Fall sogar bekannteren Stoffen das Prädikat „mythisch" aberkennen müßte.

Problematisch ist auch die nähere Bestimmung von „kollektiv". Denn die Frage ist, welches Kollektiv damit gemeint ist. Eine bestimmte Kultur wie bspw. die griechische insgesamt? Oder nur das Kollektiv einer bestimmten Polis? Oder eine einzelne Gruppe innerhalb einer Polis? Nur das Kollektiv, das einen Mythos funktional an wichtigen Punkten des Zusammenlebens aktiv einsetzt, oder auch ein Kollektiv, das an einem Mythos wenig Interesse hat, ihn aber kennt? Es gibt verschiedene Kollektive verschiedenster Größenordnungen, und manche Stoffe

---

111 Vgl. dazu auch Graf, 1985, 117-137; J. Assmann, 1999, 78-86; Csapo, 2005, 9; Rüpke, 2013, 40.
112 Aristot. *poet.* 9,1451b,25 f: καὶ γὰρ γελοῖον τοῦτο ζητεῖν, ἐπεὶ καὶ τὰ γνώριμα ὀλίγοις γνώριμά ἐστιν, ἀλλ' ὅμως εὐφραίνει πάντας.

sind nur einem „Teilkollektiv" wichtig bzw. überhaupt bekannt (z. B. wenn es sich um Geheimwissen handelt), einem anderen Teil wiederum nicht.

Noch schwerer aber als der Umstand, daß es sich bei „kollektiver Bedeutsamkeit" um einen äußerst dehnbaren und von daher unpräzisen Begriff handelt[113], wiegt das Problem, daß diese Bedeutsamkeit an einem außerstofflichen Kriterium festgemacht wird. Wenn Mythen aber kollektive Bedeutsamkeit nicht *an sich* besitzen, sondern je nachdem haben oder auch nicht haben können[114], dann führt dies notwendig dazu, daß man Mythen, welche ihre kollektive Bedeutsamkeit verlieren, für welches Kollektiv die Bedeutsamkeit nun auch immer gegolten haben und welches Ausmaß sie auch immer gehabt haben mag, konsequenterweise nicht mehr als Mythen bezeichnen dürfte[115].

Daß dies mehr als unbefriedigend ist, liegt auf der Hand. Mythische Stoffe können für ein Kollektiv bedeutsam sein, diese Bedeutsamkeit aber auch wieder verlieren, und diese oder eine andere Bedeutsamkeit über kurz oder lang aber durchaus auch wieder von Neuem gewinnen, sei es nun für ein gleichgeartetes oder für ein anderes Kollektiv, und trotzdem bleibt ein Mythos auch in der Zwischenzeit ein Mythos. Es erscheint als eine zumindest problematische Lösung, wenn man einen mythischen Stoff in seiner Existenz *als mythischer Stoff* davon abhängig macht, ob er von einem Kollektiv (noch) als bedeutsam empfunden wird oder nicht. Dann könnte man die meisten mythischen Stoffe aus der Antike nicht mehr mit Recht als Mythen bezeichnen, weil nur noch wenige von ihnen auch heute noch eine kollektive Bedeutsamkeit beanspruchen können.

---

113 Zur „Bedeutsamkeit" vgl. Blumenberg, 1984, 78: „Bedeutsamkeit gehört zu den Begriffen, die sich erläutern, aber nicht im strikten Sinn definieren lassen."
114 Vgl. auch Graf, 2000b, 633: Es sei die „kollektive Bedeutsamkeit oft erst sekundär".
115 Hier hilft dann auch eine terminologische Unterscheidung zwischen „'hot' and 'cold' myths, *e.g.* those (traditional) tales which are told in cultural performance and those that cease to be so" (Bouvrie, 2002, 22), nur bedingt weiter, da hier wiederum etwas wie ein *Wesensmerkmal* klingt, was sich aber auf den *Umgang* mit mythischen Stoffen bezieht. Wenn Bouvrie, 2002, 60, betont, daß die „symbolic quality", die Mythen (die sie als „symbolic tales" versteht) innewohne, „is not anything inherent in the tale, but arises from the interaction between the community's cultural ordering and valorisation and the elements of the tale", dann ist außerdem nicht einzusehen, warum die Aufladung eines mythischen Stoffes mit einem neuen symbolischen Gehalt „cold" sein soll; damit wird unnötigerweise der Eindruck erweckt, es gäbe eine Entwicklung von einem „ursprünglichen" bzw. „echten" Symbolgehalt hin zu einem „erkalteten" und damit „unechten" oder „inadäquaten" Symbolgehalt.

18.3.2 Von der Bedeutsamkeit zu Bedeutsamkeits-Indikatoren

Bei der Bindung eines mythischen Stoffes an verschiedene Kollektive und verschiedene kollektive Verhaltensweisen handelt es sich somit nach den angestellten Überlegungen um etwas Akzidentelles und für die Aufnahme in eine Definition von „Mythos" Ungeeignetes, während das Merkmal einer Bedeutsamkeit mythischen Stoffen wesensmäßig zuzugehören scheint. Wie aber ist es möglich, an einer Bedeutsamkeit als einem wesentlichen Merkmal von Mythen festzuhalten, ohne dabei in Abhängigkeit von einem außerstofflichen und noch dazu unpräzisen Kriterium wie das einer Bindung an verschiedene Kollektive und deren Verhalten zu geraten oder sich auf inhaltlich-thematische Festlegungen einlassen zu müssen?

Das Problem läßt sich vorschlagsweise dadurch lösen, daß man in eine Mythosdefinition weder einen Kollektiv-Bezug noch die Behauptung einer unscharf bleibenden Bedeutsamkeit aufnimmt, sondern nach allgemeinen Merkmalen fragt, die unabhängig von der Art und Weise des Umgangs mit Mythen und unabhängig von den in mythischen Stoffen behandelten Themen *anzeigen*, daß diese Themen für bedeutsam *gehalten wurden*[116], ohne dieses Dafür-Halten wiederum an verschiedene Kollektive und deren wechselndes Verhalten zu binden. Kollektive und ihre verschiedenen Umgangsweisen mit mythischen Stoffen kommen und gehen, und „Bedeutsamkeit" gibt es nicht absolut, sondern immer nur relativ. Wichtiger als die Behauptung einer Bedeutsamkeit, ihre nähere Eingrenzung und ihre Bindung an verschiedene Kollektive bzw. Kollektiv-Verhalten ist daher die Bestimmung von Bedeutsamkeits-*Indikatoren*, von Merkmalen mythischer Stoffgestaltung, die erkennen lassen, daß in solchermaßen gestalteten Stoffen etwas zur Verhandlung kommt, das für so bedeutsam gehalten wurde, daß dies dem Stoff in bestimmten Varianten Spuren aufgeprägt hat, die objektiv beschreibbar sind, unabhängig davon, ob und inwiefern und für welches Kollektiv die weitere Tradierung dieses Stoffes für wichtig erachtet wurde oder nicht.

---

116 Vgl. zur wichtigen Unterscheidung, ob das, was Mythen transportieren, wahr ist, oder ob es für wahr *gehalten* wird, auch Csapo, 2005, 278 f, auch wenn es problematisch ist, anhand dieses Merkmals allein zu definieren, was „Mythos" ist (vgl. ebd. 279: „If it spreads because it is *thought* true, ... then it is a myth"), da dies auch auf die Überlieferung von historischen Ereignissen, Ansichten, Wertvorstellungen, Dogmen u. a. zutreffen kann (Csapo selbst beschreibt ebd. 279 treffend die Folge: „Admittedly, just about anything can become myth"). Weitet man den Mythosbegriff so aus, dann entfernt man sich nicht nur von den Erzählstoffen, sondern dann läßt sich der Mythosbegriff, wie Csapo selbst einräumt, nicht mehr von einem recht allgemein verstandenen Ideologiebegriff unterscheiden (s. dazu ausführlicher Kapitel 18.4.4).

Es lassen sich m. E. drei solche Bedeutsamkeits-Indikatoren benennen, ein inhaltlicher und zwei formale. Ein inhaltlicher Bedeutsamkeits-Indikator, der zugleich als Kriterium herangezogen werden kann, ob bestimmte Erfahrungsgegenstände und ihre Verarbeitung in einer Kultur zu irgendeinem Zeitpunkt und von irgendeinem Kollektiv, unabhängig von weiteren Umgangsweisen, für bedeutsam angesehen wurden oder nicht, wurde bereits in Kapitel 18.2 ausführlicher behandelt. Dieser Indikator bzw. dieses Kriterium besteht in der Unterscheidung, ob oder ob nicht bei der Auseinandersetzung mit den betreffenden Erfahrungsgegenständen und bei der Verarbeitung dieser Auseinandersetzung in Form mythischer Stoffe Faktoren ins Spiel kommen, die diese Erfahrungsgegenstände *transzendieren*. Die Kennzeichnung von Erfahrungsgegenständen und damit von mythischen Stoffen, in denen diese verarbeitet werden, als „bedeutsam" läßt sich weder absolut noch in Relation zum Verhalten der mit diesen Stoffen umgehenden Gruppen festmachen, sondern daran, daß das Erfahrene oder als erfahren Übermittelte in der stofflichen Gestaltung so ausgeprägt wird, daß es mit aktiven Einwirkungen göttlicher Wesen in einen für die Gesamthandlung wesentlichen Zusammenhang gebracht wird[117]. Mythen sind Erzählstoffe, in denen sich *transzendierende* Auseinandersetzungen mit Erfahrungsgegenständen verdichten, und dieses Merkmal läßt sich in entsprechend gestalteten Stoffvarianten objektiv bestimmen, egal welche Rolle diese Stoffe in welcher Abwandlung, in welcher Kultur und für welche (Teil-)Kollektive des Weiteren spielen und wofür sie im Einzelnen jeweils funktionalisiert werden[118].

Auf formaler Ebene lassen sich die Polymorphie der Stoffe und die Vielschichtigkeit von Stoffvarianten als Indikatoren für die Bedeutsamkeit der verarbeiteten mythischen Stoffe anführen. Unabhängig von den verhandelten Inhalten und Themen im Einzelnen deuten sowohl die Polymorphie des Stoffes als

---

117 Blumenberg, 1984, 80-126, versucht hinsichtlich „des Mythos" (verstanden als Denkform) andere Indikatoren für „Bedeutsamkeit" zu beschreiben wie bspw. „Gleichzeitigkeit, latente Identität, Kreisschlüssigkeit, Wiederkehr des Gleichen, Reziprozität von Widerstand und Daseinssteigerung, Isolierung des Realitätsgrades bis zur Ausschließlichkeit gegen jede konkurrierende Realität" (ebd. 80), doch scheinen mir diese Indikatoren immer nur in verschiedenen einzelnen Fällen beobachtbar zu sein, während der grundlegende und von Blumenberg nicht ins Auge gefaßte Faktor einer transzendierenden Auseinandersetzung mit Erfahrungsgegenständen generalisierbar ist.
118 Wenn man wie bspw. Palaiphatos versucht, den „transzendierenden Faktor" aus mythischen Stoffen herauszuoperieren, so zeigt gerade ein solcher Versuch besonders deutlich, daß dieser „transzendierende Faktor" *wesensmäßig* zur Vorstellung von Mythen gehört, denn Palaiphatos will mit seiner Operation ja gerade das wesensmäßig Mythische aus den Mythen entfernen.

auch die Polystratie mythischer Stoffvarianten auf eine Bedeutsamkeit hin, denn mehrere Varianten und Bearbeitungsschichten weist in der Regel nur etwas auf, das der Varianz und Bearbeitung für wert erachtet wird. Auch wenn die Darsteller und Bearbeiter bzw. die hinter ihnen stehenden Kollektive nicht immer ausgemacht werden können, so sind doch die verschiedenen Stoffvarianten und verschiedene Strata in einer mythischen Stoffvariante schon an sich Ausweise dafür, daß man es für wichtig gehalten hat, an diesem und mit diesem Stoff zu arbeiten.

→ Auf dem Hintergrund der angeführten inhaltlichen und formalen Bedeutsamkeits-Indikatoren kann die Beobachtung der Themen, Probleme und Fragestellungen, die in mythischen Stoffen behandelt werden, zu einem Gradmesser dafür werden, was einer bestimmten Kultur besonders wichtig war, worum sie in verstärktem Maß gerungen hat.

Es wäre spannend, diese letzte Beobachtung an Beispielen zu verdeutlichen oder gar zu umfassenderen kulturspezifischen Analysen vorzustoßen, doch dies würde zweifelsohne den Rahmen sprengen.

18.3.3 Dürfen Mythen lustig sein?

In diesem Zusammenhang lohnt es sich, abschließend noch eine kurze Bemerkung über die Diskussion anzufügen, ob Mythen in Anbetracht ihrer (relativen, nicht kollektiven) Bedeutsamkeit auch „ernst" sein müssen[119].

In mythischen Stoffen geht es um Ernstes[120]. Wie im vorigen Kapitel ausgeführt, manifestiert sich dies einerseits darin, daß das, worum es geht, in einen wesentlichen Zusammenhang mit göttlichen Einwirkungen gebracht wird, andererseits in den formalen Eigenschaften der Polymorphie mythischer Stoffe und der Polystratie einzelner Stoffvarianten. Aber das heißt nicht automatisch, daß dieses Ernste oder Bedeutsame in jeder Konkretion jeder Stoffvariante auch in einer „ernsten" Art und Weise *präsentiert* sein muß. Horazens *ridentem dicere verum* läßt sich auch auf mythische Stoffe und ihre Konkretionen anwenden. Das für bedeutsam Gehaltene kann durchaus auch mit einem Augenzwinkern vorgeführt sein und bleibt deswegen dennoch etwas, was man für bedeutsam hält; ein frühes Beispiel dafür ist etwa die teilweise sehr humorvolle Stoffgestaltung im

---

[119] Vgl. dazu bspw. Powell, 2009, 16.
[120] Vgl. auch Reinhardt, 2011, 286: „Insgesamt ergibt sich also eindeutig ein *ernsthafter Grundcharakter des Mythos*" (im Original das Kursive noch zusätzlich fett).

Homerischen Hermes-Hymnos. Nichts hindert daran, daß ein mythischer Stoff in einer bestimmten Konkretion einer bestimmten Stoffvariante lustig *gestaltet* oder im Rahmen einer sekundären Funktionalisierung sogar nur noch zu reiner Belustigung eingesetzt wird[121].

Es hindert nicht nur nichts daran, sondern das Ausmaß, in dem man sich über mythische Stoffe lustig macht oder sie auf spaßige Weise präsentiert, kann umgekehrt gerade als Hinweis darauf gewertet werden, daß es in ihnen um Dinge geht, die im Grunde für bedeutsam gehalten wurden[122]. Etliche Anspielungen auf mythische Stoffe oder auch längere Darstellungen dieser Stoffe bei Ovid und zahlreiche Götterdialoge des Schriftstellers Lukian, um nur zwei herausragende Beispiele zu nennen, leben gerade von der Diskrepanz zwischen der respektlosen, satirischen, menschlich-allzu-menschlichen *Präsentation* bestimmter Varianten mythischer Stoffe und der diesen Stoffvarianten inhärenten, auf einer implizit vorausgesetzten Bedeutsamkeit der verhandelten Gegenstände beruhenden Gravität. Wenn es nicht um etwas ginge, das im Prinzip für bedeutsam gehalten wurde, wäre ein Sich-darüber-lustig-Machen nicht lustig.

Insofern kann auch die Anzahl der Konkretionen eines mythischen Stoffes, die sich über denselben lustig machen, zumindest ansatzweise ein weiterer Indikator für seine Bedeutsamkeit sein.

18.4 Konflikträchtigkeit transzendierender Auseinandersetzungen mit bedeutsamen Erfahrungsgegenständen

Die Ausführungen in den vorangegangenen Kapiteln haben anhand von Beispielen gezeigt, daß mythische Stoffe sich auf spezifische Erfahrungsgegenstände aus der realen Lebenswelt beziehen, daß sie sich nicht mit Nebensächlichkeiten befassen, sondern daß in ihnen etwas verarbeitet wird, das für bedeutsam gehalten wird, und daß diese Bedeutsamkeit vor allem dadurch greifbar wird, daß die durch die Erzählstoffe aufgegriffenen Gegenstände und Vorgänge mit aktiven göttlichen Eingriffen in einen für die gesamte Handlung wesentlichen Zusammenhang gebracht werden.

---

121 Zu primären vs. sekundären Funktionalisierungen von Mythen s. des Näheren die Ausführungen in Kapitel 18.4.2.
122 Vgl. zu humorvollen Präsentationen mythischer Stoffe auch die Ausführungen bei Le Quellec/ Sergent, 2017, 863.

Daß in mythischen Stoffen transzendierende Auseinandersetzungen mit Erfahrungsgegenständen eine wichtige Rolle spielen, ist somit bereits ausgeführt worden. Hier soll nun das Augenmerk auf einen Aspekt gerichtet werden, der weniger Aufmerksamkeit erhalten hat, der aber mit dem Faktor der Transzendierung wesentlich zusammenhängt. *Daß* in mythischen Stoffen transzendierende Auseinandersetzungen mit Erfahrungsgegenständen ihren Niederschlag finden, liegt mehr oder weniger klar zutage; in der Untersuchung der Frage aber, *unter welchen Umständen* sich diese transzendierenden Auseinandersetzungen herausbilden, liegt ein gewisser, in seinen Auswirkungen bislang eher unterschätzter Sprengstoff, und die genauere Beachtung dieses Aspekts hat entscheidende Folgen für das Verständnis und die Interpretation von Mythen.

18.4.1 Interhylität und die Konfliktträchtigkeit mythischer Stoffe

Die bereits angestellten Beobachtungen zum Phänomen der Interhylität spielen in diesem Zusammenhang eine wichtige Rolle[123]. Mythische Stoffe entstehen und stehen in einem dichten Geflecht unzähliger verschiedener bedeutungstragender Elemente einer Kultur und benachbarter Kulturen, und unter all diesen Elementen sind sie vor allem auch den Einflüssen anderer Erzählstoffe ständig ausgesetzt. Mythische Stoffe entstehen nicht aus dem Nichts, sie bauen auf Anderem auf, und es ist unmöglich, daß sie von anderen Stoffschemata und konkreten Stoffen oder anderen kulturellen, bedeutungstragenden Elementen unbeeinflusst sind oder bleiben.

Das aber führt notwendig dazu, daß in mythischen Stoffen Auseinandersetzungen mit Elementen ihren Niederschlag finden, deren Einflüssen sie ausgesetzt sind. Mythen sind als ein gigantisches Unternehmen zur Aufarbeitung für bedeutsam gehaltener Phänomene, Ereignisse und Gegenstände *auf dem Hintergrund verschiedener Traditionen und disparater Deutungskonzepte* zu begreifen. Schon kulturintern, etwa in der Auseinandersetzung zwischen verschiedenen Kollektiven, zwangsläufig aber bei jedem Kulturaustausch treffen sowohl synchron wie diachron und diatop betrachtet mythische Stoffe auf *andere* mythische Stoffe. Jeder mythische Stoff steht in einer Wechselwirkung mit anderen Stoffen bzw. generell mit auf verschiedene Weisen vorgenommenen Deutungsversuchen menschlicher Erfahrungen. Daher kann man präzisierend ein zentrales Wesensmerkmal mythischer Stoffe folgendermaßen beschreiben:

---

123 S. dazu Kapitel 13.2.

→ In Mythen verdichten sich nicht nur Auseinandersetzungen mit Erfahrungsgegenständen, sondern auch und sogar in erster Linie *Verarbeitungen der Verschiedenartigkeit bereits existierender Auseinandersetzungen mit Erfahrungsgegenständen.*

Nun ist die Auseinandersetzung mit dem, was dem Menschen begegnet, zu allen Zeiten ein höchst komplexer, von vielen verschiedenen Faktoren beeinflusster und abhängiger Vorgang. Heute wie früher können Deutungen von Erfahrungen sehr unterschiedlich ausfallen, und je bedeutsamer und außergewöhnlicher Gegenstände oder Ereignisse der Erfahrung sind, desto schwieriger und disparater scheint nicht selten der Umgang damit und die Interpretation dieser Erfahrungsgegenstände auszufallen. In der Antike war das nicht grundsätzlich anders als heute. Ein Faktor, der das Ganze noch deutlich verkompliziert, kommt allerdings dann ins Spiel, wenn man für außergewöhnlich oder bedeutsam Erachtetes mit dem Wirken von göttlichen Kräften oder Mächten in einen wesentlichen Zusammenhang bringt.

Dieser zusätzliche Schritt ist prekär, denn gerade die transzendierende Deutung von Erfahrungsgegenständen entzieht sich objektiver Verifizierbarkeit[124]. In diesem Umstand liegt aber nun ein beträchtliches Konfliktpotential. *Daß* göttliche Kräfte und Mächte bei einem für bedeutsam gehaltenen Ereignis oder Phänomen eine wichtige Rolle spielen müssen, entsprach der antiken *communis opinio*[125]; die entscheidende Frage, die sich aber nun stellte, war, *welche* göttlichen Kräfte und Mächte jeweils am Werk waren.

Von einem gewissermaßen globalen oder auch nur kulturinternen *common sense* in Bezug auf Weltdeutung und Weltbewältigung sind antike Kulturen weit entfernt. Immer wieder finden Kollisionen statt zwischen verschiedenen religiösen Traditionen und Vorstellungen und entsprechend unterschiedlichen Darstellungen in mythischen Stoffen, immer wieder müssen die Verhältnisse neu geklärt werden. Zerstörungen anderer Kulturen und ihrer Gottheiten bzw. von deren Repräsentationen in Form von Kultstatuen o. a. und die Unterdrückung der mit diesen Gottheiten verbundenen Geschichten sind in antiken Kulturen gang und gäbe. Man sollte daher mit Blick auf die antiken Kulturen und ihre Polytheismen den Gedanken der gegenseitigen Toleranz nicht zu sehr betonen oder gar aus ei-

---

[124] Vgl. Blumenberg, 1984, 19: „Die Menschheit hat den größten Teil ihrer Geschichte und des Volumens ihres Bewußtseins von unwiderlegbaren Annahmen gelebt und tut dies vielleicht – es ist ein Verdacht, des Beweises unfähig – immer noch."
[125] Vgl. dazu Rüpke, 2013, 36.

ner modernen Perspektive heraus, die von Verhältnissen in freiheitlich-pluralistischen Gesellschaften auf antike Gegebenheiten zurückschließt, von einem weitgehend aggressionsfreien antiken Werte- und Religionspluralismus ausgehen. Im Gegenteil: selbst kulturinterne polytheistische Anschauungsformen sind trotz beobachtbarer Synkretismen und Assimilationstendenzen nicht automatisch und *per se* tolerant. Synkretismen oder Assimilationen mögen sich *im Ergebnis* als konfliktfrei präsentieren, aber es wäre naiv zu glauben, daß *der Weg dorthin* frei von Konflikten und Kämpfen gewesen wäre.

Ähnlich abwegig wäre die Annahme, daß diese Kämpfe sich *nicht* in mythischen Stoffen widerspiegeln würden[126]. Man muß sich in aller Deutlichkeit vor Augen führen und sich immer wieder erneut bewußt machen, daß die sich in mythischen Stoffen manifestierende transzendierende Auseinandersetzung mit Erfahrungsgegenständen im Ergebnis nicht zu Darstellungen von Zusammenhängen oder Fakten führt, die einfach gegeben *waren*, sondern die jeweils neu gegeben *wurden*, und vor allem, daß sie *auf dem Hintergrund anderer, abweichender Darstellungen* gegeben wurden.

Bei der Bewältigung der dabei auftretenden Spannungen handelt es sich, und das ist ebenfalls entscheidend, nicht um eine Art intellektuelles Spiel oder um die Befriedigung eines gewissermaßen rein schulischen bzw. akademischen Interesses. Das Gegenteil ist der Fall. Die in mythischen Stoffen verhandelten Fragen und Probleme sind von höchster *Relevanz für die Deutung und Bewältigung menschlicher Existenz*, und das gerade in den Fällen, in denen es um die Frage nach Machtverhältnissen und Zuständigkeiten im Bereich der Götter geht. Es ist konkret für ein gelingendes Leben wichtig, ja unabdingbar, daß der Mensch weiß, welche Gottheiten er in welchen Zusammenhängen zu verehren und anzurufen hat, wem welche Opfer in welcher Anzahl und auf welche Weise dargebracht werden müssen, ob und inwieweit ein „alter", inzwischen depotenzierter Gott bei Opferhandlungen noch zu berücksichtigen ist und welche „neuen", inzwischen mächtig gewordenen Gottheiten in einem bestimmten Zuständigkeitsbereich mittlerweile an erster Stelle stehen[127] – und eine wichtige Grundlage für

---

126 Vgl. dazu Mohn, 1998, der seinen Begriff der „Intermythizität" (s. dazu Anm. 27 in Kapitel 13.2) offenbar auch stark mit dem Problemfeld der Konfliktbewältigung verbunden sieht; so wird bspw. an einer Stelle „Intermythizität" paraphrasiert durch „Widerstreit der Ontologien über die 'richtige' Auslegung von Welt und Geschichte" (ebd. 116).
127 So spielte entsprechend bei Gesandtschaften an das Orakel von Delphi u. a. häufiger die Anfrage eine wichtige Rolle, auf den Zorn welcher Gottheit ein entstandenes Übel zurückzuführen sei und wie diese Gottheit beschwichtigt werden könne. Vgl. Blumenberg, 1984, 187: „Zu wissen, an wen man sich zu halten hat, ist immer eine Sicherheit des Verhaltens, die nicht ohne Lebensvorteil ist und deren Systeme kaum weniger alt als der Mensch selbst sein können ..."

das Wissen in diesen Bereichen liefern mythische Stoffe[128]. Wird eine Gottheit vergessen oder übergangen oder mit zu wenigen Opfern versehen, die immer noch mächtig oder neu zur Macht gelangt ist, dann kann der Zorn dieser Gottheit den Menschen mit verschiedenen Übeln und Strafen verfolgen[129]. Diese Möglichkeit göttlicher Strafe wird überaus ernst genommen, kann sie doch in letzter Konsequenz sogar bis zur Tötung eines Schuldigen führen, wie etwa der Mythos von Pentheus' Weigerung, Dionysos zu verehren, eindrucksvoll vor Augen führen kann[130]. Dagegen mag wiederum bspw. ein Mythos wie der von der Einkerkerung des „alten" Gottes Kronos im Tartaros die beruhigende Legitimation für eine zurückhaltendere Opferpraxis und Verehrung liefern[131].

Hinsichtlich der sowohl theoretischen wie praktischen Relevanz für ein gelingendes Leben unterscheidet sich das Phänomen der Interhylität von mythischen Stoffen auch nicht unerheblich von der Intertextualität literarischer Werke. Freilich kommt durch *imitatio* und *aemulatio* bei Text-Text-Bezügen ebenfalls ein Moment des Kämpferischen mit ins Spiel, aber es handelt sich dabei eher um Wettkämpfe einzelner Autoren um den Vorrang in Bezug auf die künstlerische Ausgestaltung[132], als um Auseinandersetzungen kollektiv verantworteter Anschauungen, die Relevanz für die Deutung wichtiger Erfahrungen oder bedeutsamer Aspekte der Wirklichkeit und der Lebensbewältigung besitzen. Interhylität mythischer Stoffe hat über ein interessantes und eher spielerisch-wettkampfähnliches Beziehungsgeflecht hinaus immer etwas mit einem Konflikt

---

128 Vgl. Malinowski, 1926, 12: „... myth, in fact, is not an idle rhapsody, not an aimless outpouring of vain imaginings but a hard working, extremely important cultural force. ... Myth as it exists in a savage community, that is, in its living primitive form, is not merely a story told, but a reality lived."
129 Es existieren dementsprechend mehrere griechische Mythen von Gottheiten, die erzürnt sind und strafen, weil sie bei Opfern übergangen oder vergessen wurden oder weil ihnen nicht die gebührende Verehrung zuteilwurde (bspw. Aphrodite gegenüber den Lemnierinnen oder der Smyrna, Artemis gegenüber Oineus oder Admetos, Hera gegenüber Pelias oder Gerana, Dionysos gegenüber Pentheus).
130 Auch wenn hinter der Erzähloberfläche kein religionshistorischer, sondern ein kultischer Vorgang liegen sollte, wofür bspw. Burkert, 1997, 198 f, zu argumentieren versucht. Weitere Literaturhinweise zu Pentheus bei Reinhardt, 2011, 224, Anm. 838, und Reinhardt, 2016, 38.
131 Zu Opfern an Kronos und sein Verhältnis zu Zeus s. Graf, 1985, 83. Vgl. auch Versnel, 1987, der eine strukturalistische Analyse sowohl der sich um Kronos rankenden Mythen wie Riten liefert; ebd. 128: „one cannot but come to the conclusion that, in earlier times, Kronos must indeed have had a cultic significance that he later lost, perhaps after being ousted by a newly introduced generation of gods."
132 Vgl. Danek, 1998, 508, der in diesem Zusammenhang das Schlagwort von der „poetischen Konkurrenz" verwendet.

verschiedener Traditionen hinsichtlich der Deutungshoheit in einem bestimmten Bereich zu tun und hat von daher eher kriegerische als wettkampfähnliche Züge, auch wenn dies auf der Erzähloberfläche nicht immer auf den ersten Blick sichtbar wird. Wenn man dies in der kulturspezifischen Terminologie der Griechen zum Ausdruck bringen wollte, so würde man die hinter dem Intertextualitätskonzept stehende Auffassung von „Kampf" durch ἆθλος (spielerischer Wettkampf, vgl. „Athletik") näher bezeichnen, die hinter dem Interhylitätskonzept stehende hingegen durch πόλεμος (Krieg, vgl. „Polemik").

18.4.2 „Funktionen" von Mythen

> Am Ursprung: der Mythos.
> Begründend: entweder als grundlegender Ausdruck
> oder als Ausdruck der Grundlagen.
>
> Kahn, 1985, 83

Mit dem Hinweis auf die sowohl theoretische wie praktische Relevanz mythischer Stoffe für ein gelingendes Leben wird das Thema „Funktionen von Mythen" berührt, auf das hier noch etwas näher eingegangen werden soll, wobei dies allerdings auf solche Aspekte beschränkt werden muß, die für den vorliegenden Zusammenhang von Wichtigkeit sind, denn die Thematik ist als solche so komplex, daß sie eine eigene Abhandlung erfordern würde.

Von Seiten der mit einer Stoffwissenschaft im hier vertretenen Sinn durchaus Berührungspunkte aufweisenden Literaturwissenschaft wurde schon allein der Begriff der „Funktion" selbst einmal als „einer der meistgebrauchten, vieldeutigsten und zumeist nur vage oder gar nicht definierten Grundbegriffe" bezeichnet[133], und selbst in Abhandlungen aus dem Bereich der Mythosforschung, in denen dies vom Titel her zu erwarten wäre, findet man oft keine begrifflich präzise und nach Kategorien systematisch angegangene Aufarbeitung der Problematik[134].

---

133 Nünning, 2013, 237. Als kleinsten gemeinsamen Nenner für die Bedeutung des Funktionsbegriffes liefert Nünning folgende Bestimmung: „Aufgabe, Rolle, Leistung oder Wirkung, die ein unselbständiger Teil bzw. ein Element in einem größeren Ganzen hat, spielt bzw. erfüllt." Ein ganz anderer Sinn als der in diesem Kapitel anvisierte liegt dem narratologischen Funktionsbegriff von Propp zugrunde, der einzelne, funktional bedeutsame Handlungsschritte in russischen Zaubermärchen als „Funktionen" bezeichnet, und auf dem auch der Funktionsbegriff bei Barthes aufbaut (Funktionen als kleinste Erzähleinheiten); s. dazu ausführlicher Kapitel 5.2.

134 Das gilt etwa für die Einführung von Stolz zu den Arbeiten von Assmann/ Burkert/ Stolz, 1982, ebenso wie für den Aufsatz von Burkert, 1993, und sogar für die Monographie von Kirk,

Es soll sich der komplizierten Materie angenähert werden, indem eine Differenzierung des unscharfen Begriffs der „Funktion" in die drei Begriffe „Grundfunktion", „Funktionalisierung" und „Metafunktion" vorgenommen wird.

→ Eine *Grundfunktion* ist eine spezifische Leistung, die etwas oder jemand erbringt.

Von dem Begriff „Grundfunktion" im eben definierten Sinne soll unterschieden werden die „Funktionalisierung" und die „Metafunktion":

→ *Funktionalisierung* bezeichnet den Einsatz der spezifischen oder unspezifischen Leistung, die etwas oder jemand erbringt, für einen bestimmten Zweck.

→ Eine *Metafunktion* ist eine Auswirkung, die der Einsatz von etwas oder jemandem auf den Einsetzenden hat[135].

Zur Verdeutlichung ein Beispiel. Ein Messer hat spezifische *Grundfunktionen*; es kann schneiden oder stechen. Davon zu unterscheiden sind die *Funktionalisierungen* eines Messers, also das, wofür ein Messer konkret eingesetzt wird, und zwar entweder unter Nutzung seiner *spezifischen* Stech- und Schneidekraft wie z. B. beim Schnitzen eines Stücks Holz, beim Schälen eines Apfels, beim Zerschneiden eines Drahtes oder beim Erstechen eines Lebewesens (*primäre Funktionalisierungen*), oder indem es für anderes eingesetzt wird, wofür es geeignet und brauchbar erscheint, ohne speziell dafür gemacht zu sein (*sekundäre Funktionalisierungen*). Denn man kann ein Messer nicht nur dazu benutzen, irgendein Objekt durch Schneiden oder Stechen zu bearbeiten, sondern man kann es bspw. auch als Senkblei oder als dekoratives Friedensgeschenk oder dazu verwenden,

---

1970; in dem Artikel von A. Assmann/ J. Assmann, 1998, wird das breite Spektrum möglicher Funktionen auf lediglich zwei reduziert (legitimierende und deutende Funktion). Einen Überblick über verschiedene und z. T. recht disparate Ansätze, Funktionen von Mythen zu bestimmen, bei Jamme, 1999, 24-26.

135 Metafunktionen im hier definierten Sinn sind in den letzten Jahrzehnten von der Ritualforschung verstärkt ins Bewußtsein gerückt worden. Terminologisch ist die Bezeichnung „Metafunktion" der systematischen Kategorisierung von Ritualfunktionen durch A. Zgoll, 2003, entlehnt. Im Bereich der Literaturwissenschaft werden Funktionalisierungen und Metafunktionen im oben definierten Sinn nicht voneinander unterschieden und u. a. auch als (text-)„externe Funktionen" bezeichnet, vgl. Nünning, 2013, 237, mit der Erläuterung ebd.: „kulturelle und soziale Aufgaben, die literarische Texte ... in der Gesellschaft jeweils erfüllen" („soziale Aufgaben" zielen auf Metafunktionen, „kulturelle Aufgaben" eher auf Funktionalisierungen).

Spiegelreflexe des Sonnenlichts an eine Zimmerdecke zu projizieren. All diese sekundären Funktionalisierungen stellen *unspezifische* Leistungen dar, die auch (und zum Teil besser) von anderen Gegenständen erbracht werden können. *Metafunktionen* eines Messers schließlich können bspw. darin bestehen, daß es seinem Besitzer ein Gefühl größerer Sicherheit verschafft, weil er für den Notfall eine Verteidigungswaffe mit sich führt, oder das Bewußtsein einer Überlegenheit, weil er für eine bestimmte Arbeit richtig ausgerüstet ist, oder ein Zusammengehörigkeitsgefühl, weil der Besitz dieses Messers ihn als Mitglied einer bestimmten Gruppe ausweist.

Ein Großteil der Problematik bzw. der Unschärfe bei der Bestimmung der „Funktionen" von Mythen besteht meines Erachtens darin, daß zwischen Grundfunktionen, Funktionalisierungen und Metafunktionen nicht unterschieden wird, also zwischen dem, was grundsätzlich jeder Mythos leistet, und dem, wozu einzelne mythische Stoffvarianten im konkreten Fall eingesetzt werden, und den davon zu unterscheidenden Auswirkungen, die der „Einsatz" mythischer Stoffe bzw. ihrer Varianten für diejenigen mit sich bringt, die sie einsetzen. Es soll im Folgenden der Versuch unternommen werden, so knapp und prägnant wie möglich zu skizzieren, welche Resultate (oder richtiger: Ansatzpunkte für weiteres Forschen) sich ergeben, wenn man das durch die eben vorgenommenen Differenzierungen verfeinerte Instrumentarium von Funktionsbegriffen auf mythische Stoffe anwendet.

Die *Grundfunktion* mythischer Stoffe besteht darin, daß sie als äußerst flexible und komplexe Instrumente dazu dienen können, transzendierende Auseinandersetzungen mit Erfahrungsgegenständen zum Ausdruck zu bringen und kommunizierbar zu machen[136]. Prägnant zusammengefaßt heißt es ähnlich bei

---

[136] In diese Richtung geht auch die „funktionale" Definition von „Mythos" durch Burkert, 1982, 65, die eigentlich keine *Wesensbestimmung*, sondern eben die Bestimmung der *Grundfunktion* mythischer Stoffe darstellt, die man zwar mit gutem Recht in eine Wesensdefinition aufnehmen kann, womit „Mythos" aber noch nicht hinreichend definiert ist: Mythos „als primäre Verbalisierung von überindividuellen, kollektiv wichtigen Aspekten der erfahrenen Wirklichkeit. In urtümlichen Kulturen sind Mythen die grundlegende, allgemein akzeptierte, de facto oft die erste und älteste Mitteilungsform für komplexe Wirklichkeitserfahrung." Wenn Burkert an dieser Stelle „Mythos" dann im Weiteren auch als „angewandte Erzählung" definiert, also als Erzählung, die erzählt wird „um ihrer Beziehung auf die Realität willen", dann liegt das, auch wenn es eng miteinander zusammenhängt, nicht auf derselben Ebene, denn bei diesem „Anwendungsbezug" handelt es sich um die *Funktionalisierungen*, bei der Definition als „primäre Verbalisierung" von Wirklichkeitserfahrung hingegen um die *Grundfunktion* mythischer Stoffe; und der Hinweis, daß die „Anwendungen" von Mythen sich auf Realitäten beziehen, zielt noch einmal auf etwas anderes, eben auf ihre *Realitätsbezogenheit*, auf ihre Verankerung in natur- und

Kerényi[137]: „Das Urphänomen Mythos ist eine Bearbeitung der Wirklichkeit." Wie eine Getreide-Mühle das grobe Korn zu feinem Mehl mahlt, so verarbeiten die „mythischen Mühlen" die groben Eindrücke und Deutungen eigener und fremder, bereits vorgeprägter Auseinandersetzungen mit Erfahrungsgegenständen in die verfeinerte Form von Erzählstoffen[138]. Wie das Mehl selbst nicht gegessen, sondern erst noch mit anderen Zutaten versehen zu Brot gebacken werden muß, so muß ein Erzählstoff ebenfalls erst noch unter Zuhilfenahme einer bestimmten medialen Ausgestaltung einer bestimmten Konkretion zugeführt werden, damit er kommuniziert werden kann. Was von diesem Bild freilich nicht eingeholt wird, ist die Wechselbeziehung zwischen Weltkonstruktion und Weltrekonstruktion im Spiegel mythischer Stoffe: Die „Welt" ist immer schon als bereits konstruierte vorfindlich, aber sie muß zugleich auch immer wieder neu rekonstruiert werden, und jede Rekonstruktion wirkt dann wieder zurück und beeinflusst das bereits Konstruierte[139]. Daß Erzählstoffe überhaupt (also nicht nur mythische) eine grundlegend wichtige Rolle für das Begreifen von Mensch und Welt spielen, ja daß der Zugang zum eigentlichen, hinter der empirisch-sinnlich wahrnehmbaren Oberfläche liegenden „Wesen" der Dinge und des Menschen letztlich nur über Geschichten möglich ist, hat auf faszinierende Weise und in aller Ausführlichkeit der Philosoph Wilhelm Schapp zu zeigen versucht, worauf hier nur in aller Kürze verwiesen werden kann[140].

---

kulturgebundenen Spezifika (s. dazu die Ausführungen in Kapitel 18.1.2). Die Realitätsbezogenheit „erdet" die beobachtbaren Funktionalisierungen mythischer Stoffe, und beides zusammen bildet eine wichtige Voraussetzung für die Grundfunktion einer (für jeweils verschiedenste Zwecke funktionalisierbaren) Versprachlichung von Wirklichkeitserfahrung, doch sind diese drei sachlich eng zusammengehörigen Aspekte hinsichtlich ihrer jeweiligen Bezogenheiten voneinander zu unterscheiden.
137 Kerényi, 1965, 240. Vgl. ähnlich Diakonoff, 1995, 15: „a myth is a coherent interpretation of world processes, which organizes their conception by man ..." Vgl. zur „Kraft des Narrativen" generell Bal, 2002, 9: „... weil das Narrative keine Gattung, sondern ein Modus ist; weil es nicht bloß eine literarische Form, sondern als kulturelle Kraft lebendig und aktiv ist; weil es ein vorrangiges Reservoir unseres kulturellen Gepäcks ausmacht, welches uns dazu befähigt, aus einer chaotischen Welt und den in ihr stattfindenden unverständlichen Ereignissen Sinn herauszuholen ..."
138 Das Bild ist inspiriert von dem Motiv der „mystischen Mühle" in der mittelalterlich-christlichen Kunst; eine bewegt-plastische Darstellung findet sich auf einem Kapitell der romanischen Basilika *Sainte-Marie-Madeleine* von Vézelay.
139 Zu dem hier zugrundeliegenden phänomenologisch-anthropologischen Weltbegriff s. Coreth, 1986, 46 f.
140 Schapp, 1953; vgl. u. a. ebd. (Ndr. 2012), 134: „Ebenso wie wir den Zugang zum Menschen nur über seine Geschichten suchen können und das Leibliche vom Menschen von diesen Geschichten aus erst Platz und Sinn im Ganzen erhält ..., so meinen wir, daß wir auch zum Baum

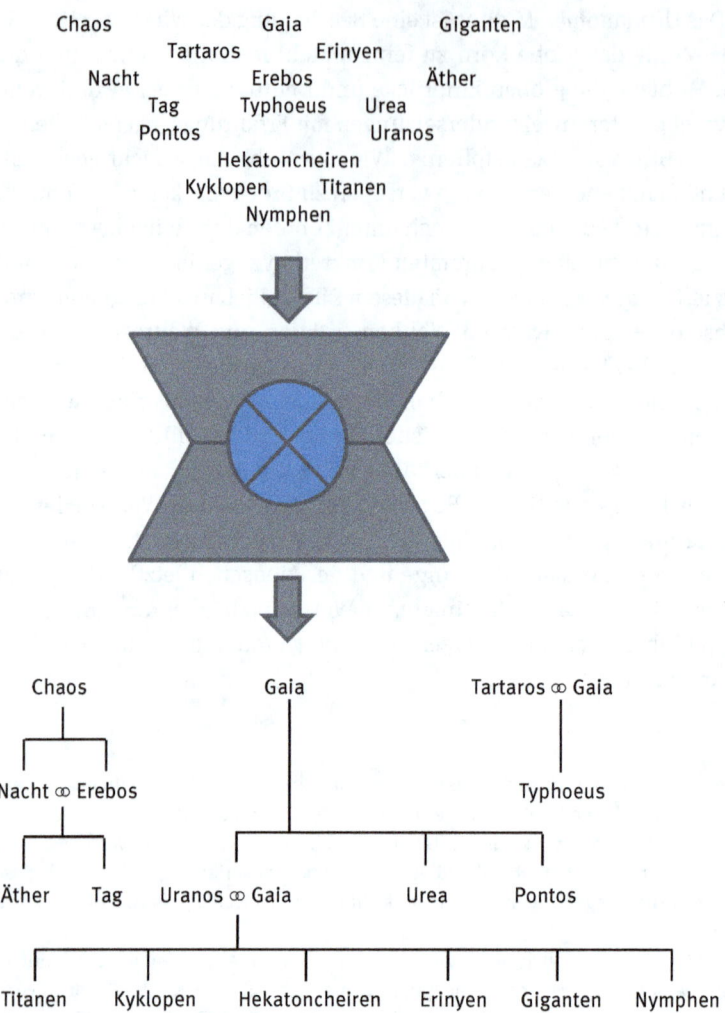

Abb. 8: Die Mythische Mühle

... oder zum Tier nur einen Zugang erhalten, indem sie als in Geschichten verstrickt vor uns auftauchen." Vgl. ebd. 182: „Dann meinen wir, daß dies Verstricktsein in Geschichten der letzte Ort und die letzte Grundlage für die Rede von Wirklichkeit ist ..." Von kognitionspsychologischer Seite scheint Schapps philosophischer Ansatz eine Bestätigung zu erhalten, s. dazu Echterhoff, 2002, 272 f, und 276 (Echterhoff selbst steht dem kritisch gegenüber, vgl. Echterhoff/ Straub, 2003, 328). Zum Erzählen als „anthropologische Konstante" s. auch Eckel/ Müller-Wood, 2017, 9.

Die in das Bild der „mythischen Mühle" eingefangene Grundfunktion von Mythen kann nun für eine breite Palette verschiedenster Zwecke eingesetzt werden, und damit ist man bei den möglichen *Funktionalisierungen* mythischer Stoffe, die ganz unterschiedlich ausfallen können und für jede einzelne Konkretion einer Stoffvariante neu eruiert und bestimmt werden müssen. So können mythische Stoffvarianten bspw. für folgende Zwecke eingesetzt werden:

- Klassifizierung von Erfahrungsgegenständen
- Herstellung von Zusammenhängen
- Setzung oder Veränderung von Ordnungen, Grenzen oder Werten
- Verleihung oder Entzug der Legitimation für Ämter, Riten, Privilegien o. a.[141]
- Zuweisung oder Absprechung von Aufgaben, Rechten und Pflichten
- Liefern von Erklärungen für Gegebenheiten oder Vorgänge („Aitiologien")[142]
- Profilierung von Gruppen- und Feindbildern
- Bereitstellung paradigmatischer Vorbilder für bestimmte Haltungen und Handlungen durch prototypische Figuren[143]
- Propagierung von Aufstieg und Macht einer bestimmten Gottheit

---

[141] Vgl. etwa Nesselrath, 2013, wo gezeigt wird, wie der Triptolemos-Mythos von den Athenern funktionalisiert wird, um u. a. die Vorrangstellung der eigenen Polis zu untermauern. Der vor allem soziologisch relevante Aspekt der Durchsetzung und Legitimierung von Macht spielt in dem Werk *Theorizing Myth* von Lincoln, 1999, eine wichtige Rolle, wobei hier der Blick verengt wird auf etwas, das nur als *eine* Funktionalisierungsmöglichkeit mythischer Stoffe angesehen werden kann. Eine ganze Bandbreite soziologisch relevanter Funktionen von Mythen steht im Fokus der grundlegenden Arbeit von Malinowski, 1926 (mit Berührungspunkten zur *myth and ritual school* weiterentwickelt von Geertz, 1973); zu Malinowski s. zusammenfassend bspw. Csapo, 2005, 140-145.

[142] Zur Bedeutung von Aitiologien innerhalb des Spektrums möglicher Funktionalisierungen mythischer Stoffe v. a. in Hinsicht auf altgriechische Mythen s. Scheer, 1993, 33; Reinhardt, 2011, 246. Charakteristisch für eine manchmal beobachtbare Verabsolutierung der aitiologischen Funktionalisierungsmöglichkeit von Mythen ist die Behauptung bei Le Quellec/ Sergent, 2017, 860: „Tout mythe raconte comment le monde, ou un élément du monde, est apparu (☞ ÉTIOLOGIE)."

[143] Vgl. Eliade, 1984, 87: „Die Hauptfunktion des Mythos besteht darin, die exemplarischen Modelle für alle Riten und alle wesentlichen Betätigungen des Menschen (Ernährung, Sexualität, Arbeit, Erziehung usw.) zu ‚fixieren'." S. dazu bspw. auch Reinhardt, 2011, 246.

— Reaktualisierung von Uranfänglich-Altem und Sicherung der Lebensgrundlagen durch Einsatz bzw. Rezitation im Kult[144]; ... es gäbe hier noch etliches mehr anzuführen[145]

Neben den eben auswahlhaft angeführten, *primären* Funktionalisierungen, bei denen vorausgesetzt ist, daß sie, aufbauend auf der allgemeinen Grundfunktion der Versprachlichung von transzendierenden Auseinandersetzungen mit Erfahrungsgegenständen, im einzelnen Fall auf etwas Bezug nehmen, das mit der den mythischen Stoffen inhärenten Thematik und der in ihnen verarbeiteten Problematik kongruiert, gibt es noch weitere Funktionalisierungen, die auf eine „Fremdnutzung" mythischer Stoffe hinauslaufen, sie also für etwas einsetzen, wofür sie nicht oder zumindest nicht in erster Linie gemacht sind. Solche *sekundären* Funktionalisierungen mythischer Stoffe liegen etwa dann vor, wenn sie eingesetzt werden, um bspw. einen philosophischen Gedankengang zu illustrieren, pädagogische Ziele zu erreichen, ein psychologisches Phänomen veranschaulichend zu etikettieren (vgl. „Ödipuskomplex" oder „Narzißmus"), einem Argument in einer Gerichtsrede mehr Gewicht oder einer Liebeswerbung mehr Nachdruck zu verleihen.

Wenn man nun die Frage nach den *Metafunktionen* stellt, also die Frage, welche Auswirkungen der Einsatz mythischer Stoffe auf die Menschen hat, die sie einsetzen, so sind hier zwei Komponenten zu berücksichtigen, eine mehr epistemische und eine eher psycho-soziale, die allerdings ineinander übergehen, denn kognitive und affektive Faktoren beeinflussen bzw. stützen sich gegenseitig. Abstrakt und allgemein betrachtet haben mythische Stoffe in der Regel eine doppelte Metafunktion. Sie besteht ganz grundsätzlich in einer *sowohl kognitiven als*

---

144 Dies ist ein Aspekt, den v. a. Eliade stark herausgearbeitet hat; s. dazu zusammenfassend Mohn, 1998, 127 f.
145 Mit Hinblick nicht auf mythische Stoffe, sondern auf literarische Texte schreibt Nünning, 2013, 238, daß bis heute das Problem im Prinzip ungelöst sei, daß es eine fast ins Beliebige gehende Anzahl von *möglichen* Funktionszuschreibungen gibt, und daß eine Beschreibung der Spanne von Funktionen, die Texte im Laufe der Geschichte *tatsächlich* hatten, noch „zu den Desiderata der Literaturgeschichte und Literaturgeschichtsschreibung" gehöre (ebd.). Ohne eine Differenzierung des unscharfen Funktionsbegriffs wird man hier wie dort nicht entscheidend weiterkommen. Zu einer Auflistung von möglichen Funktionalisierungen von Mythen, aufgeschlüsselt nach verschiedenen Forschern, die diese Funktionalisierungen jeweils besonders herausgearbeitet haben, s. Bouvrie, 2002, 23-25. Bouvrie favorisiert eine funktionale Bestimmung des Mythosbegriffs, indem sie Mythen als „symbolic tales" bzw. als „culture-creating tales" verstanden wissen will (Bouvrie, 2002, 28; vgl. auch 59).

auch affektiven Stabilisierung[146]. Eine kognitive Stabilisierung wird durch die epistemische Komponente gewonnen, die hauptsächlich in einer orientierungsstiftenden Strukturierung der Erfahrungsgegenstände besteht[147]. Eine affektive Stabilisierung wird vor allem erreicht durch die aufgrund des prinzipiellen Unterhaltungswertes mythischer Stoffe gesteigerte Lebensfreude[148], durch die Stiftung von Identität und Solidarität[149], und durch ein wesentlich auf den kognitiven Bewältigungen beruhendes Gefühl der Sicherheit bzw. Freiheit von Angst[150].

Was eine Funktionsanalyse von Mythen kompliziert und im Einzelfall schwierig macht, liegt an mehreren Faktoren. Zunächst einmal ist ohne eine Dif-

---

146 Vgl. zu Mythen als Instrumenten für „Welt-Erklärung" und „Welt-Bewältigung" auch A. Zgoll/ Kratz, 2013, 4 f. Zur Betonung der Wichtigkeit des Affektiven, nicht allein des Kognitiven, vgl. auch Bouvrie, 2002, 58 f.
147 Vgl. Mohn, 1998, 56: „Der interdisziplinäre Mythos-Diskurs kommt darin überein, daß mit dem Phänomenbereich Mythos/Mythen zumeist Geschichten gemeint sind, die konstituierend wirken, 'Welt' konstruieren und so Erkenntnis und Orientierung ermöglichen." S. auch A. Zgoll/ Kratz, 2013, 6.
148 Den wichtigen Faktor der „Lust", die der Mensch bei der Rezeption von Erzähltem empfinden kann und auch sucht, stellt Müller-Wood, 2017, heraus.
149 Vgl. Scheer, 1993, 16, die in diesem Zusammenhang vom „Mythos als 'Losungswort'" spricht, das zur „gesellschaftliche(n) Selbstdefinition einer Kulturgruppe" einen wichtigen Beitrag leisten kann. Vgl. auch Reinhardt, 2011, 247; Horstmann, 2013, 29 (Mythen tragen u. a. „zur Stabilisierung gesellschaftlicher Ordnung" bei, mit Hinweis auf Malinowski und Eliade).
150 Die Betonung der Angstbewältigung, nach der hier vorgeschlagenen Terminologie vorrangig als Metafunktion mythischer Stoffe einzustufen, ist ein zentrales Anliegen in Blumenbergs Monographie *Arbeit am Mythos* (1984, 1. Aufl. 1979), dem dadurch das wichtige Verdienst zukommt, innerhalb der Mythosforschung die allzu einseitige Fixierung auf den *kognitiven* Aspekt der Funktionalisierung mythischer Stoffe (vgl. bspw. Beth, 1935, 721) aufgebrochen zu haben. Um gegen den „Absolutismus der Wirklichkeit" bestehen zu können, wie Blumenberg das Ausgeliefert-Sein des Menschen bezeichnet, der „die Bedingungen seiner Existenz annähernd nicht in der Hand hatte" (Blumenberg, 1984, 9), mußte durch den Menschen „Angst immer wieder zur Furcht rationalisiert werden ... Das geschieht primär nicht durch Erfahrung und Erkenntnis, sondern durch Kunstgriffe, wie den der Supposition des Vertrauten für das Unvertraute, der Erklärungen für das Unerklärliche, der Benennungen für das Unnennbare" (ebd. 11; vgl. auch 32). Zum Moment der „sprachliche(n) Bewältigung der Angst", der bereits im Vorgang des Benennens liegt, s. auch Sailer-Wlasits, 2007, 17. Das Moment des Emotionalen stellt auch Diakonoff, 1995, 39, heraus, vgl. auch ebd. 87: „A myth is not a symbol nor an allegory; it is an emotionally colored interpretation of the world's phenomena in terms of events." Vgl. zu den oben angeführten Metafunktionen von Erzählstoffen auch Wolf, 2002, 32 f, der im Hinblick auf das übergreifende Phänomen des Narrativen überhaupt zu ähnlichen Ergebnissen für die bei ihm so genannten „narrativen Basisfunktionen" kommt, wobei allerdings nicht zwischen Metafunktionen und (primären) Funktionen bzw. Funktionalisierungen differenziert wird.

ferenzierung des unscharfen Begriffs der „Funktion" in Grundfunktionen, primäre und sekundäre Funktionalisierungen und Metafunktionen nicht viel an Boden zu gewinnen. Des Weiteren fehlen manchmal schlichtweg die Voraussetzungen für eine erfolgreiche Funktionsanalyse. Das ist etwa dann der Fall, wenn durch die vielfältigen Veränderungsprozesse im Zuge der Überlieferung eine Mythenvariante so stark geschichtet ist, daß bspw. eine primäre Funktionalisierung kaum mehr erkennbar wird oder mehrere verschiedene Zuweisungen möglich erscheinen[151]. Manchmal sind Mythen auch stark verkürzt oder unvollständig überliefert, so daß nicht klar wird, welche Thematik oder Problematik für den Stoff wirklich als zentral anzusehen ist oder auf welches Ziel bzw. auf welche Lösung die jeweilige Stoffvariante hinausgelaufen ist[152]; auch in solchen Fällen wird man bei einer Funktionsanalyse nur zu unsicheren Ergebnissen gelangen. Daneben kann besonders die konkrete kulturelle Verortung von Mythen Aufschlüsse für die Funktionsanalyse geben – oft aber sind diese konkreten Einsatzgebiete und Verwendungsweisen schlichtweg unbekannt. Außerdem wird das Unterfangen einer Funktionsanalyse dadurch komplex, daß mythische Stoffe in der Regel *polyfunktional* sind[153]. Schließlich macht eine Funktionsanalyse nicht zuletzt auch der Umstand kompliziert, daß Überschneidungsmöglichkeiten existieren bzw. „Doppelbelegungen" möglich sind, so daß bspw. eine Metafunktion wie eine affektive Stabilisierung zugleich einer primären Funktionalisierung eines mythischen Stoffes entspricht, wenn er etwa darauf abzielt, durch die Vorführung prototypischer Handlungen die Angst davor zu nehmen, mit dem Bereich der Unterwelt in Kontakt zu treten[154], oder daß die Grundfunktion, Auseinandersetzungen mit Erfahrenem zu versprachlichen und kommunizierbar zu machen,

---

[151] In Hinblick speziell auf die verschiedenen, sich überlagernden Funktionalisierungsmöglichkeiten mythischer Stoffe schreibt Burkert, 1982, 65: „... es gibt wechselnde Möglichkeiten der Anwendungen, die sich überlagern; so kommt es zu Spannungen, Einflüssen, Veränderungen; oft werden Elemente früherer 'Anwendungen' gleichsam als survivals in der Erzählung weitergetragen."

[152] Zur Integration mythischer Stoffe in (mesopotamische) Epen schreibt treffend Diakonoff, 1995, 70: „When an epic narration is analyzed, one may discover that the myths entering into it are only fragments of mythical plots, often without their beginning or end, and are ruled by the inner compositional logic of the poem."

[153] Zu dem Umstand, daß mehrere Funktionen gleichzeitig vorliegen können, wobei oft „Dominanzverhältnisse" zu beobachten sind, die aber ebenfalls variabel sind, vgl. Nünning, 2013, 237, wobei es dort freilich um die Polyfunktionalität von *literarischen Texten* geht, was aber durchaus auf mythische Stoffe (und ihre verschiedenen Konkretionen) übertragbar ist.

[154] Vgl. dazu etwa den mythischen Stoff von der Zeugung des Kanalgottes Enbilulu als prototypisches Gemeinschaftswerk von Stadtgöttern und Unterweltsmächten (im Werk *Enlil und Ninlil*

darüber hinaus zu einer primären Funktionalisierung wird, wenn in einem mythischen Stoff vorgeführte Strategien im Umgang mit Leid und Tod Wege aus der Sprachlosigkeit anbieten[155], oder daß die Metafunktion einer affektiven Stabilisierung, verengt auf die Steigerung von Lebensfreude durch zerstreuende Unterhaltung, im Rahmen einer sekundären Funktionalisierung zum hauptsächlichen Zweck verabsolutiert wird[156].

Daß sich in mythischen Stoffen Kämpfe um Deutungsmacht widerspiegeln[157], widerspricht dem Befund nicht, daß sie metafunktional grundsätzlich stabilisierende Wirkungen zeitigen, sondern zeigt eher, wie wichtig mythische Stoffe gerade in Kulturen sind, in denen die Interpretation der Wirklichkeit sich einem nicht unerheblichen Pluralismus gegenübergestellt sieht und nicht auf einem weithin reichenden, weltanschaulichen *common sense* beruht. Die stabilisierende Wirkung mythischer Stoffe ist um so notwendiger und man bedarf ihrer um so mehr, je unstabiler und unüberschaubarer die Weltdeutungen und Lebensverhältnisse sind. Außerdem zeigen sich in mythischen Stoffen zwar Spuren von Deutungsmachtkämpfen, aber diese Kämpfe werden in der Regel als *bereits bewältigte* gezeigt, so daß die Erzählungen und Wieder-Erzählungen solcher Stoffe nicht der Verunsicherung, sondern gerade der Selbstvergewisserung dienen. Mythen sind für die affektive und kognitive Stabilisierung von Menschen nicht nur hilfreich, sondern oft unverzichtbar.

Die grundsätzliche Metafunktion einer kognitiven und affektiven Stabilisierung mythischer Stoffe ist so wichtig, daß es die Überlegung wert ist, ob sie nicht in dieser oder ähnlicher Form in eine längere Mythosdefinition aufgenommen werden sollte, obwohl es sich hierbei nicht um eine *wesensmäßige*, sondern um eine *funktionale* Bestimmung handelt[158]. Mythen können den Anspruch erheben, Menschen sowohl kognitiv bei der Deutung als auch affektiv bei der Bewältigung ihres Lebens zu helfen. Freilich erscheint dieser Anspruch so gut wie nie *explizit*[159]; Mythen sind keine Dogmen oder missionierenden Botschaften, und es gibt

---

verarbeitet, das durch mehrere sumerische Textzeugen überliefert ist); zur Interpretation s. A. Zgoll, 2013, 98-101. Vgl. zu diesem Stoff ausführlicher die Kapitel 21.2 und 22.2-3.
155 Vgl. die Trauer des Gilgameš um seinen verstorbenen Freund Enkidu, wie sie in der 8. Tafel des akkadischen *Gilgameš-Epos* geschildert wird. Vgl. Horstmann, 2013, 29: Mythen liefern „Vorbilder und Handlungsmuster für die Bewältigung von Grundsituationen des menschlichen Lebens".
156 Vgl. dazu etwa die in den *Götterdialogen* des griechischen Schriftstellers Lukian verarbeiteten mythischen Stoffe.
157 S. Kapitel 18.4.3.
158 Zur Aufnahme der Metafunktionen in eine längere Mythosdefinition s. Kapitel 23.6.
159 Dies betont zurecht Bouvrie, 2002, 51 f und 61.

keine Instanz, die über ihre Einhaltung wacht bzw. ihre Ausbreitung systematisch organisiert. Trotzdem steckt in mythischen Stoffen zumindest *implizit* der Anspruch, einen wichtigen Beitrag für die Deutung und Bewältigung menschlicher Existenz zu liefern[160]. So vielgestaltig und variantenreich sich mythische Stoffe auch darbieten, sie sind quasi das Rückgrat der Menschen, die sie überliefern, und ihre metafunktionale Wichtigkeit einer alle Lebensbereiche umfassenden Stabilisierung kann kaum überschätzt werden. Unvermerkt und „von unten" sind Mythen vielleicht sogar noch prägender und mächtiger, als es „von oben" verordnete Leitbilder, Vorschriften und Dogmen je sein können. Auf diese Weise wären Mythen in ihrer Unverbindlichkeit verbindlicher als manches Rechtssystem. Das Geländer der Mythen mag von außen betrachtet im Zickzack und mit Lücken verlaufen und kunterbunt sein, aber es ist dennoch etwas, an dem sich der antike Mensch auf der Bergwanderung seines Lebens festhält, wo und wie es sich ihm auch bietet.

18.4.3 Mythen und Macht

Nach den Ausführungen zu „Funktionen" von Mythen im vorigen Kapitel soll hier zusammenfassend gefragt werden, inwiefern die angestellten Überlegungen für das Thema der Konfliktträchtigkeit mythischer Stoffe und damit letztlich auch für die Mytheninterpretation von Bedeutung sind. Es hat sich herausgestellt, daß die Grundfunktion mythischer Stoffe darin besteht, daß mit ihrer Hilfe transzendierende Auseinandersetzungen mit Erfahrungsgegenständen sprachlich gefaßt und kommunizierbar gemacht werden können, und daß als Auswirkungen auf die Menschen, die sie „einsetzen", mythische Stoffe in der Regel die doppelte Metafunktion einer sowohl affektiven wie kognitiven Stabilisierung aufweisen. Dadurch stellen sie ein äußerst hilfreiches und wertvolles geistiges Arsenal dar, mit dessen Hilfe sowohl Deutung wie Bewältigung des Lebens in Angriff genommen werden kann, und dessen Vielseitigkeit bzw. vielfältige Einsetzbarkeit sich in der Bandbreite zahlreicher verschiedener, primärer wie sekundärer Funktionalisierungsmöglichkeiten zeigt[161].

---

160 Vgl. Burkert, 1979b, 29; Graf, 1985, 9: „will Gültiges aussagen ... über alles, was die menschliche Existenz bestimmt"; Eliade, 1988, 21, wo es heißt, der Mythos lehre den Menschen „die primordialen 'Geschichten', die ihn existentiell konstituiert haben; und alles, was mit seiner Existenz und seiner Seinsweise im Kosmos zu tun hat, betrifft ihn unmittelbar."
161 Vgl. Bouvrie, 2002, 28 f: Mythen seien „both highly flexible *tools*, grasped and selectively moulded for strategically shaping conceptions of the present, as well as *dynamic forces*

„Arsenal" und „in Angriff nehmen": Die etwas militärische Ausdrucksweise ist bewußt gewählt. Die Bandbreite und Vielschichtigkeit funktionaler Einsatzbereiche mythischer Stoffe und ihre damit eng zusammenhängende Relevanz für die Lebensbewältigung und -deutung in vielen verschiedenen Bereichen, all dies macht mythische Stoffe, wenn man so will, zu ungemein wertvollen „Waffen" im Umgang mit der Wirklichkeit.

Es ist nun aber nicht nur wichtig, solche Waffen überhaupt zu besitzen, sondern in einem Umfeld verschiedener und ständig konkurrierender Gruppen und Kulturen mit unterschiedlichen Anschauungen spielt immer auch die Frage eine bedeutende Rolle, wer die *stärkeren* Waffen besitzt, sprich: welche Mythen „schlagender" sind. Hinter mythischen Stoffen stehen Gruppen, die diese Stoffe unter anderem deshalb tradieren, weil Grund- und Metafunktionen wie auch die zahlreichen Funktionalisierungsmöglichkeiten im Einzelnen mythische Stoffe zu so wertvollen Instrumenten im Umgang mit der Wirklichkeit machen, und weil es in ihnen um Deutungen geht, die für wichtig gehaltene Erfahrungsbereiche umfassen und die dementsprechend als bedeutsam angesehen werden. Wenn nun etwa die Deutung bestimmter Erfahrungsgegenstände sich ändert oder mit abweichenden Deutungen anderer Gruppen konfrontiert wird oder wenn sich bspw. die Auffassung von der Identität eines Kollektives wandelt, dann spielen sich Kämpfe um Deutungshoheiten ab, weil die eine Deutung eines bestimmten Sachverhaltes oder eine veränderte Sichtweise auf die eigene Identität eine andere ersetzen oder doch zumindest abändern soll.

Deutungsmachtkämpfe sind in jüngster Zeit in den Fokus der Forschung gerückt, und es soll für die weiteren Ausführungen die Definition von Stoellger zugrundegelegt werden[162]: „Um *Deutungsmacht* handelt es sich, wenn das Vermögen oder die Ermöglichung oder Verwirklichung (bzw. deren Negationen) in Form von Deutung und nicht (ausschließlich) mit Zwangs-, Herrschafts- oder Gewaltmitteln realisiert wird." Bei Deutungsmachtkonflikten handelt es sich um ein sowohl inner- wie interkulturelles Phänomen[163]: „*Zwischen* Kulturen und *zwischen* Diskursen *in* einer Kultur bestehen Konflikte um Deutungsmacht."

Es gibt auf dem Feld der Deutungen nie nur *eine* Möglichkeit der Zuweisung und Erklärung, sondern ein breites Spektrum von Möglichkeiten, das kulturübergreifend und kulturintern von verschiedenen Kollektiven abhängig ist. Die aus

---

structuring the cultural senses of individuals and audiences." Vgl. aus ägyptologischer Perspektive Goebs/ Baines, 2018, 645: „Myths conceptualize, describe, explain, and control the world, and they were adapted to an ever-changing reality."
162 Stoellger, 2014, 28.
163 Stoellger, 2014, 3.

der Auseinandersetzung mit Erfahrungsgegenständen heraus sich entwickelnden transzendierenden Erklärungen und Deutungen, die aus diesem Spektrum jeweils herausgegriffen werden, stehen in ständiger Konkurrenz zu anderen Erklärungen und Deutungen, und damit wird es wichtig, über wirkungsvolle Instrumente zu verfügen, die helfen, die eigene bzw. favorisierte Sichtweise möglichst nachdrücklich und effizient zu verbreiten. Ein wertvolles Mittel, mit dessen Hilfe eigene Deutungskonzepte propagiert werden können, sind Mythen[164].

Mit „Propagieren" bzw. „Propaganda" ist man bei einem weiteren wichtigen Stichwort. *Wenn* man einmal mythische Stoffe mit bestimmten Textgattungen assoziieren will, dann eher mit Propagandaliteratur als mit harmlosen Ammenmärchen.

> → Mythen sind nicht Stoffe für Gutenacht-Geschichten, sondern für kämpferische Manifeste[165]. In mythischen Stoffen spiegeln sich Kämpfe um Deutungshoheit oder Deutungsmacht wider, und ein wichtiger Bereich für solche Kämpfe liegt u. a. dort, wo es um die Klärung von Hierarchien und Zuständigkeiten der göttlichen Kräfte und Mächte geht, die man jeweils am Werk sieht[166].

---

164 Vgl. Rüpke, 2013, 54: „In gewissem Sinne ist jede neue mythische Erzählung Kritik an vorangehenden Versionen, scheidet Wesentliches vom nun als unwesentlich Erachteten, korrigiert, unterdrückt und erfindet." Dies gilt, so wäre hinzuzufügen, nicht nur in Hinblick auf abweichende Versionen *desselben* Stoffes, sondern auch erweitert in Hinblick auf *andere* Stoffe bzw. deren Versionen. Zur Bedeutung von „Geschichten" in Machtdiskursen s. auch Stoellger, 2014, 28: Macht ist nach Stoellger „prinzipiell *relativ*, nicht absolut, und damit abhängig von sie konstituierenden, er- oder entmächtigenden Bedingungen (wie Ordnungen, Dispositiven) und ggf. auch Personen, Milieus oder Gruppen und Gemeinschaften (Anerkennung, Einverständnis), Institutionen (Einsetzung, Beamtung, Beauftragung), Geschichten, Traditionen und in summa: Medienprozessen und -praktiken."

165 Hier ergeben sich Berührungspunkte zu den theoretischen Grundlagen der von Csapo vorgeschlagenen „ideologischen Analyse" von Mythen; vgl. Csapo, 2005, 301: „Myth is one of the most important media for ideological work." Csapo ist in Anlehnung an marxistische Gesellschaftsanalysen allerdings v. a. an der Herausarbeitung sozio-ökonomischer „Ideologeme" in mythischen Stoffen interessiert. Zur Problematik des Ideologiebegriffs s. Kapitel 18.4.4.

166 S. dazu bspw. die Studie von Suter, 2002, in der es u. a. um die „rivalry between Demeter and Persephone for predominance" (ebd. 213) im Hinblick auf die Eleusinischen Mysterien geht, die in mythischen Stoffen und v. a. in der textlichen Konkretion des *Homerischen Demeter-Hymnos* ihren Niederschlag findet. Vgl. auch ebd. 118, wo von einem „recasting" verschiedener mythischer Stoffe die Rede ist mit dem Ziel, „to subordinate Demeter and Persephone to the will of Zeus and to enroll those goddesses into his family of Olympians."

Von daher besteht eine Funktionalisierungsmöglichkeit von Mythen gerade auch darin, für die Verehrung bestimmter Gottheiten zu werben und ihre Machtstellung zu legitimieren und zu festigen, oder doch zumindest angesichts abweichender Anschauungen sich der Machtstellung einer *eigenen* Gottheit immer wieder neu zu vergewissern.

Um noch einen weiteren Vergleich heranzuziehen: Mythische Stoffe sind nicht zur Gänze und ausschließlich, aber doch partiell wie Instrumente, die in einem Wahlkampf eingesetzt werden, gewissermaßen ausführlicher gefaßte Wahlkampfplakate. In diesem oft nicht zimperlich geführten Wahlkampf geht es um Machtpositionen. Wenn im akkadischen *Enūma eliš* beschrieben wird, wie der Gott Ea an der Aufgabe scheitert, die Urmacht und Meeresgöttin Tiāmtu zu besiegen, und dann eine Schilderung folgt, wie dem jungen Gott Marduk gelingt, was Ea nicht gelungen ist, dann ist das nicht, zumindest nicht nur, ein willkommener Stoff für die Verschönerung langer, kalter Winterabende, sondern dann steckt darin primär die Botschaft, daß nunmehr Marduk als der Größte und Mächtigste unter den Göttern anzusehen ist – nicht alte Götter wie Ea, die Marduk abgelöst hat. Es soll auf diesen Text und die darin verarbeiteten Stoffe in Kapitel 20.1 noch näher eingegangen werden.

Es muß kaum betont werden, wie wichtig und folgenreich diese Beobachtungen unter anderem auch für die religionswissenschaftliche Forschung sind. Denn wenn mythische Stoffe u. a. den Charakter von Wahlkampfplakaten haben, dann folgt daraus, daß sie interessante Zeugnisse für religionshistorische Auseinandersetzungen liefern können. Das ist aber noch nicht alles. Eine zweite Folgerung ist mindestens ebenso wichtig, nämlich daß im Rahmen der Darstellung solcher Auseinandersetzungen die Sichtweise auf potentielle Gegner und Rivalen mit einer gewissen Notwendigkeit *verzerrt* ist. Das Typhoeus oder Typhon genannte „Monster", das von Zeus nach langen Kämpfen endlich besiegt oder doch zumindest gebändigt wird[167], ist ein schreckliches Monster *in der Sicht zeusfreundlicher Mythen* – was aber noch lange nicht heißt, daß dieses Monster immer schon und für alle ein Monster *war*. Freilich ist auch der Umkehrschluß nicht zwingend, daß alle in mythischen Stoffen als Monster dargestellten Protagonisten keine Monster waren; aber es ist unumgänglich, bei deutlich negativen und herabsetzenden Schilderungen von Gegnern in mythischen Stoffen zunächst einmal einen starken und berechtigten Zweifel an der Objektivität der Darstellung anzumelden. Wer bspw. für ein religionsgeschichtliches Handbuch solche negativen Charakteristiken ungeprüft übernimmt, läuft Gefahr als Wirklichkeit hinzustellen, was in Wirklichkeit hauptsächlich Propaganda war.

---

167 Weiterführende Literaturhinweise zu Typhon/ Typhoeus bei Reinhardt, 2011, 55, Anm. 208.

Im „Wahlkampf" kann es freilich auch moderater zugehen, sogar völlig ohne jegliche Herabsetzung potentieller Rivalen. Aber nun kommt ein weiterer entscheidender Punkt. Selbst dann, wenn die Werbung eines als „Wahlkampfplakat" verstandenen Mythos *ausschließlich* den eigenen, favorisierten Kandidaten ins rechte Licht rückt, dann ist das trotzdem und auch in solchen Fällen *immer* mit einer *impliziten Polemik* verbunden: Diese Macht und Herrlichkeit besitzt *diese* Gottheit, die erzählten Großtaten hat *diese* Gottheit vollbracht – und damit ist immer proklamiert, auch wenn es nicht gesagt wird: *diese* und eben *nicht jene*. Wenn es im kultischen Bereich, was durchaus vergleichbar ist, etwa in den sogenannten JHWH-Königspsalmen[168] mehrfach programmatisch heißt יְהוָה מָלָךְ, „JHWH herrscht als König"[169], dann zielt das nicht darauf, daß JHWH König ist, sondern dann ist dies ein Kampfruf, der betont, daß *JHWH* König ist, daß *Er* die absolute Herrschaftsposition innehat – und nicht etwa, was meistenteils, aber nicht immer wohlweislich verschwiegen wird, eine andere Gottheit oder andere Gottheiten[170].

---

168 Zu einer differenzierten Betrachtung der Gemeinsamkeiten und Unterschiede der unter diesem Label zusammengefaßten Psalmen s. die Monographie von Jeremias, 1987, und Hossfeld in Hossfeld/ Zenger, 2000, 648 (mit weiteren Literaturhinweisen).
169 Vgl. etwa Ps 93,1 (zu Psalm 93 als „Eröffnungspsalm der planvollen Komposition der JHWH-Königs-Psalmen Ps 93-100" s. Hossfeld in Hossfeld/ Zenger, 2000, 649); Ps 96,10; Ps 97,1 u. ö. Unterschiedliche Beurteilung und Gewichtung grammatikalischer (Stoßrichtung der Wortstellung eines invertierten Verbalsatzes, Interpretation der Bedeutung der qatal-Form) und formgeschichtlicher Faktoren (Investiturformel? Bekenntnisformel? Akklamationsruf? Huldigungsruf? Proklamationsruf?) führen in der alttestamentlichen Exegese zu unterschiedlichen Übersetzungen von יְהוָה מָלָךְ, wobei sich bei näherem Zusehen hauptsächlich zwei Richtungen ausmachen lassen, eine ingressiv-durative, „JHWH ist König geworden (und regiert noch als König)", vgl. u. a. Koehler, 1953; Kapelrud, 1963; Ulrichsen, 1977; Hossfeld in Hossfeld/ Zenger, 2000, 646 (mit Bezug auf Ps 93); oder eine m. E. plausiblere und durch neuere Forschungen bestätigte (s. zusammenfassend Hartenstein/ Krispenz, 2013, 276 f) statische Deutung des Ausrufs („JHWH herrscht als König"), vgl. auch Ridderbos, 1954; Michel, 1956; Jeremias, 1987, 15, mit ausführlicher Diskussion des Problems ebd. 158-161.
170 Zur sehr wahrscheinlichen antithetischen Bezugnahme auf Baal als Götterkönig in Psalm 93 s. Jeremias, 1987, 19; allgemeiner ebd. 149: „Die Prädikation Jahwes als König war Israel aus Kanaan vorgegeben"; zur Gewißheit, daß „die Voranstellung des Gottesnamens Jahwe bei dem Thema des Königtums immer auch mit religionspolemischem Unterton gelesen und gehört wurde" s. ebd. 159. Vgl. ähnlich zur Stellung des Zeus bei Hesiod Blumenberg, 1984, 134 f: „Wenn Zeus von Hesiod *an Stärke der größte* genannt wird, ist es nicht nur Gunstbewerbung und rhapsodischer Lobpreis, sondern Konzentration des Sicherungsbedürfnisses auf die durch den mythischen Prozeß nach vorn geschobene Figur der Bestärkung des Weltvertrauens."

Da es vor allem die „Siegermythen" sind, welche in die Überlieferung Eingang gefunden und die langen Zeitspannen der Tradierung bis heute überstanden haben, ist davon auszugehen, daß wir es sehr oft mit solchen Stoffen zu tun haben, in denen die Konflikte in einer bereits deutlich geglätteten Form präsentiert werden, und daß gesichertes Wissen über die genaueren Ziele, Konzepte und realitätsbezogenen Verankerungen einer unterlegenen Partei nur noch schwer zu erlangen ist, weil die mythischen Stoffe der über einen Gegner triumphierenden Sieger oft die einzigen Hinweise dafür liefern, daß der Gegner überhaupt existiert hat[171]. Aber das ist glücklicherweise nicht immer so; in anderen Fällen sind auch in Quellen außerhalb der überlieferten mythischen Stoffe Hinweise auf besiegte Gegner und ihr ungefähres „Profil" erhalten geblieben[172].

18.4.4 Mythos als Ideologie (?) und Foucaults Machtanalysen

Seiner Abhandlung *Mythen des Alltags* (franz. Orig. *Mythologies*, Paris 1957) legt Barthes, anders als der Autor des vorliegenden Buches, ein sehr ausgeweitetes Verständnis des Mythosbegriffs zugrunde. Mythos in einem weit gefaßten Sinn ist für Barthes jede in welcher Form auch immer transportierte und inhaltlich in keiner Hinsicht eingeschränkte Aussage über irgendetwas[173]. Bereits bei Barthes läßt sich der Grundgedanke finden, daß Mythen in diesem allgemein verstandenen Sinn nichts anderes als Transportmittel für bestimmte gesellschaftliche Anschauungen darstellen[174]. Die Ausführungen des vorigen Kapitels zum Machtfaktor, der im Zusammenhang mit mythischen Stoffen eine so wichtige Rolle spielt, könnten den Eindruck erwecken, auch ein Mythos im engeren, in dieser Arbeit

---

171 Explizit genannt sind „Rivalen" JHWHs bspw. doch in Ps 97,7 und 97,9, wo es heißt, daß „alle Götter" (כָּל־אֱלֹהִים) vor JHWH niederfallen sollen bzw. daß JHWH erhaben ist „über alle Götter" (עַל־כָּל־אֱלֹהִים). Mögen auch die Rezipienten der JHWH-Königspsalmen hier mit Sicherheit ganz *bestimmte* Gottheiten vor Augen gehabt haben, so bleiben diese Rivalen namenlos und werden dadurch um so wirkungsvoller zur Bedeutungslosigkeit verdammt.
172 S. dazu einige Beispiele in Kapitel 20 und in Kapitel 21.3.
173 Vgl. zum Werk der *Mythologies* treffend Coupe, 2009, 147: „... the work itself is less about mythology than about ideology ... for Barthes the two terms are interchangeable."
174 S. Barthes bei Barner et al., 2003, 91: „... der Mythos ist eine Aussage. ... da der Mythos eine Aussage ist, kann alles, wovon ein Diskurs Rechenschaft ablegen kann, Mythos werden"; vgl. dazu Barthes' Beispiel von der subkutanen Botschaft bzw. „Aussage" (nämlich die Verherrlichung des französischen Imperialismus und Kolonialismus), die hinter der Fotografie eines unter einer Trikolore salutierenden farbigen Soldaten auf einem Titelblatt der Zeitschrift *Paris-Match* steckt (ebd. 96 f). Zum „Ideologieverdacht", unter dem Erzählungen jeder Art generell stehen, s. auch Eckel/ Müller-Wood, 2017, 13 (mit Bezug auf Foucault in Anm. 14).

theoretisch fundierten Sinn sei, wie es einmal formuliert wurde, nichts anderes als „ideology in narrative form"[175]. Ist das tatsächlich der Fall?

Unabhängig von der Frage nach der Art und Weise des Zusammenhangs zwischen Mythos und Ideologie ist es zunächst einmal wichtig, daß man sich der Problematik des Begriffs „narrative" in dieser Aussage bewußt wird. Denn in aller Regel wird dieser Begriff speziell auf *textliche* Strukturen angewendet, so daß die Gefahr besteht, mit „narrative" dem Verständnis Vorschub zu leisten, Mythen seien identisch mit Texten, obwohl Texte nur eine mögliche mediale Konkretionsform von Mythen, verstanden als *stoffliche* Strukturen, darstellen. Auch wenn dies vielleicht etwas beckmesserisch erscheinen mag, so ist die angesprochene Gefahr nicht zu unterschätzen, und es wäre demzufolge präziser und weniger problematisch, wenn überhaupt, dann von einem Mythos als „Ideologie in *stofflicher* Form" statt von einer „Ideologie in *narrativer* Form" zu sprechen[176].

Für die Frage nach dem Verhältnis von Mythos und Ideologie ist es von entscheidender Bedeutung zu klären, was man unter Ideologie versteht[177]. Im vorliegenden Zusammenhang scheint es sinnvoll, zumindest zwei verschiedene Verwendungsweisen des Ideologie-Begriffs voneinander zu unterscheiden, einmal Ideologie i. S. v. „Ansichten, Ideale, Vorstellungen etc. einer einzelnen (oft: herrschenden) Gruppe innerhalb eines Kollektivs" (Teilkollektiv-Ideologie), und zum Anderen Ideologie i. S. v. „Ansichten, Ideale, Vorstellungen etc. einer Kultur allgemein" (Gesamtkollektiv-Ideologie)[178].

Versteht man unter Ideologie das „system of beliefs and values"[179] einer Gesellschaft oder Kultur insgesamt, dann kann man Mythen – wie viele andere kulturelle Erzeugnisse auch – durchaus als Ausdrucksformen dieser Glaubens- und

---

[175] So Lincoln, 1999, XII; vgl. auch ebd. 147: „... I am thus inclined to argue that when a taxonomy is encoded in mythic form, the narrative packages a specific, contingent system of discrimination in a particularly attractive and memorable form. What is more, it naturalizes and legitimates it. Myth, then, is not just taxonomy, but *ideology* in narrative form."

[176] Vgl. zur ähnlich gelagerten Problematik bei der Verwendung des deutschen Wortes „Erzählung" (statt „Stoff" oder „Erzählstoff") das Ende von Kapitel 12.6.

[177] Zur Problematik verschiedener Ideologie-Begriffe s. Mozetič, 1980. Zu der zunehmenden Unschärfe des Begriffsgebrauchs in der Zeit nach dem Zweiten Weltkrieg s. Dierse, 1976, 174: „Ideologie wird ... häufig zu einer diffusen Bezeichnung für weltanschauungsähnliche Gebilde, mit fließenden Grenzen zu Nachbarbegriffen und, soweit darauf Bezug genommen wird, mit in Art, Anzahl, Bedeutung und Funktion nicht exakt bestimmten Strukturelementen."

[178] Vgl. zu dieser grundsätzlichen Unterscheidung auch Csapo, 2005, 292: „most important is the distinction between general ideology and subgroup ideologies".

[179] Csapo, 2005, 263. Vgl. auch Mohn, 1998, 56, wo „Weltbild" in einem Atemzug mit „Ideologie" genannt wird. Zur genaueren Abgrenzung bzw. Problematik der Begriffe „Weltbild", „Weltanschauung" und „Ideologie", worauf hier nicht näher eingegangen werden kann, s. ebd. 64-

Wertvorstellungen ansehen. In Mythen *kommen* also durchaus kulturelle Vorstellungen *zum Ausdruck*, aber sie *sind* deshalb nicht selbst nichts anderes als pure, zur Narration geronnene Ideologie („ideology in narrative form"[180]).

Hier kommt allerdings ein grundsätzliches Problem ins Spiel. Gibt es überhaupt *die* Glaubens- und Wertvorstellungen einer Kultur als quasi geschlossenes System[181]? Strukturalistische und „ideologische" Analysen erwecken diesen Anschein, ja sie gehen sogar so weit, bestimmte „Ideologeme" anzunehmen, die kulturenübergreifende Gültigkeit beanspruchen[182]. Doch ist die Annahme, daß es solche annähernd „universalen Ideologeme" gibt, nicht unproblematisch. Muß man nicht vielmehr angesichts schon einer einzelnen Kultur von einer Pluralität sich zum Teil bereits synchron widersprechender Vorstellungen als Regelfall ausgehen, von Vorstellungen, die sich außerdem wandeln und daher auch diachron unterscheiden und die außerdem teilweise auch von Vorstellungen benachbarter Kulturen beeinflusst sein können? Von *der* Ideologie einer Gesellschaft oder Kultur zu sprechen, erscheint auf diesem Hintergrund inadäquat[183].

Nun kann man, diese Kritik berücksichtigend, den Ideologie-Begriff nicht universal, mit Blick auf eine Gesellschaft oder Kultur als Ganze fassen, sondern ihn eingrenzen auf die Ansichten und Wertvorstellungen einzelner Gruppen innerhalb einer bestimmten Kultur (Teilkollektiv-Ideologien). In einem solchen Fall ist allerdings immer noch zu unterscheiden zwischen dem, was Mythen *sind*, und dem, *wofür sie eingesetzt werden*, also ihrer Funktion. Ein Mythos hat außer-

---

68, mit weiterführender Literatur. Zum Begriff der *belief systems* und seiner Definition s. Stoellger, 2014, 6 f.
180 Lincoln, 1999, XII.
181 Vgl. bspw. die Rede vom „total system of Greek thought" bei Csapo, 2005, 263.
182 Vgl. Csapo, 2005, 264 (mit Bezug auf Lévi-Strauss): „The homologous pairs of oppositions cultivated/cooked and wild/raw is an ideologeme common to many myth-producing cultures".
183 Auf die Problematik strukturalistischer Ansätze, die ein mehr oder weniger geschlossenes System aufeinander beziehbarer Bedeutungsgehalte und Vorstellungen voraussetzen, ist bereits in Kapitel 5.2 (vgl. auch noch Kapitel 15.4.1) näher eingegangen worden. Die poststrukturalistische Kritik an der Geschlossenheit strukturalistischer Vorstellungen und die völlige Dekonstruktion solcher Konzepte wie „Ideologie", „Gesellschaft", „Geschichte" etc. mag überzogen sein, aber sie ist nicht so rundweg abzutun, wie dies bspw. bei Csapo, 2005, 284, an einer Stelle der Fall ist: „All this, in retrospect, seems little more than academic comfort food designed for the generation of 1960s radicals who were now happily tenured at elite universities ..." Csapo selbst gibt (ebd. 292) poststrukturalistischem Denken den Vorzug, wenn er schreibt: „Ideology is fragmented because society has divided interests. ... It is more common therefore to speak of social ideologies in the plural."

dem nicht nur *eine* Funktion, etwa die, bestimmte „beliefs and values" zum Ausdruck zu bringen[184], sondern er hat darüber hinaus eine tiefergehende Grundfunktion, verschiedene Metafunktionen und außerdem noch etliche weitere, einzelne Möglichkeiten primärer und sekundärer Funktionalisierungen[185].

Mythen *sind* somit nicht bestimmte „Ideologien" einzelner gesellschaftlicher Gruppen oder gar „herrschender Klassen", wenn man die v. a. marxistische Einfärbung des Ideologiebegriffs in den Blick nimmt – einzelne Varianten mythischer Stoffe können aber sehr wohl von gesellschaftlichen Gruppen für ihre ideologischen Zwecke *in Dienst gestellt werden*. Die Funktionalisierungsmöglichkeiten liegen nicht gewissermaßen „an sich" im Stoff oder sind mit diesem gleichzusetzen, sondern sie unterscheiden sich davon und lassen sich erst anhand der jeweiligen Konkretionen einzelner Stoffvarianten greifen, also anhand bspw. konkreter Texte oder Bilder unter der Berücksichtigung ihrer Verwendungsabsichten in konkreten soziologisch-historischen Kontexten.

Des Weiteren muß in diesem Zusammenhang der Funktionalisierungsmöglichkeiten von Mythen unterschieden werden zwischen der bloßen *Generierung* von Deutungsmacht bzw. Deutungsmacht-Ansprüchen einerseits (primäre Funktionalisierung) und der konkreten Praxis der *Durchsetzung* von Deutungsmacht auf politischer, gesellschaftlicher, personaler o. a. Ebene andererseits (sekundäre Funktionalisierung)[186]. Ansprüche auf oder Konflikte um Deutungsmacht spielen in mythischen Stoffen immer eine Rolle[187]; inwiefern einzelne Stoffkonkretionen tatsächlich auch erfolgreich bspw. für eine die politischen oder gesellschaftlichen Strukturen ändernde Kritik an vorhandenen Machtansprüchen anderer Teilkollektive[188] oder für eine Durchsetzung oder Untermauerung von eigenen Machtansprüchen eingesetzt werden, ist eine davon zu trennende Frage. Hier steht manchmal unausgesprochen die Annahme im Raum, es handele sich bei mythischen Stoffen um intentionale Produkte bestimmter Gruppen, die auf ihre ideologischen Vorstellungen abgestimmte Mythen planvoll und eigenständig

---

184 S. Csapo, 2005, 263.
185 S. zum Themenkomplex der Funktionen mythischer Stoffe (u. a. zur Unterscheidung von Grundfunktion, Metafunktion und Funktionalisierung) ausführlicher Kapitel 18.4.2.
186 Zur Definition von „Macht" im Sinn von konkreter Machtausübung s. Stoellger, 2014, 27 f: „Macht ist *personal* ein *Vermögen* oder *nicht-personal* (die Kraft oder) die *Möglichkeit*, Unmögliches zu ermöglichen, Mögliches zu verwirklichen und Wirkliches zu erhalten oder zu verändern, bzw. in den entsprechenden Negationen: *nicht* zu ermöglichen, sondern zu verunmöglichen, *nicht* zu verwirklichen oder zu vernichten."
187 S. dazu das vorige Kapitel 18.4.3.
188 Zu dem Umstand, daß Mythen nicht nur althergebrachte Werte oder Vorstellungen transportieren, sondern daß sie an solchen auch Kritik üben können, s. Lincoln, 1989, 5.

entwickeln, um damit gesellschaftspolitische Macht zu gewinnen oder auszuüben. Auf dem Hintergrund der Beobachtungen zur Polymorphie und Polystratie mythischer Stoffe bzw. Stoffvarianten erscheint diese Prämisse jedoch fragwürdig. Es mag Ausnahmefälle geben, in denen sich hinter einem mythischen Stoff klar und deutlich ein bestimmtes Teilkollektiv als „ursprünglicher Schöpfer" dieses Stoffes abzeichnet[189]. In der Regel aber sind Mythen Werkzeuge, die nicht neu und für einen momentanen, politisch-gesellschaftlichen Zweck von einem eindeutig identifizierbaren Teilkollektiv *entwickelt*, sondern Instrumente, die von einigermaßen unscharf bleibenden Teilkollektiven entweder in Form von Stoffschemata oder auch in Form konkreter Stoffe oder Stoffteile *übernommen* werden[190]. Wenn ein solches übernommenes Gebilde für einen bestimmten politischen oder gesellschaftlichen Zweck eingesetzt werden soll, muß es aufgrund seiner Vielgestaltigkeit und Vielschichtigkeit nicht selten erst an diesen konkreten Zweck *angepaßt* werden. Ob ein Teilkollektiv durch eine solche Anpassung und durch den damit errungenen Sieg in einem Deutungsmachtkonflikt auch schon in der Lage ist, den solchermaßen angepaßten mythischen Stoff dann auch zur *Durchsetzung* konkreter politischer oder gesellschaftlicher Machtansprüche zu instrumentalisieren, steht wieder auf einem anderen Blatt.

Zu trennen ist also die Ebene der stofflichen Konkretion von der Funktionalisierung dieser Konkretion; und hinsichtlich der Funktionalisierung ist noch einmal zu unterscheiden, ob mit ihrer Hilfe lediglich Deutungsmacht beansprucht wird oder auch schon die Durchsetzung eines mit dieser Deutungsmacht verbundenen Anspruchs gewonnen wird oder werden soll. Auch wenn es einen Überschneidungsbereich gibt, unterscheidet sich daher eine Analyse von Deutungsmachtkonflikten, die sich in mythischen Stoffen widerspiegeln, von den Machtanalysen, die Foucault im Rahmen seiner diskursanalytischen Untersuchungen vornimmt. Denn Foucault ist in erster Linie soziologisch an konkreten Ausformungen und Akten der Machtausübung[191], an ganz spezifischen „Machtmechanismen" in speziell ausgewiesenen gesellschaftlichen Kontexten bzw. Diskursen und an ihren historischen Transformationen interessiert[192]. Es geht ihm

---

189 Zur Problematik der Rekonstruktion einer „Urform" eines mythischen Stoffes s. aber die Kapitel 4.2 und 7.2.
190 S. zu diesem wichtigen Unterschied auch Zima, 2011, 393 f, der „Ideologie" als „ein *Konstrukt der Intellektuellen*" beschreibt (ebd. 394, Kursivierung im Original).
191 Foucault, 1987, 255, versteht Macht als konkretes Handeln konkret handelnder Subjekte, als ein „Ensemble von Handlungen in Hinsicht auf mögliche Handlungen; sie operiert auf dem Möglichkeitsfeld, in das sich das Verhalten der handelnden Subjekte eingeschrieben hat".
192 Foucault im Gespräch mit dem italienischen Journalisten Trombadori (1978): „Wenn ich die Machtmechanismen studiere, versuche ich sie in ihrer Spezifität zu studieren ... Ich akzeptiere

vor allem um die Formen, welche die konkrete Durchsetzung von Macht in einer bestimmten Diskursformation annehmen kann (bspw. im Strafvollzug oder auf dem Gebiet der Sexualität), und wie diese Formen sich im Lauf der Geschichte verändern[193], nicht so sehr um die Analyse des Zusammenstoßes verschiedener Diskurse oder Subdiskurse oder um die Spuren, die solche Zusammenstöße in Erzählstoffen hinterlassen können[194]. Die im Rahmen dieser Arbeit in Hinblick auf Mythen entwickelte Stratifikationsanalyse zielt auf die Rekonstruktion bereits ausgetragener, sich *in* mythischen Stoffvarianten widerspiegelnder Deutungsmachtkonflikte; eine Diskursanalyse würde auf gesellschaftspolitische Machtkämpfe fokussieren, die *mit* Mythen (und anderen Mitteln) ausgetragen werden.

Mythen nur als Instrumente im Dienst einer bestimmten Ideologie einer speziellen Gruppe oder als Ausdrucksformen einer Gesamtkollektiv-Ideologie zu begreifen, wird nach den oben angestellten Überlegungen der Komplexität dieser von verschiedensten Deutungen und Interessen beeinflussten und immer wieder überarbeiteten Produkte nicht gerecht. Unterschiedliche und durchaus konkurrierende weltanschauliche Deutungsversuche fließen in mythische Stoffe und ihre konkreten Varianten ein. Inwieweit oder hinsichtlich welcher Schichten diese Stoffvarianten Anspruch darauf erheben können, eine Teilkollektiv- oder gar eine Gesamtkollektiv-Ideologie widerzuspiegeln, und ob und inwieweit und von wem diese Stoffvarianten dann funktionalisiert werden, um Deutungsmacht zu generieren oder sogar damit verbundene Ansprüche tatsächlich gesellschaftspolitisch wirksam durchzusetzen, das sind weiterführende und v. a. aus histo-

---

weder die Vorstellung der Herrschaft noch der Universalität des Gesetzes. Ich bin vielmehr bestrebt, Mechanismen der effektiven Machtausübung zu erfassen ...", zitiert aus Honneth/ Saar, 2008, 1645 f.

193 Vgl. auch Foucault aus dem Vorwort zu *Der Wille zum Wissen* (1983): „... das Problem, das fast alle meine Bücher bestimmt: wie ist in den abendländischen Gesellschaften die Produktion von Diskursen, die (zumindest für eine bestimmte Zeit) mit einem Wahrheitswert geladen sind, an die unterschiedlichen Machtmechanismen und -institutionen gebunden?" (Honneth/ Saar, 2008, 1028).

194 Zur Abgrenzung einer „Deutungsmachtanalyse" (Stoellger) von einer Diskurs- bzw. Machtanalyse im Sinn von Foucault s. auch Stoellger, 2014, 28 und 30 f, wo im Anschluß außerdem noch auf die Macht-Konzepte von Luhmann, Bourdieu, Vorländer und Schulz kurz eingegangen wird (ebd. 31-35). Zu einer dezent formulierten Kritik an der weithin beobachtbaren, aber hinterfragbaren Monopolstellung der Foucault'schen Diskursanalyse, die damit selbst zu einem Deutungsmachtfaktor in wissenschaftlichen Diskursen geworden ist, s. ebd. 31.

risch-soziologischer Perspektive interessante Fragen, die es bei der Untersuchung des Umgangs einzelner gesellschaftlicher Gruppen mit konkreten Varianten mythischer Stoffe zu bestimmten Zeiten jeweils neu zu stellen gilt[195].

Mythen sind nicht *Ideologien* in *narrativer* Form, sondern komplex geschichtete und daher in der Regel *mehrere verschiedene „Ideologiesplitter" in sich vereinende Weltbewältigungs- und Weltdeutungsversuche* in *stofflicher* Form, die fallweise zu bestimmten ideologischen Zwecken funktionalisiert werden können – das sind wichtige Unterschiede.

---

195 Vgl. dazu Kapitel 21.3.3 und die in den Anm. 36 und 37 gegebenen Literaturhinweise.

19 Semantische Indizien für Stratifikationsprozesse in Mythen: Wertungen und Hierarchisierungen (Stratifikationsmethodik III)

19.1 Folgerungen für die Mytheninterpretation 4: Der Machtfaktor und seine Auswirkung auf Stratifikationsprozesse in mythischen Stoffvarianten

Wie sich in den vorigen Kapiteln gezeigt hat, sind Mythen, weil sie hilfreiche, komplexe und flexible Mittel darstellen, transzendierende Auseinandersetzungen mit Erfahrungsgegenständen sprachlich faßbar und kommunizierbar zu machen, aufgrund des damit verbundenen impliziten Anspruchs auf Relevanz für die Deutung und Bewältigung menschlicher Existenz gewissermaßen weltanschauliche Kampfplätze, auf denen Konflikte unterschiedlicher Art und Schwere ausgetragen werden können.

Die mythischen Stoffe bzw. die mit ihnen vorgenommenen transzendierenden Deutungen, welche die lange Spanne jahrhunderte- und jahrtausendelanger Tradierung bis heute überstanden haben, sind bis auf Ausnahmen genau diejenigen, die mit ihrer „Polemik", also in ihrem Kampf mit anderen Stoffen und rivalisierenden Deutungsversuchen am erfolgreichsten waren. Sie sind die Spitze des Eisbergs vieler anderer, nicht mehr sichtbarer Stoffe, die Sieger, die, wiederum bildlich gesprochen, auf einem Haufen von Totenschädeln überwundener und verdrängter Gegner stehen. Genau um diese „Totenschädel" bzw. um die Überreste und Spuren besiegter Gegner in mythischen Stoffen geht es hier, wenn nun die weiterführende Frage gestellt wird, welche Folgen all diese Beobachtungen für die Analyse und Interpretation von Mythen haben.

> → Macht, verstanden als Durchsetzen von Deutungshoheit in einem bestimmten Bereich, spielt als Faktor bei der Entstehung von Stratifikationsprozessen, denen Mythen unterliegen, eine wesentliche Rolle. Macht- und Deutungsansprüche führen in der Regel zu Konflikten. Kämpfe um die Durchsetzung von Deutungshoheit hinterlassen in einer Kultur generell in verschiedensten Bereichen ihre Spuren, bspw. in Form von Palästen, Tempeln, Königsinschriften oder Münzen, aber eben

auch in mythischen Stoffen und ihren medial verschieden konkretisierten Varianten.

Wenn man nun in Mythen nach Überresten und Spuren von Machtkämpfen, nach Siegern und besiegten Gegnern Ausschau hält, dann kann es gelingen, noch durch ganz andere Indizien verschiedene Strata in mythischen Stoffvarianten zu erkennen, als bereits durch die Beobachtung von bestimmten Mustern typischer Stoff-Stoff-Interferenzen oder von Inkonsistenzen ausgemacht werden können[1]. Denn in Mythen werden verschiedene Traditionen nicht nur so miteinander verbunden, daß zumindest für den aufmerksamen Betrachter Einflüsse aus anderen Stoffkontexten oder noch sichtbare Nahtstellen in Form von Inkonsistenzen erkennbar bleiben, sondern auch auf eine Weise, daß verschiedene Überlieferungen bzw. Nahtstellen zwischen ihnen *mit Hilfe stofflicher Elemente bzw. Sequenzen* verbunden bzw. überdeckt werden. Durch die Identifikation solcher stofflichen Spuren wird es möglich, auch auf einer *semantischen* Ebene bestimmte *gedankliche Muster* und diese Muster verarbeitende *Erzähltaktiken* in Mythen als Indizien auszuwerten für Stratifikationen, die dadurch entstanden sind, daß Machtkämpfe um Deutungshoheiten stattgefunden haben.

Daß Konflikte zwischen verschiedenen Stoffen bzw. zwischen den diese verschiedenen Stoffe generierenden, überliefernden und verändernden Kollektiven die Gestalt eines Mythos nicht nur beeinflussen, sondern dadurch auch zu seiner Stratifikation beitragen, ist eine in ihren Konsequenzen innerhalb der Mythosforschung bislang noch nicht systematisch beachtete und für Interpretationen noch wenig fruchtbar gemachte Einsicht, auch wenn sich vielversprechende Ansätze zu einer solchen schichtenspezifischen Analyse antiker Mythen auf dem Hintergrund interstofflicher Spannungen vereinzelt in der neueren Forschung zeigen, allerdings weitgehend ohne Ausarbeitung einer spezifischen Methodik und ohne Einbettung in einen größeren theoretischen Rahmen[2].

---

[1] S. dazu ausführlich die Kapitel 14 und 16.
[2] Darüber hinaus sind die Arbeiten in der Regel schwerpunktmäßig nicht stoff-, sondern textbezogen ausgerichtet. Vgl. etwa Danek, 1998; Suter, 2002; Ayali-Darshan, 2010 und 2017 (dort u. a. Herausarbeiten von Schichten aufgrund der Beobachtung von Inkonsistenzen, s. ebd. 183 und 193); Fleming/ Milstein 2010; Yasumura, 2011 (mit vorwiegendem Interesse auf Texten, nicht auf mythischen Stoffen, s. ebd. 6: „my first concern is the texts themselves, not mythology"); eher stoffbezogen A. Zgoll 2011 und 2013.

19.2 Suche nach Indizien ausgetragener Deutungsmachtkonflikte

Mythische Stoffe sind Reaktionen auf bereits vorhandene Deutungsversuche und andere stoffliche Entwürfe, wobei Abweichendes oder schlicht Anderes und Neues entweder elegant und unauffällig oder auch offenkundig und manchmal etwas holprig einer neuen Synthese zugeführt wird. Eine solche neue Synthese ist niemals nur *reaktiv* in einem allgemeinen, gewissermaßen neutralen Sinn, sondern sie ist *polemisch-reaktiv*. Die Einsicht, daß Mythen weltanschauliche Kampfplätze sind, ist eine entscheidende Erkenntnis, welche die Voraussetzung bildet, um semantische Indizien für eine stoffliche Stratifikation überhaupt aufspüren und identifizieren zu können.

Die eigentliche Herausforderung bei der Suche nach solchen semantischen Indizien, nach den Kampfspuren im Sand der Arena, die nicht ausbleiben können, besteht allerdings darin, in dem vielfältigen Erscheinungsbild unzähliger, völlig unterschiedlicher mythischer Stoffe solche Spuren dingfest zu machen, die tatsächlich auf *Kämpfe* zurückzuführen sind. Um im Bild zu bleiben: Wenn der Mythenforscher die Spuren im Sand der Arena untersucht, muß es ihm gelingen, *spezifische* Eigenarten ausfindig zu machen und zu plausibilisieren, daß diese Spuren ausgerechnet auf eine Kampfhandlung hindeuten, und das zwischen vielen anderen Spuren, die auf andere, eher harmlose Ursachen zurückzuführen sind wie bspw. Spuren von Sklaven, die den Kampfplatz säubern, oder Spuren, die von den verschiedenen Tätigkeiten allenfalls auch tätiger Jongleure, Artisten oder Schauspieler herrühren.

Außerdem müssen sich solche Spurenmuster nicht auf *Eigenschaften*, sondern auf *Vorgänge* beziehen lassen. Ein einfacher Abdruck eines militärischen Stiefels oder selbst eines Speerschaftes allein muß nicht auf einen Kampf hindeuten, sondern kann auch auf eine still dastehende Wache zurückzuführen sein. Es muß sich schon um Spuren einer bspw. für Fechter typischen Beinarbeit handeln – daß solche Spuren dann nicht nur auf ein bloßes Training, sondern auf ein echtes Gefecht hindeuten, das ist bereits durch den Umstand gesichert, daß es sich um Mythen und damit um echte Kampfplätze, nicht um Trainingshallen handelt.

Noch ein weiterer, wichtiger Aspekt kommt hinzu. Wenn es darum geht, unter all den Spuren bestimmte Muster oder Eigenarten ausfindig zu machen, die gerade für Kampfhandlungen charakteristisch sind, dann wird deutlich, daß so etwas nur dann gelingen kann, wenn man sich auf einer relativ abstrakten Ebene bewegt. Nur auf einer solchen abstrakten Ebene lassen sich in all den verschiedenen Konkretionen verschiedenster Stoffe hinter den tausend Formen und Möglichkeiten erzählerischer Gestaltung bestimmte Muster überhaupt erst als typische Kampfhandlungsmuster *erkennen*. Dieser erste Schritt ist außerdem eine wichtige Vorbedingung für eine komparatistisch angelegte Mythosforschung. Denn erst wenn es gelungen ist, typische, öfter wiederkehrende Muster auszumachen und allgemeine Merkmale dieser Muster zu beschreiben, wird es möglich, verschiedene Konkretionen mythischer Stoffvarianten unter dem Gesichtspunkt der in ihnen steckenden Kampfspuren miteinander zu *vergleichen*.

Nun hat man es bei Mythen nicht mit materiellen, sondern mit geistigen Kämpfen und ihren Spuren zu tun. Zu suchen ist also nach bestimmten *gedanklichen Mustern*, die auf *geistige Auseinandersetzungen* hindeuten, die sich in mythischen Stoffen manifestieren.

Beim Umgang mit Konflikten generell, und das gilt natürlich auch für den Umgang mit Deutungsmachtkonflikten in Mythen, gibt es prinzipiell verschiedene Wege, um die im Zusammenhang mit dem Konflikt auftretenden Probleme zu lösen. Welche Möglichkeiten bieten sich an, mit abweichenden oder gar den eigenen Positionen widersprechenden Stofftraditionen umzugehen?

Auf einer sehr formalen Ebene betrachtet gibt es hier nicht allzu viele Optionen. Entweder, man geht Abweichendes oder Widersprechendes *aggressiv* an, indem man bspw. versucht, es klein zu reden, schlecht zu machen, abzuwerten oder soweit wie möglich zu marginalisieren bis hin zum Versuch, es gänzlich „totzuschweigen", während man im Gegenzug die eigene Position stärkt, in besonders positivem Licht darstellt, aufwertet und möglichst ins Zentrum stellt. Oder man geht mit anderen Stofftraditionen und Deutungsvorschlägen eher *konziliant* um, indem man sie bspw. mit eigenen Ansätzen zu harmonisieren oder in sie zu integrieren versucht. Bei aller Kompromißbereitschaft sind weltanschauliche Kämpfe in mythischen Stoffen jedoch daraufhin angelegt, daß es einen Sieger gibt, so daß auch im zweiten Fall einer eher harmonisierenden Eingliederung abweichender oder widerstreitender Positionen die Angelegenheit in der Regel nicht auf eine egalitäre Gewichtung, sondern auf die Unterordnung einer Position oder Anschauung hinausläuft. Es liegt sogar eine gewisse Pointe darin, daß gerade harmonische Eingliederungsversuche, die nach außen hin völlig harmlos, eben „harmonisch" wirken, als Hinweise auf einen vorausliegenden Konflikt zu deuten sind, obwohl dies in solchen Fällen oft auf eine sehr elegante Weise kaschiert wurde[3]. Dabei muß es keineswegs immer die eigene, althergebrachte

---

3 Vgl. bspw. in Bezug auf Aphrodite Yasumura, 2011, 4: „although she is not an explicit challenger to Zeus, her incorporation into the partiarchal Olympian family nonetheless entails the

Position sein, die den Sieg davonträgt; es kann durchaus auch eine neue, von außen kommende Anschauung so integriert werden, daß sie das Eigene und Althergebrachte verdrängt. Schließlich gibt es auch noch die Möglichkeit, mehrere der hier angedeuteten Wege auf verschiedene Weise miteinander zu kombinieren.

Das mag auf den ersten Blick unübersichtlich aussehen; tatsächlich aber lassen sich durch gedankliche Abstraktion die hier kurz skizzierten Lösungsstrategien im Zusammenhang mit Deutungsmachtkonflikten, so verschieden sie im Einzelnen auch sein mögen, im Grunde auf nur zwei und außerdem eng zusammengehörige gedankliche Muster zurückführen: Dabei handelt es sich um die Vornahme von *Wertungen* und *Hierarchisierungen*. Eigenes wird aufgewertet und höhergestellt, Abweichendes oder Widersprechendes abgewertet und untergeordnet.

> → Wertungen und Hierarchisierungen sind die Kriterien, anhand derer Stratifikationsprozesse auf einer semantischen Ebene festgemacht werden können.

Überall dort, wo solche gedanklichen Muster erkennbar werden, können sie als Spuren von und Hinweise auf stattgehabte Deutungsmacht-Konflikte angesehen werden und damit als semantische Indizien für verschiedene Strata fungieren.

Wertungs- und Hierarchisierungsstrategien lassen sich nicht nur in Texten beobachten, sondern auch in anderen medialen Konkretionen mythischer Stoffvarianten oder religiöser Vorstellungen, man denke etwa im Bereich der Ikonographie an Darstellungen, die bestimmte Gottheiten als besonders groß und zentral präsentieren, während andere Gottheiten oder gar Menschen vergleichsweise kleiner und eher an den Rand gedrängt dargestellt werden. Ein Beispiel für die Hervorhebung wichtigerer Gottheiten findet sich auf der Darstellung der *Apotheose Homers*, einem um 130 v. Chr. entstandenen Relief des Archelaos aus Priene, auf dem die göttlichen Musen etwas kleiner dargestellt sind als ihre Mutter Mnemosyne oder der ihnen übergeordnete Gott Apollon; außerdem wird der

---

loss of much of her personal power." Oder in Hinblick auf die Harmonisierungs-Strategien (Eingliederung machtvoller Gottheiten unter die Oberhoheit des Zeus) in der *Theogonie* Hesiods s. ausführlicher Loney, 2014, 522-528 („a politics of co-option", ebd. 522).

Göttervater Zeus nicht nur auf der Mittelachse positioniert, sondern er thront, seiner Stellung gemäß, über allen anderen auf dem obersten von vier Registern[4]. Ein früher literarischer Beleg für die Hervorhebung von Gottheiten im Vergleich zu Menschen im Bereich bildlicher Darstellungen findet sich bei Homer im Kontext der Beschreibung der Gottheiten Ares und Athene auf dem Schild, den Hephaistos für Achilleus anfertigt: Die beiden Gottheiten selbst werden durch den Künstler Hephaistos durch ihre Schönheit und Größe deutlich hervorgehoben, während die Volksscharen kleiner dargestellt sind[5].

Die in Kapitel 14 angestellten Beobachtungen zu bestimmten Mustern von Stoff-Stoff-Interferenzen und die in Kapitel 16 behandelten Untersuchungen von polymorphiebedingten und auf stoffliche Interferenzen zurückzuführenden Inkonsistenzen sind nicht als andere Herangehensweisen überflüssig machende Methoden anzusehen, die das Monopol auf die Interpretation von medialen Konkretionen wie bspw. Texten beanspruchen, die mythische Stoffvarianten verarbeiten. Es handelt sich dabei um ein Instrumentarium, das neue Perspektiven eröffnet und dann greifen kann – und in manchen Fällen aber auch tatsächlich greifen muß –, wenn traditionelle Herangehensweisen an ihre Grenzen stoßen, indem etwa Inkonsistenzen in medialen Konkretionen mythischer Stoffvarianten bspw. fehl- oder weginterpretiert oder zu etwas prinzipiell Unerklärbarem deklariert werden. Die Berücksichtigung von Wertungs- und Hierarchisierungsstrategien ist für ein vertieferes Verständnis von Mythen grundsätzlich unabdingbar, denn solche Strategien stellen in Mythen immer wichtige Faktoren dar, selbst wenn die Spuren davon bis zur Unkenntlichkeit verwischt sein sollten.

Nun äußern sich gedankliche Muster wie Wertungen und Hierarchisierungen in mythischen Stoffen bzw. ihren Varianten nicht unverblümt und nackt wie etwa in einem philosophischen Traktat, sondern sie werden *transformiert*; und da mythische Stoffvarianten zusammenhängende Sequenzen von kleinsten, *handlungstragenden* Einheiten (Hylemen) darstellen, begegnen solche abstrakten gedanklichen Muster nicht in Form von definitorischen Sätzen, sondern in ausführlicher Form vor allem in der Darstellung konkreter *Handlungen*, die sich in einzelnen oder auch in mehreren, miteinander verbundenen Hylemen manifestieren. Bestimmte Hyleme oder Hylemsequenzen, manchmal auch schon allein

---

[4] Das Relief befindet sich im *British Museum* in London (Nr. 2191) und wird seiner Bedeutung gemäß öfters abgebildet und diskutiert; zu einer jüngeren Beschreibung mit Abbildungen und weiterführender Literatur s. Bäbler, 2013, 204-207.
[5] S. Hom. *Il.* 18,509-519, besonders 518 f: καλὼ καὶ μεγάλω σὺν τεύχεσιν, ὥς τε θεὼ περ, / ἀμφὶς ἀριζήλω· λαοὶ δ' ὑπ' ὀλίζονες ἦσαν.

das Einsetzen bestimmter Hylemelement-Determinationen[6], lassen sich deshalb als *Erzähltaktiken* begreifen, mit deren Hilfe Wertungen und Hierarchisierungen in die stoffliche Form eines bestimmten Handlungsvollzuges transformiert werden.

Der Begriff „Erzähltaktik" wird hier nicht in einem narratologischen Sinn als Erzähltaktik eines bestimmten Autors in einem bestimmten Text, also nicht als Autor- bzw. Erzähltext-Taktik, sondern in einem hylistischen Sinn als eine nicht auf einzelne mediale Konkretionen festgelegte Erzählstoff-Taktik aufgefaßt. Es ist wichtig, sich die Notwendigkeit der Trennung von Stoff und medialer Konkretion immer wieder vor Augen zu führen. Die Stoffebene liegt noch vor der Textebene; die Textebene ist nur *eine* mögliche Konkretion der Variante eines Stoffes. Nicht nur in Texten, auch in Bildern oder Reliefs können wertende und hierarchisierende Erzähltaktiken eingesetzt werden. Solche Erzähltaktiken in Bildern oder Texten oder anderen medialen Konkretionen können auf einen einzelnen, sicher bestimmbaren Künstler oder Autor zurückzuführen sein, doch gerade bei Konkretionen von mythischen Stoffen wird dies nicht unbedingt der Regelfall sein; im Normalfall wird man sich damit bescheiden müssen, einzelne Stoffbausteine als Resultate einer wertenden und hierarchisierenden Stoffgestaltung zu entlarven, ohne daß man mit Sicherheit wissen kann, auf wen oder auf welches Kollektiv genau sie zurückgeht.

Mediale Konkretionen mythischer Stoffvarianten auf solche (stoffliche) Erzähltaktiken hin zu untersuchen, stellt sich als ein äußerst spannendes Unterfangen heraus, da auf diese Weise wiederum, wie bei der Untersuchung von Inkonsistenzen, die Oberfläche des Erzählverlaufes durchsichtig gemacht wird auf verschiedene Traditionen und damit auch verschiedene Schichten des stofflichen Substrats, die bei einem solchen stratifikationsanalytischen Vorgehen erkennbar werden können. Meistens sind Text-Passagen, in denen solche stofflichen Erzähltaktiken umgesetzt werden, für das Verständnis des betreffenden Stoffes und für das Erkennen einer ihm eigenen, tieferliegenden Problematik von entscheidender Bedeutung, handelt es sich doch in solchen Fällen oft gerade um *crucial points*, um Punkte, die umkämpft waren und von daher Spuren von Deutungsmachtkonflikten aufweisen.

Im Zusammenhang mit dahinterliegenden Wertungen und Hierarchisierungen tauchen bestimmte Taktiken immer wieder auf. Es sollen im Folgenden einige Beispiele von solchen Erzähltaktiken herausgegriffen werden, wobei eine Beschränkung erfolgen muß auf die Analyse von Erzähltaktiken in *Texten*; eine

---

6 Auf kürzere und versteckte Formen der Umsetzung von Wertungs- und Hierarchisierungsstrategien wird später noch eingegangen, s. Kapitel 20.9.

Analyse anhand anderer Medien kann hier aus mehreren Gründen nicht geleistet werden. Eine eingehendere Erforschung verschiedener Möglichkeiten der Umsetzung von Wertungen und Hierarchisierungen wird sicherlich noch weitere Arten von Erzähltaktiken auf stofflicher Ebene zutage fördern und hinsichtlich der Eigenart der Umsetzung solcher Taktiken in verschiedenen Medien auch noch zu weiteren Erkenntnissen kommen[7].

---

7 S. dazu die Hinweise am Ende von Kapitel 1.3 zu bereits existierenden Forschungsverbünden zu dieser Thematik.

20 Kampfspuren im Sand der Arena: Erzähltaktiken in Mythen als Umsetzungen von Wertungs- und Hierarchisierungsstrategien (Stratifikationsbeispiele III)

20.1 Kämpfe 1: Marduk gegen Tiāmtu, Ea gegen Apsû und Mummu

> Die Entwicklung des Marduk-Kultes ist im Alten Orient ohne jede Parallele. Marduk spielte im sumerischen Pantheon keine Rolle und ist bis auf zwei isolierte Belege erst unter der I. Dynastie von Babylon nachzuweisen. Im Zuge mit deren politischer Bedeutung breitete sich die Verehrung Marduks in der altbabylonischen Zeit über ganz Babylonien aus; in der anschließenden mittelbabylonischen Periode wurde die Vorstellung entwickelt und ausformuliert, der zufolge Marduk als 'Götterherr' an der Spitze des Pantheons stand und die im I. Jahrtausend zu einer Selbstverständlichkeit wurde, so daß Marduk in Götterlehre, Kult, Literatur und in bezug auf die Vielseitigkeit der ihm zugeschriebenen Züge eine herausragende Stellung erhielt, die von keiner anderen Gottheit erreicht wurde.

So beschreibt ein Kenner der Materie zusammenfassend den Aufstieg Marduks am altorientalischen Götterhimmel[1]. Marduk ist damit ein Paradebeispiel dafür, wie ein anfänglich „kaum bekannter Lokalgott von völlig untergeordneter Bedeutung" durch eine Veränderung gesellschaftlich-politischer Gegebenheiten, durch den Aufstieg der Dynastie der Amurriter in Babylon[2], im Lauf der Zeit zum Herrscher über alle anderen, alteingesessenen und hoch verehrten Gottheiten avanciert.

Ein solcher Wandel in der Deutung des hierarchischen Gefüges der göttlichen Mächte mußte aufgearbeitet werden, und im Zuge dieser Aufarbeitung mußte es unausweichlich zu Konflikten mit all den herkömmlichen Anschauun-

---

[1] Sommerfeld, 1988, 362, als Zusammenfassung der Forschungen, die in die Monographie von Sommerfeld, 1982, eingegangen sind. Vgl. Krebernik, 2012, 67 f. S. auch die zusammenfassende Darstellung zu Marduk bei Hrůša, 2015, 57-59. Sehr detailreich und mit etlichen Belegen behandelt den Aufstieg Marduks Lambert, 2013, 248-277.
[2] Sommerfeld, 1988, 363.

gen kommen, die mit der Aufwertung Marduks Schritt für Schritt in den Hintergrund gedrängt wurden. Diese Konflikte und die mit ihnen in Zusammenhang stehenden Veränderungen haben verschiedene, historisch greifbare Spuren hinterlassen. So wird dieser beispiellose Aufstieg Marduks[3] etwa in einer veränderten Praxis von Namengebungen oder von Eiden bei Rechtsgeschäften oder in baulicher Hinsicht durch die Errichtung des Marduk-Tempels „Esaĝil" in Babylon und die damit vorauszusetzende Installation einer zunehmend an Einfluß gewinnenden Marduk-Priesterschaft manifest[4]. Aber nicht nur anhand solcher Spuren läßt sich Marduks Aufstieg nachweisen, sondern er wurde auch dadurch publik gemacht und propagiert, daß man Marduk zunehmend in bereits vorhandene mythische Stoffe integriert hat. Marduks Aufstieg wird nicht einfach *gesetzt*, sondern er wird auch *erklärt*, und er ist mit am besten dadurch zu plausibilisieren, daß man von bestimmten Eigenschaften und vor allem von Taten *erzählen* kann, die Marduk vollbracht hat und die durch ihre Außergewöhnlichkeit und Größe rechtfertigen, daß er selbst nicht nur einer der Großen, sondern sogar der Größte unter allen Göttern ist.

Vieles deutet darauf hin, daß der letzte und entscheidende Durchbruch, der Marduk an die Spitze des Pantheons beförderte, mit einem bestimmten historischen Ereignis verknüpft war[5]. Nachdem die Babylonier gegen die Elamiter eine empfindliche Niederlage einstecken mußten, in deren Gefolge sogar die Statue

---

3 Vgl. Maul, 2015, 30 („in der mesopotamischen Religionsgeschichte beispiellose Erhöhung eines Gottes").
4 Der Aufstieg Marduks spiegelt sich schon rein statistisch verifizierbar in der Häufigkeit der Namengebung in Mesopotamien wider; nach der altbabylonischen Zeit (18./ 17. Jh. v. Chr.) steigt die Zahl der Namengebungen mit „Marduk" als theophorem Element sprunghaft an (Sommerfeld, 1988, 363 f). Auch werden im Rahmen von Rechtsgeschäften vermehrt Eide auf Marduk abgelegt (Hrůša, 2015, 57). Zur vermutlichen Ersterwähnung von Marduks Tempel Esaĝil in Babylon in altbabylonischer Zeit s. Lambert, 2013, 251; aus dem 12. Jh. v.Chr. findet sich eine Erwähnung des Esaĝil (und eine erklärende Ausdeutung als „Nachbildung des Apsû") in der ersten Zeile der mit *Tintir* betitelten Beschreibung der Stadt Babylon (Edition in George, 1992, 1-72; zur Datierung ebd. 7); durch Inschriften gesichert ist eine Wiederherstellung des zerstörten Tempels unter dem assyrischen König Asarhaddon im 7. Jh. v. Chr. (dazu und zur schwierigen Situation der Ausgrabungsbedingungen der unter meterdicken Schichten liegenden Baureste s. Koldewey, 1913, 200-210, zusammenfassend 303). Mit der sog. *Esaĝil-Tafel* hat sich sogar eine originale, keilschriftliche Quelle erhalten, in welcher der umfangreiche Komplex des Heiligtums mit seinen verschiedenen Bauten im Detail beschrieben wird (Edition in George, 1992, 109-119). Zu Darstellung einer Episode aus dem *Enūma eliš* im Marduk-Tempel von Palmyra s. Krebernik, 2012, 77. Zum gesellschaftlichen Einfluß der Marduk-Priesterschaft, der sich zumindest in bestimmten Hinsichten sogar der König unterordnen muß, s. Gabriel, 2014, 92-94 und 104-106.
5 S. dazu Sommerfeld, 1988, 365; Krebernik, 2012, 77; Hrůša, 2015, 57 f; detailliert Lambert, 2013, 271-274.

des Gottes Marduk aus seinem Tempel in Babylon von den Siegern weggeschleppt wurde, gelang es Nebukadnezar I. (1124-1103 v. Chr.), die Elamiter in einem erneuten Feldzug vernichtend zu schlagen, so daß Marduk im Triumphzug wieder nach Babylon zurückgeführt werden konnte. Nur in moderner Perspektive ist dieser Sieg über die Elamiter menschlichem Können zu verdanken; aus antiker Sicht war dies nicht so sehr ein Sieg des Feldherrn Nebukadnezar I. über feindliche Truppen, als vielmehr ein Sieg des Gottes Marduk über feindliche Götter.

In etwa diese Zeit ist die weite Verbreitung einer der wichtigsten Quellen zu datieren[6], die eine Einbindung Marduks in andere Stoffe aus der altorientalischen Mythologie zum Gegenstand hat, das auf Akkadisch verfaßte *Enūma eliš*[7], oder das *Lied auf Marduk*, wie es im Text selbst resümierend heißt[8]. Dieses *Lied auf Marduk* ist zugleich die Quelle, in der die Erhöhung Marduks am deutlichsten thematisiert und unterstrichen wird, ja man kann sagen, daß dieser Text ein regelrechtes Manifest der neuen Sichtweise auf Marduk und das babylonische Pantheon insgesamt darstellt[9]. Daß das *Enūma eliš* außerdem nicht nur als theoretische Abhandlung gedacht ist, sondern praktisch eingesetzt wird und diesem Einsatz eine hohe Relevanz für das Wohlergehen der gesamten Gesellschaft zugeschrieben wird, geht u. a. daraus hervor, daß der Text bei einem der wichtig-

---

[6] Sommerfeld, 1988, 365; George, 1992, 7; Hrůša, 2015, 58. Kürzere Überblicke zur Überlieferung des Textes und den verschiedenen Versionen s. Kämmerer/ Metzler, 2012, 23-33, und Lambert, 2013, 3-6. Entstehung und Verbreitung des Werkes sind noch einmal zu unterscheiden von der Datierung der ersten erhaltenen Textzeugen, die mehrheitlich aus einem Zeitraum von 850-400 v. Chr. stammen (mit einer Ausnahme, die bereits etwa um 1000 v. Chr. oder sogar noch früher zu datieren ist, s. dazu Gabriel, 2014, 34, mit Literaturhinweisen); die topographische Streuung der Tontafel-Funde über ganz Mesopotamien und darüber hinaus zeigt an, wie bekannt und verbreitet das Werk ab dem 9. Jahrhundert bereits war. Zu den genannten Datierungen und zu den Fundorten der Textzeugen s. die detaillierten Ausführungen mit ausgezeichneten Übersichten bei Gabriel, 2014, 29-70, und das nach Tafeln und Fundorten aufgeschlüsselte Textzeugenverzeichnis ebd. 448-487. Wenn die begründete Vermutung zutrifft, daß das *Enūma eliš* vor der „Vereinnahmung" des Textes durch die Assyrer für ihren Gott Aššur Geheimwissen der babylonischen Marduk-Priesterschaft war, dann wird dadurch die ohnehin nicht einfache Bestimmung der genaueren Entstehungszeit des Werkes zusätzlich erschwert (s. Gabriel, 2014, 89 f; 100-105 mit Anm. 233).

[7] „Als oben ...", nach den beiden ersten Wörtern der Anfangszeile des Textes, Tafel 1,1: „Als oben der Himmel noch nicht genannt war ..."

[8] *zamāru ša* ᵈ*Marduk*, Tafel 7,161; zur Werkbezeichnung s. Gabriel, 2014, 107-111. Neuere Editionen: Kämmerer/ Metzler, 2012; Lambert, 2013; umfassende Interpretation zu Verortung und „Pragmatik", Struktur und Bedeutung des Werkes: Gabriel, 2014; dort im Anhang (419-447) auch etliche Passagen in Transkription und Übersetzung.

[9] Vgl. Lambert, 2013, 273: „If any manifesto were needed, *Enūma Eliš* has claim to be it."

sten Feste im kultischen Kalender Babylons, beim Neujahrsfest, regelmäßig rezitiert wird, wobei einzelne begleitende, rituelle Handlungen als eine regelrechte Aufführung einzelner Passagen aus dem *Lied auf Marduk* aufgefaßt werden können[10].

Da die zeit- und religionsgeschichtlichen Hintergründe von Marduks Aufstieg deutlich zutage liegen und in den wesentlichen Punkten unumstritten sind[11], eignet sich das *Enūma eliš* besonders gut als Ausgangspunkt bei der Suche nach einzelnen, konkreten Erzähltaktiken in Mythen, mit deren Hilfe Wertungs- und Hierarchisierungsstrategien stofflich dargestellt werden. Denn in diesem Text sind mehrere mythische Stoffe verarbeitet wie etwa der Mythos von der Überwindung und Tötung des den Süßwasser-Ozean repräsentierenden Urkönigs Apsû[12], der Kampf gegen die urtümliche Meeresgöttin Tiāmtu, die Erschaffung und Ordnung der Welt, die Menschenschöpfung oder die Erbauung des babylonischen Tempels Esaĝil durch die Götter. Es werden aber in diesem Text nicht nur mehrere verschiedene mythische Stoffe zusammengewoben, sondern sie werden darüber hinaus fast alle direkt oder indirekt mit Marduk in Beziehung gesetzt, und zwar so, daß Marduk dabei eine wesentliche Rolle zukommt, während sowohl die Präsenz als auch die Tätigkeiten anderer Gottheiten in den Hintergrund gedrängt werden – ein veritabler Bruch mit anderen mythischen Überlieferungen[13]. Es sollen im Folgenden beispielhaft einige Erzähltaktiken, mit deren Hilfe dies bewerkstelligt wird, herausgegriffen werden.

Auf eine dieser Taktiken wurde oben bereits kurz angespielt. Für die Herausstellung der Größe eines Protagonisten ist es vorteilhaft, einen großen Gegner vorzuführen. Noch wirkungsvoller ist es, vorzuführen, wie andere Protagonisten bei der Überwindung dieses großen Gegners scheitern. Denn dadurch wird nicht nur die Größe der Tat des favorisierten Protagonisten unterstrichen, sondern es wird damit zugleich die Größe rivalisierender Protagonisten herabgesetzt.

---

10 Vgl. dazu die monographische Abhandlung von A. Zgoll, 2006b; zur Rolle des *Enūma eliš* im Rahmen des babylonischen Neujahrsfestes und zu den Bezügen zu einzelnen rituellen Handlungen aufgrund der Auswertung verschiedenster Quellen, darunter antike Kommentartexte sowohl zum Text von *Enūma eliš* als auch zum Neujahrsritual, s. ebd. 48-60.
11 Vgl. Lambert, 2013, 248: „Fortunately, there is no dispute about the basic facts ..."; problematisch sei allein die Rekonstruktion der historischen Abläufe im Detail.
12 Zur Interpretation von Apsû als erstem Götterkönig und der Problematik der Nachfolge-Regelung nach seiner Tötung durch Ea s. Gabriel, 2014, 316-328 (speziell zur Stellung von Apsû als „Urkönig" ebd. 317-319).
13 Vgl. Michalowski, 1998, 239: „...some of the crucial later documents ... – *Enūma Elish* in particular — were composed as cultic and religious polemics, and represent a radical break with past beliefs."

Diese durchaus raffinierte Doppel-Taktik läßt sich in der 1. und 2. Tafel von *Enūma eliš* beobachten. Am Ende der 1. Tafel wird zunächst die Größe des Gegners geschildert. Die Göttin Tiāmtu rüstet zum Krieg gegen die Götter und stellt zu diesem Zweck ein geradezu grauenerregendes Heer von giftgefüllten Riesenschlangen, schreckenbringenden Drachen, waffenstarrenden Fisch- und Skorpionmenschen und anderen wilden Wesen wie Löwen- und Sturmdämonen auf[14]. Dann folgt taktisch geschickt eingeschaltet die Schilderung des Scheiterns zweier Protagonisten, die mit Marduk hinsichtlich einer Vorrangstellung im Pantheon rivalisieren. Am Anfang von Tafel 2 schickt der Göttervater Anšar zunächst Marduks Vater, den Ritual- und Weisheitsgott Ea, in den Krieg gegen Tiāmtu und ihr schreckliches Heer. Ea ist ein durchaus aussichtsreicher Kandidat für einen erfolgreichen Feldzug, hat er doch, wie der Anfang von Tafel 1 berichtet, immerhin den Urkönig Apsû überwunden und getötet[15]. Aber Ea versagt kläglich, und er kehrt zerknirscht und voller Angst zu Anšar zurück[16]. Auf Eas Rat hin entsendet Anšar in einem zweiten Anlauf den Himmelsgott Anu, aber Anu scheitert auf dieselbe klägliche Weise[17]. Als Anu dem Göttervater vorschlägt, noch jemand anderen zu senden, tritt in der Götterversammlung ein peinliches Schweigen ein. Es läßt sich zunächst kein weiterer Freiwilliger auf das Unternehmen ein, bis auf das Zureden seines Vaters Ea Marduk vortritt und sich bereit erklärt, das Wagnis auf sich zu nehmen[18]. Das Scheitern von Ea und Anu und die an Feigheit grenzende Zurückhaltung all der anderen Götter bilden dann die Folie, auf deren Hintergrund sich das Auftreten Marduks und sein Sieg gegen Tiāmtu und ihr Heer um so glorreicher abheben[19].

Die geschilderte taktische Erzählführung wertet Marduk auf und stuft zugleich andere alte und wichtige Gottheiten wie Ea und Anu in ihrer Bedeutung herunter. So etwas kann auch subtiler geschehen, nämlich so, daß die Abwertung anderer Gottheiten nur implizit vorgenommen wird. Wenn etwa Marduks Geburt stofflich so gestaltet wird, daß der neue Göttersohn mit vier Augen und mit vier Ohren das Licht der Welt erblickt[20], dann ist das nicht etwa eine harmlose Beschreibung einer körperlichen Besonderheit, sondern dann ist der Stoff so und nicht anders gestaltet, weil in diesem Umstand eine versteckte Polemik liegt.

---

14 *Enūma eliš* 1,133-146.
15 *Enūma eliš* 1,59-78.
16 *Enūma eliš* 2,49-90.
17 *Enūma eliš* 2,91-114.
18 *Enūma eliš* 2,115-148.
19 Bericht vom Kampf Marduks gegen Tiāmtu und ihre Gefolgschaft und von seinem Sieg in *Enūma eliš* 4,95-122.
20 *Enūma eliš* 2,95.

Nicht eigens erwähnt wird, worauf dieser stoffliche Zug eigentlich abzielt, nämlich darauf, daß die anderen Götter in aller Regel nur jeweils *zwei* Augen und Ohren haben und insofern Marduk schon allein körperlich unterlegen sind – und auch geistig, da im Alten Orient „Ohr" auch für Verstand bzw. Weisheit steht[21].

Die eigentliche Bedeutung der verdoppelten Augen und Ohren wird dann im *Enūma eliš* für jeden, der eventuell in der Gefahr steht, die darin liegende implizite Botschaft zu überhören, deutlich genug unterstrichen, indem etwa die Erläuterungen hinzugefügt werden, daß Marduk seit jeher von einer „andersartigen" (vgl. *šunnât*, 1,91), näherhin „überragenden" (vgl. *atar*, 1,92) und „überlegenen" (vgl. *gašir*, 1,88) Göttlichkeit war, und dadurch wird für jeden klar, daß dieses „überragend" und „überlegen", was nicht grammatisch, aber vom Sinn her komparativisch zu verstehen ist, natürlich auf all die anderen Gottheiten zu beziehen ist.

Dieses Beispiel verdeutlicht, daß neben *Handlungen* (dynamischen Hylemen) auch bloße *Zustands-Beschreibungen* bzw. *Seins-Aussagen* (statische Hyleme) in mythischen Stoffvarianten Wertungs- und Hierarchisierungsstrategien umsetzen können. Außerdem wird deutlich, daß Beschreibungen von herausragenden Fähigkeiten oder Eigenschaften von Protagonisten in Mythen nicht isoliert gesehen werden dürfen, da man sonst Gefahr läuft, die eigentliche Stoßrichtung solcher Beschreibungen zu verkennen, die nur dem Anschein nach lediglich objektive Fakten konstatieren. Selbst dann, wenn sie bspw. Aufwertungen von Protagonisten darstellen, ohne daß dabei andere Protagonisten explizit abgewertet werden, sind sie in aller Regel aus Konkurrenzsituationen heraus entstanden und als im Grunde kämpferische Aussagen zu interpretieren. In einem „besonders", ob im Positiven oder im Negativen, schwingt stets ein „besonderer als" mit.

Zurück zu Erzähltaktiken in Mythen, die Wertungs- und Hierarchisierungsstrategien in Form von *Handlungen* stofflich umsetzen. Ein weiteres Beispiel dafür im *Lied auf Marduk* ist die Ablösung des Urkönigs Apsû durch den Nachfolger Ea[22]. Apsû, der „erste" der Götter[23], möchte die zu laut tobenden göttlichen Nachkommen von ihm und seiner Gemahlin Tiāmtu töten. Die betroffenen Götter erfahren davon, und Gegenmaßnahmen ergreift der Gott Ea, der bereits durch die

---

[21] Daß „Ohr" auch für „Verstand" oder „Weisheit" steht, läßt sich bereits werkimmanent zeigen, vgl. etwa *Enūma eliš* 1,18. Marduk wird entsprechend im Kontext der Geburt u. a. als „der Weise der Götter" bezeichnet (1,80).
[22] *Enūma eliš* 1,16-78.
[23] *Enūma eliš* 1,3.

Attribuierungen „der an Verstand Überragende, der Erfahrene, der Fähige" aufgewertet wird[24] – bei denen wieder ein „verständiger, erfahrener, fähiger *als* ..." mitzudenken ist. Es gelingt ihm, Apsû durch eine Beschwörung einzuschläfern. Die weitere Depotenzierung des Urkönigs Apsû durch Ea wird drastisch umgesetzt, indem beschrieben wird, wie Ea dem schlafenden Apsû Kleidungsstücke und königliche Insignien abreißt, ihn dann bindet und tötet. Auf diese Weise wird stofflich plausibilisiert, daß eine uralte göttliche Macht von einer anderen abgelöst wird.

Hinter der so drastisch vorgeführten und damit klar erkennbaren Depotenzierung Apsûs durch Ea läßt sich im selben Kontext noch eine weitere, deutlich weniger offensichtliche entdecken, auf deren Spur man durch die Beobachtung einer leichten Inkonsistenz gebracht wird. Denn weshalb muß Ea Apsû vor der Tötung noch *binden*? Der Akt der Tötung kann jedenfalls nicht *mehr* Gefahr bergen, jemanden aufzuwecken, als dies beim Abreißen von Kleidung und Insignien bereits der Fall war. Hier liegt eine gewisse logische Inkonsistenz vor, denn jemand, der eingeschläfert und damit im Prinzip völlig wehrlos ist, muß nicht erst noch gebunden werden, bevor man ihm den Todesstoß versetzt. Eine solche Inkonsistenz kann, wie anhand anderer Beispiele ausgeführt wurde, auf eine Stoffstratifikation hindeuten[25].

Tatsächlich erfährt man im *Enūma eliš* von einem weiteren Gegner, der nach Apsûs Tötung durch Ea ebenfalls gebunden[26], aber nicht getötet, sondern nur gefangen genommen und eingeschlossen wird, und zwar handelt es sich dabei um Apsûs Wesir Mummu, der eindringlich zu dem Krieg gegen die jüngeren Götter geraten hatte. Es lohnt sich, diesen Mummu und seine Beziehung zu Apsû näher unter die Lupe zu nehmen.

Mummu wird als „Wesir" (*sukkallu*) Apsûs bezeichnet und tritt vor allem in der Funktion eines Ratgebers auf[27]. Er gibt Apsû den entscheidenden Rat und Anstoß zum Krieg gegen die junge Göttergeneration[28]. Dies ist natürlich nicht eine Beschreibung von etwas, das *so war*, weil etwa Apsû aufgrund seines hohen Alters eines jüngeren und klügeren Ratgebers tatsächlich bedurft hätte. Es wäre

---

24 *Enūma eliš* 1,59; Übersetzung von Kämmerer/ Metzler, 2012, 317.
25 S. Kapitel 16.
26 Vgl. den sich auf Apsû und diesen weiteren Gegner beziehenden Plural *lemnēšu* in *Enūma eliš* 1,73.
27 „Wesir" in *Enūma eliš* 1,30 und 31; zur Ratgeberfunktion s. 1,47 f.
28 *Enūma eliš* 1,47-50.

kein Problem gewesen, den Götterkrieg allein auf einen Entschluß Apsûs zurückzuführen. Aber offenbar war es nicht so einfach möglich, die Gestalt Mummus völlig aus dem Spiel zu lassen.

Allein schon das Vorkommen Mummus und die damit verbundene Verdoppelung des Gegners, den Ea bezwingen muß, ist zusätzlich zu der Beobachtung der oben erwähnten Inkonsistenz (erst Bindung, dann Tötung) ein Indiz dafür, daß man es hier mit verschiedenen Stoffschichten zu tun hat. Ein weiteres, noch deutlicheres Indiz für eine Stratifikation liegt in der hierarchischen Unterordnung Mummus unter Apsû, indem er als Apsûs „Wesir" bezeichnet wird, was vermuten läßt, daß dahinter der Konflikt verschiedener Traditionen steht, von denen eine bemüht war, die Wichtigkeit der Rolle Mummus zu mindern. Zusammengenommen deuten all diese Indizien darauf hin, daß es ein Alternativkonzept gegeben hat, nach dem nicht Apsû oder zumindest nicht Apsû allein der „erste" aller Götter war, sondern daß unter den Urgöttern auch Mummu eine bedeutende Stellung innegehabt haben muß.

Bei weiterem Forschen lassen sich noch weitere Argumente anführen, die in genau dieselbe Richtung weisen. Zunächst spricht der Name „Mummu" selbst für eine solche Deutung, da er sich, für eine „erste" Gottheit passend, in etwa mit „Lebenskraft" bzw. „Schöpferkraft" übersetzen läßt[29]. Ein weiteres schlagendes Argument liefert der Text selbst. In Tafel 7 des *Lieds auf Marduk* wird Mummu direkt und unverblümt als „Schöpfer des Himmels und der Erde" (*bān šamê u erṣeti*) bezeichnet und als einer, dessen Macht kein zweiter unter den Göttern gleichkommt[30], was kaum anders interpretiert werden kann, als daß Mummu nach einer alternativen Tradition im Pantheon eine absolut herausragende Position innehatte.

Nach dieser anderen Tradition war der hauptsächliche Gegner einer jüngeren Gottheit wie Ea demgemäß nicht Apsû, sondern Mummu. Der Kampf gegen Mummu wurde offenbar dadurch beendet, daß der Sieger Mummu gebunden und eingeschlossen hat, während der Kampf gegen Apsû dadurch sein Ende fand, daß Apsû getötet wurde. Daß Mummu in der Alternativversion nicht auch wie Apsû getötet wird, liegt aller Wahrscheinlichkeit nach daran, daß es von der im Namen liegenden Begrifflichkeit her, die in antiken Kulturen einer Wesensbestimmung gleich kommt[31], ein Widerspruch in sich wäre, Mummu, die personifizierte „Schöpferkraft" bzw. „Lebenskraft", als tot vorzustellen. Im *Enūma eliš* kommt es nun bei der Vereinigung der beiden Traditionen zu dem Problem, wie

---

29 Zur etymologischen Herleitung s. Krebernik, 1995, 416.
30 *Enūma eliš* 7,86 und 88.
31 S. dazu ausführlicher unten, Kapitel 20.5.

die unterschiedlichen Ausgänge harmonisiert werden können, was als Grund für das Entstehen der Inkonsistenz angesehen werden kann, daß Apsû *sowohl* gebunden *als auch* getötet wird.

Letzte Zweifel bezüglich der Existenz einer alternativen Auffassung von Mummu als einer „ersten" Gottheit oder Urmacht kann der Anfang von *Enūma eliš* ausräumen, der ebenfalls eine leichte Inkonsistenz aufweist, die aber einen weiteren deutlichen Hinweis auf das eben skizzierte Alternativkonzept liefert. Es heißt da nämlich nicht, wie man es von einer „glatten" Komposition erwarten würde, daß am Anfang der Zeit Apsû und Tiāmtu ihre Wasser (Süß- und Salzwasser) miteinander vermischten und dadurch die Gesamtheit aller anderen Götter erschufen, sondern daß Apsû und „die Schöpferkraft-Tiāmtu" dies taten. Dies wird im Originaltext aber nicht anders ausgedrückt als durch die eigentümliche Verbindung von Apsû – nicht mit Tiāmtu, sondern mit „Mummu-Tiāmtu" (*Mummu Tiāmtu*)[32]. Kämmerer und Metzler übersetzen mit Kursivierung[33]: „Als ... Apsû, der Erste ..., [und] die *lebenswirkende Kraft* Tiāmtu, die Erzeugerin ... ihre Wasser zusammen mischten ..."; Lambert übersetzt[34]: „There was Apsû ... and demiurge Tiāmat ...; they had mingled their waters together ..." Beide Übersetzungen stellen verständliche Glättungen für den modernen Leser dar[35]. Die Inkonsistenz wird erst durch einen Blick auf den Originaltext deutlich, der von einer Vermischung der Wasser Apsûs mit den Wassern von „Mummu-Tiāmtu" spricht. Daß man die Junktur *Mummu Tiāmtu* offenbar bereits in der Antike als etwas erklärungsbedürftig empfunden hat, zeigt der Umstand, daß in einem Textzeugen das in allen anderen Textzeugen für Tiāmtu im Folgenden verwendete Attribut „Erzeugerin" (*mu'allidat*) durch das die vorherige Nennung von *Mummu* gewissermaßen explizierende *mummallidat* ersetzt wird[36].

Durch die etwas „holprige" Einschreibung Mummus am Anfang von *Enūma eliš* wird mehr als deutlich, daß es neben der Tradition einer Erschaffung der Götter durch Apsû und Tiāmtu eine andere Tradition gab, die man nicht völlig übergehen konnte oder wollte, und bei der Mummu eine wesentliche Rolle spielte[37],

---

32 *Enūma eliš* 1,1-5; *Mummu Tiāmtu* in 1,4.
33 Kämmerer/ Metzler, 2012, 315; das „und" ist zur Verdeutlichung von mir eingefügt.
34 Lambert, 2013, 51.
35 Keine solche Glättung in der Übersetzung von Maul, 2015, 22 („es war Mummu-Tiāmat, die sie alle gebar").
36 S. dazu die Partitur bei Kämmerer/ Metzler, 2012, 109, mit Anm. 5: „bildet so eine Assoziation mit *mummu*; in Anspielung auf *mummu* als *materia prima* könnte man *mummallidat* mit 'die Materialisiererin' übersetzen."
37 In diese Richtung geht auch die Deutung der vorliegenden Stelle bei Krebernik, 1995, 416: „In Mummu und Ti'āmat sah man anfangs zwei selbständige Namen bzw. Gottheiten."

auch wenn nicht mehr mit Sicherheit gesagt werden kann, ob man in diesem Fall mit einer Konstellation Apsû – Mummu oder mit der Verbindung Mummu – Tiāmtu zu rechnen hat[38].

In Tafel 7 wie in Tafel 1 des *Enūma eliš* tritt Mummu dann nur noch „abgewertet" auf. Denn wie in Tafel 1 die „Urmacht" Mummu als ein dem Apsû untergeordneter Wesir erscheint, wird Mummu in Tafel 7 als Ehrenname einem der jüngsten Götter, nämlich Marduk zugesprochen. Allein aber, daß er überhaupt noch erwähnt wird, daß er überwunden und gebunden werden muß, und daß sein Name Marduk zum Ruhm gereicht, sind deutliche Hinweise auf eine alternative Tradition, nach der Mummu eine machtvolle Stellung innehatte[39].

Letztlich hat man es in Tafel 1 von *Enūma eliš* mit mythischen Stoffen zu tun, welche die Ablösung von einer Gottheit oder mehreren Gottheiten durch eine andere oder mehrere andere Gottheiten thematisieren und die man oft als „Sukzessionsmythen" bezeichnet[40]. Wenn man so will, kann man sogar das gesamte *Enūma eliš* hauptsächlich als eine Verkettung von mehreren Sukzessionsmythen begreifen. Von dem ersten Götterpaar Mummu – Tiāmtu oder Apsû – Mummu sind nur noch schwache Spuren erhalten geblieben; es wurde durch die Konstellation Apsû – Tiāmtu überschrieben. Dem Paar Apsû und Tiāmtu folgt das Paar Laḫmu und Laḫamu, diesem wiederum das Paar Anšar und Kišar. Mit Verwicklungen, die es hier im Einzelnen nicht nachzuzeichnen gilt, gelangt das Amt des obersten Königs über alle Götter auf diese Weise von Apsû schließlich auf Marduk.

Die Sukzessions-Thematik ist im *Enūma eliš* so dominant, daß ihr ein anderer Themenkomplex untergeordnet wird, obwohl er von wahrhaft kosmischer Bedeutung ist, nämlich die Erschaffung und Ordnung der Welt. Denn anfangs sind Urelemente wie die Wasser von Apsû und Tiāmtu und etliche Götter zwar schon

---

38 Für die Verbindung Apsû – Mummu spricht im Text die Trennung nach Apsû auf der einen und *Mummu Tiāmtu* auf der anderen Seite, außerdem die enge Junktur „Mummu-Tiāmtu" und der Umstand, daß *Mummu* an *ummu* („Mutter") anklingt (evtl. auch Anklang an *Mama* bzw. *Mami* als Bezeichnung der Muttergöttin). In diesem Fall stünde *Mummu* für eine weiblich gedachte Urmacht, in der man nach einer anderen Tradition die – ebenfalls weiblich gedachte – Tiāmtu erblickt hat. Für die Konstellation Mummu – Tiāmtu läßt sich anführen, daß im Kontext von *Enūma eliš* Mummu als (untergeordnete) „Verdoppelung" von Apsû und Gegenpart zu Tiāmtu in Erscheinung tritt und außerdem die Endung auf -*u* im Akkadischen mehrheitlich auf einen männlichen Namensträger hindeutet. In diesem Fall wäre *Mummu* Partner der *Tiāmtu* und eine männlich gedachte Urmacht, die nach einer anderen Tradition durch Apsû repräsentiert wird.
39 Das bedeutet *nicht*, zumindest nicht automatisch, daß diese alternative Tradition *älter* oder gar die ursprüngliche gewesen sein muß; s. dazu Kapitel 21.3.3.
40 Zu Sukzessionsmythen im Alten Orient vgl. allgemein Krebernik, 2012, 83-85.

vorhanden; aber die Welt, wie man sie kennt, wird erst nach Tiāmtus Tötung durch Marduk erschaffen und eingerichtet, wobei Teile der getöteten Tiāmtu von Marduk als wesentliche „Bausteine" für das neue Weltengebäude genutzt werden[41]. Die Tötung Tiāmtus wiederum ist insofern der Erhöhung Marduks funktional untergeordnet, als sie die maßgebliche Ursache für diese Erhöhung darstellt[42]. Im Lied auf Marduk stellt die Erschaffung der Welt damit kein eigentliches Zentrum dar, sondern erscheint nur noch als ein weiterer „Meilenstein" zwischen anderen, hauptsächlich das Thema „Sukzession" betreffenden mythischen Stoffen, die letztlich alle darauf ausgerichtet sind, den Weg Marduks an die Spitze des Pantheons nachzuzeichnen[43].

Abschließend sei noch darauf hingewiesen, daß der Sukzessionsmythos von Apsû, der gegen den Willen seiner Gattin Tiāmtu die mit ihr gezeugten Kinder töten will und dafür selbst getötet wird, durchaus bemerkenswerte strukturelle Parallelen zur Konstellation von Okeanos und Tethys[44] und vor allem zum griechischen Sukzessionsmythos von Kronos aufweist, der ebenfalls gegen den Willen seiner Frau Rhea die mit ihr gezeugten Kinder zu beseitigen versucht[45]. Letztlich verlieren daraufhin Kronos wie Apsû durch einen klugen und listigen Nachkommen, im einen Fall durch Zeus, im anderen durch Ea, ihre Königsherrschaft, und wie Apsû (anfangs) gebunden bzw. der mit Apsû assoziierte Mummu eingeschlossen wird, so wird auch Kronos von Zeus in der Unterwelt eingekerkert[46].

---

41 S. Enūma eliš 4,135-5,76.
42 Vgl. dazu Enūma eliš 2,153-162.
43 Vgl. zur Diskussion des antiken Werktitels Lied auf Marduk Gabriel, 2014, 110: „Nach dieser zeitgenössischen Selbstbeschreibung stehen ... Sieg und Königsherrschaft im Zentrum des Werkes – und nicht die Weltschöpfung", und zur Diskussion über die zentrale Thematik des Werkes in der modernen Forschung ebd. 395-397, mit dem abschließenden Urteil, daß es sich beim Enūma eliš „primär um eine Aufstiegsbeschreibung und nur sekundär um eine Darstellung der Weltschöpfung" handelt (ebd. 397). Vgl. auch George, 2016, 25: „Das Gedicht will der traditionellen Mythologie ganz bewusst eine neue Reihenfolge geben, um Marduk als neuem König der Götter eine einzigartige Heldenlaufbahn zu ermöglichen."
44 S. Graf, 1985, 88; Reichel, 2011, 16.
45 S. dazu Gantz, 1993, 41 und 44.
46 Vgl. dazu Hom. Il. 8,479-481 u. ö. (weitere Stellen bei Gantz, 1993, 45); Hes. theog. 453-496 und 851. Zu den längst konstatierten Parallelen wiederum zwischen griechischen und hethitischen Sukzessions-Mythen s. die luzide Übersicht der hauptsächlichen Gemeinsamkeiten bei Csapo, 2005, 74 f.

20.2 Kämpfe 2: Pallas gegen Athene

Ein interessantes Beispiel für die Vielschichtigkeit mythischer Überlieferungen, die in der Konkretion einer Stoffvariante zusammenfließen und überblendet werden, bietet auch der Zweikampf zwischen Athene und Pallas, wie er von Apollodoros erzählt wird, um die Genese des Palladions zu erklären. Das Palladion kann mit einem gewissen Recht einer der heiligsten Kultgegenstände der griechisch-römischen Antike genannt werden, und so ist es nicht verwunderlich, daß sich im Zusammenhang mit der Erklärung der Herkunft, der Bedeutung und der weiteren Geschichte dieses Kultgegenstandes Deutungsmachtkonflikte abspielen, die in einzelnen Stoffvarianten verschiedene Strata erzeugen. Der entsprechende Abschnitt bei Apollodoros wurde schon zitiert und soll noch einmal wiederholt werden[47]:

> Über das Palladion aber wird folgende Geschichte überliefert: Man sagt, Athene sei nach ihrer Geburt von Triton aufgezogen worden, der eine Tochter (namens) Pallas hatte. Beide aber seien, als sie sich im Kriegshandwerk übten, einmal in einen Wettstreit geraten. Als Pallas aber im Begriff war, (Athene) zu schlagen, habe Zeus aus Furcht die Aigis vorgehalten; sie (= Pallas) aber habe, sich in Acht nehmend, nach oben geblickt, und sei auf diese Weise von Athene verwundet gefallen. Athene aber, um sie sehr traurig geworden, habe eine jener ähnliche Holzstatue verfertigt, und habe (ihr) die Aigis, vor der sie sich gefürchtet hatte, um die Brust gelegt, und habe (sie) geehrt, indem sie (sie) bei Zeus aufstellte. Als später aber Elektra während des Verderbens zu dieser ihre Zuflucht genommen hatte, habe Zeus mit ihr zusammen auch das Palladion in das ilische Land geschleudert; Ilos aber habe dieses geehrt, indem er für es einen Tempel errichtete.

Man muß sich auch im vorliegenden Zusammenhang wieder vor Augen halten, daß Mythen nicht Weltbeschreibungen, sondern Weltdeutungen in Form von Erzählstoffen sind, und daß solche Weltdeutungen nicht isoliert für sich stehen, sondern auf dem Hintergrund abweichender Deutungen gegeben werden. Die verschiedenen Deutungen sind in der Regel nicht spannungsfrei miteinander zu vereinen, so daß sich in mythischen Stoffen bzw. ihren Varianten oft Spuren von ausgetragenen Deutungsmachtkonflikten widerspiegeln, Spuren, die sich an bestimmten Wertungs- und Hierarchisierungsstrategien festmachen lassen. Die Erzählung von der gemeinsamen Erziehung von Athene und Pallas, die in einen Kampf mit tödlichem Ausgang mündet, ist allen Anzeichen nach der Reflex eines Antagonismus zwischen zwei dem göttlichen Bereich zuzurechnenden Figuren, der sich auch noch in anderen Varianten dieses Stoffes zeigt. Diese Varianten

---

[47] Apollod. 3,144 f. Zum griechischen Text s. Kapitel 17.2.

nehmen sich auf den ersten Blick sehr disparat aus und sollen kurz angeführt werden.

Die interessantere, weil eher unbekannte Figur der beiden in einem antagonistischen Verhältnis stehenden Gestalten ist Pallas. Wer ist Pallas? Die Antworten aus der antiken Überlieferung fallen hier sehr unterschiedlich aus, so daß die Frage schon falsch gestellt sein könnte und vielleicht eher lauten muß: Mit wie vielen verschiedenen Pallas-Gestalten muß man rechnen? Bei Apollodoros ist Pallas die Tochter Tritons, dem Athene zur Erziehung übergeben wurde. Daß dieser Triton zumindest bei Apollodoros in der vorliegenden Erzählung ein Flußgott ist und von daher offenbar nicht mit dem bekannten Meeresgott, einem Sohn von Poseidon und Amphitrite[48], gleichzusetzen ist, darauf deutet ein früherer Abschnitt hin, in dem Apollodoros von der Geburt der Athene aus dem Kopf des Zeus „am Fluß Triton" berichtet[49]; eine nähere Lokalisierung dieses Flusses fehlt[50]. Athene wird mit Pallas zusammen erzogen, beide üben sich im Waffenhandwerk, und es kommt eher unbeabsichtigt zu einem ernsthaften Kampf, bei dem Athene Pallas tötet. Zuerst schützt Zeus Athene mit der Aigis, danach aber legt Athene die Aigis um die Brust der Statue der getöteten Pallas, die erst bei Zeus aufgestellt wird, später aber auf Veranlassung von Zeus zu Ilos gelangt.

Bei dem Geschichtsschreiber Dionysios von Halikarnassos findet sich eine leicht abgewandelte Variante des Stoffes. Pallas ist bei Dionysios nicht die Tochter, mit der zusammen Athene erzogen wird, sondern der Vater, dem sie von Zeus zur Erziehung übergeben wird, eine in Arkadien lokalisierte Gestalt; und die Tochter dieses Pallas, die dadurch Athenes Freundin wird, ist Nike, die auf den Wunsch der Athene von den Menschen Verehrung in der Funktion einer Göttin des Sieges erhält. Von einer Auseinandersetzung zwischen Athene und Nike bzw. zwischen Athene und Nikes Vater Pallas ist bei Dionysios nicht die Rede[51].

Noch loser, aber immerhin noch erkennbar, wird die Verbindung zwischen Athene und Pallas in einer anderen, auch von Dionysios von Halikarnassos überlieferten Erzählung, in der von einem ebenfalls in Arkadien beheimateten Pallas berichtet wird, dessen Tochter in diesem Fall Chryse heißt. Auch wenn nirgends davon die Rede ist, daß Athene diesem Pallas zur Erziehung übergeben worden oder daß dessen Tochter Chryse ihre Freundin geworden sei, so läßt sich doch

---

48 Vgl. Apollod. 1,28.
49 Apollod. 1,20.
50 In Paus. 9,33,7 finden sich für das Aufwachsen der Athene am Fluß Triton zwei in der Antike bereits diskutierte Möglichkeiten der Lokalisierung; einmal handelt es sich um einen kleineren, gleichnamigen Fluß in Boiotien bei Alalkomenai, das andere Mal um den Triton-Fluß, der in Libyen vom gleichnamigen See ins Meer führt.
51 Dion. Hal. *ant.* 1,33,1.

zumindest indirekt erschließen, daß zwischen Athene und Chryse und deren Vater Pallas ein engeres Verhältnis bestanden haben muß; damit läßt sich jedenfalls gut erklären, warum Athene Chryse anläßlich ihrer Hochzeit u. a. „die Palladia" und damit eine außerordentlich wertvolle Mitgift mit in die Ehe gibt[52].

Neben diesen Traditionen, in denen Athene mit einer Gestalt namens Pallas freundschaftlich verbunden ist und es allenfalls unabsichtlich und unglücklicherweise dazu kommt, daß Pallas von Athenes Hand fällt, gibt es noch andere Überlieferungen, nach denen Athene eine Pallas-Gestalt mit Vorsatz bekämpft und tötet. Hier sind wiederum zwei Stränge zu unterscheiden.

Einmal handelt es sich bei Pallas um einen der Giganten, die mit Unterstützung ihrer Mutter Gaia („Erde") die neu an die Macht gekommene Göttergeneration der Olympier unter ihrem Herrscher Zeus bekämpfen und in starke Bedrängnis bringen. Im Verlauf dieser Gigantomachie tritt die Göttin Athene dem Giganten Pallas entgegen, bekämpft und tötet ihn[53]. Diese Variante hat nun weitere Verästelungen. Entweder wird Pallas dadurch getötet, daß er das auf der Brust der Göttin Athene angebrachte Haupt der Gorgo erblickt, dessen entsetzlicher Anblick dazu führt, daß Pallas zu Stein erstarrt[54]; oder aber Athene tötet Pallas, ohne ihn zu versteinern, und zieht ihm die Haut ab, die sie sich daraufhin selbst umlegt[55]. Des Weiteren gibt es eine Variante, nach der Athene in der Gigantomachie nicht einen Giganten namens Pallas, sondern die erdgeborene Gorgo tötet und dementsprechend nicht Pallas, sondern der Gorgo die Haut abzieht, die sie fortan als Aigis trägt[56]. Schließlich gibt es noch eine Überlieferung, nach der es sich bei der Aigis um ein der Erde entsprossenes, feuerspeiendes Ungeheuer handelt, das nach und nach die Erde in Brand setzt und schließlich von der an List und Stärke überlegenen Athene getötet wird (nicht im Kontext der Gigantenschlacht); Athene legt sich dann die Haut des Aigis-Ungeheuers als Schutz und Ruhmeszeichen um die Brust[57].

---

52 Dion. Hal. *ant.* 1,68,3.
53 Vgl. den Ilias-Kommentar von Eustathius (hg. von van der Valk, Bd. I, S. 134, Z. 15): τὸ δὲ λέγειν οὕτω καλεῖσθαι αὐτήν, ἐπειδὴ ἐν τῇ Γιγαντομαχίᾳ Πάλλαντά τινα πεφόνευκε Γίγαντα. Vgl. auch *Carmen de viribus plantarum* 14-20 (s. Heitsch, 1964, Bd. 2, 24); Schol. ad Lykophr. 355. Zu literarischen und archäologischen Quellen für den Kampf zwischen Athene und dem Giganten Pallas s. auch Vian, 1988, besonders 192, 195 und 256.
54 Claud. *Gig.* (= Claud. *carm.* 52 Platnauer bzw. *carm.* 37 Gesner/ Birt), Zeilen 91-103; vgl. auch Sidon. *carm.* 15,22 f.
55 Apollod. 1,37.
56 Eur. *Ion* 987-997.
57 Diod. 3,70,3-5.

Noch etwas grausamer wird es in dem anderen Überlieferungsstrang, nach dem Pallas nicht ein Gigant, sondern einer der Titanen ist[58], also eine Gestalt aus einer älteren, vor den Olympiern (und den Giganten) anzusiedelnden Göttergeneration. Dieser Titan Pallas ist nun in den meisten Fällen nicht ein Feind, sondern der *Vater* von Athene, der von ihr getötet wird, entweder, weil er versucht hatte, sie zu vergewaltigen[59], oder aus blinder Raserei heraus[60]. Daraufhin zieht die Tochter dem getöteten Vater entweder die Haut ab oder beraubt ihn zumindest seiner Rüstung, um sie (die Haut oder die Rüstung) sich selbst umzulegen.

Betrachtet man diese verschiedenen stofflichen Überlieferungen, dann läßt sich erkennen, daß zumindest drei Gestalten in gewisser Weise Machtzentren darstellen, die im Rahmen verschiedener Weltdeutungen offenbar wichtige Rollen spielten. Da ist einmal die Pallas-Gestalt, die als Erzieher oder Vater oder ge-

---

58 Der Titan Pallas ist nach Hes. *theog.* 375-377 Sohn von Kreios und Eurybia (Geschwister: Perses und Astraios), vgl. auch Apollod. 1,8; er kommt als Vater vor von Selene (Hom. *h.* 4,100), Eos (Ov. *fast.* 4,373; *met.* 9,421; 15,191), oder als Vater von Nike, Bia, Kratos und Zelos (Vater ist Pallas, Mutter Styx, bei Hes. *theog.* 383-388, so auch bei Apollod. 1,9).

59 Cic. *nat. deor.* 3,59; dort wird der Vergewaltigungsversuch der Pallas durch ihren Vater erwähnt, aber der Vater Pallas nicht explizit als Titan näher gekennzeichnet; von einem Haut-Abziehen oder dem Raub einer Rüstung ist nicht die Rede. Vgl. auch Clem. *Protr.* 2,28,2: Pallas ist Tochter des Titanen Pallas, den sie tötet und sich mit seiner Haut wie mit einem Vließ schmückt; hier aber kein Hinweis auf einen väterlichen Vergewaltigungsversuch. Vgl. Schol. ad Lykophr. 355: Pallas ist so benannt, weil sie ihren eigenen Vater namens Pallas getötet hat, nachdem er ihr Gewalt antun wollte, und sie sich dessen Haut wie eine Aigis umgelegt hat; der Vater der Pallas, der als Flügelwesen geschildert wird, wird hier wiederum nicht explizit als Titan bezeichnet. In einem Fragment von Epicharmos (Epicharmos fr. 135 Kassel/ Austin PCG Bd. I) ist davon die Rede, daß Athene in einer Schlacht „zur Zeit des Kronos" (ἐν μάχαι / τᾶι γενομέναι κατὰ Κρόνον) den Pallas getötet und sich dessen Haut umgelegt habe. Wenn an dieser Stelle Titanen- und Gigantenkampf nicht verwechselt oder vermischt werden, dann muß damit der Kampf der Olympier unter Zeus gegen die Titanen unter Kronos als noch amtierendem Götterkönig gemeint sein, und nicht der Kampf der Olympier gegen die Giganten, der ja meist erst *nach* der Zeit von Kronos als Herrscher angesiedelt wird. Dafür spricht auch, daß das Geschehen als eine der ersten Taten von Athene beschrieben wird, die zu ihrer Benennung „Pallas" führt. Von daher handelt es sich bei dem Pallas im Epicharmos-Fragment offenbar um den *Titanen* namens Pallas, nicht um den gleichnamigen Giganten.

60 Firm. 16,1-2. Dort wird die Mutter der Pallas als Titanin bezeichnet und von daher ist sicher auch der Vater Pallas als Titan gedacht. Bei Firmicus Maternus ist kein Vergewaltigungsversuch der Pallas durch ihren Vater erwähnt, aber das könnte daran liegen, daß dann die Ruchlosigkeit des Vatermordes abgeschwächt (weil motiviert) würde, und das liegt vom Kontext her gesehen eindeutig nicht im Interesse des Autors; die Tochter Pallas ermordet hier in blinder Raserei und Wahnsinn ihren Vater Pallas und trägt die von ihm geraubte Rüstung ostentativ aus Stolz und Prahlerei.

fährlicher Gegner der Athene dieser übergeordnet erscheint. Die zweite machtvolle Figur ist natürlich Athene selbst, da sie die mächtige Pallas-Gestalt im Kampf tötet und z. T. häutet oder der Rüstung beraubt. Bei dieser Haut oder Rüstung handelt es sich offensichtlich um etwas Numinoses und damit Machtvolles bzw. Macht-Verleihendes, sonst wäre es nicht der Mühe wert gewesen, hier einen Besitzwechsel zu thematisieren, der durch die Vorstellung des Haut-Abziehens in drastisch-mythische Redeweise gekleidet und damit besonders herausgestellt wird. Schließlich erweist sich Athenes machtvolle Position noch dadurch, daß sie „Pallas" als Beinamen erhält, im Kultbild des Palladions offenbar selbst Verehrung genießt und das Palladion mit der erbeuteten, machtvoll-numinosen „Hülle" des getöteten Gegners schmückt, die offenbar mit der Aigis assoziiert wurde, und daß sie über das Palladion verfügen kann, indem sie das oder mehrere Palladia aus dem göttlichen Bereich den Menschen als Geschenk zukommen läßt. Das dritte Machtzentrum schließlich stellt Zeus dar, der alternativ zu Athene als Besitzer der schreckenerregenden Aigis gezeigt wird, und der wie Athene ebenfalls als Geber des Palladions an die Menschen in Erscheinung tritt[61].

Im Bericht des Apollodoros fließen demgemäß mindestens drei Traditionen zusammen. Da ist einmal die Überlieferung von einer nur noch undeutlich erkennbaren, aber machtvollen göttlichen Pallas-Gestalt, nach der Überlieferung des Euripides mit einer stofflichen Interferenz zur Schreckensgestalt der Gorgo[62], eine Gestalt, deren Macht wesentlich auf einer schreckenerregenden äußerlichen Hülle (Haut, Rüstung) beruht.

Die Pallas-Tradition wird stofflich dadurch in den Hintergrund gedrängt und damit als weniger wichtig gekennzeichnet, daß mit Athene eine neue Figur die Oberhand gewinnt, welche die Pallas-Gestalt tötet und ihres schreckenerregenden Machtmittels beraubt, das nun mit der im Athene-Kult offensichtlich wichtigen Aigis in Verbindung gebracht und mit ihr identifiziert wird. Bei Apollodoros erscheint der Antagonismus zwischen der Pallas-Gestalt und Athene in einer nur noch äußerst abgemilderten Form, indem die Tötung dieser Pallas-Gestalt als ein unglückliches Versehen geschildert wird, und die Aigis folgerichtig auch nicht mehr als Beute beschrieben wird, die der getöteten Pallas-Gestalt geraubt wird, sondern als eine Gabe der Athene. In der Tradition, die Athene eine maßgebliche Rolle einräumt, erscheint Athene als Besitzerin der Aigis. Als Pallas-Überwinderin trägt Athene den Namen der vereinnahmten Pallas-Gestalt als *Pallas Athene*

---

61 Vgl. Apollod. 3,143; Dion. Hal. *ant.* 1,69,3.
62 Zum Phänomen von Stoff-Stoff-Interferenzen s. ausführlich die Kapitel 13.3 und 14.

im Beinamen⁶³. Es ist Athene, die im Kultbild des Palladions verehrt wird, das sie nach einer Überlieferung selbst angefertigt hat, und worüber sie frei verfügen kann, indem sie es auf die Menschenwelt bringt.

Neben der Pallas- und der Athene-Tradition zeigt sich noch eine dritte, die mit Zeus zu verbinden ist. In dieser Tradition ist nicht ein Titan namens Pallas, sondern Zeus der Vater der Athene, die alte Vaterfigur des Pallas wird gewissermaßen zum Erzieher degradiert, und Athene dem Zeus als Tochter untergeordnet. Ihre Inferiorität äußert sich in dieser Schicht auch darin, daß sie von Zeus in Schutz genommen werden muß, daß nicht sie, sondern Zeus als Besitzer der Aigis in Erscheinung tritt, daß Athene das von ihr verfertigte Palladion bei Zeus auf- und es damit gewissermaßen seiner Hoheit unterstellt, und daß nun Zeus es ist, der über das Palladion nach eigenem Ermessen verfügen kann und als derjenige beschrieben wird, der das Palladion auf die Erde gelangen läßt.

Eine Synopse der Hyleme, die Wertungs- und Hierarchisierungstendenzen erkennen lassen, kann die drei Machtzentren in dem besprochenen Überlieferungskomplex noch einmal in knapper und übersichtlicher Form zur Darstellung bringen. Das erste Machtzentrum ist eine Figur aus der älteren Göttergeneration, die in der Regel mit dem Namen „Pallas", in weniger häufig belegten Varianten aber mit der Gorgo oder mit der als Ungeheuer dargestellten Aigis verbunden werden. Diese Traditionsschichten werden v. a. durch konstatierend-statische Hyleme greifbar, welche die Pallas-Gestalt der Athene hierarchisch überordnen (als Vater oder Erzieher) oder zumindest als einen gefährlichen Gegner zeigen (Gigant Pallas; alternativ: Gorgo oder Aigis)⁶⁴:

- Pallas (Arkadier) ist Athenes Erzieher und Vater von Athenes Freundin Nike (Dion. Hal. *ant.* 1,33,1)
- Pallas (Arkadier) ist Vater von Athenes Freundin Chryse (ebd. 1,68,3)
- Pallas (Titan) ist Vater der Athene (Clem. *Protr.* 2,28,2)
- Pallas (Gigant) ist Gegner der Athene (Apollod. 1,37)
- Gorgo (Gaiatochter) ist Gegnerin der Athene (Eur. *Ion* 987-997)
- Aigis (Gaiatochter) ist ein bedrohliches Ungeheuer (Diod. 3,70,3-5)
- Pallas (Tritontochter) ist Freundin der Athene (Apollod. 3,144 f)

---

63 Vgl. ähnliche Phänomene wie *Phoibos Apollon* oder *Zeus Lykaios* o. ä.; es soll darauf in Kapitel 20.5 noch näher eingegangen werden. Nach dem Eintrag Παλλάντιος im Lexikon des Hesychius wurde in Trapezus offenbar ein *Zeus Pallantios* verehrt.

64 Abweichend ist nur die Variante bei Apollod. 3,144 f, nach der Pallas eine Freundin der Athene gewesen sein soll; aber auch hier läuft der Stoff *im Resultat* auf das Gleiche hinaus, nämlich auf den Tod der Pallas-Gestalt.

Das zweite Machtzentrum, Athene, wird v. a. durch dynamische Hyleme greifbar, die auf Töten, Erbeuten und Eigen-Nutzung des Erbeuteten abzielen, sodann durch Hyleme, welche die Herstellung, Ausstattung und Verfügungsgewalt über das Palladion betreffen. Die Verbindung zwischen beiden Hylemgruppen ist die Aigis, die Athene erbeutet und mit der sie sich bzw. das Palladion ziert. Die schiere Anzahl der Hyleme zeigt, daß Athene im Vergleich zu den beiden anderen Machtzentren eine besondere Wichtigkeit zukommt:

- Athene tötet Vater Pallas (Titan) (Clem. *Protr.* 2,28,2; Epicharmos fr. 135) aus Notwehr (Schol. ad Lykophr. 355) oder Raserei (Firm. 16,1-2)
- Athene tötet Gigant Pallas im Gigantenkampf (Apollod. 1,37[65])
- Athene tötet Gorgo im Gigantenkampf (Eur. *Ion* 987-997)
- Athene tötet Aigis (Diod. 3,70,3-5)
- Athene tötet Freundin Pallas (Tritontochter) versehentlich beim Kampf-Training (Apollod. 3,144)

- Athene zieht Vater Pallas (Titan) Haut (Clem. *Protr.* 2,28,2) oder Rüstung (Firm. 16,1-2) ab
- Athene zieht Pallas (Gigant) die Haut ab (Apollod. 1,37)
- Athene zieht Gorgo die Haut ab (Eur. *Ion* 987-997)
- Athene zieht Aigis die Haut ab (Diod. 3,70,3-5)

- Athene legt sich Haut (Clem. *Protr.* 2,28,2; Epicharmos fr. 135) oder Rüstung (Firm. 16,1-2) von ihrem Vater Pallas (Titan) an
- Athene legt sich die Haut von Pallas (Gigant) an (Apollod. 1,37)
- Athene legt sich die Haut der Gorgo an (Eur. *Ion* 987-997)
- Athene legt sich die Haut der Aigis an (Diod. 3,70,3-5)

- Athene fertigt das Palladion an (Apollod. 3,145)
- Athene hängt die Aigis um das Palladion (Apollod. 3,145)
- Athene schenkt Palladia der Chryse zur Hochzeit (Dion. Hal. *ant.* 1,68,3)

Die Hyleme, die Zeus' Machtposition unterstreichen, sind v. a. der Darstellung des Mythographen Apollodoros entnommen, der damit die Zeus-Tradition besonders stark macht:
- Zeus ist Vater der Athene (Apollod. 1,20)
- Zeus besitzt die Aigis (Apollod. 3,144)
- Zeus nimmt Athene mit der Aigis in Schutz (Apollod. 3,144)

---

[65] Das Hylem wird nicht explizit genannt, ist aber aus dem Kontext eindeutig zu erschließen.

- Athene stellt das Palladion bei Zeus auf (Apollod. 3,145)[66]
- Zeus schenkt das Palladion dem Ilos (Apollod. 3,143.145) oder dem Dardanos (Dion. Hal. *ant.* 1,69,3)

Unter religionshistorischem Aspekt ist es durchaus nicht abwegig, die Pallas-Tradition als die älteste und die Zeus-Tradition als die jüngste anzusehen, doch könnte es sich auch um konkurrierende Überlieferungen handeln, die eher auf synchrone (oder auch lokale) als auf diachrone Unterschiede hindeuten; jedenfalls wäre es möglich, daß bspw. eine Athene-Tradition schon ebenso lange bestanden hat wie eine Pallas-Tradition, nur daß in den uns überlieferten mythischen Stoffen der Athene und schließlich Zeus eine übergeordnete Stellung eingeräumt wird, nicht weil diese Gottheiten historisch jünger waren, sondern weil die mit ihnen verbundenen Traditionen sich stärker durchgesetzt haben[67].

Eine Gestalt, auf die bisher noch nicht näher eingegangen wurde, soll abschließend noch erwähnt werden, und zwar der in einer Überlieferung als Erzieher Athenes auftretende Flußgott Triton[68]. Es dürfte kaum mehr möglich sein, eine letzte Gewißheit darüber zu erlangen, woher Athene zu dem schon in den homerischen Epen bezeugten Beinamen *Tritogeneia* (Τριτογένεια) gekommen ist[69]. Wenn man jedoch den ersten Teil dieses Beinamens nicht auf eine Ordinalzahl zurückführen will, was insgesamt auf „die als dritte Geborene (Gezeugte, Entstandene)" hinauslaufen würde[70], sondern auf eine mythische Figur namens „Triton", dann spricht doch einiges dafür, daß die schon in der Antike vertretene Deutung von *Tritogeneia* als „die *am* Triton Geborene" und daher von Triton vertretungsweise Erzogene eher als eine Verlegenheitslösung zu bezeichnen ist[71]. Diese Verlegenheitslösung dürfte sich daraus ergeben haben, daß die übermächtig gewordene Tradition von Athene als Zeustochter mit einer anderen Tradition zunehmend unvereinbar erschien, der Athene als „die *von* Triton Geborene" galt:

---

66 Und damit *unter*stellt sie es seiner Hoheit.
67 Zur komplexen Problematik der Datierung mythischer Stoffstrata s. ausführlich Kapitel 21.3.
68 S. Apollod. 3,144.
69 S. bspw. Hom. *Il.* 4,515; *Od.* 3,378 u. ö.; auch Hes. *theog.* 895.
70 So schon ein antiker Versuch, bezeugt im *Etymologicum magnum* s. v. Τριτογένεια: Ἡ Ἀθηνᾶ· ... ὅτι τρίτη μετὰ τὴν Ἄρτεμιν καὶ Ἀπόλλωνα ἐγένετο. Vgl. auch den anderslautenden, ebensowenig überzeugenden Erklärungsversuch Schol. vet. ad Hom. *Il.* 8,39, Schol. 5: ὅθεν <Τριτογένεια> ἐκλήθη ὡς ἐκ τριῶν συναυξηθεῖσα, Βρόντου Διὸς Τρίτωνος.
71 Vgl. *Etymologicum magnum* s. v. Τριτογένεια: Ἡ Ἀθηνᾶ· ... ὅτι παρὰ τῷ Τρίτωνι ποταμῷ ἐγεννήθη. Vgl. auch Schol. ad Hom. *Il.* 4,515, Schol. 3 (ἐπὶ Τρίτωνι ποταμῷ τῆς Λιβύης γεννηθεῖσα). Nach noch einer anderen Variante soll Athene *im* Fluß Triton geboren worden sein, vgl. Schol. ad Hom. *Il.* 4,515, Schol. 1 (ἡ ἐν Τρίτωνι τῷ ποταμῷ γεννηθεῖσα).

nicht als Ziehkind[72], sondern als natürliche Tochter eines eher unbedeutenden bzw. nur für eine bestimmte, lokal eher begrenzte Überlieferung wichtigen Flußgottes namens Triton. Ein solches Verständnis von *Tritogeneia* wäre gänzlich analog zu entsprechenden Wortbildungen wie bspw. *Leto Koiogeneia*, womit die vom Titanen Koios abstammende Göttin Leto bezeichnet wird, oder wie *Artemis Latogeneia*, womit die von Leto geborene Göttin Artemis gemeint ist[73]. Doch der Spur dieses neben Zeus und Pallas weiteren mutmaßlichen alternativen Athene-Vaters Triton weiter nachzugehen, erforderte eine neue Untersuchung.

20.3 Besitzwechsel 1: Die Tafel der Schicksale im *Lied auf Marduk*

Es ist durchaus naheliegend, daß Kämpfe um Deutungsmacht sich auf stofflicher Ebene mit am besten durch die Erzählung von Kämpfen oder Kriegen zwischen Protagonisten verdeutlichen lassen. Stofflich umgesetzte Taktiken der Erhöhung oder Erniedrigung manifestieren sich aber nicht nur in der Schilderung von Kämpfen und ihren Folgen, wie etwa der Herabstufung besiegter Gegner auf der einen Seite durch Beschneidung der Aufgabenbereiche, Fesselung, Einkerkerung, körperliche Verstümmelung, Verbannung etc. oder gar Tötung, oder der Erhöhung der Sieger durch eine Thronbesteigung, Akklamation o. a. auf der anderen Seite, sondern wesentlich auch in der Schilderung von *Besitzwechseln*, die natürlich in Zusammenhang mit Kämpfen und ihren Folgen stehen können, aber nicht müssen. Immer wenn etwas *gegeben* oder *weggenommen* wird, handelt es sich um stoffliche Züge, die unter den Verdacht gestellt werden müssen, daß mit ihrer Hilfe Wertungs- und Hierarchisierungsstrategien zur Darstellung gebracht werden, die auf Konflikte zwischen verschiedenen Traditionen zurückgehen und auf diese Weise zu einem mehrfach geschichteten stofflichen Gebilde führen.

Ein prominentes Beispiel dafür ist der bereits im vorigen Kapitel besprochene, mehrfache Besitzwechsel der numinosen Aigis. Eine Aufwertung durch das *Geben* von etwas läßt sich des Weiteren im *Lied auf Marduk* gleichermaßen

---

72 Vgl. zu diesem harmonisierenden Erklärungsversuch auch Schol. vet. ad Hom. *Il.* 8,39, Schol. 1: <Τριτογένεια> ἐπειδὴ <τῷ> Τρίτωνι ποταμῷ δέδωκεν αὐτὴν ὁ Ζεὺς ἀνατρέφειν.
73 Λητὼ Κοιογένεια (Leto, Koios-Tochter) in Apoll. Rhod. 2,710 (dazu Scholia vetera: <Κοιογένεια> δὲ ἡ ἀπὸ Κοίου τὸ γένος ἔχουσα· Κοίου γὰρ θυγάτηρ ἡ Λητώ); Λατογένεια mit Bezug auf Artemis s. Aischyl. *Sept.* 148 (Scholia vetera zur Stelle: Ἄρτεμις ἡ ἀπὸ τῆς Λητοῦς γεννηθεῖσα· Λητοῦς γὰρ καὶ Διὸς θυγάτηρ ἡ Ἄρτεμις). Vgl. ferner ähnlich die vom bzw. aus dem Schaum geborene (ἀφρογένεια, bspw. *Anth. Gr.* 7,218,11; 9,324,1; ἀφρογενέα Hes. *theog.* 196) oder auch die vom Meer geborene Aphrodite (ποντογένεια, bei Opp. *cyn.* 1,33).

an der Erhöhung Marduks wie auch an der Erhöhung Kingus zeigen. Nach der Tötung von Tiāmtus Gemahl Apsû durch Ea wählt sich Tiāmtu aus den Reihen der von ihr geborenen Götter als Nachfolger in der Herrschaft den Gott Kingu aus, was erzählerisch u. a. dadurch verdeutlicht wird, daß Tiāmtu Kingu einerseits ganz handgreiflich die „Tafel der Schicksale" überreicht, die sich Kingu nun an die Brust heftet, andererseits die Befehlsgewalt über ihr Heer und über die Götter insgesamt überträgt[74]. Auch wenn wir hinsichtlich der Gestalt des Gottes Kingu über nicht mehr allzu viel Wissen verfügen[75], muß hinter Kingu und seinem Aufstieg eine einflußreiche Tradition stehen, da Kingus Erhöhung innerhalb des Textes des *Enūma eliš* insgesamt noch dreimal (!) praktisch im Wortlaut wiederholt wird[76]. Außerdem ist Kingu zumindest vorübergehend im Besitz der Schicksalstafel, mit der er Tiāmtu und den ihr zugehörigen Gottheiten einzeln die Schicksale bestimmt[77], und aus seinem Blut werden überdies später nicht ganz unwichtige Protagonisten auf der Weltbühne erschaffen, nämlich die Menschen[78].

Marduks Erhöhung, die sich im *Enūma eliš* stufenweise vollzieht[79], wird in der allgemeinen Form von Geben und Nehmen bspw. dadurch manifest, daß ihm zunächst von den Göttern Szepter, Thron, Herrschaftsstab und eine mächtige Waffe überreicht werden, und daß Marduk selbst dem Kingu die Tafel der Schicksale abnimmt[80]; zu einem späteren Zeitpunkt wird Marduk u. a. der „Regierungsname" Lugaldimmerankia verliehen und das Amt des Versorgers der Heiligtümer der Götter übertragen[81]; zu guter Letzt erhält Marduk von Anšar den Namen Asalluḫi[82], wodurch angezeigt wird, daß er endgültig den zu diesem Zeitpunkt

---

74 *Enūma eliš* 1,147-162. Auf die weitere Erhebung Kingus dadurch, daß er auch der Gemahl der Tiāmtu wird, wird unten noch eingegangen.
75 S. dazu den Überblick bei Krebernik, 2007.
76 *Enūma eliš* 2,33-48, 3,37-52 und 3,95-110. Bestätigt wird die Vermutung einer eigenständigen Stoff-Tradition zu Kingu auch durch die Forschungen von Lambert, 2013, 287; nach ihm ist die Ernennung Kingus „the author's way of bringing Qingu into his story about Tiāmat ... there is a suture here of originally unrelated materials ... The many loose ends ... of *Enūma Eliš* attest to the merging of once separate mythical traditions, Marduk's battle with Tiāmat being merged with the defeat of a god corresponding to Enmešarra who wrongly had the Tablet of Destinies."
77 *Enūma eliš* 1,157-162; 1,61 bezieht sich auf Tiāmtus Götter, 1,62 auf Tiāmtu selbst.
78 *Enūma eliš* 6,31-34.
79 Zu den drei Erhöhungen Marduks im *Enūma eliš* s. im Detail Gabriel, 2014, 332-349.
80 Im Rahmen der ersten Erhöhung in *Enūma eliš* 4,29 f (Herrscherinsignien und Waffe) bzw. 4,119-122 („Tafel der Schicksale").
81 Im Rahmen der zweiten Erhöhung in *Enūma eliš* 5,112 und 115.
82 Im Rahmen der dritten Erhöhung in *Enūma eliš* 6,101.

noch amtierenden Götterkönig Anšar abgelöst hat, „da Asalluḫi auch als Erweiterung des Namens Anšar gelesen werden kann"[83].

Die Entmachtung einer Gottheit durch die Erzählung der *Wegnahme* von etwas hat sich im *Lied auf Marduk* bereits beobachten lassen bei der Überwindung Apsûs, der durch Ea seine königlichen Kleider und Insignien abgenommen bekommt[84]. Was dem einen genommen wird, gelangt in des anderen Besitz; insofern haben Besitzwechsel in mythischen Stoffen oft eine doppelte Komponente von Machtzuwachs auf der einen und Machtminderung auf der anderen Seite, die auf schichtenspezifisch verschiedene Gewichtungen der Protagonisten und damit auf Konflikte zwischen konkurrierenden Deutungskonzepten hindeuten.

20.4 Besitzwechsel 2: Hermes und Apollon und die Leier

Trotz der im Hintergrund ablaufenden Deutungsmachtkämpfe müssen Besitzwechsel, die Spuren solcher Deutungskonflikte darstellen, stofflich keinesfalls immer nur in Form gewaltsamer Aktionen dargeboten werden; es kann durchaus auch friedlicher zugehen. Dafür soll ein Beispiel aus der griechischen Mythologie angeführt werden.

Hermes gilt in der griechischen Überlieferung gemeinhin als Erfinder der Leier[85]. Er scheint überhaupt ein sehr musikalischer Gott zu sein. Nach der Leier erfindet er auch noch die Hirtenflöte[86], und neben ikonographischen Darstellungen, die ihn als Leier- bzw. Kitharaspieler zeigen, sind solche überliefert, wo man ihn mit dem Aulos, einem oboenähnlichen Rohrblattinstrument sieht, wobei er mit anderen Gottheiten zusammen musiziert oder mit Nymphen und Chariten im Reigen tanzt[87]. In einem abgeschlossenen System spräche daher prinzipiell nichts dagegen, Hermes als *den* Gott der Musik anzusehen.

---

[83] Gabriel, 2014, 346. Zur Interpretation dieser Namensverleihung, in der nicht nur auf Anšar angespielt wird, sondern zugleich die ursprünglich selbständige Gottheit Asalluḫi von Marduk vereinnahmt wird, s. ebd., 281-283 und 346-349. Auf den Namen Lugaldimmerankia wird in Kapitel 20.5 noch näher eingegangen.
[84] S. Kapitel 20.1.
[85] Vgl. etwa Hom. *h.* 4,24-51. S. dazu mit weiteren Stellenangaben auch Scheid/ Svenbro, 2017, 94-97. Zum Aussehen der Leier, der im Griechischen unscharfen Begriffsvielfalt zur Bezeichnung dieses Instruments und der Abgrenzung zur Kithara s. ebd. 95 f mit Anm. 11 und 106 mit Anm. 54.
[86] Hom. *h.* 4,511 f.
[87] S. dazu im Einzelnen Siebert, 1990, 315-318.

Nun sind die von Hermes überlieferten Anschauungen und Stoffe aber offenkundig in Kontakt und damit in Konkurrenz zu denen einer anderen Gottheit getreten, die ebenfalls auf dem Gebiet der Musik zuhause ist, und die besonders auch mit dem Instrument der Leier assoziiert wird, und das ist der Gott Apollon. Die im *Homerischen Hymnos auf Hermes* gebotene Lösung des damit einhergehenden Konfliktes ist ein Paradebeispiel für eine harmonische Konfliktlösung, die beiden Parteien ermöglicht, das Gesicht zu wahren, indem sie versucht, den hinter den mythischen Protagonisten stehenden Traditionen und verschiedenen Rezipientenkreisen annähernd gleichermaßen gerecht zu werden[88].

Hermes' Recht auf die Erfindung der Leier bleibt unangetastet. Als Apollon schier überwältigt ist vom Wohlklang dieser genialen neuen Erfindung, wird Hermes in gewisser Weise sogar noch einmal über Apollon erhoben, weil er es ist, der als Lehrer dann Apollon in der Kunst des Leierspiels unterweist. Schließlich aber *schenkt* Hermes von sich aus dem Apollon die Leier[89]; im Gegenzug *erhält* er von Apollon einen überaus schönen, goldenen und dreiblättrigen „Stab des Wohlstands und Reichtums"[90], der Hermes zudem in seiner Funktion als Götterbote beschützen und die Ausführung von Zeus' Anordnungen garantieren soll[91]. Beiden Seiten ist gedient, beide haben etwas gewonnen, und es wird wiederholt betont, daß Apollon und Hermes seither die besten Freunde sind[92].

Daß der harmlos-freundliche Vorgang des Beschenkens aber auf verschiedene Schichten und damit durchaus auf Konflikte zwischen verschiedenen Anschauungen hindeutet, welche die Leier mit verschiedenen Gottheiten in Zusammenhang bringen, das wird zusätzlich daraus deutlich, daß noch andere Varianten über die Leier und ihre wechselnden Besitzer existieren. Nach Pausanias schenkt Hermes die Leier nicht Apollon, sondern dem thebanischen König Amphion, und er unterweist Amphion, nicht Apollon in der Kunst des Leierspiels, aus Dankbarkeit dafür, daß Amphion als erster einen Altar für den Gott Hermes errichtet hatte[93]. Apollon spielt in dieser Stoffvariante überhaupt keine

---

88 Hom. *h*. 4,418-532.
89 Hom. *h*. 4,490-496.
90 Hom. *h*. 4,529 f: ὄλβου καὶ πλούτου δώσω περικαλλέα ῥάβδον / χρυσείην τριπέτηλον.
91 Zur Interpretation von Hom. *h*. 4,528-532 s. Vergados, 2013, 558. Leduc, 2001, sieht in Hermes „le fondateur de l'échange" und entsprechend die Handlung im Mythos als prototypisch an, als „première opération commerciale" (ebd. 16).
92 Vgl. Hom. *h*. 4,523-526 und 574 f.
93 Paus. 9,5,8, mit Berufung auf Stellen aus der Dichtung: ὁ δὲ τὰ ἔπη τὰ ἐς Εὐρώπην ποιήσας φησὶν Ἀμφίονα χρήσασθαι λύρᾳ πρῶτον Ἑρμοῦ διδάξαντος ... Μυρὼ δὲ Βυζαντία ... Ἑρμῇ βωμὸν φησιν ἱδρύσασθαι πρῶτον Ἀμφίονα καὶ ἐπὶ τούτῳ λύραν παρ' αὐτοῦ λαβεῖν.

Rolle. Nach den Scholien zu den *Argonautika* des Apollonios von Rhodos wiederum hat nicht Hermes, sondern Apollon dem Amphion die Leier geschenkt, oder es waren, nach einer noch anderen Tradition, die Musen[94].

Der Schriftsteller Philostratos schließlich versucht sich in einer nicht sehr überzeugenden Synthese dieses disparaten Befundes, indem er die Sache so erzählt, daß Hermes die Leier *erst* Apollon und den Musen und *dann* dem Amphion geschenkt habe[95]. Das ist deswegen nicht überzeugend, weil es nur dann funktioniert, wenn man nicht bedenkt, daß es in mythischen Stoffen, die sich um die Erfindung von grundlegenden kulturellen Errungenschaften oder Techniken drehen, stets um etwas *Prototypisches* geht. Demgemäß zielt auch der Stoff von der Erfindung (und Weitergabe) der Leier auf etwas Prototypisches – und das bedeutet, daß es zunächst nur *eine* Leier, nämlich *die* Leier gibt, die Hermes erfunden hat und die daraufhin weitergegeben wird. In mythischen Stoffen ist ein Gott, der etwas erfindet, eben ein Erfinder, kein Fabrikant; von daher wäre es nicht mythisch, sondern modern gedacht, wenn man sich die Angelegenheit so zurechtlegt, als hätte Hermes erst *eine* Leier gefertigt, die er Apollon schenkt, und dann *eine weitere*, die er daraufhin dem Amphion schenkt. Der Erfinder hat zunächst nur eine Leier zu verschenken, nämlich eben die, die er erfunden hat. Wie Hermes es dann bewerkstelligt haben soll, die bereits an Apollon (und die Musen!) verschenkte Leier noch einmal an Amphion weiter zu verschenken, bleibt das Geheimnis des Philostratos.

Wer nun auch immer wem die Leier geschenkt hat: *daß* die Leier den Besitzer wechselt, ist offenbar ein Indiz für verschiedene Traditionen, wobei durchaus durchblitzt, daß die neue Regelung nicht ungefährdet ist, wenn Apollon Hermes einen großen Eid schwören läßt, ihm niemals die Leier oder sogar den Bogen zu stehlen[96]. Man könnte wie Solomon allerdings auch eine einfachere Lösung favorisieren. Solomon postuliert ein allgemeingültiges Prinzip, nach dem immer dann, wenn einer Gottheit ein Geschenk überreicht wird, die Gottheit eigentlich immer schon und ursprünglich im Besitz des ihr geschenkten Gegenstandes war; als Beispiele bringt er neben Hermes, der Apollon die Leier überreicht, noch Perseus, der Athene das Gorgoneion schenkt, oder auch Zeus[97]: „Similarly, the thunderbolts which the Cyclopes manufacture and present to Zeus belong originally

---

94 Schol. Apoll. Rhod. 1,740-741 a: τὴν δὲ λύραν δοθῆναι Ἀμφίονι ὑπὸ Μουσῶν φησι, Διοσκορίδης δὲ ὑπὸ Ἀπόλλωνος. καὶ Φερεκύδης δὲ ἐν τῇ ι' ἱστορεῖ ὑπὸ Μουσῶν.
95 Philostr. *imag.* 1,10,1: τῆς λύρας τὸ σόφισμα πρῶτος Ἑρμῆς πήξασθαι λέγεται ... καὶ δοῦναι μετὰ τὸν Ἀπόλλω καὶ τὰς Μούσας Ἀμφίονι τῷ Θηβαίῳ τὸ δῶρον.
96 S. Hom. *h.* 4,514-523.
97 Solomon, 1994, 38.

to Zeus ..." Und er zieht aus diesen Beobachtungen das Fazit[98]: „The correct attribution then accurately describes the appropriate divine relationship: Apollo, the receiver, and not Hermes, the bestower, is the god of music." In manchen Fällen mag Solomons angenommenes Erklärungsprinzip zutreffen, aber die Gefahr besteht, daß man damit der Mannigfaltigkeit mythischer Stoffgestaltungen nicht gerecht wird und Konflikte konkurrierender Traditionen übersieht. Woher will man in allen Fällen wissen, daß nur *eine* Zuordnung von zwei möglichen zutreffen kann, oder, wenn man dies schon annehmen will, welches Besitzverhältnis nun ursprünglich und „korrekt" war? Bei Apollon stellt Solomons Annahme schon deshalb vor Probleme, weil Leier (oder Kithara) in der darstellenden Kunst erst im 6. und 5. Jahrhundert v. Chr. zu regelmäßigen Attributen von Apollon werden[99], was erstaunlich wäre, wenn Apollon von vornherein und immer schon als deren Besitzer gegolten hätte. Außerdem bleibt unerklärt, *zu welchem Zweck* dann überhaupt eine Erzählung dienen soll, die von einem Schenkungsakt erzählt, wenn man dasselbe auch einfacher hätte sagen können.

Eine Erklärung für ein solches Vorgehen läßt sich dann geben, wenn man davon ausgeht, daß mit Hilfe der Erzählung vom Besitzwechsel der Leier verschiedene Traditionen miteinander harmonisiert werden sollen. Auch wenn dies nicht kämpferisch, sondern eher friedlich vonstattengeht, so darf dabei doch nicht übersehen werden, daß es einen Verlierer und einen Gewinner gibt, nicht generell, aber doch in der Detailfrage, wem die Herrschaft über die Leier zugesprochen wird. Apollon wird nicht grundsätzlich über Hermes gestellt wie etwa Marduk durch die Verleihung des Königsamtes grundsätzlich über alle anderen Götter erhoben wird – aber in der speziellen Frage der Leier zieht Hermes den Kürzeren. Und dabei geht es durchaus nicht um den Entzug eines eher unbedeutenden Luxusgutes, sondern um die Wegnahme eines machtvollen Gegenstandes und des mit diesem Gegenstand verbundenen Zuständigkeitsbereiches, und damit um eine nicht marginale Machtminderung. Denn ein Musikinstrument wie die Leier ist in der Perspektive mythischer Stoffe nicht nur ein hübsches Ding zur Verschönerung geselliger Mußestunden, sondern auch als ein göttliches Machtinstrument zu verstehen, mit dem sich sogar die Herzen von Göttern bezaubern lassen[100].

---

98 Solomon, 1994, 38.
99 Vgl. Solomon, 1994, 37.
100 Vgl. den Gesang des Hermes zur Leier, der sich als Gesang über Entstehung und Ehren der Götter entpuppt, in Hom. *h.* 4,418-433, und die dadurch bewirkte Bezauberung Apollons (ebd. 4,343 und 453-455). Vergados, 2013, 15-22, arbeitet zudem heraus, daß der Gesang zur Leier auch etwas mit der göttlichen Macht über das Orakelwesen zu tun hat. Im Alten Orient können Musik-

Eine friedliche Lösung in Besitzfragen, die aber dennoch zugleich mit einer Entmachtung verbunden ist, läßt sich des Weiteren bspw. auch in dem Prolog zur Tragödie *Die Eumeniden* von Aischylos beobachten[101]. Dort tritt die Seherin des Delphischen Orakels vor und eröffnet das Stück mit einem feierlichen Gebet, in dem sie alle diejenigen Gottheiten anruft, welche die Herrschaft über das Heiligtum von Delphi haben oder hatten. Zuerst wird die Erdgöttin Gaia genannt, dann ihre Tochter Themis, die für das heilige, festgesetzte Recht steht, an dritter Stelle dann eine weitere Tochter der Gaia, nämlich Phoibe (die „Strahlende"). Phoibe schließlich habe, so heißt es weiter im Gebet der Seherin, das Orakel von Delphi dann dem Gott Apollon zum Geburtstagsgeschenk gemacht[102], und seitdem trage Apollon den Beinamen „Phoibos". Die „Ablösung" auf stofflicher Ebene wird auch textlich formal schön dargestellt durch die Ablösung des ersten Wortes Φοίβη in Vers 7, das die Vorbesitzerin Phoibe benennt, durch das erste Wort Φοίβῳ im direkt folgenden Vers 8, das sich auf den neuen Besitzer Phoibos Apollon bezieht[103].

Hier hört sich ungemein friedlich an, was nicht immer und von allen so friedlich gesehen und dargestellt wurde. Es fällt jedenfalls auf, daß in dieser von Aischylos gebotenen Version der Zuständigkeiten verschiedener Gottheiten für das Delphische Orakel der Kampf Apollons gegen den das Orakel bewachenden Python-Drachen[104], der wie Themis und Phoibe ebenfalls als ein Kind der Gaia angesehen wurde, völlig ausgeblendet wird, ein Mythos, der anzeigt, daß die offenbar nicht unproblematische Frage nach den Machtverhältnissen am Delphischen Orakel stofflich auch ganz anders „gelöst" werden kann[105].

---

instrumente sogar mit dem Gottesdeterminativ geschrieben werden und Empfänger von Opfergaben sein, d. h. als Gottheiten aufgefaßt werden; manche von ihnen tragen Eigennamen. Vgl. dazu Selz, 1997, 172 und 178; Gabbay, 2014, 90.

101 Aischyl. *Eum.* 1-8.
102 Gemeint ist eine Schenkung zu Apollons Geburt, vgl. die Verse 9-11, wo im Anschluß berichtet wird, wie Apollon von seinem Geburtsort Delos aufbricht und dann das ihm geschenkte Land in Besitz nimmt.
103 Aischyl. *Eum.* 7 f: Φοίβη· δίδωσιν δ' ἥ, γενέθλιον δόσιν, / Φοίβῳ· τὸ Φοίβης δ' ὄνομ' ἔχει παρώνυμον.
104 Vgl. etwa Ov. *met.* 1,438-451.
105 Zu einem Kampf zwischen Apollon und Gaia s. Pindar fr. 55. Hier geht es, wohlgemerkt, nur um die Feststellung unterschiedlicher stofflicher Traditionen, die unterschiedliche Ansichten oder Gegebenheiten widerspiegeln können; ob und inwieweit nun die stofflichen Traditionen darüber, wer wann und in welcher Reihenfolge die Herrin oder der Herr des Delphischen Orakels war, etwas über tatsächliche religionshistorische Gegebenheiten oder Entwicklungen aussagen können, ist eine weiterführende und nur mit Hilfe zusätzlicher textlicher oder archäologischer

20.5 Performative Sprechakte: „Marduk ist König!"

Neben der Darstellung von Kämpfen und Besitzwechseln gibt es noch eine ganze Reihe weiterer Möglichkeiten, wie Wertungs- und Hierarchisierungsstrategien in Mythen stofflich umgesetzt werden können, von denen sich einige wiederum im *Lied auf Marduk* beobachten lassen[106]. Dazu zählen nicht zuletzt etwa auch *Sprachhandlungen*. Daß Kommunikation mit Hilfe der Sprache in gewisser Weise gleichzeitig bedeutet, etwas zu *tun*, hat Austin in seiner Vorlesung *How to do things with Words* herausgearbeitet[107]. Von grundlegender Bedeutung für seine Theorie der „Sprechakte" ist unbeschadet der späteren begrifflichen Differenzierungen und umfassenderen Theoriebildung[108] die Beobachtung, daß Sprechakte oft und nicht selten selbst dann, wenn es sich scheinbar um eine bloße Informationsvermittlung, Feststellung oder Beschreibung handelt, performative Funktion haben, mit anderen Worten, daß ihnen eine wirklichkeitsverändernde Macht innewohnt[109]. Insofern stellen in (mythischen) Erzählstoffen nicht nur Handlungen durch Taten, sondern auch Handlungen durch Worte wichtige Bausteine bzw. Handlungsschritte dar, die nicht auf der *Textebene*, sondern bereits auf der *Stoffebene* angesiedelt sind, und die bei einer Stoffanalyse entsprechend als einzelne Hyleme zu berücksichtigen sind.

Im *Enūma eliš* steht nach der Tötung des Urkönigs Apsû durch den Weisheits- und Ritualgott Ea die Nachfolge-Frage im Raum, und Apsûs Gemahlin Tiāmtu erhebt Kingu, einen ihrer Söhne, in das Königsamt und macht ihn außerdem zu

---

Zeugnisse klärbare Frage. Zurecht weist bspw. Sourvinou-Inwood, 1987, 215-217 auf die Problematik hin, die in der Annahme liegt, man könne eine Abfolge so, wie sie von Aischylos dargeboten wird, eins zu eins in tatsächliche historisch-kultische Gegebenheiten „übersetzen" und ein stoffliches „Früher" mit einem historischen „Früher" gleichsetzen. Ihre eigene These läuft teilweise auf eine Umkehrung der Verhältnisse hinaus (ebd. 221): „There is no evidence for a cult of Gaia and/or Themis at Delphi before the first half of the fifth century – a period when its emergence should be seen as a response to the myth." Ob man allerdings so weit gehen kann, wie Sourvinou-Inwood dies letztlich tut, indem sie in dem mythischen Stoff *nur* noch die Widerspiegelung von „significant Greek collective representations" (ebd. 233) erblickt, ist freilich ebenfalls fraglich. Zur Problematik der historischen Datierung stofflicher Strata s. die allgemeinen Überlegungen in Kapitel 21.3.3.
106 S. zum *Lied auf Marduk* (bzw. *Enūma eliš*) ausführlich Kapitel 20.1.
107 Austin, 1955.
108 U. a. durch Searle, 1971 und 1982; Derrida, 1976.
109 Die Herstellung einer Wirklichkeit durch eine sprachliche Äußerung nennt Austin *performative sentence* oder *performative utterance*, s. Austin, 1955, 6; bei Searle wird dies auch als „deklarativer" Sprechakt bezeichnet, vgl. Searle, 1982, 36-39.

ihrem Gemahl[110]. Dieser Vorgang einer Erhebung wird unter anderem in Form eines performativen Sprechaktes stofflich zur Darstellung gebracht. Indem Tiāmtu zu Kingu *sagt*, daß sie Kingu die Herrschaft über alle Götter überträgt und ihn zum Gemahl nimmt, *wird* Kingu zum Gemahl Tiāmtus und zum Herrscher über die Götter[111]. Durch eine solche Sprachhandlung innerhalb eines Stoffes kann eine Gottheit in ihrer Bedeutung hochgestuft werden.

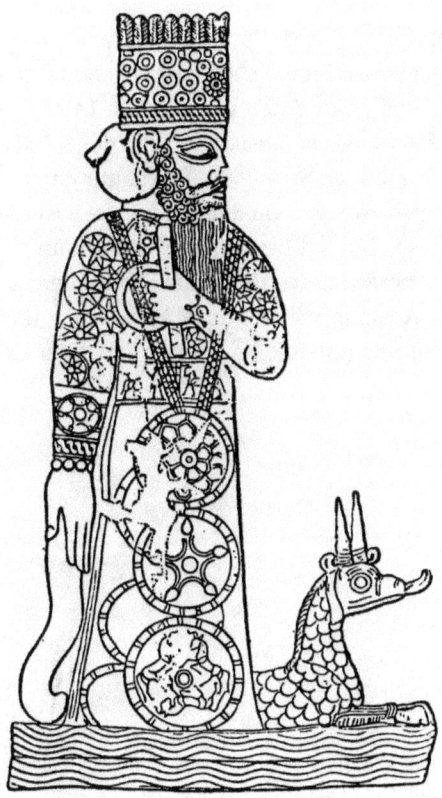

Abb. 9: Götterkönig Marduk

---

110 Zu Kingu s. Anm. 75.
111 *Enūma eliš* 1,153-156.

Ein ähnlicher performativer Sprechakt erfolgt später aus dem Mund der versammelten Götter Marduk gegenüber, wenn sie ausrufen[112]: ᵈ*Marduk-ma šarru* – „Marduk (ist) König!" Daß hier nicht nur eine Erhebung Marduks vorliegt, die isoliert für sich zu betrachten ist, sondern auch ein Kampfruf (vgl. die verstärkende Partikel -*ma*), der implizit gegen andere gerichtet ist, die dieses Amt ebenfalls beanspruchen, wurde bereits oben deutlich, wo auf die entsprechende, ähnlich gestaltete Wendung יְהוָה מָלָךְ – „JHWH herrscht als König!" aus den JHWH-Königspsalmen eingegangen wurde[113].

Weitere Sprechakte mit wirklichkeitsverändernder Funktion, die in der Regel mit einer Aufwertung verbunden sind, stellen Schicksalsbestimmungen und Namengebungen dar. Im *Lied auf Marduk* sind beide Arten vertreten. In Tafel 1 ist es bspw., wie schon erwähnt, der Gott Kingu, der im Besitz der Tafel der Schicksale ist und daraufhin durch einen performativen Sprechakt für Tiāmtu und die ihr unterstehenden Götter die Schicksale festsetzt[114]. Am Ende von Tafel 3 ist davon die Rede, daß die Götter Marduk das Schicksal bestimmen[115], was dann am Beginn von Tafel 4 ebenfalls durch einen performativen Sprechakt von seiten der Götter verdeutlicht wird, der das ganze Ausmaß von Marduks Aufwertung und der damit implizit verbundenen Herabstufung potentieller anderer Anwärter auf die Königsmacht zeigt[116]:

attama kabtāta ina ilāni rabûti
šīmatka lā šanān siqarka ᵈ*Anum*
ᵈ*Marūtuk kabtāta ina ilāni rabûti*   5
šīmatka lā šanān siqarka ᵈ*Anum*
ištu ūmimma lā innennâ qibītka
šušqû u šušpulu šī lū qātka
...

---

112 *Enūma eliš* 4,28.
113 S. Kapitel 18.4.3. Im Akkadischen handelt es sich um einen Nominalsatz, im Hebräischen hingegen wird ein Verbum eingesetzt (מָלַךְ = „König sein/ als König herrschen").
114 *Enūma eliš* 1,157-162. Zu den von Gabriel im Zusammenhang mit der Sprechakttheorie als „Festsprechungsakte" bezeichneten Sprachhandlungen im *Enūma eliš* s. ausführlich Gabriel, 2014, 249-268; speziell zur „Tafel der Schicksale" ebd., 262-267. Daß Marduk schließlich die Tafel der Schicksale nicht selbst behält, sondern an Anu übergibt (Tafel 5,70), läuft nicht auf einen Machtverlust Marduks hinaus, da er vorher die Tafel siegelt und sie damit aus einem Machtinstrument zu „Archivmaterial" macht; s. dazu die überzeugende Interpretation von Gabriel, 2014, 264 f.
115 *Enūma eliš* 3,138.
116 *Enūma eliš* 4,3-8 und 13 f; Übersetzung von Kämmerer/ Metzler, 2012, 332; zusammenhängende Umschrift mit genaueren Verweisen auf die Textgrundlagen und Begründung der gewählten Umschrift bei Gabriel, 2014, 428 f.

ᵈMarūtuk attāma muterru gimillini
i niddinka šarrūt(um) kiššat kal gimrēti

Du, du bist gewichtig unter den großen Göttern;
dein Schicksal ist ohnegleichen, deine Rede ist (wie die von) Anu;
Marduk, du bist gewichtig unter den großen Göttern; 5
dein Schicksal ist ohnegleichen, deine Rede ist (wie die von) Anu.
Von heute an darf dein Gebot nicht geändert werden;
zu erhöhen und zu erniedrigen, das sei in deiner Hand

...

Marduk, du bist unser Rächer;
wir geben dir hiermit die Königsherrschaft über die Gesamtheit des ganzen Universums!

Neben Schicksalsbestimmungen spielen Namengebungen im *Enūma eliš* eine zentrale Rolle[117]. Einen Namen zu verleihen ist in mythischen Stoffen der Antike immer mit einer Wesens-Zusprechung verbunden, da man im Namen etwas vom Wesen des Benannten ausgedrückt und manifestiert sah[118]. Wenn die Götter im *Enūma eliš* Marduk den Namen „Lugaldimmerankia" verleihen[119], dann ist dies einer Einsetzung in das Amt gleichzusetzen, das mit diesem Namen bezeichnet ist, und das von nun an zum Wesen Marduks gehört, nämlich, wie der Name übersetzt heißt, „König-Gott von Himmel und Erde" zu sein[120]. Im weiteren Verlauf verleiht Marduk der Stadt, in der sein Tempel steht, den Namen „Babylon", was ausdeutend übersetzt wird mit „Die Häuser der großen Götter" und damit zugleich festsetzt, was ein Wesensmerkmal dieses Ortes darstellt[121]. Wiederum ist damit aber implizit auch eine Abwertung verbunden: *andere* Orte können in dieser Sicht diesen Anspruch nicht erheben.

---

117 *Enūma eliš* 6,121-7,144. S. dazu ausführlich Lambert, 2013, 147-168; Gabriel, 2014, 268-307; eine resümierende Synthese zur „Ontologie von Festsprechung(sakt) und Name(nsgebung)" bei Gabriel, 2014, 307-315.
118 Als ein Grundzug „mythischen Denkens" ist dies bereits bei Cassirer, 1953, 53-55, ausführlicher dargelegt worden (vgl. auch ebd. 33). Vgl. für den Alten Orient bspw. Radner, 2005, 15 f; Gabriel, 2014, 270 f; A. Zgoll, 2020 (i. V.), Kapitel „Die Aktivierung von Tempel und Gottheit durch Schicksalsbestimmung, Namengebung und Preislied", und Kapitel „Erscheinungsformen des Göttlichen: Die Geburt der Welt aus dem Geist der Hacke"; zur dominanten Rolle der Etymologienforschung in der Philosophie der Stoa, die hinter den Worten Wahrheiten wähnt, und bei Varro s. Sailer-Wlasits, 2007, 119-128.
119 *Enūma eliš* 5,112.
120 G. Gabriel verdanke ich den Hinweis, daß „Lugaldimmerankia" im späten 2. Jahrtausend v. Chr. auch als „König der Götter des Himmels und der Erde" verstanden worden sein könnte.
121 *Enūma eliš* 5,129: *lubbima šumšu bābil*[*i*]ᵏⁱ *bītāt ilāni rabûti*.

Ein zentraler Passus im *Lied auf Marduk* ist schließlich der Verleihung von zweiundfünfzig Namen gewidmet, die Marduk von nun an tragen soll[122]. Hier begegnet man auf dem Gebiet der Namengebung einem religionsgeschichtlich weitverbreiteten Phänomen in stofflich wie textlich außergewöhnlich lang ausgeführter und quantitativ gesteigerter Form, das auf engstem Raum sowohl eine Aufwertung einer Gottheit als auch zugleich die Abwertung einer anderen in sich einschließt und deshalb für die hier vorgenommene Suche nach Spuren von Wertungs- und Hierarchisierungsstrategien eine bedeutende Rolle spielt. Es handelt sich dabei um das Phänomen der Vereinnahmung einer Gottheit durch eine zweite Gottheit, die sich darin zeigt, daß die zweite Gottheit das Wesen und damit in der Regel auch alle Macht und alle Aufgabenbereiche der ersten in sich aufnimmt, indem sie den Namen der anderen Gottheit, der zugleich für deren Wesen steht, von nun an selbst als Beinamen trägt. Im Deutschen könnte man diese Vereinnahmung mit einem Wortspiel treffend als „Verein-Namung" bezeichnen. Ohne daß eigens darauf eingegangen wurde, ließ sich dieses Phänomen bereits oben am Beispiel der Göttin Phoibe beobachten, die das Delphische Orakel und damit auch gleich noch ihren eigenen Namen und ihre göttliche Macht für diesen Zuständigkeitsbereich Apollon zum Geschenk macht, der fortan „Phoibos Apollon" heißt.

Im *Enūma eliš* wird durch die ausdeutende Verleihung der zweiundfünfzig Namen an Marduk auf Stoff- und Textebene eindrucksvoll verdeutlicht, wie Marduk all die mit den Namen ursprünglich verbundenen, anderen Gottheiten gewissermaßen verschluckt. Darunter befinden sich Gestalten wie die bereits erwähnten Götter Asalluḫi und Mummu[123] oder der auch aus anderen mythischen Stoffen bekannte Gott der Kanäle Enbilulu[124]. Das Ganze aber gipfelt darin, daß am Ende auch Marduks Vater Ea folgende Worte über Marduk in den Mund gelegt werden[125]: „Er *ist wie ich*; Ea soll sein Name sein!" Durch diese Namensübertra-

---

122 Fünfzig der dem Marduk verliehenen Namen werden als Einheit gesehen (z. B. *Enūma eliš* 7,143 f) und rufen damit die Assoziation zu der in *Enūma eliš* 6,80 explizit genannten Gruppe der fünfzig „großen Götter" hervor; zur Fünfzig als Symbolzahl des Götterkönigs Enlil und damit als Symbol für eine Machtübernahme vgl. Krebernik, 2012, 45; die zwei letzten Namen, die Marduk von Enlil und Ea verliehen werden, sind Sonderfälle und als Steigerungen anzusehen. S. dazu ausführlich Gabriel, 2014, 170-176 und 288-294.
123 *Enūma eliš* 6,147 und 7,86.
124 *Enūma eliš* 7,57.
125 *Enūma eliš* 7,140: *šū kīma jâtima* ^{d}*Ea lū šumšu*. Die Übersetzung folgt Kämmerer/ Metzler, 2012, 353, und Gabriel, 2014, 444; zu abgeschwächt Lambert, 2013, 133 („Let him, like me, be

gung in Form eines performativen Sprechaktes übergibt Ea, eine der prominentesten Gottheiten im altorientalischen Pantheon, seine Machtposition vollständig an Marduk, was dadurch näher ausgeführt wird, daß Ea im Folgenden noch einmal explizit die Herrschaft und dauerhafte Kontrolle über alle ihm eigenen Kultordnungen und Weisungsbefugnisse auf Marduk überträgt[126].

20.6 Herstellung von Relationen 1: Zeus und Hera

In diesem Kapitel soll auf eine besonders wirkungsvolle, dabei unauffällige und meistens sehr harmonisch wirkende Art und Weise eingegangen werden, wie Konflikte zwischen unterschiedlichen Traditionen in Mythen stofflich bewältigt werden können. Es handelt sich dabei um eine elegante Konfliktlösungstaktik, die so einfach ist, daß sie in der Gefahr steht, in ihrer Effizienz unterschätzt oder sogar gänzlich übersehen zu werden, obwohl sie sehr viel mit Wertungen und Hierarchisierungen aufgrund von Deutungsmachtkämpfen zu tun hat. Sie tritt uns in mythischen Stoffen allenthalben entgegen und erscheint völlig natürlich, obwohl sie bei näherer Betrachtung alles andere ist als das. Gemeint ist das Vorhandensein oder auch die explizite Herstellung von Relationen zwischen Protagonisten in Form einer ehelichen Partnerschaft oder einer rein sexuellen Beziehung (etwa durch Heirat, freiwilligen Beischlaf oder Vergewaltigung), oder in Form verwandtschaftlicher Beziehungen (durch Zeugung, Geburt, Adoption o. a.).

Besonders im Hinblick auf die griechische Mythologie ist man gewohnt, die Götter fest eingebettet in ein umfassendes genealogisches „System" zu sehen. Das liegt unter anderem daran, daß dieses System uns schon in einem der ersten Werke der griechischen Literatur, in Hesiods *Theogonie*, in praktisch fertig ausgebildeter Form und damit wie etwas natürlich Gegebenes entgegentritt, so daß es um so schwerer wird, sich der damit verbundenen Suggestion zu erwehren, die hier abgebildeten Relationen zwischen den Protagonisten seien gewissermaßen etwas natürlich Gegebenes. Man muß einen Schritt zurücktreten und sich erneut bewußt machen, daß mythische Stoffe, wie bereits ausgeführt[127], hinsichtlich ihrer transzendierenden Wirklichkeitsdeutungen nicht Darstellungen von

---

called 'Ea'."). Für die Übersetzung von Kämmerer/ Metzler und Gabriel spricht die für Nominalsätze typische Verstärkung -*ma* bei *jâtima* und der Kontext, in dem Ea seine gesamte Macht auf Marduk überträgt.
126 S. *Enūma eliš* 7,141 f; die „Kultordnungen" (*parṣū*) entsprechen sumerisch den „göttlichen Mächten" (m e); s. dazu Anm. 32 in Kapitel 12.4.
127 S. Kapitel 18.4.1.

Zusammenhängen oder Fakten sind, die einfach gegeben *waren*, sondern die jeweils neu gegeben *wurden*, und daß sie *auf dem Hintergrund anderer, abweichender Darstellungen* gegeben wurden. Hinsichtlich interpersonaler Relationen läßt sich das Konstruierte nicht zuletzt an dem einfachen Umstand ablesen, daß viele mythologische Handbücher oder Abhandlungen bei der Beschreibung einer Figur aus mythischen Stoffen gezwungenermaßen nur allzu oft nach dem Schema beginnen „X war ein Kind von A und B; nach anderen war er hingegen ein Kind von A und C, nach wieder anderen wurde er als ein Kind von D und E bezeichnet" – und so fort[128].

Götter werden in aller Regel als unsterblich vorgestellt. Sie haben es nicht nötig, sich fortzupflanzen, um dadurch für den Erhalt ihrer eigenen Spezies zu sorgen. Wenn Götter heiraten und sich fortpflanzen, dann hat das in aller Regel nichts mit den Göttern zu tun, sondern mit einem Versuch von menschlicher Seite, Relationen und damit Machtverhältnisse zwischen verschiedenen Gottheiten zu klären[129].

So ist beispielsweise die Stellung des Zeus an oberster Stelle im griechischen Pantheon nachweislich eine erst erworbene, nicht eine immer schon dagewesene[130]. Daß Hermes oder Artemis und Apollon für nicht so mächtig angesehen werden oder angesehen werden sollen wie Zeus, läßt sich allein schon dadurch klarmachen, daß sie nicht als Eltern oder als Geschwister, sondern eben als *Kinder* von Zeus in Erscheinung treten. Etwas anderes ist es schon mit Poseidon oder Hades, die offenbar so mächtige Gottheiten darstellten, daß sie Zeus nicht so deutlich untergeordnet werden konnten[131]. Sie sind Zeus' *Brüder*, und daß sie ihm doch zumindest geringfügig unterstehen, muß stofflich plausibilisiert werden. Das geschieht bspw. dadurch, daß nur Zeus von dem Schicksal verschont bleibt, von seinem Vater Kronos verschlungen zu werden, während all seine anderen Geschwister diese grausige „Einkerkerung" erdulden, aus der sie dann nicht zuletzt eben durch Zeus wieder befreit werden[132], oder durch die bekannte Erzählung, daß Zeus' Herrschaft auf dem Olymp bzw. im Himmel und seine damit verbundene Superiorität nur auf einer Portion Glück oder Schicksal bei der Auslo-

---

128 Vgl. z. B. mit Bezug auf Triptolemos Nesselrath, 2013, 198 f.
129 Zur Vertiefung dieses Gedankens s. Kapitel 22.2. Zum schon in der Antike diskutierten „Problem" der Widersprüchlichkeit zwischen dem Gedanken einer Göttergeburt und einer Unsterblichkeit der Götter s. Erler, 2014, 63-65.
130 S. bspw. Yasumura, 2011, 1: „There is no indication of Zeus' supremacy in the Mycenaean documents."
131 S. bspw. zur im Vergleich zu Zeus hervorgehobenen Rolle Poseidons in mykenischer Zeit in Pylos Yasumura, 2011, 1 f.
132 S. Gantz, 1993, 41 und 44.

sung der Herrschaftsbereiche zwischen ihm, Poseidon und Hades beruht[133]. In diesem Stoff von der Verlosung der Herrschaftsbereiche manifestiert sich im Übrigen noch eine weitere Art der oben bereits angesprochenen Erzähltaktiken, die Wertungs- und Hierarchisierungsstrategien in Form von Besitzwechseln, hier näherhin in Form von Besitz-Zuweisungen, zur Darstellung bringen.

Zumindest in einer patriarchalisch strukturierten Gesellschaft, wie es die der Griechen hauptsächlich war, ist Hera als *Gattin* dem Zeus ebenfalls untergeordnet. Gerade auch bei Hera verraten Reste von einigen mythischen Stoffen allerdings deutlich, daß diese Unterordnung im wahrsten Sinne des Wortes umstritten war. Das geht nicht nur daraus hervor, daß Hera im Krieg der Griechen gegen die Troianer durchgehend die Griechen favorisiert und damit an etlichen Stellen als gewichtige Gegnerin von Zeus auftritt[134], sondern noch viel grundsätzlicher z. B. daraus, daß sie nach einer Tradition aus Zorn über Zeus den „monströsen" Typhoeus gebiert[135], der einer der gefährlichsten Gegner von Zeus wird und diesen fast überwindet[136], oder daß sie nach einer anderen Tradition mit dem Giganten Eurymedon liiert ist und von diesem Mutter des Prometheus wird[137], wobei Prometheus in dem bereits behandelten Mythos vom „Opferbetrug" ebenfalls als ein dem Zeus durchaus ebenbürtiger Gegner auf den Plan tritt[138].

Daß Hera keinesfalls immer schon dem Zeus willig und gehorsam war, wie man dies von einer Gattin erwarten könnte, mag man ihr – bei einer oberflächlich-psychologischen Betrachtungsweise – auch noch so viel Murren und durchaus berechtigte Eifersucht auf Zeus' zahlreiche Liaisons zubilligen, zeigt sich auch noch besonders in einem mythischen Stoff, der davon erzählt, daß Hera zusammen mit anderen Göttern, nämlich Poseidon und Athene, einmal versucht hat, Zeus zu überwältigen[139]. Nur Thetis konnte damals Zeus retten und ihn mit Hilfe des gewaltigen Briareos vor weiteren Angriffen schützen.

Dieser Stoff hat aus verständlichen Gründen in einem Umfeld, in dem Zeus' Herrschaft über alle anderen Götter zunehmend als gesichert und schließlich als

---

133 S. Gantz, 1993, 48. Vergleichbar ist die Verlosung der Herrschaftsbereiche im *Atramḫasīs-Epos*, Z. 11-16; für bibliographische Hinweise zum *Atramḫasīs-Epos* s. Anm. 21 in Kapitel 12.3.
134 Vgl. etwa Hom. *Il.* 8,408, wo es heißt, daß Hera immer das, was Zeus beschließt, zu vereiteln versucht, oder Hom. *Il.* 8,469-483, wo auffällig betont werden muß, daß Zeus sich aus Heras Zorn nichts macht; s. auch die Erwähnung von Heras Haß auf Zeus in *Il.* 14,157 f.
135 S. Gantz, 1993, 49; zu Typhoeus (auch „Typhaon" oder „Typhon") als Gegner des Zeus insgesamt s. ebd. 48-51. Vgl. auch die Hinweise in Anm. 167 in Kapitel 18.4.3.
136 S. dazu ausführlich Yasumura, 2011, 117-131.
137 S. Gantz, 1993, 57.
138 Hes. *theog.* 535-564. S. dazu ausführlich Kapitel 17.1.
139 S. dazu Gantz, 1993, 59.

selbstverständlich galt, keine weite Verbreitung gefunden. Er ist nur einmal in Homers *Ilias* überliefert, und dabei ist es schon erstaunlich genug, daß er überhaupt „überlebt" hat[140]. Der von Agamemnon in seiner Ehre gekränkte Achilleus wendet sich an seine Mutter Thetis mit der Bitte, bei Zeus zu erwirken, daß im Troianischen Krieg zumindest vorübergehend die Troianer die Oberhand gewinnen, damit die Griechen und mit ihnen Agamemnon daraufhin Achilleus auf den Knien bitten sollen, doch wieder in die Kämpfe einzugreifen, von denen er sich aufgrund der Kränkung Agamemnons zurückgezogen hat. Nach Achilleus' Meinung müßte Thetis mit ihrer Bitte schon allein deswegen Erfolg haben, weil Zeus ihr noch einen Gefallen schulde, habe er doch Thetis oft erzählen hören, wie sie einst Zeus aus der Not befreit habe, in die er durch Hera und ihre Verbündeten gekommen sei[141]:

πολλάκι γάρ σεο πατρὸς ἐνὶ μεγάροισιν ἄκουσα
εὐχομένης, ὅτ' ἔφησθα κελαινεφέϊ Κρονίωνι
οἴη ἐν ἀθανάτοισιν ἀεικέα λοιγὸν ἀμῦναι,
ὁππότε μιν ξυνδῆσαι Ὀλύμπιοι ἤθελον ἄλλοι
Ἥρη τ' ἠδὲ Ποσειδάων καὶ Παλλὰς Ἀθήνη·   400
ἀλλὰ σὺ τόν γ' ἐλθοῦσα, θεά, ὑπελύσαο δεσμῶν,
ὦχ' ἑκατόγχειρον καλέσασ' ἐς μακρὸν Ὄλυμπον,
ὃν Βριάρεων καλέουσι θεοί, ἄνδρες δέ τε πάντες
Αἰγαίων', ὃ γὰρ αὖτε βίην οὗ πατρὸς ἀμείνων·
ὅς ῥα παρὰ Κρονίωνι καθέζετο κύδεϊ γαίων·   405
τὸν καὶ ὑπέδδεισαν μάκαρες θεοὶ οὐδέ τ' ἔδησαν.

Oft nämlich habe ich gehört, wie du dich im Palast des Vaters
gerühmt hast, als du erzähltest, wie du vom dunkelumwölkten Kronion
als einzige unter den Unsterblichen schmähliches Verderben abgewehrt hast,
damals, als ihn die anderen Olympier zusammenbinden wollten,
Hera und auch Poseidon und Pallas Athene.   400
Aber du, du kamst ihm zur Hilfe, Göttin, und hast ihn losgelöst von den Fesseln,
nachdem du schnell den Hunderthänder zum hohen Olymp gerufen hattest,
den die Götter Briareos rufen, die Menschen aber alle
Aigaion; der nämlich wiederum hat mehr Kraft als sein Vater[142].
Der nun setzte sich neben Kronion nieder, sich seines Ruhms freuend;   405

---

140 Spätere Rückbezüge auf Homer bei Cornutus 17,2 (nach der Zählung der Edition von Nesselrath, 2009) und Nonn. *Dion.* 43,361-363.
141 Hom. *Il.* 1,396-406. Text nach West, 1998; abweichend nur οὐδέ τ' ἔδησαν statt οὐδ' ἔτ' ἔδησαν in 1,406 (s. dazu unten).
142 Als Vater des Briareos gilt in der Regel Uranos; dazu und zur (unsicheren) Interpretation, daß hier auch Poseidon als Vater des Briareos gedacht sein könnte, s. Kirk, 1985, 95.

den fürchteten sogar ein wenig die seligen Götter und banden ihn nicht[143].

Diese Stoffvariante von Heras Versuch, Zeus zu überwältigen, hat vermutlich deshalb überlebt, weil es zumindest bei oberflächlicher Betrachtung möglich ist, ihn in dem Kontext, in dem er überliefert wird, nicht als einen grundsätzlichen Angriff auf Zeus' Herrschaft zu interpretieren, sondern als eine zwar recht drastische, aber doch lediglich punktuelle Aktion im Verlauf des Troianischen Krieges (zu einer anderen Deutung s. unten). In diese Richtung geht Gantz, der bei seinem Deutungsversuch der hier vorliegenden Stoffvariante textverhaftet bleibt und darauf hinweist, daß die am Aufstand beteiligten Gottheiten in Homers *Ilias* alle auf seiten der Griechen stünden, während Zeus eher die Troianer unterstütze, so daß das Unternehmen speziell darauf ausgerichtet gewesen sein könne, Zeus nur vorübergehend aus dem Verkehr zu ziehen, um in der Zwischenzeit dafür zu sorgen, daß das Kriegsglück sich den Griechen zuwendet[144]. Eine solche punktuelle Aktion unternimmt Hera in der *Ilias* noch einmal, indem sie Zeus zum Liebesspiel verführt und dafür sorgt, daß ihr Mitverschwörer Hypnos, der im Hintergrund lauert, Zeus nach dem erotischen Vergnügen in so tiefen Schlaf fallen läßt, daß Poseidon unterdessen auf dem Schlachtfeld den Griechen deutliche Vorteile verschaffen kann[145]. Auf dem Hintergrund einer solchen Interpretation ist es auch zu verstehen, daß öfter die Vermutung geäußert wurde, der mythische Stoff, auf den Achilleus hier Bezug nimmt, sei aufgrund seines möglicherweise speziellen „Zuschnitts" auf die Gegebenheiten in der *Ilias* eine Erfindung Homers[146].

Diese Annahme steht, wenn überhaupt, auf sehr schwachen Füßen. Dagegen spricht bereits die Kürze der Ausführung. Wenn Homer hier seinem Publikum tatsächlich eine Neuheit zumuten würde, dann wäre sie in dieser abgekürzten Form sehr kryptisch[147]. Und was die Interpretation angeht, so deutet einiges darauf hin, daß dieser mythische Stoff von Heras Versuch, Zeus zu überwältigen, nicht auf

---

143 Zur Textgestaltung, Übersetzung und Deutung des letzten Verses s.u., Anm. 149.
144 Vgl. Gantz, 1993, 59: „it *could* refer to a time earlier in the Trojan War, when the gods in question (these are Achaian supporters) plotted to gain the advantage for their own side."
145 Hom. *Il.* 14,153-15,11.
146 Vgl. Latacz/ Nünlist/ Stoevesandt, 2002, 138: „möglicherweise handelt es sich um eine *ad hoc*-Erfindung", mit Verweisen auf weitere Literatur; Kirk, 1985, 93: „.... the probability is, in the absence of other evidence, that the digression is Homeric". Vgl. auch Gantz, 1993, 59, und die Hinweise bei Yasumura, 2011, 13, Anm. 1.
147 Gegen eine Erfindung Homers auch Yasumura, 2011, 10. Danek, 1998, 23 f, verweist auf mehrere Beispiele von nur kurz anzitierten Mythen in der *Odyssee* und kommt ebenfalls zu dem Schluß, daß an einer Bekanntheit bei den Hörern kein Zweifel bestehen könne. Zum Punkt, daß Kürze in der Regel (nicht immer) Bekanntheit voraussetzt, s. mit Beispielen auch die Kapitel 9.8.2 und 9.8.3.

eine bloße Zwischendurch-Aktion im Kontext des Troianischen Krieges Bezug nimmt, sondern daß es hier um ein Unternehmen geht, das um einiges brisanter gewesen sein dürfte.

Dazu soll die Stoff-Konkretion bei Homer etwas näher unter die Lupe genommen werden. Zunächst heißt es, daß Hera und ihre Verbündeten Zeus „binden" wollten[148]. Offensichtlich ist ihnen das sogar gelungen, denn kurz darauf ist davon die Rede, daß Thetis Zeus von den Fesseln wieder befreit hat[149]. Die Bindung eines obersten Götterkönigs ist zumindest im Falle der oben bereits besprochenen Bindung Apsûs durch Ea nicht nur alles andere als harmlos gewesen, sondern sie ging der Tötung und damit völligen Depotenzierung Apsûs unmittelbar

---

148 Hom. *Il.* 1,399: ὁππότε μιν ξυνδῆσαι Ὀλύμπιοι ἤθελον ἄλλοι.
149 Hom. *Il.* 1,401: ἀλλὰ σὺ τόν γ' ἐλθοῦσα, θεά, ὑπελύσαο δεσμῶν. Nach LfgrE s. v. (ὑπο-)λύω soll das Kompositum an dieser Stelle die Bedeutung „*save pers. from the threat of*" haben. Das erscheint abwegig, weil es für eine solche Bedeutung nur die vorliegende Stelle als einzigen Beleg gibt, und weil die Bedeutung an dieser Stelle noch dazu von dem in der Deutung umstrittenen Vers 1,406 abhängt. Nach dem von West, 1998, gegebenen Text οὐδ' ἔτ' ἔδησαν wäre dort zu übersetzen „und sie banden (ihn) nicht mehr länger". Da vorher nur vom Binden des Zeus die Rede war, müßte man den Ausdruck auf Zeus beziehen. Das ist aber aus mehreren Gründen mit Schwierigkeiten behaftet: Erstens müßte man voraussetzen, daß der Vorgang des Bindens länger andauert, worauf sonst nichts hindeutet; zweitens würde das heißen, daß man ὑπελύσαο δεσμῶν in Vers 1,401 die sonst nirgends belegbare Bedeutung „bewahrte sie ihn vor den (drohenden) Fesseln" zuschreiben müßte, statt dem zu erwartenden und einfacheren „löste sie ihn von den Fesseln"; und drittens würde das bedeuten, daß man im Vers 1,406 einen nicht angezeigten Objektwechsel voraussetzen müßte: τὸν καὶ ὑπέδεισαν μάκαρες θεοὶ οὐδ' ἔτ' ἔδησαν – „den [sc. Briareos] fürchteten sogar ein wenig die seligen Götter und banden (ihn) [sc. Zeus] nicht länger". All diese Schwierigkeiten entfallen, wenn man Zeus' Bindung als vollzogen annimmt und in Vers 1,406 beide Male Briareos als Objekt ansieht, was sprachlich möglich und textkritisch vertretbar, weil textgeschichtlich erklärbar ist, vgl. Latacz/ Nünlist/ Stoevesandt, 2002, 141: „'fesselten ihn nicht', wobei τ(ε) nachträglich zur Vermeidung eines vermeintlichen Hiats für οὐδέ F' ('ihn') ἔδησαν in den Text gesetzt wurde" (mit Literaturhinweisen für die Verteidigung der Lesart οὐδέ τ' ἔδησαν statt οὐδ' ἔτ' ἔδησαν). Thetis löste den bereits gebundenen Zeus von den Fesseln, und die anderen Götter fürchteten sich so vor dem hunderthändigen Briareos, daß sie bei ihm gar nicht erst den Versuch unternahmen, ihn zu binden. Wenn man die Verstärkung von λύω durch die Verwendung des Kompositums ὑπολύω in 1,401 zum Ausdruck bringen will, dann wäre m. E. zu erwägen, ob hier nicht gemäß einer sonst häufig belegbaren Bedeutung solcher mit ὑπο- gebildeter Komposita eine gewisse Heimlichkeit der Handlung zum Ausdruck gebracht werden soll (τόν ... ὑπελύσαο δεσμῶν – „den ... hast du heimlich gelöst von den Fesseln"). Eine inhaltliche Parallele wäre in der Befreiung des gebundenen Ares durch Hermes gegeben (s. dazu gleich im Haupttext Weiteres), die sich ebenfalls in Heimlichkeit vollzieht, dort durch das Kompositum ἐκκλέπτω ausgedrückt, s. Hom. *Il.* 5,390 (ὁ δ' ἐξέκλεψεν Ἄρηα – „der aber brachte Ares heimlich weg").

voraus[150]. Und auch in Hesiods *Theogonie* wird bspw. die endgültige Besiegung der Titanen durch Zeus und seine Anhänger dadurch verdeutlicht, daß sie mit schwerlastenden Fesseln *gebunden* und in die Unterwelt verbannt werden; damit sind sie in gewisser Weise ebenfalls „tot"[151]. Ein ähnliches Beispiel liefert auch noch die *Ilias* selbst, wenn im 5. Buch berichtet wird, daß der Kriegsgott Ares einmal von den „Riesen" Otos und Ephialtes gebunden worden sei und in der ein gutes Jahr währenden Gefangenschaft fast zugrunde gegangen wäre, hätte ihn nicht Hermes auf eine Intervention der Eeriboia hin am Ende heimlich befreit[152]. All dies spricht dafür, daß das Binden eines Gottes, und noch dazu des höchsten Gottes Zeus, sich in diesem hier nur kurz angedeuteten Stoff kaum auf ein harmloses Intermezzo beziehen dürfte, sondern daß es sich dabei um einen radikalen Umsturzversuch handelt[153].

Daß es sich bei diesem Angriff Heras und der mit ihr assoziierten Gottheiten kaum nur um eine punktuelle Aktion im Rahmen des Troianischen Krieges gehandelt haben dürfte, sondern daß es um ein Zeus und seine Herrschaft grundsätzlich betreffendes, hochgefährliches Unternehmen ging, geht außerdem daraus hervor, daß nicht von einer Schande, Schmach oder Ehrenkränkung die Rede ist, vor der Thetis Zeus bewahrt hat, sondern von einem λοιγός, und das ist in den homerischen Epen durchgehend ein Ausdruck für eine fatale, in den meisten Fällen tödliche Niederlage[154].

Zu guter Letzt noch ein ganz basales Argument für die hier vorgetragene Interpretation: Achilleus weist darauf hin, er habe diese Geschichte aus dem Mund seiner Mutter oft, und zwar im Palast seines Vaters Peleus gehört[155]. Damit aber wird eindeutig auf Achilleus' Jugend Bezug genommen, also auf eine Zeit *vor* dem Troianischen Krieg, als Achilleus noch bei seinen Eltern Thetis und Peleus weilte. Angriff der Hera und Rettungstat der Thetis sind von daher nicht als ein Ereignis aus der Spätzeit, sondern aus der Frühzeit in der relativen Mythenchronologie anzusehen, zu einem Zeitpunkt, zu dem die Herrschaft des Zeus noch nicht absolut gesichert und gefestigt war.

---

150 S. dazu Kapitel 20.1.
151 Hes. *theog.* 717-721; v. a. 718: δεσμοῖσιν ἐν ἀργαλέοισιν ἔδησαν.
152 Hom. *Il.* 5,385-391; vgl. 5,386: δῆσαν κρατερῷ ἐνὶ δεσμῷ. Eeriboia wird als „Stiefmutter" (μητρυιή, 5,389) von Otos und Ephialtes bezeichnet, wohinter sich vermutlich eine Wertungs- und Hierarchisierungsstrategie verbirgt, der hier aber nicht weiter nachgegangen werden soll.
153 Vgl. Latacz/ Nünlist/ Stoevesandt, 2002, 139, in ihrem Kommentar zur *Ilias*-Stelle: „Die Fesselung eines Gottes (zumal des Göttervaters) ist die massivste Form der Rebellion. In der Welt der Unsterblichen kommt Fesselung einer Tötung gleich" (mit weiteren Literaturhinweisen).
154 S. dazu LfgrE s. v.
155 Hom. *Il.* 1,396 f: πολλάκι γάρ σεο πατρὸς ἐνὶ μεγάροισιν ἄκουσα / εὐχομένης.

Zusammen mit den anderen angeführten Beobachtungen entpuppt sich dieser Stoff somit als ein nur noch in geringen Spuren erhalten gebliebener Götterkampf-Mythos, der zudem einen deutlichen Hinweis auf eine Traditionsschicht liefert, nach der Hera nicht so sehr *Gattin*, als vielmehr *Gegnerin* von Zeus war, und der zu entnehmen ist, daß es sich bei Hera um eine mächtige und aller Wahrscheinlichkeit nach ursprünglich selbständige Gottheit gehandelt haben muß[156], wofür auch andere Indizien angeführt werden können. Jedenfalls kongruiert dieses Ergebnis vollständig mit den Ergebnissen der archäologischen Forschung, sowohl was die prähistorische[157], als auch was die historische Zeit angeht. Nach Simon hat es[158], den Befunden nach zu urteilen, in Griechenland keine Tempel gegeben,

> ... an denen Zeus und Hera gleichen Anteil hatten. Es sind uns jeweils reine Zeus- oder Heratempel überliefert, wobei sich an Grabungsplätzen die Heratempel immer als die früheren erwiesen. In diesen unbestreitbaren Tatsachen spiegelt sich die Verschiedenheit der beiden Gottheiten, was ihren Ursprung und ihre Verehrung betrifft.

Hera war eine so mächtige Gottheit, daß sie Zeus soweit wie möglich gleichgestellt werden mußte, was durch ihre Stellung als *Götterkönigin* zum Ausdruck kommt; als *Gattin* aber wird sie schließlich doch nach der dominant werdenden Zeus-Tradition dem Götterkönig um ein Weniges in der hierarchischen Stufenleiter untergeordnet.

Auf dem Hintergrund der Beobachtungen zur Interhylität und aufgrund der Überlegungen, daß durch die unvermeidbaren Stoff-Stoff-Interferenzen sich zwangsläufig Konflikte ergeben, ist ein solcher Stoff wie der hier behandelte, der zeigt, daß die hinter Hera und Zeus stehenden Traditionen und Erzählungen sich keineswegs nur harmonisch und völlig spannungsfrei miteinander vereinen ließen, in keiner Weise „peculiar", „particular" oder „unusual"[159], sondern im Gegenteil normal und sogar zu erwarten. Daß wir nur noch wenige Reste von solchen Mythen erhalten haben, liegt wie bereits erwähnt daran, daß die „Sieger-

---

156 Vgl. bereits Pötscher, 1961, 325: Daß Heras Ehe mit Zeus „nichts Ursprüngliches, wenn auch alt ist, wird allgemein anerkannt" (vgl. auch ebd. 327 f).
157 S. Kossatz-Deissmann, 1988, 659: „Die archäologische Forschung erwies sie [sc. Hera] für die prähistorische Zeit als von Zeus unabhängige Göttin."
158 S. Simon, 1998, 35.
159 So Kirk, 1985, 93 f; als seltsam und sehr erklärungsbedürftig empfindet den Stoff von Heras Rebellion auch Gantz, 1993, 59, da u. a. nicht genau ersichtlich werde, „what the conspirators might have hoped to accomplish".

mythen" naturgemäß im Lauf der Zeit diejenigen Stoffe, die zeigen, daß der Sieg umstritten und gefährdet war, in den Hintergrund drängen[160].

20.7 Herstellung von Relationen 2: Enlil und Sud

In den meisten für uns greifbaren, ausführlicheren Texten ist die hierarchisch gestufte Verbindung zwischen Zeus und Hera so anerkannt, daß sie stofflich kaum mehr plausibilisiert werden muß. Diese Verbindung wird deshalb in den meisten Fällen nur noch konstatiert, aber nicht mehr eigens ausgeführt. Wir besitzen von daher keine einzige textliche Quelle, in welcher der mythische Stoff der Hochzeit von Zeus und Hera ausführlich dargestellt wird, obwohl man archäologischen Zeugnissen und Fragmenten des Geschichtsschreibers Pherekydes von Athen (5. Jh. v. Chr.) entnehmen kann, daß es ausführlichere Konkretionen dieses Stoffes gegeben haben muß[161].

Es gibt aber auch andere Fälle, in denen breiter ausgestaltete Stoffkonkretionen vorliegen, die somit die Rezipienten nicht vor vollendete Tatsachen stellen, sondern den Vorgang der Verbindung zwischen zwei Gottheiten des langen und breiten nachzeichnen. Die Annahme, daß es in diesen Fällen noch schwerer oder umstrittener war, die beiden betreffenden Gottheiten und die hinter ihnen stehenden Traditionen überhaupt und noch dazu genau *so* (und nicht anders) zu vereinen, als sich dies bereits bei der Verbindung von Hera und Zeus gezeigt hat, daß somit Aufwand und Umfang solcher Stoffe in einer gewissen Relation zur Konfliktträchtigkeit der angestrebten „Fusion" steht, ist nicht zwingend, hat aber viel für sich. Es soll im Folgenden ein solcher mythischer Stoff aus Mesopotamien näher betrachtet werden, und zwar der Stoff von Enlils Heirat mit Sud, der in einer Variante in dem sumerischen Text *Enlil und Sud* erhalten geblieben und dort länger ausgeführt ist[162].

Der Text versetzt uns nach Südmesopotamien, in das Umfeld alteingesessener, sumerischer Stadtstaaten, die jeweils ihre eigenen Stadtgötter haben. In *Enlil*

---

160 S. Kapitel 18.4.3.
161 Pherekydes fr. 3 F 16 BNJ; dort ist von den Geschenken die Rede, welche die anderen Götter zur Hochzeit von Zeus und Hera mitgebracht haben, v. a. von dem Baum der Erdgöttin Gaia, der goldene Äpfel trägt. Vgl. auch die Darstellung der Hochzeit von Hera und Zeus auf der Metope aus dem Heraion von Selinunt (ca. 470 v. Chr.) und ähnliche Darstellungen, vgl. Kossatz-Deissmann, 1988, 683-685.
162 Die ältesten Textzeugen stammen aus altbabylonischer Zeit (18./ 17. Jh. v. Chr.); der Text ist in zwei Teilen (A und B) überliefert, die sich inhaltlich zum Teil überlappen, sich aber nicht lückenlos harmonisieren lassen. Ediert findet sich der Text bei Civil, 1983.

und Sud erfährt man, daß es eine Zeit gab, zu der Enlil, der Stadtgott von Nippur, noch nicht verheiratet war. Deshalb zog er aus, um sich eine Frau zu suchen. In der Stadt Ereš wird er fündig. Dort residiert als Hauptgöttin Nisaba, und die Auserkorene ist Nisabas Tochter Sud, die Stadtgöttin von Šuruppag[163]. Enlil wirbt um Sud, wird zunächst abgewiesen, überhäuft dann aber mit Unterstützung seines Wesirs Nisaba und Sud so mit Brautgeschenken, daß er am Ende Mutter und Tochter für sich gewinnen kann.

Enlil ist – vor dem Aufstieg Marduks – eine der wichtigsten Gestalten am mesopotamischen Götterhimmel, Sohn des Himmelsgottes An, „Schöpfergott und Oberhaupt des Pantheons"[164]. Vergleichbar mit dem griechischen Zeus hat Enlil seine Stellung als oberster Gott bereits zu einem so frühen Zeitpunkt in der Geschichte eingenommen, daß diese seine Position in den meisten der erhalten gebliebenen Quellen gesichert und unangefochten erscheint[165]. Über Sud hingegen weiß man (bislang) nicht viel mehr als daß sie die Stadtgöttin von Šuruppag war und als Tochter der Schreiber- und Getreidegöttin Nisaba galt[166]. Deutlich werden in dem Stoff der Heirat von Enlil und Sud zwei Traditionen zusammengeführt, wobei die lokale Gestalt der Stadtgöttin Sud und die mit ihr assoziierten Zuständigkeitsbereiche für Nippur und Enlil vereinnahmt werden, dessen Superiorität allein schon durch die Bezeichnung als „Herr von Himmel und Erde"[167] hinreichend deutlich gemacht wird[168]. Noch deutlicher könnte man die Verbindung ur-

---

163   Die genauere Lokalisation von Ereš ist unklar; die Stadt liegt unter einem der zahlreichen Tells, die noch nicht ergraben wurden. Vermutlich liegt Ereš nicht weit entfernt von Šuruppag, das sich knapp 70 Kilometer südöstlich von Nippur befindet. Sowohl bei Ereš wie bei Šuruppag zeigt sich die enge Verbindung zwischen der obersten Stadtgottheit und der Stadt u. a. darin, daß die Schreibung der Stadtnamen mit der Schreibung der Götternamen identisch ist; vgl. dazu Krebernik, 2012, 56.
164   So Krebernik, 2012, 58.
165   Vgl. Hrůša, 2015, 42: „During the second half of the 3rd millennium, however, he obtains the supreme power in practice and becomes *de facto* the head of the pantheon." Im Detail behandelt den Gott Enlil, seine verschiedenen Bezeichnungen und die unterschiedlichen, mit seiner Gestalt verbundenen Vorstellungen im Wandel der Zeit die Monographie von Wang, 2011.
166   Vgl. dazu Krebernik, 2001, 454, und Michalowski, 2001, 575-579; eine der wichtigsten Quellen für Nisaba als Mutter der Sud ist der Text *Enlil und Sud* selbst, in dem Nisaba eine bedeutende Rolle bei den im Vorfeld der Hochzeit stattfindenden Verhandlungen spielt.
167   *Enlil und Sud* A 34: en an ki-a.
168   Vgl. dazu Black/ Cunningham/ Robson/ Zólyomi, 2004, 106: „It is difficult to see this as anything other than a mythological explanation of a fact of religious history – the absorption of the local cult of Šuruppag into the pantheon of Nibru [i.e. Nippur]. The independent cult of Sud seems to have died down after the Early Dynastic period." In diese Richtung geht auch Krebernik, 2012, 58: Enlils „Gemahlin *Ninlil* ... wurde mit *Sud*, der Stadtgöttin von Šuruppag,

sprünglich selbständiger, verschiedener Traditionen durch die Herstellung interpersonaler Relationen an dem mythischen Stoff von der Heirat zwischen Enlils Sohn Nergal und der Unterweltsgöttin Ereškigal zeigen, doch soll an dieser Stelle die Reihe der Beispiele abgebrochen werden.

Bei solchen Stratifikationsanalysen eröffnen sich weitere spannende Fragen. Welche Macht und welche Zuständigkeiten hatte die Göttin Sud, bevor sie Enlil zugeordnet wurde? Und wenn Hera nicht „immer schon" Gattin des Zeus war, was war sie dann nach anderen Traditionen? Und wie sieht die Tradition aus, in der Zeus nicht mit Hera liiert war? Hier hat es zum Teil bereits durchaus interessante Forschungen gegeben, auf die im vorliegenden Zusammenhang nicht näher eingegangen werden soll[169]. Denn es kommt an dieser Stelle nicht so sehr darauf an, die genaue Beschaffenheit der Schichten zu erkunden, die sich hier auftun, sondern um den grundsätzlichen Nachweis, daß bereits in der Herstellung einer Relation zwischen Protagonisten in mythischen Stoffen ein Indiz für die Überlagerung verschiedener Stofftraditionen vorliegen kann, und daß eine solche Überlagerung normalerweise nicht konfliktfrei abläuft, sondern zur Folge hat, daß es Sieger und Besiegte gibt. Solche Stoff-Stoff-Interferenzen sind in der Regel mit Wertungs- und Hierarchisierungstendenzen verbunden, die sich bereits in so scheinbar harmlosen Details wie der Beschreibung einer mythischen Figur als „Gattin" oder „Sohn" zeigen können.

Nicht bei jedem Götterpaar, das in mythischen Stoffen begegnet, muß ein solches hierarchisches Gefälle und damit ein Hinweis auf eine Übereinanderschichtung verschiedener Traditionen vorliegen wie im Fall von Zeus und Hera oder Enlil und Sud. Vor allem bei wenig profilierten Götterpaaren, die für Urmächte oder kosmische Größen stehen, *kann* es sich um Konstrukte handeln, die auf eine Gleichwertigkeit hinauslaufen und von daher keine Ansatzpunkte für eine Stratifikation liefern, wenn man etwa an das uranfängliche Götterpaar Laḥmu und Laḥamu am Beginn vom *Lied auf Marduk* denkt[170]. Daß es bei dem Urpaar Apsû

---

gleichgesetzt – wohl als dieser Ort aufgegeben und *Suds* Kult nach Nippur ... verlagert wurde, wo *Ninlil* ein Heiligtum besaß."
169 Vgl. dazu v. a. Pötscher, 1961, 329-355, der zu zeigen versucht, daß Hera nach einer älteren Überlieferung mit einem Gott namens Heros verheiratet war, und die Fortführung seiner Forschungen in der Monographie von 1987, wo er die Erkenntnisse aus dem Aufsatz von 1961 vertieft und erweitert und u. a. Belege für eine Schicht anführt, nach der eine Erdgöttin mit dem Namen Plataia als Gattin des Zeus erscheint (ebd. 62-64).
170 *Enūma eliš* 1,10 und 1,12. Zu verschiedenen Deutungsversuchen des Paares Laḥmu-Laḥamu s. Gabriel, 2014, 119, Anm. 42, mit Literaturhinweisen. Maul, 2015, 25, äußert die Vermutung, beide könnten etwas „mit dem uranfänglichen Licht" zu tun haben (mit Verweis auf Gen 1,3).

und „Mummu-Tiāmtu" schon wieder anders aussieht, wurde oben näher ausgeführt[171].

Noch in einer weiteren Hinsicht ist Vorsicht geboten. Denn die Art der Relation, die zwischen mythischen Protagonisten hergestellt wird, hat im Hinblick auf Wertungen und Hierarchisierungen nicht immer dasselbe zu bedeuten. So bedeutet etwa eine Zusammenführung zweier mythischer Protagonisten durch die Herstellung einer ehelichen Beziehung nicht automatisch, daß die Gestalt der weiblichen Gottheit der männlichen Gottheit untergeordnet wird. In einer Kultur, in der bspw. weibliche Gottheiten an oberster Stelle des Pantheons stehen, wäre das hergestellte Kräfteverhältnis selbstverständlich anders zu interpretieren.

20.8 Ausblick auf weitere Fälle: Stellvertretungen, Pensionierungen, Degradierungen ...

Sich aus Deutungsmachtkämpfen ergebende Wertungs- und Hierarchisierungsstrategien können in Mythen auf vielfältige Arten und Weisen stofflich dargestellt werden. Als typische Erzähltaktiken wurden die Darstellung von Kämpfen zwischen Protagonisten, Besitzwechsel, performative Sprechakte und die Herstellung „interpersonaler" Relationen ausführlicher untersucht und anhand von Beispielen verdeutlicht. Damit ist das ganze Spektrum der zur Verfügung stehenden bzw. beobachtbaren wertenden und hierarchisierenden Erzähltaktiken nicht ausgeschöpft; ausblickhaft sollen einige weitere wenigstens kurz gestreift werden.

Eine solche Taktik der Verdrängung – und damit wiederum ein Hinweis auf die Überlagerung verschiedener Schichten – kann etwa auch in der Schilderung von *Allophanien* bestehen[172], besonders in solchen Fällen, in denen eine Gottheit in der Gestalt einer anderen Gottheit erscheint. So zeugt bspw. der Meeresgott Poseidon *in der Gestalt des Flußgottes Enipeus* mit Tyro die Zwillinge Neleus und Pelias[173], und der Verdacht ist schwer von der Hand zu weisen, daß durch diese Art der Darstellung ein eher unbedeutender thessalischer Flußgott eine Rolle aberkannt bekommt, die er nach einer anderen Tradition innehatte, und daß er auf diese Weise durch den mächtigen und wichtigen Meeresgott Poseidon im wahrsten Sinne des Wortes überdeckt werden soll.

---

171 S. Kapitel 20.1.
172 Zum Begriff der Allophanie s. Anm. 82 in Kapitel 17.3.
173 S. bspw. Apollod. 1,90 f. Literaturhinweise gesammelt bei Reinhardt, 2011, 213, Anm. 786.

Vergleichbar damit ist ein Fall aus dem Alten Orient. In mehreren sumerischen Textzeugen wird ein mythischer Stoff zur Darstellung gebracht, in dem der Hochgott Enlil *in der Gestalt von drei verschiedenen Unterweltsgottheiten* zusammen mit Ninlil Gottheiten zeugt, die ausgerechnet etwas mit dem Bereich der *Unterwelt* zu tun haben, und wiederum wird deutlich, daß durch diese Allophanien Enlils die für die Zeugung natürlicherweise selbst verantwortlichen Unterweltsgottheiten „überschrieben" werden[174].

Weitere Erzähltaktiken im Dienst von Wertungs- und Hierarchisierungsstrategien können darin bestehen, daß göttliche Protagonisten *pensioniert* oder *degradiert* werden, indem bspw. eine Gottheit, die nach einer Tradition als mächtige Hochgottheit angesehen und verehrt wird, in anderen Sichtweisen zu einer eher räumlich als personal aufgefaßten kosmischen Größe verblaßt, oder daß sie als „Halbgott" beschrieben und mit einem nur noch sehr eingeschränkten Zuständigkeitsbereich versehen wird. Nicht selten gehen Degradierungen mit einer *Pejorisierung* der betreffenden Gottheit einher, so daß sie etwa nicht als Halbgott, sondern als böser oder gefährlicher „Dämon" in Erscheinung tritt, und noch zusätzlich kann eine solche Herabstufung mit einem *Ortswechsel* in Zusammenhang gebracht werden, der einer Verbannung gleichkommt, indem man die Macht der betreffenden Gottheit auf einen kleinen, eher unattraktiven Herrschaftsbereich einschränkt und sie auch räumlich dorthin versetzt.

So wird etwa im Bereich der griechischen Mythologie Hekate in Hesiods *Theogonie* – ob nun in einem dem Hesiod selbst zuzuschreibenden oder von anderer Hand eingefügten textlichen Passus[175], spielt im vorliegenden Zusammenhang der Erforschung von Stofftraditionen keine Rolle – in hymnischem Stil gepriesen als Göttin, die von Zeus wie keine andere geehrt und in ihrer Machtstellung respektiert wird[176], die das Schicksal all der von Gaia und Uranos geborenen Götter in ihrer Hand hält[177] und von Anfang an auf der Erde, auf dem Meer und im Himmel Ehren empfing[178], während sie nach anderen Traditionen

---

174 Zu *Enlil und Ninlil* s. ausführlicher Kapitel 21.2, mit Anm. 13.
175 Hes. *theog.* 411-452. S. dazu die ausgewogene Diskussion bei West, 1966, 276-278, und die zusammenfassende Darstellung der verschiedenen Erklärungsversuche im Lauf der Forschungsgeschichte bei Stoddard, 2004, 7-15.
176 Hes. *theog.* 411 f: τὴν περὶ πάντων / Ζεὺς Κρονίδης τίμησε; 423-425: οὐδέ τί μιν Κρονίδης ἐβιήσατο οὐδέ τ' ἀπηύρα, / ὅσσ' ἔλαχεν Τιτῆσι μέτα προτέροισι θεοῖσιν, / ἀλλ' ἔχει, ὡς τὸ πρῶτον ἀπ' ἀρχῆς ἔπλετο δασμός.
177 Hes. *theog.* 421 f: ὅσσοι γὰρ Γαίης τε καὶ Οὐρανοῦ ἐξεγένοντο / καὶ τιμὴν ἔλαχον, τούτων ἔχει αἶσαν ἁπάντων.
178 Hes. *theog.* 426-428: οὐδ', ὅτι μουνογενής, ἧσσον θεὰ ἔμμορε τιμῆς / καὶ γεράων γαίῃ τε καὶ οὐρανῷ ἠδὲ θαλάσσῃ, / ἀλλ' ἔτι καὶ πολὺ μᾶλλον, ἐπεὶ Ζεὺς τίεται αὐτήν.

lediglich als düstere und dämonische Toten- und Unterweltsgöttin in Erscheinung tritt[179]. In Mesopotamien wird der Urgott Apsû nach seiner Überwindung durch Ea im *Lied auf Marduk* als das dargestellt, als was er in der übrigen mesopotamischen Überlieferung vorrangig angesehen wird, nämlich nicht mehr so sehr als Urgott mit personhaften Zügen, als vielmehr lediglich als ein numinoser Raum, den Ea sich nach der Tötung Apsûs zum Aufenthaltsort erwählt und in dem er zusammen mit seiner Gemahlin den Gott Marduk zeugt[180]. Ähnlich kann in der griechischen Überlieferung Uranos zwar genealogisch gesehen einen Rang unter den ältesten Gottheiten für sich beanspruchen, spielt aber zur kosmischen Größe „Himmel" verblaßt in den meisten Stoffen eine nur untergeordnete Rolle[181].

Die Degradierung einer Gottheit kann in manchen Fällen sogar so weit gehen, daß sie ihre Göttlichkeit völlig verliert und nur noch als Mensch in Erscheinung tritt. Ein solcher Fall ist bspw. bei Adonis gegeben[182], der nachweislich im Kult göttliche Verehrung genießt[183], während er in mythischen Stoffen als Sohn eines phönizischen Königs (meist Kinyras) dargestellt wird, den dieser durch eine inzestuöse Verbindung mit seiner eigenen Tochter Myrrha (oder Smyrna) gezeugt hat[184].

Man könnte noch andere Erzähltaktiken anführen und sowohl bei den hier nur kurz angedeuteten als auch bei den oben breiter ausgeführten Arten noch

---

179 Vgl. dazu zusammenfassend West, 1966, 277: „The Hecate described is one very different from the Hecate familiar from later centuries. She is completely free from lunar, magical, chthonic, and bloody associations; indeed, of the four realms that constitute the universe in 736-7, Tartarus is the sole one in which she has no share ..." Literaturhinweise zu Hekate bei Reinhardt, 2011, 178, Anm. 699, und Reinhardt, 2016, 30.
180 Vgl. *Enūma eliš* 1,71-82. Vgl. Krebernik, 2012, 60 f: Eas „kosmische Domäne ist der sumerisch *abzu*, akkadisch *apsû* genannte unterirdische Süßwasserozean."
181 Wie bei der Untersuchung über alternative Traditionen zur Gestalt des Mummu in Kapitel 20.1 sei hier abermals darauf hingewiesen, daß diese Beobachtungen nicht automatisch etwas darüber aussagen, welche von den genannten Schichten älter bzw. jünger sind; s. dazu Kapitel 21.3.3.
182 Die etymologische Herleitung des griechischen Ἄδωνις vom westsemitischen *'dn* (vgl. hebräisch אָדוֹן, „Herr"), von der bspw. auch noch Mettinger, 2001, 125 f, selbstverständlich ausgeht, ist nicht so gesichert, wie sie zu sein scheint; s. Beekes, 2010, s. v. Ἄδωνις; vgl. auch Burkert, 1977, 274 f.
183 Vgl. Burkert, 1977, 274 f; Baudy, 1996, 120.
184 Vgl. etwa Ov. *met.* 10,298-739. Nach Mettinger, 2001, 149, besteht bei der Übernahme des Adonis aus dem östlichen Kulturkreis durch die Griechen eine wesentliche Änderung darin, daß Adonis seinen Status als Gott verliert und zum Heros herabgestuft wird. Weiterführende Literaturhinweise zu Adonis in der Bibliographie von Mettinger, 2001, und bei Reinhardt, 2011, 76, Anm. 338.

weitere Beispiele benennen und feinere Differenzierungen vornehmen. Außerdem gibt es etliche Möglichkeiten, verschiedene solche Erzähltaktiken miteinander zu verbinden, und tatsächlich treten sie in den meisten Fällen nicht isoliert, sondern kombiniert auf.

20.9 Folgerungen für die Mytheninterpretation 5: Mythen unter Generalverdacht

Honni soit qui mal n'y pense pas.

J. Zgoll

Wenn nun nach der Lektüre all dieser Beobachtungen der Eindruck entstanden sein sollte, daß in mythischen Stoffen an allen Ecken und Enden auf- oder abwertende Erzähltaktiken gefunden oder zumindest vermutet werden können, so ist dies genau das, was bezweckt war. Mythische Stoffe sind alles andere als harmlos, und das, was sie schildern, ist weder eine Beschreibung einfach gegebener und selbstverständlicher Fakten noch etwas Zufälliges. Wenn man behauptet, mythische Stoffe seien mit anderen Stoffen vernetzt, so ist das richtig, und doch hat man damit den folgenden, entscheidenden Punkt noch nicht benannt:

→ Das Interhylitätskonzept zielt darauf ab, daß mythische Stoffe sich wesentlich durch eine *kämpferische Auseinandersetzung* mit anderen Stoffen und Traditionen konstituieren.

Und das bedeutet tatsächlich, daß im Prinzip jedes Detail eines mythischen Stoffes daraufhin untersucht werden muß, ob es als kämpferische Reaktion aufgefaßt werden kann, und wenn ja, auf was und inwiefern. Hier tut sich ein Forschungsfeld auf, in dem noch spannende Ergebnisse zu erwarten sind.

Es ging von daher in diesen letzten Kapiteln auch nicht um Vollständigkeit, sondern vor allem „ums Prinzip", also darum herauszuarbeiten, daß verschiedene Erzähltaktiken in Mythen, auffälligere wie Kämpfe und Tötungen, und weniger auffällige wie Heiraten zwischen Protagonisten oder das Austauschen von Geschenken, stoffliche Umsetzungen darstellen, die allesamt durch *ein* bestimmtes gedankliches Muster motiviert sind, nämlich die Vornahme von Wertungen und Hierarchisierungen. Weil die sich auf Stoffebene verschiedentlich manifestierenden Wertungs- und Hierarchisierungsstrategien auf Deutungsmachtkämpfe zurückzuführen sind, stellen sie semantische Indizien für das Vorhandensein verschiedener Stoffschichten dar. Diese semantischen Indizien gilt es nicht zu übersehen oder in ihrer Brisanz zu verharmlosen; ihre Berücksichtigung und Auswertung muß in eine Interpretation von medial konkretisierten Varianten mythischer Stoffe einfließen.

Wie sich gezeigt hat, können sich Deutungsmachtkämpfe in mythischen Stoffen auf vielfältige Weisen widerspiegeln. Besonders deutlich werden Kämpfe zwischen verschiedenen Überlieferungen oder Anschauungen oft dann, wenn sie auf stofflicher Ebene ebenfalls in Form von Kämpfen zur Darstellung kommen. Dennoch sind Kämpfe zwischen Protagonisten auf stofflicher Ebene nicht gleichzusetzen mit Kämpfen zwischen hinter der Stoffebene liegenden Traditionen und ihrer Vertreter. Traditionskonflikte sind das Umfassende, Protagonistenkämpfe nur *ein* spezielles und nur ein *mögliches* Indiz für solche Traditionskonflikte auf Stoffebene. Machtkämpfe zwischen verschiedenen Anschauungen können sich auf stofflicher Ebene auch auf viele *andere* Weisen manifestieren; und nicht *jeder* Kampf zwischen Protagonisten in einem mythischen Stoff muß automatisch auf einen hinter der Stoffebene liegenden Deutungsmachtkampf hindeuten.

Die angestellten Beobachtungen bzw. resümierenden Bemerkungen sollen noch etwas zugespitzt werden. Sowohl aggressiv geführte Auseinandersetzungen als auch auf Kompromisse ausgerichtete Harmonisierungsversuche zwischen verschiedenen Traditionen und Deutungskonzepten können in Form längerer Hylemsequenzen wie etwa durch die Darstellung eines Kampfes zwischen zwei Protagonisten umgesetzt werden; sie können aber auch unterhalb der Ebene von Hylemsequenzen stattfinden und eher punktuelle Abänderungen, Ersetzungen, Streichungen oder Neueinsetzungen einzelner Hyleme, Hylemprädikate, Hylemelemente oder deren Determinationen zur Folge haben[185]. Während länger ausgeführte Erzähltaktiken aufgrund ihres Umfangs eher ins Auge springen, werden Wertungs- und Hierarchisierungsstrategien unterhalb der Hylemsequenz-Ebene leichter übersehen. Wie sich in den vorangegangenen Kapiteln an einzelnen Beispielen bereits gezeigt hat, können bspw. allein schon Determinationen von Figuren wie „Gattin", „Wesir" oder „überragend" auf Auseinandersetzungen mit anderen Stoffvarianten und Traditionen hindeuten.

Das läßt sich in manchen Fällen gut nachvollziehen und belegen, wenn man etwa wie im Fall der Hekate in einer bestimmten Überlieferung von einer gnädigen und segenbringenden Gottheit hört, in anderen Stoffzusammenhängen aber von einer schrecklichen oder grausamen. Hier lassen sich bspw. mit Methoden der Literar- und Redaktionskritik oder der Intertextualitätsforschung Ergebnisse

---

[185] Ein Beispiel auf der Ebene der Hylemelemente z. B. bei Graf, 1985, 100 f, wenn sich in mythischen Stoffen, die sich um Apollons Geburt auf der Insel Delos ranken, zu der Palme, unter der Apollon geboren wird, in manchen Varianten aufgrund der stadtstaatlichen Interessen Athens plötzlich noch ein Ölbaum (ein Wahrzeichen der athenischen Polis) hinzugesellt.

erzielen, die einen Gegensatz verschiedener Vorstellungen sichtbar machen können. Aber auch dann, wenn keinerlei Anhaltspunkte vorlägen, daß es in Bezug auf Hekate verschiedene Sichtweisen gegeben hat, wenn also in allen zur Verfügung stehenden Quellen Hekate immer nur als eine überaus gnädige und segenbringende Göttin dargestellt wäre, und wenn keinerlei Inkonsistenzen in irgendwelchen Konkretionsformen, in denen diese Göttin zur Darstellung kommt, auf einen Eingriff bzw. eine Veränderung der Figurengestaltung hindeuten sollten, wodurch bspw. eine literarkritische Analyse oder eine Quellen- bzw. Intertextualitätsforschung erst die Handhabe bekäme, von unterschiedlichen Traditionen zu sprechen, ist es wichtig, solche Etikettierungen wie „gnädig und segenbringend" kritisch zu hinterfragen. Wie bereits ausgeführt, sind solche Etikettierungen nicht Widerspiegelungen von Gegebenheiten, die schlechthin gegeben *sind*, sondern von solchen, die gegeben *werden*, und zwar auf dem Hintergrund von Auseinandersetzungen mit anderen Traditionen, entweder mit anderen Traditionen in Bezug auf Hekate, oder zumindest im Hinblick auf die Abgrenzung bestimmter „Charakterzüge" dieser Gottheit im Hinblick auf *andere* Gottheiten. Wertende Determinationen entstehen, weil man bewußte Akzente setzen will, nicht weil sie schlechthin Gegebenes objektiv beschreiben. Daraus läßt sich ableiten:

→ Besonders explizit oder auch nur implizit *positiv oder negativ wertende* Determinationen oder solche, die etwas mit dem *Rang* oder der *Stellung* einer Figur zu tun haben, sind immer verdächtig und in vielen Fällen Indizien für eine Stoffstratifikation.

Für solche „neuralgischen Punkte" versucht ein stratifikationsanalytisches Vorgehen den Blick zu schärfen und sie als mögliche Hinweise auf Deutungsmachtkämpfe ernst zu nehmen.

Die Umsetzung von Wertungs- und Hierarchisierungstendenzen auf der Ebene von Hylemelement-Determinationen stellt eine besonders elegante Art und Weise dar, Machtkämpfe zugunsten einer bestimmten Sichtweise zu entscheiden oder doch zumindest zu beeinflussen. Sie erweist sich außerdem aus zwei Gründen auch als besonders wirkmächtig. Einmal liegt das an ihrer Unauffälligkeit; zum anderen daran, daß auf sprachlicher Ebene durch das Statische von solchen eingesetzten Hylemelement-Determinationen der Eindruck von etwas Resultativem bzw. Faktisch-Feststehendem entsteht, was den Verdacht auf einen Konflikt oder abweichende Traditionen gar nicht erst aufkommen läßt. Das stellt sich anders dar, wenn die intendierte Auf- oder Abwertung erst durch die breit angelegte Schilderung eines dynamischen Vorgangs begründet und gleichsam errungen werden muß.

Auf der Evozierung des Eindrucks von etwas Festgefügtem beruht letztlich der Erfolg der Stofftraditionen, die in Hesiods *Theogonie* zur Darstellung kommen, und damit auch der Erfolg der *Theogonie* selbst. Hätte Hesiod all die in diesem Werk vorkommenden genealogischen Konstruktionen und wertenden Determinationen ausführlich hergeleitet und abweichende Traditionen durch den Einsatz entsprechender Erzähltaktiken aktiv bekämpft oder zumindest gestreift, dann wäre die Rezeptionsgeschichte aller Wahrscheinlichkeit nach anders, nämlich (noch) pluralistischer und kontroverser verlaufen. So aber entsteht der Eindruck, Hesiod habe keine andere Wahl gehabt, als all das eben genau so darzustellen, wie er es dargestellt hat, als verhalte sich alles genau so, wie er es beschreibt – eine Annahme, die im Hinblick auf die auch noch nach Hesiod trotzdem auftauchenden, abweichenden Varianten, aber auch mit Blick auf die Darstellung bei Hesiod selbst, welche stellenweise die Verarbeitung von verschiedenen Stofftraditionen deutlich zeigt[186], der Realität kaum entspricht und der eigentlichen Leistung Hesiods angesichts der Pluralität der zu verarbeitenden Traditionen wenig gerecht wird.

20.10 Der Extremfall: Die *damnatio memoriae*

Abschließend soll noch ein Extremfall im Bereich stofflicher Umsetzungen von Wertungs- und Hierarchisierungsstrategien ins Auge gefaßt werden. Es ist deutlich geworden, daß die machtvolle Stellung von Protagonisten in mythischen Stoffen wirkungsvoll dadurch untergraben werden kann, daß man einen Gegner auftreten läßt, der diesen Protagonisten bekämpft und ihn sich letztlich unterwirft, wenn nicht sogar tötet. Das ist eine recht drastische und auch effektive Art und Weise zu demonstrieren, daß hier ein Wechsel der Machtverhältnisse stattfindet. Es gibt aber subtilere und sogar noch effektivere Methoden, unliebsame Gegner zu entmachten.

In Kapitel 20.1 wurde Marduks Aufstieg an die Spitze des Pantheons untersucht. Wenig später hat sich Kapitel 20.7 näher mit der Hochzeit von Enlil und Sud befaßt, und dabei wurde festgehalten, daß lange Zeit Enlil als der höchste Gott am mesopotamischen Götterhimmel galt. Das wirft die Frage auf, wie es nun um das Verhältnis zwischen Enlil und Marduk bestellt ist. Wenn Marduk neu an die Spitze des Pantheons aufsteigt, wie es etwa das *Enūma eliš* eindrucksvoll demonstriert, was geschieht dann mit Enlil? Die „graue Eminenz" im Hintergrund,

---

[186] S. dazu die Ausführungen zu den Widersprüchlichkeiten in der Erzählung vom Opferbetrug des Prometheus in Kapitel 17.1.

die *eigentlich* den wichtigsten Anspruch auf das Amt eines Königs über alle anderen Götter machen konnte, und gegen die Marduks Aufstieg *eigentlich* gerichtet war, das war nicht etwa Apsû, der durch Marduks Vater Ea besiegt und getötet wird; das war auch nicht Tiāmtu, gegen die Marduk zum Kampf antritt; und das war auch nicht Anšar oder sonst einer der großen alten Götter, sondern Enlil[187]. Wenn man nun wie im *Lied auf Marduk* den Aufstieg Marduks zum zentralen Thema macht, steht unabweisbar die Frage im Raum, wie das heikle Problem anzugehen ist, daß es eigentlich Enlil ist, der durch Marduk die empfindlichste Machteinbuße erfährt.

Wie also hat man diese diffizile Angelegenheit im *Enūma eliš* behandelt? Die Antwort ist: Überhaupt nicht. Enlil taucht einfach nicht auf, und wenn, dann nur am Rande. Eher *en passant* wird erwähnt, daß Marduk im Zuge der Weltschöpfung für Enlil einen Tempel erbaut[188] oder daß Enlil und Ea Marduk nach dem Sieg über Tiāmtu Geschenke bringen[189]. Enlils einzig wirklich wichtiger Auftritt wird in einer einzigen Zeile abgehandelt: Am Ende der Prozedur, in deren Verlauf die Namen all der großen Götter auf Marduk übertragen werden, tritt er als vorletzter (vor Ea) auf und verleiht Marduk den Namen *Bēl-mātāti* („Herr der Länder")[190]. Der eigentliche Konflikt wird auf diese Weise so elegant und unauffällig in den Hintergrund gedrängt[191], daß Marduk Enlils Herrscherposition fast unvermerkt erhält[192].

Immerhin *erscheint* Enlil am Ende von *Enūma eliš* wenigstens und überträgt Marduk zugleich mit dem Namen *Bēl-mātāti* die Herrschaft über alle Länder. Es

---

187 Und neben Enlil im *Lied auf Marduk* in auffallender Weise auch und gerade Ea. Vgl. dazu Gabriel, 2016.
188 *Enūma eliš* 4,146; vgl. auch 5,8 und 6,64, wo von Tempelbauten der Götter für Anu, Enlil, Ea und Marduk die Rede ist.
189 *Enūma eliš* 5,80.
190 *Enūma eliš* 7,136.
191 Dem entspricht im Übrigen sogar eine Vorkehrung auf kultischer Ebene. Ritualanweisungen für das babylonische Neujahrsfest lassen nämlich erkennen, daß während der Rezitation des *Enūma eliš* Kultgegenstände, die Enlil und Anu repräsentierten, bezeichnenderweise zugedeckt blieben, damit die beiden Götter auf diese Weise nicht zu direkt mit dem Aufstieg Marduks konfrontiert würden; s. dazu mit Verweis auf die Interpretation von Bidmaed A. Zgoll, 2006b, 24, mit Anm. 66.
192 Wenn es bei Kämmerer/ Metzler, 2012, 382, wo es um die Machtansprüche von Enlil und Marduk geht, heißt: „... dieser Konflikt wird im Epos weder thematisiert noch gelöst", so ist dies nicht ganz zutreffend. Enlils Auftritt am Ende des *Lieds auf Marduk* ist zwar kurz, aber für die Machtfrage nicht unwichtig, und da es sich bei dem Namen *Bēl-mātāti* um einen Beinamen Enlils handelt, überträgt er dadurch auch die eigenen Machtbefugnisse auf Marduk; s. dazu Gabriel, 2014, 294-297.

geht aber noch radikaler. So ist es zumindest denkbar, daß ein wichtiger Protagonist und Rivale in einem mythischen Stoff *überhaupt nicht mehr* erwähnt und damit regelrecht „totgeschwiegen" wird[193].

Wenn ein solcher Fall vorliegt, dann könnte man meinen, daß jegliche Handhabe fehlen würde, so einem „Delikt" auf die Spur zu kommen, geschweige denn, es nachzuweisen. Aber das stimmt so nicht. Eine solche *damnatio memoriae* könnte sich bspw. dann zeigen bzw. beweisen lassen (Fall A), wenn ein anderer mythischer Stoff dieselbe Thematik oder Problematik aufgreift und dabei aber die entscheidenden Machtstellungen, Befugnisse oder Zuständigkeiten einem *anderen* Protagonisten zuschreibt, oder wenn in einer Art von „beredtem Schweigen" da, wo man das Vorhandensein oder Handeln eines solchen Protagonisten hätte erwarten müssen, eine empfindliche und somit manchmal eine deutliche Inkonsistenz verursachende Lücke klafft (Fall B), oder wenn es zu ein und demselben mythischen Stoff Varianten mit einer verschiedenen „Besetzung" gibt, so daß auf diese Weise erkenntlich wird, daß in der einen Variante ein Protagonist nicht auftaucht und damit totgeschwiegen wird, der in einer anderen Variante eine wichtige Rolle spielt (Fall C).

Es sollen hier – aus Platzgründen – Beispiele nur angerissen werden. Fall A könnte man etwa in der altorientalischen Mythologie an der Verdrängung der Muttergöttin durch den Gott Enki/ Ea demonstrieren, wenn es um die Menschenschöpfung geht. Im sumerischen *Enki und Ninmaḫ* ebenso wie im akkadischen *Atramḫasīs-Epos* werden die Menschen in einer Kooperation der Muttergöttin und des Enki/ Ea erschaffen, wobei sich schon eine Zurückdrängung der Macht der Muttergöttin zeigt[194]. Im *Enūma eliš* wird die Menschenschöpfung dann nur den Göttern Marduk und Enki/ Ea zugeschrieben; die Muttergöttin findet hier keine Erwähnung mehr[195].

Auch für Fall B kann hier ein Beispiel kurz angedeutet werden. In der Version des Sintflutmythos, wie sie in der 11. Tafel des akkadischen *Gilgameš-Epos* geboten wird, geht aus einer Stelle hervor[196], daß die Göttin Bēlet-ilī („Herrin der Götter") in der Götterversammlung offenbar für die Vernichtung der Menschen votiert hat; bei der Erzählung der Götterversammlung selbst aber werden nur Anu,

---

193 Vgl. die interessanten Überlegungen von Yasumura, 2011, 109 f, ob „Prometheus" eventuell der *Beiname* einer einst mächtigen Gottheit gewesen sein könnte, deren Name selbst nicht mehr eruierbar ist.
194 Vgl. grundlegend Rodin, 2014.
195 Vgl. dazu Krebernik, 2012, 86.
196 *Enūma eliš* 11,117-122.

Enlil, Ninurta und Ennugi explizit erwähnt[197]. Ein noch härterer Bruch, der ebenfalls auf eine Zurückdrängung der Rolle von Bēlet-ilī hinweist, liegt in den Versen 11,164-173 vor, wo Bēlet-ilī im Zorn über die Vernichtung der Menschen[198] Enlil verbietet, zum Dankopfer des Sintfluthelden nach überstandener Gefahr zu kommen (11,169), es kurz danach (11,172) aber unvermittelt heißt, daß Enlil anwesend ist; auf Bēlet-ilī und ihr Verbot wird mit keinem weiteren Wort eingegangen, und die Göttin wird im Folgenden überhaupt nicht mehr erwähnt[199].

Ein wunderbares Beispiel für den letztgenannten Fall C stellt die „Aššur-Version" des *Liedes auf Marduk* dar[200]. Die Assyrer haben es sich einfach gemacht. Der Aufstieg Marduks an die Spitze des Pantheons war im *Enūma eliš* so überzeugend dargestellt – warum sollte man dann für den eigenen Stadt- und Staatsgott Aššur das Rad neu erfinden? Und so hat man *Enūma eliš* hergenommen und konsequent den Namen „Marduk" gelöscht und durch die Schreibung AN.ŠÁR ersetzt, die einerseits als „Anšar" gelesen werden kann und damit unauffällig wirkt insofern, als Anšar im *Enūma eliš* tatsächlich als handelnde Figur auftritt, die andererseits aber auch eine gelehrte Schreibung für „Aššur" darstellt. Genauso ist man dann auch noch mit den entsprechenden Ahnen Marduks verfahren, deren Namen durch die Namen der Vorfahren des Gottes Aššur ersetzt wurden[201].

Das alles ist nicht nur ein Eingriff in den *Text* von *Enūma eliš*, sondern zugleich auch ein zwar quantitativ kleiner, qualitativ aber um so massiverer Eingriff in den *Stoff*. Denn durch diesen Kunstgriff ist nicht mehr Marduk der Oberste und Mächtigste unter allen Göttern, der Sieger über Tiāmtu und Schöpfer der Welt, sondern Aššur. Hätte man für die Existenz Marduks keine weiteren Belege außerhalb von *Enūma eliš*, und wäre vom *Lied auf Marduk* nur die Aššur-Version erhalten, hätte man kaum mehr einen Anhaltspunkt dafür, daß hier eine *damnatio memoriae* stattgefunden hat; durch die Existenz mehrerer Versionen und ihren Vergleich aber wird es möglich, einer solchen Protagonisten-Tilgung auf die Spur zu kommen.

Das heißt aber, um abschließend noch einmal vom speziellen Fall auf das Allgemeine zu kommen, daß man, wenn man die grundsätzliche Verwicklung mythischer Stoffe in Deutungsmachtkonflikte ernst nehmen will, nach dem Motto „stille Wasser sind tief" mythische Stoffe selbst dann unter den Verdacht

---

[197] *Enūma eliš* 11,14-18.
[198] Schon hier eine Inkonsistenz zu dem in 11,117-122 berichteten Umstand, daß Bēlet-ilī *für* die Sintflut votiert haben soll.
[199] S. zu dieser weiteren Inkonsistenz auch die Ausführungen in Kapitel 6.4.
[200] S. dazu Kämmerer/ Metzler, 2012, 26-33.
[201] Eine Übersicht all der Textstellen mit den entsprechenden Abweichungen bzw. Ersetzungen bei Kämmerer/ Metzler, 2012, 28.

stellen muß, bspw. Abwertungen oder Depotenzierungen von Protagonisten vorgenommen zu haben, wenn kein einziger *auffälliger* Hinweis wie eine Inkonsistenz oder stark positive oder negative Wertungen bzw. Hierarchisierungen darauf hindeuten, wenn sich also in einer Stoffkonkretion nicht einmal mehr Überreste der Leiche eines totgeschwiegenen Protagonisten finden lassen, und erst eine vergleichende Quellenforschung Indizien für eventuelle Manipulationen liefert. Selbst wenn dieser letzte Strick reißt, sich also die Veränderung eines Stoffes auf keine Weise mehr nachweisen läßt, gilt: Mythen sind niemals unschuldige Erzählungen. Wie ein Kriminalist, so muß auch ein Mythenforscher annehmen, daß selbst ein Mythos, der unschuldig erscheint, sehr wohl „schuldig" sein kann.

21 Mythenschichten: Analyse, Synthese und historische Verortung

21.1 Folgerungen für die Mytheninterpretation 6: Herausforderungen und Chancen der Stratifikationsanalyse

Im Hinblick auf die Untersuchung von Stoffschichten wurden in dieser Arbeit bestimmte theoretische Überlegungen zur Beschaffenheit mythischer Stoffvarianten entwickelt, auf deren Hintergrund verschiedene Indizien festgemacht werden konnten, die auf eine Schichtenbildung hinweisen. Es handelt sich dabei um die Beobachtung von Stoff-Stoff-Interferenzen aufgrund struktureller Ähnlichkeiten, gleich bzw. ähnlich klingender Namen oder der Sogwirkung prominenter Figuren[1], des Weiteren auf einer formalen und logischen Ebene um die Beobachtung von Inkonsistenzen[2], und auf einer semantischen Ebene um das Aufspüren von Wertungs- und Hierarchisierungsstrategien, die in Form verschiedener Erzähltaktiken stofflich zur Darstellung kommen[3].

Eine solches schichtenanalytisches Vorgehen birgt Gefahren in sich, und wie bei jeder methodischen Errungenschaft, so kann es auch hier zu Fehlanwendungen kommen. Man kann bspw. Schichten entdecken, wo keine sind, man kann mehr Schichten vermuten, als es tatsächlich gibt, man kann sich in der Bestimmung der Eigenart einer Schicht irren, oder man kann bei der Interpretation von Spuren, die auf Kämpfe um Deutungsmacht zurückzuführen sein könnten, auch einmal etwas als Kampfspur interpretieren, was in Wirklichkeit vielleicht nur eine Tanzspur war.

Die Komplexität des Gegenstandes erfordert demgemäß methodisch versierte und auf mehreren Ebenen zugleich operierende Bearbeiter. Je nach medialer Konkretion einer mythischen Stoffvariante muß man bspw. bereits mit dem jeweils vorliegenden Medium (Text, Bild o. a.) einigermaßen vertraut sein oder sich vertraut machen. So wird etwa ein Forscher ohne archäologische Schulung ikonographische Gesetzmäßigkeiten und Eigenarten kaum adäquat beurteilen

---

[1] S. dazu Kapitel 14.
[2] S. dazu Kapitel 16.
[3] S. dazu v. a. Kapitel 19.2. Ein Beispiel, daß die Ergebnisse einer konkreten Stratifikationsanalyse anhand eines älteren Textes im Nachhinein verifiziert werden konnten, bei A. Zgoll, 2019b.

und stoffliche Substrate nur schwer angemessen bestimmen können, und bei der Analyse von textlichen Quellen mythischer Stoffe stehen Bearbeiter ohne philologische Kompetenz schnell in der Gefahr, bspw. raffinierte Autorstrategien mißzuverstehen und sie daher fälschlicherweise als stoffliche Inkonsistenzen zu interpretieren[4], oder autoren- bzw. gattungsspezifische Besonderheiten mit stofflichen zu verwechseln[5]. Generell bedarf es fach- bzw. kulturspezifischer Kompetenzen, um die bearbeiteten Quellen in ihren kulturellen Kontext einordnen und die vielfältigen Verflechtungen und Bezüge erkennen zu können, in welche die in den Quellen verarbeiteten mythischen Stoffe aufgrund ihrer Verankerung in natur- und kulturgebundenen Spezifika immer eingebettet sind[6].

Macht man sich an das Aufdecken und Untersuchen verschiedener Schichten in mythischen Stoffen bzw. in den jeweils vorliegenden Stoffvarianten, so gilt es außerdem, sich nicht auf einzelne und isolierte, unter einer selektiven Perspektive gesammelte Beobachtungen zu beschränken. Erst eine durch die Rahmentheorie von Mythen als polymorphen und je nach Varianten polystraten Erzählstoffen überhaupt ermöglichte, sinnvolle Vernetzung verschiedener, sich ergänzender Schichten-Indizien und ein auf Basis der Hylemanalyse vereinheitlichtes methodisches Vorgehen können als zuverlässige Grundlage für interpretative Folgerungen dienen. Je mehr Indizien struktureller, formaler, logischer und semantischer Art in einem konkreten Fall zusammenkommen und sich gegenseitig stützen, desto eher wird es gelingen, bei der Analyse von Stratifikationsprozessen und bei der Rekonstruktion einzelner Strata zu verläßlichen und plausiblen Ergebnissen zu kommen.

Es wird hier nicht der Anspruch erhoben, mit bestimmten typischen Mustern von Stoff-Stoff-Interferenzen, Inkonsistenzen, Wertungen und Hierarchisierungen das ganze Feld von Indizien abgesteckt zu haben, die auf eine Schichtenbildung bei der Verarbeitung mythischer Stoffe hindeuten können, doch scheinen damit grundsätzliche und auch hauptsächliche Indizien ausgemacht zu sein. In seiner Analyse zu älteren Varianten, die in der homerischen *Odyssee* noch durchschimmern, hat Danek bspw. noch ein anderes Indiz für die Inkorporation von „Fremdelementen" identifiziert, und zwar die seiner Ansicht nach für (v. a. mündliche) Heldendichtung allgemein beobachtbare und damit auch für Homer

---

[4] Vgl. Martínez/ Scheffel, 2012, 110: Festellungen zu Inkonsistenzen in literarischen Werken „sind im Einzelfall nicht immer leicht zu treffen …"; z. B. könnte eine Inkonsistenz „durch eine ingeniöse Neuinterpretation" dann doch noch „hermeneutisch gerechtfertigt werden".
[5] S. dazu Kapitel 2.2.
[6] S. dazu Kapitel 18.1.2.

voraussetzbare „Technik der Thematisierung alternativer Handlungsführung"[7], wodurch absichtlich auf andere, abweichende Varianten der verarbeiteten mythischen Stoffe angespielt werde. Es ist durchaus möglich, daß in bestimmten Fällen ein solches Verfahren angewendet wurde und damit als Indiz für eine „anreichernde" Schichtung der homerischen Stoffversion gewertet werden kann. Doch ist hier auch Vorsicht geboten, denn die Andeutung, daß eine Handlung bspw. auch anders weitergehen könnte, könnte natürlich auch eine bewußte Autorstrategie darstellen, die zum Zweck der Spannungssteigerung eingesetzt wird, ohne daß damit auf eine tatsächlich existierende Alternativversion des Stoffes angespielt sein müßte[8]. Der Autor würde damit nur die Tiefe des Potentials ausloten, das im Stoff steckt, müßte in diesem Fall aber nicht zwangsläufig auf eine tatsächlich existierende, konkurrierende Variante rekurrieren.

Welche Gewinne ergeben sich aus einer stratifikationsanalytischen Herangehensweise an Mythen? Ganz grundlegend hilft eine solche Analyse, verschiedene gesellschafts- bzw. kulturspezifische Strömungen, Themen und Problemfelder zu identifizieren und dementsprechend nach Schichten differenzierte Deuthorizonte mythischer Stoffvarianten aufzuzeigen. Eine solche Herangehensweise führt damit einhergehend zu einer veränderten Haltung, die nicht nur auf die Analyse der Struktur der vordergründigen Handlung abzielt, sondern auch noch eine tiefere Bedeutungsdimension derselben in den Blick nimmt. Überdies trägt eine Stratifikationsanalyse wesentlich dazu bei, Besonderheiten und Merkwürdigkeiten der medial unterschiedlich konkretisierten Endgestalten von Stoffvarianten besser zu verstehen.

Darauf soll noch etwas näher eingegangen werden, denn in diesen Punkten unterscheidet sich eine Stratifikationsanalyse mythischer Stoffe unter anderem von der literaturwissenschaftlichen Intertextualitäts- und von der Story- und Motivforschung[9]. Die Story- und Motivforschung befaßt sich mit der Geschichte eines Stoffes in konkret vorliegenden Texten und seiner Bearbeitung durch einzelne Autoren, und hier wie bei der Untersuchung intertextueller Bezüge zwischen literarischen Werken liegt der Fokus stark auf der individuellen Intention einzelner Autoren und auf den Fragen: Auf welche stoffliche Vorlagen in

---

7 Danek, 1998, 10.
8 Dieses *Caveat* erhält auch von seiten der narratologischen Forschung eine Bestätigung: Nach Wolf, 2002, 48 f, muß die Andeutung verschiedener möglicher „Abzweigungen" nicht auf alternative Stofftraditionen hindeuten; sie sind ein mit der grundsätzlich teleologischen Ausrichtung von Erzählstoffen zusammenhängendes, generelles erzählerisches Mittel, um Spannung aufzubauen.
9 Zur Begründung der Wendung „Story- und Motivforschung" s. Kapitel 3.2.

welchen Texten greift ein Autor zurück, und welche Auswirkungen haben nachweisbare intertextuelle Bezüge auf die Interpretation des Textes, in dem sich solche Bezüge befinden? Inwiefern weicht ein Autor in seiner Stoffgestaltung von einer textlichen Vorlage ab, und welche Absichten verbindet er damit?

Bei einer stratifikationsanalytischen Herangehensweise verändert sich der Fokus und damit zusammenhängend auch die Ausrichtung der Fragestellungen. Im Zentrum des Interesses steht die komplexe Beschaffenheit der stofflichen Vorlagen und das darin liegende Interpretationspotential für kulturspezifische Diskurse und Deutungsmachtkonflikte[10], die sich in verschiedenen Varianten mythischer Stoffe und ihren Schichten widerspiegeln, und in die durch ein stratifikationsanalytisches Vorgehen Einblicke gewonnen werden können.

Außerdem hilft der für die Stratifikationsanalyse wichtige Interhylitätsbegriff, bestimmte, oft wiederkehrende Erzähltaktiken in mythischen Stoffen als Wirkmechanismen eben solcher diskursiver Deutungsmachtkonflikte zu begreifen. Dadurch läßt sich ein vertiefteres Verständnis für eine Bedeutungsdimension einzelner Hylemsequenzen gewinnen, die unter der vordergründigen *action* der Erzähloberfläche liegt. Dieses Verständnis führt gewissermaßen zu einer zweigleisigen Rezeptionshaltung, die es ermöglicht, hinter Hylemsequenzen, die bspw. von Stellvertretungen, Verheiratungen, Besitzwechseln, Verbannungen o. a. handeln, im Dienst verschiedener Deutungsmachtkämpfe stehende Taktiken zu erkennen, mit deren Hilfe Wertungs- und Hierarchisierungsstrategien stofflich umgesetzt werden.

Schließlich geht es bei einer stratifikationsanalytischen Herangehensweise auch um die Frage, welche Auswirkungen die Polymorphie der verarbeiteten Stoffe und die vielfältigen Stoff-Stoff-Interferenzen auf die Gestalt der jeweiligen Endprodukte hat, welche Konflikte zwischen einer Autorintention, soweit vorhanden bzw. eruierbar, und der Vielschichtigkeit einer stofflichen Vorlage zu beobachten sind, und inwieweit diese Beobachtungen sowohl zum besseren Verständnis spezifischer Autorintentionen als auch zu Erklärungen von Inkonsistenzen beitragen können. Um noch einmal auf den Dom *Santa Maria delle Colonne* zurückzukommen[11]: Ziel ist es unter anderem, sowohl die spezifische Leistung der barocken Umgestaltung und die Art ihres Umgangs mit dem bereits vorhandenen Altbestand herauszuarbeiten, als auch den Altbestand selbst zu identifizieren und vom Neuen abzuheben, um die Eigenart und Herkunft so merkwürdiger Elemente wie die der dorischen Säulen in den Wänden des Doms von Syrakus überhaupt erklären zu können. Die Alternative wäre, dabei stehen zu bleiben, die

---

10 Zum in dieser Arbeit verwendeten Diskursbegriff s. Anm. 22 in Kapitel 13.2.
11 S. dazu Kapitel 15.1.

Beschaffenheit des Bauwerkes bzw. entsprechend mythischer Stoffe und ihrer medialen Konkretionen für seltsam, verbesserungswürdig oder gar unerklärlich zu halten. Erst eine schichtenspezifische Analyse ist in der Lage, Herkunft, Bedeutung und Sinn mancher merkwürdiger oder sperriger Züge in einem mythischen Stoff und seiner medialen Konkretion adäquat zu erklären – und sie zu rechtfertigen. Unebenheiten in medialen Konkretionen mythischer Stoffe wie z. B. in Texten liefern nicht immer und nicht einmal vorrangig Hinweise auf eine Textgenese, sondern können oft als durch eine komplizierte Stoffgenese bedingt erklärt werden und sind deswegen nicht vorschnell zu emendieren, sondern als Hinweise auf verschiedene Stoffstrata zu explizieren[12].

Beim „Sezieren" einer Stoffvariante soll es aber nicht bleiben. Trotz oder gerade mit ihren Inkonsistenzen besitzt eine Stoffvariante in ihrer Endgestalt in der Regel eine bestimmte Sinnhaftigkeit und will auch als Gesamt gewürdigt werden, nicht nur die aufgedeckten Strata für sich. Man kann die Stoßrichtung einer Variante in der Regel allerdings erst dann insgesamt verstehen und würdigen, wenn man erfaßt hat, welche Ursachen und Bedeutungen die verschiedenen in diese Stoffvariante integrierten Schichten bzw. Schichtenelemente haben, und wie und warum sie im konkreten Fall so und nicht anders belassen oder zusammengeführt worden sind. Davon dann noch einmal zu unterscheiden ist die Interpretation der medial unterschiedlichen, ggf. künstlerischen *Ausgestaltung* der jeweils vorliegenden Stoffvariante.

In einem weiteren Schritt soll daher das Zergliedern auch und gerade wieder zurück zu dem jeweils vorliegenden „Endprodukt", zu einem vertiefteren Verständnis bspw. eines Reliefs oder eines konkreten Textes oder Textabschnittes führen, in dem ein mythischer Stoff verarbeitet wurde. Zu einem solchen tieferen Verständnis von Texten oder anderen medialen Konkretionen mythischer Stoffe in ihrer Endgestalt gelangt man aber gerade dadurch, daß man zusätzlich zur horizontalen Ebene einer Sequenz einzelner Hyleme auch die vertikale Ebene verschiedener Schichten oder Schichtenelemente in die Untersuchung mit einbezieht.

21.2 Enlil und Ninlil: Schichtenanalyse und Gesamtdeutung

Eine Stratifikationsanalyse kann auch in schwierigeren Fällen weiterhelfen, nämlich dann, wenn ein mythischer Stoff in nur einer Variante greifbar ist, mit eher geringen textkritischen Abweichungen verschiedener Textzeugen, oder gar

---

12 S. dazu ausführlich Kapitel 16.3.

nur noch in einer einzigen Quelle, und wenn keine oder nur sehr wenige zeitgleiche oder gar ältere Quellen vorliegen, die für ein besseres Verständnis irgendwelche Hilfestellungen liefern würden – eine Situation, mit der bspw. die Homerforschung oder die altorientalistische Mythosforschung in manchen Fällen konfrontiert ist. Selbst dann ist es möglich, mit Hilfe der Stratifikationsanalyse und der beschriebenen Indizien wie bestimmten Mustern typischer Stoff-Stoff-Interferenzen, formalen und logischen Inkonsistenzen und, in semantischer Hinsicht, Erzähltaktiken mit Wertungen und Hierarchisierungen, verschiedene Schichten erkennbar zu machen und damit zu einer Interpretation zu gelangen, die nicht bei der Feststellung stehenbleiben muß, daß der betreffende Stoff in der vorliegenden Gestalt schwer oder gar unverständlich ist.

So ist etwa auf 21 Tontafeln bzw. Tafelfragmenten vom 19. bis zum 7. Jahrhundert v. Chr. mit nur geringfügigen *textlichen*, aber keinen wesentlichen *stofflichen* Varianten ein sumerisches Werk überliefert, in dem es vor allem darum geht, wie der Hochgott Enlil, Stadtgott von Nippur, zusammen mit der Göttin Ninlil vier verschiedene, männliche Gottheiten zeugt[13]. Da es kaum weitere Quellen, geschweige denn textliche Vorläufer gibt, die Erklärungen für diese mythische Stoffvariante liefern könnten, bleibt nicht viel anderes übrig, als den Versuch zu unternehmen, sie aus sich selbst heraus zu erklären. In der eben gegebenen, äußerst verknappten Zusammenfassung gibt es da auch erst einmal keine weiteren Probleme; bei der Betrachtung der stofflichen Details hingegen stößt man durchaus auf eine ganze Reihe verschiedener Merkwürdigkeiten, von denen hier nur wenige herausgegriffen werden sollen.

So ist etwa die erste Zeugung des Mondgottes deutlich von den drei weiteren Zeugungsvorgängen abgetrennt. In diesen drei weiteren Fällen zeugt nun nicht Enlil *als Enlil* mit Ninlil drei andere Götter, sondern er zeugt sie auf komplizierte Weise jeweils *in der Gestalt anderer männlicher Figuren*, die sich als Unterweltsmächte begreifen lassen[14]. Nun kann man diese Merkwürdigkeit unerklärt stehen lassen. Wie sich aber bereits gezeigt hat, läßt sich die Erzähltaktik einer stellvertretenden Handlungsweise gut als Umsetzung einer Wertungs- und Hierarchisierungsstrategie begreifen, mit deren Hilfe die durch Enlil „vertretenen" Unterweltsmächte in den Hintergrund gedrängt werden[15]. Ebenso kann man bei der

---

13 Zu Überlieferungslage und einem gedrängten Inhaltsüberblick des modern mit *Enlil und Ninlil* bezeichneten Mythos bzw. seiner textlichen Konkretionen s. A. Zgoll, 2013, 81-86. Edition von Behrens, 1978; Edition neuer Fragmente bei Peterson, 2011, 26-31; Übersetzung von Steible, 2015.
14 S. dazu A. Zgoll, 2013, 93.
15 S. Kapitel 20.8.

bloßen Beobachtung stehen bleiben, daß die Zeugung des Mondgottes von der Zeugung der weiteren Gottheiten deutlich abgesetzt ist; man kann auf dem Hintergrund der theoretischen Grundlagen, auf denen eine Stratifikationsanalyse aufbaut, aber auch zu der plausiblen Annahme gelangen, daß dem Mondgott allein schon deswegen, weil er durch die *Erst*geburt den anderen Göttersöhnen hierarchisch übergeordnet wird, in einer bestimmten Sichtweise eine besonders wichtige Rolle im Pantheon zugeschrieben werden soll – eine Annahme, für die sogar außerstoffliche Zeugnisse, die den nachweislichen Aufstieg des Mondgottes zum obersten Gott der Hauptstadt der Ur-III-Dynastie im 21. Jahrhundert v. Chr. betreffen, eine Bestätigung liefern können[16].

Der Mythos von Enlil und Ninlil kann schließlich auch noch als Beispiel dafür dienen, wie nach und auf dem Hintergrund einer Analyse der verschiedenen Schichten die Aufgabe der Deutung der vorliegenden Stoffvariante in ihrer vielschichtigen *Gesamtheit* neu in Angriff genommen werden kann[17]. Warum hat man die Unterweltsmächte nicht völlig aus dem Stoff entfernt, sondern sie durch den umständlichen „Stellvertretungsgedanken" im Stoff belassen? Ähnliches gilt für die mit diesen Mächten gezeugten Gottheiten, die mit vegetativer Fruchtbarkeit assoziierten Unterweltsgötter Nergal und Ninazu[18], sowie den Gott der Aufsicht über die Kanäle namens Enbilulu: Weshalb spielen sie neben dem Erstgeborenen, dem Mondgott, innerhalb des Stoffes eine zwar untergeordnete, aber immer noch wichtige Rolle? Für eine ausführliche Gesamtdeutung ist nicht der Platz, aber man kann hier auf Forschungen zurückgreifen, die gezeigt haben, daß Fruchtbarkeit der Vegetation und Bewässerung bzw. näherhin die Kombination von vegetativer Fruchtbarkeit *durch* Bewässerung im Mythos von Enlil und Ninlil ein Kernthema darstellt. Staats- und Stadtgötter wie Enlil oder der Mondgott werden nun zwar gewissermaßen als Hauptverantwortliche für die Fruchtbarkeit des Landes gezeigt, man konnte und wollte aber zugleich nicht auf das Wirken von Unterweltsmächten verzichten, um damit die Botschaft zu transportieren, daß *sowohl* Staats- und Stadtgötter *als auch* Unterweltsgötter für die Entstehung von Gottheiten sorgen, die für Wachstum und Bewässerung wichtig sind[19].

---

[16] Vgl. dazu Wilcke, 1993, 37 f; auch Steible, 2015, 23 f.
[17] Eine solche Gesamtdeutung ist erst in jüngster Zeit und auf der Basis einer stratifikationsanalytischen Herangehensweise gelungen; s. dazu A. Zgoll, 2011 und 2013; zur Darstellung der vorangegangenen Forschung s. dies. 2013, 86 f.
[18] S. dazu A. Zgoll, 2013, 94 f.
[19] Zur Gesamtinterpretation s. A. Zgoll, 2013, besonders 95 f; zur „Kernbotschaft" des Mythos vgl. ebd. 95: „Modern verkürzt und abstrahierend ... kann man sagen: Kanäle und Vegetation sind der Stadtkultur (präziser: der Welt der Seßhaften), und der Welt, die unter der Erdoberfläche liegt, geschuldet."

Durch eine solche Analyse verschiedener stofflicher Schichten, durch die Beobachtung der Auffälligkeiten, die sich durch ihre Zusammenführung ergeben, und durch die Frage nach der Stoßrichtung der vorliegenden Stoffvariante in ihrer Endgestalt wird es schließlich möglich, Deutungsmachtkonflikte zu erkennen, die sich in dieser Stoffvariante widerspiegeln[20]. So bestand eine zentrale Frage, um deren Beantwortung damals gerungen wurde, erkennbar darin, welche göttlichen Mächte denn nun genau für die Bewässerung und damit für die Fruchtbarkeit und das Wachstum der Vegetation zuständig und verantwortlich sind. Hier gab es offensichtlich verschiedene Positionen und Traditionen, die es zu berücksichtigen galt. Daß es sich bei der Aufarbeitung dieses Problemfeldes nicht um rein theoretisch bleibende, theologische Spekulationen, sondern um Überlegungen von eminent lebenspraktischer Relevanz handelte, wurde bereits in Kapitel 18.4.1 näher ausgeführt[21].

21.3 Die historische Dimension schichtenspezifischer Stoffanalysen

In diesem Kapitel soll von der historischen Dimension der Stratifikationsanalyse die Rede sein. Dabei wird es zunächst um die Frage nach der Möglichkeit gehen, mit Blick auf einen mythischen Stoff insgesamt eine „Stoffgeschichte" zu rekonstruieren, und in einem zweiten Schritt um die davon zu trennende Frage, ob und inwieweit in einer konkret vorliegenden Stoffvariante einzelne Stoffschichten historisch-soziologisch verortet werden können.

21.3.1 Rekonstruktion einer Stoffgeschichte?

An dieser Stelle muß noch einmal in aller Deutlichkeit auf den Unterschied zwischen Stoff*schichten* und Stoff*varianten* hingewiesen werden. Ein mythischer Stoff liegt aufgrund seiner wesensmäßigen Polymorphie immer nur in verschiedenen Stoffvarianten vor. Angenommen, ein mythischer Stoff liegt in drei inhaltlich verschiedenen, historisch nacheinander bezeugten, *textlichen Varianten* vor, so handelt es sich dabei zugleich um drei verschiedene *Stoffvarianten*, nicht aber um drei verschiedene *Stoffschichten*. Eine solche Redeweise wäre nur dann sinnvoll, wenn man eine *lineare Stoffentwicklung* voraussetzt. Damit wäre man aber

---

20 Die Zuspitzung auf eine solche Fragestellung geht über A. Zgoll, 2011 und 2013, hinaus.
21 Vgl. dazu auch A. Zgoll, 2013, 98-101.

bei dem Modell einer Urversion eines mythischen Stoffes, die dann Schritt um Schritt erweitert wird, so daß man bei Text 1 auch von der „ersten Schicht" des Stoffes, bei Text 2 von der „zweiten Schicht" und so fort reden könnte[22].

Angesichts der Erkenntnis des prinzipiell unauslotbaren Potentials, das in einem mythischen Stoff steckt[23], und angesichts des Phänomens der Interhylität, aufgrund dessen es unablässig zu „Quereinschlägen" von anderen Stoffen kommen kann[24], ist aber eine solche Vorstellung zu vereinfacht und realitätsfern. Verschiedene Möglichkeiten, die im Stoff liegen, können zu unterschiedlichsten Zeiten aktualisiert oder auch wieder verworfen werden. Zwar bieten sich dem Forscher die verschiedenen Konkretionen von Stoffvarianten in einer chronologischen Reihenfolge dar, und freilich wird man in einigen Fällen direkte Abhängigkeiten konstatieren können, aber diese ikonographischen oder literaturgeschichtlichen Bezüge wird man nicht gleichsetzen dürfen mit einer linearen Stoffentwicklung. Insofern wäre es auch verfehlt, bei Mythen statt von vielförmigen und vielschichtigen von *gewachsenen* Stoffen zu sprechen, wie man das z. B. bei Texten sagen könnte, deren Umfang ständig zunimmt, indem immer noch weitere Abschnitte oder Episoden eingefügt oder angehängt werden. Eine solche „historische Analyse" von „gewachsenen" mythischen Stoffen hat sich die Aufgabe gestellt, „den synkretistisch entstandenen Knäuel zu entwirren, alles, was systematisch ist, zu entfernen und jeden Mythus auf seine primitive unsystematische Gestalt zurückzuführen"[25], doch ist schon die Prämisse anfechtbar, unter der hier an die Arbeit gegangen wurde. Karl Otfried Müller schreibt[26]:

> Der Hauptgrund aber, warum die Mythen in der Regel in ihrer Entstehung so wenig einfach sind: liegt darin, daß sie großentheils gar nicht auf einen Schlag entstanden sind, sondern sich allgemach und successiv, unter der Einwirkung gar verschiedenartiger, äußerer und innerer, Zustände und Ereignisse, deren Eindrücke die im Munde des Volks fortlebende, durch keine Schrift befestigte und erstarrte, immer bewegliche Tradition sämmtlich auf-

---

22 Zur Ablehnung der Hypothese, jeder mythische Stoff könne auf eine Urversion zurückgeführt werden, s. die Kapitel 4.2 und 7.2.
23 S. dazu Kapitel 4.6.
24 S. dazu Kapitel 13.2.
25 S. Beth, 1935, 722. Mit „alles, was systematisch ist, zu entfernen" ist bei Beth das als sekundär angesehene „System" der Mythologie gemeint, das nachträglich einzelne Stoffe in einen Gesamtzusammenhang bringt.
26 Müller, 1825, 114. Zu Müller und seiner Würdigung als „Pionier der modernen Mythenforschung" s. Gödde, 2017, VI.

nahm, im Laufe langer Jahrhunderte zu der Gestalt, in welcher wir sie nun erhalten, ausgebildet haben. Dies ist eine ebenso wichtige wie einleuchtende Thatsache, die jedoch bei der Mythenerklärung noch immer sehr häufig übersehen wird ...

Nun ist hier die Komplexität und Vielschichtigkeit mythischer Stoffe treffend beschrieben, und Müllers letzter Satz besitzt nach wie vor Gültigkeit; die *Folgerung* aber, die Müller aus seinen Beobachtungen ableitet, ist problematisch[27]: Bei Mythen, so Müller,

> besteht die Erklärung meistentheils in Nichts als der Nachweisung der Entstehung; die Genesis des Mythus muß aufgefunden und dargelegt werden, die Thätigkeiten, durch die der Mythus zusammengesponnen ist, muß man gleichsam zurück machen.

Einem im Wesentlichen quantitativen, linear verlaufenden Stoffwachstum könnte man tatsächlich mit „der Mythologie der Griechen als einer ... historischen Wissenschaft" erfolgreich zu Leibe rücken[28]; es ist aber eine jede Konkretion einer mythischen Stoffvariante als eine Neugestaltung, nicht so sehr als eine lineare Weiterentwicklung des Stoffes anzusehen[29]. Daraus läßt sich eine generelle Folgerung für die Erforschung von Mythen ableiten:

---

27 Müller, 1825, 115.
28 Müller, 1825, 281. Zur Geschichte als „Fluchtpunkt" von Müllers Ansatz, Mythen wissenschaftlich zu untersuchen, s. Gödde, 2017, XVII, und zum Versuch der Herauslösung, der „Analyse" einzelner Schichten, s. ebd. XXV f; zur Problematik der Erreichbarkeit einer letzten und eigentlichen Deutung eines solchermaßen analysierten Mythos bei Müller s. ebd. XXVII-XXIX.
29 In der Märchenforschung ist man aus ähnlichen Erwägungen heraus von der Rekonstruktion historischer Stoffgenesen abgegangen; vgl. dazu resümierend Hansen, 2002, 8. Von daher steht der Verfasser auch dem Versuch von Reinhardt, 2011, 290-294, „grundsätzlich voraussetzbare Entwicklungsphasen eines Einzelmythos" (ebd. 290) zu postulieren und zu rekonstruieren, eher skeptisch gegenüber. Reinhardt unterscheidet 1. Magisch-rituelle Frühphase, 2. Religiös-theologische Hauptphase, 3. Aufgeklärt-säkularisierte Weiterentwicklung, 4. Trivialisierende Spätphase. Diese „Entwicklungsphasen" sind nach Reinhardt ausdrücklich als ein im Prinzip chronologisches Nacheinander zu verstehen (ebd. 294: „Entwicklung ... von den Anfängen bis zur Gegenwart"). Schon grundsätzlich scheint es sich m. E. außerdem bei dem, was Reinhardt in den Blick nimmt, nicht in erster Linie um *Ausprägungsformen*, sondern um verschiedene Möglichkeiten von *Funktionalisierungen* eines mythischen Stoffes zu handeln (s. dazu Kapitel 18.4.2). Hinsichtlich der Funktionalisierungen eines Stoffes mag es Tendenzen und Abläufe gegeben haben, die in manchen Fällen chronologisch ähnlich verlaufen sein können, aber selbst hier wäre der Verfasser weniger optimistisch. Ein in der „magisch-rituellen Frühphase" für religiöse Zwecke eingesetzter mythischer Stoff kann in einer „trivialisierenden Spätphase" fast nur noch für Unterhaltungszwecke eingesetzt worden sein – aber nichts spricht dagegen, daß zu einem noch späteren Zeitpunkt derselbe plötzlich wieder in „magisch-rituellen" Kontexten zum Einsatz kommt, etwa im Rahmen religiöser Bewegungen wie verschiedener Richtungen des Neopaganismus. Ein ähnliches Vier-Stufen-Modell wie es bei Reinhardt zu finden ist, hat in Hinblick auf

→ Allein aufgrund einer späten Datierung dürfen Quellen für Mythen nicht für weniger wichtig genommen oder gar vollkommen außer Acht gelassen werden (*recentiores non deteriores*).

Ganz abgesehen davon, daß bspw. „späte" Autoren[30] bzw. „späte" mythologische Handbücher der griechisch-römischen Antike wie z. B. die von Ps.-Hyginus oder Apollodoros (1./ 2. Jh. n. Chr.) nachweislich Varianten eines Stoffes enthalten *können*, die älter sind als das, was von diesem Stoff Jahrhunderte früher in der klassischen oder sogar in der archaischen Literatur bezeugt ist[31], spielt ein angenommenes hohes Alter einer Stoffvariante keine Rolle. Denn es geht nicht um den ohnehin nicht bestimmbaren „Echtheitswert" oder „ursprünglichen Kern", sondern um das *Potential* eines mythischen Stoffes. Die Art der konkreten Ausgestaltung eines Stoffes bzw. des in ihm steckenden Potentials steht immer wieder neu zur Disposition, so daß es neben Kontinuitäten und Bezugnahmen auf vorangegangene Fassungen und auch unabhängig von ihnen, etwa durch Auseinandersetzungen mit anderen Stoffen, immer wieder zu Anbauten und Abrissen am Stoffgebäude kommen kann, die sich nicht in ein fortlaufendes Entwicklungsschema pressen lassen.

21.3.2 Möglichkeit der Rekonstruktion einzelner Schichten

Die Stoffschichten, die durch eine Stratifikationsanalyse in den Blick genommen werden, beziehen sich somit nicht, wie aus den Ausführungen des vorigen Kapitels nochmals deutlich geworden sein dürfte, auf eine angenommene Abfolge li-

---

Mythen im Übrigen bereits vorher Gaster (1954) entwickelt („stade primitif" – „stade dramatique" – „stade liturgique" – „stade littéraire"); s. dazu auch die kurze Zusammenfassung bei Le Quellec/ Sergent, 2017, 866.

30 Für die große Mehrzahl der aus der griechisch-römischen Kultur überlieferten Mythen gilt, daß zwar so gut wie alle Einzelzüge eines Mythos bereits verteilt bei verschiedenen griechischen Dichtern oder Historikern nachweisbar sind, daß aber die ausführlichsten zusammenhängenden Schilderungen doch erst aus römischer Zeit und oft aus lateinischen Werken stammen; vgl. Kirk, 1982, 12.

31 Vgl. dazu bspw. die auf einer gründlichen Auseinandersetzung mit dem Werk beruhende Einschätzung des Apollodoros von Dräger, 2005, 840: „Allein von Bedeutung ist, daß die *Bibliotheke* unabhängig von der Zeit ihrer Entstehung bzw. Niederschrift und sprachlichen Gestaltung genetisch gesehen die älteste und wegen ihres Umfangs wichtigste Quelle für die griechische Mythologie ist ..."; diese Einschätzung wird von Dräger, ebd. 887-891, ausführlicher begründet.

nearer Entwicklungsstufen eines mythischen Stoffes in Form verschiedener Stoffvarianten, sondern auf die Uneinheitlichkeit einer jeweils einzelnen, konkret vorliegenden Stoffvariante selbst. Um einen Vergleich aus der Archäologie heranzuziehen: Die Beschaffenheit einer bestimmten Stoffvariante gleicht dem Befund, wie er nach einer Planagrabung vorliegt, also einem ungeachtet geländebedingter Unebenheiten auf ein und derselben Höhe glatt durchgezogenen, horizontalen Grabungsschnitt, bei dem auf *einer* Ebene Elemente *verschiedener* historischer Schichten nebeneinander sichtbar werden[32]. Diesen Befund gilt es auszuwerten und zu versuchen, Eigenarten und Provenienz der unterschiedlichen Elemente innerhalb einer einzelnen Stoffvariante zu erklären.

Noch ein weiterer Punkt ist in diesem Zusammenhang wichtig. Die Rede von verschiedenen Strata suggeriert, man könne innerhalb einer Stoffvariante mehrere einzelne Schichten vorfinden, aus denen sich verschiedene stoffliche Strukturen jeweils *zur Gänze* rekonstruieren ließen. Das ist aber nur eingeschränkt möglich. Die durch die Interhylität bedingte Beeinflussbarkeit eines Stoffes durch verschiedene andere Stoffe und dahinterstehende Traditionen führt dazu, daß die Polystratie einer Stoffvariante nicht, zumindest nicht immer, in verschiedene, in sich abgeschlossene Einzelstoffe auflösbar ist. Es liegen in einer Stoffvariante in der Regel nicht mehrere zusammenhängende Schichten übereinander, so daß man, wenn man die eine Schicht „abgetragen" hätte, nun immer eine vollständig rekonstruierbare zweite, dritte oder weitere Erzählstruktur vorfände, sondern in einer Stoffvariante sind aus anderen Stoffen oder Traditionen oft nur einzelne Hyleme, Hylemprädikate, Hylemelemente oder gar nur noch Hylemelement- bzw. Hylemprädikat-Determinationen inkorporiert[33].

Je nachdem kann man bei einer mythischen Stoffvariante folglich von einem *patchwork*-Produkt mit Elementen unterschiedlichster Provenienz oder auch von einer mehrfach geschichteten Hylemsequenz sprechen – beide Bilder haben ihr Gutes, aber auch ihre Grenzen. Im ersten Fall hat man dabei vor allem den Aspekt der Uneinheitlichkeit einer einzelnen, in einer bestimmten medialen Form konkretisierten Stoffvariante im Blick, im zweiten Fall eher den Aspekt der durch diese Uneinheitlichkeit angedeuteten historischen Tiefe.

---

[32] Zum Begriff und zur Methode der Planagrabung (auch als „offene Flächengrabung" oder „Deutsche Grabung" bezeichnet) s. Renfrew/ Bahn, 2009, 86-88; bei Gersbach, 1998, 29-31, wird das Verfahren unter dem Stichwort „Abstichgrabung" behandelt (im Gegensatz zur „Schichtengrabung", s. ebd. 32-39).
[33] S. zur hier verwendeten Terminologie der Stoffbausteine Kapitel 5.3.

21.3.3 Datierbarkeit von Schichten und Schichtenelementen

Wie in der Archäologie steht natürlich auch bei einer Stratifikationsanalyse von Mythen die Frage nach einer Datierbarkeit im Raum. Dabei geht es nun in diesem Kapitel um die Datierbarkeit eruierter Schichten oder einzelner Schichtenelemente einer bestimmten Stoffvariante – nicht um den oben besprochenen Versuch, die Geschichte eines Stoffes insgesamt nachzuzeichnen, der gegebenenfalls bis auf eine Urversion zurückgeführt werden soll; die Fruchtlosigkeit einer solchen Vorgehensweise soll hier noch zusätzlich mit dem Verweis auf das hinter einem jeden konkreten Stoff liegende und in der Regel nicht mehr bis auf seine Ursprünge zurückverfolgbare Stoffschema unterstrichen werden[34].

Veränderungen mythischer Stoffe, die zu einer Stratifikation einzelner Stoffvarianten führen, haben gesellschaftliche Ursachen. Ob diese historisch-soziologisch konkret verortet oder nur noch hypothetisch rekonstruiert werden können, hängt jeweils von der Quellenlage ab. Gerade wenn sich die Tradierung und damit einhergehende Veränderungen eines mythischen Stoffes auch nach dessen Verschriftung fortsetzen, werden historische Verortungen bestimmter Deutungskonflikte und Diskurse in Einzelfällen durchaus möglich sein, auch differenziert nach regionalen Unterschieden und Besonderheiten[35].

Hier ist historische Kompetenz gefragt. Das heißt allerdings nicht automatisch, daß sich Fragestellungen der historischen Forschung automatisch mit den Fragen decken, die sich im Zusammenhang mit schichtenspezifischen Analysen mythischer Stoffvarianten ergeben. In der historischen Forschung stehen (bislang) nicht so sehr Analysen und absolute oder relative Datierungen von *Stoffvarianten* und ihren *Schichten* im Fokus des Interesses, sondern v. a. die Datierungen der materiell greifbaren *Konkretionen* bzw. *Quellen* von mythischen Stoffvarianten, und die Auswertung solcher Quellen v. a. im Hinblick auf die *Funktionalisierungen* der konkret vorliegenden Stoffvarianten im Ganzen in ihrem jeweiligen, der Quelle zeitgleichen (oder zumindest zeitnahen) gesellschaftlichen bzw. sozio-kulturellen Kontext.

---

34 S. dazu die Ausführungen in Kapitel 7.2.
35 Vgl. Kühr, 2006, 18: „Für den Historiker sind ... gerade die Inkongruenzen verschiedener Versionen eines Mythos und Veränderungen der Erzählweise von Interesse, könnten sie doch auf Abgrenzungsmechanismen gegenüber anderen Gemeinden verweisen und als Schlüssel zu einem gewandelten Selbstverständnis der Gemeinschaften dienen, in denen man neuer Sinnstrukturen und damit neu erzählter Mythen bedurfte."

So beschäftigen sich bspw. etliche althistorische und auch altphilologische Forschungsarbeiten vornehmlich mit dem gesellschaftlichen Zugriff auf bestimmte Mythen im Kontext der Erinnerungskultur von Städten und städtischen Eliten[36], und damit geht es vorrangig um (inter)mediale, handlungsbezogene, rituelle, repräsentative bzw. institutionelle Funktionalisierungen einzelner, historisch fixierter Konkretionen mythischer Stoffvarianten, motiviert durch bestimmte Zeitbedingungen und politisch-gesellschaftliche Interessen[37].

Ein stratifikationsanalytisches Vorgehen kann im Zusammenhang mit solchen Forschungsansätzen durchaus Anhaltspunkte oder Hilfestellungen für Datierungsfragen liefern, wie in der Archäologie bspw. charakteristische Ton-Scherben für eine zeitliche Einordnung des Fundkontextes außerordentlich hilfreich sein können. Wenn etwa in sumerischen Textzeugen eine mythische Stoffvariante von verschiedenen sexuellen Vereinigungen zwischen Enlil und Ninlil präsentiert wird, nach welcher der Mondgott als „Erstgeborener" des Hochgottes Enlil hierarchisch deutlich aufgewertet wird und damit eine herausgehobene Stellung im Pantheon erhält, dann läßt sich dieser Befund, wie oben bereits angedeutet, mit außertextlichen Zeugnissen in Zusammenhang bringen, die es wahrscheinlich machen, daß diese Stoffvariante im 21. Jahrhundert v. Chr. in der Stadt Ur eine bedeutende Rolle gespielt haben muß, in einer Zeit, in welcher „der Mondgott als Stadtgott der neuen Hauptstadt Ur innerhalb der Staatstheologie besonders wichtig" wurde[38]. Auch die hervorgehobene Position des Gottes Enlil, der im Mythos von Enlil und Ninlil, wie ebenfalls bereits ausgeführt, ganz offensichtlich ältere, mit der Unterwelt assoziierte Gottheiten verdrängt, scheint sich in eine spezifische, historisch greifbare Strömung einzufügen, in deren Verlauf eine „überregionale Enlil-Theologie" zunehmend an Bedeutung gewinnt[39]. Und wie bereits in Kapitel 20.1 gezeigt wurde, läßt sich ebenfalls der in mehrere mythische Stoffe „eingeschriebene" Aufstieg Marduks zum Götterkönig, wie er vor allem in der textlichen Konkretion des *Enūma eliš* beobachtet werden kann, auf-

---

36 Vgl. dazu etwa Scheer, 1993; Gehrke, 1994; Kühr, 2006. Ein Beispiel für die Funktionalisierung eines ägyptischen mythischen Stoffes (über Osiris) für die Überhöhung eines römischen Politikers (Marcus Valerius Messalla Corvinus) im Rahmen eines Preisgedichts liefert der Aufsatz von Egelhaaf-Gaiser, 2013.
37 Vgl. bspw. die Arbeiten von Hölkeskamp, 1999; Calame, 2000; Waldner, 2000; Walter, 2004; Hartmann, 2010; Hölkeskamp/ Stein-Hölkeskamp, 2010.
38 S. dazu und zu weiteren Datierungskriterien A. Zgoll, 2013, 97 f, mit weiteren Literaturhinweisen (Zitat ebd. 98).
39 S. A. Zgoll, 2013, 93. Zum Aufstieg von Enlil zur Gottheit über das „Königtum des Landes" im 3. Jahrtausend vgl. Wang, 2011.

grund etlicher weiterer Quellen historisch überzeugend mit der wachsenden Bedeutung der Amurriter-Dynastie seit dem Anfang des 2. Jahrtausends v. Chr. in Verbindung bringen.

So verhältnismäßig günstig wie in diesen Beispielen ist die Überlieferungslage allerdings oft nicht. Im Hinblick auf Texte und gar Stoffvarianten ist es meist wesentlich schwieriger als bei einem Bauwerk, eine regelrechte *Geschichte* von „Bauphasen" zu rekonstruieren. *Schichten* ja, aber eine Datierung der Schichten – da wird es schon in Bezug auf die *Text*ebene kompliziert, wie ein Blick auf die vielfältigen Diskussionen und Forschungsergebnisse der alttestamentlichen Literar- und Redaktionskritik und der Homeranalyse zeigt, und erst recht wird es schwierig, wenn es um die Explikation einer Stoffvariantengenese geht[40]. Daraus folgt:

> → Ein Stratifikationsbefund ist in erster Linie eine Hilfe für die *Identifizierung von Problemfeldern*, die in einer Kultur zu Auseinandersetzungen und unterschiedlichen Deutungen geführt haben[41]; für Datierungsfragen müssen noch etliche weitere Befunde mit herangezogen werden.

Aus identifizierten Wertungs- und Hierarchisierungsstrategien allein läßt sich jedenfalls nicht bspw. die generelle Regel ableiten, daß das, was abgewertet oder hierarchisch untergeordnet wird, automatisch einer *älteren* Schicht zuzuordnen ist. Verschiedene Schichten *können* länger nebeneinander her existiert haben und erst in einer bestimmten Stoffvariante zusammengebracht worden sein, ohne daß die „unterlegene" Tradition notwendig historisch älter sein *müßte*. Und eine Erzähltaktik, die eine Figur aufwertet bzw. anderen Figuren überordnet, ist nur ein Indiz dafür, daß in einer aktuell vorliegenden Stoffvariante eine Tradition sich als *mächtiger* präsentiert als andere, nicht zwingend auch dafür, daß sie *jünger* ist.

Von Stratifikationsanalysen können also keine Faustregeln für Datierungsfragen abgeleitet werden, sehr wohl aber Impulse für historische und v. a. religionshistorische Fragestellungen ausgehen. Wenn sich umgekehrt in einigen Fällen historisch verifizierbare Daten mit stratifikationsanalytischen Befunden korrelieren lassen und beide Zugangsweisen zusammengenommen zu plausiblen Gesamtdeutungen führen, dann stärkt dies wiederum die Aussagekraft von

---

[40] Vgl. mit Blick auf die Problematik von Datierungsfragen im Zusammenhang mit der Neoanalyse in der Homerforschung zusammenfassend Matijević, 2015, 59.
[41] S. dazu oben, Kapitel 21.1, und auch bereits Kapitel 18.3.2.

Schichtenanalysen solcher Stoffe, für die man über wenig oder keinerlei außertextliche bzw. außerstoffliche Verifikationsmöglichkeiten der angenommenen Schichtenbildung verfügt[42].

21.3.4 Exkurs zur Traditionskritik und zur Religionsgeschichtlichen Methode

Die in der biblischen Exegese verankerte Traditionskritik (auch „Traditionsgeschichte") fragt nach der *„Herkunft der Stoffe und Bildungsgehalte,* die in einem Text zur Sprache kommen, und nach der Art ihrer *Rezeption* (Übernahme, Umbildung oder Abstoßung)"[43], wobei der Begriff der Traditionskritik „bevorzugt auf den Vergleich innerhalb der alttestamentlichen Literatur unter Berücksichtigung deuterokanonischer und neutestamentlicher Schriften angewendet worden" ist[44]. Eng damit zusammen hängt die Methode des religionsgeschichtlichen Vergleichs, der schwerpunktmäßig kulturexternen Einflüssen nachzuspüren versucht (auch „Religionsgeschichtliche Methode")[45]. Die einem bestimmten Text vorausliegenden und ihn beeinflussenden „geprägten Sachverhalte", um einen Terminus von Steck zu gebrauchen, begegnen, so eine allgemein verbreitete Voraussetzung, „vor allem im Traditionsbereich institutioneller Schul- und Sondersprachen"[46].

Werden Texte solchermaßen auf bestimmte Einflüsse, auf ihre mögliche Auswertbarkeit für die Gestalt eines mythischen Stoffes oder auf ihre Zugehörigkeit zu einer bestimmten Tradition bzw. „Schule" hin untersucht, sieht man sich methodisch unter anderem vor drei Probleme gestellt. Zum ersten ergeben sich Probleme bei der Rekonstruktion von Umfang und Eigenart der vermuteten Gestalt

---

42 S. dazu das oben besprochene Beispiel vom Mythos von Enlil und Ninlil.
43 Becker, 2011, 120; zur Traditionskritik ebd., 119-133.
44 Bauks, 2012, 1.
45 Einen zusammenfassenden Überblick zur Religionsgeschichtlichen Methode liefern bspw. Bauks, 2012, und Gerstenberger, 2013; zur Unterscheidung (und deren Problematisierung) zwischen Traditionskritik und Religionsgeschichtlicher Methode s. Bauks, 2012, 1. Die folgenden Ausführungen lassen sich analog auch auf die sogenannte „Mythologische Schule" beziehen; s. dazu den Überblick bei Pöge-Alder, 1999. Ebenso lassen sich Parallelen in Ansätzen der homerischen Neoanalyse erkennen, wenn aus verstreuten Hinweisen homerischer und nachhomerischer Texte der Versuch unternommen wird, vorhomerische Traditionen in größerem Umfang zu rekonstruieren; vgl. dazu Matijević, 2015, 56-59, mit weiterführenden Literaturhinweisen.
46 Steck, 1999, 127. Zu einer solchen Rückbindung an bestimmte „Trägergruppen" oder Institutionen s. auch Utzschneider/ Nitsche, 2001, 188 und 195.

eines mythischen Stoffes oder der angenommenen Schule bzw. geistesgeschichtlichen Strömung. Was ist bspw. näherhin unter der „deuteronomistischen Schule" oder der „gnostischen Theologie" zu verstehen? Wie hat „der" Marduk-Mythos ausgesehen[47]? Es bedarf kaum einer detaillierten Darstellung des Forschungsstandes zu diesen Fragen, um zu erahnen, wie schwierig die Diskussionen und wie umstritten im Einzelnen die diesbezüglichen Ergebnisse in den jeweiligen Disziplinen sind. Das hängt wesentlich damit zusammen, daß diese angenommenen Schulen, Strömungen oder Tendenzen in der Antike in der Regel keine Traktate hinterlassen haben, in denen sich ihr Selbstverständnis unzweideutig manifestiert oder sich die Gestalt eines von ihnen tradierten mythischen Stoffes einigermaßen klar und deutlich niedergeschlagen hätte, sondern es handelt sich um moderne Rekonstruktionsversuche wesentlicher Merkmale, die auf Interpretationen und Hypothesen angewiesen bleiben, über die man im Einzelnen trefflich streiten kann. Zum zweiten und mit der notgedrungenen Unschärfe der unternommenen Rekonstruktionsversuche zusammenhängend bereitet es nicht selten Schwierigkeiten, angenommene Einflüsse von außen auf solche Schulen oder mythische Stoffe zweifelsfrei einer *bestimmten* geistesgeschichtlichen Strömung zuzuschreiben. Darüber hinaus ist es zum dritten im Einzelfall oft schwer zu entscheiden, ob es sich bei bestimmten Elementen in einem Text (oder Stoff) tatsächlich um „Fremdkörper" handelt, also z. B. um Elemente, die eigentlich einer ganz anderen Schule zuzuschreiben wären, oder ob für diese Elemente nicht ebensogut die Kreativität oder Individualität oder auch die fehlerhafte Interpretation eines einzelnen Autors verantwortlich gemacht werden kann, der in diesen Punkten bewußt oder unbewußt von „seiner" Schule abweicht oder sie weiterentwickelt.

Vor diese Schwierigkeiten sieht sich jede Forschung gestellt, die es sich zur Aufgabe gemacht hat, geistesgeschichtlichen Strömungen nachzugehen, auch eine stratifikationsanalytische Mythosforschung, insofern sie versucht, der Herkunft einzelner Strata nachzugehen. Anders als bei Texten kommt bei der Untersuchung von Schichten in *stofflichen* Gebilden wie Mythen noch hinzu, daß die Frage nach einer Autorintention entweder kaum beantwortbar ist (bei anonymer Überlieferung), oder daß sie durch den Umstand deutlich verkompliziert wird, daß die Autorintention nur *einen* Faktor in einem ganzen Bündel von verschiedenen Gestaltungskräften darstellt, die an einem mythischen Stoff bereits am Werk

---

[47] Zur Problematik der Rede von „der" Gestalt eines mythischen Stoffes, wobei oft an eine Art „Urgestalt" gedacht wird, s. u. a. die Ausführungen in Kapitel 4.2.

waren⁴⁸. Aus diesem Konglomerat für einzelne Hylemelemente, Hyleme oder ganze Hylemsequenzen jeweils *spezifische* Traditionen oder Tendenzen auszumachen, aus denen sie herzuleiten sind, erweist sich zwar nicht als unmöglich, jedenfalls aber als diffizil.

Es erscheint daher mehr als geraten, bei einer stratifikationsanalytischen Mythenanalyse inhaltlich vorsichtig zu sein und auch methodisch zumindest teilweise anders vorzugehen. So besteht etwa hinsichtlich v. a. der älteren „Religionsgeschichtlichen Schule" ein grundsätzliches Problem darin, daß sie vorwiegend *deduktiv* vorgegangen ist. Es wurden Hypothesen über die Gestalt eines mythischen Stoffes (z. B. zu „dem" Erlösermythos oder „dem" Marduk-Mythos) oder über Gestalt und Merkmale einer geistesgeschichtlichen Strömung aufgestellt, und diese Gestalt bzw. diese Merkmale wurden dann in verschiedenen v. a. textlichen (und bildlichen) Quellen aufgespürt, wobei versucht wurde, durch die Einbeziehung vieler verstreuter, einzelner Hinweise das supponierte Gesamtbild zu verifizieren⁴⁹. Eine hylembasierte Stoffanalyse hingegen geht *induktiv* vor, arbeitet sich von den konkret (z. B. in Texten oder Bildern) belegten Hylemsequenzen vor zu einem mythischen Stoff-Gebilde, von dem es nur Näherungswerte geben kann. Auch ist der theoretische Rahmen, in welchen eine Stratifikationsanalyse mythischer Hylemsequenzen eingebettet ist, ein gänzlich anderer⁵⁰.

Um der selbst bei einem induktiven Vorgehen gegebenen Versuchung vorschneller Interpretationen bzw. Zuweisungen zu bestimmten Strömungen oder Traditionen zu entgehen, ist es darüber hinaus wichtig, sich nicht von unvermeidlich vorhandenen inhaltlichen Vorstellungen und Vorprägungen leiten zu lassen, sondern sich zunächst an *allgemeinere und abstraktere* semantische Indizien zu halten, die erkennen lassen, daß es in Varianten eines mythischen Stoffs *überhaupt* zu Auseinandersetzungen zwischen verschiedenen Traditionen und Vorstellungen gekommen ist. Diese Auseinandersetzungen lassen sich nach den theoretischen Grundlegungen zur Stratifikationsanalyse auf verallgemeinerbare Strategien im Umgang mit Deutungsmachtkonflikten zurückführen, die daraus entstehen, daß Mythen implizit mit einem Anspruch auf Relevanz für die Deutung und Bewältigung menschlicher Existenz verbunden sind⁵¹. Wie in Kapitel

---

48 S. dazu Kapitel 15.4.1.
49 Zur Religionsgeschichtlichen Schule und ihrem Verhältnis zum Phänomen „Mythos" s. Spieckermann, 2013, 145-150.
50 Vgl. dazu die Ausführungen zum Interhylitätskonzept allgemein in Kapitel 13.2, sowie im Besonderen zu Interhylität und Konfliktträchtigkeit mythischer Stoffe Kapitel 18.4.1.
51 S. dazu die Kapitel 18.4.2 und 18.4.3.

19.2 näher ausgeführt, bestehen diese verallgemeinerbaren Strategien in Wertungen und Hierarchisierungen.

Durch die Identifikation und Auswertung von Wertungs- und Hierarchisierungsstrategien, die sich in bestimmten Erzähltaktiken niederschlagen, wird bei der stratifikationsanalytischen Untersuchung von Mythen methodisch ein Zwischenschritt eingeschaltet, der es erlaubt, in den jeweiligen Stoffvarianten das Vorhandensein verschiedener Einflüsse bzw. Traditionen aufzudecken und damit verschiedene Stoff-Konstituenten auszumachen, ohne sie sogleich einer bestimmten geistesgeschichtlichen Strömung zuzuschreiben. Erst in einem weiteren Schritt können dann, bei ausreichender Quantität und Qualität auf induktivem Weg gewonnener Indizien, Zuweisungen zu historisch entweder bereits eruierten oder erst noch zu rekonstruierenden geistesgeschichtlichen Strömungen oder stofflichen Traditionen versucht werden.

22 Zusammenfassende Vertiefung am Beispiel mythischer Figuren

22.1 Polymorphe und polystrate Protagonisten

> Selbst jetzo, welche denn ich sei, ich weiß es nicht.
>
> Helena in Goethes *Faust II*, 3. Akt, Vers 8875

Im Verlauf der Arbeit ist deutlich geworden, wie wichtig es ist, bei der Untersuchung von medialen Konkretionen mythischer Stoffvarianten nicht nur deren horizontale *Hylemstruktur* zu analysieren, und zwar ohne nach Art bestimmter narratologischer, formalistisch-strukturanalytischer oder strukturalistischer Ansätze einzelne stoffliche Züge vorwegnehmend als funktional oder semantisch bedeutsam zu interpretieren (Kapitel 5.1 und 5.2), sondern durch die Unterscheidung von *Schichten* zusätzlich die vertikale Tiefendimension solcher Stoffvarianten in den Blick zu nehmen.

Bei einer stoffwissenschaftlichen Herangehensweise kommt es auf die Umsetzung der Erkenntnis an, daß es sich um die Analyse nicht medialer *Konkretionsformen*, also z. B. *textlicher* oder *bildlicher* Strukturen handelt, sondern um die Analyse von *Inhalten*, die es erst aus den jeweiligen medialen Konkretionen zu extrahieren, in die Form von Hylemen zu überführen und in ihre natürliche chronologische Abfolge zu bringen gilt. Diese Stoff-Rekonstruktion ist ein komplexer Prozeß (Kapitel 5.3 und 6.3).

Im Hinblick auf eine Analyse von Stoffschichten hat sich gezeigt, daß Stoffe in ständigem Kontakt zu anderen Stoffen stehen (Kapitel 13.2); daß hinter diesen Kontakten polemische Auseinandersetzungen stehen (Kapitel 18.4.1); daß die vielfältigen und kämpferischen Kontakte zwischen mythischen Stoffen bestimmten Gesetzmäßigkeiten folgen und bestimmten Arten zugeordnet werden können (Kapitel 13.3 und 14); daß solche Stoff-Stoff-Kontakte in Konkretionen mythischer Stoffvarianten Spuren hinterlassen, aufgrund derer man Rückschlüsse auf den Vorgang solcher Stoffkontakte ziehen kann; und daß es neben der Beobachtung bestimmter Muster von Stoff-Stoff-Interferenzen weitere belastbare Kriterien für die Identifizierung solcher Spuren gibt, nämlich Inkonsistenzen auf formaler und logischer Ebene (Kapitel 16) und Wertungen bzw. Hierarchisierungen als typische gedankliche Muster auf semantischer Ebene (Kapitel 19), die sich wiederum in bestimmten Erzähltaktiken konkret manifestieren (Kapitel 20). Mit Hilfe der durch distinkte Kriterien bestimmbaren Indizien lassen sich in mythischen Stoffvarianten verschiedene Strata ausmachen. Daß in medialen Konkretionen mythischer Stoffvarianten grundsätzlich mit verschiedenen Schichten zu rechnen ist, ist aufgrund des Phänomens der Interhylität mehr als wahrscheinlich.

Wenn man die Komplexität eines stofflichen Gebildes wie die eines Mythos, die durch die Vielzahl der möglichen Varianten sowie durch Stoffkontakte und mit den Kontakten verbundene Deutungsmachtkonflikte bedingt ist, nicht allzu sehr simplifizieren will, dann ist ein solcher Stoff nur als ein polymorphes und je nach einzelner Variante polystrates Gebilde begreifbar. Mythen sind variantenreiche Stoffpotentiale und je nach Varianten mehrfach geschichtete Produkte, deren inhaltliche Strukturen erst durch eine Hylemanalyse rekonstruiert werden müssen und deren Strata bzw. Tiefendimensionen dann durch eine Stratifikationsanalyse aufgeschlüsselt werden können.

All diese Beobachtungen besitzen nun aber nicht nur für einzelne Stoffvarianten insgesamt Gültigkeit, also für zusammenhängende *Hylemsequenzen*, sondern auch für eine bestimmte und wichtige Gruppe unter den *Hylemelementen*, und zwar für die in mythischen Stoffen handelnden *Figuren*. Fast alle Eigenarten und Merkmale von mythischen Stoffen und ihren Varianten lassen sich auch auf die in diesen Stoffen auftretenden Protagonisten übertragen, und im Folgenden sollen die bisher bei der Analyse mythischer Stoffe bzw. Stoffvarianten gewonnenen Ergebnisse nicht nur resümierend genannt sein, sondern zugleich auf das Untersuchungsfeld mythischer Figuren angewendet werden.

Wie ein Erzählstoff, so sind auch die in diesen Stoffen auftretenden Figuren nicht mit den unterschiedlichen medialen Konkretionen gleichzusetzen, in denen sie sich darbieten, sondern es handelt sich dabei um Vorstellungsinhalte, die sprachlich, bildlich oder auf noch andere Weisen unterschiedlich konkretisiert werden können und müssen. Wie ein mythischer Erzählstoff im Großen, so ist auch eine mythische Figur im Kleinen *polymorph* und damit ein unscharfes Gebilde; dies wurde in Kapitel 12.2 bereits an der Figur des Herakles des Näheren ausgeführt. Genauso wenig wie es „den" Stoff von Niobes Hybris gegenüber Leto gibt, genauso wenig existiert dementsprechend „die" Niobe oder „der" Herakles, und man kann hier noch einmal in aller Kürze die verschiedenen Versuche Revue passieren lassen und zugleich verwerfen, die darauf aus sind, einen mythischen Stoff und dementsprechend auch eine Figur in mythischen Stoffen nicht als eine „Vielform", sondern als eine „Einform" zu begreifen (Kapitel 4.1-4). Es hilft wenig, sich an einer Glanzversion der Niobe zu orientieren, wie sie bspw. in Ovids *Metamorphosen* präsentiert wird; man wird hinsichtlich der Gestalt der Niobe weder eine Minimalversion, einen absolut festen und unverrückbaren „Figurenkern" eindeutig bestimmen können, der gewissermaßen als das *Eigentliche* gelten kann, während anderes „nur" oder „spätere" Zutat ist, noch wird man hinreichend belastbare Kriterien entwickeln können, die es erlauben, eine bestimmte Darstellung oder ein festes Set an Eigenschaften als klar definierbare Standardversion der Niobe hinzustellen, und auch zu einer Urversion der Niobe wird man nicht mehr vorstoßen können, schon gar nicht, wenn man ähnlich wie bei der Unterscheidung zwischen konkretem Stoff und Stoffschema so auch bei der Gestalt der Niobe berücksichtigt, daß hinter verschiedenen konkreten Zügen dieser Gestalt bestimmte Typica stecken, die auch in anderen, vergleichbaren Figuren realisiert gewesen sein und die Konzeption der Niobe-Gestalt beeinflusst haben können[1].

Und schließlich führt auch der Ansatz nicht zum Ziel, die Maximalversion, die Gesamtheit aller zur Verfügung stehenden Niobe-Konkretionen als hinreichende Lösung für die Bestimmung „der" Niobe anzusehen (vgl. Kapitel 4.5). Denn wie mythische Stoffe, so stellen auch mythische Protagonisten nicht etwas fest Umreißbares dar, sondern in jeder Figur steckt ein im Prinzip unauslotbares Potential (s. Kapitel 4.6), dem durch das Wechselspiel zwischen zentrifugalen und zentripetalen Kräften im Traditionsprozeß zwar eine gewisse Formkonstanz eignet; aber diese Form besitzt keine starre Kontur oder gar festgelegte Schärfe (vgl. Kapitel 12.1-2). Ähnlich wie bei Stoffen, so können auch bei mythischen Figuren viele nähere Bestimmungen der Gestalt verändert oder ausgetauscht werden, nur nicht alle auf einmal, und wie bei Stoffen so ist auch bei Figuren die Schwelle individuell verschieden, ab der man die Darstellung einer Figur als gerade noch erkennbare Verfremdung eben *dieser* Figur zu begreifen in der Lage oder bereits nicht mehr in der Lage ist (Kapitel 12.3).

Eine mythische Figur existiert aber nun nicht nur in Form vieler verschiedener Varianten (wie ein mythischer Stoff), sie ist nicht nur *polymorph*, sondern sie ist (wie eine einzelne mythische Stoffvariante) in der Regel auch *polystrat*, das heißt in jeder medial konkretisierten Einzelvariante ein zusammengesetztes, vielschichtiges, von vielen verschiedenen Einflußfaktoren bestimmtes Gebilde. Denn keine Konkretion einer mythischen Figur entsteht in einem luftleeren Raum, und sie wird auch nicht von einem einzelnen Maler auf Leinwand oder von einem einzelnen Autor am Schreibtisch neu geschaffen, sondern sie führt ein von einzelnen Schaffenden unabhängiges Vorleben[2] und noch dazu ein weit über einen einzelnen Stoff hinausgehendes Eigenleben. Die Überlegungen zum „Tod des

---

1 Zur Unterscheidung von Stoff und Stoffschema s. Kapitel 7.3.
2 S. zu dem vergleichbaren, allerdings rein textbezogenen Konzept der „Interfiguralität" von Müller (1991) die Ausführungen in Kapitel 13.2.

Autors" und das Phänomen der Interhylität spielen daher nicht nur für mythische Stoffe, sondern auch für mythische Figuren eine wichtige Rolle (s. dazu Kapitel 13.1-2). Ihr unscharfes „Profil" konstituiert sich aus verschiedensten Traditionen und bedeutungstragenden Elementen der eigenen Kultur und von Kulturen, mit denen diese direkt oder indirekt in Kontakt steht[3].

Ähnlich wie bei Stoffen, so zielt auch bei Figuren der Interhylitätsbegriff aber nicht nur auf ein allgemeines Vernetzt-Sein in einem unspezifischen Sinn. Wie bei Stoffen die Untersuchung des Kontakts speziell mit anderen *Stoffen* zu fruchtbaren Ergebnissen geführt hat, lohnt es sich bei Figuren, besonders auf Berührungspunkte mit und Verhältnisse zu anderen *Figuren* zu achten, und auch dies wiederum nicht in einem unspezifischen Sinn, sondern im Hinblick auf hauptsächlich *polemische Abgrenzungen und Auseinandersetzungen* zwischen verschiedenen Figurenkonzeptionen (s. dazu die Kapitel 18.4.1, 18.4.3 und 19.1). Ebenso wie bei Stoffen kann es auch auf der Ebene der Figuren zu Figuren-Interferenzen aufgrund von konzeptuellen Parallelen, von Ähnlichkeiten bzw. Gleichheiten von Namen oder aufgrund der Sogwirkung oder Ausstrahlung von besonders prominenten Gestalten kommen (Kapitel 13.3 und 14), und all diese Interferenzen spielen sich nicht in einem Machtvakuum ab, sondern in einer Arena, in der Deutungskonflikte kämpferisch ausgetragen werden.

Die Folgerungen, die sich aus diesen verschiedenen Beobachtungen für eine Einordnung und Interpretation mythischer Figuren ergeben, sind demgemäß ganz ähnlich wie die, die für die Deutung mythischer Stoffe herausgearbeitet wurden. Das Streben nach Deutungshoheiten impliziert in der Regel Machtansprüche, Machtansprüche können zu Konflikten führen, und diese Konflikte hin-

---

[3] Die „Mehrdimensionalität" mythischer (und z.T. auch sagenhafter) Figuren beruht zwar auch, aber nicht primär auf dem Kunstschaffen eines einzelnen Autors. Wenn Suerbaum, 1999, 205, mit Bezug auf Vergils *Aeneis* schreibt: „Vergil hat seine Figuren nicht einfach aus irgendwelchen mythisch-historischen Quellen oder von bestimmten literarischen Vorlagen übernommen", so ist dazu anzumerken, daß selbst wenn Vergil dies hätte tun wollen, dies alles andere als „einfach" gewesen wäre, denn die Figuren lagen in diesen Quellen oder Vorlagen nicht in einer eindeutigen und damit „gebrauchsfertigen" Gestalt vor. Nach Suerbaum (ebd.) besteht Vergils Kunst „darin, *Anregungen* von *verschiedenen Seiten*, nicht zuletzt von verschiedenen Partien und Personen in den beiden Werken Homers, aufzunehmen und zu *verschmelzen*." Dies ist aber nicht *nur* Kunst, sondern bis zu einem gewissen Grad unumgänglich, nicht nur aufgrund der Polymorphie jeder einzelnen Figur, sondern auch aufgrund der Tatsache, daß bereits in den Vorlagen-Figuren etliche verschiedene Züge miteinander verschmolzen sind. Freilich kann man die Polystratie einer Figur als Autor kunstvoll mit noch mehr verschiedenen Strata anreichern, aber ob man wie Suerbaum (ebd.) wirklich behaupten kann, daß Vergils „Gestalten vielschichtiger als die Homers" sind, das darf in dieser Generalität bezweifelt werden.

terlassen ihre Spuren in mythischen Stoffen und damit auch in medialen Konkretisierungen wie z. B. Texten vor allem dann, wenn Taktiken erkennbar werden, die etwas mit *Wertungen* oder *Hierarchisierungen* zu tun haben (Kapitel 19.2). Altes, Neues oder auch schlicht Abweichendes wird entweder abgewertet oder in seiner Bedeutung heruntergestuft oder aufgewertet und hochgestuft. Dementsprechend besitzen mythische Figuren bestimmte Positionen in einem genealogischen oder hierarchischen Gefüge wie „Kind" oder „König" oder sich z. B. in konkreten Epitheta manifestierende Eigenschaften wie „übelgesonnen" oder „an Verstand überragend" nicht *an sich*, sondern sie wurden ihnen auf dem Hintergrund von Deutungsmachtkonflikten zugeeignet und offenbaren ihre tiefere Bedeutung erst und vor allem dann, wenn man sie als *relationale* Aussagen begreift[4].

Eine solche Relationalität von *Aussagen über* mythische Figuren wird im Rahmen strukturalistischer Ansätze auf eine nicht unproblematische Weise übertragen auf bestimmte, feste *Relationen zwischen* mythischen Figuren selbst. So sollen bspw. nach Vernant die griechischen Gottheiten Hestia und Hermes implizit zwei gegensätzliche, sich komplementär ergänzende Aspekte der griechischen Vorstellung vom Raum verkörpern, und von daher als Figuren eng zusammengehören[5]:

> On peut dire que le couple Hermès-Hestia exprime, dans sa polarité, la tension qui se marque dans la représentation archaïque de l'espace : l'espace exige un centre, un point fixe, à valeur privilégiée, à partir duquel on puisse orienter et définir des directions, toutes différentes qualitativement ; mais l'espace se présente en même temps comme lieu du mouvement, ce qui implique une possibilité de transition et de passage de n'importe quel point à un autre.

Grundsätzlich schreibt Vernant an anderer Stelle[6]:

> Jeder Gott definiert sich durch das Beziehungsnetz, das ihn innerhalb eines bestimmten Pantheons mit anderen Gottheiten verbindet und von ihnen unterscheidet. Ein Element der mythischen Erzählung erhält Sinn nur durch seine Stelle im System, zu dem der Mythos gehört, dessen Bestandteil es ist.

---

4 S. dazu die beispielhaften Analysen im Kapitel 20.
5 Vernant, 1963, 15; zu weiteren Polaritäten der beiden Gottheiten ebd. 28, und zusammenfassend ebd. 47: „L'analyse des textes, qui mettaient l'accent sur les liens unissant le dieu et la déesse, a permis de dégager la relation de chacune de ces deux divinités avec des aspects définis et opposés de l'espace."
6 Vernant, 1987, 134.

Mythische Figuren und Stoffe sind tatsächlich miteinander vernetzt und aufeinander bezogen, aber in einem noch viel radikaleren Sinn und auf vielfältigere Weise als dies bei mancher strukturalistischen Konstruktion von Bedeutungszusammenhängen angenommen wird (s. dazu Kapitel 13.2). Wie die Synapsen im Gehirn nicht nur mit *einem* hauptsächlichen Partner, sondern vielfältig vernetzt sind, so auch mythische Figuren und Stoffe. Sowohl die Setzung von bestimmten, komplementär oder antithetisch zusammengehörigen Bezugspaaren ist problematisch und schwer zu beweisen, als auch schon die Grundannahme an sich, die darin besteht, daß die Figuren Hestia und Hermes jeweils in sich relativ einheitliche Konstrukte einzelner Aspekte kultureller Vorstellungen darstellen[7].

Aufgrund der Polystratie mythischer Figuren folgt mit einer gewissen Notwendigkeit, daß mythische Figuren, und darunter besonders solche, die in mehreren verschiedenen und stärker verbreiteten Stoffen als Akteure auftreten, keine einheitlichen, sondern nicht selten auch *inkonsistente* Figuren sind[8]. Daß insbesondere eine wichtigere Gottheit verschiedenste, manchmal nicht einfach oder überhaupt nicht miteinander zu vereinbarende Genealogien, Herrschaftsbereiche, Zuständigkeiten oder „Charakterzüge" hat, liegt eben an dem Umstand, daß es sich um eine polymorphe und im Einzelnen geschichtete Figur handelt, was den Entwurf eines einheitlichen, in sich konsistenten Bildes und damit eine einlinige Interpretation solcher Figuren *a priori* erschwert und zum Teil unmöglich macht[9]. Es gibt nicht und gab nie „den" Hermes oder auch nicht „den" Odysseus, sondern viele verschiedene „Hermesse" und „Odysseuse"[10]: Hermes, den Hirtengott, den Gott der Diebe und Händler, den Botengott, den Geleiter der Toten etc.;

---

[7] Vgl. auch die Kritik an Vernant bei Powell, 2009, 42 f (besonders 43: „Objektivität und Bedeutung der Ergebnisse sind nur schwer zu bewerten ... praktisch überall anzuwenden ... ein zu ehrgeiziges Ziel"). Überzeugender, weil die Züge mythischer Figuren differenzierter nach verschiedenen Facetten analysierend, ist Vernants strukturalistische Interpretation der sich um Prometheus und Pandora rankenden mythischen Stoffe (Vernant, 1979, und 1987, 170-187); s. dazu auch Kapitel 17.1, S. 347.
[8] Zur Inkonsistenz von mythischen *Stoffen* (bzw. Stoffvarianten) s. das Kapitel 16.
[9] Das gilt für eine Figur vor allem, wenn man sie *insgesamt* betrachtet, etwas eingeschränkt hingegen für die Darstellung einer Figur in *einer* bestimmten medialen Konkretion einer einzelnen Stoffvariante, und für die Darstellung einer Figur in mehreren Stoffen, die aber von *einem* Autor in *einem* Werk vorgenommen wird. Auf einer solchen Konkretionsebene kann natürlich ein höheres Maß an innerer Konsistenz erreicht werden, auch wenn bezweifelt werden darf, daß man dabei gerade bei Homer so weit gehen kann wie Hirschberger, 2011, 278, wenn sie mit Bezug auf die Darstellung der Götter in *Ilias* und *Odyssee* schreibt: „Die Götter der homerischen Epen sind ... mythische Wesen mit jeweils ausgeprägter Persönlichkeit und distinktivem Charakter."
[10] Im Plural von den mehreren „Atreusen, Thyesten, Agamemnonen und Aigisthossen" (in der Tragödie) spricht im Übrigen bereits der antike Autor Ailianos (Ail. var. 2,11).

Odysseus, den König von Ithaka, den kriegerischen Troiahelden, den piratenähnlichen Raubbeuter, den begabten Sänger, den raffinierten Trickster, den abenteuerlustigen Entdecker etc.[11]; und selbst, wenn man einen oder in Kombination mehrere dieser Aspekte herausgreift, so ist bspw. Hermes der Totengeleiter in der *einen* Stoffvariante nicht unbedingt identisch mit dem Totengeleiter Hermes, wie er in einer *anderen* Stoffvariante dargestellt wird. Es ist nicht „der" Gott Hermes, der einmal die und überraschenderweise ein andermal eine ganz andere „Seite" hat, sondern es sind zeitlich und räumlich verschiedene Hermes-Konzeptionen, die sich überlagern und z. T. durch die Inkonsistenzen im Einzelfall innerhalb einer bestimmten Stoffkonkretion wie auch erst recht in einem artifiziell zusammengeführten Gesamtbild nur allzu deutlich zu erkennen geben, daß es sich um eine polymorphe und je nach einzelner Darstellung auch geschichtete Figur handelt[12]. Man kann fragen, wie Hermes in dieser oder jener Konkretion gestaltet ist, aber die Frage danach, wie losgelöst von einzelnen Konkretionen „der" Hermes *an und für sich* beschaffen ist, führt notwendig zu einer künstlichen und von daher wenig befriedigenden, inkonsistenten Konstruktion, denn an und für sich gibt es „den" Hermes nicht.

Im Bereich der bildlichen Darstellung mythischer Figuren läßt man sich durch die in manchen Fällen beobachtbare Konstanz beispielsweise von Götterattributen manchmal zu der Annahme unveränderlicher Hauptmerkmale einzelner Figuren und damit zum Postulat einer grundsätzlich gleichbleibenden Figurenzeichnung verleiten. So sieht etwa Junker in ikonographischer Hinsicht eine „feste Spezifik der Figuren" als gegeben an[13]. Eine gewisse ikonographische Konstanz, die aufgrund der deutlich höheren Mehrdeutigkeit bei bildlichen Darstellungen von Figuren eher notwendig ist als bei textlichen, darf aber nicht dazu führen, eine solche Konstanz auch für die Einbindung dieser Figuren in verschiedene textliche Konkretionen mythischer Stoffvarianten vorauszusetzen, und auch bei bildlichen Darstellungen kommt es durchaus zu einem Wandel hinsichtlich der Attribute von Figuren, so daß eine „feste Spezifik der Figuren" in vielen

---

11 Zu verschiedenen Odysseus-Figuren, mit denen Homer es zu tun hatte, die er durchblicken läßt, die er aber mit einer neuen Akzentsetzung auch überformt, s. resümierend auch Danek, 1998, 508 f.
12 Vgl. grundsätzlich treffend bspw. Sourvinou-Inwood, 1987, 223; vgl. in Bezug auf die Göttergestalten in Homers *Ilias* bspw. Graf, 2002, 115: „Wie die Darstellung der Akteure auf der menschlichen Ebene ..., ist diejenige der Götter eingespannt in das Spannungsfeld von Tradition (im Sinne der vom Erzähler in seiner Umwelt vorgefundenen Erzählstoffe) und eigenem Gestalten."
13　S. Junker, 2005, 125; vgl. ebd. 125 f: „Jede Gestalt des Mythos, die in eine bestimmte Handlung eingebunden ist, repräsentiert unabhängig von der wechselnden Situation, in der sie gerade erscheint, ein Set von unveränderlichen Eigenschaften."

Fällen (wenn überhaupt) nur für einen zeitlich wie räumlich eng umgrenzten Bereich beobachtet werden kann.

Das Problem besteht nicht so sehr darin, daß man bislang zu wenig zu der Erkenntnis vorgedrungen wäre, daß mythische Figuren polymorphe und je nach einzelner Konkretion auch komplex geschichtete Gestalten sind (dies durchaus auch), sondern vor allem darin, daß es an Konsequenz bei der Umsetzung dieser Erkenntnis fehlt, daß trotz dieser Erkenntnis immer wieder der Versuchung nachgegeben wird, so etwas wie einen „Figurenkern" oder eine „Urgestalt" ausmachen zu wollen oder all die disparaten Elemente einer Figur zu einem bestimmten „Charakter" zu synthetisieren – nicht selten begleitet von Verwunderung, wie schwierig sich eine solche Synthese im Einzelfall gestaltet. Exemplarisch ist etwa folgender Auszug aus van Dijks Deutung „der" Göttin Innana-Ištar[14]:

> Es gibt im sumerisch-akkadischen Pantheon keine kompliziertere Gestalt als ... Inanna-Ištar. Ihr wichtigster Charakterzug ist immer der eines Freudenmädchens ... Wie ^{d}šara und ^{d}lú-làl ihre Söhne geworden sind, ist schwer zu erklären. ... Viel schwieriger ist es zu erklären, wie sie mit den gefürchteten Lamaštu-Dämoninnen gleichgestellt wurde. ... / Die kriegerische Inanna ist vor allem in der Akkad-Zeit ... sehr betont worden ... Man darf aber nicht verneinen, daß Inanna auch Vegetationsgöttin war, oder geworden ist. ... Inanna ist somit eine Persephone-Gestalt. Ein sicherer Synkretismus findet sich in der Götterliste An = *Anum*, ... in der sie mit Antum, mit der Muttererde, Ninili usw. gleichgesetzt wird.[15]

Oder, um noch ein Beispiel aus der griechischen Mythologie anzuführen: Man liest zwar fast übereinstimmend zur Gestalt der Göttin Kirke: „Bien des éléments entrent dans cette personalité complexe"[16]; Kirke sei „a complex figure, patterned from many diverse elements"[17] oder „a composite figure, in whom elements of Near Eastern and Greek goddess worship are blended and unified"[18]. Doch fast im selben Atemzug geht man dann doch wieder dazu über, den Kern ihres „Charakters" oder den „eigentlichen Ursprung" dieser schillernden Gestalt näher zu bestimmen, wenn es z. B. bei Yarnall heißt: „The force of her character is not Indo-European but reminiscent of the potent, often terrifying female deities of

---

14 S. van Dijk, 1998, 9 f (mit der älteren Schreibung „Inanna").
15 Deutlich differenzierter Wilcke, 1980, 79 f, nach dem die Frage, „ob es sich um nur *eine* Göttin handelt, die z.T. unter verschiedenen Namen oder mit besonderen Beinamen bedacht an vielen Orten verehrt wurde, oder ob es mehrere in ihrem Wesen oder ihrem Wirkungsbereich verschiedene Inanna/Ištar-Göttinnen gab" unterschiedlich beantwortet werden muß „je nach Zeit und Art der Quellen" (Zitat ebd. 79).
16 Germain, 1954, 274.
17 Crane, 1988, 31.
18 Yarnall, 1994, 51.

Asia Minor", oder bei Germain: „Mais pour l'essentiel, la déesse aux chants aigus, aux amours redoutables, reste une Orientale", verbunden mit der unbegründeten Behauptung, die mit der Gestalt der Kirke verbundene Idee, „que le contact féminin désarme et dégrade", käme aus dem Orient[19].

Es geht hier nicht darum, solche synthetisierenden Annäherungsversuche an die Komplexität mythischer Figuren in Bausch und Bogen zu verurteilen. Sie können im Einzelfall einen Erkenntnisgewinn bringen und als erste Orientierungshilfen dienen, um sich der Vielförmigkeit und Vielschichtigkeit dieser Figuren anzunähern. Problematisch wird es erst, wenn man meint, man könnte all die verschiedenen Puzzle-Teilchen zu einem in sich stimmigen Gesamtbild vereinigen, zu *dem* Bild einer Figur, wie sie „an und für sich" oder „im eigentlichen Kern" oder „von ihrem Ursprung her" ist – und wenn man überdies aus uneinheitlichen Charakterzügen und Handlungsweisen mythischer Figuren falsche Folgerungen zieht.

Denn wenn in ein und derselben Quelle Inkonsistenzen hinsichtlich der inhaltlichen Gestaltung der Handlung oder in der Zeichnung der handelnden Figuren vorliegen, dann wird nur allzu häufig angenommen, daß verschiedene Autoren am Werk waren oder ein späterer Interpolator schwer Verständliches vermeintlich verbessert, in Wirklichkeit aber verunklart hat, oder daß einem Abschreiber Fehler bei der Textüberlieferung unterlaufen sind, oder daß ein Erzähler vermutet werden muß, der unfähig war, dem Stoff und seinen Figuren eine innere Konsistenz zu geben o. ä.[20]. Solche Inkonsistenzen können aber auch auf den Umstand zurückgeführt werden, daß die zur Verarbeitung anstehenden Stoffe und Figuren mit Ecken und Kanten versehen waren, die nicht restlos geglättet werden konnten oder sollten. Zu den Gründen und Motivationen, die für eine Beibehaltung von Inkonsistenzen verantwortlich gemacht werden können, und zu der rezeptionsästhetisch anderen Haltung, was Inkonsistenzen in mythischen Stoffvarianten anbelangt, sei hier auf die Ausführungen in den Kapiteln 16.1 und 16.2 zurückverwiesen. Hier kommt es darauf an, aus diesen Beobachtungen weitere Folgerungen für die Mytheninterpretation zu ziehen, gerade wenn es um eine Einordnung und Deutung mythischer Figuren und ihres Verhaltens geht.

---

19 Zitate jeweils auf denselben Seiten wie in den vorigen Anmerkungen angegeben.
20 S. dazu Kapitel 16.3.

22.2 Die unersättlich machtgierige Innana, oder: Die psychologische Falle der Mytheninterpretation

Wenn es um psychologische Deutungen von Mythen geht, sind grundsätzlich zwei verschiedene Bereiche zu unterscheiden, auf welche sich solche Deutungsversuche beziehen können: zum einen die Ebene der Figuren, zum anderen die Ebene der Handlung. Im ersten Fall richtet die Interpretation ihr Augenmerk auf *einzelne Figuren* der Handlung und deren Verhalten, das unter psychologischen Gesichtspunkten analysiert wird. Eine solche Herangehensweise stellt etwa folgende Fragen: Warum handelt eine Figur so, wie sie handelt, was sind ihre inneren Motivationen, und auf welche geistig-seelischen Verfaßtheiten sind diese Motivationen zurückzuführen? Ein anderer Ansatz psychologischer Mythendeutung wird dort verfolgt, wo primär die *Gesamthandlung* eines mythischen Stoffes im Fokus steht, also die Figuren unter dem Aspekt ihrer wechselseitigen Beziehungen, die sich in bestimmten Verhaltensweisen oder Taten äußern.

Zu dem letztgenannten Ansatz zwei – eher willkürlich herausgegriffene – Beispiele. So wird etwa von Yarnall die Verwandlung der Gefährten des Odysseus in Schweine durch die Göttin Kirke als ein gleichsam archetypisches Handeln der weiblichen Natur interpretiert, das die Unterlegenheit einzelner männlicher Wesen zum Ausdruck bringen soll[21]. Beim Stillen an der Mutterbrust hätten alle Männer diese Inferiorität schon erfahren. Odysseus aber sei gegen Kirkes Tücke vielleicht deshalb gefeit gewesen, so vermutet die Autorin, weil er in seiner Jugend bei einer Jagd am Parnaß-Gebirge durch die Hauer eines Ebers verletzt wurde – und aufgrund einer solchen Stich-Verletzung *durch* ein Schwein sei er gewissermaßen gegen die Verwandlung *in* ein Schwein „symbolically" geimpft gewesen[22]. Hinter der Handlung und Figuren-Konstellation des mythischen Stoffes wird also nach Yarnalls Ansicht die Aufarbeitung eines universal-anthropologischen Genderkonflikts erkennbar. Ein zweites, ähnlich gelagertes Beispiel ist etwa Miles' Deutung der Gestalt der Erdgöttin Gaia und der mit ihr verbundenen mythischen Stoffe als Widerspiegelung griechischer Männerängste vor feminin-matriarchaler Potenz[23]: „Das Hin und Her von Fürsorge und Vernichtung in der Gestalt Gaias zeigt die Angst der griechischen Männer vor weiblicher und mütterlicher Macht."

---

[21] Yarnall, 1994, 20: „... the primordial feminine's acting according to its own nature and making manifest the comparative inferiority of *individual* male being".
[22] Yarnall, 1994, 21: Odysseus sei gefeit, „perhaps, because he has already been pierced, symbolically inoculated, by the power of a pig"; die Autorin nimmt Bezug auf die Episode Hom. *Od.* 19,386-466. Zu einer eher funktional-kultischen Deutung bestimmter Handlungsweisen der Kirke-Gestalt s. ausführlich C. Zgoll, 2019a.
[23] Geoffrey Miles in: Segal, 2016, 18.

Auf die Frage nach der Fruchtbarkeit von Herangehensweisen, die hinter einem mythischen Stoff als Ganzem bestimmte psychologische Konstellationen oder Handlungsmuster erkennen, also im Jung'schen Sinn „Archetypisches"[24], kann hier nicht näher eingegangen werden. Das, was mythischen Stoffen in manchen Fällen einen archetypischen Anstrich verleiht, ist der Umstand, daß den konkreten Stoffen manchmal Stoffschemata zugrundeliegen[25], die typische oder zumindest als typisch angesehene Geschehnisse, Konstellationen oder Situationen beinhalten können[26]. Das heißt nicht automatisch, daß diese für mythische Stoffe und ihr Verständnis zentrale Bedeutungselemente darstellen *müssen*. Ob und inwieweit dies für die oben gegebenen (und andere) Beispiele zutrifft, soll hier nicht entschieden werden, sondern dem Urteil der Leserinnen und Leser überlassen bleiben[27]. Im Folgenden soll vor allem der andere Ansatz, nämlich

---

24 Vgl. Jung, 1952, 679 f: „Durch die Erforschung der Produkte des Unbewußten ergeben sich ... erkennbare Andeutungen archetypischer Strukturen, die mit den mythischen Motiven in eins fallen, und darunter gewisse Typen, die den Namen *Dominanten* verdienen: Es handelt sich um Archetypen wie Anima, Animus, alter Mann, Hexe, Schatten, Erdmutter etc. ..." Vgl. ebd. 680 f: „Es ist ohne weiteres ersichtlich, daß die Kenntnis dieser Typen die Mythenbildung erheblich erleichtert und zugleich auf den Boden stellt, auf den sie gehört, nämlich auf die Grundlage der Psyche." Vgl. in Anlehnung an und Abgrenzung von Jung Kerényi, 1965, 243: „Was in solcher Unmittelbarkeit seinsgemäß-menschlich geschieht, dem eignet das griechische Eigenschaftswort *archétypos*, 'archetypisch', 'urbildhaft', 'prägend' – Mythen, Bilder, heilige Handlungen prägend und durch sie das Leben von Einzelnen und Gemeinschaften. Für sich existierende Archetypen und als Dimension für ihre Existenz das kollektive Unbewußte der Jungschen Psychologie werden da nicht gefordert." Vgl. Günther, 2013, 273, nach dessen Ansicht (die m. E. durch ein vorsichtigeres „manchmal" etwas einzuschränken wäre) „Mythen nicht nur die erfahrbare Welt beschreiben oder erklären, sondern grundsätzliche, archetypische Merkmale und Paradigmen dieser Welt offenlegen." Vgl. auch Drewermann, 2013, 15, für den die antiken Mythen auf lebenswichtige Fragen „mit ergreifenden Erzählungen" antworten, „denen, in näherer Betrachtung, der Wert von *Archetypen* zukommt, deren Themen sich in einer Handvoll klassischer Konflikte konzentrieren."
25 S. dazu Kapitel 7.3.
26 Vgl. bspw. Drewermann, 2013, 11: „... unwichtig sind vergleichsweise die einzelnen Namen der Göttinnen und der Götter, Nymphen, Heroinen und Heroen, wichtig sind die Gestaltungen und Gestalten der Seele selbst, die in ihnen vor Augen treten." Mythenlektüre ist für Drewermann nur sinnvoll als Therapie für die Heilung des eigenen, sich nach Liebe sehnenden, von Leidenschaften aber auch bedrohten Ich, s. ebd. 14: „Das überzeitlich Gültige, das Typische des seelischen Erlebens, das die Mythen schildern, gilt es, zum Heilmittel all der Erkrankungen zu destillieren, zu synthetisieren, welche im Leben und Erleben Einzelner die Liebe immer wieder bis hin zu Wahn, Zerstörung und Verbrechen heraufzuführen fähig sind."
27 Zur Bedeutung der von Freud angenommenen, für seine Interpretation von Träumen und Mythen gleichermaßen wichtigen universalen Symbole und überhaupt zum Themenkomplex „Mythos und Psychologie" s. die ausführliche Darstellung bei Csapo, 2005, 80-131. Sehr luzide

eine *figurenpsychologische* Deutung mythischer Stoffe, näher in den Blick genommen werden.

Wie bei mythischen Stoffen, so handelt es sich bei mythischen Figuren um komplexe, auf verschlungenen Pfaden und über lange Zeiten hinweg entstandene *patchwork*-Produkte, an denen viele mitgewirkt haben. Daraus folgt, daß bei dem Versuch, ein Gesamtbild von einer solchen Figur zu erstellen, ihr psychologisches Profil unscharf bleibt und nicht selten sogar mit leichten Widersprüchlichkeiten behaftet ist. Mit anderen Worten: In der Regel sind die Eigenschaften und v. a. die geschilderten psychischen Verfaßtheiten und Handlungsmotivationen einer mythischen Figur inkonsistent.

In diesem Punkt unterscheiden sich mythische Figuren fundamental von intentionalen Konstrukten einzelner Autoren. Ungeachtet aller Einflüsse von außen sind Handlungen und Helden etwa vieler neuzeitlicher oder moderner Romane in der Regel Erzeugnisse ihrer Autoren und weisen von daher normalerweise eine gewisse Einheitlichkeit und Konsistenz auf[28]. So wird von einem Roman etwa Dostojewski'scher Manier erwartet, daß die vom Autor geschaffenen Figuren bei aller Komplexität und sogar punktuellen Unberechenbarkeit in sich stimmig gezeichnet sind und handeln, und daß Veränderungen dieser Figuren sich organisch aus dem Handlungsverlauf ergeben oder doch zumindest im Prinzip psychologisch nachvollziehbar sind. Diese Erwartungen können von einem Romanautor um so mehr erfüllt werden, als er die auftretenden Figuren und den Ablauf der Handlung nach eigenem Ermessen gestalten kann[29].

Ganz anders sieht die Angelegenheit aus, wenn ein Mythos erzählt wird. Hier treten mythische Figuren als Protagonisten auf, die in zahlreichen Liedern und sonstigen medialen Darstellungen längst existieren, und sie handeln als Protagonisten in Stoffen, die von jemandem, der diese Stoffe in welcher Variante und Form auch immer medial konkretisiert, nicht erfunden, sondern vorgefunden werden. Jeder, der bspw. die Stoffe, die sich um die Figur des Odysseus ranken,

---

und dabei ausgewogen zu den Chancen, v. a. aber auch zur Problematik bestimmter methodischer Vorannahmen einer psychoanalytischen Mythendeutung äußert sich Zinser, 1985. Zur Problematik von und Kritik an tiefenpsychologischen und psychoanalytischen Deutungsversuchen von Märchen, die sich analog auf entsprechende Deutungsversuche von mythischen Stoffen übertragen lassen, s. auch Neuhaus, 2005, 27-38. Zur Problematik der Annahme von „Archetypischem" in mythischen Stoffen s. Kirk, 1980, 75 f.
28 S. dazu auch die Ausführungen in Kapitel 16.3.
29 Zu literarischen Werken als „intentionalen Gebilden" vgl. Martínez/ Scheffel, 2012, 110, mit der Explikation, daß auffällige „Inkonsistenzen ... dem intentionalen Gebilde des literarischen Werkes nicht als funktionale Bestandteile zugerechnet werden" können. Kommen solche Inkonsistenzen vor, sind sie „zwar textgenetisch erklärbar, aber nicht textstrukturell interpretierbar".

zur Darstellung bringen will, steht vor der Herausforderung, die vielfältigen Stofftraditionen zu einer neuen Stoffvariante zu synthetisieren, die den eigenen und den Vorstellungen und Wünschen der Rezipienten entspricht, und aus den verschiedenen, bereits vorliegenden „Odysseusen" *einen*, nämlich den im konkreten Fall gewünschten oder geforderten Odysseus zu machen. Statt der Freiheit, eine für einen selbst kreierten Stoff passende, eigene Figur zu erschaffen, besteht der Zwang, mit fremden und noch dazu komplex geschichteten Figuren und Stoffen zu arbeiten[30]. Nun kommt zu diesem Befund aber noch ein zweiter, entscheidender Punkt hinzu:

→ Figuren und Stoffe sind im Falle von Mythen nicht nur polymorph und je nach Einzelfall polystrat, sondern sie sind auch *nicht speziell aufeinander abgestimmt*.

Auch darin unterscheiden sie sich wesentlich von literarischen Figuren und Stoffen etwa moderner Romane. Insofern fiktive Personen in modernen Romanen intentionale Konstrukte einzelner Autoren darstellen, handelt es sich automatisch um Erzeugnisse, die sich in aller Regel in eine angenommene Hauptintention des Werkes einfügen und somit auf den Inhalt der Handlung speziell zugeschnitten sind[31]. Dasselbe kann bei mythischen Figuren nicht vorausgesetzt werden. In mythischen Stoffen vorkommende Figuren führen ein Eigenleben, das nicht mit einem oder auch mehreren Stoffen untrennbar verbunden ist. Im Extremfall wird eine mythische Figur in einen ihr völlig fremden Stoff hineingesetzt, wie sich oben am Beispiel des assyrischen Stadt- und Staatsgottes Aššur gezeigt hat, der in den Aššur-Versionen des *Enūma eliš* nun plötzlich anstelle von Marduk die

---

[30] Man kann natürlich, auch wenn dies wenig überzeugend erscheint, aus der Not eine Tugend machen und gewissermaßen durch einen Kunstgriff die Widersprüchlichkeiten und Gegensätze einer gewachsenen, vielschichtigen Figur kurzerhand zum Programm erklären, durch welches „das griechische Imaginäre, das bei der Konstituierung der Heros-Figur am Werk ist" absichtsvoll eine Einheit der Gegensätze konstruiert, wie dies bspw. Loraux, 1985 (Zitat ebd. 170), mit der Figur des Herakles unternimmt, und die daher vorschlägt (vgl. ebd., 169), „... den heroischen Charakter durch seine Widersprüche hindurch als eine Einheit zu definieren, dessen Identität gerade durch diese Widersprüche konstituiert ist." Das führt Loraux u. a. zu der „Behauptung, daß wir in Herakles eine der griechischen Figuren vor uns haben, die für die Weiblichkeit im Manne stehen" (ebd. 178).
[31] Zum „hypothetischen Intentionalismus" als Interpretationsansatz, der auf „eine von historischen Plausibilitätskriterien eingeschränkte Vielzahl von Bedeutungszuschreibungen" abzielt bzw. auf ein ,'Feld' von Bedeutungen, die von dem Verfasser tatsächlich hätten gemeint sein können", s. Spoerhase, 2007, 123-144; Zitate ebd. 125.

Meeresgöttin Tiāmtu bekämpft und besiegt oder die Welt erschafft[32]. Und der Gott Hermes spielt in verschiedenen mythischen Stoffen eine wichtige Rolle, ohne daß man sagen könnte, daß Hermes speziell für diese Stoffe oder umgekehrt all diese verschiedenen Stoffe speziell für die Gestalt des Hermes gemacht worden seien.

Aus diesen Beobachtungen ergibt sich eine Folgerung, die für die Interpretation und Bewertung von mythischen Figuren und ihren Handlungen grundlegend wichtig ist. Die Motivation für bestimmte Handlungsweisen einer einzelnen Figur in mythischen Stoffen bzw. konkret vorliegenden Stoffvarianten richtet sich nicht hauptsächlich nach einer bestimmten, für die jeweilige Figur typischen *Psyche*, weil eine polymorphe und polystrate mythische Figur eine solche für sie typische Psyche gar nicht besitzt, sondern *sie richtet sich primär nach den Erfordernissen, die sich aus der jeweiligen Thematik oder Problematik des mythischen Stoffes ergeben*, mit dem die mythische Figur im Einzelfall verknüpft ist[33]. Mit anderen Worten:

→ Mythische Stoffe *dienen nicht der Profilierung einer unverwechselbaren Psyche* einer in ihnen auftretenden Figur, aus der sich deren Handlungsmotivationen ableiten ließen, sondern die Thematik oder Problematik eines Stoffes *diktiert maßgeblich die Handlungsweise und Darstellung* der Figuren[34].

---

32 S. dazu Kapitel 20.10.
33 Mit Blick auf Märchenstoffe wurde die Nachrangigkeit der Figurenpsychologie bereits von Propp und Lüthi herausgearbeitet. Nach Propp, 1975, 75, verleihen die verschiedenen Beweggründe und Absichten der handelnden Figuren zwar „dem Märchen bisweilen ein ganz besonderes Kolorit, dennoch gehören sie zu den allervariabelsten und unbeständigsten Märchenelementen. ... Die meisten Aktionen der handelnden Personen des Mittelteils eines Märchens sind naturgemäß durch den Gang der Handlung bedingt ..." Vgl. ebd. 81: „Hier stoßen wir wieder auf die Tatsache, daß Wille und Absichten der Gestalten kein entscheidendes Kriterium für ihre funktionsmäßige Einordnung sind. Wichtig sind nicht ihre wahren Absichten oder Gefühle, sondern ihre Handlungen an sich unter dem Aspekt ihrer Bedeutung für ... den Gang der Handlung." Vgl. auch Lüthi, 2004, 28: „Personen und Dinge des Märchens sind im allgemeinen nicht individuell gezeichnet." Ebd. 30 der Hinweis, „daß die Handlung des Märchens nicht von innen gelenkt wird, sondern von außen." Lüthi fährt fort: „Das heißt, es wird alles möglichst auf die gleiche Fläche projiziert, auf die der Handlung; alles dahinter Stehende bleibt so gut wie unbeleuchtet. Innenleben (Gefühl, Stimmung, Anstrengung) und Umwelt der Figuren ... spielen eine ... geringe Rolle ..."
34 Vgl. mit Bezug auf Homer Burgess, 2015, 44: „.... it is important to realize that these [sc. die Hauptfiguren in den homerischen Epen] are not real people with a full psychology. Their portrayal is based on their actions in traditional myth, supplemented by rare descriptions and hints by the poet ..." Wenn Burgess im Folgenden dann doch kurze Charakterporträts erstellt, dann

Wiederum erweist sich hier die Unterscheidung zwischen dem Stoff und der Konkretion einer Stoffvariante wie z. B. in Form eines bestimmten Textes als wichtig. Es geht hier um die *Stoff*ebene, nicht um die *Text*ebene einer einzelnen Stoffvariante. Es kann durchaus sein, daß ein einzelner Autor einen bestimmten Stoff in der Konkretion einer bestimmten Stoffvariante dazu *benutzt*, eine Art Psychogramm einer mythischen Figur zu entwerfen, das mehr oder weniger konsistent erscheint. So kann die Konkretion einer Stoffvariante im Einzelfall durchaus für eine psychologisierende Charakterzeichnung einer mythischen Figur funktionalisiert werden, wie bspw. Lukian in seinen *Götterdialogen* zahlreiche mythische Stoffe und Figuren gerade dadurch wunderbar ironisiert, daß er in seinen konkreten Stoffgestaltungen die Handlungen der Figuren auf menschlich-allzumenschliche Verhaltensweisen herunterbricht und bestimmte Taten rein psychologisch motiviert sein läßt, so daß diese psychologisch motivierten Verhaltensweisen in diesem begrenzten Rahmen zu einer durchaus konsistenten Charakterzeichnung einer Figur führen können. Diese Ebene der Stoffkonkretionen und ihrer im Einzelfall sehr unterschiedlichen Funktionalisierungen soll keineswegs ausgeblendet werden[35]. Aber hier geht es nicht um die Ebene einzelner Konkretionen von Stoffvarianten in ihrer jeweiligen, medial unterschiedlichen Endgestalt, sondern um die Ebene des mythischen Stoffes als offene Menge der möglichen Stoffvarianten insgesamt, und auf dieser Ebene spielt das Psychologische eine deutlich untergeordnete Rolle.

Wenn mythische Stoffe nicht der psychologischen Charakterisierung und Individualisierung der Figuren, sondern vielmehr umgekehrt die Figuren den Erfordernissen dienen, die sich aus der Thematik oder Problematik eines Stoffes ergeben, dann bedeutet das wiederum:

---

geht es ihm nicht um „den" Charakter von bspw. Achilleus *an sich*, sondern um die Charakterzeichnung, die Achilleus *bei Homer* erhält. Vgl. auch Lotman, 1972, 357-368, der den Versuch einer grundsätzlichen Abkehr von der Rede des „Charakters" literarischer Figuren und der Rückführung von Figuren-Eigenschaften auf ein kultur- und auch jeweils textspezifisches *Paradigma* unternimmt, s. ebd. 356: „Der Charakter einer Figur ist die Summe aller im Text gegebenen binären Oppositionen zu anderen Figuren ... Der Charakter ist also ein Paradigma." Und ebd. 367: „Somit hängt die Rückführung verschiedener Erwähnungen irgendeiner Person im Text auf eine einheitliche paradigmahafte Gestalt immer von dem jeweiligen Kulturcode ab, und zwar sowohl für den Autor wie für sein Auditorium." Vgl. dagegen bspw. den Versuch einer psychologisierenden Charakterzeichnung der Göttin Innana/ Ištar in jüngster Zeit bei Schneider, 2013, 61. „Ishtar's interest is in sexuality, not marriage, either for herself or others. What drives her is adrenaline and excitement ..."

35 Zur Wichtigkeit, nach einer Hylem- und Stratifikationsanalyse wieder das Gesamt einer konkret vorliegenden Stoffvariante in den Blick zu nehmen, s. die Ausführungen in Kapitel 21.1.

→ Mythische Stoffe sind nicht primär an der Aufarbeitung der psychologischen *Ursachen und Motive* einer Figurenhandlung interessiert, sondern an den *Handlungen selbst* bzw. an den durch die Handlungen anvisierten *Zielen und Ergebnissen.*

Wenn es der im Stoff behandelten Problematik dienlich ist, können mythische Figuren deshalb im Einzelfall auch sonderbare oder im Vergleich mit etlichen anderen Konkretionen ihrer Gestalt eher untypische Haltungen, Eigenschaften oder Handlungen zugeschrieben bekommen.

Trotz der vorgestellten Überlegungen zur Nachrangigkeit psychologischer Faktoren ist es nun aber unabweisbar so, daß in mythischen Stoffvarianten Figurenhandlungen immer wieder psychologisch motiviert erscheinen, wobei unter „psychologisch" hier verstanden wird, daß solche Handlungen auf bestimmte seelische Regungen, emotionale Antriebe oder charakterbedingte Züge zurückgeführt werden. In dieser Hinsicht nähern sich vor allem textliche Konkretionen mythischer Stoffvarianten der Gattung „Roman" durchaus an.

Darin besteht aber gerade eine besondere Gefahr, denn diese Gemeinsamkeit täuscht darüber hinweg, daß die Rolle, die das Psychologische jeweils spielt, *gänzlich verschieden bewertet werden muß.* So sind etwa in den Romanen Dostojewskis die psychologischen Hintergründe, aus denen heraus die Figuren agieren, ein Element mit fundamentaler Bedeutung für den Zusammenhang und die Erklärung der Handlung. Mit ihnen steht und fällt der *plot*, und hat man die psychologischen Hintergründe erklärt, hat man damit zugleich etwas Wesentliches, wenn nicht *das* Wesentliche der betreffenden Werke erfaßt und interpretiert. In mythischen Stoffvarianten (und ihren medialen, v. a. textlichen Konkretionen) hingegen kommt Psychologisches zum einen allein deswegen vor, weil in kaum einem Erzählstoff auf eine psychologische Motivierung in der Handlungsführung völlig verzichtet werden kann, und zum anderen, weil in entsprechend gestalteten Stoffvarianten für die Rezipienten ein nicht unbeträchtliches Genußpotential liegt – aber nicht, weil das Psychologische eine auch nur annähernd vergleichbare, tragende Funktion für Verständnis und Interpretation des Rezipierten besitzt.

Problematisch wird die Angelegenheit dann, wenn man genau dies voraussetzt, nämlich daß die Figurenpsychologie in mythischen Stoffvarianten eine ebenso wichtige Rolle für die Interpretation dieser Stoffe spielen würde, wie dies bei vielen Romanen oder etwa auch Kriminalgeschichten der Fall ist, wenn man also meint, man hätte einen mythischen Stoff oder einen einzelnen Zug daraus verstanden bzw. erklärt, indem man auf bestimmte psychologische Handlungsmotivationen aufmerksam macht. Ein solches Vorgehen ist gleichermaßen verlockend wie verfehlt und soll hier als die „psychologische Falle" der Mytheninterpretation bezeichnet werden.

Wenn man beispielsweise erklärt, Hera habe Io deswegen mit Hilfe einer Bremse von Griechenland bis nach Ägypten fast zu Tode gehetzt, weil sie auf ihren Ehemann Zeus, der mit Io eine Affäre hatte, eifersüchtig war, so hat man nur die oberflächliche Handlungsmotivation *beschrieben*, also ein Hylem, in dem von der Eifersucht der Hera die Rede ist, zwar methodisch richtig extrahiert und als einzelnen Stoffbaustein isoliert, aber so gut wie nichts von dem *erklärt*, worum es in diesem mythischen Stoff eigentlich geht. Ohne eine platzgreifende Interpretation des Io-Mythos auszubreiten sei hier wenigstens in äußerster Verknappung angedeutet, daß man näher an die Bedeutung wenigstens eines Aspektes des Stoffes gelangt, wenn man auf das *Ergebnis* der „Liebesaffäre" zwischen Zeus und Io, auf Epaphos, und auf die schon bei Herodot belegbare Parallelisierung der Gestalt der Io mit der ägyptischen Göttin Isis und des Epaphos mit dem ägyptischen Apis hinweist[36], so daß die Flucht der Io ausgerechnet nach Ägypten kein Zufall ist und Eifersucht als handlungsauslösendes Moment sich somit in diesem speziellen Fall als stoffliche Einkleidung eher religionshistorischer (oder kultischer[37]) Zusammenhänge bzw. Phänomene entpuppt und daher nicht primär darauf abzielt, die Götterkönigin Hera als unangenehm zu charakterisieren und ihre „böse" Handlungsweise zu „erklären"[38]. Psychologisierende Deutungsversuche von Figurenhandlungen stehen in der Gefahr, sich als Interpretationen einer tieferen Bedeutungsebene von mythischen Stoffen zu verstehen, obgleich sie nur die Oberfläche der Stoffgestaltung betreffen.

Figurenpsychologie in Mythen ist in der Regel nicht *Selbstzweck*, sondern *Mittel* zum Zweck. Da angesichts des Umstandes, daß mythische Figuren und Stoffe nicht aufeinander abgestimmt sind, in der Erarbeitung figurenpsychologischer Mechanismen *a priori* nicht das Kernanliegen mythischer Stoffe erblickt werden kann, ist davon auszugehen, daß Darstellungen von psychologischen Verhaltensweisen oder typischen Konstellationen in mythischen Stoffen nicht in erster Linie deshalb vorkommen, weil es um diese psychologischen Gegebenheiten *selbst* geht, sondern weil *mit ihrer Hilfe* transzendierende Auseinandersetzun-

---

36 Hdt. 2,41,2 und 3,28,2.
37 So Burkert, 1997, 186 f, mit Verweis auf Riten des Herakultes in Argos.
38 Eine eingehendere Deutung des Stoffes würde hier zu weit abführen; vgl. Ansätze dazu etwa bei Burkert, 1997, 185-187. Weiterführende Literatur bei Reinhardt, 2011, 243, Anm. 913, und Reinhardt, 2016, 40.

gen mit als bedeutsam eingestuften Erfahrungsgegenständen auf besonders ansprechende, spannende oder drastische Weise stofflich verdichtet werden können. Es ist somit neben der annähernden Unmöglichkeit, Handlungen in einem Erzählstoff völlig ohne psychologische Motivationen zu gestalten, primär der *Unterhaltungswert* (und daneben auch noch der mnemotechnische Vorteil einer leichteren Merkbarkeit), der dazu führt, daß Figurenpsychologie bei der Ausgestaltung mythischer Stoffe zum Einsatz kommt.

Daß eine figurenpsychologische Perspektive wiederum auch bei einer *Interpretation* von Mythen oft zu sehr in den Fokus rückt, dafür ist ein anderer Faktor verantwortlich zu machen, und zwar der Faktor einer prinzipiell leichten oder zumindest für leicht gehaltenen *Übertragbarkeit* geschilderter psychologischer Mechanismen auf die eigene Erfahrungswelt der jeweiligen Interpreten. Vom Verhalten mythischer Protagonisten lassen sich schnell Brücken zu eigenen Erlebnissen, Emotionen, Verhaltensweisen schlagen, und genau darin liegt sowohl die Gefahr wie auch die Ursache dafür, daß man bei psychologisierenden Interpretationsversuchen, den unterschiedlichen psychologischen Richtungen und auch den verschiedenen eigenen psychischen Erfahrungen und Einstellungen entsprechend, zu recht disparaten Ergebnissen gelangt.

Nicht nur disparat, sondern zum Teil regelrecht konträr sind bspw. die meistenteils psychologisierenden Deutungsversuche, die in Bezug auf den Mythos von Enlil und Ninlil zu finden sind, so daß sich die bekannte und vernichtende Kritik, diese Deutungsversuche könnten mehr über die Deuter als über das Gedeutete sagen, schwer ganz von der Hand weisen läßt[39]. Die in diesem Mythos beschriebenen Sexualakte und ihre Folgen bzw. die beteiligten Figuren werden etwa von Black et al. folgendermaßen interpretiert[40]: „The psychology of this is complex. Enlil seems to want to escape from Ninlil. Ninlil seems willing to have sex with anyone. Or is it all a complex sexual game?" Bottéro und Kramer sehen hingegen in Enlil und Ninlil, „même s'ils n'ont pas été 'régulièrement' mariés, ... un couple authentique", und das, was der Mythos zeige, sei „précisément cette union stable et conjugale qui a fait d'*Enlil* et de *Ninlil* de vrais parents"[41]. An anderer Stelle wird vermutet, daß „die Defloration einer freien Jungfrau ohne Wissen und Einwilligung der Eltern und Brautjungfern" die Götter deshalb sehr erzürnt und zu einer Bestrafung Enlils geführt habe, weil dieses Vergehen „außer-

---

39 S. zu diesem Mythos ausführlicher Kapitel 21.2, mit Anm. 13.
40 Black/ Cunningham/ Robson/ Zólyomi, 2004, 102.
41 Bottéro/ Kramer, 1993, 114.

halb der Stadt begangen wurde, wo das Mädchen sich weder verteidigen noch um Hilfe rufen konnte"[42].

Um zu verdeutlichen, wie verlockend die psychologische Falle der Mytheninterpretation ist und wie sehr sie trotz solcher disparaten Ergebnisse die Forschungen zu Mythen bestimmt, sollen noch einige wenige weitere Beispiele angeführt werden. So wird etwa der Vorgang der Verzauberung der Gefährten des Odysseus durch Kirke und deren spätere Befreiung durch Odysseus einmal dadurch „erklärt", daß die auf ihrer einsamen Insel wohnende Göttin „spröde" gewesen sei und sich durch Verzauberung von Eindringlingen „gegen jede männliche Berührung" gewehrt habe, und daß erst Odysseus „ihr sexuell imponieren und sie zum Beischlaf bekehren" konnte[43]. An anderer Stelle findet sich folgende allegorisierend-psychologisierende Deutung der Gestalt der Kirke und der Verzauberung der Odysseusgefährten in Schweine[44]: „Die Mutation der Gefährten ins Borstenvieh wird zur poetisch-sinnlichen, zu unmittelbarer Kenntlichkeit entstellten Erscheinung ihres animalischen Wesens, das die ihrerseits in eine kultivierte Nobelhetäre verwandelte Dämonin scheinbar unwiderstehlich unter der Schicht einer zweckgerichteten Rationalität hervorzog ..."

Wie wichtig die Dimension der Figurenpsychologie ist, um die Rezipienten zu fesseln und zu faszinieren, das hat unter anderen Ovid erkannt und sich diese Dimension immer wieder, vor allem aber natürlich in den *Metamorphosen*, für die farbige und faszinierende Ausgestaltung mythischer Stoffe zunutze gemacht, so daß bei Ovid nicht mehr so sehr die Handlungsverläufe an sich, nicht Götter und ihre Taten und ihr aktives Eingreifen in die Welt der Menschen im Zentrum stehen, sondern die Reaktionen der Menschen und die menschliche Psyche, deren Beschreibung meisterhaft differenziert wird, und die auch dadurch zum heimlichen Zentrum der Stoffgestaltungen avanciert, daß nicht mehr so sehr Psychologisches im Dienst der Handlung, als vielmehr die Handlung im Dienst der Psychologie steht und auch die Götter und ihr Handeln ganz aus der Perspektive menschlicher psychischer Verfaßtheiten und Motivationen geschildert werden. Um mythische Stoffe in ihren Konkretionen zu *genießen*, ist die Dimension der

---

[42] Steible, 2015, 23. Nach weiteren Deutungen von *Enlil und Ninlil*, die von einer reinen Figurenpsychologie weggehen und schon in eine „archetypische" Deutung hineinspielen, zeigt die Erzählung bzw. „die ambivalente emotionale Gemengelage von Vergewaltigungsopfern gegenüber dem Täter" (vgl. Cooper, 1980), oder geht es vielmehr darum, anhand der Ninlil „die Entwicklung vom Mädchen zur Mutter vieler Kinder" nachzuzeichnen (vgl. Leick, 1991, 48); zusammenfassende Zitate der Forschungen von Cooper und Leick nach A. Zgoll, 2013, 87, mit entsprechenden Literaturhinweisen.
[43] Mannsperger, B. und D., 2006, 141.
[44] Rohdich, 2003, 2.

Figurenpsychologie also durchaus wichtig und wertvoll. Um Mythen aber zu *verstehen* und zu *erklären*, dafür trägt die Durchleuchtung psychologischer Handlungsmotivationen wenig bei und kann sogar irreführend sein, indem sie das Augenmerk vom Eigentlichen auf Oberflächliches ablenkt und zudem dazu verleitet, Verhaltensweisen mythischer Protagonisten zu sehr auf dem Hintergrund eigener Erfahrungen zu interpretieren. Bereits bei Müller findet sich die treffende Feststellung, daß psychologisierende Handlungsmotivationen mythischen Stoffen weitgehend fremd sind und vorrangig in dichterischen Bearbeitungen auftauchen, und daß gerade die dann jeweils *unterschiedlich* ausfallenden Deutungen von psychologischen Handlungsmotivationen ein weiteres Indiz für ihre nur lose Verbindung mit den Stoffen liefern[45].

Daß es sich bei der figurenpsychologischen Dimension in mythischen Stoffen um etwas eher Nachrangiges handelt, geht nicht zuletzt auch daraus hervor, daß in etlichen Fällen, ganz im Gegensatz zu vielen Romanen oder Kriminalgeschichten, eine psychologische Motivation der Handlungsweise mythischer Figuren völlig fehlen kann, obwohl die Handlung so merkwürdig oder herausragend ist, daß man eine solche Erklärung eigentlich erwarten könnte. Die Erwartungshaltung, daß Handlungen von Figuren psychologisch oder zumindest überhaupt *irgendwie* motiviert werden, ist aber bei vielen und v. a. modernen Rezipienten so selbstverständlich und so stark ausgeprägt, daß man nicht selten dem Phänomen begegnet, daß bei Interpretationen von Mythen psychologische Handlungsmotivationen dort, wo man ihr Fehlen zu sehr vermißt, nachträglich in den Stoff hineingetragen werden.

Bei Homer etwa steht, daß die Göttin Kirke die Gefährten des Odysseus in Schweine verwandelt hat; es ist aber nirgends explizit etwas darüber ausgesagt, *warum* Kirke so handelt. Prompt kommt es zu dem oben zitierten Versuch, diese Handlung nachträglich bspw. durch die Erfindung einer sexuellen Sprödigkeit der Göttin männlichen Eindringlingen gegenüber zu erklären. Einen anderen prominenten Fall stellt der Mythos vom Gang der Göttin Innana/ Ištar ins Totenreich dar. Eine der höchsten Göttinnen im mesopotamischen Pantheon macht sich auf, um in das Totenreich zu gehen. Aber warum? Die textlichen Konkretionen dieses in sumerischer und akkadischer Sprache überlieferten mythischen Stoffes sagen darüber nichts aus. Und auch hier wird diese Lücke wieder aufgefüllt, indem man der Göttin psychologisierend bspw. Stolz und Herrschsucht unterstellt[46]: „No explanation is offered why Inana should take it into her head to

---

45 Vgl. Müller, 1825, 208 f.
46 So bei Black/ Cunningham/ Robson/ Zólyomi, 2004, 65. Vgl. ähnlich Waetzold, 2015, 375 und 377: „Dieser Mythos berichtet vom vergeblichen Versuch der Göttin Inanna, die Macht über die

seek domination over the Underworld. The fierce, ambitious aspect of her character and her insatiable desire for power are reasons enough."

Mit solchen von außen hineinprojizierten Psychologisierungen ist nicht nur nichts gewonnen, sondern in ihnen liegen vielmehr Abwege und sogar Gefahren. So werden mit Hilfe psychologisierender Deutungsversuche zum Teil auch Inkonsistenzen übertüncht. Im Mythos von Innanas Gang zur Unterwelt, in einer Variante textlich konkretisiert im sumerischen Lied von *Innanas Gang ins Totenreich*[47], gerät die Göttin in der Unterwelt in wahrhaft „tödliche" Gefahr und muß sich am Ende durch die Stellung einer Ersatzperson freikaufen. Da der von ihr geliebte Dumuzi nicht um die verloren geglaubte Göttin trauert, sondern im Festgewand auf seinem Thron sitzt, gerät Innana in Zorn und bestimmt ihn dazu, an ihrer Stelle in das Totenreich zu gehen. Wenig später aber ist unvermittelt davon die Rede, daß Innana um Dumuzi trauert und nach seinem Verbleib fragt. Der Umschwung in Innanas Verhalten findet keine Erklärung im Text und damit auch nicht auf Stoffebene, aber durchaus eine problematische, weil figurenpsychologische Erklärung von seiten der Forschung[48]: „Aus tiefer Enttäuschung und Wut, daß Dumuzi nicht wie die anderen Gottheiten um sie trauerte, hatte sie ihn den (Unterwelt-)Schergen überlassen. Jetzt spürt sie die Folgen, sehnt sich nach ihm und beginnt, ihn zu suchen."

Es braucht an dieser Stelle nicht mehr betont werden, daß man mit einer solchen Glättung von Inkonsistenzen wichtige Hinweise auf verschiedene Stoffstrata verdeckt. Wenn im Text von Innana explizit ausgesagt wird, daß sie nicht wisse, *wohin* ihr Geliebter verschwunden ist und eine Fliege ausschickt, um nach ihm zu suchen[49], obwohl vorher davon die Rede war, daß sie selbst ihn den Totenreichs-Schergen übergeben hat[50], dann ist das ein deutlicher Hinweis auf alternative und in diesem Fall sogar tatsächlich nachweisbare Stofftraditionen[51], nach denen Innana *nicht* selbst für Dumuzis Auslieferung verantwortlich war –

Unterwelt zu gewinnen. ... / Von ihrer Überheblichkeit und den hochfahrenden Plänen bleibt nichts übrig."
47 S. zum Text und seinen Bearbeitungen Anm. 27 in Kapitel 12.4.
48 Waetzold, 2015, 377.
49 Innanas Gang ins Totenreich Z. 390-399.
50 Innanas Gang ins Totenreich Z. 348-367.
51 Verschiedene, in unterschiedlichen Texten greifbare Stoffe benennen verschiedene Ursachen dafür, daß Dumuzi ins Totenreich gehen muß, und lassen von daher ein komplexes Bild erkennen; so wird Dumuzi etwa nach dem Text *Innana und Bilulu* durch Bilulu und ihren Sohn ermordet, nach dem Text *Dumuzis Tod* gelangt er durch einen Sturz in eine Erdspalte in die Unterwelt, und Klagelieder wiederum machen Dämonen dafür verantwortlich.

nicht auf einen plötzlichen psychologischen Stimmungsumschwung oder gar trauerbedingten, partiellen Gedächtnisverlust der Göttin.

22.3 Sex mit einer Schlafenden: Die naturalistische Falle der Mytheninterpretation

Handlungen von Protagonisten in Mythen müssen nicht nur psychologischen, sondern auch üblichen *physiologischen* Gegebenheiten bzw. tatsächlichen (oder geglaubten) Naturgesetzen nicht entsprechen:

→ Wie am Psychologischen, so sind Mythen auch am Physiologischen und an Naturgesetzlichkeiten nicht *primär* interessiert, sondern physiologische oder naturhafte Vorgänge werden vorrangig als Mittel zum Zweck der Erreichung bestimmter Ziele eingesetzt.

Diese Vorrangigkeit der Ziele äußert sich u. a. darin, daß für die Erreichung derselben physiologische oder naturhafte Vorgänge durchaus so gestaltet sein können, daß sie üblichen und beobachtbaren Gegebenheiten und Gesetzlichkeiten nicht entsprechen oder ihnen sogar zuwiderlaufen[52]. Eine Interpretation, die sich darauf konzentriert, diese Merkwürdigkeiten zu erklären, anstatt zu fragen, *zu welchem Zweck* diese Merkwürdigkeiten funktional eingesetzt werden, gleicht dem Versuch, das Wesen einer Windmühle durch eine ausführliche Beschreibung der auffälligen Windmühlenflügel zu erfassen, ohne daß in den Blick kommt, wozu diese Windmühlenflügel sich eigentlich drehen. Nicht auf die Windmühlenflügel kommt es an, sondern auf das Mehl, das am Ende herauskommt, und dafür ist es vergleichsweise egal, mit Hilfe welcher merkwürdiger Konstruktionen dieses Mehl nun gemahlen wurde. Ein solche mißleitende Fokussierung auf physiologische oder naturhafte Merkwürdigkeiten führt in die „naturalistische Falle" der Mytheninterpretation.

Als Beispiel soll der sexuelle Verkehr mit einer schlafenden Frau in mythischen Stoffen angeführt werden, wenn also etwa im sumerischen Text *Innana und Šukaletuda* der „Gärtner" Šukaletuda mit der schlafenden Innana[53] oder der

---

52 Vergleichbare Beobachtungen lassen sich auch bei Märchenstoffen machen und werden in der Märchenforschung u. a. mit Begriffen wie „Wunder" oder „Phantastik" in Zusammenhang gebracht. Vgl. Lüthi, 2004, 99, der meint, die „Verbindung von Wirklichkeit und Phantastik" sei „für das Märchen überhaupt charakteristisch"; vgl. auch Neuhaus, 2005, 373, der in Bezug auf Märchen „das zentrale Merkmal des Wunderbaren" unterstreicht.
53 S. zum Text und seinen Bearbeitungen Anm. 28 in Kapitel 12.4.

Kriegsgott Mars mit der schlafenden Ilia sexuell verkehrt[54]. Wichtig ist nicht die Frage, wie das ohne ein Erwachen von seiten der Frau – ohne daß dabei Drogen oder Alkohol im Spiel wären – physiologisch konkret ausgesehen und funktioniert haben soll, sondern der Umstand, *daß* ein Beischlaf stattgefunden hat, und für die Interpretation dieser Stoffe entscheidend ist vor allem der Blick auf das *Ergebnis* dieses Vorganges, im Fall von Mars und Ilia nämlich die Geburt der Gründer von Rom, Romulus und Remus, und die dahinterstehende Aussage, daß die Gründer-Zwillinge sich direkt aus einem göttlichem Ursprung ableiten, der im Fall der kriegerischen Römer auch nicht zufällig im Kriegsgott Mars erblickt wird. Was den Text von *Innana und Šukaletuda* anbelangt, so ist dort weit weniger die Vorstellung von einem sexuellen Verkehr mit einer Frau merkwürdig, die eben eingeschlafen ist und offenbar von dem Sexualakt nichts mitbekommt[55], als vielmehr der Umstand, daß in dieser textlichen Konkretion des dahinterliegenden mythischen Stoffes nicht genannt wird, *zu welchem Zweck* dieser sexuelle Verkehr initiiert wurde. In der Suche nach einer Antwort auf *diese* Frage dürfte ein wichtiger Schlüssel für die Interpretation des Stoffes liegen, und der wird sicherlich nicht darin bestehen, daß man den Gärtner Šukaletuda als einen eben besonders lüsternen Mann zu charakterisieren versucht. Wenn Šukaletuda am Ende für den Beischlaf mit der Göttin *bestraft* wird, so dürfte der Grund am ehesten darin zu suchen sein, daß er durch den Verkehr mit der Göttin dieser etwas Wichtiges *geraubt* bzw. für sich etwas *bekommen* hat, von der Fruchtbarkeitsgöttin Innana vielleicht Fruchtbarkeit für seinen Garten, so wie Prometheus unter Strafe das für die Menschen so wichtige Feuer von den Göttern stiehlt – und nicht etwa darin, daß Innana morgens nach dem Erwachen frustriert darüber zürnt, daß Šukaletuda nicht mehr da ist und sie sich deshalb von ihm zurückgewiesen fühlt, oder daß sie ihn deswegen straft, weil er ihren Ansprüchen nicht gerecht zu werden vermochte[56].

Um nur noch ein weiteres Beispiel anzuführen: Für den Mythos von Enlil und Ninlil ist es entscheidend darzustellen, *daß* vier wichtige Gottheiten aus der Verbindung gerade dieser beiden Hochgottheiten des sumerischen Pantheons hervorgegangen sind, der Mondgott, die mit der Unterwelt assoziierten Gottheiten

---

54 Vgl. dazu die Darstellung bei Ov. *fast.* 3,9-22.
55 So Mittermayer, 2013, 37: „Es ist schwer zu glauben, dass sie einen Moment später bereits tief schlafen soll, ohne etwas von dem Sexualakt wahrzunehmen."
56 Vgl. diesen zwar verständlichen, aber eher an Romanen als an der Funktionsweise mythischer Stoffe orientierten Versuch bei Mittermayer, 2013, 37, Anm. 28, die nach dem Beischlaf von Innana vorgenommene Bestrafung des Šukaletuda psychologisierend zu erklären: „Fühlte sich Innana von Šukaletuda zurückgewiesen, weil er am Morgen nicht mehr anwesend war, oder war er ihren Ansprüchen nicht gerecht geworden?"

Nergal und Ninazu, und der für Bewässerungskanäle wichtige Gott Enbilulu, und daß durch diese stoffliche Darstellung ein hierarchisches Beziehungsgeflecht etabliert wird, das in Übereinstimmung mit theologischen Vorstellungen Zusammengehörigkeiten und Ränge verschiedener Gottheiten klärt[57]. Das physiologische „Problem", daß Ninlil dafür in kürzestem Abstand viermal hintereinander schwanger wird und gebiert, ist demgegenüber ebenso ohne Belang wie die Frage nach psychologischen Motivationen oder Dispositionen der handelnden Figuren[58].

---

57 S. zu diesem Mythos Kapitel 21.2, mit Anm. 13.
58 Vgl. dazu die leicht verwunderte Feststellung bei Black/ Cunningham/ Robson/ Zólyomi, 2004,102: „There seems to be no concern over the obvious problem of serial pregnancy and multiple births, which here seem to override natural laws." Zu psychologisierenden Deutungen dieses Mythos s. das vorige Kapitel.

23 Ergebnisse im Überblick

23.1 Mythen als Stoffe: Analyseschritte und ihre Kombination

Mythen sind Stoffe, keine Texte (Kapitel 2.1). Dementsprechend ist „Mythos" keine literarische Gattung, sondern eine Stoffart. Andere Stoffarten sind bspw. Märchenstoffe oder Sagenstoffe (Kapitel 10). Ein bestimmter Stoff wie etwa ein bestimmter Mythos oder ein bestimmtes Märchen ist nicht eine fest umrissene Entität, sondern ein nur approximativ erfaßbares Potential, ein durch die existierenden Varianten nicht ausgeschöpftes, sondern nur angedeutetes Feld von Möglichkeiten (Kapitel 4.6). Greifbar wird ein solcher Stoff immer nur in Form von einzelnen Stoffvarianten, die sich in verschiedenen medialen Konkretionsformen wie Texten, Bildern, Filmen, Tänzen, mündlichen Vorträgen oder Gesängen etc. präsentieren können. Können und müssen: Eine Stoffvariante bedarf einer solchen medialen „Einkleidung". Das bedeutet aber auch, daß dieses mediale Gewand und die damit bekleidete Stoffvariante nicht identisch sind (Kapitel 5.3). Wenn man davon ausgeht, daß mit „Mythos" oder „Märchen" oder „Sage" etwas Stoffliches bezeichnet wird, dann stellt sich somit die Herausforderung, wie man das Stoffliche und seine jeweiligen medialen Konkretionsformen auseinanderhält, und wie man dieses Stoffliche rekonstruieren und darstellen kann. Das ist nicht nur wichtig aus der Perspektive einer Stoffwissenschaft, sondern auch für andere Disziplinen wie bspw. die Literaturwissenschaft, Bildwissenschaft, Archäologie oder die verschiedenen Philologien. Man kann als Philologe, Archäologe oder Bildwissenschaftler etc. erst dann hinreichend würdigen, was ein einzelner Autor oder Künstler aus einer stofflichen Vorlage gemacht hat, wenn es gelungen ist, das Stoffliche und die künstlerische Stoffgestaltung in einer konkreten medialen Ausgestaltung voneinander zu trennen.

Die Rekonstruktion und Analyse von etwas Stofflichem ist ein komplexer Prozeß, der mehrere verschiedene Schritte erforderlich macht. Liegen Mythen (oder Stoffe aus anderen Stoffarten) medial in bildlich oder textlich konkretisierter Form vor, hat man von „dem" Stoff in der Regel eine einzelne (vollständige, oft aber auch unvollständige) Stoffvariante in Bild- oder Textform vorliegen. Zunächst gilt es, das Bild oder den Text mit den herkömmlichen Methoden der archäologischen, philologischen, historischen und kulturwissenschaftlichen Disziplinen anzugehen und soweit möglich und nötig archäologisch bzw. ikonographisch, textkritisch, grammatikalisch und lexematisch, literaturwissenschaftlich, kultur-, kunst- und literaturgeschichtlich, historisch, soziologisch und religionswissenschaftlich etc. zu erschließen und einzuordnen (*medienspezifische Analyse*). Damit hat man allerdings erst das jeweilige Bild oder den jeweiligen Text erschlossen, interpretiert und historisch verortet, noch nicht bzw. nur ansatzweise die im jeweiligen Bild oder Text verarbeitete Stoffvariante, und erst recht nicht den Stoff, der sich aus vielen verschiedenen existierenden sowie noch weiteren möglichen Stoffvarianten konstituiert und nur annäherungsweise erfaßbar ist.

Versteht man Mythen oder andere Erzählstoffe nicht als etwas Bildliches oder Textliches bzw. Gattungsbezogenes, sondern als etwas Stoffliches, das auf die medialen Konkretionsformen, in denen es sich darbietet, nicht festgelegt ist, dann ist damit zwar bereits ein wesentlicher Schritt in Richtung einer stoffwissenschaftlichen Perspektive unternommen, doch sind die eigentlichen Probleme und Herausforderungen damit noch nicht gelöst. Denn nun geht es darum zu erklären, wie es überhaupt möglich ist, etwas Stoffliches zu untersuchen, wenn es nicht identisch ist mit seinen medialen Konkretionsformen, wie man dieses Stoffliche also überhaupt greifen und analysierbar machen kann; es gilt des Weiteren anzugeben, was man unter „Stoff" näherhin versteht, den vielfältig und unterschiedlich verwendeten Stoffbegriff zu spezifizieren und zu differenzieren, und zu bestimmen, aus welchen Elementen eine Stoffvariante aufgebaut ist und wodurch sie eine Einheitlichkeit bzw. Abgeschlossenheit erhält, und zwar wiederum unabhängig von medienspezifischen wie textlichen oder ikonographischen Kriterien. Es wurde in dieser Arbeit terminologisch unterschieden zwischen *Stoff* als einer nicht abgeschlossenen Menge von Stoffvarianten und einzelner *Stoffvariante* als einer in sich abgeschlossenen Sequenz verschiedener, aufeinander bezogener Stoffbausteine (Kapitel 6.1 und 8.1). Diese einzelnen Stoffbausteine, die *Hyleme*, wurden definiert als logisch und sprachlich standardisierte, kleinste handlungstragende Einheiten einer Stoffvariante, die aus medialen oder einzelsprachlichen Konkretionen rekonstruierbar, auf diese aber nicht festgelegt sind (Kapitel 5.3). Im Einzelnen haben sich noch weitere Differenzierungen als wichtig erwiesen wie die zwischen einer ungeformten und einer geformten Stoffvariante (vgl. den Unterschied zwischen *story* und *plot* in der Narratologie, s. Kapitel 6.2), oder die zwischen konkretem Stoff bzw. konkretem Hylem (z. B. „Noah entkommt der Sintflut") und allgemeinem Stoffschema bzw. Hylemschema (z. B. „ein Mensch entkommt einer großen Flutkatastrophe"; s. Kapitel 7.3). Bei der Unterscheidung von Hylem (oder Stoff) und Hylemschema (oder Stoffschema) wurde herausgearbeitet, daß mehrere *verschiedene Grade von Abstraktionsmöglichkeiten* zu berücksichtigen sind (z. B. Noah – Mann – Mensch – Lebewesen, oder Flutkatastrophe – Naturkatastrophe – Katastrophe; s. Kapitel 9.6).

Wenn man sich so komplexen Gebilden, wie Mythen es sind, stoffanalytisch annähern und sie greifbar machen will, dann muß die stoffliche Struktur einer Stoffvariante zunächst aus der jeweiligen medialen Konkretion dieser Stoffvariante extrahiert und rekonstruiert werden. Die vorliegende Stoffvariante gilt es deshalb nach der medienspezifischen Bild- bzw. Texterschließung in einem weiteren Schritt durch eine *Hylemanalyse* aus dem Bild oder Text (oder anderen medialen Darbietungsformen wie Filmen, Tänzen o. a.) zu rekonstruieren (Kapitel 6.3). Auf dieser Basis läßt sich nun bspw. danach fragen, welche Funktion diese im vorliegenden Bild oder Text steckende Stoffvariante erfüllt, und welche Verankerungen in natur- und kulturgebundenen Spezifika in Bezug auf welche historisch-gesellschaftlichen Kontexte erkennbar werden (Kapitel 18.1.2). All dies bezieht sich auf die Funktionalisierung und Verortung dieser einen Stoffvariante im Besonderen (*stoffvariantenspezifische Analyse*).

Der Polymorphie des Stoffes kann man sich annähern durch die Einbeziehung weiterer, auf die beschriebene Weise rekonstruierter Stoffvarianten. Eine Synopse mehrerer Stoffvarianten mit Hilfe einer Art „Stoffpartitur" kann helfen, deren jeweilige Eigenarten und Spezifika besser zu erkennen (*stoffvariantenübergreifende Analyse*).

Eine konkret vorliegende Stoffvariante enthält in der Regel mehrere verschiedene Strata (Kapitel 15.1-2). Diese Schichten gilt es mit Hilfe stratifikationsanalytischer Methoden zu erschließen, also durch die Beachtung typischer Muster für Stoff-Stoff-Interferenzen (Kapitel 14), formaler und logischer Inkonsistenzen (Kapitel 16) sowie verschiedener Wertungs- und Hierarchisierungsstrategien (Kapitel 19; zur *Stratifikationsanalyse* s. zusammenfassend Kapitel 21.1). Eine Freilegung der Polystratie einer Stoffvariante wird unterstützt durch den Vergleich mit strukturell und thematisch ähnlichen, darüber hinaus aber durchaus auch mit andersartigen, sowohl kulturintern als auch kulturextern überlieferten Stoffen und ihren Varianten, welche die jeweils vorliegende Stoffvariante beeinflusst haben können (*stoffvergleichende Analysen*, s. dazu Kapitel 9). Nach einer Identifikation verschiedener Schichten ist es wichtig und überhaupt erst möglich, die in ihnen liegenden unterschiedlichen Sinngehalte zu interpretieren. Darauf aufbauend gilt es, auch Sinn und Bedeutungsebenen des Zusammenspiels dieser verschiedenen Schichten in der Endgestalt der vorliegenden Stoffvariante zu erfassen und auszuwerten.

Wie schon bei der Stratifikationsanalyse für sich genommen, so ist es auch mit Blick auf die kombinierte Vorgehensweise einer Hylem- und Stratifikationsanalyse mythischer Stoffvarianten wichtig, sich nicht auf selektive Beobachtungen und einzelne methodische Vorgehensweisen zu beschränken. Je mehr verschiedene methodische Schritte miteinander kombiniert werden, und je mehr

Indizien sich im Zuge der sich daran anschließenden Auswertungen finden lassen, die sich gegenseitig stützen, desto fundiertere und aussagekräftigere Ergebnisse sind zu erwarten.

Durch eine stoffvariantenübergreifende wie durch eine schichtenspezifische Analyse bewegt man sich immer mehr von der Ebene des konkret vorliegenden Bildes oder Textes und der darin enthaltenen, einzelnen Stoffvariante und ihrer speziellen Bedeutung weg zu „dem" Stoff, der sich in seiner Polymorphie allerdings nur annähernd erfassen läßt. Im Folgenden soll wiederholt und vertieft werden, was dies sowohl für die Rezeption als auch für die Interpretation mythischer Stoffe und der medialen Konkretionen einzelner Stoffvarianten bedeutet.

23.2 Mythen als geschichtete Stoffe: Diversifikation mehrerer Interpretationsebenen

Da Mythen in verschiedenen Varianten existierende und in all ihren Varianten zusätzlich durch Elemente verschiedenster Provenienz geschichtete Erzählstoffe sind, wird in einer bestimmten Quelle, in der ein mythischer Stoff konkretisiert wird, die Stoffgestaltung nicht, jedenfalls nicht ausschließlich, von den individuellen Vorstellungen eines einzelnen Autors, Schreibers oder Künstlers bestimmt, der den Stoff neu und hauptsächlich eigenverantwortlich konstruiert. Vielmehr muß ein mythischer Stoff, der zur Grundlage etwa eines konkreten Textes wird, als ein uneinheitliches, nicht selten in sich spannungsreiches, teils sogar widersprüchliches Gebilde übernommen werden, das in der Regel sowohl Elemente von abweichenden Varianten desselben Stoffes als auch Elemente von anderen Stoffen und hinter den Stoffen stehenden Vorstellungen inkorporiert. Bei jeder weiteren Variante kann die stoffliche Komplexität noch gesteigert werden durch die Intentionen der am Schaffensprozeß Beteiligten, die wiederum eng mit den Vorstellungen der jeweiligen gesellschaftlich-historischen Situation zusammenhängen, in welcher die Schaffenden sich jeweils befinden, und die sich von daher oft von den Vorstellungen, die bislang bereits in die Stoffgestaltung eingeflossen sind, unterscheiden werden (Kapitel 15.3).

Diese Erkenntnisse machen es notwendig, daß bei der Rezeption von textlichen Konkretionen mythischer Stoffvarianten eine Lesegewohnheit aufgebrochen wird, die wesentlich von der Erwartungshaltung bestimmt wird, daß die den Texten zugrundeliegenden Stoffvarianten stringent durchkomponiert, die in ihnen vorkommenden Figuren in sich konsistent geschildert und deren Handlungen psychologisch nachvollziehbar motiviert sein müssen (Kapitel 15.4 und 22.1).

Die Berücksichtigung der Komplexität und Vielschichtigkeit mythischer Stoffe und ihrer Varianten erfordert aber nicht nur eine andere *Rezeptionshaltung*, sondern sie hat auch wichtige Auswirkungen, wenn es um die Frage nach einer adäquaten *Interpretation* von Mythen geht. Wenn *ein* Künstler ein Werk herstellt, dann ist es schon schwierig genug, dieses Werk zu interpretieren – um wieviel schwieriger ist es notwendigerweise, ein Werk zu interpretieren, an dem viele „Künstler" gearbeitet haben, und das sich aufgrund seiner wesensmäßigen Polymorphie mit immer wieder unterschiedlichen Gesichtern zeigt. Mythen sind von vielen Seiten beeinflusste, von vielen bearbeitete und von daher polymorphe und je nach Variante polystrate Stoffe, die außerdem ein überaus breites Spektrum von Themen und Lebensbereichen umfassen, und deshalb kann man sich ihnen interpretatorisch nur dann angemessen annähern, wenn man nach Varianten und Schichten differenziert und dementsprechend varianten- und schichtenspezifische Interpretationsansätze verfolgt (Kapitel 15.4.1). Eine nach Varianten und Schichten differenzierende Interpretation stellt wiederum eine wichtige Voraussetzung für die Gesamtdeutung einer konkret vorliegenden Stoffvariante in ihrer Endgestalt dar, die auf anderen Stoffvarianten aufbaut, sich in der Regel von ihnen aber auch abhebt und verschiedene andere Strata in sich inkorporiert.

Hermeneutische, formalistisch-strukturanalytische und selbst strukturalistische Herangehensweisen (wie etwa die semantische Mythenanalyse bei Lévi-Strauss) setzen daher die Möglichkeit, einen mythischen Stoff zu interpretieren, gewissermaßen zu früh an. Vor dem Versuch einer Interpretation muß zunächst eine Stoff-Dekonstruktion, eine auf Hylemanalysen beruhende Stratifikationsanalyse einzelner Stoffvarianten erfolgen; ein solches Vorgehen stellt eine grundlegende Vorbedingung für Deutungen dar, die schichtenspezifisch differenziert vorgenommen werden müssen. „Die" Deutung eines mythischen Stoffes zu finden, ist *a priori* unmöglich, da es „den" mythischen Stoff so nicht gibt, da er, seinen verschiedenen Varianten und variantenspezifischen Schichten entsprechend, auch mehrere verschiedene Deuthorizonte aufweist. Eine Interpretation, die unter der Annahme steht, daß prinzipiell alle Elemente einer Stoffvariante oder gar eines mythischen Stoffes insgesamt auf einen einheitlichen und in sich konsistenten Deuthorizont bezogen werden können, wird kaum mehr als nur oberflächliche Ergebnisse erzielen.

23.3 Stoffvergleiche: Differenzierung des methodischen Instrumentariums

Das Verfahren der Hylemanalyse (Kapitel 6.3) ist für eine Stoffwissenschaft, die nicht textfokussiert bleiben, sondern transmedial ausgerichtet sein will, grundlegend wichtig, ganz unabhängig von weiterführenden Fragestellungen und Interpretationsansätzen. Ähnliches gilt für das Verfahren der Stratifikationsanalyse (Kapitel 21.1), die auf der Annahme beruht, daß alle Arten von Stoffen Elemente verschiedenster Herkunft inkorporieren, daß dies aber in besonderem Maß für mythische Stoffe gilt, so daß sich bei konkret vorliegenden Varianten mythischer Stoffe eine stratifikationsanalytische Herangehensweise als besonders fruchtbar erweist. Auf diese Weise sind Hylemanalyse und Stratifikationsanalyse eigenständig und für sich genommen bereits wichtige Hilfsmittel bei der Erforschung von Stoffen und näherhin mythischen Stoffen und ihren Varianten.

Noch eine weitere Dimension und auch eine andere Art von Herausforderung sowohl in theoretischer wie auch methodischer Hinsicht stellt eine *vergleichende* Stoffwissenschaft dar (Kapitel 9). Bereits wenn es um Vergleiche medial *gleicher* Konkretionsformen von Stoffvarianten geht, also bspw. um den Vergleich von Stoffvarianten, die alle in textlicher Form medial konkret zur Darstellung gebracht worden sind (Kapitel 9.2.2), erst recht aber dann, wenn man Stoffvarianten vergleichen will, die medial *unterschiedlich* konkretisiert vorliegen wie bspw. in Text- *und* in Bildform (Kapitel 9.2.1), ist die Methode der Hylemanalyse unverzichtbar, weil eine innerstoffliche und interstoffliche[1] und erst recht eine transmediale Vergleichbarkeit nur dann hergestellt werden kann, wenn die zu vergleichenden stofflichen Strukturen extrahiert, in ihrem chronologischen Ablauf rekonstruiert und vor allem in einer sowohl logisch wie sprachlich standardisierten Form dargestellt werden.

Um Vergleiche aussagekräftig zu machen und der allgegenwärtigen Gefahr zu begegnen, beim Vergleichen zu oberflächlich vorzugehen, muß das methodische Instrumentarium weiter differenziert werden (Kapitel 9.1.3). Das kann dadurch geschehen, daß die verschiedenen Grade der Determination und der Konkretion der zu vergleichenden Hylemsequenzen berücksichtigt werden (Kapitel 9.6), außerdem die Anzahl der Hyleme und ihre Reihenfolge (Kapitel 9.7), unterschiedliche Grade der Komprimierung von Hylemsequenzen (Hyperhyleme, s. Kapitel 9.8.1-2), und schließlich der Umstand, daß gerade komprimiert ausge-

---

[1] Innerstofflich: zwischen verschiedenen Varianten ein und desselben mythischen Stoffes; interstofflich: zwischen Varianten von verschiedenen mythischen Stoffen.

drückte Hylemsequenzen Konkretes und spezifisch Determiniertes hinter abstrakten, indeterminierten, verkürzten und daher nicht selten unvollständigen Ausdrucksformen verbergen, die es erst zu entschlüsseln gilt; man vergleiche die Dekodierung der Wendung des „vom Himmel herabgekommenen Königtums" in der *Sumerischen Königsliste*, die sich als komprimierter Ausdruck für ein konkretes Hylem in einer einzelnen Stoffvariante wie „Der Himmelsgott An gibt Šulgi ein Szepter für den Rechtsspruch" verstehen ließ (Kapitel 9.8.3).

23.4 Stoffarten: Approximative Unterscheidung und Mischformen

Versteht man Mythen als Stoffe, dann folgt daraus mit einer gewissen Notwendigkeit, daß es sich bei Mythen um eine Gruppe von Stoffen handelt, die sich von anderen Stoffarten unterscheiden läßt, denn sonst wären Mythen die einzigen Erzählstoffe und die beiden Begriffe „Mythos" und „Erzählstoff" deckungsgleich. Diese Schlußfolgerung deckt sich sowohl mit der Intuition als auch mit dem Sprachgebrauch oder, nach Wittgenstein, mit den „Sprachspielen" in wissenschaftlichen wie in nicht-wissenschaftlichen Kontexten, in denen zumindest in vielen Fällen Mythen bspw. von Sagen oder Märchen unterschieden werden (Kapitel 10). Aber entsprechen dieser Intuition bzw. diesem Sprachgebrauch auch Wirklichkeiten? Ja und nein; Wirklichkeiten im Sinn von unterscheidbaren, und zwar durchaus gewinnbringend unterscheidbaren Gruppen mit jeweils bestimmten „Familienähnlichkeiten" (Wittgenstein), die freilich bereits innerkulturell und erst recht interkulturell verschieden ausfallen können; nicht aber Wirklichkeiten im Sinn unveränderlicher Entitäten, deren Eigenschaften bei genügender Anstrengung erkannt und ein für allemal und für alle Kulturen festgeschrieben werden könnten (Kapitel 10.3).

Für die Unterscheidung verschiedener Stoffarten ist es somit notwendig, weniger deduktiv und abstrakt definierend als eher induktiv, phänomenbeschreibend und für Ausnahmen und Randerscheinungen offen vorzugehen. Wenn man sich klarmacht, daß ein solches Vorgehen sich nicht auf etwas Unveränderliches und unabhängig Existierendes (gewissermaßen nach der Art „platonischer Ideen"), sondern auf inner- und interkulturell unterschiedliche Gebilde bezieht, so daß es *a priori* unmöglich ist, *die* universal und ohne Ausnahmefälle geltenden Beschreibungen verschiedener Stoffarten zu finden, dann trifft dies auch für die Definition einer einzelnen Stoffart zu. Und damit sind auch wichtige Ursachen dafür benannt, weshalb bspw. die Diskussionen um eine allgemein anerkannte Mythosdefinition (oder Märchendefinition etc.) nicht zur Ruhe kommen werden, selbst wenn man den so vielfältig verwendeten Mythosbegriff nur auf eine Stoffart bzw. eine Gruppe von Erzählstoffen, auf die Gruppe mythischer Stoffe bezieht. Denn je konkreter eine Mythosdefinition und je mehr Faktoren bzw. Kategorien einbezogen werden, desto umstrittener wird das Ergebnis notwendig ausfallen. Es sind u. a. diese Überlegungen, die am Ende dieser Arbeit zu einer sehr formal, abstrakt und kurz gehaltenen Mythosdefinition führen werden (Kapitel 23.6).

Zudem hat sich gezeigt, daß einzelne Stoffe nicht notwendig mit einer bestimmten Stoffart verbunden sind. Mit „Stoffarten" werden daher, wenn man die Angelegenheit genauer unter die Lupe nimmt, nicht so sehr bestimmte feste Gruppen von Stoffen bezeichnet, in welcher die einzelnen Stoffe dem Motto folgen „einmal ein mythischer Stoff, immer ein mythischer Stoff", sondern „Stoffart" zielt eher auf eine bestimmte *Ausgestaltung* oder *Einfärbung* eines Stoffschemas, das durchaus nicht immer auf eine bestimmte Stoffart bzw. Stoffgestaltung festgelegt ist. Es wurde herausgearbeitet, daß die Zuschreibung einer Hylemsequenz zu einer bestimmten Stoffart nicht so sehr davon abhängt, *was* erzählt wird, sondern vielmehr davon, *von welchen Protagonisten* und *wie ausgestaltet* es erzählt wird, mit anderen Worten: eine solche Zuschreibung hängt wesentlich von Art und Konkretionsgrad der Hylemelemente und von deren Determinationen ab. Die Handlung „Protagonist tötet Gegner" ist stoffarten-unspezifisch; erst wenn mehr Farbe ins Spiel kommt bzw. die Positionen des Subjekts und des Objekts konkreter bestimmt und näher determiniert werden, kann man Zugehörigkeiten zu bestimmten Stoffarten erkennen, so daß es nicht mehr schwerfällt, bspw. die Hyleme „der schöne junge Königssohn tötet den bösen Drachen" und „der höchste Gott Zeus tötet das Chaosmonster Typhoeus" den verschiedenen Stoffarten „Märchen" bzw. „Mythos" zuzuweisen (Kapitel 10.3).

Wenn man sich anschickt, verschiedene Stoffarten voneinander zu unterscheiden, dann wird man, um zu approximativen Lösungsvorschlägen zu kommen, nach den grundlegenden Kategorien der Zeit, des Raums, der Handlung und, was sich als besonders zielführend erwiesen hat, vor allem nach der Kategorie der Handlungsträger vorgehen (Kapitel 10.2) – nicht aber nach bestimmten text- oder gattungsspezifischen Merkmalen. Die Unterscheidung verschiedener Stoffarten steht und fällt damit, daß man grundsätzlich erst einmal zwischen den beiden Ebenen des Stofflichen einerseits und der medialen Konkretion des Stofflichen in bspw. bestimmten Texten einzelner literarischer Gattungen andererseits differenziert (Kapitel 10.1). Der Märchenbegriff ist in dieser Hinsicht besonders doppeldeutig. Die Frage „Ist dieser Text X ein Märchen?" ist ohne eine solche Differenzierung nicht beantwortbar. Denn die Antwort kann völlig unterschiedlich ausfallen je nachdem, ob man mit „Märchen" Märchen*stoff* (als Stoffvariante einer Stoffart) oder Märchen*text* (als Text einer literarischen Gattung) meint[2]. Der betreffende Text kann natürlich sowohl von seiner literarischen Form als auch von seinem Stoffinhalt her ein „Märchen" sein, so daß man in diesem Fall nicht zu einer Differenzierung gezwungen ist; der Text kann aber auch der literarischen Form nach zwar ein „Märchen" i. S. v. Märchentext sein, aber einen ganz anderen, z. B. mythischen oder historischen Stoff verarbeiten; er kann jedoch auch umgekehrt der Form nach der Gattung „Epos" zugehören, in dieser epischen Form aber dennoch ein „Märchen" i. S. v. Märchenstoff verarbeiten.

Noch in einer weiteren Hinsicht ist die Erkenntnis, daß es sich bei Stoffarten nicht so sehr um feste Stoffgruppen, sondern eher um Möglichkeiten der Stoffgestaltung handelt, von einiger Wichtigkeit. Denn sie hilft bei einer differenzierteren Annäherung an den individuellen Charakter bestimmter Texte, die sich eindeutigen Zuweisungen hartnäckig widersetzen, wenn sie etwa formal betrachtet zwar eindeutig einer bestimmten Gattung zuzuordnen sind, von ihrer inhaltlichen Stoffgestaltung her aber changieren. Folgende Fragestellung ist in mehrfacher Hinsicht problematisch: „Ist Homers *Ilias* als Epos, Mythos, Märchen oder Sage zu betrachten?" Zunächst einmal werden hier die formale Seite der literarischen Gattung (Epos bzw. Märchen*text*) mit der inhaltlichen Seite der Stoffgestaltung (mythischer, sagenhafter bzw. märchenhafter *Stoff*) vermengt. Homers *Ilias* ist formal der literarischen Gattung nach eindeutig ein Epos. Ist dieses Epos nun aber inhaltlich eher mythisch, märchenhaft oder sagenhaft ausgestaltet? Das ist wiederum insofern zu vereinfacht gefragt, als die *Ilias* mehrere *verschiedene* Stoffe verarbeitet, so daß es sich im einen Fall um einen mythischen, im anderen um einen märchenhaften, wieder in einem anderen um einen sagenhaften Stoff handeln kann. Aber selbst wenn man häufiger wiederholte Szenen herausgreift, und zwar trifft das u. a. besonders auf die Schilderung von Kampfhandlungen zu, so können diese im einen Fall mythisch erzählt sein, wenn etwa Götter aktiv eingreifen, um ihre Schützlinge zu unterstützen, an einer anderen Stelle aber können Zweikämpfe oder sonstige kriegerische Auseinandersetzungen so nüchtern und ohne jegliche Götterbeteiligung beschrieben sein, daß die Stoffgestaltung nicht anders als eine sagenhafte bezeichnet werden kann, der fast nur noch die Hinzufügung exakter Jahresdaten fehlt, um sogar als eine historische durchgehen zu können (Kapitel 10.3 und 11.2). Erst wenn man Begriffe wie Mythos oder Sage nicht als Gattungsbegriffe, sondern als Bezeichnungen für Stoffarten im

---

[2] Dies gilt nicht in gleicher Weise für die Begriffe „Mythos" und „Sage", die sinnvollerweise *nur* zur Bezeichnung von Stoffarten, nicht jedoch zugleich zur Bezeichnung von Textarten verwendet werden sollten (was freilich aber auch da nicht immer der Fall ist); s. dazu des Näheren Kapitel 10.1.

Sinn von Stoffgestaltungs-Möglichkeiten versteht, wird man der Gefahr entgehen, sich bei so komplexen Textgebilden wie den homerischen Epen zu einer eindeutigen und damit simplifizierenden Zuweisung gezwungen zu sehen. Eine adäquatere Lösung besteht darin, daß in ein und demselben Text hinsichtlich der Stoffkombinationen und Stoffgestaltungen offensichtlich Mischformen vorliegen können.

Um verschiedene Arten der Stoffgestaltung erkennen und eventuell vorliegende Mischformen näher bestimmen zu können, ist die Unterscheidung zwischen der Ebene der literarischen bzw. gattungsspezifischen Form und der Ebene der inhaltlichen Stoffgestaltung somit eine grundlegende und unverzichtbare Voraussetzung. Man kann es als ein dringendes Desiderat sowohl für die Literaturwissenschaft als auch für die Hylistik bzw. Stoffwissenschaft bezeichnen, daß die gefährliche Doppeldeutigkeit von Begriffen wie Mythos, Märchen oder Sage als Bezeichnungen für Stoffarten einerseits und für Textarten andererseits stärker ins Bewußtsein rückt und durch terminologische Unterscheidungen entschärft wird, indem man präziser immer dann, wenn man auf das Stoffliche abzielt, nicht von Mythen, Märchen oder Sagen, sondern von mythischen, märchenhaften oder sagenhaften Stoffen oder Stoffgestaltungen spricht, oder, was vorzuziehen ist, indem man Begriffe wie Mythos und Sage von vornherein nur für die Bezeichnung von Stoffarten reserviert und die Doppeldeutigkeit des Begriffs „Märchen" meidet, indem man je nach dem eigentlich anvisierten Begriffsinhalt entweder von Märchentext oder von Märchenstoff spricht.

23.5 Mytheninterpretation: Einbettung verschiedener methodischer Zugänge in eine Rahmentheorie

Ein multidimensionales Phänomen wie ein mythischer Stoff, repräsentiert in unterschiedlichen medialen Konkretionsformen verschiedener Varianten, die zusätzlich mehrfach geschichtet sind, erfordert multidimensionale Zugänge. Es dürfte deutlich geworden sein, daß die Verabsolutierung einer *einzigen* Zugangsweise zu Mythen dem Gegenstand niemals gerecht zu werden vermag[3]. Wenn man bspw. Mythen ausschließlich soziologisch oder ausschließlich psychologisch zu interpretieren versuchte, gliche man einem Raubgräber mit einem Spaten oder einer Hacke als einzigen Werkzeugen, der ohne differenziertes Vorgehen

---

3 S. dazu Kapitel 1.3 mit Anm. 28, und Kapitel 18.1.2. Vgl. auch Burkert, 1987, 11; Powell, 2009, 46: „Antiker Mythos als Ganzes ist zu komplex und vielschichtig ... Keine einzelne analytische Methode wird die endlosen Rätsel der antiken Mythen lösen."

wohl auch etwas findet, die Funde aber isoliert betrachtet und dadurch, daß er sie aus ihrem Fundkontext reißt, etliche zusätzliche Informationen und damit viel Wertvolles übersieht und verliert.

Der Einsatz mehrerer *verschiedener methodischer Zugangsweisen* steht allerdings so lange in der Gefahr, zu einer gewissen Beliebigkeit disparater Interpretationsansätze und -ergebnisse zu führen und sich darin zu verlieren, so lange diese Zugangsweisen nicht in einen *theoretischen Rahmen* eingebettet sind, der Wesen und Eigenart mythischer Stoffe und ihrer Varianten insgesamt in den Blick nimmt und dadurch gewährleistet, daß einzelne Methoden und Zugangsweisen gewichtet, in der richtigen Reihenfolge, in einem angemessenen Ausmaß und am passenden Ort verwendet werden[4]. Um noch einmal einen Vergleich aus der Archäologie heranzuziehen: Einem Archäologen stehen verschiedene Methoden und Handwerkszeuge zur Verfügung. Das alles wird wenig helfen oder sogar zu Chaos führen, wenn nicht ein konzeptioneller Rahmen dafür sorgt, daß all die verschiedenen Methoden und Werkzeuge in der richtigen Reihenfolge und an der richtigen Stelle eingesetzt werden.

Man kann bei dem Versuch, einen mythischen Stoff historisch einzuordnen, nicht zu verläßlichen Ergebnissen kommen, wenn man sich nicht zuvor klargemacht hat, daß es *den* Stoff als ein einheitliches Gebilde nicht gibt (Kapitel 4.6), daß man bei dieser Frage zudem zwischen einem konkreten Stoff und dem zugrundeliegenden Stoffschema unterscheiden muß (Kapitel 7.3), und daß selbst in einer bestimmten Stoffvariante verschiedene Strata aus unterschiedlichen Zeiten, verschiedenen gesellschaftlichen und sogar kulturellen Kontexten herrühren können (Kapitel 13.2, 15.4.1 und 21.3). Bei dem Unternehmen, aufgrund des Vorkommens bestimmter kulturgebundener Spezifika (Kapitel 18.1.2) die soziologische Verortung eines Mythos anzugeben, muß man sich bewußt sein, daß solche kulturgebundenen Spezifika, die bspw. in einer textlichen Konkretion einer mythischen Stoffvariante zu finden sind, möglicherweise nur etwas über die Textgenese, deshalb aber nicht automatisch auch etwas über eine Stoffgenese aussagen (Kapitel 15.5), und somit nur unter Vorbehalt für angenommene „ursprüngliche" soziologische Verortungen eines Stoffes ausgewertet werden können (Kapitel 21.3.3). Man kann Mythen nicht psychologisch interpretieren, bevor man sich nicht darüber klargeworden ist, ob und inwieweit die Psychologie in mythischen Stoffen eine Rolle spielt (Kapitel 22.2). Die Frage nach *der* Interpretation *des* Gilgameš-Mythos läuft notwendig ins Leere, wenn man nicht die Proble-

---

[4] Vgl. Mohn, 1998, 37: „nur eine *Theorie*, nicht der Begriff des Mythos vermag den Pluralismus der Methoden zu einem neuen, selbstreflexiven Deskriptionssystem hinzuführen."

matik einer Abgrenzung von Stoffen erkannt und Kriterien benannt hat, wie Einzelstoffe von Stoffkombinationen zu unterscheiden sind (Kapitel 8), und wenn nicht berücksichtigt wird, daß für die Beantwortung einer solchen Frage erst die Unterscheidung varianten- und schichtenspezifisch verschiedener Deuthorizonte zielführend ist (Kapitel 15.4.1). Die Beobachtung intertextueller Bezüge zwischen Texten kann etwas über Stoffkontakte sagen, doch gilt es zu berücksichtigen, daß Stoff-Stoff-Interferenzen von solchen Text-Text-Bezügen noch einmal deutlich zu trennen sind (Kapitel 13.2), und daß dort andere Gesetzmäßigkeiten herrschen (Kapitel 13.3 und 14). Ein universeller Intertextualitätsbegriff ist für die Erforschung mythischer Stoffe wichtig, aber aus der Beobachtung allein, daß mythische Stoffe mit allen möglichen anderen, bedeutungstragenden Elementen einer Kultur auf vielfältige Weise vernetzt sind, lassen sich noch keine handlichen Werkzeuge für die Interpretation von mythischen Stoffen und den Quellen, in denen sie ihre jeweilige konkrete Gestalt erhalten, herstellen (Kapitel 13.1). Operationalisierbar werden die dem universellen (nicht literaturwissenschaftlichen) Intertextualitätsbegriff zugrundeliegenden Erkenntnisse erst im Rahmen des Interhylitätskonzepts, durch die Zuspitzung auf die Vernetzung von Stoffen mit anderen *Stoffen* und somit die Beschränkung auf Stoff-Stoff-Interferenzen, durch die Unterscheidung verschiedener Arten von Stoff-Stoff-Interferenzen und durch die Bestimmung von distinkten, auf Schichten hinweisenden Indizien (Kapitel 13.2-3, 14, 16 und 19). Die Feststellung, daß es in mythischen Stoffen um etwas Bedeutsames geht, bleibt vage, wenn nicht klar wird, woran eine solche Bedeutsamkeit festgemacht werden kann (Kapitel 18.3), und sie bleibt weitgehend folgenlos, wenn nicht herausgearbeitet wird, daß aufgrund einer solchen Bedeutsamkeit der Machtfaktor in Mythen eine wichtige Rolle spielt (Kapitel 18.4.3), und wenn nicht ins Auge gefaßt wird, welche Auswirkungen die Tatsache, daß Mythen wertvolle und daher umkämpfte Werkzeuge für die Bewältigung und Deutung menschlicher Existenz darstellen, auf die Beschaffenheit dieser – eben dadurch vielförmigen und je nach Variante vielfach geschichteten – Produkte hat (Kapitel 19.1).

Man könnte die Reihe der Beispiele noch fortsetzen, um zu verdeutlichen, wie viel von dem Umstand abhängt, ob verschiedene Beobachtungen und Zugangsweisen sinnvoll in eine Rahmentheorie eingebettet werden oder ob sie isoliert stehenbleiben. Um *Wesen* und *Eigenart* von Mythen muß es in einer solchen theoretischen Grundlegung in erster Linie gehen, also darum, zunächst aufzuzeigen, *was* Mythen *sind* und *wie beschaffen* sie sind; erst im Anschluß daran lassen sich auch weitere Fragen gewinnbringend und sinnvoll anschließen, etwa *wie* man mit Mythen *umgeht* oder *wozu* man sie *einsetzt*.

Eine Basis für die Bestimmung des Wesens und spezifischer Eigenarten von Mythen liefert die in verschiedenen Kapiteln dieses Buches ausgearbeitete und vorgestellte Rahmentheorie. In den Kapiteln 2-6 wurde gezeigt, daß es sich bei Mythen um Stoffe handelt, die als nur annähernd umschreibbare Potentiale aus einer offenen Menge von Stoffvarianten bestehen, und daß sich einzelne Stoffvarianten als Hylemsequenzen, als in sich abgeschlossene Sequenzen verschiedener, aufeinander bezogener Hyleme begreifen lassen, die nicht auf bestimmte mediale oder einzelsprachliche Konkretionen festgelegt sind (Kapitel 5.3). Mythische Stoffe liegen jeweils nicht in einer „Einform", sondern nur in einer „Vielform" vor, die aufgrund des nahezu unauslotbaren Potentials, das in jedem Stoff liegt, nur annäherungsweise erfaßt werden kann (Kapitel 4.6); punktuell greifbar wird ein mythischer Stoff in Form einzelner Stoffvarianten, deren Hylemsequenzen es durch eine Hylemanalyse erst aus den jeweiligen medialen Konkretionsformen zu rekonstruieren gilt (Kapitel 6.3).

In den Kapiteln 13 und 15 wurde auf dem Hintergrund des zum Interhylitätskonzept erweiterten, universellen Intertextualitätsbegriffs deutlich, daß aufgrund unablässiger Stoff-Stoff-Kontakte Mythen Elemente unterschiedlichster Provenienz inkorporieren (v. a. Kapitel 13.1-2), und daß von daher auch einzeln vorliegende Stoffvarianten vielschichtige, stellenweise inkonsistente Gebilde darstellen (Kapitel 15.3 und 16), deren Hyleme, Hylemprädikate, Hylemelemente oder Hylemelement- bzw. Hylemprädikat-Determinationen nicht alle auf einen einheitlichen Deuthorizont bezogen werden können (Kapitel 15.4.1).

In Kapitel 18 wurde herausgearbeitet, daß sich in mythischen Stoffen Auseinandersetzungen mit Erfahrungsgegenständen der realen Lebenswelt widerspiegeln (Kapitel 18.1.1), was sich an der Verankerung solcher Stoffe in natur- und kulturgebundenen Spezifika zeigt (Kapitel 18.1.2), und daß die zur Aufarbeitung anstehenden Erfahrungsgegenstände für bedeutsam gehalten wurden (Kapitel 18.3). Eine solche Bedeutsamkeit kann daran festgemacht werden, daß bei diesen Auseinandersetzungen Faktoren ins Spiel kommen, die diese Erfahrungsgegenstände transzendieren (Kapitel 18.2), womit implizit der Anspruch verbunden ist, daß mythische Stoffe eine grundsätzliche Relevanz für die Deutung und Bewältigung menschlicher Existenz besitzen (Kapitel 18.4.2). Es ist zudem deutlich geworden, daß die in mythischen Stoffen stattfindenden transzendierenden Auseinandersetzungen mit Erfahrungsgegenständen wesentlich „polemisch" sind (Kapitel 19.1) und daß daher etliche Erzähltaktiken in Mythen als stoffliche Umsetzungen von Wertungs- und Hierarchisierungsstrategien begriffen werden können, die in einem engen Zusammenhang mit kulturspezifischen oder auch interkulturellen Deutungsmachtkonflikten stehen (Kapitel 19.1-2).

Auf dem Hintergrund der Bestimmung von Wesen und Eigenart mythischer Stoffe und mit Hilfe einer präziseren Bestimmung bzw. Differenzierung des Funktionsbegriffs wurde die Frage nach den „Funktionen" von Mythen angesprochen (Kapitel 18.4.2). Mit Hilfe von Mythen können Auseinandersetzungen mit Erfahrungsgegenständen sprachlich, und zwar zu einem Erzählstoff verdichtet, zum Ausdruck gebracht und kommunizierbar gemacht werden (*Grundfunktion*), was sie zu gleichermaßen begehrten wie umkämpften und zu verschiedensten konkreten Zwecken einsetzbaren Instrumenten im Umgang mit der Wirklichkeit macht (mehrere unterschiedliche Möglichkeiten von primären und sekundären *Funktionalisierungen*), tragen sie doch wesentlich zu einer sowohl kognitiven wie affektiven Stabilisierung des Menschen bei (*Metafunktionen*).

23.6 Kondensation der aus der Rahmentheorie abgeleiteten Ergebnisse zu einer Mythosdefinition

> Begriffe ... können überaus fruchtbar sein.
> Sie tragen dazu bei, ein Verständnis zu artikulieren,
> eine Interpretation mitzuteilen,
> die wild gewordene Phantasie zu zügeln und eine
> auf gemeinsamer Terminologie basierende Diskussion zu ermöglichen.
>
> Bal, 2002, 10

Wenn man abschließend vor der Frage steht, „Mythos" zu definieren, dann ist eine der ersten Fragen, die im Raum steht: Aus welcher Perspektive sollte eine solche Definition erfolgen? Aus der Perspektive der jeweiligen Kulturen selbst, in denen dieses Phänomen beobachtet werden kann, oder aus einer wissenschaftlichen Außenperspektive heraus?

An einer wissenschaftlichen Außenperspektive führt kaum ein Weg vorbei. Denn selbst wenn man sich erklärtermaßen zum Ziel setzt, sich nur dafür zu interessieren und auch nur dies für wirklich definierbar zu halten, was die jeweiligen Kulturen aus ihrer Sicht unter „Mythos" verstanden haben, dann setzt diese Frage bereits voraus, daß es da etwas gibt, was sich übergeordnet definieren läßt, was aber in den einzelnen Kulturen unterschiedlich spezifiziert vorfindbar ist. Gibt man das Postulat auf, daß es einen Mythosbegriff gibt, der sich überordnen läßt, oder auch das Interesse, nach einem solchen Begriff zu suchen, dann müßte jede kulturspezifische Mythosforschung sich mit einem jeweils anders zu definierenden Phänomen beschäftigen. Bei solchen nach den einzelnen Kulturen diversifizierten Definitionsversuchen auf kulturspezifische Eigenbegrifflichkeiten zurückzugreifen, würde im Übrigen nur sehr bedingt weiterhelfen, denn oft existieren in einer Kultur mehrere verschiedene Bezeichnungen für das, was eine übergreifende Mythosforschung als Phänomen im Visier hat[5]. Der Versuch, „Mythos" ausschließlich kulturspezifisch zu definieren, würde also zu einer Pluralität von zum Teil inkompatiblen Mythos-Definitionen führen, die man dann konsequenterweise nicht mehr Mythos-Definitionen nennen dürfte, denn „Mythos" als übergreifende Kategorie würde ja abgelehnt; entsprechend wäre einer übergreifenden, kulturvergleichenden Mythosforschung dann das tragende, weil eigentlich erst verbindende Fundament entzogen.

In der Forschung der vergangenen Jahre ist bei der Suche nach einer übergreifenden Mythosdefinition allerdings eine gewisse Resignation eingetreten. Die Beobachtung der Vielzahl bereits erfolgter Vorschläge und ihre Verschiedenheit wird als Argument für die Unmöglichkeit oder doch zumindest weitgehende Aussichtslosigkeit einer (genaueren) konsensfähigen Definition gewertet. So ist es inzwischen fast schon zu einem Gemeinplatz geworden, sich hinter die Feststellung zurückzuziehen, daß „Mythos" nicht definierbar sei[6]. In manchen Fällen

---

[5] Dementsprechend deckt sich auch der in dieser Arbeit entwickelte Mythosbegriff nicht mit dem, was im antiken Griechenland unter dem Wort μῦθος verstanden wurde (von dem sehr analytisch-formalen Verständnis von μῦθος als „Zusammenstellung von Geschehnissen" bei Aristoteles bspw. wird in Kapitel 24.2.1 noch ausführlich die Rede sein; zur Wort- und Begriffsgeschichte von μῦθος s. die Hinweise in Anm. 9 in Kapitel 1.2). Vgl. Mohn, 1998, 30 f; ebd. 31, Anm. 2: „Die Aufgabe besteht auch in der Ethnologie darin, einen transkulturell vertretbaren Mythosbegriff zu etablieren." Vgl. auch Rüpke, 2013, 35, zur Aufgabe transkulturell angewendeter Begrifflichkeiten, „Perspektiven des Vergleichs" zu eröffnen. Daß im antiken Griechenland wiederum durchaus (verschiedene) Bezeichnungen für das existierten, was im Sinne einer (modernen) Mythosforschung als „Mythos" bezeichnet wird, dazu s. Bouvrie, 2002, 14 (mit Anm. 11).

[6] So konstatieren bspw. Morford/ Lenardon/ Sham, 2011, 3, eine „impossibility of establishing a satisfactory definition of *myth*". Wodianka, 2006, 2, entschärft die Problematik nicht entscheidend, wenn sie dafür plädiert, statt „Mythos" besser „das Mythische" zu definieren: „'Mythos' wird in diesem Sinne nicht als ein 'Etwas', sondern als eine Qualität verstanden", wobei allerdings dieses „Mythische" inhaltlich sehr unbestimmt bleibt, nämlich einerseits verstanden wird „als ein Modus des Erinnerns, der sich an verschiedene Narrationsformen und Erzählgegenstände anheften kann" (ebd. 2), andererseits als „vorgeblich stabiles Erinnerungsobjekt i.S. eines mehr oder weniger entfalteten narrativen 'Inhalts' oder Plots" (ebd. 6). Jamme, 1999, 24, versucht allen künftigen Bemühungen von vornherein den Wind aus den Segeln zu nehmen, indem er statt „vermutlich fruchtloser" Definitionsversuche eine Funktionsbeschreibung von Mythen favorisiert. Vgl. ähnlich Schmitz-Emans, 2004, 11, der in der Einleitung zum Sammelband *Komparatistik als Arbeit am Mythos* „das Fehlen einer verbindlichen Begriffsbestimmung des 'Mythos' und des 'Mythischen' eher als Vorteil denn als Defizit erscheinen" mag, und die daher der Problematik ausweicht und pragmatisch fortfährt: „Konsensfähiger als jede spezifische Begriffsbestimmung des Mythischen ist die Diagnose seiner Aktualität."

wird dabei allerdings die Notwendigkeit einer grundsätzlichen Unterscheidung übersehen und nicht differenziert zwischen „Mythos" als *Wort* und seinen verschiedenen *Begriffsinhalten*. Tatsächlich ist „Mythos" als *Wort* nicht einheitlich und übergreifend definierbar. Das liegt aber daran, daß sich dieses eine Wort auf *verschiedene Begriffsinhalte* bezieht[7]: auf eine Erzählung oder Rede in einem ganz allgemeinen Sinn, auf einen Erzählstoff mit aktiven Götterbeteiligungen in einem spezielleren Sinn, auf die Bezeichnung für eine Art der Weltinterpretation, die im Gegensatz zum „Logos" steht, auf eine „Lügengeschichte", auf die mystifizierende Verklärung einer Person oder eines Sachverhaltes etc. Hat man sich aber einmal darauf geeinigt, in welche Richtung die Bestimmung des Begriffsinhaltes zielt, dann ist eine nähere Definition des intendierten, speziellen Begriffsinhaltes nicht nur möglich, sondern – zumindest im Rahmen einer wissenschaftlichen Auseinandersetzung – auch notwendig. Zielt man also mit „Mythos" speziell auf den Begriffsinhalt eines durch spezifische Merkmale gekennzeichneten *Erzählstoffs*, dann ist es sowohl möglich als auch unabdingbar, diesen Begriffsinhalt näher zu bestimmen.

Unter Vernachlässigung dieser grundsätzlichen Unterscheidung zwischen einem Wort und seinen verschiedenen möglichen Begriffsinhalten färbt die Resignation bezüglich einer Mythosdefinition aber selbst dort auf entsprechende Bemühungen ab, wo von vornherein das Anliegen erkennbar wird, daß die gesuchte Definition nicht *alle* verschiedenen Bedeutungsnuancen des *Wortes* „Mythos" umfassen soll, sondern daß man sich dabei auf die Suche nach einer Definition begibt, die von der *Sache* her speziell auf mythische Erzählstoffe abzielt[8]. Man

---

[7] Vgl. dazu auch Tepe, 2001, 15 f; Tepe macht insgesamt 68 verschiedene Verwendungsweisen des Wortes „Mythos" aus (ebd. 15-68), allerdings mit manchen Überschneidungen und Doppelungen im Detail. Die Notwendigkeit, beim Wort „Mythos" von einer Vielfalt verschieden definierter Begriffsinhalte auszugehen, ist auch die Leitidee hinter dem Sammelband *Die mythologische Differenz* (Matuschek/ Jamme, 2009), der eine „Heuristik der mythologischen Differenz" bieten will im Sinn einer Auffächerung der verschiedenen Begriffsinhalte, Bezugsverhältnisse und Verwendungsweisen des Wortes „Mythos", mit dem ambitionierten Ziel, trotz und gerade wegen der pluralen Verwendungsweisen „den" Mythosbegriff (als „Differenzbegriff") als wissenschaftlich sinnvoll und fruchtbar zu proklamieren, wodurch aus der Not eine Tugend gemacht wird.

[8] Selbst wenn man sich für die Beantwortung der Frage nach einer Definition von „Mythos" auf solche Definitionsversuche beschränkt, die sich auf (antike) mythische Erzählstoffe beziehen, steht man bereits vor einer nur noch schwer überblickbaren Forschungsdiskussion, vgl. bspw. Graf, 1985, 7; vgl. auch die Darstellung bei Scheer, 1993, 14-17, und Reinhardt, 2011, 19 mit Anm. 22. Scheer, 1993, 14, Anm. 6: „Die einschlägigen Versuche gehen schier ins Uferlose ..." Zu verschiedenen Definitionsansätzen in den Altertumswissenschaften und der Kulturanthropologie

weicht entsprechend darauf aus, „Mythos" nicht mehr in seinem Wesen, sondern nur noch über die verschiedenen beobachtbaren Funktionen, die mythische Stoffvarianten im Einzelfall haben können, zu erfassen[9], oder man zieht sich auf Minimaldefinitionen zurück, wie etwa daß Mythen „traditionelle Erzählungen"[10] oder, noch minimalistischer, daß Mythen „Erzählstoffe" sind[11]. Noch unbefriedigender wirken Positionen, die sich damit begnügen, das zu Mythen zu erklären, was gewissermaßen intuitiv nach einer bereits im Vorhinein herangetragenen Bedeutung als „mythisch" aufgefaßt wird[12], oder das, was in einem bestimmten und noch dazu kulturspezifischen Textcorpus oder bei einem Autor zu finden ist, und andere Phänomene dann als Mythen zu bezeichnen, wenn sie von den Merkmalen her mit der gesetzten Referenzgruppe übereinstimmen[13]. Einem wissen-

---

unter v. a. soziologischer und biologisch-psychologischer Perspektive s. den Überblick bei Bouvrie, 2002; aus systematisch-religionswissenschaftlicher Perspektive s. den Artikel „Mythos" von A. und J. Assmann, 1998; aus kultur- und sozialanthropologischer Warte Mader, 2008, 13-27; aus systematisch-altertumswissenschaftlicher Sicht Reinhardt, 2011, 13-22; unter historisch-philosophischem Aspekt Burkert/ Horstmann, 1984; mit Hinblick auf das Verhältnis zwischen paganer griechisch-römischer Mythologie und dem antiken Judentum und Christentum Schmitz/ Zanella/ Heydasch-Lehmann, 2013. Auf verschiedene wichtige Ansätze und Positionen wurde im Verlauf dieses Buches dort näher eingegangen, wo es von der Thematik der Kapitel her sinnvoll bzw. geboten erschien; s. bspw. zu Mythen als traditionellen Erzählungen Kapitel 12.6, oder zum Merkmal einer kollektiven Bedeutsamkeit Kapitel 18.3.1, oder zum Versuch einer funktionalen Definition von Mythen Kapitel 18.4.2.
9 Vgl. resümierend Jamme, 1999, 24. S. dazu auch die Ausführungen und weiteren Hinweise in Kapitel 18.3.1.
10 S. dazu Kapitel 12.6.
11 So bspw. Dalfen, 2014, 355; vgl. auch Le Quellec/ Sergent, 2017, 858: „Au sens propre, ... un mythe et un RÉCIT." Kritisch merkt zu solchen Minimaldefinitionen Reinhardt, 2011, 20, an: „ganz unzureichend, allein schon was die sachgemäße Differenzierung zwischen den fiktionalen Großbereichen Mythos, Sage und Märchen betrifft".
12 Vgl. Powell, 2009, 16: „Wir befinden uns in der ungemütlichen Situation, allein der Definition zustimmen zu können, dass Mythen genau die Geschichten sind, die immer Mythen genannt werden, ohne dass wir wissen, warum." Le Quellec/ Sergent, 2017, 859: „Avec Lévi-Strauss, on notera avant tout que les mythes, en quelque endroit de la terre qu'on les ait recueillis, ont un air de famille, comme n'importe quelle autre création de l'esprit, qui permet de les reconnaître immédiatement pour tels ..." Vgl. auch Wodianka, 2006, 1: „Unsere alltägliche, aber oftmals auch wissenschaftliche Rede über Mythen in verschiedenen kulturellen Diskursen zeigt immer wieder, dass wir ein 'Gefühl' dafür haben, was 'Mythos' bedeutet ..."
13 Vgl. bspw. Dowden/ Livingstone, 2011, 3 f, mit Bezug auf griechische Mythen: „We know a Greek myth when we see one and have need of no definitions ... Apollodoros' *Library* (first century AD) may serve to define that system for us, as his lost predecessor, 'Hesiod' had in the

schaftlichen Harakiri kommt es schließlich gleich, wenn man behauptet, „Mythos" auch im spezielleren Sinn sei nicht eindeutig definierbar[14]. Wenn eine einzelne Wissenschaft sich in erster Linie durch einen spezifischen und damit genauer zu bestimmenden Gegenstandsbereich von anderen Wissenschaften unterscheidet, dann wird eine wissenschaftliche Erforschung mythischer Erzählstoffe nicht umhinkönnen, ungeachtet aller Schwierigkeiten weiterhin Anstrengungen zu unternehmen, den ihr eigenen Gegenstandsbereich näher zu definieren, oder sie entzieht sich selbst die Grundlage.

Eine übergreifende Definition von mythischen Erzählstoffen aus der wissenschaftlichen Außenperspektive sollte freilich nicht exklusiv, sondern möglichst inklusiv und dementsprechend hinreichend formal sein, um der großen und kulturspezifisch im Detail unterschiedlichen Bandbreite des zu definierenden Phänomens wenigstens so weit es geht gerecht zu werden und um auf diese Weise eine breiter angelegte, kulturvergleichende Mythosforschung überhaupt zu ermöglichen. Das bedeutet, daß eine solche Definition zwar allgemeine Merkmale und gegebenenfalls noch Grundfunktionen auf einer sehr abstrakten Ebene benennen sollte, aber weder inhaltlich noch funktional zu spezifisch sein darf, also weder hinsichtlich dessen, was in mythischen Stoffen inhaltlich im Detail zur Sprache kommt, noch wozu und in welchen Kontexten mythische Stoffe in einer Gesellschaft konkret funktionalisiert werden können.

Eine solche Definition aus einer übergeordneten, wissenschaftlichen Außenperspektive kann schließlich, wie bereits ausgeführt (s. Kapitel 23.5), immer nur in dem Maße befriedigen, in dem die einzelnen definitorischen Merkmale in einen theoretischen Rahmen eingebettet sind, auf dessen Hintergrund sie erst ihre

---

Catalogue of Women ... Anything that forms part of this is myth. Anything that looks like this is myth."
14 Vgl. Mader, 2008, 15: „Mythen sind vielstimmige und vieldeutige (polysemische) Diskurse, die sich einer eindeutigen bzw. eindimensionalen Definition entziehen." Mythen entziehen sich einer eindimensionalen Zugangsweise, nicht aber einer Definition – ganz davon abgesehen, daß Mythen keine Diskurse *sind*, sondern daß sich *in* Mythen verschiedene Diskurse widerspiegeln (können). Vgl. auch Rodin, 2014, 33: „myths *carry* ... constellations of ideas" (Kursivierung C. Zgoll). Zum Diskursbegriff s. auch Anm. 22 in Kapitel 13.2. Freilich haben Dowden/ Livingstone, 2011, 3, recht, wenn sie schreiben: „It is vital to realize that there is no one thing called 'myth', and for that reason there is no definition that will satisfy all significant uses of the word." Aber wenn ein *Wort* wie Mythos nicht *eine* Sache, sondern *vieles* bezeichnen kann, so heißt dies immer noch nicht, daß man nicht die vielen *significata* unterscheiden und dann ein speziell herausgegriffenes *significatum* näher bestimmen könnte.

eigentliche Bedeutung und Tiefe erhalten; manche Definitionsversuche ermangeln insofern eines stabilen Rückhalts, als eben eine solche Einbettung in eine entsprechende Rahmentheorie fehlt.

All die in verschiedenen Kapiteln dieser Arbeit im Einzelnen ausgeführten und oben zusammengefaßten, theoretischen Grundlegungen lassen sich, wenn man will, zu einer formelhaften Definition kondensieren, wobei klar ist, daß es sich bei einer solchen Reduktion auf wenige Wörter um eine vereinfachende Verkürzung handeln muß:

> → Ein Mythos ist ein insgesamt polymorpher und je nach Variante polystrater Erzählstoff, wobei eine Variante eine in sich abgeschlossene Sequenz verschiedener, aufeinander bezogener Hyleme darstellt, die nicht auf bestimmte mediale oder einzelsprachliche Konkretionen festgelegt ist. In einem solchen Erzählstoff (bzw. seinen Varianten) verdichten sich transzendierende und damit implizit einen Anspruch auf Relevanz für die Deutung und Bewältigung menschlicher Existenz erhebende, wesentlich kämpferisch geführte Auseinandersetzungen mit in konkreten (naturhaften oder kulturellen) Gegebenheiten verankerten Erfahrungsgegenständen, und zwar solchermaßen, daß diese Erfahrungsgegenstände in einen für die Gesamthandlung wesentlichen Zusammenhang mit aktiven Beteiligungen numinoser Mächte gebracht werden.

Trotz der kondensierenden Verkürzung ist eine solche Definition immer noch unhandlich. Setzt man die Definition von einer Stoffvariante als einer in sich abgeschlossenen Sequenz verschiedener, aufeinander bezogener Hyleme voraus, die nicht auf bestimmte mediale oder einzelsprachliche Konkretionen festgelegt ist, und nimmt des Weiteren an, daß der Faktor des Kämpferischen im Plural des Wortes „Auseinandersetzung*en*" und daß die Verankerung in natur- und kulturgebundenen Spezifika mit der Bezeichnung *Erfahrungs*gegenstände bereits hinreichend angedeutet ist, so kann man noch verkürzter sagen:

> → Ein Mythos ist ein insgesamt polymorpher und je nach Variante polystrater Erzählstoff mit implizitem Anspruch auf Relevanz für die Deutung und Bewältigung menschlicher Existenz, in dem sich transzendierende Auseinandersetzungen mit Erfahrungsgegenständen solchermaßen verdichten, daß aktive Eingriffe numinoser Mächte eine für die Gesamthandlung wesentliche Rolle spielen.

Bei dem Hinweis auf die implizite Relevanz mythischer Stoffe für die Deutung und Bewältigung menschlicher Existenz handelt es sich, wie in Kapitel 18.4.2 ausgeführt, nicht eigentlich um eine Wesensbestimmung, sondern um die Angabe zweier freilich grundlegend wichtiger Metafunktionen mythischer Stoffe. Läßt man diese funktionalen Bestimmungen weg, hält man darüber hinaus die wichtige Rolle aktiver numinoser bzw. göttlicher Eingriffe in mythischen Stoffen allein durch den Hinweis für genügend zum Ausdruck gebracht, daß es sich bei mythischen Stoffen immer um *transzendierende* Auseinandersetzungen mit Erfahrungsgegenständen handelt, und faßt man unter dem Begriff „Erzählstoff" pragmatisch vereinfachend sowohl den polymorphen Stoff als offene Menge seiner möglichen Varianten als auch die jeweils einzelne, in der Regel polystrate Stoffvariante zusammen, so kann man, nun freilich äußerst verknappt, formulieren:

> → Ein Mythos ist ein polymorpher und polystrater Erzählstoff, in dem sich transzendierende Auseinandersetzungen mit Erfahrungsgegenständen verdichten.

Eine solche Mythosdefinition aus wissenschaftlicher Außenperspektive benennt aus den bereits genannten Gründen nur einige wesentliche Merkmale (und in einer etwas längeren Form auch grundlegende Metafunktionen). Sie kann als eine erste und knappe, eben *definitorische* Annäherung an das Phänomen mythischer Stoffe gelten, aber sie *beschreibt* es nicht umfassend – das kann eine Definition *qua* Definition auch nicht leisten. Das, was in einer solchen definitorischen Annäherung zu unbestimmt bleibt oder weiterer Ergänzungen bedarf, wird vor allem dann deutlich, wenn es um die Frage geht, was mythische Stoffe näherhin von bspw. märchenhaften Stoffen oder anderen Stoffarten unterscheidet. Mit dieser Thematik hat sich das Kapitel 10 näher befaßt. Dort ging es auch darum, die tieferen Gründe dafür aufzuzeigen, warum der Mythosbegriff, und zwar selbst der enger gefaßte, auf Erzählstoffe bezogene Mythosbegriff, so umstritten ist – und woran es liegt, daß dies auch mit einer gewissen, aber unausweichlichen Notwendigkeit immer so bleiben wird.

24 Ein Ausblick und ein Rückblick

24.1 Ausblick: Ausgeweitete und säkulare Mythosdefinition

Die in Kapitel 23.6 vorgestellte Mythosdefinition bietet die Möglichkeit, daß sie ausgeweitet und inhaltlich modifiziert auch auf modernere und speziell im Bereich kulturwissenschaftlicher Forschung häufiger anzutreffende Verwendungsweisen des Wortes „Mythos" appliziert werden kann. Dem Vorteil der Erweiterung des Begriffsumfangs steht als Nachteil freilich eine zunehmende Begriffsunschärfe entgegen, die man nur mit einem gewissen Unbehagen in Kauf nehmen wird. Eine sich an modernen Verwendungsweisen orientierende *Ausweitungsmöglichkeit* liegt darin, unter „Mythos" nicht nur Erzählstoffe zu fassen, sondern als Bezugsgegenstand auch anderes wie bspw. Personen, Gegenstände, Ansichten etc. zuzulassen[1]. Eine mögliche *inhaltliche Modifikation* besteht in einer Säkularisierung der Bedeutung von „transzendierend"[2], so daß „transzendierend" nicht mehr nur speziell auf aktive Einwirkungen göttlicher Kräfte und Mächte bezogen wird, sondern säkular auf ein eher diffus bleibendes „Überschreiten" des als „normal" Angesehenen[3]. Wobei die Operation mit einem solchermaßen ausgeweiteten und v. a. säkularen Mythosbegriff mit dem Problem zu

---

1 Daß unter „Mythos" ein jeglicher Bedeutungsträger verstanden wird, der (oft nur verkappt) „ideologische" Ansichten zum Ausdruck bringt bzw. propagieren soll, ist eine Ausweitung des Begriffs, die im Wesentlichen auf Barthes zurückgeht; s. dazu Csapo, 2005, 277-279, und Wodianka/ Ebert, 2014, VI f, die sich für den Mythosbegriff in ihrem *Metzler Lexikon moderner Mythen* ausdrücklich auf Barthes berufen. Zur Problematik des Ideologie-Begriffs in diesem Zusammenhang s. ausführlicher Kapitel 18.4.4. Zu modernen, ausgeweiteten Verwendungsweisen des Wortes „Mythos" allgemein s. auch die Hinweise in Anm. 3 in Kapitel 1.1 (mit weiterer Literatur).
2 Zu Eliades Ansatz, auch „den vermummten mythischen Motiven, Strukturen und Funktionen in der 'entheiligten' modernen Welt" auf die Spur zu kommen, s. Mohn, 1998, 132. Ein vergleichbarer Säkularisierungsprozeß ist auch beim Märchen zu beobachten, vgl. dazu Neuhaus, 2005, 373. Zu Mythen als gerade *nicht* säkularen Erzählungen s. auch die Mythos-Definition von Dundes, 1984, 1: „A myth is a sacred narrative explaining how the world and man came to be in their present form" – im Gegensatz zu „other forms of narrative ..., which are ordinarily secular and fictional".
3 Gerade durch den Aspekt der Säkularisierung des Mythosbegriffs in der jüngeren Vergangenheit ergeben sich mentalitätsgeschichtliche Parallelen zu Tendenzen der Entsakralisierung des Herrscheramtes im Übergang zwischen Mittelalter und Neuzeit, die sich darin äußern, daß eine Legitimierung des Herrschers nicht mehr über die Betonung einer göttlichen Erwählung erfolgt, sondern vor allem dadurch, daß dem Herrscher ersatzweise eine – auch in diesem Fall etwas

kämpfen hätte, wie Normalität oder Durchschnittlichkeit von einer Überdurchschnittlichkeit abzugrenzen wären, durch die das Durchschnittliche überschritten wird; aber vielleicht können entsprechende Versuche dazu führen, dies kulturspezifisch oder zumindest gruppenspezifisch tatsächlich näher zu bestimmen. Unter diesen Prämissen wäre es möglich, bspw. auch von dem „Mythos Albert Einstein" oder von dem „Mythos Bernsteinzimmer" o. a. zu sprechen[4]. Eine solchermaßen ausgeweitete und säkulare Mythosdefinition läßt sich in Anlehnung an das vorige Kapitel somit folgendermaßen formulieren:

→ Als ein Mythos in einem weit gefaßten (unscharfen) Sinn kann ein jeglicher Erfahrungsgegenstand (eine Person, ein Gegenstand, ein Ort, eine Ansicht, ein Ereignis etc.) bezeichnet werden, der in irgendeiner Hinsicht das als normal oder durchschnittlich Angesehene transzendiert.

Es soll abschließend noch einmal betont werden, daß dieser etwas unscharfe, ausgeweitete und säkulare Mythosbegriff nicht der Mythosbegriff ist, um den es in dieser Arbeit geht; es handelt sich lediglich um eine Konzession an die moderne Sprachpraxis bzw. um einen Versuch, zwischen dem engeren, auf Erzählstoffe mit maßgeblicher göttlicher Beteiligung bezogenen Mythosbegriff auf der einen Seite und der weiteren, auf alle denkbaren Erfahrungsgegenstände bezogenen, säkularen Verwendungsweise des Wortes „Mythos" auf der anderen Seite eine mögliche Verbindung aufzuzeigen.

---

diffus bleibende und rein säkulare – „Ehrenstellung", ein besonderes „Ansehen" oder eine herausragende „Würde" zugeschrieben wird. S. dazu exemplarisch die ausführliche Fallstudie von C. Zgoll, 2007.
4 S. dazu auch die Ausführungen in Kapitel 18.2.1. Als Beispiel sei hier die Definition des „Mythischen" aus dem *Metzler Lexikon moderner Mythen* von Wodianka/ Ebert, 2014, V f, zitiert: „Es [sc. das Lexikon] versteht das Mythische als einen subjektiven Wahrnehmungsmodus von überindividueller, kollektiver Bedeutung im Sinne des kulturellen Gedächtnisses, der sich auf verschiedene Phänomene beziehen kann. Dazu zählen historische Personen und fiktive Figuren, Ereignisse, Orte, aber auch Konzepte, Ideen und Institutionen."

24.2 Rückblick: Mythos und Logos in der *Poetik* des Aristoteles

Mit dem in dieser Arbeit eingeführten Begriff des Stoffschemas ist man bereits von der Konkretheit eines durch Eigennamen bestimmten Stoffbegriffs abgerückt[5]. Dieser Begriff des Stoffschemas ist aber noch einmal von einem rein abstrakten Stoffbegriff zu unterscheiden, also von dem, was „Stoff" an und für sich ist – nicht *ein* bestimmter Stoff, sei er nun durch Eigennamen konkret determiniert (konkreter Stoff) oder nicht (Stoffschema), sondern „Stoff" an sich.

An dieser Stelle lohnt es sich, etwas näher auf die *Poetik* des Aristoteles einzugehen und auf das, was Aristoteles dort unter „Mythos" (μῦθος) und „Logos" (λόγος) versteht, da sowohl von literaturwissenschaftlicher Seite als auch in Publikationen zur Mythosforschung immer wieder auf Aristoteles rekurriert wird. So wird unter anderem in Hinblick auf die literaturwissenschaftliche Forschung reklamiert, bestimmte Begrifflichkeiten in der *Poetik* würden den narratologischen Begriffen *story* bzw. *plot* entsprechen[6], und von seiten der Mythosforschung wird behauptet, Aristoteles habe in seiner *Poetik* Mythen als „traditionelle Erzählungen" definiert, so daß eine entsprechende Mythosdefinition, die nicht zuletzt durch Arbeiten von Kirk und Burkert weithin Akzeptanz gefunden hat[7], im Grunde bereits auf Aristoteles zurückgeführt werden könne[8]. Es soll auf

---

[5] S. dazu Kapitel 7.3.
[6] Vgl. bspw. Lucas, 1968, 53: „μῦθος normally means in the *Poetics* the story as organized into the plot"; vgl. ebd. 100: „The poet takes the story, μῦθος in the non-technical sense ..., and reorganizes it in such a way as to bring the parts into a more logical and significant relation to one another. The story is a preliminary selection from the stream of events; in the plot the story is organized." Fuhrmann, 1994, 110, Anm. 8, bezieht sich auf literaturwissenschaftliche Termini, unterscheidet aber offenbar nicht zwischen *plot* einerseits und *story* bzw. „Fabel" andererseits: „Unter Mythos versteht Aristoteles ein bestimmtes Arrangement solcher Geschehnisse, die Handlungsstruktur, die Fabel, den Plot." Vgl. Giuliani, 2003, 35: „gemeint ist [sc. in der *Poetik* des Aristoteles mit „Mythos"] ... nichts anderes als das, was in der heutigen Narratologie als Fabel bzw. *plot* oder Handlung bezeichnet wird". Vgl. auch Flashar, 2004, 318: Bei Aristoteles sei der Mythosbegriff „säkularisiert". Nach Flashar bezeichnet er „die Organisation der Handlung, die Fabel (plot), und wird ausschliesslich im Hinblick auf die Darstellungsmöglichkeiten einer Handlung betrachtet." Dupont-Roc/ Lallot, 1980, 55, übersetzen μῦθος mit „histoire". Vorsichtiger in der Wiedergabe von μῦθος ist Halliwell, 1987, 93 („plot-structure", mit Anm. 6: „We have no precise equivalent in English ..."). Vgl. auch weitere Literaturhinweise bei Schmitt, 2014, 104, Anm. 53. Zu den beiden für dieses Kapitel wichtigen Begriffen *story* (bzw. „Fabel" oder „histoire") und *plot* und ihrer Unterscheidung s. Kapitel 3.1.
[7] S. dazu ausführlich Kapitel 12.6.
[8] Vgl. in diesem Sinn Schwinge, 1996, 125, mit Bezug auf bestimmte Ausdrucksweisen in der *Poetik*: „Aristoteles spricht im erörterten Zusammenhang von οἱ παραδεδομένοι μῦθοι (1451b24),

dem Hintergrund der in dieser Arbeit gewonnenen Erkenntnisse geprüft werden, ob und inwieweit dies zutrifft.

24.2.1 μῦθος als Stoff an sich

In Kapitel 6 der *Poetik* definiert Aristoteles μῦθος kurz und ganz allgemein als „Nachahmung einer Handlung" in Form einer „Zusammensetzung" oder „Zusammenstellung der Geschehnisse"[9], und damit bezeichnet der Begriff rein formal ein Handlungsgerüst, eine in sich abgeschlossene Handlung mit einem Anfang, einer Mitte und einem Ende[10], ohne jegliche weitere, inhaltliche Spezifikation – eben „Stoff" *an und für sich*, wie er in der vorliegenden Arbeit bereits früher in Anlehnung an die Narratologie formal und allgemein definiert wurde als eine Handlungssequenz, die verschiedene Zustandsveränderungen impliziert[11]. Hier geht es noch nicht um eine produktionsästhetische Perspektive, also darum, was ein Dichter tut oder tun soll (darauf kommt Aristoteles später zu sprechen), sondern nur um die sachlich-nüchterne Feststellung, daß neben anderen konstitutiven Bestandteilen jede „Nachahmung einer Handlung" in einer Zusammenstellung einzelner Handlungsschritte bzw. „Geschehnisse" bestehen muß. Damit zielt der Begriff μῦθος vom Kontext her bei Aristoteles an dieser Stelle der *Poetik* eindeutig nicht auf das konkrete Handlungsgerüst eines konkreten Stoffes oder gar einzelnen Textes, sondern auf die Bezeichnung des Handlungsgerüstes

---

später von οἱ παρειλημμένοι μῦθοι (14. 1453b22) ... Der Mythos, die Sage, ist für Aristoteles also etwas Traditionelles und als Traditionelles etwas gewissermaßen Sanktioniertes. Das ist nicht weit entfernt von der Kirkschen Definition des Mythos als traditioneller Erzählung."
9 Aristot. *poet.* 6,1450a3-5: ἔστιν δὲ τῆς μὲν πράξεως ὁ μῦθος ἡ μίμησις, λέγω γὰρ μῦθον τοῦτον τὴν σύνθεσιν τῶν πραγμάτων (vgl. den annähernd parallelen Ausdruck τῶν πραγμάτων σύστασις in Aristot. *poet.* 6,1450a15). Vgl. auch die wörtlichen Übersetzungen von Fuhrmann, 1994, 19 und 21: „Zusammensetzung der Geschehnisse" bzw. „Zusammenfügung der Geschehnisse". Schmitt, 2008, 9 f, übersetzt beide Ausdrücke gleichermaßen und sehr frei mit „Komposition einer einheitlichen Handlung"; vgl. Lucas, 1968, 101, der beide Ausdrücke für gleichwertig hält und ebd. 100 σύνθεσις τῶν πραγμάτων vereinfachend durch „structure" (sc. einer „story") paraphrasiert. Vgl. zu 6,1450a,5 Bywater, 1909, 19 („the combination of the incidents, or things done in the story"); Dupont-Roc/ Lallot, 1980 („le système des faits"); Halliwell, 1987, 37 („the organisation of the events"); Halliwell, 1995, 49 („the construction of events").
10 Die Tragödie ist die Nachahmung einer „vollkommenen und ganzen", also einer in sich abgeschlossenen Handlung (κεῖται δὲ ἡμῖν τὴν τραγῳδίαν τελείας καὶ ὅλης πράξεως εἶναι μίμησιν, Aristot. *poet.* 7,1450b23-25). Ein Ganzes aber ist rein formal durch Anfang, Mitte und Ende bestimmt (ὅλον δέ ἐστιν τὸ ἔχον ἀρχὴν καὶ μέσον καὶ τελευτήν, Aristot. *poet.* 7,1450b26 f).
11 S. den Anfang von Kapitel 5 und Kapitel 5.3.

als Bestandteil eines jeden Erzählstoffes in einem allgemeinen und abstrakten Sinn[12].

Da der erhaltene Teil der aristotelischen *Poetik* sich vor allem auf die Behandlung der Tragödie konzentriert, bezeichnet Aristoteles den μῦθος (verstanden als „Stoff") als den wichtigsten „qualitativen Bestandteil"[13], als die „Seele" einer Tragödie[14]. Ohne ein wie auch immer geartetes stoffliches Substrat ist eine Tragödie und auch jedes andere, narrativ angelegte literarische Werk undenkbar. So haben konsequenterweise in der Diktion des Aristoteles auch Komödien einen „Stoff" (μῦθος!), der ihnen zugrunde liegt[15].

Das Wort μῦθος im Sinne von „Stoff" steht bei Aristoteles, das wird an einer anderen Stelle deutlich, nicht für „Stoff" im Sinne des Handlungsgerüstes *eines Textes* im literaturwissenschaftlich-narratologischen Sinn (ungeformt als *story* oder geformt als *plot*). Denn im Unterschied zur Tragödie, die nur *einen* μῦθος beinhaltet oder zumindest beinhalten sollte, umfaßt ein Epos wie Homers *Ilias* hingegen *viele* μῦθοι und ist damit πολύμυθον, also aus vielen Stoffen aufgebaut[16]. Für die *Gesamthandlung* der *Ilias* muß Aristoteles deshalb auf die etwas unscharfe Umschreibung mit ὅλος μῦθος, also „Gesamt-Stoff" ausweichen[17]; es soll unten noch einmal darauf eingegangen werden. Daß Aristoteles die „Einheitlichkeit" speziell von *Ilias* und *Odyssee* als vorbildlichen Epen auf der anderen Seite dann wieder zu retten versucht, indem er ihnen immerhin ein höchstmögliches Maß an einer solchen stofflichen Einheitlichkeit zubilligt[18], obwohl ein jedes dieser Epen πολύμυθον, also „vielstofflich" ist, steht auf einem anderen Blatt und

---

12 Vgl. Sailer-Wlasits, 2007, 70; Schmitt, 2008, 120: „*Mythos* bezeichnet in der *Poetik* also nicht eine überlieferte, sagenhafte Geschichte, sondern den funktionalen Zusammenhang mehrerer Handlungsschritte zu einer Einheit"; anders umschrieben (ebd.): „eine 'systemisch'-einheitliche Ordnung der Handlungsschritte auf die Einheit einer im Erreichen oder Verfehlen des erstrebten Guts abgeschlossenen Handlungsganzheit. Eine solche Handlungskomposition nennt Aristoteles *Mythos*". Wenn Schmitt in einem späteren Aufsatz „Mythos" in der *Poetik* des Aristoteles näherhin so definiert, daß es sich dabei um einen „Entwurf" handelt, „wie jemand auf Grund seiner charakterlichen Verfassung sich in einer bestimmten Situation für ein bestimmtes Handlungsziel entscheidet und dieses Ziel mit den Möglichkeiten, die er als dieser bestimmte Charakter hat, erreicht oder verfehlt" (Schmitt, 2014, 105), so ist dies m. E. eine (treffende) Analyse dessen, was Aristoteles unter einem *guten* „Mythos", nicht aber, was er unter „Mythos" *an sich* versteht.
13 Zu dieser Bezeichnung in der Forschung s. bspw. Schmitt, 2008, 326.
14 Aristot. *poet*. 6,1450a15: μέγιστον δὲ τούτων ἐστὶν ἡ τῶν πραγμάτων σύστασις. Vgl. auch Aristot. *poet*. 6,1450a38 f: ἀρχὴ μὲν οὖν καὶ οἷον ψυχὴ ὁ μῦθος τῆς τραγῳδίας.
15 Vgl. Aristot. *poet*. 9,1451b11-15.
16 Aristot. *poet*. 18,1456a10-13.
17 Aristot. *poet*. 18,1456a13.
18 Aristot. *poet*. 26,1462b7-11.

zeigt die homerischen Epen allenfalls als die Ausnahmen, welche die Regel bestätigen.

Somit zielt μῦθος bei Aristoteles *nicht* – auch wenn dies manchmal behauptet wird – auf das, was in der Literaturwissenschaft als die *story* (oder auch als *plot*) eines Textes bezeichnet wird[19], da ein konkreter Text nach Aristoteles *einen* oder auch *mehrere* μῦθοι einschließen kann. Im speziellen Fall der Tragödie hat zwar der Begriff des μῦθος einer Tragödie Berührungspunkte mit dem literaturwissenschaftlichen Begriff der *story* eines Tragödientextes, weil eine Tragödie nach Aristoteles idealerweise aus nur *einem* μῦθος aufgebaut sein soll. Das gilt aber nicht mehr für das Epos, das aus mehreren Stoffen (μῦθοι) bestehen kann[20].

Darüber hinaus bezeichnet μῦθος bei Aristoteles nicht die *story* eines *konkreten* Stoffes oder gar die individuelle Gestaltung einer konkreten *story* in Form des *plots* eines einzelnen literarischen Werkes, sondern „Stoff" auf einer völlig abstrakten Ebene. μῦθος als „Stoff" ist für Aristoteles eine „Zusammenstellung von Geschehnissen" (τῶν πραγμάτων σύστασις)[21] nicht als die konkrete Handlung eines bestimmten Stoffes oder eines konkreten literarischen Textes, sondern als ein zentrales und unverzichtbares Bauelement sämtlicher narrativ angelegter, sprachlicher Produkte in einem inhaltlich noch völlig indeterminierten Sinn – vergleichbar mit der in Kapitel 6.1 vorgenommenen Definition von Stoffvarianten als Hylemsequenzen, deren jeweilige Abgeschlossenheit über das sehr formale Postulat des Aristoteles hinaus, daß sie einen Anfang, eine Mitte und ein Ende aufweisen müssen, mit Hilfe bestimmter Kriterien (s. dazu Kapitel 8.1) noch näher bestimmt werden kann.

24.2.2 μῦθος τῆς τραγῳδίας als Gattungsschema

Da Aristoteles sich in der *Poetik* vor allem auf die Behandlung der Tragödie konzentriert, nimmt er die typischen Merkmale speziell der Stoffe (μῦθοι) von Tragödien näher in Augenschein. Tragödienstoffe sollen nach Aristoteles wesentlich

---

19 S. Anm. 6. Im umfangreichen *Poetik*-Kommentar von Schmitt, 2008, finden sich entsprechend keinerlei Bezugnahmen auf literaturwissenschaftliche Begriffe wie *story* oder *plot* (wiewohl wenige Worte zu der Abgrenzungsproblematik sicher nicht fehl am Platz gewesen wären); meistens übersetzt Schmitt μῦθος mit „Handlungskomposition" (z. B. mehrfach ebd. 131, 329 und 361).
20 Vgl. auch Aristot. *poet.* 26,1462b3-5, wo Aristoteles schreibt, man könne aus jedem beliebigen Epos mehrere Tragödien machen.
21 Aristot. *poet.* 6,1450a15.

aus zwei Teilen, der „Knüpfung" (δέσις) oder „Verflechtung" (πλοκή) i. S. v. „Verwicklung" einerseits und der „Lösung" (λύσις) andererseits bestehen, die durch eine „Wende" (μετάβασις) zum Glück oder zum Unglück voneinander getrennt werden[22].

Weiterhin bleibt in diesem Kontext der Begriff „Stoff" (μῦθος) für sich genommen rein formal, da keinerlei Bezüge zu *konkreten* Stoffen hergestellt werden, aber durch die Fokussierung auf den Stoff *von Tragödien* kommt mehr Farbe ins Spiel. Nach wie vor ist „Stoff", auch der Stoff einer jeden Tragödie, schlicht eine „Zusammenstellung von Geschehnissen", aber diese Zusammenstellung unterliegt nun bestimmten gattungsbedingten Regeln und Erwartungen. Dabei geht es noch nicht um Inhaltliches; immer noch bewegt sich Aristoteles auf einer sehr formalen Ebene. Aus der gänzlich abstrakten Aussage, daß ein Stoff (μῦθος) ein Ganzes darstellt mit einem *Anfang*, einer *Mitte* und einem *Ende*, wird die immer noch abstrakte, aber bereits etwas farbigere Feststellung, daß der Stoff *einer Tragödie* ein Ganzes darstellt mit einer *Verwicklung*, einer *Wende* und einer *Lösung* – dabei ist man aber immer noch nicht bei einer konkreten *story* und schon gar nicht bei dem eine solche *story* konkret gestaltenden bzw. umgestaltenden *plot* eines konkreten Stückes mit namentlich spezifizierten Protagonisten und ihren speziellen Schicksalen.

Auf die genaueren Ausführungen zur Beschaffenheit eines idealen Stoffaufbaus einer Tragödie in der *Poetik* näher einzugehen, würde zu weit vom Thema abführen. Es soll deshalb hier nur noch vermerkt werden, daß im Rahmen dieser Fokussierung auf die typische Beschaffenheit des Stoffes *von Tragödien* in den Fällen, in denen von der Sache her speziell der μῦθος τῆς τραγῳδίας gemeint ist, der weiterhin durch das Wort μῦθος ausgedrückte Stoffbegriff der *Poetik* sich dem literaturwissenschaftlichen Begriff des „Handlungsschemas" annähert, ein Begriff, der nach den Ausführungen in Kapitel 7.4 mit der den Sachverhalt m. E. besser treffenden Bezeichnung „Gattungsschema" belegt wurde[23]. Auch in dieser Zuspitzung hat μῦθος in der *Poetik* nichts mit den narratologischen Begriffen

---

[22] Aristot. *poet.* 18,1455b24: ἔστι δὲ πάσης τραγῳδίας τὸ μὲν δέσις τὸ δὲ λύσις, τὰ μὲν ἔξωθεν καὶ ἔνια τῶν ἔσωθεν πολλάκις ἡ δέσις, τὸ δὲ λοιπὸν ἡ λύσις· λέγω δὲ δέσιν μὲν εἶναι τὴν ἀπ' ἀρχῆς μέχρι τούτου τοῦ μέρους, ὃ ἔσχατόν ἐστιν, ἐξ οὗ μεταβαίνει εἰς εὐτυχίαν ἢ εἰς ἀτυχίαν, λύσιν δὲ τὴν ἀπὸ τῆς ἀρχῆς τῆς μεταβάσεως μέχρι τέλους. Den Begriff δέσις könnte man auch mit „Schürzung" wiedergeben; πλοκή verwendet Aristoteles in Aristot. *poet.* 1456a9.
[23] Schmitt, 2008, verwendet dann, wenn es um das Gattungsschema der Tragödie in einem literaturwissenschaftlichen Sinn geht, die etwas unscharfe Bezeichnung „tragischer *Mythos*" (z. B. ebd. 132).

story bzw. *plot* zu tun, sondern bezeichnet als μῦθος τῆς τραγῳδίας auf einer immer noch sehr abstrakten Ebene das gattungsspezifische Grundmuster einer Tragödie, also den typischen Verlauf, den Stoffe von Tragödien zu nehmen haben.

24.2.3 λόγος als Stoffschema

An einigen wenigen Stellen in der *Poetik* verwendet Aristoteles zur Bezeichnung von „Stoff" bzw. „Stoffen" auch das Wort λόγος bzw. λόγοι, und es wird angenommen, daß in diesen Zusammenhängen λόγος bzw. λόγοι und μῦθος bzw. μῦθοι praktisch bedeutungsgleich seien[24]. Das ist zwar angesichts des Überschneidungsbereichs beider Wörter möglich; m. E. kann man hier aufgrund der in Kapitel 7 vorgenommenen Differenzierungen aber noch weiterkommen.

Die Worte λόγος bzw. λόγοι scheint Aristoteles nämlich genau dann einzusetzen, wenn er nicht rein abstrakt vom *Stoff an sich* redet oder davon handelt, welche formalen Merkmale ein Stoff einer Tragödie (im Sinne eines Gattungsschemas) idealerweise aufweisen soll, sondern wenn er schon einen *konkreten Stoffaufbau* im Auge hat. Und hier macht man eine interessante Entdeckung. Denn in solchen Fällen denkt Aristoteles zwar an konkrete Stoffe, aber in einer *von Eigennamen entkoppelten Form*, im Licht der in Kapitel 7.3 vorgenommenen Differenzierungen und mit anderen Worten also an *Stoffschemata*. Darauf soll noch etwas näher eingegangen werden.

Bei der Abfassung einer Tragödie empfiehlt Aristoteles ein Vorgehen, das verdeutlicht, daß er ein *Stoffschema* klar unterschieden hat von einem *konkreten Stoff* – und bereits Aristoteles macht den entscheidenden Unterschied zwischen beiden Stoffbegriffen am Vorhandensein bzw. Fehlen von Eigennamen fest. Denn zunächst soll sich ein Dichter den Handlungsverlauf im Allgemeinen überlegen, und *dann* erst soll er die konkreten Namen einsetzen[25].

Aristoteles bringt als Beispiel die Hylemsequenz des mythischen Stoffes, der mit dem Stichwort „Iphigeneia bei den Taurern" assoziiert ist. Diesen konkreten, namentlich bestimmten Stoff aber stellt Aristoteles als eine *anonyme Hylemse-*

---

24 So bspw. Lucas, 1968, 179, dem zufolge λόγοι in der *Poetik* des Aristoteles *plots* bezeichneten und praktisch gleichbedeutend wie μῦθοι seien (vgl. auch ebd. 230: „λόγους: = μύθους").
25 Aristot. *poet.* 17,1455a34-1455b1 und 17,1455b12 f: τούς τε λόγους καὶ τοὺς πεποιημένους δεῖ καὶ αὐτὸν ποιοῦντα ἐκτίθεσθαι καθόλου ... μετὰ ταῦτα δὲ ἤδη ὑποθέντα τὰ ὀνόματα ἐπεισοδιοῦν. Daß der Begriff λόγοι sich in diesem Zusammenhang nicht nur auf Reden oder Sprechpartien, sondern auf den gesamten Handlungsverlauf bezieht, geht aus dem Kontext hervor, in dem Aristoteles nicht die Reden, sondern v. a. die Ereignisse in ihrer Folge skizziert (s. dazu unten).

quenz bzw. eine *Hylemschema-Sequenz* vor, also im Wesentlichen ohne Eigennamen von Örtlichkeiten oder Figuren. Nichts deutet darauf hin, daß Aristoteles an die *story* oder den *plot* eines bestimmten literarischen Werkes, also an eine bestimmte Tragödie mit dem Titel *Iphigeneia bei den Taurern* denkt, wie sie z. B. unter dem Namen des Euripides überliefert ist. Er hat ein von literarischen Konkretionen abstrahierbares *Stoffschema* vor Augen, das sich mit dem Eigennamen der Iphigeneia verbinden läßt, mit diesem aber keine unauflösliche Einheit bildet, sondern sowohl von der konkreten Figur der Iphigeneia als auch erst recht von irgendwelchen medialen Konkretionen abgekoppelt werden kann. Damit stellt für Aristoteles ein solches Stoffschema eine *inhaltliche Repräsentation* verschiedener Handlungsschritte dar, die sprachlich „eingefaßt" werden können, aber nicht auf eine bestimmte sprachliche Konkretion festgelegt sind, wie dies bei der Einführung der Begriffe „Hylem" bzw. „Hylemsequenz" des Näheren ausgeführt wurde[26]. Das an den konkreten Stoff „Iphigeneia bei den Taurern" angelehnte Stoffschema lautet nach Aristoteles (hier paraphrasierend und verkürzt und nicht formal standardisiert im Sinne einer stoffwissenschaftlichen Hylemanalyse)[27]:

– ein Mädchen soll geopfert werden
– das Mädchen wird in ein anderes Land entrückt
– sie wird dort Priesterin einer Göttin, der Fremde geopfert werden
– der Bruder der Priesterin trifft ein
– der Bruder soll geopfert werden
– der Bruder gibt sich zu erkennen
– beide werden gerettet

Nach der Skizzierung dieses Stoffschemas soll der Dichter darangehen, konkrete Namen und damit „Charaktere" in dieses Schema einzusetzen und dann erst das Werk im Einzelnen auszuarbeiten. Anders als man beim analytischen Vorgehen vom konkreten Stoff zum Stoffschema gelangt, empfiehlt Aristoteles allem Anschein nach beim Produktionsprozeß den umgekehrten Weg vom Stoffschema zum konkreten Stoff, was zumindest ungewöhnlich erscheint; immerhin aber orientiert sich die Skizzierung des Stoffschemas nicht an einem abstrakten Vorbild, sondern am konkreten Vorbild des Stoffes von Iphigeneia bei den Taurern. Im Hinblick nun auf solchermaßen näher bestimmte Stoffe bzw. Handlungsgerüste,

---

26 S. dazu Kapitel 5.3
27 Aristot. *poet.* 17,1455b2-12.

die aber nicht mit Eigennamen versehen sind, redet Aristoteles nicht von μῦθοι, sondern von λόγοι[28].

Das wird auch an einem zweiten Beispiel deutlich, denn wenig später liefert Aristoteles das Stoffschema von Homers *Odyssee*, und auch hier verwendet er das Wort λόγος, indem er sagt, das Stoffschema (λόγος) der *Odyssee* sei im Grunde nicht besonders umfangreich[29]. Tatsächlich gelingt es ihm, die Handlung der *Odyssee* in schematischer Form bis auf ein paar wenige Worte einzudampfen[30]: Während ein Mann in der Fremde weilt, sind sein Besitz und sein Sohn in Gefahr; nach etlichen Abenteuern kehrt er zurück nach Hause und besiegt seine Feinde. Da Aristoteles in diesem Fall die wichtigsten Handlungsschritte *eines konkreten Textes*, nämlich der *Odyssee*, erzählt, und zwar nicht in der Anordnung des homerischen Epos, sondern in der chronologischen Reihenfolge (soweit dies bei Gleichzeitigkeit von Handlungen möglich ist), könnte der Logosbegriff zumindest an dieser Stelle dem literaturwissenschaftlichen Begriff der *story* entsprechen – *wenn* Aristoteles hier nicht die Eigennamen herausgenommen hätte[31]. Das ist aber der Fall, und damit entspricht der Begriff λόγος selbst an dieser Stelle dem literaturwissenschaftlichen Begriff der *story* nicht ganz. Es handelt sich wie bei dem eben zitierten Iphigeneia-Beispiel um die *schematisierte* Form einer in der Literaturwissenschaft normalerweise immer mit konkreten Namen verbundenen *story*, und somit handelt es sich bei λόγος selbst an dieser Stelle nicht um eine Bezeichnung für die *story*, sondern um die Bezeichnung für das *Stoffschema* der *Odyssee*.

Jedenfalls behandelt Aristoteles unter schematischer Perspektive an dieser Stelle die *Odyssee* so, als wäre sie wie eine Tragödie ein Stück, das *einen* Stoff verarbeitet. Bei näherer Betrachtung ergibt sich nun allerdings das Problem, daß anders als in der Tragödie in Epen die Einheitlichkeit der Handlung in der Regel gerade nicht gewährleistet ist. Mögen die homerische *Ilias* und die *Odyssee* dem Ideal der Einheitlichkeit der Handlung auch soweit wie möglich nahekommen, so kann Aristoteles doch nicht umhin einzuräumen, daß sie ihm nicht ganz entsprechen[32], zumal wenn man sich nicht auf die Essenz eines abstrakten und stark eingedampften Stoffschemas zurückzieht, sondern den Blick auf die Vielfalt der

---

28 Aristot. *poet.* 17,1455a34; 17,1455b17.
29 Aristot. *poet.* 17,1455b16 f: τῆς γὰρ Ὀδυσσείας οὐ μακρός ὁ λόγος ἐστίν.
30 Aristot. *poet.* 17,1455b17-23.
31 Aus nachvollziehbaren Gründen ist als „genereller Bedrohungsfaktor" auf einer Seereise nur noch der Eigenname „Poseidon" (statt „eine Meeresgottheit") stehen geblieben; alle anderen Eigennamen aber sind entfernt worden.
32 S. Aristot. *poet.* 26,1462a14-1462b11.

konkreten Stoffe richtet, die in den homerischen Epen verarbeitet sind. Wenn Aristoteles nicht den abstrakt-schematisierten, sondern den konkreten Handlungsverlauf der *Odyssee* oder der *Ilias* im Auge hat, spricht er deshalb etwas umständlich von einem „epischen Gebilde" (ἐποποιικὸν σύστημα), und setzt zur Verdeutlichung hinzu, daß er damit ein „vielstoffliches Gebilde" meint (ἐποποιικὸν δὲ λέγω τὸ πολύμυθον). Man meint, die Suche nach einem geeigneten Begriff noch spüren zu können, wenn Aristoteles diese näheren Bestimmungen dann zusätzlich anhand der *Ilias* beispielhaft zu verdeutlichen unternimmt und in Hinblick auf die Gesamtstruktur der *Ilias* vom ὅλος μῦθος, also vom „Gesamt-Stoff" der *Ilias* spricht[33].

Damit ist aber auch an dieser Stelle nicht die hinsichtlich der Eigennamen näher bestimmte, sich in einem konkreten *plot* manifestierende *story* der *Ilias* im literaturwissenschaftlichen Sinn gemeint, sondern es wird hier – konsistent zur Verwendungsweise des Wortes μῦθος i. S. v. „Stoff" auch sonst in der *Poetik* – lediglich der Umstand in den Blick genommen, daß ein Epos sich unter rein formalen Gesichtspunkten aus mehreren, in sich abgeschlossenen Stoffen (μῦθοι) zusammensetzt. Speziell hinsichtlich der beiden homerischen Epen bleibt bei Aristoteles freilich eine leichte Spannung zwischen der Betonung der Einheitlichkeit der hauptsächlichen Handlungsstränge und der Feststellung der Vielfalt der mit diesen Strängen jeweils verwobenen weiteren Stoffe – ein Tribut an die Großartigkeit und das Ansehen dieser in der Antike als unerreicht angesehenen Werke.

24.2.4 μῦθος als Mythos bzw. traditionelle Erzählung?

Abschließend zu der Frage, ob die Definition von Mythen als „traditionelle Erzählungen" im Grunde auf Aristoteles zurückgeführt werden kann. Dabei gilt es zuallererst eines zu betonen. Aristoteles stellt an keiner einzigen Stelle in der *Poetik* eine Definition auf, in der es heißt: „Mythen sind traditionelle Erzählungen". Er kommt gewissermaßen *en passant* auf Stoffe zu sprechen, die ein Dichter „überliefert bekommt" und zielt damit – unter anderem – auf das, was in der Mythosforschung oft unter Mythen verstanden wird; aber ihn interessiert nicht, was *mythische Stoffe im Speziellen* ausmacht, sondern was ein Dichter mit *überlieferten Stoffen generell* machen kann und darf und was nicht.

---

33 Aristot. *poet.* 18,1456a10-13.

Ein Zweites ist mindestens ebenso wichtig, weil es leicht zu Verwirrung führen kann. Das *griechische Wort* μῦθος (oder auch im Plural μῦθοι) hat bei Aristoteles in der *Poetik* an keiner Stelle etwas mit dem *Begriff* „Mythos" im Sinne der Mythosforschung zu tun[34], sondern zielt auf etwas sehr Abstraktes, gewissermaßen rein Formales – nämlich, wie bereits ausgeführt, auf den Begriff „Stoff" im Sinn einer „Zusammenstellung von Geschehnissen"[35].

Nach Aristoteles gibt es nun grundsätzlich zwei verschiedene Arten von Stoffen (μῦθοι): einmal die von einem Dichter erfundenen, selbst „gemachten"[36], und einmal die vom Dichter nur übernommenen, die „überlieferten" Stoffe. Des Näheren spricht Aristoteles hinsichtlich der letzteren von den μῦθοι παρειλημμένοι oder von den μῦθοι παραδεδομένοι[37], so daß auf den ersten Blick hier der Begriff „Mythos" durch Adjektive näher bestimmt zu sein scheint, die ihn als „von der Überlieferung übernommen" kennzeichnen. Hier liegt der Ausgangspunkt für die Behauptung, Aristoteles habe „Mythen" als „überlieferte Stoffe" definiert. Nun lohnt es sich aber, hier genauer hinzusehen.

Denn Aristoteles schreibt an der entscheidenden Stelle nicht „ein Mythos ist ein überlieferter Stoff", sondern „überlieferte μῦθοι darf man nicht verändern". Das ist ein wesentlicher Unterschied. Wörtlich heißt es[38]: τοὺς μὲν οὖν παρειλημμένους μύθους λύειν οὐκ ἔστιν – „die übernommenen Stoffe (μῦθοι) darf man nicht auflösen". Gemeint ist mit μῦθος auch hier – und damit übereinstimmend mit der sonstigen Begriffsverwendung innerhalb der aristotelischen *Poetik* – lediglich „Stoff". Ein *überlieferter* Stoff ist zunächst einmal nichts anderes als *ein durch die Verbindung mit Eigennamen und mit diesen Namen verknüpften Schicksalen näher bestimmter* Stoff, also das, was in der vorliegenden Arbeit als *konkreter Stoff* bezeichnet wurde. Das geht klar aus den von Aristoteles angeführ-

---

34 Zur Begriffsgeschichte von μῦθος s. die Angaben in Anm. 9 in Kapitel 1.2.
35 Vgl. Schmitt, 2008, 120: „*Mythos* bezeichnet in der *Poetik* also nicht eine überlieferte, sagenhafte Geschichte, sondern den funktionalen Zusammenhang mehrerer Handlungsschritte zu einer Einheit." Auf Passagen, in denen μῦθος nach Meinung mancher Forscher *doch* i. S. v. „überlieferte, sagenhafte Geschichte" gebraucht sein soll, wird unten noch genauer eingegangen.
36 Zu πεποιημένος i. S. v. „erfunden" s. Aristot. *poet.* 9,1451b20 f und 22 (in Bezug auf vom Dichter erfundene Namen und Geschehnisse); 16,1454b30 f (in Bezug auf die Wiedererkennungen, die von den Dichtern selbst erfunden sind: αἱ πεποιημέναι ὑπὸ τοῦ ποιητοῦ); 16,1455a14[1] (in Bezug auf vom Dichter Erfundenes: πεποιημένον ὑπὸ τοῦ ποιητοῦ); vgl. auch 21,1457b2.
37 Aristot. *poet.* 9,1451b24; 14,1453b22 und 25.
38 Aristot. *poet.* 14,1453b22 f.

ten Beispielen hervor. Denn als Beispiele für *überlieferte Stoffe*, die man nicht verändern darf, führt er *konkrete Namen* und mit diesen Namen verbundene Schicksale an, wie Klytaimestra, die von Orestes getötet wird (und nicht umgekehrt)[39].

Die Vermischung der aristotelischen Rede von den „überlieferten Stoffen" mit dem modernen Begriff von Mythen als „traditionellen Erzählungen" rührt nun daher, daß sich Aristoteles in der *Poetik* vor allem auf die Behandlung der *Tragödie* bezieht und deshalb die Beispiele für „überlieferte" i. S. v. „mit Eigennamen verknüpfte Stoffe" vor allem aus dem Bereich der *Tragödienstoffe* bezieht, die zumindest in den meisten Fällen genau solche Stoffe sind, die in der Mythosforschung als „mythische Stoffe" angesehen werden. In den meisten Fällen – aber nicht immer. Es gibt durchaus „überlieferte Stoffe", die keine „mythischen Stoffe" im Sinne der Mythosforschung darstellen[40].

Ein prominentes Beispiel ist der Stoff der Tragödie *Die Perser* von Aischylos, die den Untergang der Perser unter ihrem König Xerxes I. durch die Griechen unter Themistokles und Eurybiades bei der Seeschlacht von Salamis (480 v. Chr.) zum Gegenstand hat, an der Aischylos selbst teilgenommen haben soll[41]. In der Terminologie des Aristoteles handelt es sich auch hier um einen „überlieferten Stoff", denn „überlieferte Stoffe" sind für Aristoteles nicht „mythische Stoffe", sondern schlicht Stoffe, die mit *Eigennamen* und dadurch mit bestimmten Geschehnissen fest verbunden sind. Aristoteles interessiert nicht die nähere Beschaffenheit oder Eigenart von „überlieferten Stoffen", sondern nur, daß ein Dichter mit ihnen nicht willkürlich umgehen darf. In einer Bearbeitung des „überlieferten Stoffes" von der Seeschlacht von Salamis – und in moderner Terminologie handelt es sich dabei um einen überlieferten *historischen* Stoff – muß immer noch Xerxes I. von den Griechen besiegt werden – und nicht umgekehrt.

Man kann sogar noch weiter gehen. Da nach Aristoteles konsequenterweise nicht nur Tragödien, sondern auch Komödien ein Stoff (μῦθος) als wesentliches Bauelement zugrunde liegt[42], verteilen sich „erfundene" und „überlieferte" Stoffe nicht notwendig auf die beiden Gattungen Komödie und Tragödie. So muß nach Aristoteles bspw. ein Tragödiendichter keineswegs zwangsläufig auf überlieferte Stoffe zurückgreifen. Das sei schon deswegen lächerlich, weil viele Rezipienten bereits die überlieferten Stoffe nicht genau kennen würden. Aristoteles weiß sogar von einem Dichter namens Agathon zu berichten, der einen Tragödienstoff

---

39 Aristot. *poet.* 14,1453b22-26.
40 Freilich bleiben „nicht-mythische Tragödien" die Ausnahme – aber es gibt sie; vgl. dazu auch Graf, 1985, 138.
41 S. Föllinger, 2009, 21.
42 Vgl. Aristot. *poet.* 9,1451b11-15.

mit den dazugehörigen Namen frei erfunden und trotzdem durchaus Gefallen erregt hat[43]. Umgekehrt muß man genauso auch mit Blick auf Komödien zwischen vom Dichter „erfundenen Stoffen" und „überlieferten Stoffen" unterscheiden.

Nun sind zwar in Komödien unter anderem *auch* mythische Stoffe verarbeitet worden, aber wiederum nicht *nur*. Beispiele aus der Literaturgeschichte für Fälle, in denen Komödiendichter „überlieferte Stoffe" neu bearbeiten, die mit „mythischen Stoffen" nicht notwendig etwas zu tun haben, lassen sich jedenfalls anführen. So haben später Terenz und Plautus auf (nicht-mythische) Stoffe des Komödiendichters Menander zurückgegriffen, und es ist nur schwer vorstellbar, wenn auch aufgrund der spärlichen Überlieferungslage nicht beweisbar, daß zu Aristoteles' Zeiten, also in der Phase der sogenannten „Mittleren Komödie"[44], solche die Vorlagen freilich immer auch abwandelnden Wiederverwendungen überlieferter Komödienstoffe niemals vorgekommen sein sollen. Daß das Merkmal des „Überliefert-Seins" von Stoffen nicht an einer bestimmten inhaltlichen Beschaffenheit oder an einer literarischen Gattung, sondern in erster Linie ganz allgemein an einer Verbindung dieser Stoffe mit bestimmten Eigennamen hing, wird dadurch besonders deutlich, daß in *lateinischen Bearbeitungen* überlieferter *griechischer Stoffe* bei Terenz gerade auch die *griechischen Eigennamen* der Vorlagen beibehalten werden.

μῦθος bezeichnet in der *Poetik* somit völlig konsistent und durchgehend und damit auch in den fraglichen Passagen schlicht „Stoff" in einem rein formalen Sinn[45], niemals „traditionelle Erzählung"[46]. Wäre dies der Fall, dann wäre die

---

[43] S. Aristot. *poet.* 9,1451b19-26.
[44] Zur Problematik der Abgrenzung einer eigenen Epoche der Mittleren Komödie s. die Arbeit von Nesselrath, 1990, v. a. das 331-340 gezogene Fazit mit einem Plädoyer für eine „Kernphase" der Mittleren Komödie zwischen 380 und 350 v. Chr. (ebd. 336).
[45] Dies gilt auch an anderen Stellen wie bspw. 13,1453a18 und 37 oder 14,1454a12. So ist etwa bei der Stelle ζητοῦντες γὰρ οὐκ ἀπὸ τέχνης ἀλλ' ἀπὸ τύχης εὗρον τὸ τοιοῦτον παρασκευάζειν ἐν τοῖς μύθοις (Aristot. *poet.* 14,1454a10-12) nicht der Übersetzung von Fuhrmann, 1994, 47, zu folgen („es gelang ihnen ... in den überlieferten Geschichten von derartigen Möglichkeiten Gebrauch zu machen"), sondern eher der von Schmitt, 2008, 20: „fanden die Dichter ... diese Art, einen Handlungsverlauf zu gestalten" (noch näher wäre: „Stoffe zu gestalten"). Zu μῦθοι für „Stoffe" in einem abstrakten Sinn in pluralischer Verwendung vgl. auch Aristot. *poet.* 15,1454a37-b2, und bereits den ersten Satz der Poetik (Aristot. *poet.* 1447a9: πῶς δεῖ συνίστασθαι τοὺς μύθους).
[46] Anders bspw. Lucas, 1968, 54: „Sometimes, e.g. at 51b24, 53a18, 37, μῦθος retains its older meaning of legendary story or myth". So auch Schwinge, 1996, 125: „Aristoteles spricht im erörterten Zusammenhang von οἱ παραδεδομένοι μῦθοι (1451b24), später von οἱ παρειλημμένοι μῦθοι (14. 1453b22) und noch einmal von παραδεδομένοι (μῦθοι, 1453b25; an allen drei Stellen ist μῦθος, was bei Aristoteles selten vorkommt, unspezifisch, also im Sinn von Sage verwendet)."

Rede von μῦθοι, die von den Dichtern frei erfunden sind, eine *contradictio in adiecto*, denn dann würde es sich um „von den Dichtern frei erfundene ‚überlieferte Stoffe'" handeln, und ein Ausdruck wie μῦθοι παρειλημμένοι (oder παραδεδομένοι) wäre eine überflüssige Doppelung, die man dann konsequenterweise übersetzen müßte mit „die von der Überlieferung übernommenen ‚überlieferten Stoffe'". μῦθος wird daher in der *Poetik* an diesen Stellen gerade *nicht* definiert als „traditioneller Erzählstoff", sondern die Bedeutung von μῦθος als „Stoff" bleibt und wird differenziert; *entweder* ist er „traditionell" überliefert *oder* vom Dichter „innovativ" ersonnen.

Die Wendung „überlieferte Stoffe" bezeichnet dann im Gegensatz zu den von den Dichtern selbst gemachten Stoffen lediglich solche Stoffe, die mit festen Eigennamen überliefert und dem Dichter vorgegeben sind – in *beiden* Fällen handelt es sich um μῦθοι[47]. Nur deshalb, weil er „überliefert" ist, muß aber ein Stoff noch lange kein *mythischer* Stoff sein, wie das Beispiel der *Perser* des Aischylos und die Überlegungen zu den Komödienstoffen gezeigt haben.

Aristoteles will somit in der *Poetik* nirgends auf der einen Seite die „überlieferten Mythen" den „Neuerfindungen der Dichter" gegenüberstellen, sondern nur überlieferte Stoffe (μῦθοι) von erfundenen Stoffen (μῦθοι) unterscheiden. Der mit μῦθος bezeichnete Begriffsinhalt zielt durchgehend neutral und rein formal auf „Stoff" als eine „Zusammensetzung von Geschehnissen", und der Ausdruck „überlieferte Stoffe" (παραδεδομένοι μῦθοι) zielt nicht speziell auf *mythische* Stoffe, sondern wiederum rein formal auf Stoffe aller Art, insofern sie *durch Eigennamen und durch die mit diesen Eigennamen verbundenen Schicksale und Geschehnisse* näher bestimmt sind.

---

[47] Schmitt, 2008, 514, unterscheidet „historische Stoffe", zu denen für Aristoteles auch mythische Stoffe gehören, und Stoffe, die auf einer „freien Erfindung" beruhen.

Deutsch-englisches Glossar zentraler Begriffe zu Theorie und Methodik

Zu einer kondensierten Zusammenfassung einiger grundlegender Ergebnisse dieser Arbeit in englischer Sprache s. C. Zgoll, 2019b; für ihre Hilfe bei den Übersetzungen danke ich Tina Jerke und Martin Worthington.

Determination *determination*	Nähere Bestimmung eines Hylemprädikats oder eines Hylemelements, z. B. durch örtliche, zeitliche oder andere Spezifikationen, durch Beinamen, durch die Zuschreibung von Fähigkeiten oder Eigenschaften etc. (sprachlich ausgedrückt bspw. durch Appositionen, Adjektive, Adverbien, präpositionale Wendungen, morphologische Kasus etc.). **Beispiel:** „Zeus, *König der Götter*, tötet *in Athen abends den König Erechtheus mit einem Blitz*" (Determinationen kursiv).
Gattungsschema *genre pattern*	Abstraktes Grundmuster, nach dem in einer Gruppe von Texten, vornehmlich in einer bestimmten literarischen Gattung, die Handlung typischerweise strukturiert ist, entweder die Handlung als Ganze (also bezogen auf einen Text insgesamt), oder doch zumindest größere Teile der Handlung eines Textes. **Beispiel:** Das Gattungsschema einer Tragödie konstituiert sich wesentlich aus dem Dreischritt, der von einer *Verwicklung* über eine *Wende* zu einer *Lösung* führt (Aristoteles, vgl. Kapitel 24.2.2).
Handlung *sequence of events/ sequence of narrative units*	„Zusammenstellung von Geschehnissen" (vgl. Aristot. *poet.* 6,1450a5 und 6,1450a15), also von Ereignissen, Taten, Vorgängen etc. und dazwischenliegenden Zuständen oder Situationen etc. als wichtigste Konstituente eines Erzählstoffes, mit mindestens einer Repräsentation einer Zustandsveränderung (vgl. Schmid, 2007, 98); *siehe auch unter* Hylemsequenz.
Handlungsschritt *narrative unit*	Siehe unter Hylem.
Hylem *hyleme*	Logisch und sprachlich standardisierte, kleinste handlungstragende Einheit einer Stoffvariante; diese Einheit ist aus einer medialen oder einzelsprachlichen Konkretion rekonstruierbar, auf diese aber nicht festgelegt.

	A minimal action-bearing unit of a Stoff *variant; it is logically and linguistically standardized and can be reconstructed from a manifestation in a specific medium or a specific wording in a particular language, but is not exclusive to any one such manifestation.* Die Grundstruktur eines Hylems weist folgenden Aufbau auf: logisches Subjekt (+ ggf. Determinationen) + logisches Prädikat (+ ggf. Determinationen) + ggf. logisches Objekt (+ ggf. Determinationen). **Beispiel** (ohne Determinationen): „Zeus tötet Erechtheus".
Hylemanalyse *hyleme analysis*	Methode der Rekonstruktion einer Stoffvariante in ihrer natürlichen chronologischen Abfolge aus einer vorliegenden medialen Konkretion.
Hylemelement *hyleme element*	Mit dem Hylemprädikat in (logischer) Subjekt- oder Objekt-Funktion verbundene Figuren, Gegenstände, Örtlichkeiten, Naturerscheinungen u. a. **Beispiel:** „*Zeus* tötet *Erechtheus*" (Hylemelemente kursiv).
Hylemprädikat *hyleme predicate*	Darstellung oder Bezeichnung einer Handlung, eines Vorganges, eines Zustandes oder einer Eigenschaft durch ein (logisches) Prädikat als Kernbestandteil eines Hylems. **Beispiel:** „Zeus *tötet* Erechtheus" (Hylemprädikat kursiv).
Hylemschema *hyleme pattern*	Von Eigennamen abstrahiertes Hylem mit mehreren möglichen Stufen weiterer Abstraktions- und Indeterminationsgrade. **Beispiel:** Aus dem konkreten Hylem „Zeus tötet Erechtheus mit einem Blitz" läßt sich das Hylemschema gewinnen „Oberster Gott tötet König mit einem Blitz". Die Erstellung von Hylemschemata bildet die Basis für ein komparatistisches Vorgehen (s. Kapitel 9.5). Für sinnvolle Hylemschema-Vergleiche ist sowohl die Berücksichtigung mehrerer Möglichkeiten weiterer Abstraktions- und Indeterminationsgrade von ausschlaggebender Bedeutung (wie bspw. „Gott tötet Mann" > „Gottheit handelt negativ an Mensch" > „Protagonist A tut etwas an Protagonist B"), als auch die Wahl einer angemessenen Mischung aus determinations- und konkretionsbedingter Verschiedenheit und indeterminations- bzw. abstraktionsbedingter Gemeinsamkeit der miteinander verglichenen Hylemschemata.
Hylemsequenz *hyleme sequence*	Abfolge von mehreren (mindestens zwei) Hylemen. **Beispiel:** „Erechtheus tötet Eumolpos" (Hylem 1). „Zeus erschlägt daraufhin Erechtheus mit einem Blitz" (Hylem 2).
Hylistik *hylistics*	*Siehe unter* Stoffwissenschaft.
Hyperhylem *hyper-hyleme*	Hylem, welches die Funktion hat, stellvertretend für eine längere Hylemsequenz oder für einen gesamten Stoff zu stehen, indem es diese Sequenz bzw. den Stoff entweder nach Art einer Überschrift zusammenfaßt (**Beispiel:** „Kadmos gründet Theben", vgl. Kapitel 9.8.1) oder aufgrund seiner Prägnanz bzw. spezifischer Details

	evoziert. **Beispiel:** „Odysseus entwirft ein hohles hölzernes Pferd" (damit wird der gesamte Stoff von der Eroberung Troias evoziert).
Interhylität *interhylity*	Phänomen sich wechselseitig beeinflussender und durchdringender Stoffe und der damit einhergehenden Interferenzen von Vorstellungen, die hinter diesen Stoffen stehen. Darin spiegeln sich bloße Kontakte, bei Stoffen mit Relevanz für die Deutung und Bewältigung menschlicher Existenz häufig aber auch Konflikte bzw. kämpferische Auseinandersetzungen zwischen Stoffen und den hinter diesen Stoffen liegenden Deutungskonzepten und Deutungsmacht-Ansprüchen. Intertextualität (Text-Text-Bezüge) und Interpiktorialität (Bild-Bild-Bezüge) sind medienspezifisch unterschiedliche Ausformungen von Interhylität; sie beziehen sich nicht auf die Interferenzen von Stoffen, sondern auf Bezüge zwischen medialen Konkretionen einzelner Stoffvarianten. Interhylität liegt überall dort vor, wo inhaltliche Interferenzen zwischen Stoffen beobachtet werden können; Intertextualität oder Interpiktorialität liegen vor, wenn zusätzlich zu den inhaltlichen Bezügen auch formale Bezüge zwischen einzelnen medialen Realisationen bestimmter Stoffvarianten festgemacht werden können (z. B. zwischen zwei konkreten Texten oder zwei konkreten Bildern). **Beispiel** für Interhylität: Interferenzen zwischen dem Stoff der Tochter-Opferung des Erechtheus und dem Stoff der Opferung der Iphigeneia durch ihren Vater Agamemnon (s. Kapitel 14.1).
Interpiktorialität	*Siehe unter* Interhylität.
Intertextualität	*Siehe unter* Interhylität.
Kunstmythos *invented myth*	Ein von einem bestimmten einzelnen Autor neu ins Leben gerufener, daher auf seinen Ursprung eindeutig zurückführbarer und in dieser ursprünglichen Version „monomorpher" Mythos. **Beispiel:** Platonische Mythen (s. Kapitel 12.5).
Mediale Konkretion *manifestation in a specific medium*	Präsentation einer Stoffvariante mit Hilfe eines bestimmten Mediums (Bild, Text, Film, Tanz, Ritualhandlung etc.). **Beispiel:** Die Stoffvariante von Apollons vergeblicher Liebe zu Daphne in der medialen Konkretion eines Textabschnitts in lateinischer Sprache in den *Metamorphosen* Ovids (Ov. met. 1,452-567).
Mythos *myth*	Ein Mythos läßt sich, aufbauend auf den Ergebnissen dieser Arbeit, verstehen als ein aufgrund der Varianten polymorpher und je nach Variante polystrater Erzählstoff mit implizitem Anspruch auf Relevanz für die Deutung und Bewältigung menschlicher Existenz, in dem sich transzendierende Auseinandersetzungen mit Erfahrungsgegenständen zu einer Hylemsequenz verdichten. *A myth can be understood as an* Erzählstoff *which is polymorphic through its variants and – depending on the variant – polystratic; an* Erzählstoff *in which transcending interpretations of what can be experienced form a hyleme sequence with an implicit claim*

	to relevance for the interpretation and mastering of the human condition. **Beispiel**: Der Mythos von Apollons vergeblicher Liebe zu Daphne in allen seinen existierenden und möglichen Varianten.
Polymorphie / polymorph *polymorphy / polymorphous*	Eigenschaft eines mythischen Stoffes, die sich auf die Vielfalt der existierenden und potentiellen Varianten bezieht, die insgesamt als ein offenes Feld von Möglichkeiten diesen Stoff nicht definieren, aber annäherungsweise umschreiben.
Polystratie / polystrat *polystraty / polystratic*	Eigenschaft einer mythischen Stoffvariante, die sich darauf bezieht, daß eine Stoffvariante aufgrund des Interhylitätsphänomens in der Regel von einzelnen oder mehreren Hylemen (oder Hylemelementen, Hylemprädikaten oder Hylemelement- bzw. Hylemprädikat-Determinationen) von anderen Varianten desselben Stoffes oder von Varianten anderer Stoffe durchsetzt ist. **Beispiel**: Aus dem Satz „Apollon, der Pythontöter, liebt die Nymphe Daphne" lassen sich die Hyleme ableiten „Apollon liebt die Nymphe Daphne" (Hylem 1) und „Apollon tötet Python" (Hylem 2). Dieses 2. Hylem gehört zu einem anderen mythischen Stoff und damit zu einer anderen Schicht als Hylem 1.
Stoff / Erzählstoff Stoff / Erzählstoff or *„narrative material"*	Nicht abgeschlossene Menge von Varianten einer durch spezifische Protagonisten, Örtlichkeiten, Gegenstände und Geschehnisse nur ungefähr umschreibbaren, polymorphen Hylemsequenz. *A non-finite quantity of variants of a polymorphic hyleme sequence, which can be circumscribed only approximately with regard to specific protagonists, places, objects, and events.* **Beispiel** eines (mythischen) Stoffes: Apollon liebt Daphne (als Menge all der existierenden und möglichen Varianten dieses Stoffes, die unter diesem Hyperhylem überschriftartig zusammengefaßt werden).
Stoffart Stoff *type*	Gruppe von Stoffen, die durch bestimmte Merkmale gewisse „Familienähnlichkeiten" (Wittgenstein) aufweisen, wie bspw. die Gruppe mythischer Stoffe oder die Gruppe märchenhafter Stoffe (s. Kapitel 10.3).
Stoffkonglomerat/ Stoffkombination Stoff *conglomerate* / Stoff *combination*	Nach Protagonisten oder bestimmten Ereignissen zusammengestellte Einzelstoffe, also Verknüpfung mehrerer verschiedener einzelner Stoffe bzw. einzelner Stoffvarianten zu einem „vielstofflichen" Gebilde. **Beispiele**: Die Verknüpfung mehrerer Gilgameš-Stoffe im akkadischen *Gilgameš-Epos* oder die Verknüpfung mehrerer Odysseus-Stoffe in Homers *Odyssee*.
Stoffpartitur Stoffpartitur (Partitur *being the German term for a musical score*)	Untereinanderstellung (oder parallele Darstellung) ausgewählter Stoffvarianten in ihrer natürlichen chronologischen Hylem-Abfolge nach Art einer Partitur, hilfreich für einen detaillierteren Vergleich der gewählten Stoffvarianten.

Stoffschema Stoff *pattern*	Von Eigennamen abstrahierter Stoff mit mehreren möglichen Stufen weiterer Abstraktions- und Indeterminationsgrade. **Beispiel** eines Stoffschemas (auf nur zwei Hylemschemata verkürzt): „Ein König durchbohrt einen feindlichen Heerführer mit einer Lanze" (Hylemschema 1). „Ein Gott erschlägt daraufhin den König mit einem Blitz" (Hylemschema 2). Für sinnvolle Stoffschema-Vergleiche ist sowohl die Berücksichtigung mehrerer Möglichkeiten weiterer Abstraktions- und Indeterminationsgrade von ausschlaggebender Bedeutung, als auch die Wahl einer angemessenen Mischung aus determinations- und konkretionsbedingter Verschiedenheit und indeterminations- bzw. abstraktionsbedingter Gemeinsamkeit der miteinander verglichenen Stoffschemata (s. dazu oben unter „Hylemschema" mit Beispielen), außerdem noch die Anzahl und Anordnung der einzelnen Hylemschemata innerhalb der verglichenen Stoffschemata (s. dazu Kapitel 9.7).
Stoffvariante Stoff *variant*	In sich abgeschlossene und in Einzelheiten festgelegte Sequenz verschiedener, aufeinander bezogener Hyleme eines bestimmten Stoffes. *A self-contained sequence of multiple interdependent hylemes of a specific* Stoff; *a* Stoff *variant is determined in its details.* **Beispiel**: Die konkrete Variante des Stoffes von Apollons vergeblicher Liebe zu Daphne, die medial in Form eines Textabschnitts in lateinischer Sprache in den *Metamorphosen* Ovids (Ov. met. 1,452-567) überliefert ist, die aber medial auch in anderen Formen dargestellt sein könnte.
Stoffwissenschaft *alias* **Hylistik** *hylistics*	Wissenschaft, die sich mit der Bestimmung und Unterscheidung von Erzählstoffen, ihrer Erforschung und ihrem Vergleich (*comparative hylistics*) befaßt.
Stratifikationsanalyse *stratification analysis*	Methode der Identifikation und Rekonstruktion verschiedener Schichten in einer (mythischen) Stoffvariante. Sie basiert auf der Analyse typischer Muster für Stoff-Stoff-Interferenzen (s. dazu auch oben unter „Interhylität"; s. Kapitel 13 und 14), formaler und logischer Inkonsistenzen (s. Kapitel 16 und 17) sowie verschiedener Wertungs- und Hierarchisierungsstrategien, die auf ausgetragene Deutungsmachtkonflikte hindeuten (s. Kapitel 19 und 20). Die Stratifikationsanalyse ist eine wesentliche Vorbedingung, um nach Schichten differenzierte Deuthorizonte mythischer Stoffvarianten aufzeigen zu können.

Literaturverzeichnis

Aarne, A./ Thompson, S., 1961, The Types of the Folktale. A Classification and Bibliography, 3., stark erw. Aufl., Folklore Fellows Communications 184, Helsinki.
Allen, N.J., 2011, „The Indo-European Background of Greek Mythology", in: Dowden, K./ Livingstone, N. (Hg.), A Companion to Greek Mythology, Blackwell Companions to the Ancient World, Malden/ Oxford, 341-356.
Alster, B., 1989, „The Textual History of the Legend of Etana", in: Journal of the American Oriental Society 109, 81-86.
Alt, K., 2014, „Zu einigen Problemen in Platons Jenseitsmythen und deren Konsequenzen bei späteren Platonikern", in: Janka, M./ Schäfer, C. (Hg.), Platon als Mythologe. Neue Interpretationen zu den Mythen in Platons Dialogen, 2., vollständig überarb. und erw. Aufl., Darmstadt, 137-156.
Alvoni, G., 2006, „Nur Theseus oder auch Peirithoos? Zur Hypothesis des pseudo-euripideischen 'Peirithoos'", in: Hermes 134/3, 290-300.
Andersen, L., 1988, „Greek Epic and Greek Mythology and their Links with The Near East", in: Fischer-Hansen, T. (Hg.), East and West Cultural Relations in the Ancient World, ACTA Hyperborea 1, Kopenhagen, 33-43.
Andersen, Ø., 2012, „Older heroes and earlier poems. The case of Heracles in the *Odyssey*", in: Andersen, Ø./ Haug, D. (Hg.), Relative Chronology in Early Greek Epic Poetry, Cambridge, 138-151.
Anz, T., 2007, „Textwelten", in: HbL 1, 111-130.
Anz, T. (Hg.), 2007, Handbuch Literaturwissenschaft. Gegenstände – Konzepte – Institutionen, 3 Bde., Bd. 1: Gegenstände und Grundbegriffe, Bd. 2: Methoden und Theorien, Bd. 3: Institutionen und Praxisfelder, Stuttgart.
Arce, J., 1986, „Cacus", in: LIMC III/1, 177 f.
Asmuth, B., 2000, „Handlung", in: RLW II, 6-9.
Assmann, A./ Assmann, J., 1998, „Mythos", in: HrwG Bd. IV, 179-200.
Assmann, J., 1977, „Die Verborgenheit des Mythos in Ägypten", in: Göttinger Miscellen 25, 7-43.
Assmann, J., 1999, Das kulturelle Gedächtnis. Schrift, Erinnerung und politische Identität in frühen Hochkulturen, München.
Assmann, J./ Burkert, W./ Stolz, F. (Hg.), 1982, Funktionen und Leistungen des Mythos. Drei altorientalische Beispiele, Orbis Biblicus et Orientalis 48, Freiburg/ Göttingen.
Attinger, P., 2005, Rezension zu D. Katz, The Image of the Netherworld in the Sumerian Sources, Bethesda/ Maryland 2003, in: Bibliotheca Orientalis 62, 279-286.
Attinger, P., 2016, La descente d'Innana dans le monde infernal (1.4.1), Link : http://www.iaw.unibe.ch/unibe/portal/fak_historisch/dga/iaw/content/e39448/e99428/e122665/e122821/pane122850/e441297/1_4_1_ger.pdf (Zugriffsdatum: 24.9.2018).
Audley-Miller, L./ Dignas, B. (Hg.), 2016, Wandering Myths. Transcultural Uses of Myth in the Ancient World, Berlin/ New York.
Austin, J.L., 1955, How to do things with Words, 2. Aufl. 1975 hg. von Urmson, J.O./ Sbisà, M., Cambridge.

Ayali-Darshan, N., 2010, „'The Bride of the Sea': The Traditions about Astarte and Yamm in the Ancient Near East", in: Horowitz, W. (Hg.), A Woman of Valor. Jerusalem Ancient Near Eastern Studies in Honor of J.G. Westenholz. Biblioteca del Proximo Oriente Antiguo 8, Madrid, 19-34.

Ayali-Darshan, N., 2017, „The Background of the Cedar Forest Tradition in the Egyptian *Tale of the Two Brothers* in the Light of West-Asian Literature", in: Ägypten und Levante 28, 183-193.

Bachvarova, M.R., 2016, From Hittite to Homer. The Anatolian Background of Ancient Greek Epic, Cambridge.

Bäbler, B., 2013, „Oknos, Kairos und Chronos. Von (Lebens-)Zeiten und (verpassten) Gelegenheiten", in: Jahrbuch für Biblische Theologie 28, 185-212.

Bäbler, B./ Nesselrath, H.-G. (Hg.), 2014, Christian Gottlob Heyne. Werk und Leistung nach zweihundert Jahren, Abhandlungen der Akademie der Wissenschaften zu Göttingen NF 32, Berlin.

Baines, J., 1991, „Egyptian Myth and Discourse: Myth, Gods, and the Early Written and Iconographic Record", in: Journal of Near Eastern Studies 50, 1991, 81-105.

Bal, M., 2002, Kulturanalyse, hg. und mit einem Nachwort vers. von T. Fechner-Smarsly/ S. Neef, aus dem Englischen von J. Schulte, Frankfurt a. Main.

Barchiesi, A., 2005, Ovidio, Metamorfosi. Vol. I: Libri I-II, con un saggio introduttivo di C. Segal, testo critico basato sull'edizione oxoniense di R. Tarrant, traduzione di L. Koch, Mailand.

Barner, W./ Detken, A./ Wesche, J. (Hg.), 2003, Texte zur modernen Mythentheorie, Stuttgart.

Barthes, R., 1957, Mythologies, Paris (dt. Teilübersetzung in Barner et al., 2003, 91-105: „Mythen des Alltags").

Barthes, R., 1968, „La mort de l'auteur", in: Manteia 1968, 12-17 (dt. Übersetzung in Jannidis et al., 2000, 185-193: „Der Tod des Autors").

Barthes, R., 1988, Das semiologische Abenteuer, aus dem Französischen von D. Hornig, Frankfurt a. Main (franz. Orig. L'aventure sémiologique, Paris 1985).

Baudy, G., 1996, „Adonis", in: DNP 1, 120-122.

Bauer, J., 2015, „Enkis Reise nach Nippur", in: Volk, K. (Hg.), Erzählungen aus dem Land Sumer, Wiesbaden, 365-372.

Bauks, M., 2006, „Chaos / Chaoskampf", in: WiBiLex, Zugriffsdatum: 7.10.2015, Perma-Link: http://www.bibelwissenschaft.de/stichwort/15897/.

Bauks, M., 2012, „Religionsgeschichtliche Methode", in: WiBiLex, Zugriffsdatum: 23.8.2016, Perma-Link: http://www.bibelwissenschaft.de/stichwort/33146/.

Becker, U., 2011, Exegese des Alten Testaments. Ein Methoden- und Arbeitsbuch, 3., überarb. Aufl., Tübingen (1. Aufl. 2005).

Beekes, R., 2010, Etymological Dictionary of Greek, with the assistance of L. van Beek, 2 vols., Leiden Indo-European Etymological Dictionary Series 10/1-2, Leiden/ Boston.

Behrens, H., 1978, Enlil und Ninlil. Ein sumerischer Mythos aus Nippur, Studia Pohl SM 8, Rom.

Bendix, R., 2013, „Woran erkennt man einen Mythos? Kulturanthropologische Narratologie und das Genre-Problem", in: Zgoll, A./ Kratz, R.G. (Hg.), Arbeit am Mythos. Leistung und Grenze des Mythos in Antike und Gegenwart, unter Mitarbeit von K. Maiwald, Tübingen, 59-78.

Benveniste, E., 1926, „Un emploi du nom du 'genou' en vieil-irlandais et en sogdien", in: Bulletin de la Société Linguistique de Paris 27, 51-53.

Berezkin, Y./ Cherkashin, D./ Kogan, L./ Naumkin, V., 2016, „Motifs of Soqotri Narratives: Towards a Comparative-Typological Analysis", in: Aula Orientalis 34/2, 201-243.

Berger-Doer, G., 1986, „Elektra III", in: LIMC III,1, 719.
Bernbeck, R., 1996, „Siegel, Mythen, Riten: Etana und die Ideologie der Akkad-Zeit", in: Baghdader Mitteilungen 27, 161-213.
Beschorner, A., 1992, Untersuchungen zu *Dares Phrygius*, Classica Monacensia 4, Tübingen.
Beth, K., 1935, „Mythologie und Mythus", in: HWDA 6, 720-752.
Binder, G., 1964, Die Aussetzung des Königskindes. Kyros und Romulus, Beiträge zur Klassischen Philologie 10, Meisenheim am Glan.
Binsbergen, W.M.J. van/ Venbrux, E. (Hg.), 2010, New Perspectives on Myth: Proceedings of the Second Annual Conference of the International Association for Comparative Mythology, Ravenstein (The Netherlands), 19 - 21 August, 2008, Papers in Intercultural Philosophy and Transcontinental Comparative Studies 5, Haarlem.
Black, J./ Cunningham, G./ Robson, E./ Zólyomi, G., 2004, The Literature of Ancient Sumer, translated and introduced, Oxford.
Blumenberg, H., 1971, „Wirklichkeitsbegriff und Wirkungspotential des Mythos", in: Fuhrmann, M. (Hg.), Terror und Spiel. Probleme der Mythenrezeption, München, 11-66.
Blumenberg, H., 1984, Arbeit am Mythos, 3., erneut durchges. Aufl., Frankfurt am Main (1. Aufl. 1979, Ndr. 2006).
Blumenthal, E. et al. (Hg.), 1995, Mythen und Epen III (Mythen und Epen in ägyptischer Sprache), Texte aus der Umwelt des Alten Testaments, Bd. III: Weisheitstexte, Mythen und Epen, Lieferung 5, Gütersloh.
Boehmer, R.M., 1965, Die Entwicklung der Glyptik während der Akkad-Zeit, Untersuchungen zur Assyriologie und vorderasiatischen Archäologie 4, Berlin.
Bömer, F., 1969-1986, P. Ovidius Naso – Metamorphosen, Kommentar, 7 Bde., Wissenschaftliche Kommentare zu griechischen und lateinischen Schriftstellern, Heidelberg.
Bottéro, J., 2001, Religion in Ancient Mesopotamia, Chicago (franz. Orig.: La plus vieille religion: En Mésopotamie, Paris, 1998).
Bottéro, J./ Kramer, S.N., 1993, Losque les dieux faisaient l'homme. Mythologie mésopotamienne, Bibliothèque des Histoires, Paris.
Bouvrie, S. des, 2002, „The Definition of Myth. Symbolical Phenomena in Ancient Culture", in: Bouvrie, S. des (Hg.), Myth and Symbol I, Symbolic Phenomena in Ancient Greek Culture. Papers from the first international symposium on symbolism at the University of Tromsø, June 4-7, 1998, Papers from the Norwegian Institute at Athens 5, Bergen, 11-70.
Brandt, R./ Schmidt, S. (Hg.), 2004, Mythos und Mythologie, Berlin.
Bremmer, J.N., 1987a, „What is a Greek Myth?", in: Bremmer, J.N. (Hg.), Interpretations of Greek Mythology, London/ Sidney, 1-9.
Bremmer, J.N., 1987b, „Oedipus and the Greek Oedipus Complex", in: Bremmer, J.N. (Hg.), Interpretations of Greek Mythology, London/ Sidney, 41-59.
Bremmer, J.N., 2008, Greek Religion and Culture, the Bible and the Ancient Near East, Jerusalem Studies in Religion and Culture 8, Leiden/ Boston.
Bremmer, J.N., 2015a, „The Ancient Near East", in: Eidinow, E./ Kindt, J. (Hg.), Oxford Handbook of Ancient Greek Religion, Oxford, 605-619.
Bremmer, J.N., 2015b, „Theseus' and Peirithoos' Descent into the Underworld", in: Bonnechère, P./ Cursaru, G. (Hg.), *Katábasis* dans la tradition littéraire et religieuse de la Grèce ancienne. Actes du Colloque de Montréal et de Québec (2-5 mai 2014), vol. I, Namur, 35-49.
Breuer, J., 2008, Der Mythos in den Oden des Horaz. Praetexte, Formen, Funktionen, Hypomnemata 178, Göttingen.

Brinker, K., 2010, Linguistische Textanalyse. Eine Einführung in Grundbegriffe und Methoden, 7., durchges. Aufl., Grundlagen der Germanistik 29, Berlin.
Brisson, L., 1996, Einführung in die Philosophie des Mythos: Antike, Mittelalter und Renaissance, Darmstadt.
Brodersen, K., 2004, Apollodoros, Götter und Helden der Griechen. Griechisch und deutsch, eingel., hg. und übers. von K. Brodersen, Darmstadt.
Burgess, J.S., 2012a, „Belatedness in the Travels of Odysseus", in: Montanari, F./ Rengakos, A./ Tsagalis, C. (Hg.), Homeric Contexts. Neoanalysis and the Interpretation of Oral Poetry, Trends in Classics 12, Berlin/ Boston, 269-290.
Burgess, J.S., 2012b, „Intertextuality without Text in Early Greek Epic", in: Andersen, Ø./ Haug, D. (Hg.), Relative Chronology in Early Greek Epic Poetry, Cambridge, 168-182.
Burgess, J.S., 2015, Homer, London/ New York.
Burkard, G./ Thissen, H. J., 2003, Einführung in die altägyptische Literaturgeschichte I: Altes und Mittleres Reich, Münster/ Hamburg/ London.
Burkert, W., 1977, Griechische Religion der archaischen und klassischen Epoche, Die Religionen der Menschheit 15, Stuttgart/ Berlin/ Köln/ Mainz.
Burkert, W., 1979a, Structure and History in Greek Mythology and Ritual, Sather Classical Lectures 47, Berkeley/ Los Angeles/ London.
Burkert, W., 1979b, „Mythisches Denken. Versuch einer Definition an Hand des griechischen Befundes", in: Poser, H. (Hg.), Philosophie und Mythos. Ein Kolloquium, Berlin/ New York, 16-39.
Burkert, W., 1982, „Literarische Texte und funktionaler Mythos. Ištar und Atraḫasis", in: Assmann, J./ Burkert, W./ Stolz, F., 1982, Funktionen und Leistungen des Mythos. Drei altorientalische Beispiele, Orbis Biblicus et Orientalis 48, Freiburg/ Göttingen, 63-82.
Burkert, W., 1987, „Oriental and Greek Mythology: The Meeting of Parallels", in: Bremmer, J.N. (Hg.), Interpretations of Greek Mythology, London/ Sidney, 10-40.
Burkert, W., 1992, The Orientalizing Revolution. Near Eastern Influence on Greek Culture in the Early Archaic Age, Revealing Antiquity 5, Cambridge (Mass.)/ London.
Burkert, W., 1993, „Mythos – Begriff, Struktur, Funktionen", in: Graf, F. (Hg.), Mythos in mythenloser Gesellschaft. Das Paradigma Roms, Colloquium Rauricum Bd. 3, Stuttgart/ Leipzig, 9-24.
Burkert, W., 1997, Homo Necans. Interpretationen altgriechischer Opferriten und Mythen, 2., um ein Nachw. erweiterte Aufl., Berlin/ New York.
Burkert, W., 2003, Die Griechen und der Orient: Von Homer bis zu den Magiern, München.
Burkert, W., 2004, Babylon – Memphis – Persepolis. Eastern Contexts of Greek Culture, Cambridge/ London.
Burkert, W./ Horstmann, A., 1984, „Mythos, Mythologie", in: HWP 6, 281-318.
Bywater, I., 1909, ΑΡΙΣΤΟΤΕΛΟΥΣ ΠΕΡΙ ΠΟΙΗΤΙΚΗΣ – Aristotle, On the Art of Poetry, a revised text with critical introduction, translation and commentary, Oxford.
Caduff, G.A., 1986, Antike Sintflutsagen, Hypomnemata 82, Göttingen.
Cahen, M., 1926, „'Genou', 'adoption' et 'parenté' en germanique", in: Bulletin de la Société de Linguistique de Paris 27, 56-67.
Calame, C., 2000, Poétique des mythes dans la Grèce antique, Paris.
Cassirer, E., 1953, Philosophie der symbolischen Formen. Zweiter Teil: Das mythische Denken, 2. Aufl., Darmstadt (1. Aufl. 1923).
Ceccarelli, M., 2012, „Enkis Reise nach Nippur", in: Mittermayer, C. /Ecklin, S., Altorientalische Studien zu Ehren von Pascal Attinger, Orbis biblicus et orientalis 256, 89–118.

Cervantes Saavedra, M. de, 1605/ 1615, Der geistvolle Hidalgo Don Quijote von der Mancha, Teile I-II, Gesamtausgabe in einem Band, hg. und neu übers. von S. Lange, München 2008 (Ndr. 2016).
Chen, Y.S., 2013, The Primeval Flood Catastrophe. Origins and Early Development in Mesopotamian Traditions, Oxford Oriental Monographs, Oxford.
Civil, M., 1983, „Enlil and Ninlil: the Marriage of Sud", in: Journal of the American Oriental Society 103, 43-66.
Clay, J.S., 2003, Hesiod's Cosmos, Cambridge.
Codino, F., 1970, Einführung in Homer, dt. Übers. von R. Enking, Berlin (ital. Orig. Introduzione a Omero, Torino 1965).
Colpe, C., 1988, „Zur Neubegründung einer Phänomenologie der Religionen und der Religion", in: Zinser, H. (Hg.), Religionswissenschaft. Eine Einführung, Berlin, 131-154.
Cooper, J.S., 1980, Rezension zu Behrens, H., Enlil und Ninlil. Ein sumerischer Mythos aus Nippur, in: Journal of Cuneiform Studies 32, 175-188.
Corbineau-Hoffmann, A., 2004, Einführung in die Komparatistik, 2., überarbeitete und erweiterte Aufl., Berlin.
Coreth, E., 1986, Was ist der Mensch? Grundzüge einer philosophischen Anthropologie, 4., neu bearb. Aufl., Innsbruck/ Wien.
Coupe, L., 2009, Myth, second edition (first edition 1997), The New Critical Idiom, London/ New York.
Crane, G., 1988, Calypso. Backgrounds and Conventions of the Odyssey, Frankfurt.
Csapo, E., 2005, Theories of Mythology, „Ancient Cultures" Series, Malden/ Oxford.
Cuartero, F.J., 2017, „The *Bibliotheca* of Pseudo-Apollodorus, *Textus Unicus*", in: Pàmias, J. (Hg.), Apollodoriana: Ancient Myths, New Crossroads. Studies in Honour of Francesc J. Cuartero, Sozomena 16, Berlin/ Boston, 146-157.
Cupitt, D., 1982, The World to Come, London.
Dahms, C., 2013, „Thema, Stoff, Motiv", in: HbK, 124-129.
Dalfen, J., 2014, „Platons Jenseitsmythen: Eine 'neue Mythologie'?", in: Janka, M./ Schäfer, C. (Hg.), Platon als Mythologe. Neue Interpretationen zu den Mythen in Platons Dialogen, 2., vollständig überarb. und erw. Aufl., Darmstadt, 355-371.
Dalley, S., 2008, Myths from Mesopotamia: Creation, the flood, Gilgamesh, and others, edited and translated, with introduction and notes by S. Dalley, revised edition, Oxford.
Danek, G., 1998, Epos und Zitat. Studien zu den Quellen der Odyssee, Wiener Studien, Beiheft 22, Wien.
Derrida, J., 1976, „Signatur Ereignis Kontext", in: Derrida, J., Randgänge der Philosophie, Frankfurt/ Berlin/ Wien, 124-155.
Detienne, M., 1981, L'invention de la mythologie, Paris.
D'Huy, J., 2015, „Die Urahnen der großen Mythen", in: Spektrum der Wissenschaft, Dezember 2015, 66-73.
Diakonoff, I.M., 1995, Archaic Myths of the Orient and the Occident, Orientalia Gothoburgensia 10, Göteborg.
Dierse, U., 1976, „Ideologie III.", in: HWP 4, 173-185.
Dietrich, M./ Loretz, O. (Hg.), 1997, Mythen und Epen IV (Mythen und Epen in ugaritischer Sprache), Texte aus der Umwelt des Alten Testaments, Bd. III: Weisheitstexte, Mythen und Epen, Lieferung 6, Gütersloh.

Dijk, J.J.A. van, 1998, „Inanna raubt den 'großen Himmel'. Ein Mythos", in: Maul, S.M. (Hg.), Festschrift für Rykle Borger zu seinem 65. Geburtstag am 24.Mai 1994. tikip santakki mala bašmu ..., Cuneiform Monographs 10, Groningen, 9-38.

Dill, U./ Walde, C. (Hg.), 2009, Antike Mythen: Medien, Transformationen und Konstruktionen, Berlin/ New York.

Dörrie, H., 1978, Sinn und Funktion des Mythos in der griechischen und der römischen Dichtung, Rheinisch-Westfälische Akademie der Wissenschaften, Vorträge G 230, Opladen.

Dova, S., 2015, „Theseus, Peirithoos, and the Poetics of a Failed *Katábasis*", in: Bonnechère, P./ Cursaru, G. (Hg.), *Katábasis* dans la tradition littéraire et religieuse de la Grèce ancienne. Actes du Colloque de Montréal et de Québec (2-5 mai 2014), vol. I, Namur, 51-68.

Dowden, K./ Livingstone, N. (Hg.), 2011, A Companion to Greek Mythology, Blackwell Companions to the Ancient World, Malden/ Oxford (Ndr. 2014).

Dräger, P., 1999, „Kirke", in: DNP 6, 487-489.

Dräger, P., 2005, Apollodor, Bibliotheke. Götter- und Heldensagen, hg., übers. und komm. von P. Dräger, Tusculum, Düsseldorf/ Zürich.

Drewermann, E., 2013, Liebe, Leid und Tod. Daseinsdeutung in antiken Mythen, Ostfildern.

Drux, R., 2000, „Motiv", in: RLW II, 638-641.

Duchemin, J., 1995, Mythes grecques et sources orientales. Textes réunies par Bernard Deforge, Vérité des mythes 10, Paris.

Dumézil, G., 1989, Mythos und Epos. Die Ideologie der 3 Funktionen in den Epen der indoeuropäischen Völker, Frankfurt a.M./ New York.

Dundes, A., 1984, „Introduction", in: Dundes, A. (Hg.), Sacred Narrative. Readings in the Theory of Myth, Berkeley/ Los Angeles/ London, 1-3.

Dundes, A., 2007, „From Etic to Emic Units in the Structural Study of Folktales (1962). Postscript (1997): The Motif-Index and the Tale Type Index: A Critique", in: Bronner, S.J. (Hg.), The Meaning of Folklore. The Analytical Essays of Alan Dundes, edited and introduced by S.J. Bronner, Logan/ Utah, 90-106.

Dupont-Roc, R./ Lallot, J., 1980, Aristote, La Poétique, texte grec avec une traduction et des notes de lecture, préface de T. Todorov, Paris.

Ebner, M./ Heininger, B., 2007, Exegese des Neuen Testaments. Ein Arbeitsbuch für Lehre und Praxis, 2., verbesserte und erweiterte Aufl., Paderborn u.a. (1. Aufl. 2005).

Echterhoff, G., 2002, „Geschichten in der Psychologie. Die Erforschung narrativ geleiteter Informationsverarbeitung", in: Nünning, V./ Nünning, A. (Hg.), Erzähltheorie transgenerisch, intermedial, interdisziplinär, Trier, 265-290.

Echterhoff, G./ Straub, J., 2003, „Narrative Psychologie: Facetten eines Forschungsprogramms", in: Handlung, Kultur, Interpretation. Zeitschrift für Sozial- und Kulturwissenschaften 12/2, 317-342.

Eckel, W./ Müller-Wood, A. (Hg.), 2017, Die Macht des Erzählens: Transdisziplinäre Perspektiven, Komparatistik im Gardez! Bd. 7, Remscheid.

Edmunds, L., 2016, Stealing Helen. The Myth of the Abducted Wife in Comparative Perspective, Princeton/ Oxford.

Egelhaaf-Gaiser, U., 2013, „Mythenbild und Ahnenmaske: Augusteische 'Heldenlieder' für den Triumphator Messalla", in: Zgoll, A./ Kratz, R.G. (Hg.), Arbeit am Mythos. Leistung und Grenze des Mythos in Antike und Gegenwart, unter Mitarbeit von K. Maiwald, Tübingen, 217-248.

Eliade, M., 1967, „Schöpfungsgeschichte und Heilsgeschehen", in: Antaios 9, 329-345.

Eliade, M., 1984, Das Heilige und das Profane. Vom Wesen des Religiösen, übers. von E. Moldenhauer (Ndr. 1998), Frankfurt a.M./ Leipzig (Erstaufl. Reinbek 1957, franz. Orig. Paris 1965).

Eliade, M., 1988, Mythos und Wirklichkeit, Frankfurt a. M. (franz. Orig.: Aspects du mythe, Paris 1963).

Erdbrügger, T., 2011, „Schwierige Kommunikation: Moritz Rinkes Mythen/De/Konstruktion", in: Pełka, A./ Tigges, S. (Hg.), Das Drama nach dem Drama. Verwandlungen dramatischer Formen in Deutschland seit 1945, Wetzlar, 203-218.

Erler, M., 2014, „Praesens divinum. Mythische und historische Zeit in der griechischen Literatur", in: Janka, M./ Schäfer, C. (Hg.), Platon als Mythologe. Neue Interpretationen zu den Mythen in Platons Dialogen, 2., vollständig überarb. und erw. Aufl., Darmstadt (1. Aufl. Darmstadt 2002), 61-78.

Farber, G., 1990, „me", in: RLA 7, 610-613.

Farber, G., 2015, „Das Lied von der Hacke", in: Volk, K. (Hg.), Erzählungen aus dem Land Sumer, Wiesbaden, 69-76.

Flashar, H., 2004, „Aristoteles", in: Flashar, H. (Hg.), Die Philosophie der Antike Bd. 3: Ältere Akademie – Aristoteles – Peripatos, 2., durchgesehene und erweiterte Aufl., Grundriss der Geschichte der Philosophie, begründet von F. Ueberweg, völlig neu bearb. Ausg., hg. von H. Holzhey, Basel, 167-492.

Fleming, D.E./ Milstein, S.J., 2010, The Buried Foundation of the Gilgamesh Epic: The Akkadian Huwawa Narrative, Cuneiform Monographs 39, Leiden u.a.

Focke, F., 1943, Die Odyssee, Tübinger Beiträge zur Altertumswissenschaft 37, Stuttgart/ Berlin.

Föllinger, S., 2009, Aischylos. Meister der griechischen Tragödie, München.

Foley, J.M., 1990, Traditional Oral Epic: The Odyssey, Beowulf, and the Serbo-Croatian Return Song, Berkeley.

Foley, J.M., 1991, Immanent Art: From Structure to Meaning in Traditional Oral Epic, Bloomington/ Indianapolis.

Fondermann, P., 2008, Kino im Kopf. Zur Visualisierung des Mythos in den „Metamorphosen" Ovids, Göttingen.

Fornaro, S., 2017, „The Apollodorus of Christian Gottlob Heyne", in: Pàmias, J. (Hg.), Apollodoriana: Ancient Myths, New Crossroads. Studies in Honour of Francesc J. Cuartero, Sozomena 16, Berlin/ Boston, 219-226.

Forster, E.M., 1927, Aspects of the Novel, New York (republ. London 1974).

Foster, B.R., 2005, Before the Muses. An Anthology of Akkadian Literature, 3rd revised and enlarged edition, Bethesda (Maryland).

Foucault, M., 1978, „Gespräch mit Ducio Trombadori", in: Honneth, A./ Saar, M. (Hg.), Michel Foucault: Die Hauptwerke, Frankfurt a. Main, 2008, 1585-1649.

Foucault, M., 1983, Der Wille zum Wissen, aus dem Französischen von U. Raulff/ W. Seitter (franz. Orig. La volonté de savoir, Paris 1976), in: Honneth, A./ Saar, M. (Hg.), Michel Foucault: Die Hauptwerke, Frankfurt a. Main, 2008, 1023-1151.

Foucault, M., 1987, „Warum ich Macht untersuche. Die Frage des Subjekts", in: Michel Foucault. Jenseits von Strukturalismus und Hermeneutik, mit einem Nachwort von und einem Interview mit M. Foucault hg. von Dreyfus, H.L./ Rabinow, P., aus dem Amerikanischen von C. Rath und U. Raulff, Frankfurt a. Main, 241-261.

Fowler, R.L., 2000, Early Greek Mythography, Vol. 1: Text and Introduction, Oxford.

Fowler, R.L., 2017, „Apollororus and the Art of the Variant", in: Pàmias, J. (Hg.), Apollodoriana: Ancient Myths, New Crossroads. Studies in Honour of Francesc J. Cuartero, Sozomena 16, Berlin/ Boston, 158-175.
Fox, R.L., 2011, Reisende Helden. Die Anfänge der griechischen Kultur im homerischen Zeitalter, aus dem Englischen von S. Held, Stuttgart (engl. Orig.: Travelling Heroes, London 2008).
Fraas, C./ Barczok, A. (unter Mitarbeit von N. Di Gaetano), 2006, „Intermedialität – Transmedialität. Weblogs im öffentlichen Diskurs", in: Androutsopoulos, J.K./ Runkehl, J./ Schlobinski, P./ Siever, T. (Hg.), 2006, Neuere Entwicklungen in der linguistischen Internetforschung. Zweites Internationales Symposium zur gegenwärtigen linguistischen Forschung über computervermittelte Kommunikation, Universität Hannover, 4.-6. Oktober 2004, Germanistische Linguistik 186-187, Hildesheim/ Zürich/ New York, 132-160.
Frank, G./ Lange, B., 2010, Einführung in die Bildwissenschaft. Bilder in der visuellen Kultur, Darmstadt.
Franke, S., 2013, „Der Zahnwurm", in: Franke, S. (Hg.), Als die Götter Mensch waren. Eine Anthologie altorientalischer Literatur, Darmstadt/ Mainz, 39.
Franke, S. (Hg.), 2013, Als die Götter Mensch waren. Eine Anthologie altorientalischer Literatur, Darmstadt/ Mainz.
Frenzel, E., 1978, Stoff-, Motiv- und Symbolforschung, 4., durchgesehene und ergänzte Aufl., Stuttgart (1. Aufl. 1963).
Frenzel, E., 1993, „Neuansätze in einem alten Forschungszweig: zwei Jahrzehnte Stoff-, Motiv- und Themenforschung", in: Anglia 111, 97-117.
Frenzel, E., 2002, „Rückblick auf zweihundert Jahre literaturwissenschaftliche Motivforschung", in: Wolpers, T. (Hg.), Ergebnisse und Perspektiven der literaturwissenschaftlichen Motiv- und Themenforschung. Bericht über Kolloquien der Kommission für literaturwissenschaftliche Motiv- und Themenforschung 1998-2000, Abhandlungen der Akademie der Wissenschaften zu Göttingen, Phil.-hist. Klasse 3. Folge, Bd. 249, Göttingen, 21-39.
Frenzel, E., 2005, Stoffe der Weltliteratur. Ein Lexikon dichtungsgeschichtlicher Längsschnitte, 10., überarbeitete u. erweiterte Aufl. unter Mitarbeit von S. Grammetbauer, Stuttgart (1. Aufl. Stuttgart 1962).
Frenzel, E., 2008, Motive der Weltliteratur. Ein Lexikon dichtungsgeschichtlicher Längsschnitte, 6., überarbeitete u. ergänzte Aufl., Stuttgart (Ndr. Stuttgart 2015; 1. Aufl. Stuttgart 1976).
Frog, 2015, „Mythology in Cultural Practice: A Methodological Framework for Historical Analysis", in: Frog/ Lukin, K. (Hg.), Between Text and Practice: Mythology, Religion and Research, A Special Issue of The Retrospective Methods Network, Nr. 10, Helsinki, 33-57.
Fühmann, F., 1993, „Das mythische Element in der Literatur", in: Fühmann, F., Marsyas: Mythos und Traum, hg. von J. Krätzer, Leipzig, 400-460.
Fuhrmann, M., 1994, Aristoteles, Poetik, hg. u. übers. von M. Fuhrmann, Griechisch/ Deutsch, bibl. ergänzte Ausg., Stuttgart.
Furtwängler, A., 1890, „Elektra", in: Roscher Bd. 1, 1234-1239.
Gabbay, U., 2014, Pacifying the Hearts of the Gods. Sumerian Emesal Prayers of the First Millennium BC, Heidelberger Emesal-Studien 1, Wiesbaden.
Gabriel, G., 2014, *enūma eliš* – Weg zu einer globalen Weltordnung. Pragmatik, Struktur und Semantik des babylonischen „Lieds auf Marduk", Orientalische Religionen in der Antike 12, Tübingen.

Gabriel, G., 2016, „Eas Verdrängung – ein Stoffvergleich zwischen *Atramḫasīs* und *Enūma eliš*", Vortrag im Rahmen der 11. Interdisziplinären Klausurtagung zu antiken Mythen des *Collegium Mythologicum* im Geistlichen Zentrum Kloster Bursfelde am 15. März 2016.

Gabriel, G., 2018, „Decreeing Fate and Name-giving in *Enūma eliš*. Approaching a Fundamental Mesopotamian Concept with Special Consideration of the Underlying Assumptions and of the Condition of Possibility of Human Knowledge", in: Attinger, P. et al. (Hg.), Text and Image, Proceedings of the 61st Rencontre Assyriologique Internationale, Fribourg/ Göttingen, 163-178.

Gabriel, G., 2019/20, „Der himmlische Ursprung der einzigen Monarchie. Der Transport des Königtums vom Himmel auf die Erde als mythische Aitiologie und narrative Exemplifikation in mesopotamischen Quellen aus drei Jahrtausenden", in: Zgoll, A./ Zgoll, C. (Hg.), Was vom Himmel kommt. Stoffanalytische Zugänge zu antiken Mythen aus Mesopotamien, Ägypten, Griechenland und Rom, Mythological Studies 3, Berlin/ New York [zum Druck angenommen].

Gallas, K., 1978, Sizilien. Insel zwischen Morgenland und Abendland: Sikaner/ Sikuler, Karthager/ Phönizier, Griechen, Römer, Araber, Normannen und Staufer, Köln.

Gantz, T., 1993, Early Greek Myth. A Guide to Literary and Artistic Sources, 2 vols., Baltimore/ London (Ndr. 1996).

Gaster, T.H., 1954, „Myth and Story", in: Numen 1, 184-212.

Geertz, C., 1973, The Interpretation of Cultures. Selected Essays, New York.

Gehrke, H.-J., 1994, „Mythos, Geschichte, Politik – antik und modern", in: Saeculum 45, 239-264.

Geller, M.J., 1985, Forerunners to Udug-hul: Sumerian Exorcistic Incantations, Freiburger Altorientalistische Studien 12, Stuttgart.

Geller, M.J., 2016, Healing Magic and Evil Demons: Canonical Udug-Hul Incantations, Die babylonisch-assyrische Medizin in Texten und Untersuchungen 8, Berlin/ Boston.

Gelshorn, J., 2007, „Interikonizität", in: kritische berichte 35/3, 53-58.

Genette, G., 2010, Die Erzählung, aus dem Französischen übers. von A. Knop, mit einem Nachwort von J. Vogt, überprüft und berichtigt von I. Kranz, 3., durchgesehene und korrigierte Aufl., Paderborn (franz. Orig.: Discours du récit, in ders.: Figures III, Paris 1972).

Geominy, W., 1992, „Niobidai", in: LIMC VI/1, 914-929.

George, A.R., 1992, Babylonian Topographical Texts, Orientalia Lovaniensia Analecta 40, Leuven.

George, A.R., 1993, House Most High. The Temples of Ancient Mesopotamia, Mesopotamian Civilizations 5, Winona Lake.

George, A.R., 2003, The Babylonian Gilgamesh Epic. Introduction, Critical Edition and Cuneiform Texts, 2 vols., Oxford.

George, A.R., 2011, Cuneiform Royal Inscriptions and Related Texts in the Schøyen Collection, ed. by A.R. George, with contributions by M. Civil, G. Frame, P. Steinkeller, F. Vallat, K. Volk, M. Weeden, and C. Wilcke, Cornell University Studies in Assyriology and Sumerology (CUSAS) 17, Bethesda Maryland.

George, A.R., 2016, „Die Kosmogonie des Alten Mesopotamien", in: Gindhart, M./ Pommerening, T. (Hg.), Anfang & Ende. Vormoderne Szenarien von Weltentstehung und Weltuntergang, Zaberns Bildbände zur Archäologie, Darmstadt, 7-25.

Germain, G., 1954, Genèse de l'Odyssée: le fantastique et le sacré, Paris.

Gersbach, E., 1998, Ausgrabung heute. Methoden und Techniken der Feldgrabung, mit Beiträgen von J. Hahn und M. Schaich, Darmstadt.

Gerstenberger, E.S., 2013, „Albert Eichhorn and Hermann Gunkel: The Emergence of a History of Religion School", in: Sæbø, M. (Hg.), Hebrew Bible / Old Testament. The History of Its Interpretation, vol. III/1: The Nineteenth Century – a Century of Modernism and Historicism, in Co-operation with Machinist, P./ Ska, J.L. (SJ), Göttingen, 454-471.
Giuliani, L., 2003, Bild und Mythos. Geschichte der Bilderzählung in der griechischen Kunst, München.
Gladigow, B., 1985, „Mythische Experimente – experimentelle Mythen", in: Schlesier, R. (Hg.), Faszination des Mythos. Studien zu antiken und modernen Interpretationen, Basel/ Frankfurt a. Main, 61-82.
Goebs, K., 2002, „A Functional Approach to Egyptian Myth and Mythemes", in: Journal of Ancient Near Eastern Religions 2, 27-59.
Goebs, K./ Baines, J., 2018, „Functions and Uses of Egyptian Myth", in: Revue de l'histoire des religions 235, 645-681.
Gödde, S., 2017, „Einleitung", in: Müller, K.O., 1825, Prolegomena zu einer wissenschaftlichen Mythologie, mit einer antikritischen Zugabe, Göttingen, mit einer Einleitung hg. von S. Gödde, Ndr. Hildesheim/ Zürich/ New York, V-LI.
Görög-Karady, V., 1990, „Comment varie la variabilité?", in: Görög-Karady, V. (Hg.), D'un conte ... à l'autre. La variabilité dans la littérature orale. From One Tale ... to the Other. Variability in Oral Literature, Paris, 21-35.
Graf, F., 1985, Griechische Mythologie. Eine Einführung, Düsseldorf (Ndr. Düsseldorf 2004).
Graf, F., 1993, „Die Entstehung des Mythosbegriffs bei Christian Gottlob Heyne", in: Graf, F. (Hg.), Mythos in mythenloser Gesellschaft. Das Paradigma Roms, Colloquium Rauricum Bd. 3, Stuttgart/ Leipzig, 284-294.
Graf, F., 1997a, „Athena", in: DNP 2, 160-166.
Graf, F., 1997b, „Cacus", in: DNP 2, 879 f.
Graf, F., 1998, „Herakles. I. Kult und Mythos", in: DNP 5, 387-392.
Graf, F., 2000a, „Motivforschung", in: DNP 8, 421 f.
Graf., F., 2000b, „Mythos. I. Theorie des Mythos. V. Griechenland. VI. Rom. VII. Die Alte Kirche", in: DNP 8, 633-635 und 640-650.
Graf, F., 2002, „Zum Figurenbestand der Ilias: Götter", in: Graf, F. et al., Homers Ilias, Gesamtkommentar (Basler Kommentar / BK, auf der Grundlage der Ausgabe von Ameis-Hentze-Cauer hg. von Latacz, J.): Prolegomena, 2., durchges. Aufl., München, 115-132.
Grazzini, S., 1999, Der strukturalistische Zirkel. Theorien über Mythos und Märchen bei Propp, Lévi-Strauss, Meletinskij, mit einem Geleitwort von Prof. Dr. Bernhard Spies, Wiesbaden.
Griffith, R.D., 1997, „Homeric διιπετέος ποταμοῖο and the celestial Nile", in: American Journal of Philology 118, 353–362.
Güntert, H., 1919, Kalypso. Bedeutungsgeschichtliche Untersuchungen auf dem Gebiet der indogermanischen Sprachen, Halle.
Günther, S., 2013, „Kain und Abel, 'die Feindlichen Brüder'. Archetyp und literarisches Motiv in der arabisch-islamischen Kultur", in: Zgoll, A./ Kratz, R.G. (Hg.), Arbeit am Mythos. Leistung und Grenze des Mythos in Antike und Gegenwart, unter Mitarbeit von K. Maiwald, Tübingen, 273-295.
Gundel, H.G., 1998, Der Alte Orient und die griechische Antike, Quellen und Darstellungen, Klett.
Habbe, J., 1996, Palästina zur Zeit Jesu, Neukirchen-Vluyn.
Halliwell, S., 1987, The *Poetics* of Aristotle, translation and commentary, London.
Halliwell, S., 1995, Aristotle, *Poetics*, The Loeb Classical Library 199, Cambridge/ London.

Hallo, W.W. (Hg.), 1997-2003, The context of scripture: canonical compositions, monumental inscriptions, and archival documents from the Biblical world, associate editor K. Lawson Younger Jr., project editor D.E. Orton, 3 vols., supplement (2017), Leiden/ Boston.
Hansen, W., 1997, „Homer and the Folktale", in: Morris, I./ Powell, B. (Hg.), A New Companion to Homer, Mnemosyne Suppl., Leiden/ New York/ Köln, 442-462.
Hansen, W., 2002, Ariadne's Thread. A Guide to International Tales Found in Classical Literature, Ithaca/ London.
Harrauer, C./ Hunger, H., 2006, Lexikon der griechischen und römischen Mythologie mit Hinweisen auf das Fortwirken antiker Stoffe und Motive in der bildenden Kunst, Literatur und Musik des Abendlandes bis zur Gegenwart von H. Hunger, 9., von C. Harrauer vollständig neu bearbeitete Aufl. mit 198 Abbildungen, Purkersdorf.
Hartenstein, F./ Krispenz, J., 2013, „König, Gott als König", in: WAM, 272-279.
Hartmann, A., 2010, Zwischen Relikt und Reliquie. Objektbezogene Erinnerungspraktiken in antiken Gesellschaften, Studien zur Alten Geschichte 11, Berlin.
Haubold, J., 2013, Greece and Mesopotamia. Dialogues in Literature, Cambridge.
Haul, M., 2000, Das Etana-Epos. Ein Mythos von der Himmelfahrt des Königs von Kiš, Göttinger Arbeitshefte zur altorientalischen Literatur 1, Göttingen.
Haupt, S., 2013, „Komparatistiken: Allgemeine und Vergleichende Wissenschaften", in: Zymner, R./ Hölter, A. (Hg.), Handbuch Komparatistik. Theorien, Arbeitsfelder, Wissenspraxis, Stuttgart, 329-336.
Hecker, K., 1974, Untersuchungen zur akkadischen Epik, Alter Orient und Altes Testament 8, Kevelaer u.a.
Hecker, K., 2015, „Atra-ḫasīs", in: Janowski, B. / Schwemer, D. (Hg.), Weisheitstexte, Mythen und Epen. Texte aus der Umwelt des Alten Testaments NF 8, Gütersloh, 132-143.
Hecker, K. et al. (Hg.), 1994, Mythen und Epen II (Akkadische und hethitische Mythen und Epen), Texte aus der Umwelt des Alten Testaments, Bd. III: Weisheitstexte, Mythen und Epen, Lieferung 4, Gütersloh.
Heger, F., 1981, „Amphion", in: LIMC I/1, 718-723.
Heidmann, U., 2013, „Mythologie und Komparatistik", in: Zymner, R./ Hölter, A. (Hg.), Handbuch Komparatistik. Theorien, Arbeitsfelder, Wissenspraxis, Stuttgart, 187-189.
Heimpel, W., 1997, „Mythologie A. I", in: RLA 8, 537-564.
Heitsch, E., 1963 und 1964, Die griechischen Dichterfragmente der römischen Kaiserzeit, gesammelt und hg. von E. Heitsch, 2 Bde. (Bd. 1 in 2., veränd. Aufl.), Abhandlungen der Akademie der Wissenschaften in Göttingen, Philologisch-historische Klasse, 3. Folge, Nr. 49 und 58, Göttingen.
Heldmann, K., 2016, Europa und der Stier oder der Brautraub des Zeus. Die Entführung Europas in den Darstellungen der griechischen und römischen Antike, Hypomnemata 204, Göttingen.
Hénaff, M., 1991, Claude Lévi-Strauss, Paris.
Henkelman, W.F.M., 2006, „The Birth of Gilgameš (Ael. *NA* XII.21): a Case-Study in Literary Receptivity", in: Rollinger, R./ Truschnegg, B. (Hg.), Altertum und Mittelmeerraum: Die antike Welt diesseits und jenseits der Levante. Festschrift für Peter W. Haider zum 60. Geburtstag, Oriens et Occidens 12, Stuttgart, 807-856.
Henrichs, A., 1987, „Three Approaches to Greek Mythography", in: Bremmer, J.N. (Hg.), Interpretations of Greek Mythology, London/ Sidney, 242-277.

Heubeck, A., 1974, „Zu Homers Odyssee", in: Homer, Odyssee. Griechisch und deutsch, Übertragung von A. Weiher, mit erläuterndem Anhang und Namenverzeichnis, Einführung von A. Heubeck, Sammlung Tusculum, 4., neubearbeitete Aufl., Darmstadt, 669-711.
Heubeck, A./ Hoekstra, A. (Hg.), 1989, A Commentary on Homer's Odyssey, Vol. II: Books IX-XVI, Oxford.
Heyne, C.G., 1783, Ad Apollodori Atheniensis bibliothecam notae, cum commentatione de Apollodoro, argumento et consilio operis, et cum Apollodori fragmentis, pars I-III, Göttingen.
Heyne, C.G., 1807, „Sermonis mythici sive symbolici interpretatio ad causas et rationes, ductasque inde regulas, revocata", in: Göttingische gelehrte Anzeigen 202, 2009-2016.
Hirschberger, M., 2004, Gynaikōn Katalogos und Megalai Ēhoiai. Ein Kommentar zu den Fragmenten zweier hesiodeischer Epen, Beiträge zur Altertumskunde 198, München/ Leipzig.
Hirschberger, M., 2011, „Götter", in: Rengakos, A./ Zimmermann, B. (Hg.), Homer-Handbuch. Leben – Werk – Wirkung, Stuttgart/ Weimar, 278-291.
Hobsbawm, E., 1992, „Introduction. Inventing traditions", in: Hobsbawm, E./ Ranger, T. (Hg.), The Invention of Tradition, Cambridge, 1-14.
Hölkeskamp, K.-J., 1999, „Römische gentes und griechische Genealogien", in: Vogt-Spira, G./ Rommel, B. (Hg.), Rezeption und Identität. Die kulturelle Auseinandersetzung Roms mit Griechenland als europäisches Paradigma, Stuttgart, 3-21.
Hölkeskamp, K.-J./ Stein-Hölkeskamp, E., 2010, Die Griechische Welt. Erinnerungsorte der Antike, München.
Hölscher, U., 2000, Die Odyssee. Epos zwischen Märchen und Roman, 2. Aufl. München (1. Aufl. 1988).
Hoepfner, W., 2011, Ionien – Brücke zum Orient. Die griechischen Städte an der Westküste Kleinasiens, Darmstadt.
Holzberg, N., 2012, Die antike Fabel. Eine Einführung, 3., bibliographisch aktualisierte Aufl., Darmstadt.
Honko, L., 1984, „The Problem of Defining Myth", in: Dundes, A. (Hg.), Sacred Narrative. Readings in the Theory of Myth, Berkeley/ Los Angeles/ London, 41-52.
Horn, H.-J./ Walter, H. (Hg.), 1997, Die Allegorese des antiken Mythos, Wolfenbütteler Forschungen 75, Wiesbaden.
Hornung, E., 1984, Einführung in die Ägyptologie: Stand, Methoden, Aufgaben, Darmstadt.
Horstmann, A., 2013, „Faszination und Herausforderung: 'Mythos' als Schlüsselthema der Moderne", in: Zgoll, A./ Kratz, R.G. (Hg.), Arbeit am Mythos. Leistung und Grenze des Mythos in Antike und Gegenwart, unter Mitarbeit von K. Maiwald, Tübingen, 13-33.
Hossfeld, F.-L./ Zenger, E., 2000, Psalmen 51-100, Übersetzung u. Auslegung, Herders Theologischer Kommentar zum Alten Testament, Freiburg/ Basel/ Wien.
Hrouda, B., 1996, „Zur Darstellung des Etana-Epos in der Glyptik", in: Ambros, A.A./ Köhbach, M. (Hg.), Festschrift für Hans Hirsch zum 65. Geburtstag gewidmet von seinen Freunden, Kollegen und Schülern, Wiener Zeitschrift für die Kunde des Morgenlandes 86, 157-160.
Hrůša, I., 2015, Ancient Mesopotamian Religion. A Descriptive Introduction, translated from Italian by M. Tait, Münster.
Hübner, K., 1985, Die Wahrheit des Mythos, München.
Irsigler, H., 2013, „Mythos", in: WiBiLex, Zugriffsdatum: 8.10.2015, Perma-Link: http://www.bibelwissenschaft.de/stichwort/28261/.
Irving, P.M.C.F., 1990, Metamorphosis in Greek myths, Oxford.

Isekenmeier, G., 2013, „In Richtung einer Theorie der Interpiktorialität", in: Isekenmeier, G. (Hg.), Interpiktorialität: Theorie und Geschichte der Bild-Bild-Bezüge, Bielefeld, 11-86.
Iser, W., 1994, Der Akt des Lesens. Theorie ästhetischer Wirkung, 4., durchges. und verb. Aufl., München (1. Aufl. 1976).
Jamme, C., 1999, „Gott an hat ein Gewand": Grenzen und Perspektiven philosophischer Mythos-Theorien der Gegenwart, mit einem Vorwort zur Taschenbuchausgabe, Frankfurt a. Main (zuerst 1991).
Janda, M., 2010, Die Musik nach dem Chaos. Der Schöpfungsmythos der europäischen Vorzeit, Innsbrucker Beiträge zur Kulturwissenschaft N. F. 1, Innsbruck.
Janich, P., 1996, Was ist Wahrheit? Eine philosophische Einführung, München.
Janka, M./ Schäfer, C. (Hg.), 2014, Platon als Mythologe. Neue Interpretationen zu den Mythen in Platons Dialogen, 2., vollständig überarb. und erw. Aufl., Darmstadt (1. Aufl. Darmstadt 2002).
Jannidis, F. (Hg.) u.a., 2000, Texte zur Theorie der Autorschaft, hg. und kommentiert von F. Jannidis, G. Lauer, M. Martínez und S. Winko, Stuttgart.
Janowski, B./ Schwemer, D. (Hg.), 2015, Weisheitstexte, Mythen und Epen, Texte aus der Umwelt des Alten Testament NF 8, Gütersloh.
Jeremias, J., 1987, Das Königtum Gottes in den Psalmen. Israels Begegnung mit dem kanaanäischen Mythos in den Jahwe-König-Psalmen, Forschungen zur Religion und Literatur des Alten und Neuen Testaments 141, Göttingen.
Johannsen, D., 2008, Das Numinose als kulturwissenschaftliche Kategorie. Norwegische Sagenwelt in religionswissenschaftlicher Deutung, Religionswissenschaft heute 6, Stuttgart.
Jolles, A., 1930, Einfache Formen: Legende – Sage – Mythe – Rätsel – Spruch – Kasus – Memorabile – Märchen – Witz, Tübingen.
Jones, N.F., 2014, „Phanodemos of Athens (325)", in: Brill's New Jacoby, Editor in Chief: Ian Worthington (University of Missouri), Brill Online, 2014. Reference: 27 March 2014 <http://referenceworks.brillonline.com/entries/brill-s-new-jacoby/phanodemos-of-athens-325-a325>
Jung, C.G., 1952, Symbole der Wandlung. Analyse des Vorspiels zu einer Schizophrenie, Zürich.
Junker, K., 2005, Griechische Mythenbilder. Eine Einführung in ihre Interpretation, Stuttgart.
Kämmerer, T.R./ Metzler, K.A., 2012, Das babylonische Weltschöpfungsepos *Enūma elîš*, Alter Orient und Altes Testament 375, Münster.
Kärger, B., 2019/20, „Was aus dem Himmel kommt. Eine Untersuchung mythischer Hyleme und religiöser Vorstellungen in sumerischen Texten", in: Zgoll, A./ Zgoll, C. (Hg.), Was vom Himmel kommt. Stoffanalytische Zugänge zu antiken Mythen aus Mesopotamien, Ägypten, Griechenland und Rom, Mythological Studies 3, Berlin/ New York [zum Druck angenommen].
Kahn, L., 1985, „Die heitere Götterwelt Homers", in: Schlesier, R. (Hg.), Faszination des Mythos. Studien zu antiken und modernen Interpretationen, Basel/ Frankfurt a. Main, 83-112.
Kaiser, E., 1964, „Odyssee-Szenen als Topoi. II. Der Zauber Kirkes und Kalypsos. III. Odysseus bei den Phäaken", in: Museum Helveticum 21, 197-224.
Kapelrud, A., 1963, „Nochmals Jahwä mālāk", in: Vetus Testamentum XIII, 229-231.
Kayser, W., 1960, Das sprachliche Kunstwerk. Eine Einführung in die Literaturwissenschaft, 6. Aufl. (1. Aufl. 1948), Tübingen/ Basel (Ndr. 1992).

Keim, K., 1998, Theatralität in den späten Dramen Heiner Müllers, Studien zur Geschichte und Theorie der dramatischen Künste 23, Tübingen.
Kerényi, K., 1939, „Was ist Mythologie?", in: Kerényi, K. (Hg.), 1976, Die Eröffnung des Zugangs zum Mythos. Ein Lesebuch, Wege der Forschung 20, Darmstadt, 212-233.
Kerényi, K., 1965, „Wesen und Gegenwärtigkeit des Mythos 1964", in: Kerényi, K. (Hg.), 1967, Die Eröffnung des Zugangs zum Mythos. Ein Lesebuch, Wege der Forschung 20, Darmstadt, 234-252.
Kerényi, K. (Hg.), 1967, Die Eröffnung des Zugangs zum Mythos. Ein Lesebuch, Wege der Forschung 20, Darmstadt.
Kerényi, K., 1998, Dionysos. Urbild des unzerstörbaren Lebens, 2. Aufl., Stuttgart (1. Aufl. 1975).
Kimmerle, N., 2015, Lucan und der Prinzipat. Inkonsistenz und unzuverlässiges Erzählen im *Bellum Civile*, Millenium-Studien 53, Berlin/ München/ Boston.
Kinnier Wilson, J., 2007, Studia Etanaica. New Texts and Discussions, Alter Orient und Altes Testament 338, Münster.
Kirk, G.S., 1970, Myth. Its Meaning and Functions in Ancient and Other Cultures, Berkeley/ Los Angeles (Ndr. 1973).
Kirk, G.S., 1980, Griechische Mythen. Ihre Bedeutung und Funktion, aus dem Englischen von R. Schein, Wien (Ndr. Reinbek 1987; engl. Orig. The Nature of Greek Myths, London 1974).
Kirk, G.S., 1985, Homer, The Iliad: A Commentary, vol. I: Books 1-4, ed. by G.S. Kirk, Cambridge.
Klein, J., 1981, The Royal Hymns of Shulgi King of Ur: Man's Quest for Immortal Fame, Transactions of the American Philosophical Society 71, Philadelphia.
Kobusch, T., 2014, „Die Wiederkehr des Mythos. Zur Funktion des Mythos in Platons Denken und in der Philosophie der Gegenwart", in: Janka, M./ Schäfer, C. (Hg.), Platon als Mythologe. Neue Interpretationen zu den Mythen in Platons Dialogen, 2., vollständig überarb. und erw. Aufl., Darmstadt, 47-60.
Koehler, L., 1953, „Jahwäh mālāk", in: Vetus Testamentum III, 188 f.
Koldewey, R., 1913, Das wieder erstehende Babylon. Die bisherigen Ergebnisse der deutschen Ausgrabungen, 2. Aufl., Leipzig.
Kossatz-Deissmann, A., 1988, „Hera", in: LIMC IV/1, 659-719.
Kratz, R.G., 2013, „Der Mythos von der großen Flut", in: Zgoll, A./ Kratz, R.G. (Hg.), Arbeit am Mythos. Leistung und Grenze des Mythos in Antike und Gegenwart, unter Mitarbeit von K. Maiwald, Tübingen, 167-193.
Kratz, R.G./ Merk, O., 1997, „Redaktionsgeschichte/ Redaktionskritik: I. Altes Testament, II. Neues Testament", in: TRE 28, 367-378 und 378-384.
Krebernik, M., 1995, „Mum(m)u", in: RLA 8, 415 f.
Krebernik, M., 2001, „Ninlil", in: RLA 9, 452-461.
Krebernik, M., 2007, „Qingu", in: RLA 11, 178 f.
Krebernik, M., 2012, Götter und Mythen des Alten Orients, Beck Wissen, München.
Kreyenbroek, P., 2013, „Weltherr und Teufel in Schöpfungsmythen indo-iranischer Herkunft", in: Zgoll, A./ Kratz, R.G. (Hg.), Arbeit am Mythos. Leistung und Grenze des Mythos in Antike und Gegenwart, unter Mitarbeit von K. Maiwald, Tübingen, 133-144.
Krispenz, J., 2013, „Einleitung", in: WAM, 9-16.
Kristeva, J., 1967, „Wort, Dialog und Roman bei Bachtin", in: Ihwe, J. (Hg.), 1972, Literaturwissenschaft und Linguistik. Ergebnisse und Perspektiven, Ars poetica, Texte Bd. 8/III: Zur linguistischen Basis der Literaturwissenschaft II, Frankfurt a. Main, 345-375.

Kron, U., 1988, „Erechtheus", in: LIMC IV/1, 923-951.
Kühr, A., 2006, Als Kadmos nach Boiotien kam. Polis und Ethnos im Spiegel thebanischer Gründungsmythen, Hermes Einzelschriften 98, Stuttgart.
Lambert, W.G., 1980, „The Theology of Death", in: Alster, B. (Hg.), Death in Mesopotamia, Kopenhagen, 53-66.
Lambert, W.G., 2013, Babylonian Creation Myths, Winona Lake/ Indiana.
Lambert, W.G./ Millard, A.R., 1969, Atra-hasīs. The Babylonian Story of the Flood. With The Sumerian Flood Story (M. Civil), Oxford.
Lange, S., 2008, s. unter Cervantes.
Langner, M., 2017, „Übersetzungsleistungen antiker Bildproduzenten", in: Saeculum 67/1, 67-101.
Latacz, J., 2002, „Formelhaftigkeit und Mündlichkeit (FOR)", in: Graf, F. et al., Homers Ilias, Gesamtkommentar (Basler Kommentar / BK, auf der Grundlage der Ausgabe von Ameis-Hentze-Cauer hg. von Latacz, J.): Prolegomena, 2., durchges. Aufl., München, 39-59.
Latacz, J./ Nünlist, R./ Stoevesandt, M., 2002, Homers Ilias, Gesamtkommentar Bd. I/2: Erster Gesang (A), Kommentar, mit Unterstützung von C. Brügger/ R. Führer/ F. Graf, I. de Jong, M. Meier-Brügger, S.R. van der Mije, R.A. Stucky, J. von Ungern-Sternberg, R. Wachter, M.L. West 2., durchges. Aufl., München/ Leipzig.
Latte, K., 1960, Römische Religionsgeschichte, Handbuch der Altertumswissenschaft V,4, München.
Leduc, C., 2001, „Cinquante vaches pour une lyre ! Musique, échange et théologie dans l'Hymne à Hermès I", in: Brulé, P./ Vendries, C. (Hg.), Chanter les dieux : Musique et religion dans l'Antiquité grecque et romaine. Actes du colloque des 16, 17 et 18 décembre 1999, Rennes. Disponible sur: <http://books.openedition.org/pur/23692>. ISBN : 9782753524705. DOI : 10.4000/books.pur.23692 (Zugriff am 21.4.2018).
Leick, G., 1991, A Dictionary of Ancient Near Eastern Mythology, London.
Leinieks, V., 1996, The City of Dionysos. A Study of Euripides' Bakchai, Beiträge zur Altertumskunde 88, Stuttgart/ Leipzig.
Leitao, D.D., 2012, The Pregnant Male as Myth and Metaphor in Classical Greek Literature, Cambridge.
Leitch, T.M., 1986, What stories are. Narrative Theory and Interpretation, Pennsylvania.
Le Quellec, J.-L./ Sergent, B., 2017, Dictionnaire critique de mythologie, Paris.
Lévi-Strauss, C., 1955, „The Structural Study of Myth", in: Myth. A Symposium. Journal of American Folklore 78, 428-444.
Lévi-Strauss, C., 1958, „La structure des mythes", in: Lévi-Strauss, C., Anthropologie structurale, Paris, 227-255 (= Lévi-Strauss, 1955, traduit avec quelques compléments et modifications).
Lévi-Strauss, C., 1960, „Die Struktur und die Form. Reflexionen über ein Werk von Vladimir Propp", in: Propp, V.J., 1975, Morphologie des Märchens – Transformationen von Zaubermärchen – Die Bedeutung von Struktur und Geschichte bei der Untersuchung des Märchens, hg. von K. Eimermacher, Frankfurt a. M., 181-213.
Lévi-Strauss, C., 1964-1971, Mythologiques, 4 Bde., Paris.
Lichtheim, M., 1973-1980, Ancient Egyptian Literature, 3 vols., Berkeley/ Los Angeles/ London.
Lincoln, B., 1976, „The Indo-European Cattle Raiding Myth", in: History of Religions 16, 42-65.
Lincoln, B., 1989, Discourse and the Construction of Society. Comparative Studies of Myth, Ritual, and Classification, New York/ Oxford.
Lincoln, B., 1999, Theorizing Myth: Narrative, Ideology, and Scholarship, Chicago.

Lohmann, H., 1997, „Eleusis: A. Lage, B. Geschichte", in: DNP 3, 983-986.
Loney, A.C., 2014, „Hesiod's Incorporative Poetics in the *Theogony* and the Contradictions of Prometheus", in: American Journal of Philology 135/4, 503-531.
López-Ruiz, C., 2014, Gods, Heroes, and Monsters: A Sourcebook of Greek, Roman, and Near Eastern Myths in Translation, Oxford.
Loth, J., 1923, „Le mot désignant le genou au sens de générations chez les Celtes, les Germains, les Slaves, les Assyriens", in: Revue celtique 40, 143-152.
Lotman, J.M., 1972, Die Struktur literarischer Texte, übers. von R.-D. Keil, München (russ. Orig. 1970).
Louden, B., 2011, Homer's Odyssey and the Near East, Cambridge.
Lubkoll, C., 2013, „Motiv, literarisches", in: MLLK, 542 f.
Lubkoll, C., 2013, „Stoff, literarischer", in: MLLK, 717 f.
Lucas, D.W., 1968, Aristotle, Poetics. Introduction, Commentary and Appendixes, Oxford.
Lüthi, M., 2004, Märchen, 10. durchges. u. erg. Aufl. bearb. von H. Rölleke, Sammlung Metzler Bd. 16 (1. Aufl. 1962), Stuttgart.
Luginbühl, M., 1992, Menschenschöpfungsmythen. Ein Vergleich zwischen Griechenland und dem Alten Orient, Europäische Hochschulschriften, Reihe XV, Bd. 58, Bern/ Frankfurt a. Main et al.
Luhmann, N., 2000, Die Religion der Gesellschaft, hg. von A. Kieserling, Frankfurt a. Main.
Lux, R., 2014, „Die Rache des Mythos. Überlegungen zur Rezeption des Mythischen im Alten Testament", in: Lux, R., Ein Baum des Lebens, hg. von Berlejung, A./ Heckl, R., Orientalische Religionen in der Antike 23, Tübingen, 193-218.
Mader, E., 2008, Anthropologie der Mythen, Wien.
Mahne, N., 2007, Transmediale Erzähltheorie. Eine Einführung, Göttingen.
Malinowski, B., 1926, Myth in Primitive Psychology, London.
Mannsperger, B./ Mannsperger, D., 2006, Homer verstehen. Mit einem Geleitwort von W. Jens, Darmstadt.
Mannsperger, D., 2002, „Troia: I. Geschichte", in: DNP 12/1, 852-857.
Martínez, M., 2003, „Plot", in: RLW III, 92-94.
Martínez, M./ Scheffel, M., 2012, Einführung in die Erzähltheorie, 9., erweiterte und aktualisierte Aufl., München (1. Aufl. 1999).
Masciadri, V., 2008, Eine Insel im Meer der Geschichten. Untersuchungen zu Mythen aus Lemnos, Potsdamer altertumswissenschaftliche Beiträge 18, Stuttgart.
Matijević, K., 2015, Ursprung und Charakter der homerischen Jenseitsvorstellungen, Paderborn.
Matthäus, H./ Oettinger, N./ Schröder, S. (Hg.), 2011, Der Orient und die Anfänge Europas. Kulturelle Beziehungen von der Späten Bronzezeit bis zur Frühen Eisenzeit, Wiesbaden.
Matuschek, S./ Jamme, C. (Hg.), 2009, Die mythologische Differenz. Studien zur Mythostheorie, Jenaer Germanistische Forschungen N.F. 28, Heidelberg.
Maul, S.M., 2012, Das Gilgamesch-Epos. Neu übersetzt und kommentiert von S.M. Maul, 5., durchges. Aufl., München.
Maul, S.M., 2015, „Kosmologie und Kosmogonie in der antiken Literatur: Das sog. babylonische Weltschöpfungsepos *Enūma eliš*", in: Derron, P. (Hg.), Cosmologies et cosmogonies dans la littérature antique. Huit exposés suivis de discussions et d'un épilogue par S. Maul et al., Entretiens préparés par T. Fuhrer et M. Erler et présidés par P. Ducrey, 25-29 août 2014, Fondation Hardt, Entretiens sur l'antiquité classique LXI, Genève, 15-37.
Mavleev, E., 1986, „Cacu", in: LIMC III/1, 175-177.

Meccariello, C., 2014, Le *Hypotheseis* narrative dei drammi Euripidei. Testo, contesto, fortuna, Pleiadi 6, Roma.
Meier, A., 1993, „Stoff, Stoffgeschichte", in: Killy, W. (Hg.), 1988-1993, Literaturlexikon, Autoren und Werke deutscher Sprache, 15 Bde., Gütersloh/ München, Ausgabe der Digitalen Bibliothek 9, Berlin 2005, Bd. 14, 406 f.
Meillet, A., 1926, „Lat. *genuīnus*", in: Bulletin de la Société de Linguistique de Paris 27, 54-55.
Merkelbach, R./ West, M.L., 1967, Fragmenta Hesiodea, Oxford.
Mettinger, T.N.D., 2001, The Riddle of Resurrection. „Dying and Rising Gods" in the Ancient Near East, Coniectanea Biblica, Old Testament Series 50, Stockholm (Ndr. 2013).
Meuli, K., 1921, Odyssee und Argonautika. Untersuchungen zur griechischen Sagengeschichte und zum Epos, Berlin.
Meuli, K., 1946, „Griechische Opferbräuche", in: 'Phyllobolia', Festschrift für Peter Von der Mühll zum 60. Geburtstag am 1. August 1945, Basel, 185-288 (= Karl Meuli, Gesammelte Schriften, hg. von T. Gelzer, Basel/ Stuttgart 1975, Bd. 2, 907-1021).
Meuter, N., 2004, „Geschichten erzählen, Geschichten analysieren. Das narrativistische Paradigma in den Kulturwissenschaften", in: Jaeger, F./ Straub, J. (Hg.), Handbuch der Kulturwissenschaften, Bd. 2: Paradigmen und Disziplinen, Stuttgart/ Weimar, 140-155.
Michalowski, P., 1998, „The Unbearable Lightness of Enlil", in: Prosecký, J. (Hg.), Intellectual Life of the Ancient Near East. Papers Presented at the 43rd Rencontre assyriologique internationale Prague, July 1-5, 1996, Prag, 237-247.
Michalowski, P., 2001, „Nisaba. A. Philologisch", in: RLA 9, 575-579.
Michel, D., 1956, „Studien zu den sogenannten Thronbesteigungspsalmen", in: Vetus Testamentum VI, 40-68.
Mittermayer, C., 2013, „Gut und Böse. Anforderungen an menschliches Handeln im Beziehungsgefüge zwischen Göttern und Menschen in den mesopotamischen Mythen", in: Nesselrath, H.-G./ Wilk, F. (Hg.), Gut und Böse in Mensch und Welt. Philosophische und religiöse Konzeptionen vom Alten Orient bis zum frühen Islam, Orientalische Religionen in der Antike 10, 31-50.
Mohn, J., 1998, Mythostheorien. Eine religionswissenschaftliche Untersuchung zu Mythos und Interkulturalität, München.
Mondi, R., 1990, „Greek Mythic Thought in the Light of the Near East", in: Edmunds, L. (Hg.), Approaches to Greek Myth, Baltimore/ London, 142-198.
Morford, M.P.O./ Lenardon, R.J./ Sham, M., 2011, Classical Mythology, International Ninth Edition, Oxford/ New York.
Most, G.W., 2014, „Platons exoterische Mythen", in: Janka, M./ Schäfer, C. (Hg.), Platon als Mythologe. Neue Interpretationen zu den Mythen in Platons Dialogen, 2., vollständig überarb. und erw. Aufl., Darmstadt, 9-21.
Mozetič, G., 1980, „Ideologie, -kritik", in: Handbuch wissenschaftstheoretischer Begriffe, hg. von Speck, J. (Hg.), Bd. 2, Göttingen, 288-292.
Müller, K.O., 1825, Prolegomena zu einer wissenschaftlichen Mythologie, mit einer antikritischen Zugabe, Göttingen, mit einer Einleitung hg. von S. Gödde, Hildesheim/ Zürich/ New York 2017.
Müller, W.G., 1991, „Interfigurality. A Study on the Interdependence of Literary Figures", in: Plett, H.F. (Hg.), Intertextuality, Research in Text Theory 5, Berlin u. a., 101-121.
Müller-Wood, A., 2017, „Evolution und Erzählmacht: Zur Natur des Erzählens", in: Eckel, W./ Müller-Wood, A. (Hg.), Die Macht des Erzählens: Transdisziplinäre Perspektiven, Komparatistik im Gardez! Bd. 7, Remscheid, 21-38.

Nadali, D./ Verderame, L., 2008, „The Akkadian 'Bello Stile'", in: Biggs, R.D./ Myers, J./ Roth, M.T. (Hg.), Proceedings of the 51st Rencontre Assyriologique Internationale, Held at the Oriental Institute of the University of Chicago, July 18–22, 2005, Studies in Ancient Oriental Civilization 62, Chicago, 309-320.

Nagy, G., 1990, Greek Mythology and Poetics, Ithaca/ London.

Nesselrath, H.-G., 1990, Die attische Mittlere Komödie. Ihre Stellung in der antiken Literaturkritik und Literaturgeschichte, Untersuchungen zur antiken Literatur und Geschichte 36, Berlin/ New York.

Nesselrath, H.-G., 1999, „Mythos – Logos – Mytho-logos: Zum Mythos-Begriff der Griechen und ihrem Umgang mit ihm", in: Rusterholz, P./ Moser, R. (Hg.), Form und Funktion des Mythos in archaischen und modernen Gesellschaften, Berner Universitätsschriften 41, Bern/ Stuttgart/ Wien, 1-26.

Nesselrath, H.-G. (Hg.), 2009, Cornutus, Die Griechischen Götter. Ein Überblick über Namen, Bilder und Deutungen, hg. von H.-G. Nesselrath, eingel., übers. und mit interpretierenden Essays vers. von Berdozzo, F./ Boys-Stones, G./ Klauck, H.-J./ Ramelli, I./ Zadorojnyi, A.V., SAPERE XIV, Tübingen.

Nesselrath, H.-G., 2011, „Geschichte der Homerforschung", in: Rengakos, A./ Zimmermann, B. (Hg.), Homer-Handbuch. Leben – Werk – Wirkung, Stuttgart/Weimar, 175-199.

Nesselrath, H.-G., 2013, „Triptolemos – ein mythischer Kulturheld im Wandel der Zeiten", in: Zgoll, A./ Kratz, R.G. (Hg.), Arbeit am Mythos. Leistung und Grenze des Mythos in Antike und Gegenwart, unter Mitarbeit von K. Maiwald, Tübingen, 195-216.

Neuhaus, S., 2005, Märchen, Tübingen/ Basel.

Nischik, R., 1981, Einsträngigkeit und Mehrsträngigkeit der Handlungsführung in literarischen Texten, Tübingen.

Nünlist, R./ Jong, I. de, 2002, „Homerische Poetik in Stichwörtern", in: Graf, F. et al., Homers Ilias, Gesamtkommentar (Basler Kommentar / BK, auf der Grundlage der Ausgabe von Ameis-Hentze-Cauer hg. von Latacz, J.): Prolegomena, 2., durchges. Aufl., München, 159-171.

Nünning, A., 2013, „Funktion", in: Nünning, A. (Hg.), Metzler Lexikon Literatur- und Kulturtheorie, 5., aktualisierte und erw. Aufl., Stuttgart/ Weimar, 237-238.

Nünning, V./ Nünning, A. (Hg.), 2002, Erzähltheorie transgenerisch, intermedial, interdisziplinär, WVT-Handbücher zum literaturwissenschaftlichen Studium 5, Trier.

Ogden, D., 2009, Nekromantie. Das antike Wissen über die Totenbeschwörung durch Magie, aus dem Englischen von W. Kaminski, Rudolstadt (engl. Orig. Greek and Roman Necromancy, Princeton 2001).

O'Hara, J.J., 2007, Inconsistency in Roman Epic. Studies in Catullus, Lucretius, Vergil, Ovid and Lucan, Cambridge.

Ong, W.J., 1982, Orality and Literacy. The Technologizing of the Word, London/ New York.

Page, D., 1973, Folktales in Homer's *Odyssey*, Cambridge.

Pagès, J., 2017, „Apollodorus' *Bibliotheca* and the Mythographus Homericus: An Intertextual Approach", in: Pàmias, J. (Hg.), Apollodoriana: Ancient Myths, New Crossroads. Studies in Honour of Francesc J. Cuartero, Sozomena 16, Berlin/ Boston, 66-81.

Pàmias, J. (Hg.), 2017, Apollodoriana: Ancient Myths, New Crossroads. Studies in Honour of Francesc J. Cuartero, Sozomena 16, Berlin/ Boston.

Parker, R., 1987, „Myths of Early Athens", in: Bremmer, J.N. (Hg.), Interpretations of Greek Mythology, London/ Sidney, 187-214.

Parzinger, H., 2015, Die Kinder des Prometheus. Eine Geschichte der Menschheit vor der Erfindung der Schrift, 3., durchges. Aufl., München (1. Aufl. 2014).

Penglase, C., 1994, Greek Myths and Mesopotamia. Parallels and Influence in the Homeric Hymns and Hesiod, London/ New York.

Peterson, J., 2011, Sumerian Literary Fragments in the University Museum, Philadelphia, Biblioteca del Próximo Oriente Antiguo 9, Madrid.

Pientka-Hinz, R., 2013, „Als die Götter Mensch waren. Die altorientalische Sintfluterzählung", in: Franke, S. (Hg.), Als die Götter Mensch waren. Eine Anthologie altorientalischer Literatur, Darmstadt/ Mainz, 10-38.

Pöge-Alder, K., 1999, „Mythologische Schule", in: EM 9, 1086-1092.

Pöge-Alder, K., 2007, Märchenforschung. Theorien, Methoden, Interpretationen, Tübingen.

Pötscher, W., 1961, „Hera und Heros", in: Rheinisches Museum für Philologie 104, 302-355.

Pötscher, W., 1987, Hera. Eine Strukturanalyse im Vergleich mit Athena, Darmstadt.

Pott, A.F., 1857, „Etymologische spähne: Dionysos und mehrere göttliche feldbeschützer", in: Zeitschrift für vergleichende Sprachforschung 6, 321-368.

Powell, B.B., 2009, Einführung in die klassische Mythologie, übers. und bearb. von B. Reitz, unter Mitarbeit von A. Behrendt, Stuttgart/ Weimar (amerik. Orig.: A short introduction to classical myth, New Jersey 2002).

Preller, L., 1881, Römische Mythologie, 3. Aufl. von Jordan, H., 2 Bde., Berlin.

Propp, V.J., 1975, Morphologie des Märchens – Transformationen von Zaubermärchen – Die Bedeutung von Struktur und Geschichte bei der Untersuchung des Märchens, hg. von K. Eimermacher, Frankfurt a. M. (russ. Orig.: Morfologija skazki, Leningrad 1928).

Puhvel, J., 1987, Comparative Mythology, Baltimore/ London.

Pyysiäinen, I., 2009, Supernatural Agents: Why We Believe in Souls, Gods, and Buddhas, Oxford/ New York.

Radner, K., 2005, Die Macht des Namens. Altorientalische Strategien zur Selbsterhaltung, SANTAG 8, Wiesbaden.

Rajewsky, I.O., 2002, Intermedialität, Tübingen/ Basel.

Reden, S.v., 2015, „Wirtschaft und Austausch", in: Wittke, A.-M. (Hg.), Frühgeschichte der Mittelmeerkulturen. Historisch-archäologisches Handbuch, Der Neue Pauly, Suppl.-Bd. 10, Stuttgart/ Weimar, 971-1012.

Reichel, M., 2011, „II. Epische Dichtung. 1. Das griechische Epos, 2. Homer, 3. Homerische Hymnen, 4. Pseudo-Homerica und sonstige Epik der archaischen und klassischen Epoche", in: Zimmermann, B. (Hg.), Handbuch der griechischen Literatur der Antike, Erster Band: Die Literatur der archaischen und klassischen Zeit (HGL I), unter Mitarbeit von A. Schlichtmann, Handbuch der Altertumswissenschaft Bd. VII,1, München, 7-78.

Reinhardt, U., 2011, Der antike Mythos. Ein systematisches Handbuch, Paradeigmata 14, Freiburg/ Berlin/ Wien.

Reinhardt, U., 2012, Mythen – Sagen – Märchen. Eine Einführung mit exemplarischen Motivreihen, Paradeigmata 17, Freiburg/ Berlin/ Wien.

Reinhardt, U., 2016, Nachträge zur Erstauflage von *Der antike Mythos* (2011), mit ergänzenden Beiträgen zu weiteren mythischen Einzelaspekten: https://mythoshandbuch.files.wordpress.com/2010/12/mhsinc_ergc3a4nzungen.pdf.

Reinhardt, U., 2018, „Mythen, Märchen, Sagen – Was sie uns heute noch zu sagen haben", in: Forum Classicum 2/2018, 81-98.

Renfrew, C./ Bahn, P., 2009, Basiswissen Archäologie: Theorien – Methoden – Praxis, aus dem Engl. von H. Schareika, Darmstadt (engl. Orig. Acheology Essentials, London 2007).

Renger, A.-B., 2006, Zwischen Märchen und Mythos: Die Abenteuer des Odysseus und andere Geschichten von Homer bis Walter Benjamin. Eine gattungstheoretische Studie, Stuttgart.

Renner, T., 1978, „A Papyrus Dictionary of Metamorphoses", in: Harvard Studies in Classical Philology 82, 277-295.

Reuster-Jahn, U., 2002, „Gute und schlechte Ausgänge in europäischen Märchen und in den Volkserzählungen der Mwera in Tansania", in: Märchenspiegel, Zeitschrift für internationale Märchenforschung und Märchenpflege 2, 17-18.

Ridderbos, J., 1954, „Jahwäh mālāk", in: Vetus Testamentum IV, 87-89.

Riedweg, C./ Mudry, P. (Hg.), 2009, Grecia Maggiore : Intrecci culturali con l'Asia nel periodo arcaico – Graecia Maior: Kulturaustausch mit Asien in der archaischen Periode, Atti del simposio in occasione del 75° anniversario di Walter Burkert a cura di C. Riedweg, Bibliotheca Helvetica Romana XXX, Basel.

Rodin, T., 2014, The World of the Sumerian Mother Goddess. An Interpretation of her Myths, Acta Universitatis Upsaliensis, Historia Religionum 35, Uppsala.

Roeder, G., 1960, Mythen und Legenden um ägytpische Gottheiten und Pharaonen, Die ägyptische Religion in Texten und Bildern Bd. II, Zürich/ Stuttgart.

Römer, W.H.P. (Hg.), 1993, Mythen und Epen I (Mythen und Epen in sumerischer Sprache), mit einem Beitrag von D.O. Edzard, Texte aus der Umwelt des Alten Testaments, Bd. III: Weisheitstexte, Mythen und Epen, Lieferung 3, Gütersloh.

Rohde, J., 1966, Die redaktionsgeschichtliche Methode. Einführung und Sichtung des Forschungsstandes, Hamburg.

Rohdich, H., 2003, „Die Magie der Reflexion", in: Antike und Abendland 49, 1-13.

Rohn, K., 2011, Beschriftete mesopotamische Siegel der frühdynastischen und der Akkad-Zeit, Orbis biblicus et orientalis, Series archaeologica 32, Fribourg.

Rollinger, R. (Hg.), 2017, Die Sicht auf die Welt zwischen Ost und West (750 v. Chr. - 550 n. Chr.) – Looking at the World from the East and the West (750 BCE - 550 CE), Classica et Orientalia 12, Wiesbaden.

Rollinger, R./ Dongen, E. van (Hg.), 2015, Mesopotamia in the Ancient World. Impact, Continuities, Parallels, Proceedings of the Seventh Symposium of the Melammu Project Held in Obergurgl, Austria, November 4-8, 2013, Melammu Symposia 7, Münster.

Rollinger, R./ Gufler, B./ Lang, M./ Madreiter, I. (Hg.), 2010, Interkulturalität in der Alten Welt. Vorderasien, Hellas, Ägypten und die vielfältigen Ebenen des Kontakts, Philippika 34, Wiesbaden.

Rose, H.I., 1963, Hygini Fabulae, recensuit, prolegomenis commentario appendice instruxit H.I. Rose, Leyden (1. Aufl. 1933, Ndr. 1967).

Rose, H.J., 1982, Griechische Mythologie. Ein Handbuch, übers. von A.E. Berve-Glauning, München (engl. Orig.: A Handbook of Greek Mythology, London 1928, Übers. der 6. Aufl. 1958).

Rüpke, J., 2013, „Leistung und Grenze von Mythen in religionswissenschaftlicher Perspektive", in: Zgoll, A./ Kratz, R.G. (Hg.), Arbeit am Mythos. Leistung und Grenze des Mythos in Antike und Gegenwart, unter Mitarbeit von K. Maiwald, Tübingen, 35-58.

Rüpke, J., 2016, PANTHEON. Geschichte der antiken Religionen, Historische Bibliothek der Gerda Henkel Stiftung, München.

Sailer-Wlasits, P., 2007, Hermeneutik des Mythos. Philosophie der Mythologie zwischen Lógos und Léxis, Wien-Klosterneuburg.

Sailors, C.L., 2007, The Function of Mythology and Religion in Ancient Greek Society, Diss. University East Tennessee.

Scarpi, P./ Ciani, M.G., 1998, Apollodoro: I miti greci (Biblioteca), a cura di P. Scarpi, traduzione di M.G. Ciani, IV edizione rinnovata, Milano.
Schapp, W., 1953, In Geschichten verstrickt. Zum Sein von Mensch und Ding, Hamburg (Ndr. Frankfurt a. M. 2012 der 3. Aufl. Frankfurt a. M. 1985).
Scheer, T.S., 1993, Mythische Vorväter. Zur Bedeutung griechischer Heroenmythen im Selbstverständnis kleinasiatischer Städte, Münchner Arbeiten zur Alten Geschichte Bd. 7, München.
Scheer, T.S., 2014, „Heyne und der griechische Mythos", in: Bäbler, B./ Nesselrath, H.-G. (Hg.), Christian Gottlob Heyne. Werk und Leistung nach zweihundert Jahren, Abhandlungen der Akademie der Wissenschaften zu Göttingen NF 32, Berlin, 1-28.
Scheid, J./ Svenbro, J., 2017, Schildkröte und Lyra. In der Werkstatt der Mythologie, aus dem Französischen übers. von B. Lamerz-Beckschäfer, Darmstadt (franz. Orig.: La tortue et la lyre. Dans l'atelier du mythe antique, Paris 2014).
Schlesier, R. (Hg.), 1985, Faszination des Mythos. Studien zu antiken und modernen Interpretationen, Basel/ Frankfurt a. Main.
Schmid, W., 1982, „Die narrativen Ebenen 'Geschehen', 'Geschichte', 'Erzählung' und 'Präsentation der Erzählung'", in: Wiener Slawistischer Almanach 9, 83-110.
Schmid, W., 2007, „Erzähltextanalyse", in: HbL 2, 98-120.
Schmid, W., 2014, Elemente der Narratologie, 3., erw. und überarb. Aufl., Berlin/ Boston.
Schmidt, K., 2006, Sie bauten die ersten Tempel. Das rätselhafte Heiligtum der Steinzeitjäger: Die archäologische Entdeckung am Göbekli Tepe, München.
Schmidt, M., 1992, „Niobe", in: LIMC VI/1, 908-914.
Schmitt, A., 2008, Aristoteles, Poetik, übers. und erläutert von A. Schmitt, Werke in deutscher Übersetzung (hg. von H. Flashar) Bd. 5, Darmstadt.
Schmitt, A., 2014, „Mythos bei Platon", in: Janka, M./ Schäfer, C. (Hg.), Platon als Mythologe. Neue Interpretationen zu den Mythen in Platons Dialogen, 2., vollständig überarb. und erw. Aufl., Darmstadt, 81-111.
Schmitz, C./ Zanella, F./ Heydasch-Lehmann, S., 2013, „Mythos", in: RAC 25, 471-516.
Schmitz, T.A., 2002, Moderne Literaturtheorie und antike Texte. Eine Einführung, Darmstadt (Ndr. 2006).
Schmitz-Emans, M./ Lindemann, U. (Hg.), 2004, Komparatistik als Arbeit am Mythos, Hermeia – Grenzüberschreitende Studien zur Literatur- und Kulturwissenschaft 6, Heidelberg.
Schneider, T.J., 2015, An Introduction to Ancient Mesopotamian Religion, Grand Rapids/ Cambridge.
Schroeder, S., 2006, Wittgenstein: The Way Out of the Fly-Bottle, Cambridge.
Schubert, C., 2003, Athen und Sparta in klassischer Zeit. Ein Studienbuch, Stuttgart/ Weimar.
Schulz, A., 2003, „Stoff", in: RLW III, 521 f.
Schuster, C., 1956/58, „Genealogical patterns in the old and new worlds", in: Revista do Museu Paulista, nova série 10, 7-123.
Schweizer, H., 1988, „Literarkritik", in: Theologische Quartalschrift 168, 23-43.
Schweizer, H., 1995, „Weitere Impulse zur Literarkritik", in: Biblische Notizen 80, 73-99.
Schwienhorst-Schönberger, L., 2004, „Das Buch Kohelet", in: Zenger, E. u.a., Einleitung in das Alte Testament, Kohlhammer-Studienbücher Theologie, Bd. 1,1, 5., gründlich überarb. und erw. Aufl., Stuttgart, 380-388.
Schwinge, E.-R., 1996, „Aristoteles über Struktur und Sujet der Tragödie. Zum 9. Kapitel der Poetik", in: Rheinisches Museum für Philologie 139, 111-126.

Searle, J.R., 1971, Sprechakte: Ein sprachphilosophischer Essay, Frankfurt a.M. (Ndr. 1992; engl. Orig.: Speech Acts, Cambridge 1969).
Searle, J.R., 1982, Ausdruck und Bedeutung. Untersuchungen zur Sprechakttheorie, Frankfurt a. Main.
Seeck, G.A., 2004, Homer: Eine Einführung, Stuttgart.
Segal, C., 1968, „Circean Temptations", in: Transactions and Proceedings of the American Philological Association 99, 419-442.
Segal, R.A., 2007, Mythos. Eine kleine Einführung, übers. von T. Handels, Stuttgart (engl. Orig.: Myth. A Very Short Introduction, Oxford/ New York 2004).
Segal, R.A., 2010, „Postmodernism and the Comparative Method", in: Binsbergen, W.M.J. van/ Venbrux, E. (Hg.), New Perspectives on Myth: Proceedings of the Second Annual Conference of the International Association for Comparative Mythology, Ravenstein (The Netherlands), 19 - 21 August, 2008, Papers in Intercultural Philosophy and Transcontinental Comparative Studies 5, Haarlem, 315-333.
Segal, R.A. (Hg.), 2016, Mythologie in 30 Sekunden. Die 50 wichtigsten antiken Mythen, Götter, Helden und Ungeheuer, mit Beiträgen von Croot, V./ Deacy, S./ Griffiths, E./ Hansen, W./ Miles, G./ Powell, B.B./ Segal, R.A., Kerkdriel.
Selz, G.J., 1997, „The holy Drum, the Spear and the Harp. Towards an understanding of the problems of deification in the third millennium Mesopotamia", in: Finkel, I.L./ Geller, M.J. (Hg.), Sumerian Gods and their Representations, Cuneiform Monographs 7, Groningen, 167-213.
Selz, G.J., 1998, „Die Etana-Erzählung. Ursprung und Tradition eines der ältesten epischen Texte in einer semitischen Sprache", in: Acta Sumerologica 18, 135-179.
Sgariglia, S., 2011, L'Athenaion di Siracusa. Una lettura stratigrafica tra storia e segni – The Athenaion at Syracuse. A stratigraphic analysis based on history and archaeological evidence, Syrakus.
Siebert, G., 1990, „Hermes", in: LIMC V/1, 285-387.
Simon, E., 1998, Die Götter der Griechen, 4., neu bearb. Aufl., München.
Sladek, W.R., 1974, Inanna's Descent to the Netherworld, Ann Arbor.
Small, J.P., 1982, Cacus and Marsyas in Etrusco-Roman Legend, Princeton Monographs in Art and Archeology 44, Princeton.
Smit, P.-B./ Renssen, T., 2014, „The *passivum divinum*: The Rise and Future Fall of an Imaginery Linguistik Phenomenon", in: Filologia Neotestamentaria 27, 3-24.
Söder, A., 1939, Quellenuntersuchung zum 1. Buch der Apollodorschen Bibliothek, Würzburg.
Solmsen, F., 1990, Hesiodi Theogonia Opera et Dies Scutum edidit F. Solmsen, Fragmenta Selecta ediderunt R. Merkelbach/ M.L. West, 3., verb. Aufl., Oxford (1. Aufl. Oxford 1970).
Solomon, J., 1994, „Apollo and the Lyre", in: Solomon, J. (Hg.), Apollo: Origins and Influences, Tucson/ London, 37-46.
Sommerfeld, W., 1982, Der Aufstieg Marduks. Die Stellung Marduks in der babylonischen Religion des zweiten Jahrtausends v. Chr., Alter Orient und Altes Testament 213, Kevelaer/ Neukirchen-Vluyn.
Sommerfeld, W., 1988, „Marduk. A. Philologisch. I. In Mesopotamien", in: RLA 7, 360-370.
Sommerstein, A.H., 1989, Aeschylus, Eumenides. Edited by A.H. Sommerstein, Cambridge u.a.
Sonnino, M., 2010, Euripidis Erechthei quae exstant, a cura di Maurizio Sonnino, Testi con commento filologico N.S. 19, Firenze.
Sourvinou-Inwood, C., 1987, „Myth as History: The Previous Owners of the Delphic Oracle", in: Bremmer, J.N. (Hg.), Interpretations of Greek Mythology, London/ Sidney, 215-241.

Spieckermann, H., 2013, „Der Mythos Heilsgeschichte. Veränderte Perspektiven in der alttestamentlichen Theologie", in: Zgoll, A./ Kratz, R.G. (Hg.), Arbeit am Mythos. Leistung und Grenze des Mythos in Antike und Gegenwart, unter Mitarbeit von K. Maiwald, Tübingen, 145-166.
Spoerhase, C., 2007, Autorschaft und Interpretation. Methodische Grundlagen einer philologischen Hermeneutik, Historia Hermeneutica/ Series Studia 5, Berlin/ New York.
Steck, O.H., 1999, Exegese des Alten Testaments – Leitfaden der Methodik. Ein Arbeitsbuch für Proseminare, Seminare und Vorlesungen, 14., durchges. und erw. Aufl., Neukirchen-Vluyn (1. Aufl. 1971).
Stede, M., 2007, Korpusgestützte Textanalyse. Grundzüge der Ebenen-orientierten Textlinguistik, Tübingen.
Steible, H., 2015, „Enlil und Ninlil. Der Mythos von der Zeugung des Mondgottes", in: Volk, K. (Hg.), Erzählungen aus dem Land Sumer, Wiesbaden, 21-31.
Steinkeller, P., 1992, „Early Semitic Literature and Third Millennium Seals with Mythological Motifs", in: Fronzaroli, P. (Hg.), Literature and Literary Language at Ebla. Quaderni di Semitistica 18, 243-283.
Stocking, C.H., 2017, The Politics of Sacrifice in Early Greek Myth and Poetry, Cambridge.
Stoddard, K., 2004, The Narrative Voice in the *Theogony* of Hesiod, Mnemosyne Suppl., Leiden/ Boston.
Stoellger, P., 2014, „Deutungsmachtanalyse. Zur Einleitung in ein Konzept zwischen Hermeneutik und Diskursanalyse", in: Stoellger, P. (Hg.), Deutungsmacht. Religion und belief systems in Deutungsmachtkonflikten, Hermeneutische Untersuchungen zur Theologie 63, Tübingen, 1-85.
Suerbaum, W., 1999, Vergils Aeneis: Epos zwischen Geschichte und Gegenwart, Stuttgart.
Suter, A., 2002, The Narcissus and the Pomegranate: An Archaeology of the Homeric Hymn to Demeter, Ann Arbor.
Syndikus, H.P., 2001, Die Lyrik des Horaz. Eine Interpretation der Oden, 2 Bde., 3., völlig neu bearb. Aufl., Darmstadt.
Tehrani, J.J., 2013, „The Phylogeny of Little Red Riding Hood", in: PLoS ONE 8/11: e78871. doi:10.1371/journal.pone.0078871.
Tepe, P., 2001, Mythos & Literatur. Aufbau einer literaturwissenschaftlichen Mythosforschung, unterstützt von B. zur Nieden/ J.O. Hoffmann/ A. Rassidakis/ B. Waberski, Würzburg.
Thiel, H. van, 1974, Leben und Taten Alexanders von Makedonien. Der griechische Alexanderroman nach der Handschrift L, hg. und übers. von H. van Thiel, Texte zur Forschung 13, Darmstadt.
Thiel, H. van, 1988, Odysseen, Basel.
Thompson, S., 1955-1958, Motif-Index of Folklore. A Classification of Narrative Elements in Folktales, Ballads, Myths, Fables, Mediaeval Romances, Exempla, Fabliaux, Jest Books and Local Legends, 6 Bde., 2. Aufl., Copenhagen.
Todorov, T., 1972, „Die strukturelle Analyse der Erzählung", in: Ihwe, J. (Hg.), Literaturwissenschaft und Linguistik. Ergebnisse und Perspektiven, Ars poetica, Texte Bd. 8/III: Zur linguistischen Basis der Literaturwissenschaft II, Frankfurt a. Main, 265-275.
Todorov, T., 1977, The Poetics of Prose, translated from the French by R. Howard, with a new Foreword by J. Culler, Oxford (franz. Orig.: La poétique de la prose, Paris 1971).
Tomaševskij, B., 1985, Theorie der Literatur. Poetik, nach dem Text der 6. Aufl. (Moskau/ Leningrad 1931) hg. und eingel. von K.-D. Seemann, aus dem Russischen übers. von U. Werner, Slavistische Studienbücher N.F. 1, Wiesbaden.

Treu, M., 1958, „Homerische Flüsse fallen nicht vom Himmel", in: Glotta 37, 260–275.
Tripp, E., 1974, Reclams Lexikon der antiken Mythologie, übers. von R. Rauthe, Stuttgart (amerik. Orig.: Crowell's Handbook of Classical Mythology, New York 1970).
Trzaskoma, S.M., 2013, „Citation, Organization and Authorial Presence in Ps.-Apollodorus' *Bibliotheca*", in: Trzaskoma, S.M./ Smith, R.S. (Hg.), Writing Myth. Mythography in the Ancient World, Studies in the History and Anthropology of Religion 4, Leuven/ Paris/ Walpole, 75-94.
Turk, H., 2003, Philologische Grenzgänge. Zum Cultural Turn in der Literatur, Würzburg.
Ulrichsen, J.H., 1977, „JHWH mālāk: Einige sprachliche Beobachtungen", in: Vetus Testamentum XXVII, 361-374.
Uther, H.-J., 2011, The Types of International Folktales. A Classification and Bibliography, Based on the System of Antti Aarne and Stith Thompson by Hans-Jörg Uther, Part I: Animal Tales, Tales of Magic, Religious Tales, and Realistic Tales, with an Introduction, Part II: Tales of the Stupid Ogre, Anecdotes and Jokes, and Formula Tales, Part III: Appendices, FF Communications 284-286, Helsinki.
Uther, H.-J., 2013, Handbuch zu den „Kinder- und Hausmärchen" der Brüder Grimm. Entstehung – Wirkung – Interpretation, 2., vollständig überarb. Aufl., Berlin/ Boston.
Utzschneider, H./ Nitsche, S.A., 2001, Arbeitsbuch literaturwissenschaftliche Bibelauslegung. Eine Methodenlehre zur Exegese des Alten Testaments, München (Ndr. 2008).
Vergados, A., 2013, The *Homeric Hymn to Hermes*. Introduction, Text and Commentary, Texte und Kommentare 41, Berlin/ Boston.
Vernant, J.-P., 1963, „Hestia – Hermès. Sur l'expression religieuse de l'espace et du mouvement chez les Grecs", in: L'Homme 3/3, 12-50.
Vernant, J.-P., 1979, „À table des hommes: Mythe de fondation du sacrifice chez Hésiode", in: Detienne, M./ Vernant, J.-P. (Hg.), La Cuisine du sacrifice en pays grec, Paris, 37-132.
Vernant, J.-P., 1982, Die Entstehung des griechischen Denkens, Frankfurt a. Main (franz. Orig.: Les origines de la pensée grecque, Paris 1962).
Vernant, J.-P., 1987, Mythos und Gesellschaft im alten Griechenland, aus dem Französischen von G. Roßler, Frankfurt a. Main (franz. Orig. Mythe et société en Grèce ancienne, Paris 1974).
Vernant, J.-P., 1995, Mythos und Religion im alten Griechenland, Edition Pandora 26, Frankfurt a. Main (franz. Orig.: Mythe et religion en Grèce ancienne, Paris 1990).
Versnel, H.S., 1987, „Greek Myth and Ritual: The Case of Kronos", in: Bremmer, J.N. (Hg.), Interpretations of Greek Mythology, London/ Sidney, 121-152.
Vian, F., 1988, „Gigantes", in: LIMC IV/1, avec la collaboration de M.B. Moore, 191-270.
Villagra, N., 2017, „Lost in Tradition: Apollodorus and Tragedy-Related Texts", in: Pàmias, J. (Hg.), Apollodoriana: Ancient Myths, New Crossroads. Studies in Honour of Francesc J. Cuartero, Sozomena 16, Berlin/ Boston, 38-65.
Vöhler, M./ Seidensticker, B. (Hg.), 2005, Mythenkorrekturen. Zu einer paradoxen Form der Mythenrezeption, spectrum Literaturwissenschaft/ Komparatistische Studien 3, Berlin/ New York.
Volk, K., 1995, Inanna und Šukaletuda. Zur historisch-politischen Deutung eines sumerischen Literaturwerkes, SANTAG, Arbeiten und Untersuchungen zur Keilschriftkunde 3, Wiesbaden.
Volk, K. (Hg.), 2015, Erzählungen aus dem Land Sumer, Wiesbaden.
Vollkommer, R., 1990, „Ilos", in: LIMC V/1, 650.

Vries, J. de, 1954, Betrachtungen zum Märchen, besonders in seinem Verhältnis zu Heldensage und Mythos, Folklore Fellows Communications 150, Helsinki.
Waetzold, H., 2015, „Inannas Gang in die Unterwelt", in: Volk, K. (Hg.), Erzählungen aus dem Land Sumer, Wiesbaden, 375-398.
Waldner, K., 2000, Geburt und Hochzeit des Kriegers. Geschlechtsdifferenz und Initiation in Mythos und Ritual der griechischen Poleis, Religionsgeschichtliche Versuche und Vorarbeiten 436, Berlin/ New York.
Walter, U., 2004, Memoria und res publica. Zur Geschichtskultur im republikanischen Rom, Studien zur Alten Geschichte 1, Frankfurt a. Main.
Wang, X., 2011, The Metamorphosis of Enlil in Early Mesopotamia, Alter Orient und Altes Testament 385, Münster.
Wasmuth, M. (Hg.), 2015, Handel als Medium von Kulturkontakt. Akten des Interdisziplinären altertumswissenschaftlichen Kolloquiums (Basel, 30.–31. Oktober 2009), Orbis Biblicus et Orientalis 277, Fribourg/ Göttingen.
Wehrli, F., 1956, „Hesiods Prometheus (Theogonie V. 507-616)", in: Heitsch, E. (Hg.), Hesiod, Wege der Forschung 44, Darmstadt 1966, 411-418.
Weidauer, L., 1988, „Eumolpos", in: LIMC IV/1, 56-59.
West, M.L., 1966, Hesiod, Theogony, edited with Prolegomena and Commentary, Oxford.
West, M.L., 1997, The East Face of Helicon. West Asiatic Elements in Greek Poetry and Myth, Oxford.
West, M.L., 1998, Homerus, Ilias, vol. prius: Rhapsodiae I-XII, recensuit et testimonia congessit M.L. West, Berlin/ New York (Ndr. 2011).
West, M.L., 2007, Indo-European Poetry and Myth, Oxford.
West, M.L., 2014, The Making of the Odyssey, Oxford.
Westbrook, R., 2015, Ex oriente lex. Near Eastern Influences on Ancient Greek and Roman Law (edited by D. Lyons and K.A. Raaflaub), Baltimore.
Westenholz, A., 1999, The Old Akkadian Period – History and Culture, in: Westenholz, A./ Sallaberger, W. (Hg.), Mesopotamien: Akkade-Zeit und Ur III-Zeit, Annäherungen 3, Orbis biblicus et orientalis 160/3, Fribourg/ Göttingen, 17-118.
Whiting, R.M. (Hg.), 2001, Mythology and Mythologies: Proceedings of the Second Annual Symposium of the Assyrian and Babylonian Intellectual Heritage Project, held in Paris, France, October 4 - 7, 1999, Melammu Symposia 2, Helsinki.
Wiggermann, F.A.M., 2013, „Sichtbare Mythologie: Die symbolische Landschaft Mesopotamiens", in: Zgoll, A./ Kratz, R.G. (Hg.), Arbeit am Mythos. Leistung und Grenze des Mythos in Antike und Gegenwart, unter Mitarbeit von K. Maiwald, Tübingen, 109-132.
Wilcke, C., 1980, „Inanna/Ištar (Mesopotamien), A. Philologisch", in: RLA 5, 74-87.
Wilcke, C., 1993, „Politik im Spiegel der Literatur, Literatur als Mitte der Politik im älteren Babylonien", in: Raaflaub, K., u.a. (Hg.), Anfänge politischen Denkens in der Antike. Die nahöstlichen Kulturen und die Griechen, München, 29-75.
Wilcke, C., 1999, „Weltuntergang als Anfang. Theologische, anthropologische, politisch-historische und ästhetische Ebenen der Interpretation der Sintflutgeschichte im babylonischen Atram-hasīs-Epos", in: Jones, A. (Hg.), Weltende. Beiträge zur Kultur- und Religionswissenschaft, Wiesbaden, 63-112.
Wilcke, C., 2002, „Vom göttlichen Wesen des Königtums und seinem Ursprung im Himmel", in: Erkens, F.-R. (Hg.), Die Sakralität von Herrschaft. Herrschaftslegitimierung im Wechsel der Zeiten und Räume. Fünfzehn interdisziplinäre Beiträge zu einem weltweiten und epochenübergreifenden Phänomen, Berlin, 63-83.

Wilcke, C., 2006, „Die Hymne auf das Heiligtum Keš. Zu Struktur und 'Gattung' einer altsumerischen Dichtung und zu ihrer Literaturtheorie", in: Michalowski, P./ Veldhuis, N., Approaches to Sumerian Literature. Studies in Honour of Stip (H.L.J. Vanstiphout), Leiden, 201-237.

Wildhaber, R., 1951, „Kirke und die Schweine", in: Schweizerisches Archiv für Volkskunde 47, 233-261.

Wilpert, G.v., 2001, Sachwörterbuch der Literatur, 8., verbesserte u. erweiterte Aufl., Stuttgart (Ndr. Stuttgart 2013; 1. Aufl. 1955).

Wilson, J.B., 2000, Sense and Nonsense in Homer. A Consideration of the Inconsistencies and Incoherencies in the Texts of the Iliad and the Odyssey, Oxford.

Wittke, A.-M. (Hg.), 2015, Frühgeschichte der Mittelmeerkulturen. Historisch-archäologisches Handbuch, Der Neue Pauly, Suppl.-Bd. 10, Stuttgart/ Weimar.

Wittgenstein, L., 1922, Logisch-philosophische Abhandlung. Kritische Edition des Tractatus logico-philosphicus, hg. von McGuinness, B./ Schulte, J., Frankfurt a. Main, 1989.

Wittgenstein, L., 1953, Philosophische Untersuchungen. Kritisch-genetische Edition, hg. von J. Schulte, Frankfurt a. Main, 2001.

Witzel, E.J.M., 2012, The Origins of the World's Mythologies, Oxford.

Wodianka, S., 2006, „'Was ist ein Mythos?' – Mögliche Antworten auf eine vielleicht falsch gestellte Frage", in: Wodianka, S./ Rieger, D. (Hg.), Mythosaktualisierungen. Tradierungs- und Generierungspotentiale einer alten Erinnerungsform, Media and Cultural Memory / Medien und kulturelle Erinnerung 4, Berlin/ New York, 1-13.

Wodianka, S., 2014, „'Nur ein Mythos?' Konfliktpotentiale des Mythischen in der Moderne", in: Stoellger, P. (Hg.), Deutungsmacht. Religion und belief systems in Deutungsmachtkonflikten, Hermeneutische Untersuchungen zur Theologie 63, Tübingen, 311-331.

Wodianka, S./ Ebert, J. (Hg.), 2014, Metzler Lexikon moderner Mythen. Figuren, Konzepte, Ereignisse, Stuttgart/ Weimar.

Wolf, W., 2002, „Das Problem der Narrativität in Literatur, bildender Kunst und Musik: Ein Beitrag zu einer intermedialen Erzähltheorie", in: Nünning, V./ Nünning, A. (Hg.), Erzähltheorie transgenerisch, intermedial, interdisziplinär, WVT-Handbücher zum literaturwissenschaftlichen Studium 5, Trier, 23-104.

Wolf, W., 2013, „Intermedialität", in: MLLK, 344-346.

Wolpers, T., 1982, „Vorwort", in: Wolpers, T. (Hg.), Motive und Themen in Erzählungen des späten 19. Jahrhunderts. Bericht über Kolloquien der Kommission für literaturwissenschaftliche Motiv- und Themenforschung 1978-1979, Teil I, Abhandlungen der Akademie der Wissenschaften in Göttingen, Phil.-Hist. Klasse, 3. Folge, Bd. 127, Göttingen, 7-10.

Wolpers, T., 2002, „Wege der Göttinger Motiv- und Themenforschung", in: Wolpers, T. (Hg.), Ergebnisse und Perspektiven der literaturwissenschaftlichen Motiv- und Themenforschung. Bericht über Kolloquien der Kommission für literaturwissenschaftliche Motiv- und Themenforschung 1998-2000, Abhandlungen der Akademie der Wissenschaften zu Göttingen, Phil.-hist. Klasse 3. Folge, Bd. 249, Göttingen, 41-112.

Worthington, M., 2011, „Sîn-lēqi-unninni", in: RLA 12, 520-521.

Yarnall, J., 1994, Transformations of Circe. The History of an Enchantress, Urbana/ Chicago.

Yasumura, N., 2011, Challenges to the Power of Zeus in Early Greek Poetry, London.

Zemanek, E., 2012, „Intermedialität – Interart Studies", in: Zemanek, E./ Nebrig, A. (Hg.), Komparatistik, Akademie Studienbücher Literaturwissenschaft, Berlin, 159-174.

Zgoll, A., 1997, Der Rechtsfall der En-ḫedu-Ana im Lied nin-me-šara, Alter Orient und Altes Testament 246, Münster.

Zgoll, A., 2002, „Auf Adlerschwingen zu den Göttern – Entdeckungen im Mythos von Etana", in: Welt und Umwelt der Bibel 26, 20-25.
Zgoll, A., 2003, „Für Sinne, Geist und Seele. Vom konkreten Ablauf mesopotamischer Rituale zu einer generellen Systematik von Ritualfunktionen", in: Zenger, E. (Hg.), Ritual und Poesie. Formen und Orte religiöser Dichtung im Alten Orient, im Judentum und im Christentum, Herders Biblische Studien 36, 25-46.
Zgoll, A., 2006a, Traum und Welterleben im antiken Mesopotamien. Traumtheorie und Traumpraxis im 3.-1. Jt. v. Chr. als Horizont einer Kulturgeschichte des Träumens, Alter Orient und Altes Testament 333, Münster.
Zgoll, A., 2006b, „Königslauf und Götterrat. Struktur und Deutung des babylonischen Neujahrsfestes", in: Blum, E./ Lux, R. (Hg.), Festtraditionen in Israel und im Alten Orient, Veröffentlichungen der Wissenschaftlichen Gesellschaft für Theologie 28, Gütersloh, 11-80.
Zgoll, A., 2011, „Enlil und Ninlil. Vom Schrecken des Kanalbaus durch Stadt und Unterwelt", in: Vácin, L. (Hg.), U$_4$ du$_{11}$-ga-ni sá mu-ni-ib-du$_{11}$. Ancient Near Eastern Studies in Memory of Blahoslav Hruška, Dresden, 287-299.
Zgoll, A., 2012a, „Welt, Götter und Menschen in den Schöpfungsentwürfen des antiken Mesopotamien", in: Schmid, K. (Hg.), Schöpfung. Themen der Theologie 4, Stuttgart, 17-70.
Zgoll, A., 2012b, „Der oikomorphe Mensch. Wesen im Menschen und das Wesen des Menschen in sumerisch-akkadischer Perspektive", in: B. Janowski (Hg.), Der ganze Mensch. Zur Anthropologie der Antike und ihrer europäischen Nachgeschichte, Berlin, 83-106 und 320.
Zgoll, A., 2012c, „Der Mensch als Haus. Ergänzungen zur oikomorphen Anthropologie der sumerisch-akkadischen Antike", NABU 2012/ Nr.40.
Zgoll, A., 2013, „Fundamente des Lebens. Vom Potential altorientalischer Mythen", in: Zgoll, A./ Kratz, R.G. (Hg.), „Arbeit am Mythos". Leistung und Grenze des Mythos in Antike und Gegenwart, Tübingen, 79-107.
Zgoll, A., 2015, „Innana holt das erste Himmelshaus auf die Erde", in: Janowski, B./ Schwemer, D. (Hg.), Weisheitstexte, Mythen und Epen, Texte aus der Umwelt des Alten Testaments NF 8, Gütersloh, 45-55.
Zgoll, A., 2019a, „Durch Tod zur Macht, selbst über den Tod. Mythische Strata von Unterweltsgang und Auferstehung der Innana / Ištar in sumerischen und akkadischen Quellen", in: Zgoll, A./ Zgoll, C. (Hg.), Mythische Sphärenwechsel. Methodisch neue Zugänge zu antiken Mythen in Orient und Okzident, Mythological Studies 2, Berlin/ New York [zum Druck angenommen].
Zgoll, A., 2019b, „Condensation of Myths. A hermeneutic key to a myth about Innana and the Instruments of Power (me), incorporated in the epic *angalta*", in: Sommerfeld, W. (Hg.), Dealing with Antiquity – Past, Present, and Future, Proceedings der 63. Rencontre Assyriologique Internationale in Marburg 2017, Alter Orient und Altes Testament 460, Münster [zum Druck eingereicht 10/2018].
Zgoll, A., 2020, Religion in Mesopotamien, Tübingen [i. V.].
Zgoll, A./ Kratz, R.G. (Hg.), 2013, Arbeit am Mythos. Leistung und Grenze des Mythos in Antike und Gegenwart, unter Mitarbeit von K. Maiwald, Tübingen.
Zgoll, A./ Kratz, R.G., 2013, „Von Blumenbergs 'Arbeit am Mythos' zu Leistung und Grenze des Mythos in Antike und Gegenwart", in: Zgoll, A./ Kratz, R.G. (Hg.), Arbeit am Mythos. Leistung und Grenze des Mythos in Antike und Gegenwart, unter Mitarbeit von K. Maiwald, Tübingen, 1-12.

Zgoll, A./ Zgoll, C. (Hg.), 2019, Mythische Sphärenwechsel. Methodisch neue Zugänge zu antiken Mythen in Orient und Okzident, Mythological Studies 2, Berlin/ New York [zum Druck angenommen].

Zgoll, A./ Zgoll, C., 2019, „Innana-Ištars Durchgang durch das Totenreich in Dichtung und Kult. Durch Hylemanalysen zur Erschließung von Spuren mythischer Stoffvarianten in kultischer Praxis und epischer Verdichtung", in: Koslova, N. u.a. (Hg.), Festschrift für NN, Babel und Bibel 10, Winona Lake/ Indiana [zum Druck angenommen].

Zgoll, A./ Zgoll, C. (Hg.), 2019/20, Was vom Himmel kommt. Stoffanalytische Zugänge zu antiken Mythen aus Mesopotamien, Ägypten, Griechenland und Rom, Mythological Studies 3, Berlin/ New York [zum Druck angenommen].

Zgoll, A./ Zgoll, C., 2020, „Mythos und Ritual: Offene und geschlossene, aktualisierte und akute Mythen", in: Zgoll, A./ Zgoll, C. (Hg.), Mythos akut. Rituelle und historische Konkretionen mythischer Stoffe, Mythological Studies 4, Berlin/ New York [in Vorbereitung].

Zgoll, C., 2004, Phänomenologie der Metamorphose. Verwandlungen und Verwandtes in der augusteischen Dichtung, Classica Monacensia 28, Tübingen.

Zgoll, C., 2007, Heiligkeit – Ehre – Macht. Ein Modell für den Wandel der Herrschaftskonzeption im Spätmittelalter am Beispiel der byzantinischen Kydonesbriefe, Passauer Historische Forschungen 16, Köln/ Weimar/ Wien.

Zgoll, C., 2010a, „Crossroads Narrative or Beauty Contest? Role-Play in Ovid, *Amores* 3.1", in: Digressus 10, 97-111 (http://www.digressus.org/articles/2010pp97-111-art-zgoll.pdf).

Zgoll, C., 2010b, „Ovids Abkehr von der Tragödie und sein heimliches Bündnis mit Venus im Eröffnungsgedicht des dritten Amoresbuches", in: Antike & Abendland LVI, 159-173.

Zgoll, C., 2012, „From Wild Being to Human to Friend. Reflections on Anthropology in the *Gilgamesh Epic* and in Homer's *Odyssey*", in: Kaskal 9, 137-155.

Zgoll, C., 2014, „'... und doch sind auch Wahrheitskörner darin.' Zum Verhältnis von 'Mythos' und 'Wahrheit' am Beispiel des Erechtheus-Mythos", in: Glaube und Denken. Jahrbuch der Karl-Heim-Gesellschaft, hg. von Rothgangel, M./ Beuttler, U., 27. Jahrgang, 181-205.

Zgoll, C., 2019a, „Märchenhexe oder göttliche Ritualexpertin? Kirke und Kult im Kontext der homerischen *Nekyia*", in: Egeler, M./ Heizmann, W. (Hg.), Band zur Tagung „Between the Worlds. Contexts, Sources, and Analogues of Scandinavian Otherworld Journeys", Tagung des Instituts für Nordische Philologie der Ludwig-Maximilians-Universität München in der Carl Friedrich von Siemens Stiftung, München, vom 25.-27. Februar 2015 [zum Druck angenommen].

Zgoll, C., 2019b, „Myths as Polymorphous and Polystratic *Erzählstoffe*: A Theoretical and Methodological Foundation", in: Zgoll, A./ Zgoll, C. (Hg.), Mythische Sphärenwechsel. Methodisch neue Zugänge zu antiken Mythen in Orient und Okzident, Mythological Studies 2, Berlin/ New York [zum Druck angenommen].

Zgoll, C., 2019/20, „Vom Himmel gefallen. Mythen von Pallas, Athene, Pallas Athene, Athena Polias, dem Palladion und den Palladia", in: Zgoll, A./ Zgoll, C. (Hg.), Was vom Himmel kommt. Stoffanalytische Zugänge zu antiken Mythen aus Mesopotamien, Ägypten, Griechenland und Rom, Mythological Studies 3, Berlin/ New York [zum Druck angenommen].

Zima, P.V., 2011, Komparatistik, 2., überarb. und ergänzte Aufl., Tübingen (1. Aufl. 1992).

Zimmermann, C., 1993, Der Antigone-Mythos in der antiken Literatur und Kunst, Classica Monacensia 5, Tübingen.

Zinser, H., 1985, „Das Problem der psychoanalytischen Mytheninterpretation", in: Schlesier, R. (Hg.), Faszination des Mythos. Studien zu antiken und modernen Interpretationen, Basel/ Frankfurt a. Main, 113-124.

Zymner, R./ Hölter, A. (Hg.), 2013, Handbuch Komparatistik. Theorien, Arbeitsfelder, Wissenspraxis, Stuttgart.

Namens-, Sach- und Stellenregister

Aarne-Thompson-Uther 92–93
Abstraktion 220
Abstraktionsgrad 180, 182, 545
Achilleus 64, 65, 74, 287, 288, 445, 482, 485
Adad 255
Adler 235
Adonis 492
Aeneas 69, 234, 288
Agamemnon 292, 482
Agathon 576
Aias 69, 354
Aigis 460, 459–66, 467
Ailianos
   De natura animalium 12,5   61
   Varia historia
      2,11   525
      5,21   64
Aischylos 75
   Agamemnon 1412-1421   292
   Choephoroi 33–34
   Eumenides 375
      1-8   473
   Myrmidones 64
   Persae 576
Aitiologie 342, 343, 376, 378, 386, 394, 423
Alexander der Große
   Himmelsflug und Tauchgang 236–37
Alexanderroman 236
Allophanie 364–66, 490–91
Amphion 376, 470, 471
Analepse 125
Andromache 58
Andromeda 63
Anne de Bretagne 152
Anšar 452, 468, 497, 499
   und Kišar 457
Anthropogenese 190, *Siehe auch* Menschenschöpfung
Antiphanes
   fr. 189 Kassel/ Austin 72–73
Antoninus Liberalis 36
Antonius 222
Anu 392, 452, 498
Aphrodite 365
   und Athene 239
   und die Lemnierinnen 417
   und Diomedes 399
   und Hektor und Andromache 58
   und Paris 361
   und Smyrna 417
   und Zeus 443
Apollodoros 35, 36–41, 76, 77, 158, 241, 511
   Bibliotheke
      1,24   63
      1,48   140
      3,3-5   63, 74
      3,21 f   157
      3,26 f   380
      3,99   386
      3,142-143   128–32, 156–59, 242
      3,142-145   350–59
      3,143   42–45, 203
      3,144-145   459–66
      3,196-204   290–92
Apollon
   als Pythontöter 244
   Geburt auf Delos 494

Phoibos Apollon 473, 478
Smintheus Apollon 61
und das Delphische Orakel 473
und Erechtheus 400
und Hermes 469–72
und Ilos 157, 158, 242
und Kadmos 189
und Niobe 243, 245, 400, 402
und Zeus 480
Apollonios von Rhodos
Argonautika 189
Apotheose Homers 444
Apsû 453–58, 469, 484, 489, 492, 497
Apsyrtos 255
Archelaos 444
Archetypen 382, 530, 538
Ares 239, 399, 445, 485
Argo 142, 195
Argonauten 160, 195
Aristoteles 265, 566–78
Poetik 566–78
6,1450a3-5 567, 579
6,1450a15 567
7,1450b23-25 154
7,1450b26 f 154
8,1451a16-22 162
9,1451b24 265, 575
9,1451b25 f 408
14,1453b22 und 25 265, 575
Artemidoros
4,47 73
Artemis
Latogeneia 467
und Admetos 417
und Hera 239
und Niobe 243, 245, 400, 402
und Oineus 417
und Zeus 480
Assmann 71, 72, 76–77

Aššur 499, 532
Atalante 193–94, 198, 255
Ate 357
Athenaios
1,16e-17b 26
Athene 86, 176, 177, 445
Tritogeneia 466
und Ares 239
und Odysseus 234
und Orestes 375
und Pallas 353, 459–66
und Paris 361, 365
und Zeus 481
Atramḫasīs 140, 255
Atramḫasīs-Epos 257, 498
Atreus 287
Austin 474

Baal 255, 375, 432
Babylon 477
Bachtin 272
Bakchylides
3,23-62 241
Barthes 62, 99–102, 107, 108, 112, 116, 271–73, 307–9, 433–34, 564
Bēlet-ilī 133–34, 498, 499
Bibel
Genesis
1 400
1,1-3,24 327–28
2,3 377
6,1-9,29 257
11,1-9 237
Kohelet 1,9 f 143
Richter 16 294
Blumenberg 70, 71, 72, 82, 143, 405, 411, 425
Boreas 61, 327
Briareos 481

Brudermord	286	4,4,1-5	295
Burkert	110, 265, 382, 406, 420	4,26	63
		4,63,4	63
Cacus	*Siehe* Herakles	Diomedes	239, 399
Caesar	239	Dion von Prusa	40

Cassirer 16, 23, 30, 200, 201, 372, 392, 401, 477

Dionysios von Halikarnassos
  Antiquitates

Catal Höyük	32	1,68,3	116–17
Cervantes	23, 321	1,69,3	203
Chabrol		2,66,5	203
Le raisin magique	253	2,71,1 f	131
Cha-Cheper-Re-Seneb	143	Dionysos	
Chaos	222	Geburt	377, 380–85, 388, 392
Chaucer		Identität mit Wein	382
The Canterbury Tales	160	und Pentheus	417
Chryse	116–17, 460	und Persephone	295–96
Claudian		und Semele	295–96
De raptu Proserpinae	46, 152	Discordia	240
Cornutus	14	*discours*	43
17,1	243	Diskurs	278
30,3	383	Diskursanalyse	437, 438

Dom von Syrakus 300–303, 304–6, 309, 310–11, 319, 323, 328, 350, 367, 504

Daidalos	280		
Danek	335, 369, 502	Dostojewski	531, 535
Dardanos	204, 289, 352, 355	Dumuzi	*Siehe* Innana
und Chryse	116–17	Dundes	93, 98, 118
Dares Phrygius	152	Dur-an-ki	379, 405
Dekonstruktivismus	22, 273, 282, 310		
Demeter	388, 430	Ea	431, 452, 453–54, 458, 469, 478, 484, 498

Determination 115, 173–76, 176–77, 220, 221, 222, 244, 252, 495, 579

		Eeriboia	485
Determinationsgrad	174, 180, 184	Ekphrasis	212
Deukalion und Pyrrha	139–41, 144, 256, 289	Elektra	352
		Eleusinische Mysterien	388, 430
Dido	69	Enbilulu	426, 478, 507, 543
Digital Humanities	183	Ende, Michael	208
διιπετής	130–31	*Enki und Ninmaḫ*	498
Diodoros		Enkidu	427
4,1,1	73	Gang ins Totenreich	63

Enkis Fahrt nach Nippur	187	Euripides	36
Enkis Gang ins Totenreich	36	*Alkestis*	36
Enkomion	206	*Bacchae* 292-297	381
Enlil	133, 325, 379, 496–98, 499	*Electra* 1280-1283	64
und Bēlet-ilī	134	*Erechtheus*	290–92, 373
und Ninlil	491, 506–8, 514–15, 537–38, 542–43	*Helena* 31-36	64
		Iphigenia Taurica	146
und Sud	487–88	977 f	131
Enlil und Ninlil	426	*Medea* 273	64
Enlil und Sud	487–88	*Orestes* 78-80	64
Entrückung	356	*Troades* 860-883	64
Enūma eliš	266, 394, 431, 448-58, 467–69, 474–79, 496–98, 498, 499	Eurybiades	576
		Eurymedon	481
1,153-156	475		
4,3-8 und 13 f	476	F. W. im Totenreich	234–35
4,29 f	201	*fabula*	44
Epaphos	536	*Fantasy*-Literatur	371
Ephialtes	375	Fliege	134, 540
Episode	154	*folktale*	93
Eratosthenes	36	Forster	44, 87, 120
Erechtheus und Eumolpos	241, 290–92, 372–74, 375–76, 393, 400	Fortuna	240
		Foucault	437–38
Ereignis	93–94, 109–10, 111, 112	Frenzel	55, 91, 90–92
Erlösermythos	518	Freud	530
Erzähler	125	Frog	103, 145
Erzähltheorie	21	Funktion	
Erzählung	43, 77, 121–23	bei Propp	221
Etana-Epos		Definition	419–20
1,1-12	203	Funktionalisierung	419, 421–24
Etanas Himmelsflug	135, 235	Grundfunktion	419, 420–21
Eteokles und Polyneikes	141, 280, 286–87	Indiz (Barthes)	100
		Kardinalfunktion (Barthes)	100
Etymologicum Magnum		Katalyse (Barthes)	100
275,9 f	131	Metafunktion	419, 424–25, 427–28
Etymologien, emische	381	narratologisch	98–102, 109, 111
Euhemeros	14, 377	von Mythen	16, 418–28
Eumelos			
fr. 5 PEG	64	Gaia	461, 473, 487, 491, 529
Eumolpos	Siehe Erechtheus	Gattung	26, 206, 207, 210, 211

Gattungsschema	150–51, 569–71, 579	und Megara	251–52
Genette	43, 87, 125	und Theseus und Peirithoos	258
Geryones	297	Hermeneutik	23
Geschehen	45, 77, 85, 123, 121–23	Hermes	533
Geschichte	44, 77, 85, 121–23	als erster Opferer	343
Giganten	256, 461	als polymorphe Figur	525–26
Gilgameš	161, 393, 427	und Apollon	299, 469–72
Gilgameš-Epos	10, 161, 498	und Ares	485
11, 155-176	132–34	und Helena	63
Gilgameš-Stoffe	161	und Hestia	524
Göbekli Tepe	31	und Odysseus	293
Goethe		und Poseidon	380
Faust	254, 520	und Zeus	222, 480
Gorgo	172, 461, 463, 464	Herodianos	
Graf	29, 70, 71, 91, 145, 205, 389	1,11,1	131
Grimm	38	Herodot	
		1,86-91	241
Hades	152	2,41,2	536
und Zeus	480	2,52 f	340
Handlung	87, 213, 229, 579	2,113-117	63
Handlungsschema	149–50	3,28,2	536
Hekate	491, 494–95	Hesiod	335, 336, 337, 339, 432
Hektor	58, 287, 288	*Catalogus*	
Helena	63, 74, 152	fr. 234 Merkelbach/ West	140
Helios	402	*Theogonie*	141, 479, 496
Hephaistos	239, 320, 389, 445	1-23	325
Hera	489	118	379
und Artemis	239	193 f	379
und Gerana	417	411-452	491
und Hephaistos	320	535-561	311
und Io	536	535-564	340–50
und Paris	361	538 und 540	341
und Pelias	417	717-721	485
und Zeus	480–87	Hestia	524
Herakles	162, 238, 532	Heyne	13, 58
am Scheideweg	359–67	Hippomenes	193–94, 255
Gang ins Totenreich	63, 74, 222	*histoire*	43
Name	67–69	Homer	320–21
und Cacus	297–99	*Demeter-Hymnos*	430

Hermes-Hymnos	413	logische Grundstruktur	114, 121, 129–
4,418-532	470	32, 173	
Homerforschung	71, 329–39, 506, 515	myhtos-affines Hylem	402
Ilias	238, 552–53, 574	sprachlich standardisierte Form	170–71
1,396-406	481–86	statisches Hylem	115, 118, 453
1,401	484	statisch-resultatives Hylem	118, 495
1,590-593	320	Steckbrief	118, 176
5,385-391	485	stoffarten-affine Hyleme	242–46
5,576-579	320	stoffarten-neutrale Hyleme	223, 242–46
5,855-863	239		
11,785-789	64	stoffarten-unspezifische Hyleme	551
13,643-659	320	stoffrepräsentierendes Hylem	193
15,18 f	243	stoffzusammenfassendes Hylem	186
16,174	131	Hylemanalyse 117–18, 124–28, 169, 171–	
18,394-397	320	73, 312, 520, 546, 580	
18,509-519	445	Hylemelement 115, 176, 194, 220, 221,	
Odyssee	160, 573–74	222, 580	
10,135-574 und 12,1-145	225–28	Hylemprädikat 115, 177, 181, 220, 222,	
10,135-12,35	394	580	
11	232–34	Hylemschema	221, 222, 545, 580
12,59-72	197	Hylemsequenz	119, 124, 147, 185, 580
12,69-72	195	Hylistik 21, 50, 49–52, 583, *Siehe auch*	
23,310-343	196–97	Stoffwissenschaft	
Horaz		Hyperhylem 186, 188, 189, 193, 194, 196,	
ars 359 f	321	198, 580	
Hyakinthiden	373, 376, 394	Hypnos	483
Hybris	86, 237, 521	Hypothetischer Intentionalismus	532
Hyginus	36–41, 241, 511		
Fabulae		Iason	*Siehe* Medeia
46	290, 372–74	Ideologem	435
79	63	Ideologie	433–39
153	140	Ikonographie	173
176	385	Ikonologie	172
Hylem 109–18, 119–21, 152, 173, 244–45,		Ilia	*Siehe* Mars
545, 579		Ilos gründet Troia 42–45, 128–32, 156–	
Determination	115	59, 241, 242, 243, 350–59, 400	
dynamisches Hylem	115, 118, 453	Indeterminationsgrad	182
isolierte Hyleme	243–44	Innana / Ištar	527, 534

Gang ins Totenreich 261–62, 313–14, 376, 540–41
   raubt den ersten Tempel 400
   raubt den großen Himmel 392
   und Dumuzi 540–41
   und Etana 235
   und Šukaletuda 541–42
Innana und Šukaletuda 541
Innanas Gang ins Totenreich 313, 540
Interfiguralität 284
Interhylität 273–85, 316, 318, 360, 362, 366, 417–18, 486, 493, 504, 509, 521, 522–23, 581
Interikonizität 276
Intermedialität 21, 110, 168–69, 283–84
Intermythizität 281, 416
Interpiktorialität 276, 283, 581
Intertextualität 137, 271–73, 283, 417, 494, 503, 581
invented tradition 266
Io 536
Iphigeneia 292
   bei den Taurern 571–73
Isis 536

Jakob 399
Jakobson 308
Jammu 255
Jebel-al-Aqra 375
Jesu Geburt 83
JHWH-Königspsalmen 432, 433, 476
Johannsen 397
Jolles 27, 210
Jung 530

Kadmos 104, 107, 148, 149, 148–49, 157, 185–93, 197
Kallisto 78
Kalypso 293

Karl VIII. von Frankreich 152
Kassandra 354
Kerberos 222
Kerényi 382, 421
Keš-Hymne 325
Kingu 467–68, 474–76, 476
Kirk 16, 184, 265
Kirke 527–28, *Siehe auch* Odysseus
Klytaimestra 292, 576
Kohärenz 155, 156, 319, 348
Komparatistik von Stoffen *Siehe* Kapitel 9 und 23.3
Konkretion 123
Konkretionsgrad 175, 180, 184
Konon
   34 131
Konsistenz 156, 309, 319, 334, 338, 348, 358
Kristeva 271–73
Kroisos 241
Kronos 417, 462, 480
   und Rhea 458
Kulturkontakte 12
Kunstmythos 262–65, 366, 581
Kyklopen 389, 471

Laḫmu und Laḫamu 457, 489
Legende 207, 215
Leinieks 383
Leitao 382
Leto 86, 467
Lévi-Strauss 27, 79, 82, 102–7, 107–8, 112, 162, 205, 220, 245, 307–9, 548
Lewis
   The Chronicles of Narnia 264
Libanios 36
Lied auf die Hacke 379
Literarkritik 314, 317, 329–39, 494, 515
Livius

7,26,1-5	240–41
λόγος bei Aristoteles	571–74
λοιγός	485
Longinos	278, 321
Lotman	93–94, 112, 534
Lucan	239
Lukianos	427
De sacrificiis 30,9	134
Dialogi deorum	413, 534
12	380
Lykaon	*Siehe* Zeus
Lykophron	
29	158
Lykurg	
Rede gegen Leokrates 98 f	290
Märchen	38, 98, 150, 151, 205, 206, 207, 208, 210, 211, 214, 215, 430, 531, 533, 541, 551–52, 553
Märchenforschung	57, 60, 90, 95, 109, 183, 510
Marcus Valerius Corvinus	240
Marduk	201, 202, 255, 266, 431, 448–51, 468–69, 472, 476–79, 492, 498, 499, 514, 532
und Enlil	496–98
und Tiāmtu	451–53
Mars und Ilia	541–42
ME	201, 262
Medeia	280
tötet ihre Kinder	62, 64, 82, 170
und Iason	64, 188–89
und Pelias	64
Mediale Konkretion	581
Medium	25
Medusa	172, 194
Melanion	193, 255
Menander	577
Menelaos	399
Menschenschöpfung	140, 256–57, 327–28, 498
Metamorphosenmythen	38, 46
μηρός	380
Midas	175, 293–94, 400
Minos	189
Mohn	281
Mona Lisa	258, 259, 260, 262
Mopsos	293
Motifem	98, 111
Motiv	28, 90–93, 97, 109–10, 111, 112, 146–47, 152, 154
Müller, Karl Otfried	70, 509–10, 539
Mummu	454–57, 478
Musen	471
Muttergöttin (Alter Orient)	498
Myrrha	492
myth and ritual school	377, 389
Mythem	104–6, 107, 109, 111, 112, 152, 244–45
Mytheninterpretation	*Siehe* Kapitel 6.3, 15.4, 18.1.3, 19.1, 20.9, 21.1, 22.2 und 22.3, 23.2 und 23.5
Mythenkorrekturen	71, 82
Mythisch vs. mythologisch	2
Mythische Figuren	
als Stoffelemente	521
Figuren-Interferenzen	523
Inkonsistenzen	525, 528
nicht auf Stoffe abgestimmt	532–33
Physiologie	541–43
Polymorphie	522, 525–26
Polystratie	522–23
Psychologie	529–41
und Macht	523–24
von Stoffen bestimmt	533
Mythische Mühle	421
Mythisches Denken	23
Mythographie	37–41, 77–78

Mythologem 61–62, 72, 109, 111, 112
Mythopoiesis 69
μῦθος bei Aristoteles 566–78
Mythos
   als Stoff 25–31, 119–21, 207, 268, 434, 544, 567–69
   bei Aristoteles 566–78
   Funktionen *Siehe unter* Funktion
   hauptsächliche Protagonisten 214
   heißer und kalter Mythos 409
   Kürze deutet auf Bekanntheit 195, 199, 483
   medienspezifische Analyse 544–45
   Polymorphie 78–84
   Polystratie 303–7, 547–48
   und Allegorese 377, 385
   und Bedeutsamkeit 406–9, 410–12, 413
   und Bild 31–32, 32, 118, 171–73, 276, 317, 444–45, 526–27
   und Erfahrungsgegenstände 371–74
   und Erstmaliges 392, 471
   und Gattung 26–27
   und Gedächtnis 250–54, 279–80, 362
   und Historie 238, 239, 240–41, 372–74, 403–4, 466, 508–16
   und Humor 412–13
   und Ideologie 433–39
   und Kognitionspsychologie 251
   und Kultur 375–79, 379–87, 387–88
   und Kunst 171–73, 230–31, 391–93
   und Literatur 33–34, 56–57, 391–93
   und Logos 392
   und Macht 198, 328, 349, 416, 427, 428–33, 440–47, 462–63, 464–66, 493–94
   und Mündlichkeit 135–38, 268, 270
   und Mythologie 2
   und Natur 375–79, 379–87, 387–88
   und Philologie 31–33
   und Philosophie 29–30, 249
   und Problembezug 402
   und Psychologie 377, 382, 529–41
   und Relevanz fürs Leben 416–17, 427–28
   und Religion 324–25, 395–98, 401–3, 415–17, 431–32
   und Religionswissenschaft 395–98, 415–16, 431
   und Ritual 248, 325, 388–91, 393–94
   und Roman 320, 323, 334–35, 531, 532, 535–36, 539
   und Soziologie 267, 406–9, 423, 437–38, 433–39
   und Strukturalismus 102–7, 162–63, 307–9, 344–48, 524–25
   und Teleologie 402, 535, 541–43
   und Tradition 247–49, 265–69, 324–26, 414, 493, 496, 566, 574–78
   und Tragödie 568, 569–71
   und Transzendierung 395–401, 402–4, 411
   und Wahrheit 23, 392
   und Zyklisches 392
Mythosdefinition 1, 15, 28, 216, 247, 266, 267, 268, 398–99, 406, 410, 414, 427–28, 550, 557–63, 564–65, 581

Name und Wesen 68–69, 477–79
Narrative Ebenen 77, 121–23
Narratologie 42, 90, 93, 121, 210, 319, 566
Narrem 213
Narzißmus 424
Nebukadnezar I. 450
Neleus und Pelias 490
Nergal 507, 543
   und Ereškigal 489

Nike	460
Nimuš	132, 133
Ninazu	507, 543
Ninlil	*Siehe* Enlil
Ninurta	499
Niobe	53–54, 79–81, 86, 135, 141, 243, 245, 255, 280, 295, 326–27, 400, 402, 521–22
Nisaba	325, 488
Nisos	294
Noah	140, 255, 545
Nonnos	326
O'Hara	367–69
Ödipus	*Siehe* Oidipus
Ödipuskomplex	424
Odysseus	160, 324, 335
als polymorphe Figur	526, 531
Hadesreise	232–34, 394
und Kirke	225–28, 233–34, 394, 399, 529, 538, 539
und Penelope	26, 196–97
Ogygos	289
Oidipus	66–67, 72, 102–4, 106–7, 141, 160–63
Okeanos und Tethys	458
Olympiodor in Plat. *Phaid.* A 6,2	293
Oralität	135–38, 254, 268, 270, 278, 331
Oreithyia	61, 327
Orestes	375, 576
Orphische Hymnen 34,4	126
Otos und Ephialtes	485
Otto	397
Ovid	413
Amores 3,1	359–67
Metamorphosen	46, 153, 159, 337, 538–39
1,5-71	379
1,76-415	256
1-196-239	385
1,260-415	139–41
3,1-130	185–93
3,259-315	380
6,146-312	86, 122
6,301-312	326–27
Palaiphatos	14, 35, 306, 411
Palladion	128–32, 156–59, 203, 204, 242, 350–59, 459–66
Pallas	*Siehe* Athene
Pandora	348
Paris	
Paris-Urteil	359–67
raubt Helena	63, 152
Parthenios	36, 54
33	255
Pasiphaë	280
Patroklos	64, 65, 74
Pausanias	
2,3,6	64
2,21,9 f	295
9,5,8	470
9,5,9	400
Peirithoos	63, 74, 75, 258
Penelope	196
Pentheus	417
Perikles	382
Persephone	75, 152, 233, 295, 383
Perseus	63, 172, 194, 471
Petron	240
52,1 f	279
119-124	240
Phanodemos	373
Philemon und Baucis	289
Philostratos	
Imagines 1,10,1	471

Phineus	255
Phoibe	473, 478
φθορά	352
Pindar	
Nemeen 8,36 f	68
Olympien 13,74	64
Platon	
Phaidros 229c	61
Platonische Mythen	262–65
Politeia 3,392a	401
Symposium 179e-180a	64, 74–75
Plautus	577
Amphitruo	36
plot	43, 46–47, 77, 120, 121–23, 154, 566, 568–69, 570–71, 574
Polymorphie	582
Polyneikes	Siehe Eteokles
Polystratie	582
Pompeius	239
Poseidon	
als Enipeus	490
und Hermes	380
und Zeus	480, 481, 483
Praxithea	291
Priamos	287, 351
Prolepse	45, 125, 187
Prometheus	256, 335, 336, 340–50, 394, 481, 498, 542
Propp	98–99, 107, 108, 112, 220, 221, 307–9, 533
Proteus	399
Pylaimenes	320
Python	244, 473
Quintus Smyrnaeus	
10,358-360	131
Rabe	240
Rahmenhandlung	159

récit	43
Redaktionskritik	314, 317, 329–39, 494, 515
Reinhardt	29–30, 62, 83, 205, 211, 228, 510
Religionsgeschichtliche Methode	516–19
Rhadamanthys	58
Rhema	155
Riffaterre	273
Romulus und Remus	542
Roscher	38, 80
Rotkäppchen	222
Rüpke	395, 397
Sabbat	376, 377, 378, 380, 387
Sage	151, 205, 207, 208, 214, 215
Salamis	576
Salustios	15
De diis et mundo 4	15
Šamaš	235
Sancho Pansa	321
Saussure	308
Schapp	372, 421
Scheid	65–69, 162
Schmid	122
Schöpfungsmythos	59
Schwab	77
science fiction	234, 371
Semele	380, 384, 388
Siegfried	222
Silenos	193, 293, 400
Simson und Delila	294
Sîn-lēqi-unninni	35
Sintflut	132–34, 139–41, 144, 255–57, 289, 498
sjužet	43
Skylla	189, 294
Smyrna	Siehe Myrrha
Statius	280

Thebais 6,122-125 327
Sterne
Tristram Shandy 335
Stoellger 429
Stoff 25–31, 42–49, 87–89, 123, 119–23, 144–49, 224, 582
    Begriffsdifferenzierung 224, 545, 566
    Stoff- und Motivforschung *Siehe* Story- und Motivforschung
Stoffart 582
    Mischformen 209, 217, 223, 238, 239, 240, 246, 404, 552–53
    Unterscheidung von Stoffarten 205–31, 550–53
Stoffkonglomerat 161, 187, 189, 190, 192, 337, 582
Stoffkonstituierende Elemente 88, 567
Stoffpartitur 546, 582
Stoffschema 144–52, 178–79, 181, 189, 224, 236, 256, 270, 280, 286, 360, 361, 513, 522, 530, 545, 551, 566, 571–74, 583
Stoff-Stoff-Interferenzen 276–85, 360, 362, 486
Stoffvariante 46–47, 56, 82, 119–21, 123, 121–23, 583
Stoffvergleiche *Siehe* Kapitel 9 und 23.3
Stoffwissenschaft 2, 4, 20, 21, 50, 49–52, 89, 121, 147, 367, 418, 544, 549, 553, 583, *Siehe auch* Hylistik
story 43, 46–48, 76, 120, 121–23, 147, 153, 154, 337, 566, 568–69, 570–71, 573, 574
Story- und Motivforschung 46–48, 55, 90, 92, 109, 145–47, 153, 165, 166, 503
Stratifikationsanalyse 312, 501–5, 520–21, 546, 547–48, 583
    Datierungsfragen 508–16
    Fragestellungen 504

    Gefahren 501
    Gewinne 503, 505
    Notwendigkeit mehrerer Indizien 502
    Synthese der Strata 505
    und Diskursanalyse 438
    und Kulturkompetenz 502
    und Medienkompetenz 501
    und Rituale 391
Strukturalismus 348, 435
Sud *Siehe* Enlil
Sujet 94
Šukaletuda *Siehe* Innana
Sukzessionsmythen 457–58
Šulgi-Hymnos P
    37 202
Sumerische Königsliste 199–203, 550
Svenbro 65–69, 162

Teiresias 233
Têmtum 255
Terenz 577
Teššub 375
Textkritik 329–39, 358
Thema 95
Thematik 155, 213
Themis 139, 473
Themistokles 576
Theseus 63, 74, 75, 258, 393, 394
Thetis 481, 485
Thukydides
    2,45,2 68
Thyestes 287
Tiāmtu 255, 431, 451–53, 456–58, 474–76, 476, 490, 497, 499, 533
Titanen 462, 485
Todorov 150, 334
Toleranz 415
Tomaševskij 87, 94, 95–97, 120, 125, 155, 159

Traditionskritik	516–19	Xerxes I.	576
Tragödie	207, 208		
Transmedialität	2, 7, 21, 26, 110, 168–69, 549	Yarnall	529
Trapezunt	*Siehe* Zeus und Lykaon	Zahnwurm-Mythos	405
Triptolemos	423, 480	Zeus	176, 222, 242, 375, 489
Triton	460, 466–67	bei Apollodoros	465
Troia	*Siehe* Ilos	bei Hesiod	340–50, 432, 444
Troianischer Krieg	239, 482, 483	Erlosung der Herrschaft	480
Turnus	288	Lykaios	377
Typhoeus	141, 222, 431, 481, 551	und Ate	357
Tyro	490	und Athene	460, 463, 466
		und Dardanos	204
Uranos	491, 492	und Demeter	430
Uta-napišti	132, 133, 140, 255	und Dionysos	380–85, 388
		und Elektra	352, 355
Venus	364, 365	und Enlil	488
Vergil		und Hekate	491
Aeneis	523	und Hephaistos	320
Aeneis 12 (Ende)	288	und Hera	480–87, 487
Eklogen		und Ilos	44–45, 128–32, 156–59, 203, 350–59
6,61	193–94		
6,74-77	294	und Io	536
Vergleich von Stoffen	*Siehe* Kapitel 9 und 23.3	und Kallisto	365
		und Kronos	458
Vernant	106, 344, 346, 344–48, 524–25	und Kyklopen	471
		und Lykaon	385–87
Weltschöpfungsmythen	378–79, 400, 457–58	und Mnemosyne	445
		und Persephone	295
Werfel		und Plataia	489
Stern der Ungeborenen	234–35	und Prometheus	340–50, 481
Wilpert	90	und Titanen	485
Wittgenstein	24, 229–30, 395, 550	und Typhoeus	431, 551
Witzel	59–60	Ziqqurat	133
Wodianka	28, 275	Ziusudra	141, 255

www.ingramcontent.com/pod-product-compliance
Lightning Source LLC
Chambersburg PA
CBHW071148230426
43668CB00009B/879